2005

中国工业经济年鉴

China Industry Economy Yearbook

中国工业经济联合会
中国工业报社
编

中国财政经济出版社

图书在版编目(CIP)数据

中国工业经济年鉴.2005/《中国工业经济年鉴》编委会编.—北京:中国财政经济出版社,2005.8

ISBN 7-5005-8385-0

Ⅰ.中... Ⅱ.中... Ⅲ.①工业经济-中国-2005-年鉴 Ⅳ.F42-54

中国版本图书馆 CIP 数据核字(2005)第 070985 号

中国财政经济出版社 出版

URL:http://www.cfeph.com

E-mail:cfeph@drc.gov.cn

社址:北京海淀区阜成路甲 28 号 邮政编码:100036

读者电话:010-88190605

北京雷杰印刷有限公司印刷 各地新华书店经销

开本:880×1230 毫米 16 开 57.875 印张 1852 千字

2005 年 8 月第 1 版 北京第 1 次印刷

定价:480.00 元

ISBN 7-5005-8385-0/F·7313

《中国工业经济年鉴》编辑委员会

《中国工业经济年鉴》特约理事单位理事

序　言

毛泽东主席曾经说过："没有工业，便没有巩固的国防，便没有人民的福利，便没有国家的富强。"（《毛泽东选集》1029页）工业是国民经济的脊梁。没有工业化，不可能实现国家的现代化。

经过几十年的建设与发展，特别是改革开放以来工业的持续高速增长，我国工业化进程总体上已跨越初级阶段，进入中级阶段。初级产品和一般工业制成品产量居世界前列，并建立了雄厚的制造业基础。当前，我们正在落实科学发展观，探索走新型工业化道路，转变增长方式，将我国的工业化推向高级阶段，努力实现从工业大国向工业强国的转变。

苏东坡有诗句："事如春梦了无痕"。在目前经济高速发展建设日新月异的时代，每天发生在工业领域内许许多多的事，如果不加鉴别、整理、记录，将会留下永久的遗憾。年鉴的形式，提供的是系统性、连贯性的信息，具有资料来源准确、权威等特点，对于各地、各行业、各学科来说，通过回顾过去、记录成绩、发现不足、总结经验，有利于更好地把握现在，探索未来。

由中国工业经济联合会和中国工业报社联合编纂的《2005年中国工业经济年鉴》（以下简称《年鉴》），经过一年多的酝酿筹备、资料搜集、编辑加工，即与读者见面了。虽是第一次出版，困难重重，但我们的专家学者和工作人员却不畏艰难、勇于探索、发奋开拓，最终使百余万字《年鉴》成书付梓。

《年鉴》按国民经济大分类，应属行业的年鉴。它以"工业经济运行"这条主线，辅之以宏观经济理论、针对企业制定的法律法规，基本上做到了"大事不漏，小事不凑"。在形式上又体现了规范和简洁的风格，在语言上，浅显易懂、言简意赅，没有空泛的议论，做到言之有物。

这本记录年度中国工业经济运行状况《年鉴》的出版，有望成为中国工业行业具有一定权威性的参考资料，其作用将会逐渐显现出来。我们期待着《年鉴》的编辑班子在今后的工作中再接再厉，更细心、更精心地做好充分的准备，争取把来年的《年鉴》做成"精品"，真正能够为我国的工业经济发展做出应有的积极贡献。

中国工业经济联合会常务副会长：杜余陵

二〇〇五年八月

编辑说明

为翔实记录中国工业经济发展历程，总结中国工业前进过程中取得的经验和教训，《2005 中国工业经济年鉴》首次由中国工业经济联合会和中国工业报社联合编辑出版，今后此书将逐年出版。

本书所采用的数据，由国家统计局根据 2004 年月报整理归纳组成；“行业篇”稿件由相关行业协会提供；“地方经济篇”稿件由地方工经联及国家统计局提供；“行业点评”由中国工业报产业形势研究室和国家统计局联合分析制作；“大事记”由中国工业报社总编室整理。

2005 中国工业行业排头兵企业名单，由中国工业报社产业形势研究室根据国家统计局按国民经济法人单位产值销售额计算，取行业前三名认定为行业排头兵企业。

在本书的稿件组织及编辑出版工作中，得到了国家统计局、中国煤炭工业协会、中国石油和化学工业协会、中国电力企业联合会、中国钢铁工业协会、中国有色金属工业协会、中国建筑材料工业协会、中国机械工业联合会、中国轻工业联合会、中国纺织工业协会、中国食品工业协会、中国机床工具工业协会、中国电器工业协会、中国农业机械工业协会、中国橡胶工业协会、中国集装箱工业协会、各地方工业经济联合会等单位的大力支持，在此一并表示衷心的感谢。

由于时间紧迫、经验不足，在编辑《2005 中国工业经济年鉴》过程中，难免有疏漏之处，敬请广大读者、业内专家提出建议和批评指正。

联系电话：(010)68321348

电子邮件：qyllb@126.com

中国工业经济联合会、中国工业报社

二○○五年八月

目录

综合篇
——2004年中国工业概况

行业篇
——2004年中国主要工业行业运行概况

目录

地方工业篇
——2004 年中国主要地区工业运行概况

目录

行业点评

目录

（根据国家统计局2004月报整理）

工业行业主要数据

目录

目录

(以上数据由国家统计局提供)

政策法规篇

目录

专题研究

重点领航企业风采篇

目录

目录

目录

大事记

附 录

一汽—大众汽车有限公司

一汽一大众汽车有限公司是由中国第一汽车集团公司、德国大众汽车股份公司、德国奥迪汽车股份公司及大众（中国）汽车投资有限公司合资经营的大型轿车生产企业，于1991年成立，1996年全面建成投产，1997年8月通过国家验收，1998年4月30日通过德国莱茵技术监督顾问有限公司（TUEV公司）和中国汽车认证委员会质量体系认证中心ISO9001质量体系认证，并于2002年12月19日获得ISO14001环境管理体系认证证书。项目总投资111.3亿元人民币，注册资本37.1亿元人民币。公司成立十多年来，累计向国家上缴税金308.6亿元。

一汽一大众公司位于长春市西南部，占地182万平方米。经过不断发展，现以具备年产40万辆整车、36多万台发动机、18万台传动器的生产能力。一汽一大众公司含销售公司、3个生产厂、11个部门和6个直属科，现有正式员工约8800多人，其中管理人员约为1900多人。

1991年，国家对外经济贸易部确认一汽一大众为“先进技术企业”，1995年，国家统计局授予一汽一大众为“中国汽车制造名优企业”。1998年，“一汽一大众汽车有限公司十五万辆轿车项目”获1998年度汽车工业科技进步一等奖。2001年、2002年，公司连续被美国著名杂志《财富》评为“中国最受赞赏的外资企业”。2002年，公司荣获“中国机械工业核心竞争力100强”之首的荣誉称号。

一汽一大众的公司的主导产品是捷达系列、奥迪系列、宝来系列、高尔夫系列及开迪轿车。

经过快速发展，一汽一大众生产、销售每年都以30%-50%的速度递增，累计向国家上交的税金已大大超过建厂投资。目前，一汽一大众全员劳动生产率为29、2辆／人年，达到国际汽车工业劳动生产率水平。

地址：长春市东风大街安庆路5号

邮编：130011

电话：0431－5750152

传真：0431－5990130

上海大众汽车有限公司
SHANGHAI VOLKSWAGEN

上海大众汽车有限公司是中德合资的轿车生产企业,成立于1985年3月,注册资本100亿元人民币。年生产能力超过45万辆,已形成桑塔纳、桑塔纳3000、帕萨特、波罗、高尔、途安五大平台六大产品系列,是国内生产规模最大的现代化轿车生产基地,并拥有分布最广的销售和售后服务体系。上海大众以"追求卓越,永争第一"为核心价值观,不仅要成为全国一流的企业,更要顺应全球经济一体化的潮流,跻身世界一流的轿车企业。

Established in March 1985, Shanghai Volkswagen Automotive Co., Ltd. (hereinafter called SVW) is a Sino-German car-making joint venture. The registered capital of SVW is 10 billion Yuan with an annual production capacity of over 450,000 units. SVW now has six product series of dozens versions based on five platforms including Santana B2, Santana 3000, Passat, POLO, Gol and Touran, becoming the biggest car-making base with the most comprehensive sales and after-sales service network in China. Led by the kernel philosophy of "Pursuing excellence and always keeping first place" and in addition to being one of the first rate enterprises in China, SVW will strive to become one of the first rate carmakers in the world in conformity with the economic globalization trend.

上海大众汽车有限公司
地址：上海市安亭洛浦路63号
邮编：201805
电话：021－59561888
网址：http：//www.csvw.com

CROWN
CROWN 皇冠

COROLLA 花冠

VIOS 威驰

LAND CRUISER 陆地巡洋舰

一汽丰田汽车销售有限公司（英文名称：FAW Toyota Motor Sales Co.,Ltd.）是为满足迅速发展的中国汽车市场及日益多样化的消费者需求，由一汽集团、丰田汽车公司共同出资，于2003年9月25日正式成立的合资经营企业。

公司注册资金为2500万美元，经营范围主要包括国产丰田车、达路品牌及其零部件、用品的销售及售后服务；市场营销策划、咨询；对相关经销商及汽车修理厂提供咨询及培训服务。

公司总部设立在北京，同时分别在成都、天津、长春、广州、上海、北京开设分公司。

公司目前主要销售COROLLA花冠、VIOS威驰、LAND CRUISER陆地巡洋舰、PRADO普拉多、COASTER柯斯达、以及DARIO·TERIOS达路·特锐六款车型，另外CROWN皇冠也已在2005年春季投入中国市场。

截止到2004年12月，公司在全国认定并开业的经销店已达到141家。我们要通过魅力无穷的丰田品牌国产车，和世界水准的销售和售后服务体制，实现客户满意度第一，为中国汽车工业的发展做出贡献。

PRADO 普拉多

TERIOS 特锐

COASTER 柯斯达

通信地址：北京市朝阳区光华路一号嘉里中心南楼三层	**电话：**010-85296688	http://www.toyota.com.cn
邮政编码：100020	**传真：**010-85296660	**丰田汽车顾客服务中心：**8008101210（免费）或010-64629300

ransit全顺系列

ransit全顺商用车福特品牌，国际品质，畅销世界30余
而历久不衰，成为商用车族中最成熟的主流车型。宽
舒适的乘坐空间、随外可见安全设计，充分体现出全
以人为本、尊重生命的设计理念。性能稳定、持久耐
、实在、实惠、实用、大空间、大气派、多品种、多
途的全顺汽车，是机关团体、企事业单位业务上的好
伴。

江铃轻卡系列

铃·凯运

江铃·凯运，中国轻卡的杰出代表。浓缩五十铃技术精华，
能省油，持久耐用，经济实惠。全新设计的外形线条流畅、
洁大气，具有强烈的时代气息。超越常规的内饰的配置极尽
华，新增中控门锁、电动车窗、仿桃木内饰、流线型驾驶仪
盘、可调式软质方向盘、防眩后视镜、组合尾灯、倒车雷达打
出轻卡配置新标杆。

JMC轻卡

江铃JMC轻卡纯正五十铃血统。国际领先五十铃工艺技术的娴熟运用，保证了JMC轻卡整车性能稳定、持久耐用、品质卓越。整车配备JX493Q1(4JB1)柴油发动机，排放达到欧II环保标准，高效节能、动力强劲、使用成本低；舒适的驾驶环境、人性化的设备配置、亲和俊朗的外形使江铃JMC轻卡成为了中国轻卡市场上的经典车型。

工铃宝典系列

江铃宝典是(中日合资)江铃五十铃汽车有限公司采用
十铃技术生产的精品皮卡，该轻型皮卡在保持纯正五
铃血统的基础上更注重制造工艺的完美和人性化的功
设置，线条流畅、格调幽雅、节能省油、舒适耐用，
质达到国际水平。

东风汽车股份有限公司
公 司 简 介

俄罗斯冲压线和日本模具

德国杜尔公司高速静电旋杯工艺油漆线

美国DCT公司引进的焊接装线及模具

一对一混流亚洲最长装配线

襄樊雄踞中原腹地，据守汉水中游，毗邻豫、川、陕、渝，文化底蕴深厚。汉光武帝刘秀、三国军事家诸葛亮、唐代大诗人孟浩然、宋代书法家米芾等都在这里留下了足迹。襄樊素有“南船北马、七省通衢”之称.水、陆、空立体交通发达，汉十、荆襄高速公路穿境而过，“东风汽车”就建设在这里。

东风汽车股份有限公司(简称“东风汽车”)，是成立于1999年的上市公司。公司以高新技术为起点，现拥有汽车分公司、铸造分公司、东风裕隆汽车销售有限公司51%的股份及东风康明斯发动机有限公司50%的股份。主营业务是制造和销售东风系列轻型商用车、东风康明斯发动机及相关零部件。东风轻型商用车形成了"东风小霸王"、"东风多利卡"、"东风金刚"、"东风之星"、"东风信天游"皮卡等全系列、多品种、宽型谱的400多个品种，汽柴并举，高中低档兼有，排放完全达到欧Ⅰ或欧Ⅱ标准，产品结构覆盖轻型卡车、皮卡、微型车、轻客、客车底盘等系列车型。

“东风汽车”致力于创新与发展，综合实力强大，成长业绩瞩目。先进的设备和工艺、完善的质量管理体系、强大的研发实力和严格筛选配套企业，东风轻型商用车始终保持高品质。2003年公司积极引进日本先进的管理模式及计划，联合研发新一代轻型卡车和动力总成，以开的国际化技术视角，逐步发展成拥有国际竞争力的实力型企业。作为东风事业群的重要组成部分，东风轻型车自1993年建设以来，已累计社会提供了25万辆，其中提供给部队的“东风小霸王”军车5000多辆。2002年整车销售从2001年轻卡行业第五跃居行业第二。2002年东风小王全国增量第一，配装朝阳4100小霸王全国销量第一；东风多利卡3吨级轻卡销量全国第一。

“东风汽车”自创立起，秉承“关怀每一个人，关爱每一部车”的企业理念，不断整合和优化研发、制造、销售的价值链，迄今已发展成为拥9个分（子）公司，65亿总资产的东风伞下公司，连续荣获各种荣誉。2002年被美国《财富》杂志旗下的贝恩公司评为中国持续盈利增长型的家上市公司之一；被中国科学院评为“全国百家最有竞争力的企业”之一；2003年被中国诚信建设成果展组委会推选为“中国十大诚信企业”一。面对激烈竞争的国内外汽车市场，“东风汽车”锐意进取，将激活想象、凝聚信念、焕发追求，表达“东风汽车”对客户、对社会的郑重诺。■

DFAC

制造商：东风汽车股份有限公司　　总经销：东风裕隆汽车销售有限公司

地　址：湖北武汉经济技术开发区创业道银城大厦

销售热线：0710-3320018　　服务热线：027-84210315　　备件热线：027-84211278

CNHTC

中国重型汽车集团有限公司

CHINA NATIONAL HEAVY DUTY TRUCK GROUP CO.,LTD

企业简介

总装配线

中国重型汽车集团有限公司(简称中国重汽)总部坐落于山东省济南市，是国内主要的重型载重汽车和军车生产基地。以开发和制造中国第一辆“黄河”牌重型汽车、成功引进“斯太尔”重型汽车生产项目和与沃尔沃合资生产具有当代国际水平的重型汽车而闻名。

2001年1月18日，中国重汽经过改革重组，对企业进行了再造，重新构架了企业运营机制，焕发了企业活力。

中国重汽目前在济南地区设有济南卡车股份有限公司、济南华沃卡车有限公司、济南商用车有限公司、特种车事业部和客车公司。中沃双方合资生产沃尔沃发动机的股份制企业即将在济南破土动工。山东地区的企业还有潍坊柴油机厂、青岛专用车公司和泰安五岳公司；省外企业包括杭州汽车发动机厂、重庆油泵油咀厂等。设在济南总部的技术发展中心作为国家级的企业技术中心，为重汽的产品开发和研制提供有力的技术保障。目前，中国重汽拥有各种专利378项，拥有HOWO、斯太尔王、斯太尔、斯太尔-III、黄河王子、黄河少帅、飞龙、黄河等系列800多个车型的产品，全面覆盖了用户对重型汽车的需求。

目前，中国重汽拥有两个上市公司，即A股“中国重汽”和H股“潍柴动力”。

中国重汽积极推动市场营销网络建设和4S店建设，全力打造“亲人”服务品牌，建立起了覆盖全国的销售服务网络。目前在各地设有32个销售分公司，经销商达490余家，维修服务站360余家。同时，不断加大市场营销和广告宣传的力度，市场占有率明显上升。目前在大功率、大吨位重型汽车方面中国重汽优势突出，其中载重15吨以上重型汽车销量约占全国市场份额的40%，20吨以上重型汽车销量约占市场份额的80%左右；达到欧II排放标准的发动机方面更具有明显的技术领先优势和资源优势。

不断地否定昨天，科学地安排今天，勇敢地创新明天。中国重汽一心一意打造中国重型汽车第一品牌，要把中国重汽建设成为国际知名的重型汽车工业基地，为国民经济的发展做出更大的贡献。

地址：济南市无影山中路53号
邮编：250031
电话：0531-5582114
销售咨询热线：0531-7565718
亲人服务热线：8008606016
网址：www.cnhtc.com.cn

产品创新

中国重汽 成熟重卡 一步到位 步步到位

HOWO 系列

斯太尔王 系列

斯太尔 系列

斯太尔-III 系列

黄河王子 系列

黄河少帅 系列

技术创新

焊装机器人

装配线

涂装线

检测线

中国重汽卡车生产基地

陕西汽车集团有限责任公司

近两年陕西汽车集团有限责任公司（以下简称陕汽集团）以实现企业可持续发展为目标，大力开展“双优”工程，通过广泛吸收社会资本，成功实现了全国汽车行业率先与民营上市公司湘火炬的合资合作，使集团生产能力迅速提升，达到年产各类汽车3万辆，重型车桥5万根的能力。

目前陕汽集团拥有陕西重型汽车有限公司等11个参股及控股子公司。产品品种覆盖4大类1000多个品种序列，并进入2003年中国500强企业。陕汽集团拥有固定资产10亿元，职工10000余人，于1999年通过了ISO9001：1994质量体系认证，2003年又通过了中国国家强制认证（3C）、GJB9001A—2001国军标认证及ISO9001：2000质量体系认证。

陕汽集团自80年代引进奥地利斯太尔重型汽车及德国曼公司大客车（底盘）设计制造技术，2003年又与德国曼公司签署长期战略合作协议，独家引进其畅销全球的重卡生产技术，形成了中国重型汽车升级换代新产品，成为国家选型对比试验后保留的指定装备我军的重型军用越野车生产基地。

公司拥有自营进出口权，其生产的军用越野车先后参加了举世瞩目的建国35周年及50周年国庆阅兵仪式，受到国务院及中央军委的多次嘉奖。

2004年陕汽集团遵照“培育品牌、提升管理、积蓄力量、谋求超越”的企业工作方针，加快国际合资合作和新基地的建设步伐。到今年6月底，集团公司已累计完成汽车产销量1.44万辆，实现工业总产值25.48亿元，销售收入22.99亿元，利润总额3769万元，利税总额5114万元。预计到2004年底，企业实现销售收入超过50亿元，产销汽车2.7万辆，利润总额1.9亿元。

面对经济全球化的挑战，陕汽集团将以强大的科技开发能力、大规模的生产能力、不断创新的市场开拓能力、崭新的企业文化凝聚力和先进灵活的管理能力，参与国际、国内市场的竞争，为中国汽车工业的大发展，为西部大开发和陕西经济的跨越式增长，做出更大的贡献。

陕西汽车集团有限责任公司董事长　张玉浦

德国总统约翰内斯·劳访问陕西期间，张玉浦董事长作为陕西省优秀企业家代表受到德国总统的亲切接见

陕汽为全面提升产品技术平台，于2004年5月18日在北京钓鱼台国宾馆与德国MAN公司举行了全面合作及重卡技术转让签约仪式

董事长：张玉浦

地址：西安市幸福北路39号

邮编：710043

电话：029-83388331

传真：029-82527664

网址：www.sxqc.com

WISCO

武汉钢铁（集团）公司

WUHAN IRON AND STEEL (GROUP) CORP.

厂前广场

武汉钢铁（集团）公司于1955年10月破土动工，1958年9月13日正式投产。武钢厂区坐落在武汉市青山区，占地面积21平方公里。现已具备年产钢铁各1000万吨的综合生产能力，拥有从矿山采掘、炼焦、烧结、冶炼、轧钢等一整套工艺设备，是我国主要的板材生产基地。主要产品有热轧卷板、冷轧卷板、镀锌板、镀锡板、冷轧硅钢片、彩色涂层板以及大型型材、线材、中厚板等几百个品种，还生产除钢铁以外的其他副产品。近年来，武钢先后获得国家技术创新奖、全国质量效益型先进企业、全国用户满意先进单位、全国企业管理杰出贡献奖和全国先进党组织、全国精神文明建设先进单位等荣誉称号。2003年武钢股份荣获全国质量管理奖。

武钢将坚持科学发展观，坚持“品种、质量、环境、效益”并举的方针，为在“十五”末期把武钢建成国际一流的现代化钢铁企业，形成1400万吨钢的生产能力，建成花园式工厂，成为我国汽车板和硅钢片的主要生产基地而努力奋斗。

青钢党委书记、董事长、首席执行官
王玉科在国际钢铁大会上作精彩发言

新世纪、新青钢

——青岛钢铁控股集团有限责任公司

青岛钢铁控股集团有限责任公司（以下简称青钢），坐落于沿海港口城市——青岛，具有天然的地理优势，是青岛10大企业集团之一，中国34家重点钢铁企业之一。

青钢始建于1958年，曾经为地方经济建设做出过重要贡献。然而，在计划经济向市场经济的转变过程中，由于观念落后、设备陈旧、管理混乱、机制不活等原因，一度陷于困境，连续两年亏损达1.2亿元，资产负债率高达83.75%。1997年2月，青岛市委、市政府调整了青钢领导班子，由王玉科出任总经理，新班子提出了"艰苦奋斗、廉洁勤政、关心职工、政绩突出"的口号，确立"一年扭亏，二年赢利，三年大发展"的目标，带领青钢人开始了艰难的创业历程。他们针对中国冶金行业生产规模急剧扩张，普通长线钢材产品生产过剩、利润逐渐减少的形势，坚持走品种、质量、效益型道路，充分发挥人才、技术优势，用生产普钢的设备通过技术改造来生产特钢，开发生产出一批批特钢产品，提高产品的科技含量和附加值，使产品由普通钢材向特殊钢材和精品钢材转移。到1997年底，青钢从步履维艰的境地一举扭亏为盈，当年实现利税5477万元，利润1175万元，打了一个翻身仗。之后，青钢在激烈的市场竞争中始终保持着旺盛的发展势头，持续7年不断增加盈利，2004年生产经营取得了历史上的新突破：共生产烧结矿223万吨，生铁217万吨，钢225万吨，钢材216万吨，实现销售收入179亿元，利润5.5亿元，上交税金11.5亿元，创建了青钢历史上最好的成绩。如今，青钢已具备年产铁400万吨，钢400万吨，材400万吨的规模，各项主要经济指标进入全国冶金企业先进行列。短短几年的时间，青钢实现了由粗放型经营管理向集约型经营管理的转变，企业经营状况发生了根本性的变化。

青钢坚定不移的走质量、品种、效益型道路，于1998年1月顺利通过了中国冶金工业质量体系认证中心ISO9002质量体系认证，培育出一批技术含量高、产品质量好，具有较强竞争力的青岛市、山东省名牌产品，全国冶金质量金杯奖和国家级新产品。从1997年以前以普材为主、品种规格单一的局面，发展到今天具有品种多样化、规格系列化的上千个品种规格的产品，形成了焊丝系列、焊条系列、硬线系列、软线系列，热轧、冷轧带肋钢筋和焊接钢筋网系列等品种体系，其中焊丝焊条钢已占全国市场的

邯郸钢铁集团有限责任公司

董事长、党委书记：刘如军

总经理：王义芳

邯钢是1958年建厂投产并逐步发展起来的全国特大型钢铁联合企业。截至2003年底，共有职工38258人，拥有总资产267.36亿元，固定资产原值195.21亿元，净值131.43亿元，形成了600万吨钢的年生产能力。主要产品有：型材（角钢、槽钢、矿用钢）、棒材（圆钢、螺纹钢）、线材（普线、高线）、板材（宽厚板、中板、热轧薄板、酸洗板、镀锌板、彩涂板、冷轧薄板）以及焊管等系列产品。其中，高强度船板钢A32、A36通过了6国船级社认证，热轧带肋钢筋被中国质协评为“全国用户满意产品”。

持续的改革创新，使邯钢迈上了发展的快车道。特别是近几年来，坚持用高新技术和先进适用技术改造提升传统产业，建成了具有世界先进水平的薄板坯连铸连轧、酸洗镀锌等一批现代化生产线，开工建设了年产130万吨的冷轧薄板生产线，加速了产品结构的优化调整，板材比达到65%以上，竞争实力发生了质的飞跃，经济效益连续多年在全行业保持先进水平。2003年，集团产钢606万吨、生铁506万吨、钢材578万吨，实现工业总产值（1990不变价）89.78亿元，销售收入180.37亿元，利税总额24.12亿元。企业综合实力位于河北省第一并跃居全国工业企业第39强,中国500强企业第87位，全国纳税百强企业第76位。

面对新的战略机遇期，邯钢结合学习贯彻“三个代表”重要思想和党的十六大精神，按照科学发展观的要求，围绕建设国际水平现代化邯钢的总体战略目标，以深化完善模拟市场核算机制为主线，大力推进产业升级、管理创新、人才强企和文化推动战略，打造“精锐邯钢、绿色邯钢”，力争早日把邯钢建设成为中国优质板材基地。

邯钢酸洗镀锌生产线是我国第一条以热卷板为原板的生产线。图为邯钢热卷板镀锌时的场景。

具有20世纪90年代先进水平的邯钢薄板坯连铸连轧生产线年产板材能力达到250万吨。图为该生产线轧制时的情景

邯钢百吨转炉正在生产。

地址：河北省邯郸市复兴路232号
编码：056015
电话：0310-6072141
传真：0310-6071970
电子信箱：hgjt@mail.hgjt.com.cn

邯钢2000m³高炉夜景

邯钢彩涂生产线

邯钢三米四辊中板轧机生产现场

首钢集团

集团简介

首钢建于1919年，解放前30年累计产铁28.6万吨。解放后首钢获得了新生，1958年建起了我国第一座测吹转炉，结束了首钢有铁无钢的历史；1964年建成了我国第一座30吨氧气顶吹转炉，揭开了我国炼钢生产新的一页；在我国最早采用高炉喷吹煤技术，二号高炉使用37项国内外先进技术，成为我国第一座现代化高炉。改革开放以来，首钢获得了巨大发展，1994年钢产量达到824万吨，列当年全国第一位；同时发展成为以钢铁业为主，兼营采矿、机械、电子、建筑、房地产、服务业、海外贸易等多种行业，跨地区、跨所有制、跨国经营的大型企业集团。首钢集团以首钢总公司为母公司，下属股份公司、新钢公司、矿业公司、高新技术公司、机电公司、特钢公司、国际贸易工程公司、房地产公司、建工集团、军工集团、实业公司等子公司，在香港有4家上市公司，在南美洲有首钢秘鲁铁矿等海外企业。1979年到2003年，首钢累计向国家上交利税费358亿元。2004年首钢集团预计销售收入620亿元，实现利润12.47亿元；集团在册职工12万人。

首钢集团发展战略总体构想是：做强做大核心产业钢铁业；大力发展具有高新技术含量和竞争能力的电子机电业、建筑业、服务业、矿产资源业等优势产业；提升拓展海外事业。集团销售收入和职工收入到2005年比2000年翻一番，到2010年力争再翻一番，把首钢建设成为在钢铁业和综合实力方面处于全国领先水平的大型企业集团。

1/2以上。焊接用钢等主导产品始终处于领先地位，主宰着国内市场并相继挺进韩国、美国等国际市场，在国内外享有很高的美誉度。青钢品牌2004年获中国500最具价值品牌，名列全国第92位，在中国冶金行业和山东省均排名第5位。产品荣获青岛市、山东省名牌产品，全国冶金质量金杯奖和国家级新产品称号，主导产品荣获中国钢铁市场产品质量用户满意第一品牌称号。企业被评为青岛市“九五”突出贡献单位、“AAA”级信誉企业，在冶金企业排名第21位，并名列全国1948家大型工业企业的第71位。

青钢坚持低成本的企业发展战略，通过实现全连铸、配套烧结、炼铁工序等技改措施，优化生产工艺结构，使生产成本以平均年8%的速度降低；与全国同类冶金企业相比，有83%的主要经济技术指标达到全国同类冶金企业前5名。与此同时，青钢的管理效益指标进入了全国同行业前列。

坚持“市场为家、用户为王”理念，使销售收入平均以年39%的速度递增，产品产销率达到100%，资金回笼率100%。并进入全国冶金企业盈利能力最高的8强企业。在提高经济效益的同时，青钢不断提高职工收入，改善职工的生活条件，职工年人均收入由1997年的7900元增加到2003年的21000元，为职工解决住房1300多户。购置客车40多部，市内职工上下班全部由班车接送，为职工改善了交通条件。青钢坚持，事业的发展是对职工的最大关爱，必须融职工福祉于事业中。本着对人的高度关爱，建立了“先开渠，后放水；转岗不下岗，分流再培训，合格再上岗”的人力资源配置原则与机制，勇敢地承担起了“社会责任”，青钢主体企业无人下岗，全集团也基本上没有推向社会的人员。以淘汰落后工艺、发展企业为手段，分流安置集团内困难企业职工3000多人，干部职工情绪高涨，人心向上，有效地促进了企业的发展和社会稳定。

青钢坚持“管理是企业的总导演”，严格实施董事长王玉科总结和创建的全控联动“五个日”管理法，将生产、设备、质量、安全、营销等各项专业管理，全面纳入全控联动管理系统之中“五个日”全控联动管理的全面推行，发挥了对企业潜在能量的巨大催裂促变功能。它不仅催化了人的“自 亻动 化”（日本丰田大野用词），而且大大催化了企业资源能量的裂变。一方面，产品成本大幅度降低；另一方面，在有效生产和有效思想指导下，产量大幅提高。每天实行“日目标、日反馈、日分析、日考核、日工资”，使单位和个人的生产经营成果和工作绩效同报酬直接挂钩并及时体现，人人“头脑有数字”，个个“肩上有指标”，实现全员参与、全过程控制、全方位管理。

成功，是青钢人永恒的主题。今天青钢正以更高、更快的速度，向着更优、更强的精品钢铁基地目标奋进。明天的青钢，将建设成为装备现代化、管理科学化、产品多元化、经营市场化的国内一流钢铁强势企业，将以崭新的姿态、崭新的形象，铸就新的辉煌……

青钢高速线材生产线

为填补国内板带钢材短缺，青钢经过广泛考察论证，聘请了国际著名冶金钢铁企业--奥钢联公司的专家，对该套设备的技术情况、经济效益情况进行了综合评估。最终青钢在竞标中战胜了10多个竞争对手，以不到设备原值及改造费用1/10的价格，成功地将这套设备收入囊中。该技术设备具有国际领先水平，它的引进，标志着青钢在淘汰落后工艺、加快结构调整和技术升级上迈出了重要步伐。

青钢倡导“厚德载物、积贤为道”的文化理念，以“求新、求异、求变”的企业精神，以舍命以赴的工作作风，以“安全为天、质量为命、育人为本、科技为先、管理为头、市场为家、用户为王”的治厂方针，建立了以市场为导向，以销售为龙头，以产品开发为中心，以质量为保证的销、开、产、供一条龙经营机制，实现了现代科学管理与老企业的对接。

成功，是青钢人永恒的主题。

今天青钢正以更高、更快的速度，向着更优、更强的精品钢铁基地目标奋进。

明天的青钢，将建设成为装备现代化、管理科学化、产品多元化、经营市场化的国内一流钢铁强势企业，将以崭新的姿态、崭新的形象，铸就新的辉煌……

先进的自动化生产控制室

地址：山东省青岛市李沧区遵义路5号　　邮编：266043
电话：0532-4816761　　传真：0532-4816057

番禺珠江钢管有限公司

番禺珠江钢管有限公司1993年成立，现资产12亿多元，占地四十多万平方米，员工900多人。公司拥有从美国等发达国家引进的ERW、JCOE、UOE三条直缝焊管生产线，年生产能力60万～135万吨，是中国最大的直缝焊管生产和出口基地。

1996年，公司通过了美国石油协会API、英国BSI和香港品保局ISO9001国际质量体系认证。2000年成为直缝焊接输送钢管国家标准的主要起草单位。2001年，被认定为“广州市高新技术企业”，并经国家人事部批准设立了“博士后科研工作站”，2003年公司技术中心被认定为“省级企业技术中心”。

凭借先进的设备、优良的管理、高素质的人才优势，公司产品屡获殊荣：1996年获“广东省优秀新产品”；历年获国家冶金工业部“冶金产品实物质量金杯奖”；1999年获“广州市名牌产品”、“广东省优质产品”、“广东省名牌产品”称号；2001年先后获“广州市用户满意产品”、“全国用户满意产品”、“广州市著名商标”、“广东省著名商标”等荣誉称号……

公司直缝焊管产品广泛应用于石油、天然气、石化、城市燃气、建筑工程等领域，曾为新疆油田、兰－成－渝管线、伊朗国家石油公司、孟加拉气体储运公司、印度燃气局、国家大剧院、广州丫髻沙大桥、广州新会展中心、中海油海南环岛管线、中海油春晓气田群开发项目、中海油番禺/惠州气田建设项目等公司或工程提供了大量优质钢管，产品得到国内外广大客户的充分肯定与认可。

公司将继续保持不断创新的精神，朝着世界一流的焊管制造企业的目标不断迈进。

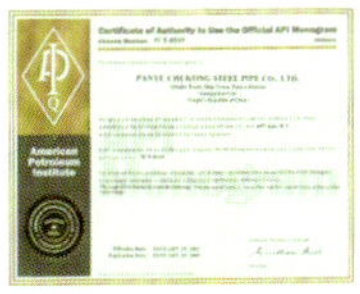

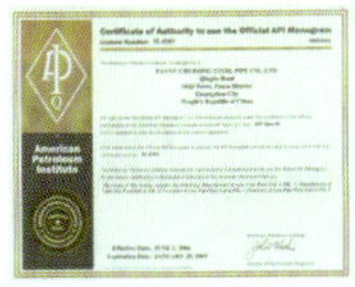

地址：广东省广州市番禺清河东路石基路段
邮编：511450
电话：020-84558888
传真：020-84850688

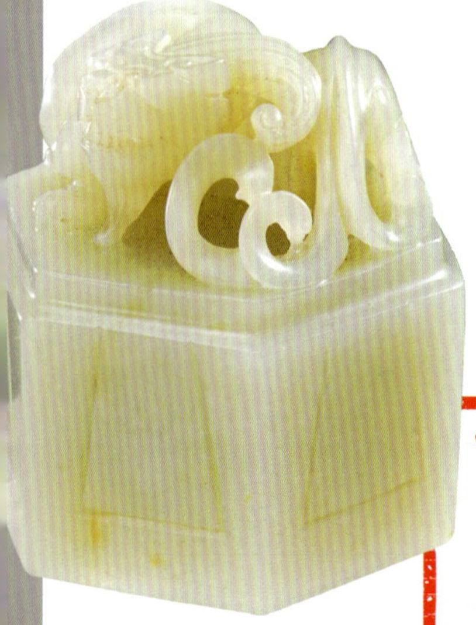

酒廠
茅臺

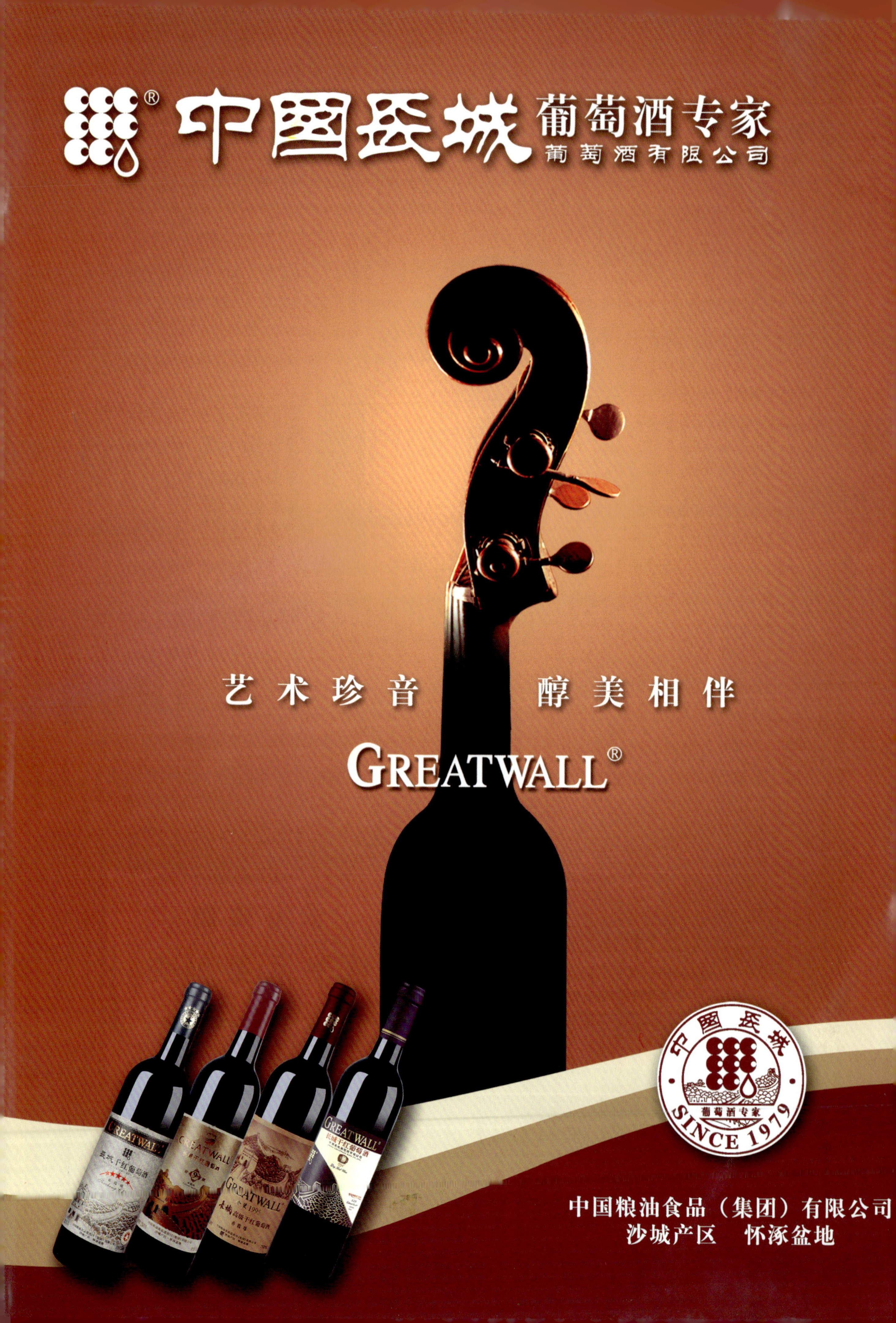
中国长城
葡萄酒专家
葡萄酒有限公司
艺术珍音 醇美相伴
GREATWALL®
中国长城
葡萄酒专家
SINCE 1979
中国粮油食品（集团）有限公司
沙城产区 怀涿盆地

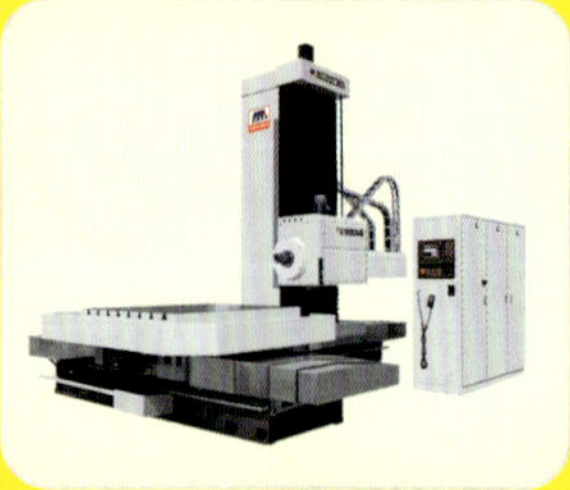

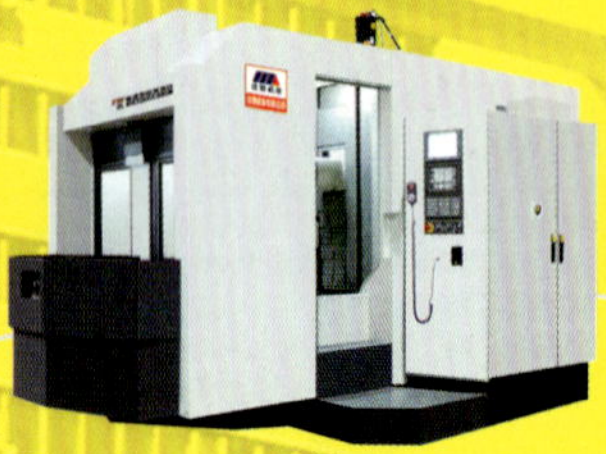

广阔的产品领域

为客户提供整套解决方案

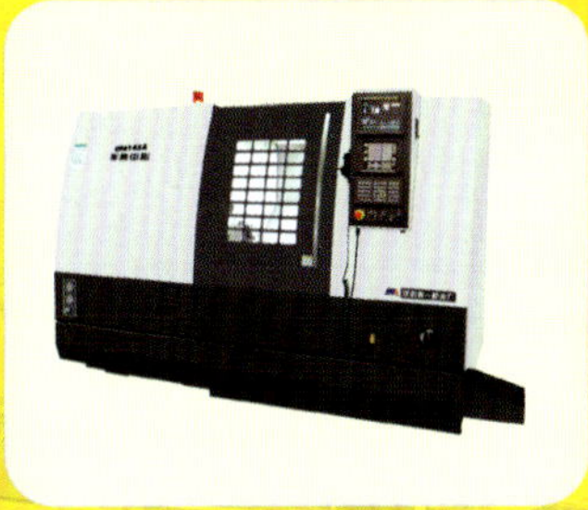

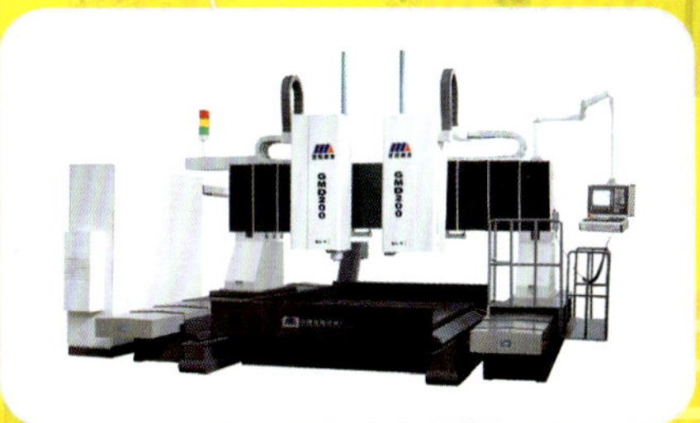

杭州机床集团有限公司是国内规模最大的平面磨床专业制造企业，1997年通过国家ISO9001质量体系认证。2002年度、2003年度销售收入在机床工具行业连续保持前十强。

杭州牌平面磨床在国内市场占有率高达40%。产品包括普通、精密、高精度等3个等级7大系列200个品种，已形成年产3000余台机床的制造能力。

产品系列：小规格系列手动平磨；磨头移动系列普通级平面磨床；十字拖板系列精密级平面磨床；数控缓进给强力成形系列磨床和数控剪刃磨床；数控龙门式系列大型平面、大型导轨磨床；数控、立轴双端面系列磨床；专用机床和数控铣床。

科研实力：精心研发成功并具有自主知识产权的HZ-K4020数控龙门系列磨床、MKLD7140数控双磨头缓进给成形磨床系列，在大型数控、成形磨削技术领域达到国内领先水平。开发成功HZ-073数控陶瓷切割机，标志着公司产品向非金属材料加工领域延伸。研发成功PMS-006A精密数控球面磨床，首创国内短圆弧轨迹成型高水准加工技术。

营销网络：先后在北京、广州、西安、成都、沈阳、武汉、无锡、浙江黄岩和宁波地等设立了办事处和维修中心，为用户提供更便捷的服务。

杭州机床集团期待着有机会向更多的用户提供机床和技术支持！

杭州 HZ M 杭州

杭州機床集團有限公司

HANGZHOU MACHINE TOOL GROUP CO.,LTD

DMTG
2004年中国企业500强
大型工业企业500强
中国机械工业100强、机床工业首位
中国机械工业核心竞争力20强
中国机床工具行业销售收入连续五年第一
DMTG牌数控车床——中国名牌产品
中国名优产品售后服务十佳企业
大连机床 装备世界
尽可想象，我们携手能够做到的事情
Imagine what we can do together

广州数控

——中国南方的数控产业基地

广州数控——中国南方的数控产业基地，国家863《中档数控系统产业化支撑技术》项目承担企业。十八年来致力于开发、生产机床数控系统，伺服/步进电机驱动装置，推广机床数控化改造、数控技术培训业务，开展数控机床贸易服务——集科、工、贸于一体。产品配套国内60多家机床生产企业，售后服务网点遍布全国，GSK系列产品更以高的性能价格比畅销全国，远销东南亚，产销量连续4年在国内遥遥领先。

DA98 系列全数字化交流伺服驱动装置

GSK980TA 车床数控系统

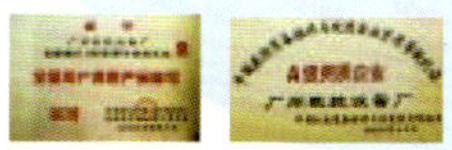

广州数控设备有限公司

地址：广州市罗冲围螺涌北路一街52号　邮编：510165
电话：020-81993293　81789649　81990819
传真：020-81993683
http://www.gsk.com.cn　E-mail:sale1@gsk.com.cn

广州数控设备有限公司系统服务部

地址：广州市罗冲围螺涌北路一街52号
电话：020-81986247
传真：020-81997083

驻外省(市)办事处联系地址

驻山东省济南办事处
电话/传真：0531-5973226
地址：山东省济南市天桥区西苑小区三区七号楼一单元502室

驻重庆办事处
地址：重庆市南岸区南坪东路7号1幢603室
电话/传真：023-62823546

驻河北省石家庄办事处
地址：河北省石家庄铁西街10号省十局宿舍2-1-203
电话/传真：0311-3025175

驻福建省泉州办事处
地址：福建省泉州市幸福街13号203室
电话/传真：0595-2202245

驻浙江省台州市路桥办事处
电话/传真：0576-2408016
地址：浙江省台州市路桥区新安小区111幢101室

驻浙江省玉环办事处
电话/传真：0576-7267448
地址：浙江省玉环县良总场1号楼201

驻浙江省宁波办事处
电话/传真：0574-87285272
地址：浙江省宁波市海曙区布政巷1号401室

驻浙江省杭州萧山办事处
电话：0571-82723373　传真：0571-82716363
地址：杭州市萧山区萧绍东路118号

驻浙江省永康办事处
电话/传真：0579-7261517
地址：浙江省永康市古丽镇虹霓村11栋4号二楼

驻江苏省无锡办事处
电话/传真：0510-2730181
地址：江苏省无锡市五爱北路西直街38号601室

上海电气电站集团总裁： 郑建华

简 介

上海电气集团股份有限公司是中国最大的装备业制造集团之一，其核心产业板块上海电气电站集团是从事发电设备制造和电站工程建设的专业集团，员工13000余人，拥有一流的人才资源和一流的装备资源。

集团积极实施科教兴市主战略，以一流的现代管理和国际化运作快速驶入世界经济发展轨道。2002年以来，火力发电设备的生产、销售量以及订单数量保持全球第一。尤其是近年来，集团全面突破传统管理模式，着力推进以发挥资源优势为核心的管理一体化，快速实现了主产品向大容量转移、产品结构向高端技术和清洁能源转移、产业向多元化转移的产业升级。2004 年，各项经济指标在国内发电设备制造业名列前茅，产销值双双超过百亿元。

集团注重自身发展,更注重用户利益。

地址：中国上海金都路3669号
电话：021-54429500
传真：021-54429550
邮编：201108
网页：www.secpg.com
电子信箱：secpg@secpg.com

主营业务：

发电成套设备和单机制造
电站工程总承包
发电设备和电站工程建设相关的服务项目

主导产品：

1000MW、600 MW、300 MW等级火力发电和核能发电设备

主要产品：

各种规格的火力发电机组，水力发电设备，风力发电设备，脱硫、脱硝设备，交直流电动机等

创新产品：

1000MW级及以上核电机组、燃气轮机、联合循环机组等

电力推我

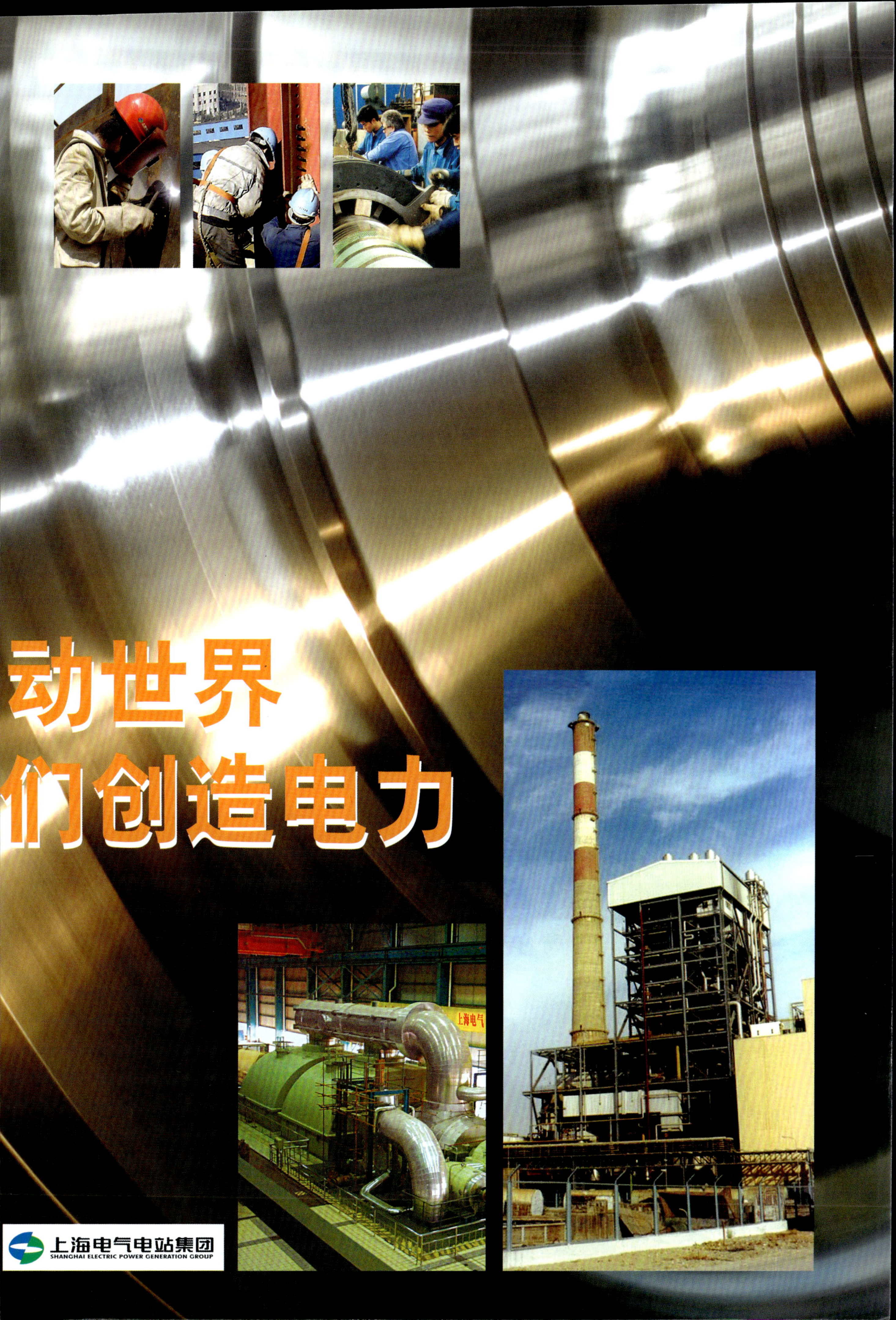
动世界
们创造电力
上海电气
上海电气电站集团
SHANGHAI ELECTRIC POWER GENERATION GROUP

天威保变 BAODING TIANWEI BAO

保定天威保变电气股份有限公司（简称“天威保变”）位于河北省中部保定市西郊，厂区面积66万平方米，北靠首都北京，东邻海滨城市天津，南邻河北省会石家庄，处于京津石三角地区的中心位置，铁路、公路四通八达，海运、空运极具优势。至2004年底，公司共有员工1772人，其中，高级技师13人，高级工224人，且每年都招收一定比例的专业人才，目前共有工程技术、企业管理中级专业人员520名，高级专业人员138名，正高级工程师12名。

作为两次荣获全国五一劳动奖状的保定天威集团有限公司的主体企业，公司秉承并发展了原保定变压器厂主要优良资产和大型变压器科研成果及产品品牌，已实现国有股份制改革并于2000年12月成功上市，目前已成为拥有12个子分公司，产品领域涉及变压器、互感器、吊装带、太阳能电池、涂层技术、密封胶垫、高压套管、变压器专用设备、IT技术等多产业的综合经济实体。

公司大力实施“科技兴企”战略，于1969年生产出220KV产品，1983年生产出500KV产品，并于2004年生产出国家第一台750KV变压器，国内单台容量最大的OSFPSZ－750MVA／500kV三相自耦有载调压变压器已并网投运，三峡电站4台SSP－840MVA／500kV发电机主变压器2003年～2005年交付使用，并自行设计开发了SFP－720MAV／500kV火电机组主变压器，国内第一套ODFPS－500kV／750输变电变压器和OSFPSZ－360MVA／500三相自耦有载调压联络变压器。天威保变正在致力于研制开发1000MVA／1000kV特高压变压器、300MVar／1000kV电抗器和±500KV、±800KV直流输电系统使用的换流变压器和平波变压器，公司产品向着高电压、大容量、低损耗、低噪声方向发展，以满足电力建设发展需求和不同客商的各种需要。

为确保产品质量，提高工艺技术水平，天威保变不断引进、更新设备及工艺装备。“八五”、“九五”期间，投入大量资金兴建了目前国内最大的超高压试验室及封闭的1000kV级产品装配车间，可生产单台容量1000MVA，电压1000kV级超大型变压器。“十五”期间投资3800万元对工厂进行了大规模技术改造，关键制造技术已基本达到德国西

天威集团

保定天威保变电气股份有限公司

地址：河北省保定市天威西路2222号　邮编：071056　电话：0312－3308511　3220381

托克托电厂OSFPSZ-360MVA/500kV三相自耦有载调压联络变压器

国产首台西北官厅500MVA/750KV特高压变压器

三峡水电站SSP-840MVA/550KV主变压器

秦山核电站二期工程DFP-250MVA/500kV发电机变压器

青海北郊OSFPSZ-240MVA/345kV三相自耦有载调压变压器

福州OSFPSZ-750MVA/500KV三相自耦有载调压壳式变压器

出口美国TX-300MVA/250KV移相变压器

SF-PQY-25MVA/110KV铁道平衡牵引变压器

沁北电厂SFP-720MVA/550kV主变压器

门子变压器厂的水平，并成功生产了三峡840MVA/550kV变压器。公司拥有精、大、稀设备300余台（套），如：从瑞士引进的500kW煤油汽相干燥设备；目前国内承载能力最大的载重600t平车；从日本进口的SVM-2500ET移动式真空机组，用于对变压器进行抽真空注油，完全满足特高电压产品真空注油的要求；还有组合式450t/225t铁心迭装滚转台，最大可迭装450t重的铁心；西德乔格公司1000纵剪线一条，1000×5000横剪线三条和800×4000横剪线一条，且硅钢片剪切毛刺均控制在0.02mm以下，等等。在试验能力方面，公司有220kV试验站、高压试验室、超高压试验室三个试验站，有冲击电压发生器、742型脉冲数字分析系统、冲击阻容分压器等高、新、尖仪器仪表100余台（套），工艺装备条件处于行业前列。2004年，公司成功引进直流输变电技术，更使天威保变的设计制造技术达到世界先进水平。

天威保变始终坚持质量品牌战略，已通过机械工业质量认证中心GB/T19001-ISO9001质量体系认证。公司生产的500kV变压器，自1983年投放市场以来，保持独家事故率为零的“金牌记录”。公司通过南非国家标准局生产能力认证，拥有进出口贸易经营权，产品已打入美国、巴基斯坦、伊朗、马来西亚和中国香港等30多个国家和地区。公司以管理求效益，通过了安全管理体系（GB/T28001）和环境管理体系（GB/T24001）认证，被评为“管理示范企业”及“中国企业信息化500强”。

传真：0312-3230382　3227502　网址：www.twbb.com　邮箱：bgs@twbb.com

调速
ACTIVATOR
SHAVERS ONLY
SOBEN
SOBEN

松本電工
SOBEN
开关之间·点亮人生
TÜV CERT
DIN EN ISO 9001:2000
Certificate:01100 019194
TÜV CERT
ISO 14001:1996
Zertifikat:01 104 010811
B5彩贝
系列开关插座
HB6银星
系列开关插座
B6雅居
系列开关插座
B9皇室
系列开关插座
C2.3/C2.8
安居系列开关插座
BGM系列
电工胶布
电线
电工排插
松本板业
您想智能
www.songben.com

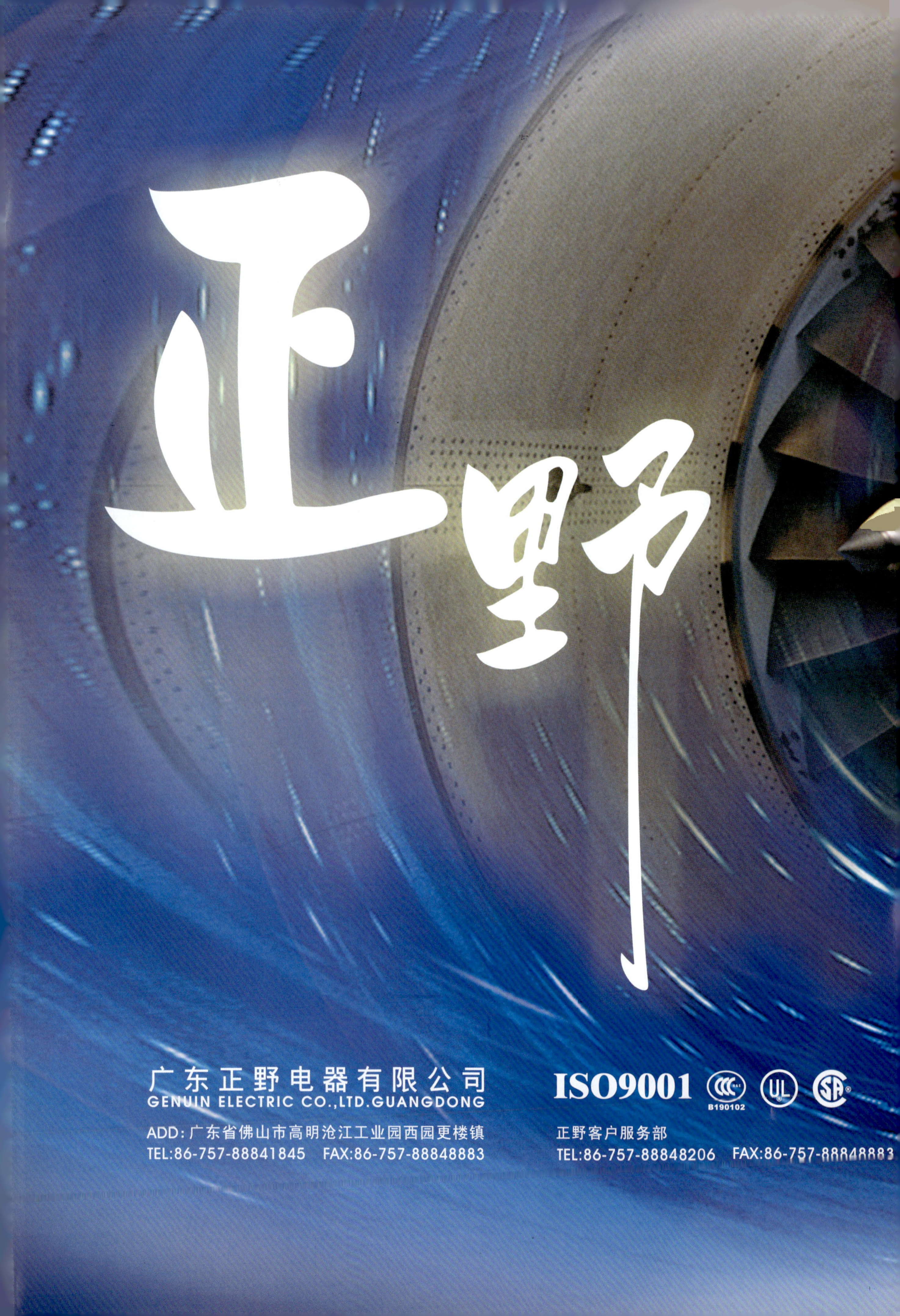
正野
广东正野电器有限公司
GENUIN ELECTRIC CO.,LTD.GUANGDONG
ADD:广东省佛山市高明沧江工业园西园更楼镇
TEL:86-757-88841845 FAX:86-757-88848883
ISO9001
B190102
正野客户服务部
TEL:86-757-88848206 FAX:86-757-88848883

正野
GENUIN
GENUIN
拨开迷雾·真我风采
超薄型换气扇
强力电风扇
DT系列低噪音柜式风
浴 霸
www.genuin.com

AUCMA 澳柯玛

澳柯玛中央空调

创立于2000年的青岛澳柯玛成套制冷设备有限公司，依托澳柯玛集团雄厚的经济和技术实力，研发适合市场需求的家用及商用中央空调设备。

公司遵循“推动技术革命、领导生活升级”的产品开发理念，秉承“没有最好、只有更好”的企业精神，凭借澳柯玛强大的品牌优势和制冷技术储备量和创新力，相继开发出水冷螺杆、模块机组、水源热泵机组、高静压风管机组、分体式风冷冷热水机组、NRV网络变频一拖多机组、ARV家用变频一拖多机组、户式工频一拖多、商用柜机、嵌入机等10大系列百余种型号的中央空调产品。公司产品涵盖了从主机到末端、从直接蒸发式系统到水系统、从电制冷到吸收式制冷的中央空调领域，可广泛适用于几十万平方米到几十平方米的大、中、小型商用及家用空间。

公司通过了ISO9001国际质量体系认证、ISO14001国际环境管理体系认证、OHSAS18001国家职业安全卫生管理体系认证；完善的质量管理体系有力地确保了产品的质量，现有产品通过国家3C认证，产品质量达到或超过了国家标准。公司于2004年先后获得“全国中央空调产品质量公证十佳品牌”；“质量管理、服务信誉用户双满意”；“《中国质量万里行》‘诚信.维权’重点保护品牌”等殊荣。

青岛澳柯玛成套制冷设备“立足于市场、服务于消费者”对“CEO”进行了新诠释：CUS-TOMER ENGINEERING ORIENTED（满足消费需求，导向行业发展）。澳柯玛中央空调以发展民族工业为己任，以提供最适合市场需要的中央空调产品及服务为不悔追求，凭质量赢得信誉，以诚信赢得市场，必将在中央空调这个竞争激烈的市场中创造辉煌！

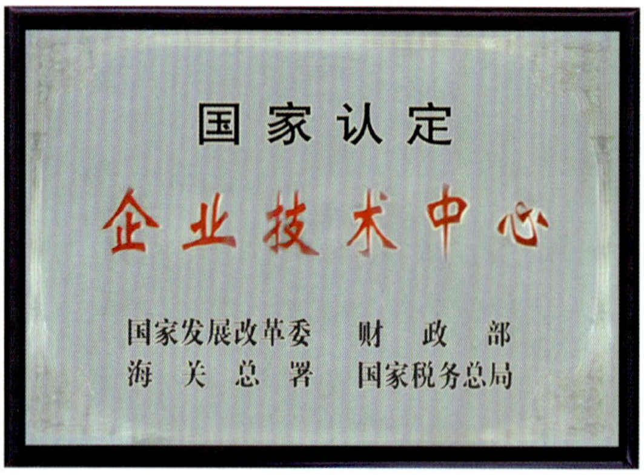

澳柯玛CEO中央空调

人本科技，首席风范

威龙——
水冷螺杆机组

游龙——
模块式风冷冷热水机组

潜龙——
水源热泵机组

灵龙——
分体式风冷冷热水机组

风行——
高静压风管机

风情——
户式工频一拖多

风雅——
嵌入机

风度——
商用柜机

天机星——
NRV网络变频一拖多

玉如意——
ARV家用变频一拖多

地址:青岛市经济技术开发区
前湾港路315号
销售电话: 0532-6765226/5520
技术电话: 0532-6765292
服务电话: 0532-6765678

追求卓越

——广州珠江电厂

广州珠江电厂位于珠江口西岸的广州南沙经济技术开发区，扼珠江口出海咽喉，地处珠江三角洲经济区几何中心和电力负荷中心，水陆交通十分便利。

它犹如一颗璀璨的明珠，把一片片光明从这里撒向富饶的珠江两岸，辉映着美丽的羊城内外；以年发电80亿千瓦时的电量支持着广东省的现代化建设。

广州珠江电厂总装机容量为4×300MW，分二期建设而成，总投资为60.5亿元人民币，主设备采用哈尔滨三大动力厂生产的30万千瓦国产引进型燃煤汽轮发电机组。一期为广州珠江电力有限公司，1994年1月正式投入商业运行；二期为广州东方电力有限公司，1997年12月正式投入商业运行。“广州控股”分别持有一期50%和二期75%的股份；香港新世界分别持有一期50%和二期25%的股份。

与时俱进

广州珠江电厂从融资建设、合资经营到运行管理，走出了一条大型基础产业项目利用外资建设和经营的新路子，开创了电力产业专业化经营管理新模式。至2003年12月，广州珠江电厂累计发电量516.91亿千瓦时，售电量490.79亿千瓦时。先后获得中国电力行业质量效益型先进企业特别奖、国家电力公司双文明单位、广州市优秀花园式单位、先进纳税单位、广东省先进集体等200多个荣誉称号，展示了优秀的社会品质和形象。

广州珠江电厂始终坚持“安全第一，预防为主”的方针，全面推进安全生产保证和监督体系、生产调度指挥体系、技术监督体系、技术经济指标分析体系、生产成本控制体系和设备可靠性管理体系的高效运作，同时大力挖掘设备潜力，积极推行设备状态检修和设备寿命管理，形成了珠江电厂独有的生产管理文化。

依靠ISO9000、ISO14000和OHSA18000的“三标一体化”管理体系，企业建立了规范的制度和完善的管理机制，创造了规范有序的生产环境，保持了良好的安全生产记录。

广州珠江电厂秉承“认真、清楚、务实、创新”的企业精神，坚持“追求发展、加快发展、持续发展”的经营理念，以一流的管理、一流的队伍、一流的业绩，不断创造新的辉煌。

“乘风破浪会有时，直挂云帆济沧海”，广州珠江电厂这艘充满生机活力的巨轮，正乘风破浪，扬帆起航，驶向那更加光辉灿烂的明天！

地址：广州南沙经济技术开发区
邮编：511457
电话：020-84688602
传真：020-84688805

上海轮胎橡胶(集团)股份有限公司
SHANGHAI TYRE & RUBBER CO.,LTD.
1934年，中国第一条汽车轮胎由“大中华橡胶厂”研制成功。
1964年，中国第一条全钢丝子午线轮胎由“大中华橡胶厂”研制成功。
1982年，中国第一条轿车子午线轮胎由“正泰橡胶厂”研制成功。
1992年，中国第一家轮胎行业上市公司——上海轮胎橡胶（集团）股份有限公司（大中华、正泰改制组建）。
2002年，中国第一条全钢丝子午线工程轮胎在上海轮胎公司研制成功。
见证历史 成就未来
DOUBLE COIN
回力
双钱
公司地址：上海市 四川中路63号 电话：021-33024666 邮政编码：200002 网址：http://www.cstarc.com

TAGC
唐山爱信齿轮有限责任公司
TANGSHAN AISIN GEAR CO.,LTD
经营理念——以品质至上为根本
*以取得用户的信赖为前提，创造新价值
本着长远的目标进行研究开发，向用户提供满意的产品，取得充分的信赖
*以中国第一为目标，赢得着实的发展
着眼全球竞争形势，同周遍环境相融和，确保实现中国市场上的主导地位
*尊重每个人的创造性和自发性
尊重每个人的创造性和自发性，形成洋溢着活力和创意的企业沃土，赢得企业的稳步发展
*向社会做贡献，同自然共生存
重视同自然的协调统一，以良好的企业市民形象取得周边社会的认可
TAGC
地 址：中国河北省唐山市丰润区幸福道48号 邮 编：063033
网 址：www.tagc.com.cn 电子邮件：admin@tagc.com.cn
电 话：0315-3086114 传 真：0315-3242352

佛山市南海电力器材厂

佛山市南海电力器材厂建于1992年，位于佛山市南海区大沥镇桂江公路，是原机械工业部、电力工业部定点生产高、低压成套设备，是具有高、低压生产许可证的企业。并获得3C认证和ISO9001:2000质量体系认证。

本厂拥有雄厚的技术力量，在产品开发研制方面有显著的优势。1999年自行研制的FZW30-12/630-20型户外交流高压隔离负荷开关，获得了国家专利。而低压无功动态自动补偿装置是我企业新研制的产品。我们以“对用户负责，让用户满意”为宗旨，以优等的质量和优质的服务为用户提供满意的产品。

隔离负荷开关

低压无功动态自动补偿装置

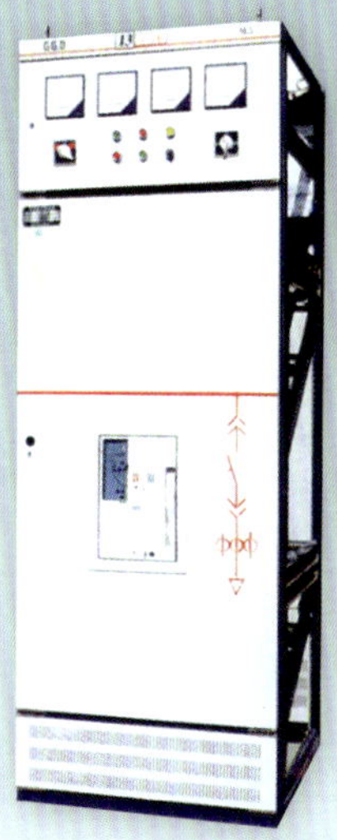

交流低压配电箱

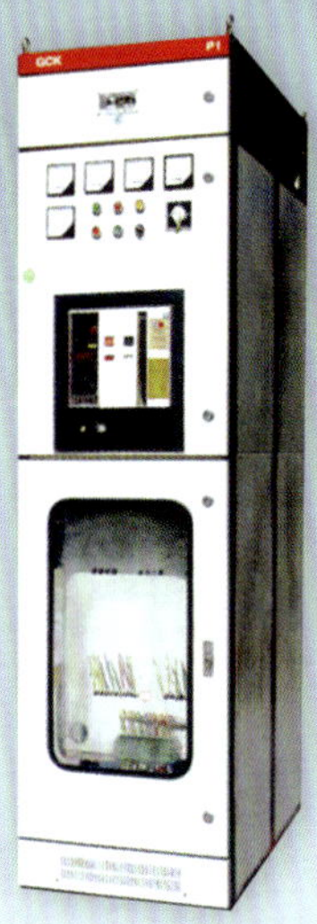

低压抽出式开关柜

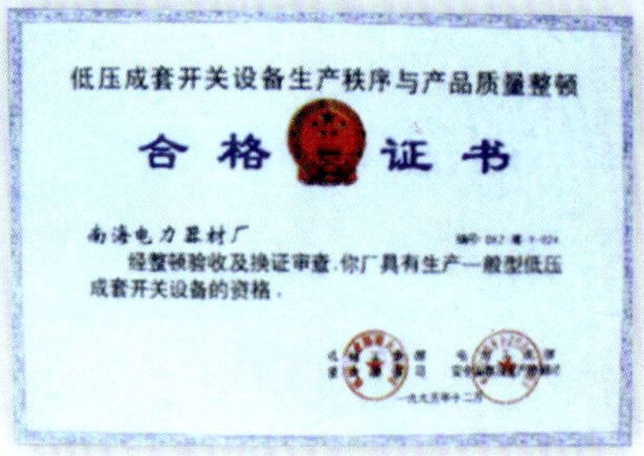

地址：佛山市南海区大沥水头工业区桂江公路侧

电话：0757-85554766　85526171　85556277　传真：0757-85538871　http://www.nh-epe.com

武汉卧龙湖北电机有限公司

总经理：姚叶勤

武汉卧龙湖北电机有限公司（简称武汉卧龙电机）是浙江卧龙科技股份有限公司控股，武汉高科国有控股（集团）公司出资组建而成的现代化企业，以中小型高低压交流电机为其产业发展方向。

武汉卧龙电机以其领先的技术优势，雄厚的产品开发实力，先进的企业文化，有效的资本运作，正逐步成为业界高速成长的明星企业。

武汉卧龙电机以市场和用户需求为产品开发与设计的先导，不断推出性能优越、价格竞争力强的新产品，其产品范围已扩大至33个系列，100多个品种，600多个规格，年生产能力100万千瓦，能满足电力、冶金、矿山、石油、建材、机械等各行业多方面的需求，为用户提供多种可选择的全面解决方案，产品可靠性高、环境适应能力强、质量稳定，受到用户的广泛好评，市场占有率稳步上升。

武汉卧龙电机以质量和技术创新为企业生存和发展的根本，十分注重核心竞争力的保持和发展。公司技术人员占总人数的20%，其中具高级职称的20余人，享受政府津贴专家4人。公司具备先进的生产工艺和检测设备，PDM产品数据管理系统、产品开发CAD三维设计等处于国内电机行业先进水平。公司坚持“科学管理 持续改进 质量精品 顾客满意”的质量方针，建立了良好的质量管理体系，并通过ISO9001质量认证。

武汉卧龙电机坚持“一切以用户为中心”的经营理念，并将其贯彻到每一个细小环节。不仅与多家大型国内一流企业建立了紧密的市场关系，而且与供应商采取互利的长期合作，除恪守服务承诺外，营销体系服务以其方便、快捷、负责和高标准，赢得用户赞许，获得“重合同守信用企业”、“湖北省优秀企业”称号。

武汉卧龙电机建立了适应现代企业运作的组织机构和管理制度，强调精益管理，注重稳健经营。公司愿热忱为广大用户服务，以强大的市场竞争力和生命力作为支撑，设计、生产满足用户要求的产品。 公司希望在社会各界朋友的关怀和支持下开拓更广阔的市场前景，愿公司能与巨人同行，进入杰出企业的行列，快步走向世界。

JS·JR系列高低压电机

JS、JR系列电动机是根据市场需要，按企业标准品用于驱动通风机、压缩机、水泵、破碎机、切削机、机床、运输机械等设备，可供煤矿、机械工业、发电厂及各种工矿行业作原动力机。

YD·YDT系列电机

YD系列多速电机是我公司作为全国统一设计主导厂家兼委员单位进行设计，YDT系列风机泵用多级调速电机是我公司首家研制开发的产品，采用优化设计方案，按风机泵特性，据转速配套相应功率，使节电率达30%~40%。该产品先后获市、省、机械部科技进步奖，并列入国家五大新产品计划。

Y·YR系列高低压电机

Y、YR系列高低压电机（IP23、IP44、IP54）是国家统一设计辅导下，自主开发的高效节能产品，广泛用于电力、冶金、石油、矿山机械配套，采用箱式结构混合通风系统（具有高效、节能、体积小、重量轻、噪音低、振动小、运行可靠的特点）。性能达国际先进水平，曾获机械部国产化系列研制奖。

地址：武汉市江夏区藏龙岛科技园特1号　　邮编：430205　　电话：027-87993028
传真：027-87993036　　网址：http://www.wolong.com

综合篇

抓住机遇、开拓创新
为完成我们共同的目标而努力(摘录)

全国政协副主席、中国工程院院长、中国工经联会长、主席团执行主席
徐匡迪

(2004年2月7日)

一、关于当前我国的经济形势

2003年我国GDP超过11.6万亿元人民币,增长9.1%,是1997年以来增长最快的一年;人均GDP首次突破1000美元,达到1090美元,这是一个巨大的历史性变化。

按产业计算,第一产业增长2.5%,第二产业增长12.5%,第三产业增长6.7%,其中第一、三产业增幅各下降0.4、0.8个百分点,第二产业增加2.7个百分点。全国规模以上工业增加值增长17%,成为国民经济快速增长的主要因素。

全国固定资产约为5.5万亿元人民币,增长26.7%,成为我国国民经济快速增长的主要拉动力。

按行业计算,12个行业中除烟草行业外,其他11个行业工业生产增速均超过10%。其中冶金、机械、电子行业超过30%,建材达24.7%。

我国的税收收入超过2万亿元,增长20.3%;工业利润突破8000亿元,增幅超过40%。外贸进出口达8512亿美元,增长37.1%。外汇储备超过4000亿美元,比上年增加1000多亿美元。

全年实现社会消费品零售总额超过4.5万亿元人民币,增长9.1%。城镇居民人均收入8500元,增长9.3%,农村居民人均纯收入2622元,增长4.3%;城镇新增就业850万人,超额完成50万人。

以上情况表明,2003年我国经济运行的特点是经济增长快速,工业增长显著,投资拉动型增长特征明显。

从2004年世界经济发展的趋势看,将好于2003年,预计2004年我国GDP增长仍将保持在8%以上,工业和外贸仍将持续增长。但国内、外市场的供需情况仍存在不少不确定因素,原油、各种原材料和海运价格还处在波动期内,将会影响我国的制造业成本及综合竞争力。

二、高度重视我国制造业的
升级换代和水平提高

胡锦涛总书记在2003年中央经济工作会议上指出:我国制造业规模已经很大,但总体水平还不高,必须加快发展以信息技术为主要代表的高新技术产业,运用高新技术和先进适用技术改造传统产业,全面提高制造业的竞争力。装备制造业基础性强、关联度高,决定着整个制造业的水平,也在很大程度上决定着社会生产消耗水平和国民经济整体效益。要把推进重大装备国产化作为提升制造业的战略重点,切实加强现代装备制造业基地建设,发展新型产业集群。振兴装备制造业,要坚持引进先进技术和消化吸收、自主创新相结合,坚持政策支持和市场竞争相结合,坚持技术创新和管理创新相结合,坚持资本投入和大力培养人才相结合。不断增强创立自主知识产权、国产知名品牌的能力,力争在不太长的时间内,使我国装备制造业的核心竞争力和总体水平有实质性的提高。

胡总书记的讲话很重要,在这里我想介绍一

组有关2002年我国制造业的数据给大家：

我国制造业的工业增加值为3.6万亿元人民币，占我国GDP的34.94%，占全部工业的78.68%；上缴税金1566.82亿元，占全部工业企业上缴税金总额的90%；从业人员8307万人，占全部工业从业人员90.7%；出口2970.6亿美元，占全国外贸出口总额的91.2%；接纳外商实际直接投资额368亿美元，占全部外商实际直接投资额的70%。制造业的工业增加值的年均增长率，1952~1980年为14.4%、1980~1998年为12.65%左右；而GDP的年均增长率，1952~1980年为6.2%、1980~2001年为9.97%。

我国制造业的工业增加值当前居世界第4位，约为美国的1/4、日本的1/2，与德国接近。但是我国的制造业与发达国家相比仍存在阶段性的差距，以2000年为例，我国制造业的劳动生产率为3.82万元/人年，为美国的4.38%、日本的4.07%、德国的5.56%；我国制造业的增加值率为26.23%，与上述三国相比分别低22.99、11.69、22.12个百分点。

从制造业在我国工业中的地位可以看出，发展制造业也是我国整体工业经济发展极其重要的组成部分，我们一定要按照胡总书记的讲话要求，落实到我们工作的实际中。

三、坚定不移地走新型工业化道路

中华人民共和国成立后，经过50年的奋斗，我国已经在“满目疮痍”、“一穷二白”的基础上，建立了比较完整的工业体系，并在国民经济中发挥了重要作用。

“十六大”报告明确指出，要完成我国工业化必须走新型工业化的道路。新型工业化相对传统工业化而言，新就新在，总揽世界经济、科技、社会发展全局，密切结合中国实际，以信息化带动工业化，以工业化促进信息化，走出一条科技含量高、经济效益好、资源消耗低、环境污染少、人力资源优势得到充分发挥的新型工业化道路。

在实现新型工业化的过程中，科学技术决定着生产力的发展水平，同时也决定着工业化的发展水平和速度，其中工程科技起着最重要、最直接的作用。

因此我们的工作也必须按照“十六大”报告提出的要求，予以融会贯通，为我国早日实现新型工业化服务。

四、积极参与应对世贸组织规则的挑战

我国加入世贸组织后，世贸组织的规则在给我们带来机遇的同时，又带来了挑战。当前在国际贸易和经济交往中，比较突出的问题是国际上对中国产品的反倾销诉讼，其特点主要是：

贸易摩擦与争端频繁。对我国出口的产品进行反倾销立案调查次数逐年增加。1979年中国遭遇了2次反倾销；20世纪80年代平均每年6起，90年代平均29起；2002年达到58起，为世界之首。

提起反倾销的国家多。既有发达国家如：美国、欧盟、澳大利亚、加拿大、日本等；也有发展中国家如：墨西哥、巴西、智利、南非等。对我国反倾销超过20次以上的有欧盟（100多次）、美国（80多次）、印度、澳大利亚、阿根廷、南非、墨西哥等。

被征收的反倾销税率高。以墨西哥为例：1993年对中国出口的产品征收100%以上税率的有：家电129%、自行车144%、玩具315%、服装537%、有机化学产品673%、鞋类1105%等。

除以上问题外，还有关税减让带来的问题等等。我们行业协会是行业的自律组织，要在市场预警、价格协调、斡旋、交涉等方面发挥我们的作用。我们要按照胡总书记的指示，做出我们应有的贡献。

五、加强与中国工程科技界的联系与合作

世界上三次工业革命的历史启示我们，工程技术与工业经济相生相伴，共同促进，携手发展。工程技术催化了工业经济的诞生，工业经济的发展又呼唤工程技术的创新，它们是天然的孪生兄弟。新中国成立以来，特别是改革开放以来，我国工业经济的巨大成就，无不得益于工程技术的不断进步。工程科技队伍也在不断发展壮大。据统计，在我国近2000万科技工作者中，工程科技人员有1100多万，占50%以上。这支队伍在我国工程建设中的重要作用越来越被各级政府、工业企业界乃至全社会所认知。为了进一步促进我国工程技术的发展，党中央、国务院不失时机地决定成立

中国工程院。中国工程院是我国工程科技界的最高荣誉性、咨询性学术机构，今年6月即将迎来她的10周年诞辰。10年来，经过5次增选，院士队伍不断扩大，院士总数已达到663名，其中来自产业界的院士占41%。院士们是我国工程科技界的杰出代表，是工程科技的重要载体，他们大多工作在工程建设的第一线，肩负着将工程技术物化为现实生产力的历史使命。他们以国家振兴为己任，在把握工程科技方向，参与国家重大工程项目的决策咨询，以及培养年轻人才等方面积极工作，成就卓著，是新生产力的重要创造者和新兴产业的积极开拓者。去年，工程院受国家发改委的委托，对我国第11个五年计划的产业结构、重大工程和高技术项目开展研究。同时，工程院还承担了我国中长期科技发展规划中的制造业专题，正在规划到2020年我国发展先进制造技术的科技问题。我们相信，通过这些计划和规划的制定和实施，我国的制造业以及整个工业经济将为国民经济的发展和社会进步做出更大的贡献。

在提升工业技术水平方面，我国的大中型企业，包括在座的来自工业企业界的领袖们，都在积极采取措施，吸纳先进适用技术，网罗优秀的工程技术人才，组建企业自己的研发机构，加强技术研发力量。这支力量与中国工程院院士建立联系，密切合作，一定能把我国的制造业水平和工业整体技术水平推向一个新高度。

坚持科学的发展观　提升行业国际竞争力(摘录)

全国政协副主席、中国工程院院长、中国工经联会长、主席团执行主席
徐匡迪
(2004年4月11日)

一、牢固树立科学发展观，坚持用科学发展观指导工作实践

胡锦涛同志在中央人口资源环境工作座谈会上强调指出："树立和落实科学发展观，必须在经济发展的基础上，推动社会全面进步和人的全面发展，促进社会主义物质文明、政治文明、精神文明协调发展。必须着力提高经济增长的质量和效益，努力实现速度和结构、质量、效益相统一，经济发展和人口、资源、环境相协调，不断保护和增强发展的可持续性。必须坚持理论和实际相结合，因地制宜、因时制宜地把科学发展观的要求贯穿于各方面的工作。"

当前我国经济正处于一个关键时期，在经过多年持续增长后，2003年我国GDP增长9.1%，人均国内生产总值首次突破1000美元，标志着我国经济发展上了一个新的台阶。同时，我们也要清醒地认识到，我国经济较快增长是用较大投入、较高消耗和较重污染换来的，能源、资源、环境已成为我国发展的重要制约因素。为此，党中央及时提出了科学的发展观。社会发展是物质文明、政治文明、精神文明同步的发展，而不能以牺牲环境、破坏资源为代价，来获得经济的增长。我们一定要按照中央的要求，树立科学发展观，依靠科学技术，尽可能减少能源和资源消耗，保护我们赖以生存的生态环境。众所周知，人类物质文明和精神文明发展比较快的是工业革命以后的200年，但这200年对自然环境、资源的破坏也是非常惊人的。尽管这样，工业化是发展不可逾越的阶段。科学发展观是建立在发展的基础上，不发展就谈不上科学发展观。经过本世纪头20年的奋斗，在基本实现工业化后，中国才能实现现代化。物质文明对我们来说是实现工业化；社会主义政治文明是实现民主政治，让政府更多地进行科学民主决策、转变职能、透明化，为公众服务；社会主义精神文明是传承我们优秀文化和吸收全世界的优秀文化。因此，用科学发展观来解决中国走新型工业化道路是提升行业国际竞争力的一个基本保证条件和前提。

二、当前我国工业发展面临的主要问题

1.我国能源资源与供需缺口

我国能源资源总量较为丰富，但人均储量仅为世界人均的56%(化石能源)。

石油资源不足，已探明人均储量仅为世界人均的8%，产能增长有限，2010年供需缺口1.2-1.7亿吨，2020年缺口2.5亿~3.3亿吨。

天然气已探明资源储量不足。天然气已探明人均储量仅为世界人均的6%，2010年供需缺口约300亿m^3，2020年缺口约700亿m^3。

煤炭资源丰富，但经济可采精查储量不足，产能建设严重滞后。按目前的煤炭产能建设规划及产能消失趋势，2010年原煤缺口5亿吨，2020年缺口12亿吨。

2.环境对能源消费的制约

全国二氧化碳排放量的70%、二氧化硫的90%、氮氧化物的67%来源于燃煤。我国的环境容量是二氧化硫1620万吨；氮氧化物1880万吨，目前均已超标。据估计，如不采取措施，到2020年二氧化硫、氮氧化物排放量将分别达到4000万吨和3500万吨。据国际能源机构预测到2020年中国的二氧化碳排放量占全球的17.2%。

3.我国制造业与国际先进水平的差距

尽管中国制造业工业增加值已居世界第4位，但与发达国家相比仍存在阶段性差距，主要表现为：按2000年数据，我国制造业的劳动生产率为3.82万元/人年，为美国的4.38%、日本的4.07%、德国的5.56%；我国制造业的增加值率为26.23%，与上述三国相比分别低22.99、22.12、11.69个百分点。

4.自主知识产权产品短缺、专利少

拥有知识产权产品和专利指标在很大程度上反映了一个行业的科技活动的产出情况，也是直接和间接反映制造水平和产品附加值的重要指标。2001年我国接受海外申请专利3.78万件，而我国到海外申请专利只有不到2000件，有1000件主要集中在中草药制造、保健品和一般机械产品方面，很少涉及高新技术。在制造业技术领域，我国的发明专利数只有日本和美国的1/30，韩国的1/4。

三、创建自己的名牌产品和知识产权是提高企业竞争力的关键

温总理指出："自己的名牌产品和知识产权是提高企业竞争力的关键。"

最近在我和宗棠同志报送的关于"加快实施名牌战略，鼓励企业走新型工业化道路的建议"上，家宝同志批示："要坚持高标准，坚持自主创新，坚持市场检验"；黄菊同志批示："请工经联按照家宝同志批示精神，组织实施。具体方案应充分考虑企业的意见，加快推进国家名牌战略的实施。"李长春同志在一汽前总经理耿昭杰提出"中国汽车工业要有自己的名牌"一文中批示："必须有自己的品牌、自主知识产权和核心竞争力，这是提高对外开放水平的标志"、"让经济界企业界保持清醒的头脑。"三位中央领导同志指出了企业核心竞争力、自己的品牌和自主知识产权的重要性及三者关系，强调关键是自己的品牌和自主知识产权。有了这些，企业才有核心竞争力，才有发展主动权，这是企业发展的不竭动力。

目前我国企业中大致有四种情况：一是生产市场所需产品的低端，以价廉求生存，还没有走上创品牌之路的企业；二是外资投资或中外合作的来料加工企业，其中有的虽然生产世界名牌，但只是国外知名企业的加工厂；三是依靠中华文化传统及自己的开发能力，拥有自主知识产权品牌的企业，如我国一些老字号和民族品牌；四是先与知名企业合作，引进设备与技术，但一开始就注意消化、吸收，着手国产化，最终变成拥有自主知识产权的自己品牌。

可见，我国企业要赶上发达国家，一方面需要重视专利技术的实际应用，尽快扭转我国知识产权产品缺、专利少的局面。另一方面，要做好以下工作：

1.实行引进先进技术和消化吸收、自主创新相结合的战略

为了改变我国大部分行业仍是"引进消化型"的技术创新模式。今后一二十年，要继续充分利用发达国家产业转移及以市场换技术的机遇，大力做好引进技术的消化吸收和改进提高，大幅度提高设计与制造的技术水平。同时，应该加大自主创新的投入，提高自主创新的能力，使自主开发的技术和产品所占比重逐步增加。除了涉及国家命脉和国防安全的领域必须坚持自主创新以外，在对外开放的形势下，相当多的企业仍要重视引进消化、吸收和自主创新的结合，把引进的技术真正掌握了，并且能够在其基础上改进提高，开发出新产品和新工艺，也是实现自主创新的一个重要途径。

在当今及今后相当长的时期，集成创新与关键技术的突破相结合仍将是主要技术创新形式。集成创新是一种成本低、周期短、风险小，但具有重大商业价值的创新方式，与关键技术的突破相结合，将可能导致制造技术的重大进步，甚至是革命性的变革。

2.提高装备制造能力战略

装备制造能力(包括研发设计能力、生产能力

和集成能力)构成了行业最核心的能力。目前,我国处于工业化中期,最突出问题之一是装备制造业所占比重偏低、发展滞后,这也是提升行业竞争力的主要障碍。

提高装备制造能力的要点:一是作为国家目标,要特别重视发展重大成套装备、高技术装备和高技术产业所需装备,推进重大装备的国产化;二是要大力发展为装备提供零部件、元器件和中间材料等产业,实现专业化和大规模生产,提高技术水平和降低成本;三是要加强成套技术的发展,提高成套能力,培育一批具有国际竞争力,集系统设计、成套、工程总承包和服务为一体的工程公司,实现制造商与用户、制造工艺流程开发与制造装备的紧密结合;四是要积极采用以信息技术为代表的高新技术改造老装备制造基地,改变产业结构、产品结构和提高技术水平。

3.用高新技术对企业进行改造和嫁接战略

企业的产品和生产过程的技术含量大幅度提高,组成了企业技术升级的主要内容。用以信息技术为代表的高新技术对企业进行改造和嫁接,是发展中国家利用"后发优势"缩小差距、实现跨越式发展的重要途径。

信息技术正在以前所未有的广度和深度渗透到企业的各个环节中,使其产品和生产过程,乃至管理方式都发生了深刻,甚至是革命性的变化。同时,也为信息技术的发展提供了广阔的应用空间、巨大的市场和物化的系统产品。用信息技术改造传统产业,大力推进信息化,是以信息化带动工业化的主要内容。

同时,还应该密切注意新材料技术、新能源技术、生物技术和环境保护技术等高新技术的最新发展动向,有效地应用相关技术对企业进行改造和嫁接,形成高效、节能、环保的新型制造技术和产品。用高新技术改造的重点之一是大力培育新型产业集群。用高新技术对企业进行改造和嫁接应注意提高经济效益,选用先进、适用和成熟的技术,力求降低投资的风险。

四、企业在创建名牌过程中需要考虑的几个因素

1. 创建国际名牌要处理好企业的利益最大化和信誉最大化的关系。如果一个企业信誉不佳或信誉度不高,即使达到利益最大化也是短期的,更不能成为名牌企业。因此必须要坚持诚信最大化,首先在社会公众中树立诚信形象。

2.培育名牌应该有一个公平的竞争环境,对各种所有制企业应一视同仁,不能搞行政干预,更不能"生造"名牌。

3.企业不可能所有资源都具有优势,要形成国际名牌必须要充分利用多种资源。特别要注意利用国际资源,不仅要利用国际上的市场资源、资金资源、自然资源等等,更要利用国际上的人力资源。

4.企业要创建国际名牌,必须建立现代企业制度,同时借鉴国外的现代管理经验。

5.创建国际名牌,人才是关键,不仅重视人力资本的投入,而且强调人力资本的产出,同时还要重视团队精神和企业文化。

6. 创建一个国际名牌需要经过相当一段时间的积淀,形成长期稳定的市场增长和消费者信誉,切忌烦躁心理和短期行为。

中国工经联三年来狠抓了名牌培育工作,配合政府有关部门,推出了333个中国名牌产品和27家具有国际竞争力、向世界名牌进军的企业(例如:振华港机)。但这仅仅是一个良好的开端。我们要清醒地认识到与世界名牌相比还有很大的差距,因此要求我们自觉、长期、扎实地推进实施名牌战略。

今年我们还将联合各行业协会共同成立"中国工业大奖",每年推出一批科技含量高、经济效益好、创牌业绩佳、知识产权多、资源消耗低、环境污染少、人力资源优势得到充分发挥的优秀企业及重大项目给予弘扬和表彰,激励获奖企业继续向更高的目标迈进。

加大改革力度 加快调整步伐 切实提高中央企业可持续发展能力

国务院国资委主任　李荣融

2004 年 12 月 13 日

一、2004 年中央企业改革和发展的进展情况

2004 年是国有资产监督管理体制框架初步建立的一年，也是中央企业改革和发展取得积极进展的一年。中央企业坚持以邓小平理论和“三个代表”重要思想为指导，树立和落实科学发展观，认真贯彻落实中央关于宏观调控的政策措施，积极进取，开拓创新，各方面工作都取得了可喜成绩，呈现出销售收入快速增长、实现利润大幅提高、资产质量不断改善的良好态势，在国民经济中的中坚和骨干作用进一步显现。

销售收入保持快速增长。1~10 月，中央企业累计实现销售收入 44678.1 亿元，比上年同期增加 10090.1 亿元，增长 29.2%。预计全年实现销售收入可突破 5.3 万亿元。实现利润继续大幅提高。1~10 月，中央企业累计实现利润 4188.9 亿元，同比增加 1454.5 亿元，增长 53.2%。预计全年实现利润有望突破 4500 亿元，再创历史新高。资产质量和运营效率进一步好转。截至 10 月底，186 户中央企业资产总额 92150.7 亿元，比上年增长 12.5%；净资产总额 39473.2 亿元，比上年增长 10.5%；流动资产周转率 1.5 次，比上年同期提高了 0.41 次，应收账款周转率 7.7 次，比上年同期增加了 1.1 次。预计全年净资产收益率可达到 6.6%，比上年增加 1.6 个百分点，总资产报酬率可达到 6.2%，比上年增加 1.2 个百分点。中央企业通过开展清产核资和执行新的会计制度，不良资产比率大幅下降，资产质量进一步改善。对经济和社会发展的贡献进一步显现。1-10 月，中央企业累计上缴税金 3646.3 亿元，同比增长 17.3%，占国有及国有控股工商企业上缴税金的 50.7%。为缓解煤电油运的紧张局面，石油、电力、煤炭、运输等行业的中央企业千方百计扩能挖潜，努力增加有效供给。1~10 月，中央企业原油加工量、发电量分别完成 20800 万吨和 7317 亿千瓦时，分别占全社会产量的 92.4%和 42%；民航运输总周转量、水运货物周转量分别完成 158.6 亿吨公里和 28258 亿吨公里，占全社会周转量的 82.6%和 87.3%。军工企业心系国家安全，按时高质完成军品研发和生产任务，为国防建设做出了突出贡献。其他中央企业努力发挥自身优势，为搞好“三农”服务、活跃市场流通、推进技术进步等也做出了积极贡献。

中央企业取得这样可喜的成绩，是认真贯彻执行党中央、国务院一系列方针政策的结果，是多年来坚持改革、加强管理的结果，是各部门大力支持的结果，也是中央企业广大干部职工奋力拼搏、不懈努力的结果。一年来，中央企业围绕做强做大主业和增强竞争能力，进一步深化改革，强化管理，调整结构，各项工作都取得了新的成效。

一是以股份制改革为主要内容的体制创新取得积极进展。今年以来，中电国际、中海集运、中国网通等先后在境外上市，中国移动、中国电信、武钢等一批大型公司基本实现了主营业务资产整体上市。截至 2004 年 9 月底，中央企业控股的境内上

市公司168家，股本总额占全部境内上市公司的33.8%；在香港上市公司53家，流通股股本占香港流通股的18.1%。劳动、人事、分配三项制度改革稳步推进，在一些重点难点问题上有新的突破，不少中央企业层层分解年度经营业绩考核指标，认真落实各项责任，相应地调整和改进了分配办法。

二是以优化资源配置为目的的重组调整力度进一步加大。今年以来，在自愿的基础上，经国务院批准，又有7对14家中央企业进行了联合重组。适应市场竞争的要求，中央企业积极调整产品结构，中国海运集团确立并坚持做强做大集装箱运输核心主业，持续不断地进行船队运输结构调整，实现了跨越式发展。武钢轿车板等高技术含量、高附加值产品占总产量的比例达到52%。中央企业积极实施“走出去”战略，加大海外投资力度，中石油、中石化、上海宝钢、中国五矿、中国铝业、中色建设等积极开发海外资源，对缓解我国油气、重要矿产资源短缺做出了积极贡献。

三是以增强核心竞争力为目的的技术创新取得重大成果。中央企业根据市场需求，不断加大科技创新力度，在重大装备研制、生产技术改造、产品科技创新等方面取得了一系列新的成果。攀钢研究开发具有自主知识产权的氮化钒生产工艺，获冶金科技进步特等奖，达到国际领先水平。一重与鞍钢联合开发制造了酸洗冷轧联合机组，二重研究开发出具有国际先进水平的5米宽厚板轧机，标志着我国冶金装备的自主开发与制造水平进入国际先进行列。

四是以改善财务资金管理为主要内容的企业管理得到加强。中央企业普遍加强了财务资金管理，结合清产核资，普遍实行了新的会计制度，不少企业建立了全面预算管理制度。企业管理信息化建设取得新的进展，宝钢运用信息技术形成了对外快速响应、对内快速决策的经营运作系统。与此同时，不少中央企业继续缩短管理链条，精简内设机构，提高了整合力和执行力。今年以来，中央企业进一步加强了企业改制重组、合同管理、对外投资、对外担保等方面的法律风险防范机制建设，运用法律手段保护知识产权得到重视。以总法律顾问制度为核心的企业法律顾问制度建设迈出新的步伐，53%的中央企业设置了法律事务机构，53家大型中央企业中的23家已经实行了总法律顾问制度。不少中央企业注重运用法律法规维护企业权益，挽回了经济损失，减少诉讼仲裁案件，降低了经营风险。

五是以减轻企业负担为重点的分离办社会、主辅分离辅业改制工作取得重大进展。中石油、中石化、东风汽车三大集团分离办社会试点基本完成，除个别省份外，已基本与地方政府就机构、人员及资产的移交达成协议，移交工作完成后，796个中小学和公检法机构、9.4万名职工(含离退休教师)将从企业中分离出来，每年为企业减负近40亿元。截至10月底，67家中央企业上报了主辅分离辅业改制方案，43家的方案已得到批复，涉及改制单位1422个，涉及分流安置职工26.2万人，涉及“三类资产”157.7亿元，一批先行改制的企业已经取得初步成效。

六是以探索党建工作新机制和提高员工素质为主要内容的企业党建和企业文化建设有了新进展。按照中央的要求和国资委党委的统一部署，中央企业各级党组织坚持发挥政治核心作用，认真执行党和国家的方针政策，不断总结企业党建工作的新经验新情况，积极探索加强和改进企业党建工作的新办法新途径，工作得到改进，实效得到增强，涌现出中国航天科技集团第五研究院党委等97个先进基层党组织。企业文化建设取得可喜成绩，围绕建设学习型企业和学习型员工队伍，组织实施职工素质工程，广泛开展了读书学习、拜师学艺、岗位练兵、技能比武等活动，90多家企业举办了160多个工种的技能竞赛，314万人次参加了各类岗位技能培训和竞赛活动，24万人晋升了职业资格，20人获得了“全国技术能手”称号，100人获得“中央企业技术能手”称号。今年以来，中央企业领导班子建设、党风廉政建设及保密工作、外事工作等也都取得新的成绩。所有这些对促进中央企业的改革发展稳定都发挥了重要作用。

今年是国资委成立后全面履行出资人职责完整的一年。我们在加强对国有企业改革和重组指导的同时，认真履行出资人职责，在优化企业结构、推进现代企业制度建设、落实资产经营责任、加强国有资产监管、加强和改进企业党建等方面进一步加大了工作力度。

一是加强了国有资产监管的法规体系建设。今年以来，我们以《企业国有资产监督管理暂行条

例》为基础，出台了9个法规，印发了20多件规范性文件，其中在对中央企业履行出资人职责方面发布了中央企业财务决算报告管理、薪酬管理、经济责任审计管理、内部审计管理、建立和完善国有独资公司董事会试点等规章和规范性文件，为国资委依法履行出资人职责提供了依据和行为准则，对推进中央企业改革和发展起到了指导、规范和保障作用。

二是加强对中央企业布局结构调整的指导。贯彻落实中央关于振兴东北等老工业基地的战略决策，制定了《关于加快东北地区中央企业调整改造的指导意见》，并认真做好组织实施工作。加强了对中央企业并购重组活动的指导，积极促进中央企业之间的重组。研究提出了中央企业布局和结构调整的初步意见，初步明确了冶金、汽车、重大装备、商贸等21个主要业务板块调整重组的思路，公布了第一批49家中央企业的主业。启动了新一轮中央企业发展战略和规划的编制工作。目前，这项工作已基本完成，即将进入审查与实施阶段。

三是推进中央企业进一步建立健全现代企业制度。在积极推进中央企业股份制改革的同时，开展了国有独资公司建立和完善董事会的试点工作，选择了神华集团、上海宝钢等7家企业进行试点，成立了试点工作领导小组，制定了试点实施方案和配套文件。试点的主要内容是建立外部董事制度，在董事会下面设立战略、提名、薪酬与考核等专门委员会，进一步完善公司治理结构。同时，通过经验介绍、典型示范等多种途径，进一步推动中央企业深化内部改革，转换经营机制。

四是积极推进中央企业激励和约束机制的建立。全面开展了企业负责人经营业绩考核工作，与中央企业负责人全部签订了2004年度经营业绩责任书。对业绩考核目标完成情况较好、特别是利润成倍增长的企业，要求他们抓紧处理历史欠账，增强企业发展后劲。对难以完成考核目标的企业，逐户进行跟踪和督促，要求他们尽力完成任务。同时开始启动任期经营业绩考核工作。与经营业绩考核相配套，继续开展了清产核资工作，加大了对中央企业收入分配的规范力度。截至11月30日，181家中央企业完成了清产核资工作。对部分中央企业存在的人工成本增长过快，分配行为不规范，收入差距过大等问题，进行了纠正和调控，中央企业负责人薪酬管理工作已开始步入规范运转的轨道。同时，积极开展科研院所改制企业股权激励试点工作。

五是加大了中央企业人才队伍建设的力度。贯彻全国人才工作会议精神，召开了中央企业人才工作会议，制定下发了《关于进一步加强和改进中央企业人才工作的意见》，明确了中央企业实施人才强企战略的总体目标和主要任务。扩大了中央企业面向海内外招聘高级经营管理者的范围，22家中央企业公开招聘的22位高级经营管理者已经到岗，海内外反响良好。在中央企业开展了职工技能大赛工作，在34家中央企业启动了高技能人才选拔培养和评价试点工作。

六是加强和改进了对中央企业的监管。根据监事会条例规定，报经国务院批准，对监事会监督企业进行了换届调整。对183家中央企业进行了监督检查，向国务院和国资委提交了163份监督检查报告及部分专项报告，揭示了中央企业投融资、重组改制、清产核资、产权转让等活动中危及国有资产安全及影响企业发展的重大问题，并提出了明确的处理建议。在坚持不参与、不干预企业经营决策和经营管理活动的前提下，就检查出的需要企业自行纠正的问题，适度扩大了与企业交换意见的范围，进一步提高了监督检查工作效能。改进和规范了监督检查成果运用工作，初步建立了报告处理落实反馈机制。结合《公司法》修改，研究提出了《国有企业监事会暂行条例》的修订意见。为加强对中央企业产权交易的监管，确定北京、上海、天津产权交易中心作为中央企业产权交易的指定机构的同时，开始建立中央企业重大法律纠纷案件管理制度，截至11月份，中央企业报送需要协调的法律纠纷案件137起，涉案金额185亿元，大部分已得到妥善处理。

七是加强中央企业党建工作和企业文化建设。贯彻落实党的十六届四中全会《关于加强党的执政能力建设的决定》精神，与中组部共同研究制定并由中办转发了《关于加强和改进中央企业党建工作的意见》，明确了中央企业党建工作总的要求和目标任务。加强了对中央企业领导班子的考察和调整，会同中组部集中考察了53户中央企业领导班子后备人选，提出正、副职后备人选421名，

集中考察了101户中央企业领导班子，调整班子和党委换届95户，任免企业领导人员292人，其中正职75人。完成22家中央企业党委换届选举工作，调整了6家重组企业的党组织领导关系。结合庆祝建党83周年，表彰了97个先进基层党组织、147名优秀共产党员和96名优秀党务工作者。召开了首届中央企业文化建设研讨交流会，总结推广了中国石油天然气集团等一批企业加强企业文化建设的做法和经验。会同人事部表彰了中央企业600名劳动模范和200户先进集体。深入开展了党风廉政建设，探索建立与现代企业制度相适应的教育、制度、监督并重的惩治和预防腐败体系，进一步开展了效能监察工作，加大了查办违纪违法案件的工作力度。认真落实维护稳定工作责任制，针对影响中央企业稳定的突出问题，采取了一系列有针对性的措施。

今年以来，为更好推进中央企业改革和发展，我们加大了新闻宣传工作的力度，宣传了一批改革和发展成绩突出的典型企业，进一步树立了中央企业的良好形象。针对国有企业改革和发展中的一些热点问题，组织起草一批文章，适时安排了新闻发布和访谈活动，改善了中央企业改革和发展的舆论环境。

对国资委组建以来所做的工作，国务院领导给予了充分肯定，并且提出了明确要求。温家宝总理11月1日批示："国有资产管理体制改革以来，国资委以及地方国资监管机构，积极探索，扎实起步，做了大量卓有成效的工作。要认真总结经验，坚持改革方向，加强对国有企业改革的指导，积极推进国有经济布局结构调整；要加快国有资产管理体制改革步伐，健全管理体制，完善法律法规，落实责任，真正实现国有资产保值增值。"温家宝总理的批示，既是对国资委工作的肯定，也是对中央企业工作的肯定。国资委采取的每一项措施、安排的每一项工作，都离不开中央企业的支持和配合。我们要认真学习、深刻领会温家宝总理的批示，共同落实国有资产保值增值的责任。

在看到成绩的同时，我们也要清醒地认识到，中央企业改革和发展的任务仍然十分艰巨，影响中央企业可持续发展的体制机制障碍、布局结构不合理、自主创新能力不强等深层次矛盾和问题并没有从根本上解决。对中央企业经济效益的大幅增长也要做客观分析，决不能盲目乐观。一是利润的大幅增长有多方面因素。我们对中央企业经济效益做过一个初步分析，1-10月新增的1454.5亿元利润中，工业企业新增利润917.5亿元。工业企业经济效益的大幅增长，主要得益于规模扩大、价格推动和管理挖潜三大因素。其中，因国内需求增长、生产规模扩大、销售增加带来的利润占42.8%，因工业品价格尤其是生产资料价格上涨带来的利润占37%，因加强管理、挖掘潜力带来的利润占20.2%。二是利润来源高度集中，中央企业利润的66%来自中石油、中国移动、中石化、中国电信、中海油、宝钢、中远集团7家企业。三是部分中央企业生产经营仍然困难，1~10月亏损的中央企业有20家，占10.8%，累计亏损额达20.2亿元。四是部分企业成本费用增长过快，1~10月，成本费用同比增长率超过销售收入增长率的企业有65家，占全部中央企业的34.9%；企业存货占用资金继续增加，1~10月，中央企业存货占用资金7616亿元，同比增长近30%。从国资委工作来看，也有不少需要进一步改进和完善的地方，如何更好地履行出资人职责，如何进一步减少会议、减少文件、提高效率，都需要我们进一步探索。国有资产管理体制改革极具探索性、极具挑战性，国有企业改革是一项复杂而艰巨的任务。我们既要看到取得的成绩，坚定信心，也要正视存在的问题，继续努力，争取各项工作都有新的进展。

二、明年工作总体考虑和需要把握好的几个问题

明年是推进中央企业改革和调整、提高可持续发展能力的重要一年。中央经济工作会议对明年的经济形势做了全面深刻的分析。总的看，明年国内外经济形势将继续保持向好的趋势，对中央企业的改革和调整十分有利，但影响企业生产经营的因素也不少，需要引起我们的密切关注。一是美元走势和国际原油价格的波动。一段时期以来，国际汇市美元价格持续走低，对人民币汇率形成更大压力。受国际政治经济影响，明年国际原油价格仍可能高位运行。二是煤电油运供需紧张的影响。今年煤炭产量虽然大幅度增长，但仍难以满足需求；铁路运输超负荷运行的状况一时难以改变；一些地区电力供需的矛盾十分突出；原油需求依赖

进口的局面将进一步加剧；在解决瓶颈制约过程中又出现电站项目无序建设等问题。三是宏观调控的走向和力度。宏观调控已经取得了明显成效，但固定资产投资反弹的压力很大，物价上涨的压力不容忽视，宏观调控的成果并不巩固，宏观调控的重点和力度将会适时适度进行调整。四是国家重大改革措施的出台。深化经济体制改革是明年经济工作中的一项重大任务。国务院将出台关于鼓励、支持和引导非公有制经济发展的意见，将进一步放宽非公有制经济的市场准入领域，解决个体、私营经济发展普遍面临的融资难问题。垄断行业的改革将进一步深化。所有这些对中央企业来说，既有机遇也有挑战。我们要抓住机遇，用好机遇，同时要充分估计面临的困难和不利因素，尽可能把工作做在前面，早做预案，争取主动。

根据中央经济工作会议对经济形势的分析和总体要求，按照国务院赋予我们的职责，明年国资委工作的总体考虑是：以邓小平理论和“三个代表”重要思想为指导，认真贯彻十六届三中、四中全会和中央经济工作会议精神，树立和落实科学发展观，围绕国有资产保值增值和做强做大中央企业，进一步深化改革，调整结构，加强监管，努力提高中央企业的可持续发展能力，力争在中央企业布局和结构的战略性调整上取得新的突破，在股份制改革和完善公司治理结构方面取得新的进展，在提高中央企业整体素质和资产质量方面跨上新的台阶，在加强和改进企业党建和企业文化建设方面迈出新的步伐，在确保企业和社会稳定方面取得新的成效。在工作中要注意把握好以下几个问题。

一是要加快和规范推进国有企业改革。国有企业改革仍然是经济体制改革的中心环节。完善社会主义市场经济体制，坚持公有制的主体地位，发挥国有经济的主导作用，增强国有经济的控制力、影响力和带动力，要求我们必须加快推进国有企业改革，进一步消除影响国有经济活力和竞争力的体制和机制障碍。随着经济全球化进程的推进和科技进步步伐的加快，随着我国进一步深化改革和扩大对外开放，国有企业面临着越来越激烈的市场竞争。目前，国有企业改革正处于攻坚破难阶段，我们要增强忧患意识，增强改革的紧迫感和责任感，为中央企业的可持续发展不断提供动力和体制保障。当前我国正处于新一轮经济增长的上升周期，这两年中央企业经济效益提高幅度较大，这有利于我们加快推进中央企业的改革和调整，但也可能使一部分中央企业减弱改革的紧迫性。我们绝不能因为经济效益好而放慢改革步伐。要增强改革的主动性和积极性，不失时机地推进中央企业的改革调整。

推进中央企业改革，既要加快步伐，也要规范操作。国有企业改革特别是产权制度改革，涉及权利和利益的再调整，涉及社会的公平公正，必须规范推进。要认真执行中央确定的国有企业改革和发展的一系列方针政策，坚持国有企业改革的方向。党的十五大、十六大和中央全会的有关决定明确提出了一系列方针政策，为我们推进国有企业改革指明了方向。我们要全面领会，准确把握，坚决执行，保证国有企业改革沿着正确的方向不断向前推进。要认真执行《关于规范国有企业改制工作的意见》和《企业国有产权转让管理暂行办法》。这两个文件对规范国有企业改制和国有产权转让的主要环节都做出了明确的规定，各方面都给予了充分肯定。最近，我们与财政部、监察部、国家工商总局联合对21个省的国有企业改制和国有产权转让情况进行了调研督察。总的看，规范国有企业改制和产权转让取得重大进展，但也存在一些不容忽视的问题，突出表现为管理层收购和国有产权交易不规范。中央企业在规范改制方面总的是好的，但也存在一些问题，部分二级、三级公司在股份制改制中也存在不规范的现象，中央企业产权转让进场交易的比例还不高，对此我们要引起足够的注意。在这方面中央企业要起表率作用，要以对党对国家对人民高度负责的精神，规范推进国有企业改制和国有产权交易，防止国有资产流失，确保国有企业改革健康发展。

二是要切实提高企业可持续发展能力。做大虽重要，做强更关键。经过大家的艰苦努力，中央企业取得了长足发展，一批企业竞争力有了较大提高，但总体看基础还不牢固。相当一部分企业技术经济指标与国外先进水平存在很大差距，中央企业能耗比国际水平高出40%。企业技术投入少，普遍缺乏拥有自主知识产权的技术和产品，中央企业科技支出费用占主营业务收入的比重平均为1%，远远低于国际先进企业的水平。从规模实力上看，中央企业也有很大差距，位列2003年度世界500强第二位的BP公司年营业额达到2325.7亿美元，中国进入世界500强的中石油年营业额为563.8亿美元，不到BP公司的1/4。中央企业大多处于关系国民经济命脉的重要行业和关键领域，即使在竞争性领域也处于行业的排头兵地位，作为国有经济的骨干和支柱，中央企业在支撑、引导和带动经济社会发展，充分发挥国有经济的控制力、影响力和带动力方面，发挥着不可替代的重要作用。努力保持中央企业持续稳定发展，不仅是做强做大企业的经济问题，而且是坚持社会主义公有制主体地位的重大政治问题，我们一定要牢记肩负的使命和责任，树立和落实科学发展观，推进中央企业全面协调可持续发展。

提高中央企业可持续发展能力要从多方面着手，这里主要强调突出主业的问题。突出主业是企业做强的基础和前提。有人做过分析，全世界前十大知名品牌企业，只有GE公司是多种经营企业，而且其多种经营的形成，有着深厚的历史原因。我们中央企业要做强做大，首先要把精力放在主业的发展上。近年来，中央企业在做强做大主业方面取得了积极进展，但由于历史原因，中央企业主业不突出、核心竞争力不强的问题还比较普遍、比较突出，相当一批企业主业过多。不少企业主业之间的关联度很小；由于主业交叉较多，中央企业之间结构趋同、重复建设、相互竞争的现象十分严重。值得注意的是，在当前新一轮企业收购热潮中，部分企业明显超出了原来主业范围，投资风险加大，这些问题要引起我们的高度重视。要在确定主业的前提下，围绕做强主业，提高技术创新能力，实施人才强企战略，塑造著名品牌和企业良好形象，推进企业文化建设，努力形成具有特色的管理体制和模式，提高企业的核心竞争能力，保持企业持久竞争的优势。

三是要高度重视企业风险的防范和管理。随着企业经营范围、经营领域的不断扩大，特别是经济全球化步伐的加快，企业经营除了要面对价格、需求、技术变化等市场风险，还要面对复杂的法律、政治和社会风险。真正的优秀企业家善于识别风险、规避风险、控制和化解风险，既抓住企业发展的机遇，又防止因外部环境的变化和人为错误使企业遭受经济损失和不利的政治影响。应该说，近年来中央企业在经营实践中，风险意识进一步增强，一些企业的风险管理开始起步。但也存在着对风险估计不足、应对不力甚至失控的现象。随着中央企业境外投资活动的增多和规模的扩大，风险明显加大。今年发生了几起重大事件，如在巴基斯坦两名中国工程师遭绑架和三名工程师被炸身亡，在阿富汗的11名中国公民被枪击，中航油新加坡公司开展的石油指数期货业务违规越权炒作造成巨额损失，都说明必须高度重视和切实做好风险防范工作。中央企业要实现持续稳定发展，必须树立风险意识，加强风险管理，在发展战略的制定、投融资决策包括对外收购股权、日常业务运作尤其是涉及期货等高风险业务、财务报告管理、内部审计体系建设等方面，要完善相关制度，建立健全风险的识别、监测控制和防范机制，使风险管理日常化、制度化。当前，重点是加强投资决策的风险分析，客观评价可能面临的各种风险，避免企业盲目进入高危风险区域。中央企业的各级负责人，要严格执行国家的法律法规和企业的各项制度，确保自己手中的每一项权力都处于制度的约束之中。要做好各种预案，提高应对各种突发事件的能力。当然，从事经营活动特别是境外投资难免会有风险，既要积极实施“走出去”战略，也要充分进行安全评估；既要追求企业经济效益，也要充分考虑安全因素，打足安全成本。

四是要处理好收入分配关系。处理好收入分配问题，事关广大职工的切身利益和积极性的发挥，也是实现企业持续稳定发展的重要基础。中央企业在我国经济和社会发展中具有表率和带动作用，能否处理好收入分配关系，对构建和谐社会具有重要影响。中央企业要树立大局意识，坚持效率优先、兼顾公平的原则，统筹兼顾各方面利益，正确处理好收入分配中的各种关系。一要合理把握企业负责人薪酬与职工工资水平的比例关系。要充分考虑职工的承受能力，既要调动企业负责人的积极性，又要调动职工的积极性。要合理把握企业负责人实际薪酬与职工平均工资的倍数，防止差距过大。企业负责人的薪酬要作为厂务公开的内容，主动接受职工的监督。二要考虑企业的人工成本和长远发展。工资具有刚性，增长过快会导致人工成本迅速上升，削弱企业的竞争力。要坚持工效挂钩和“两个低于”的原则，企业工资总量的增

长要低于效益的增长，职工年均收入的增长要低于劳动生产率的增长。要加强收入分配宏观调控，严格控制人工成本增长，凡是超出人工成本承受能力，导致企业竞争力下降的分配措施，应暂缓执行或出台。三要考虑社会的承受能力。收入分配差距过大，贫富过于悬殊，极易造成社会不稳定，甚至引发社会动荡。我们在考虑中央企业收入分配时，也要兼顾同一地区、同一行业的实际情况。要关心困难职工的生活，把困难职工放在心上，做好扶贫济困，把工作做细做实。

五是要确保企业和社会的稳定。稳定工作事关改革发展的大局。中央企业规模大、分布广、职工多、影响大，保持稳定尤为重要。当前，影响中央企业稳定的因素依然存在，从国资委信访部门收集的情况看，反映比较集中的问题主要有：企业重组改制中职工有偿解除劳动关系问题，厂办大集体企业职工社会保障问题，拖欠职工和离退休人员工资、养老金、医疗费问题，企业离退休人员、退伍转业军人、企业办学校退休教师待遇问题，以及企业改制不规范损害职工合法权益问题等。这些矛盾和问题涉及到职工切身利益，关系到企业和社会稳定，必须妥善处理和解决。要正确处理好改革发展稳定的关系，把改革的力度、推进的进度与职工和社会的可承受程度统一起来，确保各项改革在稳定的前提下进行。同时，要注意严格执行有关政策和操作程序，进一步落实稳定工作责任制，认真排查改革中可能出现的不稳定因素，做好深入细致的思想政治工作，把矛盾解决在基层，解决在萌芽时期。

安全生产事关广大职工和人民群众的生命安全和财产安全。重特大安全生产事故的发生，不仅会造成人员的重大伤亡和企业财产的严重损失，而且会影响企业和社会的稳定。中央企业安全生产形势总体上是平稳的，但各类事故也时有发生，特别是“11·21”包头空难，造成特别重大的人员伤亡，给我们敲响了警钟，务必引起我们的高度重视。中央企业要全面落实国务院办公厅下发的《关于加强中央企业安全生产工作的通知》，加大工作力度，坚决防止重大安全事故的发生。要进一步提高安全生产意识，坚持以人为本，牢固树立安全生产责任重于泰山的思想，抓好安全生产工作。要把安全生产纳入企业长期发展规划，增加对安全生产的投入，全面整治各种安全隐患。要建立健全安全事故应急机制，进一步健全突发事件预警和应急体系。要层层落实安全生产工作责任制，加强对职工的教育和培训，建立严格的责任追究制度，严格执法，严格管理，确保各项安全措施落到实处。

三、明年国资委履行出资人职责的重点工作和主要措施

中央经济工作会议明确了明年国有企业改革的重点和主要任务。贯彻落实中央经济工作会议精神，我们要着重做好六个方面工作。

（一）加快现代企业制度建设

明年要按照建立健全现代企业制度的要求，加快中央企业改革步伐。支持具备条件的中央企业积极推进股份制改革，有条件的逐步实现主营业务资产的整体上市。加快推进科研院所改制企业股份制改革步伐，继续进行股权激励试点。我们考虑，明年要推进国务院国资委与省市国资委所监管企业之间的股权置换，通过中央和地方国有企业之间的相互持股，推进中央大型企业的股份制改革。推进电力、电信、民航等行业的中央企业深化改革，进一步引入市场机制，改善资本结构。加快推进中央企业公司制改革，尽快使国有独资的中央企业由按企业法登记、受企业法调整改变为按公司法登记、受公司法调整。扩大国有独资公司建立和完善董事会的试点范围，初步考虑明年再选择20~30家进行试点。难以实行有效的产权多元化的企业和确实需要国有独资的大型集团公司，要逐步形成出资人、董事会、监事会、经理层各负其责、协调运转、有效制衡的符合现代企业制度要求的公司治理结构。扩大公开招聘高级经营管理者的范围，提高公开选聘经营管理者的层次，条件成熟后逐步扩大到公开招聘总经理，进一步探索党管干部原则与市场化选聘经营管理者相结合的有效方式。需要强调的是，对公开选聘上来的企业经营管理者，要继续按照市场化配置的原则进行管理，真正做到能进能出，不胜任岗位的也可以解聘。同时要加强动态管理，积极创造条件，真正使选聘上来的人才充分展现才能，始终保持良好的工作状态。

（二）建立健全落实国有资产经营责任的相关

制度

今年是中央企业实行经营业绩考核制度的第一年，社会各方面对这项制度的实施都很关注。我们将按照《中央企业负责人经营业绩考核暂行办法》和《中央企业负责人薪酬管理暂行办法》，严格兑现奖惩。一年来，中央企业在落实经营业绩考核方面做了大量艰苦细致的工作，希望中央企业负责人与我们继续共同做好这项工作，维护经营业绩考核的原则性和严肃性。在中央企业推行经营业绩考核制度，对我们来说是一项新的工作，需要在实践中进一步完善。从一年的实践情况看，经营业绩考核指标基本适用。我们考虑年度经营业绩考核基本指标保持相对稳定，同时对部分行业、部分企业的分类指标作适当调整。在完善年度经营业绩考核指标的同时，明年将在中央企业全面实施任期经营业绩考核制度，实现年度经营业绩考核与任期经营业绩考核的有机结合，使对企业负责人经营业绩的考核更全面更科学。要进一步规范和完善中央企业收入分配制度，指导中央企业深化收入分配制度改革，形成个人收入与其岗位责任、贡献和企业效益密切挂钩、与劳动力市场价位相衔接、能增能减的分配调控机制。要积极探索中长期激励办法，建立短期激励与中长期激励相结合的比较完善的激励体系，将企业负责人的收入与企业的中长期目标结合起来，促进企业的可持续发展。要逐步规范企业负责人职位消费和福利标准。继续开展科技型改制企业的股权激励试点，积极探索上市公司的长期激励机制，完善薪酬和保障制度。指导中央企业建立企业年金制度，逐步建立起有利于实现国有资本保值增值的中长期激励机制。建立国有资本经营预算制度是落实国有资产经营责任的重要保证。明年我们将按照国务院的部署，会同财政部尽快启动这项工作，在总结借鉴省市实施国有资本经营预算做法的基础上，力争尽早将国有资本经营预算制度的基本框架确定下来。

（三）引导中央企业进一步做强做大主业

不久前我们公布了第一批49家中央企业的主业。这样做的主要目的是引导中央企业进一步突出主业，引导社会资金的投向和中央企业的投资方向，同时也是为了加强对中央企业重大投资活动的管理。今后凡是企业发展规划内、主业范围内的投资，我们只对其中的重大项目进行备案管理；对企业发展规划外的非主业投资项目包括并购活动，则要实施严格的核准制度。对涉及业务领域较多、核心业务不明确的企业，我们将通过组织专家论证、与企业交换意见，尽快确定其主业及调整方向。对规模偏小、现有主业效益偏低、并且所处行业技术发展比较成熟、市场化程度比较高的企业，我们准备采取确认一段时期主业的方式，规范和引导其投资行为。我们将陆续分期公布中央企业的主业。需要说明的是，中央企业主业的确认和公布，是综合考虑优化布局结构、发挥比较优势、尊重历史事实、注重未来发展等因素确定的，在一段时期内具有相对的稳定性，今后可以根据企业竞争能力、市场供求关系、技术发展趋势等情况的变化进行动态调整。加快实施主辅分离，有利于中央企业集中资源、集中力量做强做大主业。目前这项工作进展很不平衡，中央企业正在实施辅业改制的资产和人员占应纳入改制范围资产和人员的比重不到五分之一，特别是一些资产规模较大、富余人员较多的中央大企业，推进难度较大。我们将加强与有关部门的沟通与协调，抓紧总体方案的审批，进一步完善相关政策，帮助中央企业解决一些实际困难和问题。

（四）积极推进中央企业布局结构调整

围绕培育和发展30~50家具有国际竞争力的大公司大企业集团，明年我们要力争在推进中央企业布局和结构调整方面迈出新的步伐。要抓紧修改中央企业布局和结构调整初步意见，研究制定分行业、分企业调整的指导意见，增强中央企业布局和结构调整的前瞻性，减少盲目性。在企业自愿基础上，支持和鼓励中央企业进一步进行联合重组，继续推进企业间非主业的同业重组，积极引导中央企业的并购活动，抓紧研究提出中央企业通过科工贸一体化等方式更好发挥整体优势的意见。对中央企业布局结构的调整，社会各方面都很关注。一些同志提出，希望国资委更好地发挥出资人作用，加快推进调整步伐。中央企业布局和结构的调整，是从战略上推进国有经济布局和结构调整的一个重要组成部分。要真正做好这项工作，必须加快建立健全董事会，使董事会成为布局和结构调整的实施主体；必须做好清产核资工作，在此基础上真正做到产权清晰；必须加快建立健全国有资本经营预算制度，为中央企业的布局结构调整提供手段。我们要努力为加快中央企业布局结构调整创造条件。继续做好国有企业政策性关闭破产工作，也是推进国有经济布局和结构战略性调整的一个重要方面。贯彻落实中央经济工作会议精神，我们将会同国家有关部门继续做好这项工作。目前，全国国有企业关闭破产四年规划的编制已完成，并已上报国务院审批，中央企业申报的113个项目已列入四年规划。明年是贯彻落实规划的第一年，希望有关中央企业认真把握政策，规范操作，以关闭破产工作带动结构调整，同时努力做好破产企业的稳定工作。

（五）进一步完善国有资产监管制度和体系

完善监管体系是实现国有资产保值增值的重要保证，也是依法履行出资人职责的必然要求。明年要做好五方面的工作。一是进一步完善法规和规章制度。抓紧出台《中央企业授权经营暂行办法》、《中央企业重要子企业重大事项管理暂行办法》、《中央企业重大法律纠纷案件管理办法》等法规规章，抓紧修订和完善国有资产评估管理、企业国有产权管理、境外企业国有资产监管等法规和规章。二是进一步发挥监事会的作用。坚持和完善监事会制度，加强和改进监事会工作，抓紧修订《国有企业监事会暂行条例》，完善监事会职责。积极探索分类监督的有效形式，加强与企业交换意见工作，促进监督检查成果的运用，提高监督质量。制定监督检查作业标准，改进工作方式方法，探索建立监督检查工作质量评价体系和激励约束机制。三是建立健全重大投资决策失误责任追究制度，完善重大投资报告制度和重大投资后评价制度。四是建立健全国有资产基础管理的相关制度，做好清产核资的后续工作。明年我们要组织力量对中央企业的清产核资工作进行抽查，同时对中央企业的不良资产进行分类分项分析，总结经验教训，建立相关制度，防止新的不良资产产生。为保证中央企业财务会计的可靠真实，我们考虑确定一批国内外著名的信誉好的会计师事务所来检查和核实中央企业的财务报表。五是进一步开展中央企业效能监察工作。继续抓住工程建设、物资采购、财务管理、产品销售、产权交易等关键环节，有针对性地组织实施效能监察，把效能监察与加强和改善企业经营管理更好地结合起来。要积极推行企业法律顾问制度，推动重点企业加快建立总法律顾问制度，引导中央企业建立健全法律事务机构和加强法律顾问队伍建设。同时，我们还要进一步完善国资委的内部工作制度和程序，改进工作方式，提高办事效率。

（六）继续加强和改进中央企业党建工作

按照党中央的统一部署，组织中央企业开展保持共产党员先进性教育活动。认真贯彻落实党的十六届四中全会精神，做好《中央组织部、国务院国资委党委关于加强和改进中央企业党建工作意见》的贯彻落实工作。以思想政治建设和能力建设为重点，以建设"政治素质好、经营业绩好、团结协作好、作风形象好"的领导班子为目标，进一步加强中央企业领导班子建设。切实做好中央企业党风廉政建设工作，进一步落实党风廉政建设责任制，加快建立健全与现代企业制度相适应的教育、制度、监督并重的惩治和预防腐败的体系和机制。对监管企业进行外部审计是出资人履行财务监督、实现管资产与管人、管事相结合的重要手段，也是党风廉政建设的重要方面。我们准备从经济责任审计入手，从建章立制进行试点起步，逐步加强对中央企业的审计工作。这项工作要与监事会工作、纪委监察等有关厅局的工作密切配合，促进中央企业的改革和发展。

四、明年中央企业改革和发展的主要任务

明年中央企业改革发展的任务都很重，要围绕增强可持续发展能力，加大改革力度，加快调整步伐，开拓创新，扎实工作，为实现国民经济平稳较快增长和社会全面进步做出新的贡献。重点要做好以下工作。

（一）加快体制创新，进一步转换经营机制

明年中央企业在加快股份制改革和建立健全董事会方面要迈出新的重要步伐。要积极吸引战略投资者，吸引有实力有信誉的民营企业，加快实现投资主体多元化。进行国有独资公司建立和完善董事会试点的中央企业要抓紧做好各项准备工作，形成权力机构、决策机构、监督机构和经营管理者之间的制衡机制。没有列入试点的中央企业也要研究下属企业特别是全资企业公司治理结构的完善。要继续推进企业内部三项制度改革，进一

步引入竞争机制，中央企业的二级、三级企业能够通过公开招聘选拔任用经营管理者的都要积极实行这项制度，还可以采取内部竞聘上岗、人才市场选聘等多种方式拓宽选人用人的视野和范围，使各类优秀人才能够脱颖而出，为各方面优秀人才到中央企业施展才华提供机会。公开选聘经营管理者，既要论能力、重业绩、听公论，也要看经历，要注意使选聘人员的工作经历与拟聘岗位的要求相适应。在加快体制机制创新的同时，中央企业要更加注重规范改制，严格执行《关于规范国有企业改制工作的意见》和《企业国有产权转让管理暂行办法》，中央企业的产权交易都要进入北京、上海、天津三个产权交易机构进行公开交易。明年我们将组织力量，对中央企业规范改制和产权转让情况进行检查；认真总结各地好的做法和经验，完善国有企业改制和产权转让的有关规定。

（二）转变增长方式，提高可持续发展能力

抓紧做好“十一五”规划和2020年远景目标的制定工作是明年经济工作的一项重要任务。中央企业都要配合这项工作，抓紧完善和制定企业中长期发展战略规划，按照树立和落实科学发展观的要求，瞄准和追赶国际同行业先进水平，进一步明确企业调整和发展的方向，突出主营业务，加快技术进步，优化产品结构，节约能源资源，提高质量效益，走新型工业化道路，增强可持续发展能力。我们将加强对企业战略规划的管理，与中央企业共同努力，使中长期发展战略规划更具科学性、前瞻性和实用性，并监督企业实施发展战略和规划。要把提高企业自主创新能力放在突出位置，健全技术研究和开发体系，加大技术开发投入，充分发挥人才在科技创新中的关键作用，更好地利用国外先进技术资源，与跨国公司进行多种形式的技术开发和合作，有条件的中央企业要与跨国公司积极共建研发中心和先进生产制造基地，把先进技术引进和消化吸收创新更好地结合起来，加快研究开发成果的工程化、产业化的步伐，努力形成一批具有自主知识产权的关键技术和知名品牌，增强核心竞争能力，明年在这方面要力争取得实实在在的成效。要进一步实施“走出去”战略，积极参与国际经济技术交流和合作，在缓解我国能源资源约束矛盾方面更好地发挥作用。需要强调的是，目前中央企业在“走出去”方面也存在着相互竞争，甚至竞相降价争夺资源、争夺市场的问题。中央企业要加强沟通与协调，形成合力，探索参与国际竞争的多种合作方式和途径，避免无序竞争、恶性竞争，提高参与国际竞争的整体能力和水平。要注重企业社会责任，强化资源节约意识，率先创建资源节约型企业。不久前，中石油、鞍钢、上海宝钢、中国铝业、华能集团和一汽集团发出了在中央企业开展创建资源节约型企业的倡议，中央企业都要积极响应这一倡议，尽快行动起来，努力在节约资源能源、向管理要效益方面做出表率。

（三）强化内部管理，不断提升企业管理水平

确立企业发展战略和加强企业管理，是做强做大企业的两个重要环节。明年中央企业在加强内部管理方面要力争迈出新的步伐。一是要继续清理三级以下的企业，缩短管理链条，优化组织结构，努力实现企业内部管理的扁平化，提高管理效率。二是加强风险管理。对从事股票、债券、期货、外汇、对外担保等高风险业务要从严控制。建立健全企业风险防范机制，建立和完善企业应急预警体系。三是要加强财务资金和成本管理。继续加强财务预算管理，对子企业的财务尽快实现集中统一管理；要严格控制管理成本和人工成本的过快增长，把降低成本、增加效益的责任落实到每个岗位和每个员工。中央企业都要严格执行国家有关财务会计管理的法律法规，严格执行财务预算、决算和国有资产保值增值结果确认等管理办法，规范企业财务会计制度，真实反映企业经营成果。四是进一步推进企业信息化建设。在缩短管理链条、再造业务流程的基础上、进一步提高企业信息化管理水平。五是进一步搞好企业法律顾问制度建设。53户大型企业都要加快建立总法律顾问制度，其他中央企业都要加强企业法律队伍的建设；要搞好普法工作，进一步提高依法经营的能力和水平。中央企业都要高度重视和切实做好知识产权保护工作，完善内部管理制度，提高企业知识产权保护水平。六是要进一步加强产权管理。要强化产权意识，树立产权观念，理顺产权关系，加强产权管理的各项基础工作。

（四）抓住有利时机，抓紧处理历史遗留问题

中央企业要抓紧做好主辅分离辅业改制有关工作，已经上报方案并获批准的企业要抓紧实施，尚未上报方案的企业要抓紧制定工作方案，尽快上报审批。中央企业分离办社会职能工作明年要全面展开，中央已经下决心解决这一问题，财政部十分重视和支持这项工作，设立了专项资金。中央企业要抓住机遇，抓紧工作，尽快把人员、资产、账目等情况搞清楚，在此基础上制定方案，并做好与地方政府的沟通与衔接，争取尽快进入实质性操作阶段。这两年相当一部分中央企业实现利润有较大增长，要在企业财务允许范围内，该提留的提足，该投入的投够，该积累的积累，同时着眼于企业的长远发展，抓紧解决历史遗留问题，把企业财务做实，进一步夯实企业可持续发展的基础。

（五）提升工作水平，切实加强企业党建和企业文化建设

加强和改进中央企业党建工作，既是中央企业明年的一项重要工作，也是一项长期任务。中央企业都要认真贯彻党的十六届四中全会精神和中组部、国资委党委《关于加强和改进中央企业党建工作的意见》，结合保持共产党员先进性教育活动，加强和改进企业党的建设，适应现代企业制度的要求，继续探索企业党组织发挥政治核心作用的途径和机制。企业董事会和经理班子要支持企业党组织做好党建工作，领导人员要坚持“一岗双责”，企业改革改组和调整要做到新建经济组织的同时建立党组织，调整经营管理组织的同时调整党组织的设置，配备经营管理人员的同时配备党务工作人员。要努力提高党务工作人员的素质和能力水平，加快培养复合型的思想政治工作者队伍，创新思想政治工作方法。要从培育和增强企业核心竞争力的高度，进一步认识搞好企业文化建设的重要性，积极推进学习型企业、学习型员工队伍建设，努力提高职工的思想道德素质和科学文化素质，进一步建设具有时代气息、健康向上、各具特色的企业文化。

贯彻和落实科学发展观 大力推进循环经济发展

国家发展和改革委员会主任 马 凯

（2004年9月28日）

一、循环经济是人类社会发展的必然选择

什么是循环经济？从资源流程和经济增长对资源、环境影响的角度考察，增长方式存在着两种模式：一种是传统增长模式，即“资源—产品—废弃物”的单向式直线过程，这意味着创造的财富越多，消耗的资源就越多，产生的废弃物也就越多，对资源环境的负面影响就越大；另一种是循环经济模式，即“资源—产品—废弃物—再生资源”的反馈式循环过程，可以更有效地利用资源和保护环境，以尽可能小的资源消耗和环境成本，获得尽可能大的经济效益和社会效益，从而使经济系统与自然生态系统的物质循环过程相互和谐，促进资源永续利用。概括地说，循环经济是一种以资源的高效利用和循环利用为核心，以“减量化、再利用、资源化”为原则，以低消耗、低排放、高效率为基本特征，符合可持续发展理念的经济增长模式，是对“大量生产、大量消费、大量废弃”的传统增长模式的根本变革。

循环经济的“减量化”原则是指在生产和服务过程中，尽可能地减少资源消耗和废弃物的产生，核心是提高资源利用效率；“再利用”原则是指产品多次使用或修复、翻新或再制造后继续使用，尽可能地延长产品的使用周期，防止产品过早地成为垃圾；“资源化”原则是指废弃物最大限度地转化为资源，变废为宝、化害为利，既可减少自然资源的消耗，又可减少污染物的排放。从目前情况看，资源化的途径主要有两种，一种是再生利用，如废铝变成再生铝，废纸变成再生纸；另一种是将废弃物作为原料，如电厂粉煤灰用于生产建材产品、筑路和建筑工程，城市生活垃圾用于发电等。

循环经济在微观层面上，要求企业节约降耗，提高资源利用效率，实现减量化；对生产过程中产生的废弃物进行综合利用，并延伸到废旧物资回收和再生利用；根据资源条件和产业布局，延长和拓宽生产链条，促进产业间的共生耦合。循环经济在宏观层面上，要求对产业结构和布局进行调整，将循环经济理念贯穿于经济社会发展的各领域、各环节，建立和完善全社会的资源循环利用体系。

循环经济的产生不是偶然的。回顾世界经济发展的历史，不难发现，循环经济理念的产生和发展，是人类对人与自然关系深刻反思的结果，是人类社会发展的必然选择。

工业革命以来，人类在创造巨大物质财富的同时，也付出了巨大的资源和环境代价。在推进工业化的初期，人类还没有深切体会到自然资源供给和环境容量的有限性。随着人口的持续增加，经济规模的不断扩大，传统的生产模式带来的资源短缺和环境污染，迫使人类进行深刻反思。1962年，美国生物学家卡逊出版了《寂静的春天》一书，用触目惊心的案例阐述了大量使用杀虫剂对人类的危害，敲响了工业社会环境危机的警钟。同年，美国经济学家鲍尔丁从经济的角度提出了循环经济的概念，他将人类生活的地球比做太空中的宇宙飞船，提出如果不合理地开发自然资源，当超过地球承载能力时就会走向毁灭，只有循环利用资

源，才能持续发展下去。这可以看作是循环经济思想的萌芽。

20 世纪 70 年代，发生了两次世界性能源危机。经济增长与资源短缺之间矛盾凸显，引发人们对经济增长方式的深刻反思。1972 年，罗马俱乐部发表了题为《增长的极限》的研究报告，首次向世界发出了警告："如果让世界人口、工业化、污染、粮食生产和资源消耗像现在的趋势继续下去，这个行星上的增长极限将在今后一百年中发生"。尽管这个报告中的观点有些片面和悲观，但提出的资源供给和环境容量无法满足外延式经济增长模式的观点，引起全世界的极大关注。同年，联合国发表了《人类环境宣言》，提出了人类在开发利用自然的同时，也要承担维护自然的责任和义务。

20 世纪 80 年代，人们开始探索走可持续发展道路。1987 年，时任挪威首相的布伦特兰夫人在《我们共同的未来》的报告里，第一次提出可持续发展的新理念，并较系统地阐述了可持续发展的含义。1989 年，美国福罗什在《加工业的战略》一文中，首次提出工业生态学概念，即通过将产业链上游的"废物"或副产品，转变为下游的"营养物"或原料，从而形成一个相互依存、类似于自然生态系统的"工业生态系统"，为生态工业园建设和发展奠定了理论基础。

1992 年，在巴西里约热内卢召开的联合国环境与发展大会，通过了《里约宣言》和《21 世纪议程》，正式提出走可持续发展之路，号召世界各国在促进经济发展的过程中，不仅要关注发展的数量和速度，更要重视发展的质量和可持续性。环发大会后，世界各国陆续开始积极探索实现可持续发展的道路。德国于 1996 年颁布了《循环经济和废物管理法》。日本也相继颁布了《促进建立循环型社会基本法》、《资源有效利用法》等一系列法律法规。目前，发达国家循环经济的发展已在四个层面上展开：一是企业内部的循环利用，最具代表性的是美国杜邦化学公司模式，通过厂内各工艺之间的物料循环，减少物料的使用，达到少排放甚至"零排放"的目标；二是企业间或产业间的生态工业网络，如著名的丹麦卡伦堡生态工业园，把不同的工厂联结起来，形成共享资源和互换副产品的产业共生组合，使一个企业产生的废气、废热、废水、废渣在自身循环利用的同时，成为另一企业的能源和原料；三是废物回收和再利用体系，如德国的包装物双元回收体系（DSD）和日本的废旧电器、汽车、容器包装等回收利用体系；四是社会循环经济体系，如日本政府为推动循环经济的形成，提出了到 2010 年要达到的三个方面的目标，包括资源投入产出率比 2000 年提高 40%，资源循环利用率提高 40%，废弃物最终处置量减少 50%，为实现这些目标，日本政府制定和实施了一系列政策措施。

总之，人类在发展过程中，越来越感到自然资源并非取之不尽，用之不竭，生态环境的承载能力也不是无限的。人类社会要不断前进，经济要持续发展，客观上要求转变增长方式，探索新的发展模式，减少对自然资源的消耗和生态系统的破坏。在这种情况下，循环经济便应运而生。

二、我国发展循环经济的重要性和紧迫性

党的十六大提出了全面建设小康社会的目标和任务。实现这一战略部署，必须紧紧抓住和切实用好本世纪头 20 年的重要战略机遇期。去年我国人均 GDP 已超过 1000 美元，开始向中低收入国家迈进。国际经验表明，从低收入国家步入中低收入国家行列的阶段，对任何国家的成长来说都是一个极为重要的历史阶段，它既是一个"黄金发展时期"，又是一个"矛盾凸现时期"。特别是随着经济快速增长和人口不断增加，水、土地、能源、矿产等资源不足的矛盾会越来越突出，生态建设和环境保护的形势日益严峻。面对这种情况，按照科学发展观的要求，大力发展循环经济，加快建立资源节约型社会，就显得尤为重要、尤为迫切。

（一）发展循环经济是缓解资源约束矛盾的根本出路

我国资源禀赋较差，总量虽然较大，但人均占有量少。目前我国人均淡水资源量仅为世界人均占有量的四分之一，有 16 个省（区、市）人均水资源拥有量低于联合国确定的 1700 立方米用水紧张线，其中有 10 个省（区、市）低于 500 立方米严重缺水线。人均耕地只有 1.43 亩，不到世界平均水平的 40%。其中，北京、天津、上海、浙江、福建、广东等省市的人均耕地低于联合国规定人均耕地 0.8 亩的警戒线。人均森林占有面积为 1.9 亩，仅为世界人均占有量的五分之一，人均森林蓄积量为 9.048

立方米，仅为世界人均蓄积量的八分之一。45种主要矿产资源人均占有量不到世界平均水平的一半，石油、天然气、铁矿石、铜和铝土矿等重要矿产资源人均储量，分别为世界人均水平的11%、4.5%、42%、18%和7.3%。国内资源供给不足，重要资源对外依存度不断上升。去年约50%的铁矿石和氧化铝、60%的铜资源、34%的原油依赖进口。今年1~8月，石油净进口量高达7600万吨，对外依存度上升到40%。与此同时，一些主要矿产资源的开采难度越来越大，开采成本增加，供给形势相当严峻。

改革开放以来，我们用能源消费翻一番支撑了GDP翻两番。到2020年，要再实现GDP翻两番，即便是按能源再翻一番考虑，要保障能源供给也有很大的困难。本世纪头20年，我国钢铁、有色金属、石油石化、水泥等高耗能产品的需求量将继续增加，汽车和家用电器大量进入家庭。与此相适应，资源消费会进一步增长。以能源为例，初步测算，在考虑大力节约能源、优化经济结构的前提下，到2020年我国一次能源消费总量也要达到30亿吨标准煤。仅从满足国内煤炭需求来看，就面临精查储量不足、生产能力不足、运输能力不足和环境容量不足四大压力。尽管我们可以利用国外资源来弥补国内资源的短缺，但还必须看到，大量进口海外资源，也存在一些难以回避的风险。全球资源的有限性决定了进口需求不是可以无限得到满足的，大量进口存在市场和价格风险、运输能力的制约和进口安全保障等问题。

加快全面建设小康社会进程，保持经济持续快速增长，资源消费的增加是难以避免的。但如果继续沿袭传统的发展模式，以资源的大量消耗实现工业化和现代化，是难以为继的。去年下半年以来，煤电油运的持续紧张就充分表明了这一点，再次给我们敲响了警钟。为了减轻经济增长对资源供给的压力，必须大力发展循环经济，促进资源的高效利用和循环利用。研究表明，如果采取强化节能的措施，大幅度提高能源利用效率，到2020年使万元GDP能耗由2002年的2.68吨标准煤降低到1.54吨标准煤，那么能源消费总量就能控制在30亿吨标准煤。再比如，预计到2015年我国木材供需缺口达1.4亿~1.5亿立方米，如果木材综合利用率提高10个百分点，就可弥补供需缺口的30%。到2020年我国再生铝比重如果能从目前的21%左右提高到60%，就可替代3640万吨的铝矿石需求，节电1365亿千瓦时，节水9100万立方米。由此可见，发展循环经济是缓解资源约束矛盾、实现可持续发展的必然选择。

（二）发展循环经济是从根本上减轻环境污染的有效途径

当前，我国生态环境总体恶化的趋势尚未得到根本扭转，环境污染状况日益严重。一是水环境每况愈下。去年全国废水排放总量460亿吨，其中化学需氧量1334万吨，大量未经处理或不达标的废水直接排入江河湖库。饮用水安全受到威胁，生态用水匮乏。二是大气环境不容乐观。去年全国烟尘排放总量近1000万吨；二氧化硫排放量为2159万吨，居世界第一位，大大超过环境容量。全国酸雨面积已占国土面积的三分之一。三是固体废物污染日益突出。去年全国工业固体废弃物排放量1941万吨，其中有3000吨的危险废物未经任何处置排入环境，危害人民群众的身体健康。四是城市生活垃圾无害化处理率低，二次污染严重。2002年，全国660个建制市生活垃圾产生量1.36亿吨，集中处理率为54%，仍有6200万吨未经任何处理。监测结果表明，垃圾无害化处理率不足20%。此外，农村畜禽粪便、水产养殖污染，农药、化肥的不合理使用，使农村环境问题日益严重，直接威胁到农产品质量安全；生态环境恶化，草地退化、水土流失、森林生态系统质量下降、生物多样性锐减，生态安全受到严重影响。

目前我国解决环境问题的重要方式是末端治理。这种治理方式难以从根本上缓解环境压力。一方面投资大、费用高，建设周期长，经济效益低，企业缺乏积极性，难以为继。另一方面，末端治理往往使污染物从一种形式转化为另一种形式，如废气治理产生废水、废水治理产生污泥、固体废物治理产生废气等，不能从根本上消除污染。

大量事实表明，水、大气、固体废弃物污染的大量产生，与资源利用水平密切相关，同粗放型经济增长方式存在内在联系。据测算，我国能源利用率若能达到世界先进水平，每年可减少二氧化硫排放400万吨；固体废弃物综合利用率若提高1个百分点，每年就可减少约1000万吨废弃物的排放；粉煤灰综合利用率若能提高20个百分点，就可以减少排放近4000万吨，这将使环境质量得到极大改善。大力发展循环经济，推行清洁生产，可将经济社会活动对自然资源的需求和生态环境的影响降低到最小程度，以最少的资源消耗、最小的环境代价实现经济的可持续增长，从根本上解决经济发展与环境保护之间的矛盾，走出一条生产发展、生活富裕、生态良好的文明发展道路。

（三）发展循环经济是提高经济效益的重要措施

改革开放26年来，通过大力调整经济结构，加快企业技术改造和加强管理，我国资源利用效率有了较大提高。但从总体上看，我国资源利用效率与国际先进水平相比仍然较低，成为企业成本高、经济效益差的一个重要原因。目前，我国的资源利用效率，可以概括为"四低"：

一是资源产出率低。按现行汇率计算，2003年我国GDP约占世界的4%，但重要资源消耗占世界的比重却很高，石油为7.4%、原煤31%、钢铁27%、氧化铝25%、水泥40%。我国用水总量与美国相当，但GDP仅为美国的八分之一；消耗每吨标准煤实现的GDP为世界平均水平的30%。上述比较，即使考虑到汇率因素，我国资源的产出率比发达国家仍低很多。

二是资源利用效率低。2000年，冶金、有色、电力、化工等8个高耗能行业的单位产品能耗比世界先进水平平均高40%以上。主要耗能设备能源效率低，如风机、水泵平均设计效率比国外先进水平低5个百分点，系统运行效率低近20个百分点。机动车百公里油耗比欧洲高25%，比日本高20%，比美国整体高10%；载货汽车百吨公里油耗比国外先进水平高1倍以上。单位建筑面积采暖能耗相当于气候条件相近的发达国家的2~3倍。2002年我国每万元GDP取水量为537立方米，是世界平均水平的4倍。工业用水重复利用率不足60%，比国外先进水平低15~25个百分点；农业灌溉用水利用系数仅为世界先进水平的二分之一；多数城市供水管网跑冒滴漏损失率高达20%以上。土地资源利用程度也很低且浪费严重。

三是资源综合利用水平低。目前，我国矿产资源总回收率为30%，比国外先进水平低20个百分点。共伴生矿产资源综合利用率为35%左右。煤系共生、伴生20多种矿产，绝大多数没有利用。一些超大型复杂多金属矿床的尾矿利用率仅为10%。我国木材综合利用率约60%，而发达国家一般都在80%以上。与此同时，"三废"综合利用潜力很大。2003年我国工业固体废弃物综合利用率只有55.8%，累计堆存量已达几十亿吨，占用了大量土地。

四是再生资源回收利用率低。2003年我国钢铁工业年废钢利用量为5800多万吨，占粗钢产量的比例为26%，而世界平均水平为43%；再生铜产量93万吨，占铜产量的22%，而世界平均水平为37%；再生铝产量145万吨，占铝产量的21%，而世界平均水平为40%。轮胎翻新量仅占新胎产量的4%，而发达国家一般为10%，其中轿车轮胎基本不翻新，而欧盟翻新率达18.8%。此外，我国每年还有大量的废旧家电和电子产品，废有色金属、废纸、废塑料、废玻璃等，没有实现资源的高效利用和循环利用。

实践证明，较低的资源利用水平，已经成为企业降低生产成本、提高经济效益和竞争力的重要障碍；大力发展循环经济，提高资源的利用效率，增强国际竞争力，已经成为我们面临的一项重要而紧迫的任务。

（四）发展循环经济是应对新贸易保护主义的迫切需要

在经济全球化的发展过程中，关税壁垒作用日趋削弱，包括"绿色壁垒"在内的非关税壁垒日益凸显。近几年，一些发达国家为了保护本国利益，在资源、环境等方面，设置了不少自己容易达到、而发展中国家目前还难以达到的技术标准，不仅要求末端产品符合环保要求，而且规定从产品的研制、开发、生产到包装、运输、使用、循环利用等各环节都要符合环保要求。如欧盟就明确要求包装物的95%必须是能够回收利用的物质。去年2月，欧盟又颁布了《废弃电子电器设备指令》和《电子电器设备中限制使用某些有害物质指令》，规定：从2005年8月13日起，生产者负责回收处理废旧电子电器设备；2006年7月1日开始，在欧盟销售的十大类100多种电子电器设备中，限制使用铅、汞、镉等六种有害物质。再比如，随着国际社会对生态环境和气候变化的重视程度不断提高，以节能为主要目的的能效标准、标识已成为新的非关税壁垒。

这些非关税壁垒，对我国发展对外贸易特别是扩大出口产生了日益严重的影响。目前，我国已成为“绿色壁垒”等非关税壁垒最大的受害者之一。如欧盟的两项指令所涉及的范围，不仅包括我国电子电器设备产品，还涉及到零部件、原材料行业，基本覆盖了我国对欧盟出口的所有机电产品。面对日益严峻的非关税壁垒，我们要高度重视，积极应对，尤其是要全面推进清洁生产，大力发展循环经济，逐步使我国产品符合资源、环保等方面的国际标准。

（五）发展循环经济是以人为本、实现可持续发展的本质要求

大量事实表明，传统的高消耗的增长方式，向自然过度索取，导致生态退化和自然灾害增多，给人类的健康带来了极大的损害。据有关部门测算，受大气污染影响，我国大约有1亿多人每天呼吸不到新鲜空气，因空气污染导致每年约有1500万人患上支气管炎。水污染使饮用水安全受到威胁，恶化了生存条件。固体废弃物的堆积不仅产生大量寄生生物，而且废弃物产生的渗漏液还会污染地表水和地下水。这些都成为一些地方疑难怪病和职业病产生的重要原因，给广大人民群众的身体健康带来了严重威胁。

人是最宝贵的资源。我们要加快发展、实现全面建设小康社会的目标，根本出发点和落脚点就是要坚持以人为本，不断提高人民群众的生活水平和生活质量。这就要求我们，在发展过程中不仅要追求经济效益，还要讲求生态效益；不仅要促进经济增长，更要不断改善人们的生活条件，让“人民喝上干净的水、呼吸清洁的空气、吃上放心的食物，在良好的环境中生产生活”。要真正做到这一点，必须大力发展循环经济，搞好资源节约和综合利用，加强生态建设和环境保护，走出一条科技含量高、经济效益好、资源消耗低、环境污染少、人力资源优势得到充分发挥的新型工业化道路，以最少的资源消耗、最小的环境代价实现经济社会的可持续增长。

总之，发展循环经济有利于形成节约资源、保护环境的生产方式和消费模式，有利于提高经济增长的质量和效益，有利于建设资源节约型社会，有利于促进人与自然的和谐，充分体现了以人为本，全面协调可持续发展观的本质要求，是实现全面建设小康社会宏伟目标的必然选择，也是关系中华民族长远发展的根本大计。我们要从战略的高度去认识、用全局的视野去把握发展循环经济的重要性和紧迫性，进一步增强自觉性和责任感。

从总体上看，我国在发展循环经济方面已具有一定的基础。改革开放以来，我国颁布了《节约能源法》、《清洁生产促进法》等法律法规，制定了一系列促进企业节能、节材、节水和资源综合利用的政策、标准和管理制度。特别是中央提出加快两个根本性转变，实施可持续发展战略以来，我国在推动资源节约和综合利用、推行清洁生产、探索循环经济发展模式等方面，取得了明显成效，为加快发展循环经济奠定了基础。但是我们也应清醒地看到，与发达国家相比，我国在发展循环经济方面还存在很大的差距。与此同时，在推进循环经济发展的工作中，也存在着一些实际困难和障碍。比如，各方面对发展循环经济的重要性和紧迫性尚缺乏足够的认识；国家还没有指导循环经济发展的总体规划和推进计划，资源利用的指标和核算体系也不健全；法律法规体系有待完善，特别是再生资源回收利用方面的法规建设仍是薄弱环节；有效的激励政策、回收处理体系和合理的费用机制尚未建立；技术开发和推广应用不够，缺乏符合国情的循环经济技术支撑体系等。这都需要我们抓紧研究政策措施，认真加以解决。

三、加快发展循环经济的总体思路和主要措施

为更好地推动和指导我国循环经济的发展，年初，我们在调查研究和分析国内外循环经济发展实践经验的基础上，研究提出了《关于加快循环经济发展对策措施建议的报告》，国务院领导同志作了重要批示；随后又按照国务院领导同志的批示精神，会同有关部门研究起草了《关于加快发展循环经济的指导意见（征求意见稿）》，这次会上发给大家，请提出修改意见。这里，我就发展循环经济的总体思路和对策措施，谈几点初步想法，和大家一起讨论。

（一）发展循环经济的指导思想、主要原则和近期目标

指导思想：认真贯彻落实党的十六大和十六届三中全会精神，以科学发展观为指导，以优化资源

利用方式为核心，以提高资源生产率和降低废弃物排放为目标，以技术创新和制度创新为动力，加强法制建设，完善政策措施，形成政府大力推进、市场有效驱动、公众自觉参与的机制，逐步建立适合我国国情的、有利于循环经济发展的宏观调控体系和运行机制，形成中国特色的循环经济发展模式，加快建设资源节约型社会。

主要原则：坚持以经济社会可持续发展为根本目的，实现人与自然和谐统一；坚持走新型工业化道路，形成有利于节约资源、保护环境的生产方式和消费模式；坚持推进结构调整，依靠科技进步和强化管理，提高资源利用效率；坚持发挥市场机制作用与政府宏观调控相结合、依法管理与政策激励相结合、政府推动与社会参与相结合，努力形成促进循环经济发展的政策体系和社会氛围。

近期目标：到2010年，建立比较完善的循环经济法律法规体系、政策支持体系、技术创新体系和有效的激励约束机制；建立循环经济评价指标体系，制定循环经济发展中长期战略目标和分阶段推进计划。力争重点行业资源利用效率有较大幅度提高，形成一批具有较高资源生产率、较低污染排放率的清洁生产企业；重点领域建立和完善资源循环利用体系和机制；形成若干符合循环经济发展模式的生态工业（农业）园区和资源节约型城市。全国资源生产率大幅度提高，废弃物排放量显著削减，为初步建立资源消耗低、环境污染少、经济效益好的国民经济体系和资源节约型社会奠定基础。

（二）发展循环经济的基本途径和重点

发展循环经济，要大力推进节约降耗，提高资源利用效率，减少自然资源的消耗；全面推行清洁生产，从生产和服务的源头减少污染物的产生；加强资源综合利用，最大限度地利用各种废弃物和再生资源，减少废弃物的最终处置量；积极发展环保产业，为资源高效利用和循环利用提供物质技术保障。当前和今后一个时期，我们要重点抓好以下五个环节：

在资源开采环节，要大力提高资源综合开发和回收利用率。对矿产资源开发要统筹规划，加强共生、伴生矿产资源的综合开发和利用，实现综合勘查、综合开发、综合利用；加强资源开采管理，健全资源勘查开发准入条件，改进资源开发利用方式，实现资源的保护性开发；积极推进矿产资源深加工技术的研发，提高产品附加值，实现矿业的优化与升级；开发并完善适合我国矿产资源特点的采、选、冶工艺，提高回采率和综合回收率，降低采矿贫化率，延长矿山寿命。大力推进尾矿、废石的综合利用。

在资源消耗环节，要大力提高资源利用效率。加强对钢铁、有色、电力、煤炭、石化、化工、建材、纺织、轻工等重点行业的能源、原材料、水等资源消耗管理，实现能量的梯级利用、资源的高效利用和循环利用，努力提高资源的产出效益。电动机、汽车、计算机、家电等机械制造企业，要从产品设计入手，优先采用资源利用率高、污染物产生量少以及有利于产品废弃后回收利用的技术和工艺，尽量采用小型或重量轻、可再生的零部件或材料，提高设备制造技术水平。包装行业要大力压缩无实用性材料消耗。

在废弃物产生环节，要大力开展资源综合利用。加强对冶金、有色、电力、煤炭、石化、建材、造纸、酿造、印染、皮革等废弃物产生量大、污染重的重点行业的管理，提高废渣、废水、废气的综合利用率。综合利用各种建筑废弃物及秸杆、畜禽粪便等农业废弃物，积极发展生物质能源，推广沼气工程，大力发展生态农业。推动不同行业通过产业链的延伸和耦合，实现废弃物的循环利用。加快城市生活污水再生利用设施建设和垃圾资源化利用。充分发挥建材、钢铁、电力等行业废弃物消纳功能，降低废弃物最终处置量。

在再生资源产生环节，要大力回收和循环利用各种废旧资源。积极推进废钢铁、废有色金属、废纸、废塑料、废旧轮胎、废旧家电及电子产品、废旧纺织品、废旧机电产品、包装废弃物等的回收和循环利用；支持汽车发动机等废旧机电产品再制造；建立垃圾分类收集和分选系统，不断完善再生资源回收、加工、利用体系；在严格控制“洋垃圾”和其它有毒有害废物进口的前提下，充分利用两个市场、两种资源，积极发展资源再生产业的国际贸易。

在社会消费环节，要大力提倡绿色消费。树立可持续的消费观，提倡健康文明、有利于节约资源和保护环境的生活方式与消费方式；鼓励使用绿色产品，如能效标识产品、节能节水认证产品和环境标志产品等；抵制过度包装等浪费资源的行为；政府机构要发挥带头作用；把节能、节水、节材、节粮、垃圾分类回收，减少一次性用品的使用逐步变成每个公民的自觉行动。

（三）发展循环经济的主要措施

按照中央的要求，结合上述指导思想、主要原则、基本途径和重点，我就发展循环经济提出以下十条措施，供大家讨论。

1.**转变观念**。这是发展循环经济的重要前提。党中央、国务院对发展循环经济高度重视。在今年3月召开的中央人口资源环境工作座谈会上，胡锦涛总书记强调指出："树立和落实科学发展观，必须着力提高经济增长的质量和效益，努力实现速度和结构、质量、效益相统一，经济发展和人口、资源、环境相协调。在推进发展中充分考虑资源和环境的承受力，积极发展循环经济，实现自然生态系统和社会经济系统的良性循环，为子孙后代留下充足的发展条件和发展空间"。温家宝总理也要求："要重点抓好节约利用资源，大力发展循环经济。坚持开发与节约并举，把节约使用资源放在优先位置，建设资源节约型社会。当前，要突出抓好节煤、节电、节油、节水和降低重要原材料消耗工作。要大力推广节能降耗技术工艺，开展清洁生产。建立城乡废旧物资和再生资源回收利用系统，提高资源循环利用率和无害化处理率"。锦涛和家宝同志的讲话，为我们做好发展循环经济工作指明了方向，我们要认真贯彻落实。

发展循环经济是树立和落实科学发展观的具体体现。我们召开这次会议，是贯彻中央的部署，加快推进循环经济发展的一次实际行动。大力发展循环经济，必须摒弃传统的发展思维和发展模式，把发展观统一到党的十六届三中全会提出的坚持以人为本，全面协调可持续的科学发展观上来。传统的发展观，偏重于物质财富的增长而忽视人的全面发展，简单地把经济增长等同于经济发展而忽视经济社会的全面进步，相应地把GDP作为衡量一个国家或地区发展的单一标尺而忽视人文的、资源的、环境的指标，单纯地把自然界看作是人类生存和发展的索取对象而忽视自然界首先是人类赖以生存和发展的基础。在传统发展观的影响下，尽管人类曾创造了历史上从未有过的经济增长奇迹，积累了丰富的物质财富，但也为此付出了巨大的代价。发展循环经济，实现经济增长方式的根本转变，必须更新发展观念，理清发展思路，辩证地认识物质财富的增长和人的全面发展的关系，转变重物轻人的发展观念；必须辩证地认识经济增长与经济发展的关系，转变把增长简单地等同于发展的观念；必须辩证地认识人与自然的关系，转变单纯利用和征服自然的观念。要充分认识到，一方面资源对经济增长具有重要的支撑作用，没有必要的资源保障，经济就难以持续快速增长；另一方面，资源对经济增长又有重要的约束作用，资源的承载能力反过来也会制约经济增长的速度、结构和方式。在发展思路上要彻底改变重开发、轻节约，重速度、轻效益，重外延发展、轻内涵发展，片面追求GDP增长、忽视资源和环境的倾向，加快经济增长方式转变，切实推进循环经济发展。

2.**搞好规划**。当前，中央和地方都正在按照科学发展观和"五个统筹"的要求，组织编制"十一五"规划。在编制总体规划和各类专项规划、区域规划以及城市规划的过程中，要把发展循环经济放在重要位置。一方面，要把发展循环经济作为编制"十一五"规划的重要指导原则，用循环经济理念指导各类规划的编制；另一方面，在规划编制过程中，要加强对发展循环经济的专题研究，加快节能、节水、资源综合利用、再生资源回收利用等循环经济发展重点领域专项规划的编制工作。今年，我委组织编制了《节能中长期专项规划》，已报国务院审定。目前，正在抓紧编制《节约和替代石油规划》、《节水专项规划》、《海水利用专项规划》、《资源综合利用专项规划》，要广泛听取各方面意见，加快工作进度，提高规划的质量。

与此同时，要建立科学的循环经济评价指标体系。加快研究建立以资源生产率、资源消耗降低率、资源回收率、资源循环利用率、废弃物最终处置降低率等为基本框架的循环经济评价指标体系及相关统计制度，并把主要指标逐步纳入国民经济和社会发展计划。在此基础上，研究提出国家发展循环经济的战略目标及分阶段推进计划。各地区、各行业要结合各自实际情况，制定切实可行的发展循环经济的推进计划，明确工作目标和重点。

3.**调整结构**。加快调整产业结构、产品结构和能源消费结构是发展循环经济的重要途径。要按照走新型工业化道路的要求，振兴装备制造业，加快高技术产业化，积极推进信息化，采用高新技术和先进适用技术改造传统产业和传统工艺，淘汰落后设备、工艺和技术。当前和今后一个时期，一方面，要按照中央的部署，加强宏观调控和政策引导，遏制部分地区和行业盲目投资、低水平重复建设，特别是严格限制高耗能、高耗水、高污染和浪费资源的产业，以及开发区的盲目发展，限制和淘汰能耗高、物耗高、污染重的落后工艺、技术和设备；另一方面，要加快低耗能、低排放产业的发展。抓紧制定《产业结构调整暂行规定》、《产业结构调整指导目录》及重点行业的产业政策和准入标准，抓紧制定《加快服务业发展的指导意见》，促进服务业特别是现代服务业的快速健康发展。

同时，还要根据资源条件和区域特点，用循环经济理念指导区域发展、产业转型和老工业基地改造，促进区域产业布局合理调整。开发区建设要按循环经济模式规划、建设和改造，对进入园区的企业提出土地、能源、水资源利用及污染物排放综合控制要求，充分发挥产业集聚和工业生态效应，围绕核心资源发展相关产业，形成资源循环利用的产业链，建设集中供热和废弃物集中处置中心。

4.健全法制。这是把发展循环经济落到实处的重要保证。我国已经颁布了《节约能源法》和《清洁生产促进法》及相关法规，但总体上看，循环经济方面的法制建设仍然薄弱，不能适应发展循环经济的要求。

要结合我国国情，借鉴发达国家经验，研究建立完善的循环经济法规体系。加快《循环经济促进法》立法进程。抓紧制定发展循环经济的专项法规，包括《资源综合利用条例》、《废旧轮胎回收利用管理条例》、《包装物回收利用管理办法》等。我委会同有关部门研究起草了《废旧家电及电子产品回收处理管理条例》，提出建立生产者责任制，明确生产商、销售商、回收和处理企业、使用单位和消费者的责任和义务。同时提出建立废旧家电回收处理专项资金，促进废旧家电及电子产品回收处理和循环利用。我们还要加快制定发展循环经济的标准规范及相关制度。重点是主要用能设备能效标准、重点用水行业取水定额标准、主要耗能行业节能设计规范以及强制性能效标识制度和再利用品标识制度。今年，我委会同质检总局制定并发布了《能效标识管理办法》，明年 3 月 1 日起施行，这是一个良好的开端。我们要继续加大工作力度，通过制定和完善法律法规及相应的标准体系，把循环经济发展工作纳入法制化轨道。

要加强监督检查，切实抓好落实。当前要组织开展资源节约专项检查活动，重点检查高耗能、高耗水地区和重点行业节能、节水情况；用能产品能效标准、建筑节能设计标准执行情况；用水计划和取水定额执行情况，推动节约降耗工作的深入开展。同时，各地区、各行业要严格环境管理和监督，对于污染物排放超过国家和地方规定标准或者总量控制指标的企业，以及使用有毒、有害原料进行生产或者在生产中排放有毒、有害物质的企业，要依法强制实施清洁生产审核，要配合环保部门监督并落实清洁生产审核方案的实施，从源头和全过程实现污染物的减量化、资源化和无害化。

5.完善政策。要通过深化改革，形成有利于促进循环经济发展的体制条件和政策环境。综合运用财税、投资、信贷、价格等政策手段，调节和影响市场主体的行为，建立自觉节约资源和保护环境的机制。

首先，结合投资体制改革，调整和落实投资政策，加大对循环经济发展的资金支持。要把发展循环经济作为政府投资的重点领域，对一些重大项目进行直接投资或资金补助、贷款贴息的支持，并发挥好政府投资对社会投资的引导作用，特别是要引导各类金融机构对有利于促进循环经济发展的重点项目给予贷款支持。

其次，进一步深化价格改革，研究并落实促进循环经济发展的价格和收费政策。积极调整资源性产品与最终产品的比价关系，完善自然资源价格形成机制，通过水价、电价等价格政策的调整，也可以更好地发挥市场配置资源的基础性作用。今年我委陆续出台了水价和电价调整的政策，目的在于限制高耗能、高污染行业盲目发展，促进资源的合理开发、节约使用和有效保护。下一步还将会同有关部门，继续完善促进循环经济发展的价格和收费政策，比如扩大水资源费征收范围并适当提高征收标准；适时提高城市污水处理费征收标准，合理确定再生水价格；创造条件加快推行居民生活用水阶梯式水价制度。加大实施峰谷电价和丰枯电价的力度，扩大执行范围；对国家淘汰类和限制类项目及高耗能企业，严格按照国家产业政策实行差别电价。

第三，完善财税政策，加大对循环经济发展的支持力度。今年，我委组织行业协会和专家研究提出了《节能产品目录》和《关于政府节能采购的意见》，目前正会同财政部门研究对生产和使用目录内产品给予减免税的优惠政策，并准备将目录中的产品列入政府采购范围。还将继续完善资源综合利用税收优惠政策，研究对不易回收的大宗再生资源回收处理实行收费或押金制度的可行性。积极探索建立生态恢复和环境保护的经济补偿机制。

第四，继续深化企业改革，建立有利于促进循环经济发展的企业组织结构。要采取切实有效措施，打破企业间单向式线性生产方式和“大而全”、“小而全”的组织结构，鼓励企业根据社会化分工和产品生产的内在联系，研究制定有利于建立符合循环经济要求的生态工业网络的经济政策，增强关联度，提高资源效率，减少废弃物，延长产品使用周期，促进企业间共享资源和互换副产品，为推进循环经济发展奠定良好的微观基础。

6.依靠科技。科学技术是发展循环经济的重要支撑。近年来，我国在提高资源利用效率的技术上取得了一些突破，但总体上看，还相对滞后，有关技术信息的渠道也不尽畅通。

在今后的工作中，一方面要努力突破制约循环经济发展的技术瓶颈。重点组织开发和示范有普遍推广意义的资源节约和替代技术、能量梯级利用技术、延长产业链和相关产业链接技术、“零排放”技术、有毒有害原材料替代技术、回收处理技术、绿色再制造技术，以及降低再利用成本的技术等，不断提高单位资源消耗产出水平，尽快使资源消耗从高增长向低增长、再向零增长转化，使污染排放量从正增长向零增长、再向负增长转化，从源头上缓解资源约束矛盾和环境的巨大压力。

另一方面，要积极支持建立循环经济信息系统和技术咨询服务体系，及时向社会发布有关循环经济的技术、管理和政策等方面的信息，开展信息咨询、技术推广、宣传培训等。要充分发挥行业协会和节能技术服务中心、清洁生产中心的作用。积极推动国际交流与合作，借鉴国外推行循环经济的成功经验，引进核心技术与装备。

7.示范推广。为加快发展循环经济，我委将在重点行业、重点领域、工业园区和部分城市开展循环经济试点工作。通过试点，提出重点行业、重点领域、工业园区和城市循环经济发展模式；重大技术领域和重大项目领域；循环经济综合评价指标体系；完善再生资源回收网络，明确回收处理技术路线，制定促进再生资源循环利用的法规、政策和措施；提出按循环经济模式规划、建设、改造工业园区以及城市发展的思路；树立先进典型，为加快发展循环经济提供示范和借鉴，并为制定发展循环经济的推进计划提供参考。

这项试点工作主要依靠地方政府和发展改革委（经贸委）以及有关行业协会。我委将成立循环经济试点工作协调小组和专家组，并将利用国债资金或财政预算内资金，加大对循环经济重大项目的支持力度。今年年底前，要完成试点的前期准备，确定试点工作方案，落实试点工作条件，明年正式启动。

要认真实施《清洁生产促进法》，贯彻落实国务院关于加快推行清洁生产的意见，在企业全面推行清洁生产。我委将会同环保总局开展创建清洁生产先进企业活动，目前正在制定具体的实施办法，通过推广先进典型经验，促使更多的企业加快实施清洁生产，为发展循环经济奠定微观基础。

8.强化管理。企业是经济活动的主体，也是资源消耗、废弃物产生和排放的载体，加强企业资源环境管理是发展循环经济的基础。企业要树立经济与资源环境协调发展的意识，在商业目标和环境目标之间寻求最佳平衡点。按照建立现代企业制度的要求，建立健全资源节约管理制度。加强资源消耗定额管理、生产成本管理和全面质量管理，建立车间、班组岗位责任制，完善计量、统计核算制度，加强物料平衡。建立有效的激励和约束机制，完善各项考核制度，坚持节奖超罚，调动职工节约降耗、综合利用的积极性。

要按照《清洁生产审核暂行办法》的要求，加快实施企业清洁生产审核，鼓励有条件的企业在自愿的基础上，开展环境管理体系认证，促进企业不断提高清洁生产水平，努力提高能源、原材料利用率，减少污染物的产生和排放。

9.宣传教育。发展循环经济是一项涉及各行各业、千家万户的事业，需要政府、企业和社会各界的共同努力。要大力开展循环经济的宣传教育，提高各级领导干部、企事业单位和公众对发展循环经济重要性的认识。

各地区、各有关部门要组织开展形式多样的宣传培训活动，如举办专题讲座、研讨会、经验交流会、成果展示会和印发宣传品等，运用广播电视、报刊杂志、互联网等手段进行广泛宣传，普及循环经济知识，宣传典型案例，提高社会各方面对发展循环经济重大意义的认识，引导全社会树立正确的消费观。要将循环经济理念和知识纳入基础教育内容，做到以教育影响学生、以学生影响家庭、以家庭影响社会，增强全社会的资源忧患意识和节约资源、保护环境的责任意识，把节约资源、回收利用废弃物等活动变成全体公民的自觉行为，逐步形成节约资源和保护环境的生活方式和消费模式。

10.加强领导。各地区、各有关部门要加强对循环经济发展工作的组织领导，确定专门机构和专人负责，做到层层有责任，逐级抓落实。各级发展改革委和经贸部门要把发展循环经济纳入经济社会发展的总体规划，建立相应的工作机制，认真研究解决推进循环经济发展的热点、难点问题，制订相应的政策和措施。近期，要加快研究制定循环经济发展的推进计划和实施方案，加强与环保、科技、国土资源、建设、水利、农业、财政、税务、质检等有关部门的合作，建立有效的协调工作机制，扎扎实实地推进循环经济的发展。

发展循环经济是当今世界的潮流，体现了以人为本，全面协调可持续发展观的本质要求，是转变经济增长方式、走新型工业化道路、全面建设小康社会的重要战略举措，意义重大，任务艰巨。让我们更加紧密地团结在以胡锦涛同志为总书记的党中央周围，坚持以邓小平理论和“三个代表”重要思想为指导，以与时俱进的精神风貌和求真务实的工作态度，为探索出一条符合我国国情的发展循环经济之路，为建设资源节约型社会做出新的贡献。

让中国名牌响遍全世界(摘录)

中国工业经济联合会名誉会长、中国名牌战略推进委员会主任
林宗棠

(2004年7月22日)

一、奋力创造"世界顶级品牌",不断提升企业国际竞争力

党的十六大报告明确提出,要"形成一批有实力的跨国企业和著名品牌。"党和国家领导人历来十分重视名牌战略实施工作。小平同志早就语重心长地说过:"我们应该有自己的拳头产品,创造出中国自己的名牌,否则就要受人欺负。"在小平同志诞辰100周年之际,重温这一指示,备感亲切。江泽民同志题词:"立民族志气,创世界名牌。"吴邦国委员长指出:"加大对名牌产品的支持,目标是在市场竞争中形成一批世界知名品牌。"温家宝总理批示:"自己的名牌产品和知识产权是企业增强市场竞争力的关键。"黄菊副总理批示:"积极支持、大力推进国家名牌战略,努力在市场竞争中形成一批世界知名品牌。"

6月20日至22日,温家宝总理到山东青岛考察海尔、海信、澳柯玛、青岛啤酒等著名企业时指出,企业要在激烈的市场竞争中立于不败之地,就必须创造名牌产品。名牌就是质量,就是效益,就是竞争力,就是生命力。名牌不仅是一个企业经济实力和市场信誉的重要标志,拥有名牌的多少,还是一个国家经济实力的象征,是一个民族整体素质的体现。世界未来的竞争就是知识产权的竞争,集中表现在一流的技术、一流的产品。我们要从实现国家繁荣昌盛和民族伟大复兴的战略高度出发,鼓励我国的优秀企业争创世界顶级品牌。

温家宝总理这次对企业创名牌所作的重要指示,是党和国家领导同志对实施国家名牌战略进行的一次较为全面、系统、深刻的论述,是对我国名牌理论的丰富和提炼,是对创造名牌的意义、作用、重要性的精辟概括。这充分体现了党和国家对实施名牌战略的高度重视,对企业创名牌的殷切期望,也是向我国企业界、理论界、政府有关部门和行业协会等提出的新要求。

温家宝总理指出:"企业要在激烈的市场竞争中立于不败之地,就必须创造名牌产品。名牌就是质量,就是效益,就是竞争力,就是生命力。"这是创造名牌产品对企业生存、发展的重要作用的肯定和概括。国际竞争日益激烈,而竞争的焦点主要体现在品牌上。未来国际大市场的主宰,将是拥有世界著名品牌的企业。温家宝总理从质量、效益、竞争力、生命力四个方面对名牌的重要性做了概括,非常精辟。名牌就必须是质量好的产品,拥有名牌产品的企业就增加了创效益的砝码,有了名牌产品的企业才是有竞争力的企业,而竞争力强的企业才会是生命力强的企业,也才能把企业做大、做强、做优、做久。

"名牌不仅是一个企业经济实力和市场信誉的重要标志,拥有名牌的多少,还是一个国家经济实力的象征,是一个民族整体素质的体现。"这是从国家发展的战略高度对创造名牌的重要意义的

论述，体现了与时俱进的思想。这说明，创造名牌，已不仅仅是企业自身发展的需要，而且是增强国家经济实力、提高民族整体素质的需要，是与整个国家发展、整个民族强盛密切相关的长远大计。

“世界未来的竞争就是知识产权的竞争，集中表现在一流的技术、一流的产品。”这是温家宝总理一贯重视和提倡的思想，是企业创立名牌的核心内容。正在争创和准备争创名牌的企业，都要注重自主知识产权和技术创新，创造出一流的技术和产品，创造出具有自主知识产权的名牌产品，使企业在未来国际市场竞争中居于主动地位。

“我们要从实现国家繁荣昌盛和民族伟大复兴的战略高度出发，鼓励我国的优秀企业争创世界顶级品牌。”这是温家宝总理向企业提出的新的奋斗目标，是我们向世界名牌进军的动员令。我们就是要站在国家繁荣昌盛和民族伟大复兴的战略高度，切实重视名牌战略的实施，不仅要创中国名牌，还要争创世界名牌，而且要争创世界顶级品牌。我理解，这世界顶级品牌，绝不是一般意义上的品牌，应该是能够与世界大品牌比肩的品牌，应该是在国际市场上有一定名气的品牌，是能够为壮大国家经济实力、实现民族伟大复兴发挥重要作用的品牌。要实现这一目标，首先要创造中国的世界名牌。我们就要站在时代的高度，发扬小平同志提出的“敢闯、敢试”的精神，以强烈的历史责任感和使命感，求真务实，开拓创新，不断推动名牌战略向纵深发展，奋力创造出一批中国的世界名牌，一部分基础好、有条件的企业还要争创“世界顶级品牌”。

党和国家领导同志对实施名牌战略和对企业创名牌所作的一系列指示，是我们的理论指导和行动纲领。实施名牌战略就是要走新型工业化道路，走新型工业化道路就是要提高国际竞争力。

推进名牌发展战略，有两个主要目的：一个是创造中国名牌，一个是创造世界名牌，让中国名牌响遍全世界，提高我国的国际竞争力。

推进名牌发展战略，有两项主要工作：一个是培育名牌，一个是评价名牌。评选很重要，要公开、公平、公正。培育更重要，要重在培育，真正把主要力量放在培育上。

推进名牌发展战略，要狠抓四个创新：思维创新，机制创新，科技创新，产品创新。要把科技创新的成果真正落实到市场欢迎的名牌产品上。

推进名牌发展战略，要着力提高产品的两个内涵：一个是科技内涵，一个是文化内涵，没有丰富文化内涵的产品，不可能成为真正的名牌产品。

推进名牌发展战略，要实施两项科学工程，一项是系统科学工程，一项是智慧科学工程。我们要一手抓自然科学技术，一手抓哲学社会科学，用辩证唯物主义世界观和方法论指导科学技术的发展。要充分发挥人的最高智慧和主观能动性，充分发掘物的最大潜力和客观可用性，人尽其才，物尽其用，敢于创造人间奇迹。

推进名牌发展战略，要充分发挥社会主义的政治优势，在实施工作中要：“选准目标，找出差距，制定措施，狠抓落实。”抓住主要矛盾，集中力量打歼灭战，局部跃升，带动全局。

推进名牌发展战略，要充分发挥“三加三”特殊优势，把自己的劳动力优势、市场优势、产业基础优势与跨国公司的技术优势、资金优势和管理优势结合起来，在我国具备比较优势的加工工业中，加快形成拥有国际知名品牌、具有国际竞争力、面向国际国内两个市场的大规模制造能力。

推进名牌发展战略，要有“四个一代”战略部署：生产一代，研制一代，预研一代，构思一代。要敢于加大研发投入，产品不断创新，着着领先，步步领先，代代领先，永立不败之地。

推进名牌发展战略，要充分发挥行业协会和联合会的作用。行业中哪个企业好，哪个企业差，差距在哪里，应该怎样办，行业协会和联合会最有发言权，最有权威性。政府部门应该相信他们，放手发挥他们的作用。行业协会要切实担负起历史责任，积极做好组织、协调和服务工作。

推进名牌发展战略，要充分发挥企业的主观能动性。企业是推进名牌战略的主体，是主力军。大量的名牌战略实施工作最终要落实到企业的生产、经营当中去，名牌产品是在激烈的市场竞争中诞生的。

二、认清我国在国际市场所处的经济地位，增强创世界名牌的责任感和紧迫感

按照温家宝总理的指示，我们要“创一流品牌”和“世界顶级品牌”，任务是非常艰巨的。我们

必须按照“选准目标，找出差距，制定措施，狠抓落实”的工作方针，以扎实、稳健的步伐向既定目标挺进。

改革开放以来，我国经济有了较快发展，经济实力逐步增强，国际影响日益扩大，在世界经济中的地位不断攀升。但是，我们也应该看到，我国工业的总体技术水平还比较落后，尽管我国经济总量居世界第6位，进出口贸易额居世界第4位，但仍是名副其实的制造业大国，但却不是制造业强国；可以称为“制造中心”，但更不是“研制中心”。我们的国际竞争力也还不够强，虽然排在了世界第24位，是上升的趋势，但与我们世界经济大国的地位还不够匹配。全世界评出的2003年100个世界名牌，美国就占了62个，中国一个都没有，我们的世界名牌还没有实现零的突破。这些世界名牌都有自己的企业文化，比如耐克，他的企业文化是“JUSTDOIT”，就是：干吧，真干，实干。我们企业也要有这么一种要干，要真干，要实干，说干就干，干就干好，干不好死不瞑目的精神和劲头。

无论是创造中国名牌还是世界名牌，都要有紧迫感和历史责任感，在科技创新和自主知识产权上下真功夫、下硬功夫。目前，我们的不少企业采取的是OEM生产方式，处于全球产业链的最低端，赚取的只是微薄的加工费。选择OEM生产方式，是有利有弊的。有利方面是，我们可以利用国外的先进加工技术、设计成果、市场资源和销售渠道，可以将企业产品执行的技术标准提升为国际标准，可以提高我国劳动者的操作技能，可以实现企业生产规模的快速扩张，可以对安排就业和地方经济发展起到强有力的拉动作用。总之，通过OEM的生产方式，可以实现在较高的制造平台上起步，产品得到畅销并满足国际市场的需求。不利方面是，OEM的生产方式也给我们带来一些负面效应，造成我们生产的许多产品在世界市场的份额与产值和利润完全不成比例，大部分利润被品牌所有权的企业所获得，我们则处于替人做嫁衣、受制于人的境地。

为此，希望我国工业企业努力走创立自主知识产权之路，把OEM生产方式作为提升我国工业加工技术水平的一个过渡，而且这一阶段越短越好，尽快建立起拥有自主生产、设计、研发、品牌及市场的一整套系统工程。

三、以“求真务实”的精神和作风，实现我国名牌战略发展目标

推进名牌战略是关系中华民族伟大复兴的百年大计，是加快实现我国工业现代化的重要举措，是全党、全国人民共同的事业。我们要“争取用10年左右的时间创造出1000个中国名牌和10个中国世界名牌”的目标，即实现“千十”之梦，任重道远，尤其是要创造10个中国的世界名牌，确实需要付出长期不懈的艰苦努力。

实现名牌的“千十”之梦，更要充分发挥企业的主观能动性和创造性，使企业成为推进名牌战略的主体，发挥其创名牌的主力军作用。

实现名牌的“千十”之梦，就要团结一切可以团结的力量，调动一切可以调动的积极因素，万众一心，形成合力，知难而上，锲而不舍，不断攀登，勇于创造出令世人瞩目的人间奇迹。

我国的“两弹一星”就是依靠“自力更生，艰苦奋斗，大力协同，无私奉献”十六字方针搞上去的。我国机电产品出口的大幅度增长，就是我们依靠奋斗创新精神和争当排头兵的精神实现的。1984年，我国机电产品出口每年15亿美元，只占全国出口总量的百分之几。国务院决定实施机电产品出口战略，专门下发了128号文件，鼓励机电产品出口，一手抓政策落实，一手抓重点突破。2003年全国机电产品出口达到2300亿美元，不到20年，由15亿美元到2300亿美元，增加了100多倍，成为拉动我国外贸出口增长的主力，创造了一个奇迹。

毛主席说过，“人是要有一点精神的”。精神可以变物质。有了这种精神，就可以战胜一切困难，夺取最后的胜利。前不久，胡锦涛总书记向我们提出了“大力弘扬求真务实精神，大兴求真务实之风”的号召，发展中国工业和实施名牌战略，也要发扬求真务实的精神和作风，具体说就是求“走新型工业化道路”之真，务“提高我国企业国际竞争力”之实。在培育和创造名牌的道路上，我们要发扬中华民族的优良传统，艰苦奋斗，顽强拚搏，多做扎实有效的工作，多做开拓性、创造性的工作，切实把我国名牌战略引向深入，大跨步地向世界名牌进军，加快形成更多的跨国企业和著名品牌，提高我国企业的核心竞争力，尽快把我国建设成为世界工业强国。

四、树立和落实“科学发展观”，走“新型工业化道路”，推动国家名牌战略向更高层次发展

党的十六大报告指出：“信息化是我国加快实现工业化和现代化的必然选择。坚持以信息化带动工业化、以工业化促进信息化，走出一条科技含量高、经济效益好、资源消耗低、环境污染少、人力资源优势得到充分发挥的新型工业化路子。”“新型工业化道路”代表了中国工业的发展方向，是我国加快实现工业现代化的必然选择。

实施名牌战略，是“新型工业化道路”的重要内容之一，是提高我国企业国际竞争力的重要途径，是增强国家经济实力的重要举措。因为“新型工业化道路”的五个方面特征和内涵，都是名牌产品和著名企业应该具备的条件和内容。所以说，实施名牌战略与走“新型工业化道路”是一致的。我们就是要以“新型工业化道路”带动和促进名牌战略的进一步实施，用创造中国名牌、尤其是世界名牌的丰硕成果推动我国工业现代化的尽早实现。

实施名牌战略，还要以“科学发展观”为指导。坚持以人为本，全面、协调、可持续的发展观，是我们党以邓小平理论和“三个代表”重要思想为指导，从新世纪新阶段党和国家事业发展全局出发提出的重大战略思想。过去我曾经讲过，实施名牌战略，就是对“三个代表”重要思想的具体落实和体现。“三个代表”重要思想的内涵，是要发展先进生产力，发展先进文化，为人民根本利益服务。实施名牌战略，可以把这三条重要思想落实到具体工作中去。实施名牌战略，就是运用劳动力优势把高新技术尽快转化为市场需要的、用户满意的高质量产品，也就是名牌产品上来，进而使先进生产力得到发展。实施名牌战略，还要提高文化含量。没有文化含量的产品不是名牌产品。提高文化含量，要有民族传统文化，要有当代世界文化，要有企业文化，要有品牌文化，形成具有中国特色的先进文化。实施名牌战略，最终的目的是为人民的根本利益服务。对工业经济界而言，就是用我们的优质的产品和周到的服务，千方百计满足用户需要，处处为用户的利益着想，事事为用户的方便行事。这就是代表了广大人民群众的根本利益。

2005 年我国将进行“中国工业大奖”的实施工作，而且以后每年度都将评审一批。“中国工业大奖”是经温家宝总理和黄菊副总理亲自批准设立的，是中国工业领域综合性的最高奖，也是加快推进国家名牌战略、走新型工业化道路的又一重要举措。“中国工业大奖”是在已经进行三届“中国名牌产品”评价和推出两批“向世界名牌进军、具有国际竞争力的中国企业”的基础上设立的，这必将对中国工业现代化建设起到有效的促进作用，也一定会在中国工业发展进程中产生深远的影响。

21 世纪是中国名牌和中国的世界名牌大量涌现的世纪，是中华民族展翅腾飞的世纪，也将是中国企业大有作为的世纪。我们要在以胡锦涛同志为总书记的党中央领导下，在邓小平理论和“三个代表”重要思想的指引下，牢固树立和落实“科学发展观”，坚定地走“新型工业化道路”，紧紧抓住本世纪头 20 年的重要战略机遇期，发扬中华儿女勇于拼搏、敢打必胜的精神和作风，加大实施名牌战略的力度，加大科技投入，强化质量管理，推进产品创新，努力创造出一批叫得响的、拥有自主知识产权的中国名牌和世界名牌，为振兴我国的民族工业、为中华民族的伟大复兴、为国家的繁荣昌盛做出新的更大的贡献！

2004年国民经济运行情况（摘录）

国家统计局局长　李德水

2004年，各地区、各部门在党中央、国务院的正确领导下，统一思想，扎实工作，全面树立和落实科学发展观，进一步加强和改善宏观调控取得了明显成效，经济运行中的不稳定不健康因素得到抑制，国民经济保持了平稳较快发展的良好势头。

2004年全年国内生产总值136515亿元，比上年增长9.5%，没有出现大的起落。其中，第一产业增加值20744亿元，增长6.3%；第二产业增加值72387亿元，增长11.1%；第三产业增加值43384亿元，增长8.3%。

（一）农业生产出现重要转机，粮食获得丰收。全年粮食总产量4695亿公斤，比上年增产388亿公斤，增长9.0%，扭转了1999年以来连续5年下降的局面；粮食单产308公斤/亩，比上年增长6.6%。粮食单产和当年粮食增产量均创历史最高水平。棉花产量632万吨，比上年增长30%；油料3057万吨，增长8.8%；糖料9528万吨，下降1.2%。肉类总产量7260万吨，增长4.7%；水产品产量4855万吨，增长3.2%。

（二）工业生产平稳较快增长，企业效益继续改善。全年工业增加值62815亿元，比上年增长11.5%，其中规模以上工业增长16.7%，增速比上年略有回落。在规模以上工业增加值中，国有及国有控股企业增长14.2%；重工业增长18.2%，轻工业增长14.7%。分主要产品看，原煤、发电量分别增长15.0%和14.9%，生铁、粗钢和钢材分别增长24.1%、23.2%和23.5%，微型电子计算机、移动电话机、空调器等增长29.1%~42.6%，汽车产量520万辆，增长14.0%。规模以上工业企业产销率达到98.1%。工业企业盈亏相抵后实现利润总额11342亿元，首次突破1万亿元，增长38.1%。

（三）固定资产投资增长速度有所回落。全年全社会固定资产投资达到70073亿元，比上年增长25.8%，增速比上年回落1.9个百分点，呈逐步平稳回落态势，一季度增长43%，上半年增长28.6%，1-3季度增长27.7%。其中，城镇固定资产投资58620亿元，增长27.6%；农村增长17.4%。投资结构有所改善。第一产业投资由上年下降19.6%转为增长20.3%；第二、三产业投资分别增长38.3%和21.6%，分别回落8个和0.5个百分点。部分增长过快行业的投资增速明显回落。非金属矿物制品业投资增速回落38.5个百分点，黑色金属采选和冶炼及压延加工业投资增速回落65.5个百分点，有色金属采选和冶炼及压延加工业投资增速回落43.5个百分点。农业、能源等行业投资力度加大。分地区看，东部地区投资增长26.1%，中部地区和西部地区分别增长32.9%和29.3%。

（四）市场物价涨幅有所提高。全年居民消费价格受上年涨价滞后因素的影响比上年上涨3.9%，涨幅比上年提高2.7个百分点。其中，城市上涨3.3%，农村上涨4.8%。从构成看，食品价格上涨9.9%，其中粮食价格上涨26.4%，肉禽及其制品上涨17.6%，蛋上涨20.2%。商品零售价格上涨2.8%。原材料、燃料、动力购进价格上涨11.4%，工业品出厂价格上涨6.1%，固定资产投资价格上涨5.6%，房屋销售价格上涨9.7%。

（五）消费市场稳中趋活。全年社会消费品零售总额53950亿元，比上年增长13.3%，扣除价格因素，实际增长10.2%，比上年加快1个百分点。其中，城市消费品零售总额增长14.7%，县及县以下消费品零售总额增长10.7%。批发零售贸易业零售额增长12.5%;餐饮业零售额增长21.6%。在限额以上批发零售贸易业零售额中，通讯器材类比上年增长41.7%，家用电器和音像器材类增长13.7%,汽车类增长23.4%,石油及其制品类增长45.9%。

(六)外经外贸快速发展。全年进出口总额11547亿美元，比上年增长35.7%。其中，出口5934亿美元,增长35.4%;进口5614亿美元,增长36.0%。全年贸易顺差320亿美元,比上年扩大65亿美元。全年实际使用外商直接投资606亿美元,增长13.3%。年末国家外汇储备6099亿美元,比上年末增加2067亿美元。

(七)城乡居民收入增长较快。全年城镇居民人均可支配收入9422元，比上年实际增长7.7%;农民人均纯收入达到2936元，实际增长6.8%,是1997年以来增长最快的一年。年末城乡居民人民币储蓄存款余额达119555亿元，比上年末增加15929亿元。

(八)城镇就业有所改善。据劳动和社会保障部统计,2004年，城镇新增就业人数980万人,比预期目标多80万人；年末城镇登记失业率为4.2%,比上年下降0.1个百分点。

上述事实说明,2004年中央采取的一系列宏观调控措施是及时、正确和有效的。避免了局部性问题转变为全局性问题，避免了严重通货膨胀和经济大起大落等情况的发生，保持了经济平稳较快发展。

展望2005年,经济发展的整体环境仍然较好,只要认真贯彻中央以科学发展观统领经济社会发展全局的指导思想，落实好加强和改善宏观调控的各项措施,继续推进改革开放,努力建设和谐社会,国民经济发展可望继续保持速度平稳加快、物价温和上涨的好势头。

中华人民共和国
2004年国民经济和社会发展统计公报

中华人民共和国国家统计局

(2005年2月28日)

2004年，全国各族人民在党中央、国务院的正确领导下，以邓小平理论和“三个代表”重要思想为指导，深入贯彻党的十六大和十六届三中、四中全会精神，全面落实科学发展观，认真贯彻国家加强和改善宏观调控的各项措施，取得了明显成效。经济运行中的不稳定不健康因素得到抑制，农业、基础设施建设和社会事业等方面的薄弱环节得到加强，粮食生产出现重要转机，部分行业投资增长过快的势头得到初步遏制，各项改革稳步推进，对外开放进一步扩大，就业再就业和社会保障工作取得新进展，城乡居民生活继续改善，国民经济保持平稳较快发展，各项社会事业加快发展，较好地实现了国民经济和社会发展的预期目标。

一、综合

初步核算，全年国内生产总值136515亿元，按可比价格计算，比上年增长9.5%。其中，第一产业增加值20744亿元，增长6.3%；第二产业增加值72387亿元，增长11.1%；第三产业增加值43384亿元，增长8.3%。第一、第三产业对国内生产总值增长的贡献率为9.2%和29.0%，分别比上年提高5.2个百分点和2.8个百分点。

全国居民消费价格总水平比上年上涨3.9%(见表1)，其中服务价格上涨2.3%。商品零售价格上涨2.8%。工业品出厂价格上涨6.1%。原材料、燃料、动力购进价格上涨11.4%。固定资产投资价格上涨5.6%。农产品生产价格上涨13.1%。

表1 2004年居民消费价格比上年上涨情况

指　标	全国(%)	城市	农村
国居民消费价格总水平	3.9	3.3	4.8
食　品	9.9	9.1	11.5
其中:粮食	26.4	25.7	27.7
烟酒及用品	1.2	1.2	1.3
衣　着	-1.5	-1.5	-1.6
家庭设备用品及服务	-1.4	-1.9	-0.3
医疗保健及个人用品	-0.3	-0.8	0.5
交通和通信	-1.5	-2.1	-0.2
娱乐教育文化用品及服务	1.3	0.8	2.1
居　住	4.9	4.3	5.8

全年城镇新增就业人员980万人，比预期目标多80万人。全年有510万下岗人员实现了再就业。年末城镇登记失业率为4.2%，比上年末下降0.1个百分点。

年末国家外汇储备达到6099亿美元，比上年末增加2067亿美元。人民币汇率继续保持稳定，年末汇率8.2765元人民币兑1美元，比上年末上升2个基本点。

全年各项税收收入25718亿元(不包括关税和农业税)，比上年增加5256亿元，增长25.7%。全国规模以上工业企业实现利润达11342亿元，比上年增长38.1%。

国民经济和社会发展中存在的主要问题是:农

业基础还不稳固，保持粮食增产、农民增收的难度加大；在建和新开工项目较多，投资盲目扩张的冲动仍较强；能源、原材料价格上涨幅度较高；煤电油运供求关系紧张的矛盾仍然很突出；重特大安全生产事故时有发生；资源浪费、环境污染问题还比较严重；部分居民生活仍较困难。

二、农业

全年粮食种植面积10161万公顷，比上年增加220万公顷；棉花种植面积569万公顷，增加58万公顷；油料种植面积1452万公顷，减少47万公顷；糖料种植面积157万公顷，减少9万公顷；蔬菜种植面积1767万公顷，减少29万公顷。

全年粮食产量46947万吨，比上年增加3877万吨，增产9.0%；棉花产量632万吨，增产30.1%；油料产量3057万吨，增产8.8%；糖料产量9528万吨，减产1.2%。蔬菜、水果在扩大优质品种的基础上平稳发展（见表2）。

表2　2004年主要农产品产量

（单位：万吨）

产品名称	绝对数	比上年增长%
粮食	46947	9.0
夏粮	10104	4.8
早稻	3208	8.8
秋粮	33635	10.3
油料	3057	8.8
花生	1431	6.6
油菜籽	1304	14.2
棉花	632	30.1
糖料	9528	-1.2
甘蔗	8948	-0.8
甜菜	580	-6.1
烤烟	214	6.2
茶叶	84	8.7
水果	15243	5.0
蔬菜	54927	1.7

全年肉类总产量7260万吨，比上年增长4.7%。其中，牛、羊肉分别增长7.9%和10.6%。全年水产品产量4855万吨，增长3.2%。

全年新增有效灌溉面积98万公顷，新增节水灌溉面积130万公顷。

三、工业和建筑业

全年全部工业增加值62815亿元，比上年增长11.5%，其中规模以上工业增加值54805亿元，增长16.7%（见表3）。产品销售率98.1%，比上年提高0.2个百分点。

表3　2004年规模以上工业增加值主要分类情况

（单位：亿元）

指标	绝对数	比上年增长%
工业增加值	54805	16.7
其中：国有及国有控股企业	23213	14.2
其中：集体企业	2877	9.9
股份制企业	24054	16.5
外商及港澳台投资企业	15241	18.8
其中：私营企业	8290	22.8
其中：轻工业	17762	14.7
重工业	37043	18.2

全年一次能源生产总量18.46亿吨标准煤，比上年增长15.2%；发电量21870亿千瓦小时，增长14.5%；原煤19.56亿吨，增长17.3%；原油1.75亿吨，增长2.9%。

全年黑色金属冶炼及压延加工业增加值比上年增长26.8%，有色金属冶炼及压延加工业增长22.4%，化学原料及化学制品制造业和非金属矿物制品业分别增长18.2%和19.9%。主要原材料产品中，粗钢产量2.73亿吨，增长22.7%；钢材2.97亿吨，增长23.3%；水泥9.7亿吨，增长12.5%；10种有色金属增长16.4%，硫酸、纯碱、烧碱、乙烯等主要化工产品增长2.4%至18.5%。

全年通用设备制造业增加值比上年增长22.2%，电气机械及器材制造业增长17.7%，交通运输设备制造业增长14.0%。大中型拖拉机产量增长101.4%，发电设备增长92.9%；汽车产量507.4万辆，增长14.2%，其中轿车231.4万辆，增长11.7%。

高技术产业增加值比上年增长23.1%。在高技术产业中，通信设备、计算机及其他电子设备制造业增长26.9%，其中光通信设备、程控交换机、移动电话机、微型电子计算机等产品产量分别增长14.7%至40.3%（工业主要产品产量见表4）。

表 4　2004 年主要工业产品产量

产品名称	单位	绝对数	比上年增长%
纱	万吨	1120.00	13.9
布	亿米	420.00	18.8
化纤	万吨	1424.54	20.6
机制糖	万吨	1017.61	-6.1
卷烟	亿支	18744.13	6.5
彩色电视机	万部	7328.80	12.0
家用电冰箱	万台	3033.38	35.3
房间空调器	万台	6646.22	37.9
一次能源生产总量	亿吨标准煤	18.46	15.2
原煤	亿吨	19.56	17.3
原油	亿吨	1.75	2.9
发电量	亿千瓦时	21870.00	14.5
粗钢	万吨	27279.79	22.7
钢材	万吨	29723.12	23.3
10 种有色金属	万吨	1430.00	16.4
其中:铜	万吨	217.00	18.0
氧化铝	万吨	699.00	14.7
水泥	亿吨	9.70	12.5
硫酸	万吨	3994.24	18.5
纯碱	万吨	1302.46	14.9
烧碱	万吨	1060.26	12.2
乙烯	万吨	626.58	2.4
化肥(折 100%)	万吨	4469.47	15.2
发电设备	万千瓦	7137.88	92.9
汽车	万辆	507.41	14.2
其中:轿车	万辆	231.40	11.7
大中型拖拉机	万台	9.83	101.4
集成电路	亿块	211.46	42.6
程控交换机	万线	8464.78	14.7
移动电话机	万部	23344.58	28.1
传真机	万部	1380.43	84.9
微型电子计算机	万部	4512.41	40.3
光通信设备	万部	13.96	28.0

全年规模以上工业企业中，国有及国有控股企业实现利润 5312 亿元，比上年增长 42.5%；集体企业实现利润 512 亿元，增长 31.3%；股份制企业实现利润 5448 亿元，增长 39.4%；外商及港澳台投资企业实现利润 3455 亿元，增长 25.5%；私营企业实现利润 1237 亿元，增长 40.1%。

全年全社会建筑业实现增加值 9572 亿元，按可比价计算，比上年增长 8.1%。全国具有资质等级的总承包和专业承包建筑业企业实现利润 621 亿元，增长 19.5%；上缴税金 959 亿元，增长 26.4%。

四、固定资产投资

全年全社会固定资产投资 70073 亿元，比上年增长 25.8%，增速比上年回落 1.9 个百分点。其中，城镇投资增长 27.6%，农村投资增长 17.4%(见表 5)。

分地区看，东部地区投资 40242 亿元，比上年增长 24.8%；中部地区投资 15126 亿元，增长 30.2%；西部地区投资 13749 亿元，增长 26.6%(见表 5)。

表 5　2004 年全社会固定资产投资情况

(单位:亿元)

指　标	绝对数	比上年增长%
全社会固定资产投资	70073	25.8
按城乡分		
城镇	58620	27.6
其中:国有及国有控股	33713	14.5
农村	11452	17.4
按地区分		
东部地区	40242	24.8
中部地区	15126	30.2
西部地区	13749	26.6

在城镇投资中，第一产业投资由上年下降 19.6% 转为增长 20.3%；第二产业投资增长 38.3%，增速比上年回落 8 个百分点；第三产业投资增长 21.6%，回落 0.5 个百分点。

在城镇 500 万元以上项目中，钢铁投资比上年增长 32.3%，增速比上年回落 63.9 个百分点；铝业投资由上年增长 86.6%转为下降 1.8%；水泥投资增长 43.3%，增速比上年回落 70.1 个百分点；汽车投资增长 53.5%，回落 24.3 个百分点；纺织投资增长 30.3%，回落 56.4 个百分点。

全年房地产开发投资 13158 亿元，比上年增长 28.1%；商品房销售额 10376 亿元，增长 30.0%，其中销售给个人增长 30.4%，所占比重为 93.3%。

主要生产能力继续增加(见表 6)。

长江三峡工程累计完成投资 1114 亿元，累计投产 11 台发电机组，累计新增发电机组容量 770

表6 2004年固定资产投资新增主要生产能力

指　标	单　位	绝对数
新增发电机组容量	万千瓦	5055
11万伏及以上变电设备	万千伏安	14996
新建铁路投产里程	公里	1433
增建铁路复线投产里程	公里	352
电气化铁路投产里程	公里	409
新建公路	公里	46411
其中:高速公路	公里	4476
港口万吨级码头泊位新增吞吐能力	万吨	11958
新增局用交换机容量	万门	7020
新增光缆线路长度	万公里	65
新增数字蜂窝移动电话交换机容量	万户	6049

万千瓦;青藏铁路累计完成投资198亿元,累计正线铺轨743公里;西气东输管道工程年底全线正式商业运营;南水北调东线、中线同时开工建设,5项单项工程累计完成投资21亿元。在中央政府投资支持下,累计改造县际和农村公路15万公里,解决了农村5020万人的饮水困难;突发公共卫生事件医疗救治体系累计完成项目163个,国家疾病预防控制网络体系1296个项目基本竣工。

五、国内贸易

全年社会消费品零售总额达到53950亿元,比上年增长13.3%,扣除物价上涨因素,实际增长10.2%。分城乡看,城市消费品零售额35573亿元,增长14.7%;县及县以下消费品零售额18377亿元,增长10.7%。分行业看,批发零售业零售额44840亿元,增长12.5%;餐饮业零售额7486亿元,增长21.6%;其他行业零售额1624亿元,增长1.5%。

在限额以上批发零售业零售额中,文化办公用品类零售额比上年增长22.7%,通讯器材类增长41.7%,家用电器和音像器材类增长13.7%,建筑及装潢材料类增长27.1%,家具类增长21.8%,食品、饮料、烟酒类增长17.9%,服装鞋帽、针、纺织品类增长18.7%,汽车类增长23.4%,石油及制品类增长45.9%。

六、对外经济

全年进出口总额达11548亿美元,比上年增长35.7%。其中,出口5934亿美元,增长35.4%;进口5614亿美元,增长36.0%(见表7)。进出口相抵,顺差320亿美元,比上年增加65亿美元。

表7 2004年进出口主要分类情况

(单位:亿美元)

指　标	绝对数	比上年增长%
进出口总额	11548	35.7
出口额	5934	35.4
其中:一般贸易	2436	33.9
加工贸易	3280	35.7
其中:机电产品	3234	42.3
其中:高新技术产品	1655	50.2
进口额	5614	36
其中:一般贸易	2482	32.3
加工贸易	2217	36.1
其中:机电产品	3019	34.2
其中:高新技术产品	1614	35.3

对主要贸易伙伴的贸易额保持较快增长(见表8)。

表8 2004年对主要国家和地区进出口情况

(单位:亿美元)

国家和地区	出口额	比上年增长%	进口额	比上年增长%
香港地区	1009	32.3	118	6.1
日本	735	23.7	944	27.3
韩国	278	38.4	622	44.3
东盟	429	38.7	630	33.1
欧盟	1072	36.9	701	28.8
俄罗斯	91	51.0	121	24.7
美国	1249	35.1	447	31.9

全年批准设立外商直接投资企业43664个,比上年增长6.3%;合同外资金额1535亿美元,增长33.4%;实际使用外商直接投资606亿美元,增长13.3%(见表9)。

全年对外承包工程完成营业额175亿美元,增长26.0%;对外劳务合作完成营业额38亿美元,增长13.4%。

表 9　2004 年外商直接投资分行业情况

（金额单位：亿美元）

行业名称	合同项目（个）	合同金额	实际使用金额
总计	43664	25.0	606.3
农、林、牧、渔业	1130	21.7	11.1
采矿业	279	5.8	5.4
制造业	30386	134.9	430.2
电力、燃气及水的生产和供应业	455	67.4	11.4
建筑业	411	10.1	7.7
交通运输、仓储和邮政业	638	8.2	12.7
信息传输、计算机服务和软件业	1622	5.4	9.2
批发和零售业	1700	1.7	7.4
住宿和餐饮业	1174	1.5	8.4
金融业	43	10.1	2.5
房地产业	1767	0.1	59.5
租赁和商务服务业	2661	1534.8	28.2
科学研究、技术服务和地质勘查业	629	32.7	2.9
水利、环境和公共设施管理业	164	11.6	2.3
居民服务和其他服务业	251	1097.4	1.6
教育	59	39.6	0.4
卫生、社会保障和社会福利业	21	17.7	0.9
文化、体育和娱乐业	272	23.7	4.5
公共管理和社会组织	2	20.2	0.0

七、交通、邮电和旅游

全年交通运输和邮电通信业实现增加值 7777 亿元，比上年增长 14.9%。

全年各种运输方式完成货物运输周转量 66698 亿吨公里，比上年增长 23.8%。其中，铁路 19289 亿吨公里，增长 11.8%；公路 7596 亿吨公里，增长 7.0%；水运 38973 亿吨公里，增长 35.7%；民航 72 亿吨公里，增长 24.0%；管道 768 亿吨公里，增长 3.9%。

全年各种运输方式完成旅客运输周转量 16324 亿人公里，比上年增长 18.2%。其中，铁路 5712 亿人公里，增长 19.3%；公路 8765 亿人公里，增长 13.9%；水运 65 亿人公里，增长 3.3%；民航 1782 亿人公里，增长 41.1%。

全年全国港口完成货物吞吐量 40 亿吨，比上年增长 21.3%。其中外贸货物吞吐量 11.5 亿吨，增长 18.4%。集装箱吞吐量 6150 万标箱。

年末全国民用汽车保有量达到 2742 万辆，比上年增长 15.0%。其中私人汽车 1365 万辆，增长 12.0%。民用轿车保有量达到 920 万辆，其中私人轿车 600 万辆。

全年完成邮电业务总量 9791 亿元，比上年增长 34.9%。其中，邮政业务总量 566 亿元，增长 4.4%；电信业务总量 9225 亿元，增长 37.4%。全年新增局用交换机 7020 万门，总容量达到 4.2 亿门。新增固定电话用户 4970 万户，年末达到 31244 万户。其中，城市电话用户 21085 万户，乡村电话用户 10159 万户。新增移动电话用户 6487 万户，年末达到 33483 万户。年末全国固定及移动电话用户总数达到 64727 万户，比上年末增加 11457 万户。电话普及率达到 51 部/百人。

全年入境的旅游、商务、探亲等人数 10904 万人次，比上年增长 19.0%。其中，外国人 1693 万人次，增长 48.5%；港、澳、台同胞 9211 万人次，增长 14.8%。在入境旅游者中，过夜人数 4176 万人次，增长 26.7%。国际旅游外汇收入 257 亿美元，增长 47.9%。全年国内出境人数达 2885 万人次，增长 42.7%。其中因私出境 2298 万人次，增长 55.2%，占出境人数的 79.7%。全年国内旅游出游人数达 11 亿人次，增长 26.6%；旅游总收入 4711 亿元，增长 36.9%。

八、金融、证券和保险

年末广义货币供应量（M2）余额为 25.3 万亿元，比上年末增长 14.6%；狭义货币供应量（M1）余额为 9.6 万亿元，增长 13.6%；流通中现金（M0）余额为 2.1 万亿元，增长 8.7%。年末全部金融机构本外币各项存款余额 25.3 万亿元，比上年末增长 15.3%；全部金融机构本外币各项贷款余额 18.9 万亿元，增长 14.4%（见表 10）。

全国农村信用社人民币贷款余额 1.9 万亿元，比上年末增加 2532 亿元。全部金融机构人民币消费贷款余额 2 万亿元，增加 4327 亿元。其中个人住房贷款余额 1.6 万亿元，增加 4073 亿元。

全年证券市场通过发行、配售股票共筹集资金 1511 亿元，比上年增加 153 亿元。其中，发行 A 股（包括增发及可转债）123 只，配股 23 只，筹集资金 836 亿元，增加 16 亿元；发行 B 股、H 股共 28 只，

表 10　2004 年全部金融机构本外币存贷款情况

（单位：亿元）

指　标	年末数	比上年增长%
各项存款余额	253188	15.3
其中：企业存款	89438	16.4
城乡居民储蓄存款	126196	14.0
其中：人民币	119555	15.4
各项贷款余额	188566	14.4
其中：短期贷款	90808	7.4
中长期贷款	81010	22.

筹集资金 675 亿元，增加 137 亿元。年末境内上市公司（A、B 股）数量由上年末的 1287 家增加到 1377 家，市价总值 37056 亿元，比上年末减少 12.7%。

全年内外资保险公司保费收入 4318 亿元，比上年增长 11.3%，其中寿险保费收入 2851 亿元；健康险和意外伤害险保费收入 377 亿元；财产险保费收入 1090 亿元。支付各类赔款及给付 1004 亿元，其中寿险业务给付 308 亿元；健康险和意外伤害险赔款及给付 129 亿元；财产险赔款 568 亿元。

九、教育和科学技术

全年研究生教育招生 32.6 万人，在学研究生 82.0 万人，毕业生 15.1 万人。普通高等教育招生 447.3 万人，在校生 1333.5 万人，毕业生 239.1 万人。各类中等职业教育招生 548.1 万人，在校生 1367.9 万人，毕业生 351.0 万人。全国普通高中招生 821.5 万人，在校生 2220.4 万人，毕业生 546.9 万人。全国初中招生 2078.2 万人，在校生 6475.0 万人，毕业生 2070.4 万人。普通小学招生 1747.0 万人，在校生 11246.2 万人，毕业生 2135.2 万人。特殊教育招生 5.1 万人，在校生 37.2 万人。幼儿园在园幼儿 2084.4 万人。

全年科学研究与试验发展（R&D）经费支出 1843 亿元，比上年增长 19.7%，占国内生产总值的 1.35%，其中基础研究经费 102 亿元。年末国有企事业单位共有各类专业技术人员 2716.3 万人。全年国家安排了 824 项科技攻关计划课题和 1071 项"863"计划课题，新安排高技术产业化示范工程项目 333 项，新建国家工程研究中心 10 个，安排国家重点实验室改造项目 40 项，择优支持 53 家企业技术中心进行创新能力建设，累计认定国家级企业技术中心 332 家。全年共取得省部级以上科技成果 3.1 万项。全年受理国内外专利申请 35.4 万件，授权专利 19 万件，分别比上年增长 14.7% 和 4.4%。全年共签订技术合同 26.5 万项，技术合同成交金额 1334 亿元，比上年增长 23%。全年成功发射卫星 8 次。

年末全国共有产品检测实验室 18983 个，其中国家检测中心 263 个。全国现有产品质量、体系认证机构 169 个，已累计完成对 3.1 万个企业的产品认证。全国共有法定计量技术机构 4098 个，全年强制检定计量器具 3400 万台（件）。全年制定、修订国家标准 893 项，其中新制定 458 项。全国共有天气雷达观测站点 255 个，卫星云图接收站点 382 个。全国共有地震台站 1253 个，地震遥测台网 30 个。全国共有 2706 个海洋观测、监测站点。测绘部门公开出版地图 1767 种，测绘图书 430 种。

十、文化、卫生和体育

年末全国共有艺术表演团体 2599 个，文化馆 2858 个，公共图书馆 2710 个，博物馆 1509 个。广播电台 282 座，电视台 314 座，教育台 60 个。全国有线电视用户 11470 万户，30 个城市开展有线数字电视业务，用户 122 万户。年末广播综合人口覆盖率为 94.1%；电视综合人口覆盖率为 95.3%。全年生产故事影片 212 部，科教、纪录、美术片 44 部。出版全国性和省级报纸 257.7 亿份，各类期刊 26.9 亿册，图书 64.4 亿册（张）。年末全国共有档案馆 3982 个，已开放各类档案 5626 万卷（件）。

年末全国共有卫生机构 27.7 万个，其中医院、卫生院 6.2 万个，妇幼保健院（所、站）3000 个，专科疾病防治院（所、站）1718 个。医院和卫生院床位 300.4 万张。卫生技术人员 434.3 万人，其中执业医师和执业助理医师 189.2 万人，注册护士 128.6 万人。全国疾病预防控制中心（防疫站）3590 个，卫生技术人员 16 万人。卫生监督检验机构 1270 个，卫生技术人员 2.7 万人。乡镇卫生院 4.4 万个，床位 67.4 万张，卫生技术人员 89.8 万人。全国共有 333 个县（市）开展了新型农村合作医疗试点工作，约覆盖 10691 万农村人口，实际参加新型农村合作医疗的农民8040万人。

全年我国运动健儿在27个项目中共获得了106个世界冠军，7人2队16次创16项世界纪录。在雅典奥运会上，我国运动员共获得金牌32块，银牌17块，铜牌14块，金牌数和奖牌总数均居世界第2位。在雅典残疾人奥运会上，我国运动员共获得金牌63块，银牌46块，铜牌32块，金牌数和奖牌总数均列第1位，创造历史最好成绩。全民健身运动蓬勃发展。

十一、人口、人民生活和社会保障

年末全国总人口为129988万人(见表11)。全年全国出生人口1593万人，出生率为12.29‰；死亡人口832万人，死亡率为6.42‰；全年净增人口761万人，自然增长率为5.87‰，比上年下降0.14个千分点。

表11　2004年人口主要构成情况

（单位：万人）

指标	年末数	比重(%)
全国总人口	129988	100.0
其中：城镇	54283	41.8
乡村	75705	58.2
其中：男性	66976	51.5
女性	63012	48.5
其中：0-14岁	27947	21.5
15-64岁	92184	70.9
65岁及以上	9857	7.6

全年全国农村居民人均纯收入2936元，扣除物价上涨因素，实际增长6.8%，是1997年以来增长最快的一年；城镇居民人均可支配收入9422元，实际增长7.7%。农村居民家庭恩格尔系数（即居民家庭食品消费支出占家庭消费总支出的比重）为47.2%，城镇居民家庭恩格尔系数为37.7%。按年人均纯收入低于668元的标准，年末农村绝对贫困人口为2610万人，比上年末减少290万人；按年人均纯收入669~924元的标准，年末农村低收入人口为4977万人，比上年末减少640万人。

年末全国参加基本养老保险人数为16342万人，比上年增加836万人。其中参保职工12242万人，参保的离退休人员4100万人。全国参加失业保险的人数为10584万人，增加211万人。全国参加医疗保险的人数为12386万人，增加1484万人。其中参保职工9033万人，参保退休人员3353万人。年末全国企业参加基本养老保险离退休人员3770万人，全部实现了养老金按时足额发放；年末仍有国有企业下岗职工153万人，进入再就业服务中心的下岗职工全部按时足额领到了基本生活费，并由中心代缴了社会保险费；年末全国领取失业保险金人数为419万人，与上年末基本持平；全国共有2201万城镇居民得到政府最低生活保障，比上年减少46万人。

年末全国各类收养性社会福利单位床位133万张，收养各类人员102.3万人。城镇建立各种社区服务设施17.4万个，其中综合性社区服务中心9888个。全年销售社会福利彩票226.4亿元，筹集社会福利资金79.2亿元，直接接收社会捐赠款14.2亿元。

十二、资源与环境

2004年，随着科学发展观的贯彻和落实，国家加大了对资源与环境保护的投入力度，资源的有效利用与环境保护工作取得一定进展。但是，资源消耗高、浪费大，对经济发展的制约更加突出，环境保护的压力增大。

加强土地资源管理取得成效。通过土地市场治理整顿，查出往年未变更上报的建设占用耕地14.8万公顷。全年实际建设占用耕地14.5万公顷，比上年减少37.0%。灾毁耕地6.3万公顷。生态退耕73.3万公顷，因农业结构调整减少耕地20.5万公顷。土地整理复垦开发补充耕地34.6万公顷。当年净减少耕地80.0万公顷。

当年人均水资源2040立方米，比上年下降4.0%。全年平均降水量620毫米，下降2.8%。年末全国422座大型水库蓄水总量1758亿立方米，增加70亿立方米。全年总用水量5500亿立方米，比上年增长3.4%。其中，生活用水增长2.2%，工业用水增长2.8%，农业用水增长3.8%。全国人均用水量为423立方米，增长3.0%。全国有79个城市缺水，有2340万人口、1300万头大牲畜发生临时性饮水困难。

根据第六次全国森林资源清查（1999~2003

年)结果,全国森林面积1.75亿公顷,森林覆盖率为18.21%。活立木总蓄积量136.2亿立方米。森林蓄积量为124.6亿立方米。

国土资源调查及地质勘查新发现大中型矿产地205处,其中,能源矿产地24处,金属矿产地66处,非金属矿产地113处,水气矿产地2处。有56种矿产新增查明资源储量,其中,石油10.98亿吨,天然气3802亿立方米,原煤96.54亿吨。

初步测算,全年能源消费总量19.7亿吨标准煤,比上年增长15.2%。其中,煤炭消费量18.7亿吨,增长14.4%;原油2.9亿吨,增长16.8%;天然气415亿立方米,增长18.5%;水电3280亿千瓦时,增长15.6%;核电501亿千瓦小时,增长15.6%。主要原材料消费中,钢材3.1亿吨,增长15.1%;氧化铝1284万吨,增长9.7%;水泥9.6亿吨,增长12.4%。万元GDP能耗1.58吨标准煤,上升5.3%。

七大水系的413个水质监测断面中,有41.6%的断面满足国家地表水3类标准,比上年上升3.5个百分点;30.5%的断面为4~5类水质,下降1.7个百分点;超过5类水质的断面比例占27.9%,下降1.8个百分点。珠江、长江水质较好,海河、辽河、黄河、淮河、松花江水质较差。

全国近岸海域246个海水水质监测点中,达到国家一、二类海水水质标准的监测点占49.6%,与上年基本持平;三类海水占15.4%,比上年下降4.4个百分点;四类、劣四类海水占35.0%,比上年上升5.0个百分点。全国海域未达到清洁海域水质标准的面积为16.9万平方公里,比上年增加19.0%,其中,严重污染海域面积约为3.2万平方公里。对15个海洋生态监控区监测表明,主要海湾、河口及滨海湿地生态系统处于亚健康或不健康状态。

全年城市污水日处理能力达7402万立方米,比上年增长11.7%;集中供热面积20.5亿平方米,增长8.4%。建成区绿化覆盖率达到32.3%,比上年提高1.1个百分点;城市污水处理率达到43.6%,提高1.2个百分点。在监测的319个城市中,有132个城市空气质量达到二级标准,占监测城市数的41.4%,与上年持平;有119个城市为三级,占37.3%,比上年增加5.5个百分点;有68个城市为劣三级,占21.3%,比上年减少5.5个百分点。在328个城市的道路噪声监测中,噪声污染严重的占2.1%,中度污染的占5.2%,轻度污染的占9.1%。

生态环境建设稳步推进,黄河连续5年实现不断流,塔里木河连续3年实施向下游台特玛湖应急输水,黑河连续6次将水输送到东居延海。全年完成营造林面积716.7万公顷。全国共批准国家级生态示范区166个,自然保护区达到2194个,其中国家级自然保护区226个,自然保护区面积14822.6万公顷,占国土面积的14.8%。国家地质公园达85个,新建地质遗迹保护区27个。综合治理水土流失面积4.9万平方公里,实施水土流失地区封育保护面积11万平方公里。

全年因洪涝和干旱造成的直接经济损失975亿元,比上年减少50.0%;因洪水和沿海风暴潮死亡人口1282人。全年全国农作物受灾面积3710.6万公顷,比上年下降31.8%。其中,绝收436万公顷,下降49.0%。全年因海洋灾害造成的直接经济损失约54亿元,比上年降低32.6%。全年发现赤潮96次,比上年减少23次;累计赤潮面积约26630平方公里,比上年上升83.0%。全年共发生各类地质灾害15954起,共造成697人死亡,直接经济损失20.6亿元。全年共发生5级以上地震22次,共造成8人死亡,直接经济损失9.5亿元。全年共发生道路交通事故56.8万起,造成9.9万人死亡、45.2万人受伤,直接财产损失27.7亿元。

注:

1.本公报为初步统计数。

2.各项统计数据均未包括香港特别行政区、澳门特别行政区和台湾省。

3.国内生产总值、各产业增加值绝对数按现价计算,增长速度按可比价计算。

4.表2中的水果产量含果用瓜。

5.钢材产量及消费量数据中含部分使用钢材加工成其他钢材的重复计算因素。

6.表5中固定资产投资按地区分类,东、中、西相加不等于总数是因为有部分不分地区的投资未计算在内。

7.电话普及率的计算含接入用户交换机的话机数。

8.邮电业务总量完成额按2000年不变价格计算。

9.第六次全国森林资源清查涉及的全国森林面积和森林覆盖率含清查间隔期内新增的国家特别规定的灌木林。

2004年全国实现工业利润首次突破万亿元

2004年，全国规模以上工业实现利润首次突破万亿元大关，达11341.6亿元，比上年增长38.1%。总体来看，全年工业经济利润在宏观调控中仍保持了持续稳定快速增长的格局，主要经济效益指标创近十余年来的新高。其特点如下：

一、工业整体经济效益创13年来新高

2004年，衡量工业整体经济效益的工业经济效益综合指数达到164.33，比上年提高15.41点，是1992年以来的最高水平。主要经济效益指标与上年同期相比，总资产贡献率为12.26%，提高1.14个百分点；资本保值增值率为114.82%，提高1.34个百分点；成本费用利润率为6.52%，提高0.32个百分点；流动资产周转率为2.16次，提高0.18次。

二、全年工业利润持续稳定快速增长

（一）工业利润是近年来增长最稳定的一年。2004年，规模以上工业各月利润增幅在38.1%~45.7%之间，波动幅度仅7.6个百分点，特别是下半年波幅仅1.7个百分点；而1998~2003年工业利润月度增幅波动达31.9~120.4个百分点。可见，2004年是近年来工业利润增长最稳定的一年。

（二）国有、集体企业利润增势平稳，三资、私营企业利润增速回落较快。2004年，国有及国有控股企业实现利润5311.9亿元，比上年增长42.5%，增幅比上年回落2.7个百分点；集体企业利润512.3亿元，增长31.3%，增幅与上年持平；股份合作企业利润183.3亿元，增长26.2%，增幅回落3.8个百分点；股份制企业利润5447.7亿元，增长39.4%，增幅回落6.6个百分点；外商及港澳台商投资企业利润3454.8亿元，增长25.5%，增幅回落15个百分点；私营企业利润1236.7亿元，增长40.1%，增幅回落10.6个百分点。

（三）钢铁、水泥、电解铝等调控行业利润增幅快速回落。2004年钢铁工业实现利润1038.9亿元，同比增长70.1%，增幅虽较高，但比一季度回落67个百分点；水泥工业利润136.2亿元，增长21.5%，增幅比一季度明显回落（一季度水泥利润30.5亿元，同期亏损0.5亿元）；电解铝工业利润95.1亿元，增长47%，增幅比一季度回落56.1个百分点。

（四）新增利润向能源原材料工业集中的态势十分明显。2004年，实现利润最多的5大行业分别是石油开采1777.3亿元、钢铁1038.9亿元、化工856.3亿元、电子通信821.9亿元、交通运输设备771.9亿元，占整个工业利润的46.4%。新增利润最多的五大行业分别是石油开采542.3亿元、钢铁428.3亿元、化工396.9亿元、电子通信235.6亿元、煤炭162.9亿元，占整个工业新增利润的56.4%；而上年新增利润最多的石油开采、钢铁、交通运输设备、化工、建材，占整个工业新增利润的48.9%。2004年前5大行业新增利润比重比上年上升了7.5个百分点，新增利润向能源原材料工业集中的态势更为明显。

三、市场销售和上缴税金增速继续加快

（一）产品销售收入增幅创11年来新高。2004年，规模以上工业实现产品销售收入187814.8亿元，比上年增长31.4%，增幅比上年提高3.1个百分点。其中，国有及国有控股企业71451.9亿元，增长26%，增幅比上年提高2.5个百分点。均创1994

年以来新高。

（二）企业税金总额增长加快。2004年，规模以上工业累计税金总额8863.5亿元，比上年增长20.8%。增幅比上年提高1.2个百分点，是1995年以来的最高水平。其中，国有及国有控股企业累计税金总额5363.7亿元，增长18.4%。增幅比上年提高0.6个百分点。

四、企业亏损额和产成品资金上升较快

（一）亏损企业亏损额增长较快。2004年，规模以上工业亏损企业亏损额1239.8亿元，比上年增长11.2%，而上年为下降1.9%，增幅为1999年以来最高水平。其中，国有及国有控股亏损企业亏损额669.5亿元，同比增长7.6%，增幅比上年上升6.9个百分点。

（二）产成品资金占用明显上升。12月末，规模以上工业产成品资金10292.5亿元，比上年增长24.7%，增幅比上年末上升13个百分点，为1992年以来最高水平，且月度上升趋势明显。其中，国有及国有控股企业产成品资金3470.8亿元，增长18%，增幅比上年末上升11.3个百分点，为1992年以来新高。

工业应收账款净额21510.7亿元，同比增长15.6%，增幅比上年末回落1.3个百分点。其中，国有及国有控股企业应收账款净额6851.6亿元，增长3.4%，增幅比上年末回落1.2个百分点。工业应收账款增幅年末从高位有所回落，但总量仍然偏大。

附　2004年工业企业主要经济指标　（单位：亿元）

指标名称	全部工业			国有及国有控股工业		
	1~12月	比上年同期增减%		1~12月	比上年同期增减%	
	累计	1~12月	1~11月	累计	1~12月	1~11月
产品销售收入	187814.8	31.4	32.2	71451.9	26.0	26.7
利润总额	11341.6	38.1	38.8	5311.9	42.5	43.9
税金总额	8863.5	20.8	22.0	5363.7	18.4	19.0
亏损企业亏损额	1239.8	11.2	9.1	669.5	7.6	1.8
应收账款净额	21510.7	15.6	16.8	6851.6	3.4	4.0
产成品	10292.5	24.7	23.0	3470.8	18.0	17.8

（本文由国家统计局提供）

2004 年全国规模以上工业生产增长 16.7%

2004 年，全国工业生产快速增长，产销衔接情况良好，工业品出口大幅度增加，工业经济总体运行态势良好。

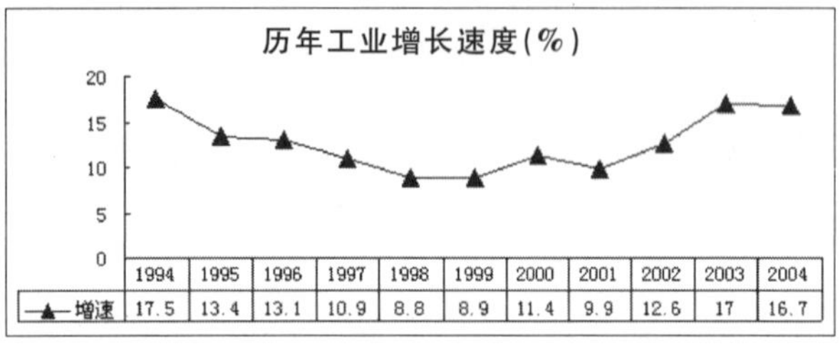

一、工业生产快速增长，增加值总量达到 5.48 万亿元

2004 年，规模以上工业比上年增长 16.7%(其中 12 月份增长 14.4%)，略低于 2003 年 17%的增速，比 1995~2002 年的平均速度高 5.6 个百分点。全年累计完成增加值 54805.1 亿元，在上年突破 4 万亿元的基础上，又迈上了一个新的台阶，比 2001 年的总量翻了一番。

2004 年，股份制企业和外商及港澳台商投资企业分别完成工业增加值 24054.1 亿元和 15240.5 亿元，在规模以上工业中已分别占 43.9% 和 27.8%，和上年相比分别增长 16.5%和 18.8%(其中，12 月份分别增长 15.2%和 14.8%)，增长速度明显高于其他经济类型企业；国有、集体、股份合作制企业分别完成工业增加值 8752.5 亿元、2877.4 亿元和 1043.4 亿元，在规模以上工业中分别占 16.0%、5.3%和 1.9%，增长速度相对较低，分别比上年增长 14.1%、9.9%和 12.5%(其中，12 月份分别增长 11.7%、9.5%和 11.1%)。

二、7 大行业支撑工业快速增长

2004 年，39 个大类行业全面增长；其中，“通信设备、计算机及其他电子设备制造业”对工业增长的贡献率最大，达 13.6%，拉动工业增长 2.3 个百分点；“黑色金属冶炼及压延加工业”和“电力热力的生产和供应业”对工业增长的贡献率也较大，分别为 10%和 7.4%，分别拉动工业增长 1.7 和 1.2 个百分点；“化学原料及化学制品制造业”、“交通运输设备制造业”、“电器机械及器材制造业”和“通用设备制造业”等四个行业的贡献率均超过了 5%。上述 7 个行业合计对工业增长的贡献率达 53.5%，拉动工业增长 8.9 个百分点。

三、能源、原材料等基础产业及机械、电子产品的增长速度较高

2004 年，主要能源产品的生产快速增长。全年规模以上发电企业共发电 2.13 万亿千瓦时，分别相当于 1978 年和 1990 年的 8.3 倍和 3.4 倍，比上年增长 14.9%，增速比 2003 年低 0.5 个百分点，但比 1978-2002 年的平均速度高 6.8 个百分点；规模以上煤炭企业共生产原煤 16.06 亿吨，比上年增长 15.0%；原油产量 1.75 亿吨，比上年增长 2.9%；天然气产量 407.7 亿立方米，比上年增长 18.5%。

重要原材料产品增长速度较高。钢材、粗钢和生铁产量分别达到 2.97 亿吨、2.72 亿吨和 2.52 亿吨，分别比上年增长 23.5%、23.2%和 24.1%；十种有色金属产量为 1369.6 万吨，比上年增长 16.4%；水泥产量为 9.34 亿吨，比上年增长 15.7%；平板玻璃产量为 3.0 亿重量箱，比上年增长 20.5%。

重要的机械产品生产增速高。发电设备、电站锅炉、电站气轮机和电站水轮机的产量分别为7137.9万千瓦、23.4万蒸发量吨、4080.7万千瓦和182.9万千瓦，分别比上年增长90.9%、72.7%、48.3%和29.8%；金属切削机床产量为38.9万台，增长36%，其中高精度机床、数控机床和大型机床的产量分别为4354台、51861台和7151台，分别增长75.3%、49.8%和72.0%；水泥设备和金属轧制设备分别增长62.3%和60.2%；大中型拖拉机产量为9.8万台，增长83.9%。

电子产品生产仍持高速增长态势。微型电子计算机产量4512.4万部，比上年增长38.7%。其中，笔记本计算机产量2221.3万部，增长54.8%；移动电话机产量24587.6万部，增长29.1%；空调器、电冰箱和洗衣机产量分别为7046.6万台、3033.4万台和2348.9万台，分别增长42.6%、30.0%和19.2%。

汽车的生产增长幅度比上年出现大幅度回落，轿车的回落幅度尤其大。全年共生产汽车519.7万辆，比上年增长14%，增幅比上年回落19.3个百分点。其中，生产轿车226.1万辆，增长10.2%，增幅比上年回落70.5个百分点。

四、工业产品的出口交货值迅猛增长

2004年，我国工业品出口的增长势头很猛。全年规模以上工业企业累计实现出口交货值36840.9亿元，比上年增长32.6%，增速比上年提高1.9个百分点。目前，出口产值已占全部工业销售产值的20.1%，比上年又提高了0.6个百分点。据测算，2004年出口对工业增长的贡献率约为21.3%，拉动工业增长3.6个百分点。

2004年，出口额最大的行业是通信设备、计算机及其他电子设备制造业，全年完成出口交货值12785.8亿元，占全部规模以上工业的1/3以上(34.7%)，比上年增长42.1%；其次是电气机械及器材制造业，完成出口交货值2720.5亿元，占7.4%，比上年增长38.5%；纺织服装类行业(包括“纺织业”、“纺织服装、鞋、帽制造业”和“皮革、皮毛、羽毛(绒)及其制品业”)的出口额也较大，继续保持稳定的增长速度，2004年共完成出口交货值6218.4亿元，占16.9%，比上年增长16.7%。

三资企业是出口产品生产的主力军。2004年共完成出口交货值25335.1亿元，占全部规模以上工业的2/3以上(68.8%)，比上年增长34.4%，比内资企业的增长速度高5.7个百分点。

五、产销衔接水平较高

2004年，工业产品销售率为98.08%，比上年提高0.17个百分点。其中，12月份为100.45%。

分大类行业看，产销率高于99%的行业有7个，主要有石油加工、烟草、石油和天然气开采、燃气、电力等；产销率在98%~99%之间的行业有12个，主要有冶金、饮料、有色、煤炭、电子等；产销率在97%~98%之间的行业有19个，主要有电气机械、纺织、化工、设备制造等；医药制造业的产销率最低，为95.03%。

2004年工业增加值和主要产品产量

	单位	2004年	2004年12月	比去年同期增长 %	
				全年	12月
工业增加值	亿元	54805.1	5488.4	16.7	14.4
其中:轻工业	亿元	17762.4	1766.3	14.7	13.0
重工业	亿元	37042.7	3722.1	18.2	15.7
其中:国有及国有控股企业	亿元	23213.0	2217.7	14.2	12.4
其中:集体企业	亿元	2877.4	279.1	9.9	9.5
股份合作企业	亿元	1043.4	108.5	12.5	11.1
股份制企业	亿元	24054.1	2479.1	16.5	15.2
外商及港澳台投资	亿元	15240.5	1498.9	18.8	14.8
能源生产总量	万吨	158618.0	14574.5	13.2	8.2
原煤	万吨	160610.9	15269.8	15.0	8.2
天然原油	万吨	17450.3	1492.2	2.9	2.0

续表

	单位	2004年	2004年12月	比去年同期增长 %	
				全年	12月
纱	万吨	1094.9	112.8	18.5	36.4
布	亿米	294.8	29.9	19.4	29.1
硫酸	万吨	3824.9	346.1	18.1	20.4
农用氮磷钾化肥(折纯)	万吨	4519.8	377.9	16.2	14.5
水泥	万吨	93368.6	8702.6	15.7	16.3
平板玻璃	万重量箱	30058.0	2650.0	20.5	12.3
粗钢	万吨	27245.6	2653.3	23.2	33.1
钢材	万吨	29738.7	2764.0	23.5	25.6
十种有色金属	万吨	1369.6	125.3	16.4	12.5
汽车	万辆	519.7	41.7	14.0	-1.5
家用电冰箱	万台	3033.4	296.5	30.0	2.5
房间空气调节器	万台	03.7	603.7	42.6	26.2
程控交换机	万线	907.5	907.5	14.7	15.8
移动通信设备	万部(信道)	94.4	94.4	9.2	-15.0
半导体集成电路	万块	175358.4	175358.4	34.5	-1.2
彩色电视机	万部	790.0	790.0	13.0	5.5
发电量	亿千瓦小时	1931.3	1931.3	14.9	11.8

注：工业增加值按现行价格计算，增长速度按可比价格计算。

2004年各地区工业增加值

地区	工业增加值(亿元)		比去年同期增长%	
	2004年	2004年12月	全年	2004年12月
全国总计	54805.1	5488.4	16.7	14.4
北京	1259.5	127.4	19.9	15.2
天津	1395.6	139.5	26.5	25.0
河北	2459.2	250.7	22.2	21.8
山西	1242.8	129.7	21.2	16.5
内蒙古	776.8	85.9	38.5	34.2
辽宁	2255.7	239.4	23.4	22.4
吉林	994.3	88.7	18.6	1.1
黑龙江	1619.6	135.5	15.3	14.3
上海	3427.0	316.7	19.0	9.8
江苏	6447.5	617.4	23.4	26.0
浙江	4173.4	445.8	21.1	14.2
安徽	1082.2	106.0	25.1	18.1
福建	1845.8	180.3	23.5	23.8
江西	617.8	72.8	26.1	34.6
山东	6498.3	673.7	26.5	25.5
河南	2332.7	236.7	23.6	28.4
湖北	1664.7	154.9	22.8	22.0
湖南	1198.1	113.8	24.1	25.4
广东	7086.4	699.4	22.4	20.7
广西	595.6	66.9	22.8	25.3
海南	102.7	10.7	18.4	6.1
重庆	579.7	58.1	23.5	16.5

续表

地区	工业增加值(亿元)		比去年同期增长%	
	2004年	2004年12月	全年	2004年12月
四川	1546.5	158.8	25.8	25.3
贵州	438.4	46.0	20.1	16.2
云南	881.2	70.0	16.6	19.8
西藏	14.4	2.7	14.1	6.0
陕西	870.7	91.3	22.9	16.5
甘肃	505.1	49.2	15.7	13.2
青海	132.4	15.5	24.8	27.5
宁夏	147.0	14.3	25.8	19.3
新疆	616.9	63.2	14.4	19.9

注:工业增加值按现行价格计算,增长速度按可比价格计算

2004年各地区工业产品销售率

地区	工业产品销售率%		比去年同期增减	
	2004年	2004年12月	全年	2004年12月
全国总计	98.08	100.45	0.17	-0.10
北京	97.77	99.51	0.23	-0.71
天津	99.10	100.13	-0.03	-1.05
河北	98.39	102.31	-0.06	1.91
山西	97.93	105.22	0.10	5.10
内蒙古	97.62	103.43	-0.30	-1.28
辽宁	98.05	101.20	0.31	0.19
吉林	99.24	106.74	1.57	5.45
黑龙江	98.04	99.88	0.20	-6.94
上海	99.07	101.49	0.09	1.04
江苏	97.94	99.88	0.28	0.02
浙江	97.66	99.35	-0.02	-2.22
安徽	98.94	99.30	-0.14	-1.63
福建	97.50	98.16	-0.22	-1.64
江西	98.80	101.91	0.87	2.43
山东	98.11	98.15	0.33	-1.16
河南	98.53	101.33	0.20	1.06
湖北	97.90	100.03	-0.26	-0.14
湖南	99.79	105.83	0.30	-0.05
广东	97.58	99.17	0.40	0.79
广西	96.76	94.28	-0.63	-3.96
海南	97.40	96.55	0.98	2.33
重庆	98.24	103.89	0.67	1.21
四川	98.48	104.83	0.01	2.13
贵州	96.20	101.79	-0.99	3.82
云南	98.65	111.15	-0.23	2.40
西藏	91.56	93.89	-0.19	-1.09
陕西	96.94	100.89	-0.90	-3.57
甘肃	97.75	105.13	-0.20	2.04
青海	98.43	105.46	0.83	2.78
宁夏	97.10	101.77	0.12	-7.05
新疆	97.56	100.11	-0.74	-1.84

注:工业产品销售率按现行价格计算。

(本文由国家统计局提供)

2004年我国工业品价格上涨明显

2004年，我国国民经济保持平稳较快增长，特别是工业生产和固定资产投资快速增长，对工业产品的市场需求保持旺盛势头，拉动了主要生产资料产品价格持续大幅上涨，尤其是能源、黑色金属和有色金属产品价格上涨明显。与上年相比，2004年工业品出厂价格平均上涨6.1%，原材料、燃料、动力购进价格平均上涨11.4%，涨幅比2003年分别增加3.8和6.6个百分点。是1996年以来上涨幅度最高的一年。

一、工业品价格总体运行特征

(一)2004年工业品价格总体涨幅较高，呈现出前十个月逐月递增，后两个月趋缓的格局。年初，承接上年钢材、有色金属价格上涨的影响，一季度工业品出厂价格上涨3.7%，原材料、燃料、动力购进价格上涨8.3%。二、三季度，国家加大宏观调控力度，部分投资过热领域得到有效抑制，但受国际原油价格持续攀升和电力、运输供求紧张的影响，工业品出厂价格分别上涨5.7%、7%，原材料、燃料、动力购进价格分别上涨11.2%、12.8%。四季度，受前期价格上涨较多滞后因素的影响，工业品出厂价格上涨7.9%，原材料、燃料、动力购进价格上涨13.3%，其中，10月份涨幅为全年最高(工业品出厂价格上涨8.4%，原材料、燃料、动力购进价格上涨14.2%)。后两个月受国际原油价格大幅回落，钢材、有色金属价格趋于稳定等因素的影响，工业品价格涨幅逐月小幅回落。

(二)生产资料出厂价格上涨是影响工业品出厂价格上涨的主要因素。2004年，生产资料出厂价格比上年上涨7.8%，拉动工业品出厂价格总水平上涨约5.8个百分点。生产资料价格大幅上涨主要是原油、成品油、化工产品、煤炭、钢材和有色金属等基础能源和原材料价格涨幅较高的影响。从主要分类看，采掘工业、原材料工业价格涨幅较高，分别上涨18.8%和10.2%，加工工业上涨4.8%。

(三)生活资料出厂价格稳中有升。与上年相比，2004年生活资料出厂价格略涨1.2%，影响工业品出厂价格总水平上涨约0.3个百分点。从主要分类看，受粮油价格上涨的影响，食品类出厂价格上涨5.2%，衣着类、一般日用品类分别上涨0.9%和1.9%，耐用消费品类则下降3.8%。

(四)工业品出厂价格上涨的行业增多。在所调查的39个工业行业中，有34个工业行业呈上涨态势，占87.2%，上涨范围比上年扩大了近2/3。其中涨幅最高的行业是黑色金属矿采选业，涨幅高达45.3%，石油和天然气开采业、煤炭开采和洗选业、有色金属矿采选业、黑色金属冶炼及压延加工业和有色金属冶炼及压延加工业涨幅也较高，分别比上年上涨19.6%、16.8%、17.6%、18.9%和18.9%。

二、主要生产资料产品价格上涨幅度大

(一)原油价格波动剧烈，总体涨幅高。年初，欧佩克及非欧佩克国家石油产量迅速增长，国际市场石油价格涨势趋稳，国内原油价格涨幅不大，一季度原油出厂价格比上年同期上涨1.4%。进入二季度，受国际原油价格大幅上涨的影响，国内分别在4月1日和5月18日相应提高原油及成品油的价格，特别是随着美国大选的临近，国际原油价格持续攀升，并屡创新高，受其影响，国内再次于8月底调整成品油价格。三季度原油出厂价格比上年同季上涨27.8%。11月份后，随着美国大选

的结束，国际原油价格大幅回落，国内也先后两次下调了原油出厂价格。2004年全年，原油出厂价格比上年上涨20.3%，影响工业品出厂价格总水平上涨约0.7个百分点。成品油价格涨幅也较高，汽油、柴油出厂价格分别比上年上涨11%和16.5%。

（二）钢材价格涨势先猛后稳。年初，承接上年钢材价格大幅上涨的趋势，钢材市场需求依然旺盛，价格涨势迅猛，同时与钢铁生产有关的产品价格也呈现大幅上涨趋势。一季度，黑色金属冶炼及压延加工业出厂价格比上年同期上涨21.7%。二季度以后，国家加大宏观调控的力度，尤其是严格控制新投资项目上马，宏观调控政策效果显现，部分行业投资过热现象得到抑制，钢材价格明显回落。八月份钢材价格虽一度反弹，之后则基本保持在合理的价位上，涨幅趋于平稳。2004年我国黑色金属矿采选业成为所调查行业涨幅最高的行业，高达45.3%；黑色金属冶炼及压延业产品出厂价格比上年上涨18.9%，成为拉动全国工业品出厂价格上涨的重要因素之一。其中，普通大型钢材上涨19.3%，普通中型钢材上涨22.9%，普通小型钢材上涨20.8%，线材上涨22.1%，中厚钢板上涨22.2%，材上涨20.8%，线材上涨22.1%，中厚钢板上涨22.2%，薄钢板上涨10.6%。

（三）有色金属价格持续上涨。2004年，国内电子、能源、汽车等行业发展速度加快，对有色金属的需求旺盛，加之国际有色金属市场铜、铝、镍等价格不断走高，带动有色金属价格持续上涨。与上年相比，2004年有色金属冶炼及压延业产品价格上涨18.9%。其中，铜、铅、锌、镍、铝、锡的价格上涨8.2%—61.1%

（四）煤炭价格大幅上涨且涨幅逐月递增。2004年，工业经济发展快速，煤炭的主要消耗行业相关产品产量均保持了高速增长，对煤炭需求保持旺盛势头。尤其进入二季度后，用电需求逐步进入高峰期，火力发电用煤需求加大，再加上各地治理公路超载超限，使煤炭的公路流通能力明显减弱，煤炭产品外运受限，价格持续攀升，并将持续上涨的势头保持到年底。2004年，原煤出厂价格比上年上涨16.6%。

此外，受原油价格大幅上涨的影响，化工产品价格也呈较大幅度的上涨；受上年粮食减产，粮、油价格大幅上涨的影响，农副食品加工业价格大幅上涨的势头一直保持到2004年秋粮丰收，才得到缓解。

三、影响工业品价格上涨的主要原因

（一）受国际市场价格波动的影响。2004年，国际市场的变化对国内市场价格的影响越来越明显，原油、钢材、有色金属等产品价格的变动主要是受此因素影响。特别是2004年是美国大选年，国际市场原油价格波动剧烈，国内原油价格也几起几落，成为拉动工业品价格整体水平较高的主要因素。

（二）受国内需求拉动的影响。2004年，国内工业生产及固定资产投资高速增长，经济增长进入新一轮增长周期。投资需求及生产需求的急剧增加，使主要生产资料市场供大于求的局面有较大缓解，加上能源紧张、运力不足的瓶颈影响进一步加大，促使相关产品价格上涨。

（三）成本推动作用的影响。2004年，原材料、燃料、动力购进价格涨势强劲，全年涨幅高达11.4%，高出工业品出厂价格涨幅近一倍。九大类购进产品价格全面上涨。其中，燃料动力类、黑色金属材料类、有色金属材料类和农副产品类涨幅均较高，分别上涨9.7%、20.4%、20.1%和14.2%。原材料等中间消耗价格上涨必然增加企业的生产成本，从而带动工业品出厂价格上涨。

（本文由国家统计局提供）

对我国工业发展若干战略问题的思考和建议
——2004年中国工业发展报告

中国工业经济联合会主席团
(2004年12月5日)

今年,中国工业经济联合会主席团各成员,针对当前我国工业各行业的发展分别进行了22篇专题研究,深入思考,提出对策。汇总这些意见,择要报告如下。

2004年的中国工业,在宏观调控初见成效的形势下,取得持续健康发展,总体运行是好的。同时呈现一些突出特点:重化工业增速明显,轻工业利润水平下降;煤电油运全面紧张,结构性矛盾突出;面对的国际贸易摩擦增多,新型贸易壁垒不断出现。今后,我国工业发展面临的能源和矿产资源约束,将成为越来越严重的问题,预测到2010年和2020年,供需缺口分别是:石油约为1.7亿吨和2.5亿吨;煤炭约为2.6亿吨和5.5亿~5.7亿吨;天然气2010年能基本保持供应,2020年则缺口650亿立方米;国内铁矿石产量只能满足钢产量需求的38%和29%;有色金属的主要品种铜、铝、铅、锌的矿产储量也严重不足,据评估,大多数有色金属矿产资源保证年限只有十几年或二十几年。为缓解资源约束这个主要矛盾,现对我国工业发展的几个战略问题提出一些思考和建议。

一、关于能源战略

从宏观上讲,改革开放以来,我国确立了以电力为中心、煤炭为基础的能源发展战略。随着经济的快速增长和经济体制的发展变化,需要及时调整和制订清晰稳定的能源发展新战略。目前,国家正在制订《能源中长期发展规划纲要》。建议强调:1.将节油节能作为基本国策,严格节能制度和措施,完善《节能法》,加强宣传和执法力度;2.加大能源的勘探和开发力度,提高现有能源供给水平;3.发挥市场机制在能源优化配置中的调节作用,提高能源的利用效率;4.改变我国过分依赖煤炭、石油的能源结构,积极开发天然气、核能,以及太阳能、风能等可再生能源,并制订优惠政策,使之早日实现产业化和具有市场竞争力;5.建议组建国家能源部,统一制订和执行国家能源战略,对能源进行统筹管理。

从微观上讲,对不同能源分别强调如下意见。

1.石油。建立避险机制,加快建立包括石油、石油资源和石油期货的“价格储备”在内的储备体系,依法管理,做到安全、可靠、经济和迅速有效;对高耗油行业加以控制,运用经济杠杆和市场机制,节约和合理使用汽油资源;汽车工业的发展,要与石油供应相协调,与中国国情相适应。

2.煤炭。增强勘探力度;提高煤炭的综合利用水平;清洁生产,保证矿区生态环境;提高煤炭洗选比例,推广型煤、水煤浆与配煤;推进煤炭转换,发展洁净燃烧,实现煤炭清洁利用。

3.电力。预计2005年和2006年全国电力需求分别增长7%~11%和6%~9%,2005年电力供需将比今年有所缓和,但总体仍然偏紧,2006年将总体平衡,局部地区略显紧张;当前应强调:提高发电效率,火电应要求安装脱硫装置,减少SO_2的排放;积极发展超临界、超超临界发电;制定切实可行的经济政策和法律制度,建立推动需求侧管理的激励机制和约束机制，近期辅之必要的行政措施，把需求侧管理落到实处，坚持长久；深化电价体制改革，落实差别电价措施，充分发挥电价在引导有效需求和增加有效供应方面的市场调控作用。

二、关于循环经济战略

发展循环经济是解决能源、资源短缺的有效途径。当前应推进以下工作：

1.依靠科技进步，实现资源的保护性开发，提高产业附加值。

2.提高资源的再利用效率。以铝为例，其每再生一次烧损率仅5%，按目前铝制品平均使用寿命15年计算，铝的使用生命可达200~375年。据估算，我国固体废弃物可利用而未被利用的资源价值达250亿元，可再生利用而没有利用的再生资源价值达300亿元，资源综合利用潜力十分巨大。

3.建立企业和社会两个废物回收系统。鼓励企业建立内部的资源综合利用系统，将生产过程中产生的废气、废物资源化，实现企业的少排放和零排放，推行生产者责任延伸制。注重生活垃圾回收，大力发展城市垃圾处理业。

三、关于产业升级战略

据测算，如果采用目前市场上技术可行、经济合理的生产工艺，工业部门的节能潜力高达1.5亿~2亿吨标准煤。为此，亟需通过技术进步改造传统产业和推动产业结构升级。

1.尽快淘汰高能耗、高物耗、高污染的落后生产工艺。继续完善产业政策和提高行业准入标准，防止对高耗能行业盲目投资和低水平扩张。

2.对资源已经或正在枯竭的城市，采取多元化的转型方式，设法有选择、有步骤地引入区域外的产业活动，以促进该地区劳动力的安置和产业结构的调整升级。

3.高度重视、主动承接国际产业转移。自2002年起，我国已经连续两年位居世界吸收境外直接投资首位。境外投资意味着大量的产业转移。建议在引进外资时，应对不同类型的投资项目区别对待，避免引进高能耗、高污染的企业，而将引进外资的重点放到电子信息、生物医药、新材料等高新技术企业。充分运用“引力效应”和“挤压效应”，促使跨国公司向我国企业转移技术，提高国内产业的技术水平。鼓励跨国公司在中国设立地区总部与研发中心，将跨国公司在我国的投资项目不仅定位为生产中心，还应成为采购中心、研发中心、服务中心以及行政管理中心。在新一轮的产业转移中，服务业向新兴市场经济国家转移的趋势明显，我国应抓住机遇积极承接国际服务业，特别是生产性服务业的转移，例如：工业教育、计量标准、检测研发、法律、会计等。积极创造良好投资环境，吸引跨国公司带入其供应链，并利用国际产业转移的聚集效应，在我国形成优势产业群或产业带。

四、关于矿产资源全球化战略

主要包括立足于综合比较优势的矿种发展战略，以繁荣矿业经济为宗旨的矿业结构升级战略，以建立长期供给能力为主线的多元经贸战略；矿产资源以企业为中心的“走出去”战略，以及提高远洋运输能力的运输保障战略等。其中，克服矿产资源远洋运输瓶颈、提高我国矿产资源远洋运输能力，实现对铁矿石、石油等国家战略性物资的海上运输“国货国运”，是成功实施我国矿产资源全球化战略的重要内容和保障。建议国家有关部门对企业开发利用境外矿产资源给予必要的政策支持。比如，强化“资源外交”，坚持以市场换资源，在财税、金融应支持企业“走出去”等。

五、加快转变出口经营战略

资源出口应尽可能减少，加工品出口要上档次。尽管我国产品价格具有很强的市场竞争力，但由于缺乏核心技术和品牌，已出现贸易增量不增价甚至跌价的趋势。一个时期以来，我国产品强大的低成本竞争，引起了美国、欧盟等相当一些国家和地区的贸易保护主义回潮。今年，在西班牙甚至发生了焚烧我国鞋商货物的暴力排外行动。事实表明，“三低”（低成本、低价格、低档次）的出口竞争模式快要走到尽头。以纺织品为例，配额尚未取消，美国设限不断。由于我国纺织品具有的巨大的成本优势和生产能力，如果不加强约束，造成出口激增，价格恶性竞争，易引发贸易壁垒。政府、行业组织和企业应提前进行准备，通过贸易政策和信息发布、行业自律、规范财务等措施来防范可能出现的贸易摩擦。

廉价的劳动力一直是我国产业竞争力的优势。但随着经济社会发展，劳动力不可能永远廉价下去。今年沿海地区出现的“民工荒”表明，随着我国经济结构调整和人们生活水平不断提高，农民工“高产出，低保护”的现状亟待改变。在工业品的出口战略上，要实现从主要依靠资源和廉价劳动力优势向主要依靠技术和品牌优势转变。摒弃低水平的价格竞争策略，走技术进步和提高档次道路，走跨国集团和打造著名品牌之路。制订相关政策，鼓励我国的优秀企业争创世界顶级品牌。

行业篇

2004年中国煤炭工业经济运行概况

2004年,国内经济较快增长,持续的煤电油运紧张局势引起全社会关注。煤炭行业克服困难顾全大局,努力增产缓解煤电油运的瓶颈制约,煤炭产量刷新纪录,煤炭运销一再提速,煤炭供应基本保证了主要消费行业、重点企业的生产运行需要,有力地支持了国民经济的不断增长,煤炭行业经济运行质量也保持了良好的发展势头。

2004年底统计的规模以上煤炭生产企业共3623个,其中大型煤炭企业91个。统计指标显示,生产效率提高,煤炭价格上升,煤炭企业经济效益好转,但国有重点煤炭企业历史欠账多,获利能力仍然低于全行业,也低于全国规模以上工业平均水平,一些企业补贴前仍然亏损。各地煤炭工业盈利水平差异较大,有6个省(区)同比盈利下降。超能力生产负面效应显现,安全生产形势依然严峻,资源采出率低、矿区环境治理问题突出,行业收益分配的不合理状态尚待加快改革。

一、2004年主要经济指标完成情况

(一)煤炭产量

全国原煤产量完成19.56亿吨,再创历史新高,同比增加2.28亿吨,增长13.2%。其中:国有重点煤矿9.19亿吨,同比增加1.05亿吨,增长12.91%;国有地方煤矿2.95亿吨,同比增加0.15亿吨,增长5.21%;乡镇煤矿7.42亿吨,同比增加1.08亿吨,增长17.1%。国有重点、国有地方和乡镇三大类煤矿产量比例为47%、15%、38%。国有重点矿精煤产量1.17亿吨。

2004年全国原煤产量构成

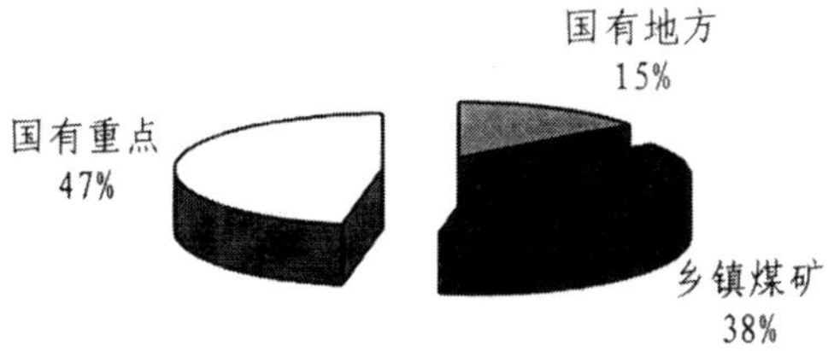

全国27个产煤省区中,24个省区增产。内蒙古、河南、广西、广东、贵州、湖北、四川、重庆、贵州、云南、陕西、吉林、辽宁、黑龙江、新疆、宁夏、青海17个省区产量增幅高于全国平均增长率。

原煤产量在亿吨以上并按序排列的前5个省区是:山西省产量4.93亿吨,内蒙古2.02亿吨,河南1.54亿吨,山东1.40亿吨,陕西1.32亿吨。

在全国原煤产量中,规模以上煤炭企业原煤产量15.17亿吨,占全国总产量的77%。

(二)煤炭运销

全国煤炭销量完成18.91亿吨,同比增加2.31亿吨,增长13.9%,其中:国有重点煤矿8.88亿吨,同比增加1.20亿吨,增长15.7%。

全国煤炭铁路运量完成9.92亿吨,同比增长12%。

(三)煤炭库存

年末煤炭社会库存10351万吨,比上年末减少581万吨,下降5.4%,其中:煤矿库存2864万吨,比上年末增加18万吨,上升0.6%。全国6大地区中,华东、中南、西北地区分别比上年末下降19.2%,10.3%,33.1%;华北、东北、西南地区库存比上年末上升13.8%,25.2%,14.4%。国有重点煤矿库存1700万吨,同比增加202万吨,上升13.5%;地方国有煤矿库存500万吨,同比减少148万吨,下降22.8%;乡镇煤矿库存800万吨,同比增加100万吨,上升14.3%。

（四）煤炭出口

全国煤炭出口 8592 万吨，同比减少 717 万吨，下降 7.7%。中煤集团、山西地方、神华集团、五矿集团煤炭出口均不同幅度比上年下降。

（五）利润总额和利润率

规模以上煤炭企业补贴后实现利润 309 亿元，同比增长 116%。全年累计，行业成本费用利润率 8.92%。其中，原中央财政煤炭企业补贴后盈利 79.57 亿元，同比增盈 45 亿元。按新的 91 户大型企业统计，2004 年大型煤炭企业的成本费用利润率为 5.88%。

（六）商品煤平均售价

2004 年原中央财政煤炭企业商品煤平均售价 206.43 元/吨，比上年上升 30.77 元/吨，上升 17.5%，其中供发电用煤平均售价 162.51 元/吨，同比上升 21.6 元/吨，上升 15.3%，比商品煤平均售价低 43.92 元/吨。

（七）原选煤单位成本

原中央财政煤炭企业原选煤单位成本 168.87 元/吨，同比增加 40.83 元/吨，上升 34.9%，高于价格升幅。

（八）年末应收煤款

原中央财政煤炭企业应收煤款 157.03 亿元，同比减少 22.83 亿元，下降 12.7%。

（九）劳动工资

2004 年规模以上煤炭企业全部从业人员平均人数 390 万人，其中国有重点煤矿企业年末在岗职工 257.4 万人，比上年末减少 2.35 万人，下岗职工人数 13.42 万人，比上年末减少 8.85 万人。在岗职工平均工资 1401 元/月，比上年增加 287 元/月，上升 25.8%。

（十）固定资产投资

2004 年 1~11 月，全国完成固定资产投资 49274 亿元，同比增长 28.9%，比 1~10 月回落 0.6 个百分点；煤炭行业实际完成的固定资产投资额达 514.65 亿元，同比增长 62.8%，占整个采矿业投资总额的 30%，占全国固定资产投资总额的 1%；采矿业中，黑色金属矿采选业增幅最高，同比增幅达到 216.7%，1~11 月完成固定资产投资 120.98 亿元，占整个采矿业投资总额的 7.1%。

二、2004 年行业运行特点

2004 年，国内经济快速增长，冶金、建材和化工等高耗能产业迅速扩张，在持续旺盛的需求拉动下，国内能源生产总量达到 15.86 亿吨标准煤，同比增长 13.2%，增幅比上年略微降低 0.4 个百分点。能源需求的持续扩大使煤炭供需紧张的趋势更加明显，煤炭企业在保证供应和市场竞争中不断努力。

（一）用煤行业不断拉动，煤炭产销一再提速

2004 年，全国规模以上工业增加值比上年增长 16.7%，主要产品产量大多增长。其中：发电量达到 2.13 万亿千瓦时，相当于 1990 年的 3.4 倍，增速比 1978~2002 年的平均速度高 6.8 个百分点；火电发电量 1.77 万亿千瓦时，比上年增长 14.4%，占全部发电量的 83%。粗钢产量达 2.72 亿吨，比上年增长 23.2%。建材、化工等行业增幅也较大。

总体看，2004 年煤炭产销运量不断增加，煤炭销售一直以超过生产的速度增长。全国规模以上煤炭企业共实现工业销售值 3705 亿元，同比增长 49%，增幅快于工业总产值增速 1.41 个百分点，呈现出旺盛的需求态势。

2004 年主要用煤行业增速

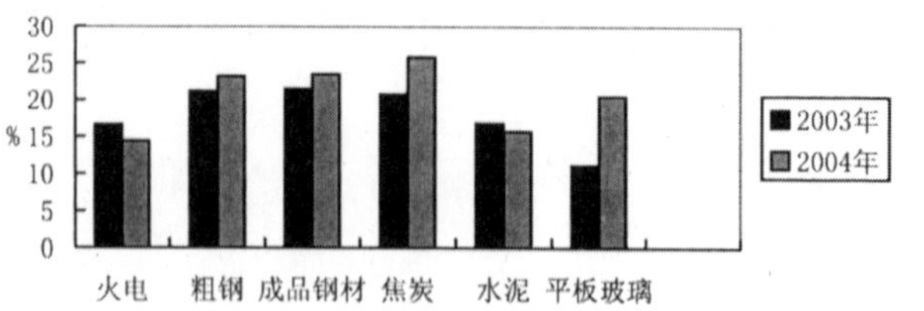

原中央财政煤炭企业市场煤、重点电煤各月均价（元/吨）

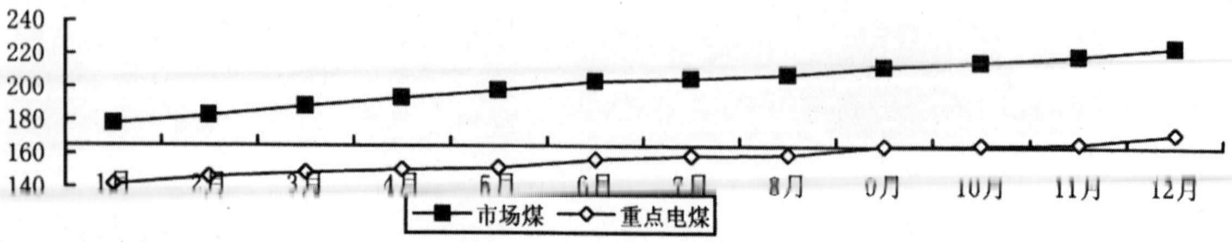

(二) 煤炭价格升幅不同,两种矛盾制约明显

由于煤炭企业分布极不平衡，西部煤炭资源比较丰富,但地区发展比较滞后,运输也不便利;东部煤炭资源较少,但市场需求大,运输条件比较好;北部煤炭资源集中;南部煤炭资源分散且较少,而需求较大。在长期煤电分离的体制下形成了西煤东运,北煤南调的格局。目前我国煤炭运量占铁路货运总量的45%左右。进入2004年，煤炭价格继续在回归价值的竞争中攀升，但是受铁路运输制约,华东、中南地区煤炭出矿价升幅较大,西北、东北、内蒙古部分地区煤炭售价处于较低水平,各地增幅不同。其中内蒙古一些企业的原煤售价2004年平均不足100元，只相当于华东地区出矿价的40%左右。煤炭和电力企业在生产上的紧密依存关系受到价格扭曲的严重困扰。长期以来,电煤供给一直采用计划价格，煤炭企业承担了计划价格低于市场价格部分的差价亏损。但是,随着能源需求的增长,煤炭市场价格普遍上扬,合同电煤价格与煤炭的市场价差呈逐年拉大趋势，煤炭企业的很大一部分收益送给了电力。2004年,电煤价格与平均售价差距高达44元/吨，且电煤价格始终位于低位徘徊,电煤价格“放”而不“开”,最高价格差已经接近150元/吨。不合理的价格机制严重制约了国民经济的发展，也直接影响了国有大型煤炭企业提高效益,补还历史欠账,更新改造和扩大生产能力,加强基础设施建设、改变煤矿职工的低收入状况。

2004年,煤炭售价与到厂价存在很大差距。煤炭销售中间环节比较多，目前销售中间环节费用上涨幅度大，煤矿实际获得的价格上涨收益仍然很少。

(三) 市场配置规律强劲,宏观调控平稳有力

高速增长的市场需求下，市场化的煤炭增产、煤价上升,供需的市场规律发挥出强劲作用。但是运输瓶颈、电煤价格等矛盾,又直接影响煤炭生产和消费企业的运营。2004年，煤炭供应引起党中央、国务院的一再关注，宏观调控平稳有力。继2004年全国煤炭订货会上国家发改委协调重点电煤的价格和供应之后,2004年,国家发改委又组织了多次调研和会议，并不断下发文件对国内煤炭市场的供求关系进行调控，特别对电煤供求问题给予了极大关注,协调的力度和次数为历年之最。其间,国家发改委、铁道部和交通部等相关部门组织电煤抢运;国家发改委发出《关于停止执行出口粮食、煤炭运价优惠政策的通知》;国家发改委、铁道部和交通部联合发出《关于严格执行国家电煤重点订货合同的紧急通知》;国家财政部和国家税务总局下发文件，取消出口焦炭和炼焦煤的增值税退税政策,实行煤炭出口配额;国务院办公厅下发47号文件《关于做好电力迎峰度夏工作的通

全国煤炭产销运库存出口分月趋势

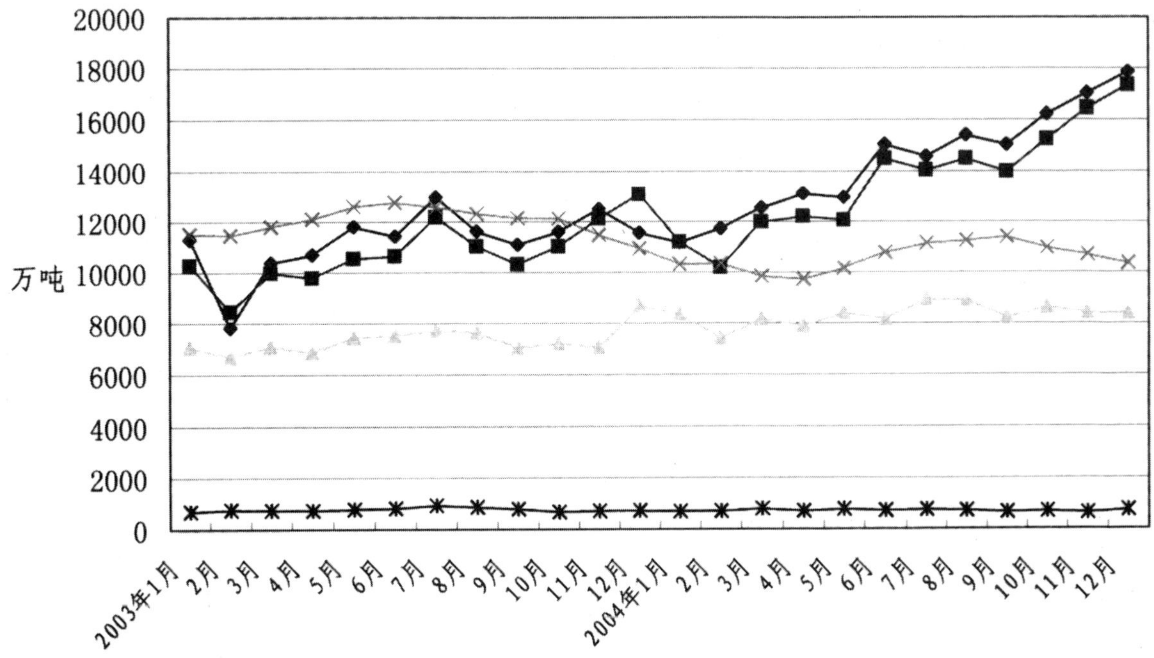

知》;国家发改委印发《关于建立煤电价格联动机制的意见》,《关于做好 2005 年重点煤炭产运需衔接工作通知》等等。这些调控措施,对煤炭经济运行产生了积极影响。

(四) 生产挖潜高速运转,劳动效率刷新纪录

需求拉动煤矿增产快销,绝大多数矿井持续高速运转。面对供求压力,国有大中型煤矿把发展机械化、提高单产作为增产的主要手段,朝着一井一面高度集约化高产高效生产方向发展,增长方式转变明显,改变了过去增产主要依靠增面、增人的粗放型生产方式。国有重点煤矿回采工作面单产达到 41351 吨,同比增加 3298 吨,增量是过去 10 年平均增加水平的 3 倍多。全国工作面单产最高达到近 50 万吨。

全年,国有重点煤矿原煤生产人员效率 3.739 吨/工,同比增加 0.343 吨,提高 10.10%。原煤生产人员效率(井工)前 5 名的单位是:神东 105.446 吨/工,潞安 16.436 吨/工,兖州 14.886 吨/工,晋城 10.814 吨/工,黄陵 9.886 吨/工。

据对 38 家原中央财政煤炭企业的抽样调查显示,2004 年前三季度国有大型煤炭企业机械化程度达到 86.65%,较上年提高 2.49 个百分点。

(五) 财务效益继续转好,各类主体获利不同

总体看,行业扭亏较快,但仍未完全脱困。一是区域差别较大。规模以上煤炭企业中,按省市区排名,盈利水平较高的前 5 位依次是山东、河南、福建、北京、山西。东北三省补贴后成本费用利润率只有 2%~4.7%、广东、广西、青海、宁夏等地仍然很低,其中浙江、陕西、青海、宁夏、新疆 6 个省(市、区)的成本费用利润率低于上年,青海省煤炭成本费用利润率还是-6.69%。

二是各类煤炭企业获利能力差别较大。其中 939 户国有及国有控股煤炭企业补贴后成本费用利润率 7.29%,人均创利 6231 元。乡镇煤矿成本费用利润率 12.38%,人均创利 12037 元,大大高于国有及国有控股煤炭企业。

三是增值税税负居高不下,大型企业税负高出全行业。2004 年全国规模以上煤炭企业上交增值税 296.23 亿元,占全国规模以上工业上交增值税的 4.6%,实际税负达到 8.12%,比 1993 年增值税改革前增加了 4.8 个百分点。91 户大型煤炭企业增值税实际税负 8.24%,高于全行业平均值,比 1993 年增值税改革前增加了 4.9 个百分点。仅大型企业多交的增值税、产品销售税金及附加达 135 亿元。

四是在职工平均收入仍然很低的情况下,国有重点煤矿成本的上升幅度持续高于价格上升幅度。按目前低估实际耗费的煤炭成本核算办法,2004 年原中央财政煤炭企业累计原选煤单位成本 168.87/吨,同比增加 40.83 元/吨,上升 31.9%,成本升幅高于价格升幅 14 个百分点,升幅差不断扩大。各项费用均不同程度上升,但成本构成中工资含量仍然很低。统计显示,在岗职工月平均工资 1401 元,月平均工资达千元以上的企业仅 66 家,占国有重点煤炭企业总户数的 73%。年底,国有重点煤矿仍然拖欠在岗职工工资总额 24.45 亿元,拖欠下岗职工生活费 0.12 亿元。湖南白沙煤业集团仍拖欠 1998 年以前离退休职工养老金 2408 万元。

(六) 改制重组不断加快,集团运营更显优势

2004 年,国有煤炭企业资产重组、并购整合、改革改制不断推进,调整结构、保护资源、开发新区、做大做强、努力实现可持续发展已成为共识。

近年来各地国有煤炭企业运用国家的关闭破产和资产重组、改革改制的政策,努力推进现代企业制度,煤炭企业经营状况得到较为有效的改善。如东北地区各煤炭企业充分运用国家的关闭破产

2004 年各类煤炭企业成本费用利润率比较

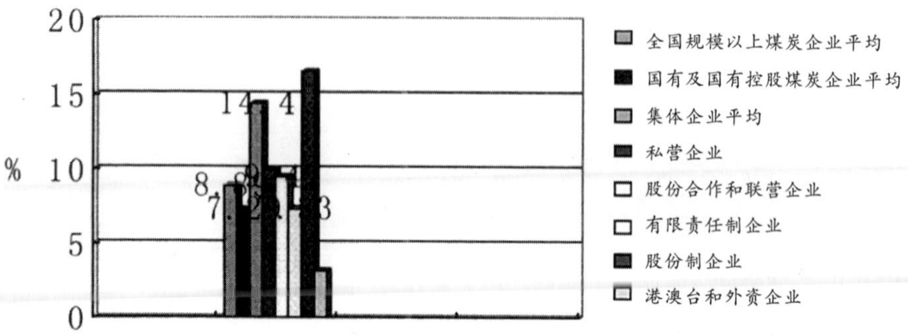

政策，补还历史欠账，分离企业办社会职能，减轻企业负担，精干、突出主业，企业经营状况不断转好。山西焦煤集团实行并购战略做大做强，先后收购了十多对矿井进行改造和扩建，提高产能，大幅度新增利税和就业岗位。西北地区的煤炭企业在加快改制重组集团化经营进程的同时，煤炭企业加大了后备资源的储备，增加产能，规划煤-电、煤-化联营、煤-路联营，延深煤炭产业链。继神华、中煤、大同、山西焦煤、宁夏煤业、江西等之后，2004 年陕西、重庆、黑龙江三个大型煤业集团宣告结盟。

2003~2004 年煤炭企业类型变化(个数)

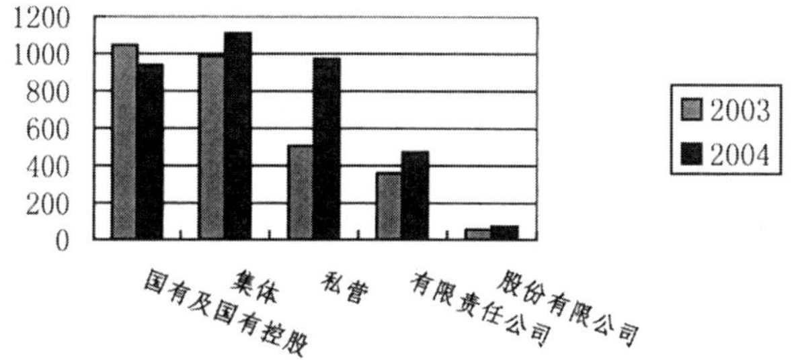

集团运营优势显现。据统计快报，2004 年神华集团原煤产量达到 11994 万吨，生产经营总值达到 125 亿元，其中工业总产值 122.17 亿元，资产总额达到 298.44 亿元，人均创利达到 2.08 万元。中煤集团工业总产值达 144.65 亿元。

改革改制带来全行业的所有制结构变化。据统计，2004 年，国有及国有控股企业比上年减少 107 户，股份有限公司比上年增加 19 户。所有制结构的变化为行业发展发挥了重要作用。

三、存在的问题

2004 年全行业盈利总额、资本规模继续扩大，企业竞争实力普遍增强。统计调查反映出的问题主要有：

(一) 持续超能力生产，资源采出率低

据调查，我国现在有安全保障的生产能力仅为 12 亿吨，在 103 个国有重点煤矿中，全年超能力生产原煤 18494.51 万吨，超能力生产的单位高达 75%，四季度安全事故接连发生，就是超能力生产带来的负面效应。超能力生产造成矿井接替紧张，产能萎缩，全国 1/3 左右的国有煤矿存在供给能力接续问题。此外目前的产量中，仍然包含了国有煤矿关闭破产矿井、大矿管理的小矿和其他无能力矿井产量，乡镇煤矿产量占全国总产量的 38%。持续超能力、无能力生产，对后期的影响很大。

另据调查，不少地区对资源采出率疏于监管，资源回收率低。部分企业在煤炭开采过程中"吃肥丢瘦"，资源丰富、开采条件较好的地区更加突出。当前，全国煤矿平均资源综合回收率约 35%，小型矿井不足 15%，从而加剧了煤炭资源紧张的状况。

超能力生产、无安全保障和提高资源采出率，是关系行业长期可持续发展的重要问题，各级煤炭管理部门和煤矿企业应高度重视。

(二) 矿区环境治理问题突出

煤炭资源持续多年的大规模开发，矿区环境治理任务十分艰巨。据调查，全国煤矿累计采空塌陷面积超过 70 万公顷，每年排放煤矸石约 1.5 亿吨，新增占地 3000 亩，现已累计堆存 30 多亿吨，占地超过 15 万亩。不少矿区地表沉陷、植被破坏、地下水位下降、煤田自燃、矸石山自燃，瓦斯排放和粉尘污染，水土流失土地荒漠化，对生态环境的影响日趋严重。矿井开采每年排出约 22 亿吨矿井水，重复利用率不足 40%。各级煤炭管理机构、企业应做好统筹规划，建立和完善有偿使用自然资源和恢复生态环境的补偿机制，促进煤炭工业的健康发展。

(三) 行业收益仍然偏低

2004 年煤炭行业的成本费用利润率仅为 8.89%(含补贴收入)。其中大型煤炭企业只有 5.88%，低于全国规模以上工业平均值(6.52%)，扣除所得税及其他后的净值报酬率更低于成本费用利润率。指标表明，持续市场旺销，行业收益仍然偏低。

一是煤炭价格不合理。煤炭价格形成机制存在较大缺陷，占煤炭消费总量 50%以上的电煤价格与市场价格差距进一步拉大，不合理的价格机制严重制约了大型煤炭企业的发展。在大多数产品已经由市场决定价格的情况下，电煤价格的变化没有充分反映供求关系的变化。这种价格扭曲人为地降低了重化工业的投资和生产成本，在某种程度上鼓励了高耗能产业的投资扩张。煤炭的进一步市场化改革和其他基础行业的改革与价格放开，已是迫切任务。要尽快完善煤电价格联动机制，鼓励煤电联营。通过煤电资本的相互持股、参

股或控股，利用不同资本的融合、兼并与重组，实现混合经营，从而稳定煤价。

二是煤炭产品成本计算办法不合理，未能反映煤炭产品的全部耗费。长期以来，我国煤矿沿用计划经济时期的成本理念，一些与煤炭开采加工相关的成本费用，如资源价值、环境治理、矿井关闭退出等费用没有或很少列入现行成本，煤矿自身长远发展缺乏资金积累，煤矿消耗和预期支出长期不能得到补偿，严重影响煤矿发展后劲。

三是职工收入仍然很低，生活质量没有明显提高。2004 年，国有重点煤矿的职工平均工资仍然很低，尚未达到相关行业的 50%。目前，国有煤矿职工人均住房面积仍只有 8 平方米左右，仅相当于 2002 年全国城镇人均居住面积 22.8 平方米的 35%。受多重因素影响，煤矿退休人员、内退下岗职工、伤病亡遗属等困难群体增多，生活非常困难。矿区职工子女就业压力依然十分沉重。改善劳动条件，提高煤矿职工生活质量，是能否坚持以人为本，建设小康社会的重大问题，应引起各方关注，要着力研究井下职工最低生活保障线，大力改善井下劳动条件。

四是增值税实际税负偏重，因此需要加快煤炭增值税转型改革。

（四）大型煤炭企业新产品开发处于停滞状态

2003 年大型煤炭企业新产品产值 0.63 亿元，比 2002 年下降 71.34%。2004 年 91 家大型煤炭企业中，仅有淄博矿业集团、焦作煤业、四川广旺和广能集团四家拥有新产品产值，共计 0.89 亿元。新品开发停滞不前，反映出绝大多数煤炭企业在煤炭市场转好的情况下，没有重视资源的综合利用。为了增强盈利和抗风险能力，充分利用企业拥有的各项资源，增加就业机会，大中型国有煤炭企业应抓住效益转好、融资渠道增加的有利时机，适时开发新产品，改变单一煤炭生产状况，优化企业产品结构，努力延伸煤炭产业价值链，增强抗风险能力。

四、2005 年市场供需形势

2005 年，在高油价滞后影响、全球进入加息周期的影响下，全球经济将出现适度回调，根据联合国、国际货币基金组织和世界银行等机构所作的预测，2005 年世界经济将增长 3.5%左右，比 2004 年降低 0.4 个百分点。但总体上看，全球经济仍将保持较快的增长速度，经济增长对全球能源需求依然旺盛。据有关预测，国内经济尽管增长幅度略低于 2004 年的水平，但仍将达到 8.5%左右。经济的持续快速增长，将使能源需求持续升温，推动我国能源生产总量的持续增长。

从能源市场看，2005 年国内以煤炭为主的能源供应格局不会改变，煤炭市场的需求还将持续增长，由于建设周期较长，大型煤炭基地很难在短期内发挥效应，一些行业投资增幅依然偏高，耗煤行业正在建设和已经建成的项目将在今后一段时间内新增煤炭消费需求，将迎来新的一轮煤炭供应偏紧态势。消费需求表明，主要煤炭消费行业受国家调控政策影响，煤炭需求增速将有所下降，但总量仍将保持在较高水平，电力、冶金、化工、建材和其它行业消费预计将分别增加 1.2 亿吨、0.3 亿吨、0.05 亿吨、0.2 亿吨和 0.3 亿吨。在煤炭进出口总量仍维持在 2004 年水平的情况下，国内将新增煤炭消费需求 2.1 亿吨，国有煤矿预计可新增产能 1.6 亿吨。预计 2005 年煤炭需求大于供给 0.5 亿吨，期间区域性、结构性、季节性的供需矛盾也将继续存在，优质动力煤、炼焦煤、贫瘦煤、无烟煤等煤种供应不足的矛盾越来越明显。

五、解决供需问题的建议

治标还须先治本，缓解煤电油运全面紧张的局面，解决煤炭供需缺口，增加煤炭安全供给能力是根本出路。

我国经济正处在一个快速发展阶段，经济发展对能源的需求将有较大幅度的增长。煤炭是中国的基础能源，煤炭工业能否持续、协调发展，对实现全面建设小康社会的战略目标关系极大。据专家预测，不仅是 2005 年存在煤炭供需缺口，2010 年和 2020 年煤炭市场需求分别在 20.5 及 24 亿吨，煤炭生产企业包括在建矿井规模在内实际生产能力仍然不能满足需求，缺口增大的可能性依然存在。所以，必须运用科学的发展观，通过挖掘现有煤炭生产潜力和加快在建煤矿投产，增加煤炭产量，缓解当前煤炭供应紧张，保障经济快速发展。

第一是加大煤矿基本建设投入，提高煤炭资源供应能力。国家应继续加大国有煤矿基本建设投入,加快新矿井建设步伐,特别是要大力推进大型煤炭基地建设,建设一批对全国煤炭供需平衡和市场稳定具有主导作用的大型和特大型煤炭企业集团,提高煤炭资源供应能力。

第二是加大煤炭工业结构调整力度,增加煤炭生产能力。要继续加大煤炭工业结构调整力度,一是要继续淘汰落后生产能力,关闭资源浪费严重、安全生产条件差、对环境影响大,生产能力低的矿井;二是要推进煤炭资源的整合和调整,对主要产煤地区的煤炭资源进行优化配置;三是加快实施大公司、大集团战略,提高产业集中度。要推进煤炭企业的战略性重组,以市场为导向,以产权为纽带,通过兼并、重组、联合、参股等形式,组建一批跨地区、跨行业、跨所有制的特大型煤炭企业集团。充分发挥大型煤炭企业的管理、技术、融资等优势,重组、兼并、改造中小型煤矿,带动整个煤炭工业产业升级,增加煤炭生产能力。

第三是加强安全投入政策引导,提升有安全保障的生产能力。国家要研究制定相关政策,引导煤炭企业加大安全投入。要加强政策调控,提高煤炭企业安全基金和维简费提取水平,加快煤矿安全设备和设施的更新改造,提高煤矿安全技术装备水平,确保煤矿安全生产。煤炭企业应抓住煤炭价格上升、经济效益好转的机遇,补还安全生产欠账,加快煤矿技术改造,提高煤炭生产机械化和集约化水平,增强矿井防灾抗灾能力,提升有安全保障的生产能力。

第四是提高铁路煤炭运输能力,满足煤炭需求。从当前煤炭铁路运输需求看,铁路运力缺口大、运输能力不足是长期制约煤炭供应的重要因素,难以适应经济快速增长对煤炭大量增加的需要。国家应加大投入,加快铁路基础建设,提高铁路运输能力,缓解铁路运输瓶颈制约。同时铁路运输部门应积极采取措施,调整运能,向煤炭运输倾斜,增加煤炭运量,满足煤炭需求。

第五是进一步加强煤矿安全生产工作,确保煤炭稳定供应。当前正处于煤炭消费旺季,同时也是煤矿安全事故多发的季节。明年煤炭供求关系紧张的局面将进一步加剧,煤矿安全生产的压力将进一步增大。我们要充分认识当前煤矿安全生产形势的严峻性,进一步加强煤矿安全生产工作,贯彻落实瓦斯治理方针,认真开展煤矿安全质量标准化活动,提升煤矿企业本质安全水平。煤炭企业在市场好转的形势下,要正确处理安全与生产、安全与效益、安全与发展的关系,切实加强"一通三防"安全管理,严格按核定生产能力和通风能力组织生产,严防重特大事故的发生,确保煤炭稳定供应。

六、协会工作情况

作为行业综合性的社团组织,近几年,中国煤炭工作的重点着力于向国家反映行业发展中的问题和困难,解决历史遗留问题,推动公平竞争的环境;认真主动地协调产需关系,保护企业合法权益;依靠科技,积极推动行业技术进步;深入调查研究,及时提出煤炭工业可持续发展的基本思路和政策建议。按照协会的总体部署,2004 年重点做了以下几个方面的工作。

(一)根据国民经济的快速发展情况,及时地探讨总结,并提出了煤炭工业发展有针对性的指导意见

从 1998 年煤炭工业经济运行步入低谷,2002 年基本得到恢复已经整整 5 年,整个行业经济运行的大起大落,对煤炭工业发展是一个严峻的考验和挑战。为了把握形势,统一思想,完成历史赋予的重大使命,一年来,协会针对行业发展中的不同情况,先后适时地召开三次重要的全行业性会议,提出了具有针对性的指导思想,共商煤炭工业发展大计。

(二)按照科学发展观的要求,圆满完成六项重大课题的研究和两项重大规划的编制工作

2004 年以来,围绕煤炭工业改革与发展的热点、难点问题,主动接受政府有关部门的委托,圆满完成了重大课题的研究和规划的编制工作,得到了国家发改委、财政部、国土资源部、中国工程院等部门的充分肯定。有的研究报告已经被政府采纳,正式作为国务院文件下达。

(三)积极协助政府做好煤炭产销衔接,推动煤炭产需平衡

党中央、国务院十分关注全国煤电油运供需关系的紧张局面,在加大宏观调控力度的同时,多次召开专题会议研究解决突出问题,缓解供需关系紧张的矛盾,促进了国民经济的快速发展。针对煤电油运全面紧张的问题,协会始终以国家大局为重,坚定不移地贯彻中央宏观调控政策,努力协调各方面的关系,不断提出有利于解决供需矛盾的意见和建议。为提高煤炭质量，协会又下发了"关于进一步加强行业自律，强化煤炭质量管理的紧急通知"，要求煤炭企业采取有效措施，加强管理，努力提高煤炭质量。

（四）以夯实基础工作为重点，努力提高行业整体水平

从总体来看，煤炭行业仍然是粗放型生产方式的行业，用人多、效率低、效益差的问题没有得到根本解决。抓基础、抓管理仍然是煤炭行业在新形势下的一项重要管理工作。2004 年以来，协会突出抓了四个方面的工作：

一是在认真总结 12 年以来全国开展高产高效矿井建设经验的基础上，根据煤炭工业走新型工业化道路的要求，制定下发了"煤炭工业高产高效矿井（露天）标准以及评审办法"，对机械化生产、安全生产、职工生活水平、环境治理等提出了更高的要求，这对于进一步提高企业经济增长质量，夯实管理基础，实现经济增长方式转变将起到积极的作用。

二是大力推动产、学、研联合攻关，提高煤矿整体技术水平。协会与中国矿业大学联合召开校企技术合作交流会，仅一次会议就确定 20 多项合作项目。2004 年年中召开的全国煤矿薄煤层、大倾角煤层开采技术交流会，对提高煤炭资源回收率，解决大倾角煤层顶板管理的安全问题具有很大的作用。

三是全面开展了煤炭行业标准化建设工作。到 2004 年底，共修改制定煤炭行业标准 1146 项，其中国标 228 项，行标 918 项。为我国煤炭工业建立和完善标准化体系打下了基础，为入世后参与国际竞争提供了依据。

四是针对煤炭行业人才短缺、职工素质低的实际，依托现代通讯信息技术，开通了煤炭现代远程教育培训网，目前已经有 30 家企业入网，近 5000 名学员在网上接受培训，为煤炭行业人才培养提供了平台。同时，将"对口单招"培养人才的政策扩大 3 所院校、14 个省，每年 1000 人的范围。

（五）加强统计与信息工作，推动化信息建设

煤炭行业统计与信息工作，国务院有关部门有两个具体要求，一是受国家统计局和原国家经贸委的委托，中国煤炭工业协会负责全行业的统计管理工作，在行业统计上代行政府职能；二是受国家发改委和财政部的委托，负责报送行业经济运行过程中的热点、难点问题以及各种专题报告。协会和国家局调度中心、通讯信息中心合力完成了新的煤炭工业统计报表制度；对《中国煤炭工业网》进行了改版，大幅度增加了信息量，信息的时效性明显增强。

（六）加强对外交流与合作，不断提高协会的国际影响力

目前，协会与美国、澳大利亚、南非、加拿大、俄罗斯、德国、波兰、日本等国有关采矿协会、商会、能源开发机构建立了合作关系。协会主要领导带队先后出席了世界能源理事会第 18 次大会、国际煤炭研究委员会年会、第 14 届国际选煤会议等。2004 年 3 月和 10 月，先后在上海召开的"2004 中国国际煤炭大会"、"国际煤炭研究大会暨展览会"、"中国国际煤炭展览会"和"2004 中国国际煤化工及煤转化高新技术研讨会"。这一切活动，向世界展示改革开放以来，中国煤炭工业发展和日益增强的国际地位，大大扩大了协会在国际上的影响。

（七）充分发挥代管协会的作用，齐心协力为行业发展服务

一年来，协会严格按照国务院国有资产管理委员会委托的范围和要求，组织协会和代管协会人员认真学习贯彻四中全会和中央经济工作会议精神，完成了 9 个代管协会换届改选工作，全面开展了对代管协会的财务审计工作。协会在经费十分紧张的情况下，每年拿出 150 多万元，委托开展课题研究。近两年协会委托代管协会共完成了 27 项课题，形成了近 100 多万字的研究报告。

一年来，代管协会在参与行业管理、维护行业和企业利益等方面做了大量卓有成效的工作，取得了新的成绩，为促进行业经济运行不断好转，推动煤炭工业全面协调可持续发展，做了大量工作，成效显著。

（八）不断深化改革，加强协会自身建设

随着政府行业管理职能的不断转移，行业性社团组织的作用愈来愈显现。如何适应新形势发展的需要，逐步把协会建成"自立、自养、自主、自强"的社团组织已成为发展趋势。

一是组建协会专家咨询委员会；二是完成协会分支机构的清理整顿工作；三是加强对地方行业协会的联系和交流；四是成功地参加了"全国行业协会成就汇报展览会"。

2004年中国石化工业经济运行概况

一、2004年石化行业运行情况

2004年，全国国有及规模以上(年销售收入500万元以上)的非国有企业石油和化学工业企业17856家，实现工业总产值(当年价格)24811.09亿元，按可比价格计算，同比增长32.29%。其中，天然原油和天然气开采业实现工业总产值4149.30亿元，同比增长26.69%，石油加工业工业7519.53亿元，增长34.23%。

分经济类型看，国有及国有控股企业的工业总产值最高，为15632.78亿元，增速为30.66%；其次为股份和有限责任公司，为14758.09亿元，增速为33.20%。从增长速度看，增长最快的是私营企业，增速36.22%；其次为外商和港澳台投资企业，为34.08%；增长最慢的集体企业，增速也达到21.18%。

化学工业企业16704家，实现工业总产值13029.60亿元，同比增长33.1%。工业总产值居前3位的行业分别为：基本化学原料制造业，实现工业增加值2848.85亿元，增长36.97%；合成材料制造业2665.65亿元，增长37.78%；专用化学品制造业2043.38亿元，增长32.99%。

2004年石油和化学工业实现产品销售收入24259.05亿元，同比增长32.58%。其中化学工业实现产品销售收入12602.75亿元，增长34.03%。在化学工业中增速最快的是炼油、化工生产专用设备制造业，为40.38%；增速最慢的是涂料、油墨、颜料及类似产品制造业，为23.65%。

表1 2004年石油和化学工业工业总产值(当年价格) 万元

	工业总产值	同比增长(%)
石油和化学工业合计	248110899.1	32.29
化学工业	130296069.0	33.10
化学矿采选业	784660.2	32.85
基本化学原料制造业	28488465.6	36.97
化学肥料制造业	18030027.7	36.55
化学农药制造业	4710760.7	25.50
涂料、油墨、颜料及类似产品制造业	12274277.4	22.56
合成材料制造业	26656541.6	37.78
专用化学品制造业	20433816.4	32.99
橡胶制品业	16216943.0	26.95
炼油、化工生产专用设备制造业	2079276.7	29.88
橡胶加工专用设备制造业	621299.7	39.47
天然原油和天然气开采	41493022.4	26.69
石油加工业	75195256.0	34.23
石油钻采专用设备制造业	1126551.7	27.43

注：按当年价格计算的工业总产值同比增长未扣除价格因素。

表 2　2004 年石油和化学工业销售收入

万元

	销售收入	同比增长(%)	所占比重(%)
石油和化学工业	242590465.1	32.58	100.00
化学工业	126027511.5	34.03	51.95
化学矿采选业	810423.3	30.49	0.33
基本化学原料制造业	28071611.6	36.40	11.57
化学肥料制造业	17381561.3	39.88	7.16
化学农药制造业	4688835.8	26.20	1.93
涂料、油墨、颜料及类似产品制造业	11700820.6	23.65	2.82
合成材料制造业	26859418.2	35.85	11.07
专用化学品制造业	19436887.5	33.67	8.01
橡胶制品业	15485965.1	31.69	6.38
炼油、化工生产专用设备制造业	1031188.1	40.38	0.43
橡胶加工专用设备制造业	560800.0	35.34	0.23
天然原油和天然气开采业	38928809.9	25.93	16.05
石油加工业	76562358.8	33.85	31.56
石油钻采专用设备制造业	1071784.9	27.29	0.44

2004 年石油和化学工业共实现利润 2793.01 亿元，同比增长 58.73%，达到历史最高水平。其中天然原油和天然气开采业及石油加工业的利润分别为 1776.23 亿元和 207.64 亿元。分经济类型看，绝对量和增速排名前 3 位的是国有及国有控股企业，实现利润 2167.79 亿元，增速为 59.56%；股份和有限责任公司为 2118.87 亿元，增速为 54.34%；外商和港、澳、台商投资企业为 406.03 亿元，增速为 68.86%。

化学工业实现利润 802.69 亿元，同比增长 88.64%。基础化学原材料制造业、专用化学品制造业和合成材料制造业三行业的利润所占比重为 65.09%。利润增长居前位的行业有：合成材料制造业增长 175.8%，化学肥料制造业增长 155.54%和基础化学原材料制造业增长 116.62%。

二、主要产品产量

2004 年在统计的 85 种主要化工产品中，产量增长的有 81 种，其中产量增幅在 10%以上的占 71.76%。天然原油产量为 1.75 亿吨，同比增长 2.9%；原油加工量 2.73 亿吨，增长 13.7%；乙烯产量 626.58 万吨，增长 2.4%；塑料树脂及共聚物 1790.99 万吨，上升 10.1%；合成橡胶产量为 147.76 万吨，增长 11.7%；合成纤维单体 649.75 万吨，增长 11.1%。

表 3　2004 年石油和化学工业实现利润、利税情况

万元

	利润总额	2003 年	利税总额	2003 年
石油和化学工业合计	27930102.2	17596212.2	42230237.2	29087775.5
化学工业	8026904.3	4255114.1	12858742.6	8044340.1
化学矿采选业	35378.9	18635.3	82483.3	48915.6
基本化学原料制造业	1664151.2	768248.9	2963512.2	1756490.5
化学肥料制造业	1072856.2	419833.5	1597681.0	754131.7
化学农药制造业	191989.9	91617.2	281523.9	172282.1
涂料、油墨、颜料及类似产品制造业	714828.5	690071.4	1083289.1	1033664.5
合成材料制造业	2131810.0	772954.0	3142432.0	1540257.1
专用化学品制造业	1428432.6	882307.7	2276816.1	1559283.8

续表

	利润总额	2003 年	利税总额	2003 年
橡胶制品业	718975.9	564476.7	1294327.7	1083609.7
炼油、化工生产专用设备制造业	37472.6	25385.5	78715.9	56117.0
橡胶加工专用设备制造业	31008.5	21583.9	57961.4	39588.1
天然原油和天然气开采业	17762288.0	12482957.2	22640631.9	16323607.0
石油加工业	2076357.6	811587.6	6613911.7	4625210.0
石油钻采专用设备制造业	64552.3	46553.3	116951.0	94618.4

表 4　2004 年全国石油和化学工业主要产品产量

（万吨）

名　　称	2004 年	2003 年	同比增长(%)	名　　称	2004 年	2003 年	同比增长(%)
天然原油	17450.3	16958.5	2.9	碳酸钠(纯碱)	23.8	122.2	7.1
天然气(亿 m^3)	407.7	344.0	18.5	氧化铝	131.6	116.5	13.0
原油加工量	27306.8	24016.5	13.7	碳化钙(电石，折 300 L/kg)	84.3	80.41	4.8
汽油	5249.8	4763.9	10.2	乙烯	1791.0	626.7	10.1
煤油	970.8	850.8	14.1	纯苯	503.2	424.3	18.6
柴油	10162.1	8503.8	19.5	精甲醇	441.3	419.5	5.2
润滑油	464.3	408.7	13.6	冰醋酸	474.9	445.5	6.6
燃料油	2082.6	1935.5	7.6	油漆	147.8	132.3	11.7
石油沥青	902.6	802.3	12.5	建筑涂料	39.7	39.1	1.6
液化石油气	1472.0	1339.4	9.9	油墨	649.8	584.8	11.1
焦炭	17748.5	14108.5	25.8	颜料	22.8	20.2	12.9
机械化焦炉生产的焦炭	15386.2	12211.2	26.0	染料	788.0	728.9	8.1
硫铁矿(折含 S 35%)	1065.8	855.3	24.6	合成树脂及共聚物	712.7	661.2	7.8
磷矿石(折含 P_2O_5 30%)	2617.4	2488.1	5.2	聚氯乙烯树脂	1424.5	1184.2	20.3
合成氨	4222.2	3790.1	11.4	聚乙烯树脂	96.6	83.2	16.1
化肥总计(折纯)	4519.8	3889.7	16.2	聚丙烯树脂	1314.0	1087.7	20.8
氮肥(折含 N100%)	3304.1	2883.1	14.6	合成橡胶	66.8	58.2	14.9
尿素(折含 N100%)	1923.5	1736.0	10.8	顺丁橡胶	1138.1	926.8	22.8
磷肥(折含 $P_2O_5$100%)	1003.0	866.9	15.7	合成纤维单体	66.2	62.9	5.3
钾肥(折含 K_2O 100%)	206.3	135.6	52.2	己内酰胺	3.5	3.2	10.9
磷酸铵肥	610.4	457.3	33.5	合成纤维聚合物	27.6	27.7	−0.4
化学农药(折 100%)	87.0	77.2	12.6	聚酯	2750.5	1427.3	92.7
杀虫剂(折 100%)	42.5	41.0	3.5	化学纤维	31.4	27.6	13.6
杀菌剂(折 100%)	9.1	7.7	17.9	粘胶纤维	42.5	38.4	10.6
除草剂(折 100%)	23.0	19.5	17.7	合成纤维	1266.8	1102.5	14.9
轮胎外胎(万条)	23926.3	20157.0	18.7	锦纶纤维	702.4	617.7	13.7
子午线轮胎外胎(万条)	10436.6	7674.0	36.0	涤纶纤维	654.0	538.7	21.4
胶鞋(万双)	99438.4	90152.7	10.3	腈纶纤维	626.6	611.9	2.4
硫酸(折 100%)	3824.9	3238.7	18.1	维纶纤维	255.6	242.8	5.3
浓硝酸(折 100%)	126.5	118.5	6.7	丙纶纤维	440.6	326.6	34.9
盐酸(含 HCl 31%以上)	600.7	549.1	9.4	照像胶卷(万 m^2)	115.2	97.8	17.7
氢氧化钠(烧碱，折 100%)	1060.3	933.3	13.6	化工设备	184.8	164.7	12.2
离子膜法烧碱	252.5	223.8	12.8	塑料加工设备	113.4	89.8	26.2

三、进出口情况

2004 年化工进出口总额 1095 亿美元，增长 35.17%。其中，出口 359.85 亿美元，增长 34.71%；进口 735.15 亿美元，增长 35.4%。累计化工贸易逆差 375.3 美元。

天然原油和天然气开采进口额 363.69 亿美元，增长 66.28%；出口额 15.31 亿美元，下降 16.51%。石油加工及炼焦制品进口数量为 4149.22 万吨，上升 28.9%；进口金额为 98.79 亿美元，增长 51.63%；出口数量为 2887.19 万吨，下降 5%；出口金额为 84.79 亿美元，上升 45.48%。

塑料加工制品进口数量 153.83 万吨，增长 10.6%，进口金额 63.2 亿美元，增长 32.48%；出口数量为 777.07 万吨，增长 19.03%，出口金额 119.11 亿美元，增长 29.78%。

进口方面，除农药外，各行业进口金额的增速都保持在两位数。进口累计金额居前列的行业为：有机化工原料，进口 244.72 亿美元，在化工进口总额中占 33.29%；合成材料，进口 234.59 亿美元，占 31.91%；专用化学品，进口 68.66 亿美元，占 9.34%。一些行业的进口价格在大幅上升，这些行业为：化工生产专用设备、日用化学品和农药行业。

出口方面，出口金额居前 3 名的化工行业为橡胶制品、有机化学原料和无机化学原料，出口金额分别为 113.11 亿美元、66.16 亿美元和 47.31 亿美元，在化工出口中所占比重分别为 31.43%、18.38%和 13.15%。

四、行业科研成果

2004 年，我国化工科技自主开发和创新能力进一步增强，取得了一系列技术创新和技术进步成果，这些技术创新和技术进步推动了化工生产发展的良性循环。

中科院大连化物所开发出我国第一条非石油资源生产低碳烯烃的煤化工新路线，在甲醇制低碳烯烃(MTO)方面拥有自主的知识产权，甲醇转化率为 100%，乙烯+丙烯选择性大于 90%，达到甚至超过世界先进水平。

中石化巴陵分公司与湖南大学联合研发并首创了环己烷仿生催化氧化制备环己酮技术，环己烷转化率达到 10%、醇酮选择性达到 90%，高于环己烷转化率 4%、醇酮选择性 80%的传统工业水平。目前该工艺已在巴陵分公司通过中试，并在巴陵石化公司环己酮事业部装置上成功进行了工业试验，通过进一步优化，有可能发展为环己酮生产的主流技术。

由中石化石科院与巴陵分公司合作的单釜连续淤浆床合成环己酮肟成套新技术 (7 万 t/a 环己酮氨肟化制环己酮肟工业试验)通过鉴定。

表 5　2004 年化工产品进出口行业构成　（万美元）

行　业	进口金额	同比增长(%)	出口金额	同比增长(%)
无机化工原料	385125.4	44.39	473101.0	34.09
有机化工原料	2447236.0	52.54	661555.0	33.87 化
肥	230130.8	29.54	131374.1	65.08
涂料、油墨、颜料	297335.3	15.09	192778.6	26.18
日用化学品	44931.7	31.56	149155.4	26.86
专用化学品	686605.1	14.26	410540.7	46.13 农
药	14686.7	9.62	118714.5	62.44
合成材料	2345930.0	32.47	179279.2	42.44
橡胶制品	189505.7	28.48	1131062.0	27.02
化工生产专用设备	500535.2	29.95	88222.0	56.36
化学矿	70492.8	54.14	24203.8	4.22
其他化学品	138950.5	11.41	38522.4	57.78
化工小计	7351465.0	35.4	3598508.0	34.71
天然原油和天然气开采	3636887.0	66.28	153114.4	-16.5
石油加工及炼焦制品	987910.9	51.63	847903.4	45.48
塑料制品	632004.0	32.48	1191099.0	29.78

北京化工大学采用脂肪酶催化法合成棕榈酸异辛酯技术为国内外首创,达到国际领先水平。该技术采用棕榈酸和异辛醇在脂肪酶催化下合成棕榈酸异辛酯,与化学法相比,具有能耗低、环境污染小、不存在因酸碱催化剂产生的污水问题、转化率高达95%以上、生产成本低等优点。目前已建立了300t/a脂肪酶催化合成棕榈酸异辛酯的工业化装置。

陕西秦能天脊煤化工集团公司、华陆工程科技公司和陕西联合煤气化工程技术公司在已成功运行的常压流化床粉煤气化技术制合成气工业化示范工程成套装置的基础上,开发出适合我国国情的、具有自主知识产权的加压灰粘聚循环流化床粉煤多元气化制合成气技术工业化成套装置,使我国的煤气化技术达到世界先进水平。

华东理工大学洁净煤技术研究所与兖矿集团公司合作开发出具有自主知识产权的多喷嘴对置式水煤浆气化技术,填补了国内空白,改写了我国大型煤气化技术依赖进口的历史。

武汉化工学院用超细APT制备纳米钨粉的技术研究取得重大突破。该项目采用盐类还原法,利用相转移合成法原理,在国内第一个将精细化工技术与钨湿法冶金工艺相结合,采用独特的离子交换高峰液的处理技术,生产出超细颗粒钨酸铵;然后在通用回转管炉煅烧和四管炉还原,采用国内露点为-70℃的高纯氢气和粉末钝化技术,制得纳米钨粉(粒度40~70nm)。该项目工艺技术属国内首创。

上海华谊集团丙烯酸公司以自主知识产权建造的3万t/a丙烯酸改扩建项目投产,标志着我国实现丙烯酸生产工艺技术的国产化,成为继美国、德国、日本之后,第4个拥有该成套技术的国家。

由中石化上海石油化工公司和中石化上海工程公司研发的80万t/a精对苯二甲酸(PTA)成套技术工艺包已通过鉴定。该工艺包技术先进可靠,物耗、能耗低,可满足工程设计要求,是国内具有自主知识产权的最大规模的PTA成套生产技术。

五、行业大事纪要

2004年世界石油价格高涨成为我国石油和化学工业最为敏感的一根神经。国际石油价格从年初的30多美元/桶狂升到10月22日的历史高价55.67美元/桶,又从12月10日开始跌至40美元/桶。据初步测算,相对于正常油价,我国2004年将多支出约100多亿美元。油价在影响我国石油和化学工业运行的同时,还直接引发了人们对能源安全、替代能源等问题前所未有的关注。

据美国能源机构估计,中国对石油进口的依赖将持续增长,将从2005年的30%~35%增长到2010年的60%。国内能源资源短缺,原油供应的稳定性、安全性问题愈加突出。2004年年中,中央政策研究室有关人员透露,中国当前由于没有战略性储备库存,石油系统内部原油的综合储备天数仅为21.6天。美国、日本和德国的石油储备量已分别达到158天、161天和127天。9月份,我国四大战略石油储备基地开始建设,这四大战略石油储备基地为浙江镇海、辽宁大连、山东黄岛、浙江舟山。10月份,国家发展和改革委员会称,将于2005年正式实施战略石油储备计划。

2004年8月3日上午10点半,西气东输工程的最后一道焊口焊接完毕,至此,国家西部大开发的标志性工程、全长4000多km、总投资1500多亿元、设计供气量120亿m^3/a、潜在供气能力200亿m^3/a的西气东输工程全线贯通。11月份,另一条以川渝地区油气田为源头的天然气大动脉"川气东送"全线贯通,东海天然气也将很快进入长三角地带。

2004年8月,国家有关部门透露,今后5~10年,我国将以陕西、山西、云南和内蒙古为基地,加快推进煤炭的液化战略,以减少对国际市场石油产品的依赖,缓解燃煤引起的日益严重的环境污染。我国将向多个煤炭液化新项目投资大约150亿美元,尽快在煤炭转化和发展替代能源方面迈出实质性步伐。

2004年3月,神华集团与壳牌达成了煤气化技术转让协议;8月25日,"煤制油"直接液化工业化装置在内蒙古自治区鄂尔多斯市开工,计划油品产量500万t/a,一期工程建设规模为320万t/a,总投资245亿元,2007年7月建成;12月神华与霍尼韦尔正式签订自动化设备供货合同,开始了"煤制油"项目的实质性操作。

2004年,2月中旬,国家发展和改革委员会等八部委联合发出通知,将车用乙醇汽油的试点范围从原来的5个城市扩大到9个省,这些省份将在2005年底基本实现车用乙醇汽油代替其他汽油。2004年年底，满足欧Ⅱ标准的乙醇/柴油汽车、二甲醚汽车和满足欧Ⅱ标准的甲醇汽车、生物柴油汽车等其他代用燃料汽车完成研制。2005年的醇醚燃料必将进入全新的发展时期。

2003年11月9日　国务院正式批准组建中国化工集团公司(国函[2003]115号)。中国化工集团公司是在中国蓝星(集团)总公司和中国昊华化工(集团)总公司重组基础上新设立的国有大型企业。2004年5月9日中国化工集团公司正式挂牌运营。

六、2005年展望

2005年将是国家“十五”计划的最后一年，我国经济仍将处于景气状态，保持快速增长态势。2005年石油和化学工业仍将是快速发展的一年，产品销售收入仍将保持一个大的增长率。预计产品销售收入将达到3.1万亿元，增长30%；化学工业1.6万亿元，增长30%；天然原油和天然气开采0.5万亿元，增长25%；石油加工1万亿元，增长30%。

2005年我国主要化工行业市场预测：

化肥市场价格变数不大。自2003年化肥市场启动后，2004年化肥市场一直较好，价格处于近10年来的最好时期。估计这些情况2005年不会有大的改观，因此预计2005年化肥价格不会有大的变化。

石油超高油价待回落。2004年，国际石油市场一度达到55美元/桶的高烧价格，国外有专家甚至预测，油价可能增至60美元/桶或70美元/桶。但从远期看，高油价只是短期现象。

乙烯受原油价格制约。2003年我国乙烯的生产能力为567万t/a，总能力居世界第6位，产量611.82万吨，乙烯当量消费1620万吨，国内满足率仅为37.8%，1998-2003年乙烯需求增长15.9%，超过GDP的增长速度，2004年乙烯产量626.58万吨。预计2005年我国乙烯产能将升至世界第2位，仅次于美国。乙烯装置的原料种类及其价格对乙烯的成本乃至乙烯下游产品的成本起着决定性作用。因此，乙烯的价格主要受原油价格的制约。

纯碱市场需求增加。2004年纯碱价格比2003年有很大程度的提高，目前大约在1700~1800元/吨，由于国家GDP增长快，基建项目多，平板玻璃用量增加，因此纯碱市场需求仍将继续增加。

烧碱形势不容乐观。目前烧碱行业主要受电价过高、盐价增长过快等问题困扰。2005年的烧碱市场形势仍不容乐观，现阶段电价不会有下降的可能，原盐价格也不太可能大幅度降低，估计2005年烧碱价格不会有大的起伏。

PVC成本增加是难题。我国PVC的需求增长很快，每年约以15%的速度递增，年进口量占总消费量的40%~50%，今后几年需求还会保持快速增长。由于对PVC进行反倾销，今年国内PVC出现了比较好的市场价格。预计2005年PVC的市场价格仍可能维持现有水平，但电价上升，PVC成本增加是企业面临的难题。

农药变化不大。2004年全国农药产量86.96万吨。估计2005年我国农药价格不会有大的变化。但并不能排除天气的因素，农药历来和天气变化息息相关，病虫害的强弱将直接影响农药的使用量和市场价格。

表6　“十五”主要石油和化工产品产量预测

产品名称	2003年	1998年至2003年年均递增(%)	2005年预测	2005年比2000年增(%)
原油	16931.9	0.81	17200	5.77
汽油	4770.2	6.60	5400	30.60
柴油	8512.9	11.75	10600	49.73
烧碱(折100%)	939.9	12.64	1040	55.72
纯碱	1107.5	8.49	1300	55.82
乙烯	611.8	9.79	730	55.32
甲醇	298.9	13.58	380	91.25
合成树脂	1593.8	17.79	2000	85.28
聚氯乙烯	400.7	20.17	570	137.78
轮胎(万条)	18785.5	18.68	23000	89.18
合成橡胶	127.2	16.65	170	103.42
化肥(折100%)	3924.6	6.44	4400	38.12

2004年中国电力工业经济运行概况

一、2004年电力工业运行情况

(一)2004年我国电力供需形势综述

全社会用电需求保持强劲快速增长。2004年全社会用电量达到21735亿千瓦时，比上年增长14.9%，在用电结构方面，第一产业用电增长2.18%，第二产业用电增长16.3%，第三产业用电增长15.15%。电力弹性系数达到1.57，高于2000~2003年1.45的平均水平，更高于此前1980~2000年20年0.81的平均水平。全国单位GDP电耗从2000年的2773kWh/万元开始逐年上升，2004年达到3229.5kWh/万元，增幅为16.46%(如下图所示)。

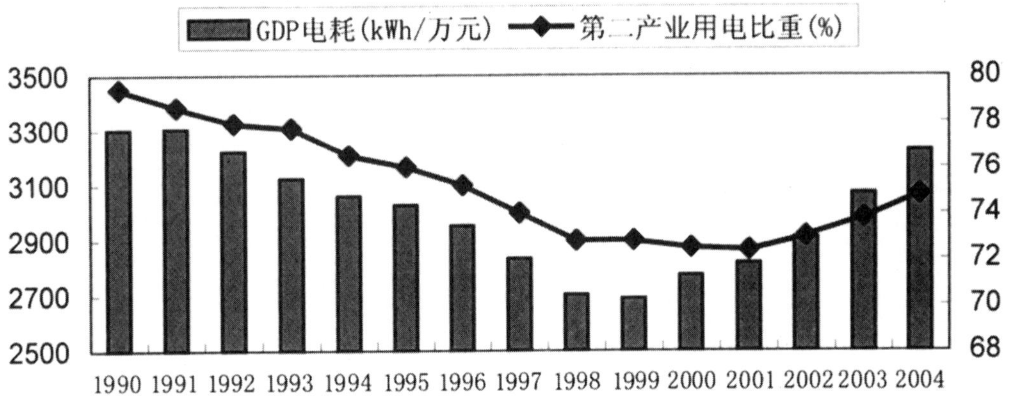

图1:1990年以来我国第二产业用电比重及单位GDP电耗变化(90年不变价)

高耗电行业用电增长依然迅猛。第二产业用电比重达到73.87%，连续三年持续上升。2004年工业用电完成16051亿千瓦时，同比增长16.53%，主要是高耗电行业用电高速增长过大，黑色、有色、建材和化工四大高耗电行业合计用电增长18.17%。国家宏观调控政策以及差别电价的实施，高耗电行业用电增长速度总体上呈现出回落态势(如下图所示)。

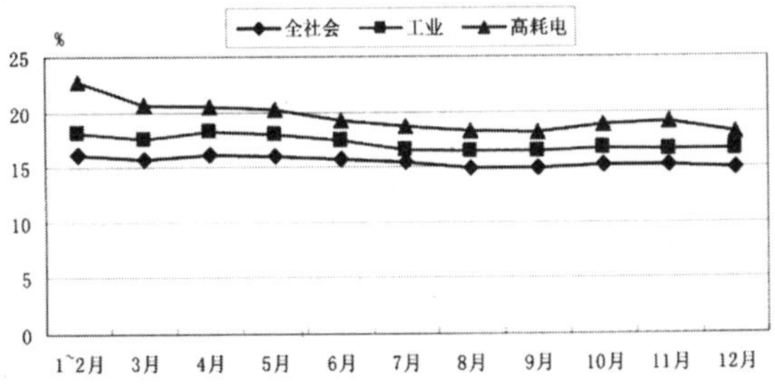

图2:2004年四大高耗电行业、工业以及全社会用电累计月度增长变化图

新增装机规模创历史最高水平，电网发展速度加快。2004年年底，全国发电设备装机容量达到44070万千瓦，比上年增长12.6%。全国全年净增发电装机容量4929万千瓦，其中火电净增3513万千瓦，水电净增1336万千瓦。新增装机主要分布在电力供应较为紧张的南方、华东和华中地区。全年投产220千伏及以上输电线路22912公里、变电容量10625万千伏安；开工220千伏及以上输电线路18970公里，变电容量9880万千伏安。区域电网和省级电网网架得到加强，全国各大区电网之间联网达到三交三直六条联网线路，全国联网规模达到4.3亿千瓦，交流同步电网规模达到2亿千瓦，全国联网格局初步形成。西电东送三大通道进入全面建设阶段，到2004年年底，北、中、南三条通道最大输送能力分别达到888.6万千瓦、420万千瓦、1150万千瓦。南方电网提前一年完成了国务院

确定的“十五”末西电向广东新增送电1000万千瓦的目标。

发电量快速增长。2004年全国累计发电量21870亿千瓦时，比上年增长2818亿千瓦时，增速为14.8%。其中，火电发电量18073亿千瓦时，同比增长14.5%；水电发电量3280亿千瓦时，同比增长16.6%。水电发电量的快速增长主要得益于三峡等大型水电机组陆续投产发电，2004年全国水电站来水情况略好于上年，但仍较常年平均水平偏少。

电力供应能力已经充分发挥。全国多数地区最大用电负荷增长继续低于发受电量增长。全国主要电网统调最高用电负荷合计为28512万千瓦，同比增长10.89%；统调发受电量合计18110万千瓦时，同比增长15.34%。受拉限电、需求侧管理以及用电结构重型化趋势的影响，电网负荷率有所提高，贵州、江苏、浙江、宁夏、青海、陕西等省区的电网负荷率均已高达90%以上。全年累计平均发电设备利用小时为5460小时，比2003年增加215小时。其中，火电设备利用小时达到5988小时，同比增加221小时，创下1990年以来的最高值。

全国跨区域跨省送电大幅增长。2004年跨区域送电合计完成590亿千瓦时，比上年增加269亿千瓦时，增长率达到了83.8%。全年区域内省际间交换电量1534.8亿千瓦时，同比增长14.93%。跨区域跨省间电力电量交换对于缓解电力供需紧张局面发挥了积极的作用。

（二）2004年各区域电网电力供需形势

华东电网地区　仍然是全国缺电最为严重的区域，夏季最大电力缺口约2000万千瓦，电量缺口近220亿千瓦时。其中浙江和江苏是我国缺电最为严重的省份，最大电力缺口分别超过800万千瓦和700万千瓦。

南方电网地区　全网电力供需矛盾突出，全年缺少电量近260亿千瓦时，除海南外，其余四省（区）均存在较大电力电量缺口。其中广东省最大电力缺口达到650万千瓦以上，贵州省内电煤严重短缺，全省拉限电较为严重。

华北电网地区　全网最大电力缺口超过740万千瓦，蒙西、山西和河北南网基本上为全年持续性缺电。京津唐电网在迎峰度夏期间出现了拉限电。山东电力供需总体基本平衡。

华中电网地区　电力供需形势总体偏紧，全年拉限损失电量55亿千瓦时左右。枯水期由于水电出力不足，湖北、湖南、江西、四川和重庆在一季度和四季度出现阶段性电力紧张的局面；河南、湖北等省因煤炭供应紧张、煤质下降致使机组事故频繁，缺煤停机现象较为严重，加剧了供需紧张形势。

西北电网地区　电力供需形势总体偏紧，加之受电网输送能力限制、缺煤停机等因素影响，青海和宁夏缺电较为严重，电力缺口分别为58万千瓦和80万千瓦，陕西和甘肃电力供需基本平衡。

东北电网地区　全网仍然呈现为“南紧北松”的供需特点。辽宁电网相对紧张，吉林基本平衡，黑龙江略有富余。

（三）2004年全国电力供需主要特点

第一，全国缺电范围扩大，缺电程度加重，是自上世纪90年代以来最为严峻的一年。在需求快速增长而电力供应总量不足、来水偏枯以及电煤供应持续紧张等因素的影响下，全国电力供需形势已呈持续性缺电局面。全国最大电力缺口高达4000多万千瓦，缺少电量达到650多亿千瓦时。

第二，全国电力供需形势呈现出明显的季节性特点，主要在枯水期和夏季用电高峰时段缺电严重。3月份和7月份拉电条次最多。在水电装机比重较大的华中、南方和福建电网，水电站来水情况对电力供应影响较大，在枯水期供需紧张形势加剧。

第三，电煤矛盾更加突出，大部分省市区出现了不同程度的缺煤停机现象。值得关注的是，山西、陕西和贵州几个产煤大省也出现了缺煤停机现象。国家电网公司经营区域内全年共出现缺煤停机341条次，累计6297万千瓦。

第四，需求侧管理取得明显成效。各级政府和电力企业积极做好需求侧管理工作，具体措施落实到位，降低了电力短缺对居民生活和社会发展的影响。2004年国网公司、南方电网公司分别安排最大错峰容量1780万千瓦、1084万千瓦。

二、2005年我国电力供需形势预测

（一）2005年电力供应预测

新增装机规模再创历史新高，电网发展速度进一步加快。预计2005年全国新增发电装机有望达到7000万千瓦左右，全国计划投产220千伏及以上输

电线路25400公里、变电容量14400万千伏安。

电煤供求矛盾加剧，仍是制约电力供应能力的瓶颈。2005年全国电煤需求总量约11亿吨，比2004年增加1亿吨以上。电煤价格上涨过快、运输瓶颈约束以及质量明显下降等因素，成为制约2005年全国电力供应能力的主要因素之一。

水电发电量增长有限。据有关部门预测，2005年主要河流来水依然为平偏枯或平水年。已有水电站发电量增长有限。

（二）2005年电力需求预测

预计2005年全国电力需求增长13%左右，用电量将达到24560亿千瓦时左右，较2004年增长2825亿千瓦时，电力弹性系数在1.5左右。其中，南方、华东、西北电网地区总体用电增长率均达到14%以上；华中电网地区、东北电网地区仍会达到10%以上。

（三）2005年我国电力供需形势预测

对全国2005年总体电力供需形势的综合判断为：2005年全国电力供需形势较2004年将有所缓解，但总体依然紧张。煤电运衔接会有所好转，但总体依然紧张；电源建设会有所放缓，无序建设有所控制，但仍将保持较高增长速度；电网建设快速发展，但仍然滞后于电源建设。

在2005年计划新增电源和主要电网项目能够按期投产、电煤供应不会造成严重瓶颈以及各地积极开展需求侧管理措施的情况下，全国最大电力缺口出现在三季度，总计约2000万~2500万千瓦；第一季度的电力缺口大致为950万~1250万千瓦；第二季度的电力缺口大致为1150万~1450万千瓦；第四季度将出现较大缓解，电力缺口大致为700万千瓦左右。各地区具体情况如下：

华东电网地区　由于上半年投产容量有限，第一季度仍存在300万~500万千瓦左右的电力缺口；第二季度缺口大致为350万~550万千瓦；迎峰度夏期间最大电力缺口将达到1100万~1400万千瓦；第四季度随着新增机组陆续投产，供需有望基本平衡。浙江、江苏供需形势依然最为紧张，最大电力缺口分别为500万千瓦和400万千瓦左右；上海、安徽和福建电网平衡偏紧，电力缺额大致分别为140万千瓦、120万千瓦、70万千瓦。

南方电网地区　2005年南方5省区电力供需形势仍比较严峻，枯水期供需矛盾更为突出，全年最大电力缺口大致为700万~800万千瓦。在考虑适当备用和检修的情况下，广东全年最大电力缺口出现在4月份，可达到500万~550万千瓦；受来水影响，广西全年最大电力缺口将出现在2月份，大致为100万千瓦左右；贵州在迎峰度夏期间存在缺口50万~80万千瓦，冬季存在缺口100万~150万千瓦；云南在迎峰度夏期间和第四季度均存在缺口100万千瓦左右；海南电力供需形势趋紧。

华北电网地区　除山东、京津唐基本平衡外，其他地区均存在一定的电力缺口。迎峰度夏期间，全网存在缺口大致为300万千瓦；第一、第二季度缺口大致在100万千瓦左右。河北南网、山西、蒙西电网在迎峰度夏期间最大电力缺口达30万千瓦、150万千瓦、140万千瓦左右，第四季度基本平衡、略有缺口。京津唐、山东电网基本平衡。

华中电网地区　省间供需状况不均衡，在充分发挥省间电力电量交换、季节性电力电量置换的情况下，在第一季度、夏季负荷高峰期和四季度均存在100万千瓦左右的电力缺口。河南、湖北、湖南、江西全年电力供需基本平衡，但备用率很低，受电煤供应、来水影响较大，局部时段略显紧张。四川在一季度、四季度紧张，存在缺口50万~80万千瓦，其他季节有富余；而重庆在三季度存在缺口100万千瓦左右。

西北电网地区　第一、四季度存在一定缺口，最大可能在150万千瓦左右。陕西、新疆主网全年电力电量可以平衡，但电煤供应仍然是影响陕西供需形势的重要因素。甘肃在一季度存在缺口80万千瓦左右；青海在一季度和四季度最大缺口在90万千瓦左右。宁夏在迎峰度夏期间存在50万~70万千瓦的缺口。

东北电网地区　由于近年来新增电源容量有限，加之联络线的输送能力约束，“南紧北松”的局面仍然存在。黑龙江略有余量，吉林基本平衡，辽宁在冬季负荷高峰时有大约30万~60万千瓦的电力缺口，供需形势开始趋紧。

2004 年中国钢铁工业经济运行概况

一、2004 年钢铁行业发展状况

2004 年是我国钢铁工业发展史上又一个不平凡的一年。在党中央、国务院的正确领导下，由于实施了一系列宏观调控政策，使钢铁工业低水平盲目扩张的势头得到遏制，以法律手段和经济手段为主的宏观调控政策措施，对保证我国钢铁工业今后的健康发展奠定了坚实的基础。

2004 年是我国钢铁工业连续实现高速发展的第三年，是结构调整取得显著进展的第二年，也是我国钢铁工业走新型工业化道路，实现可持续发展取得新成绩的一年。全年产钢 2.72 亿吨，比上年增加 5046 万吨，是历史上增产数量最多的一年。由于技术进步，品种结构改善，质量稳定提高，出现了进口钢材减少，出口钢材增多，净进口钢材大幅度下降的可喜局面，为我国经济的稳定快速增长做出了新的巨大贡献。

2004 年我国钢铁行业发展具有以下特征：

1.在钢铁产量继续高速增长的同时，钢材消费增长幅度显著回落

由于我国各地方统计系统的钢材统计不够严格、规范，没有认真统计钢材重复加工量，导致不能准确地计算出全国的成品钢材产量，无法准确分析成品钢材生产和消费的情况。因此，有必要用分析钢的表观消费来代替分析钢材的表观消费。

2004 年我国生产钢 27279.79 万吨，比上年增长 22.7%。进口钢材 2930 万吨，同比下降 21.2%，出口钢材 1423 万吨，同比增长 104.60%，净进口钢材 1507 万吨，比 2003 年减少 1514 万吨，下降 50.12%；进口钢坯 386 万吨，出口钢坯 606 万吨，净出口钢坯 220 万吨。把净进口钢材和净出口钢坯折算成净进口钢约 1383 万吨，比 2003 年的净进口钢 3655 万吨，减少 2272 万吨，下降 62.16%，这是具有重大意义的历史性转折。一方面说明这几年钢铁工业发展总体上是健康的、积极的，卓有成效的，另一方面也提示我们，钢铁工业进一步扩大产能的空间比以前缩小了，2004 年增加的钢产量中有 45%是用于顶替进口和扩大出口的。2004 年按钢计算的表观消费增长率由 2003 年的 25.8%降到了 10.71%。根据我们对社会钢材库存的调查，由于社会库存的大量减少，钢材实际消费增长率约在 13%左右。

钢材消费增长幅度回落的原因主要是 2004 年固定资产投资增幅比 2003 年回落 4 个百分点（实际值，名义值回落 1.9 个百分点），特别是消费钢材强度较大的钢铁、电解铝、水泥等行业投资增幅回落较大；制造业中用于钢铁和有色工业自身发展的“冶炼设备”增长幅度由 2003 年的 103.4%回落到 18.7%；汽车制造增幅由 2003 年的 33.34%，回落到 14%。

按钢计算的表观消费增长率，2002 年为 21.2%，2003 年为 25.8%，2004 年回落到 10.71%，是否表明我国经济增长对钢的需求由前两年的超常增长转入稳定较快增长，值得认真研究。

2.钢铁工业固定资产投资增幅得到控制，投资结构进一步优化

国家出台的一系列宏观调控措施，使钢铁工业固定资产投资增长势头得到了一定的控制。2004 年钢铁工业固定资产投资额累计完成 1780.82 亿元，比上年增长 26.9%，增速比上年回落 65.1 个百分点。

据初步的不完全统计，全国新增炼铁能力 5600 多万吨，炼钢能力 5500 多万吨，轧钢能力 5600 多万吨。投资结构进一步优化，钢协会员企业全年新建投产 1000 立方米以上大型高炉 16 座，产能占新增总量的 62.8%；新增热连轧宽带钢轧机及炉卷轧机生产能力 914 万吨/年，新增冷轧宽带钢轧机生产能力 434 万吨/年，新增镀锌板生产能力 291 万吨/年；新增彩涂板生产能力 143 万吨/年；新增不锈钢冶炼能力 72 万吨/年，不锈钢热轧板卷能力 70 万吨/年，不锈钢冷轧板卷能力 57 万吨/年；改造新建现代化的钢轨生产线 2 条；棒线材生产线 11 条；高速线材轧机生产线 4 条。此外，还有一大批先进的节能降耗和环保技改措施及提高产品质量和实行管理信息化的项目建成投产。我国钢铁工业主体的现代化水平又迈上了一个新台阶。

3.产品结构调整取得成效，板材和特殊钢材增长幅度较大

2004 年钢铁产品结构调整又有新的进步，全国生产热连轧及炉卷轧机板卷 4844 万吨，比上年增加 1104 万吨，增长 29.52%；生产冷轧板卷 1246 万吨，比上年增加 327 万吨，增长 35.65%；中厚板轧机生产的中厚板 2071 万吨，比上年增加 320 万吨，增长 18.30%；厚板轧机生产的特厚板 221 万吨，比上年增加 45 万吨，增长 26.9%；生产镀层板 497 万吨，比上年增长 33.16%。钢铁会员企业生产的冷轧不锈钢薄宽带和薄板合计首次超过 100 万吨，比上年增长 33.76%。

2004 年我国特殊钢产品结构进一步优化，生产的合金钢材比上年增长 21.16%，不锈钢产量达 230 万吨，比上年增长 30%，继续保持世界前 4 名，特殊钢比例达到占全国钢产总量的 14.2%，接近工业发达国家 15%的平均水平，其中，合金钢比例达到 7.28%，改变了多年来我国特殊钢比例仅占全国钢产量 8%~10%，合金钢比例仅为 4%~5%的徘徊局面。

4.钢铁产品进出口形势出现历史性转折，钢材(坯)出口大幅度增长，创历史新高

从 1998~2003 年，我国年进口钢材量从 1241 万吨逐年上升到 3717 万吨，增长 199.5%。2004 年出现了历史性转折，进口钢材 6 年来首次出现负增长，比上年下降 21.20%；出口钢材增长 104.60%；由上年净进口钢坯 441 万吨转为净出口钢坯 220 万吨，结束了多年来我国钢坯净进口的历史；我国钢消费量的自给率由上年的 85.88%，上升到 95.17%，提高 9.29 个百分点。

2004 年 5~12 月，连续 8 个月进口钢材同比下降，平均日进口 6.46 万吨，相当于年进口 2358 万吨水平；出口钢材 2004 年 4~12 月连续 9 个月同比上升，平均日出口 4.58 万吨，相当于年出口 1672 万吨水平。但进出口钢材的品种结构差异仍然较大，进口钢材中板材比例仍高达 85.6%，一些高技术含量、高附加值产品进口比例仍然较高。进口热轧合金钢条杆增长 44.3%，冷轧合金钢条杆增长 61.8%，热轧合金中厚宽钢带增长 171.1%，镀锡板增长 13%；石油天然气钻探无缝管增长 23.5%，高压锅炉钢管增长 90.4%。

我国钢材出口在 2004 年实现了历史性突破，首次超过 1000 万吨，比上年翻一番。出口钢材结构也出现了可喜变化，出口高附加值的板带材比例由 2003 年的 26.1%上升到 40.6%，超过长材出口比例，成为我国出口钢材中的主要品种。

5.钢铁生产成本大幅上升

2004 年受原燃料、电力及运输涨价影响，钢铁企业生产成本大幅上升，企业的资源、供应链、区位、规模优势在成本竞争中开始显现。生产规模小、没有自产矿或自产矿比例很小、远离原燃料产地、运距长的企业，成本压力增大。

2004 年 1~11 月重点大中型钢铁企业炼钢生铁制造成本与 2003 年同期相比上升了 46%。

自有矿使用量在 70%以上的企业，平均炼钢生铁制造成本只上升了 29.87%；自有矿在 30%~70%的企业，上升了 39.31%；而自有矿在 30%以下的企业则上升了 51.67%。

华北地区钢铁企业平均炼钢生铁制造成本上升了 42.48%，东北地区上升了 32.38%，华东地区上升了 49.37%，华中地区上升了 58.41%，西南地区上升了 56.84%，西北地区上升了 39.05%。500 万吨以上企业炼钢生铁制造成本低于重点大中型企业平均成本增幅 5 个百分点。

6.受国际钢材市场影响，国内钢材价格处于高位运行，企业盈利创历史最高水平

2004 年由于世界经济复苏强劲，钢材市场需求旺盛及原料价格上涨，使全球钢材价格不断攀升。CRU 国际钢材价格综合指数由 2003 年末的 106.8 点上升到 2004 年末的 152.18 点，上涨 42.4%，从而带动国内市场钢材价格攀升，虽出现阶段性波动，但总体在高位运行。

2004 年国内市场钢材综合平均价格比 2003 年上涨 24.10%。其中，普通线材平均价格涨幅

23.53%，螺纹钢平均涨幅20.72%，中厚板平均涨幅25.50%，冷轧薄板平均涨幅21.02%，热轧板卷平均涨幅为34.25%。但2004年12月份钢材价格与年初1月份比较，品种之间差距拉大。线材和螺纹钢低于年初价格，分别降低了12.13%和11.15%，而中厚板上升了15.25%，热轧板卷上升了23.13%，冷轧薄板上升了30.10%，镀锌板上升了18.08%，热轧无缝管上升了19.16%。

由于产量增长，结构改善，消耗下降，产品价格大幅度上升，企业效益取得历史最好水平。

2004年协会会员钢铁企业实现销售收入10052.3亿元，同比增长52.42%；实现利税1376.2亿元，同比增长44.74%；实现利润811.8亿元，同比增长68.31%，均创历史最好水平。

实现利润超过15亿元的有宝钢、鞍钢、武钢、马钢、沙钢、华菱、唐钢、济钢、太钢、南钢、莱钢、首钢等12家企业，这些企业的实现利润占钢铁企业实现利润总额的69.42%。

7. 钢铁企业向大型化发展和与国外先进企业合作步伐加快

2004年钢铁协会会员企业生产的钢占全国产量的85.11%，其中年产钢超过200万吨的企业由上年的35家上升到43家，超过300万吨的企业由上年的18家上升到26家，超过500万吨的企业由上年的13家上升到15家，超过700万吨的8家，超过800万吨的5家，超过900万吨的3家，超过1100万吨的2家。年产超过300万吨以上钢铁企业的钢产量已占全国钢产量的60%以上。

特钢企业资产重组、做大做强取得重大进展。大连、抚顺、北满三个特钢企业联合重组为东北特殊钢集团公司；中信泰富收购冶钢组建湖北新冶钢集团公司，与兴澄特钢供销实现整合，为在华东-中南地区组建大型特殊钢集团公司创造了条件；上海宝钢集团一钢公司不锈钢生产线投产和五钢公司特殊钢技术改造基本完成以及太钢100万吨不锈钢生产线技改完成等等，由此四大特殊钢企业集团已初见端倪，在东北、华北、上海、华东-中南等老工业基地形成新的特钢格局，从而改变了我国特殊钢行业的面貌，提高了竞争力。

鞍钢与蒂森克虏伯合资合作组建的专门生产汽车用镀锌板生产线在大连投产；宝钢与新日铁、阿塞洛联合组建的年产170万吨冷轧板（主要是汽车用镀锌板）生产线即将建成；广钢与日本JFE合资合作组建的广州JFE钢板有限公司的南沙镀锌钢板厂和本钢与浦项钢铁合资合作组建的冷轧板厂正在抓紧建设；宝钢集团五钢公司与日本大同特殊钢公司联合生产汽车用特殊钢的战略合作协议已经开始实施。

8.民营钢铁企业发展进一步加快

2004年我国民营企业生产钢8013.5万吨，占全国钢产量的29.37%。其中16家民营会员企业生产钢3952.23万吨，占全部会员钢铁企业钢产量的17.02%，产量比上年增加1051.84万吨，增长36.27%，高于全国增长幅度13个百分点，高于会员企业平均增幅17个百分点。

二、2005年钢铁行业面临的形势

2005年是贯彻落实科学发展观、巩固宏观调控成果、保持经济社会良好发展态势的关键一年，也是全面实现“十五”计划目标、衔接“十一五”发展的重要一年。按照中央经济工作会议精神，对我国钢铁行业而言，2005年也是我国钢铁工业实现历史性转折关键的一年。2005年我国钢产量将达到或超过3亿吨，这将是一个历史的大跨越。它标志着今后的发展必须更加谨慎，必须由注重数量的增长，转向更加注重增长质量的提高和结构的优化，更加注重全面、协调、可持续的发展。

2005年钢铁行业保持健康平稳运行主要取决于以下几个方面：

生产能力。2004年第四季度，我国平均日生产钢已经达到了年产钢3亿吨的水平。但从2005年还将有新的生产能力投入运行看，今年将具有再增加4300多万吨钢的生产能力，决定新增能力能否完全释放，将最终取决于国内外市场需求和原燃料、电力、运输等生产条件的保障程度。

市场条件。2005年市场能不能消化新增的4300多万吨钢。主要看三个方面：第一，进口钢材还能减少多少；第二，国内消费能够增加多少；第三，出口能够增加多少。从替代进口、扩大出口和国内消费增长三方面看，2005年国内外钢材市场需求增长幅度比2004年均将有所回落，同时不确定因素增多。如果新增钢材品种结构不完全适应国内外市场需求，也将出现部分产能过剩的局面。

生产条件。(1)铁矿石。2004年进口2.08亿吨，实际消费进口矿约1.84亿吨，其余为港口增加了库存和企业增加了库存。2005年国内铁矿增产幅度将高于2004年，特别是国内低品位铁矿在进口矿价大幅上涨情况下能得到更多的利用。因此，总的铁矿资源量偏紧的情况比2004年有所缓解。进口铁矿价格如再大幅度上涨，生产长材的企业将难以承受，对进口矿的需求将随之减少。(2)焦煤。预计2005年国内增产焦煤数量不如2004年，部分企业将增加进口焦煤数量。进口焦煤大幅度涨价，国内焦煤也有较大幅度提价，部分企业也将难以承受。(3)电力。电力建设2004年新增发电装机容量5100多万千瓦，2005年预计新增6000万千瓦，电力供应紧张状况将有较大缓解。(4)运输。从各方面情况看，铁路运输紧张的形势2005年将更为严重，将更多依赖公路，这将导致运输成本进一步增加。

根据以上分析，2005年钢铁生产形势的特点是，一方面市场消费增长幅度回落和全球钢铁产能继续增长，意味着钢材价格除个别品种外，进一步上涨的可能性已经很小；而另一方面企业生产成本将进一步上升。即使2005年钢材价格保持在2004年的水平，由于原燃料大幅度涨价，制造成本大幅度上升，将使钢铁行业的利润空间大大压缩，国内外市场将会出现激烈竞争的局面。

当前我国钢铁工业正处于一个新的历史转折期，就是按照党的十六大和十六届三中全会提出的树立和贯彻落实以人为本，全面、协调、可持续的科学发展观，走新型工业化道路，实现由钢铁大国向钢铁强国的转变，建设具有强大竞争力的可持续发展的中国钢铁工业。

面对钢铁行业出现的新形势，要高度重视解决好四个方面的问题：第一，必须高度重视在总体上(包括在建项目)钢铁产能对国内市场而言已供大于求的情况下，新上项目必须有强大竞争力，能够淘汰落后和进入国际经济大循环。第二，必须高度重视牢固建立原燃料供应基地，与合作者建立战略联盟，并努力降低运输成本。这是关系到具有3亿吨钢生产能力的中国钢铁工业今后稳定发展的全局性问题。第三，必须高度重视按照中国的国情，推进国有和国有控股企业的联合重组和包括民营企业在内的投资主体多元化，提高产业集中度，增强大企业集团调控市场的能力，推行专业化分工，提高自主开发创新能力和大力降低成本。当务之急，是国有资产出资人代表担负起历史重任，抓住有利时机推进企业的联合重组。第四，必须高度重视建立比较稳定的产品销售网络和加工配送中心，与用户建立牢固的战略合作关系。

2004年中国有色金属工业经济运行概况

2004年，我国有色金属工业在党的十六大和十六届三中、四中全会精神的指引下，在中央积极的宏观调控政策和市场的共同作用下，继续保持了持续、稳定、健康发展的良好态势，生产持续增长，经济效益再创历史新高，进出口总额大幅度攀升，固定资产投资质量和效益明显提高，科技创新取得重大进步，产业结构进一步优化，企业文化建设开创新局面。

一、产品产量持续增长，生产经营取得优异业绩

（一）产品产量持续增长。2004年，10种有色金属总产量达到1430万吨，比2003年净增202万吨，增幅达16.4%，10种有色金属产量连续三年位列世界第一。其中，铜产量217万吨，同比增长18%；铝产量683.70万吨，同比增长22.89%（包括：原铝产量667.08万吨，同比增长22.43%）；铅产量181.19万吨，同比增长12.19%；锌产量251.94万吨，同比增长9.65%；镍产量7.54万吨，同比增长17.02%；锡产量11.71万吨，同比增长13.44%；锑产量12.49万吨，同比增长16.24%；镁产量42.61万吨，同比增长24.26%；海绵钛产量4964吨，同比增长20.55%；汞产量424吨，同比下降30.49%。

按地区统计，10种有色金属产量居前10位的省区是：河南、湖南、云南、甘肃、山东、山西、四川、青海、广西和贵州。其中，河南、湖南、云南、甘肃、山东5省的产量合计644.23万吨，占全国总产量的46.09%。

2004年铜、铅、锌、镍、锡、锑等6种有色金属精矿总产量310.84万吨（金属量），同比增长2.09%。全年生产钨精矿折合量8.54万吨，同比增长25.93%；钼精矿折合量6.40万吨，同比下降8.66%；氧化铝产量699.42万吨，同比增长14.53%。氧化铝的增长速度比不上电解铝的增长速度，氧化铝的供需矛盾进一步扩大。

2004年，铜、铝材产量双双突破400万吨，其中，铜材产量达到416.52万吨，同比增长15.67%；铝材产量达到439.66万吨，同比增长20.99%.铜材产量最大的三个省是浙江、江苏和广东，产量合计为289.8万吨，占全总产量的69.5%；铝材产量最大的三个省是广东、河南和江苏，产量合计为211.71万吨，占全国总产量的48.15%。

（二）经济效益创历史新高。2004年，规模以上有色金属工业企业实现销售收入5578.32亿元，同比增长48.26%；实现利税530.22亿元，同比增长71.57%；实现利润323.84亿元，同比增长91.53%；

2004年实现销售收入过百亿元的企业有6户，分别是：中国铝业公司、五矿有色金属股份公司、江西铜业公司、铜陵有色金属（集团）公司、金川集团公司和山东南山集团。2004年利润超过10亿元的企业也有6户，分别是：中国铝业公司、山东南山集团、金堆城钼业公司、金川集团公司、江西铜业公司和五矿有色金属股份公司。

（三）固定资产投资质量和效益明显提高。2004年，全国有色金属工业基本建设投资规模进一步扩大，投资结构更趋合理，全年共完成投资总额607.54亿元，比上年增长26.64%，但增幅比上一年回落了43.5个百分点。在国家宏观调控政策和可持续发展战略影响下，投资结构进一步优化，电解铝投资热的现象得到基本遏制，投资方向逐步向地质矿山和金属加工转移，工程质量持续稳定提高。

2004年在建工程平均合格率99.5%，优良率

76.5%;竣工工程合格率 100%,优良率 61.4%。近几年来，有色金属行业先后创国家优质工程 10 项，部优工程 106 项，一批国家重点工程进展顺利。如:平果铝业公司二期氧化铝工程、云南铜业公司艾萨炉铜冶炼工程、云南锡业公司奥斯麦特锡冶炼工程、长城铝业公司第二管道化溶出工程、中州铝业公司 5 号和 6 号烧成窑系统工程、青铜峡铝厂三期电解铝工程、江西铜业公司 20 万吨/年铜电解工程等达到一次试车投产成功，并很快达产达标。

(四)进出口贸易额大幅度攀升。2004 年,有色金属进出口贸易总额达到 362 亿美元，同比增长 55.47%，是 2001 年进出口贸易总额的 2.6 倍。其中，进口 230.47 亿美元，同比增长 51.42%；出口 131.53 亿美元,同比增长 63.1%,进出口贸易逆差为 98.94 亿美元。虽然贸易逆差仍高达近百亿美元，但整体上有色金属工业已进入了一个大进大出的时代。

二、宏观调控成效显著，产业结构高速加快

自 2003 年下半年起,中央实施宏观调控政策,电解铝工业成为主要宏观调控对象。在中央宏观调控政策指导下，电解铝工业和全行业的产业结构发生了明显变化，中央宏观调控已经取得明显成效。

(一)电解铝投资热迅速降温。2004 年电解铝投资额比 2003 年减少 42.34 亿元，下降幅度达 18.13%。据不完全统计，全国共停建电解铝产能 147 万吨、缓建产能 90 万吨,电解铝投资过热现象得到有效遏制。

(二)淘汰落后生产能力的速度加快。2004 年淘汰落后自焙槽产能 72 万吨,至 2004 年底全国落后自焙槽生产能力只剩 32 万吨，约占全国总产能的 3.5%，基本实现了淘汰落后的自焙槽生产工艺的目标。

(三)产业结构调整加快。2004 年在中央宏观调控政策影响下，先后有 33 家电解铝企业停产。与此同时,中国铝业公司控股兰州铝业公司、大冶有色金属公司,收购陕西有色金属集团、福建瑞闽公司。天津中迈集团收购黄河铝电集团公司,商丘铝电集团与林州铝业合并等，优势资源逐步向优势企业集中。

在市场化日趋完善的大环境下,有色金属行业多种所有制经济成份迅速壮大。2004 年按销售收入计算，非国有的多种所有制经济成份比例已达到 60.58%,资产总额 2344.83 亿元,占规模以上有色金属企业的 44.1%,同比增长 29.7%,增长率高于国有及国有控股企业 15 个百分点。

(四)关闭破产工作向前推进。2004 年在过去几年债转股、关闭资源枯竭矿山和企业矿产、共安置职工的基础上，又有 6 户企业经批准实施关闭破产,共安置职工 2.7 万人,核销贷款 18 亿元,为企业的资产重组和结构调整创造了条件。

三、科技创新取得新进展

2004 年，有色金属工业科技创新又取得重大新进展。经过“十五”科技攻关和开发,研究成功了一批新的科技成果,一批重大成果实现了产业化,有力地推动和促进了行业技术进步和生产发展。

矿山冶炼技术取得较大突破。如铜陵有色金属(集团)公司冬瓜山矿千米深井采矿技术有了重要突破；紫金山矿山公司 1300 吨电积铜生物堆浸技术已产业化生产；中国铝业公司中州分公司 30 万吨选矿拜耳法示范工程已投产一年，各项技术经济指标已达到或超过了设计要求等等。

加工技术和新材料研究取得新进展。如宝鸡有色金属加工厂已建成能大大提高其生产技术水平的优质大型钛铸锭熔炼和优质锻棒生产系统;“多线上引铜管技术”已在青岛宏业集团实现了产业化;0.035 毫米汽车超薄水箱带已在菏泽广源铜带有限责任公司建成生产基地；洛阳铜加工集团公司引线框架高精铜带材产量已经达到 8000 吨,缓解了进口压力等等。

四、改革改制进展顺利，管理创新效益显现

2004 年,有色金属行业新上市企业 3 家,退市 1 家,其中三门峡天元铝业成功在香港上市。至此全国有色金属上市企业已有 32 家，其中境外上市企业 4 家。

2004年，有色金属工业企业围绕降低成本、提高效益、规避风险、增强竞争能力，在加强管理和管理创新方面做了大量工作。中铝股份确立了“集中管理、统一经营”的管理体制，成功实现了主辅分离、集中采购、统一配置。在生产管理中高度重视职工健康安全、环境和质量管理三大体系认证工作，所属河南分公司率先成为全国4A级“标准化良好行为企业”；中铝广西公司借鉴世界一流企业管理理念，创立了PBS管理体系，把原处于分散运行状态的生产组织管理、设备管理、成本管理、安全管理有机联系在一起。推行的生产精益化管理在节能降耗、消除浪费中取得良好效果。四川启明星铝业公司借助ERP平台，实现了全公司的现代化管理。

在企业信息化建设中，铜陵有色金属集团公司投资2000多万元建设了“铜陵有色集团信息及生产指挥信息网络”；金川集团公司建成了千兆主干网，通过光纤连接公司总部所在地的28个厂矿和机关部室局域网，通过国际互联网实现总部与北京、兰州办事处局域网的连接；白银有色金属公司建成以光纤为主，电话网和双向卫星地面站为辅的高速信息化系统；铜陵有色金属(集团)公司金隆铜业将10多套控制各生产工序的子系统全部与工厂计算机网络互联；江西铜业公司贵溪冶炼厂实现了上与集团公司相通、下和各主要工序控制系统互联的上下连通网络。

在电子商务方面，浙江海亮集团有限公司从2003年起，80%的对外贸易业务是通过网上联系确认的，2004年出口创汇超过6000万美元；江苏高新张铜股份有限公司所有海外订单中，通过网站自行找来的新增订单约占外贸订单的三分之一；自贡硬质合金有限公司初步实现了电子采购和成本控制。

五、实施“走出去”战略初见成效

2004年，有色金属工业企业实施“走出去战略”，进行海外资源开发，起步较好，初见成效。中国有色矿业集团公司把工程承包与有色金属资源开发结合起来，在国际化经营中把所在国资源优势同我国的技术、设备、资金优势结合起来。2004年，分别与缅甸、老挝、柬埔寨、波兰等国签订合作意向，在澳大利亚、巴布亚新几内亚、刚果(金)、马来西亚、印尼、朝鲜、菲律宾等国的地质勘查和生产经营取得较大进展，在赞比亚的湿法铜厂已开工建设，承建的伊朗哈通阿巴德铜冶炼厂项目已于2004年12月21日竣工投产。在蒙古图木尔廷敖包建设的锌矿正在努力建成中蒙合作的典范工程。金川集团为确保铜镍资源的有效供给，先后与澳大利亚西部矿业公司、赛利马来公司、FOX资源有限公司、瑞士嘉能可国际公司签署原料长期贸易协议；与瑞士马格瑞士公司合作开发智利和西班牙铜矿；与中国北方公司合作开发刚果(金)铜钴矿。

尤其值得骄傲的是，我们已经实现氧化铝技术出口伊朗；电解铝技术出口印度、伊朗和哈萨克斯坦；铜冶炼技术出口伊朗；铝再生回收技术延伸至泰国；矿山采选技术应用到赞比亚、越南、蒙古等国。

六、资源勘查和矿业开发重显生机

由于原料长期供应紧张，价格上涨，矿山企业效益明显改善，资源勘查和矿业开发逐渐受到重视，社会资金开始向矿业流动。内蒙古、河北、甘肃、福建、云南等地一些中小矿山正加紧建设；一些老矿山通过重组改制重新获得生机；锡铁山矿务局、栖霞山矿、会泽铅锌矿、澜沧铅锌矿等一批骨干矿山通过挖潜和改造，增加了生产能力。

企业对现有资源和资源的竞争加强，矿权市场在竞争中已初步形式，投资购买矿权的现象不断出现，一批有实力的企业，纷纷通过公开招标、参股、收购等形式加强了对矿产资源的控制。同时，一部分矿业集团开始向冶炼业之间的相互融合和渗透进一步加强。

与此同时，国内有色金属地质矿山工作也取得了新的进展。2004年共安排地质项目605项，比2003年增加69项，其中新上项目444项。2004年新发现或新证实为工业矿床的矿产地23处；新发现物探异常215处，化探异常620处，提交地质报告244份。

2004年完成钻探工作量16万米，坑控3.5万米，槽探93万立方米，井探1.4万米。新增固体矿产储量铜32万吨、金38吨、铜锌446万吨、铝土矿

5034 万吨、银 180 吨、钨 3.25 万吨、铁 1480 万吨。截止到 2004 年底，全国有色金属地勘单位共取得探矿权 1394 个，采矿权 120 个。

2004 年全国有色地质部门经济总收入达 43.46 亿元，实现利润首次超过 1 亿元，分别比 2003 年增长了 21.1%和 47.38%。

七、当前我国有色金属工业发展需要把握的几个问题

(一)牢固树立和落实科学发展观，提高自主可持续发展的能力。我国已是世界有色金属生产大国，总产量居世界第一位，一些金属品种在国际市场上占有很大份额，具有举足轻重的影响。但是，我们在世界上还不是有色金属工业强国，总体水平与先进国家还有差距。因此，我们必须紧紧抓住今后几年我国经济发展的重要战略机遇期，以科学发展观为指导，加快结构调整，转变增长方式，提高自主发展能力，增强国际竞争力，力争在一个不太长的时间内，实现有色金属工业强国。加快有色金属工业发展，必须树立新的发展理念，认真落实科学发展观。

一是要树立发展是第一要务的观念。发展是历史的必然，是人类社会永恒的主题；发展是硬道理，是我们党执政兴国的第一要务。科学发展观是党的十六大以来，新的中央领导集体在社会主义建设认识上的重大飞跃，是我们必须长期坚持的重要指导方针。

二是要树立以人为本的观念。以人为本是科学发展观的本质和核心。

三是要树立可持续发展的观念。实现可持续发展，必须着力解决有色金属资源短缺问题，加大开发矿产资源，积极实施“走出去”战略，大力节约资源，发展循环经济，走新型工业化道路；必须加快转变增长方式，显著提高增长质量和效益；必须加快发展高新技术，以先进技术改造传统产业，实现产业升级，增强国际竞争力。

四是要树立全面、协调发展的观念。促进区域经济协调发展是落实科学发展观的主要任务之一。要进一步发挥各地区的比较优势，充分发挥市场机制在区域经济发展中的重要作用，鼓励中西部地区发展有资源能源优势的产业，鼓励东部地区发展深加工及高新技术产业，增强自我发展、自主创新的能力和企业核心竞争力。

(二)高度重视矿产资源的开发利用，实现有色金属工业可持续发展。我国有色金属矿产资源储量不足，供需矛盾日益突出，对外依存度不断上升。随着产量的快速增长，这种短缺状况日趋严重。因此，大力开发利用矿产资源，解决发展中的瓶颈问题刻不容缓。

合理开发利用有色金属矿产资源，必须坚持以下基本原则：一是坚持加强勘探与合理开发相结合，重在保护资源；二是坚持资源开发与资源利用相结合，要把节约资源放在首位；三是坚持国内探矿与开展危机矿山新一轮找矿相结合，重点开展危机矿山新一轮找矿；四是坚持开发国内资源与利用国外资源相结合，在立足国内资源开发的同时，把开发利用海外资源放在更加突出位置；五是坚持开发资源与资源回收、循环利用、保护环境相结合，促进矿产开发与环境、生态建设和经济社会协调发展。

(三)大力推进技术创新，加快产业升级。目前我国有色金属工业发展迅速，但面临着影响可持续发展的资源、能源、环境和高技术产品开发等方面的重大问题。解决这些问题关键在于依靠科技进步。协会组织有关人员根据国家指定的行业科技计划要求，已初步组织制定了有色金属工业“十一五”科技发展计划。

这项计划主要目标和任务是：按照把有色金属工业建设成为“循环经济、节约经济、绿色经济和效益经济”的总原则，努力遵循科技自身发展规律，紧紧围绕资源、能源、环境协调和可持续发展的战略目标，以促进高新工程的实施、重大产业技术开发能力的培育和实现高技术产业化、提高产品质量为主要任务。

高等学校、科研单位和有条件的大型企业集团，还要加强对产业基础理论和前瞻发行量重大课题进行研究。通过“十一五”科技发展计划的执行，要使现有资源的采、选综合回收率提高 3~5 个百分点，全行业节能 5%~10%，主要产品综合能耗基本达到或接近国际先进水平，力争做到增产不增污。新产品产值年均增长率达到 20%左右，努力扭转高端产品主要依靠进口的局面。为到 2020 年使主要有色金属工业成为可持续发展和具有国际

竞争实力的新兴原材料工业打下坚实基础。

(四)加强行业协调与自律,维护健康有序的市场秩序。近几年来,有色金属工业在快速发展过程中,出现了一些不健康的无序竞争的市场状况。比如:盲目扩大生产能力、增加产量,出现产能过剩;片面追求眼前利益,为争夺资源造成浪费;竞争的结果,不仅是损害了行业的整体利益,而且最终损害了企业的自身利益。

中国钨业协会针对钨低价倾销、恶性竞争的状况,多次召开"全国钨品行业价格自律会议",认真分析市场、统一思想、协调一致、形成共识,共同维护行业利益。他们本着一要依法,二要自愿,三要坚持"民主协商、互相监督、自我约束"的原则,建立了自律的"游戏规则"。今年1月31日,温家宝总理对"我国钨业又出现无序开采和盲目建设"的情况作出重要批示:"抓紧整治,不可重蹈覆辙"。中国钨业协会又及时召开了有全国有关部委和重点企业参加的座谈会,认真落实批示精神。

我国铜冶炼企业针对国际铜精矿贸易商控制铜加工价格的被动局面,自2003年9月份以来,通过主要铜企业原料联合谈判组统一协调运作后,有效遏制了加工费持续下滑。运行一年多来,成效显著,加工费成倍提高。今年2月又在昆明召开了由中国、日本、韩国、印度四国18家铜冶炼企业的交流与合作将产生重要影响。

我国铅锌行业由株洲冶炼集团有限责任公司、葫芦岛有色金属集团有限公司、深圳中金岭南有色金属股份有限公司和白银有色金属公司四家企业组织的铅锌锋会,在原料统一运作,协调原料采购区域,统一产品报价,定期沟通信息等方面取得明显成效,为铅锌行业自律起作了示范作用。去年以来,上述四家企业及河南豫光金铅集团有限责任公司、云南冶金集团公司等六企业在协会的统一组织下,对全国12个省铅锌冶炼企业进行了行业调研,建立了数据库,为政府部门和企业决策提高了科学依据。

2004 年中国建材工业经济运行概况

在国民经济快速发展和固定资产投资规模继续增长的强劲拉动下，2004 年建材工业呈现出生产快速增长，产销衔接良好，效益大幅度提高，结构进一步优化，进出口贸易继续扩大的良好发展态势。

一、2004 年建材行业运行情况

(一)生产增速加快，运行质量提高

全年完成工业增加值 2041 亿元，同比增长 23.6%；完成产品销售收入 5935 亿元，同比增长 30.5%；实现利润总额 352.66 亿元，同比增长 33.9%，创历史最好水平。特别要提到，这是在 2003 年建材工业高位增长的基础上实现的。主要建材产品产量都大幅增长。其中，水泥产量 9.34 亿吨，增长 15.7%；水泥预制管桩产量 5200 万米，增长 63.3%；水泥设备产量 44 万吨，增长 62.3%；平板玻璃产量 3 亿重量箱，增长 20.5%，达 1995 年以来最高年增长速度。石英玻璃产量 2502 吨，增长 37.7%；卫生陶瓷产量 10.9 亿件，增长 30.8%；釉面砖产量 10.9 亿平方米，增长 22%；墙地砖产量 18.7 亿平方米，增长 28.3%；玻璃纤维纱产量 66 万吨，增长 30.9%；建筑涂料产量 113.3 万吨，增长 26.1%；耐火材料制品 1868 万吨，增长 24.8%；石膏板产量 3.2 万平方米，增长 46.5%；花岗石板材产量 1.02 亿平方米，增长 54%。

建材工业实现利润的增长率高于全国工业的增长率。其中，平板玻璃行业实现利润增长幅度最大，2004 年平板玻璃制造业实现利润总额 31.17 亿元，是 2003 年的 2.5 倍，比平板玻璃制造业经济效益最好的 2000 年还高 84.4%，平板玻璃制造业各项经济效益指标均达到历史最好水平。成本费用利润率达到 11.86%，比 2003 年升高 5.5 个百分点，比 2000 年高 0.96 个百分点。

水泥行业仍是利润大户，实现利润 136 亿元，比上年增长 21.5%，完成利润总额是历史最高水平。完成产品销售收入 2290 亿元，增长 25.5%。2004 年水泥制造业成本费用利润率为 6.27%，比 2003 年下降 0.24 个百分点。水泥企业盈利水平下降是由于生产成本的上升，特别是 2004 年下半年燃料和动力价格的上涨，使得 2004 年水泥制造业产品成本上升 28.7%，超过产品销售收入和利润总额的增长幅度。在水泥生产成本中，燃料和动力支出占 80%以上。

2004 年建筑陶瓷制造业完成产品销售收入 492 亿元，比上年增长 35.6%，实现利润总额 22.44 亿元，比上年增长 34.3%。卫生陶瓷制造业完成产

水泥制造业历年利润总额(亿元)

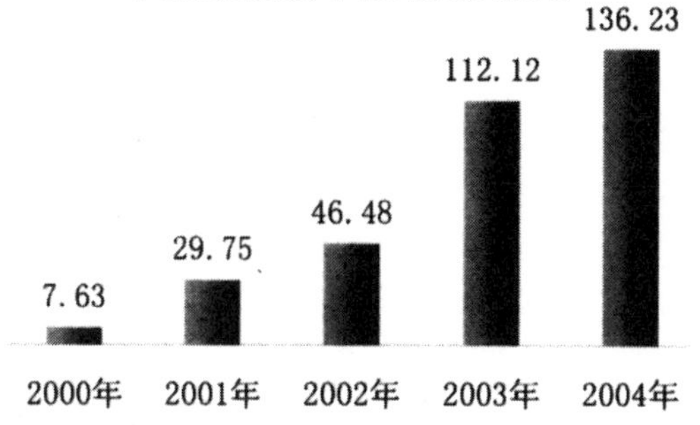

平板玻璃制造业历年利润总额(亿元)

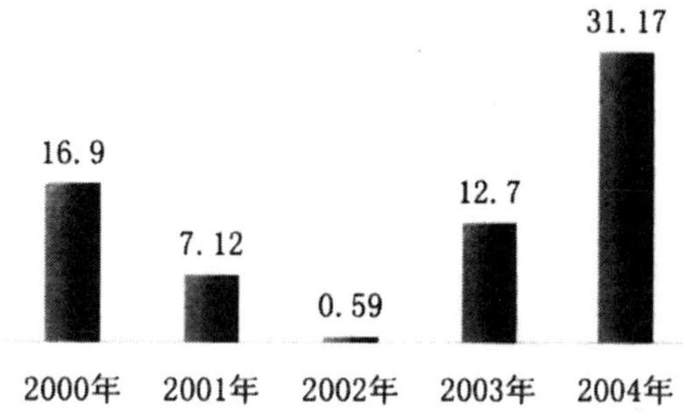

品销售收入228亿元,比上年增长36.6%,实现利润总额17.32亿元,比上年增长34.8%。2004年,建筑和卫生陶瓷制造业实现利润总额达历史最高水平。

2003年玻璃纤维及制品业利润总额是2002年的3倍,2004年又在2003年高增长的基础上实现利润总额10.4亿元,增长49.9%,玻璃纤维企业经济效益不断攀升。2003年玻璃纤维及制品业成本费用利润率比2002年增加3.47个百分点,2004年又比2003年增加1.51个百分点,达到8.38%。2004年玻璃纤维及制品业各项经济效益指标均创历史最高水平。

水泥制品行业完成产品销售收入554.13亿元,比上年增长30.6%,实现利润总额20.09亿元,比上年增长15.5%,实现利润总额创历史最高水平。

(二)投资规模扩大,产业结构优化

建材工业全年完成固定资产投资817亿元,同比增长51.1%。投资主要集中在水泥、平板玻璃等行业,绝大部分资金投向新型干法水泥、浮法玻璃等先进生产力项目。据不完全统计,水泥在建项目中,80%是新型干法项目,单线平均规模3000吨/日以上,全年新建投产新型干法水泥生产线104条,新增生产能力1亿吨,新型干法水泥产量将为水泥总量的三分之一。新建投产浮法玻璃生产线23条,新增生产能力6500多万重量箱,浮法玻璃产量比重达85%以上。新建投产万吨以上池窑玻璃纤维生产线6条,新增生产能力17.5万吨,池窑玻璃纤维产量比重达70%,玻纤前三名企业的生产集中度可达60%。日产万吨新型干法水泥、日产900吨浮法玻璃、日产6万吨池窑玻璃纤维等一批先进工艺生产线的相继投产,以及电子工业用超薄浮法玻璃、在线低辐射玻璃等新产品的开发成功,标志着建材行业的科技进步迈上了新台阶。

从各地区完成固定资产投资的情况来看,中部省份中,河南省增长255.7%,湖南省增长210.8%,湖北省增长202.6%;西部一些省份虽然固定资产投资完成量不算很大,但增长率也较高,如广西自治区区增长195.5%,内蒙古自治区增长172.7%,重庆市增长147.9%,四川省增长65.4%。这说明建材工业的增长点已经向中西部转移,中部崛起和西部大开发对建材工业发展的拉动开始显现,建材工业的产业布局正在逐步优化。

(三)大型企业优势增强

2004年,许多大型企业集团从自身发展和形势变化的需要出发,以市场需求为导向,积极探索开展跨地区的资产重组活动,通过兼并、收购等方式,实施产业升级和低成本扩张,加快企业做大做强。建材大型企业(集团)在行业中的主导地位日益显现,其工业增加值增长34.6%,实现利润增长68.9%,均比小型企业高出5.9个百分点。大型建材企业的累计产品销售率同比增长0.58个百分点,而小型企业同比降低0.62个百分点;大型建材企业的成本费用利润率为8.4%,比小型企业高3.8个百分点。中国建材、中国材料科工、海螺、金隅、上海建材、山水、福耀、华尔润、三狮、华新、浙东以及惠达、泰山、巨石等行业大型骨干企业在推进产业结构调整和优化升级上发挥了积极作用。

(四)市场需求旺盛,出口继续扩大

在全社会固定资产投资增速下降的情况下,建材市场需求仍然十分旺盛。全年全国销售水泥9.2亿吨,水泥产销率98.74%,比去年同期增加0.47个百分点。平板玻璃曾连续四个月产销率超过100%。建材产品价格同比上涨5.06%,其中水泥上涨5%,平板玻璃上涨15%。

出口继续扩大。建材及非金属矿商品出口总额达71.18亿美元,同比增长34.35%,高于建材工业销售收入总额的增长,已占到建材工业销售收入总额的10%,成为推动建材工业较快发展的重要因素。在主要建材出口产品中,水泥出口601万吨,创汇金额2.02亿美元,增长26.55%;平板玻璃出口1.33亿平方米,创汇金额3.28亿美元,增长21.17%;石棉制品出口2.99万吨,创汇金额8465万美元,增长15.55%;花岗石板材出口469.4万吨,创汇金额10.71亿美元,增长17.24%。此外,卫生陶瓷、墙地砖、釉面砖、玻璃纤维织物、玻璃纤维纱、车辆用夹层玻璃、导电玻璃等产品出口金额增长幅度都在40%以上。

(五)制约发展的因素

建材工业在取得快速发展的同时,一些制约发展的因素不可忽视,特别是煤电油运持续紧张且价格上涨,既给建材企业的正常生产带来一定影响,又造成企业成本上升。

电力方面,2004年全国有24个省级电网(涉及25个省市区)出现拉闸限电现象,其中浙江、江苏、福建、山西等地区的电力供需矛盾尤为突出。由于拉闸限电，许多建材企业不得不“开五停二”，甚至“开三停四”。

运输方面，有的企业由于运输紧张，曾一度出现原燃材料不能按时进厂，影响了企业正常生产和设备安全运转。

价格方面，全国各省级以上电网销售电价有较大幅度提高，继年初每度电上涨0.8分之后，下半年全国电价每度又平均上涨2.2分。煤炭、重油价格累计涨幅超过10%。公路运输价格平均上涨20%左右，企业原燃材料到厂价格普遍上涨。据测算，全年水泥行业需要消化煤电运价格上涨因素约100亿元。玻璃企业除重油到厂价格上涨10%以上外，纯碱价格已由年初的每吨约1200元，涨到目前的1800元左右。建筑陶瓷企业综合成本平均上升也在10%以上。

上述因素导致全年建材工业高速增长的同时，发展速度呈平稳回落态势。主要表现为：

1.增势趋缓。一季度建材工业完成增加值增长率高达47.8%，上半年回落至39.7%，前三季度又回落到31.5%。水泥产量2月份同比增长达到33.5%，此后水泥产量月同比增速逐月下跌，8月份增长率降到今年以来最低点9.4%，9月、10月略有回升，11月、12月分别为16.2%和16.3%. 上半年平板玻璃产量月同比增长率在波动中呈上升趋势，6月份增长率达到全年最高点29.2%，此后呈回调趋势。

2.价格下滑。全国水泥平均价格从1月份的每吨239.8元，持续下跌至9月份的最低点每吨226.6元，10月份略有回升到228.0元；全国平板玻璃平均价格在二季度出现下滑，三季度后随着进入销售旺季，逐月上升，10月份达到最高点每重量箱63.8元。但是，随着冬季的到来，水泥、平板玻璃等建材产品已进入销售淡季，这些产品的销售价格又呈现下降趋势。

3.利润增速回落。一季度全行业实现利润同比增长率高达347.9%，上半年同比增长率回落至144.8%，前三季度下降到80.8%，尤其是三季度全行业实现利润83.04亿元，比二季度的102.39亿元明显减少。

4.应收账款增加。3月末全行业应收账款净额为647亿元，同比增长11.7%；6月末增加到717亿元，同比增长13.9%；10月末进一步增加到777亿元，同比增长13.5%。另外，全行业产成品占用资金及其增长率也在提高，3月末全行业产成品占用资金为372亿元，同比增长11.7%；6月末增加到415亿元，同比增长12.7%；10月末进一步增加到441亿元，同比增长14.9%。

5.投资增速下降。全行业3月末累计完成固定资产投资增长率高达129.2%，6月末下降到64.2%、10月末进一步下降到53.9%，尤其是水泥行业完成固定资产投资增长率由3月末的90.5%下降到6月末的58.5%、10月末的51.1%。

二、行业协会工作

(一)贯彻国家宏观调控政策

2004年年初，在我国部分地区水泥行业出现投资过热，增速过快的情况，中国建材协会积极主动配合国家政府部门，就如何贯彻落实好中央对水泥等行业实施的宏观调控政策，如何在宏观调控中加快新型干法窑外分解水泥发展等问题深入企业和地方开展调查，组织召开各类座谈会，听取行业、企业及专家对水泥结构调整的意见。在摸清全国各地水泥项目建设的详细情况之后，向国家发改委等有关部门提出，对水泥项目要区别对待、有疏有堵，防止一刀切和大起大落，促进水泥工业结构调整的政策建议，得到了政府部门的重视和采纳。在国家发改委[2004]1791号文《关于钢铁电解铝水泥项目清理有关意见的通知》中，对水泥行业明确提出了与钢铁、有色金属行业不同的调控政策。在国务院《关于投资体制改革的决定》中规定，对日产4000吨级以上的新型干法生产线项目概由省区市投资主管部门审批，日产2000吨级以下项目报由国家发改委核准，这十分有利于加快水泥工业的结构调整和优化升级。

进入2004年，玻璃行业也出现了新线建设过快的势头，为避免投资过热，制止盲目建设，中国建材协会到企业调研，具体了解各地浮法线建设情况，加强了对玻璃市场近期和远期供求情况的分析，及时向企业提供相关信息，提出玻璃行业发展的对策、建议。

为了协助政府制定政策，引导行业健康发展，中国建材协会组织企业领导、专家，对国家发改委制订的《水泥工业产业发展政策》、《水泥工业发展专项规划》提出修改补充意见，上述文件是指导我国水泥工业快速健康发展的重要产业政策。协会还配合政府有关部门组织开展了《产业结构调整方向暂行规定》、《产业结构调整指导目录》、《当前部分行业制止低水平重复建设目录》等文件的论证工作；会同有关单位对《淘汰落后生产能力、工艺和产品的目录》进行讨论，提出了进一步整治的工作意见建议；完成了《建材节能中长期规划》、《建材工业矿产资源开发利用与保护规划》、《2003、2004 建材工业环境状况及分析》以及《我国建材行业信息化"十一五"重点任务及发展思路》等多个规划的编制工作。

（二）加强科技工作，促进行业科技进步

重点组织开展了《国家中长期科学和技术发展规划战略研究——建筑材料制造业发展科技问题研究》，从建材发展现状出发，分析了我国建材制造业的地位作用、差距及制约发展的主要因素，提出了我国建材制造业科技发展的战略目标、重点和需要国家支持的重大科研课题和政策建议。还完成了《绿色和节能型建材制造技术发展战略研究》、《水泥工业清洁生产技术规范》和《建筑加工玻璃（中空、钢化、夹层和镀膜）生产、设计、使用和维护技术法规》等的起草工作。

为规范建材科研开发、科技成果鉴定工作，制定了有关建材行业科研开发、成果鉴定及科技奖评审的《暂行规定》、《建材科技奖奖励办法》及实施细则，建立了科技评审专家库。举办了首届建材科技奖评选活动，有 37 项科技成果获奖，其中一等奖 6 个、二等奖 19 个、三等奖 12 个。通过科技成果鉴定工作，推动新技术在行业的应用和发展。先后为洛玻集团《电子工业用超薄浮法玻璃生产工艺及产品开发》等 18 家单位的 12 个项目进行了科技成果和新产品鉴定工作；对《大规格超薄建筑陶瓷砖制造工艺及装备技术的研究与开发》等多个项目组织了专家评估。

在标准制修订和行业质量分析工作方面，按国标委的清理整顿要求和进度安排，对建材行业近 700 项国家标准和计划项目进行了清理。全年共向国家发改委上报建材行业标准项目 112 项、批准下达 94 项，完成标准报批 100 项，其中制修订国家标准 75 项，行业标准 25 项。积极开展了水泥企业化验室评审考核培训工作，公布了一批化验室考核合格的水泥企业名单；组织有关检测机构，对水泥、平板玻璃行业进行了行业年检，向国家质检总局提交了水泥、平板玻璃等产品质量分析报告。表彰了一批全国建材优秀质量管理小组等先进集体和先进个人。

在许可证审查工作方面，举办了多期建筑防水卷材换（发）证实施细则宣贯会，对近 100 家防水卷对近 100 家防水卷材生产企业进行了现场审查；对重点地区水泥产品换发证情况进行了抽查，对个别地区出现的违反国家产业政策等问题，给予了及时纠正和制止。

（三）开展循环经济研究和实践

建材工业是重要原材料工业，发展循环经济是建材工业实现可持续发展的必然选择，也是建材工业落实科学发展观、走新型工业化道路的具体体现，在建材行业发展循环经济更具紧迫性。中国建材协会系统各单位积极开展政府部门下达的多个建材工业发展循环经济课题研究。走访水利、铁道、建设、环保等政府部门和相关工业协会，收集相关行业资料；考察了国内实施循环经济的企业案例；到日本、欧洲等国考察，邀请国外有关公司的专家讲课，学习借鉴发达国家开展循环经济的成功经验和做法。多次召开专家座谈会，听取意见。同时通过报纸、杂志、网络等新闻媒体及各种会议，在全行业积极宣传循环经济理念，努力使其逐步深入人心。现已完成了《循环经济与中国建材产业发展》、《发展循环经济对推动我国工业走新型工业化道路作用的研究》、《循环经济研究》等多项课题。这些研究报告有针对性地提出了建材行业实施循环经济的目标、模式、方向、技术路线等内容，初步确定了水泥、墙体材料等行业的生态工业设计方案。建材工业已被国家列入实施循环经济的重点行业之一，北京水泥厂、浙江三狮集团、乌兰水泥有限责任公司等成为循环经济试点单位。

为使绿色建材评定工作更具科学性、专业性和规范化，引导绿色消费，我们组织专家学者完成了《绿色建材定义和评价、认证体系》研究报告，已正式向社会公布。再次推荐了一批"绿色建材产品"。

（四）开展多种形式的交流活动

协会系统各专业协会、直属单位结合各自行业和工作领域，先后举办了建材行业形势分析、建筑板材发展应用、碱性耐火材料应用、非金属矿物材料-环保、生态建材与健康、玻纤增强改性塑料高性能化、国际摩擦与密封材料技术、建陶产业集群发展以及绿色建材发展等几十项技术研讨活动，达到了分析形势、交流信息、研讨技术、推广建材新技术、新装备的目的。

同时，为了推动我国建材市场的健康发展，提高建材市场规范化管理水平，促进建材市场的业态创新，开展了创建“全国星级建材市场”活动，北京居然之家金源店已荣获首家五星级建材市场称号。

继建筑卫生陶瓷产品荣获2004年中国名牌产品之后，汽车玻璃又被列入中国名牌产品评价目录，福耀玻璃荣获中国名牌产品称号。

2004年协会系统主办了国际绿色建材展、国际玻璃技术展、国际石材展、国际陶瓷展、国际建筑建材展等展会，在国内展览业竞争激烈的环境下，坚持办展为企业的宗旨，克服各种困难，取得了较好成绩，展览面积、参展商、参观人数均取得了突破。

2004 年中国机械工业经济运行概况

一、2004 年机械工业运行情况

2004 年在国家不断加强和改善宏观调控的大环境下，机械工业全行业广大职工不断拼搏，努力进取，克服了诸多困难，取得了令人难忘的业绩。经济运行实现了由前两年的高速增长，向持续、稳定增长状态的回归，总体上避免了大起大落；多数行业得到前所未有的高速发展，2004 年是机械工业历史上最好发展时期之一，经济运行状况良好，生产、效益继续高速发展；主要指标创造了一系列历史最高水平。（参阅表 1）。

（一）落实国家宏观调控政策，继续保持较快发展势头

1.经济运行“前高后缓”，总体呈高速平稳发展态势

2004 年全行业完成工业增加值 8634.86 亿元，同比增长 22.75%。完成工业总产值 32711.03 亿元，同比增长 27.41%。在年内各个时间段，机械工业的发展存在一定的波动。

年初，承接 2003 年四季度的高速增长的势头，发展速度达 30%以上，从 4 月份开始，国家宏观调控对机械工业影响开始显现，经济运行逐步减速。当时担心，由于滞后效应，机械工业更大落差可能在四季度或稍后出现。但实际执行结果，由于国家本次宏观调控实行“有保有压，区别对待”的原则，因此除个别行业受影响较大外，总体看，机械工业各项指标下降“比较温和”。环比呈现比较明显的“前高后低”；但同比全年仍呈高速平稳发展态势，历史上几次调整通常发生大起大落的问题未出现。（参阅表 2）

表 1　2004 年中国机械工业主要经济指标和主要产品产量

指标及产品	单位	绝对值		同比增速(%)	
		2003 年	2004 年	2003 年	2004 年
主要经济指标					
工业增加值	亿元	7034.3	8634.9	26.05	22.75
工业总产值	亿元	25985.9	32711.03	31.98	27.41
销售收入	亿元	24983.2	31902.3	33.32	27.70
利润总额	亿元	1594.8	1858.1	48.71	16.51
外贸出口额	亿美元	583.24	857.87	48.88	49.87
主要产品产量					
汽车	万辆	444.35	507.05	35.20	14.11
其中:轿车	万辆	206.82	231.63	83.25	11.99
机床	万台	30.7	38.9	34.55	35.91
其中:数控机床	台	36813	51861	47.73	49.84
发电设备	万千瓦	3700.6	7137.9	74.88	90.87
大中型拖拉机	万台	7.09	9.83	6.97	83.93

注:上年同期数已根据国家上年统计的有关规定做了微调

表 2　2004 年机械工业主要指标各个季度增长情况

(%)

指标	累计环比				累计同比			
	3 月	6 月	9 月	12 月	3 月	6 月	9 月	12 月
工业增加值	–	23.24	15.27	8.84	23.02	24.40	22.27	22.75
工业总产值	70.06	23.31	14.18	11.56	29.89	31.24	28.94	27.41
产品销售收入	73.85	23.80	14.37	12.14	33.94	33.22	30.58	27.70
利润总额	91.29	26.55	13.23	11.52	30.28	28.83	22.38	16.51
税金总额	60.01	22.31	13.33	14.63	22.50	15.29	11.97	10.56

2.多数产品产量继续大幅增长，重大装备、高技术产品增速超过行业平均水平

2004年，机械产品产量多数继续保持上年大幅增长的态势，有的增长还极为突出。在列入快报统计的96种主要机械产品中，同比减少的14种，占总数的14.6%；同比增长的82种，占总数的85.4%；发电设备、大中型拖拉机等30种产品增长50%以上。

15种具有代表性的、对机械工业综合实力有较大影响的重要机械产品，除照相机因传统产品转产先进的数码相机（已占照相机总量的40%、增长50.16%）影响，增速稍低外，其他均以二位数的高速增长。其中：最为突出的是发电设备的超常增长，生产7138万千瓦，同比增长90.87%，创世界各国年产量的最高水平；大型拖拉机98268万台，同比增长83.93%，增速之高是改革开放以来之最；汽车507万辆，同比增长14.11%，虽比2002年、2003年“井喷”式的高速增长已大幅下降，但与其他国家比，仍属高速增长。

数控机床、高精度机床分别生产4354台和51861台，同比增长75.28%和49.84%，远远超过同期金属切削机床平均增长35.91%的水平。（参阅表3）

表3　2004年主要机械产品和历史最高年份产量比较

	单位	历史最高年产量		2004年	
		产量	年份	产量	同比增长(%)
大中型拖拉机	万台	12.56	1979	9.83	83.43
内燃机	亿千瓦	3.3	2003	4.34	25.09
铲土运输机械	万台	9.38	2003	1.66	10.07
照相机	万架	6010.5	2003	6218	4.07
其中：数码照相机	万架	–	2003	2491	50.16
复印机械	万台	254.32	2003	324.58	11.69
化工机械	万吨	26.06	2003	31.36	13.58
矿山机械	万吨	86.96	2003	103.13	31.47
起重设备	万吨	102.21	2003	152.12	22.60
金属切削机床	万台	30.69	2003	38.93	35.91
其中：数控机床	台	36813	2003	51861	49.54
发电设备	万千瓦	3700.62	2003	7137.89	90.87
变压器	万千伏安	37651	2003	48970.00	30.02
电力电缆	万公里	347.94	2003	468.69	13.79
液压元件	万件	3231	2003	4303.00	45.78
汽车	万辆	444.35	2003	507.05	14.11
其中：轿车	万辆	206.82	2003	231.63	11.99
摩托车	万辆	1429.44	2003	1581.55	17.83

（二）市场形势总体良好，产销衔接稳步提高

在国家宏观调控“有保有压”的情况下，机械产品市场总的形势良好。

1.产品销售收入大幅增长

2004年机械产品销售收入达到31902.34亿元的新平台，同比增长27.70%，比同期工业总产值增长27.41%，高0.29个百分点，销售额增速高于产值增速，表明销售形势与生产协调发展的态势，是机械工业市场情况良好的体现。

突出的是电工产品，2004年我国新增发电装机是历史上最多的一年，与之相应的发电，输变电设备供不应求。

汽车，是全国经济界关注的焦点。前几年呈井喷式增长，2004年趋于平缓，产销双双超过500万辆，销售收入增长17.52%。

其他行业，除工程机械行业销售收入增幅较低外，石油机械、文办产品、机床、重型机械、电工产品、其他民用机械产品和基础件等行业，销售收入

增长都在30%以上，是历史上少有的好形势，反映国民经济发展全面看好，需求畅旺，尤其是机械工业主要服务对象的重化工业在宏观调控中仍快速前行。

2.产需衔接趋好

机械产品销售率稳步提高，一季度96.42%，二季度96.68%，三季度97.52%，全年累计97.66%，12月当月达101.30%。产销率保持历史较好水平。

（三）经济效益水平继续提高

1.企业利润继续增长，盈利增幅回落

2004年机械工业企业实现利润总额1858.10亿元，同比增长16.51%，净增263.26亿元。

盈利增势放缓的主要原因，一是原材料大幅提价，成本上升；再是盈利大户汽车产销趋缓和产品降价。

随着国有企业改进管理和民营企业的比重增加，机械工业企业运营效率得到提升，但运营效率提升带来的好处，却被原材料价格上涨以及激烈的无序竞争降价所抵消。全行业成本占销售收入的比重，2004年年初为82.63%，至12月份提高至83.96%，因成本提高而减少利润356亿元，其中，因材料涨价而减少占200亿元以上；钢铁价格上涨，是制约机械工业效益提升的主要因素，尽管生产仍在快速增长，但2004年机械工业实现的利润增幅却在下降。

机械工业各行业受原材料大幅涨价的影响，获利能力普遍下降，以发电设备为例，由于发电设备用管、板材价格比上年涨价50%以上，导致发电设备成本上升30%左右，因此，尽管生产大幅度增长，但发电设备制造企业的效益上升仍然缓慢。

主要盈利产品轿车，2004年1~9月的平均价格下降了11.3%，而上年同期只下调3.8%；导致利润大户汽车行业2004年利润同比负增长5.73%，减利43.35亿元。再者，2003年及以前汽车产品利润率过高，2004年销售收入利润率降至6.59%，比较接近正常。虽然其他非汽车行业利润同比增长了36.46%，仍无力使全行业盈利增幅达到上年同期水平。

2.上缴税金继续增长，但增势也在放缓

2004年机械工业企业上交税金1161.88亿元，同比增加111.0亿元，同比增长10.96%，增幅比上年减少13.63个百分点。

3.综合效益指数上升

2004年机械工业经济效益综合指数152.51%，比上年同期提高9.35个百分点。投入产出能力和营运能力方面的指标都有提高。如全员劳动生产率85725元，比上年同期74726元提高了10999元，流动资产周转率1.74次，提高0.05次；资本保值增值率也有提高。但由于利润增速放缓，盈利指标同比有所下降，销售利润率5.86%，降低了0.56个百分点；成本费用利润率6.20%，降低了0.63个百分点。（参阅表4）

衡量一个行业、企业经济管理水平的高低，最终是看经济效益指标。机械工业的经济效益指标，纵向看年年有进步，但横向看，多项指标与先进国家比尚有较大差距。

4."两项费用"上升较快，给机械工业生产经营带来不利影响

表4　2004年主要经济效益指标情况表

指标名称	单位	2003年	2004年	同比增减
经济效益综合指数	%	142.1	152.51	9.35个百分点
总资产贡献率	%	10.80	10.40	–0.40个百分点
资本保值增值率	%	117.72	116.99	0.73个百分点
资产负债率	%	60.48	60.92	0.44个百分点
流动资产周转率	次	1.69	1.74	0.05次
成本费用利润率	%	6.83	6.20	–0.63个百分点
全员劳动生产率	元/人	74726	85725	10999元/人
产品销售率	%	97.51	97.66	0.14个百分点
产品销售收入利润率	%	6.38	5.82	–0.56个百分点
工业增加值率	%	27.17	26.16	1.01个百分点
总资产利润率	%	6.01	5.92	–0.09个百分点

2004年末，机械工业产成品占用资金同比增长23.0%，比2月末上升7.04个百分点，应收账款也达到19.15%，两者占同期流动资金的比重高达42.14%，比同期全国工业36.60%的水平高5.54个百分点。

库存和企业应收帐款继续增大，加剧了企业流动资金紧张，也降低了企业盈利水平。从一个侧面反映了企业经营销售困难在增加。

(四)改革重组与结构调整取得重要进展

1.发展活力增强，企业改革不断深化

(1)企业改革不断深化

由浙江兴起的产权结构改革潮迅速传向全国各地，上海、江苏、山东以至东北等内地机械企业以资本结构多元化为取向的新一轮改革纷纷向深度和广度两方面不断推进，其对今后行业发展的影响怎么估计也不过分。

(2)民营经济快速发展

以销售收入为例，2004年1~12月份，国有、民营、三资三类企业同比增速分别为20.65%、31.83%和26.15%，民营企业领跑；利润也是如此，分别增长12.29%、30.54%和7.04%。2004年机械工业的高速发展，民营企业做出的贡献最大，销售收入、利润、税金增收半数归功于民营企业。

表5 2004年1~12月机械工业不同经济成分企业主要指标发展情况

	全国外贸				其中:机械工业					
	亿美元		同比增速(%)		亿美元		同比增速(%)		在全国中比重(%)	
	2003年	2004年	2003年	2004年	2003年	2004年	2003年	2004年	2003年	2004年
进出口总额	8512.07	11547.40	37.10	35.7	1558.88	2227.80	50.15	45.42	18.31	19.29
进口总额	4128.36	5614.23	39.90	36.0	975.64	1369.93	50.91	42.77	23.63	24.4

(3)一批重点企业加快战略布局调整步伐，在做大做强的路上取得可喜进展

哈尔滨电站集团和保定变压器、东方电站集团和二重、以及一重集团，分别在秦皇岛、广州和大连加速建设超大超重装备加工、装配、发运基地；通用机械行业的沈阳鼓风机、水泵、气体压缩机三个排头兵企业整体联合、重组改造，到开发区按现代化要求建设新厂。

继汽车行业之后，其他机械行业中哈电、东方、上电、春兰、万向、徐工、潍柴、玉柴等优势企业销售收入相继跨过百亿元大关；上海、哈尔滨、四川东方等发电设备集团销售收入超过100亿元，产量跨过千万瓦大关，进入世界发电设备制造特大企业行列；一汽集团产销双双超过百万辆，成为我国第一个产销过百万辆的汽车集团。

2.并购重组迈出新的步伐，产业集聚继续发展

(1)行业内并购重组势头渐起

上海汽车集团、大连、沈阳机床公司分别收购韩、英、美、德同行业的知名企业，以全新的方式获取技术、品牌等宝贵资源，谱写了“走出去”的新篇章；万向、三一重工、正泰、新疆特变、海天等民营排头兵企业在实力渐强以后，开始由轻小型机械产品向重大装备领域扩展，布局由当地向中心城市以至国外扩展。可以说，在市场竞争的压力下，在源于市场主体内在的动力机制作用下，一批优势企业通过并购重组，素质和竞争实力正在迅速提高。

(2)产业集聚继续发展

这几年，诸如浙江温州和苏南地区的低压电器和泵阀产品、宁波的塑料机械和微小型轴承、珠江三角洲的照相机和复印机、山东的农用运输车和拖拉机，已形成明显竞争优势的地区特色产业越来越多，我国机械工业在市场的无形之手推动下，以高度专业化分工和规模化生产为特点的产业集聚正在迅速发展。

3.重大装备研制取得重要成果

国家重点国产化项目依托工程——华能沁北发电厂一期工程两台60万千瓦超临界火电机组，只用了26个月就全面建成，分别于2004年11月和12月带负荷一次并网成功；2004年止，我国超临界火电机组累计订货合同已有140多台，超超临界火电机组订货已有14台，火电设备升级换代速度大大加快。我国第一台自行组装的单台容量达25万千瓦的F级重型燃气轮机试车成功；第一台国产化的4万立方米空分设备试车成功；国内首

台500MVA/750KV特高压电力变压器10月19日顺利通过所有试验项目；大型化肥国产化依托工程德州30万吨合成氨项目成功投产，国产化率超过90%。由上海隧道工程股份有限公司研制的国产首台具有自主知识产权的直径6.34米的地铁盾构机，11月4日在上海古武路车站投入使用，其售价仅为进口盾构机的2/3；等等。

4.产品结构不断优化

2004年，机械工业在稳定高速发展的同时，产品结构也在不断优化。

机床。在总量提速发展的同时，内部构成改善。数控机床、高精度机床分别增长49.84%和75.28%，分别比机床总体增速(35.91%)高13.49个百分点和39.37个百分点。在整个机床产量大幅提高的情况下，按台数计的数控化率不断提高，2002年10.94%、2003年12%，2004年提高至13.32%。

发电设备。火力发电设备产量中，30万千瓦机组和60万千瓦机组加速发展。30万千瓦机组由上年的34套增至62套，60万千瓦机组由12套增至28套，共计90套/3591万千瓦，已占火电设备产量的60%。在火电设备产量中，60万千瓦的超临界机组：电站汽轮机共7套，电站锅炉共14套。

汽车。2004年产量中，大型客车占客车比重由1.64%至2.14%提高（增长37.49%），载货车中重型载货车大发展(增长44.08%)。

拖拉机。大中型拖拉机火爆，特别是60马力以上的大发展，占总量50%以上；联合收割机等技术含量较高产品也迅速发展。

(五)对外贸易大发展

2005年，机械产品对外贸易又是形势大好的一年，大进大出的格局进一步发展，出口增速大于进口，进出口逆差不断扩大的增速开始放慢。

1.机械产品进出口增势强劲，占全国新增外贸额近四分之一

2004年，全国外贸总额达到11547亿美元，一跃成为世界第三大贸易国，其中机械工业做出了重要贡献。

据海关统计，2004年机械产品进出口总额超过2000亿美元大关，达2270.80亿美元，同比增长45.42%，比上年净增718.92亿美元，是历史上增加最多的一年。

机械产品进出口总额占全国外贸进出口总额11547.4亿美元的19.72%，而上年为18.31%；占同期机电产品进出口总额6252.8亿美元的36.43%，而上年为34.46%，分别比上年提高1.41个百分点和1.97个百分点。

当年净增进出口718.92亿美元，对全国外贸进出口净增3037亿元的贡献率为23.67%，对全国机电产品进出口净增额1731.61亿元的贡献率为41.51%。

2004年，机械产品的进出口有以下三个特点：

（1）机械产品进口额和出口额分别达到1369.93亿美元和857.87亿美元的新记录，同比分别增长42.77%和49.87%，出口比进口的增幅高7.1个百分点。改写了机械产品出口增速一直低于进口增速的历史。

（2）2004年6月份机械产品单月出口额首破70亿美元，之后进一步向上发展，11月份突破80亿美元。这是继上年12月份我国机械产品单月出口额突破60亿美元之后的连续两次历史性跨越。

（3）由于国内强劲的投资需求和结构调整的需要，高档机械装备需求大幅增长，而国内一时还难以满足，需要进口一些重大成套设备和关键配套件；还有外商投资企业投资进口了大量设备，2004年达275.49亿美元，因而2004年机械产品进出口逆差仍在扩大，但按月度考察，逆差增长之势已开始放慢。

表6 2004年机械产品进出口概况

	全国外贸				其中:机械工业					
	亿美元		同比增速(%)		亿美元		同比增速(%)		在全国中比重(%)	
	2003年	2004年	2003年	2004年	2003年	2004年	2003年	2004年	2003年	2004年
进出口总额	8512.07	11547.40	37.10	35.7	1558.88	2227.80	50.15	45.42	18.31	19.29
进口总额	4128.36	5614.23	39.90	36.0	975.64	1369.93	50.91	42.77	23.63	24.4
出口总额	4383.71	5933.69	34.60	35.4	583.24	857.87	48.88	49.87	13.30	14.46
顺逆差	+255.35	319.46			-392.4	-512.06				

2.出口迅猛增长,超过预期

机械产品外贸出口的发展,大大超出人们的预期。机械产品外贸出口额:2002 年 391.65 亿美元(注:已按 2004 年目录换算修正)、2003 年 583.24 亿美元、2004 年达 857.87 亿美元;出口增速 2003 年 48.88%,2004 年 49.87%;而同期全国外贸出口只增长 34.6%和 35.4%,机电产品也只有 44.81%和 42.30%。出口增速远远超出同期机械工业增加值 22.75%的增长幅度。

2004 年,机械产品出口 857.87 亿美元,占全国外贸出口额 5933.69 亿美元的 14.46%,占机电产品出口额 3234 亿美元的 26.53%,增速和占有份额均比上年占全国外贸出口的 13.3%、占机电产品外贸出口的 25.64%提高。当期净增额:全国外贸出口为 1549.89 亿美元、机电产品 961.34 亿美元,机械产品为 274.63 亿美元;新增机械产品出口额占全国外贸和机电产品出口净增额的 17.72%和 28.57%(上年分别为 17.00%和 27.21%)。

良好的外贸出口业绩,为 2004 年我国机械工业持续、快速发展,做出了重要贡献。2004 年机械工业出口交货值 4904.72 亿元,同比增长 39.65%,继续保持超高速。据测算,出口率达 15.35%,出口对机械工业增长的贡献率 22.05%,拉动机械工业增长 6.08 个百分点。

3.出口产品结构改善

我国机械产品出口形势喜人,不仅是绝对数额实现大幅增长,而且出口产品结构有所改善。技术含量高的产品正在进军国际市场,如数控金属加工机床出口 0.94 亿美元,同比增长 102.7%;汽车及其零附件出口 78.4 亿美元,同比增长 61.45%。

4.不利因素值得关注

虽然机械外贸出现喜人的局面,但一些影响外贸发展的不利因素不容忽视。一是增长方式粗放,出口增长很快,实惠不多,不利于外贸健康发展。相当多的企业只能从事能耗高、污染重、产业链短、技术含量低的加工贸易,依附于跨国公司换取微薄的贴牌收入;缺乏自主品牌,缺乏高盈利产品,一些企业出口,高产量低利润,不得不依靠出口退税来维持有限的生存与发展空间。二是出口经营秩序、行业管理还存在一些问题,恶性竞争、低价竞销的现象屡禁不止。三是外贸市场过于集中。我机械产品对日(占出口总额的 13.16%)、美(19.26%)、欧盟(18.33%)的出口加上经香港转口部分,约占出口总额的 60%,今后应以更大的努力促进多元化出口格局发展。

2005 年,机械产品外贸发展中需要关注以下几个问题。一是世界经济发展存在一些不确定因素;二是由于我在国际市场份额的快速增加,导致国际贸易摩擦愈来愈多;三是退税政策改革后产生的新情况和新问题;四是由港澳地区进口机械零关税、汽车取消非关税保护措施和《中国与东盟全面经济合作框架协议》签订的影响等。对上述问题必须认真研究,趋利避害,予以妥善应对。

二、2004 年机械各行业发展情况

在本轮宏观调控中,有保有压的政策措施,使机械工业总体经济增速回落比较匀速温和;而区别对待的政策,对机械工业各行业影响不一,在个别行业大幅降温的同时,为农业、能源、交通等薄弱环节提供装备的行业、继续得到加强。

以工业总产值、产品销售收入和利润总额为例。2004 年全国机械工业分别同比增长 27.41%、27.70%和 16.51%,都是高速度;在 13 个行业中,前二项指标除工程机械行业为个位数外,其他都是两位数增长,其中有 7 个行业增速在 30%以上,有 8 个行业高于上年同期水平,这在历史上也不多见。利润总额,虽有内燃机、机床、电工、基础件和其他民用机械 5 个行业增幅在 40%以上,但有 10 个行业低于上年增速,而且其中工程机械和汽车行业出现大幅度的负增长。由于汽车行业占有份额大,它的降速或负增长,对整个机械工业产生较大影响。(参阅表 7)

各行业的主要发展趋势

1.农机和食品包装机械行业

2004 年国民经济发展最大的亮点是农业的发展。国家加强了对"三农"的支持力度,出台了多项支农政策措施:明确提出在全国范围减免农业税和取消了已征收 21 年的农业特产税、对种粮农民实行普遍的直接补贴、全面放开粮食购销和价格、在全国范围内清欠农民工工资和征地补偿款、制定并实施了国家优质粮食产业工程规划、明确将部分土地出让金用于农业土地开发,此外还有对粮食生产区农民购买农用机械给予补贴,提高农

表 7 2004 年机械工业各行业增长速度情况 (%)

行 业	工业总产值			产品销售收入			利润总额		
	2003 年	2004 年	增减(%)	2003 年	2004 年	增减(%)	2003 年	2004 年	增减(%)
机械工业总计	32.45	27.41	-5.04	33.32	27.70	-5.62	48.71	16.51	-28.36
非汽车行业合计	29.85	36.68	6.83	31.40	33.60	2.20	44.87	36.46	-8.41
农业机械行业	20.12	20.53	0.41	25.21	25.81	0.60	62.63	36.33	-26.30
内燃机行业	27.62	26.18	-1.44	30.00	27.56	-2.44	127.67	47.12	-80.55
工程机械行业	56.96	7.43	-49.53	54.93	5.70	-49.23	77.91	-27.76	-105.67
仪器仪表行业	28.37	26.30	-2.07	27.25	26.55	-0.7	62.22	11.86	-50.36
文化办公设备行业	39.19	36.21	-2.98	42.30	35.45	-6.85	14.59	28.50	13.91
石化通用机械行业	26.74	29.66	2.92	29.02	30.65	1.63	42.87	29.05	-13.82
重型矿山机械行业	38.98	36.46	-2.52	38.69	36.50	-2.19	41.99	27.07	-14.92
机床工具行业	33.00	33.32	0.32	32.79	36.44	3.65	79.21	43.74	-33.47
电工电器行业	29.31	37.41	8.1	29.22	38.30	9.08	35.79	48.14	12.35
通用基础件行业	31.41	32.94	1.53	30.47	34.11	3.64	55.30	40.34	-14.96
食品包装机械行业	15.88	24.98	9.1	16.04	21.34	5.30	29.38	19.62	-9.76
其他民用机械行业	30.53	35.71	5.18	32.01	35.45	2.44	29.97	54.49	24.92
汽车行业	35.70	18.06	-17.64	36.75	17..52	-19.23	53.12	-5.73	-58.85

产品价格，特别是《农机促进法》的实施有利于农机市场的发展。据农业部统计，全国地方各级财政共投入购机补贴资金 4.1 亿元，带动农民投入 20 亿元，共补贴购置各类农机具 10 万多台套。随着我国农业经济结构调整步伐的加快，“三农”需要的机械装备越来越多地显示多元化、个性化和地域化的特点，如大中型拖拉机，在各地推广秸杆还田、规模化生产、土地深耕深松及保护性耕作的背景下，市场需求迅速升温，除拖拉机出现了近年少有的增长势头外，农机产品的多样化也是突出的一个发展趋势。2004 年生产大中型拖拉机 9.83 万台，同比增长 83.93%；各种联合收割机、插秧机、食品加工机械等农机产品市场的形势全面看好。

2.电工行业

在全国电力紧张、需求强力拉动的形势下，发电设备在上年高速增长的基础上进一步高速发展，2004 年生产发电设备 7138 万千瓦，同比增长 90.87%，创造了世界之最。全年电力工业新增装机 4930 万千瓦，也是世界电力史上最高。2004 年电工行业的总产值和利润对机械工业的贡献率达 30.07%和 52.89%。电力设备这一异常超高速增长态势，从一个侧面反映了当前电力建设的“高烧”。

3.石化设备行业

在国际油气价格持续上涨推动下，石油化工企业抓住油价高位运行和石油化工产品市场需求旺盛的有利时机，加速进行设备更新换代和大型化改造，尽管大型石化装置中的核心设备仍以进口为主，但大型石化装置中的一般设备及小型化工改造需国内供应的设备数量也很大，石化设备国内市场需求旺盛；国际市场形势也趋好，我国石油设备中，除海上石油设备与国外相比还存在较大差距外，陆上石油设备水平与国外处于同一水平，而且价格有竞争优势，除发展中国家需要外，近年来进入欧美市场很快，是我国为数不多的出口额大于进口额的装备。2004 年石化通用设备行业的工业总产值同比增速达 30.0%。

4.重型矿山行业

虽然在宏观调控作用下，我国钢铁、水泥的投资已明显降温，但实际上受此冲击的主要是部分中小企业。而马钢、宝钢等钢铁工业大型企业不但未受影响，而且加快做大做强的步伐，新上马的产业升级项目没有一个停下来。钢产量 500 万吨以上大型企业 2003 年 13 家，2004 年增至 15 家；钢铁行业的发展以及原材料、能源、交通等的快速发展，带动重型矿山和挖掘机械增长，2004 年重型矿山设备产销形势是近年来最好的一年，2004 年总产值同比增速达 36.6%。

5.机床工具行业

2002年以来我国已是世界最大的机床消费国,2004年主要用户行业中除内资工程机械、汽车过快增长受到一定抑制外,其他领域仍保持较快增长,机床总消费额达到94.6亿美元,继续稳居世界第一。特别是数控机床及高精机床因国家对装备制造业水平提高的要求,2004年已分别生产了51861台和4354台,同比增长49.84%和75.28%,反映了该行业的结构优化取得快速进展,但是,我们还必须看到2003年机床进口增长更快,2004年进口高达59.2亿美元,因此国产机床市场占有率已由2003年的38.6%下降为2004年的37.4%;其中数控机床进口比2003年增长57.56%,占机床总进口额的78.6%,比2003年的74.9%又提高了3.7个百分点。因此尽管机床行业从2000年走出低谷以来,经历了连续4年的快速发展期,2004年总产值同比增长33.99%,继续呈高速发展态势,但我们仍然不能盲目乐观,而应充满危机感,进一步加快发展步伐。

6.汽车行业

进入2004年,我国汽车工业在经历了连续两年的超高速增长之后,开始走向比较平稳的发展期,整体呈现"前高后缓"的增长态势。一季度在前两年汽车产销超高速增长惯性的推动下,产销一路走高。3月当月产销达到最高值,分别达到56.74万辆和54.26万辆,其中轿车分别达到25.19万辆和23.28万辆。进入二季度,国家宏观调控对汽车产销的影响开始显现,其中5月份产销降幅最大。三季度汽车产销增量明显低于一、二季度,但产销降幅较二季度有所减缓。四季度产销总量平稳增长的态势更为明显。2004年累计生产汽车507.05万辆,同比增长14.11%,增幅与上年相比回落21.09个百分点,其中轿车增幅下降尤为显著,累计生产231.63万辆,同比增长11.99%,与上年相比增幅回落71.26个百分点,应该说是从异常高速增长回落到正常水平。与轿车产销增幅明显下降形成鲜明对照的是,载货车行业一改上年下半年低迷的形势,呈现出快速增长的势头,产销全面上扬,全年生产151.47万辆,同比增长23.21%,尤其是重型载货车,由于国家限制超重超载的实施,增长很快,表现突出;客车行业保持平稳增长的态势,其中大型客车成为亮点,增幅大大高于上年水平。

2004年以轿车为代表的中国汽车工业逐步进入平稳的调整期,汽车产销增速放缓,利润落后于产销的增长,行业产值增速由上年的35.24%下调到18.2%,利润由61.29%减少到-5.73%。但产值仍超过1万亿元,利润超过700亿元,在机械工业各行业中,仍居第一位。

7.工程机械行业

2004年4月以来受国家宏观调控的影响,行业需求下降,产品价格下调。2004年总产值增长速度由年初的70%降到了年末的7.43%,全年利润负增长27.76%;但可喜的是,在国内市场紧缩的压力下,产品出口得到快速发展,出口交货值和外贸出口额同比增长分别达102.63%和74.62%,居机械工业各行业首位。

8.内燃机、仪器仪表、文化办公机械、基础件等行业

技术进步加快,结构优化升级力度加大。由于主机性能要求提高,加快了内燃机的更新换代,尤其是汽车工业应环保的要求,排放标准提高,带动了一批高水平内燃机项目的上马;仪表行业中,由于国产DCS控制系统取得实质性突破,从而使进口产品与国产系统的价格之比由上世纪90年代的3比1降到了现在的1.3比1,增加了国产设备的市场占有率;文化办公机械中,照相机年产量6281万台、同比增长只有4.07%,但其中数码照相机超过2400万台、占比40%,增长60%,而其产值占75%。全球照相机产量约8000万台左右,数码相机4000万台,中国的照相机和数码相机已经占到全球的60%以上;基础件出口提速,2004年累计轴承出口收入同比增长34.11%,模具、液压件、气动件的出口分别增长170.48%、63.86%和88.55%。

三、2005年发展展望

(一)总体运行环境和行业发展形势分析

如果不出现重大突发事件,2005年机械工业发展环境要好于2004年,有利于行业平稳发展。

一是市场需求看好。2004年全国经济发展的良好形势,为2005年打下较好基础,中央提出2005年经济预期为8%左右的较快增长目标,各方面加快发展的积极性很高。在此情况下,一方面全社会固定资产投资将有一定增长,而且还有相当

规模的国债项目和重大工程没有完工，投资类机械产品市场需求可望继续平稳增长；本次宏观调控有保有压的原则，对服务面广的机械工业，市场需求的影响是有增有减，有升有降；而且据了解多数行业现在手持定单较多。总的看，强劲的内需对拉动机械装备市场仍保持相当力度；还有消费结构升级，汽车、住房直接、间接引发相关机械产品的需求，只会增加不会减少。世界经济增长可能减缓，但跨国公司对我产业转移还在继续发展，预测机械产品出口外贸继续维持高位增长，仍将是拉动机械产品市场需求的重要方面。

二是行业自身市场应变能力增强。结构调整和机制、体制的转变在继续深化，从而有利于提高运行质量和效益。

2005 年机械工业仍然面临一些不确定因素，任务相当艰巨和繁重。一是 2005 年国家将继续坚持宏观调控政策措施，部分过热领域的降温对机械工业的影响可能加大，同时财政、信贷双稳健政策的实施，也将抑制需求的过快增长，连续多年的高速增长，也可能出现调整期；二是外贸出口已连续几年高速发展，继续维持高位增长难度增加，而我国机械产品进口关税继续下调，进口对国内市场的挤占将进一步加大；三是近年多数行业受需求增长刺激，产能增长过快，在需求趋稳的情况下，供大于求的矛盾可能加剧，素质不高和应变能力不足的企业将感受更大压力；四是原材料和能源供应仍然偏紧，某些资源极度短缺的原材料，将对相关行业的发展构成强约束；五是银行贷款利率的提高和上游产品的提价，将增加企业的运营成本和运行难度。

2005 年，机械工业发展的有利条件较多，面临的困难和问题也不少，综合考虑各种因素，预计 2005 年机械工业总体上仍将呈现平稳增长的态势。工业总产值增长 15%~20%，实现利润增长 10%左右。由于 2004 年前几个月增速达 30%以上、基数较高，而 2005 年开始则将延续 2004 年下半年不断减速的惯性不会增长太快，但有可能逐步增速，预计 2005 年机械工业全年可望保持相对平稳的走势。

（二）对主要行业发展态势的预测

电工行业：目前行业发展正处于顶峰，已经出现过热迹象，预测 2005 年行业增长将会放缓到 10%~20%之间。据有关统计，29 家主要发电设备生产企业手持 2005 年合同总量达 7520 万千瓦。估计经过发改委对电站项目的清理，合同量可能有所减少。在电力工业高速发展的大背景下，高压输变电设备、低压电器、电线电缆、电机等仍将保持较快增长。但必须高度警觉的是，目前电力工业的超高速增长并不稳固。据预测，2005 年电力供需仍然偏紧，但趋于缓解，2006 年供求将基本平衡，目前电力紧张所造成的电工行业红火局面，潜伏着一定的市场风险，因此电工设备企业要未雨绸缪，早作安排，避免大起大落。

农机和食品包装机械工业：2005 年中央将继续稳定、完善和强化支农政策，总的原则是，已经实行的政策不能变，已经给农民的实惠不能减，并且还要不断加大支持力度：加大农业税免征减征力度，加大对农民的补贴力度，加大对农业基础设施建设和科技进步的支持力度，加大对产粮大县的财政支持力度。这些政策的实施，将使农机行业市场形势比 2004 年会更好，增速将在 20%以上。

汽车工业：虽然竞争预计将进一步加剧，但汽车工业的发展空间仍很大。2005 年轿车市场的增长将走出前低后高的曲线，由于 2004 年一季度轿车增幅达到了 40%，基数较高，而 2005 年一季度则将延续 2004 年下半年以来市场大幅下降的惯性，因此 2005 年一季度有出现下降的可能，2005 年下半年由于上年压库减产，基数较低，增幅可能回升。加上消费政策可望改善，预计 2005 年汽车产销量可达 560 万辆左右，增长 10%左右，其中轿车预计超过 260 万辆，增长 12%左右。重型载货车和大型客车由于替代性需求，2004 年产销两旺；2005 年，中卡受市场容量所限，不会继续大幅增长，但大型客车，由于城市化进程的不断前进、公路客车和公交客车向大型化发展的趋势以及大客不可替代的便利性，将推动大客行业稳定增长。

工程机械行业：加息和国土管理等重大政策的出台，推迟了行业的复苏，同时 2005 年国家将执行中性偏紧的宏观政策，预计国内市场的拐点出现较晚，但国际市场争取有较快发展，全年有望达到 7%左右的增长。

石化通用机械行业：由于石油及化工行业继续看好，预计石化通用机械行业将保持较好发展势头，全年将达到20%~30%的增长速度。

重型矿山机械行业：增长速度比2004年将有所回落，但预计仍将达到20%左右的增长。

机床工业：受汽车工业降温影响，增长速度将有所回落，预计将维持在15%左右，但因有关行业调整结构和技术改造的需要，数控机床等高档产品仍将保持较高速度。

内燃机行业：与汽车、农机、工程机械等行业配套，仍将维持增长势头，预计增速将在15%左右。

文化办公机械、仪器仪表、机械基础件行业：预计增长速度将在15%~20%之间。

（三）坚持走新型工业化道路，加快结构调整和增长方式转变，加快振兴装备制造业

为做好2005年工作，使机械工业发展更健康、更稳定，最主要的是要牢固树立科学发展观，坚持走新型工业化道路，把工作的着力点放在经济增长的质量和效益上，加快结构调整和增长方式转变：

一是继续深化改革，加快体制和机制的转换；

二是强化企业管理，提高投入产出效益；

三是推进技术进步，培育自主创新能力，提升行业的内在素质，努力实现由中低档产品向中高档产品、由低附加值向高附加值的升级；

四是适应建设节约型社会的要求，狠抓机械产品的结构调整，积极发展节能、降耗、低污染的更新换代产品；

五是千方百计开拓国外市场，以扩大出口来平衡业已形成的巨大产能；

六是以质量求生存，以质量求发展，以质量求效益，培育品牌信誉；

七是加强人才队伍建设，确保行业发展的基础。

集中到一点，就是要从结构调整去找出路。要通过发展思路的调整，确立走集约型发展之路、满足建设集约型社会的要求；通过产品结构调整，去适应实行有保有压宏观调控政策环境下市场需求的变化；通过技术结构的升级，去增强自主产业的竞争力；通过出口战略的调整，实现由量到质的升级，去破解日益增多的国际贸易摩擦和获得更高的效益；通过产业组织结构的调整，去培育大而强的优势企业成长；通过人才结构的调整，形成行业长远健康发展的保障。

2004年中国轻工业经济运行概况

2004年轻工业在钢材等原材料涨价，电力供应紧张，一些政策措施尚未到位，禽流感疫情等不利因素影响情况下，积极调整，克服诸多困难，保持了持续发展的势头。中国轻工业联合会密切跟踪国家不断加强和改善宏观调控，紧缩银根，加大对部分过热行业盲目投资、低水平扩张的整治力度等措施的实施状况，及时向政府有关部门反映轻工业运行情况及问题，努力为促进行业和企业持续健康发展提供服务。

一、2004年轻工业运行情况

我国已跻身于世界轻工业生产和消费大国行列，多年来，在满足消费需求、出口创汇、财政贡献、扩大就业、服务三农、促进国民经济发展等方面发挥了重要的作用。2004年轻工业依然保持了健康快速的发展态势，产销衔接水平继续保持稳定，对外贸易增势强劲，利用外资保持较高水平，经济效益较好，企业内在活力明显增强。轻工业的运行呈现以下特点：

(一)生产高速增长，运行质量不断提高

据国家统计局提供的数据，轻工全行业全部国有和年产品销售收入500万元以上非国有独立核算工业企业2004年完成工业总产值37488.79亿元，比上年增长26.13%。分经济类型看，各经济类型企业生产均有较高增长，私营有限公司等仍位居前列。私营有限责任公司、其他有限责任公司、中外合资经营企业和港澳台商独资经营企业累计完成工业总产值分别为5785.42亿元、5266.53亿元、3663.06亿元和3234.59亿元，占全部轻工企业的47.88%，与上年相比私营股份有限公司增长40.15%，中外合作经营企业增长34.27%，私营独资增长34.16%，其他内资企业增长33.39%。在总计中，国有及国有控股企业累计完成工业总产值4301.40亿元，比上年增长14.33%。轻工全行业累计工业销售产值36616.75亿元，产销率97.67%。

全行业工业总产值稳定增长，多数行业总产值保持较高增幅，其中：农副食品加工累计完成8070.56亿元、塑料制品3803.15亿元、家用电力器具完成3248.08亿元、造纸及纸制品完成3149.47亿元、食品制造业2846.76亿元、饮料制造业2560.75亿元。比上年增幅提高的行业是：文化、办公用机械制造增长61.90%，营养、保健食品制造增长49.45%，采盐增长46.26%，电池制造增长43.68%，游艺器材及娱乐用品制造增长40.45%，毛皮鞣制及制品加工增长36.47%，肥皂及合成洗涤剂制造增长36.03%，其他食品制造增长35.84%，冷冻饮品及食用冰制造增长33.94%。

从各地生产完成情况来看，广东、山东、浙江和江苏仍保持了较高的增长速度，领先于其他省市，并起到拉动轻工业增长作用。这4个省的工业总产值分别为：7848.19亿元，比上年增长21.83%、5916.82亿元，比上年增长33.45%、4463.84亿元，比上年增长24.71%和3762.09亿元，比上年增长26.74%。4个省占全国工业总产值的58.66%。与上年相比产值增长幅度达30%以上的省市是：内蒙古增长44.36%、江西增长42.63%、重庆增长39.72%、山东增长33.45%、辽宁增长32.77%、四川增长32.02%、安徽增长31.84%、湖南增长30.27%、宁夏增长30.10%。全国轻工行业主要经济指标见下表。

统计口径：规模以上企业

2004 年全国轻工行业主要经济指标

指标名称	单位	2004 年	比上年增长(%)
企业单位数	个	67776	
亏损企业	个	11894	
应收账款净额	亿元	4016.30	15.04
产成品	亿元	2426.10	22.16
流动资金平均余额	亿元	15750.16	19.83
固定资产净值平均余额	亿元	9886.30	12.54
资产总计	亿元	30869.75	15.72
负债总计	亿元	18217.75	16.62
产品销售收入	亿元	35814.11	27.32
产品销售成本	亿元	30225.04	28.80
产品销售费用	亿元	1828.15	22.10
产品销售税金及附加	亿元	276.72	15.28
管理费用	亿元	1432.70	14.34
财务费用	亿元	389.67	15.21
利息支出	亿元	316.06	14.54
利润总额	亿元	1566.66	24.07
亏损企业亏损额	亿元	256.89	14.06
应缴增值税	亿元	918.71	17.33
全部从业人员平均人数	万人	1514.68	7.86
工业总产值(当年价)	亿元	37376.08	26.07
其中:新产品产值	亿元	2119.49	29.74
工业销售产值(当年价)	亿元	36506.71	26.43
其中:出口交货值	亿元	9339.37	24.33
产品销售率	%	97.67	0.27
销售收入利润率	%	4.37	-0.12
总资产贡献率	%	9.97	0.37
资产保值增值率	%	114.45	
资产负债率	%	59.01	0.45
流动资产周转率	次	2.27	0.13
成本费用利润率	%	4.62	-0.14

全国轻工产品产量大部分持续增长。根据国家统计局对全国 95 种轻工产品产量的统计，全年比上年增长的有 88 种，占全部产品的 92.63%，其中累计增幅在 10%以上的产品有 63 种。分地区看轻工业产品产量，广东、山东、江苏、和浙江等省市的轻工业仍带动了全国轻工业的快速增长。广东、山东、江苏、浙江的机制纸及纸浆均位于各省的前列。洗衣机的产量中浙江、山东、江苏占全国洗衣机总量的 63.66%；家用电冰箱产量广东、山东、安徽和江苏占全国家用电冰箱 72.30%；广东省的电风扇产量为 10108.60 万台，占全国总产量的 91.54%；空调器 2842.22 万台，占全国总产量的 42.76%；浙江省排油烟机产量 287.69 万台，占全国总产量的 53.47%。说明在一些规模效益显著的行业，行业集中度越来越高。累计增幅较高的主要集中在家用电器类行业，其中：家用洗碗机增长 166.77%，家用烘烤器具增长 47.89%，胶印书刊纸增长 47.76%，伞增长 45.04%，房间空调器增长 37.86%，冷冻饮品增长 34.09%，燃气热水器增长 33.57%，乳制品增长 32.33%，家用电冰箱增长 30.03%。部分产品增长有所回落，下降的有：皮革服装下降 9.66%，机制糖下降 6.10%，搪瓷制品下降 4.69%，农用薄膜下降 3.28%，肥皂下降 2.86%，表下降 1.52%，泡沫塑料制品下降 0.22%。轻工业主要产品产量见下表：

2004 年全国轻工主要产品产量

产品名称	单位	产量	比上年增长(%)
原盐	万吨	3710.07	19.57
机制糖	万吨	1017.62	-2.26
饼干	万吨	105.47	7.77
方便主食品	万吨	364.46	12.00
其中:方便面	万吨	276.42	8.92
乳制品	万吨	949.18	32.33
其中:液体乳	万吨	806.74	30.91
罐头	万吨	313.37	17.41
味精	万吨	114.92	2.62
饮料酒	万千升	3378.39	14.39
其中:白酒(折 65 度)	万千升	311.68	1.98
啤酒	万千升	2910.05	15.23
葡萄酒	万千升	36.76	14.77
软饮料	万吨	2912.43	18.78
其中:碳酸饮料	万吨	617.23	13.91
果汁及果汁饮料	万吨	500.04	29.12
瓶(罐)装饮用水	万吨	1205.94	18.05
羽绒服装	亿件	1.32	12.28
轻革	亿平方米	5.10	16.69
皮鞋	亿双	21.21	15.14
革皮服装	万件	7740.45	-9.66
家具	亿件	2.58	15.55
其中:木制家具	万件	8350.70	19.69
软体家具	万件	919.47	28.43
纸浆	万吨	1516.23	17.28
机制纸	万吨	2873.56	19.50
其中:新闻纸	万吨	299.96	20.06

（续表）

产品名称	单位	产量	比上年增长(%)
铅笔	亿支	89.17	6.24
肥皂	万吨	65.50	-2.86
合成洗涤剂	万吨	436.40	11.51
其中:合成洗衣粉	万吨	272.64	9.22
香精	万吨	8.20	8.27
牙膏(折 65 克标准支)	亿支	47.95	13.58
火柴(折 50 支标准盒)	万件	1128.83	6.17
塑料制品	万吨	1846.61	11.98
其中:农用薄膜	万吨	365.89	12.60
日用玻璃制品	万吨	785.22	18.55
玻璃保温容器	亿个	3.47	7.20
日用陶瓷	亿件	92.00	8.89
手工工具	亿把	31.77	6.79
搪瓷制品	万吨	11.46	-4.69
锁具	亿把	14.36	13.88
日用精铝制品	万吨	14.43	13.83
燃气热水器	万台	437.17	33.57
缝纫机	万架	855.74	9.06
自行车	万辆	5001.25	6.16
干电池(折一号电池)	亿只	248.42	7.56
灯泡	亿只	83.57	15.82
洗衣机	万台	2348.86	19.20
吸尘器	万台	2571.82	6.32
电冰箱	万台	3033.40	30.03
电风扇	亿台	1.10	11.08
空调器	万台	6646.22	37.86
吸排油烟机	万台	537.81	16.66
电热水器	万台	471.68	19.82
微波炉	万台	4392.46	17.50
钟	亿只	1.42	9.61
表	亿只	1.36	-1.52
眼镜	亿副	6.26	5.35
伞	亿把	4.16	45.04

(二)轻工产品出口增势强劲

据海关总署发布的 2004 年全年我国外贸进出口总额为 11547.4 亿美元,比上年增长 35.7%,相当于 2001 年全年贸易规模的 2.3 倍。2004 年我国进出口贸易规模分别突破 5000 亿美元。其中出口 5933.6 亿美元,增长 35.4%,进口 5613.8 亿美元。全年实现贸易顺差 319.8 亿美元。而 2004 年轻工产品出口突破 1000 亿美元，出口额达到 1576.67 亿美元,比上年增长 25.09%,相当于 2001 年轻工产品外贸出口额的 2.11 倍，即我国加入世界贸易组织以来轻工产品外贸出口额翻了一番多，轻工产品出口额占我国外贸出口总额的 26.57%。2004 年轻工产品外贸进口额为 490.31 亿美元，比上年增长 25.63%,是 2001 年进口额的 2.17 倍。实现贸易顺差突破 1000 亿美元,达到 1086.37 亿美元,是全国贸易顺差的 3.4 倍。2004 年轻工产品外贸进口额的增幅高于出口额增幅 0.54 个百分点。

在 20 大类轻工产品进出口中,除制盐、日用硅酸盐产品进口为负增长以外，其余 19 类轻工产品进出口均为正增长。在轻工产品出口中,皮革、毛皮制品以 274.12 亿美元名列之首，超过 100 亿美元的产品有:文教体育用品 190.89 亿美元,家用电器 167.70 亿美元,食品饮料 152.41 亿美元,塑料制品 127.74 亿美元，金属制品 116.84 亿美元和家具 103.53 亿美元。在出口 20 类轻工产品中增幅超过 30%的行业为轻工机械 47.83%，衡器 40.78%,家具 39.30%,家用电器 36.74%,金属制品 34.72%和灯泡 33.44%。

在轻工产品的进口中进口额位居前五位的行业是：食品饮料 94.37 亿美元，纸浆造纸 93.30 亿美元,塑料制品 70.72 亿美元,日用化学产品 49.57 亿美元,皮革毛皮制品 30.84 亿美元。轻工产品进出口情况详见下表：

商品名称	进口额	比上年增长(%)	出口额	比上年增长(%)
轻工业进出口合计	490.31	25.63	1576.67	25.09
其中:来料加工产品额	69.38	15.12	203.27	9.52
纸浆造纸	93.30	20.12	13.14	10.74
日用机械	17.26	20.13	54.50	12.75
日用硅酸盐	7.84	-14.40	42.80	30.13
灯泡	6.15	110.70	16.22	33.44
日用化学产品	49.57	40.80	62.22	30.61
制盐	0.72	622.72	0.35	-2.69
食品饮料	94.37	29.95	152.41	21.02
皮革、毛皮制品	38.84	20.69	274.12	18.20
木制品及其他天然植物制品	0.50	53.03	27.41	25.81
家具	7.26	26.28	103.53	39.30
文教体育用品	9.52	17.27	190.89	15.06
工艺美术品	5.12	22.03	66.54	23.80
塑料制品	70.72	29.39	127.74	31.21
金属制品	12.23	17.56	116.84	34.72
家用电器	26.55	33.94	167.70	36.74

（续表）

商品名称	进口额	比上年增长(%)	出口额	比上年增长(%)
照明器具	1.59	27.91	54.45	18.89
衡器	0.71	33.04	3.85	40.78
日用杂品	5.12	23.90	37.27	26.55
轻工机械	36.07	15.81	6.55	47.83
其他	6.86	19.65	58.16	30.81

(三)产销同步大幅增长，利润保持较高增长

2004年轻工全行业累计实现产品销售收入35814.11亿元，比上年增长27.32%。私营有限责任公司销售收入5442.3亿元，增长34.20%；其他有限责任公司销售收入5113.37亿元，增长31.07%；中外合资经营企业销售收入3558.93亿元，增长26.85%；港台合资经营企销售收入3141.97亿元，增长22.28%，以上几种经济类型领先于其他类型企业。

轻工全行业工业企业实现利税2762.08亿元，比上年增长20.84%，利润总额1566.66亿元，比上年增长24.07%。

利润总额排在前几位的企业类型是：其他有限责任公司完成237.83亿元，比上年增长27.22%；私营有限责任公司202.87亿元，增长32.75%；中外合资经营企业198.92亿元，比上年增长18.28%。按规模划分，大中型企业利润总额为958.31亿元，占轻工全行业的61.17%。从全国各省市来看，排在前3位的是：广东省完成299.62亿元、山东完成276.91亿元、浙江完成214.54亿元。按行业分：农副产品加工利润总额233.95亿元，造纸141.06亿元，食品132.59亿元，家用电器94.74亿元。

2004年轻工全行业企业67776家，其中亏损企业11894家，亏损面17.55%。亏损企业亏损总额累计256.89亿元，比上年增长14.06%。亏损额下降的有：私营合伙企业下降45.10%，其他内资下降10.40%，国有企业下降2.84%，外资企业下降0.24%。

轻工行业应收账款净额4016.30亿元，比上年增长15.04%，其中国有及国有控股企业应收账款净额570.62亿元，比上年下降2.03个百分点。企业产成品库存2426.20亿元，比上年增长22.16%，其中：国有及国有控股企业产成品资金392.20亿元，比上年增长6.54个百分点。

(四)禽流感疫情对轻工业有一定的影响

2004年初，东南亚一些国家和地区以及我国部分地区爆发禽流感疫情，对我国轻工业中与农副产品加工的有关行业造成一定的影响，但从整个行业发展来讲，因为高度重视，并未造成实质性损害。

中国羽绒工业协会面对严峻的形势，特别是许多羽绒生产企业从越南、泰国和我国台湾省等地区进口的羽绒业务因受禽流感的影响被迫停止以及发生禽流感的省市大量扑杀鸭鹅，造成羽绒减产，羽绒价格上升的局面，协会积极向有关部门反映企业面临实际情况和面临的困难，促进企业开展正常的出口业务，保护企业的利益。协会还向企业发出预警，严密注视情况的发展和及时反映情况。

二、不利因素

(一)原材料等价格上涨对行业造成一定的冲击

自2003年下半年以来，原材料价格特别是钢材、原油价格上涨以及能源供应紧张对轻工业生产造成一定影响，使企业成本费用明显增加，并对产品价格产生较大压力。据了解，上半年家用电器行业钢材价格上涨60%；电池行业原材料价格上涨幅度均大于30%；缝纫机械行业所用钢材价格上涨30%以上，铜价格上涨40%，同时由于油价上涨运输成本上涨20%；洗涤行业黄磷价格突破历史同期最高水平；塑料原料上涨幅度有的近100%，助剂、添加剂等也随着大幅上涨。轻工产品是市场化程度比较高的，市场竞争十分激烈，除个别行业外，近几年企业利润趋于平均，此次原材料的价格上涨，企业成本费用的增加，挤压了企业的利润空间，在一定程度削弱了产品在国际市场的价格竞争优势，造成部分企业生产经营困难，塑料行业一部分小企业倒闭，大中型企业利润大幅下滑或亏损经营。灯具、灯泡生产企业上调了部分产品的价格，以弥补各种涨价因素带来的损失。在国家采取了一系列宏观调控措施以后，原材料涨价趋势在一定程度上得到缓解，钢材的价格回落，但在总体上原材料价格是上涨的。

(二)电力供应紧张影响企业正常生产

从2003年6月份起,全国已有21个省市先后出现程度不同拉闸限电情况,特别是在一些轻工重点产区如浙江、广东、山东等省市,轻工较大的行业如家电、缝纫机械、洗涤、皮革、羽绒等均有一定影响。同时部分省市取消优惠电价和上调电价,使企业成本提升很快,且企业自身消化能力突现薄弱。

(三)行业面临越来越严峻的国际竞争环境

近几年,轻工行业面临越来越严峻市场竞争环境,特别是国际市场,接踵而至的出口产品反倾销案困扰着越来越多行业和企业,近期家具、电池、罐头沟通渠道不太通畅和国内、企业之间协调问题,造成有些案件诉讼略显被动。同时有的发达国家源于自身利益不断设置绿色环保,生态,安全,专利费征收等技术门槛和非关税壁垒,并利用我国入世协议的某些条款,限制轻工产品的出口,如SA8000强制性标准等。一些发展中国家则依托更加低廉的劳动力成本以及区域经济集团提供的优惠政策,逐步成为我们的主要竞争对手。另外从2004年起我国出口退税率下调,对轻工行业出口带来一定压力,如缝制机械下调3个百分点,大部分出口企业只能通过内部消化转移成本,使企业出口成本增加,在争取订单方面出现不同程度的困难。另外一些企业出口退税迟迟不到位。

(四)低水平重复建设的问题在一些地区和企业仍然存在

轻工行业竞争十分激烈,门槛也相对较低,在部分领域存在低水平重复建设问题,不仅造成资源浪费,还使行业发展陷入无序,企业之间相互压价恶性竞争,产品质量得不到保证,整体上损害了行业利益。近年自行车行业,特别是电动自行车企业急剧增加(已有400多家生产企业)给行业带来一定混乱;空调器国内市场空间1500多万台,每年出口1600多万台,可产能4500万台,行业竞争十分激烈,旺季里价格战年年发生;皮革行业在东部沿海地区大量投资上马各类鞋城、鞋类批发市场,有的批发市场已经亏损或很不景气;各地家具城建设也方兴未艾,投资力度不减。在轻工业大部分行业产能过剩的情况下,2004年第一季度有三个行业投资超过上年同期投资一倍。

这些新情况、新问题给轻工行业和企业带来了诸多困难和很大压力,应该说在一定程度影响了轻工产品和企业综合竞争力的提升。但在国家宏观调控政策的引导下,经过轻工战线广大职工的努力拼搏,通过加强内部管理和改组改造等方式最大限度的消除涨价因素带来的不利影响,使各项指标均比上年同期增长,这也得益于轻工行业和企业较高的市场化程度和对外开放的基础。从整体上讲外部环境的变化还没有影响到轻工行业的健康发展。

三、联合会工作

(一)会展经济作用继续扩大

2004年轻工业展览在2003年有较大发展的基础上继续向前发展,展览资源进一步整合,由行业协会和地方组织的展览得到社会的认可,行业性、地域性展览占主导地位,品牌效应开始显现,社会的认知度进一步提高。

(二)继续开展建设特色区域

近年来,中轻联与各个协会、学会成功联动,并得到了各个相关地方政府密切配合,创造性地抓好特色区域建设,先后授予了44个特色区域荣誉称号。已有近20个行业与地方政府共同着力特色区域的建设,打造轻工的集群经济。2004年特色区域的地域范围更为广泛,原有的特色经济区域主要集中在沿海地区,现扩大到中西部地区。

(三)培育轻工名牌产品和做好标准化工作

中轻联和各个行业协会、学会以及轻工企业对培育轻工名牌产品倾注了大量的心血和精力,努力培育、精心打造品牌,促进了行业的发展,以品牌优势参与市场竞争,在行业和企业中形成了良好的氛围,取得了很好的效果。2004年被中国名牌战略推进委员会确认为中国名牌的轻工产品103个,占中国名牌总数的38%。

轻工行业和企业对标准化工作越来越重视,不少行业把标准的制定和修订当作全年的一项重要工作,组织专家和有关人员召开专业会议研讨来制、修订标准。一些协会对卫生部等其他部门制定的标准提出修改意见,有的协会对行业的国际标准也向国际有关组织提出了建议。2004年共完成制定、修订的标准314项,其中国家标准119项,强制性标准 14 项。

（四）为企业“走出去”提供支持

为了使轻工企业进一步开拓国际市场、实施“走出去”的战略目标，中国轻工业联合会利用其自身的优势和对外联系的渠道，注意采集涉外经贸合作信息，并通过适当的途径及时传递给联合会的会员。编写了《国外轻工业市场与投资环境》，对亚洲、欧洲、拉丁美洲的 20 多个国家的市场与投资环境进行了分析，为轻工企业走出去提供了信息。中国轻工业联合会与各个协会，学会、企业事业单位积极组织企业到国外参加展览会、考察，帮助企业走出国门，寻找更多商机，不断探索国际交流与合作的可能性。目前，轻工很多行业正处在高速发展时期，在生产、出口持续增长的同时，也不断遭到国外贸易壁垒的影响与冲击。

一些案例给轻工行业带来深刻的启示，首先要建立行业的预警机制，在各方面的积极支持和配合下，及时掌握市场信息，甚至可以在发生反倾销之前，采取适当的措施化解冲突；其次，企业的法律意识、规则意识以及信用需要加强；第三，要加强按 WTO 原则参与国际竞争，不但要有应对反倾销意识，还要增强反倾销的意识，保护行业的利益。

（五）加强职业技能培训，积极推进行业科技进步

轻工业职业技能培训工作在上一年取得成绩的基础上，2004 年在职业技能鉴定标准、机构建设等方面取得一定成绩。已完成编写并经劳动部颁布、出版的标准 53 个，完成编写并通过审定、颁布的标准 10 个。共有鉴定站 43 个，2004 年劳动部批准建立的轻工行业特有工种职业站 20 个，设立行业职业技能培训和鉴定管理总站 11 个，行业培训基地 28 个。全年共有 2932 人通过鉴定取得各等级职业资格证书。共培训 6 批包括乐器、酿酒、皮革、珠宝、职教等行业的考评员 235 人，其中考评员 93 人；高级考评员 143 人。

（六）加强信息化建设

轻工业的信息化推进工作取得了新的进展。中轻联先后开展了中国轻工企业信息化的调查、中国轻工企业信息化单位推选、表彰并召开中国轻工企业信息化发展大会。

受有关部门委托，中轻联还参加了第一次全国经济普查，组织协调 30 多个行业协会对《轻工行业普查用产品目录和能力目录》的征求意见稿提出修改意见，完成对《按行业划分的产品分类》初稿的征求意见、整理汇编工作，为轻工行业普查资料的完整、规范、有效、实用提供了可靠的保证。

2004年中国纺织工业经济运行概况

一、2004年纺织工业运行情况

2004年纺织工业经受了国内外经济环境的变化，以及各种不利因素的影响，但在国家宏观调控的形势下，整个行业保持着稳步、快速发展，生产、效益、规模、进出口等各项经济指标均有突出增长，延续了新世纪以来上升发展的良好势头。

（一）行业经济总量和大类产品产量稳步提高

据测算，2004年全国纺织工业（全口径）实现销售收入26400亿元，比2003年增加了4900亿元人民币，同比增长了22.79%。全行业纤维加工总量达到2400万吨，比2003年净增400万吨。大类产品产量继续保持快速增长的势头，其中化纤产量达到1425万吨，同比增长20.29%，增幅比去年上升了2.74个百分点；布产量达到420亿米，同比增长18%，增幅上升了9.2个百分点；印染布产量达到301.63亿米，同比增长17.12%，增幅下降了3.31个百分点；纱产量为1094万吨，同比增长18.84%，增幅上升了2.76个百分点；服装产量为418亿件，同比增长21%。大类产品产量的增速均保持在15%以上。

表1　2004年规模以上纺织工业产品产量增长状况

名　称	单位	累计	同比±%
化纤用浆粕	万吨	50.73	1.66
化学纤维	万吨	1424.54	20.29
粘胶纤维	万吨	96.61	16.08
合成纤维	万吨	1313.96	20.82
锦纶纤维	万吨	66.83	14.87
涤纶纤维	万吨	1138.05	22.80
腈纶纤维	万吨	66.20	5.35
维纶纤维	吨	35105	10.88
丙纶纤维	万吨	27.58	-0.40
纱	万吨	1094.86	18.54
布	亿米	294.75	19.43
棉布	亿米	152.98	21.21
混纺交织布	亿米	67.52	12.23
纯化纤布	亿米	74.20	22.81
印染布	亿米	301.63	17.12
帘子布	吨	324691	13.90
绒线(毛线)	万吨	43.30	14.01
呢绒	万米	27400	10.53
麻袋(混合数)	万条	4618	-17.39
苎麻布及亚麻布	万米	14351	9.90
丝	吨	102560	11.22
丝织品	万米	815336	17.03
针棉织品折用纱线量	万吨	82.05	17.03
非织造布	万吨	19.92	11.72
服装	万件	1183266	15.05
梭织服装	万件	557059	12.67
衬衫	万件	75976	10.56
儿童服装	万件	15972	10.40
针织服装	万件	611436	17.50
羽绒服装	万件	13182	12.28
合成纤维单体	万吨	649.75	11.08
聚酯	万吨	810.35	7.79

（二）运行质量和效益均有不同程度的提高

数据显示，2004年规模以上纺织工业实现工业总产值16107亿元，同比增长24.36%；产品销售收入15481亿元，同比增长25.26%，增幅上升了0.66个百分点；销售产值15723亿元，同比增长24.18%；实现工业增加值3989.89亿元，同比增长24.36%，增幅提高了1.6个百分点；出口交货值为4887.91亿元，同比增长17.14%，增幅下降了4.84个百分点；产销率达到97.61%，跟去年基本持平；管理费用、财务费用占销售收入的比重为4.92%，同比下降了0.55个百分点；流动资金周转率为2.34次，比去年上升了0.21次，成本费用利用率为3.45%，比去年同期下降了0.29个百分点；规模以上企业共实现利润513.48亿元，同比增长16.22%，利润增幅大幅回落，降低了14个百分点；规模以上纺织企业全员劳动生产率为44600元/人，比去年同期上升了16.84%。

表2 2004年规模以上纺织企业经济指标情况

指标名称	金额(亿元)	同比增长%
工业总产值(现价)	16107	24.36%
销售产值(现价)	15723	24.18%
销售收入	15481	25.26%
工业增加值	3989	24.36%
出口交货值	4887	17.14%
利润总额	513	16.22%

（三）纺织工业出口保持快速增长，结构进一步优化

2004年，受全球经济回暖和配额取消的拉动，我国纺织品服装出口仍然保持了快速的增长，呈现出以下特点：

1.出口规模进一步扩大，对宏观外贸的贡献依然突出

2004年，纺织品服装进出口总额达到1141.89亿美元，首次突破千亿美元大关，其中出口973.85亿美元，同比增长21.01%，增幅比去年回落约7个百分点，进口168.04亿美元，同比增长7.81%；实现顺差805.81亿美元，同比增长24.17%，是全国同期进出口贸易顺差的2.52倍。

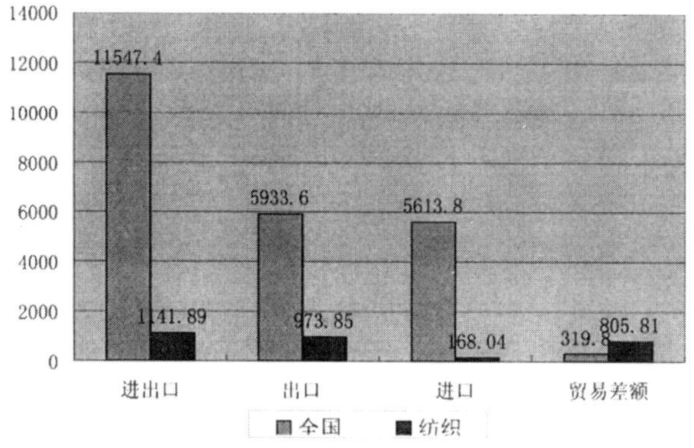

图1 2004年纺织品服装进出口和全国对外贸易比较（亿美元）

2.一般贸易出口金额持续提高，所占比重继续扩大。2004年，纺织品服装一般贸易出口659.10亿美元，同比增长23.27%，占全部出口的67.67%，一般贸易出口所占份额比2003年上升了1.21个百分点；加工贸易出口314.75亿美元，所占比重比去年同期下降了近2个百分点。

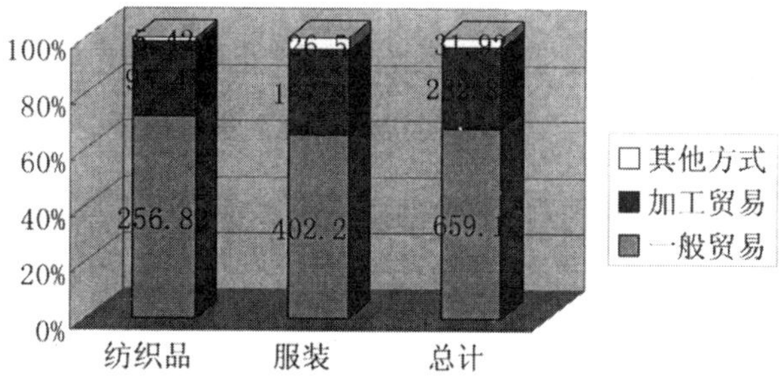

图2 2004年我国纺织品服装出口的贸易方式比重

3.在市场结构上，仍以传统市场为主，但所占份额有所下降。2004年，纺织品服装出口前5大市场依次为中国香港、日本、欧盟（25个成员国）、美国和俄罗斯，出口额合计630.83亿美元，占全部出口的64.77%，比上年下降了2.3个百分点。其中，俄罗斯不但已经取代东盟成为中国纺织品的第5大进口市场，并且保持着56%的高速增长。

对设限国家和地区出口合计258.15亿美元，同比增长17.12%；对非设限国家和地区出口合计715.70亿美元，同比增长22.47%；我国对设限国家和地区的出口占全部出口的比重为26.51%，比2003年25.04%上升了1.47个百分点。

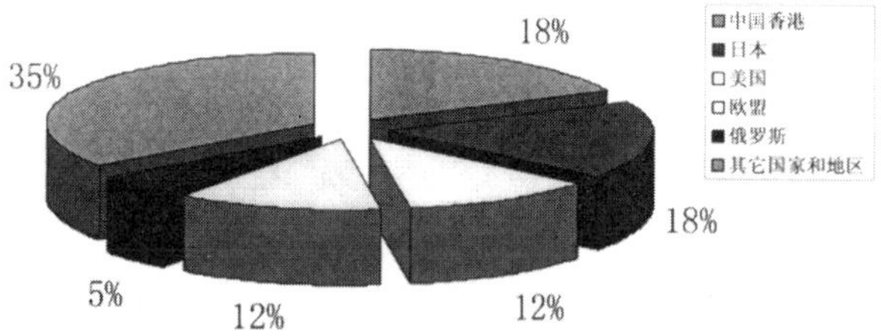

图3 2004年我国纺织品服装主要出口国家和地区

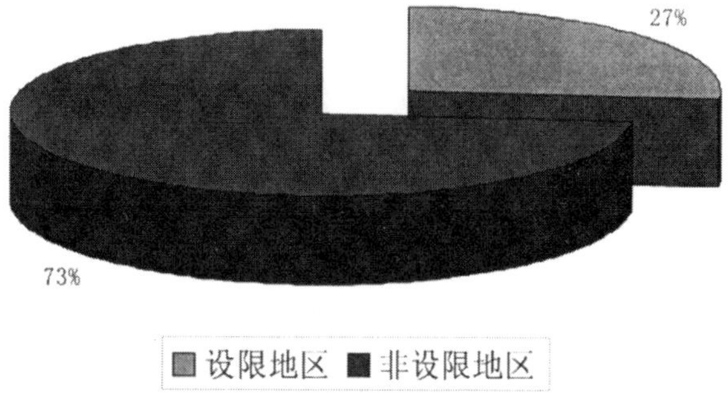

图4 2004年我国纺织品服装出口对设限地区和非设限地区的比例

4. 东部沿海地区、非国有企业为行业出口主体。2004 年，我国东部沿海主要出口省市纺织品服装出口额分别为：浙江 203.83 亿美元，广东 180.06 亿美元，江苏 153.15 亿美元，上海 120.88 亿美元，山东 91.19 亿美元，福建 44.65 亿美元，上述 6 省市合计出口额达 793.76 亿，占全国出口的 81.51%。

在出口的企业中，国有及国有控股企业出口交货 48.80 亿美元，同比减少了 4.69%，而民营、集体出口 382.09 亿美元，同比增长 16.04%，三资企业出口金额达到了 335.02 亿美元，同比增长了 20.60%。

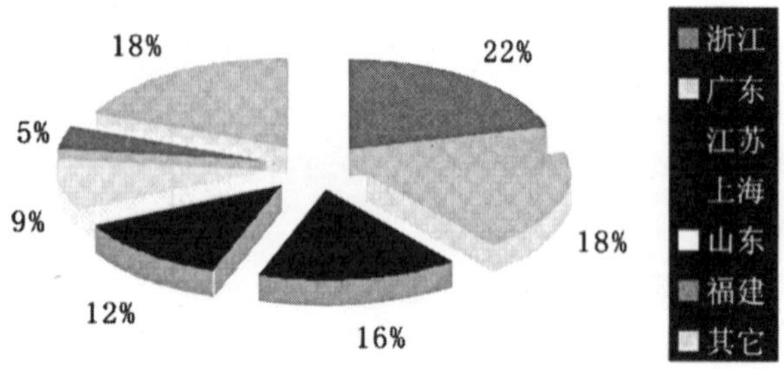

图 5　2004 年我国纺织品服装主要出口省市

5.产品结构上，仍以服装类产品为主。2004 年，服装出口额为 616 亿美元，占全部出口的 63.25%，同比增长 18.69%。其中，针织服装出口 234 亿美元，占服装出口的 38%，同比增长 24%；梭织服装出口 267 亿美元，占服装出口的 43%，同比增长 14%。同期，纺织品出口额为 357.69 亿美元，占全部出口的 36.75%，同比增长 25.21%。其中，棉布出口 60.5 亿美元，占纺织品出口的 18%，同比增长 11%。

（四）固定资产投资的增幅呈现较大回落；内资在投资来源中比重较高，先进生产力建设不断得到增强

1.全行业固定资产投资增速同比下降，上游行业仍为投资的主要领域

在国家严格的土地审批制度、提高贷款准备金比率、严格金融政策准备金制度等宏观政策调控下，2004 年纺织工业固定资产投资呈现回落性增长，全年固定资产投资额为 1179.16 亿元，同比增长 30.18%，较 2003 年回落 50 多个百分点，显示国家宏观调控政策使纺织工业过快增长有了理性回归；从分行业来看，以棉纺织为代表的纺织业固定资产投资为 735.97 亿元，同比增长 26.07%，占纺织工业总投资额的 63%；服装业为 246.95 亿元，同比增长 31.76%；化纤为 170.86 亿元，同比增长 49.52%；纺机为 25.37 亿元，同比增长 24.97%。纺织行业固定资产投资分行业的比例说明，上游行业的固定资产投资仍占整个行业的主体。

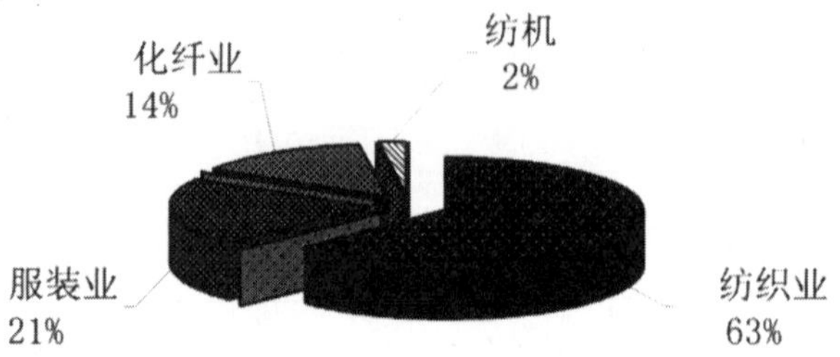

图 6　2004 年纺织工业分行业固定资产投资比例

2. 内资及非国有资本在纺织工业固定资产投资中的比例高

从固定资产投资的来源来看，2004 年纺织行业固定资产投资额中内资为 863.09 亿元，占总投资规模的 73.20%，而港澳台资为 147.42 亿元，占总投资规模的 12.5%，外资为 166.24 亿元，占 14.10%。在内资中，各种有限责任公司、股份有限公司和私营公司资本三类资本金额达到 708.72 亿元，占总投资额的 60%，各种非国有资本在纺织行业中的投资比重日益扩大，整个产业的竞争活力得到增强。

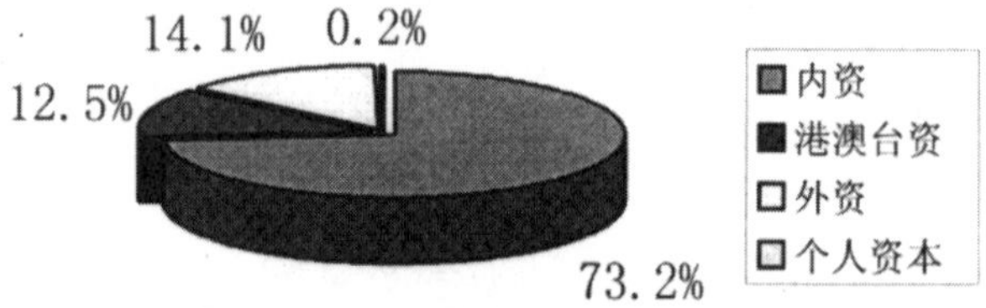

图 7　2004 年纺织行业固定资产投资资本构成比例

3.先进生产力水平的投资不断扩大

2004 年我国共进口各类纺织机械 47.55 亿美元，同比增长了 3.08%，相当于当年固定资产投资的 50%。其中化纤机械 7.73 亿美元，纺纱机械 8.30 亿美元，织机 6.66 亿美元，针织机械 9.20 亿美元，印染后整理机械 7.18 亿元，分别比上年增加了 20.1%、12.52%、-27.72%、10.11%和-3.41%。不仅给外国设备供应商提供了巨大的市场机会，也推动了行业先进生产力的建设。

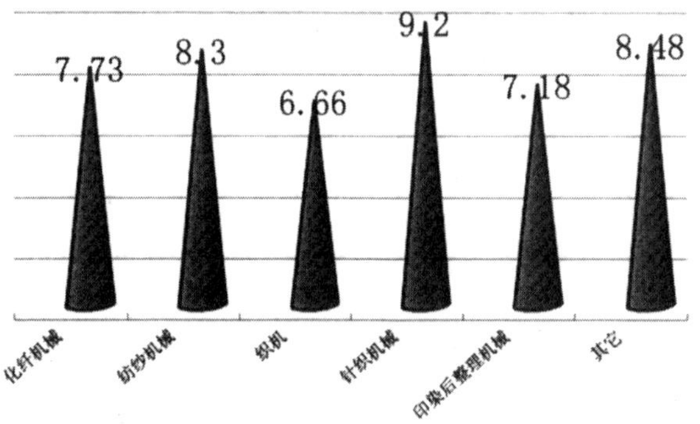

图 8　2004 年我国进口纺织机械金额(亿美元)

新增加的设备基本达到了国际上世纪 90 年代水平，其中有一半引进的装备投资代表了国际当前的先进水平。棉纺业设备中，上世纪 90 年代水平和国际先进水平的比重已经从 2000 年的 30%上升到 2004 年的 50%，并且已有代表了当前国际棉纺织工业最高水平的紧密纺技术投产，这些变化保证了一批出口企业在国内、国际建立的稳定的、高附加值市场。棉纺印染技术、针织技术、服装企业创新能力都大幅度提高。

二、行业平稳增长的原因

2004 年行业经济运行取得的良好业绩，是纺织工业长期坚持市场化改革的结果，是进入新世纪以来，特别是入世以后，牢牢抓住战略发展机遇期，坚持科技进步和产业升级，呈现上升发展趋势的延续。

归纳起来，2004 年纺织工业之所以能够保持快速、平稳增长，宏观和历史地看，主要有三大动力。

(一)在国民经济快速增长情况下，内需的拉动对纺织工业举足轻重

纺织工业作为最终消费品行业，有着全球最庞大、最完善的产业链条。宏观经济和人民生活水平的提高对纺织行业的发展起着非常重要的作用。国家统计局数字显示，2004 年国内生产总值为 136515 亿元，比上年增长 9.5%，是 1980 年的 30.22 倍。全年社会消费品零售总额 53950 亿元，比上年增长 13.3%，扣除价格因素，实际增长 10.2%，比上年加快 1 个百分点。其中衣着类消费大约为为 5400 亿元，占整个社会零售总额的 10%左右。城乡居民收入增长较快，全年城镇居民人均可支配收入 9422 元，比上年实际增长 7.7%；农民人均纯收入达到 2936 元，实际增长 6.8%，是 1997 年以来增长最快的一年。

城乡居民收入的快速增长，在最终消费品领域就转换成为对衣着类强大的购买能力。同时高收入群体的增长、中产阶级比重的扩大以及农村市场的存在，使我国纺织品服装消费市场呈现出消费个性化、品牌化、短周期、快速反应的趋势。

2003 年，我国人均 GDP 首次突破 1000 美元。从对发达国家 GDP 的历史变化的研究发现，人均 GDP1000 美元到 3000 美元，对纺织工业发展来说是一个重要的战略发展机遇期，纤维消费将进入快速发展的阶段。对我国来说，这一阶段不仅可以有效发挥劳动力资源丰富的自然条件，从而加强形成劳动密集产业比较优势，同时也为扩大国内市场需求提供了重要发展潜力。2004 年我国纤维加工总量达 2400 万吨，约是 1980 年的 7 倍，国内消费量已占世界 1/5 以上，国内纤维消费的增长量是世界同期消费增长总量的 1/3。国民经济的增长对纤维消费的需求形成强大的动力，为纺织工业的发展创造了良好的前提条件。

家用纺织品和产业用纺织品方面的消费也快速增长。除衣着类消费外，随着社会经济发展水平从“温饱”开始进入“小康”，对家用纺织品的消费需求正日益增长。根据发达国家数字，家用纺织品在纤维消费中的比重一般在 30%~40%，而目前我国家用纺织品的消费占最终纤维消费比重尚不足 20%，还有较大的增长空间。产业用纺织品在国外被称为“技术性织物”，附加值比较高。随着工农业生产快速发展和国家对基础设施投入的加大，一批铁路、公路、港口、水利、建筑等工程项目建设开工以及汽车、环保、医用、卫生行业及国防需求的增长，产业用纺织品也将呈现快速增长趋势。

具体来看，内需对纺织工业的拉动主要体现在以下三个方面：

1.对纤维消费的需求

从 1981 年到 2004 年，中国人口由 10 亿增加到 13 亿，纤维消费总量由 355 万吨增加到 1500 万吨，纤维消费增长量是同期世界增长量的 1/3，其中家用纺织品和产业用纺织品的比重从 20 年前的 20 %上升到 46%，成为新的经济增长点。纤维消费市场的持续发展为纺织工业发展提供了源源不断的动力。

2.扩大就业的需求

在我国有计划经济向市场经济过程中，经济结构的调整带来了大批的下岗和失业人口。我国是人口大国。目前中国农村富余劳动力达1.5亿，城镇失业及下岗职工达1400万，城镇每年新增劳动力1000万。作为劳动密集型产业，纺织工业吸纳了大量的就业。数字显示，中国纺织工业从业人数1980年为613万，2004年达到1900万人，其中在全国年销售达500万元的规模以上工业企业中，纺织从业人数占全国的14.58%，我国纺织工业的发展为社会提供了大量的就业岗位。

3.解决中国"三农"（农业、农民、农村）问题的需求

2004年，我国纺织工业使用国产天然纤维（棉花、麻、毛、丝等）达720万吨左右，涉及1亿农民的生计。此外，中国纺织工业从业人口中，大约1350多万是农民工，还有相当多的农民工从事与纺织、服装有关的第三产业。

在东南沿海地区的县城、镇、村，形成了一大批纺织服装产业集群。产业的发展既吸纳了大量的农村富余劳动力，增加了农民收入，又有效地解决了农村在工业化进程中向城镇转变的问题，纺织工业产业集群的快速发展，加快了农村城镇化进程。同时，大量农民工的进入，降低了纺织工业的人力资源成本，强化了我国纺织品服装在全球市场的比较优势。

（二）市场化改革为纺织工业高速发展带来史无前例的生机与活力

纺织工业是我国由计划经济向市场经济转变过程中，最早走向市场化的行业。早在20世纪80年代初，国家就率先在纺织行业放开了市场，1983年国家取消了布票，标志着纺织工业开始由计划经济向市场经济转变的开始。利用经济规律和价格杠杆来调节市场，消除了禁锢行业发展的束缚，为纺织工业的快速发展增加了动力。上世纪90年代末，全行业有按照市场发展的规律和要求，将国有纺织企业淘汰近1000万落后棉纺锭，约120万工人下岗，一批困难国有企业被兼并破产或重组，增强了企业的竞争能力。

同时，市场配置资源，极大地调动了社会投资和海外投资积极性，产业结构发生巨大变化。中国最早的外资企业就是诞生在纺织行业中。通过市场的作用，国有资本的比重越来越小，非国有资本的比重越来越高。2003年规模以上企业实收资本比1998年增长了34.77%，国有资本比重从28.58%下降到13.04%，非国有资本从71.42%上升到86.96%，国有资本的比重在不断下降。

在市场配置资源的拉动下，纺织工业的区域部局逐步向东部沿海地区集聚，在浙江、广东、江苏、山东、福建、上海等地形成了产业集群带，改革开放前计划经济体制下的上海、青岛、天津格局已不复存在。这里特别注意的是，浙江省改革开放初期，列全国第8位，2004年销售收入超过江苏，出口创汇超过广东，一跃成为我国纺织行业第一大省。究其原因，除了地理位置方面的优越性外，浙江省的改革开放和对市场经济的探索是该省纺织工业不断发展的根本原因。在遍布沿海地区的纺织产业集群区域，民营经济得到了蓬勃、快速的发展。自2002年，中国纺织工业协会先后三批对全国37个县（市、区）、52个城镇的纺织产业集群进行了服务试点，根据统计，这些产业集群的经济总量占全国的25%，就业人口占25%，出口占20%，产业集群的发展成为新世纪纺织工业发展的亮点。

（三）通过对外开放参与国际竞争、扩大国际合作，提高了全行业技术水平、管理水平和产品的竞争力

对外开放的实施使纺织工业得以充分利用国内外两种资源、两个市场，从而保证竞争力的提高，有效地弥补了国内资源和技术的不足。海关数字显示，2004年我国进口棉花198万吨，进口化纤198.19万吨，化纤单体1126.8万吨，进口纺织机械47.55亿美元，相当于当年纺机投资总额的50%。进口各种资源，既有效弥补了我国纺织工业上游原材料不足的缺陷，还可以调控国内市场的供需状况和价格变化，同时各种先进的技术装备的引进，提高了国内产业装备的整体水平，为在全球市场产品竞争力的提高提供了保证。

开放政策的实施，使纺织行业吸引了大量的外资和港澳台资本，增强了行业的活力。2004年我国纺织工业规模以上企业的外商及港澳台资本销售产值占规模以上纺织工业销售产值的29.23%，出口交货值占49.27%，出口额占全国出口额（包括规

模以下企业)的 34.4%。外资的进入,在开放之初除了有效弥补了自有资金的不足外,还给国内带来了先进的管理方法、工艺技术,并开拓了市场,拉动了国内产业的提升。最为重要的是,外资企业对国内产业的发展起到了非常好的示范作用。先进的管理经验、工艺技术、经营理念都发挥了非常明显的"溢出"效应,对产业发展起到非常重要的推动。

改革开放给我国纺织工业带来另一个突出的变化是科技进步。从小平同志在 1980 年提出的"科学技术是第一生产力"到江泽民同志提出的"创新是一个民族的灵魂",科学技术如今已得到了全社会的重视。全社会已形成尊重知识、尊重人才的良好氛围。纺织行业亦是如此。国外先进科学技术的引进、先进装备和工艺的引进缩短了我国民族工业追赶国际先进技术的时间,提高了纺织工业的整体科技水平,从而为我国纺织品服装在全球市场竞争力的提高提供了技术上的保证。

随着纺织行业市场化程度不断提高,竞争逐步趋于平等而激烈,广大纺织企业从根本上认识了技术进步对企业的重要性,纷纷加快了技术改造、技术进步的步伐。从 1993 年到 2004 年,全行业仅仅进口设备就达 296.3 亿美元,同时,每年相当于进口设备价值的国产先进设备,已武装和改造了行业。先进的工艺技术设备,推动了我国纺织工业的发展。大容量化纤聚脂、化纤高速纺丝、化纤加弹设备关键技术的消化吸收成功,推进了我国化纤发展。如大容量聚脂技术达到了国际上同类设备的先进水平,而投资只需原来国外进口的 1/8,促进了聚酯的快速发展。目前我国化纤已占国内纤维总量的 65%,化纤已成为我国纺织行业的主要原料。棉纺织行业的技术进步,使无结纱的比重从 1980 年的 2.25%到 2003 年的 50%;无梭布比重从 1980 年的 3.5%到 2003 年的 45%。棉纺纱支从 1980 年的 25 支到 2003 年的 32 支。服装行业大量采用 CAD/CAM 等技术和先进的流水生产钱。

三、制约行业发展的因素

2004 年纺织行业虽然在发展中取得了一些突出成绩,但从外部环境看出现了一些新的矛盾和问题,而这些矛盾和问题的存在,制约着纺织行业的持续健康发展。

(一)棉花价格市场的非正常波动,直接影响到广大用棉企业的效益,也影响了我国纺织行业在全球市场的竞争力

长期以来,棉花价格的变化就是纺织工业发展的"晴雨表"。作为纺织工业的主要原料,棉花的价格直接影响下游纺织行业的运行质量和效益。2004 年,我国棉花市场经历了一个价格由高到底的变化过程,变化幅度之大、速度之猛都是从未有过的。整年的棉花价格走势大概分为三个阶段,第一阶段是由年初至 2 月末,棉价不断上扬,冲高至最高价 18000 元/吨左右,第二阶段是由 3 月初至 6 月下旬,棉价是一路下泻,降至每吨 13000 元左右,下降幅度达 30%,第三阶段由 9 月下旬至年末,这一阶段棉价逐渐启稳,大致在 11000~12000 元这个箱型区间盘整。在 2004 年这个自然年度内,棉花价格可谓是经历了"冰火两重天",广大用棉企业叫苦不迭。

而且受多方面因素的影响,国内棉花价格和国际棉花价格始终存在着 1000 元/吨左右的"价差",国内棉花价格高过了同期国际市场的价格。以年末的 12 月 30 日的数据为例,当天中国棉价指数为 11265 元/吨(329 级),而同日的国际 COTLOOK A 指数为 47.50 美分/磅,折口岸交货价 8660 元/吨,按照可比价格,国内价格高于国际市场价格大概 1300 元/吨。这只是全年国内棉花价格同国际棉花价格差异之间的一个缩影,贯穿整个 2004 年,国内棉价和国际棉价一直维持了 1000 元/吨左右的价差。

棉花价格的波动对纺织工业的影响体现在两方面,一方面是同一个棉花年度的棉花价格出现大幅度的波动,严重影响到棉纺织工业的广大企业的正常运行。大起大落的棉花价格,给棉纺织企业乃至整个纺织工业产业链都带来了负面影响。很多企业在棉花价格如"过山车"般的行情中,步履维艰。企业在棉价大幅上涨的行情中,资金链出现缺口;而在棉价大幅下跌的过程中,观望的心态又占据上风,从而加剧了棉价的下降,影响到企业的正常开工率。

另一方面是国内外棉花价格的较大差异,严重影响中国棉纺织的国际竞争力。国内棉花价格每吨比国际市场高 1000~2000 元,使棉纱、坯布、色织牛仔、印染布等整个产业链的出口竞争力大大下降。6 月份棉价急速下跌，棉价由 16000 元/吨下跌到 12500 元/吨，部分企业由于先期购买的高价棉花出现大幅度缩水而出现亏损。棉价对竞争力的影响具体表现在，2004 年我国棉织纺织品及服装出口 283.27 亿美元，增长 16.2%，增幅下降 7.8 个百分点，棉织物出口量下降 4.24%，其中纯棉坯布出口下降 7.5%，棉染色布出口下降 8.16%，棉混纺布下降 23%，纱线出口 39.76 万吨，出口量下降 10%。也就是说，自 2000 年以来棉纺织品的出口数量首次出现了下降，这些都同棉花价格的国内为差异有关。

表 3　国内棉花价格和纱线、坯布价格变化幅度比较

	329 级棉花	中国纱线指数 CY322	中国坯布指数 CG32(元/米)
2004 年 6 月 1 日	15600	22420	5.9
2004 年 11 月 15 日	11609	18170	4.56
变化额	3991	4250	1.34
变化幅度%	-25.5	-18.9	-22.71

棉价的暴涨暴落和国内外棉花价格长期存在的价格差异从根本上说是由于我国的棉花流通体制不完善、不健全，发展滞后于市场经济的发展速度，不能和国际市场完全接轨造成的从根本上说，我国纺织工业的快速发展对于棉花市场形成巨大的消费拉动，这是对广大棉农积极性、保护棉农利益的至关重要的因素。但是由于我国棉花流通体制仍然掌握在少数企业手中，这些企业在棉价变化中，覆手为云，翻手为雨，趁火打劫，扰乱棉花流通秩序，既损害了棉纺织企业的利益，有对广大棉农的种棉积极性造成严重损害。而且，棉花配额体制存在，以及政府决策方面的滞后性也客观加剧了市场的形势。

（二）贸易摩擦明显增多，国际贸易环境的不确定性加大

自我国加入世贸组织后，针对我国纺织品服装贸易的贸易摩擦由逐年增多的趋势。尤其是自 2003 年美国对我三类纺织品（袍服、针织布、女士内衣）设限以来，欧盟、秘鲁等国家和地区也开始了对我国纺织品服装采取措施。可以说，美国对我纺织品设限拉开了后配额时代世界上其他国家和地区对我国纺织品服装展开贸易战的序幕。据不完全统计，2004 年是我国改革开放以来纺织行业面临贸易摩擦最多的一年，共计 16 起。

针对我国纺织工业的各种贸易摩擦，反映出在新的全球纺织品服装贸易格局下，各国争夺市场空间的激烈程度，也表明了我国纺织产业在全球市场的竞争力越来越引起各国的关注。与美国、欧盟之间贸易摩擦更多由于政治方面的因素，而与一些发展中国家之间的贸易争端，主要起源于对原有利益格局的打破和再分配。此外，转口贸易和收购制出口企业的大量存在，加剧了当前纺织品贸易摩擦的形势。虽然 2004 年上述贸易摩擦所涉及的金额比重不大，不会对全局造成根本性的影响，但意味着我国纺织工业出口贸易的国际环境不确定性加大。

原油价格波动，电力短缺问题突出。原油电力的紧张形势对 2004 年纺织行业的正常运行产生了

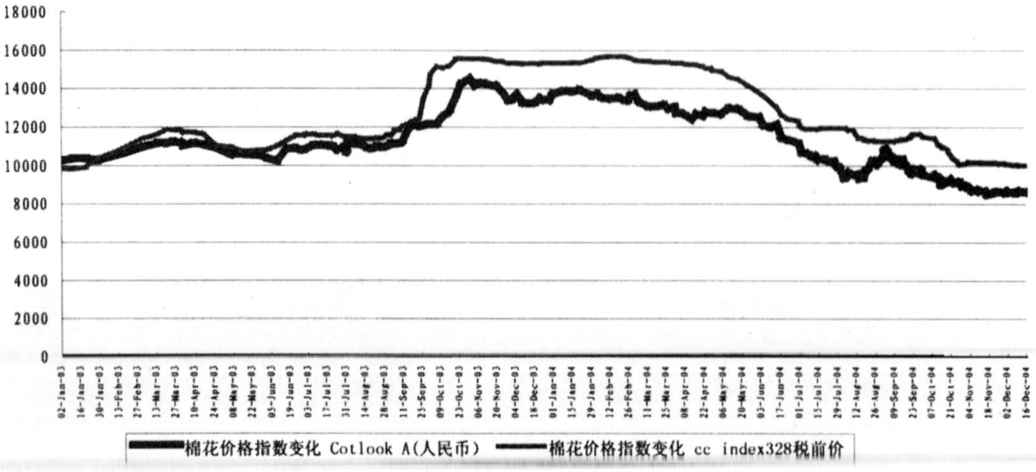

图 9　2003 年元月 1 日以来中国棉花价格指数变化和国际 COTLOOK 指数比较

巨大的影响，给行业发展带来了一些困难。比如，原油的供需状况和价格的波动直接影响了化纤行业的运行。作为下游行业，化纤行业对原油价格的反应非常敏感。2004 年下半年，国际市场原油价格出现大幅上扬，最高上升近 60 美元/桶，原油价格的上升直接拉动了其后道产品如 PTA、EG、PX 等的价格，涤纶短纤、粘胶短纤的价格大幅攀升，造成化纤行业的的原料成本支出增加。然而，化纤行业最终产品的价格的增幅并未和原料价格增幅同步，成本的增加没有转移到下游市场，所以给行业的发展带来了不利影响，表现在行业利润等效益指标的下降。

此外，电荒贯穿了 2004 年全年，在浙江、江苏、广东、福建等沿海纺织大省，拉闸限电非常普遍，企业开工率普遍不足，比如浙江萧山、绍兴等地企业大多“开三停四”、江苏、广东等地企业大多数“开四停三”，在一些有条件的企业，为了缓解企业用电的缺口，自己投资上马电厂，这无疑又加大了企业的成本和负担。2004 年沿海地区企业用工难的矛盾也在加剧。这些现象都使得纺织生产企业的正常生产和经营收到很大影响。

四、2005 年纺织工业预测及对策

（一）2005 年是后配额时代的第一年，纺织行业面临着取消配额后的良好发展机遇，同时也面临一些挑战。总的来看，预计行业仍将保持良好的发展态势

从宏观经济环境来看，一是全球经济继续回暖；二是我国国民经济的增长将会继续维持在 8% 左右，衣着类消费增长将保持较高增速。

2005 年我国纺织工业出口仍然会呈现快速增长态势。根据在 2002~2004 年第三阶段我国取消配额纺织品三年的出口增长率分别为 51%、49%、26%，2005 年取消配额的产品在 2004 年出口额为 108 亿美元（占设限区出口额 42%），参照 2002 年 51%增长率计算，全年可能会增长 55.6 亿美元，其他非设限产品 2004 年出口 864.85 亿美元，按正常速率 20%计算，可增长 173 亿美元，两项合计 2005 年总增长 229 亿美元，增长速度为 23.5%，全年有望出口 1200 亿美元。

2005 年行业发展仍会有一些不确定因素。一是棉花价格，2005 年的棉花市场走势尚不明朗，但估计棉花种植面积会有所下降，还有气候等不稳定因素，同时配额尚未完全发放完毕，在企业流动资金短缺等因素作用下，价格看涨的可能性较大；二是油价的影响，从今年一季度国际石油价格行情来看，上涨的趋势比较明显，2004 年第四季度的国际原油价格上涨，带动了下游 PTA、PX、EG 等化纤原材料的价格大幅上扬，影响了化纤行业的效益，2005 年国际油价的走势还会对化纤行业运行形成负面影响因素；三是随着我国经济的发展，人民币面临着升值的压力，我国政府一再表示，保持人民币汇率的稳定，但随着汇率机制的改革势在必行，人民币升值只是迟早的事情，一旦这样将对纺织品服装出口造成较大影响。

（二）全行业按照党的十六届三中、四中全会和中央经济工作会议要求，围绕新型工业化，坚持科技进步和全面、协调和可持续发展道路，不断进行结构调整和产业升级，争取早日将我国由纺织大国向纺织强国转变

第一，按照中央要求，坚持科技进步，继续紧紧抓住“质量、创新和快速反应”这三个结合点，努力进行结构调整和产业升级。

一是按照中央要求，加快纺织行业“十一五“规划的研究工作，充分发挥规划对行业发展的导向作用。

二是重点落实用科学技术来武装行业，提升产业。组织力量对 28 项关键技术和 10 项成套关键设备技术进行攻关和落实，用科技创新来促进产业升级，同时引导行业加大对基础性科学研究投入。

三是积极开拓、全面推动产业集群创新平台的建设工作，对大中小型企业分类指导。对大型企业，发挥其研究开发中心的作用，主业做强、做精，增加其专利技术数量；对中小企业，要以产业集群为载体，抓好一个平台，五大支柱体系的建设。

第二，广泛开展行业自律，规范企业行为。

针对行业中出现的一些不适应行业发展的问题，通过自律来加以解决。从质量上看，通过质量来保障资源的高效利用，用生态环境标准等来提高对产品质量的要求；从社会责任方面看，要充分体现科学发展观，以人为本，充分保障劳动者的合法权益，由行业中有影响力的企业率先倡导落实社会责任；从知识产权保护方面看，引导企业按照

国家的法律法规来经营，鼓励原创技术，保护知识产权。依靠政府执法机构加强市场秩序治理，加大对国内市场秩序的监控、监管力度，维护公平竞争。

第三，加强行业预警，维护产业安全。

建立、健全行业经济预警系统，完善应对纺织品贸易摩擦的工作系统，建立统一的行业性出口及产业运行信息系统和预警机制，对出口敏感性产品进行监控和监督，加大对出口产品的质量、价格、数量的监控，加强对行业进行引导，组织由国内有关部门和行业协会组成的贸易摩擦联合协调机构，以利于我国政府在遭遇贸易摩擦和有可能引发争端时，快速决策，使各有关部门、各行业协会快速反应，最大限度地维护国家利益和产业经济安全。

第四，大力开展行业外交，进一步开拓国内外市场。

面对后配额时代世界纺织品贸易市场严峻的形势，纺织行业广泛开展行业外交，请进来、走出去；邀请各国驻华机构及境外公司在华机构、世界范围的大采购商、供应商，建立广泛的联系；通过民间活动，配合政府进行经济外交；自 2004 年成功举办了主题为“后配额时代，创建共赢的未来”的首届全球纺织经济论坛后，今年 3 月末，中国纺织工业协会还将举办第二届全球纺织经济论坛，主题为“后配额时代：纺织品服装跨国采购在中国”。

第五，加强行业运行分析工作，进一步推动行业信息化建设，充分发挥行业媒体的舆论导向作用。

2004年中国食品工业经济运行概况

一、2004年食品工业运行情况

2004年我国国民经济在贯彻科学发展观及各项宏观调控政策作用下，有效地控制和调整了经济运行中的不稳定因素，保持了国民经济快速发展；食品工业也呈现出前所未有的发展速度，取得了显著成果。

（一）主要经济指标完成情况

1.工业总产值：据统计，2004年规模以上食品工业企业达20694家。完成工业总产值16163亿元，按可比价格计算，比上年同期增长25.86%，为近几年来同比增幅最高的的年份。

2.销售收入：2004年规模以上企业共完成销售收入14500亿元，与上年同比增长27.94%。

3. 利税：2004年规模以上企业共完成利税2757亿元，与上年同比增长22.36%。

4.利润：2004年规模以上企业实现利润915亿元，同比增长31.85%。

2004年度在全国规模以上企业中，仍有19.03%的企业亏损，但比2003年度下降了1.42个百分点。这表明，我国整个食品行业（不含港、澳、台）的经济运行状况是健康向上的，发展速度和效益是可观的。

5.进出口情况

2004年食品工业产品总额404亿美元，同比增长26%。其中出口金额203亿美元，主要是水产、蔬菜、罐头等产品；进口金额204亿美元，主要是植物油品种。

（二）产业结构调整情况

1.企业规模效益情况

2004年在全国食品工业产业调整进程中，企业规模明显扩大，规模效益显著提高。从食品企业100强综合指数看：2004年共完成产品销售收入4110亿元，占规模以上企业完成比重的26.20%；完成利税1665亿元，占规模以上企业完成比重的60.40%；实现利润482亿元，占规模以上企业完成比重的52.66%，所占比率均较2003年有所提高。

2.产品卫生、安全状况得到改善，产品质量不断提高，产品品种日益增加

我国实行改革、开放发展战略以来，人民的生活水平得到了极大改善，对食物的质量和食品安全提出了更高要求。从2004年度食品产品销售率高达97.82%的指数看，食品行业产品更新换代及新品种开发基本满足了消费者对食品质量和安全的更高要求。

3.投资结构情况

2004年食品工业固定资产投资完成额1213亿元，与上年同比增长27.77%。其中：国家预算内投资占0.46%，国家贷款投资占11.54%，外商投资占6.82%，企业自筹投入的资金占74.46%。

从投资比例看，企业自筹资金占一半以上，使投资稳定性和持续性得到保障。按常规投入产出比估计，食品工业可以得到稳定发展。

4.所有制结构情况

在20694家规模以上企业中，股份制企业有9044家，完成工业产值5829亿元，占食品工业总产值的40%；三资企业3449家，产值3742亿元，占25.74%；国有企业2666家，产值2974亿元，占20%；私营企业大约有5000家，产值2020亿元，占14%左右。食品工业呈现出“以公有制为主体多种经济成分并存，且共同发展”的格局。

（三）取得巨大成果的主要原因

1.得益于党中央、国务院及各级政府的高度重视。党中央、国务院从我国经济发展的战略高度，把发展食品工业、大力开展农产品深加工与解决“三农”问题密切结合起来，在政策上给予了大力

的扶持，为食品工业发展创造了良好的环境，同时食品行业的广大职工努力克服困难，发扬拼搏进取、开拓创新的精神，使2004年食品工业发展取得了巨大的成果。

2.市场需求的持续增长，促进了食品工业的发展。由于我国国民经济持续快速发展，人民生活水平不断提高，人们对食品的需求不仅是单一的数量增加，对质量、安全、品种等需求均有了更高的要求，使食品市场呈现出多元化需求，市场需求成为促进食品工业发展的巨大动力。

3.产业结构和产品结构不断优化，生产能力不断提高。经过多年的持续努力，食品工业吸纳了大量的市场资本和现代科技，食品工业的产业结构和产品结构得到不断优化，生产能力不断提高。2004年一大批农产加工产品，特别是屠宰及肉类加工产品、水产加工产品、食用植物油、主食方便食品、蔬菜水果加工产品、乳及乳制品等生产加工企业的产品产量均有大幅提高。

（四）存在的主要问题

从食品工业发达国家和国民经济发展来看，目前我国食品工业整体水平还偏低；产品的更新换代及新品种的开发速度还比较慢；技术创新能力还有待提高；食品工业的布局还有待改进，东、中、西部的发展还很不平衡；食品工业产品、品种、安全性及深加工等方面还不能完全满足人们日益增长的消费需求；食品出口总量还要进一步加大。这些问题需要食品行业齐心协力、努力拼搏，在党中央、国务院和地方各级党委、政府的领导下，逐一加以解决。进一步推动我国食品工业的持续、快速、健康发展。

2004 年中国机床工具行业发展概况

2004 年中国机床工具行业仍是产销两旺，实现现价工业总产值 1087.85 亿元、产品销售收入 1032.28 亿元，双双突破千亿元大关。2004 年机床工具行业产品销售收入是近年来增长最高的，同比增长 33.0%；其中国有经济所占比例下降 2.4 个百分点，在全行业完成的经济总量中占 62.11%。产量继续增加，金属切削机床产量达 38.93 万台，其中数控金属切削机床生产 51861 台。

金属加工机床（金属切削机床+金属成形机床）消费增长幅度继续大于国内机床生产的增长幅度，2004 年中国消费金属加工机床达 94.6 亿美元，同比增长 40.56%。国产机床在国内市场所占比例为 37.4%，同比下降 1.2 个百分点。继续保持世界金属加工机床第一消费大国和第一进口大国的地位。

2004 年机床工具类产品总进出口逆差进一步增大。2004 年全部机床工具类产品进出口逆差为 66.79 亿美元，同比增加了 22.05 亿美元。其中机床进出口逆差 2004 年为 53.77 亿美元，同比增加了 14.12 亿美元。2004 年共出口机床工具类产品 22.52 亿美元，同比增长 33.49%。其中数控类（数控金属切削机床、数控金属成形机床、数控装置）产品出口 2.37 亿美元，比 2003 年增加 54%。

新产品开发速度加快，大部分是在原有产品技术的项目的二次开发，是系列产品的基础上的改进，高技术水平的产品较少。

固定资产平均余额缩水，同比下降 4.82%；技术改造投入不足。上游产品价格涨价较多，影响效益。

国内机床工具企业开始收购海外企业。

一、行业概况：

机床工具行业主要由八个小制造行业和其它金属加工机械行业组成，包括：金属切削机床制造业、金属成形机床制造业、铸造机械制造业、木工机床制造业、切削工具及量具量仪制造业、机床附件制造业、机床电器及数控装置制造业、磨料磨具制造业和其他金属加工机械制造业。

1.2004 年机床工具行业基本情况：

据国家统计局发布 2004 年数据：

机床工具行业统计范围：全部国有和年产品销售收入在 500 万元以上的非国有企业。

企业总数共 2023 个；

从业人员 51.60 万人；

产品销售收入 1032.28 亿元，同比增长 33.0%；

利润总额 52.51 亿元，同比增加 14.11 亿元；

现价工业总产值 1087.85 亿元，同比增长 32.3%；

流动资产平均余额 637.48 亿元，同比增长 2.42%；

固定资产平均余额 298.68 亿元，同比下降 4.82%，

资产总计 1175.15 亿元，同比增长 0.16%。

2. 各种经济成份运行

2004 年机床工具行业中，从完成经济总量上看，国有经济仍占主导地位，2004 年比 2003 年占的比重下降，2004 年国有经济的现价工业总产值 675.70 亿元，占全行业的比重从 2003 年的 64.50% 下降到 62.11%；民营经济所占比重也有增加，从 2003 年的 21.22%上升到 2003 年的 22.16%，三资经济比重有所上升，从 2003 年占 14.28%上升到 15.72%。

从经济运行效率指标分析，利润总额方面，2004 年国有经济占 47.09%，比 2003 年下降 2.6 个百分点；三资经济占 30.63%，比 2003 年上升近 4 个百分点；民营经济占 22.28%，比 2003 年下降到

1个多百分点，这已是连续2年占比下降。

在人均经济指标方面，三资经济运行情况最好，其全年人均利润3.33万元/人，比2003年增长25.66%；民营经济为1.12万元/人，比2003年增长13.33%；国有经济为0.68万元/人，比2003年的增长41.67%；是三种经济成份增长最快的。

各种经济成份的经济运行指标见表1。

表1 2004年机床工具行业中各小行业各种经济指标的构成比

序号	经济指标名称	各种经济成份		
		国有经济	民营经济	三资经济
1	企业数(个)	959	758	306
2	产品销售收入(万元)	6375619	2264622	1682529
3	利润总额(万元)	247270	117003	160821
4	现价工业总产值(万元)	6756969	2410877	1710604
5	从业人员平均人数	363230	104533	48250
6	全年人均利润(万元/人)	0.68	1.12	3.33

资料来源：国家统计局发布的2004年机床工具大行业数据。

3.机床工具行业中各小行业基本情况

2004年机床工具行业中，主机制造业（金属切削机床、金属成形机床、铸造机械、木工机械）产品销售收入532.23亿元，占全行业的51.56%；比2003年提高近4个百分点；配套件行业（磨料磨具、切削工具及量具量仪、机床电器及数控装置、机床附件、其他金属加工机械）产品销售收入500.05亿元，占48.44%。

2004年机床工具行业中，各小行业的产品销售收入增幅最大的是铸造机械制造业，为47.9%；第二是金属切削机床制造业，为41.2%；第三是其他金属加工制造业，增幅为32.7%。

2004年机床工具行业各小行业的产品销售收入中，国有经济所占比例全部下降：木工机械制造业从2003年的90.43%下降为860%；金属切削机床制造业从78.70%下降为77.8%；机床电器及数控装车制造业从73.24%下降为66.9%；均高于2004年的全行业平均值61.8%。金属成形机床制造业从60.99%下降为55.7%；磨料磨具制造业从58.8%下降为51.9%；铸造机械制造业从55.08%下降为47.9%，其他金属加工机械制造业从55.08%下降为32.7%；机床附件制造业从50.06%下降为26.5%；切削工具及量具量仪制造业从39.05%下降为29.1%。各小行业的经济指标完成情况见表2。

表2 2004年机床工具行业中各小行业的经济指标完成情况

序号	行业名称	企业数(个)	从业平均人数(人)	产品销售收入(万元)	现价工业总产值(万元)	利润总额(万元)
	机床工具行业合计	2023	516013	10322770	10878450	525094
1	金属切削机床制造业	388	172932	3339020	3481025	147768
2	磨料磨具制造业	540	82464	1808577	1913903	83362
3	切削工具及量具量仪制造业	319	91439	1316046	1420551	90022
4	金属成形制造业	224	53953	1018924	1048041	39364
5	其他金属加工机械制造业	240	40182	844411	876508	35218
6	机床电器及数控装置制造业	21	14244	739948	733922	76858
7	木工机械制造业	77	20547	604982	691751	15367
8	铸造机械制造业	120	19050	359387	402914	17106
9	机床附件制造业	94	21202	291475	309835	20029

资料来源：国家统计局发布的2004年机床工具行业数据。

2004年机床工具行业人均产品销售收入为20.00万元/人，比2003年提高31.98%，机床电器及数控装置制造业人均产品销售收入最高，为51.95万元/人，比2003年提高21.20%；以下依次为木工机械制造业29.44万元/人，磨料磨具制造业21.93万元/人，其他金属加工机械制造业21.01万元/人，主机制造业基本上都低于行业平均水平，金属成形制造业18.89万元/人，金属切削机床制造业19.31万元/人，比2003年提高39.92%，是各小行业中增长最快的行业，铸造机械制造业18.87万元/人，切削工具及量具量仪制造业14.39万元/人，机床附件制造业13.74万元/人。

2003年机床工具行业人均利润总额为1.02万元/人，比2003年提高37.84%，机床电器及数控装置制造业人均利润总额最高，为5.40万元/人，磨料磨具制造业1.01万元/人，切削工具及量具量仪制造业为0.98万元/人；机床附件制造业0.94万元/人；主机制造业基本上都低于配套件行业。；以下依次为铸造机械制造业0.90万元/人，其他金属加工机械制造业0.88万元/人，金属切削机床制造业0.85万元/人，木工机械制造业0.74万元/人，金属成形制造业0.73万元/人。

二、生产情况

1.国家统计局公布的2004年全国机床工具产品生产情况：

2004年全国金属切削机床生产（275个企业）389284台；

其中：高精度机床(31个企业)4354台；

数控机床(139个企业)51861台；

大型机床(40个企业)7151台；

金属成形机床生产(143个企业)528248吨；

其中：数控机床(5个企业)20297吨；

铸造机械生产(44个企业)18033台；

金属切削工具(154个企业)179070万件。

三、进出口概况

1.进出口总额快速增加　2004年机床工具类产品进出口总额达111.83亿美元，比2003年增加33.35亿美元。同比增长42.49%。

2.总进出口逆差进一步增大　2004年进出口逆差为66.79亿美元，2003年为44.74亿美元，进出口逆差增加了22.05亿美元。其中机床进出口逆差2004年为53.77亿美元，2003年为39.65亿美元，逆差增加了14.12亿美元。

2004年机床工具类产品出口额占进口额的25.21%，比2003年的27.38%下降了2个百分点。但金属加工机床出口额占进口额的9.11%，比上年度增加近5个百分点；数控机床出口额占进口额的2.96%，比上年度增加近1个百分点。

3.进口基本情况　据海关总署数据：2004年中国共进口机床工具类产品89.31亿美元，同比增长44.96%。比2003年的增幅增加了11个百分点。其中数控类（数控金属切削机床、数控金属成形机床、数控装置）产品进口48.30亿美元，32.49亿美元，占同类进口产品的72.76%，比上年度上升近5个百分点；占全部机床工具类产品进口值的54.08%，比上年度增加了1.3个百分点。

2004年共进口机床12.78万台，比2003年增加2128台，同比增加1.69%；但进口金额却增加了17.85亿美元，同比增加43.21%，进口金额增长大高于进口数量。

2004年进口非数控机床9.09万台，比2003年少进口了0.47万台；2004年进口数控机床36956台，比2003年多进口6808台；数控机床进口量占总进口量的28.91%，比2003年的23.98%高5个百分点；数控机床进口额占总进口额的69.42%，比2003年的64.88%高近5个百分点。

在数控机床的进口中，数控金属切削机床进口额占金属切削机床总进口额的78.58%，数控金属成形机床进口额占金属成形机床总进口额的43.62%。

4.出口基本情况　据海关总署数据：2004年中国共出口机床工具类产品22.52亿美元，同比增长33.55%。其中数控(数控金属切削机床、数控金属成形机床、数控装置)类产品出口2.37亿美元，同比增长53.90%，占出口产品的10.52%，比2003年度的9.49%上升1个百分点。

四、金属加工机床市场

2004年中国消费金属加工机床达94.6亿美元，同比增长40.56%，仍居世界第一位。中国进口机床总额59.2亿美元，同比增长43.31%。出口机床总额5.4亿美元，同比增长42.48%。国产机床在国内市场所占比例为37.4%，同比下降1.2个百分点。

五、新产品

2004年机床工具重点联系企业共完成主机新产品(金属切削机床、金属成形机床、铸造机械、木工机床)468种,比2003年增长8%;其中数控品种259种,基本上与2003年持平,占全部新产品的55.34%,比2003年下降5个百分点。主机新产品中,金属切削机床占大多数,为78.42%,金属成形机床占19.02%。

六、海外并购

随着经济全球化的步伐加快,世界制造业加速向中国转移,中国已经成为吸引外资最多的国家。与此同时,我国企业实施走出去的战略,加快了海外并购的步伐,到2004年我国机床工业已经并购了美、德、日本7家世界知名的机床企业,进一步加强了中国机床工业与世界同行的联系,增强了中国机床工业的整体实力。

大连机床集团分别于2002年10月和2003年7月全资收购了美国英格索尔生产系统有限责任公司和英格索尔曲轴加工系统有限责任公司。2004年9月又成功地收购了德国兹默曼(ZIMMERMANN有限公司70%股份。

沈阳机床集团于2004年10月29日全资收购德国希斯(SCHIESS)公司。希斯公司是一个具有140多年制造历史的世界知名机床制造企业。

上海明精机床有限公司由上海重型机床厂、上海仪表机床厂、上海沪东机床厂、上海江宁机床厂、上海第二、三、四、五、十一机床厂等组成,是我国知名机床制造企业。上海明精机床有限公司于2003年10月和2004年10月分别收购了德国沃伦贝格公司(WOHREMBERG)(中方股份53.6%)和日本池贝公司(中方股份65%)。

秦川机械发展股份有限公司于2004年6月收购了UAI(联合美国工业公司)(中方股份60%)。UAI(联合美国工业公司)有80年的历史,总部在美国底特律,麾下有3家子公司:美国拉削机床刀具公司、北亚当斯制造公司、阿伯机床公司。UAI公司的拉削工艺、拉刀、拉刀磨、拉床等技术在世界拉削类机床行业居于前列,有雄厚的实力和广泛的用户群,主要用户遍及美国福特、通用汽车等世界500强。

七、地区经济

2004年全国除海南外,全国29个省、市、自治区都生产机床工具产品。

从经济规模总量分析,东南沿海地区占绝对多数,其产品销售收入占全国的74.52%。前三名仍是江苏、山东和浙江。三个地区的产品销售收入占全国的45.33%。

2004年机床工具行业各地区完成产品销售收入情况见表3。

表3　2004年机床工具行业各地区完成产品销售收入情况

序号	地区	2004年产品销售收入(万元)	年产品销售收入(万元)	2004年占比(%)
1	江苏	1867205	1447286	18.08
2	山东	1550544	1106043	15.02
3	浙江	1263795	1007702	12.24
4	辽宁省	1156827	746963	11.20
5	河南	906404	687784	8.78
6	上海	708202	583582	6.86
7	广东	323161	271655	3.13
8	北京	272516	203388	2.64
9	湖北	250993	176235	2.43
10	陕西	229964	174474	2.23
11	河北	229805	184019	2.23
12	黑龙江	208596	142182	1.99
13	四川	188915	146948	1.83

序 号	地 区	2004 年产品销售收入(万元)	年产品销售收入(万元)	2004 年占比(%)
14	安 徽	145829	113180	1.41
15	天 津	137542	110577	1.33
16	福 建	115433	89423	1.12
17	湖 南	85194	60214	0.83
18	山 西	81031	64398	0.80
19	云 南	76167	52951	0.78
20	宁 夏	65239	48110	0.74
21	广 西	63693	50499	0.63
22	贵 州	62755	46032	0.62
23	重 庆	61648	48205	0.61
24	青 海	54000	54746	0.60
25	甘 肃	49179	38102	0.52
26	江 西	45884	34552	0.48
27	吉 林	38508	32097	0.44
28	海 南	5015	1378	0.38
29	内蒙古	817272003	37023	0.05

2004年中国电工行业经济运行概况

2004年以来，针对经济生活中出现的新情况新问题，中央采取了一系列加强和改善宏观调控的政策措施，抓住主要矛盾，抓住关键环节，抑制经济运行中的不健康不稳定因素，保持了经济发展的良好势头。在宏观调控取得成效，国民经济健康发展的大环境中，电工行业继续保持了产销高速增长，经济效益提高的发展态势。行业资源配置规模有所扩大。

一、2004年电工行业运行情况

根据对全行业10731个规模以上企业的统计调查，2004年电工行业的产销增长幅度均高达37%以上；主要反映经济效益的利润总额指标，其增长幅度也达到了48.14%；资产总量为7666.09亿元，同比增长24.5%；其中固定资产净值为1586.68亿元，同比增长14.57%，流动资产为4712.63亿元，同比增长31.49%；从业人员241.11万人，比2003年增长了9.32%。

二、主要经济指标及主要产品产量完成情况

（一）主要经济指标完成情况

1.工业总产值（现价）

2004年电工行业共实现现价工业总产值7871.87亿元，同比增长37.37%，其中电线电缆制造业实现1893.03亿元，排在全行业第一位。增长幅度最大的是汽轮机及辅机制造业，增长幅度高达94.48%。

2.产品销售收入

全年实现产品销售收入7485.83亿元，同比增长38.30%。电线电缆制造业以1823.64亿元，占全行业24.36%的份额居于首位。汽轮机及辅机制造业以98.27%的增长幅度在全行业中称雄。

3.新产品产值

2004年电工行业实现的新产品产值达到了965.06亿元，同比增长了44.66%。锅炉及辅助设备制造业以163.20亿元的新产品产值，列在行业首位；全行业中增长幅度最大的是水轮机及辅机制造业，其增长幅度达到了298.58%。

4.出口交货值

全年共实现出口交货值1476.46亿元，同比增长36.63%。其中电池制造业最多，为235.96亿元。超过100亿元的有电线电缆、电动工具、电力电子元器件、微电机及其他电机制造业等。

5.利润总额

2004年电工行业共实现利润总额428.43亿元，同比增长幅度为48.14%；电线电缆制造业、配电开关控制设备制造业实现的利润总额最多，分别达到了77.11亿元和71.49亿元；利润增长幅度最大的是汽轮机及辅机制造业。

6.工业增加值

全行业共实现工业增加值2106.84亿元，同比增长34.36%。电线电缆制造业以448.51亿元居全行业之首；增长幅度最大的分别为汽轮机及辅机制造业（77.02%）和烘炉、熔炉及电炉制造业（74.97%）。

7.进出口贸易总额

2004年，电工产品的进出口贸易总额达到了528.32亿美元，同比增长43.18%，其中进口额274.64亿美元，同比增长48.54%；出口额253.68亿美元，同比增长37.80%。逆差20.96亿美元。

（二）主要产品产量完成情况

1.发电设备
7137.89 万千瓦同比增长 90.87%；
2.工业锅炉
13.36 万蒸吨同比增长 9.95%；
3.交流电动机
11179.11 万千瓦同比增长 23.65%；
4.变压器
48970.12 万千伏安同比增长 30.02%；
5.高压开关板
27.20 万面同比增长 30.16%；
6.低压开关板
222.92 万面同比增长 -19.69%；
7.电力电缆
468.69 万公里同比增长 13.79%；
8.钢芯铝导线
59.50 万吨同比增长 1.15%；
9.绝缘制品
35.09 万吨同比增长 12.27%；
10.蓄电池
4513.30 万千伏安时同比增长 17.12%；
11.电焊机
30.42 万台同比增长 27.03%；
12.电动工具
15466.85 万台同比增长 14.47%。

三、电工行业经济运行特点

(一)在国家宏观调控的经济环境和政策环境中,电工行业依然保持了快速增长态势

2004 年电工行业各项主要经济指标均达到 34%以上的较高增长幅度;主要产品产量中,即便剔除超常规增长(增幅为 90.87%)的发电设备,其余产品产量的平均增长幅度也达到了 25%以上。

电工行业之所以在国家宏观调控中仍能保持快速增长,其原因有以下四点:

第一,2004 年中央宏观调控的重点是诸如钢铁、水泥、电解铝及房地产等投资过热产业,电工行业尚未受到明显影响。

第二,2001 年以来电力供应持续紧张,到 2004 年甚至出现了“电荒”电力供应矛盾越来越加剧。解决电力供应紧张的首要途径就是加大电力建设力度,加快电源建设,尽快提高发电装机容量和发电能力。这种形势对于激活整个电工电器行业的作用异常明显。

第三,发电设备制造业中的绝大部分企业面对需求旺盛、产能不足的矛盾,采取的不是单纯靠扩大基本建设投资规模的简单、外延式扩大再生产的办法,而是通过加强科学管理、合理组织调度,包括充分发挥现有设备能力，增开班次和利用激励机制等一系列挖掘自身潜力以及适当增加关键设备、加强技术改造的措施,采取内涵扩大再生产的办法。

第四，对于作为电工产品需求方的某些产业、某些项目，虽然由于受宏观调控的影响出现了停建、缓建或发展速度放慢的情况(如建材机械中对电动机的需求就呈现下降趋势),但这种影响传导到电工行业一般都有一段滞后时间，滞后期大约为半年至一年左右。

(二)新产品产值大幅度增长,重大装备制造能力显著提高

2004 年电工行业实现的新产品产值与 2003 年相比增长了 45.03%，这样高的增长幅度是近年来所没有的。它不仅高出 2003 年(38.15%)6.88 个百分点,而且更高出 2002 年(19.20%)1.3 倍之多。

一批高水平新产品,尤其是具有相当技术含量的国产发电、输变电重大装备以及相关新技术的相继问世，反映我国电工行业的技术进步以及在重大装备制造能力上的显著提高。

(三)科技创新推动行业发展,名牌战略促进质量提高

2004 年,全电工行业共有 42 个项目被评为全国机械工业科学技术进步奖。在国家实施名牌战略过程中,电工行业亦取得了可喜的成绩。经国家名牌战略推进委员会确定的 272 个中国名牌产品中，电工行业有 12 个品牌的交联聚乙烯电力电缆产品入选。

(四)进出口贸易规模不断扩大,融入世界经济的步伐加快

2004 年是电工行业进出口贸易增长幅度最大的一年。全年电工产品的进出口贸易总额 528.32 亿美元,增长幅度高达 43.18%,比 2003 年 28.11% 的增长幅度高出 15.07 个百分点,是我国加入世贸组织之后增长最快的一年。

(五)国企改革继续深入进行,科研院所转制

初露端倪

国有企业的改革改制工作效果显著，并在2003年取得很大进展的基础上继续深入进行。

沈阳变压器厂，这个电工行业著名的老牌国企、变压器行业的龙头老大，自2003年底被民营企业新疆特变电工收购之后，一年来，沈变所获得的订单就有23亿元。与此同时，企业的经济效益状况也有了根本改变，不仅实现了扭亏，而且还有了较大幅度的盈利。2004年实现的利润总额超过了5000万元，达到了年计划的117%。

同为"特变电工"旗下的衡阳特变，自2001年改制完成到2004年短短四年，年销售收入和产值均增长了8倍多，利润也有大幅度增长。

电工电器行业原属中央后下放地方的科研院所，在沉寂了一段时间之后，近年来在改革转制方面有了新进展。

在科研院所转制中先行一步的以原机械工业部第七设计院转制形成的西安启源机电设备制造有限公司，经过在市场经济大潮中长达十年的闯荡，现已成为国内电工专用设备行业的龙头企业。

四、问题及对策

（一）贯彻落实国务院紧急通知，制止电站项目无序建设

2004年11月底，国务院以国发[2004]32号文件发出了紧急通知，转发了国家发改委《关于坚决制止电站项目无序建设的意见》。作为向电站建设提供装备的发电设备制造企业，2005年生产经营必将受到一定的影响，为贯彻落实紧急通知的精神要做好相关工作：

第一，要按照紧急通知的精神，对电站项目无序建设的情况从发电设备制造企业角度进行具体调查了解，尤其像"三大动力"等重点骨干企业，要将哪些属于国家批准立项的，哪些是违规的计划外项目，做认真调查，严格区分。

第二，发电设备制造企业，在大好形势下要优先安排和保障国家批准电站项目的生产，以保障国家计划内重点电力建设项目的按期完工投产；同时避免设备需求出现大起大落，给企业带来严重危害。

第三，由于发电设备所具有的价值量高、生产准备制造周期长、一些设备（如电站锅炉）钢材用量极大、外协加工和材料采购所需时间长以及有些设备分部、分期交货等特殊性，因此在贯彻落实国务院紧急通知清理电站项目过程中，要充分考虑这一客观情况，相关部门应与发电设备制造企业共同研究，采取有效措施，避免给企业造成不可估量的损失和社会资源的极大浪费。

（二）企业面对原材料价格居高不下，成本压力过大问题的挑战

2004年以来，电工电器产品的主要原材料价格除在5、6月份曾有短暂回落外，其余绝大部分时间均居高不下。其原因是资源紧张，需求量大幅增长，且国内国外都是如此。根据中国电器工业协会变压器分会有关专家测算，与年初相比，原材料价格总体水平上涨了62.5%。矽钢片、电磁线作为变压器的主要材料，占变压器材料的75%，而材料成本又占总成本的70%。在这种情况下，制造厂家干一台赔一台，干得多赔得多，正所谓"不干是等死，干是找死"。此种情况，在其他如中小型电机、电线电缆等原材料成本比重大、技术附加值比较低的行业也比较突出。

原材料价格居高不下致使电工企业成本压力过大，极大地挤压了企业的利润空间。目前全行业的销售收入利润率和成本费用利润率仅分别只有5.41%和5.75%，其中有的企业虽美其名曰"盈利"，但其销售收入利润率仅为0.32%；甚至有部分企业出现亏损。据对10731个电工企业2004年1~12月份经营情况的调查，亏损企业1738个，亏损面为16.20%。

针对上述问题，电工企业如何应对，已成为当前全行业最关注的热点之一。

首先，要提高企业的自我救助意识及自我生存能力。企业应在加强管理及节约、挖潜、降耗上下功夫，向管理要效益。市场经济条件下，生存竞争、优胜劣汰是铁的规律。

第二，在技术创新、提高产品技术含量和技术档次上下功夫，提高企业的核心竞争力，是企业最根本的出路。企业只有通过不断地技术创新，不断地调整产品结构，实现产品的更新换代，才能适应市场需求并保持一定的竞争力。

（三）认真做好应对"后过渡期"的工作

从2001年底我国加入世贸组织到现在已经整

整三年。根据入世时我国与世贸组织达成的协议，出于对发展中国家幼稚产业的保护而划定的过渡期亦将基本结束(大约在2006年)。因此，尽管入世后我国进出口贸易连年高速增长，但随着后过渡期的到来，将面临两大问题：

一是国外产品大批涌入国内并迅速抢占中国市场的局面将不可避免，由此造成国内产品所面临的冲击和竞争将相当激烈。

二是我国电工产品出口的形势更加严峻。究其原因，一方面是我国电工电器产品本身的技术含量还比较低，在国际市场上的竞争力还不够强；另一方面则是频繁遭遇贸易摩擦以及包括技术壁垒在内的花样繁多的贸易壁垒。

进口增速明显高于出口增速，造成了贸易逆差的加大。2004年电工电器产品进口增速达到了48.54%，出口增速达到了37.8%，进口增速高于出口增速10.74个百分点，逆差20.96亿美元，这是近几年来少有的较大逆差。而且随着后过渡期的到来，我国电工电器产品仅出口贸易呈现逆差的局面短期内难以改变。

五、2005年电工行业发展预测

展望2005年电工行业的发展趋势，既存在着促进行业发展的诸多有利条件，也存在着影响和制约行业发展的某些不利条件及不确定因素。

(一)诸多有利条件促进行业发展

1.2005年，国民经济将继续保持8%的增长速度，持续、快速全面发展，国民经济各部门也都会相应协调发展，宏观经济大环境仍将基本有利于电工行业的发展。

2.虽然国家继续采取宏观调控措施，制止电站项目无序建设，但由于电力供应仍然短缺，发电设备制造业有望继续保持较快增长。与此同时，电工行业其他各分行业的发展态势，虽然会呈现较明显的分化趋势，但就电工行业总体而言仍会保持一定的增长速度。

3.受近两年电源建设高速增长的推动，输变电设备及器材制造行业2005年将有可能出现大幅度增长。由于存在着一般输变电建设要滞后发电项目建设一年左右，以及新增发电装机容量需要相应增添7、8倍容量的输变电设备的规律，因此2005年将会迎来输变电设备的快速增长期。变压器、高压开关以及电线电缆等输变电设备和器材都有可能出现快速乃至高速增长的局面。

(二)一些制约行业发展的因素不容忽视

1.由于2005年国民经济增长速度将比2004年降低1个多百分点，并将继续实施宏观调控，积极的财政政策将为稳健的财政政策所取代，因此经济环境可能不如前几年宽松。

2. 随着国务院坚决制止电站项目无序建设紧急通知的贯彻落实到位，违规电站建设项目将得到清理，对发电设备制造业将会带来一定的影响。

3.资源紧张，原材料、燃料价格及各种费用上涨，资金紧张并流转困难等多种不利因素困扰企业，对行业发展的约束将更加突出。

资源紧张、原材料供应期加长，甚至“有价无市”，将影响企业的正常生产和按期交货。这种趋势在2004年下半年已经出现，预计2005年将可能更加严重。

原材料价格波动及上涨，燃料价格的上涨，各种费用的上涨等各种涨价因素以及原材料订货的预付款大量增加，造成企业流动资金紧张加剧，流转困难。

4.除发电设备之外，2005年一般电机电器产品的经济总量虽然仍会继续有一定幅度(大约20%)的增长，但由于主要原材料价格高位不降，在产品成本大幅度上升的同时，因产能过剩，产品低价竞争仍会继续存在，产品提价困难，企业经济效益将继续下滑。

综合分析上述两方面因素，可以预见2005年电工行业仍然会继续发展，但其增长速度将回归到比较理性的、正常的(可能为15%~20%)的范围之内。

2004年中国农业机械工业经济运行概况

一、2004年农机工业运行情况

(一)主要经济指标完成情况

2004年由于国家对"三农"问题的重视,支持"三农"政策的逐步出台并落实,农业产业结构调整的深化及农机服务社会化规模及范围的不断扩大,农民收入增加等等有利因素,拉动了我国农机市场,使农机工业保持稳定快速的发展,主要表现在以下几个方面。

1.工业总产值高速增长

2004年1~12月全国1466家生产企业共完成工业总产值895.84亿元,同比增长22.07%,高于上年的增速(21.19%)。其中国有或国有控股企业完成工业总产值298.26亿元,占行业的33.29%,同比增长16.87%;民营企业完成548.19亿元,占行业的61.19%,同比增长24.75%;三资企业完成49.39亿元,占行业的5.51%,同比增长25.93%。如果把没有上报统计资料的企业算在内,农机工业总产值约在1300亿元左右。

2.销售收入稳定快速增加

2004年农机产品销售率达98.34%。全国1466家企业实现销售收入858.61亿,同比增长26.54%,也高于上年全年增长率(26.13%)。民营企业销售收入511.68亿元,占农机行业的59.59%,同比增长29.65%;国有或国有控股企业298.31亿元,占农机制造行业的34.74%,同比增长21.10%;三资企业48.63亿元,占行业的5.66%,同比增长29.49%。全国农业机械制造业估计完成销售收入1200多亿元。

从工业总产值、销售收入看,农机制造业各小行业同比都有增长。工业总产值增长率除拖拉机制造业和畜牧机械制造业外,其他行业都在14%以上,增长幅度最大的是大中型拖拉机制造业,增幅高达80%;其次是水资源专用机械制造业,增幅49.16%;再其次是营林及木材采伐制造业,增幅47.38%。农机各小行业销售收入增长都在14%以上,最高的是大中型拖拉机制造业,增长在80%以上;其次是营林及木材采伐机械制造业,增幅55.22%;再其次是水资源专用机械制造业,增幅42.43%。

3.出口保持较强势头

2004年农机制造行业出口金额达14.12亿美元,同比增长38.52%。进口10.37亿美元,顺差3.75亿美元。

全行业实现出口交货值达53.89亿元,同比增长36.56%。其中国有及国有控股企业完成11.32亿元,同比增长50.23%;民营企业完成33亿元,同比增长30.48%;三资企业完成9.57亿元,同比增长44.16%。

4.主要农机产品产量大多呈增长态势

①大中马力拖拉机火爆,全年生产了98268台,远远超过上年产量(5万台),同比增长达83.93%。

②小型拖拉机呈稳定状态,上半年呈下滑态势,下半年回升,全年共生产179.42万台,同比增长率为0.9%。

③收获机械稳步发展,全年共计生产各种收获机械21.66万台,同比增长8.07%。其中联合收割机预计生产5万多台,其中小麦联合收割机2.5万台左右,水稻联合收割机近3万台。

④粮食加工机械,共计生产98.43万台,同比增长16.72%。

⑤棉花加工机械,共计生产2.2万台,同比增长10.48%。

⑥农用运输车产量严重下滑,由于农用运输车受相关政策的影响,产量严重下滑,呈现负增

长，全年共生产209.11万辆，同比下降21.85%，其中低速汽车（四轮农用车）生产43.73万辆，同比下降2.35%，三轮汽车（三轮农用车）生产165.37万辆，同比下降25.77%。

⑦其他各类农业机械产品，除饲料加工机械外，均为增长态势。

5.利润和税收总额显著增加

1466家农机企业实现利润总额22.91亿元，同比增长32.95%。在利润总额中，国有及国有控股企业完成2.62亿元，同比增长86.83%；民营企业完成17.52亿元，同比增长40.33%；三资企业完成2.77亿元，同比下降17.12%。在农业机械各小行业中，2004年除交通运输设备制造业和畜牧机械制造业以外，其他小行业利润都有所增长，除拖拉机制造业是减亏外，其他行业都有所盈利。交通运输设备制造业、畜牧机械制造业出现负增长，但都有利润。拖拉机制造业全年亏损总额2053万元，同比减亏84.02%，其他行业增长幅度在16%以上，水资源专用机械制造业高达516.15%。

农机制造业的1466家企业共完成增值税11.91亿元，同比增加20.15%。其中国有及国有控股企业共计完成2.64亿元，同比增长5.86%；民营企业共计完成8.35亿元，同比增长23.04%；三资企业共计完成0.93亿元，同比增长52.36%。

6.新产品开发取得明显进展

2004年农机制造业新产品产值大幅增加，共计完成106.58亿元，同比增加22%，其中国有及国有控股企业完成53.65亿元，同比增加19.60%；民营企业完成49.39亿元，同比增加22.46%；三资企业完成3.54亿元，同比增加63.04%。

（二）2004年经济运行存在的主要问题：

1.农机市场竞争比较激烈，无序竞争已成为市场制约因素，迫使农机产品质量下降。各制造企业为了降低生产成本，有的以牺牲产品质量为代价，因此，产品质量有所下降。在2003年国家产品质量抽查中发现，农机产品质量普遍下降，有的下降较高，如旋耕机械制造业在2001年国家组织产品质量抽检中，抽检产品合格率为80%，2002年为90.2%，但是，2003年为47.6%。其他抽检产品不合格率也较高，需要引起有关方面重视。

2.农用车变成低速汽车和三轮汽车后，牌照费、驾驶员培训费、养路费等在有些省市相应增加，一般增加1000~2000元不等，财政部、国家税务总局下发文件中除农用三轮汽车免征车辆购置税外，其他相关的优惠政策在2004年国家未能下达。如果2005年仍不能下达有关优惠政策，减轻农民购买农用车的费用，预计农用车产销量仍将大幅下滑。建议国家能尽快出台有关政策。

3.地方保护主义已经影响市场准入法规。有的地方政府为了保护本地企业，对外地进入本地市场的农机制造企业实行省、县质检部门重复检查现象，加重企业负担。

4.国家质量抽检过程中，只对比较有名的企业进行轮回抽检，对部分民营企业或新生企业长期抽检不到，有的企业拒检也没有惩罚措施，致使部分企业负担过重，有的生产假冒伪劣产品的企业则逃之夭夭。在国家质量抽检过程中显得不太公平、公正。

5.据企业反映，在国家实行农民购买农业机械补贴时，有的省实行招标政策，在招标时有地方保护主义倾向，有的机具品牌并不是农民喜欢的品牌，有强制推销购买倾向。另外，对农民个体从市场上随意购置的同类同性能农机产品就不能享受补贴，必须到主管部门指定的销售部门购置才能补贴，这对购机农民来讲就不太公平了，希望引起有关方面重视。

二、行业运行政策环境分析

（一）政策环境分析：

1.党中央、国务院继续加大对农业的扶持政策

①2004年中央1号文件《中共中央国务院关于促进农民收入若干政策的意见》中明确指出对农民实行“一减三补”政策，中央财政加大对“三农”的支持，同时地方政府也加大对“三农”的支持力度。2004年为了鼓励农民购买农业机械，中央财政拿出7000万元对购买农业机械的农民实行补贴，同时各省、自治区、直辖市以及有关县、乡镇政府也拿出配套资金，并纷纷出台有关政策进行支持，如陕西省投资2000万元发展农机化，其中用于购买农机补贴占80%，安徽省、天津市都安排了千万元购买农机补贴款，许多地方也都有类似的办法，这些购买农机补贴款既帮助了较困难的农户购买农机，也刺激了农民购买农机的热情。

据国家税务总局的最新统计和预测显示，2004年全国农民税负将减轻280亿元，在和农民有关的各类工商税种中，国家税务总局等部门先后出台了47项具体优惠政策，给农民带来了很大效益。农民减收税负和增加收入也增加了购买农业机械的积极性。

②2004年末中央政治局和中央经济工作会议都强调指出，2005年要继续把解决好“三农”问题作为全党工作的重中之重，继续加大对“三农”支持力度，减轻农民的负担，增加农民的收入，保持农业和农村发展的好势头。这预示着明年全国农机工业市场将加温，为农机工业的持续发展提供了保证。

③《农业机械化促进法》由2004年11月1日开始实施，《农业机械化促进法》是我国第一次依法律形式规定国家各级政府和有关部门对农业机械化进行支持，在这部法律中，明确了各级政府扶持农业机械化的责任和义务，中央及地方政府必将加大执法力度。从长远看，必将加快我国农业机械化的进程，同时也给农业机械制造业带来了新的机遇。

(二)经济环境分析

1.我国农业结构调整的深入发展拓宽了农机市场

农业经营规模的扩大，集约化农业的发展，农业产业化的深化，都需要大中型的、成套的、新型的农业装备，拓宽了农机市场。

2.农机服务社会化的领域、规模的扩大，拉动了农机市场

我国现在由农民组成的各级专业组和专业户不断增加，农村现有农机化服务组织3081.18万个，另外有农机户3054.60万户，总收入2269.68亿元，其中农机户收入2013.46亿元，利润总额830.47亿元，其中农机户770.02亿元，因此，农机服务收入是农民致富的一条渠道，农机户是农民致富的典型。利益机制必将进一步刺激农民购买农机。同时，农业机械社会化服务的领域和规模在迅速扩大，需购买大量农机。

3.国家经济快速发展，农村劳动力转移为农机提供了机会

我国在经济发达地区已出现劳力供应不足，为解决这一矛盾只有靠机械化。很多发达地区已开始推进全面机械化。

4.农产品涨价，粮食丰收，农民购机能力增强

2004年农民收入增长明显，前三季度农民人均现金收入达211元，实际增长11.4%，同比增长7.6%，比同期城镇居民人均可支配收入增幅高4.4个百分点。农民收入增加后，势必要购买更多的生产工具。据有关部门分析，2004年我国农民平均收入增长6%，农民收入增加将会大大增加农民对农业机械的购买力。

5.根据国民经济发展需要，小城镇建设将进一步加快步伐，农村劳动力进一步转移，农民需要机械化代替减轻体力劳动，也将推动农机市场进一步发展。

三、行业运行市场环境与机会分析

我国是农业大国，虽然农业经营规模小，但是，由于农村工业的发展，大中城市和小城镇建设，第三产业发展，农业劳动力的转移，因此，农业劳动力显得不足，特别是青壮劳动力更是不足，因此，农业生产基本依靠农业机械完成。由于我国农村农业经营规模较小，农民收入较低，因此，我国生产的农业机械基本以中小型为主，结构简单，价格较低，要求农业机械“轻、小、简、廉、牢”，因此，与经济发达国家比，有较大的差距。

(一)市场需求与供给情况

我国种植业、养殖业、林业、农产品加工业等在农村经营规模较小，因此，需要的农业机械以中小型为主，作为传统型农业需要的机械可以完全满足需要。但是，国营农牧场需要的大型农业机械供应有一定困难，如150~180马力拖拉机及配套农机具主要购进口，在计划经济时期，我国曾引进大马力拖拉机和谷物联合收割机制造技术，由于市场和配套原因，大马力拖拉机没有投产，联合收割机小批投产。拖拉机配套农具曾组织若干企业攻关并投产，后来因为企业效益原因，先后倒闭或转产。现在国营农牧场需要的大马力拖拉机及配套农具供应不上，虽然中国一拖集团有限公司把大马力拖拉机攻关并投产，但由于目前生产条件限制，还不能大批量生产，不能满足市场需要。这些配套农具主要有：悬挂、半悬挂铧式犁，宽幅重型、中型圆盘耙，压轮式谷物条播机、玉米大豆精密播种机，宽幅折叠式喷雾机，中耕追肥机，深松机和联合复式作业机等。

大型、技术先进的农产品加工设备也供应不上，基本从国外引进。主要有特种面粉加工设备、免洗米精加工设备、果汁加工设备、畜禽屠宰加工设备等。

我国是棉花种植大国，一般使用手工采棉，但是在新疆，特别是新疆建设兵团，由于劳动力紧张，每到采棉季节都要从内地雇佣多达18万~19万人的劳动力到新疆采棉，近年来由于国家采取许多支持“三农”发展的政策，到新疆采棉的劳动力去的少了，农场不得不自己解决，只好采用机关停止办公、学校停止上课、动员一切劳动力参加采棉劳动。为此，需要采棉机和机采棉加工设备。此类设备我国还不能生产，只能靠进口解决。

由于农业结构调整，农业新兴领域不断出现，作为新型领域使用的机械设备供应不上，主要依赖进口。

我国旱作农业所需要的设备比较齐全，供应较充足。而水田机械不全，如乘坐式高速插秧机、水田中耕除草机等还没有产品供应市场，水稻烘干机品种不多，农民选择有限而且价格偏高，水稻联合收割机品种较全，市场供应比较正常。

畜牧业在我国正在发展，特别是草食畜牧业的发展迅速，人工种植草场正在扩大，尤其是青贮饲料的种植面积越来越大，但是，青贮饲料收割机我国还没有生产，主要因为制造技术要求较高，价格较贵，销量不大，一般制造企业生产不了，只好进口或者用人工收割后再粉碎。人工种植的草木蓿也没有合适的收割机具，需要切割压扁机、指盘式搂草机、翻晒机、方草捆压捆机或园草捆机、草捆堆垛机和草捆破碎机等。另外，经济发达国家畜牧场为了节省用地，大部分都采用青贮饲料塔，我国对这些设备都需要前其投入进行研究，需要国家扶持。

（二）农业机械市场价格分析

从中华人民共和国成立以来，各届政府一直扶持农业发展，在计划经济时期国家把农业机械价格订的很低，采取国家补贴农民购买农业机械，一直采取微利或无利状态。到社会主义市场经济时期，由于农民收入较低，为了保障农民购买农业机械，国家采取减税的办法进行补贴，把农业机械的增值税减为13%，有些省、市、县减免企业所得税，实际减免税收主要是让利给农民。所以我国农业机械的销售价格同其他国家比一直是较低的，与经济发达国家比更是不能苟同。经济发达国家的农业机械价格高于其他机械产品价格，在美国购买一台60马力的拖拉机要比购买一辆普通轿车贵得多。

我国农业机械产品价格竞争较激烈，一台18~20马力小四轮拖拉机售价大约在5300~5500元，每台拖拉机的利润只有50~60元，税后利润率只有1%左右，其他农业机械产品也大体相当，税后利润率不超过2%。

在市场竞争中，各类不同性质的企业价格也不一样，一般来说，民营企业的产品价格低于国有（包括国有控股）企业，主要是民营企业生产成本低，如所用工人绝大部分是农民季节工，忙时雇用闲时解聘，另外，工资也较低，每月只有500~600元，少数最高的也不超过1200元。而国有企业职工收入要高一些，劳保福利多一些，在人工成本上要比民营企业高。另外，民营企业基本走社会化协作配套组织生产，如小型拖拉机制造企业、背负式手动喷雾器制造企业等，都从社会上购买协作配套件进行组装，厂内只有一条装配线、一条补漆线，有几个零配件仓库，有的连仓库也没有，在工厂预备几间办公室，协作配套厂的工作人员长期驻扎，每月装配多少就发多少零配件，产品卖出后结账。这样与加工设备比较齐全的大中型国有企业对比，生产成本自然就比较低了。

近几年由于原材料价格上涨，农业机械制造成本有所上升，售价提高，无形加重农民购买农业机械负担，国家和地方政府虽然对购买农业机械的农民给与购机补贴，但是，对购买农机品种有所限制，总的来说还是给购机农民增加困难。

（三）农机行业生产集中度分析

我国生产的农业机械产品类别和品种较多，前面已经介绍，为了比较准确的表达农业机械生产集中度情况，现在就主要产品介绍如下：

1.拖拉机制造业：

大型拖拉机：指配套动力在73.5千瓦以上的拖拉机，目前只有中国一拖集团有限公司生产，由于投产时间不长，生产条件有限，由此，现在还是小批量生产。

中型拖拉机：指配套动力在18.4~73.5千瓦的拖拉机，生产能力有12万台，主要有25家企业生产，其中生产规模较大的有：中国一拖集团公司、天津迪尔拖拉机制造有限公司、山东拖拉机制造有限公司、江苏悦达集团盐城拖拉机厂、浙江宁波中策拖拉机汽车制造有限公司、江苏常州农机集团东风拖拉机厂、福田农业装备有限公司、上海纽荷兰拖拉机制造有限公司等。这些企业生产量份额约占行业的70%。

小四轮拖拉机：指配套动力在18.4千瓦以下的四轮拖拉机，生产能力约有250万台，每年生产100多万台。全部制造企业约有120加多家，其中生产规模较大的企业有：山东时风集团有限公司（将近20万台）、中国一拖集团有限公司（16万台）、新乡一拖有限责任公司（将近10万台）。5万~8万台的企业有：福田农业装备有限公司。

手扶拖拉机：全国生产能力约有200万台，每年生产100万台左右。全部制造企业约70家左右，生产规模较大的企业有：每年生产销售15万台以上的企业是山东常林机械集团有限公司；每年生产销售10万台以上的企业有：安徽六安手扶拖拉机厂；每年生产销售5万~10万台的企业有江苏常州东风拖拉机厂、河南尉氏县拖拉机厂、南宁手扶拖拉机有限公司、江苏悦达集团盐城拖拉机厂等。

2.农用运输车制造业：

农用运输车是根据我国国情和农民实际需要而由农机制造企业自行研发生产的。从1995年三轮农用车产销量超过200万辆、四轮农用车产销量超过30万辆以后一直保持平稳增长。这对汽车工业在农村市场来讲无疑是一个挑战，当然引起工业界的注意。农业运输车在新的《道路交通法》中，改称为三轮汽车和低速汽车（为了方便描述，本文仍使用农业运输车）。在二十多年的发展过程中，农用运输车由分散生产逐步向高度集中过渡。到2003年止，三轮农用车（三轮汽车）制造行业排名前10名的生产企业的产量之和（213万辆），占行业总产量的95.45%；四轮农用车（低速汽车）制造行业排名前10名的生产企业产量之和为28万辆，占行业总产量的65.85%。

三轮农用车（三轮汽车）产量前十名的企业如下表：

序号	企业名称	产量(辆)	销量(辆)
1	山东时风(集团)有限责任公司	874556	874556
2	山东巨力股份有限公司	369025	368298
3	山东五征农用车制造有限公司	238813	238766
4	安徽飞彩(集团)有限公司	213901	214941
5	山东双力集团股份有限公司	155801	155614
6	北汽福田汽车股份有限公司	87965	92717
7	河南奔马股份有限公司	83632	83632
8	沈阳天菱机械有限责任公司	50305	49901
9	甘肃兰驼集团有限责任公司	26698	26856
10	山西卓里集团有限公司	25919	25923

四轮农用车（低速汽车）产量前十名的企业如下表：

序号	企业名称	产量(辆)	销量(辆)
1	山东时风(集团)有限责任公司	86279	86245
2	安徽飞彩(集团)有限公司	36836	37164
3	浙江正宇机电有限公司	29716	28555
4	山东寿光市凯马奥峰车辆有限公司	24004	22886
5	杭州市杭挂机电有限公司	22202	22296
6	淄博汽车制造厂	20557	20333
7	资阳市南骏车辆制造总公司	19009	19226
8	成都王牌车辆股份有限公司	14455	14256
9	一汽金杯车辆制造集团有限公司	14262	14385
10	山东五征农用车制造有限公司	14144	14069

2004年虽有所变化，只是排序上的变化，前十名企业总的还没有变化，这说明农用运输车生产集中度没有受到太大影响。2004年排序表如下：

2004年三轮农用车制造业产销排名前十名企业表

序号	企业名称	产量(辆)	销量(辆)
1	山东时风(集团)有限责任公司	623001	623200
2	山东五征农用车制造有限公司	322477	322563
3	山东巨力股份有限公司	174799	175833
4	山东双力集团股份有限公司	127179	126514
5	北汽福田汽车股份有限公司	92712	93563
6	河南奔马股份有限公司	92517	91950
7	安徽飞彩(集团)有限公司	90482	91010
8	沈阳天菱机械有限责任公司	60099	59881
9	山西卓里集团有限公司	25945	26038
10	甘肃兰驼集团有限责任公司	20254	19994

2004年四轮农用车制造业产销前十名企业表

序号	企业名称	产量(辆)	销量(辆)
1	山东时风(集团)有限责任公司	623001	623200
2	山东五征农用车制造有限公司	322477	322563
3	山东巨力股份有限公司	174799	175833
4	山东双力集团股份有限公司	127179	126514
5	北汽福田汽车股份有限公司	92712	93563
6	河南奔马股份有限公司	92517	91950
7	安徽飞彩(集团)有限公司	90482	91010
8	沈阳天菱机械有限责任公司	60099	59881
9	山西卓里集团有限公司	25945	26038
10	甘肃兰驼集团有限责任公司	20254	19994

3.联合收割机制造业

联合收割机分为谷物联合收割机、水稻联合收割机、玉米联合收割机、马铃薯联合收割机、油菜子收割机、甘蔗收割机等。

谷物联合收割机:此类产品分自走式谷物联合收割机和背负式谷物联合收割机，按生产率分大型谷物联合收割机(喂入量在6公斤/秒以上)、中型谷物联合收割机(喂入量在5公斤/秒以下)、小型谷物联合收割机(喂入量在2公斤/秒以下),我国生产的谷物联合收割机以中小型为主，其中自走式谷物联合收割机只有迪尔佳木斯联合收割机制造有限公司能够生产喂入量6公斤/秒(引进制造技术的1075型),年产量有200台水平;能够生产喂入量5公斤/秒的自走式谷物联合收割机的有迪尔佳木斯联合收割机制造有限公司、四平联合收割机制造有限公司,生产能力有3000台;生产喂入量2~3公斤/秒的企业较多,有30多家企业。

水稻联合收割机:水稻联合收割机分自走式全喂入水稻联合收割机和半喂入水稻联合收割机，制造企业较多,大约有20多家,总的生产能力在2万台左右，

玉米联合收割机：目前我国此类机型产量不大,近几年全国总产量均在2000台左右,主要是以背负式玉米收获机为主，自走式玉米收获机总产量约100台左右。

4.植物保护机械：

我国农作物每年病虫害发生面积较大,每年植保作业面积基本在一亿公顷，为此需要大量的植物保护机械。由于国情原因,我国也是中小型植保机械的生产大国，每年背负式手动塑料喷雾器生产基本在1300万~1500万架、背负式机动喷雾机每年生产80万~100万台，担架式机动喷雾机10万台左右、各种拖拉机配套的喷雾机生产5万~6万台（其中以小型为主)。我国现有生产企业260多家，大多数是生产背负式手动塑料喷雾器的厂家,约有180多家。

5.旋耕机械：

拖拉机配套旋耕机械已经成为耕整地机械中的主要产品，全国每年生产量在20万台左右,其中为中型拖拉机配套的每年生产约8万~9万台，为小型拖拉机配套的每年生产约在10万多台。2004年生产中型拖拉机配套旋耕机10万台,小型拖拉机配套旋耕机9万台，生产企业在260家左右。其中生产中型拖拉机配套的旋耕机产量较大的是：北京银华春翔集团公司南昌旋耕机厂生产27200台，黑龙江勃农机械有限公司生产14500台，北京银华春翔集团公司连云港旋耕机制造厂生产10000台，河南豪丰机械制造有限公司生产10000台。

2004年中国橡胶工业经济运行概况

新世纪伊始，中国橡胶工业即进入崭新的发展机遇期，在前三年良好开端的基础上，2004年全行业又创造了近10年来新的水平。

一、2004年橡胶工业运行情况

橡胶行业在经历入世全面考验后，2004年又面对新的挑战，天然胶进口取消配额，关税提高8个百分点；受石油影响，合成胶等原材料全面涨价且居高不下，历史上第一次出现天然胶、合成胶价格倒挂；加之煤电油运紧张等诸多不利因素，老问题全部演绎成新困难，铺天盖地直逼生产成本上升，威胁全行业经济安全运营。在这一情况下，全行业坚持团结协作，坚持科学发展理念，依靠市场，调整优化产品结构，发挥品牌效应，不仅平衡了生产经营，而且取得了增产增收的良好业绩，避免了大起大落。

据国家有关部门统计，2004年轮胎总产量达2.39亿条，比上年增长18.9%，其中，子午胎总产量为9825万条，增长42.7%。由于国家统计中含有部分摩托车胎，剔除后轮胎总量实为2亿条左右；按协会调查统计数据，子午胎总量为1.03亿条。胶鞋总产量为9.94亿双，增长10.3%。其他产品国家已不再统计，按近几年协会会员企业产量比例和调查统计测算，2004年全国自行车胎产量约为4.1亿条，增长5%；输送带1亿平方米，增长12.4%；V带8.8亿A米，增长15%；胶管3.5亿标米，增长6%；炭黑140万吨，增长37%；助剂32万吨，增长28%。

橡胶全行业销售收入达1538.9亿元，增长31.7%；出口产品交货值达373亿元，增长37.1%；实现利税总额128.7亿元，增长19.4%。

据协会对会员企业统计，2004年轮胎产量为1.34亿条、增长15.2%，其中，子午胎产量7877.5万条，增长31.8%；自行车胎2.1亿条，增长5%；输送带6771万平米，增长44%；胶管4298万A米，增长17%；胶鞋4.1亿双，增长13.9%；安全套32.2亿只，减少5%；炭黑96万吨，增长50.9%；再生胶47.2万吨；尼龙(聚酯)帘布34万吨，增长21.4%；钢丝帘线30.9万吨，增长1倍多；橡胶助剂24.6万吨，增长11.8%。

9个专业分会和助剂专业委员会所属会员企业，2004年销售收入达794.5亿元，增长33.3%，占全行业的51.6%；实现利税73亿元，增长21.1%，占全行业的56.7%；出口交货值215.2亿元，增长47.6%，占全行业的57.7%。

生胶消耗量，轮胎会员企业实际耗胶147万吨，按历年比例数推算，全行业生胶消耗量在340万吨以上。

2004年，橡胶全行业总的讲是增产增收，而最值得肯定的是增长方式的转变，在科学发展观统领下，品牌发挥了效应，产品结构调整和市场规范见到实效，企业经营机制也在发生巨大变化。

以轮胎会员企业为例，生产经营呈现出四大特点：

一是生产集中度相对提高。上海轮胎、三角集团等十大中国名牌企业生产轮胎5187万条，米其林等9家合资企业生产轮胎6039万条，19家合计，轮胎总产量占全行业的一半以上。

二是出口大幅度增长。全行业出口轮胎总量为6875万条，增长50.6%，而中国十大名牌加9家合资企业，则出口4925万条，占出口总量的71.6%，随着子午胎的快速发展，中国轮胎出口不再以斜交胎老产品为主，轮胎会员企业子午胎出口量达3179万条，占会员企业轮胎出口总量的60.4%，占全国出口总量的46.2%；全钢子午胎出口一起步即达485万条，既占有了一定的国际市场空间，也缓解了内需的压力，保持了产需平衡。

三是名牌产品企业经济效益好于一般产品企业的经济效益。据协会不完全统计，中国十大名牌轮胎企业全年实现利税总额为29.2亿元，9家三资轮胎会员企业实现利税总额17.7亿元，两者之和占46家会员企业的93%，占全行业的67.5%。

四是以产品更新、升级换代为代表的技术进步速度明显加快。十大中国名牌全钢子午胎总产量占全行业的70%，9家三资企业半钢子午胎占48.7%。在米其林等三资企业推出安全、环保轮胎的同时，中国十大名牌轮胎企业也相继推出55、50、45、40等扁平化、高速性能的高档次轿车子午胎，推出无内胎及宽断面的公制全钢子午胎，推出了工程子午胎。

其他产品的情况也是这样，自行车胎排位前5名企业的总产量已占到全行业的40%，输送带前5名占32%，安全套前4名占75%，炭黑前5名占到50%以上，助剂前5名占34%，钢帘线前5名占70%，化纤帘线前5名65%。由此看来，生产集中度、市场覆盖面的快速提高，已成为市场竞争的必然。

产品结构调整速度都在加快，象高效、低毒的防老剂、促进剂等绿色环保助剂，已占到总产量的一半以上。随着轮胎结构的调整，2004年钢帘线产量与纤维帘线大体相当，如加上胎圈钢丝，则钢丝用量首次超过纤维用量，高模低缩聚酯帘线也在几家大厂形成生产能力。子午胎模具技术和生产有了跨跃式发展，基本上扭转了活络模依赖进口的局面。以子午胎硫化机、二鼓和三鼓成型机、二复复挤出机、密炼机上辅机等为代表的专用设备，达到或接近国际先进水平，在基本满足内需的同时，出口大量增加，为跨国公司所采用。

二、2005年市场展望

今年是"十五"计划最后一年，是承上启下的一年，预计橡胶工业发展仍能保持8%~10%或者更快一点的速度。中国橡胶工业能快速发展，可以说是已成为不争的事实，但当今世界，橡胶大国的竞争视点已不仅仅看速度，而是更着眼于品牌竞争，自主知识产权竞争，以节能、环保、安全为标志的绿色产品竞争，谁拥有了名牌、自主知识产权和绿色产品，谁就有了国内、国际市场的主动权。

基于这一目标，业界已基本达成了六点共识。

1.以自主知识产权，打造自主品牌，也就是要争创中国名牌、世界名牌，中国名牌与国际品牌形成合理竞争的新格局。

2.以安全、环保、节能为本，不断推出新的产品，包括节能环保轮胎、低滚动阻力轮胎、仿生花纹轮胎、耐刺扎不漏气轮胎等。

3.理性投资，不能再搞一哄而上，避免大起大落。鉴于60、65、75以上系列轿车子午胎，有内胎全钢子午胎产能过剩、市场饱和等因素，建议对这些产品不能再扩大产能，对于扁平化、高速性能和无内胎子午胎，也主要靠技术改造、靠结构调整来发展，不宜再盲目建新厂、铺新摊子。

4.实施产品质量授信，加强行业自律，保护品牌、保护生产企业市场信誉和维护消费者权益，同时实施产品召回制，坚决制止假冒伪劣产品、无标产品和恶意割标产品流通。

5.从轮胎制造过程入手，进一步改进配方设计和结构设计，生产工艺要向高效、节能、高精度发展，以提高轮胎翻新率、翻新次数和综合里程。

6.从源头抓起，扩大环保、安全原材料特别是绿色橡胶助剂的使用，以减少轮胎生产过程和废弃物对环境的危害。

确保橡胶工业可持续发展，在创建品牌、推出新产品的基础上，要不失时机地进入中高档市场，既要有产品优势，更要争取价格优势。从今年起，要下最大气力，逐步扭转低档次、低价格的局面。纵观国际市场上的大跨国公司，其生产价值链无不集中在技术开发、产品制造和市场营销三大环节上，而且是抓两头带中间，同时，他们在控制产品销售渠道、在品牌管理和宣传、在营销乃至售后服务方面，不惜重金。

橡胶工业可持续发展与建设大公司、大企业集团也是连在一起的，没有世界著名的大公司，在国际市场上就没有中国橡胶工业应有的知名度，充其量也就是个加工基地，是橡胶工业大国而不是强国。进入市场经济以来，橡胶工业的几度起伏，无不伴随着企业的整合和重组，其间有行政手段对内对外的"拉郎配"，也有企业间盲目的低成本收购、高成本运作，其结果是众所周知，不尽人意。但从国际市场看，兼并收购、强强联合和企业间建立战略联盟，并以此取代投资新建，扩大市场，提高效益，已成为大公司实现低成本扩张的主要形式。对此，既不能因噎废食，也不能急于求成，只要有心，势必水到渠成。

地方工业篇

2004年中国主要地区工业经济运行概况

2004年北京市工业经济运行概况

2004年，全市工业生产保持了快速稳步发展的势头，工业经济效益继续改善，运行质量进一步提高，工业成为推动全市经济增长的主要动力，对全市经济增长的贡献率高达43.4%。全市规模以上工业企业实现工业增加值1259.5亿元，比上年同期增长19.9%，增幅比上年提高7.6个百分点。

一、北京工业运行特点

1.生产增速高，规模上新台阶。 2004年全市规模以上工业增加值累计增速有8个月在20%以上，全年工业增速达到19.9%，为1996年以来同期最好水平。4月份当月工业增加值首次突破100亿元，12月份达到127.4亿元，为全年最高值。全年月平均实现工业增加值105亿元，比2003年的月平均水平高出24.1亿元。

2.三资企业生产增长显著。 全年三资企业实现增加值474.8亿元，比上年增长24.9%，增幅同比提高12.9个百分点，增速比全市平均水平快5个百分点。股份制企业实现增加值497.2亿元，增长19.5%，增幅同比提高1.3个百分点。国有及国有控股企业实现增加值652.9亿元，增长17%，增幅同比提高5.7个百分点。

3.轻重工业发展趋向均衡。 全年轻工业实现工业增加值330亿元，比上年增长17.7%；重工业实现增加值929.5亿元，增长20.7%。重工业增加值占规模以上工业的比重由上年的78.3%下降到73.8%。重工业增速快于轻工业3个百分点，两者差距比年初缩小8.5个百分点。

4.内外销售同步增长。 工业产销衔接情况较好，全市规模以上工业实现工业销售产值4772.2亿元，比上年增长26.3%，产销率达97.77%，同比提高0.24个百分点。工业出口规模不断扩大，出口增长点有所增多。全年实现出口交货值602.6亿元，增长41.1%。从经济类型看，外商及港澳台投资企业完成出口交货值498.2亿元，增长43.5%，占全市工业出口交货值的82.7%，拉动全市工业出口增长35.4个百分点；股份制经济76.4亿元，增长48.6%。从行业看，通信设备、计算机及其他电子设备制造业和黑色金属冶炼及压延加工业的出口交货值分别比上年增长49.5%和1.8倍。

5.经济效益水平继续提高。 全年全市规模以上工业经济效益综合指数为169.3%，比上年同期提高18.4个百分点。构成经济效益综合指数的七项指标中，有六项指标比上年有所提高，其中，总资产贡献率提高0.7个百分点，流动资产周转率加快0.1次，成本费用利润率提高0.2个百分点。全市规模以上工业企业实现产品销售收入5110.8亿元，比上年同期增长31.7%；实现利润总额310.8亿元，增长32%。在北京市35个行业大类中，有34个行业实现盈利，其中有15个行业与上年相比增幅有不同程度的提高。利润增长较快的行业主要是化学原料及化学制品制造业、黑色金属冶炼及压延加工业和电气机械及器材制造业，分别比上年增长2.1倍、45.5%和27.5%。

二、带动工业快速增长的主要因素

1.石油化工和建材行业高速增长。 2004年，国内经济快速增长，基础原材料产品市场需求旺盛，北京市的石油加工炼焦及核燃料加工业、化学原料及化学制品制造业和非金属矿物制品业等行业高速增长。全年这三个行业实现增加值分别比上年增长 44.9%、23.8%和 23.8%，对全市工业增长的贡献率达到 19%。这些行业的主要产品产量也呈现较快增长。如原油加工量增长 11.7%，增幅同比提高 10.9 个百分点，乙烯增长 10.6%，增幅提高 12.4 个百分点，水泥增长 21.6%，增幅提高 16.6 个百分点。

2.**电子信息行业稳步发展**。受国际经济复苏的影响，北京市通信设备、计算机及其他电子设备制造业从二季度以来始终保持两位数增长。全年通信设备、计算机及其他电子设备制造业实现增加值 202.4 亿元，比上年增长 14.4%。在通信设备、计算机及其他电子设备制造业良好发展的带动下，北京市高新技术产业也呈现稳步增长的态势。全年高新技术产业实现增加值 377.7 亿元，比上年增长 17.7%，增幅同比提高 10.6 个百分点。

3.**交通运输设备制造业快速增长**。在全国汽车产销下滑的不利情况下，北京市及时调整轿车产品结构，汽车生产保持平稳增长。2004 年，交通运输设备制造业实现增加值 123.1 亿元，比上年增长 58.6%，对全市工业增长的贡献率达 22.8%。全市累计生产汽车 53.9 万辆比上年增长 55.2%；轿车 18.2 万辆，增长 1.5 倍。

2004 年天津市工业经济运行概况

2004 年，天津市工业系统认真落实国家宏观调控政策，努力克服能源、电力紧缺和各种原材料价格上涨等不利因素，坚持科学发展观，切实加大生产组织协调力度，生产快速增长，产销衔接程度高，外销比重增大，企业经济效益大幅提高，速度、效益实现了稳、快、优。

一、2004 年天津工业运行情况

（一）工业生产稳定快速运行，增加值增速居全国第二位

2004 年，全市规模以上工业完成增加值达到 1395.64 亿元，比上年增长 26.5%，完成总产值达到 5375.09 亿元，同比增长 31.8%，工业发展再创历史新高。而且，由于调控措施科学得当以及经济较快增长的惯性作用，工业经济运行没有出现大的波动。一季度开局良好，全市规模以上工业增加值同比增长 25.2%，上半年增长 26.0%，前三季度增长 25.7%，保持稳健较快增长的良好势头，达到了有保有控、协调发展的目标。

2004 年，天津市的工业增加值增速在全国 31 个省市中居内蒙古（38.5%）之后与山东并列第二位，分别高于北京（6.6 个百分点）、上海（7.5 个百分点）和重庆（3 个百分点）。

（二）工业经济效益达到近年来最好水平

在生产快速增长的同时，企业经济效益大幅度提高。一是效益增长快于销售增长。2004 年，全市规模以上独立核算工业企业实现销售收入增长 35.2%，实现利润增长 80.8%，利润增长快于销售 45.6 个百分点。二是工业企业经济效益综合指数稳步提高，达到 178.44 点，同比提高 32.1 个百分点，达近年来最高水平。其中总资产贡献率为 13.38%，同比提高 3.41 个百分点；资产保值增值率为 119.54%，提高 14.46 个百分点；流动资产周转率为 2.31 次，同比加快 0.14 次，成本费用利润率为 8.19%，同比提高 2.19 个百分点；全员劳动生产率为 9.63 万元，同比增长 32.0%。

二、带动工业经济增长的主要因素

（一）结构调整成效明显，高新技术产业和优势产业快速增长，12 个行业产值超百亿元

2004 年，天津市高新技术产值快速增长，产业规模不断扩大，有力地拉动了全市工业的增长。全年高新技术产业完成工业总产值 1731.02 亿元，同比增长 36.1%，比全市工业增速高 4.3 个百分点，占全市工业总产值比重为 32.2%，对全市工业增长的贡献率达到 35.6%，拉动全市工业增长 11.2 个百分点。

2004 年，在全市 37 个行业中，有 12 个行业产值总量超过百亿元，比上年增加一个行业，呈多点支撑态势。通信设备、计算机及其他电子设备制造业等六大优势产业共完成总产值 3797.70 亿元，增长 35.5%，占全市工业的比重为 70.6%，比上年提高

1.9个百分点,对全市工业增长的贡献率为76.7%。全年累计生产天然原油1443.01万吨,同比增长9.6%;生铁475.03万吨,增长54.4%;粗钢741.99万吨,增长31.1%;成品钢材1493.50万吨,增长47.2%,其中无缝钢管159.16万吨,增长64.7%;轿车21.98万辆,增长28.7%;移动电话机4910.37万部,增长57.7%;房间空调器439.52万台,增长81.7%;微波炉1361.40万台,增长40.4%;半导体分立器件58.93亿件,增长47.4%。全年六大优势产业实现产品销售收入3815.32亿元,同比增长39.6%;实现利税总额468.73亿元,增长71.9%,其中实现利润总额347.60亿元,增长97.5%,拉动全市工业利润增长75.2个百分点。其中电子信息产品制造业实现利润147.06亿元,增长3.35倍;石油及化学工业实现利润121.92亿元,增长49.0%。

(二)大型企业及企业集团增势强劲,外商及港澳台商投资企业等各经济类型企业生产向好

2004年,全市大型企业完成总产值2323.50亿元,增长39.6%,占全市工业的比重达43.2%,比上年同期提高2.4个百分点。全年有63个企业总产值超过10亿元,31个企业超过20亿元,14个企业超过50亿元,其中摩托罗拉、三星系列、丰田汽车、天钢、天铁等总产值排名前20户企业完成总产值2228.48亿元,占全市工业总量的41.5%。大型企业的产销衔接状况也较好,达到99.26%,高于全市平均水平0.17个百分点,高于中小型企业0.3个百分点。

2004年,外商及港澳台商投资企业完成总产值2638.15亿元,增长38.4%,占全市工业的49.1%,比上年提高2.4个百分点;私营企业完成总产值440.04亿元,增长42.1%,占全市工业的8.2%,比上年提高0.6个百分点;全市国有及国有控股企业完成总产值1930.25亿元,增长31.3%,占全市工业的35.9%,股份制企业完成总产值1741.09亿元,增长30.2%,占全市工业的32.4%。

(三)产销衔接状况良好,工业出口增势强劲

2004年,全市规模以上工业完成销售产值5326.41亿元,比上年同期增长31.5%。工业品产销率为99.09%,高于全国平均水平1个百分点,列全国第三位,其中重工业为99.39%,保持了较高的水平。在生产规模迅速扩大的情况下,年末全市工业产成品资金占用191.90亿元,同比上升9.0%,明显低于生产和销售的增长速度。

2004年,全市工业出口迈上了一个新台阶,实现出口交货值1445.13亿元,比上年增长42.6%,持续在高平台上稳定快速增长,出口占销售的比重为27.1%,比上年提高2.1个百分点,出口拉动工业增长10.7个百分点。

三、2005年展望及对策

2005年是天津市国民经济发展十分重要的一年。从运行环境看,有利因素和不利因素并存,挑战和机遇同在,工业经济处在一个发展的重要关口。只要把握机遇,搞好宏观调控,认真落实好中央的方针政策和市委八届七次全会精神,保护好、引导好、发挥好经济增长的合理因素,工业经济仍可以保持持续快速增长。

(一)发展展望

1.工业发展的基础比较好

一是天津市经济发展正处于上升阶段。2004年全市经济的快速增长为2005年打下了一个良好的基础,上半年、前三季度全市GDP增长分别达到15.9%和15.7%。随着经济运行环境的进一步改善,经济增长的惯性仍在持续。

二是天津市工业经济经过多年的持续快速发展,整体素质、抗风险能力有了明显提高,形成了多点支撑、多种经济类型竞相发展的良好格局,企业发展的内在活力增强,自我积累、自我发展、快速增长的能量正在释放,将进一步带动工业迈上新台阶。

三是微观主体活力较强。2004年四季度企业家信心指数为129.0,同比提高4.7个百分点;企业景气指数达到127.8,达到较好水平。

2.外部环境较为有利

从国内环境看,国家宏观调控的预期目标得到初步实现,经济运行中的不稳定因素得到遏制,全国经济有望继续保持平稳增长。国家统计局预测2005年GDP增长率将有所回落,但仍可保持在8%以上水平。2005年我国财政货币实行"双稳健"政策,将为2005年天津市经济的较快增长提供稳定的政策支持,同时灵活的微调措施,也将继续解决经济生活中存在的突出问题,将有助于经济运行的稳定。

从国际环境看，世界经济形势总体趋好。展望2005年，世界经济增速会有所放慢，但仍将保持一个比较快的增长。国际货币基金组织预测2005年世界经济增长4.3%，对我国及天津市经济发展仍然较为有利。

3.工业增长的内在动力较强

2004年，天津市工业在全面贯彻落实中央宏观调控措施过程中，按照科学发展观的要求，适度调整投资结构，加大了对电子信息、化工、医药、新能源等调整改造的力度，新开工建设了一批项目，进一步打造天津工业发展的新优势。全市工业共实施投资额在1000万元以上的优势产业项目276项，总投资达632.6亿元，三星通信的手机扩能、一汽丰田的花冠轿车扩能等141个项目建成投产。这些增量项目的投产，将对2005年天津市工业加快发展起到重要的支撑作用。

4.在充分估计有利因素的同时，还要清醒地看到经济运行中面临的困难和不利因素

首先是原材料燃料价格持续上涨将压缩企业的盈利空间。原油、煤炭、冶金、建材等基础原材料持续在较高价位运行。2004年天津市原材料、燃料、动力购进价格同比上涨15.4%，其中黑色金属材料、有色金属材料、纺织原料、燃料动力类分别上涨34.3%、30.5%、18.6%和18.3%；其次是资金、土地供求矛盾突出，制约工业发展后劲。2004年以来，国家实行一系列宏观调控措施，在信贷、土地政策上进行重大调整，主要表现为管紧土地、看好信贷。全市信贷规模的缩减，银行严格控制短期贷款，给广大中小工业企业生产经营带来较大的影响，流动资金短缺成为困扰当前企业发展的难题。严格建设项目用地审批，使土地资源供应趋紧，一定程度上制约工业项目建设和技改扩张。

（二）对策建议

1.落实科学发展观，努力保持工业经济持续快速增长

2005年天津市工业系统应牢固树立科学发展观，围绕全市经济发展目标，充分利用宏观经济调控这一契机，加快工业结构调整与产业升级步伐。要以市场为导向，高标准地推进新一轮嫁接改造和调整。着力发展电子信息、生物工程、新能源新材料等高科技产业，加速提升汽车、冶金、化工等传统产业，打造一批销售收入过百亿元的“经济航母”，提升本市工业的整体水平。要努力实现经济增长方式的转变，坚持高水平是财富，低水平是包袱的发展思路，正确处理好规模与效益的关系、资本运营与企业重组扩张的关系、挖潜与创新的关系，加强诚信建设，实现健康协调可持续发展。

2.努力搞活中小企业，提升工业的整体水平

中小企业是天津工业的重要组成部分，要采取切实措施搞好搞活中小型企业，制定相应政策，支持一批有产品、有市场、有潜力的中小企业加快发展，营造适合中小型企业发展的社会气氛，扭转中小企业亏损额占全市近80%的不利局面，努力将其培育成本市经济发展的新增长点。

3.协调好资源与经济发展的关系，保证工业的发展后劲

2005年，天津市要结合“十一五”规划的编制，制定关系经济长远发展的煤、电、油、土地等资源的发展规划并建立可行的储备制度，增加供应能力，努力创造宽松的经济发展条件。同时要从可持续发展的战略高度出发，促进企业强化节能降耗意识，提高能源原材料的利用效率，大力整顿消耗高、效益低的行业和企业，优化资源配置，提高土地资源的集约利用水平及土地利用效率，为天津市工业的发展后劲提供保障。

2004年河北省工业经济运行概况

一、2004年工业运行情况

2004年全省工业经济总体保持了良好的运行态势，工业生产快速增长，经济效益显著提高。规模以上工业增加值突破2000亿元，居全国第6位，增长速度是十年来最快的一年。

各工业行业增加值稳步增长。有36个行业增加值比上年增长，其中21个行业增幅在20%以上。能源、原材料和冶金行业对全省工业的快速增长起到了强有力的支撑。对全省工业生产增长的贡献率居前5位的行业有：黑色金属冶炼及压延

加工业贡献率达 34.8%，电力、热力生产和供应业为 9.4%，化学原料及化学制品制造业为 5.5%，非金属矿物制品业为 5.2%，石油加工、炼焦及核燃料加工业为 4.8%。

产销衔接良好。全省工业产品销售率为 98.4%，与上年持平，高于全国平均水平 0.4 个百分点。分经济类型看，国有及国有控股企业产销率最高达 99.3%，同比提高 0.2 个百分点；外商及港澳台投资企业为 98.8%，股份制企业为 98.4%。

二、急需解决的问题

虽然 2004 年河北省工业增长速度是十年来最快的一年，但工业经济运行中的一些深层次矛盾仍然存在，增长方式转变较慢，结构调整步伐不快，国企改革任务仍很艰巨。主要表现在三个方面。

1.结构调整步伐较慢。一方面表现在新产品开发能力偏弱。全省工业实现新产品产值 264.99 亿元，占规模以上工业总产值的比重仅为 3.4%，大大低于全国平均 9.5%的水平。另一方面表现在高技术产业发展缓慢，信息产业比重低。从全国看，作为结构调整标志性产业的通信设备、计算机及其他电子设备制造业，经济总量已跃升为我国第一大支柱行业，而目前河北省通信设备、计算机及其他电子设备制造业增加值、实现利润仅占工业增加值的 0.8%和 0.7%。此外，产品结构不合理。高附加值的产品比重低，如支撑河北省快速增长的钢铁企业生产的钢材，普通钢材比重偏大，主要是受投资拉动影响明显的建筑用钢材、优质钢材比重偏小，铁道用钢材、特厚板、镀层板、无缝钢管等所占比重不足 1%，分别为 0.6%、0.2%、0.8%和 0.3%。

2.资金循环不畅。2004 年，全省应收账款净额达 589.68 亿元，比上年增长 8.2%；应收账款净额无论是绝对额还是增幅均为近几年来的最高点。其中，私营企业应收账款净额在各种经济类型中增幅最高，达 44.6%。多数行业应收账款净额上升。在全省统计的 38 个工业行业大类中，有 31 个行业上升，占 81.6%，有 19 个行业增幅高于全省平均水平。应收账款净额占销售收入、利润的比重分别为 7.3%和 14.9%，但这部分销售收入对企业来说并无真实的现金流入。

3.成本上升，亏损增加。由于煤、电、成品油、粮食等原材料、燃料、动力购进价格的提高直接导致企业成本的提高。全省规模以上工业亏损企业 1334 个，亏损面 16.7%，亏损额为 59.64 亿元，比上年同期增亏 27.2%。亏损主要集中在以下几个方面：一是从经济类型分析，主要集中在国有及国有控股企业。亏损企业亏损额为 43.19 亿元，比上年同期增亏 25.4%，占工业亏损企业亏损额的 72.5%。二是从企业规模分析，主要集中在中小企业。亏损企业亏损额为 52.08 亿元，比上年同期增亏 27.6%，占工业亏损企业亏损额的 87.3%。三是从行业分析，主要集中在 5 个行业。亏损企业亏损额居前 5 位的是化学原料及化学制品制造业、黑色金属冶炼及压延加工业、非金属矿物制品业、纺织业、电力、蒸汽、热水的生产和供应业，累计亏损额为 30 亿元，占全部亏损企业亏损额的一半。

根据国内外经济发展的大背景，结合工业实际，综合分析预测，2005 年河北省工业将继续保持快速增长。因此，要大力巩固宏观调控成果，牢牢把握机遇，克服各种不利因素，加快改革开放和结构优化升级步伐，努力实现速度、结构、效益的统一。

2004 年山西省工业经济运行概况

2004 年，山西省委、省政府以科学发展观为指导，紧紧围绕建设新型能源和工业基地的战略目标，充分利用宏观经济的较好形势，积极推进产业结构调整，实现了工业经济的快速增长，为全省经济发展做出了突出贡献。

一、2004 年山西工业经济运行情况

(一)运行特点

1.工业经济增速高于全国平均水平，在全国总量位次前移。全年全省规模以上工业企业完成总产值 3200 亿元，同比增长 40%左右，完成工业增加值 1240 亿元，同比增长 22%左右，增速高于全国平

均水平近5个百分点。工业增加值总量在全国的位次由2003年的第16位，提前到第15位。

2.工业经济运行质量显著改善，经济效益大幅度提升，主要效益指标好于2003年水平。全省工业企业综合效益指数为142.87，同比提高16.47个百分点，增幅高于全国平均水平0.96个百分点。总资产贡献率为11.08%，同比提高1.77个百分点，增幅高于全国平均水平0.57个百分点；成本费用利润率为7.44%，同比提高0.71个百分点，增幅高于全国平均水平0.39个百分点；全员劳动生产率为65839元/人，同比提高16935元/人，增幅高于全国平均水平426元/人；工业产品销售率为97.12%，达到近几年的最高水平，并呈逐月回升之势。预计全年规模以上工业企业实现销售收入3250亿元，同比增长40%；实现利税470亿元，同比增长50%，实现利润216亿元，同比增长58%以上，实现利税和实现利润增幅分别居全国的第三位和第七位。

3.传统优势产业对全省工业效益贡献突出，国有及国有控股企业仍是主体。到11月底，全省煤炭行业实现利润71.44亿元，同比增长133%；冶金行业实现利润53.91亿元，同比增长50.51%；电力行业实现利润36.78亿元，同比增长4%；焦炭行业实现利润22.37亿元，同比增长36.78%；化工行业实现利润7.86亿元，同比增长140%。上述五大行业合计实现利润192亿元，占全省工业实现利润的96.8%。国有及国有控股企业实现利税198.3亿元，同比增长51.9%；实现利润126.6亿元，同比增长71%，分别占全省工业企业的61.2%和63.84%。

(二)经济增长的主要原因

1.经济结构调整进一步深化，成效充分显现，是2004年工业经济快速增长的根本原因。第一，“1311”调产项目中的30个潜力产品项目和100个高新技术产业化项目建成投产或正在建设，发挥了极强的带动作用。30个工业潜力产品项目到2004年底95%以上建成投产，项目实现销售收入可达到1200亿元，占全省工业销售收入的40%左右；100个高新技术产业化项目，有89项建成投产。高新技术产业实现产值占全省工业总产值的比重，由1999年的4%提高到10%左右。

第二，企业组织结构进一步优化，产业集中度进一步提高，促进了资源整合，提高了市场控制力，提高了产业水平和效益水平。山西焦煤集团，控制了全国近1/4的焦煤产量，大大提高了山西在全国焦煤市场的主导地位；8户国有重点煤炭企业效益大幅增长。2004年1~11月山西焦煤集团实现利润8.12亿元，同比增长6.58倍；大同煤业实现利润1.75亿元，同比增长5.26倍；平朔集团实现利润5.92亿元，同比增长8.42倍，均远远高于全省煤炭行业同期1.33倍的增幅；电解铝3大企业的产量占到全省的65%，关铝股份公司已跃居全国同行业之首。

第三，产业内部结构优化，产业素质不断提升，非煤产业比重扩大。冶金行业是新一轮结构调整以来发展最快的行业，如按销售收入来衡量，冶金行业已连续几年超过煤炭，成为我省第一大支柱产业。同时，冶金行业的技术水平和产品结构也发生了重大变化。全省高炉平均炉容由100立方米提高到190立方米，转炉由15吨提高到50吨；炼铁能耗由498千克标准煤/吨下降到459千克标准煤/吨，入炉焦比由482千克/吨降低到426千克/吨；特别是不锈钢产量大幅度提高，2004年销售收入预计占到全行业的25%以上。即使煤炭行业内部结构也发生了重大变化。全省煤炭资源回采率提高到40%以上，洗选率达到55%；整体生产能力提升，在煤炭投资同比下降的情况下，产量却增加了80%以上，利税增加了130%以上。

2. 主要行业主要产品价格上升，并在高位运行，是2004年工业经济快速增长的促进因素。2004年1~11月山西商品煤综合售价维持在228元/吨以上，其中8户国有重点煤炭企业商品煤综合售价为231.56元/吨，比上年同期提高60.41元/吨，增幅达35.30%；煤化工主要产品尿素价格达到最高限价，PVC、甲醇、电石、硫酸等产品价格均处于较高水平，保证了化工行业实现利润同比增长1.4倍的高水平；冶金行业尽管受国家宏观调控政策的影响，钢材价格特别是建筑线材价格曾大幅度下跌，但进入6月份后，建筑线材价格出现较大幅度的反弹，目前仍维持在3400元/吨的稳定水平，板材市场三季度以来在已有高水平的基础上保持了持续回升的态势，冷轧硅钢、不锈钢冷轧薄板一直呈现供不应求状况，价格稳步攀升；焦炭价格2004年一季度达到了山西省历史最高水平，4月份以后虽受宏观调控政策及煤炭价格上涨的影响，但同时山西省也加大了对焦炭企业整顿的力度，关闭了大批技术、环保不达标的小机焦、土焦，保证了焦炭价格在较高水平上运行。

3. 贯彻落实国家宏观调整政策，发挥比较优势，有保有压，有限有扶，顺势而为，是2004年工业经济快速增长的保证因素。煤炭行业坚持关小建大方针，不断提高产业集中度，保证了煤炭经济的高速增长。2004年全省关停、整合小煤矿2000多个，单矿平均产量由3.1万吨提高到了10.8万吨。全年原煤产量预计完成5.2亿吨，增长15.6%，其中洗精煤增长26.8%；焦炭行业经过治理整顿，一大批技术、环保不达标的小机焦、土焦被淘汰出局，有效遏制了焦炭产量的超常规增长，机焦比重达到81%，大机焦比重达到65%，保证了焦炭经济的稳定增长。焦炭产量预计增长20.8%，其中机焦增长29.5%；冶金行业累计增幅呈止跌趋稳势头。其中钢累计增幅19.5%，钢材累计增幅35.1%，生铁累计增幅0.05%。电解铝产量11月份继续下降，全年仅累计增幅5.26%。总之，省重点监控的78种工业产品中有55种保持了较快增长，占70.5%，其中大多数产品增幅在30%以上，部分产品增幅在50%以上。

三、2005年山西工业展望

2005年，山西省工业经济机遇与挑战并存，总体而言，机遇大于挑战，工业经济有望继续保持快速增长的良好势头。

（一）主要工业行业走势预测

——煤炭行业。目前比较一致的看法是2005年煤炭开采业利润将继续增长，保守估计有20%以上的增幅。煤价持续增长并高位运行，有两方面原因，一是原油价格的不断上涨带动了替代能源煤炭价格的持续上涨；二是我国工业化进入重化工阶段的拉动。目前这两方面的势头都没有扭转的迹象，煤炭价格仍将上升。尤其是占原煤产量一半左右的电煤价格在国务院批准煤电价格联动方案后上涨已成为主旋律，长期偏低的电煤价格有望向完全放开过度。虽然国家发改委定下了2005年电煤价格8%的涨幅基调，但多数煤炭企业并不认可，煤电企业纷争仍将持续。另外，焦煤价格也酝酿着新一轮涨势。有关权威部门预测，焦煤价格有可能从55美元/吨涨至90~100美元/吨。加之，山西省具有区位优势，煤炭企业集中度提高，煤种全，煤质好，开采成本低，煤炭价格可能比全国平均水平要高，煤炭企业利润有望增长30%左右，为全省工业经济快速增长做出更大贡献。

——冶金行业。受宏观调控政策影响，2004年钢材价格经历了第一季度高、第二季度低、第三、四季度逐步攀升的走势，到年底部分品种价格创出历史新高。目前部分钢材价格仍在继续上升。2005年将保持稳中有升的态势，原因有二：一是受美元贬值影响，国际国内钢材价格持续倒挂的拉动，目前国内价格比国际价格低20%；二是受焦炭、矿石、用电价格持续上涨的推动。有关国家部门预测，2005年钢材价格将由前两年的需求拉动型上涨为主向成本推进型上涨为主转变。为消化成本上涨压力，宝钢已率先上调了第一季度钢材出厂价格。因2005年钢材价格仍有走高的空间，冶金企业的利润有可能保持一定增长，但增幅将低于上年的水平。

——电力行业。2005年电力行业形势相对严峻些，利润有增长，但增幅有限。山西省主要是火电，火力发电受占成本60%的电煤价格上涨的影响，利润增长的压力较大，能否理顺煤电价格联动机制成为利润增长的关键。即使这一体制能顺利建立，国家发改委规定煤电价格联动原则上只能解决电煤涨价的70%，发电企业要靠自身挖潜消化30%。对于电煤成本控制能力在区域水平的大多数企业，只能是初步缓解，无法提高行业盈利水平。大型国有电厂由于有合同内低价电煤供应尚可盈利，而中小电厂和非国有电厂经营将面临严重困难。

——焦炭行业。2005年焦炭价格有望在较高的价位稳步运行，但全行业的赢利空间将有所缩小。从市场供求关系看，国际焦炭产量呈下滑趋势，山西省作为全国焦炭产量最大的省份，采取了一系列整顿措施，有效遏制了焦炭超常增长的势头，焦炭产量将进入一个适度增长区间；钢铁市场趋稳回升，焦炭需求仍将呈现供求偏紧的状况。同时，受煤炭价格上涨的成本推动和运力紧张的制约，焦炭行业的快速增长将有所收敛。

——化工行业。从目前的市场形势分析，山西省化工行业仍处于恢复性增长时期，在国际原油价格高位运行、能源需求日益增加的背景下，随着山西省煤化工行业几个大项目全面投产，山西省以煤为原料的化工行业比较优势将进一步得到发挥，有望保持生产和效益继续快速增长的势头。

（二）主要措施

2005年，山西省应继续坚持科学发展观，围绕建设新型能源和工业基地的战略目标，进一步深化经济结构调整，着力构建多元化的新型支柱产业体系，推动山西省经济持续快速发展。在工业领域，加大行业结构调整力度，实施大企业大项目战略，落实主要工业行业"三年推进计划"，不断提高工业经济对全省经济的贡献率，保持工业经济增幅在全国居前的水平。

——主要工业行业"三年推进计划"。这既是实现新型能源和工业基地建设目标，大力推进优势产业发展，不断提升产业素质，形成多元化的新型支柱产业的重大举措，也是推动工业经济增长的主要保证。

——实施大企业大项目战略。以重大投资项目为依托，继续抓好大企业、大集团的成长，重点实施高产高效矿井改扩建工程、不锈钢及H型钢工程、氧化铝电解铝及深加工工程、煤化工工程、重型汽车及煤机工程、大型机焦工程、新材料工程、资源综合利用工程等八大标志性工程。

2004年内蒙古自治区工业经济运行概况

2004年内蒙古自治区工业生产持续快速增长。全年全部工业增加值1015.66亿元，比上年增长29.8%，增速快于上年8个百分点。其中规模以上工业企业（全部国有及国有控股企业和年产品销售收入500万元以上的非国有工业企业）工业增加值776.84亿元，增长38.5%。在规模以上工业企业中，国有及国有控股企业增加值增长26.2%，集体企业增加值增长19.8%，股份合作企业增加值增长53.5%，股份制企业增加值增长47.7%，外商及港澳台投资企业增加值增长14.6%，以私营企业为主的其它经济类型工业增加值增长59.6%。在规模以上工业企业中，轻工业增加值230.26亿元，增长34.5%；重工业增加值546.59亿元，增长40%。

2004年内蒙古自治区工业经济运行具有以下特点：

一、工业结构继续调整优化。规模以上工业高技术产业产值和出口交货值保持较快增长，分别比上年增长33.9%和44.4%。农畜产品加工业进一

主要工业产品产量

产品名称	计量单位	2004年	比上年增长(%)
小麦粉	万吨	178.51	21.8
食用植物油	万吨	30.12	17.5
机制糖	万吨	10.78	-26.9
液体乳	万吨	258.91	57.9
原盐	万吨	163.50	9.9
卷烟	亿支	152.50	0
纱	万吨	2.26	0.4
呢绒	万米	449.12	-16.9
布	万米	4286.33	-8.5
轻革	万平方米	3.58	-32.2
白酒	万升	20776.71	28.6
啤酒	万升	54969.08	22.6
软饮料	万吨	12.61	79.9
配混合饲料	万吨	178.38	42.6
服装	万件	3804.42	26.3
移动电话机	万部	206.55	-7.2
微型计算机	万部	0.73	-85.5
彩色电视机	万部	237.49	76.8
轮胎外胎	万条	2.50	-78.5
原煤	万吨	20328.55	38.2
洗煤	万吨	1654.46	25.0
原油	万吨	115.72	25.3
天然气	亿立方米	17.20	48.6
发电量	亿千瓦时	817.02	26.1
生铁	万吨	670.39	10.5
粗钢	万吨	627.17	8.7
钢材	万吨	608.85	8.7
10种有色金属	万吨	56.33	65.9
水泥	万吨	1308.07	38.0
平板玻璃	万重量箱	1044.18	22.5
釉面砖	万平方米	212.73	-24.4
电石	万吨	168.82	44.6
烧碱	万吨	21.76	13.4
纯碱	万吨	66.24	8.9
化肥(折纯)	万吨	64.06	25.8
载货汽车	辆	5935	119.1
小型拖拉机	台	3457	159.0

步加快发展，能源、原材料、电子信息和机械制造业主要产品产量增长较快。液体乳、小麦粉、软饮料、食用植物油、配混合饲料和服装产量分别比上年增长57.9%、21.8%、79.9%、17.5%、42.6%和26.2%，彩色电视机产量增长76.8%，载货汽车增长1.19倍，原煤、原油、天然气、发电量、生铁、10种有色金属、水泥和电石等产量增长幅度较大。

二、工业经济效益显著提高。全年规模以上工业企业经济效益综合指数163.84，比上年提高28.8点；实现利润123.89亿元，比上年增长89.6%。其中国有及国有控股企业实现利润57.11亿元，增长1.09倍；亏损企业亏损额下降7%。

三、建筑业生产快速增长。全年建筑业增加值316.81亿元，比上年增长18.6%。全区具有建筑业资质等级的建筑施工企业655个，施工企业房屋建筑施工面积2381.3万平方米，其中实行投标承包面积1943.65万平方米，占全部施工面积的81.6%；竣工房屋面积1357.8万平方米，增长8%；全年具有建筑业资质等级的建筑企业实现利润3.48亿元，实现税金7.47亿元。

2004年辽宁省工业经济运行概况

2004年，辽宁省工业经济呈现出快速增长的喜人势头，主要有以下特点：

一、工业经济快速增长 全年规模以上工业企业(全部国有和年产品销售收入500万元及以上非国有工业企业，下同)完成增加值2255.7亿元，按可比价格计算，比上年增长23.4%。其中，国有及国有控股企业完成增加值1259.7亿元，增长15.1%；集体企业完成增加值95.7亿元，增长3.4%；股份制企业完成增加值1080.2亿元，增长18.0%；外商及港澳台投资企业完成增加值538.8亿元，增长31.8%。从轻、重工业看，轻工业完成增加值410.9亿元，比上年增长27.6%；重工业完成增加值1844.8亿元，增长18.1%。大中型工业企业完成增加值1573.5亿元，比上年增长16.5%。工业出口交货值1275.4亿元，比上年增长34.2%，占全省规模以上工业销售产值的16.2%。

二、两大基地快速发展 全年原材料工业和装备制造业共完成工业增加值1689.4亿元，占规模以上工业增加值的74.9%，比上年增长24.7%，拉动全省工业经济增长18个百分点。

三、原材料工业持续增长 全年原材料工业完成工业增加值1107.5亿元，占规模以上工业增加值的49.1%，比上年增长19.8%，拉动全省工业经济增长9.4个百分点。其中，冶金工业完成增加值406.1亿元，增长25.2%；石化工业完成增加值601.9亿元，增长16.3%；建材工业完成增加值99.5亿元，增长22.2%。其主要产品产量中的生铁比上年增长21.8%，钢材增长13.2%，10种有色金属增长12.7%；原油加工量增长14.2%，轮胎外胎增长21.0%；水泥增长8.7%，平板玻璃增长27.8%。

四、装备制造业稳定发展 全年装备制造业完成工业增加值581.9亿元，占规模以上工业增加值的25.8%，比上年增长34.1%，拉动全省工业经济增长8.6个百分点。其中，通用设备制造业完成增加值135.4亿元，增长40.3%；专用设备制造业完成增加值54.4亿元，增长34.3%；交通运输设备制造业完成增加值155.4亿元，增长44.4%；电气机械及器材制造业完成增加值74.2亿元，增长24.9%；通信设备、计算机及电子设备制造业完成增加值92.6亿元，增长24.5%；金属制品业完成增加值50.8亿元，增长20.3%；仪器、仪表及文化、办公用机械制造业完成增加值19.1亿元，增长42.8%。其主要产品产量中的金属切削机床比上年增长64.1%，高精度机床增长97.7%，数控机床增长1.1倍；制冷空调设备增长36.2%，水泥设备增长53.8%，冶炼设备增长56.2%，矿山设备增长58.6%；民用钢质船舶增长34.1%，汽车增长1.5%。

五、农产品加工业持续增长 全年农产品加工业完成工业增加值171.1亿元，比上年增长27.1%，拉动全省工业经济增长2.0个百分点。其中，农副食品加工业完成增加值82.3亿元，增长29.3%；饮料制造业完成增加值32.4亿元，增长19.8%。

六、工业新产品开发进一步加强 全年共开发新产品7016项，其中，开发投产重大新产品4862

项。达到国际先进水平的583项，达到国内领先水平的975项。

七、工业产销衔接保持一定水平 全年规模以上工业企业产品销售率为98.1%，比上年提高0.3个百分点。其中，轻工业97.7%，提高0.5个百分点；重工业98.1%，提高0.3个百分点。分经济类型看，国有及国有控股企业产品销售率为98.4%，比上年下降0.3个百分点；股份合作企业产品销售率为98.4%，下降1.8个百分点；股份制企业产品销售率为98.6%，提高0.5个百分点；外商及港澳台投资企业产品销售率为97.1%，提高0.1个百分点；其他经济类型企业产品销售率为95.0%，下降0.1个百分点。

八、工业经济效益继续改善 全年规模以上工业企业实现产品销售收入8320.4亿元，比上年增长32.2%；实现利税765.8亿元，比上年增加213.6亿元；实现利润389.3亿元，增加155.3亿元，其中，国有及国有控股企业实现利润247.3亿元，增加127.7亿元；亏损企业亏损额78.2亿元，增长4.2%，其中，国有及国有控股亏损企业亏损额39.7亿元，下降8.0%。全年规模以上工业企业经济效益综合指数为150.0%，比上年提高21.6个百分点。

2004年吉林省工业经济运行概况

2004年吉林省在国家振兴东北老工业基地战略的带动下，全省产业基地和重大项目建设得到有力推进，工业发展步伐加快。工业生产快速增长。全省规模以上工业产出规模进一步扩张，全年实现增加值994.3亿元，创历史新高，按可比价格计算，比上年增长18.6%。各种经济类型企业均保持稳定增长。国有及国有控股企业实现增加值743.2亿元，增长17.2%（其中国有企业实现增加值274.0亿元，增长24.0%）；集体企业实现增加值31.5亿元，增长32.0%；股份制企业实现增加值411.0亿元，增长12.9%；外商及港澳台商投资企业实现增加值246.5亿元，增长18.4%；股份合作企业实现增加值5.2亿元，增长15.5%；其他经济类型企业实现增加值26.2亿元，增长38.1%。重工业生产增长继续快于轻工业。全省规模以上轻工业企业实现增加值197.7亿元，增长14.1%；重工业企业实现增加值796.6亿元，增长19.7%，轻重工业产出规模之比为1:4，与上年持平。

2004年吉林省工业经济运行呈现出以下特点：

一、主要能源、原材料生产快速增长。全年能源生产总量（一次能源）2507.14万吨标准煤，比上年增长16.4%。生产原煤2396.51万吨，增长17.4%；发电量374.06亿千瓦小时，增长19.1%；粗

主要工业产品产量

产品名称	单位	产量	比上年增长(%)
纱	万吨	6.01	-6.7
布	亿米	0.95	-3.4
服装	万件	6090.24	4.7
化学纤维	万吨	18.94	1.4
卷烟	万箱	296.50	1.2
彩色电视机	万部	82.90	5.5
能源生产总量 (一次能源)	万吨 标准煤	2507.14	16.4 17.4
原煤	万吨	2396.51	-7.3
焦炭	万吨	217.50	4.6
天然原油	万吨	478.89	4.1
原油加工量	万吨	796.49	19.1
发电量	亿千瓦时	374.06	12.4
粗钢	万吨	406.76	15.3
钢材	万吨	430.93	3.6
生铁	万吨	330.24	34.3
铁合金	万吨	40.42	11.8
黄金	千克	3438.53	-27.1
10种有色金属	万吨	7.59	23.4
水泥	万吨	1376.31	3.0
硫酸	万吨	5.51	103.7
合成氨	万吨	55.33	26.4
合成橡胶	万吨	16.41	1.0
乙烯	万吨	58.05	62.1
化肥(折100%)	万吨	17.03	1.7
化学原料药	万吨	1.01	19.4
中成药	万吨	2.03	0.8
汽车	万辆	64.59	-4.0
轿车	万辆	33.68	

钢和钢材产量分别达到406.76万吨和430.93万吨，分别增长12.4%和15.3%；水泥产量1376.31万吨，增长23.4%。

二、工业产销衔接良好，工业经济总体效益水平进一步提升。全省规模以上工业企业产品销售率为99.2%，比上年提高了1.6个百分点，产销衔接水平为近7年来最高。其中，交通运输设备制造业产品销售率为101.9%，提高了3.5个百分点。全年综合经济效益指数为160.0%，比上年提升11.0个百分点。全省规模以上工业全年盈亏相抵后实现净利润178.7亿元，再创历史新高，比上年增加18.5亿元，增长11.6%。其中，国有及国有控股企业实现利润130.3亿元，增长5.5%；大中型工业企业盈利水平明显提高，全年实现利润157.0亿元，增长8.1%。全省规模以上工业亏损企业亏损额37.7亿元，比上年增加3.1亿元，增长9.0%，其中国有及国有控股亏损企业亏损额为30.5亿元，比上年增加3.7亿元，增长13.7%。

三、工业行业集聚效应明显，支柱及优势产业在全省工业经济中继续发挥主体作用。交通运输设备制造业，石油化工业，农产品加工业，医药制造业，通信设备、计算机及其他电子设备制造业共完成工业增加值712.6亿元，占全省规模以上工业增加值的比重为71.7%；创造利润145.9亿元，占规模以上工业利润总额的比重为81.7%。

四、建筑业稳步发展。全年建筑业完成增加值237.23亿元，比上年增长4.9%。四级及以上资质建筑企业全年实现利税总额5.95亿元，比上年增长1.6倍；完成建筑业总产值361.26亿元，比上年增长4.1%；建筑施工面积2400.74万平方米，比上年增加131.39万平方米，其中实行投标承包面积2082.26万平方米，占全部施工面积的86.7%；竣工面积1628.54万平方米，比上年减少442.03万平方米。

2004年黑龙江省工业经济运行概况

2004年黑龙江工业实现了持续稳定的发展，并呈现出以下特点：

一、工业企业产销两旺。全年全部工业增加值2814.4亿元，比上年增长13.0%，占GDP比重53.1%。国有及年产品销售收入500万元以上的非国有工业企业（以下简称规模以上工业企业）完成增加值1619.6亿元，增长15.3%，增幅提高1.7个百分点，是1998年开始同口径统计以来的最高增幅。其中，国有及国有控股企业增加值1411.1亿元，增长15.2%；集体企业增加值24.7亿元，增长16.7%；股份制企业增加值1343.9亿元，增长15.1%。轻工业增加值192亿元，增长16.1%；重工业增加值1427.6亿元，增长15.2%。全省以装备、石化、能源、食品、医药和林木加工等六大工业基地为重点的支柱产业和优势产业建设步伐加快，全年共实现工业总产值3245.7亿元，增长20.9%，占规模以上工业的93.7%。六大工业基地产值如下：

	产值（亿元）	比上年增长%	占规模以上工业比重%
六大工业基地	3245.7	20.9	93.7
装备工业	527.0	30.2	15.2
石化工业	682.7	23.4	19.7
能源工业	1417.6	17.6	40.9
食品工业	426.2	24.0	12.3
医药工业	103.5	4.4	3.0
林木加工业	88.7	13.0	2.6

二、工业企业研发力度加大，全年完成新产品产值243.9亿元，增长36.0%。产销衔接继续保持较高的水平，工业企业产品产销率98.0%，提高0.2个百分点。轮胎外胎、大米、金属切削机床、钢材、焦炭、工业锅炉等主要产品产量大幅度增长。主要工业产品产量如下：

	计量单位	绝对值	比上年增长%
原煤	万吨	7162.6	8.1
原油	万吨	4672.2	-4.0
天然气	亿立方米	20.5	持平
布	亿米	1.3	10.2
大米	万吨	168.5	35.8
机制糖	万吨	15.5	-33.5
乳制品	万吨	76.7	15.4
液体乳	万吨	37.4	4.1
啤酒	万千升	243.2	21.0

续表

	计量单位	绝对值	比上年增长%
卷烟	亿支	352.7	-0.9
机制纸	万吨	48.5	0.4
原油加工量	万吨	1503.8	3.2
焦炭	万吨	380.8	31.7
家具	万件	258.0	17.3
人造板	万立方米	67.9	15.2
合成氨	万吨	58.8	12.6
化肥(折纯 100%)	万吨	46.8	10.4
乙烯	万吨	45.6	-10.2
化学原料药	万吨	0.8	0.2
中成药	万吨	1.6	8.5
化学纤维	万吨	17.7	-14.6
水泥	万吨	1128.1	2.7
生铁	万吨	152.4	19.0
钢材	万吨	197.8	69.7
10 种有色金属	万吨	1.5	-4.8
工业锅炉	蒸发量吨	7397.1	39.2
金属切削机床	台	6069.0	61.2
汽车	万辆	24.1	5.5
轮胎外胎	万条	119.3	295.8
发电量	亿千瓦时	546.3	11.2
微型电子计算机	万部	4.0	1.2

三、工业企业盈利水平再创新高。全年规模以上工业企业实现利税 1092.3 亿元，比上年增长 25.4%，其中，实现利润 760.2 亿元，增长 29.8%。工业利税是 1998 年开始同口径统计以来最多的一年。经济效益综合指数 284，提高 25.5 个点。地方工业经济效益继续大幅度提高，全年地方工业实现利税 140.7 亿元，增长 41.6%，其中实现利润 42.3 亿元，增长 1 倍。

四、建筑业稳步增长。全年建筑业企业增加值 340.9 亿元，比上年增长 12.1%。在全部建筑业企业中，资质等级三级及以上的建筑企业（不包括劳务分包企业，下同）施工规模扩大，房屋施工面积 3864.1 万平方米，增长 9.9%。招投标面积扩大，实行投标承包的施工房屋建筑面积占全部施工面积的比重为 82.5%，提高 2.4 个百分点。企业经济效益明显改善，实现利润 5.6 亿元，增长 14.3%。

2004 年上海市工业经济运行概况

一、工业经济运行情况

2004 年，在上海市委、市政府正确领导下，上海工业抓住国家宏观调控的机遇，大力拓展国内外市场，不断优化产业结构，进一步扩大工业外向度，保持了持续、健康、快速的发展势头。

1.生产保持快速增长，经济效益不断提高

2004 年，全市工业完成总产值 14017.5 亿元，比上年增长 20.3%，与 2000 年相比，仅用四年时间就实现了翻一番；全年实现工业增加值 3492.9 亿元，比上年增长 16.1%，其中规模以上工业增加值 3427 亿元，增长 19%。工业企业实现利润首次突破 1000 亿元，达 1003.5 亿元，比上年增长 23.6%，其中国有及国有控股工业企业实现利润 583.7 亿元，增长 22%，占工业利润总额的 58.2%；全年规模以上工业企业产品销售率 99.1%；全年工业企业经济效益综合指数为 202.8，比上年提高 11.5 点。工业出口持续高速增长，工业出口创汇超过 500 亿美元，占全市外贸 75%，比上年增长 45%。在全市规模以上工业总产值中，区县工业完成总产值 6832.9 亿元，比上年增长 30.6%，高出全市工业平均增幅 10.2 个百分点，占全市工业的 53%。"1+3+9"工业园区完成总产值 5760.2 亿元，比上年增长 24.6%。

2.产业结构加快调整，高新技术产业快速增长

全年高新技术产业完成工业总产值 3947.8 亿元，比上年增长 39.9%，占全市工业总产值 28.2%，比上年提高 1.7 个百分点。工业生产行业集聚效应增强，重点发展行业在全市工业中的主体地位进一步巩固。电子信息、汽车、石油化工、精品钢材、成套设备、生物医药等 6 个重点发展的行业完成总产值 8323.8 亿元，比上年增长 23.9%，拉动全市工业增长 14.8 个百分点，占全市规模以上工业总产值 64.6%，其新增产值占全市规模以上工业新增产值 70.5%。大规模集成电路、发电设备、计算机、金属切削机床、空调等产品产量大幅增长。

3.产业投资不断集聚，基地建设初具规模

全市完成工业固定资产投资 1001.2 亿元，比上年增长25.1%，其中70%以上投向支柱产业或产业基地。在微电子基地方面、石化产业基地方面、汽车产业基地方面、精品钢材基地方面、船舶产业基地方面均取的较好成绩。轨道交通车辆、燃气轮机招投标取得突破，煤液化中试基地、百万千瓦核电等项目建设进展顺利。

4.技术创新取得新成绩，产学研合作迈出新步伐

积极推进列入首批"科教兴市"重大产业攻关专项的煤液化成套装备、百万千瓦核电机组等14个项目，年内实际投入资金11.5亿元，项目进展情况总体良好。全年企业申请专利11177件，占全市专利申请量的61.7%。"彩色液晶显示模块"等88项产品被认定为2004年上海市专利新产品，163个项目被列入市吸收和创新计划。积极推进企业集团与科研院所、高校进行产学研联合。

5.突破产业发展"瓶颈"，积极探索职能转变

先后建立了百户重点工商企业网上服务直通车，探索建立了中小企业服务体系；强化了信息公开制度，制定了《上海优先发展先进制造业行动方案》，发布了《工商产业发展报告》、《产业用地指南》、《产业能效指南》、《工业区建设规范》等，为制定产业政策和引导产业发展提供了依据。同时，探索运用新机制、新办法解决经济运行的瓶颈问题。做到"有保有限"，取得了良好效果；在用电缺口大于上年的情况下，实现了用电形势好于上年的目标。

二、问题与展望

2005年是"十五"计划最后一年，是实践科学发展观和科教兴市主战略重要一年。从目前情况看，2005年工业经济运行中，需重点关注5个方面的问题：

1. 原材料价格继续呈上涨势头

如铁矿石价格上涨71.5%，煤炭价格平均上涨70元/吨，镍、铜、铝价格上涨，仅以上几项原材料价格上涨，就增加工业成本134亿元。同时，原材料价格的上涨必然引起下游加工行业成本的上升。

2. 资金压力大

一是加息导致企业成本上升；二是人民币升值压力继续加大；三是信贷规模仍将偏紧，对部分民营企业和中小企业遭成资金上的压力。

3. 煤炭和电力供应持续紧张

一是煤炭供应总体偏紧，新增能力和产量明显不足；二是电力供应紧张的局面仍将持续，预计本市电力供需缺口200万千瓦，是近几年中形势较为严峻的一年；三是运力紧张矛盾更加突出，预计铁路货运、江海主要港口继续满负荷运行。

4. 贸易摩擦进一步加剧

一方面，2005年国内市场的开放度进一步提高，工商企业面对的竞争压力进一步加大，产业遭受国外进口产品损害的威胁越来越大；另一方面，国外对我国出口产品采取反倾销和保障措施的案件越来越多。我国入世法律文件中关于"非市场经济"地位、特殊保障措施条款、过渡期审议机制等不利于我的条款，对产业的负面影响不容低估。

5. 土地供需矛盾突出，产业转移将对本市工业发展和规模产生影响

随着国家宏观调控政策的不断深化，土地已成为工业经济发展的重要制约因素，各区县抓住机遇，纷纷加大对招商项目的二次评估，优先启动投入产出比高、能耗低、污染少的项目。但土地供需矛盾仍然较为突出。

2005年，上海经济总体上将继续实现健康发展，在宏观调控政策作用下，增幅将回落到合理区域。全市工业增加值3850亿元，可望同比增长12%；全市工业总产值15900亿元，可望同比增长13%；利润总额1200亿元，可望同比增长15%。2005年工业经济总产值15900亿元，比2004年净增1883亿元，其中电子信息、机械、钢铁、石化、汽车、轻纺六大行业增量将占全市工业增量的86.1%。

为完成2005年工业经济目标，在经济运行中主要抓好以下五个方面：

(1)建立经济运行调控机制，维护城市运行安全。一是确保本市电力供应，重点抓好迎峰度夏工作。全力以赴增加本市电力供应能力，周密制定并确保实施错峰避峰和有序用电方案，做好能源替代和用户自备电源发电协调工作，在全社会倡导节电节能并付诸行动；二是做好成品油市场供应工作，重点协调柴油供应。要建立供应协调机制和监控分析机制，形成高效的沟通渠道，建立应急供应预案.做好网上监控工作;三是上半年完成市政府关于"煤炭供应应急预案"的重点工作。做好煤炭供应协调工作,进一步完善和中海、铁路、港口、海事等部门的协调机制,积极推动煤炭储备基地建设,确保城市安全运行。四是做好资金协调,确保农资商品、重点行业、中小企业正常运行。逐步完善本市经济运行调控长效机制。

(2)建立经济运行与产业安全监控体系,强化监测分析功能。一是要及时跟踪全市工业经济运行态势,做好预测、分析以及行业走势监测、重要产品价格监测;二是要适应加入WTO后的新形势,实现产业保护工作前置化。要进一步完善钢铁产业预警机制建设,分步启动化工、汽车产业预警机制建设,做好反倾销案件绩效评估,推动行业协会发展;三是经济运行工作要实现信息化,做好经济运行监测过程中的信息化工作,预测预报通过网上实现,进一步提高预测预警的效率。

(3)根据"优先发展先进制造业行动纲要"确定的五大产业发展的内容,抓紧建立与之相匹配的统计指标体系。使经济运行指标体系能准确反映先进制造业现状。一是一季度完成先进制进业统计指标范围的确定,上半年完成光电子产业、新能源和节能产业统计指标范围的确定;二是对支柱产业、装备产业,战略产业实现按月度统计,对新兴产业、都市型产业实现按季度统计。

(4)建立工业企业"走出去"信息服务平台,积极开展专业招商。一是先进制造业要抓住世界制造业加快向中国转移的重要机遇,吸引一批掌握国际领先技术的企业来沪投资,提升上海产业的技术含量和整体水平,重点是汽车、石油化工、装备、信息、精品钢材、造船等行业。二是加强工业"走出去"信息服务平台的建设,与日本、美国、德国、韩国、瑞典的政府部门和社会中介机构等结成更为紧密的合作伙伴关系,在国外专业力量有力配合下,为企业提供更充分、更有效、更专业的服务。三是做好工业出口的调研工作,建立外贸工作联络网,做好两次"广交会"和"华史会"的组织工作。

(5)建立经济运行研究决策咨询系统,高度关注热点问题。经济运行研究要充分借助社会资源,购买服务实现社会化。充分发挥经济运行专家组的作用,逐步建立经济运行研究决策咨询系统。一是加强和上海WTO咨询中心、市TBT办公室、市外经贸委、海关等部门的合作,重点研究加入WTO后本市工业如何应对贸易摩擦;二是重点跟踪分析本市汽车、钢铁、石化行业运行情况;三是加强对经济运行趋势研究,提高把握经济运行走势的能力;四是在加强对宏观政策调控、国际国内环境研究的同时,不断拓展研究范围,推动经济运行工作上新台阶。

2004年江苏省工业经济运行概况

一、2004年江苏工业运行情况

2004年是江苏省工商业经济发展很不平常的一年。在宏观环境总体偏紧,煤电油运和资金、土地等要素趋紧,资源、环境约束加大,各种困难和矛盾相互交织的情况下,全省经贸系统牢固树立和落实科学发展观,坚持贯彻国家宏观调控的决策部署,按照省委、省政府的总体要求,努力创新发展思路,创新工作举措,找准有效工作的着力点,全省工商业经济保持了快速健康发展的好势头,主要经济指标创1997年以来的最好水平,圆满地实现了全年各项奋斗目标。全省2004年完成工业增加值7481亿元,其中规模以上突破6447亿元,同比分别增长17.8%和23.4%左右;规模以上工业企业实现利润1111亿元,增长39.4%,全员劳动生产率突破10万元;高新技术产值突破5000亿元,同比增长40%以上;社会消费品零售总额突破4000亿元,同比增长16%以上;全社会工业投资突破3800亿元,增长30%以上;私营企业、个体工商户总数突破200万户,私营企业注册资金5835亿元,乡镇企业完成增加值4550亿元,增长25%以上。

(一)缓解经济运行中的突出矛盾,努力保持快速协调发展

煤电油运等生产要素全面紧张,是2004年经济运行中遇到的最突出矛盾。为了保障供给,江苏省做了大量艰苦而卓有成效的工作。

1. 千方百计增加电力有效供给。2004年电力

供应是多年来最为紧张的一年，高峰缺电1/4，占全国缺量1/4，江苏省按照“三个确保”（农业、居民、重点单位）、“二个优先”（高新技术企业和外资企业）的原则安排供电。一是努力增加发电总量。二是加强电力需求侧管理，实行科学、有序用电。

2.集中力量组织电煤资源。江苏省煤炭消费总量中60%以上用于火力发电。2004年上半年全省主力电厂电煤库存量最低时仅有65万吨，平均不足4天，有的只有1天的用量，情况危急。江苏省采取有力措施，全力保证电煤供应。一是省政府领导亲自带队，多次走访产煤大省、大型煤炭企业和铁路部门，加强与国家有关部门的沟通联系，积极争取资源；二是对主力电厂电煤库存提出了明确要求，与发电指标挂钩考核，并加强跟踪督察；三是省内重点产煤企业稳定产量，保证省计划内供煤合同的兑现。

3.切实加强工业经济运行调节。确定550个符合产业政策且年新增销售3000万元以上的项目为新经济增长点，实施省级重点监控，扶持其按时达产达效。努力缓解企业流动资金紧张矛盾，继续开展银企对接活动，重点推荐流动资金贷款项目155个，协议贷款近100亿元。坚持月度分析、预测、预警制度，及时向政府报告运行情况。建立了全省销售收入前100位的工业企业和集团月度通报制度，协调发展中遇到的困难。

4.努力确保国防工业安全平稳运行。围绕做好国防科技工业重点工程和改革脱困工作，发挥综合协调作用，搞好服务保障，保持了国防工业稳定健康发展。

（二）保持适度投资力度，努力增强工业经济发展后劲

认真贯彻、主动适应、积极利用国家实施宏观调控的各项政策，在部分热点行业投资得到抑制的情况下，全省工业投资总量持续攀升，结构得到优化，质量稳步提高。

1.拓展资金筹措渠道。继续开展工商企业融资洽谈活动，全省16家商业银行积极参加，达成873个项目贷款意向协议，涉及贷款近410亿元，落实贷款近300亿元。充分发挥资本市场的融资功能，多渠道筹集发展资金，全年有8家企业在国内成功上市或再融资，融资20亿元。积极争取国债资金，组织申报了105个符合国债资金支持条件的新项目。

2.扶持大企业、大集团发展壮大。选择32家主业突出、经营良好、持续发展能力较强的重点企业和集团，加强规划指导，做好协调服务，落实优惠政策，促进快速发展。

3.切实加强重点项目建设工作。江苏省前9批179项国债技改项目已全部开工，累计竣工投产60%左右。300项全省“双高一优”项目开工率超过年初确定的目标。108项省重点新开工项目和232项省重点竣工项目已如期完成全年工作目标。

4.发挥政策的引导作用，全年安排省级财政技改贴息资金1.15亿元。办理进口设备免税1950项，总投资180多亿元，总用汇近15亿美元以上。当年办理海关实际免税30亿元人民币。办理国产设备投资抵免企业所得税773项，总投资118亿元，累计可以抵免企业新增所得税323亿元。

5.调整优化投资结构。抓住宏观调控的有利时机，发挥产业政策导向作用，引导企业加大对高新技术产业化项目和集约型项目的投入力度。全省在建技项目的平均规模达到6327万元，比上年增加1377万元。

（三）优化产业结构和布局，努力提高经济增长质量和效益

切实走新型工业化道路，支持高新技术加快发展，支持技术创新和新产品开发。

1.发挥产业政策和行业规划的指导作用。组织编写了《2004年江苏省工商业结构高速调整纲要》。修改完善了《江苏国际制造业基地建设总体规划纲要》。基本完成了“江苏新型工业化战略研究”课题。编制了《江苏省电子信息产业结构调整指南》。发布了《江苏省工商领域鼓励投资的产业、产品和技术导向目录》。及时汇编下发了国家和省有关产业政策。对7个行业的“十五”规划进行了中期评估和适当调整。

2.提高企业自主创新能力。以“一站两中心”建设为重点，全省累计已建立国家和省级272家。引导企业完善技术中心运行机制，加大科技投入，国家和省级技术中心企业科技经费占当年销售收入比重已超过4%，是全省大中型企业平均水平的2.4倍。鼓励企业设立开放式、跨地区、国际化研发机构，促进产学研联合，会同中科院、省科技厅等成功举办了中科院院所投资企业股权社会化暨科技成果(江苏)推介洽谈会。支持企业开发高附加值产品,全省企业开发新产品9000多项,其中高新产品占60%以上。

3.促进区域经济共同发展。围绕苏南提高、苏中崛起、苏北加速的目标,积极推进“三纵三横”产业布局。支持沿沪宁线高新技术产业集聚,协调沿江基础产业发展,支持苏中地区崛起,继续向苏北地区实行政策倾斜。苏中地区工业发展速度、投资增幅、民营企业增长都超过了全省平均水平。更加可喜的是苏中、苏北年度工业投入均突破700亿元大关。初步统计,2004年苏北5市承接苏南产业转移项目700多个,总投资近150亿元。

4.推进循环经济发展。会同环保厅编制了《江苏循环经济建设规划》,制订并上报《淮河流域工业废水治理规划》,提出《加快推进清洁生产实施意见》,制定《江苏省节能监测执法程序制度》。开展节能宣传周活动和资源节约专项检查,落实资源综合利用政策,全省1300家企业产品通过认定,享受国家减免税政策依法审核437家企业清洁生产,对320家清洁生产试点单位进行了审核验收。据初步统计,试点单位共节水720万吨,节煤10万标吨,节材9万吨,增收节支7亿多元,主要污染物削减在5%~25%。全年安排省级污染防治基金和民营企业清洁生产贴息贷款项目63项。

(四)落实各项政策措施,努力推动民营经济加速发展

2004年年初,省委、省政府召开全省民营经济会议,出台了一系列扶持民营经济发展的政策措施。围绕全面落实省委、省政府的决策部署,我们采取多项措施,加大工作力度,促进民营经济发展,促进各项扶持和优惠政策的落实。

1.推动民营企业“走出去”。全年5次组织企业参加国内重大经贸活动。与德、美、日、意等国家开展交流与合作,建立国际经贸服务平台,国家商务部已正式批准江苏省在日本福冈设立中小企业办事处。启动W3100工程,选择200家民营科技企业为载体,到境外上市融资,2004年全省已有8家企业成功在境外上市,其中香港5家、新加坡3家,实现了预定目标。

2.完善中小企业信用担保体系。按照“政府引导、社会参与、市场动作、规范管理”的原则,不断完善担保体系建设,多元化筹集担保资金,放大政府引导资金的效应,全省200多家信用担保机构全年为3000多家中小企业提供担保贷款130亿元,有73家担保机构被列为全国中小企业信用担保机构试点单位。

3.发挥民营经济发展扶持资金的作用。制定了扶持民营经济发展专项资金使用《意见》以及4个配套文件。扶持清洁生产项目45个、产业集聚项目32个、国际交流项目5个、培训各类人员46000人次。补贴286个技改和技术创新项目。支持乡镇工业产业集中区建设环保设施和多层标准厂房,建立污水处理设施183套,建设厂房571万平方米,节约土地近万亩。

二、2005年的预期目标和措施

根据省委、省政府对全省经济工作的部署,2005年全省工业经济发展的总体要求是:以邓小平理论和“三个代表”重要思想为指针,认真贯彻省委十届八次全会和全省经济工作会议精神,树立和落实科学发展观,积极推进工商领域深化改革和扩大开放,全力化解经济运行中的突出矛盾,保持工业经济快速平稳协调和可持续发展,更加注重结构调整,更加注重技术进步,更加注重资源集约利用,着力推动增长方式根本性转变,提高增长质量和效益,全面提升工业经济的综合水平和竞争能力,为实现“两个率先”目标作出新的贡献。

主要预期目标为:全部工业增加值增长14%以上;全社会工业投资和技术改造投资增长15%以上;全社会消费品零售总额增长12%以上;高新技术产值占工业总产值的比重提高到25%。

重点抓好四个方面工作:

(一)抓发展,增强工业经济综合实力

当前江苏省人均GDP已超过2300美元,消费结构全面升级,城市化建设步伐进一步加快,工业化已步入中期阶段,国际资本和制造业正加速向我国特别是长三角地区转移,经济加快发展面临着难得的机遇。

首先,牢固树立和全面落实科学发展观。坚持科学发展观是经济发展总的和根本的观点,用科学发展观审视我们的工作,统揽经贸全局。要自觉服从、主动适应国家宏观调控政策,进一步深化改革,推进制度创新、技术创新和管理创新,确保工商业经济更快更好地发展。

其次,保持工业有效投入强度。适度投入是加快发展的需要,也是解决经济生活中各种矛盾和困难的需要。2005年要继续抓好有效投入,确保全省全社会工业投入4000亿元以上。

第三,大力发展民营经济。江苏省民营经济已经成为经济增长的重要推动力量、扩大就业的重要渠道和增加税收的重要来源。促进民营经济发展是经贸系统的重要工作,目前全省已基本形成民营经济、中小企业和乡镇企业三位一体的工作格局。要继续加大力度,推动民营经济在更高层次上加速发展、协调发展。

(二)抓运行,保持工业经济快速平稳发展的良好势头

搞好运行调节,是保持经济平稳增长的关键。2005年影响经济运行的不确定因素较多,调节的难度较大,务必抓住重点环节,做好运行工作。

加强工业经济运行调节。继续加强监测分析和预测预警,把握工业经济运行态势,分析研究运行中出现的新情况、新问题,提高经济运行调节的前瞻性和指导性。密切关注国家宏观调控新的政策走向,继续跟踪全省重点行业和企业运行动态,及时掌握原材料、燃料、动力价格变化对经济运行的影响,了解企业流动资金可能出现的困难加强组织协调,构建银企双方交流合作平台,衔接落实重点企业、省市两级工商业经济新增长点、“两有一缺”(有市场、有效益,缺资金)中小企业流动资金贷款,增加资金供给。筛选、确定省、市两级新增长点项目,加强目标监控,确保达产达效。发挥财政扶持资金的作用,引导企业加大改革、改组、改造力度,加强管理,降本增效。

加强煤电油运等生产要素的组织。江苏是能源消费大省,也是能源特别是全国电煤输入第一大省,面临着严峻的价涨、量缺、运紧形势。2005年煤电油运供应保障情况直接关联全省经济全局和社会发展,直接关联人民群众基本生活。要把资源、保供应作为经贸工作硬仗来打。

(三)抓转变,推动工业结构优化升级

围绕建设国际制造业基地的目标,坚持走新型工业化道路,高起点地调整优化产业结构,推进工业经济集约发展,实现经济增长方式根本性转变。重点是做好加、减、乘、除“四则运算”,努力实现“四个提高”。即“提高产业层次、提高产业和企业集中度、提高产品附加值、提高能源和资源的利用率”。

(四)抓市场,加快发展商贸流通和现代物流业

商贸流通业发展滞后,已经成为当前江苏省经济发展中的一条“短腿”,也制约了工业发展和水平提升,我们一定要以抓工业的热情,下更大的功夫、花更多的力气发展商贸流通业。

加快发展商贸流通业。一要开拓农村市场;二要加快发展新型流通业态;三要加强市场运行调节;四要大力发展会展经济;五要加大投入。

加快发展现代物流业。重点抓好四项工作:一是结合贯彻《关于促进我国现代物流业发展的意见》,会同有关部门完善细化各项鼓励措施,营造发展环境;二是建立全省现代物流业统计制度,加强现代物流基础性工作;三是重点扶持20家物流企业,支持区域性空港国际物流中心、物流公共信息平台、第三方现代物流企业的发展,发挥示范带动作用,提高全省现代物流水平;四是进一步完善重点物流企业联系制度,加快企业物流人才的培养。

2004年浙江省工业经济运行概况

2004年,浙江遭受了严重的自然灾害,同时受原材料价格大幅上扬、严重缺电、利率上调、运输紧张等因素影响,导致以加工制造业为主的浙江工业生产成本上升,经济效益下滑。另一方面,工业经济内部存在的产业层次比较低、行业结构和企业组织结构不尽合理、产品档次和附加值不高及竞争力不强等缺陷和问题,也是导致浙江工业经济效益难以持续保持全国领先的重要原因。

一、2004年工业经济运行情况

2004年,浙江工业经济效益总体上仍保持较好水平。全省规模以上工业企业实现利润942.8亿元,比上年增长19.1%,这是在1998~2003年年均增长27.3%的基础上实现的。同时,7项经济效益指标综合指数为155.9,按同比口径计算比上年提高1.3点。

1.从经济类型构成看:国有及国有控股企业和股份制企业效益比较好。全年国有及国有控股企业实现利润140.5亿元,比上年增长47.2%,比销售收入增幅高21.3个百分点。股份制企业实现利润121.8亿元,比上年增长30.7%,比销售收入增幅高1.1个百分点。

2.从轻重工业构成看:重工业效益明显好于轻工业。全年规模以上轻、重工业增加值分别比上年增长21.6%和20.7%,增幅差距只有0.9个百分点。重工业利润增长明显高于轻工业,全年重工业增长25.2%;轻工业增长12.3%,两者增幅差距达12.9个百分点。重工业七项经济效益考核指标综合指数为168.4,比轻工业高22.1点。与上年相比,重工业效益指数提高5.3点,而轻工业则下降2.2点。从企业亏损情况看,重工业亏损面为9.5%,比轻工业低2.0个百分点;重工业亏损额比上年下降4.7%,而轻工业亏损额则比上年上升58.6%。

3.从企业规模构成看:大型企业经济效益好于小型和中型企业。大型企业实现利润比上年增长36.3%,小型企业增长21.0%,中型企业增长10.1%。大型企业的成本费用利润率为7.4%,比上年提高0.4个百分点,小型和中型企业分别为4.9%和6.8%,比上年分别降低0.6和1.0个百分点。

4.从产业构成看:采矿业好于制造业,制造业好于电力、燃气及水的生产和供应业。全年采矿业实现利润增长37.9%,制造业增长20.9%,电力、燃气及水的生产和供应业比上年下降16.3%。从行业构成看:冶金、化工、电子行业效益相对较好。有色金属冶炼利润增长51.5%,黑色金属冶炼增长46.5%;石油加工增长1.3倍,化工增长30.9%,橡胶制品增长29.1%;电子增长27.8%。而食品、饮料、纺织等行业效益不理想,农副食品加工和食品制造业利润分别比上年下降18.7%和16.5%;饮料制造业利润仅增长2.0%,纺织业增长10.9%,服装业增长13.9%。

5.从区域构成看:湖州、杭州、宁波效益较好。2004年,湖州、杭州、宁波的七项经济效益指标综合指数分别居全省前三位,分别为172.8、170.7和164.5,分别比全省高16.8、14.7和8.5点;金华、衢州、舟山综合指数低于140;与上年相比,指数上升较大的市为湖州、杭州和衢州,分别上升10.0、5.5和4.6点。从利润增速看,温州、湖州和宁波市利润增速居前3位,分别比上年增长25.1%、24.1%和22.4%;绍兴和杭州略高于全省平均增速,分别增长19.9%和19.5%;嘉兴、衢州和舟山利润增长不到10%;而丽水实现利润则比上年下降9.2%。

二、优势和差距

2004年浙江工业经济效益虽然保持较好的水平,但企业生产经营难度加大,盈利空间缩小,利润增速趋缓,亏损上升。全年利润增速比上年回落11.3个百分点,增速跌至20%以下,为1999年以来的最低。企业亏损面为10.6%,比上年上升1.7个百分点,亏损企业亏损额46.3亿元,上升19.7%,工业经济效益在全国的位次后移。

1.资产运作效益领先全国。从表1的主要效益指标来看,2004年浙江规模以上工业总资产贡献

表1 浙江主要经济效益指标值与全国比较

主要经济效益指标		浙江		比全国高(低)	
		2004年	2003年	2004年	2003年
七项经济效益指标	总资产贡献率(%)	13.3	14.5	1.0	3.4
	资本保值增值率(%)	125.0	125.0	10.1	11.5
	资产负债率(%)	57.8	57.1	-1.3	-1.9
	流动资产周转率(次/年)	2.2	2.2	0.04	0.2
	成本费用利润率(%)	6.0	6.7	-0.5	0.5
	全员劳动生产率(元/人)	74129	71562	-16463	4619
	产销率(%)	97.7	97.7	-0.4	-0.4
	利润增长(%)	19.1	30.4	-19.0	-12.3

表 2 浙江七项经济效益综合指数与全国比较

主要经济效益指标	浙江		比全国高(低)点	
	2004 年	2003 年	2004 年	2003 年
综合指数	155.9	159.3	-8.4	14.6
其中:总资产贡献率	24.8	27.1	1.9	6.3
资本保值增值率	16.7	16.7	1.4	1.6
资产负债率	12.0	12.0	持平	持平
流动资产周转率	21.7	21.6	0.4	2.3
成本费用利润率	22.6	25.4	-2.0	1.8
全员劳动生产率	44.9	43.4	-10.0	2.8
产销率	13.2	13.2	-0.1	-0.1

率为 13.3%,资本保值增值率为 125.0%,流动资产周转率为 2.2 次/年,分别比全国平均水平高 1.0、10.1 个百分点和 0.04 次/年;资产负债率为 57.8%,比全国低 1.3 个百分点,由于这是一项逆指标,浙江也好于全国。从表 2 的指数比较来看,总资产贡献率、资本保值增值率、流动资产周转率的单项指数分别为 24.8、16.7 和 21.7,分别比全国高 1.9、1.4 和 0.4 点;资产负债率单项指数的计算,只要指标值小于等于 60%时,指数即为 12,虽然浙江的资产负债率好于全国,但由于均低于 60%,因此本项指数均为 12,与全国持平。

2.生产效率低于全国平均水平。从表 1 可以看到,2004 年浙江的成本费用利润率、全员劳动生产率、产销率 3 项效益指标低于全国平均水平,浙江这 3 项指标值分别为 6.0%、74129 元/人和 97.7%,分别比全国低 0.5 个百分点、16463 元/人和 0.4 个百分点。从表 2 来看,成本费用利润率、全员劳动生产率、产销率的单项指数分别为 22.6、44.9 和 13.2,分别比全国低 2.0、10.0 和 0.1 点。

3. 利润增幅已连续两年低于全国。2001 年和 2002 年浙江利润增幅分别比全国高 18.6 和 3.8 个百分点,而近两年则转变为低于全国,且增幅差距呈扩大的趋势(见表 1)。从企业盈利情况看,2004 年浙江规模以上工业企业实现利润比上年增长 19.1%,增速比全国低 19.0 个百分点,利润占全国的比重从 2002 年的 10.5%降至 2004 年的 8.3%。从产业和行业类别看,浙江采矿业利润增长 37.9%,增幅比全国低 19.1 个百分点;制造业利润增长 20.9%,比全国低 15.2 个百分点;电力、燃气及水的生产和供应业利润下降 16.3%,而全国则是增长 13.1%。在 30 个制造行业中,利润增幅比全国高的行业只有家具、文教体育用品、石油加工、橡胶制品和塑料制品业。

4.综合经济效益从领先转变为落后。2003 年浙江 2.5 万家规模以上工业企业 7 项经济效益指标综合指数为 159.3,比全国高 14.6 点;7 项指标中除产销率略低于全国外,其他效益指标均好于全国。2004 年浙江规模以上企业已增加到 3.2 万家,居全国首位,但 7 项经济效益指标综合指数则为 155.9,比全国低 8.4 点;七项指标中除产销率继续略低于全国外,成本费用利润率和全员劳动生产率也由高于全国变为低于全国。在各省、市、区中,综合效益指数从 2003 年居第 5 位后移至 2004 年的第 16 位。

三、提升浙江工业经济增长的建议

1.加快企业技术进步和创新步伐,提高产品档次。随着经济的快速发展,资源等生产要素对工业经济发展的约束逐渐增大,必须通过技术进步和创新,提高产品技术含量来减少对资源的依赖,化解能源和原材料价格上升带来的压力,提高产品竞争力,实现工业经济的可持续发展。加快科技进步和创新,对于以中小企业和传统产品为主的浙江工业来说,要抓好高新技术成果及先进适用技术的引进、消化、吸收与创新,提高生产工艺及技术水平,提高产品的技术含量,保持产品的市场竞争力。鼓励有实力的企业跟踪行业技术发展的前沿，进行自主开发和技术创新，使产品在技术上能够领先，提高产品的竞争力。

2.抓好产业结构调整，提升产业层次。由于浙江地下资源稀缺，采矿业发展受到限制，因此，结构调整和提升的着力点应该放在制造业，要加快电力、水和煤气生产和供应业的发展步伐，减小其不足对制造业发展产生的制约，使之成为经济发展的引擎和动力。制造业的结构调整要与经济发展所处的阶段和市场消费结构的提升相适应，对市场供应已饱和的传统制造业，要加强引导，控制规模和产能。要加快全省产业发展规划的实施步伐，因地制宜地发展装备制造业和高技术产业，加强专用设备制造、生物医药、精细化工、电子信息和钢铁等领域发展战略的研究、制定和实施，提升浙江的产业层次和竞争力。

3. 着力推进企业人才建设，增强企业竞争能力。人才是企业发展的基础。人才短缺是目前企业发展中遇到的最主要难题之一。政府和企业要树立"人才资源是第一资源"的科学人才观，在人才队伍建设上狠下功夫。

4.加强经济运行的协调，切实加强和改善政府服务。各级政府及部门要加强对工业经济运行的协调和指导，不断改善政府管理和服务。对经济运行中反映出来的新情况和新问题，要深入调查研究，及时采取有效措施加以解决。

2004 年安徽省工业经济运行概况

2004 年安徽省工业保持快速增长，全年全部工业增加值 1736 亿元，比上年增长 12.5%。其中，全部国有及年产品销售收入在 500 万元以上的非国有工业企业(以下简称规模以上工业)实现增加值 1082.2 亿元，增长 25.1%，增幅比上年提高 5.3 个百分点，为近 8 年最好水平。在规模以上工业中，国有及国有控股企业增加值 612.9 亿元，增长 20.4%。集体企业 34.6 亿元，增长 14.1%；股份制企业 579.5 亿元，增长 25%；外商及港澳台投资企业 181.7 亿元，增长 37.6%。重工业增加值 722.7 亿元，增长 23.2%；轻工业增加值 359.5 亿元，增长 31.1%。全省新产品产值 349.9 亿元，增长 21.1%。

安徽省工业经济在 2004 年的运行特点是：

一、重点行业增势强劲。全年电气机械及器材制造业增加值比上年增长 90.6%，石油加工炼焦业增长 47.3%，电子设备制造业增长 36.4%，黑色金属冶炼及压延业增长 34.6%，电力、热水的生产和供应业增长 31.9%。主要工业产品产量中，原煤增长 6.1%，发电量增长 10.5%，钢及成品钢材均增长 31%，家用电冰箱、彩电、洗衣机及房间空调器增幅在 28.8%~84.8%之间。

主要工业产品产量

产品名称	单 位	绝对值	比上年增长%
纱	万吨	34.8	4.7
布	亿米	6.2	0.9
化纤	万吨	11.9	-4.3
白酒	亿升	2.1	-6.5
啤酒	亿升	13.0	11.5
卷烟	亿支	956.2	6.3
彩色电视机	万部	349.6	31.8
家用洗衣机	万台	336.2	41.8
家用电冰箱	万台	377.0	28.8
房间空调器	万台	524.2	84.8
能源生产总量	万吨标准煤	5655.5	5.8
原煤	万吨	7868.1	6.1
发电量	亿千瓦小时	606.9	10.5
柴油	万吨	181.4	24.0
生铁	万吨	959.1	38.5
钢	万吨	907.2	31.0
钢材	万吨	945.7	1.0
10 种有色金属	万吨	42.9	-5.4
水泥	万吨	3235.5	13.2
平板玻璃	万重量箱	482.3	15.2
硫酸	万吨	179.1	-1.1
纯碱	万吨	20.8	29.8
化肥	万吨	204.3	7.4
化学农药	万吨	2.8	1.5
合成洗涤剂	万吨	36.8	1.5
金属切削机床	万台	1.2	16.5
汽车	万辆	27.3	3.2
轮胎外胎	万条	1373.1	9.5
微型电子计算机	万部	10.7	-32.3

二、企业效益继续提高。全省规模以上工业经济效益综合指数达到145.4,比上年提高13.1个百分点,创历年最好水平。实现销售收入3605亿元,增长33.4%;实现利税403亿元,增长22.2%,其中利润175.3亿元,增长25.5%。

三、建筑业较快增长。全年全社会建筑业完成增加值433.8亿元,比上年增长19.7%。三级及以上建筑企业实现利税总额35.8亿元,增长8%。房屋建筑施工面积8013万平方米,比上年增加649万平方米;房屋竣工面积4265万平方米,增加242万平方米。

2004年福建省工业经济运行概况

2004年,福建省工业按照省委、省政府对经济工作的部署,牢固树立和落实科学发展观,坚持以结构调整为主线,走新型工业化道路,努力克服煤电油运瓶颈制约带来的困难,发挥比较优势,全省工业经济实现了速度与效益的同步增长,运行质量稳步提高,成为全省经济发展的主要动力。2004年全省全部工业实现增加值2532.68亿元,增长15.5%,占GDP的41.8%,比上年提高1.4个百分点,对GDP的贡献率达53.0%,拉动GDP增长6.4个百分点,比上年提高0.2个百分点。

一、2004年福建工业运行情况

(一)工业生产保持快速增长

1.工业生产总量跃上新台阶。2004年,全省国有工业企业和年销售收入500万元以上的非国有工业企业(以下简称规模以上工业企业)在上年高位增长的基础上,继续保持强劲增长势头。自6月份当月完成工业总产值首次突破500亿元后,下半年当月完成工业总产值都在500亿元以上,12月完成工业总产值达到639.36亿元,再创历史新高。全年完成规模以上工业总产值6431.19亿元,增长26.6%。实现工业增加值1845.78亿元,增长23.5%,比全部工业增加值增长水平高8个百分点。

2.工业生产增长的稳定性和协调性有所提高。稳定性表现在今年以来工业生产较为平稳,趋于稳定,呈现出在一个较快速度平台上运行的态势。一季度增长25.3%、上半年增长27.7%、1~3季度增长27.3%,全年增长26.6%。季度增速均保持在25%~27%之间。协调性表现在生产增长与用电量增长趋势一致。

3.重工业带动作用成效显现。2004年,在规模以上工业中,重工业完成总产值3476.60亿元,增长25.2%,轻工业完成总产值2954.59亿元,增长28.3%,增速快于上年同期3.4个百分点。轻工业增幅比重工业高3.1个百分点。重工业产值占全部工业的54.1%,对全省工业生产增长贡献率达到51%,拉动工业经济增长13.6个百分点,继续保持主导地位。

4.各设区市增长水平差异较大。全省九个市工业经济增速均保持两位数快速增长,但各市间增长差距较大,不均衡特征明显。增幅最高的漳州市达44.1%,比全省平均水平快17.5个百分点,最低的三明市仅为18.1%,比全省平均水平慢8.5个百分点,高低相差26个百分点。

(二)工业结构在调整中趋于优化

工业结构的调整涵盖了各行业、各地区以及企业产品的市场投向等。

1. 技术含量相对高的产业在全省工业中所占的份额进一步提高。2004年福建省高技术产业迅速成长壮大,实现工业总产值1377.75亿元,占全省规模以上工业产值21.4%,同比增长40.3%。高技术企业全年完成销售产值1354.65亿元,同比增长31.4%,增幅高于全省平均水平2.3个百分点,产销率为98.32%,高于全省平均水平0.82个百分点。

2.企业的聚集程度进一步提高,工业园区已成为全省工业经济快速增长的重要支撑。2004年工业园区内规模以上企业已达2846家,占规模以上工业企业数26.8%,完成总产值2663.21亿元,占全省工业总产值的41.4%,比去年同期增长32.0%,高于全省平均水平5.4个百分点,对全省工业增长的贡献率高达48.7%,拉动全省工业增长13个百分点;工业园区企业产销衔接、出口交货值均好于全部工业。2004年工业园区企业完成销售产值2588.66亿元,同比增长31.8%,增幅高于全省平均水平2.7个百分点；完成出口交货值1313.43亿元，同比增长41.8%，增幅高于全省平均水平7.6个百分点。

3.工业所有制结构进一步优化，"三资"企业对全省工业增长的贡献最大。近年来，福建省在做大做强工业的目标带动下，大力支持民营经济和外向型经济的发展，进一步加大了国有企业资产重组、联大靠强、建立现代企业制度等工作的力度，民营经济和外向型经济得以快速发展，国有企业的活力得到进一步激发。各种经济类型均保持了较快增长，国有、集体累计完成工业总产值401.84亿元和186.37亿元，同比分别增长12.1%和8.2%。股份制企业完成工业总产值1550.85亿元，增长31.7%；"三资"企业完成总产值3995.00亿元，增长26.8%，对工业增长的贡献最大，为63.3%，拉动工业增长16.9个百分点。

4.主要工业产品产量大多保持快速增长。工业企业紧紧抓住消费热点，生产适销对路产品，以满足生产、消费的需要，在统计的285种主要产品中，有74.4%的产品产量保持增长，增幅在20%以上的占42.1%。在全部能源产品中，除水力发电（下降18.2%）外，其余的如原煤、火力发电、原油加工、液化石油气、焦炭等均保持一定幅度的增长；与人民生活相关的日用轻纺产品大多保持增长，增长较快的有食用植物油、罐头、碳酸饮料、纱、棉布、服装、皮鞋、家具、照相胶卷、合成洗衣粉、牙膏、日用塑料制品等，增幅均在20%以上；在固定资产投资快速增长的拉动下，建材企业抓住有利时机，加快生产，保证市场需求，水泥预制管桩、大理石板材、花岗石板材、釉面砖、墙地砖、卫生陶瓷、日用陶瓷、线材等均保持增长。

（三）工业运行质量稳步提高

2004年，福建省工业企业经济效益进一步提高，实现了速度与效益的同步增长。

1.整体运行质量提高。2004年全省规模以上工业的综合效益指数为155.20，同比提高4.96个百分点，为2000年以来的最高点。列入考核的7项指标中，总资产贡献率、资本保值增值率和劳动生产率同比分别提高0.04、0.60个百分点和12.0%，流动资产周转次数同比加快0.1次，资产负债率下降0.5个百分点，产品销售率和成本费用利润率则比分别下降0.31和0.22个百分点。国企表现突出，综合效益指数高达191.00，同比提高21.0个百分点；股份合作企业、集体企业、"三资"企业等的综合效益指数也有不同程度提高，同比分别提高13.8、5.5和4.82个百分点。全省9个设区市，除南平市外，其他各市的综合效益指数均有不同程度的提高，其中龙岩、福州和泉州综合效益指数提高较快，分别比上年提高10.52、7.83和7.44个百分点。

2.企业盈利水平继续提高。2004年全省工业企业实现利润总额350.64元、增长23.8%。各经济类型工业中，"三资"工业、国有工业、股份合作工业、集体工业的盈利水平均有较好的表现。全年"三资"工业、国有工业、股份合作工业和集体工业实现利润总额分别为243.50亿元、23.75亿元、2.71亿元和7.77亿元，比上年增长28.1%、27.9%、27.6%和14.4%。

从行业看，黑色金属矿采选业、化学纤维制造业、化学原料及化学制品制造业、金属制品业、造纸及纸制品业的盈利增长最快，利润增长分别达9.5倍、155.9%、147.1%、74.2%和59.5%。企业的盈利水平也趋于集中，主要分布在技术含量相对较高的行业及能源工业。通信设备计算机及其他电子设备制造业、化学原料及化学制品制造业、电力热力的生产和供应业、非金属矿物制品业、电气机械及器材制造业等5大行业的利润总额合计为170.67亿元，占全省工业盈利总额的48.6%。

3.工业的融资能力提高。2004年全省工业的财务费用支出为73.34亿元，增长11.8%，比上年提高2.9个百分点，其中利息支出58.03亿元，增长9.1%，扭转了上年负增长的态势。负债总额的增长也反映了企业借贷的增长，2004年全省工业负债累计增长16.9%。

4.对劳动力资源的使用效率提高。企业对劳动力资源利用主要表现在两个方面：一是企业吸纳劳动就业人数增加，2004年规模以上工业共吸纳就业人数245.81万人，增长15.0%。二是从业人员劳动生产率提高，2004年全省工业增加值劳动生产率为7.65亿元/人，增长12.0%，增幅比上年提高1.0个百分点。

二、工业经济快速增长的主要原因

（一）工业经济结构演进与重化工业阶段耦合

是其深层次原因。分析工业经济快速增长的原因，不能不着眼于其所处的宏观背景。2003年我国人均GDP超过1000美元，工业化演进到重化工业阶段。这一阶段的一个显著特点是对投资品需求强劲，拉动以提供投资品的工业行业快速增长；这一阶段另一个显著特点是，资金密集型产业急剧膨胀，而资金密集型产业对规模经济有严格的要求，这一点正与福建近几年结构调整提高产业集中度和企业规模的举措相一致。这两点共同作用，推动了福建工业经济的高速增长。

（二）快速增长的固定资产投资的推动。2004年全省固定资产投资的大幅增长，有力地推动了相关工业类产品的需求，特别是对基建类重工业产品的需求。与此相应，工业投资增幅也不断提高。各地围绕三大主导产业，改造传统优势产业以及培育产业集群，做好重大工业建设和骨干企业的技术改造，从而推动了工业投资的高速增长。全年全省城镇以上工业固定资产投资完成额573.17亿元，比上年同期增长50.2%；工业固定资产投资占城镇以上固定资产投资的比重为35.8%，比上年提高5.1个百分点。投资对工业经济增长的拉动作用将进一步强化；另外，随着结构调整的深化，技改投资的力度不断加大，产业素质得到不断提高，为工业经济持续高速增长奠定了一定基础。

（三）内外环境向好，内销及出口均高速增长。2004年全省规模以上工业累计实现销售产值6270.66亿元，增长29.1%，增幅较上年提高1个百分点。内、外销均保持较快增长势头。内销产值4036.55亿元，增长26.4%；工业品出口交货值2234.11亿元，增长34.2%，它们对销售增长的贡献率分别为59.7%和40.3%，各拉动规模以上工业增长17.4个和11.7个百分点。

消费市场结构的变化，带动了产业的发展。由于城市居民收入水平的提高，购买力的不断增强，消费热点由家电变为电脑、住房、汽车，从万元级迈上了10万元级的台阶。由此推动工业生产规模扩大。光通信设备、汽车、房间空调器、钢材等产品大幅增长。

在出口方面，受全球经济复苏的影响，钢材、有色金属、建材、电子及传统特色等产品国际市场活跃，全省相关行业出口增长强劲。1~12月有色金属冶炼及压延加工业、黑色金属冶炼及压延加工业和非金属矿物制品业出口交货值分别为14.15亿、8.48亿元和113.33亿元，分别增长70.0%、37.7%和36.8%。家具、农副产品、化纤、纺织、服装、电子及通信设备和电气机械及器材等传统出口行业继续保持较好增势。

（四）主要行业和产值前百家企业拉动作用显著。37个工业行业大类中有35个行业均保持了增长，其中生产增幅在30%以上的行业有12个。通信设备计算机及其电子设备制造业、纺织服装鞋帽制造业、非金属矿物制品业、纺织业、皮革毛皮羽绒及其制品业、电力、农副食品加工业、电气机械及器材制造业、化学原料及化学制品制造业、黑色金属冶炼及压延加工业、塑料制品业、交通运输设备制造业等12个完成产值超过200亿元的行业共完成总产值4604.31亿元，增长27.8%，占全省规模以上工业总产值的71.6%，对工业增长贡献率达74.6%，拉动工业增长19.8个百分点。

产值前百家企业发展势头较好。全年全省规模以上工业以产值排序的前100家企业，累计完成现价产值2384.97亿元，增长25.4%；实现销售收入2323.40亿元，增长27.6%；创利润总额158.48亿元，增长22.7%。大企业对全省工业的支撑作用进一步增强。

（五）三大主导产业继续保持平稳增长态势。电子、机械、石化等三大主导产业平稳增长，2004年三大主导产业完成工业总产值3001.37亿元，占全省规模以上工业的46.7%，增长27.7%，对全省工业增长的贡献率达49.3%，拉动全省工业增长13.1个百分点。其中电子工业一直保持龙头地位，全年完成总产值1207.66亿元，增长42.4%，高于全省平均水平15.8个百分点，对全省工业增长贡献率达29.4%，居各工业行业之首；机械装备业完成产值1002.71亿元，增长17.7%；石油化工业完成产值790.99亿元，增长18.9%。三大主导产业产销衔接，2004年完成销售产值2931.11亿元，产销率为97.66%，高于全省平均水平0.16个百分点。

（六）福州、厦门、泉州三市的领跑带动作用显著。福州、厦门、泉州三市紧紧抓住乡镇企业、私营企业、外向型经济和国际产业转移的发展机遇，为工业经济的快速发展奠定了良好的基础。近年来，这三个市积极调整工业经济结构，加大企业改革、改组和改制力度，着力培育和造就骨干企业和重点产业，工业经济保持了持续快速发展，对全省工业经济快速增长，起到了领跑带动的重要作用。

三、存在的主要问题

2004年，全省工业经济总体上保持快速稳定的增长态势，速度、效益都有新的提高，但工业生产中仍然存在一些值得关注的问题和困难。

(一)煤电油运等传统瓶颈凸现，成为制约工业经济增长的重要因素。煤炭方面，福建省煤炭资源比较缺乏，全省用煤量的60%要由外省解决；电力方面，福建省电力结构中水电所占比重将近一半，来水对福建省的供电能力影响很大，2003年以来由于持续干旱，造成电力缺口增大，2004年尤显突，全年全省实际限电达到18.2亿千瓦时，电力供应形势较为严峻；运输瓶颈是另一个老大难问题，有相当一批企业陷入有市场无运力的困境，产成品库存急剧上升，资金周转出现困难。

(二)融资困难，资金供给紧张，制约企业生产经营。国家实行收缩银根的宏观调控政策，资金供求矛盾更加突出。银行商业化以来，效益好的企业资金供给较为宽松，但面广量大的中小企业融资能力下降，贷款难、担保难的矛盾没有得到有效缓解，因此发展后劲不足。据省企调队统计资料反映，四季度企业融资指数为97.70，虽比三季度上升1.6点，但仍在不景气区间运行。此外，两项资金占用居高不下在工业经济快速发展的情况下表现得尤其严重，企业之间账款相互拖欠，产成品占用过多的状况得不到根本改观，更使企业的流动资金捉襟见肘，也是企业生产正常运作的一大障碍。12月末，全省规模以上工业应收账款净额高达792.8亿元，增长25.8%。

(三)交通运输设备制造业、电力工业增长乏力。受全国汽车生产形势的影响，2004年工业经济总量排第四位的交通运输设备制造业全年完成产值比上年下降7.8%，生产汽车5.85万辆，下降32.6%。2004年工业经济总量排第7位电力行业完成总产值只增长14.4%，完成发电量659.64亿千瓦时，增长8.0%；三大主导产业中，机械装备业完成总产值增长17.7%，石化工业完成总产值增长18.9%，都低于全部工业的增幅；产值前百家工业企业完成工业总产值2384.97亿元，占规模以上工业总产值的37.1%，增长25.4%，比上年增速回落6.8个百分点。

(四)产销衔接情况不够理想，产成品资金上升较快，部分行业产销率下降。2004年，工业产销衔接情况不够理想，全年12个月中，1~8月各月的产销率均在97%以上，9月份以后上升到97%以上，全年工业产品产销率为97.72%，比上年下降0.22个百分点。全年企业产成品资金占用305.19亿元，比上年上升27.6%。

(五)原材料燃料价格持续上涨，亏损企业亏损额大幅度上升。目前，能源、原材料价格的上涨使得企业的生产成本上升，但是由于工业消费品基本上处于供过于求的买方市场，企业不可能把增加的成本完全转移到消费者身上，因此相对于成本提高而言，产品的销售价格提高幅度要小，从而压缩了企业的利润空间。

2004年江西省工业经济运行概况

一、2004年江西工业发展情况

2004年江西工业经济继续保持强劲发展态势，全年完成工业增加值617.8亿元，比上年增长26.1%，在2001年308亿元的基础上实现了三年翻番。

2004年江西省工业发展呈现出以下特点：

工业所有制结构得到优化，各种经济类型企业均较快发展。全年全省国有、集体企业完成工业增加值212.2亿元和18.1亿元，分别增长13.2%和36.8%，增速比上年加快5.4和32个百分点；股份制企业完成166.7亿元，增长24.7%；"三资"企业完成77.3亿元，增长35.0%；私营企业完成126.8亿元，增长49.1%，其增幅居各类企业之首，对工业增长的贡献最大，为30.5%，拉动工业增长8个百分点。

园区经济厚积薄发，全省工业总量的四分之一来自工业园区。2004年末，全省工业园区内规模以上企业由上年末的631家增加到1275家，增加644家，增长一倍多，实现工业增加值159.7亿元，增长48.0%，占全省规模以上工业的25.8%，比上年末提高10.2个百分点，增速是全省平均水平的1.8倍。

绝大部分行业实现增长，钢铁行业实现增加值居各行业首位。全省 38 个工业行业大类中有 37 个行业保持了增长，生产增幅在 50%的行业有 11 个，增长 1 倍以上的 6 个。钢铁行业受钢材价格上涨和产能扩大的影响，完成增加值居各行业之首。

工业产品产销率继续保持在较高水平。全省工业品产销率为 98.8%，比上年提高 0.87 个百分点，其中国有企业产销率为 99.3%，大型工业企业产销率为 99.4%。

二、2005 年江西工业发展规划

2004 年，江西工业写下了辉煌篇章，规模以上工业三大主要指标实现了三年翻番。2005 年江西省又制定了新的发展规划。1 月 19 日召开的全省经贸工作会议端出了全年的盘子：规模以上工业增加值确保增长 20%、力争净增 150 亿元，销售收入确保增长 20%、力争净增 500 亿元，利税总额确保增 20%，力争净增 50 亿元；工业固定资产投资增长 20%，工商领域引进内资和外资增长 20%，综合经济效益指数比上年提高 10 个百分点。

2004 年下半年起，全球经济强劲复苏，国内经济发展处于新一轮增长周期的上升期。在此大环境下，江西省区域经济合作领域拓宽，层次提高，环境品牌效应显现。一批重大工业项目将陆续发挥效益，特别是工业园区经过近三年大力建设，进入了收获期。但制约工业发展的瓶颈依然存在。首先，投资需求逐步减弱，市场竞争更加激烈；其次，资金紧张矛盾难以缓解，原材料涨价、利率提高等增大企业生产成本。目前，最大的难题还是能源短缺。

为实现年初制定的 2005 年发展目标，必须实施切实可行的措施，那就是三个坚定不移。坚定不移抓招商引资，实现承接产业转移新突破。江西省目前已经确定一系列重大招商引资活动，另外，退城进郊企业及省属企业集团招商引资也将成为 2005 年的“重头戏”。坚定不移抓工业园区，实现工业扩张规模新突破。重点调度 30 个样板园区、100 个新上项目、800 家投产企业，力争入园投产企业达 5500 家以上，引进资金 300 亿元以上，年销售收入 1500 亿元，上缴税金 80 亿元以上。坚定不移抓支柱产业，实现优强企业新突破。首先，围绕 6 大支柱产业，加快实施一批重大技改项目。重点抓好昌河铃木年产 15 万台 K10A 汽车发动机等 10 大技改项目，投资 70 亿元，建成后可年增销售收入 141 亿元，利税 23.6 亿元。其次，江铜、新钢、江铃和九江石化销售收入要有新突破，力争达到 180 亿元、130 亿元、120 亿元和 120 亿元，萍钢要突破 100 亿元大关；昌河、南昌卷烟厂、汇仁等一批企业要突破 50 亿元。再次，落实一批重点利税大户，力争超亿元企业达 40 户。

2004 年山东省工业经济运行概况

2004 年山东省工业生产保持了快速增长，全省新增规模以上工业企业（全部国有和年产品销售收入 500 万元以上的非国有工业企业）4127 个，年末达到 20304 个，实现增加值 6498.3 亿元，比上年增长 26.5%，占 GDP 比重达 41.9%。其中，国有控股工业增加值 2290.8 亿元，增长 15.9%；集体工业增加值 751.0 亿元，增长 17.8%；股份制和外商及港澳台商投资工业分别增长 27.5%和 29.0%。轻工业增加值 2343.4 亿元，增长 27.0%；重工业增加值 4154.9 亿元，增长 26.3%，轻重工业之比由上年的 37:63 变化为 36:64。

山东省工业经济在 2004 年运行中的特点主要表现在以下几个方面：

一、制造业拉动作用强劲。制造业实现增加值 5380.9 亿元，占全省规模以上工业的 82.8%，比上年增长 30.4%，拉动工业增长 25.2 个百分点。以青岛、烟台、威海三市为主体的胶东半岛制造业基地，实现制造业增加值对全省的贡献率达 39.1%。

二、非公有制工业占据半壁江山。规模以上非公有制工业实现增加值 3312.7 亿元，增长 37.5%，占规模以上工业的 51.0%；实现产品销售收入 10759.7 亿元，增长 50.3%。其中，私营工业实现增加值 1059.7 亿元，增长 48.4%，高于规模以上工业增幅 21.9 个百分点。

三、工业高新技术产业比重提高。高新技术产业产值占规模以上工业总产值比重达到 21.9%，比年初提高 2.3 个百分点。实现增加值 1251.1 亿元，增长 29.3%。实现利润占规模以上工业制造业的比重达26.3%。

四、工业产销衔接良好。规模以上工业产销率为98.1%,比上年提高0.3个百分点。

五、主要工业品产量大幅增长。120种主要工业产品中，产量比上年增长的有100种，占83.3%;其中,增幅超过30%的有49种。

六、工业经济效益大幅度提高。规模以上工业实现产品销售收入21055.1亿元，比上年增长40.7%;实现利润1383.6亿元,实现利税2292.1亿元,分别增长48.7%和42.2%。应收账款净额和产成品存货两项资金占流动资产平均余额的比重由上年的33.0%下降到31.5%,流动资产的周转速度加快0.3次。反映工业经济效益整体水平的综合指数为185.8,提高22点。

七、建筑业生产增长较快，经济效益明显好转。三级及以上(新资质)建筑企业5261家,新增889家,完成建筑业总产值1902.1亿元,比上年增长28.4%;实现利税119.5亿元,增长18.7%。其中,国有及国有控股企业完成建筑业总产值702.0亿元，增长31.4%；实现利税29.7亿元，增长22.0%。

主要工业产品产量

产　品	单位	绝对值	比上年增长%
原煤	万吨	14646.2	0.2
天然原油	万吨	2674.3	0.3
发电量	亿千瓦时	1693.7	22.4
水泥	万吨	12363.8	27.5
平板玻璃	万重量箱	3536	86.4
粗钢	万吨	1855.4	30.3
钢材	万吨	2011.7	39.2
纱	万吨	264.1	41.5
布	亿米	66.2	42.9
机制纸	万吨	664	34.6
塑料制品	万吨	127.3	28.1
合成氨	万吨	561.9	13.8
啤酒	万千升	374.7	19.5
汽车	万辆	21	49.4
摩托车	万辆	94.6	10.9
家用电冰箱	万台	617.7	22.9
房间空调器	万台	644.3	38.4
微型电子计算机	万部	56.2	16.2
彩色电视机	万部	764.1	32.6

2004年河南省工业经济运行概况

一、2004年工业运行情况

2004年河南工业生产快速增长，工业经济总量迈上新的台阶。根据省委、省政府提出的在发展中顺应调控、在调控中谋求发展的工作思路,河南省工业化进程进一步加快，生产和效益等多项指标取得新突破,实现了速度、结构、质量、效益的统一,工业经济处于多年以来最好的发展时期。2004年全省生产总值达到8815亿元，比上年增长13.7%,增幅为1997年以来最高。其中,第一产业增加值增长12.8%；第二产业增加值增长16.2%;第三产业增加值增长10.6%。全省人均生产总值9095元,突破1000美元大关。

在经济快速增长的同时,经济运行质量明显提高。全省地方一般财政预算收入增长35.1%,全省全部工业实现增加值3862.18亿元，比上年增长17.0%。工业占全省生产总值的比重达到43.8%,比2003年提高1.5个百分点。工业拉动全省经济增长约7.2个百分点;全省规模以上工业增加值突破2000亿元,达到2332.68亿元,列中西部各省市区首位。规模以上工业增加值同比增长23.6%,其中，国有及国有控股企业增加值1121.85亿元,增长18.1%；集体企业增加值271.02亿元，增长20.0%；股份制企业增加值1052.31亿元，增长25.0%；外商及港澳台投资企业增加值144.20亿元,增长20.9%。轻工业增加值668.60亿元,增长19.7%,重工业增加值1664.08亿元,增长25.4%。企业实现利润增长46.9%。

2004年河南省工业经济运行的主要特点如下:

1.工业经济效益持续向好。全年工业企业综合经济效益指数148.8%，比上年提高17.4个百分点,创历史最高水平。产品销售收入7065.33亿元,比上年增长34.2%。实现利税742.87亿元，增长34.9%。工业品产销衔接良好,全年工业产品销售率98.5%,比上年提高0.2个百分点。

2.工业投资高速增长,结构调整步伐加快,新的增长点不断涌现。2004年全省工业投资1085.65

亿元，增长53.5%。其中，煤炭工业投资增长45.2%，石油工业投资增长20.5%，电力工业投资增长32.3%，机械工业投资增长81.8%，电子工业投资增长41.5%，食品69.6%，纺织工业投资增长79.9%。安钢集团100吨转炉工程、洛玻日产700万吨超薄玻璃、天冠集团年产30万吨燃料乙醇、中铝中州分公司30万吨选矿拜耳法氧化铝、双汇集团年产15万吨肉制品、安彩信益工程二期等项目建成投产，培育了一批新的经济增长点。

3.经济结构得到优化。2004年国有企业实现销售收入3320.55亿元，同比增长27.3%。实现利润158.94亿元，同比增长57.2%。经济效益综合指数133.07%，同比提高17.13%；非公经济成为推动全省工业增长的重要动力。2004年非公有制工业对全省工业增长贡献率已超过公有制工业，达到51%。高技术产业拉动全省工业增长，全省规模以上工业高技术产业完成增加值同比30.3%，高出全省工业水平6.7个百分点，拉动工业增长加快1.1个百分点。

4.重点骨干企业带动作用明显，竞争优势进一步显现。百户重点企业实现销售收入2197.83亿元，同比增长35.7%，高于全省平均水平。实现利润136.66亿元，同比增长41.1%。百户重点企业实现销售收入、利润、利税占全省9620户限额以上工业企业实现销售收入、利润、利税的百分比分别为31.1%、36.3%和40.8%。洛阳石化、安钢、双汇、平煤4户企业销售收入超过100亿元，安彩等13户企业销售收入亿元。

5. 工业在全省国民经济发展中的主导地位日益增强。河南以丰富的矿产资源为依托，建立了以机械、电子、石油、化工、冶金、建材、煤炭、电力、食品为主体，门类齐全，具有一定规模的工业体系。全省现有上市公司30家。通过深化改革和结构调整，培育了一批在国内外市场具有较强竞争力的名牌产品和企业集团，中国第一拖拉机工程机械公司是中国最大农机制造企业，平顶山神马帘子布集团是中国最大帘子布生产企业，周口莲花味精公司产量居亚洲第1位，安阳彩色显像管玻壳有限公司产量居全国第1位、世界第3位，长城铝业公司是中国最大的氧化铝生产企业之一。一批产品产量位居全国前列，其中大型拖拉机销售量占全国市场销售量的40%，帘子布占35%，彩色玻壳占70%。机制纸及纸板产量居全国第1位，卷烟、化肥、原煤、平板玻璃在全国居第2位，大中型拖拉机居第3位，纱、水泥居第4位，发电量、原油、天然气、通讯电缆、轮胎、化学纤维、家用电冰箱、饮料酒等产品产量在全国均居前10位。我省是华中电网重要的火电基地之一，全省发电装机总容量达2007万千瓦，居全国第6位。随着工业生产的逐步加快，经济增长的质量和效益明显提高。

二、河南省工业发展思路

按照运用高新技术和先进适用技术改造传统产业和有选择地发展具有比较优势的高新技术产业的发展思路，近年来，河南省先后实施了对增强工业发展后劲起重大作用的164个标志性工业结构调整项目，新增粮食加工能力1000多万吨、氧化铝生产能力100多万吨、电解铝能力140万吨、铝加工能力30多万吨，加快了优势工业品基地建设和优势资源的深度开发，进一步拉长了产品链条，提高了产品附加值，初步形成了小麦、畜产品和铝工业三大产业链，提升了传统产业、支柱产业和高新技术产业的竞争能力。一批知名品牌和骨干企业相继成长壮大，“安彩”玻壳、“双汇”火腿肠、“邦杰”火腿肠、“莲花”味精、“新飞”冰箱和冰柜、“金星”啤酒等相继被认定为中国名牌产品。以华中制药、竹林众生、羚锐制药为代表的一批生物制药企业和以彩色大屏幕为标志的电子电器产品发展势头强劲。

为实现全面建设小康社会的奋斗目标，河南省委、省政府提出：全面建设小康社会，最根本的是坚持以经济建设为中心，不断解放和发展社会生产力。必须大力推进经济结构的战略性调整，努力完成基本实现工业化这一历史性任务。加快工业化、城镇化，推进农业现代化是河南省全面建设小康社会的基本途径。必须坚持以工业化为主导，以城镇化为支撑，以推进农业现代化为基础，统筹城乡经济社会协调发展。

为进一步深化改革，扩大开放，完善社会主义市场经济体制，创新发展机制，在更大程度上发挥市场在资源配置中的基础性作用，提高国民经济发展的市场化运作程度，河南省委、省政府提出：着力抓好六项关系全局和长远发展的战略举措。

即坚持扩大内需，加快基础设施建设和基础产业发展；不断深化改革，完善社会主义市场经济体制；强力实施开放带动，不断扩大东引西进；千方百计扩大就业，健全社会保障体系；坚持科教兴豫，发挥人才作用；坚持可持续发展，实现经济发展与人口资源环境相协调。

2005 年，河南省将坚持以科学发展观统领经济社会发展全局，坚持以经济建设为中心，围绕全面建设小康社会和实现中原崛起的目标，积极贯彻中央宏观调控政策，着力推进改革开放，加快经济结构调整，转变经济增长方式，加快工业化、城镇化，推进农业现代化，改善城乡居民生活，发展各项社会事业，努力构建和谐社会，促进经济社会全面协调可持续发展。预计 2005 年全省生产总值增长 10%左右；全社会固定资产投资总额增长 18%；社会消费品零售总额增长 11%；外贸出口增长 15%，实际利用外商直接投资增长 25%；地方财政一般预算收入增长 11%；城镇居民人均可支配收入实际增长 7%，农民人均纯收入实际增长 4%；居民消费价格总水平上涨 4%；人口自然增长率控制在 6‰以内；城镇新增就业 85 万人，城镇登记失业率低于 4.5%。

2004 年湖北省工业经济运行概况

2004 年湖北工业生产保持较快增长，全省国有及年产品销售收入 500 万元以上的非国有工业企业完成增加值 1664.73 亿元，按可比价格计算，比上年增长 22.8%。其中：国有及国有控股企业完成增加值 975.23 亿元，增长 26.3%；国有企业增加值 418.39 亿元，增长 23.6%；集体企业增加值 82.46 亿元，增长 2.7%；股份合作企业增加值 11.56 亿元多吨，增长 28.8%；股份制企业增加值 732.31 亿元，增长 16.6%；外商及港澳台投资企业增加值 309.59 亿元，增长 54.1%；其他经济类型企业增加值 110.42 亿元，增长 13.4%。轻工业增加值 497.69 亿元，增长 15.5%；重工业增加值 1167.04 亿元，增长 29.9%。轻重工业结构由 2003 年的 30.5:69.5 变为 29.9:70.1。

2004 年湖北工业经济运行具有以下两个主要特点：

一、工业产品结构改善，高技术产业增长较快。全省规模以上工业高技术产业增加值比上年增长 25.8%。光通信设备、程控交换机、微电子技术等信息通信产品产量增长较快。2004 年主要工业产品产量工业产销衔接较好，经济效益继续提高。全省工业完成销售产值 4890.82 亿元，比上年增长 27.9%，工业产品销售率为 97.9%。工业经济效益综合指数为 149.40，比上年提高 17.53 个百分点，经济效益综合指数及增幅均为近几年来最好水平。工业企业实现利润 279.76 亿元，比上年增长 40.4%；其中国有及国有控股企业实现利润 204.81 亿元，增长 46.2%。

二、建筑业发展步伐加快。全年建筑企业完成增加值（新计算方法）233.2 亿元，比上年增长 20.5%；实现利润 23.9 亿元，增长 25.1%；税金 8.37 亿元，增长 16.3%。建筑单位新开工房屋建筑施工面积 6996.5 万平方米，其中招投标承包面积 4887 万平方米，招投标面为 69.8%。建筑企业劳动生产率为 9.65 万元/人，增长 19.9%；房屋建筑施工面积 10720 万平方米，比上年增加 1787 万平方米；房屋竣工面积 5974.4 万平方米，增加 1133 万平方米。

2004 年湖南省工业经济运行概况

2004 年是国家的宏观调控年，湖南省委、省政府积极贯彻落实国家宏观调控政策，加快推进工业化进程，规模工业生产、效益同步发展，成绩喜人。全年共完成工业增加值 1198.14 亿元，比上年增长

2004 年规模工业增加值增速(%)

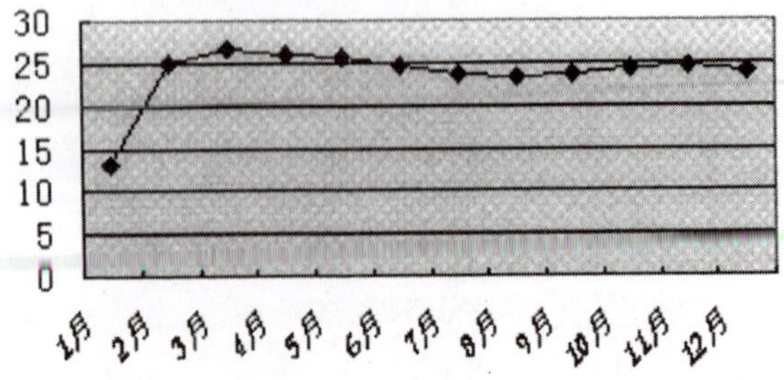

24.1%；实现销售收入 3452.44 亿元，同比增长 32.5%；盈亏相抵后实现利润 156.51 亿元，同比增长 55.3%。生产、效益水平均创近 7 年来最好水平。

一、2004 年湖南工业运行情况

(一)重、轻工业齐头并进

2004 年重、轻工业基本保持同步发展的态势，增幅差距逐步缩小，但重工业始终快于轻工业发展，全年重、轻工业分别完成工业增加值 769.99 亿元和 428.15 亿元，同比分别增长 24.3%和 23.8%，比上年分别提高 2.4 和 5.4 个百分点。

2004 年重、轻工业增加值增速(%)

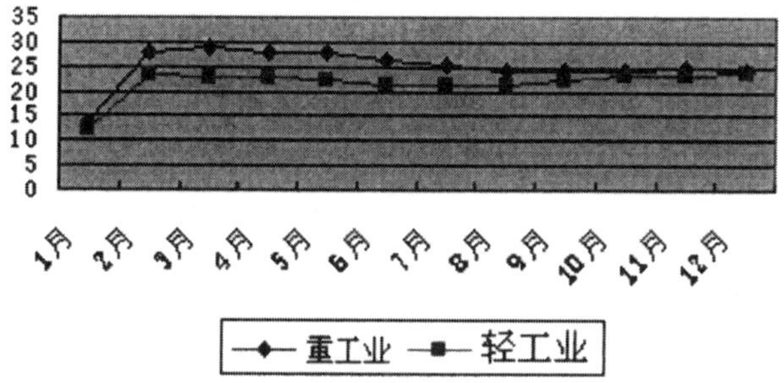

(二)十大行业龙头效应显著，新兴行业焕发活力

十大行业引领作用突出。规模工业增加值排在前十位的烟草、钢铁、电力、化工、有色、建材、交通运输设备、农副食品加工、专用设备制造、石油加工行业等十大行业成为推动 2004 年湖南工业快速增长的主力军，全年共完成工业增加值 831.41 亿元，占规模工业的 69.4%，比上年增长 25.1%，拉动规模工业增长 17.5 个百分点，贡献率达 72.7%。近年来兴起的医药制造业和通讯设备、计算机及其他电子设备制造业等新兴行业发展迅速，全年分别完成增加值 23.57 亿元和 19.06 亿元，同比分别增长 26.0%和 31.8%。

(三)"一点一线"地区优势明显，工业园产业集群发挥带动作用

长株潭地区是湖南省工业的金三角，"一点一线"地区是湖南省的优势区、精华带，在加速湖南省工业化进程中做出了突出贡献。2004 年长株潭地区共完成工业增加值 454.44 亿元，占全省规模工业的 37.9%、同比增长 24.7%，高出全省平均水平 0.6 个百分点，拉动规模工业增长 8.6 个百分点，贡献率达 35.7%。"一点一线"地区完成增加值 809.92 亿元，占规模工业的 67.6%，同比增长 24.4%，拉动全省规模工业增长 16.4 个百分点。

各市州工业园区发展迅速，在推动本地以及全省的工业发展中起到了巨大作用。如长沙"两区六园"2004 年完成增加值 91.7 亿元，同比增长 36.9%，拉动长沙地区规模工业增长 12.5 个百分点，贡献率为 48.3%。

(四)大型骨干企业作用明显，十大标志性工程贡献突出

大型骨干企业一直是湖南省工业发展的支撑力量。2004 年大中型企业共完成增加值 744.29 亿元，占规模工业的 62.1%，同比增长 22.6%，比上年提高 7.7 个百分点。十大标志性工程工业企业全年完成增加值 391.17 亿元，同比增长 28.8%，拉动全省规模工业增长 8.7 个百分点，贡献率为 36.3%；实现利润 65.3 亿元，增长 40.3%。

(五)经济效益综合指数逐月攀升，经济效益形势喜人

规模工业经济效益综合指数基本呈现出逐月攀升的势头。2004 年，规模工业经济效益综合指数 149.76%，比上年提高 19.39 个百分点；亏损面则呈逐渐下降态势，亏损企业亏损额 23.41 亿元，比上年下降 16.8%，亏损面为 16.8%，比上年减少 2.8 个百分点。

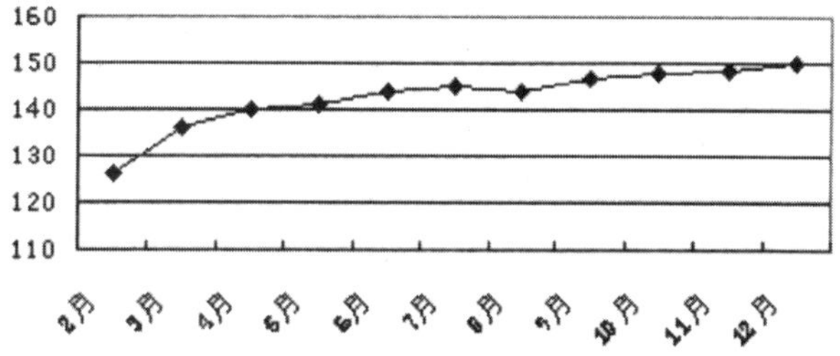

2004 年效益综合指数走势

二、快速增长的因素

(一)高速增长的投资对规模工业拉动作用明显

高速增长的固定资产投资对工业生产的拉动作用明显。2004 年全社会固定资产投资 1690.26 亿元，同比增长 36%。工业完成投资 571.16 亿元，同比增长 41.6%，其中采矿业、制造业分别增长 163.6%、48.7%。在 30 个制造业行业中，有一半以

上完成投资超过10亿元，有近三成增幅超过100%。虽然国家重点限制的钢铁、水泥、电解铝等行业投资得到了有效控制，全年增幅呈下降趋势，但三大行业投资总额仅占工业投资的15.8%，对全省投资增长影响不大。2004年10月29日利率上调，是国家进一步加强宏观调控措施的信号，但此次上调幅度小，同时贷款具有连续性，使其对银行信贷所产生的影响有限。全年工业企业新增短期贷款64.94亿元，技术改造贷款新增9.3亿元。投资的高速增长，金融信贷的强力支撑，为工业经济高位运行、加快工业化进程提供了有力的资金保障。

（二）国企改革成效显著

随着国有企业改革的力度继续加大，一部分国有企业盘活了存量资产、卸下了包袱，还有相当数量不适应市场经济规则的国有企业从一般竞争性行业中退出，湖南省国有企业的竞争力和盈利能力显著增强，而大批高效、灵活的民营企业的快速发展，使规模工业更具活力。2004年底湖南省国有及国有控股企业全年完成增加值678.07亿元，同比增长21.7%，比上年提高了7.3个百分点。

（三）出口高速增长 带动效应显著

2004年世界经济发展较快，湖南抓住机遇，实施"走出去"战略，大力开拓国际市场，出口大幅提高，全年共实现出口交货值222.71亿元，同比增长46.1%，比上年提高19个百分点，为近5年来同期最高增幅。中联重科、三一重工、湘钢、涟钢等一些大企业产品出口均比上年大幅度增加。

三、需要关注的几个问题

（一）能源紧缺、运力不足是制约湖南省工业发展的瓶颈

经济的快速发展，带动了能源消费的大幅增长，然而煤、电等主要能源的供应不足或不能及时运送到位是制约湖南省工业持续高速发展的一大障碍。

——煤炭消费激增，需求缺口较大。2004年湖南省煤炭消耗量为5000万吨，而湖南省只能保证3500万吨的供应量。湖南省工业用煤紧张，一方面是由于工业发展势头旺盛，煤消耗量占60%的电力、冶金、化工、建材4大耗能行业生产、投资呈现快速增长的势头，对煤炭需求大幅度增加；另一方面，今年以来，湖南省雨水一直较少，进入三季度后，水电供应继续趋紧，占煤炭消耗量约30%的电煤需求量继续大增，截止到2005年2月2日，全省8大火电厂库存电煤约40万吨，仅够5天的用煤，要保证火电机组的正常生产压力很大。

——电力供应形势严峻，结构性、季节性矛盾突出。2004年全省发电量为613.7亿千瓦时，增长13.9%，规模以上工业企业用电量为364.07亿千瓦时，增长24.7%，增幅比发电量增幅高10.8个百分点，许多企业常因电力不足，拉闸限电而停产。湖南省电源结构和布局不合理是造成电力紧张的一个重要原因，全省电源仅为水电和火电两种，没有其他电源补充。水电在湖南省所占比重较大，全省水电装机容量为780.8万千瓦，占总装机容量的53.6%，规模以上工业中共有水电站186家，占全省电站总数近90%，而水力发电受季节影响很大，全年水电生产仅完成243亿千瓦时，占全省总发电量不到40%，全省电煤的紧缺，又大大制约了火力发电。因此，湖南省煤和电两大能源之间的互相牵制、互相影响显得尤为突出。

——运力不足，加大能源紧缺压力。随着全省经济持续、快速增长，各类大宗货物运输需求急速增加，但受运力限制，尤其是今年受"治超"压力的影响，部分公路客户纷纷涌向铁路，使得全省铁路运输更加紧张，请求车满足率不足40%。12月份，长沙铁路总公司运输装车请求车数每天已达4028.84车，而实际只能发1766.52车，缺口56.2%。由于沿海发达地区运输能力更加紧张，运往广东、上海方向的一些重点企业物资受限，如涟钢、湘钢的钢材原来每天要运出400车，现在只能运出150车。外省煤炭、矿石等原燃材料调入也十分困难。

（二）行业结构不够合理，缺乏新的工业增长点

——高耗能行业比重大。长期以来湖南省工业是以高耗能实现的增长。2004年在增加值总量排名前10位中的钢铁、有色、建材、化工等4大高耗能行业共完成增加值348.91亿元，占十大行业总量的42%，其增长速度也是名列前茅。高耗能行业的发展须有足的能源作保障，在当前能源日益紧缺，瓶颈制约仍旧存在的条件下，高耗能企业进一步上升的空间将受到制约。

——某些支柱行业发展受各种因素限制。规模工业增加值排第一的烟草行业增长迅猛，长沙烟厂、常德烟厂通过并购重组，争取到更多的生产计划，产量大幅增加。全年烟草行业完成增加值166.62亿元，占全省的13.9%，同比增长26.1%，对推动湖南省工业发展立下不小功劳。但从长远看，全国烟草业通过这一轮“洗牌”后，市场已基本被分割完毕，对于这种国家严格控制的行业其今后增长空间是有限的。另外，总量排在第三的电力行业由于电源结构的不合理增长也很不稳定。

——高新技术行业以及消费热点行业基础薄弱，总量不大。医药制造业、通讯设备、计算机及其他电子设备制造业等高新技术行业2004年增长迅速，全年增加值分别增长26.0%和31.8%。但这两个行业全年仅完成工业增加值42.63亿元，占全省比重不到4%，很难起到带动作用。随着消费结构的升级，汽车将是今后很长一段时间的消费热点，从湖南省汽车行业看，2004年全省共有汽车制造企业172个，共完成增加值35.45亿元，占全省比重不到3%，同比增长仅15.6%，跟全国其他省份比较缺乏竞争力。

（三）价格上涨影响工业生产

2004年以来，湖南省原材料价格上涨较快，促使生产资料价格快速上涨，与上年同期比，生产资料价格上涨9.7%，其中，采掘类、原料类、加工类价格分别比上年同期上涨24.5%、13.1%和6.0%。而全年工业品出产价格指数为108.03%，比上年上涨8.0%，比生产资料价格上涨幅度低1.7个百分点，由于上游生产资料价格上涨高于下游工业品价格上涨，使企业生产成本相应提高，利润下降，一些中小企业开工困难。

2004年广东省工业经济运行概况

2004年广东工业生产快速增长。全年全部工业增加值8011.15亿元，比上年增长20.0%。其中规模以上工业增加值7086.36亿元，增长22.4%。国有及国有控股企业增加值1666.33亿元，增长20.8%；股份制企业增加值1629.39亿元，增长24.2%；外商及港澳台商投资企业增加值4283.32亿元，增长23.9%；集体工业、股份合作制企业增加值分别增长9.9%和7.0%；民营企业增加值增长24.0%。全年完成轻工业增加值3025.90亿元，增长19.0%；重工业增加值4060.47亿元，增长23.1%。

2004年广东工业经济运行具有以下特点：

一、工业结构调整取得积极进展，支柱产业主导作用增强。全年九大工业产业完成增加值5043.15亿元，比上年增长24.7%，对全省工业增长贡献率75.8%。其中，电子信息、电气机械及专用设备、石油及化学三大新兴支柱产业完成增加值3288.58亿元，增长27.3%；纺织服装、食品饮料、建筑材料三大传统支柱产业增加值1221.56亿元，增长18.4%；森工造纸、医药、汽车三大潜力产业增加值533.01亿元，增长23.5%。其中汽车制造业增加值增长37.0%。高技术产业发展较快。高技术制造业完成工业增加值1935.14亿元，增长24.3%。装备制造业完成增加值2519.14亿元，增长27.0%。

二、工业品内销和出口保持大幅增长。全年规模以上工业完成内销工业品销售产值14510.79亿元，比上年增长24.7%；完成出口交货值11564.06亿元，增长26.3%。

三、能源和原材料生产加快。全年发电量2022.53亿千瓦时，比上年增长12.6%；原煤生产量219.35万吨，增长11.2%；天然原油生产量1467.47万吨，增长15.0%；原油加工量2262.57万吨，增长10.5%；钢材产量1141.68万吨，增长19.4%。

四、工业经济效益继续提高。规模以上工业企业经济效益综合指数155.9，比上年提高9.4点；实现产品销售收入26691.35亿元，增长25.4%；产品销售率97.6%，提高0.4个百分点。全年实现利润总额1274.29亿元，增长25.6%。其中，国有及国有控股企业实现利润347.09亿元，增长32.9%；股份制企业实现利润255.99亿元，增长17.5%；外商及港澳台商投资企业实现利润887.33亿元，增长24.2%。38个工业大类行业中有27个行业利润保持增长，其中通信设备、计算机及其他电子设备制造业、石油和天然气开采业、化学原料及化学制品制造业、石油加工、炼焦及核燃料加工业四大行业新增利润 157.35 亿元，占全省新增利润的 61.0%。

五、建筑业稳步发展。全年资质等级以上建筑企业完成增加值 377.58 亿元，比上年增长 18.7%；实现利润总额 57.58 亿元，增长 48.9%；利税总额 122.99 亿元，增长 35.5%。

2004 年广西壮族自治区工业经济运行概况

2004 年广西工业生产快速增长，全年全部工业增加值 1044.8 亿元，增长 17.0%。全部国有工业及年产品销售收入 500 万元以上的非国有工业企业（简称规模以上工业，下同）增加值 595.63 亿元，增长 22.8%。其中，国有及国有控股企业增加值 350.53 亿元，增长 20.6%；大中型企业增加值 408.54 亿元，增长 22.2%。从轻重工业看，轻工业增加值 201.17 亿元，增长 14.5%；重工业增加值 394.45 亿元，增长 27.4%。重工业增加值和增速均成倍高于轻工业，工业结构调整取得显著成效，工业化进程步伐加快。从所有制看，国有企业增加值 204.52 亿元，增长 24.5%；集体企业增加值 21.01 亿元，增长 10.1%；股份合作企业增加值 10.01 亿元，增长 18.3%；股份制企业增加值 234.99 亿元，增长 24.1%；外商及港澳台投资企业增加值 107.14 亿元，增长 20.3%；其他经济类型企业增加值 17.96 亿元，增长 20.3%。全年规模以上工业总产值 1886.84 亿元，增长 30.7%；产品销售率 96.8%；工业新产品产值 283.52 亿元，增长 53.4%；工业品出口交货值 117.80 亿元，增长 36.2%。

2004 年广西工业经济运行特点如下：

一、重点行业和优势产业的推动作用显著增强。在规模以上工业中，汽车制造业完成增加值 61.00 亿元，增长 25.6%；有色金属冶炼及压延加工业完成增加值 50.01 亿元，增长 28.3%；黑色金属冶炼及压延加工业完成增加值 63.26 亿元，增长 68.7%；电力热力的生产供应业完成增加值 78.36 亿元，增长 11.1%；烟草制品业完成增加值 30.63 亿元，增长 32.0%；化学原料及化学制品制造业完成增加值 37.93 亿元，增长 22.6%；农副食品加工业完成增加值 72.78 亿元，增长 11.7%，其中制糖业 47.88 亿元，增长 9.3%。

二、主要能源、原材料和热点消费品产量创历史最高纪录。全年全区发电量、钢材、氧化铝、汽车、水泥和机制糖等工业产品产量创历史最高纪录。发电量 373.48 亿千瓦时，增长 2.7%，其中火电 201.12 亿千瓦时，增长 17.8%；钢材产量 376.94 万吨，增长 64.7%；氧化铝产量 91.71 万吨，增长 33.1%；生产汽车 28.47 万辆，增长 36.2%；水泥产量 2812.09 万吨，增长 5.5%；机制糖产量 606.87 万吨，增长 0.9%。

三、规模以上工业企业实现净利润突破 100 亿元大关。全区规模以上工业经济效益综合指数 150.97，提高 25.7 点。规模以上工业产品销售收入 1834.93 亿元，增长 29.8%；利税总额 251.67 亿元，增长 45.3%，其中，税金 129.83 亿元，增长 21.5%；盈亏相抵后实现利润总额突破 100 亿元，达到 121.84 亿元，增长 83.6%。规模以上工业企业亏损面 33.5%，比上年缩小 6.3 个百分点。

四、建筑业快速增长。全年建筑业完成增加值 243.43 亿元，增长 17.4%。资质等级在三级及三级以上的建筑企业实现利润总额 8.07 亿元，增长 1.3%；上缴税金 12.88 亿元，增长 6.8%。全年施工单位工程 27207 个，增长 5.3%，其中投标承包工程 13324 个，增长 5.4%；施工房屋建筑面积 4536.31 万平方米，增长 19.6%；房屋竣工面积 1860.36 万平方米，增长 8.1%。按施工产值计算，全员劳动生产率 8.38 万元/人，比上年提高 8.1%。

2004 年海南省工业经济运行概况

2004 年，海南省工业紧紧围绕走新型工业化道路，面对国家宏观调控和经济外部环境的新变化，省委、省政府高度重视工业发展，提出以大公司、大项目带动，加快提升海南工业比重，努力克服能源、原材料价格上涨对工业发展带来的不利影响，工业生产继续保持较快增长，呈现出速度、结构、效益协调发展的良好局面，工业经济运行质量稳步上升。

一、2004 年海南省工业运行情况

1.工业生产继续保持较快增长。2004 年，全省

工业完成增加值140.44亿元，比上年增长16.7%。其中:规模以上工业完成增加值123.46亿元,比上年增长18.4%;规模以下工业完成增加值16.98亿元,比上年增长7.1%。从不同登记注册类型分组看,国有企业、其他经济类型企业生产表现突出,增长最快。2004年国有企业完成工业增加值33.53亿元,比上年增长39.5%,高于全省平均水平21.1个百分点;其他经济类型企业完成增加值5.97亿元,比上年增长39%,高于全省平均水平20.6个百分点；股份制企业完成增加值44.92亿元,比上年增长9.8%,虽低于全省平均增速,但增加值占全省工业比重的36.4%；外商及港澳台投资企业完成增加值34.89亿元，比上年增长8.1%；股份合作制企业完成增加值3.21亿元,比上年增长10.3%；集体企业完成增加值0.94亿元,比上年下降18%。

2.重工业生产发展明显快于轻工业。随着工业结构调整的不断推进，海南省工业结构重工化日趋明显,重工业一直保持着工业经济的主导地位。2004年规模以上工业企业中，重工业实现工业增加值81.87亿元,比上年增长27.3%;轻工业实现工业增加值41.59亿元,比上年增长7.7%。重工业的总量和增幅都高于轻工业，有力地推动全省工业经济快速增长。

3.主要工业行业拉动作用显著。2004年,在全省规模以上35个工业行业大类中,有25个行业呈增长态势,占行业比重的71.4%。现价工业总产值在10亿元以上的行业有11个,分别是:交通运输设备制造业(94.33亿元)、农副食品加工业(40.12亿元)、化学原料及化学制品制造业(31.48亿元)、石油和天然气开采业(28.9亿元)、电力生产和供应业(27.02亿元)、医药制造业(28.07亿元)、饮料制造业(20.23亿元)、食品制造业(15.12亿元)、非金属矿物制品业(14.01亿元)、金属制品业(13.45亿元)、黑色金属矿采选业（10.86亿元)，共计323.59亿元,占全省产值的84.1%。

4.销售保持畅旺,外销形势继续看好。2004年,随着工业销售持续增长,产品销售率进一步提高,全省规模以上工业销售产值为374.68亿元，比上年增长16.9%;工业产品销售率达97.4%,比上年提高1个百分点。从内、外销售情况看,外销产品增势较快。2004年以来,受全球经济复苏拉动,海南省因地制宜、创造条件大力发展外向型经济,不断提高工业产品出口在经济总量中的份额,2004年全省工业产品出口保持了高速增长态势，完成出口交货值25.95亿元,比上年增长62.7%;在国内销售方面,2004年完成销售产值348.73亿元,比上年增长14.5%。

5.工业经济效益总体水平保持较高水平。2004年以来，海南省工业经济效益总体水平一直保持较高水平,从2月份起,工业经济效益综合指数均在150%以上。2004年,全省工业经济效益指数高达172.7%,比上年提高个23.9百分点。在列入考核的7项主要经济效益指标中全部优于去年,其中总资产贡献率为12.73%，资本保值增值率为120.39%，成本费用利润率为8.53%，分别比上年提高2.5、13.9和2.3个百分点；流动资产周转率1.69，比上年加快0.04个百分点；资产负债率54.49%,比上年下降1.3个百分点;全员劳动生产率为96979元/人,比上年提高13296元/人。表明我省工业经济自主增长能力逐步巩固，内在活力趋于增强。

6.工业企业利润再创新高。2004年,海南省规模以上工业企业盈亏相抵后实现利润27.66亿元,比上年增长65.1%。从各种注册类型企业看,主要是国有企业、外商及港澳台商投资企业增幅较大,分别实现利润12.4亿元、5.24亿元，比上年增长2.95倍和67.6%;股份制企业实现利润9.16亿元,比上年下降3.7%；从工业行业看，化学原料及化学制品制造业、医药制造业、黑色金属矿采选业、交通运输设备制造业、农副食品加工业、石油和天然气开采业六大产业共实现利润21.5亿元，占利润总额的77.7%。分市县看,除乐东县外,全省大多数市县(部门)工业均实现盈利,其中实现利润上亿元的有4个市县，分别是：海口市实现利润11.58亿元,占全省利润总额的41.9%,位居各市之首;东方市实现利润7.68亿元,占全省的27.8%;澄迈县实现利润3.17亿元,占全省的11.5%;昌江县实现利润2.81亿元,占全省的10.2%。

7.企业税金总额继续增加。2004年,海南省规模以上工业企业累计上缴税金25.84亿元,比上年增长40.4%。其中:应交增值税16.46亿元，增长20.7%；产品销售税金及附加9.04亿元，增长37%。

二、工业经济提升的原因

纵观2004年，工业生产持续增长、经济效益继续提高。主要有以下几方面原因：

1.发展目标明确，举措得力。为落实省委、省政府的决策，全省各市县重视工业发展、积极推进工业化进程。特别是省委、省政府提出以大公司、大项目带动，增强海南经济发展的大项目带动效应开始显现。从近期调查的103个工业项目中看，超过亿元的投资项目有17个（其中超百亿元的项目1个，70亿元的项目1个，15亿元的项目1个，三大项目投资额就占调查投资总额的78.5%）。在103个工业项目中，已经有70个项目竣工投入生产，占67%。2004年全年新增企业对工业总产值增长的贡献率为44.3%。

2.投资促进了工业经济的发展。2004年，全省完成全社会固定资产投资322.5亿元，增长16.7%。在全省固定资产投资完成额中，工业投资完成98.64亿元，同比增长48.6%，占投资比重的30.6%。这些大项目主要集中在化工、汽车制造业等行业。从近期调查的工业行业投资额排序看，工业行业前6位投资额排序为：石油加工业，投资102.14亿元；造纸及纸制品业，投资70.75亿元；化学原料及化学制品制造业，投资15.38亿元；水的生产和供应业，投资6.80亿元；纺织业，投资6.46亿元；电力生产和供应业，投资5.34亿元。尤其是依附石油天然气、热带植物的石油加工业、造纸及纸制品业、化学原料及化学制品制造业的投资额就占调查项目投资总额的78.9%，成为了未来工业经济发展的支柱力量。

3.多数企业加强内部管理，努力降低成本，加大技术改造步伐，增加有效生产能力，积极调整产品结构，努力增加花色品种以适应市场需求，大力开拓市场，加大了一线销售队伍建设和信息采集的力度等等。

三、工业生产中存在的问题

海南省工业企业紧紧抓住机遇，积极开拓国际国内市场，使全省工业保持持续、快速、健康的发展态势，但同时也存在一些不容忽视的问题。

1.融资困难，资金供给紧张，制约企业生产经营。国家实行收缩银根的宏观调控政策，资金供求矛盾更加突出。银行商业化以来，效益好的企业资金供给较为宽松，但面广量大的中小企业融资能力下降，贷款难、担保难的矛盾没有得到有效缓解，因此发展后劲不足。此外，两项资金(应收账款净额、产成品)占用居高不下在工业经济快速发展的情况下表现得尤其严重，企业之间账款相互拖欠，产成品占用过多的状况得不到根本改观，更使企业的流动资金捉襟见肘，也是企业生产正常运作的一大障碍。当前，宏观调控政策下金融部门对中小企业贷款更加“慎重”，中小企业普遍存在贷款难的问题。

2.企业新产品开发力度不大。新产品开发是工业经济发展的强大动力，是维持企业可持续发展的主要动力。在海南省规模以上工业企业中，2004年工业新产品产值仅1645万元，与上年相比，还下降了14.6个百分点。

3.企业亏损面略有下降、但亏损额继续上升。2004年以来，受能源、原材料涨价影响，我省规模以上工业企业亏损额增幅一直呈上升态势。2004年，亏损企业亏损额4.47亿元，比上年增长13.1%。其中电力行业亏损额为1.1亿元，占全部企业亏损额的24.6%，比上年增长近3倍。全省规模以上工业企业亏损面为39.5%，比上年下降3.1个百分点。

2004年重庆市工业经济运行概况

2004年重庆市工业经济加快增长，经济效益显著提高。2004年全市规模以上工业在2003年增长20.2%的基础上，增幅继续加快。全年规模以上工业完成增加值579.67亿元，按可比价格计算，比上年增长23.5%，也是直辖以来重庆工业增长最快的一年。分经济类型看，国有及国有控股企业完成增加值344.11亿元，比上年增长17.1%；股份制企业完成增加值362.89亿元，增长21.5%；外商及港澳台投资企业完成增加值117.90亿元，增长35.7%。

全年规模以上工业完成新产品产值483.39亿元，比上年增长18.1%；完成出口交货值132.95亿元，增长25.8%。工业产品产销衔接较好。规模以上工业产品销售率为98.2%，比上年提高0.7点。

汽车行业在市场发生较大波动时仍保持了较好的发展态势。2004年全市累计生产汽车43.71万辆，比上年增长7.8%，其中轿车15.73万辆，增长30.4%；摩托车生产447.18万辆，增长19.5%。

全市规模以上工业企业实现利润首次超过百亿元，工业经济运行质量和效益创直辖以来最好水平。全年规模以上工业实现利润113.38亿元，比上年增长37.8%，其中大中型工业企业实现利润91.72亿元，增长29.2%。企业亏损面逐步下降。亏损面为20.6%，比上年下降1.1个百分点。经济效益综合指数创历史新高，达到139.4，比上年提高12.1点。

2004年四川省工业经济运行概况

2004年，四川省全部工业企业实现工业增加值2165.2亿元，同比增长18%，增幅比上年同期提高2.1个百分点，对全省经济的贡献率由上年的45.2%，提高到2004年的48.2%，带动经济增长6.1个百分点。其中：全省规模以上工业企业实现工业增加值1546.45亿元，同比增长25.83%，增幅比上年同期高4.8个百分点，比1997年同期高13.63个百分点，而工业增加值是1997年的2.4倍；增长幅度居全国第5位，位次较上年同期上升2位。

2004年，是四川省工业的丰收之年，工业经济运行状况良好。

1.各种经济类型企业生产全面增长。2004年，全省各种经济类型企业生产全面增长。其中：占全省工业经济总量比重最大的股份制企业完成工业增加值988.81亿元，同比增长31.72%，拉动全省工业生产增长约18个百分点，对全省工业生产增长的贡献率达71%；国有企业同比增长7.44%；集体企业增长24.16%；股份合作企业增长8.24%；“三资”企业增长37.03%；其他经济类型企业增长最快，增长速度达到40.45%。

2.重点地区对全省增长贡献突出。2004年，在全省21个市州中，工业增加值同比增量超过15亿元的有成都、德阳、乐山、攀枝花、宜宾、眉山、自贡、内江、资阳、凉山等10个地区，合计新增工业增加值300.6亿元，对全省工业增长的贡献率达到77%，拉动全省工业生产增长约19个百分点。

3.支柱产业支撑作用显著。2004年，全省工业五大支柱产业完成增加值1174.5亿元，同比增长32.36%，增幅比全省规模以上工业高6.53个百分点，拉动全省工业生产增长约18个百分点，对全省工业增长的贡献率达73%。

4.非公有制企业高速增长。2004年，全省非公有制企业完成工业增加值795.29亿元，同比增长46.39%，增速比全省快20.56个百分点，对全省规模以上工业增长贡献率为67%，拉动全省工业生产增长约17个百分点。

5.产销衔接良好。2004年，全省工业企业产品销售率达到98.48%。产销率高于全省平均水平的市有10个，分别是：眉山产销率为100.10%、内江100.03%、攀枝花99.99%、阿坝99.68%、凉山99.65%、广安99.55%、南充99.04%、甘孜98.76%、达州98.72%、宜宾98.58%。

6.主要产品产量增势良好。2004年，全省92种重点产品中有78种产品产量增长，增长面达85%。28种产品产量同比增幅超过20%，增幅超过50%的产品有11种，其中原油加工量增长59.73%、汽油62.01%、厚钢板1.1倍、镍56.89%、铝78.26%、胶印书刊纸2.73倍、发电设备1.2倍、工业锅炉65.24%、金属切削机床52.32%、通讯电缆1.15倍、半导体集成电路68.43倍。能源和基础原材料产品生产保持较快增长势头。原煤、焦炭、发电量同比分别增长18.7%、23.3%、13.5%，均高于上年同期水平。

2004年贵州省工业经济运行概况

2004年，贵州省工业抓住中央加强和改善宏观调控的机遇，克服煤、电、运等生产要素供应紧张的困难，生产实现快速增长，企业效益大幅攀升，工业经济运行总体呈现协调发展的良好局面。

2004 年贵州省工业经济发展呈现出以下特点：

（一）工业生产快速增长。全省 2004 年工业增加值完成 574.62 亿元，比上年增长 15.9%，增幅比上年提高 2.6 个百分点。其中，全部国有及年产品销售收入在 500 万元以上非国有工业企业（以下简称规模以上工业企业）完成增加值 438.4 亿元，比上年增长 20.1%（见表 1）。

表 1 2004 年规模以上工业增加值 单位：亿元

指 标 名 称	绝对数	比上年 增长(%)
工业增加值	438.40	20.1
其中：国有及国有控股企业	311.43	19.3
其中：集体企业	7.87	15.0
股份制企业	184.20	24.7
外商及港澳台投资企业	12.66	19.4
其中：轻工业	144.86	22.1
重工业	293.54	19.2
主要工业行业增加值		
其中：煤炭开采和洗选业	22.77	73.4
饮料制造业	30.41	21.7
其中：酒的制造	29.76	20.5
烟草制品业	65.33	25.7
其中：卷烟制造	58.33	32.2
化学原料及化学制品制造业	39.22	17.2
医药制造业	23.98	18.8
黑色金属冶炼及压延加工业	44.10	9.6
有色金属冶炼及压延加工业	35.61	10.4
通信设备计算机及电子设备	6.90	32.9
电力	81.73	23.2

在全省 37 个工业行业中，生产实现增长的有 34 个，特别是煤炭开采和洗选业，通信设备、计算机及电子设备制造业，卷烟制造业，电力等行业对工业增长的带动作用较强。原煤、卷烟、发电量、水泥、有色金属、彩色电视机、家用电冰箱等主要工业产品产量增长，支撑了工业经济效益的大幅度增长(见表 2)。

（二）轻工业加快发展。2004 年，全省轻工业发展步入快车道，全年实现增加值 144.86 亿元，比上年增长 22.1%，增幅比上年提高 11.9 个百分点。重

表 2 2004 年规模以上工业企业主要产品产量

指 标 名 称	计量 单位	绝对数	比上年 增长(%)
卷烟	亿支	973.72	6.3
白酒	万吨	9.22	-6.4
焦炭	万吨	455.12	43.0
原煤产量(全社会口径)	万吨	9756.62	26.9
发电量	亿千瓦时	713.04	12.0
生铁	万吨	200.84	7.7
铁合金	万吨	116.54	10.7
十种有色金属	万吨	58.59	5.7
磷矿石	万吨	801.98	3.4
水泥	万吨	1428.80	7.5
轮胎外胎	万条	355.96	18.1
化肥(折纯 100%)	万吨	213.78	18.0
中成药	万吨	2.66	-3.0
彩色电视机	万台	62.22	45.7
家用电冰箱	万台	72.20	43.3

工业实现增加值 293.54 亿元，比上年增长 19.2%，增幅比上年提高 4.6 个百分点，低于轻工业 2.9 个百分点。主要轻工业产品产量较快增长，其中彩色电视机、家用电冰箱、啤酒等产品的产量增幅均在 15%以上。

（三）优势行业发挥支撑作用。2004 年，全省多数行业生产呈良好发展态势，电力、烟草、煤炭、饮料、化工等五大行业对全省工业的增长的贡献率合计达到 68.6%，拉动工业增长 13.8 个百分点。

（四）效益水平不断攀升。全年规模以上工业经济效益综合指数为 135.45，比上年提高 20.97 点。全年工业企业盈亏相抵后实现利润总额 60.41 亿元，比上年增长 81.1%。支柱行业是带动工业效益提升的主要因素，全年新增利润最多的五个行业是：有色、烟草、化工、饮料和煤炭行业，占整个工业新增利润的 78.3%。

（五）工业产品出口增势突出。2004 年，全省规模以上工业企业出口交货值完成 62.48 亿元，比上年增长 45.5%，增幅比上年提高 16.9 个百分点，出口对全省工业生产的累计贡献率为 7.1%，拉动工业生产增长 2 个百分点。

（六）技术创新能力增强，产品更新换代速度加快。南方汇通、京瓷振华、振华科技、益佰制药、贵州海尔和贵州轮胎股份等企业，加快微硬盘、移

动电话、中成药、彩色电视机、电冰箱等产品技术创新,新产品实现较快增长。全年规模以上工业完成新产品产值 86.8 亿元,比上年增长 24.6%。

综观全年工业经济运行形势,贵州省工业生产继续保持较好的发展势头,但全省工业生产仍存在不少困难和问题:一是煤、电、运供给紧张;二是资金短缺制约工业经济后续发展;三是受国家宏观调控、出口退税率下调、原材料涨价、电价上涨等因素的影响,企业生产成本上升,利润空间缩小;四是亏损企业亏损额上升,扭亏增盈工作面临很大困难,规模以上工业亏损企业亏损额 15.5 亿元,比上年增长 6.5%;五是产销率偏低,全年产销率比上年下降近 1 个百分点。

2004 年云南省工业经济运行概况

2004 年是云南省全面推进新型工业化、实施工业强省战略的第一年,在中共云南省委、云南省人民政府的正确领导下,全省工业经济战线的广大干部职工坚持以科学发展观为指导,认真贯彻省委、省政府《关于走新型工业化道路实施工业强省战略的决定》精神,努力奋斗,全面推进新型工业化、非公经济、乡镇企业和中小企业等各项工作,着力加快行业的资源整合、大企业培育、重点工业园区建设以及对传统产业的技术改造步伐,使全省工业经济进入了“十五”以来发展速度最快、质量最好、结构逐步优化的新时期。

一、2004 年云南工业经济运行情况

(一)工业经济发展速度和效益实现双增长

2004 年,云南省坚持实施工业强省战略,走有云南特色的新型工业化发展道路,全年全省工业经济快速协调发展,实现了年初提出的提速增效目标,全省工业增加值完成 1053.36 亿元,同比增长 13.9%;规模以上工业完成增加值 881.2 亿元,同比增长 16.6%,实现利润增长 60%,增幅提高 6.1 个百分点,顺利完成了年初预定的“保 10%争 12%”发展目标;工业经济效益综合指数 218.7,同比提高 34.9 个百分点;规模以上工业实现利润总额 189 亿元,增长 75.6%。主要行业利润成倍增长,其中化工行业增长 8 倍,有色行业增长 1 倍,冶金行业增长 1.6 倍。30 户大企业(集团)全面盈利,共实现利润总额 108.28 亿元,增长 51.37%。非烟工业比重稳步上升并首次超过烟草工业,全年规模以上非烟工业完成增加值 467.7 亿元,增长 26%,占规模以上工业比重达到 53.1%。烟草产业经过企业重组和品牌整合,实现利税超过 400 亿元。建筑业实现增加值 260.83 亿元,增长 19.9%。非公经济完成增加值突破 1000 亿元,占全省 GDP 的 34.5%,比重大幅提高。全省工业拉动 GDP 增长 4.8 个百分点,对 GDP 增长的贡献率达 44.4%;规模以上工业利税增长 28%,对全省财税增收起到了重要支撑作用。

(二)科技进步和企业技术改造步伐明显加快

2004 年,科技对经济的支撑作用进一步增强,全省组织实施了一批重点科技创新和推广项目,自主开发了 12 项拥有知识产权的新技术,推广应用 449 项科研成果,新增国家重点高新技术企业 3 家。全省确定了 52 户实施清洁生产的重点企业,共认定资源综合利用企业 256 户。企业的技术创新主体作用日渐增强,技术中心硬件建设不断推进,昆明卷烟厂技术中心通过国家级认定,生物谷灯盏花药业公司、滇虹药业公司、祥云飞龙实业公司等 6 家企业的技术中心通过省级认定,全省经国家和省认定的企业技术中心已分别达到 6 家和 32 家。

全省全年工业固定资产投资共完成 410.38 亿元,同比增长 59%。完成技改投资 180 亿元,同比增长 22.2%,比上年净增 33 亿元,其中工业更新改造完成 126 亿元,增长 49%。为扩大电煤生产能力,投入技改资金 3000 万元;进一步加大了对 10 大重点产业发展的技术改造支持力度;为发展县域经济和农特产品深加工,贴息 7010 万元,带动投资 27.9 亿元;安排 63 个乡镇企业项目投入技改专项资金 2 亿元。

(三)行业整合稳步推进,结构调整趋向合理

行业整合和结构调整工作的不断推进,较好地解决了资源配置问题,大企业资源自给率、生产规模、经济效益均明显提高。机械、冶金、建材、化工、

有色、煤炭、制糖、天然橡胶等行业整合工作进展明显，大企业资源配置进一步优化。其中，以“昆钢”为主整合了玉溪市大红山等地的铁矿资源，以“云锡”为主整合了个旧市、文山州、德宏州的锡矿资源，以“云铜”为主整合了玉溪市、迪庆州的铜矿资源，以“云天化”、“省石化集团”、“马龙化建”、“南磷集团”为主整合了昆明市、玉溪市、曲靖市的磷矿资源。行业性龙头企业开始形成，生产集中度逐步提高，省农垦系统改制成立云南天然橡胶股份有限公司，初步形成包括种植、初加工、专业化协作分工和集团化经营的橡胶产业体系；“东源煤业”成为云南最大的产供销一体化大型煤炭联合企业；制糖业把原先分散、独立的企业整合为地区性的糖业集团，全年榨季产量占全省全部产量的66%，利润占70%左右，规模效益开始显现。随着引进战略投资者力度的加大，相关产业的资金、技术、管理、市场等要素配置得到进一步优化，有力促进了大企业、大集团的发展。水泥行业整合中，香港瑞安集团与云南国资水泥有限公司组成合资公司；机械行业整合中，广东美的集团公司整合云南客车生产企业，制造基地已经奠基，重庆力帆集团参与大理骏马工贸集团整合后完成注册，长征火箭对昆明电缆厂的整合已完成前期工作；医药行业整合中，云南医药集团引入了中国医药集团为合作伙伴，预计到2007年将实现销售收入100亿元以上。

（四）非公经济、乡镇企业发展迅速，中小企业服务体系初具活力

全年全省非公经济注册资金达到1324.7亿元，同比增长27%，上缴税金68亿元，同比增长37%，完成增加值突破1000亿元，占到全省GDP的34.5%。全省乡镇企业累计实现增加值497亿元，同比增长15.4%，营业收入3082亿元，增长17.7%，上缴税金60.7亿元，增长14%。规模以上乡镇企业累计完成增加值68亿元，增长80.6%。

随着全省中小企业社会化服务体系建设实施意见的提出，中小企业服务体系建设取得了新的进展，服务体系建设思路、主要任务、工作重点进一步明确，创业辅导培训、咨询服务、融资担保、信息网络建设等工作有序展开。

（五）大工业企业和民营企业在进出口贸易中的作用明显加大

2004年全省企业集团、民营企业进出口显现强劲增势，高附加值和高新技术产品出口持续增长，农副产品出口迅速扩大，全年全省共完成进出口总额37.5亿美元，同比增长40.4%，增幅高于全国平均水平，其中出口22.4亿美元，进口15.1亿美元，分别增长33.6%和52.1%，进出口总额列全国第22位，列西部省、区、市第5位。其中，9家大型工业企业集团进出口额突破15亿美元；民营企业进出口占全省总额的比重突破25%，分别创下历史最好水平。

（六）基础工作扎实，重点工业园区活力显现

2004年全省新型工业化重点产业发展规划编制工作扎实有效，除烟草及配套、医药、能源、冶金、化工、有色、农特产品加工等重点产业的发展规划编制工作基本完成外，还组织编制了县域工业特色产业和光电子产业等重要规划，各地并编制了85个具有鲜明地方特色和优势的重点产业发展规划。全省确定了重点培育的20个具有地方比较优势的县域工业特色产业和首批194户县域工业重点企业。

30个重点地方工业园区经济指标大幅增长，与去年同比工业总产值增长55.2%，增加值增长87.7%，销售收入增长65.7%，税收增长60.7%，利润增长71.4%，就业人数增长22.6%，有8个工业园区的总产值、增加值增幅分别超过了100%。

二、2005年云南工业经济预测

分析2005年云南工业经济发展面临的宏观形势，总体是机遇与挑战并存，机遇大于挑战。

首先，从全国看，宏观经济对云南工业经济发展有利：一是我国经济正处于周期性上升阶段的大趋势未变，消费结构升级步伐仍在继续，民间投资、非公经济活力将进一步释放，经济增长的内在动力仍然强劲；二是经过多年改革和发展，国内经济运行基础逐步完善，保持经济快速、健康发展的良好环境正在形成；三是由消费结构升级带动的产业升级正在加快，城市化发展步伐加快，人口增长带来巨大的消费需求；四是在宏观调控手段方面国家将更重视发挥市场机制的作用，在政策方面将把着力点放在解决结构性矛盾和局部经济过热方面，政策取向总体是“进中求稳"和"财政、货币双稳"。同时,受投资与生产成本影响,我国仍是吸引国际资本、产业转移的首选对象。较为宽松的宏观调控环境和良好的对外开放局势,必将有利于云南工业经济的进一步发展。

其次,从云南的具体实际看,发展工业经济的有利条件也不少。一是经过一年多来推进新型工业化、扶持重点产业发展等打基础、创条件的工作,加快工业发展的局面已在全省形成,工业快速增长势头良好;二是云南工业资源丰富,发展潜力巨大,随着非公经济、乡镇企业和县域工业的发展,微观经济的活力正在进一步释放;三是国家西部大开发战略的实施以及云南省与东盟、泛珠江三角区域合作和承接东部地区产业转移,使云南迎来了新一轮的投资高峰期;四是近年来技术改造、技术进步力度的不断加大,使大企业集团作用得到进一步发挥。

2005 年云南工业经济的发展,也存在着不少需要正视并加以克服的困难和问题,主要是:煤电油运对工业发展的瓶颈制约仍然严重,主力火电厂存煤严重不足,枯季电力供应紧缺矛盾依然突出,铁路运力持续紧张,公路"治超"矛盾尚难根本解决;国家信贷放缓,企业流动资金缺口较大;工业基础薄弱、体制机制不活、人才缺乏、市场意识弱等问题短期内尚难彻底解决。

2005 年云南工业经济的发展目标是:全省全部工业增加值力争实现"保 15%争 16%",规模以上工业实现销售收入增长 22%,利税总额增长 11%,利润增长 16%;全省工业增加值占 GDP 的比重达到 36%。非公经济增加值占 GDP 的比重达到 37%。非烟工业增加值占全部工业的比重达到 63%;工业投资占全社会固定资产投资的比重达到 30%,更新改造投资增长 20%。

2004 年陕西省工业经济运行概况

2004 年,是陕西省经济实现平稳快速发展的一年。全年完成生产总值 2700 亿元,比上年增长 12%;完成固定资产投资 1540 亿元,增长 20%;进出口总额 35 亿美元,增长 26%;城镇居民人均可支配收入 7400 元, 增长 10%; 农民人均纯收入 1850 元,增长 10.4%;城镇新增就业 25.5 万人,城镇登记失业率 4.1%。

2004 年,全省工业生产保持快速增长的态势,经济效益综合指数再创新高。预计工业对全省经济增长的贡献率达到 51%以上,拉动全省经济增长 6.5 个百分点。1~11 月累计,完成工业总产值 2165.11 亿元,同比增长 30.2%,产销率为 96.54%,实现利润 224.89%亿元,同比增长 70.8%。全省规模以上工业企业完成工业增加值 776.84 亿元,同比增长 23%。高于全国平均水平 6.2 个百分点,居全国 12 位。工业经济综合效益指数为 170.1%,较上年同期增长 30.9 个百分点。这是陕西省从来没有过的,是第一次高于全国平均水平。

2004 年陕西省工业生产增长的特点:一是八大支柱产业拉动作用明显,全省八大支柱产业完成工业总产值 2108.46 亿元,占全省规模以上工业企业的 97.38%。二是股份制企业、国有企业带动全省工业高速增长。国企起到主导作用,在工业总产值中占到约 68%。三是重工业生产增长明显领先于轻工业。轻重工业分别完成工业总产值 155.54 亿元和 621.30 亿元,同比分别增长 9.2%和 27%。

按照中央果断有力、适时适度、有保有压、注重实效的要求,陕西省集中开展了以清理投资项目、"五小"企业、土地市场和加强薄弱环节为重点的"三清理"、"六加强"工作,同时保证了重点项目建设。在招商引资、企业改制、资产重组、产业结构调整等各方面都取得较好的成效。

在省委十届六次全会上,陕西省确定了 2005 年全省工作的总体要求:以邓小平理论和"三个代表"重要思想为指导,认真贯彻党的十六大和十六届三中、四中全会和中央经济工作会议精神,以科学发展观统领经济领域发展全局。坚持发展兴陕富民的第一要务,抓住西部大开发的战略机遇,继续贯彻加强和改善宏观调控的政策措施,继续推进改革开放,加快调整经济结构,促进经济增长方式转变。全省经济社会发展的预期目标是:生产总值增长 11%,近几年都不会低于这个发展速度。按照三步走的要求,2006 年陕西省的 GDP 要达到 3000 亿,从目前情况看,这个目标有望提前一年实现。

2004年甘肃省工业经济运行概况

2004年甘肃省工业生产快速增长。全年实现工业增加值576.22亿元，比上年增长14.1%。规模以上工业企业增加值505.12亿元，增长15.67%，其中国有及国有控股企业完成增加值398.57亿元，增长15.46%。按登记注册分，集体企业完成41.48亿元，增长7.79%；外商及港澳台企业完成12.55亿元，增长4.92%；股份制企业完成249.35亿元，增长17.9%。按行业分，黑色金属冶炼及压延加工业完成44.62亿元，增长26.6%；有色金属冶炼及压延加工业完成86.48亿元，增长14.27%；化学原料及化学制品制造业完成39.30亿元，增长23.8%；非金属矿物制品业完成18.65亿元，增长18.47%。规模以上工业企业产品销售率97.76%，与上年持平。

2004年甘肃省工业发展具有以下特点：

一、轻工业较快发展。按轻重工业分，轻工业完成增加值78.35亿元，增长17.49%；重工业完成增加值426.77亿元，增长15.30%。全省轻工业增速快于重工业2.19个百分点，轻重工业增长趋于协调。其中：农副产品加工、食品制造业、饮料制造业、烟草加工业、皮革、毛皮及其制造业等五个以农产品为加工原料的行业，共计完成工业增加值52.36亿元，比上年增长20.24%。食品工业结合我省农产品产业结构优势，大力发展适销对路的产品，带动了甘肃省轻工业的较快发展。

二、支柱产业带动作用突出。2004年，甘肃省重点支柱产业在市场需求技术扩大带动下，呈现较快的发展势头：煤炭工业增长22.10%，电力工业增长17.34%，冶金工业增长26.60%，有色工业增长12.92%，石油开采业增长12.46%，石油化工加工业增长16.87%，以上六个支柱产业共计完成工业增加值比上年增长17.09%，占全省规模以上工业增加值的73.73%，成为甘肃工业发展的主要支撑力量。

三、主要产品产量增长较快。(见下表)

主要工业产品产量情况

产品名称	单位	产量	比上年增长(%)
纱	万吨	2.11	-5.38
布	亿米	0.39	-18.75
化纤	万吨	2.64	41.18
卷烟	万箱	44.10	5.00
一次能源生产总量	万吨标准煤	3181.29	11.45
原煤	万吨	3083.77	5.51
原油	万吨	297.87	16.42
发电量	亿千瓦时	455.40	12.48
# 水电	亿千瓦时	120.79	11.77
粗钢	万吨	278.70	24.48
钢材	万吨	295.31	20.25
10种有色金属	万吨	103.40	8.60
# 铝	万吨	49.43	2.45
镍	万吨	6.48	6.58
铜	万吨	19.16	11.20
铅	万吨	6.72	16.67
锌	万吨	21.51	39.04
水泥	万吨	1353.04	16.56
硫酸	万吨	115.17	13.22
纯碱	万吨	5.50	-
烧碱	万吨	5.80	-1.53
乙烯	万吨	23.87	36.17
化肥(折100%)	万吨	71.54	-3.58
集成电路	万块	203258	86.82

四、经济运行质量显著提高。全年规模以上工业企业实现利润总额64.20亿元，比上年增长1.11倍，其中国有及国有控股企业实现利润53.83亿元，增长1.38倍。按登记注册分，集体企业实现利润2.91亿元，增长20.75%；股份制企业实现利润47.54亿元，增长1.12倍；外商及港澳台企业实现利润0.56亿元，增长1.24倍。规模以上亏损企业亏损额17.59亿元，比上年减少14.7亿元，其中国有及国有控股亏损企业亏损额15.38亿元，比上年减少14.6亿元。

五、建筑业生产和效益持续增长。全社会建筑业实现增加值181.96亿元，比上年增长8.1%。全年具有建筑业资质等级的总承包和专业承包建筑业企业实现利润总额3.43亿元，比上年增长4.31%。

2004 年宁夏回族自治区工业经济运行概况

2004 年宁夏回族自治区工业生产持续快速增长。全年完成工业增加值 186.3 亿元,比上年增长 18.1%。工业对全区经济增长的贡献率为 61.97%,占 GDP 的比重为 40.5%,比上年提高 3.1 个百分点。全区规模以上工业实现增加值 163.1 亿元,增长 24.0%,增幅比上年提高 6.7 个百分点。其中轻工业增加值 28.8 亿元,增长 27.7%;重工业增加值 134.3 亿元,增长 23.2%。

2004 年宁夏工业发展具有两个显著特点:

一、多点支撑促进工业增长。宁夏四大支柱产业电力、化工、石油开采、非金属矿物制品共实现利润 18.2 亿元,对全区利润增长的贡献率达 97.0%。新产品产值高速增长。全区规模以上工业企业完成新产品产值 25.3 亿元,同比增长 41.1%,比现价工业总产值增幅高出 4.33 个百分点。全区股份制企业完成工业增加值 115.9 亿元,比上年增长 25.1%,对规模以上工业增长的贡献率达 71.5%,拉动工业生产增长 17.2 个百分点。全区主要工业产品产量保持快速增长,在重点考核的主要工业产品中,有 86%的产品保持增长。在能源类产品中,焦炭增长 83.0%,液化石油气增长 50.4%,汽油增长 31.0%,发电量增长 26.2%,原油加工量增长 29.4%,洗煤增长 17.3%。在化工类产品中,碳化钙增长 58.3%,磷肥增长 18.9%,子午线轮胎外胎增长 47.3%。在建材、冶金类产品中,平板玻璃增长 2.4 倍,钽增长 26.0%,铁合金增长 34.1%,水泥增长 17%。

二、工业经济效益水平大幅提高。全年全区规模以上工业经济效益综合指数 128.2,比上年提高 21.0 个百分点。实现利税 48.1 亿元,同比增长 59.7%,其中实现利润 19.5 亿元,同比增长 1.2 倍。

2004 年西藏自治区工业经济运行概况

2004 年西藏自治区全年全部工业企业实现增加值 15.43 亿元,比上年增长 15.6%,增幅比上年加快了 6.5 个百分点。全年乡及乡以上工业企业实现产值 25.72 亿元,比上年增长 13.2%。其中:轻工业完成产值 9.59 亿元,增长 15.0%;重工业完成产值 16.13 亿元,增长 12.1%。国有及国有控股企业全年实现产值 20.98 亿元,比上年增长 9.2%。

全年规模以上工业企业实现利润总额 2.99 亿元,比上年增长 31.3%。其中:国有及国有控股企业实现利润 2.82 亿元,增长 40.3%;集体企业实现利润 0.59 亿元,增长 3.0%;股份制企业实现利润 1.28 亿元,增长 32.7%。乡及乡以上工业企业产品销售率 91.6%。

全年完成水泥产量 95.98 万吨,增长 8.0%;发电量 11.65 亿千瓦时,增长 14.6%;铬矿石 14.23 万吨,下降 8.7%;啤酒 3.89 万吨,增长 18.0%;中成药(藏医药)1090 吨,增长 22.6%;自来水 7109 万吨,增长 2.5%;瓶(罐)装饮用水 3960 吨,增长 14.6%。

全年建筑业实现增加值 42.18 亿元,比上年增长 18.1%。

全年新发现矿产地 2 处,有 2 种矿产新增探明储量;地质勘查完成机岩芯钻探工作量 1.08 万米。

2004 年新疆自治区工业经济运行概况

2004 年新疆自治区全年完成工业增加值 745.00 亿元,比上年增长 14.5%。其中规模以上工业企业增加值 616.85 亿元,增长 14.4%(见表 1)。

表 1　2004 年规模以上工业增加值主要分类情况

单位:亿元

指 标	绝对数	比上年增长%
工业增加值	616.85	14.4
其中:国有及国有控股企业	522.23	14.2
其中:集体企业	4.73	-6.1
股份制企业	561.48	15.1
外商及港澳台投资企业	7.84	21.7
其中:轻工业	63.08	12.6
重工业	553.77	14.7

规模以上工业主要能源、原材料产品产量增长较快，原油加工量增长12.9%，原煤增长15.0%，天然气增长14.6%，发电量增长12.7%，粗钢增长15.5%，钢材增长15.1%（主要工业产品产量见表2）。

表2　2004年规模以上工业主要工业产品产量

产品名称	单 位	绝对数	比上年增长%
原 煤	万吨	2219.64	15
原 油	万吨	2227.71	5.1
原油加工量	万吨	1220.18	12.9
天然气	亿立方米	57.13	14.6
发电量	亿千瓦小时	244.1	12.7
粗 钢	万吨	233.44	15.5
钢 材	万吨	233.06	15.1
水 泥	万吨	1190.34	11.2
10种有色金属	万吨	5.9	7.3
纱	万吨	24.81	1.8
机制糖	万吨	30.46	-25.5
化肥(折100%)	万吨	83.05	-3.8
变压器	万千伏安	1119.85	-10.7
乙 烯	万吨	25.37	7.5
机制纸	万吨	10.75	7.8
罐 头	万吨	61.47	42.3

规模以上工业企业产品出口交货值26.17亿元，比上年下降3.6%。工业产品销售率为97.6%，下降0.7个百分点。其中，轻工业产品销售率89.1%，下降6.6个百分点；重工业产品销售率99.0%，上升0.2个百分点。

规模以上工业企业经济效益综合指数为264.6，比上年上升55.8点。其中，总资产贡献率上升4.2个百分点，资产保值增值率下降4.7个百分点，资产负债率下降0.1个百分点，流动资产周转率加快0.4次，成本费用利润率上升5.2个百分点，全员劳动生产率提高4.07万元/人·年。工业企业实现利润227.23亿元，增长62.0%。

2004年深圳市工业经济运行概况

2004年，深圳市工业生产快速增长，企业经济效益全面提高，工业经济的运行呈现以下两个主要特点：

一、经济增长主要靠第二产业拉动，第三产业发展相对缓慢

2004年，深圳市第一产业增加值14.2亿元，比上年下降19.8%；第二产业增加值2108.1亿元，增长21.3%；第三产业增加值1300.5亿元，增长11.3%。三次产业结构为0.4:61.6:38.0。

2004年，深圳工业生产继续快速增长，主导地位不断增强。全市规模以上工业企业实现工业增加值1813.5亿元，增长23.8%，占全市生产总值的53.0%，高新技术产业是促进深圳工业发展的重要力量。2004年全市实现高新技术产品产值3266.5亿元，比上年增长31.6%，比全市规模以上工业企业的增速高出7.8个百分点。

深圳建市25年来第三产业发展迅速，但相对于第二产业特别是工业则显得逊色。2004年，服务业增加值占生产总值比率由上年的40.5%继续下降了2.5个百分点，是自1982年以来的最低水平。居民消费结构的变化、特殊的人口结构、金融保险业发展相对缓慢及外向型经济的特点是造成深圳市服务业产值比重持续下降的主要原因。

二、企业产品销售情况良好，效益大幅提高

2004年，深圳市工业企业产销衔接良好，利润增加，效益大幅提高。全年规模以上工业销售收入6333.5亿元，增长25.3%，工业产品销售率97.8%；实现利润总额400.0亿元，比上年增长19.8%；工业经济效益综合指数187.5%，增加8.2个百分点。工业全员劳动生产率达127367元，增长11.8%。

企业景气指数和企业家信心指数在整体上维持在140以上的高位，但全年表现出较大的波动。2004年第四季度，深圳市企业景气指数为149.1，比上年同期下降2.64个百分点；企业家信心指数为145.2，比上年同期上升0.22个百分点。

行业点评

2004 年中国煤炭采选业经济运行点评

煤炭是工业的重要燃料、原料和主要的动力源之一。煤炭采选业是我国国民经济行业分类中的一个大类，主要涉及无烟煤、烟煤、褐煤的开采与洗选等行业。2004 年该行业产品累计销售收入为 3858.08 亿元（人民币，下同），全部从业人员为 388.49 万人。

煤炭开采和洗选业

烟煤和无烟煤的开采洗选	煤炭开采业，煤炭洗选业
褐煤的开采洗选	煤炭开采业
其他煤炭采选	煤炭开采业

一、总资产和资产负债率

据国家统计局统计，2004 年该行业的资产总值为 6727.36 亿元，比上年同期上升了 24.81%。与此同时，流动资产平均余额也相应增加，2004 年为 2429.33 亿元，比上年同期增长了 31.35%，头寸比较宽裕；固定资产净值平均余额为 2878.27 亿元，比上年同期增长了 9.45%。这些数据反映了 2004 年全年煤炭采选业资产增加的情况。

从资产负债率看总体比上年同期有较大幅度下降，2004 年在 58.98%以下的位置上徘徊，第一季度为 57.36%，第二季度为 57.32%，第四季度为 60.23%之间，全年平均为 58.42%，表明该行业各季度资产负债率波动不大，资产优良化较好。

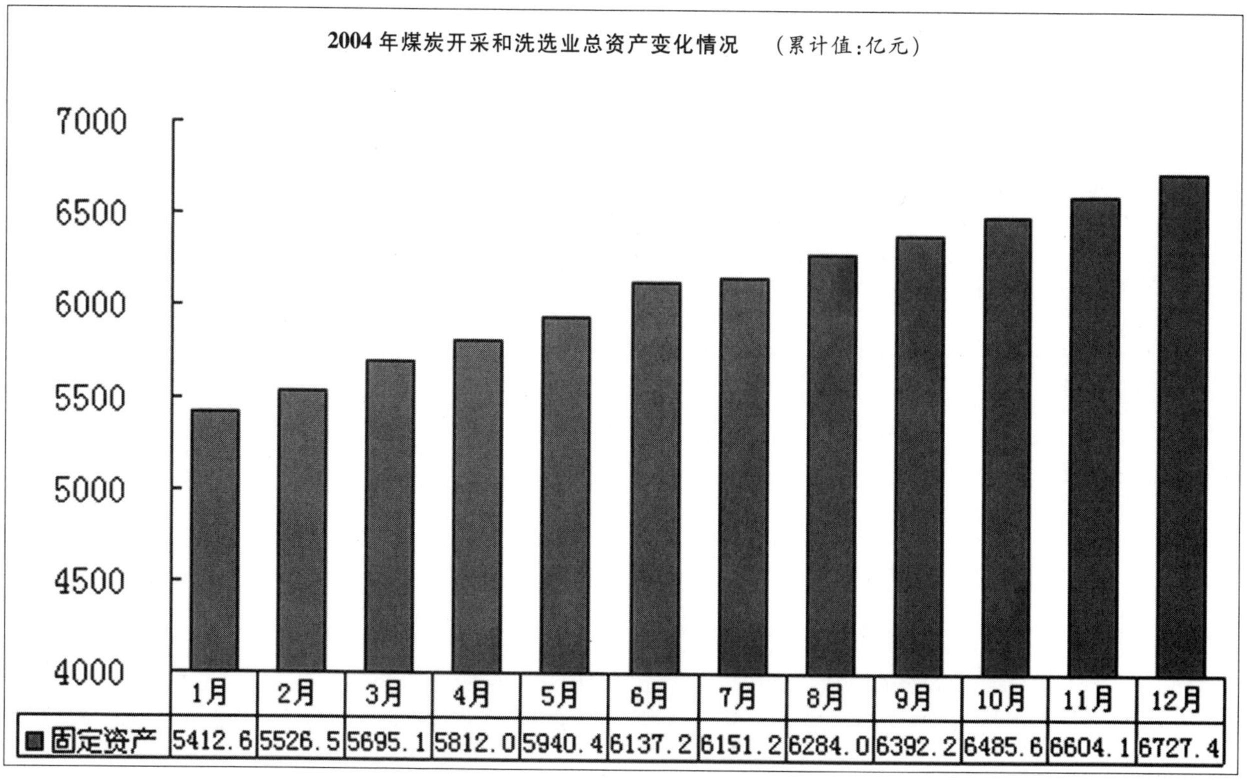

二、销售额和销售利润率

煤炭产品市场化销售，价格走高，给煤炭企业带来良好利润。从该行业 2004 年产成品销售情况看，今年比去年同期有较大幅度增长。2004 年前累计产品销售收入为 3858.08 亿元，比去年同期增长了 54.98%，增长相当迅速。这些数据反映 2004 年我国工业增长强劲，对煤炭等能源产品需求旺，市场强大需求拉动该行业的销售额强劲上升。

下图反映了煤炭采选业 2004 年销售收入的变化趋势。

2004 年煤炭开采和洗选业利润变化情况　（累计值：亿元）

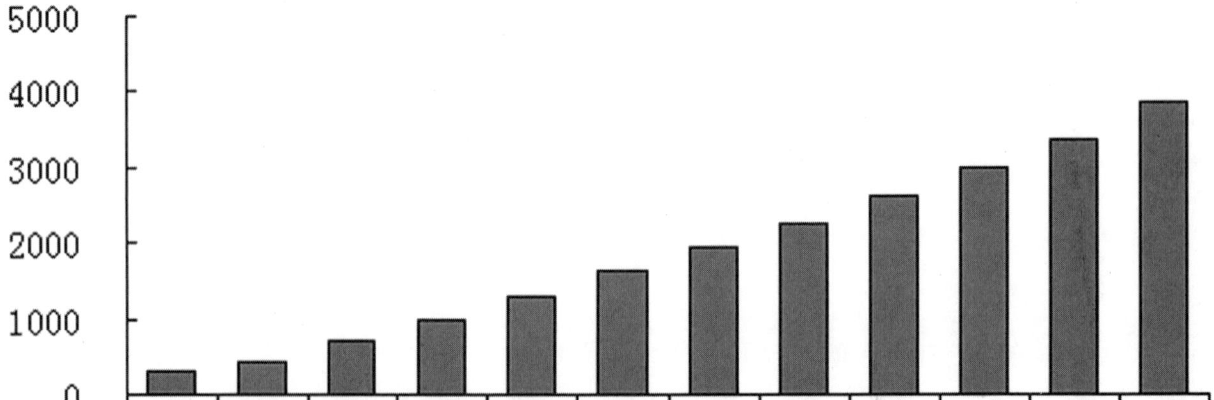

	1月	2月	3月	4月	5月	6月	7月	8月	9月	10月	11月	12月
■销售额	321.4	420.7	705.1	992.8	1297.5	1623.0	1947.6	2262.1	2622.1	2995.5	3370.0	3858.1

三、利润水平

该行业 2004 年实现利润 306.92 亿元，上年同期为 144.06 亿元，2004 年比 2003 年增收利润 162.86 亿元，劲升 113.1%。这些数字给出的信号表明，煤炭采选业借着改革开放和西部大开发的东风，已经乘上工业快速发展的特别快车，2004 年销售额和利润都有较大幅度的增加。

2004 年初，该行业卖 100 元煤炭只能挣回 5.43 元利润，第一季度末，上升到 7.03 元，第二季度末上升到 8.12 元左右，第四季度保持在 7.96 元水平上。该行业 2004 年全年的利润率水平达到 7.98 元。创利水平比前几年有较大幅度提高。

2004 年煤炭开采和洗选业利润变化情况　（累计值：亿元）

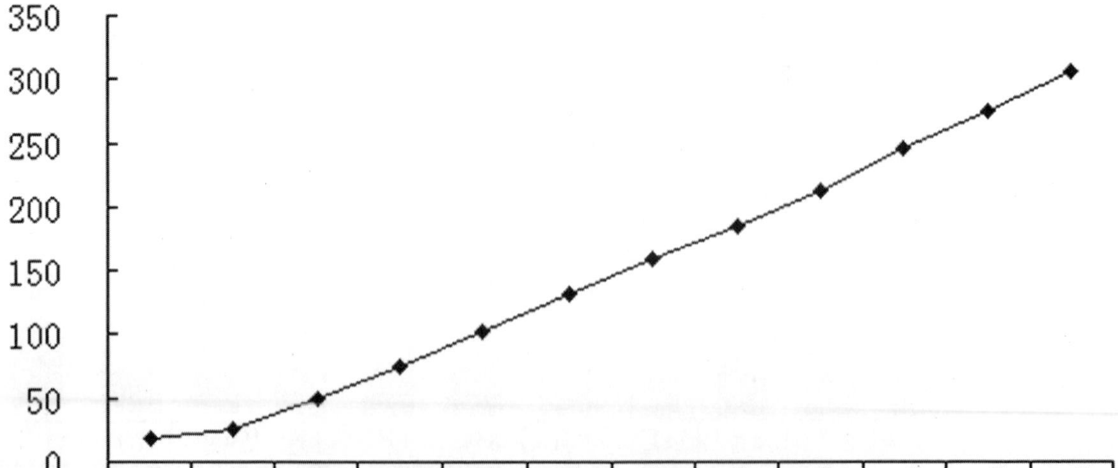

	1月	2月	3月	4月	5月	6月	7月	8月	9月	10月	11月	12月
—◆—本年利润	18.56	25.52	49.56	74.67	102.99	131.77	160.16	185.58	212.49	244.90	274.80	306.90

四、企业亏损情况

从数据看，2004 年该行业亏损企业的亏损额比去年同期大有下降。具体看，2004 年煤炭采选业亏损 9.38 亿元，今年比上年同期增加了 20.71%。这些数字反映煤炭采选业全行业亏损比较严重。

2004 年煤炭开采和洗选业亏损变化情况　（累计值：亿元）

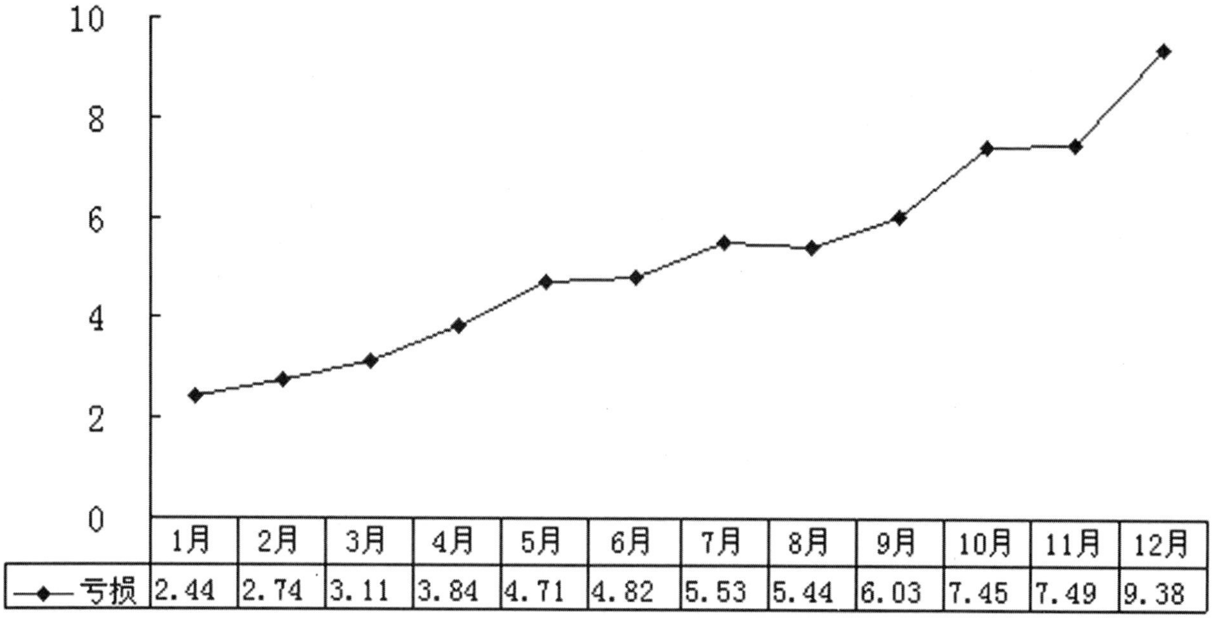

五、产品产量和产销率

2004 年我国累计生产原煤 160610.86 万吨，洗煤 33836.53 万吨，分别比上年同期增产 15.0%和 21.1%。从煤炭销售看，全年我国累计销售原煤 134611.4 万吨，洗煤 31110.6 万吨，产销率分别达到 99.0%和 98.7%，销售形势很好。

从库存看，1~12 月原煤库存量比年初减少了 10.8%，洗煤库存量增长了 30.5%。由于煤炭是我国发电的主要燃料，为了保持能源供给的连续性，这些库存是合理和必要的。

2004 年中国石油和天然气开采业经济运行点评

石油和天然气是工业的重要燃料和原料。对中国这样一个处在快速发展阶段的大国来说，对石油和天然气的开采能力是国家实力的重要表现。石油和天然气开采业是我国国民经济行业分类中的一个大类，主要涉及石油和天然气的开采和储运业。2004 年 1~12 月该行业产品销售收入为 4291.91 亿元（人民币，下同），全部从业人员为 76.07 万人。

石油和天然气开采业

天然原油和天然气开采	天然原油开采业，天然气开采业，油页岩开采业
与石油和天然气开采有关的服务活动	天然原油开采业

一、总资产和资产负债率

2004年1~12月该行业的资产总值为5484.21亿元，比上年同期上升了9.67%。与此同时，该行业的流动资产平均余额为1122.12亿元，比上年同期增长了4.98%；固定资产净值平均余额为3670.37亿元，比上年同期增长了7.06%。2004年石油和天然气开采业固定资产与流动资产都增加了，所以总资产增加，而且幅度比较大。

从资产负债率看，年初为35.01%，而后小步攀升，第一季度末时为36.06%，第二季度末为37.44%，到9月末升至38.21%。年末该行业的资产负债率为34.53%左右。这些数字反映该行业的资产优良率是较高的。

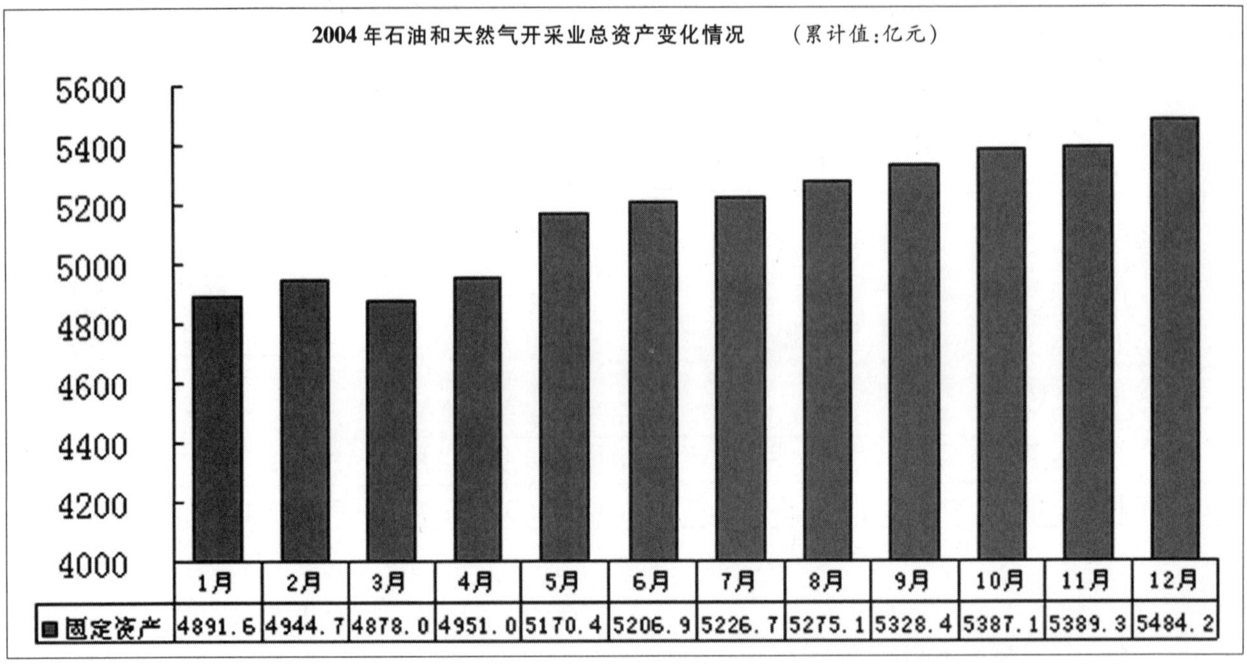

2004年石油和天然气开采业总资产变化情况　（累计值：亿元）

二、销售水平

2004年1~12月该行业累计产品销售收入为4291.91亿元，比去年同期增加了24.88%。产品销售成本为1959.32亿元，比上年同期增加了15.54%，表明2004年我国石油和天然气开采增长幅度比较大。下图反映了石油和天然气开采业2004年销售收入的变化趋势。

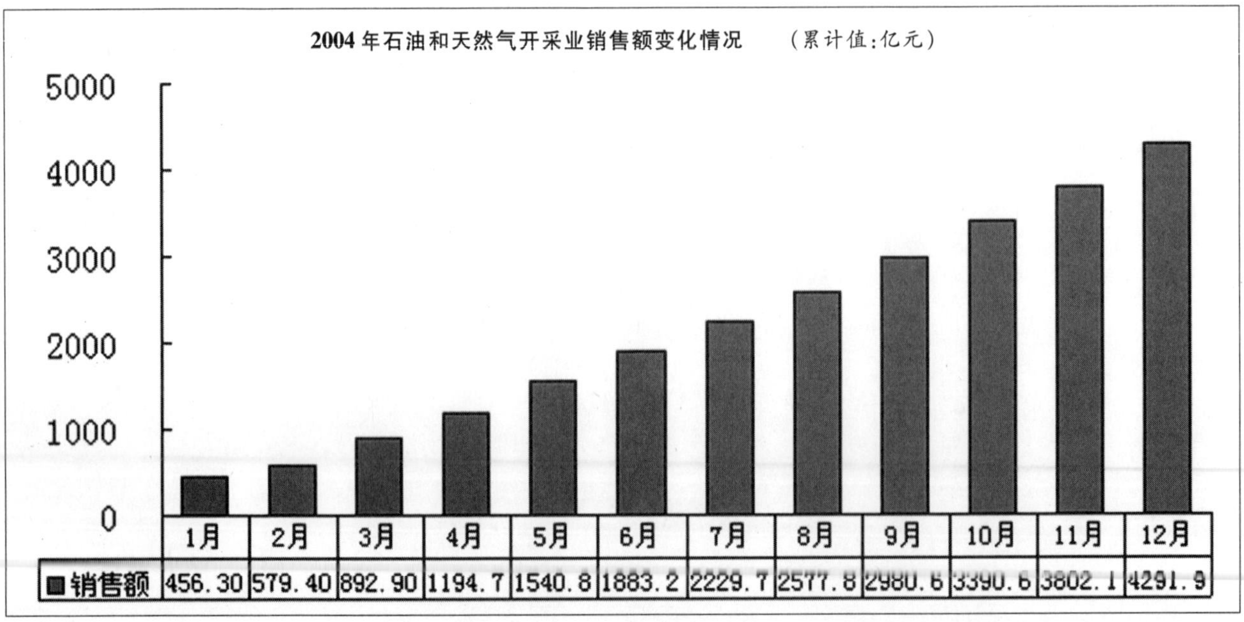

2004年石油和天然气开采业销售额变化情况　（累计值：亿元）

三、利润水平

该行业 2004 年 1~12 月实现利润 1777.25 亿元，上年同期为 1234.06 亿元，比 2003 年同期增长 44.02%。

从企业的销售利润率看，1~12 月利润率变化不大，但年初和 9 月末的利润比较大，1 月和 2 月末每卖 100 元原油可以赚回 42.1 元左右利润，到第一季度末时，利润有所下降，可赚回利润为 39.89 元，4~8 月徘徊在 41 元上下，9 月末全球原油价格上涨，随之我国石油和天然气开采业的利润上升，达到了 42.58 元。年末该行业的销售利润率有达到 41.41 元的水平。

2004 年石油和天然气开采业利润变化情况　（累计值：亿元）

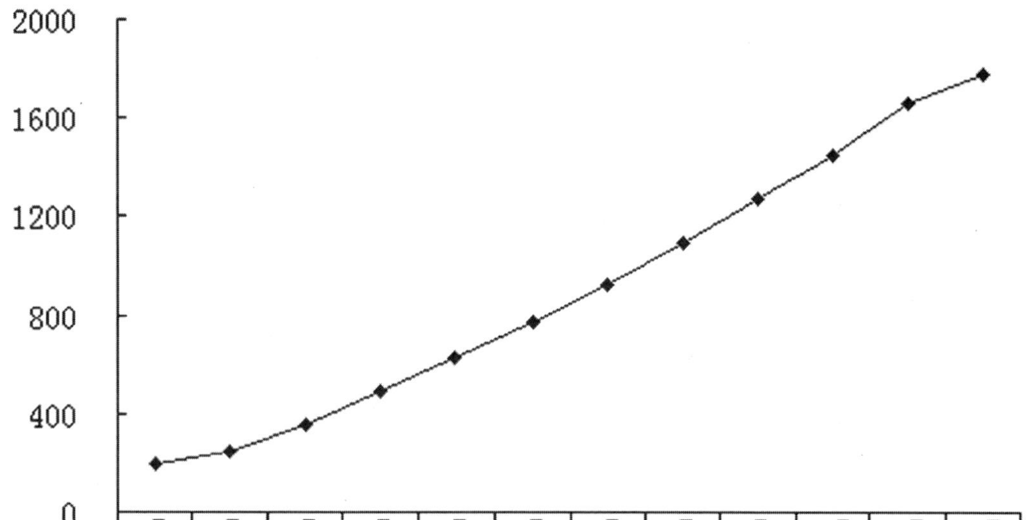

	1月	2月	3月	4月	5月	6月	7月	8月	9月	10月	11月	12月
—◆— 本年利润	192.4	244.3	356.1	492.3	626.4	775.0	927.9	1093.2	1269.3	1447.9	1663.3	1777.3

四、企业亏损情况

2004 年 1~12 月石油和天然气开采业亏损企业的亏损额为 7.90 亿元，比上年同期下降了 62.53%，表明今年 1~12 月该行业亏损大程度下降。随着国际油价上涨，国内石油市场利润空间越来越大。

2004 年石油和天然气亏损变化情况　（累计值：亿元）

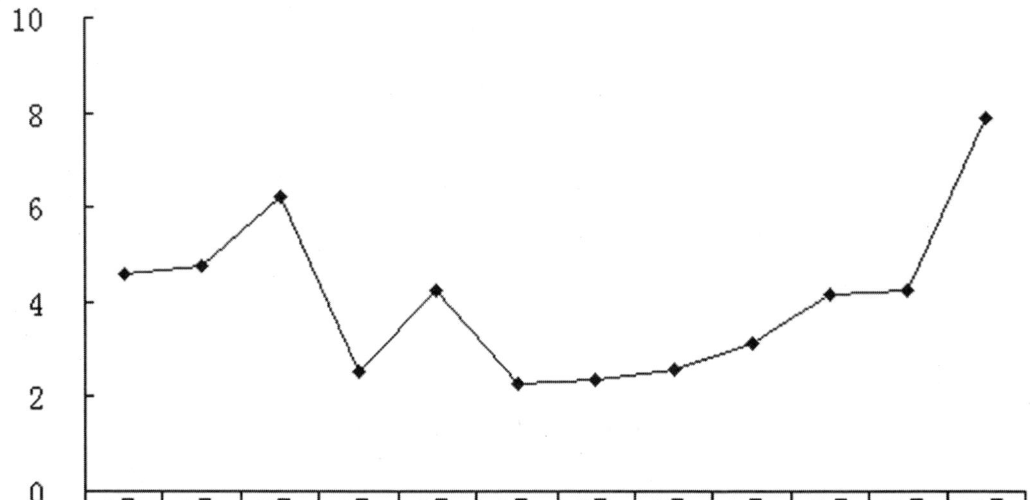

	1月	2月	3月	4月	5月	6月	7月	8月	9月	10月	11月	12月
—◆— 亏损	4.59	4.77	6.23	2.52	4.24	2.27	2.37	2.56	3.14	4.18	4.24	7.90

库存量看，1~12 月天然原油库存量比年初增加了 6.1%。

五、产品产量和产销率

2004 年 1~12 月我国累计生产原油 17450.29 万吨，天然气 407.69 亿立方米，分别比去年同期增产 2.9%和 18.5%。从同期石油的销售情况看，2004 年 1~12 月我国累计销售天然原油 16917.9 万吨，产销率达到 99.8%，销售形势良好。从原油库存量看，1~12 月天然原油库存量比年初增加了 6.1%。

据分析，我国每年产出石油 1.6 亿吨左右，而每年的石油需求为 2.1 亿~2.3 亿吨，之间石油供应缺口在 5000 万~6000 万吨。每年我国进口石油大约在 5500 万吨左右。随着我国工业迅速发展，社会汽车保有量持续上升，对国际石油市场的依存度将近一步加大。我国的石油安全略感压力。

2004 年中国黑色金属矿采选业经济运行点评

黑色金属矿采选业的主要产品包括磁铁矿、硫铁矿，是钢铁工业的基本原料。对中国这样一个处在快速发展阶段的大国来说，钢铁工业是国家实力的重要表现，铁矿石则是钢铁工业的粮食。黑色金属矿采选业是我国国民经济行业分类中的一个大类，2004 年 1~12 月该行业产品销售收入为 590.22 亿元（人民币，下同），全部从业人员为 29.24 万人。

黑色金属矿采选业

铁矿采选	铁矿采选业
其他黑色金属矿采选	锰矿采选业，铬矿采选业

一、总资产和资产负债率

据国家统计局统计，2004 年 1~12 月该行业的资产总值为 586.96 亿元，比上年同期上升了 45.54%。与此同时，流动资产平均余额也相应增加为 259.43 亿元，比上年同期增加了 63.30%；固定资产净值平均余额为 172.91 亿元，比上年同期增长了 22.42%。这些数据反映了 2004 年全年黑色金属矿采选业总资产增加幅度比较大。

从资产负债率看，该行业资产负债率平均水平并不高，只有 50.80%，振幅步长也不很大，最大值为 51.65%，最小值为 49.47%，振幅步长仅 2 个百分点，振幅仅为 1%左右，相当稳定，只有在 9 月份时下降较多，达到最低。年末为 50.969%。对一个行业来说，60%以下的资产负债率并不高，尤其是从事铁矿石开采必需向银行借债维持生产。

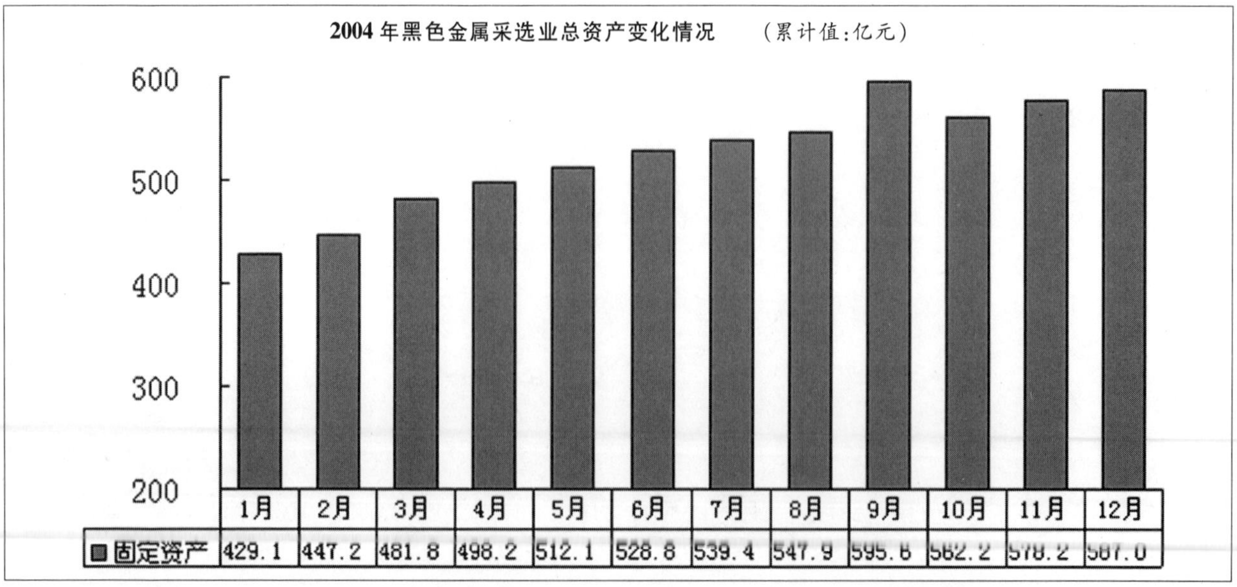

二、销售水平

从该行业的产成品销售情况看，2004 年 1~12 个月累计产品销售收入为 590.22 亿元，比上年同期猛增 87.49%。产品销售成本为 399.86 亿元，比上年同期增加了 67.25%。数据表明 2004 年 1~12 月我国黑色金属矿采选业销售额上升速度非常快。

2004 年民间资本大量投资钢铁业，致使对铁矿石需求大肆膨胀，这是导致该行业销售猛增的根本原因。下图反映了黑色金属矿采选业 2004 年销售收入的变化趋势。

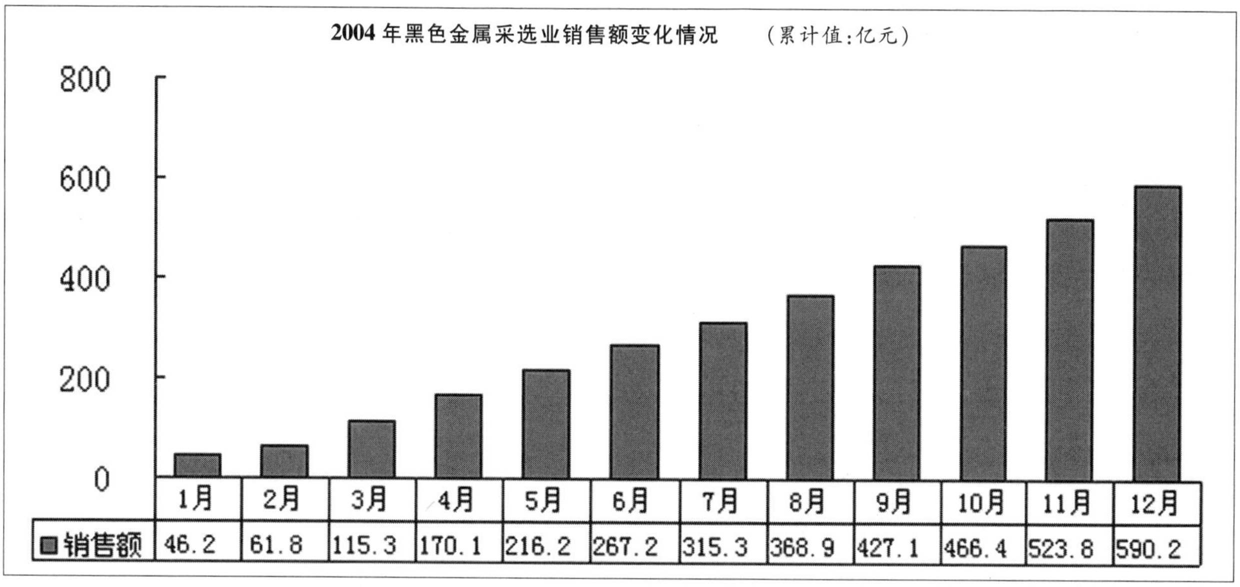

	1月	2月	3月	4月	5月	6月	7月	8月	9月	10月	11月	12月
■销售额	46.2	61.8	115.3	170.1	216.2	267.2	315.3	368.9	427.1	466.4	523.8	590.2

三、利润水平

随着黑色金属矿采选业销售额的增长，产品销售利润随之上升，2004 年 1~12 月实现利润 86.75 亿元，上年同期仅为 23.13 亿元，增幅为 275.05%，几乎近 3 倍，增长幅度非常大，利润水平非常高。

2004 年初，该行业利润率（买卖 100 元所得的利润）为 10.93 元，第一季度末，上升到 18.02 元，第二季度末有所下降为 16.49 元，第三季度继续下降为 15.53 元，第四季度为 14.71 元。该行业 2004 年全年的利润率水平将达到 15.75 元。

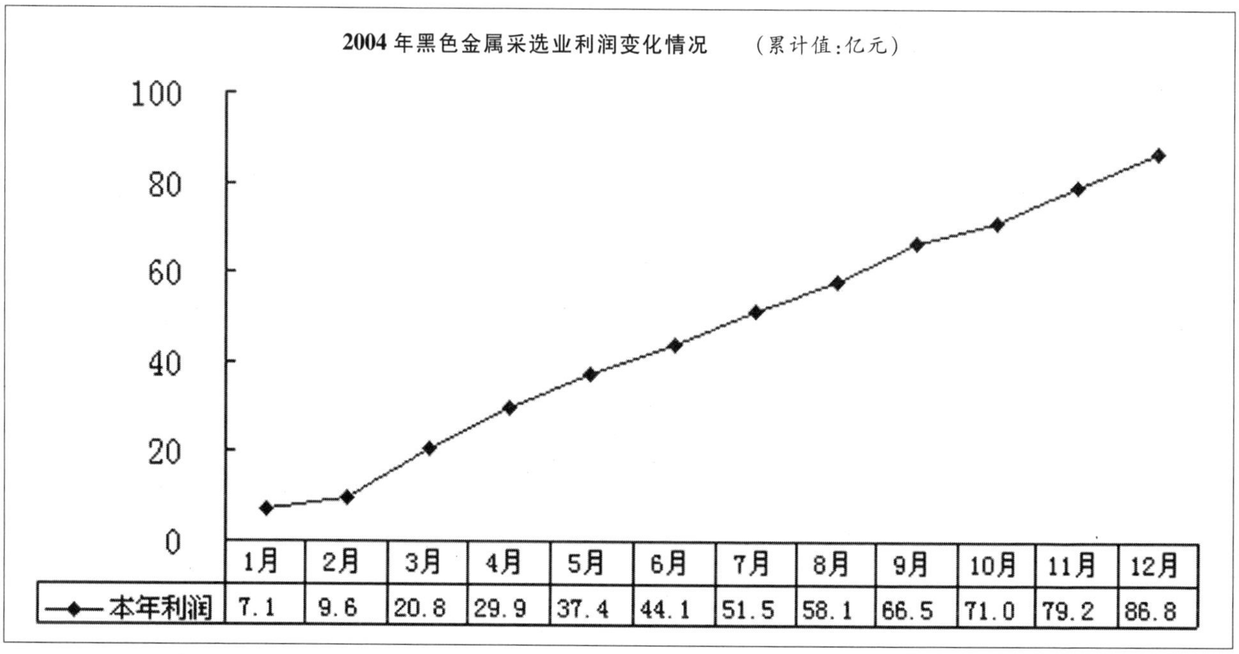

	1月	2月	3月	4月	5月	6月	7月	8月	9月	10月	11月	12月
—◆—本年利润	7.1	9.6	20.8	29.9	37.4	44.1	51.5	58.1	66.5	71.0	79.2	86.8

四、企业亏损情况

2004年1~9月黑色金属矿采选业亏损企业的亏损额为1.28亿元，较上年同期减少了2.9%。到12月底时，亏损企业的累计亏损额为1.42亿元，较上年同期增长了15.07%。数据表明，2004年前三季度，企业亏损下降了，到年底时，企业亏损度又上升了。

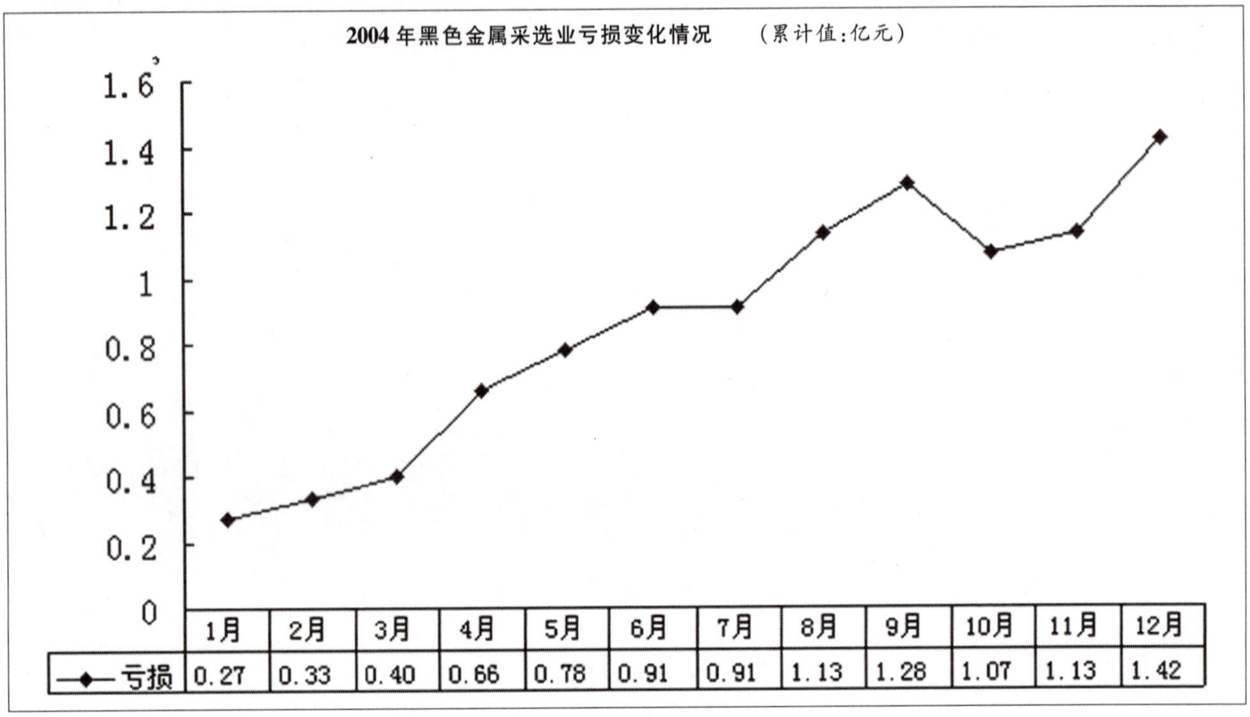

五、产品产量和产销率

2004年1~12月我国累计生产铁矿石原矿量为31010.48万吨，比去年同期增长22.5%。1~12月我国硫铁矿产量达到1065.76万吨，比上年同期增长24.6%。

从同期铁矿石的销售情况看，今年1~12月我国累计销售铁矿石成品矿15696.3万吨，产销率为98.8%，库存比年初时增加了51.1%；销售硫铁矿1038.5万吨，产销率为101.5%，期末库存比年初时减少12.1%。

2004年中国有色金属矿采选业经济运行点评

有色金属矿产品是有色金属工业的重要原料。对中国这样一个处在快速发展阶段的大国来说，对有色金属矿的开采能力关系到电力、国防、民生、电子、通讯等重要行业的发展。2004年1~12月该行业产品销售收入为740.62亿元（人民币，下同)，全部从业人员为39.64万人。

有色金属矿采选业

常用有色金属矿采选	
铜矿采选	铜矿采选业
铅锌矿采选	铅锌矿采选业
镍钴矿采选	镍钴矿采选业

续表

锡矿采选	锡矿采选业
锑矿采选	锑矿采选业
铝矿采选	铝矿采选业
镁矿采选	镁矿采选业
其他常用有色金属矿采选	汞矿采选业,其他重有色金属矿采选业,钛矿采选业,其他轻有色金属矿采选业
贵金属矿采选	
金矿采选	金矿采选业
银矿采选	银矿采选业
其他贵金属矿采选	其他贵金属矿采选业
稀有稀土金属矿采选	
钨钼矿采选	钨钼矿采选业
稀土金属矿采选	稀土金属矿采选业
放射性金属矿采选	稀有放射性金属矿采选业
其他稀有金属矿采选	稀有轻金属矿采选业,稀有高熔点金属矿采选业,稀散金属矿采选业,其他稀有稀土金属矿采选业

一、总资产和资产负债率

据国家统计局统计,2004 年 1~12 月该行业的资产总值为 710.39 亿元,比上年同期上升了 26.86%。与此同时,2004 年 1~12 月该行业的流动资产平均余额为 264.41 亿元,比上年同期增加了 31.49%;固定资产净值平均余额为 262.40 亿元,比上年同期增加了 10.28%。

从资产负债率看,2004 年 1~12 月该行业资产负债率为 58.17%。从走势看年初较高为 60.85%,到 3 月末时达到了最高,为 61.7%,然后又逐渐呈下降趋势,到 9 月末时便达到了最低。年末降至 58.17%左右。

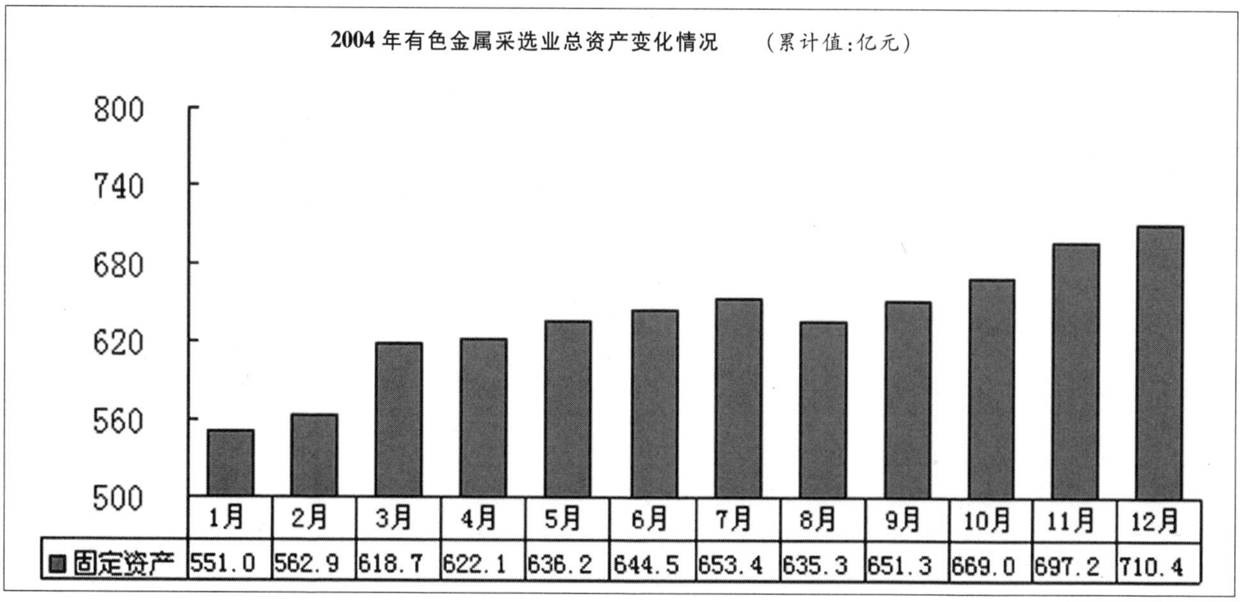

二、销售水平

2004 年 1~12 月该行业累计产品销售收入为 740.62 亿元,比上年同期增长了 42.39%。产品销售成本为 533.81 亿元,比上年同期增加了 33.51%。

下图反映了有色金属矿开采业 2004 年销售收入的变化趋势。

2004 年有色金属采选业销售额变化情况 （累计值：亿元）

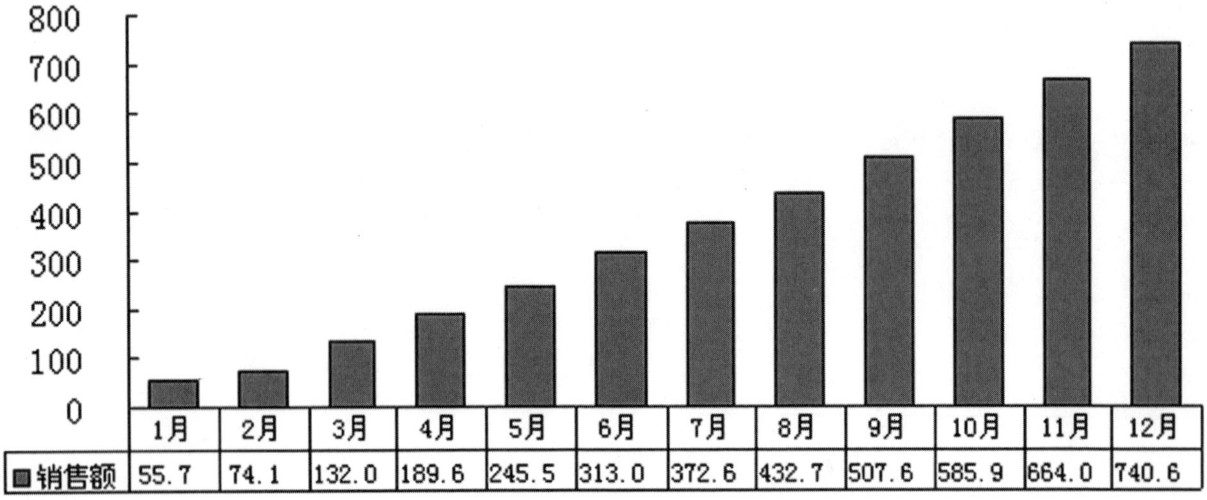

三、利润水平

该行业 2004 年 1~12 月实现利润 111.14 亿元，上年同期为 50.76 亿元，同期增幅为 118.95%。

从销售利润率看，该行业的平均销售利润率呈逐渐上涨趋势，年初为 8.44 元，第一季度末涨为 11.24 元，到第三季度末涨到了 13.9 元。到年末利润率达到 15.0 元。

2004 年有色金属采选业利润变化情况 （累计值：亿元）

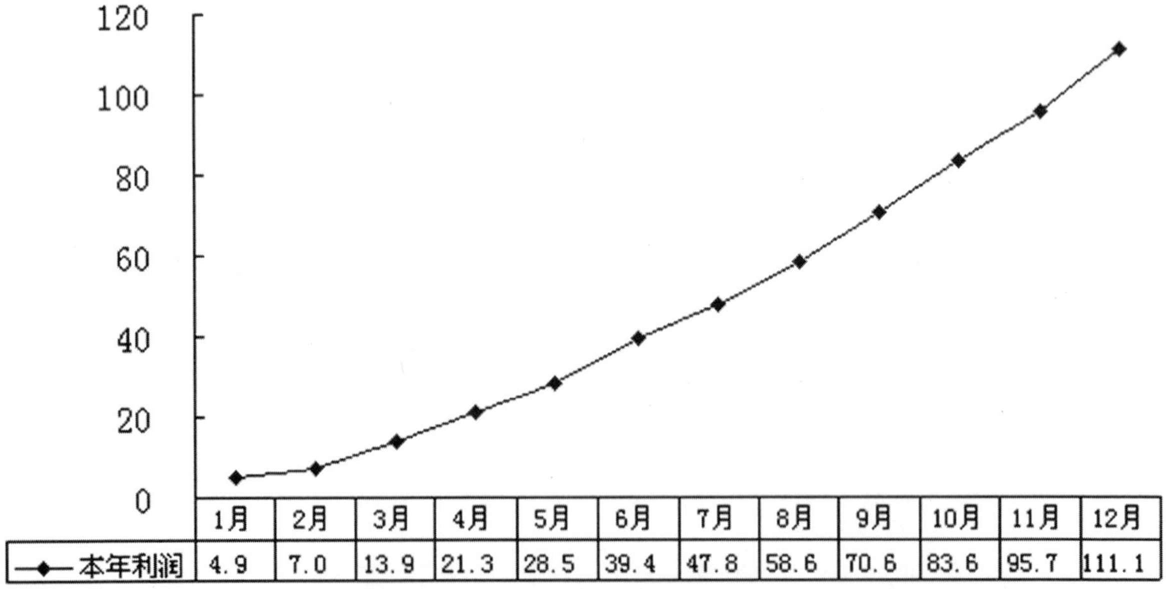

四、企业亏损情况

2004 年 1~12 月有色金属矿开采业亏损企业的亏损额为 1.37 亿元，比上年同期下降了 31.59%，表明企业亏损状况大有好转。

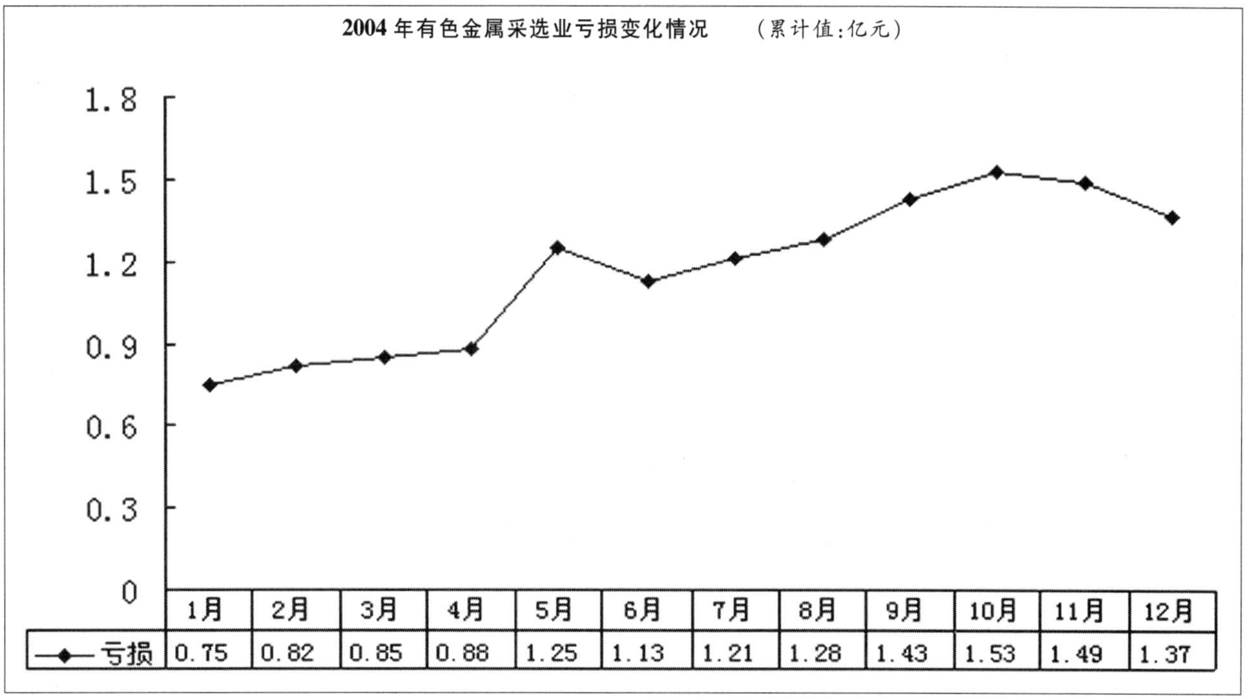

2004年中国非金属矿采选业经济运行点评

非金属矿采选业的主要产品包石灰石、石英石,高岭土、沙、稀土矿等多种产品,是各种工业和建筑业的重要原材料。非金属矿采选业是我国国民经济行业分类中的一个大类,2004年1~12月该行业产品销售收入为593.59亿元(人民币,下同),全部从业人员为45.48万人。

非金属矿采选业

土砂石开采	
石灰石、石膏开采	石灰石开采业,石膏采选业
建筑装饰用石开采	建筑装饰用石开采业
耐火土石开采	耐火土石开采业
粘土及其他土砂石开采	其他土砂石开采业
化学矿采选	硫矿采选业,磷矿采选业,天然钾盐采选业,硼矿采选业,其他化学矿采选业
采盐	海盐业,湖盐业,井盐业,矿盐业
石棉及其他非金属矿采选	
石棉、云母矿采选	石棉采选业,云母采选业
石墨、滑石采选	石墨采选业,滑石采选业
宝石、玉石开采	宝石、玉石采选业
其他非金属矿采选	水晶采选业,其他类未包括的非金属矿采选业

一、总资产和资产负债率

据国家统计局统计,2004年1~12月该行业的资产总值为792.91亿元,比上年同期上升了14.05%。与此同时,流动资产平均余额也相应增加,2004年1~12月为283.71亿元,比上年同期增加了18.79%;固定资产净值平均余额为345.26亿元,比上年同期增长了9.01%。

从全年资产负债率变化趋势看，该行业全年的资产负债率较低，并且呈逐渐下降趋势。年初该行业资产负债率最高，为57.16%，到9月末时下降到了56.45%。年末为57.01%。

2004年非金属采选业总资产变化情况　（累计值：亿元）

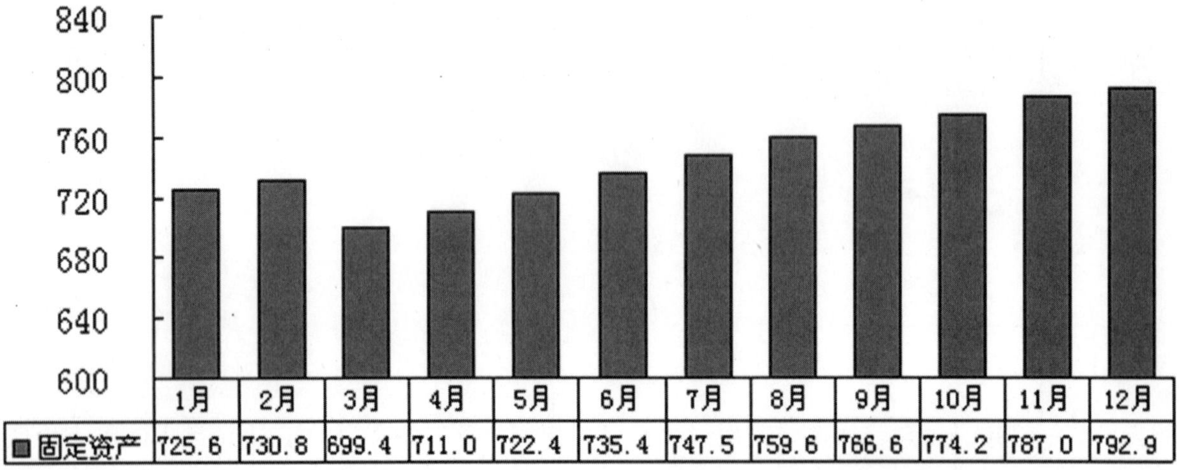

二、销售水平

2004年1~12月累计产品销售收入为593.59亿元，比去年同期增长了37.66%。产品销售成本为448.28亿元，比上年同期增加了37.52%。数据反映出2004年1~12月我国非金属矿采选业销售额上升速度比较快。

下图反映了非金属矿采选业2004年销售收入的变化趋势。

2004年非金属采选业销售额变化情况　（累计值：亿元）

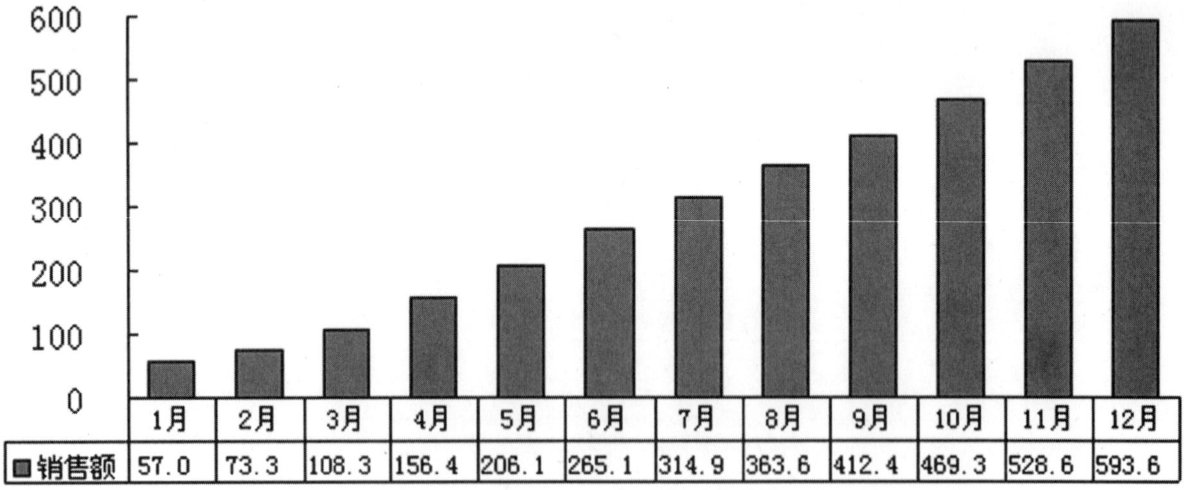

三、利润水平

该行业2004年1~12月实现利润33.94亿元，上年同期为22.40亿元，增幅为51.52%。

从销售利润率（每卖出100元可得利润）看，2004年该行业销售利润率比较平稳，但相对来说，4、5月份最高，分别为6.12元和6.15元，其余月均在5.7元左右，在9月末时为5.68元，年末时为5.71元左右。

2004 年非金属采选业利润变化情况　（累计值：亿元）

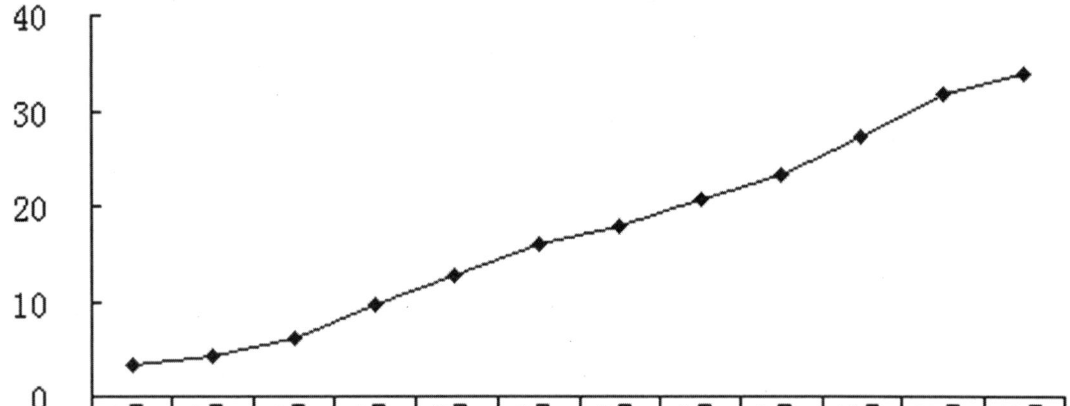

	1月	2月	3月	4月	5月	6月	7月	8月	9月	10月	11月	12月
本年利润	3.3	4.3	6.2	9.6	12.7	15.9	18.0	20.6	23.4	27.4	31.7	33.9

四、企业亏损情况

2004 年 1~12 月非金属矿采选业亏损企业的亏损额为 2.97 亿元，较上年同期下降了 7.44%。企业亏损额降低，经营良性化发展。

2004 年非金属采选业亏损变化情况　（累计值：亿元）

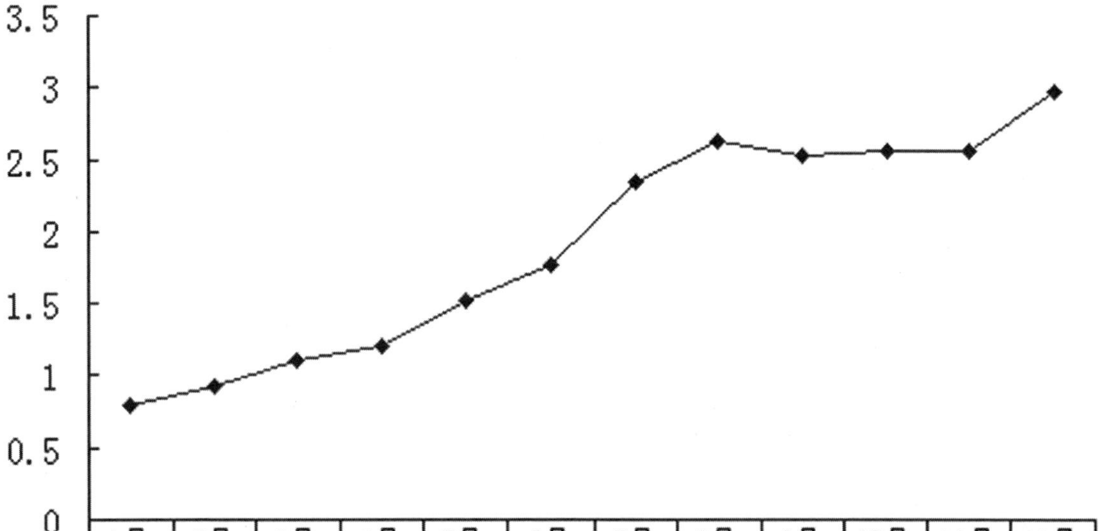

	1月	2月	3月	4月	5月	6月	7月	8月	9月	10月	11月	12月
亏损	0.79	0.92	1.10	1.21	1.52	1.77	2.34	2.63	2.53	2.56	2.56	2.97

五、产品产量和产销率

由于非金属矿产品众多，不能一一列举，本文重点介绍磷矿石和原盐的产销情况。

2004 年 1~12 月我国累计生产磷矿石 2617.43 万吨，原盐 3710.07 万吨，与去年同期比较，分别增产了 5.2%和 19.6%。

从同期磷矿石和原盐的销售情况看，1~12 月我国累计销售磷矿石 1891.4 万吨，产销率为 94.6%，至 12 月末库存较年初增加 69.1%；销售原盐 3524.2 万吨，产销率为 104.2%，12 月末库存较年初减少了 15.9%。

2004年中国其他采矿业经济运行点评

其他采矿业是由国家发展和改革委员会、国家标准局研制和发布新行业标准中的一个工业行业大类，2004年国家统计局开始按照这个分类标准进行统计。

其他采矿业涉及除煤炭、石油、天然气、黑色金属、有色金属、非金属矿物以外的矿物勘探和开采，目前主要涉及水资源的勘探和开采，例如，天然淡水、矿泉水等资源的勘探与开采。

我国水资源有限，且分布不均匀，在我国北方和西部找水、勘探淡水储量和有计划的开采应用涉及亿万群众的生活生产，更涉及这些地区的经济发展。截至2004年12月末该行业的全部从业人员为0.20万人，比去年同期下降了21.12%，这是我国国民经济39个大类行业中职工人数最少的小行业。

一、总资产和资产负债率

据国家统计局统计，2004年1~12月该行业的资产总值为1.95亿元，比上年同期下降了3.16%。流动资产平均余额为1.01亿元，比上年同期增加了1.16%；固定资产净值平均余额为0.75亿元，比上年同期增长了8.63%。这些数据反映出其他采矿业总资产有所下降，而固定资产有较大幅度的上升。

从资产负债率平均水平看，2004年该行业的资产负债率已经超出了正常范围为。年初最高为72.63%，然后逐渐呈大幅度的下降趋势，到7月底时，负债率为61.2%。但到9月又回升到了71.75%。2004年12月资产负债率约在68.21左右。

2004年其他采矿业总资产变化情况 （累计值:亿元）

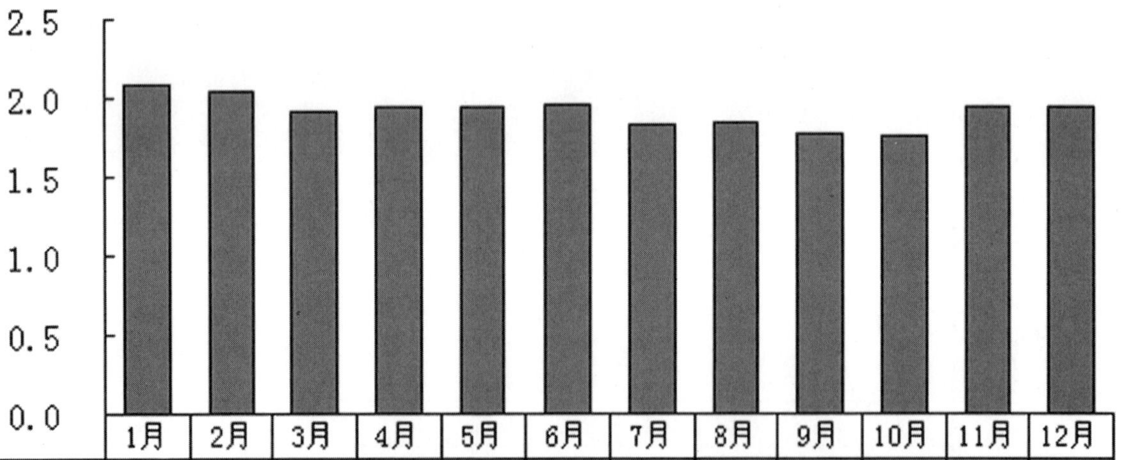

	1月	2月	3月	4月	5月	6月	7月	8月	9月	10月	11月	12月
■固定资产	2.09	2.05	1.92	1.94	1.95	1.96	1.83	1.84	1.77	1.76	1.94	1.95

二、销售水平

从该行业的产成品销售情况看，2004年1~12月累计产品销售收入为1.98亿元，比上年同期增长了48.28%。产品销售成本为1.49亿元，比上年同期也增长了60.15%，数据反映出2004年1~12月我国其他采矿业销售额增加，同时销售成本增加幅度更大。

下图反映了其他采矿业2004年销售收入的变化趋势。

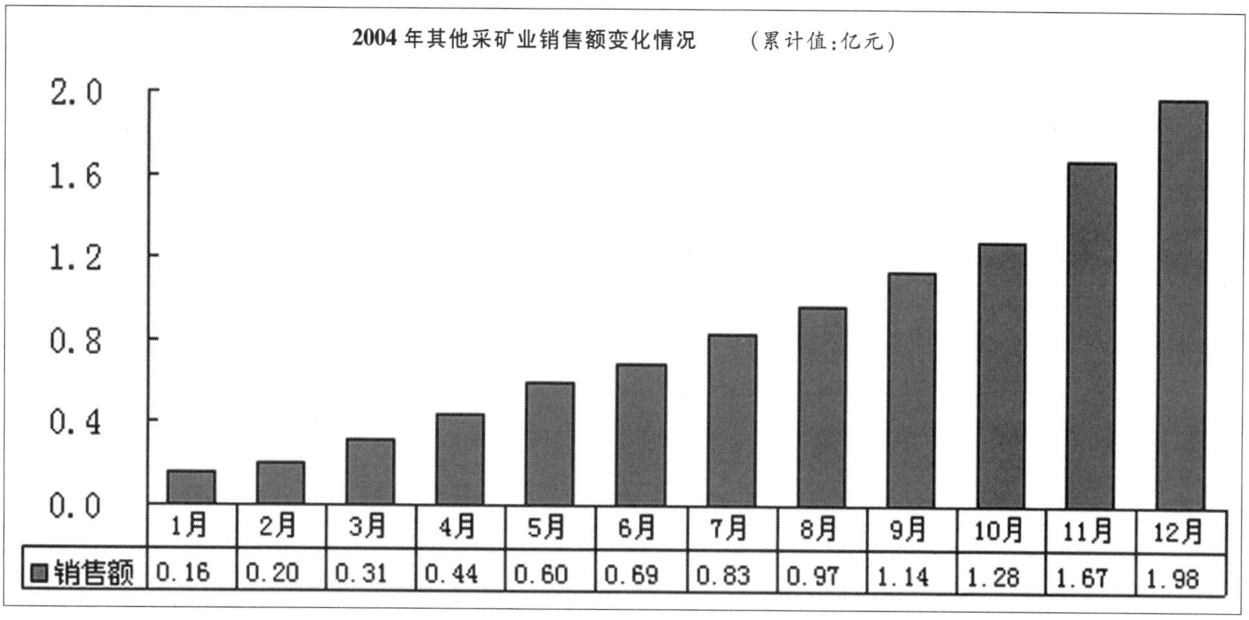

三、利润水平

其他采矿业 2004 年 1~12 月实现利润 0.16 亿元，上年同期为 0.08 亿元，增幅为 100%。

从销售利润率看，2004 年其他采矿业利润率呈逐渐上升趋势，第一季度末为 3.23 元，第二季度末为 7.25 元，第三季度末为 7.89 元。年底利润率为 8.16 元。

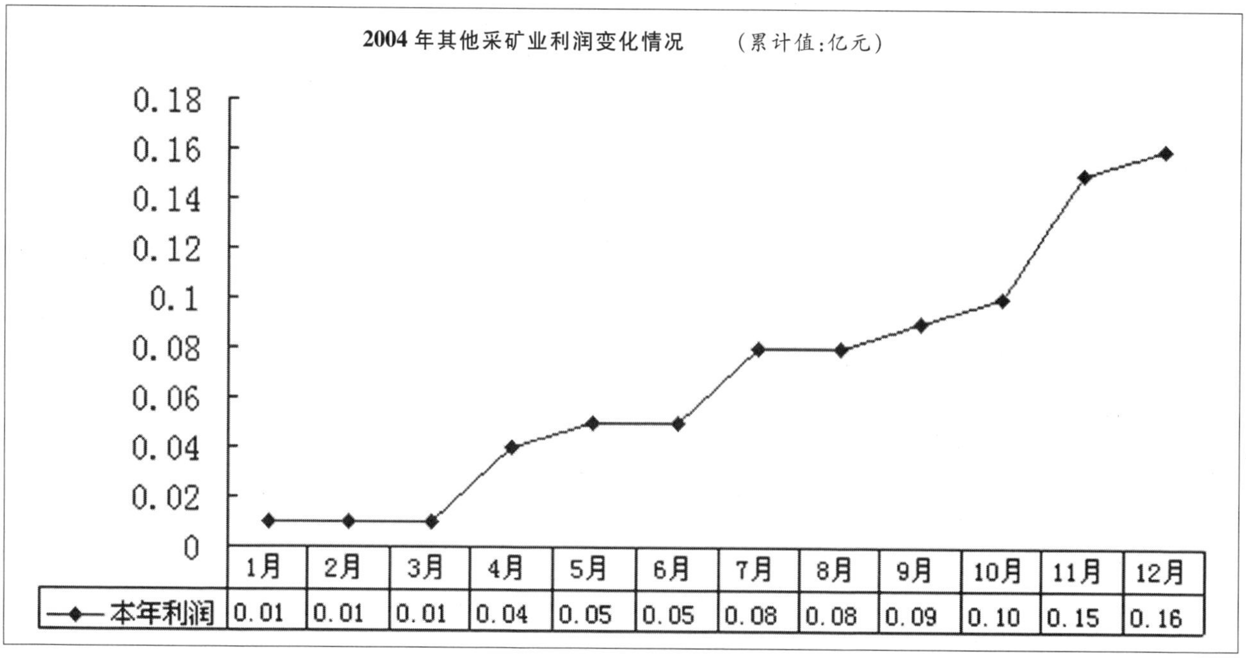

四、企业亏损情况

2004 年 1~9 月其他采矿业亏损企业的亏损额比 2003 年同期减少了 89.55%，说明其他采矿业亏损面大幅度减小。

2004年中国农副食品加工业经济运行点评

农副食品加工业是我国国民经济行业分类中的一个大类，其生产主要涉及碾米、磨粉、饲料制造、植物油加、制糖、屠宰和肉制品加工、水产品加工、淀粉及淀粉制品、豆制品制造、蛋品加工等多个子行业，与人民生活息息相关。2004年1~12月该行业产品销售收入为7810.97亿元（人民币，下同），全部从业人员为190.87万人。

农副食品加工业

谷物磨制	碾米业，磨粉业
饲料加工	配合及混合饲料制造业，蛋白饲料制造业，其他饲料制造业
植物油加工	
食用植物油加工	食用植物油加工业
非食用植物油加工	非食用植物油加工业
制糖	甘蔗糖业，甜菜糖业，加工糖业
屠宰及肉类加工	
畜禽屠宰	屠宰业
肉制品及副产品加工	肉制品加工业，肉类副产品加工业
水产品加工	
水产品冷冻加工	冷冻水产品加工业
鱼糜制品及水产品干腌制加工	干制水产品加工业，腌制水产品加工业，鱼糜及鱼糜制品加工业
水产饲料制造	水产饲料制造业
鱼油提取及制品的制造	其他水产品加工业
其他水产品加工	其他水产品加工业
蔬菜、水果和坚果加工	其他食品加工业
其他农副食品加工	
淀粉及淀粉制品的制造	淀粉及淀粉制品业，淀粉糖业
豆制品制造	豆制品制造业
蛋品加工	蛋品加工业
其他未列明的农副食品加工	其他食品加工业

一、总资产和资产负债率

据国家统计局统计，2004年1~12月该行业的资产总值为4843.17亿元，比上年同期上升了17.24%。与此同时，流动资产平均余额也相应增加，2004年1~12月为2414.82亿元，比上年同期增加了22.52%；固定资产净值平均余额为1597.79亿元，比上年同期增长了14.30%。

该行业资产负债率平均水平为63.80%左右。从变化趋势看，全年资产负债率走势平稳，第一季度该行业资产负债率为64.64%，第二季度为63.88%，到9月末时为63.26%。2004年末降到62.82%。

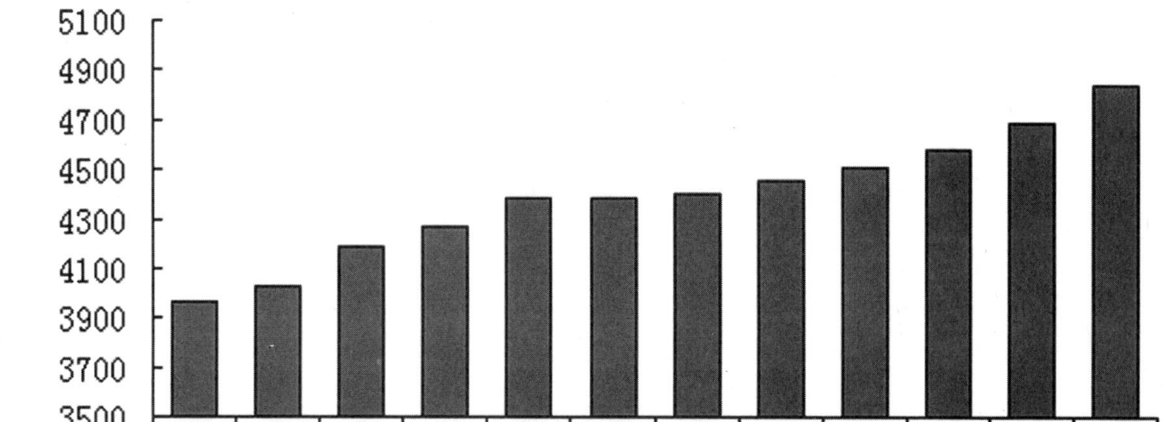

	1月	2月	3月	4月	5月	6月	7月	8月	9月	10月	11月	12月
■固定资产	3962.6	4027.3	4188.2	4272.0	4381.2	4386.5	4400.1	4460.9	4508.3	4582.4	4688.7	4843.2

二、销售水平

从该行业的产成品销售情况看，2004年1~12月累计产品销售收入为7810.97亿元，比上年同期增长了35.04%。产品销售成本为7032.07亿元，比上年同期也增长了35.49%。

下图反映了农副食品加工业2004年销售收入的变化趋势。

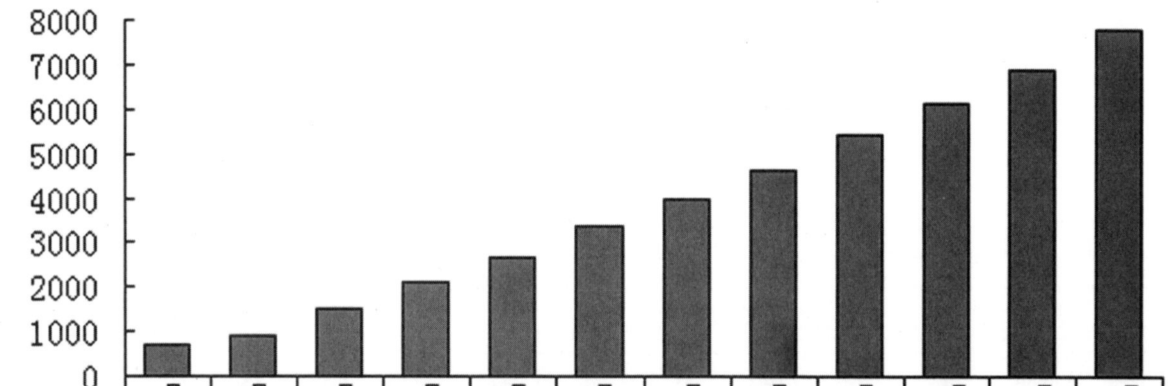

	1月	2月	3月	4月	5月	6月	7月	8月	9月	10月	11月	12月
■销售额	706.5	917.1	1521.7	2092.7	2683.0	3370.3	3983.7	4649.5	5413.7	6125.5	6870.7	7811.0

三、利润水平

农副食品加工业2004年1~12月实现利润233.97亿元，上年同期为169.55亿元，增幅为37.99%。

农副食品加工业是一个低利润率行业，2004年1~12月该行业的销售利润率总体呈下降趋势，第一季度最高为3.15元左右，到第二季度末时为3.01元，第三季度末时降到了2.83元。年末利润率在3.0元左右。

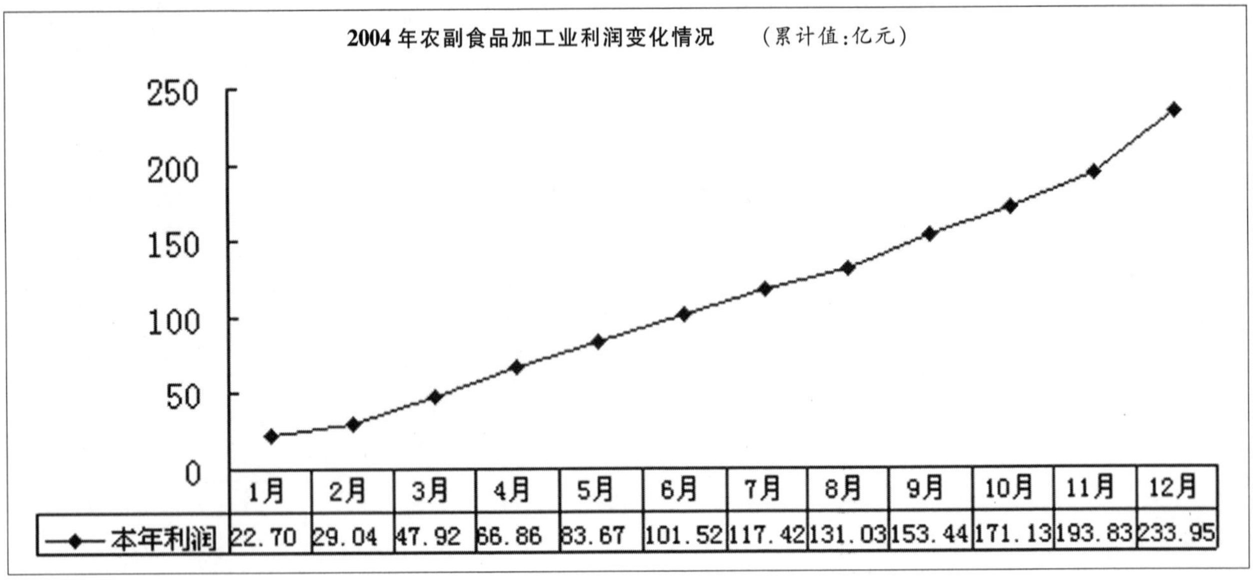

四、企业亏损情况

2004 年 1~12 月农副食品加工业亏损企业的亏损额为 47.51 亿元，较上年同期增加了 27.27%。

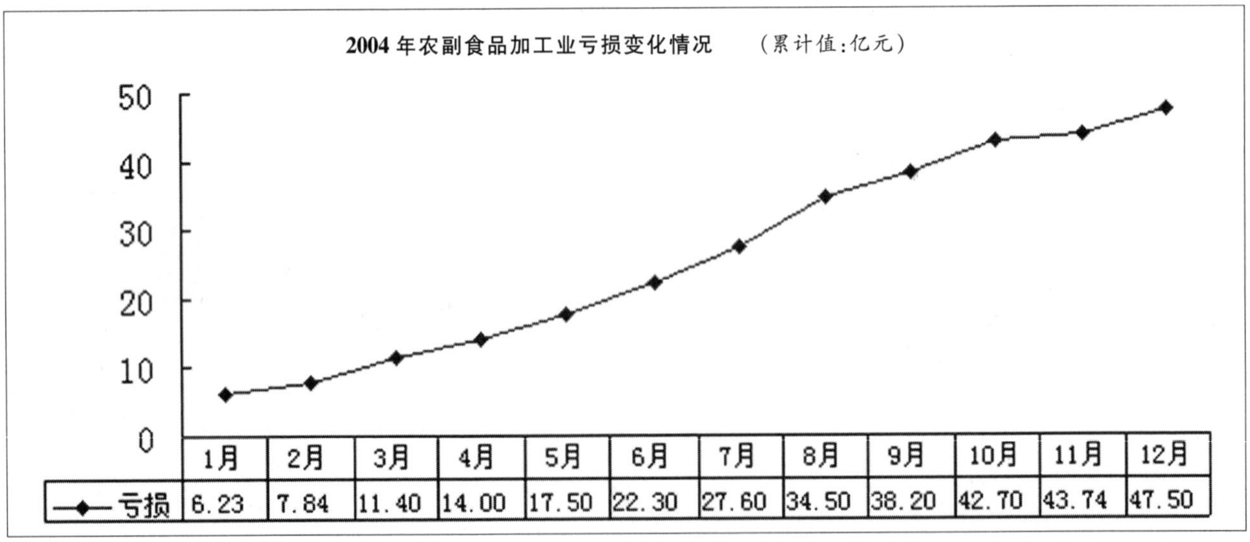

五、产品产量和产销率

从生产看，2004 年 1~12 月我国累计生产混合饲料 5157.90 万吨，比上年同期增产 11.9%；机制塘 1056.47 万吨，比上年同期下降 0.8%。

从销售看，2004 年 1~12 月我国累计销售混合饲料 5061.3 万吨，产销率为 99.3%。至 12 月末库存较年初增加了 26.0%。销售机制糖 991.4 万吨，产销率为 94.1%。至 12 月末库存较年初增长了 50.4%。

2004年中国食品制造业经济运行点评

食品制造业是我国国民经济行业分类中的一个大类，是重要的民生工业，主要产品有焙烤食品，糖果、巧克力及蜜饯，方便食品，液体乳及乳制品，罐头食品，调味品和发酵制品，营养和保健食品，加工盐等。2004年1~12月该行业产品销售收入为2688.96亿元(人民币，下同)，全部从业人员为106.96万人。

食品制造业

焙烤食品制造	
糕点、面包制造	糕点业
饼干及其他焙烤食品制造	饼干业
糖果、巧克力及蜜饯制造	
糖果、巧克力制造	糖果业
蜜饯制作	蜜饯业，其他糕点、糖果制品业
方便食品制造	
米、面制品制造	面、米制品业
速冻食品制造	方便主食品业
方便面及其他方便食品制造	方便主食品业
液体乳及乳制品制造	乳制品制造业
罐头制造	
肉、禽类罐头制造	肉类罐头制造业，禽类罐头制造业
水产品罐头制造	水产罐头制造业
蔬菜、水果罐头制造	水果罐头制造业，蔬菜罐头制造业
其他罐头食品制造	其他罐头食品制造业
调味品、发酵制品制造	
味精制造	味精制造业
酱油、食醋及类似制品的制造	酱油、酱类制造业，食醋制造业
其他调味品、发酵制品制造	氨基酸制造业，柠檬酸制造业，酵母制品业，酶制剂制造业，其他发酵制品业，调味料制造业，调味油制造业，其他调味品制造业
其他食品制造	
营养、保健食品制造	代乳品制造业
冷冻饮品及食用冰制造	制冰业，冷冻饮品制造业
盐加工	盐加工业
食品及饲料添加剂制造	添加剂制造业
其他未列明的食品制造	其他类未包括的食品制造业

一、总资产和资产负债率

据国家统计局统计，2004年1~12月该行业的资产总值为2638.70亿元，比上年同期上升了16.53%。与此同时，流动资产平均余额也相应增加，2004年1~12月为1261.76亿元，比上年同期增加了24.05%；固定资产净值平均余额为923.37亿元，比上年同期增长了14.23%。

2004年该行业的资产负债率变化趋势是年初较低，年中震荡上升。资产负债率最低点在第一季度末，为56.82%，到第二季度时上升为58.10%，第三季度末时为58.42%。第四季度末时为57.70%。

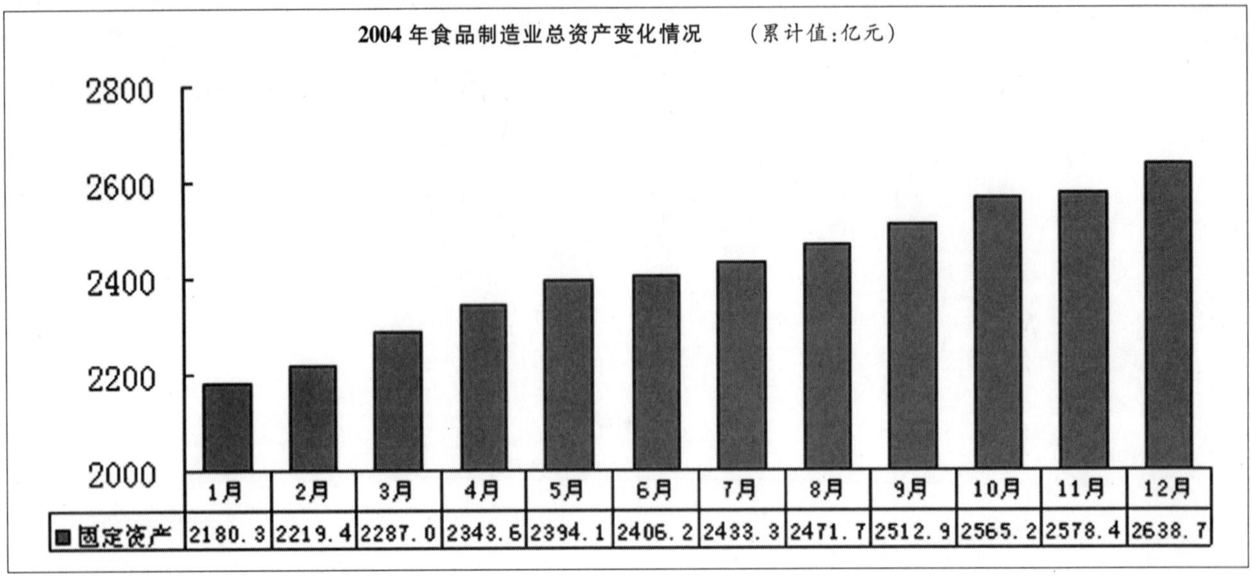

二、销售水平

从该行业的产成品销售情况看，2004 年 1~12 月累计产品销售收入为 2688.96 亿元，比去年同期增长了 25.23%。产品销售成本为 2122.01 亿元，比上年同期也增长了 27.41%。

下图反映了食品制造业 2004 年销售收入的变化趋势。

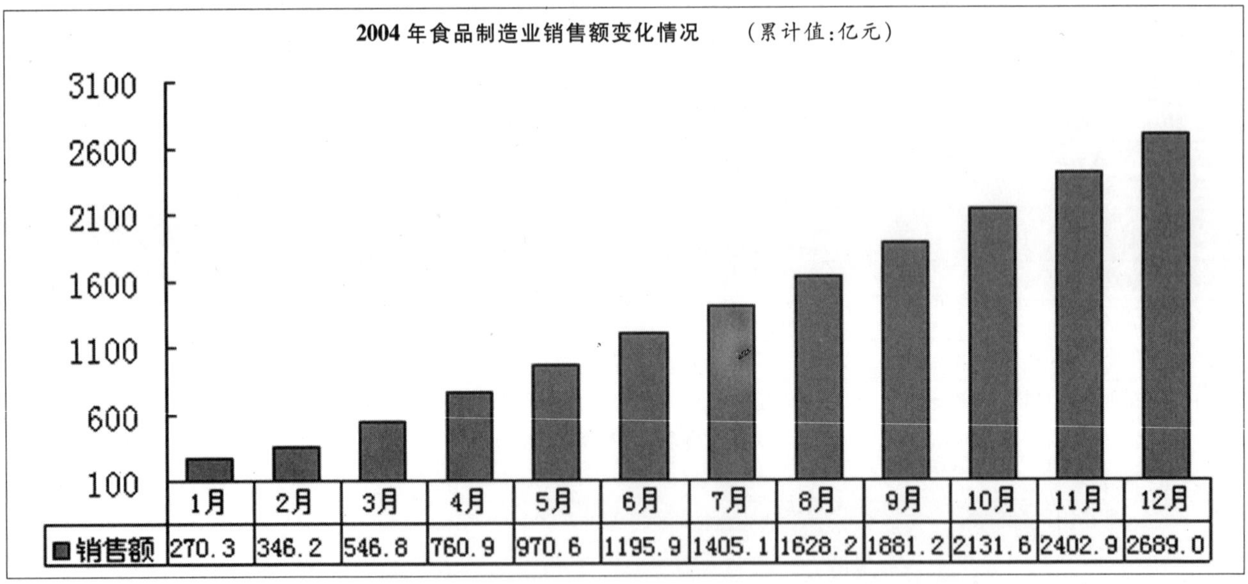

三、利润水平

食品制造业 2004 年 1~12 月实现利润 132.59 亿元，上年同期为 113.88 亿元，增幅为 16.43%。

四、企业亏损情况

2004 年 1~12 月食品制造业亏损企业的亏损额为 29.82 亿元，较上年同期增加了 8.25%，数据说明食品制造业亏损面有所扩大。

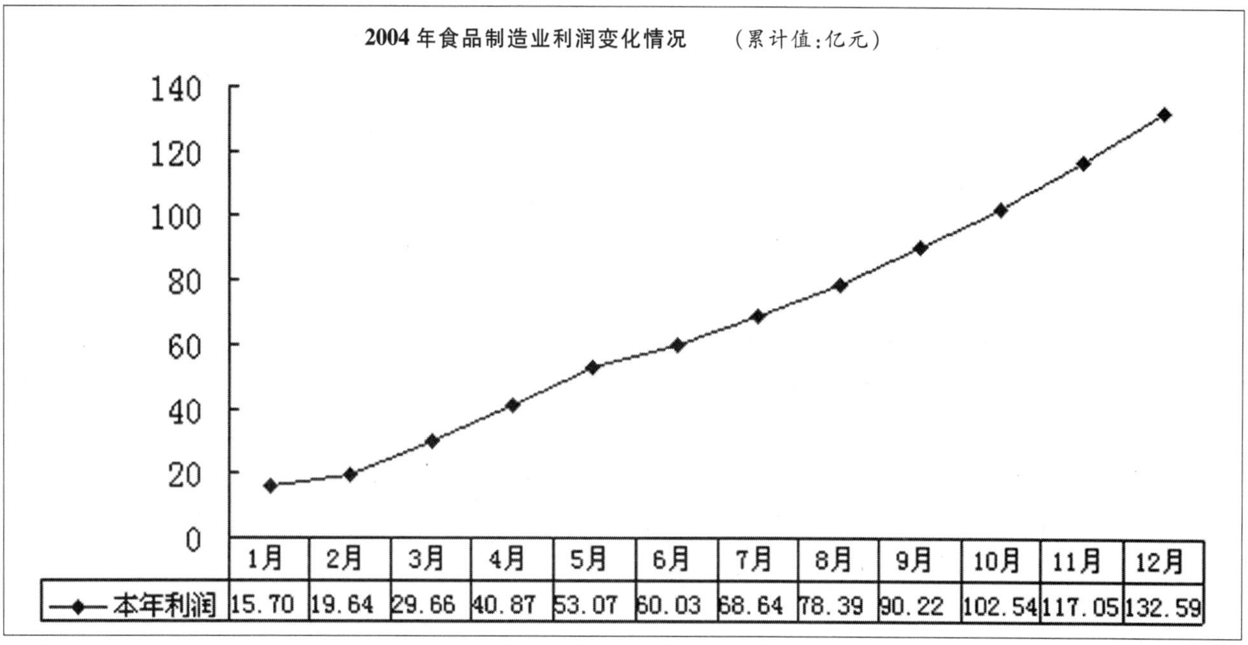

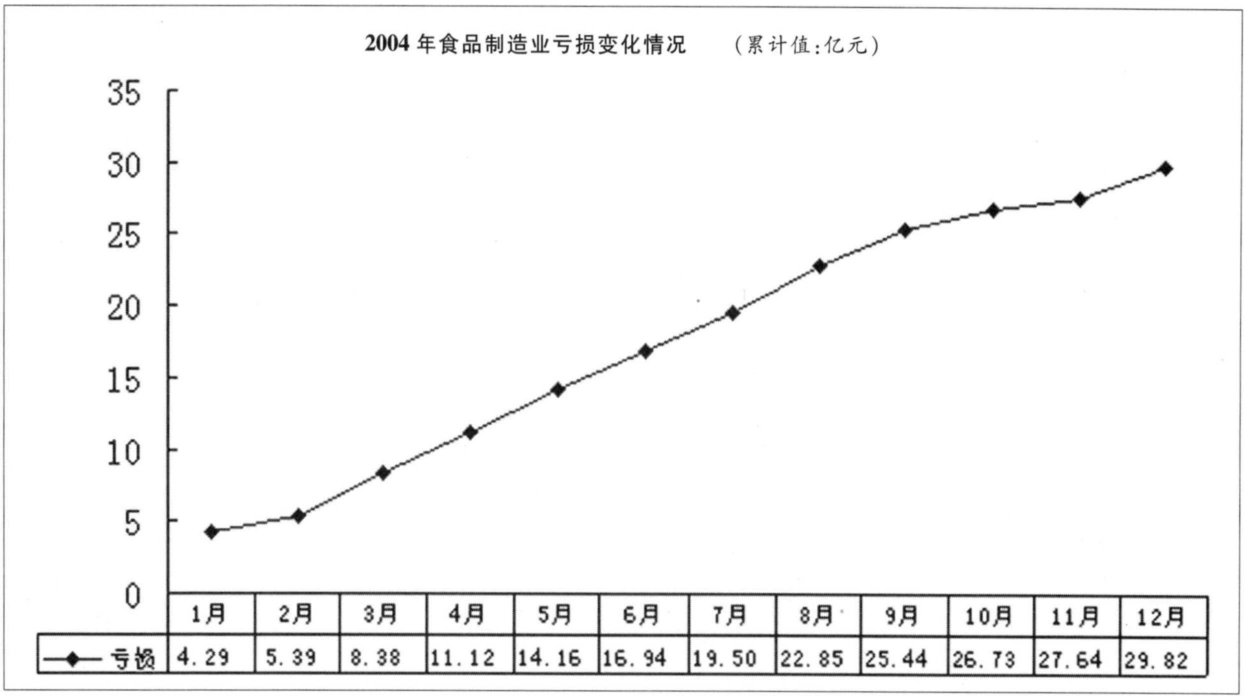

五、2004 年 1~12 月产品产量和产销率

名称	单位	累计产量	比去年同期增长%
罐头食品	万吨	313.37	17.4
乳制品	万吨	949.19	32.3

名称	单位	累计销售量	产销率%	12 月末库存比年初增减%
罐头食品	万吨	280.0	90.3	55.1
乳制品	万吨	932.2	98.7	113.0

2004年中国饮料制造业经济运行点评

饮料制造业是我国国民经济行业分类中的一个大类，主要产品有白酒、啤酒、果酒、软饮料等。2004年1~12月该行业产品销售收入为2434.61亿元（人民币，下同），全部从业人员为89.06万人。

饮料制造业的范围

酒精制造	酒精制造业
酒的制造	
白酒制造	白酒制造业
啤酒制造	啤酒制造业
黄酒制造	黄酒制造业
葡萄酒制造	葡萄酒制造业
其他酒制造	果露酒制造业
软饮料制造	
碳酸饮料制造	碳酸饮料制造业
瓶（罐）装饮用水制造	天然矿泉水制造业
果菜汁及果菜汁饮料制造	果菜汁饮料制造业
含乳饮料和植物蛋白饮料制造	其他软饮料制造业
固体饮料制造	固体饮料制造业
茶饮料及其他软饮料制造	其他软饮料制造业　其他饮料制造业
精制茶加工	制茶业

一、总资产和资产负债率

据国家统计局统计，2004年1~12月该行业的资产总值为3381.82亿元，比上年同期上升了8.35%。与此同时，流动资产平均余额也相应增加，2004年1~12月为1544.75亿元，比上年同期增加了9.77%；固定资产净值平均余额为1203.45亿元，比上年同期增长了7.32%。

从1~12月资产负债率水平看，平均为54.80%，变化趋势比较平稳，基本在54.5%左右波动。年末该行业资产负债率为55.33%左右。

2004年饮料制造业总资产变化情况　（累计值：亿元）

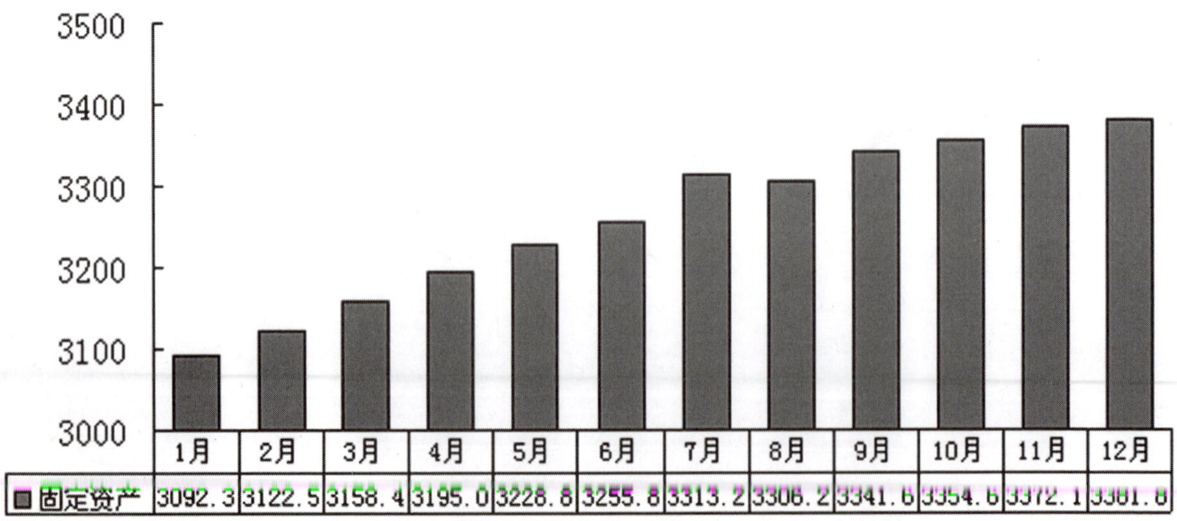

二、销售水平

从该行业的产成品销售情况看，2004 年 1~12 月累计产品销售收入为 2434.61 亿元，比去年同期增长了 18.75%。产品销售成本为 1652.87 亿元，比上年同期也增长了 20.40%，

下图反映了饮料制造业 2004 年销售收入的变化趋势。

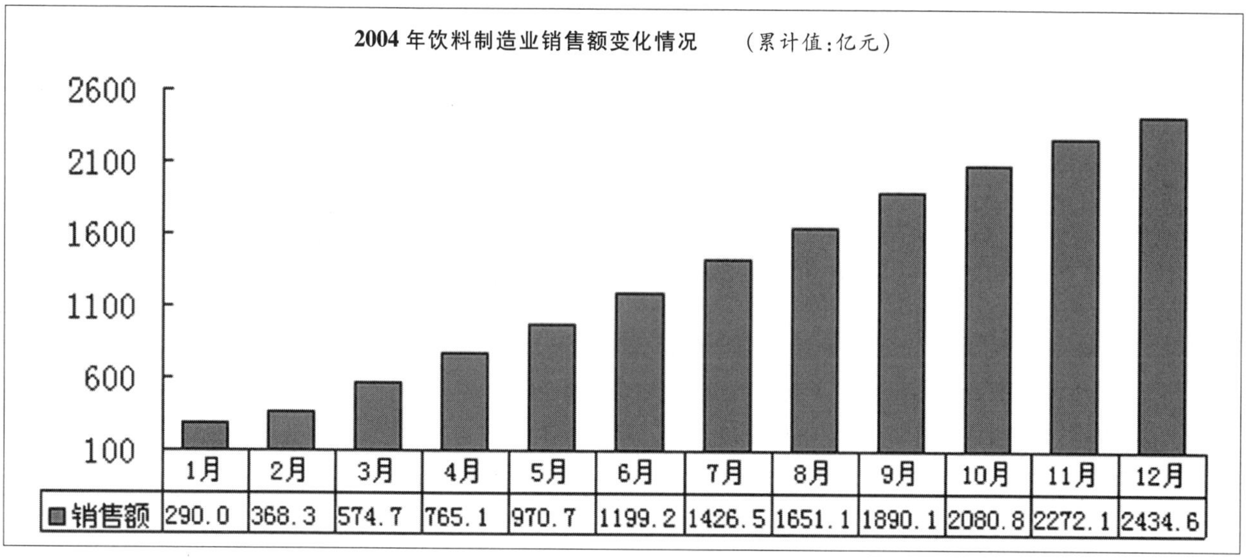

三、利润水平

饮料制造业 2004 年 1~12 月实现利润 170.31 亿元，上年同期为 137.09 亿元，增幅为 24.23%。

从销售利润率看，2004 年 1~12 月利润率逐渐下降，年初最高为 9.3 元，到 5 月末降至 8.06 元，9 月末时为 7.7 元，到年底为 7.0 元。

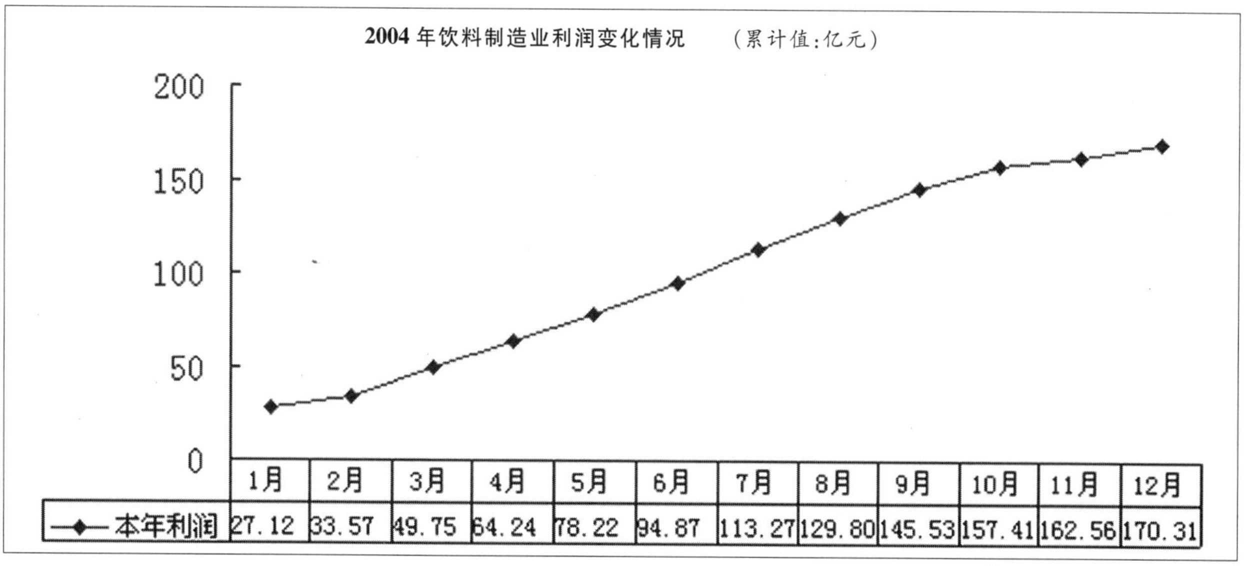

四、企业亏损情况

2004 年 1~12 月饮料制造业亏损企业的亏损额为 33.65 亿元，较上年同期增加 17.31%，亏损有所增大。

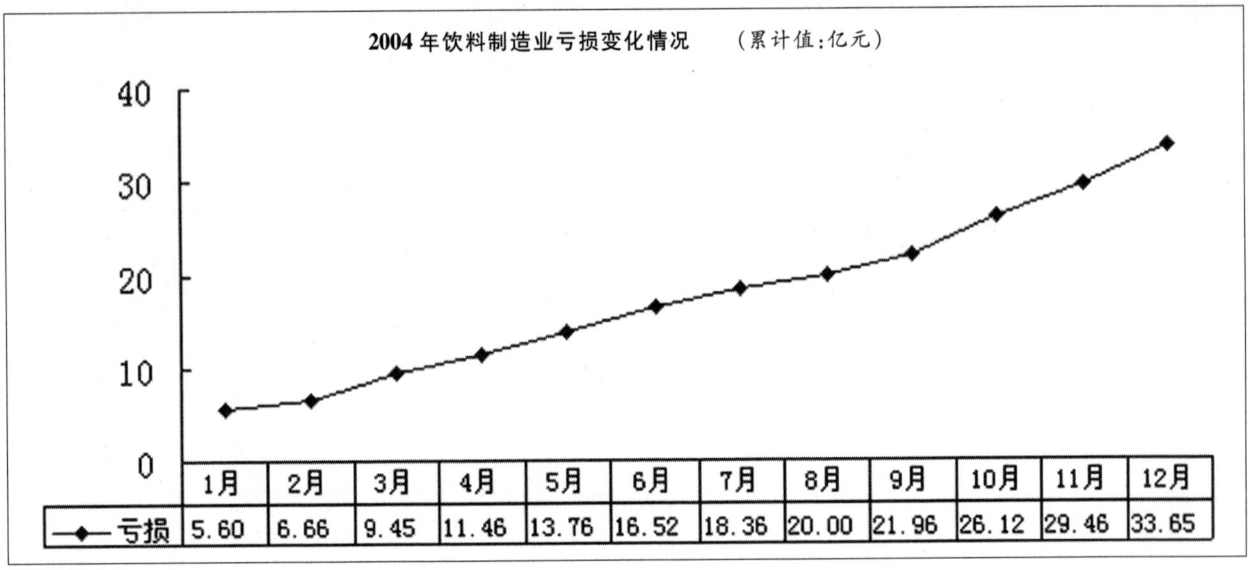

五、2004 年 1-12 月产品产量和产销率

名称	单位	累计产量	比去年同期增长%
白酒	万吨	311.70	2.0
啤酒	万吨	2910.05	15.2
软饮料	万吨	2620.17	19.5

名称	单位	累计销售量	产销率%	12 月末库存比年初增减%
白酒	万吨	314.2	102.2	-12.9
啤酒	万吨	2887.3	99.7	7.6
软饮料	万吨	2590.5	99.1	23.7

2004 年中国烟草加工业经济运行点评

烟草加工业是我国国民经济行业分类中的一个大类，主要产品是卷烟。2004 年 1~12 月该行业产品销售收入为 2573.71 亿元(人民币，下同)，全部从业人员为 20.17 万人。

烟草制品业

烟叶复烤	卷烟制造	其他烟草制品加工
烟叶复烤业	卷烟制造业	其他烟草加工业

一、总资产和资产负债率

据国家统计局统计，2004 年 1~12 月该行业的资产总值为 3014.60 亿元，比上年同期上升了 7.80%。与此同时，流动资产平均余额也相应增加，2004 年 1~12 月为 1788.74 亿元，比上年同期增加了 8.39%；固定资产净值平均余额为 618.85 亿元，比上年同期增长了 0.65%。

全年我国烟草行业的平均资产负债率在 39.74%，较去年有所下降，表明该行业是一个赢利多，资产负债少的赚钱行业。从变化趋势看，从 1 月份开始呈现全年逐月下降的趋势，1 月末最高为

42.95%，第一季度末为 41.55，第二季度末为 39.39%，第三季度末为 38.4%。2004 年末该行业资产负债率下降到 37.59%左右。

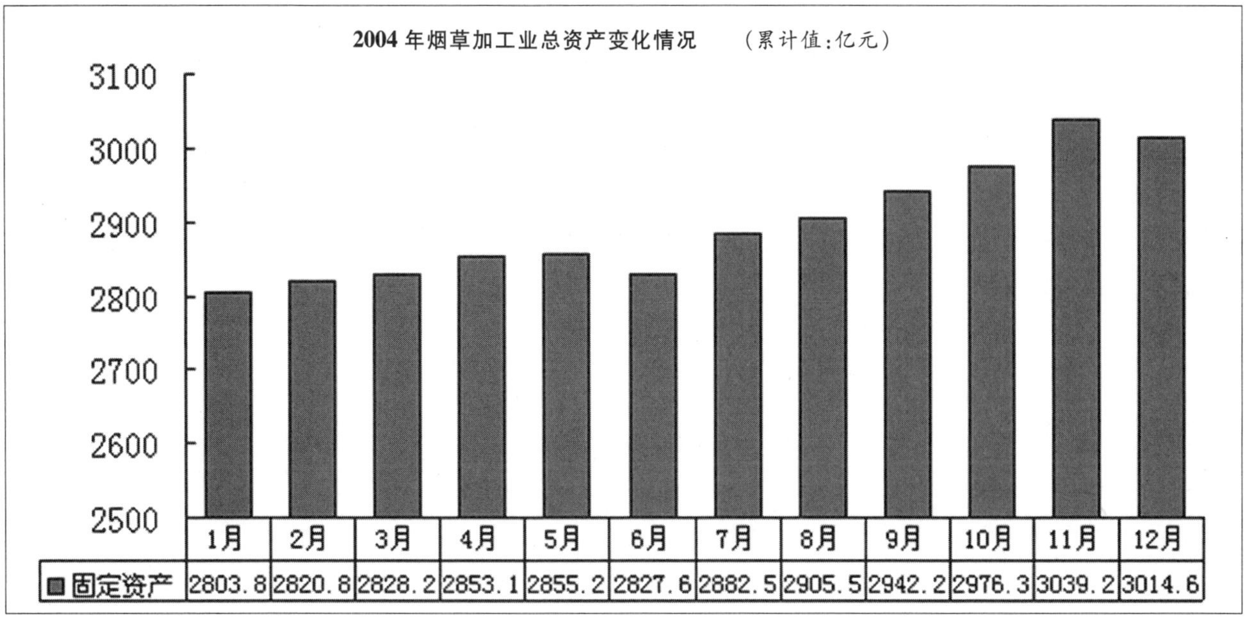

二、销售水平

从该行业的产成品销售情况看，2004 年前 1~12 个月累计产品销售收入为 2573.71 亿元，比去年同期增长了 16.25%。产品销售成本为 945.29 亿元，比上年同期也增长了 11.18%。

下图反映了烟草加工业 2004 年销售收入的变化趋势。

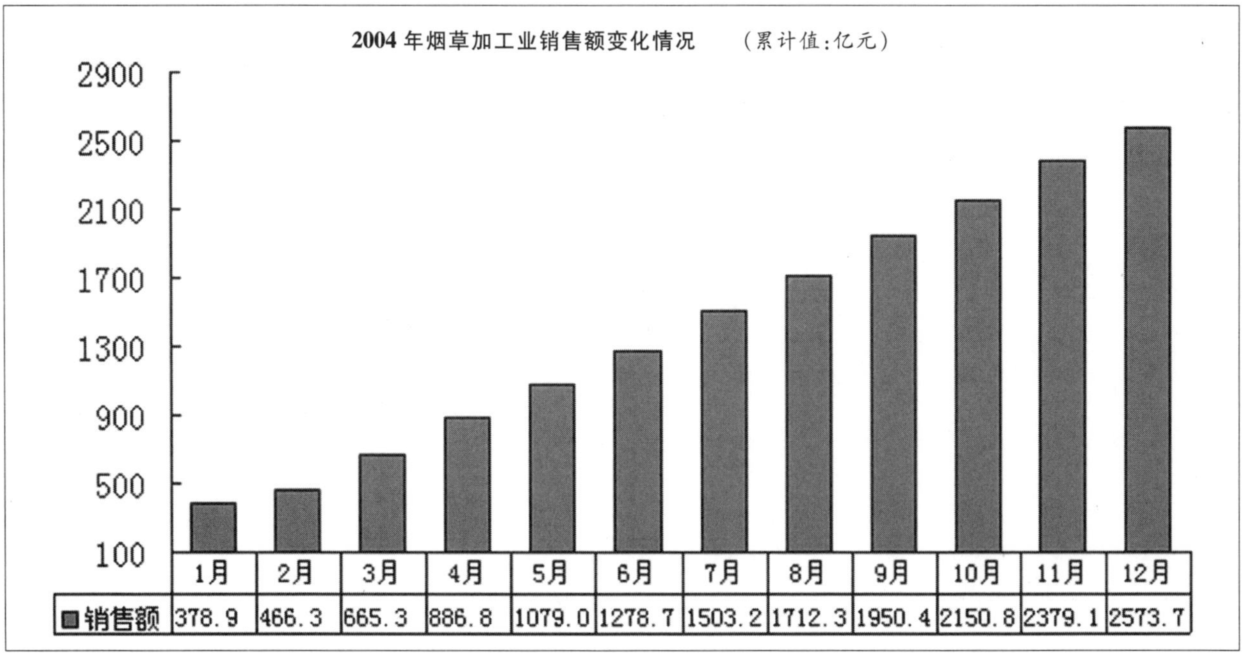

三、利润水平

烟草加工业 2004 年 1~12 月实现利润 371.28 亿元，上年同期为 270.41 亿元，增幅为 37.30%。数据说明，烟草行业 2004 年利润增长幅度是非常大。

从销售利润率看，全年平均保持在 15.5 元水平，利润水平保持相当稳定，1~9 月份最高为 15.97 元，最低为 15.31 元。年底时降为 14.43 元。这些数据反映了 2004 年我国烟草行业利润率非常的稳定。

2004年烟草加工业利润变化情况　（累计值:亿元）

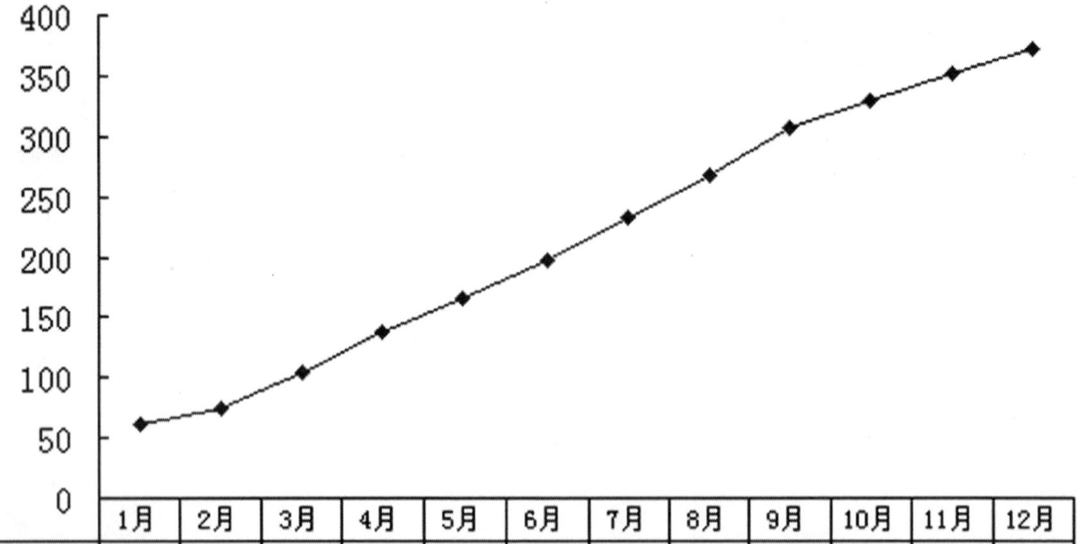

	1月	2月	3月	4月	5月	6月	7月	8月	9月	10月	11月	12月
本年利润	60.68	74.46	105.07	138.00	165.20	196.78	232.14	267.62	306.07	328.91	351.55	371.28

四、企业亏损情况

2004年1~12月烟草加工业亏损企业的亏损额为3.37亿元，较上年同期减少了27.75%。

五、产品产量和产销率

从生产看，2004年1~12月我国累计生产卷烟18745.10亿支，比上年同期增加6.7%。

从销售和库存看，2004年1~12月我国累计销售卷烟18677.0，产销率为99.7%，12月末库存较年初增加18.7%。

2004年烟草加工业亏损变化情况　（累计值:亿元）

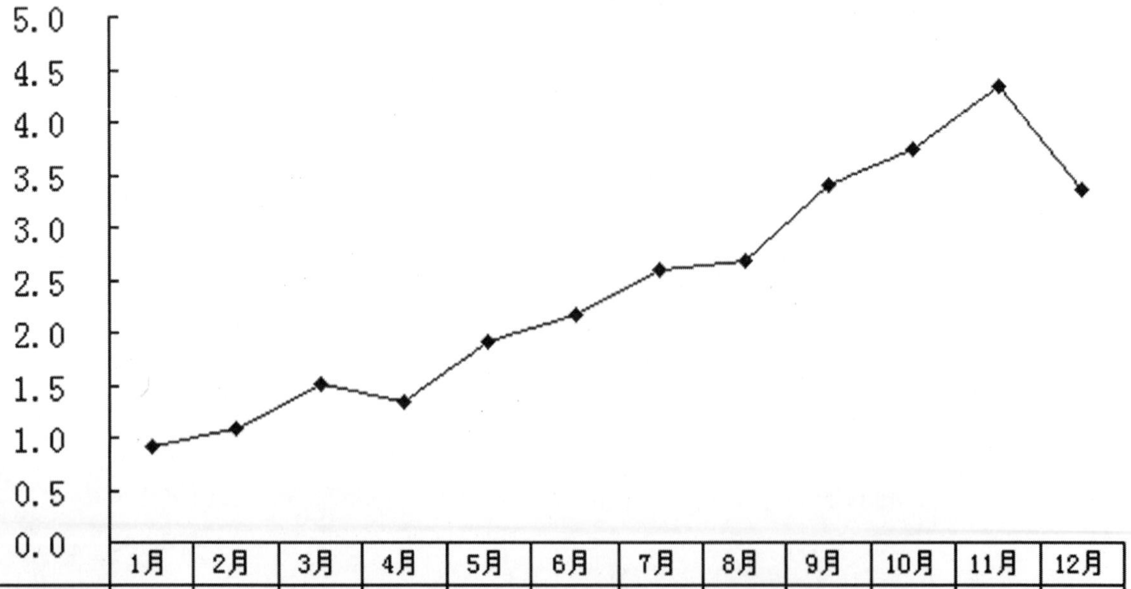

	1月	2月	3月	4月	5月	6月	7月	8月	9月	10月	11月	12月
亏损	0.91	1.08	1.51	1.35	1.92	2.18	2.60	2.69	3.40	3.74	4.33	3.37

2004年中国纺织业经济运行点评

纺织业是我国国民经济行业分类中的一个大类，主要产品有棉布、呢绒、化纤布、丝绸等，与民生高度关联。2004年1~12月该行业产品销售收入为9346.80亿元(人民币，下同)，全部从业人员为519.16万人。

纺织业

棉、化纤纺织及印染精加工	
棉、化纤纺织加工	棉纺业、棉织业、其他棉纺织业
棉、化纤印染精加工	印染业
毛纺织和染整精加工	毛纺织和染整精加工
毛条加工	毛条加工业
毛纺织	毛纺业、毛织业、其他毛纺织业
毛染整精加工	毛染整业
麻纺织	苎麻纺织业、亚麻纺织业、其他麻纺织业
丝绢纺织及精加工	丝绢纺织及精加工
缫丝加工	缫丝业
绢纺和丝织加工	绢纺业、丝织业、其他丝绢纺织业
丝印染精加工	丝印染业
纺织制成品制造	纺织制成品制造
棉及化纤制品制造	棉制品业
毛制品制造	工业用呢、工业用毡制造业
麻制品制造	黄、洋、青麻纺织业
丝制品制造	丝制品业
绳、索、缆的制造	渔具用丝制造业、渔具用线制造业、渔具用绳制造业、渔网制造业
纺织带和帘子布制造	棉线带制造业帘子布制造业
无纺布制造	其他纺织业
其他纺织制成品制造	其他纺织业其他纤维制品制造业
针织品、编织品及其制品制造	针织品、编织品及其制品制造
棉、化纤针织品及编织品制造	棉针织品业
毛针织品及编织品制造	毛针织品业
丝针织品及编织品制造	丝针织品业
其他针织品及编织品制造	其他针织品业

一、总资产和资产负债率

据国家统计局统计，2004年1~12月该行业的资产总值为8678.31亿元，比上年同期上升了14.83%。与此同时，流动资产平均余额也相应增加，2004年1~12月为4066.46亿元，比上年同期增加了16.96%；固定资产净值平均余额为3153.38亿元，比上年同期增长了15.56%。

从资产负债率看，平均水平为63.8%。总趋势为小幅度下降，第一季度末为64.1%，第二季度末为63.84%，第三季度末为63.72%。2004年末仍保持在63.07%左右。

二、销售水平

从该行业的产成品销售情况看，2004年1~12

2004 年纺织业总资产变化情况　（累计值：亿元）

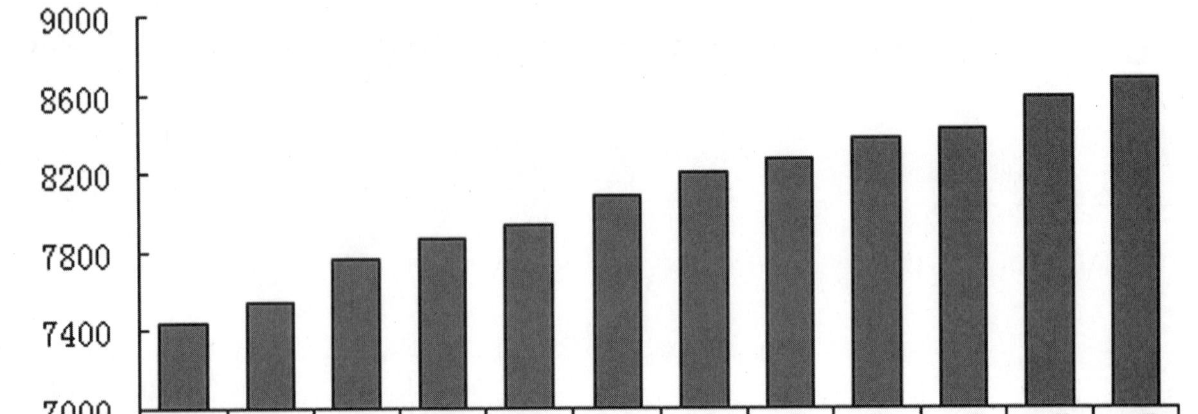

	1月	2月	3月	4月	5月	6月	7月	8月	9月	10月	11月	12月
■固定资产	7436.9	7548.0	7758.7	7870.5	7936.4	8083.2	8198.3	8267.6	8372.2	8426.8	8580.0	8678.3

月累计产品销售收入为 9346.80 亿元，比去年同期增长了 26.14%。产品销售成本为 8444.10 亿元，比上年同期也增长了 27.28%。

下图反映了纺织业 2004 年销售收入的变化趋势。

2004 年纺织业销售额变化情况　（累计值：亿元）

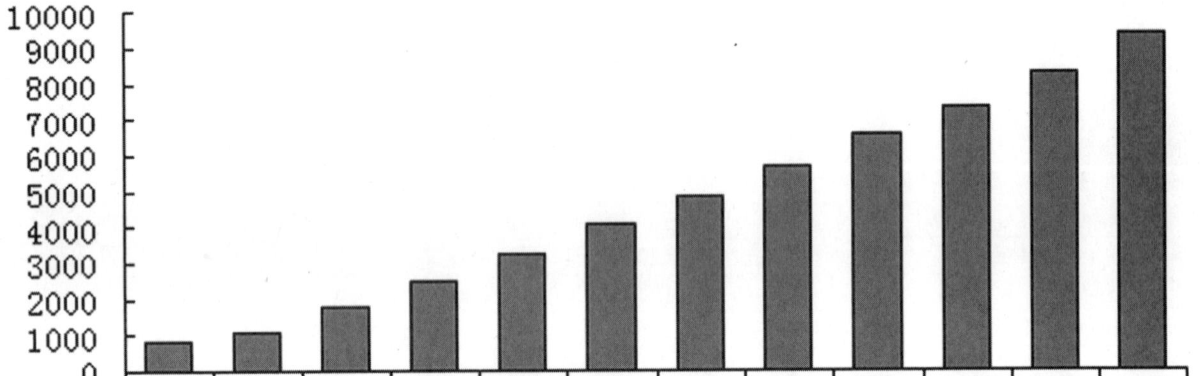

	1月	2月	3月	4月	5月	6月	7月	8月	9月	10月	11月	12月
■销售额	825.4	1076.3	1796.3	2525.3	3256.5	4086.4	4866.5	5671.9	6534.3	7398.3	8308.1	9346.8

三、利润水平

纺织业 2004 年 1~12 月实现利润 279.84 亿元，上年同期为 236.91 亿元，增幅为 18.12%。

纺织行业是低利润行业。从 2004 年 1~12 月该行业的销售利润率看，平均为 2.74 元左右，即每卖出 100 元产品只能赚回 2.5 元利润，从总的趋势看，年初利润率较低，仅为 2.03 元，到第二季度末，利润率升高了到了 2.73 元，年末时为 2.99 元。

四、企业亏损情况

2004 年 1~12 月纺织业亏损企业的亏损额为 66.93 亿元，较上年同期增长了 25.48%，亏损企业亏损增长幅度比较大。

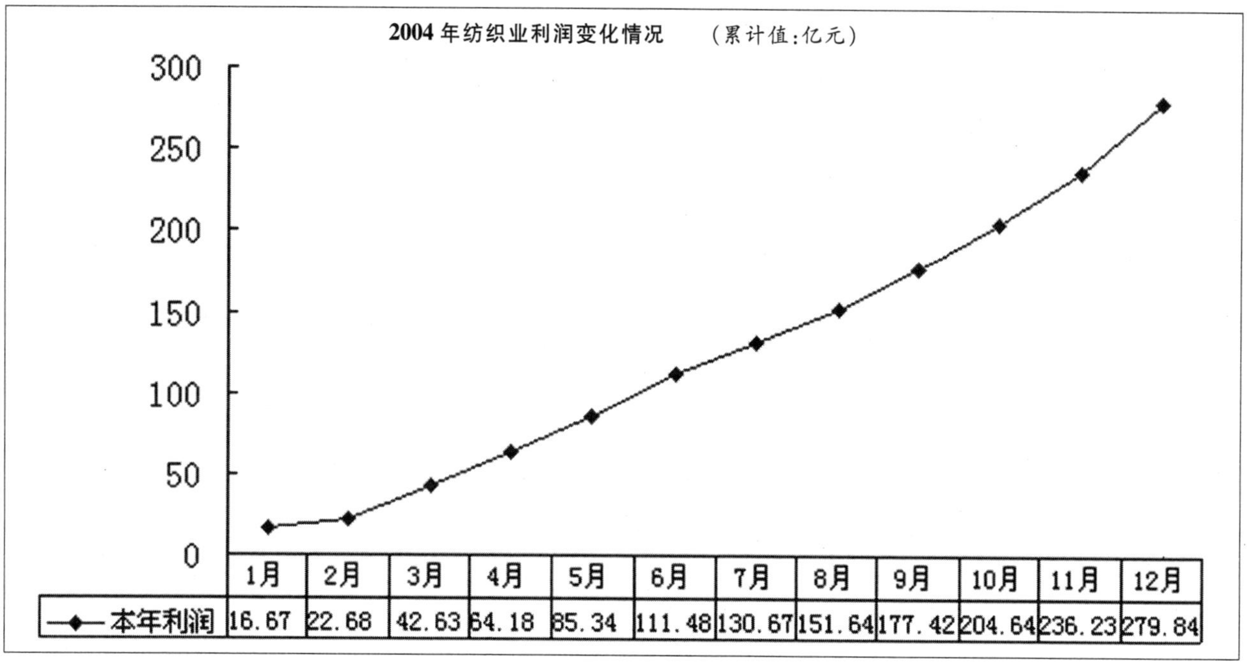

2004年纺织业利润变化情况 （累计值:亿元）

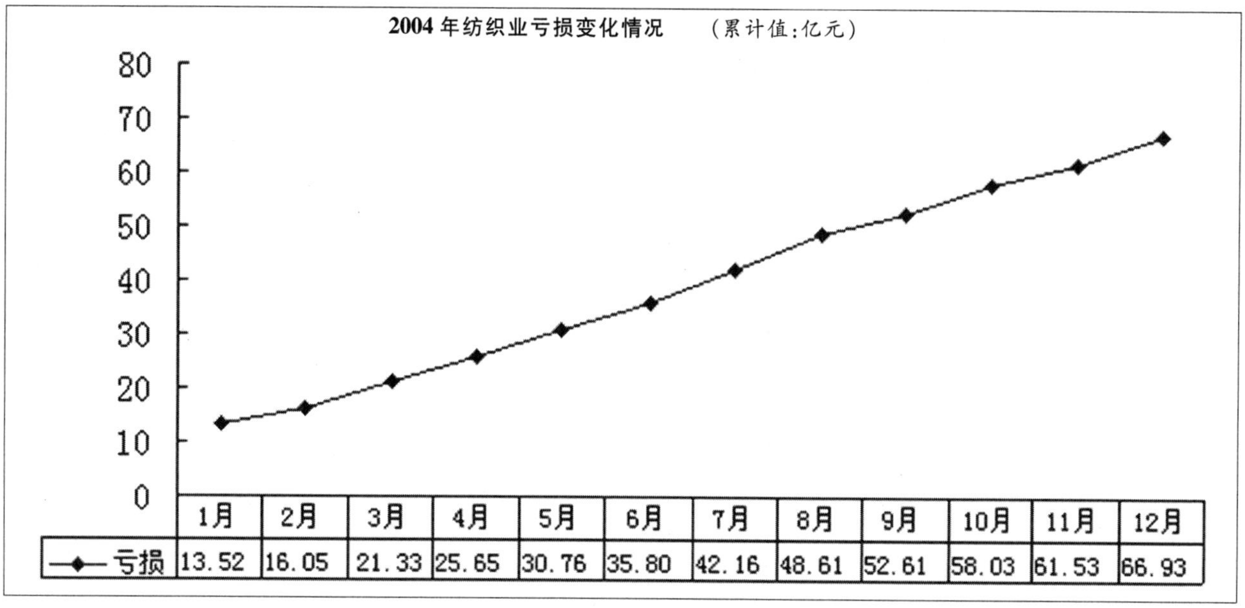

2004年纺织业亏损变化情况 （累计值:亿元）

五、2004年1~12月产品产量和产销率

产品产量

名称	单位	累计产量	比去年同期增长%
纱	万吨	1094.86	18.5
布	亿米	294.75	19.4
棉布	亿米	152.98	21.2
混纺交织布	亿米	67.52	12.2
纯化纤布	亿米	74.20	22.8
绒线(毛线)	万吨	43.30	14.0
呢绒	万米	27400.13	10.5
丝	吨	102560.07	11.2
丝织品	万米	815336.36	17.0

销售量和库存

名称	单位	累计销售量	产销率%	12月末库存比年初增减%
纱	万吨	937.1	97.9	37.6
布	亿米	287.2	98.5	23.0
棉布	亿米	148.6	97.9	19.0
混纺交织布	亿米	66.8	100.3	-3.7
纯化纤布	亿米	70.7	96.2	59.2
绒线(毛线)	万吨	43.9	101.6	-22.9
呢绒	万米	27639.1	100.6	-5.0
丝	吨	100697.6	100.2	-2.7
丝织品	万米	790670.2	97.4	80.1

2004年中国纺织服装、鞋、帽制造业经济运行点评

纺织服装、鞋、帽制造业涉及衣食住行，与民生高度关联，是我国国民经济行业分类中的一个大类。2004年1~12月该行业产品销售收入为3879.81亿元（人民币，下同），全部从业人员为320.26万人，是典型的劳动密集型行业。

纺织服装、鞋、帽制造业范围

纺织服装制造	纺织面料鞋的制造	制帽
服装制造业	制鞋业	制帽业

一、总资产和资产负债率

据国家统计局统计，2004年1~12月该行业的资产总值为2770.50亿元，比上年同期上升了16.82个百分点。与此同时，流动资产平均余额也相应增加，2004年1~12月为1563.57亿元，比上年同期增加了16.26%；固定资产净值平均余额为740.76亿元，比上年同期增长了16.96%。

从全年资产负债率水平看，纺织服装、鞋、帽制造业资产负债率不高，1~12月份在57%左右。从资产负债率走势看，表现稳定，变化幅度小，2004年1~12月在56.13%-63.07%之间波动。年末时达到63.07%。

2004年纺织服装、鞋帽制造业总资产变化情况　（累计值：亿元）

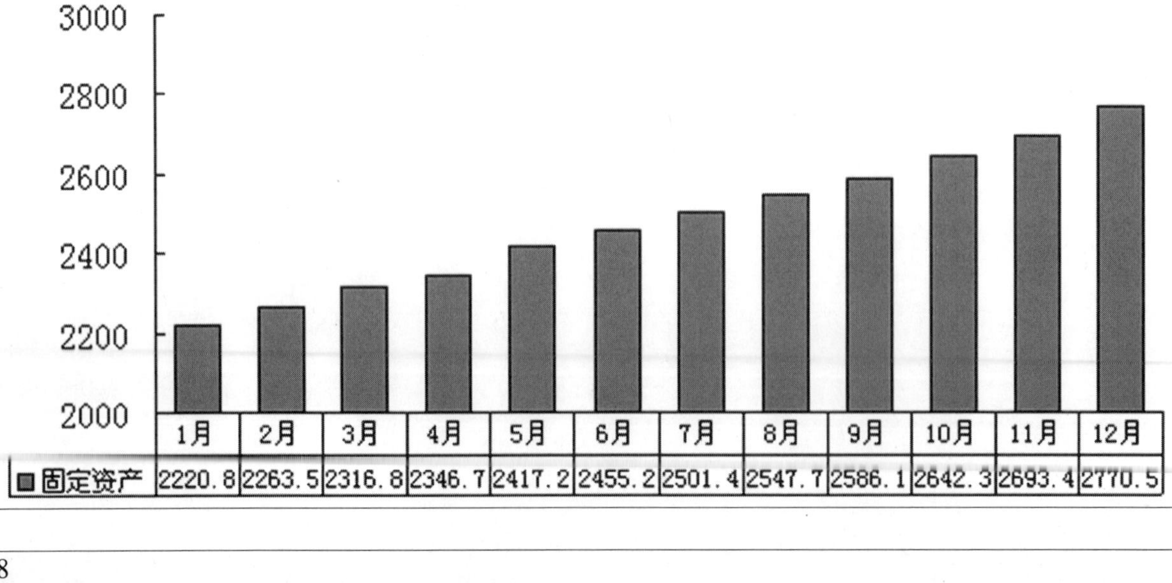

二、销售水平

从该行业的产成品销售情况看，2004 年 1~12 月累计产品销售收入为 3879.81 亿元，比上年同期增长了 21.33%。产品销售成本为 3340.51 亿元，比上年同期也增长了 21.64%。

下图反映了纺织服装、鞋、帽制造业 2004 年销售收入的变化趋势。

2004 年纺织服装、鞋帽制造业销售额变化情况　（累计值：亿元）

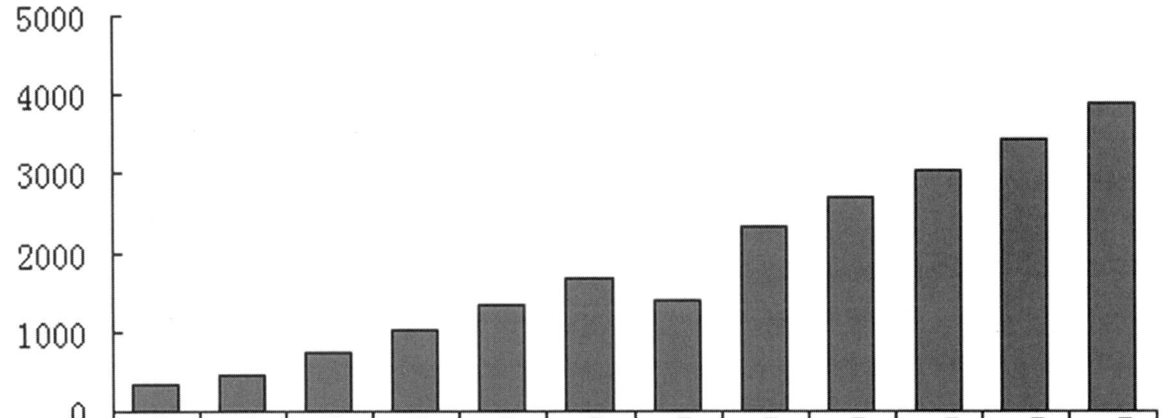

	1月	2月	3月	4月	5月	6月	7月	8月	9月	10月	11月	12月
■销售额	353.7	464.9	746.9	1035.2	1334.3	1673.5	1387.8	2329.2	2698.7	3053.4	3426.1	3879.8

三、利润水平

纺织服装、鞋、帽制造业 2004 年 1~12 月实现利润 152.52 亿元，上年同期为 129.73 亿元，增幅为 17.58%。

从销售利润率看，1~12 月平均为 2.74 元左右，即每卖出 100 元产品可得 2.74 元利润。从今年各月销售利润率走势看差别就在几分钱范围内，1 月最低，达到 3.52 元，5 月最高，为 3.71 元。2004 年 10~12 月保持在 2.99 元左右。

2004 年纺织服装、鞋帽制造业利润变化情况　（累计值：亿元）

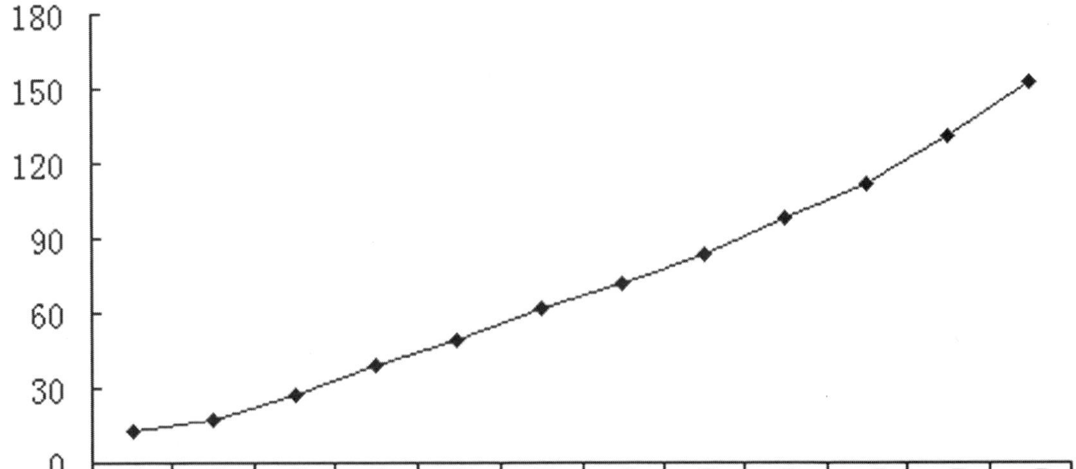

	1月	2月	3月	4月	5月	6月	7月	8月	9月	10月	11月	12月
—◆— 本年利润	13.15	17.01	27.31	38.94	49.49	61.78	72.26	84.09	98.24	111.71	130.51	152.52

四、企业亏损情况

2004 年 1~12 月纺织服装、鞋、帽制造业亏损企业的亏损额为 20.33 亿元，较上年同期增加了 34.22%。

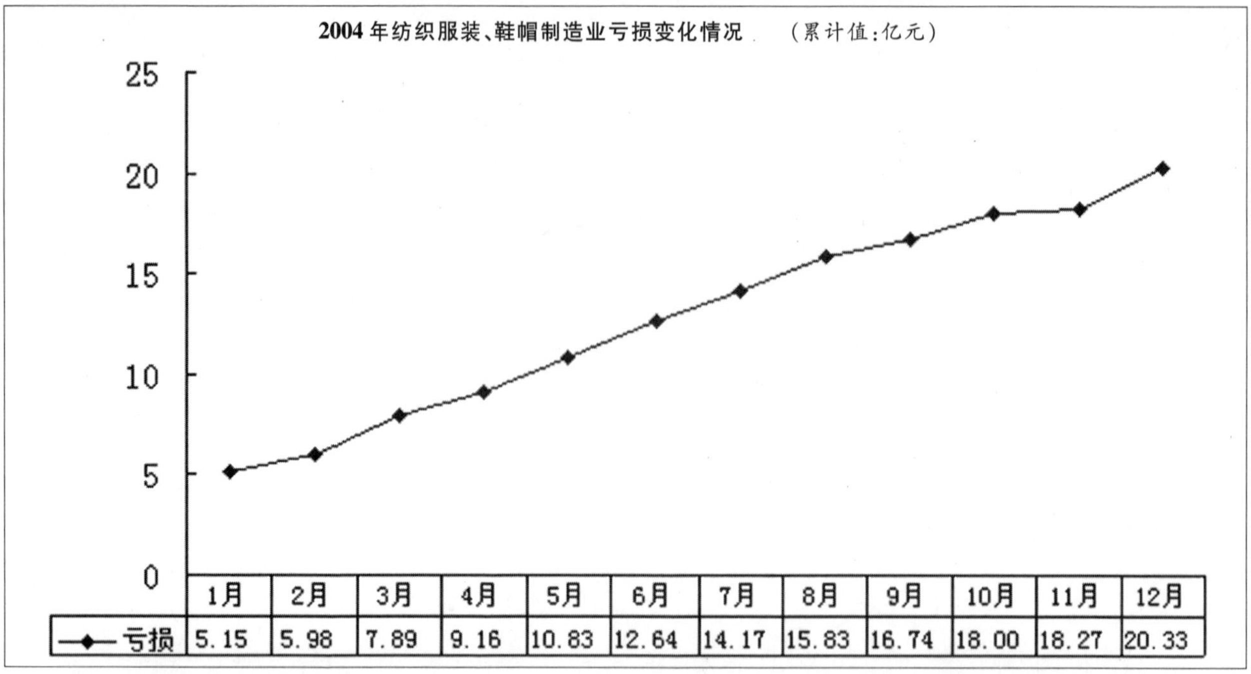

五、产品产量和产销率

从生产看,2004年1~12月我国累计生产服装1183266.14万件,比上年同期增产15.1%。

从销售和库存看,我国同期累计销售1185821.1万件,产销率为100.5%,12月末库存较年初减少了14.8%。

2004年中国皮革、皮毛、羽毛(绒)及其制品业经济运行点评

皮革、毛皮、羽毛(绒)及其制品业是我国国民经济行业分类中的一个大类,随着人民生活水平持续提高,其产品的市场需求也不断升温。2004年1~12月该行业产品销售收入为2577.18181.90亿元(人民币,下同),全部从业人员为175.16万人。

皮革、毛皮、羽毛(绒)及其制品业范围

皮革鞣制加工	轻革业、重革业、其他制革业
皮革制品制造	
皮鞋制造	皮鞋制造业
皮革服装制造	革皮服装制造业
皮箱、包(袋)制造	皮箱制造业皮包制造业
皮手套及皮装饰制品制造	其他类未包括的皮革制品业
其他皮革制品制造	其他类未包括的皮革制品业
毛皮鞣制及制品加工	
毛皮鞣制加工	毛皮鞣制业
毛皮服装加工	毛皮服装业
其他毛皮制品加工	其他毛皮制品业

续表

羽毛(绒)加工及制品制造	
羽毛(绒)加工	羽毛(绒)加工业
羽毛(绒)制品加工	羽毛(绒)制品业

一、总资产和资产负债率

据国家统计局统计，2004 年 1~12 月该行业的资产总值为 1669.80 亿元，比上年同期上升了 23.46%。与此同时，流动资产平均余额也相应增加，2004 年 1~12 月为 977.29 亿元，比上年同期增加了 23.83%；固定资产净值平均余额为 410.61 亿元，比上年同期增长了 17.53%。这些数据反映了 2004 年 1~12 月皮革、毛皮、羽绒及其制品业总资产增加的情况。

从 2004 年资产负债率水平看，皮革、毛皮、羽绒及其制品业资产负债率全年平均约为 56.74%左右。从资产负债率走势看，低开高走，温和上升具体分析看，从 1 月份 58.53%低点起步，7~8 月翘首到 60.71%，9 月份下降至 60.23%。年末为 56.6%。

2004 年皮革、毛皮、羽毛(绒)及其制品业总资产变化情况　(累计值:亿元)

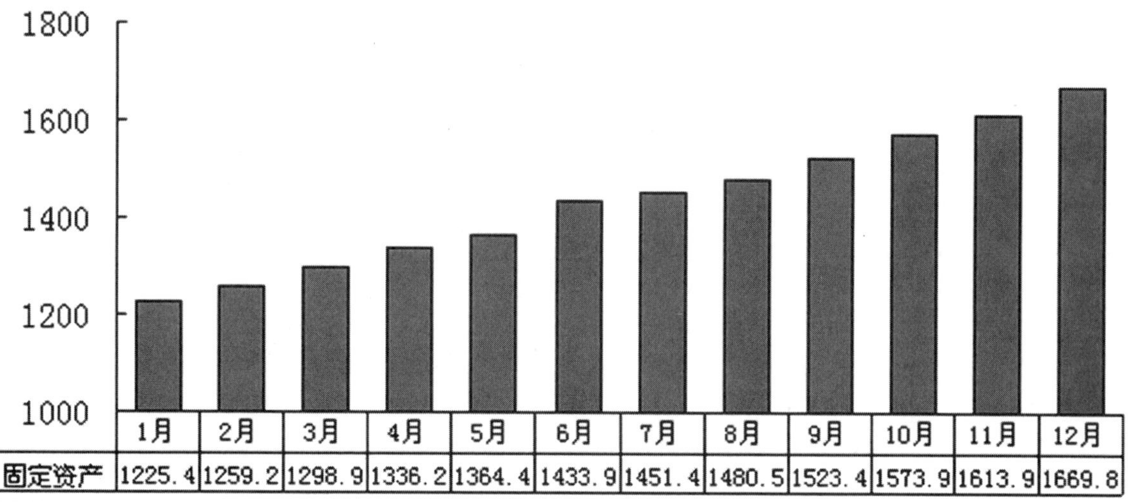

二、销售水平

从该行业的产成品销售情况看，2004 年 1~12 月累计产品销售收入为 2577.18 亿元，比去年同期增长了 22.82%。产品销售成本为 2273.95 亿元，比上年同期也增长了 22.14%。

下图反映了皮革、毛皮、羽绒及其制品业 2004 年销售收入的变化趋势。

2004 年皮革、毛皮、羽毛(绒)及其制品业销售额变化情况　(累计值:亿元)

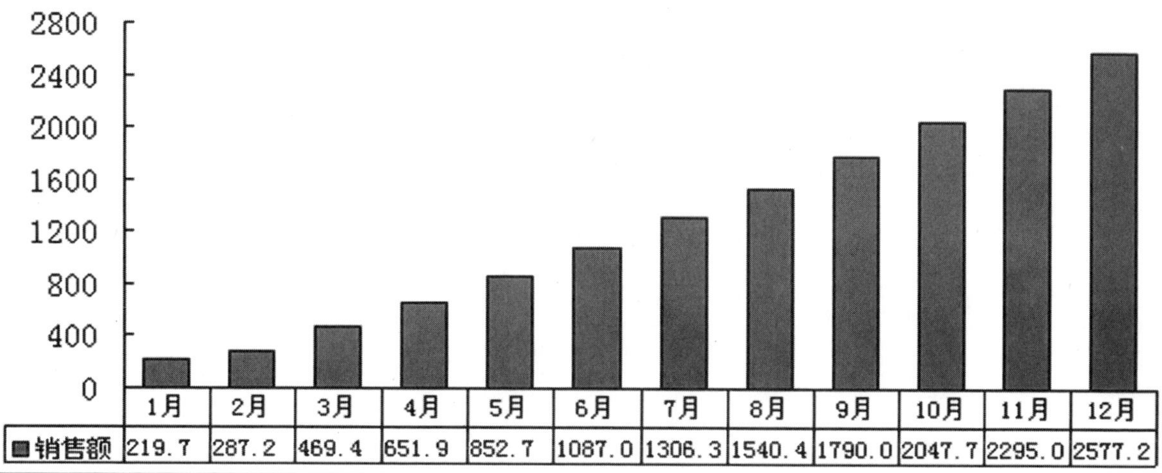

三、利润水平

皮革、毛皮、羽绒及其制品业 2004 年 1~12 月实现利润 99.01 亿元，上年同期为 76.03 亿元，增幅为 30.22%。

从销售利润率为来看，，总的趋势是逐渐增加，第一季度末最低，为 2.89 元，即每卖出 100 元产品产生利润 2.89 元，第二季度末时为 3.34 元，第三季度末上升为 3.59 元。第四季度末为 3.93%。

2004 年皮革、毛皮、羽毛(绒)及其制品业利润变化情况　（累计值：亿元）

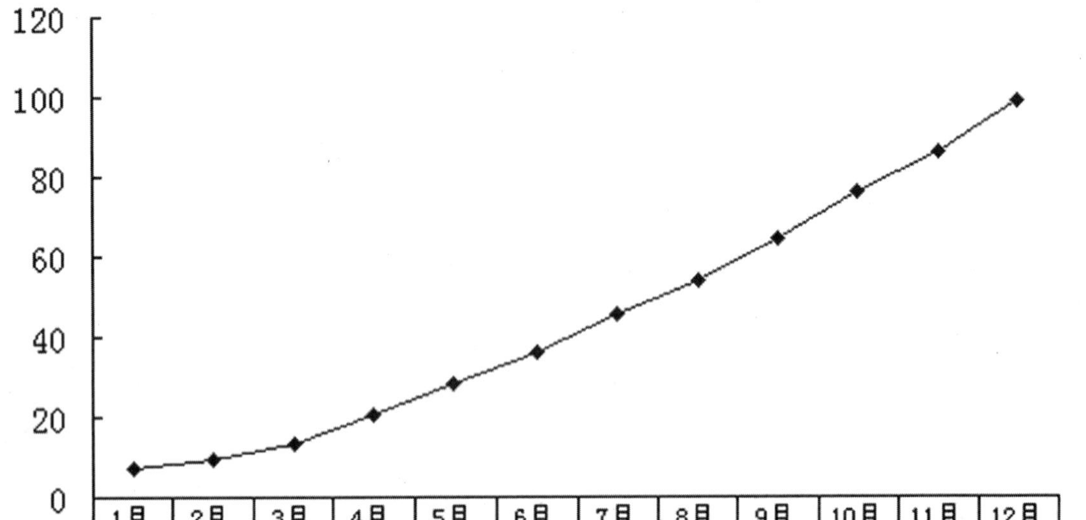

	1月	2月	3月	4月	5月	6月	7月	8月	9月	10月	11月	12月
—◆— 本年利润	7.04	9.32	13.57	20.64	28.56	36.31	45.48	54.08	64.21	75.96	86.01	99.01

四、企业亏损情况

2004 年 1~12 月皮革、毛皮、羽绒及其制品业亏损企业的亏损额为 9.94 亿元，较上年同期增加了 10.06%。

2004 年皮革、毛皮、羽毛(绒)及其制品业亏损变化情况　（累计值：亿元）

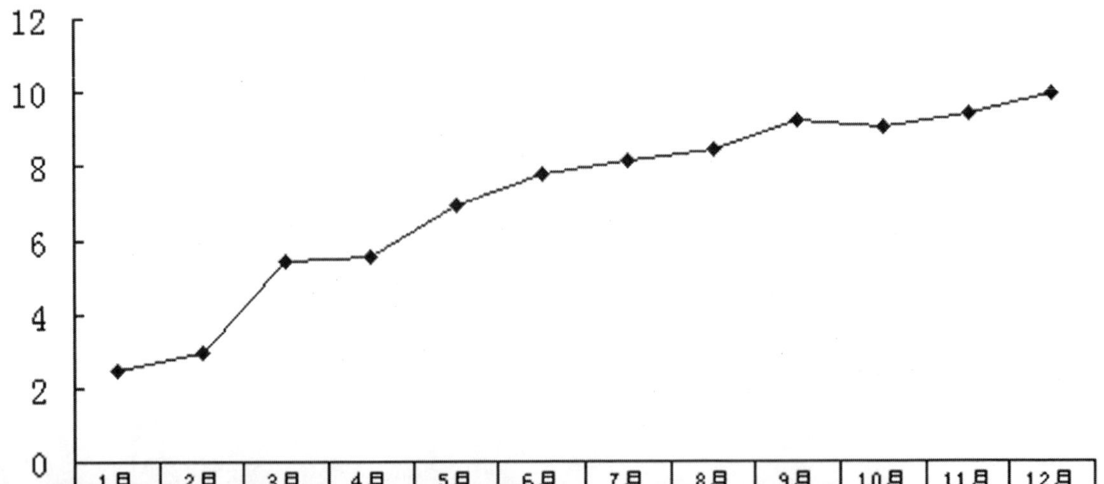

	1月	2月	3月	4月	5月	6月	7月	8月	9月	10月	11月	12月
—◆— 亏损	2.48	2.98	5.43	5.55	6.96	7.80	8.14	8.46	9.25	9.06	9.43	9.94

2004年中国木材加工及竹、藤、棕、草制品业经济运行点评

木材加工及竹、藤、棕、草制品业是我国国民经济行业分类中的一个大类。2004年1~12月该行业产品销售收入为1215.77亿元(人民币,下同),全部从业人员为69.96万人。

木材加工及木、竹、藤、棕、草制品业范围

锯材、木片加工	
锯材加工	锯材加工业
木片加工	木片加工业
人造板制造	
胶合板制造	胶合板制造业
纤维板制造	纤维板制造业
刨花板制造	刨花板制造业
其他人造板、材制造	其他人造板制造业
木制品制造	
建筑用木料及木材组件加工	生产用木制品业
木容器制造	生活和生产用木制品业
软木制品及其他木制品制造	生产用木制品业林产化学产品制造业
竹、藤、棕、草制品制造	竹、藤、棕、草制品业

一、总资产和资产负债率

据国家统计局统计,2004年1-12月该行业的资产总值为1053.72亿元,比上年同期上升了16.89%。与此同时,流动资产平均余额也相应增加,2004年1~12月累计为466.80亿元,比上年同期增加了21.98%;固定资产净值平均余额累计为426.22亿元,比上年同期增长了11.54%。

从全年资产负债率水平看,木材加工及竹、藤、棕、草制品业资产负债率在58%上下徘徊。年初较高,为58.89%,第一季度末时为57.87%,第二季度末时为58.30%,第三季度末57.33%。年末下降到56.77%左右。总的趋势看,2004年1~12月资产负债率平缓下降,该行业资产负债率不算太高。

2004年木材加工及木、竹、藤、棕、草制品业总资产变化情况　（累计值:亿元）

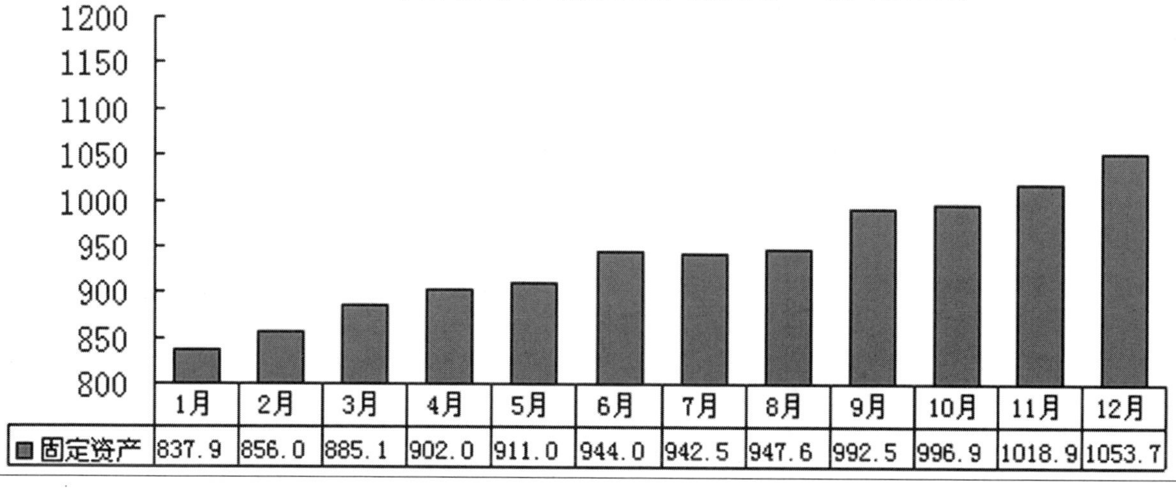

二、销售水平

从该行业的产成品销售情况看，2004 年 1~12 月累计产品销售收入为 1215.77 亿元，比去年同期增长了 28.24%。产品销售成本为 1053.52 亿元，比上年同期也增长了 26.82%。

下图反映了木材加工及竹、藤、棕、草制品业 2004 年销售收入的变化趋势。

2004 年木材加工及木、竹、藤、棕、草制品业销售额变化情况　（累计值：亿元）

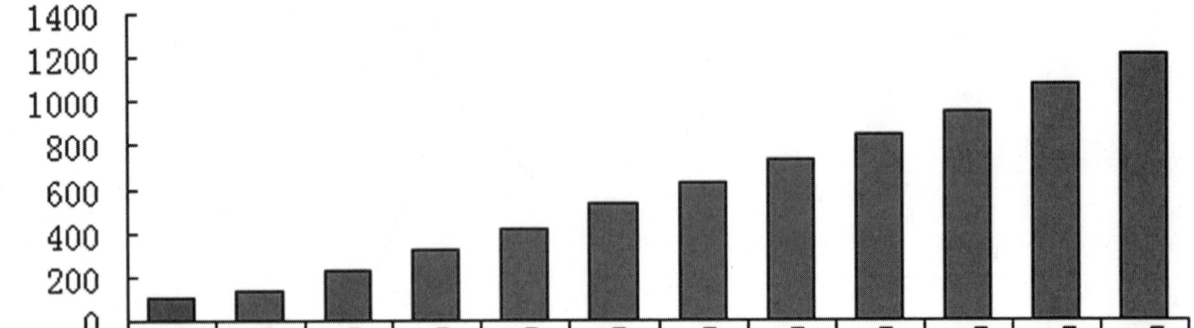

	1月	2月	3月	4月	5月	6月	7月	8月	9月	10月	11月	12月
■销售额	100.2	131.9	227.5	320.4	421.5	530.6	622.8	726.6	842.6	955.8	1073.2	1215.8

三、利润水平

木材加工及竹、藤、棕、草制品业 2004 年 1~12 月实现利润 52.83 亿元，上年同期为 35.63 亿元，增幅为 48.27%。

木材加工及竹、藤、棕、草制品业是低利润行业。2004 年 1~12 月销售利润率年初较低，为 3.18 元，即每卖出 100 元产品可得 3.18 元利润，然后逐渐呈上升趋势，到第二季度末时利润率为 4.08 元，第三季度末为 4.14 元。2004 年末升至 4.15 元。

2004 年木材加工及木、竹、藤、棕、草制品业利润变化情况　（累计值：亿元）

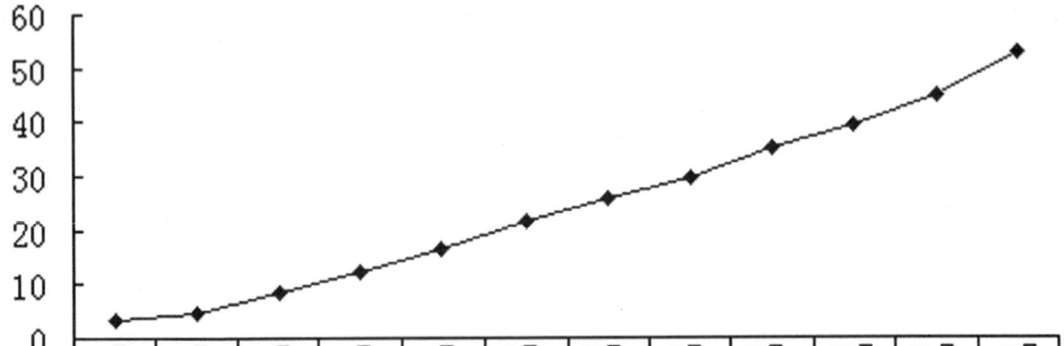

	1月	2月	3月	4月	5月	6月	7月	8月	9月	10月	11月	12月
—◆— 本年利润	3.26	4.44	8.28	12.27	16.39	21.66	25.98	29.70	34.91	39.32	44.84	52.83

四、企业亏损情况

2004 年 1~12 月木材加工及竹、藤、棕、草制品业亏损企业的亏损额为 7.57 亿元，较上年同期下降了 17.80%。

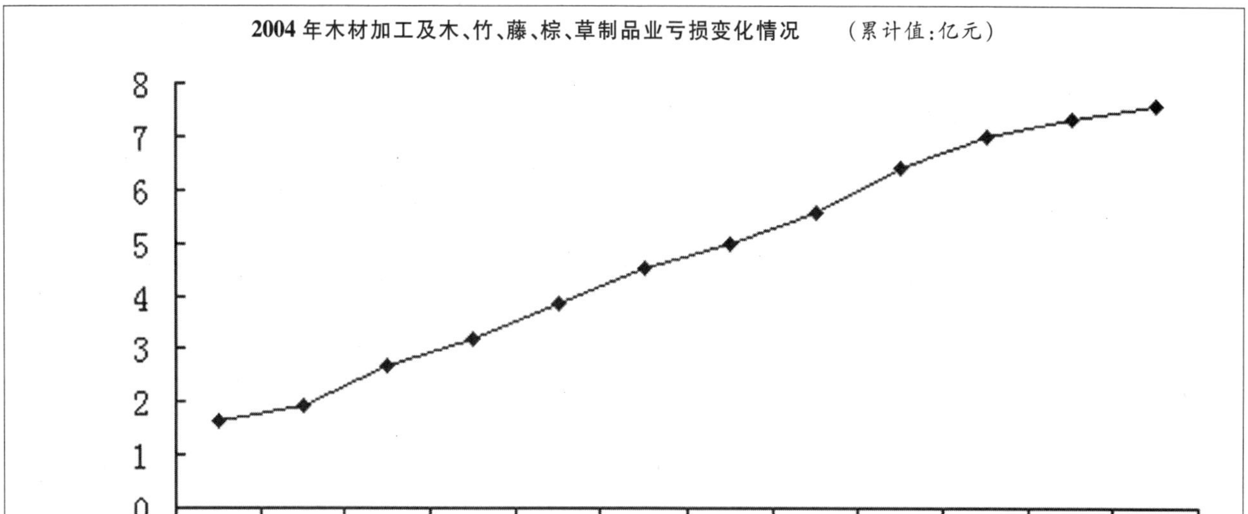

	1月	2月	3月	4月	5月	6月	7月	8月	9月	10月	11月	12月
亏损	1.63	1.94	2.7	3.19	3.86	4.52	4.98	5.56	6.42	6.99	7.32	7.57

五、2004 年 1~12 月产品产量和产销率

产品产量

名称	单位	累计产量	比去年同期增长%
人造板	万立方米	3774.51	32.2

销售量和库存

名称	单位	累计销售量	产销率%	12 月末库存比年初增减%
人造板	万立方米	3688.0	98.8	12.7

2004 年中国家具制造业经济运行点评

家具制造业是我国国民经济行业分类中的一个大类。2004 年 1~12 月该行业产品销售收入为 902.15 亿元（人民币，下同），全部从业人员为 52.79 万人。

家具制造业的范围

木质家具制造	木制家具制造业
竹、藤家具制造	竹、藤家具制造业
金属家具制造	金属家具制造业
塑料家具制造	塑料家具制造业
其他家具制造	其他家具制造业

一、总资产和资产负债率

据国家统计局统计，2004 年 1~12 月该行业的资产总值为 769.42 亿元，比上年同期上升了 24.09%。与此同时，流动资产平均余额也相应增加，2004 年 1~12 月累计为 397.53 亿元，比上年同期增加了 25.81%；固定资产净值平均余额累计为 233.09 亿元，比上年同期增长了 26.37%。

从 2004 年 1~12 月资产负债率水平看，家具制造业资产负债率不高，平均为 56.5%左右。第一季度末较低，为 55.16%，第二季度末为 56.63%，第三季度末为 56.56%，第四季度末为 %，总的来看变化趋势非常平稳。

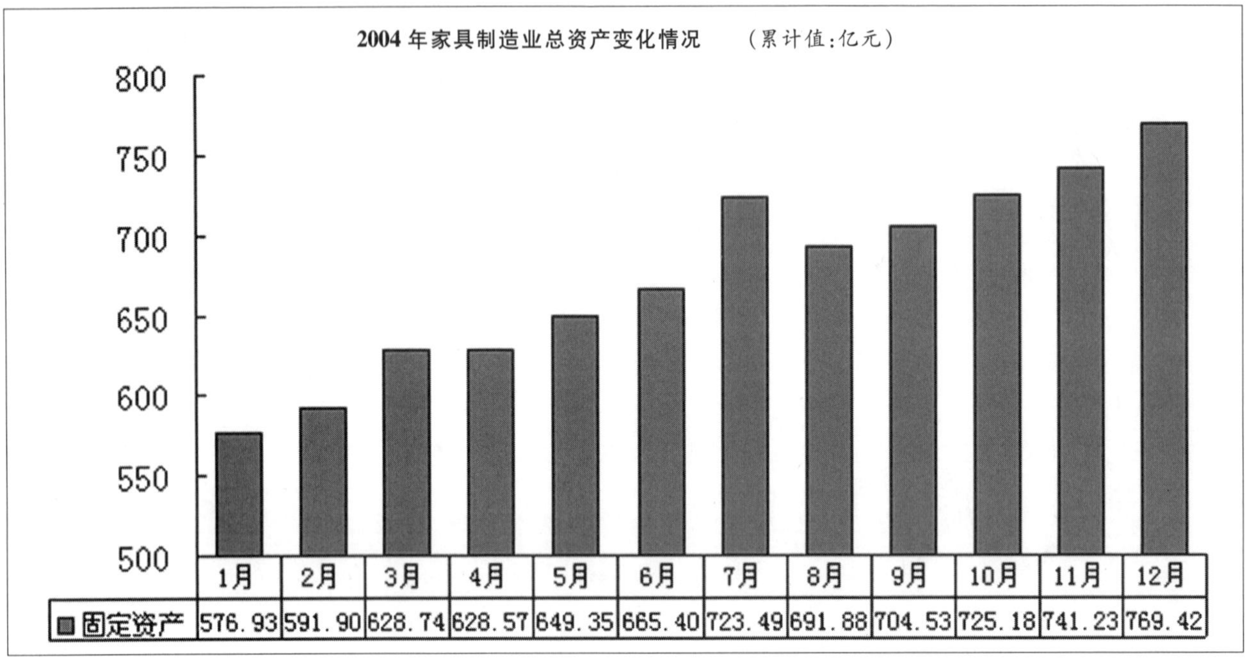

二、销售水平

从该行业的产成品销售情况看，2004 年 1~12 月累计产品销售收入为 902.15 亿元，比去年同期增长了 32.28%。产品销售成本为 775.64 亿元，比上年同期也增长了 35.35%。

下图反映了家具制造业 2004 年销售收入的变化趋势。

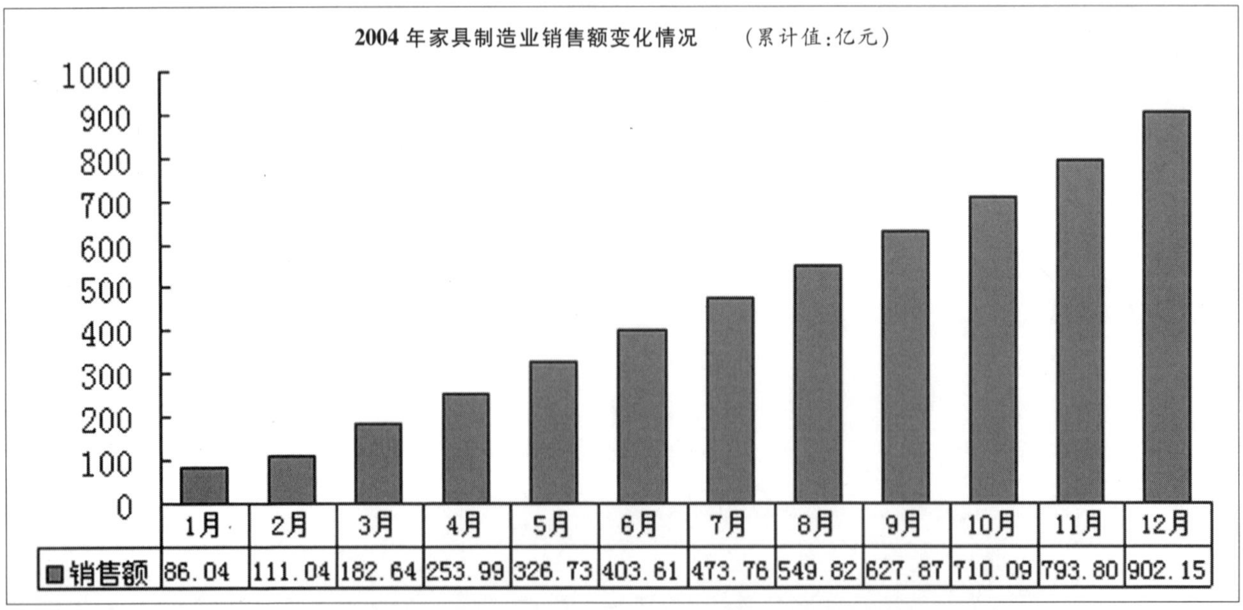

三、利润水平

家具制造业 2004 年 1~12 月实现利润 39.86 亿元，上年同期为 28.83 亿元，增幅为 38.26%。

从销售利润率分析，家具制造业利很薄，1~12 月约为 4.1 元左右，即卖 100 元家具产品收回 4.1

元利润。分月看,总的趋势是上升的,例如,1 月该行业销售利润率只有 3.69 元,9 月份出现高峰达到 4.33 元，总的趋势是小幅度上升，年末达到 4.52 元。

2004 年家具制造业利润变化情况　（累计值:亿元）

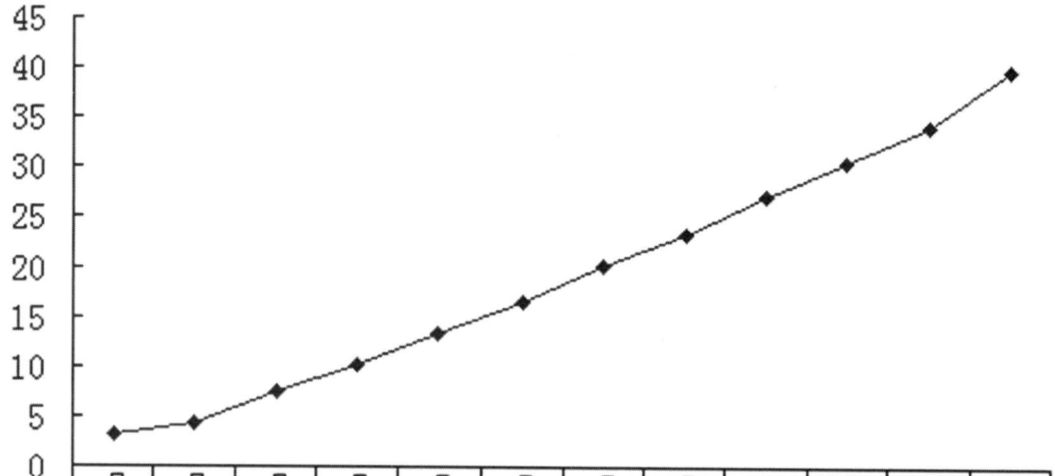

	1月	2月	3月	4月	5月	6月	7月	8月	9月	10月	11月	12月
本年利润	3.20	4.21	7.35	10.24	13.38	16.44	20.11	23.20	27.20	30.54	34.24	39.86

四、企业亏损情况

2004 年 1~12 月家具制造业亏损企业的亏损额为 4.69 亿元,较上年同期增加了 3.48%,反映家具制造业亏损面比较小。

2004 年家具制造业亏损变化情况　（累计值:亿元）

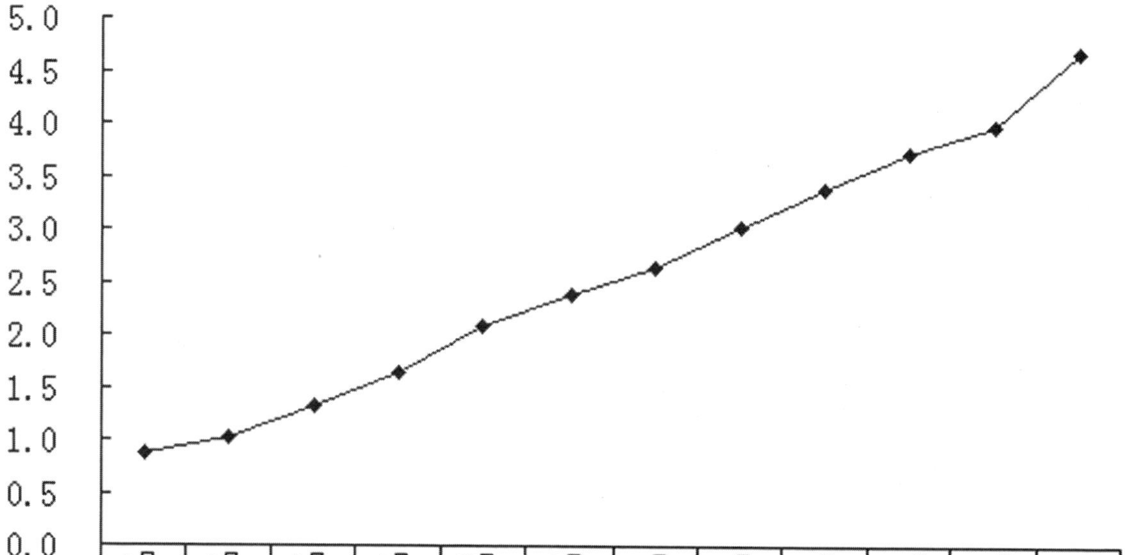

	1月	2月	3月	4月	5月	6月	7月	8月	9月	10月	11月	12月
亏损	0.87	1.03	1.31	1.64	2.09	2.39	2.63	3.02	3.38	3.72	3.98	4.69

2004年中国造纸及纸制品业经济运行点评

纸张和纸制品是重要的物资。纸业发展好坏直接影响到其他工业行业的发展，与人民生活水平的提高息息相关。造纸及纸制品业是我国国民经济行业分类中的一个大类。2004年1~12月该行业产品销售收入为2988.48亿元(人民币，下同)，全部从业人员为118.03万人。

造纸及纸制品业的范围

纸浆制造	纸浆制造业
造纸	
机制纸及纸板制造	机制纸及纸板制造业
手工纸制造	手工纸制造业
加工纸制造	加工纸制造业
纸制品制造	
纸和纸板容器的制造	纸制品业
其他纸制品制造	纸制品业

一、总资产和资产负债率

据国家统计局统计，2004年1~12月该行业的资产总值为3728.01亿元，比上年同期上升了13.58%。与此同时，流动资产平均余额也相应增加，2004年1~12月累计为1489.01亿元，比上年同期增加了17.45%，头寸比较宽余；固定资产净值平均余额累计为1575.49亿元，比上年同期增长了10.00%。

从1~12月的资产负债率水平看，造纸及纸制品业资产负债率在62.10%~62.97%之间徘徊。从总的走势看，全年走势平稳，波动幅度很小，年末为62.53%。

2004年造纸及纸制品业总资产变化情况　(累计值:亿元)

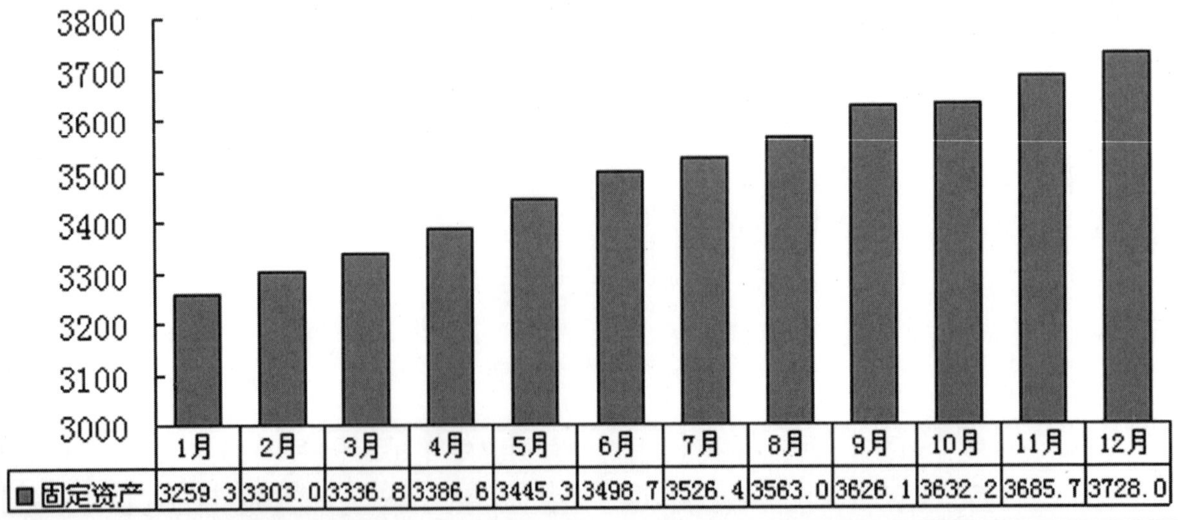

二、销售水平

随着我国经济建设的不断发展，对纸及纸制品的需求也越来越大。从2004年前1~12该行业的产成品销售情况看，累计产品销售收入为2988.48亿元，比上年同期增长了22.57%。产品销售成本为

96.09 亿元，比上年同期也增长了 18.85%。

下图反映了造纸及纸制品业 2004 年销售收入的变化趋势。

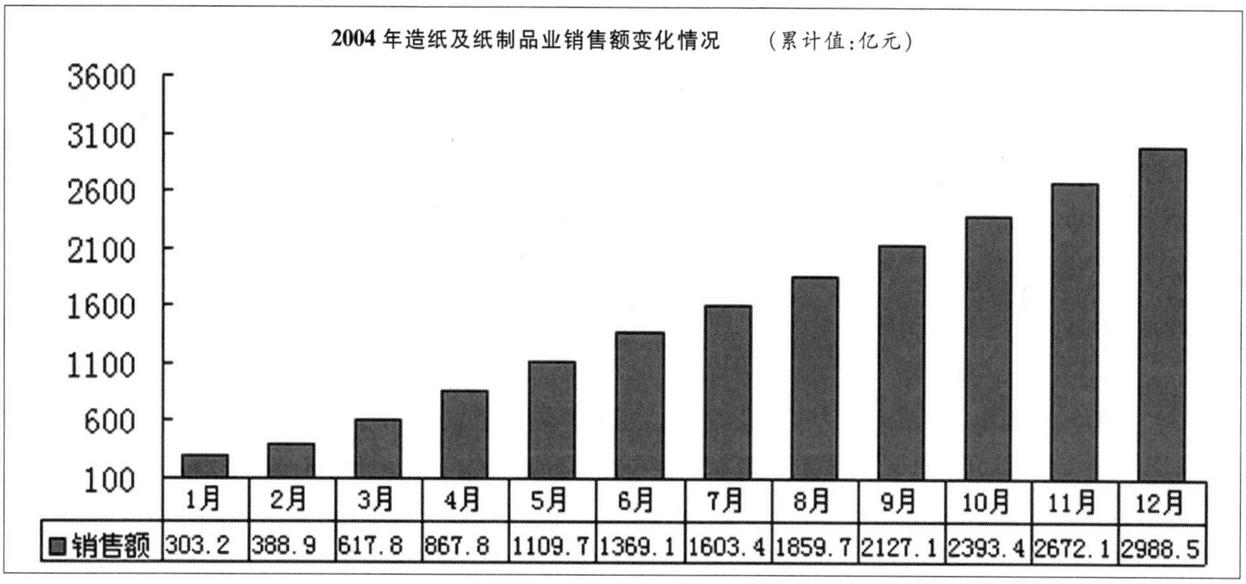

三、利润水平

造纸及纸制品业 2004 年 1~12 月实现利润 141.05 亿元，上年同期为 117.13 亿元，增幅为 20.44%。

从该行业的销售利润率看，利润率在 4.61~4.94 元之间，即每卖掉 100 元产品得利润 4.61~4.94 元。从走势分析，年初该行业销售利润率只有 4.61 元，5、6 月攀升到 4.94 元，第三季度又回落到 4.88 元，变化幅度非常小，年底达到 4.97 元。

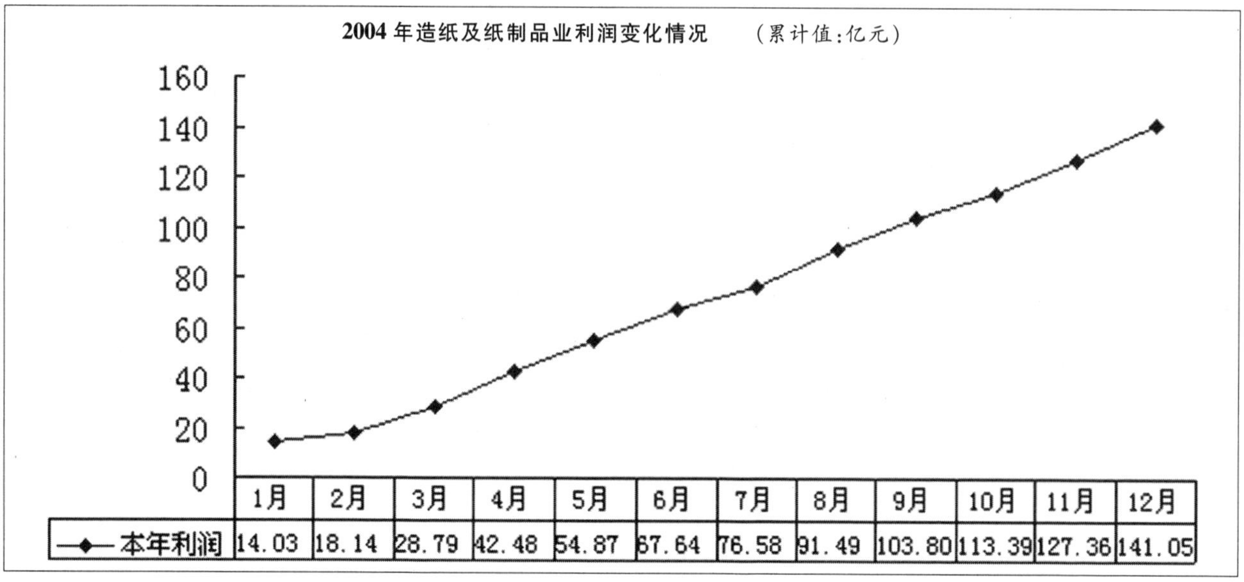

四、企业亏损情况

2004 年 1~12 月造纸及纸制品业亏损企业的亏损额为 26.48 亿元，较上年同期增长了 4.93%。数据表明，2004 年造纸行业亏损企业亏损额有较大幅度下降。

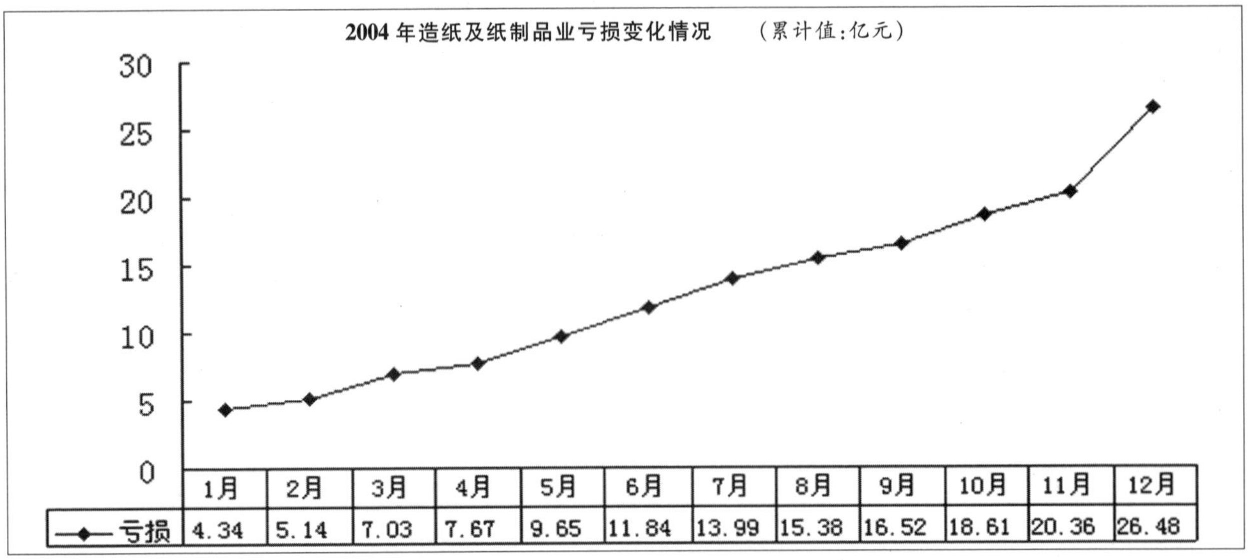

五、2004 年 1~12 月产品产量和产销率

从产销情况看，纸产品，尤其是新闻纸、凸版纸市场供货短缺的局面得到有效遏制，市场秩序改善。

产品产量

名称	单位	累计产量	比去年同期增长%
机制纸	万吨	2873.56	19.5
新闻纸	万吨	299.94	20.1
机制纸板	万吨	1989.64	21.7

销售量和库存

名称	单位	累计销售量	产销率%	9 月末库存比年初增减%
机制纸	万吨	2795.2	101.0	-8.5
新闻纸	万吨	307.2	102.5	-41.7
胶印书刊纸(含凸版纸)	万吨	171.1	96.3	51.9
机制纸板	万吨	1943.8	98.6	29.6

2004 年中国印刷业和记录媒介复制业经济运行点评

印刷业、记录媒介复制行业是我国国民经济行业分类中的一个大类，主要产品涉及印刷品、声光音像等媒介的复制产品，与信息传播，与文化、娱乐、生活密切相关。2004 年 1~12 月该行业产品销售收入为 1137.59 亿元(人民币，下同)，全部从业人员为 61.82 万人。

印刷业和记录媒介复制行业的范围

印刷	
书、报、刊印刷	书、报、刊印刷业
本册印制	本册制造业
包装装潢及其他印刷	包装装潢印刷业
装订及其他印刷服务活动	其他印刷业
记录媒介的复制	记录媒介的复制

一、总资产和资产负债率

据国家统计局统计，2004 年 1~12 月该行业的资产总值为 1535.76 亿元，比上年同期上升了 12.79%。与此同时，流动资产平均余额也相应增加，2004 年 1~12 月累计为 718.90 亿元，比上年同期增加了 16.40%；固定资产净值平均余额累计为 593.76 亿元，比上年同期增长了 11.50%。这些数据反映了 2004 年 1~12 月印刷业、记录媒介复制行业总资产增加的情况。

从 2004 年 1~12 月的资产负债率水平看，印刷业、记录媒介复制行业资产负债率在 52.28%~53.76%之间浮动，1 月最低为 52.28%，然后逐渐上升，到 9 月末为 53.76%，中间有小幅度波动。年底升至 54.86%左右。

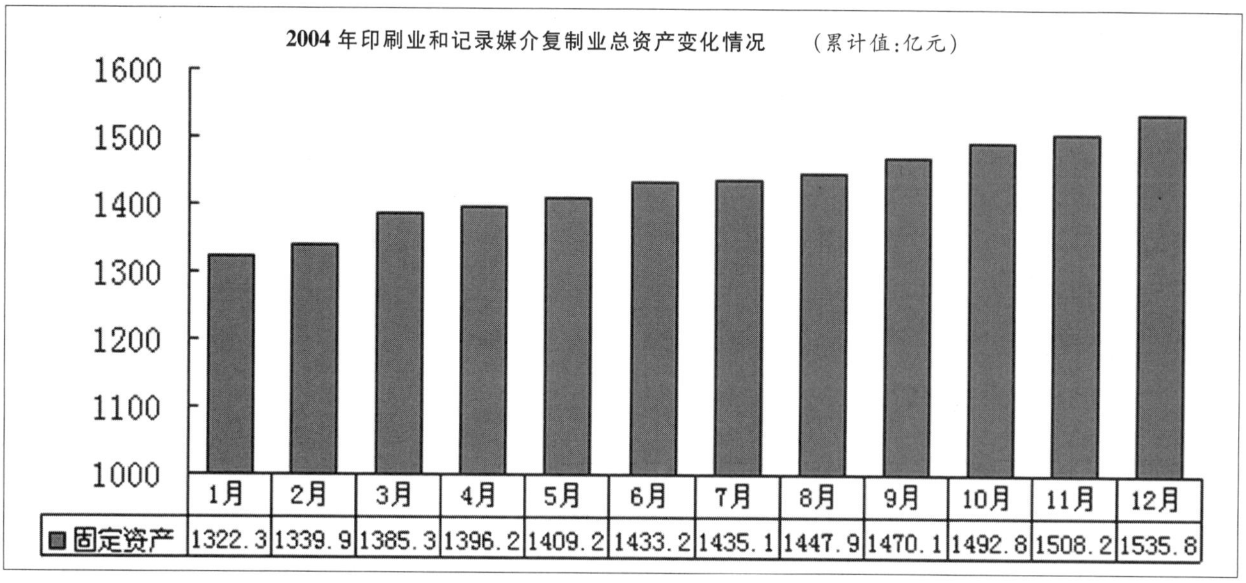

二、销售水平

从 2004 年 1~12 月该行业的产成品销售情况看，累计产品销售收入为 1137.59 亿元，比上年同期增长了 18.63%。产品销售成本为 921.46 亿元，比上年同期也增长了 19.23%。

下图反映了印刷业、记录媒介复制行业 2004 年销售收入的变化趋势。

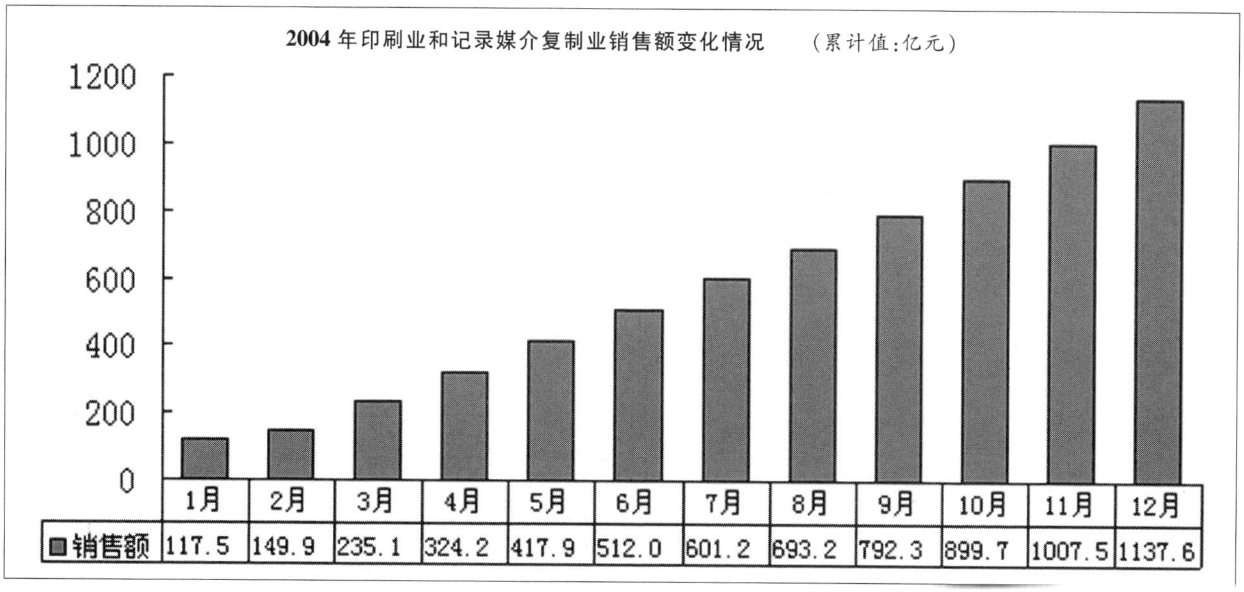

三、利润水平

印刷业、记录媒介复制行业2004年1~12月实现利润80.69亿元，上年同期为72.08亿元，增幅为11.95%。

从销售利润率看，利润率在5.59~7.16元之间，即该行业每卖出100元产品产生5.59~7.16元利润。从销售利润率的走势看，全年呈现平稳走高的态势，年初时只有5.59元，上半年不断攀升，到7月份升高到7.16元，9月略降到7.03元。

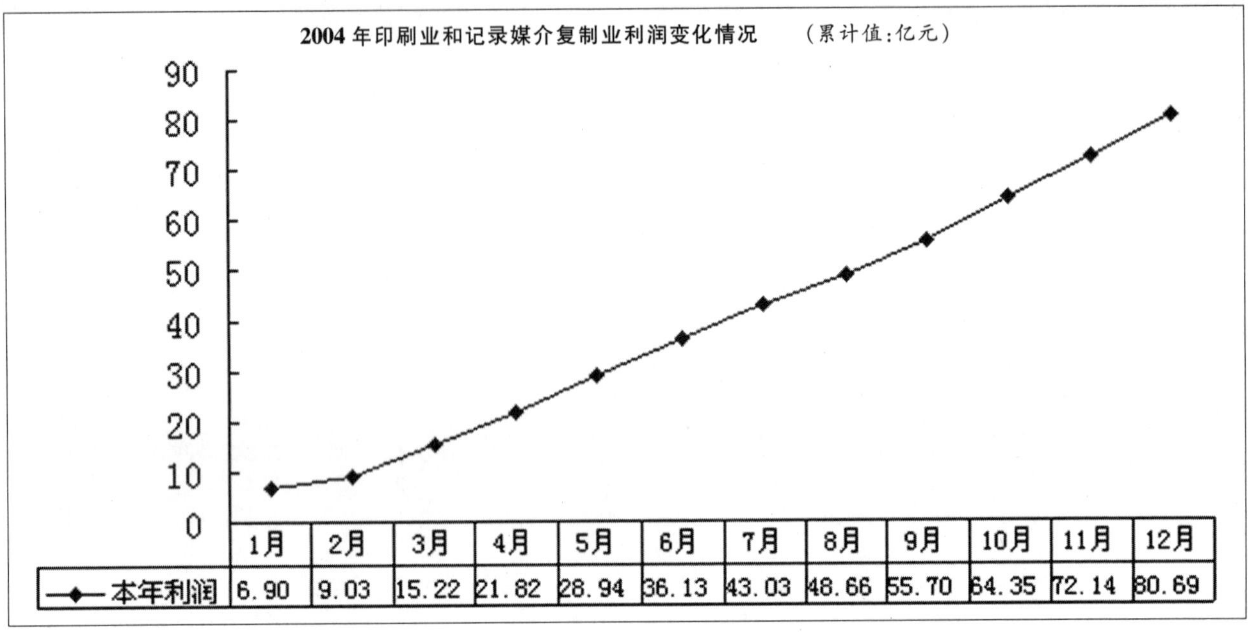

四、企业亏损情况

2004年1~12月印刷业、记录媒介复制行业亏损企业的亏损额为10.46亿元，较上年同期增加了11.53%，反映印刷业、记录媒介复制行业亏损面略有加大。

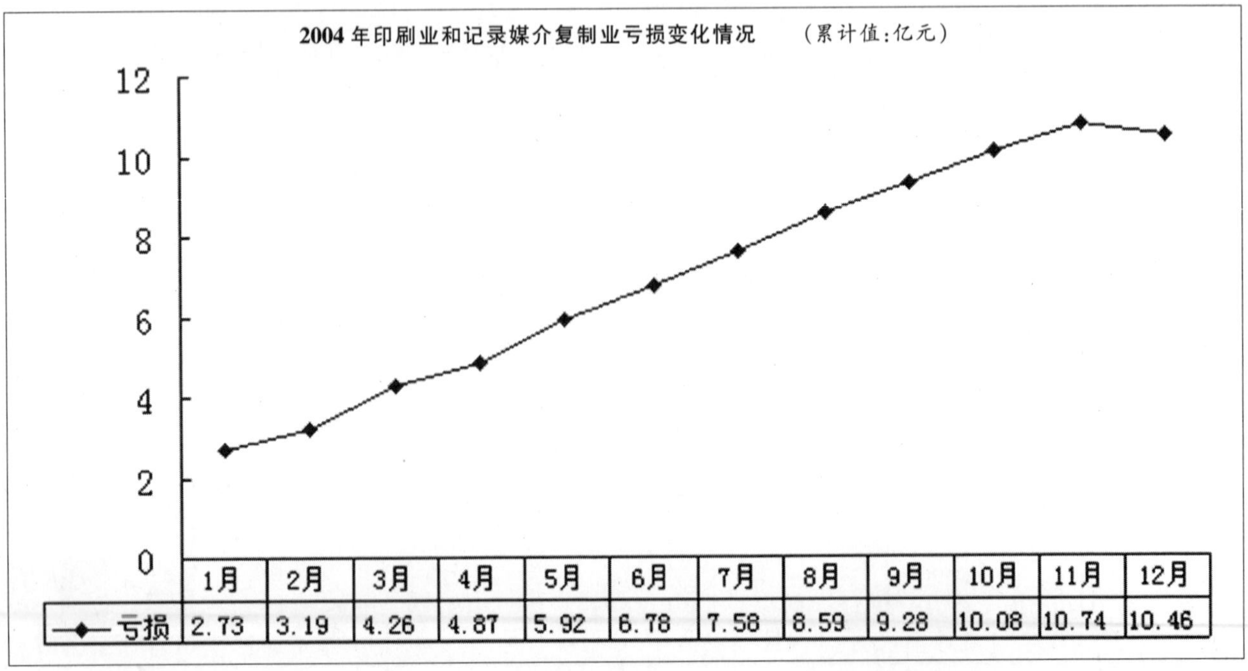

2004年中国文化体育用品制造业经济运行点评

文化体育用品制造业业我国国民经济行业分类中的一个大类。2004年1~12月该行业产品销售收入为1116.95亿元(人民币,下同),全部从业人员为93.79万人。

文教体育用品制造业的范围

文化用品制造	
文具制造	文具制造业
笔的制造	笔制造业
教学用模型及教具制造	教学标本、模型制造业
墨水、墨汁制造	文具制造业
其他文化用品制造	其他文化用品制造业
体育用品制造	
球类制造	球类制造业
体育器材及配件制造	体育器材制造业
训练健身器材制造	其他体育用品制造业
运动防护用具制造	其他体育用品制造业
其他体育用品制造	其他渔具制造业其他体育用品制造业
乐器制造	
中乐器制造	中乐器制造业
西乐器制造	西乐器制造业
电子乐器制造	电子乐器制造业
其他乐器及零件制造	其他乐器及文娱用品制造业
玩具制造	玩具制造业
游艺器材及娱乐用品制造	
露天游乐场所游乐设备制造	游艺器材制造业
游艺用品及室内游艺器材制造	其他类未包括的文教体育用品制造业

一、总资产和资产负债率

据国家统计局统计,2004年1~12月该行业的资产总值为853.04亿元,比上年同期上升了14.86%。与此同时,2004年1~12月流动资产平均余额为510.28亿元,比上年同期增加了17.65%;固定资产净值平均余额累计为233.61亿元,比上年同期增长了14.38%。

从1~9月的资产负债率水平看,文化体育用品制造业资产负债率在50.27%~55.83%之间浮动,全年平均为54.65%左右。从资产负债率走势看,1月份以50.27%的低点开端,第二季度升到54.48%,第三季度继续上升,9月末为55.83%。年底上升到57.84%左右。

二、销售水平

从2004年1~12月该行业的产成品销售情况看,累计产品销售收入为1116.95亿元,比上年同

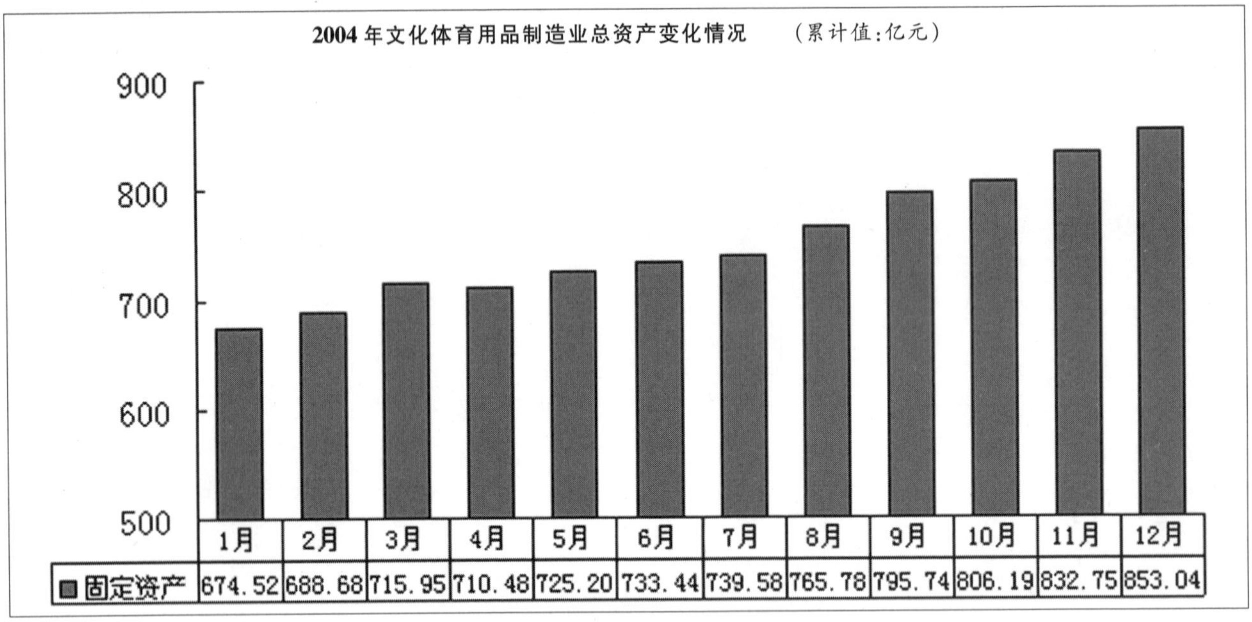

期增长了 18.78%。产品销售成本为 964.40 亿元，比上年同期也增长了 20.45%。

下图反映了文化体育用品制造业 2004 年销售收入的变化趋势。

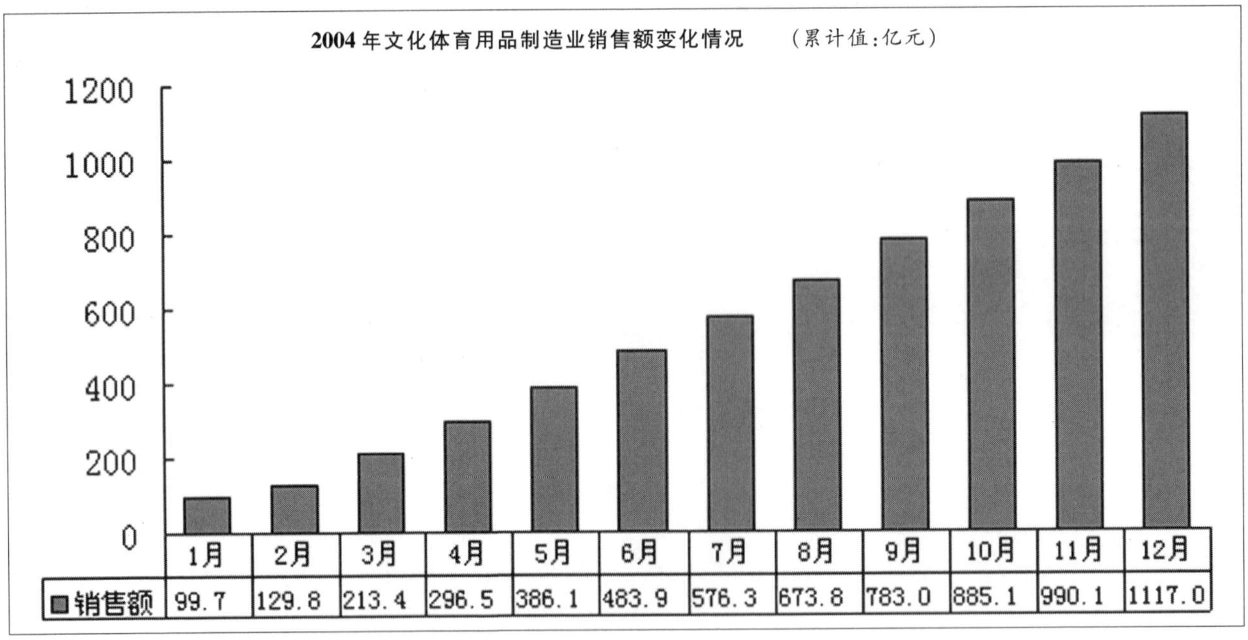

三、利润水平

文化体育用品制造业 2004 年 1~12 月产品实现利润 42.78 亿元，上年同期为 36.17 亿元，增幅为 18.27%。

从销售利润率看，基本在 2.28~3.37 元之间徘徊，即该行业每卖掉 100 元产品能获得 2.28~3.37 元利润。从销售利润率走势看，年初较高，1~2 月 3.03 元，4~5 月下降到 2.5 元左右，5 月升高到 3.0 元，6~7 月又下降到 2.95 元，9 月末时升高到了 3.37 元。年末上升到 4.07 元左右。

四、企业亏损情况

2004 年 1~9 月文化体育用品制造业亏损企业的亏损额为 6.97 亿元，较上年同期上升了 5.48%，反映文化体育用品制造业亏损面较小。

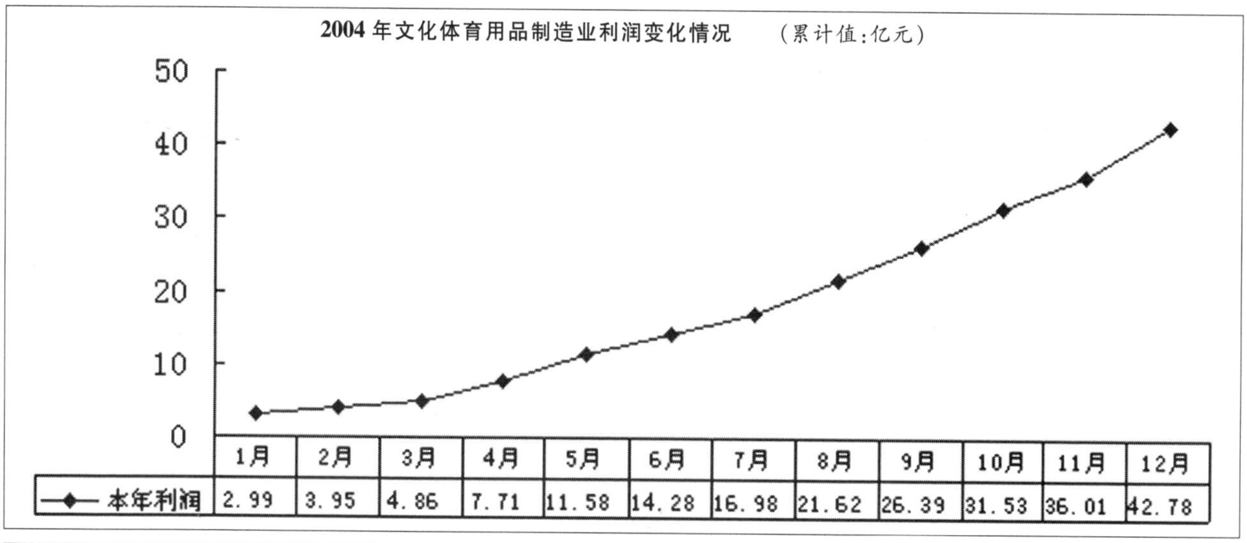

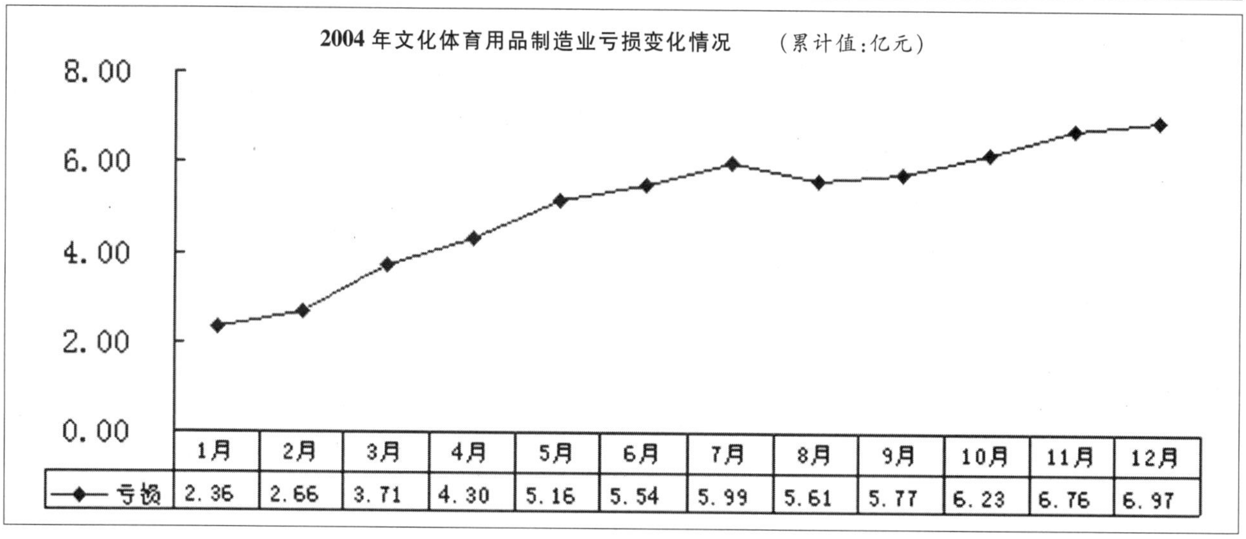

2004 年中国石油加工、炼焦及核燃料加工业经济运行点评

石油加工、炼焦及核燃料加工业是我国国民经济行业分类中的一个大类，也是重要的能源工业，其主要产品包括汽油、煤油、柴油、润滑油、各种石油化工产品、焦炭、核燃料。2004 年 1~12 月该行业产品销售收入为 8638.44 亿元（人民币，下同），全部从业人员为 62.73 万人。

石油加工、炼焦及核燃料加工业

精炼石油产品的制造	
原油加工及石油制品制造	原油加工业、石油制品业
人造原油生产	人造原油生产业
炼焦	炼焦业
核燃料加工	放射化学产品制造业其他稀有稀土金属冶炼业稀有稀土金属压延加工业

一、总资产和资产负债率

据国家统计局统计,2004 年 1~12 月该行业的资产总值为 4774.74 亿元，比上年同期增加 18.72%。与此同时,2004 年 1~12 月流动资产平均余额为 1767.06 亿元,比上年同期增加了 24.55%；固定资产净值平均余额累计为 2275.46 亿元,比上年同期增长了 8.02%。

从 1~12 月的资产负债率水平看，石油加工、炼焦及核燃料加工业的资产负债率在 50.32%~52.89%之间。从资产负债率走势看,年初最低,为 50.32%，然后逐渐上升，到 9 月末时最高,为 52.89%。年末升至 53.18%。

2004 年石油加工、炼焦及核心燃料加工业总资产变化情况　（累计值:亿元）

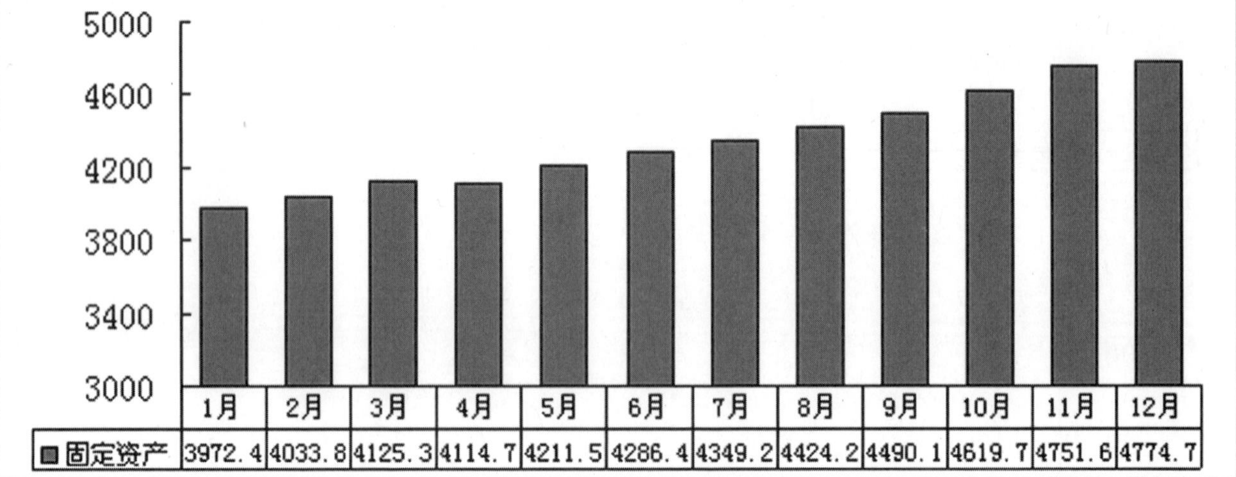

二、销售水平

从 2004 年前 1~12 该行业的产成品销售情况看,累计产品销售收入为 8638.44 亿元,比上年同期增加 36.97%,是近 5 年来形势最好的年头。产品销售成本为 7700.35 亿元,比上年同期也同步增加 37.99%,这种上升与国际石油价格上涨关系密切。下图反映了 2004 年石油加工、炼焦及核燃料加工业销售收入的变化趋势。

2004 年石油加工、炼焦及核心燃料加工业利润变化情况　（累计值:亿元）

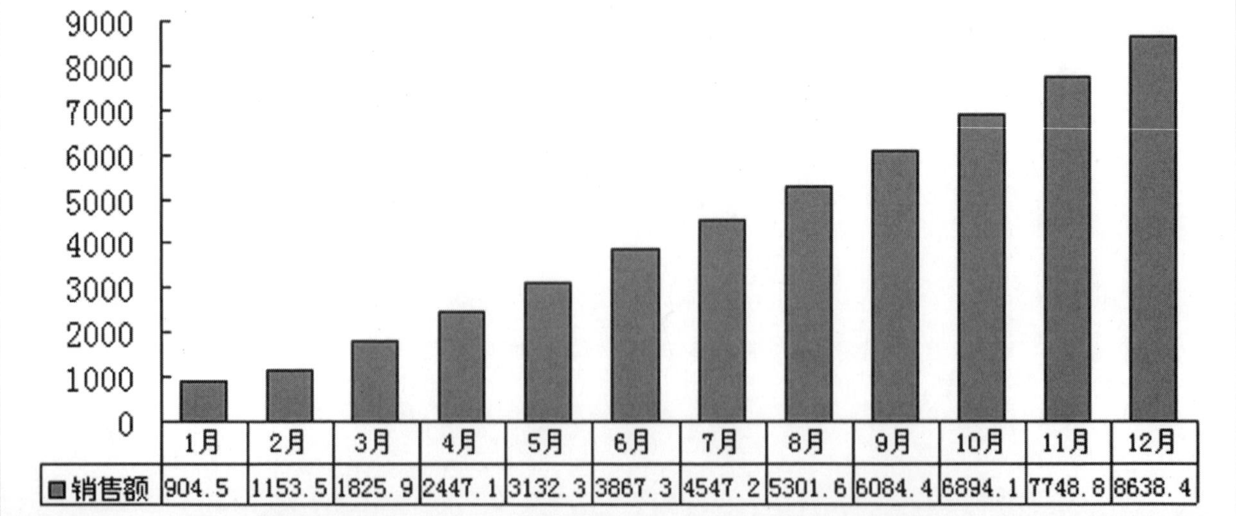

三、利润水平

石油加工、炼焦及核燃料加工业是国家的纳税大户,2004 年 1~12 月该行业实现利润 267.42 亿元,上年同期为 123.76 亿元,增幅为 116.08%,成效非常显著。

从销售利润率(行业每卖掉 100 元产品能获得的利润)，该行业利润率较去年有大幅度上升，基本在 3.25~4.70 元之间徘徊,。从销售利润率走势看,上半年较高,在 4.5 元左右,波动幅度较小,到了 7 月,利润迅速下降到了 3.84 元,8~9 月继续下降,9 月末利润率为 3.62 元。第四季度末降至在 3.25 元左右。

2004 年石油加工、炼焦及核心燃料加工业销售额变化情况 (累计值:亿元)

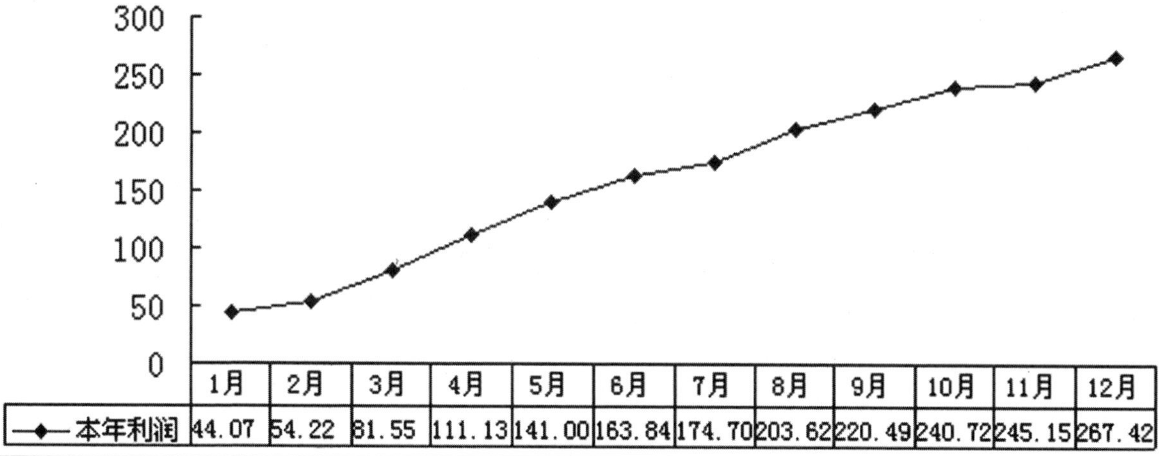

四、企业亏损情况

2004 年 1~12 月石油加工、炼焦及核燃料加工业亏损企业的亏损额为 44.23 亿元,较上年同期减少了 0.64%,2004 年对我国石油加工、炼焦及核燃料加工业继续扭亏,扭亏的幅度比较大。

2004 年石油加工、炼焦及核心燃料加工业亏损变化情况 (累计值:亿元)

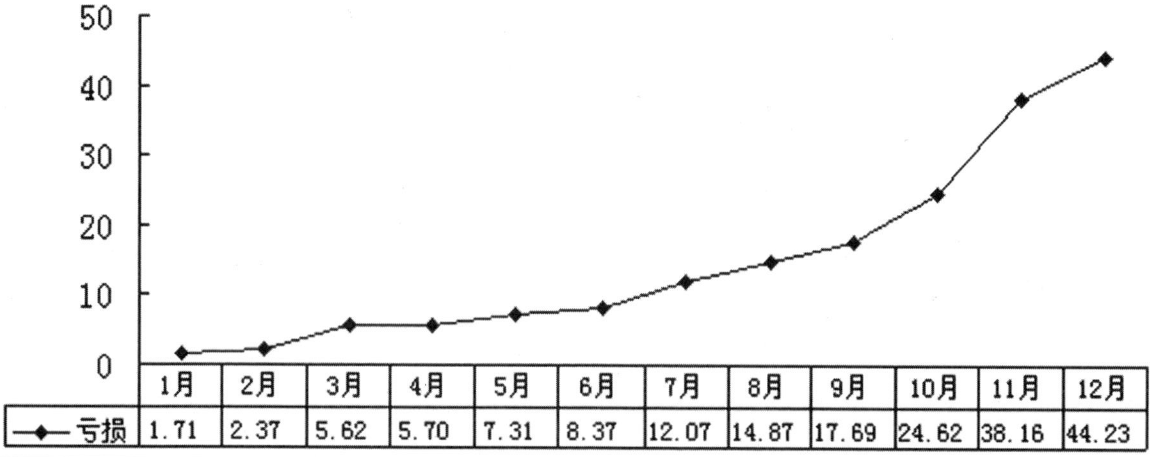

五、2004 年 1~12 月产品产量和产销率

产品产量

名称	单位	累计产量	比去年同期增长%
原油	万吨	27306.77	13.7
汽油	万吨	5249.77	10.2
煤油	万吨	970.45	14.1
柴油	万吨	10162.08	19.5
润滑油	万吨	40.99	13.6
燃料油	万吨	2082.55	7.6
焦炭	万吨	17748.50	25.8

2004 年 1~12 月产品销售量和库存

名称	单位	累计销售量	产销率%	12 月末库存比年初增减%
汽油	万吨	5093.3	99.7	21.4
煤油	万吨	921.4	98.8	67.5
柴油	万吨	10112.4	99.8	29.7
润滑油	万吨	465.8	101.1	-4.8
燃料油	万吨	1700.6	100.3	-17.3
焦炭	万吨	11697.6	98.7	36.1

2004 年中国化学原料及化学品制造业经济运行点评

化学原料及化学品制造业是我国国民经济行业分类中的一个大类，主要产品包括各种化工原料和化学品。2004 年 1~12 月该行业产品销售收入为 11983.14 亿元（人民币，下同），全部从业人员为 315.66 万人。

化学原料及化学品制造业

基础化学原料制造	无机酸制造、无机碱制造、无机盐制造、有机化学原料制造、其他基础化学原料制造
肥料制造	氮肥制造、磷肥制造、钾肥制造、复混肥料制造、有机肥料及微生物肥料制造、其他肥料制造
农药制造	化学农药制造、生物化学农药及微生物农药制造
涂料、油墨、颜料及类似产品制造	涂料制造、油墨及类似产品制造、颜料制造、染料制造、密封用填料及类似品制造
合成材料制造	初级形态的塑料及合成树脂制造、合成橡胶制造、合成纤维单(聚合)体的制造、其他合成材料制造
专用化学产品制造	化学试剂和助剂制造、专项化学用品制造、林产化学产品制造、炸药及火工产品制造、信息化学品制造、环境污染处理专用药剂材料制造、动物胶制造、其他专用化学产品制造
日用化学产品制造	肥皂及合成洗涤剂制造、化妆品制造、口腔清洁用品制造、香料和香精制造、其他日用化学产品制造

一、总资产和资产负债率

据国家统计局统计，2004 年 1~12 月该行业的资产总值为 12118.60 亿元，比上年同期增加 14.03%。与此同时，2004 年 1~12 月流动资产平均余额为 5059.24 亿元，比上年同期增加 18.87%；固定资产净值平均余额累计为 4727.41 亿元，比上年同期增长了 8.03%。

从今年 1~12 月的资产负债率水平看，化学原料及化学品制造业的资产负债率在 57.09%~57.71%之间波动，年初较高，为 57.71%，然后逐渐略降，9 月末为 57.09%。从资产负债率走势看，全年走势平坦，波动不大。

二、销售水平

从 2004 年 1~12 月该行业的产成品销售情况看，累计产品销售收入为 11983.14 亿元，比去年同

2004 年化学原料及化学品制造业总资产变化情况 （累计值：亿元）

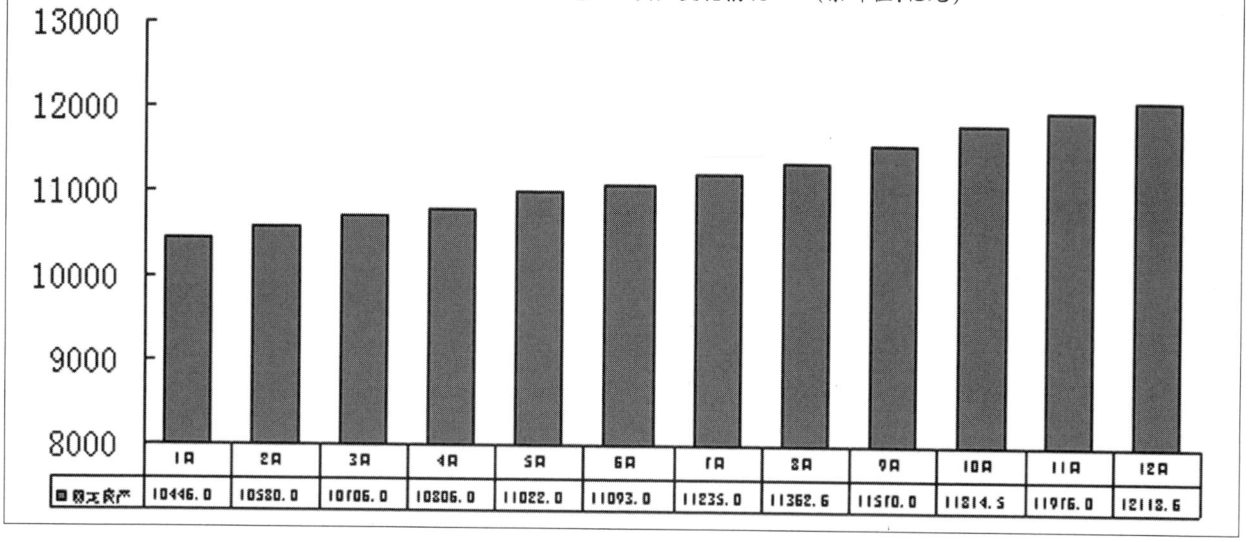

期增加 33.33%。产品销售成本为 9727.82 亿元，比上年同期也同步增加 31.83%。

下图反映了 2004 年化学原料及化学品制造业销售收入的变化趋势。

2004 年化学原料及化学品制造业销售额变化情况 （累计值：亿元）

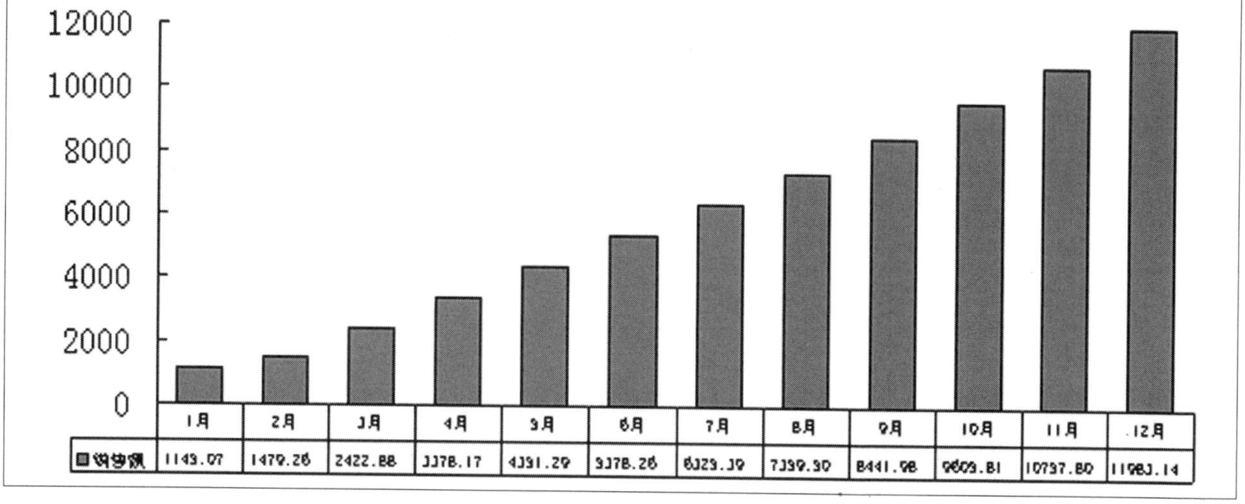

三、利润水平

化学原料及化学品制造业 2004 年 1~12 月实现利润 856.26 亿元，上年同期为 459.32 亿元，增幅为 86.42%，成效斐然。

从销售利润率（每卖掉 100 元产品能获得利润）看，2004 年 1~12 月该行业利润率平均为 6.6 元左右。从销售利润率走势看，变化幅度不大，比较平稳，1 月份最低为 6.33 元，第一季度末涨到 6.64 元，第二季度末下降至 6.59 元，第三季度末涨至 6.81 元。第四季度末上涨到 7.27 元。

四、企业亏损情况

2004 年 1~12 月化学原料及化学品制造业亏损企业的亏损额为 78.77 亿元，较上年同期减少了 5.34%，2004 年化学原料及化学品制造业继续减亏，成效显著。

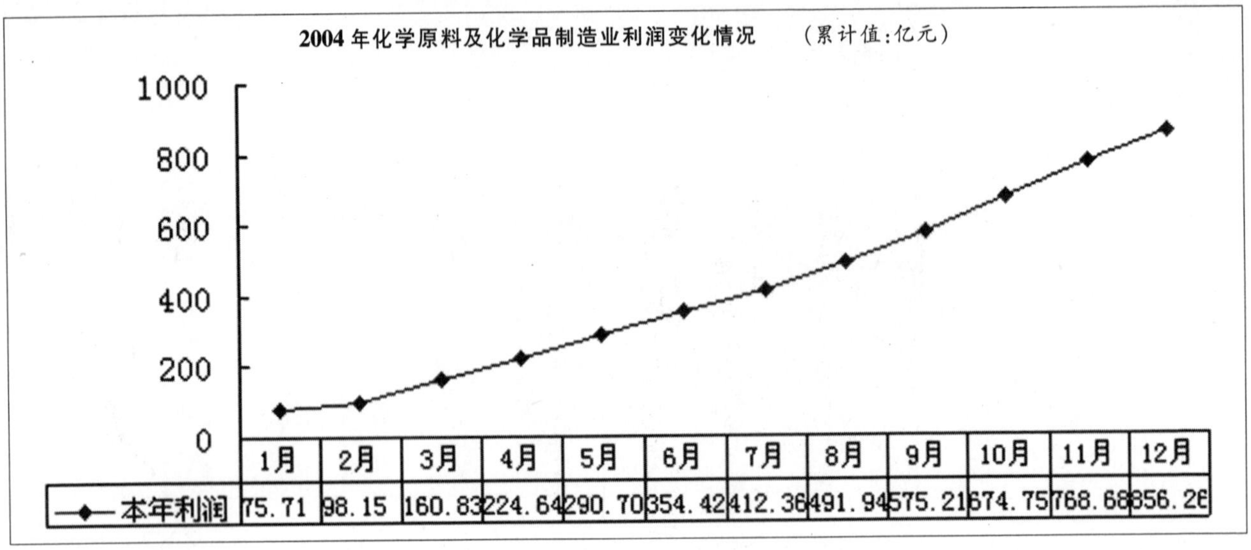

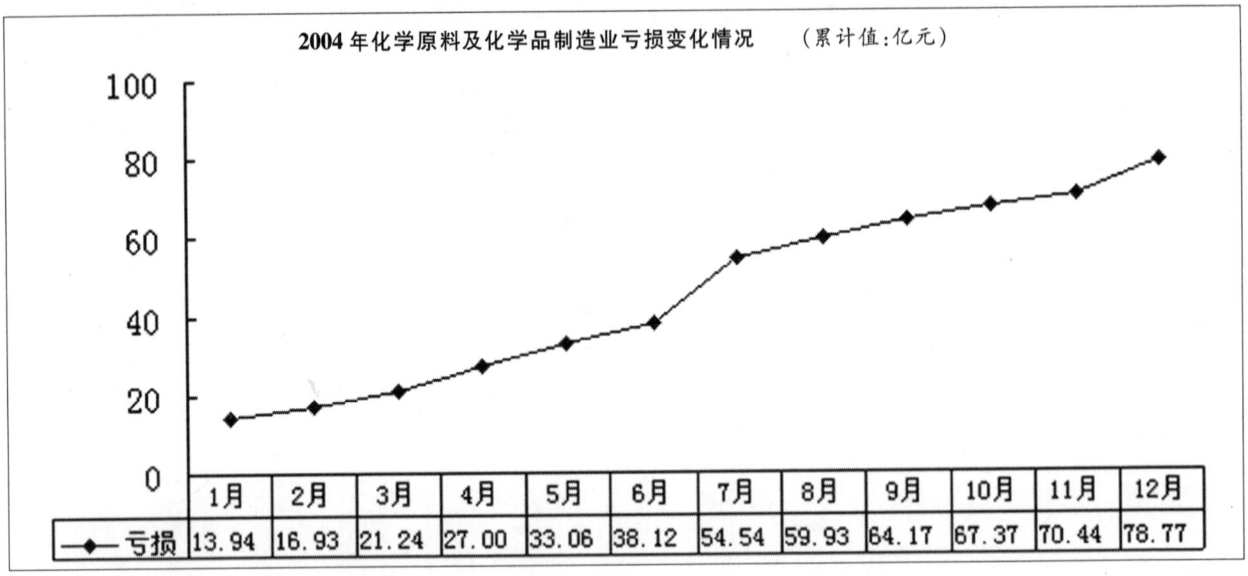

五、2004 年 1~12 月产品产销量、产销率和库

产品名称	单位	1~12 月累计产量	1~12 月累计销量	1~12 月累计产销率%	12 月末累计库存比年初±%
硫酸	万吨	3824.94	1727.0	99.7	-10.4
浓硝酸	万吨	126.46	110.3	100.0	2.0
烧碱	万吨	1060.26	967.2	99.4	8.1
纯碱	万吨	1266.79	1218.5	99.6	17.8
合成氨	万吨	4222.20	1166.9	99.1	48.9
氮肥	万吨	3304.07	3213.8	98.7	47.3
尿素	万吨	1923.50	1838.6	96.6	87.7
磷肥	万吨	1002.97	942.0	96.7	21.1
钾肥	万吨	206.34	210.4	102.0	-16.0
化学农药	万吨	86.96	83.6	99.0	6.2
乙烯	万吨	626.58	56.4	100.1	-20.5
纯苯	万吨	255.63	174.9	103.2	43.1
冰醋酸	万吨	115.16	89.4	97.2	147.6
油漆	万吨	184.78	182.8	99.3	7.6

续表

产品名称	单位	1~12 月累计产量	1~12 月累计销量	1~12 月累计产销率%	12 月末累计库存比年初±%
梁料	万吨	84.26	83.7	100.9	-13.6
合成橡胶	万吨	147.76	147.8	100.0	-5.4
合成洗涤济	万吨	436.36	440.6	101.5	1.5

2004 年中国医药制造业经济运行点评

医药制造业是我国国民经济行业分类中的一个大类，产品关系人民身体健康，是重要的民生行业。2004 年 1~12 月该行业产品销售收入为 3213.00 亿元（人民币，下同），全部从业人员为 118.51 万人。

医药制造业的范围

化学药品原药制造	化学药品原药制造业
化学药品制剂制造	化学药品制剂制造业
中药饮片加工	中药材及中成药加工业
中成药制造	中药材及中成药加工业
兽用药品制造	动物药品制造业
生物、生化制品的制造	生物制品业
卫生材料及医药用品制造	医用材料及医疗用品制造业

一、总资产和资产负债率

据国家统计局统计，2004 年 1~12 月该行业的资产总值为 4798.03 亿元，比上年同期增加 13.57%。与此同时，2004 年 1~12 月流动资产平均余额为 2309.27 亿元，比上年同期增加 12.48%；固定资产净值平均余额累计为 1373.15 亿元，比上年同期增长了 18.77%。

医药制造业的资产负债率，第一季度为 52.71%，第二季度为 53.09%，第三季度为 52.52%，年平均为 52.8%左右。

2004 年医药制造业总资产变化情况　（累计值：亿元）

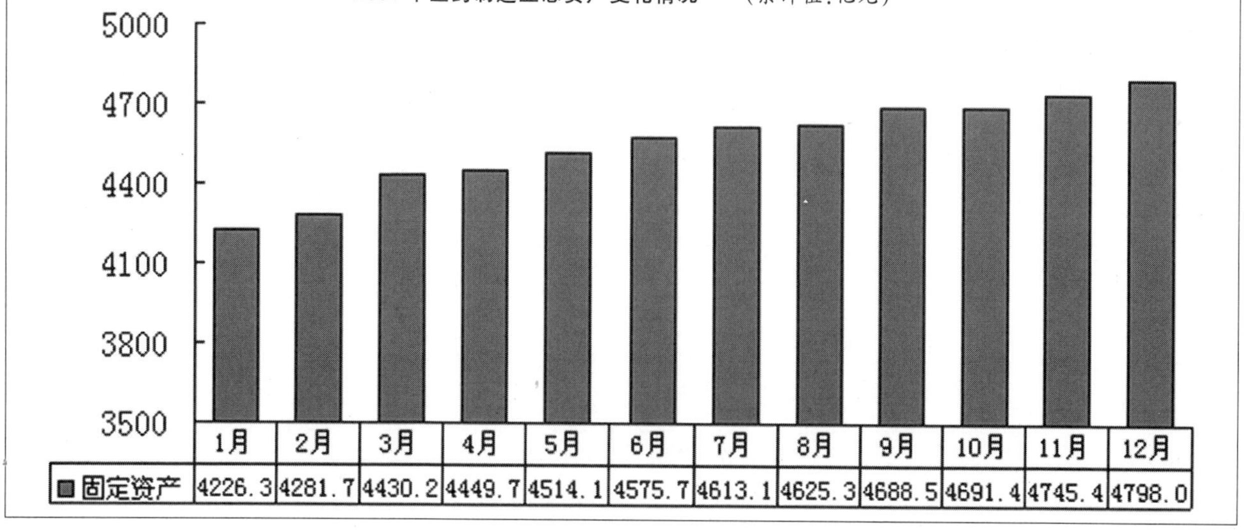

二、销售水平

从2004年1~12月该行业的产成品销售情况看，累计产品销售收入为3213.00亿元，比上年同期增加17.39%。产品销售成本为2120.65亿元，比上年同期增加20.49%，这些数据反映了2004年1~12月我国医药制造业销售额增长的情况。

下图反映了2004年医药制造业销售收入的变化趋势。

2004年医药制造业销售额变化情况　　（累计值：亿元）

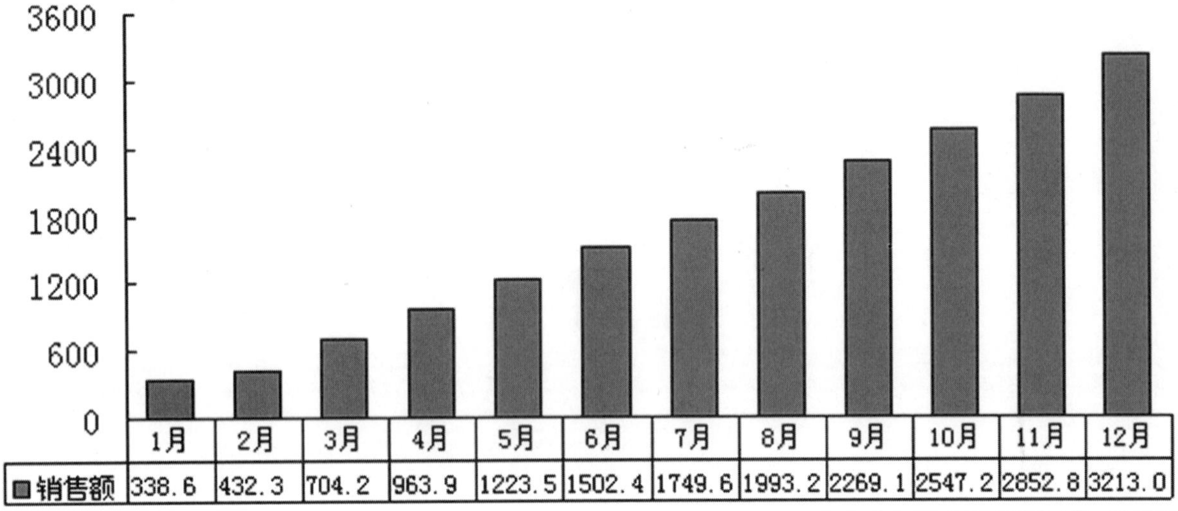

三、利润水平

该行业2004年1~12月实现利润279.55亿元，上年同期为255.89亿元，2004年1~12月比2003年同期增收利润23.66亿元，增幅为9.25%。

从销售利润率看，2004年初该行业每卖掉100元产品能获得8.21元利润。第一季度利润率为8.75元，第二季度为8.78元，第三季度回落到8.53元。第四季度该行业的利润率上升到8.66元。以上数据反映我国化学原料及化学品制造业的创利能力还是比较强的。

2004年医药制造业利润变化情况　　（累计值：亿元）

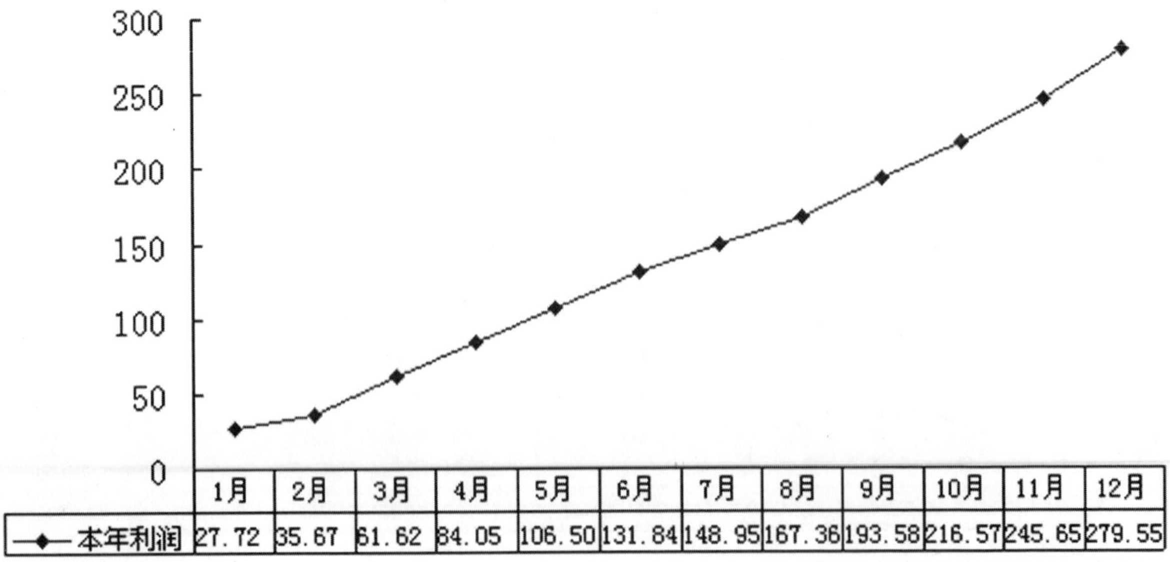

四、企业亏损情况

2004 年 1~12 月医药制造业亏损企业的亏损额为 31.06 亿元，较上年同期上升了 26.32%。

五、2004 年 1~12 月产品产销量、产销率和库存情况

产化学原料药 93.44 万吨，比上年同期增产 11.3%；销售 86.5 万吨，产销率为 98.0%，12 月末较年初库存增加 27.5%。

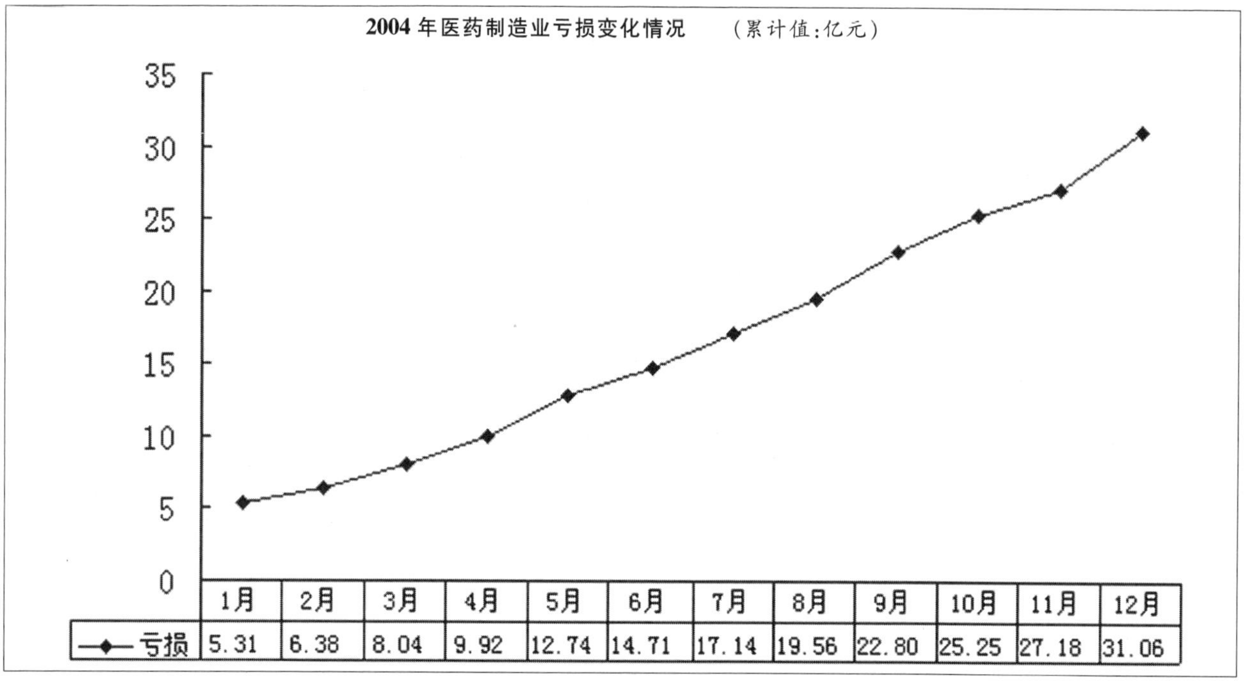

2004 年中国化学纤维制造业经济运行点评

化学纤维制造业是我国国民经济行业分类中的一个大类。2004 年 1~12 月该行业产品销售收入为 1885.01 亿元（人民币，下同），全部从业人员为 38.67 万人。

化学纤维制造业的范围

纤维素纤维原料及纤维制造	
化纤浆粕制造	化纤浆粕制造业
人造纤维 （纤维素纤维）制造	粘胶纤维制造业 其他纤维素纤维制造业
合成纤维制造	
锦纶纤维制造	锦纶纤维制造业
涤纶纤维制造	涤纶纤维制造业
腈纶纤维制造	腈纶纤维制造业
维纶纤维制造	维纶纤维制造业
其他合成纤维制造	其他合成纤维制造业

一、总资产和资产负债率

据国家统计局统计，2004 年 1~12 月该行业的资产总值为 1982.53 亿元，比上年同期增加 20.97%。与此同时，2004 年 1~12 月流动资产平均余额为 716.40 亿元，比上年同期增加 21.35%；固定资产净值平均余额累计为 879.40 亿元，比上年同期增长了 13.58%。这些数据反映了 2004 年 1~12 月化学纤维制造业总资产增长的情况。

从 2004 年 1~12 月的资产负债率水平看，化学纤维制造业的资产负债率平均为 58.51%。从资产负债率走势看相当平稳，第一季度为 58.03%，第二季度为 58.97%，第三季度为 58.94%，2004 年末上升到 59.21%。

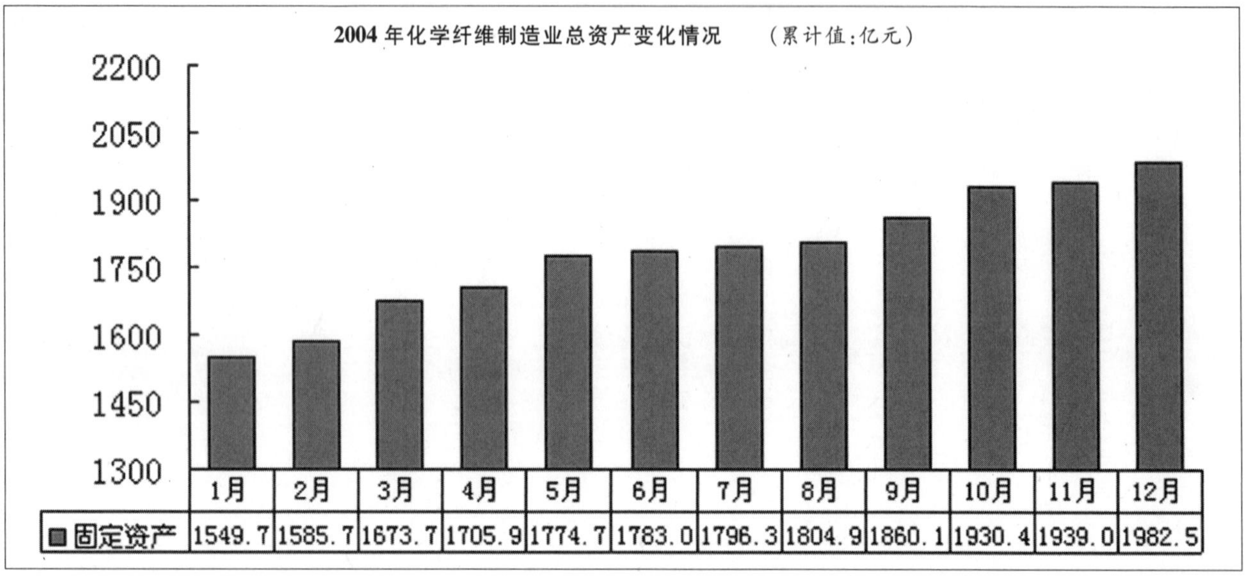

	1月	2月	3月	4月	5月	6月	7月	8月	9月	10月	11月	12月
■固定资产	1549.7	1585.7	1673.7	1705.9	1774.7	1783.0	1796.3	1804.9	1860.1	1930.4	1939.0	1982.5

二、销售水平

从 2004 年 1~12 月该行业的产成品销售情况看，累计产品销售收入为 1885.01 亿元，比上年同期增加 32.89%。产品销售成本为 1719.79 亿元，比上年同期增加 35.57%，这些数据反映了 2004 年 1~12 月我国化学纤维制造业销售额增长的情况。

下图反映了 2004 年化学纤维制造业销售收入的变化趋势。

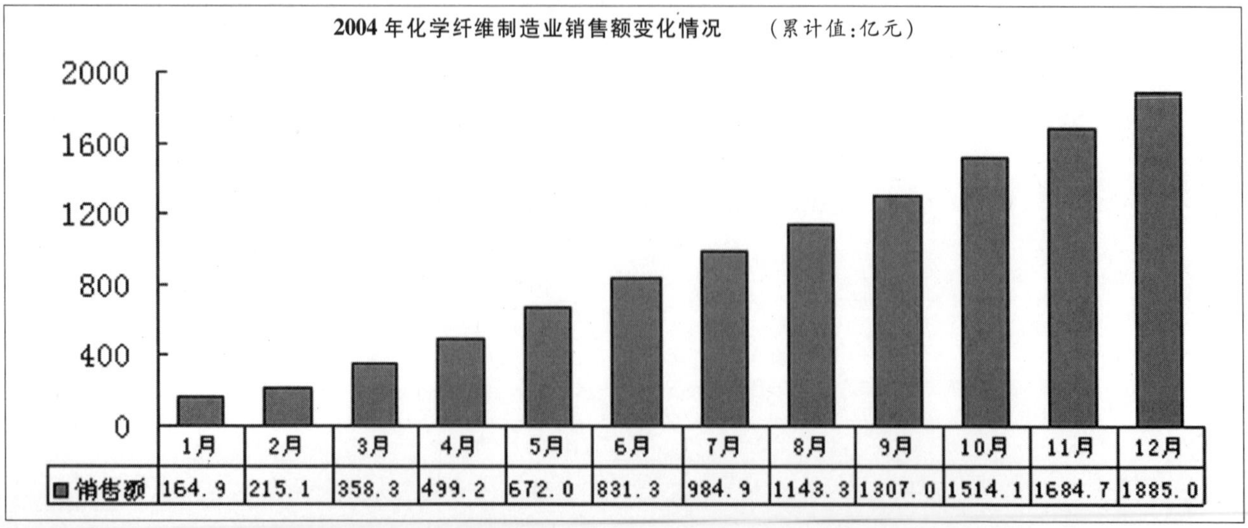

	1月	2月	3月	4月	5月	6月	7月	8月	9月	10月	11月	12月
■销售额	164.9	215.1	358.3	499.2	672.0	831.3	984.9	1143.3	1307.0	1514.1	1684.7	1885.0

三、利润水平

该行业 2004 年 1~12 月实现利润 63.03 亿元，上年同期为 54.30 亿元，2004 年 1~12 月比 2003 年同期增收利润 8.73 亿元，增幅为 16.08%。

从销售利润率（每卖出 100 元货所获得的利

润）看,2004 年第一季度为 4.18 元，第二季度为 3.57 元，第三季度为 3.65 元。全年平均为 3.78 元。反映我国化学纤维制造业创利能力比去年略微走低。

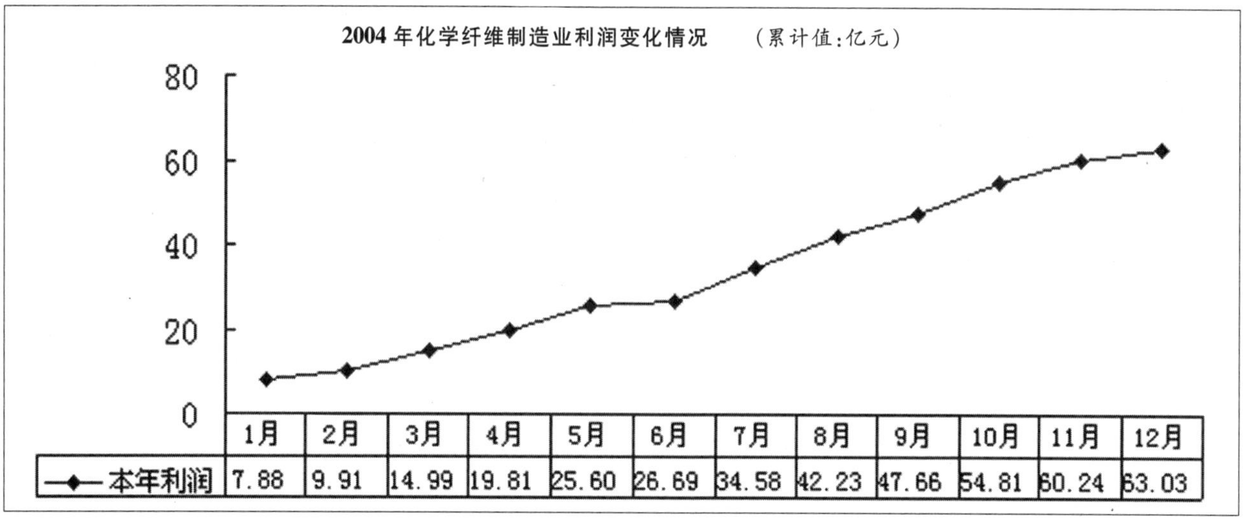

	1月	2月	3月	4月	5月	6月	7月	8月	9月	10月	11月	12月
本年利润	7.88	9.91	14.99	19.81	25.60	26.69	34.58	42.23	47.66	54.81	60.24	63.03

四、企业亏损情况

1~12 月亏损企业的亏损额为 13.94 亿元,比上年同期上升了 6.48%。

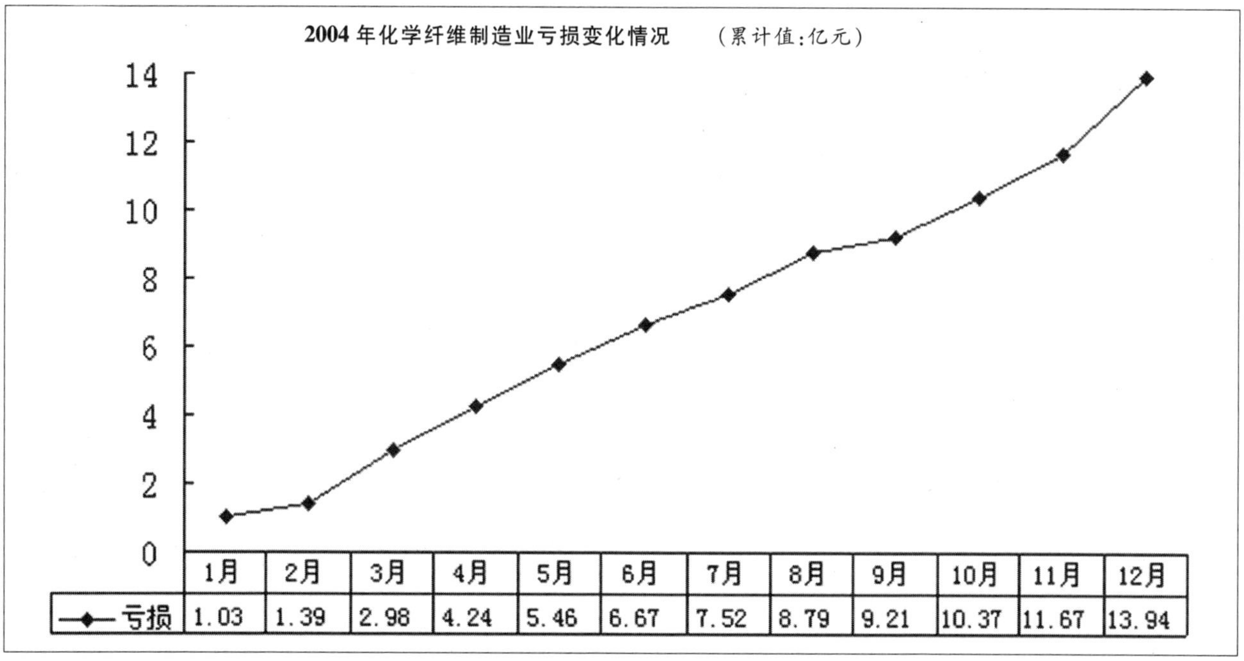

	1月	2月	3月	4月	5月	6月	7月	8月	9月	10月	11月	12月
亏损	1.03	1.39	2.98	4.24	5.46	6.67	7.52	8.79	9.21	10.37	11.67	13.94

五、2004 年 1~12 月产品产销量、产销率和库存情况

2004 年 1~12 月生产情况

● 生产化学纤维 1424.54 万吨，比上年同期增产 20.3%；

其中：

● 生产粘胶纤维 96.61 万吨，比上年同期增产 16.1%；

● 生产合成纤维 1313.96 万吨，比上年同期增产 20.8%。

2004年中国橡胶制品业经济运行点评

橡胶制品业是我国国民经济行业分类中的一个大类。2004年1~12月该行业产品销售收入为1548.60亿元（人民币，下同），全部从业人员为64.74万人。

橡胶制品业

轮胎制造	
车辆、飞机及工程机械轮胎制造	轮胎制造业
力车胎制造	力车胎制造业
轮胎翻新加工	轮胎翻新业
橡胶板、管、带的制造	橡胶板、管、带制造业
橡胶零件制造	橡胶零件制品业
再生橡胶制造	再生橡胶制造业
日用及医用橡胶制品制造	日用橡胶制品业
橡胶靴鞋制造	橡胶靴鞋制造业
其他橡胶制品制造	其他橡胶制品翻修业其他橡胶制品业

一、总资产和资产负债率

据国家统计局统计，2004年1~12月该行业的资产总值为1595.13亿元，比上年同期增加19.10%。与此同时，2004年1~12月流动资产平均余额为760.78亿元，比上年同期增加21.52%；固定资产净值平均余额累计为536.16亿元，比上年同期增长了18.39%。这些数据反映了2004年1~12月橡胶制品业总资产增长的情况。

从1~12月的资产负债率水平看，第一季度为62.56%，第二季度末升到63.2%，第三季度末回落到62.5%，年末为62.48%左右。

2004年橡胶制品业总资产变化情况　（累计值：亿元）

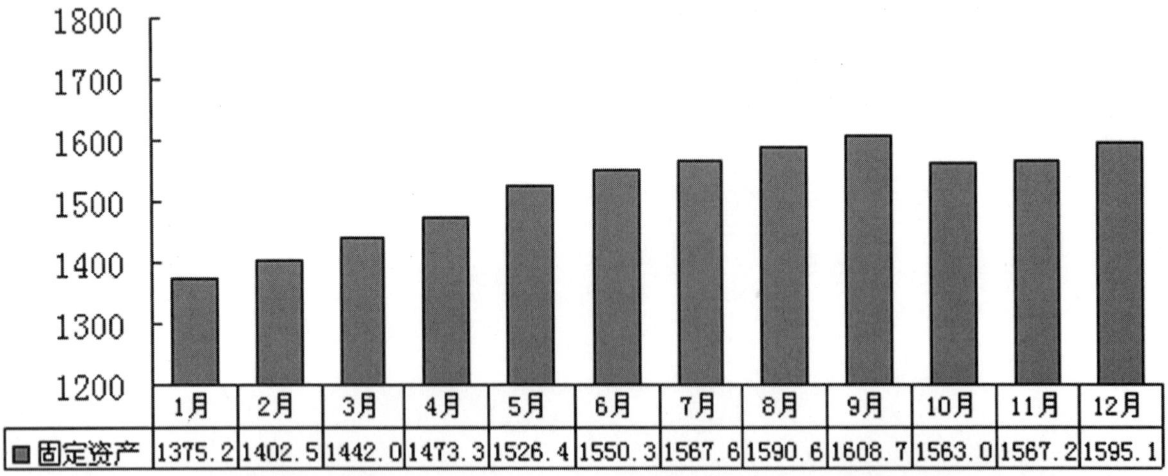

二、销售水平

从2004年1~12月该行业的产成品销售情况看，累计产品销售收入为1548.60亿元，比上年同期增加31.69%。产品销售成本为1305.57亿元，比上年同期增加33.76%，这些数据反映了2004年

1~12月我国橡胶制品业销售额增长的情况。橡胶轮胎销售量增加，主要原因是我国交通运输业发展较快所至。

下图反映了2004年橡胶制品业销售收入的变化趋势。

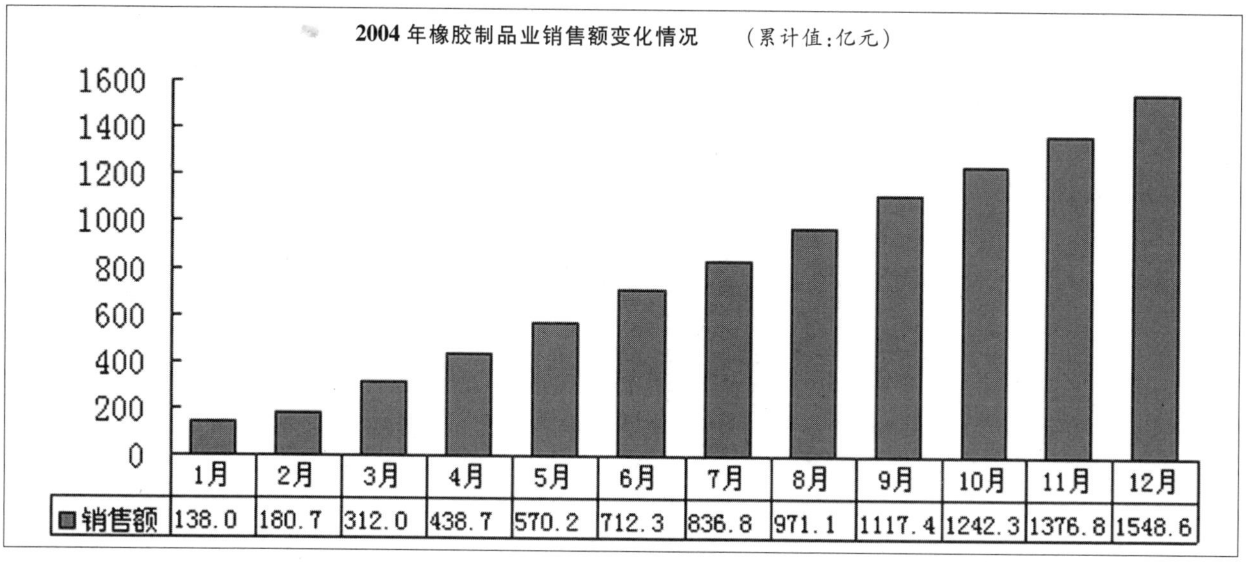

三、利润水平

橡胶制品业2004年1~12月实现利润71.90亿元，上年同期为56.45亿元，2004年1~12月比2003年同期增收利润15.45亿元，增幅为27.37%。

从销售利润率看，平均为4.65元，即该行业每卖掉100元产品能获得4.65元利润。从销售利润率走势看，年初时该行业的利润率为3.59元，第一季度末涨到4.28元，第二季度末涨到4.82元；第三季度末保持在4.81元。第四季度末上升到4.87元。

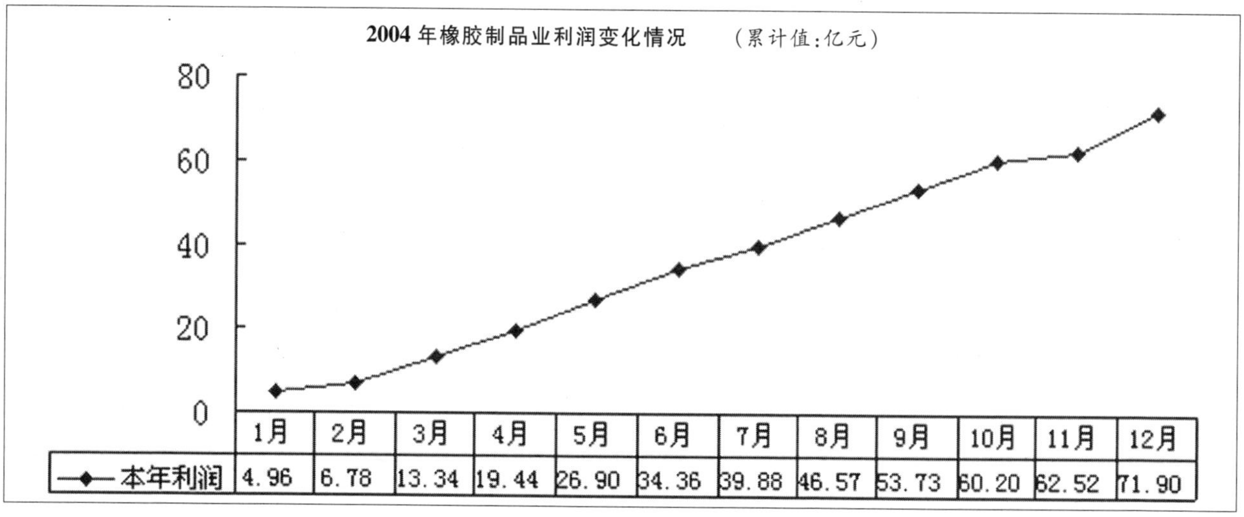

四、企业亏损情况

2004年1~12月橡胶制品业累计亏损企业的亏损额为13.25亿元，较上年同期减少了3.57%。

五、2004年1~12月产品产销量、产销率和库存情况

从生产情况看，2004年1~12月我国共生产轮胎外胎23926.31万条，比上年同期增产18.7%。

从销售情况看，2004年1~12月我国共销售橡胶轮胎外胎24663.4万条，产销率为103.2%，12月末较年初库存减少了30.7%；销售塑料制品1819.4万吨，产销率为99.5%，9月末较年初库存增加3.2%。

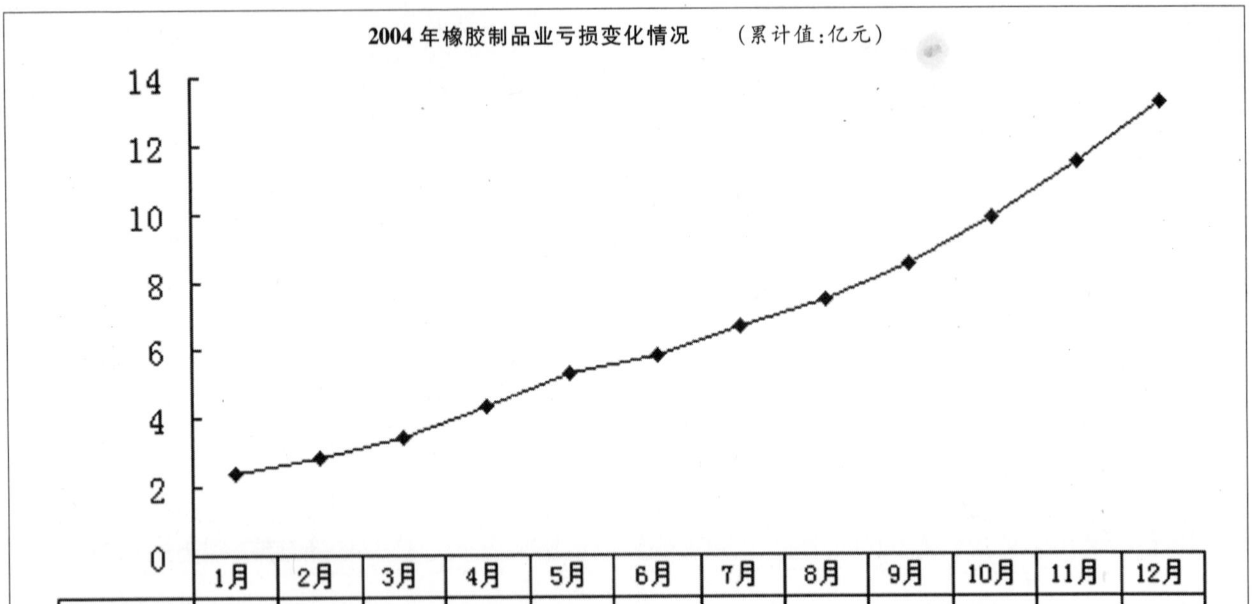

	1月	2月	3月	4月	5月	6月	7月	8月	9月	10月	11月	12月
亏损	2.43	2.85	3.45	4.37	5.30	5.81	6.68	7.45	8.52	9.84	11.50	13.25

2004年中国塑料制品业经济运行点评

塑料制品业是我国国民经济行业分类中的一个大类。2004年1~12月该行业产品销售收入为3681.13亿元（人民币，下同），全部从业人员为152.20万人。

塑料制品业的范围

塑料薄膜制造	塑料薄膜制造业
塑料板、管、型材的制造	塑料板、管、棒材制造业
塑料丝、绳及编织品的制造	塑料丝、绳及编织品制造业
泡沫塑料制造	泡沫塑料及人造革、合成革制造业
塑料人造革、合成革制造	泡沫塑料及人造革、合成革制造业
塑料包装箱及容器制造	塑料包装箱及容器制造业
塑料零件制造	塑料零件制造业
日用塑料制造	
塑料鞋制造	塑料鞋制造业
日用塑料杂品制造	日用塑料杂品制造业
其他塑料制品制造	其他塑料制品业

一、总资产和资产负债率

据国家统计局统计，2004年1~12月该行业的资产总值为3471.03亿元，比上年同期增加17.95%。与此同时，2004年1~12月流动资产平均余额为1747.08亿元，比上年同期增加21.57%；固定资产净值平均余额累计为1172.95亿元，比上年同期增长了14.18%。这些数据反映了2004年1~

12 月塑料制品业总资产增长的情况。

从 2004 年 1-12 月的资产负债率水平看，塑料制品业的资产负债率平均为 55.81%，比上年同期略高。从资产负债率走势看，1 月份 53.8%高端起步，第一季度末为 55.88%，第二季度末为 55.85%，第三季度末为 56.0%。年末为 5620%左右。

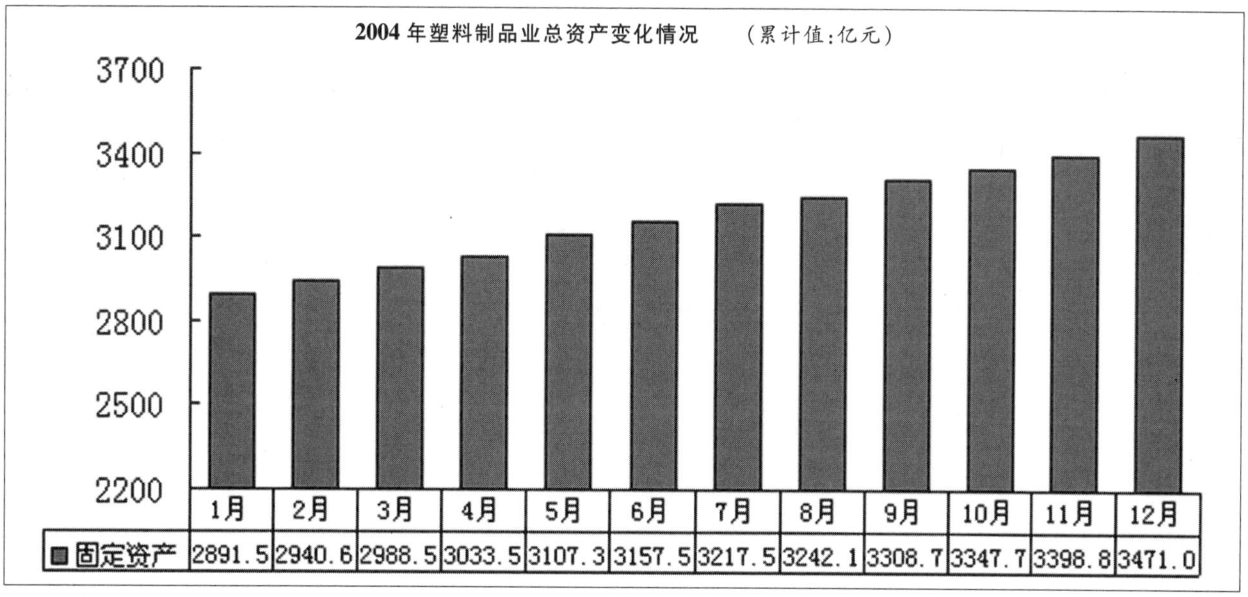

二、销售水平

从 2004 年 1~12 月该行业的产成品销售情况看，累计产品销售收入为 3681.13 亿元，比上年同期增加 25.68%。产品销售成本为 3235.12 亿元，比上年同期增加 27.49%，这些数据反映了 2004 年 1-12 月我国塑料制品业销售额增长的情况。

下图反映了 2004 年塑料制品业销售收入的变化趋势。

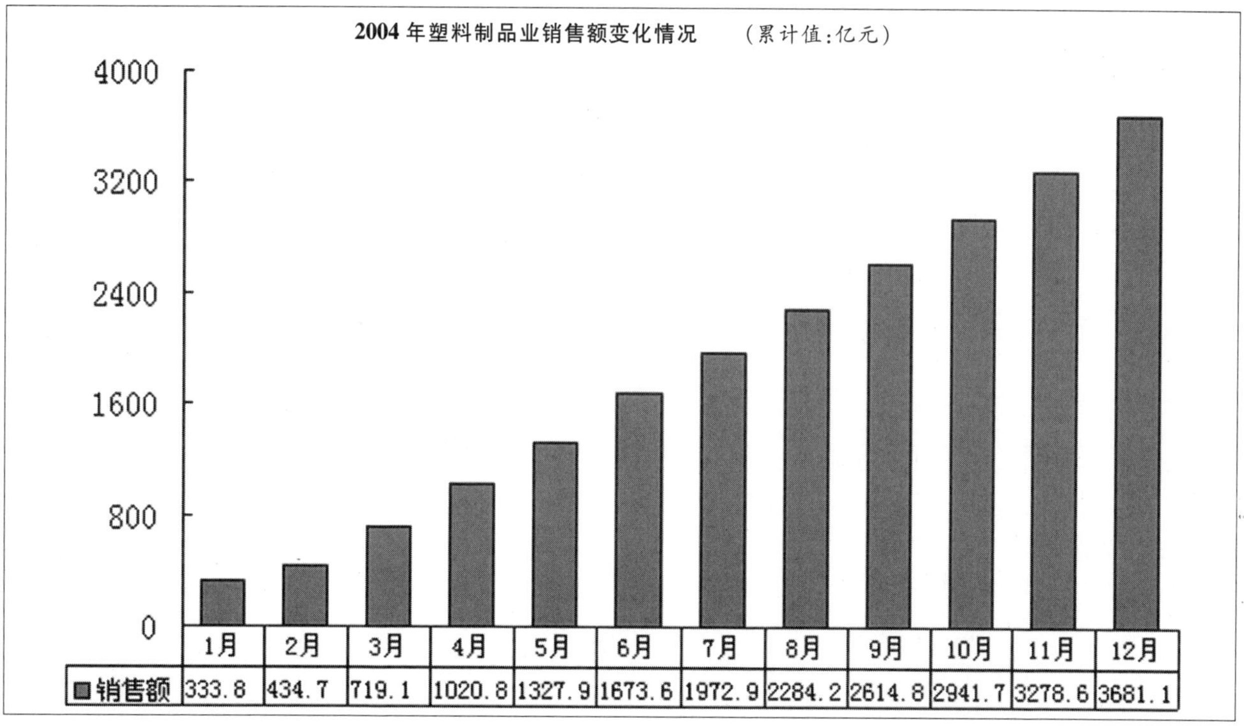

三、利润水平

塑料制品业 2004 年 1~12 月实现利润 141.67 亿元，上年同期为 128.05 亿元，2004 年 1~12 月比 2003 年同期增收利润 13.62 亿元，增幅为 10.64%。

从销售利润率看，2004 年该行业的销售利润率平均为 3.68 元水平上，即该行业每卖掉 100 元产品能获得 3.68 元利润。从销售利润率走势看，年初该行业的利润率为 3.10 元，第一季度末涨到了 3.44 元，第二季度末涨到 3.81 元；第三季度末维持在 3.81 元水平上。第四季度末回落到 3.73 元左右。

2004 年塑料制品业利润变化情况 （累计值：亿元）

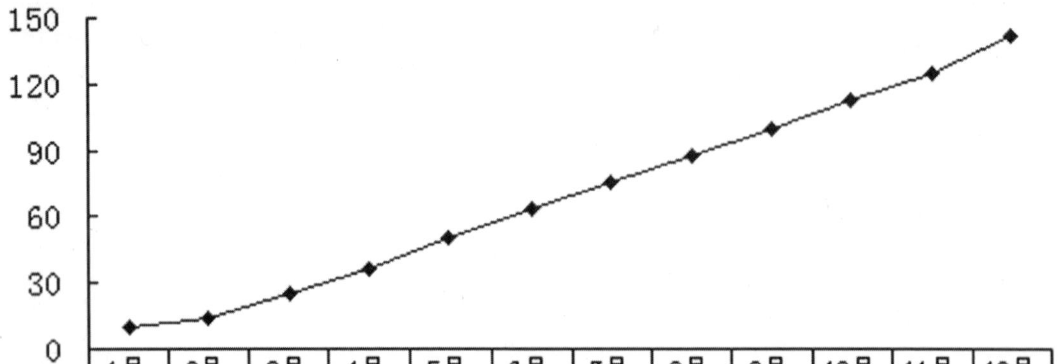

	1月	2月	3月	4月	5月	6月	7月	8月	9月	10月	11月	12月
本年利润	10.28	13.80	24.72	36.65	50.16	63.83	75.98	87.70	99.51	113.01	125.20	141.67

四、企业亏损情况

2004 年 1~12 月塑料制品业累计亏损企业的亏损额为 28.44 亿元，较上年同期增加了 25.04%。塑料制品业亏损企业亏损额上升与国际石油价格走高有直接关系。塑料原材料均来自石油产品，石油价格走高必然带动塑料原材料价格上扬，而市场上塑料制品的价格却没有同步上扬，导致了亏损增加的局面。

2004 年塑料制品业亏损变化情况 （累计值：亿元）

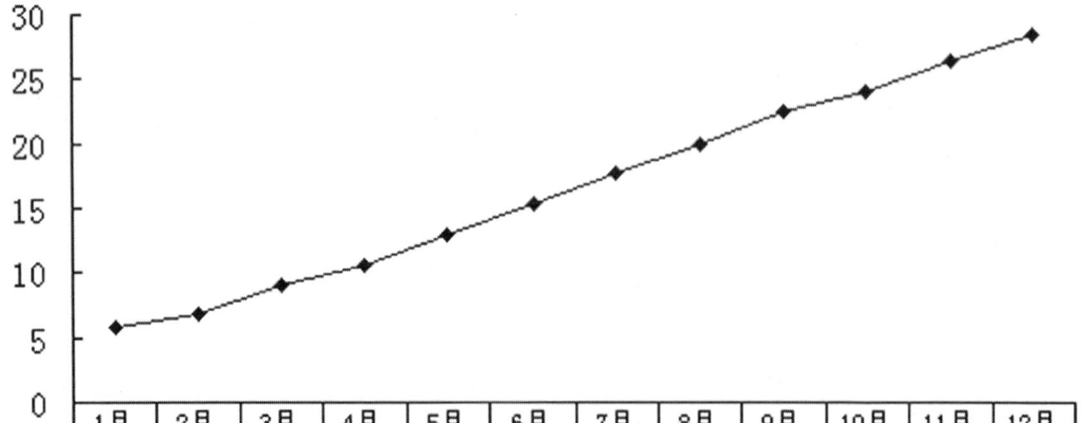

	1月	2月	3月	4月	5月	6月	7月	8月	9月	10月	11月	12月
亏损	5.78	6.85	9.03	10.65	12.88	15.29	17.78	19.96	22.42	24.03	26.48	28.44

五、2004 年 1~12 月产品产销量、产销率和库存情况

从生产情况看，2004 年 1~12 月我国共生产塑料制品 1846.61 万吨，比上年同期增产 12.0%。其中，生产农用薄膜 72.89 万吨，比上年同期减少 3.3%。

从销售情况看，2004 年 1~12 月我国共销售塑料制品 1819.4 万吨，产销率为 99.5%，12 月末较年初库存增加 3.2%。同期销售农用薄膜 76.6 万吨，产销率为 105.8%，12 月末较年初库存减少 17.5%。

2004 年中国非金属矿物制品业经济运行点评

非金属矿物制品业是我国国民经济行业分类中的一个大类，主要产品涉及水泥、平板玻璃等，是建设用重要物资。2004 年 1~12 月该行业产品销售收入为 6926.88 亿元(人民币，下同)，全部从业人员为 407.19 万人。

非金属矿物制品业的范围

水泥、石灰和石膏的制造业	水泥制造、石灰和石膏制造
水泥及石膏制品制造业	水泥制品制造、砼结构构件制造、石棉水泥制品制造、轻质建筑材料制造、其他水泥制品制造
砖瓦、石材及其他建筑材料制造业	粘土砖瓦及建筑砌块制造、建筑陶瓷制品制造、建筑用石加工、防水建筑材料制造、隔热和隔音材料制造、其他建筑材料制造
玻璃及玻璃制品制造业	平板玻璃制造、技术玻璃制品制造、光学玻璃制造、玻璃仪器制造、日用玻璃制品及玻璃包装容器制造、玻璃保温容器制造、玻璃纤维及制品制造、玻璃纤维增强塑料制品制造、其他玻璃制品制造
陶瓷制品制造业	卫生陶瓷制品制造、特种陶瓷制品制造、日用陶瓷制品制造、园林、陈设艺术及其他陶瓷制品制造
耐火材料制品制造业	石棉制品制造、云母制品制造、耐火陶瓷制品及其他耐火材料制造、
石墨及其他非金属矿物制品制造业	石墨及碳素制品制造、其他非金属矿物制品制造

一、总资产和资产负债率

据国家统计局统计，2004 年 1~12 月该行业的资产总值为 8755.12 亿元，比上年同期增加 15.67%。与此同时，2004 年 1~12 月流动资产平均余额为 3644.28 亿元，比上年同期增加 18.86%；固定资产净值平均余额累计为 3598.20 亿元，比上年同期增长了 15.62%。这些数据反映了 2004 年 1~12 月非金属矿物制品业总资产增长的情况。

从年 1~12 月的资产负债率水平看，1 月份 60.25%，第一季度末为 60.8%，第二季度末为 60.76%，第三季度末为 60.89%。年末为 68.33% 左右。

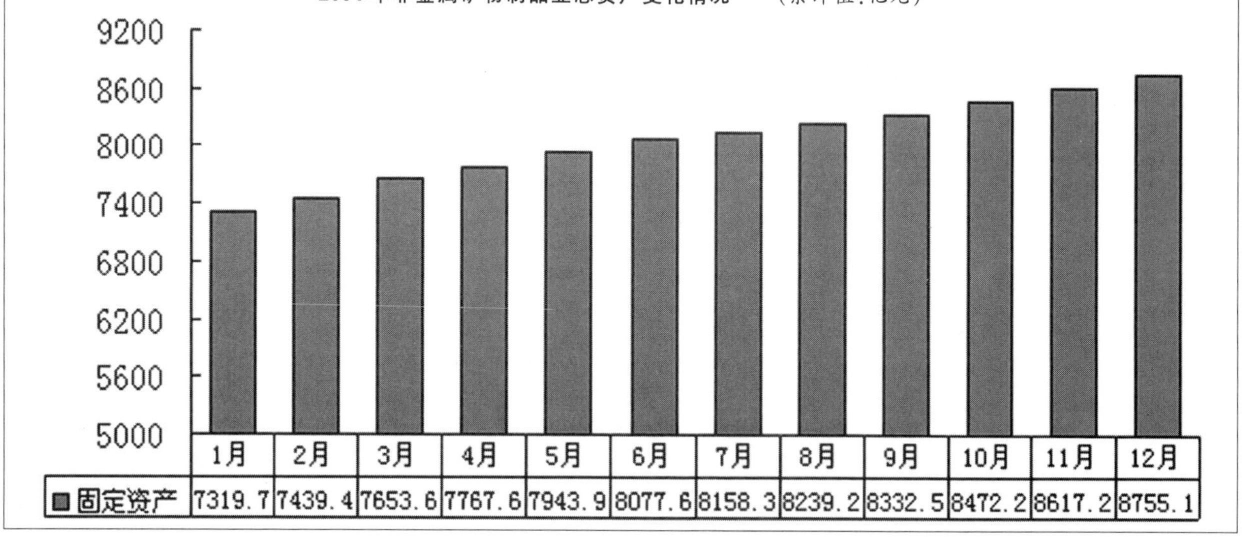

2004 年非金属矿物制品业总资产变化情况 (累计值:亿元)

二、销售水平

从2004年1~12月该行业的产成品销售情况看，累计产品销售收入为6929.88亿元，比上年同期增加30.91%。产品销售成本为5757.91亿元，比上年同期增加32.78%，这些数据反映了2004年1~12月我国非金属矿物制品业销售额增长的情况。

下图反映了2004年非金属矿物制品业销售收入的变化趋势。

2004年非金属矿物制品业销售额变化情况　（累计值：亿元）

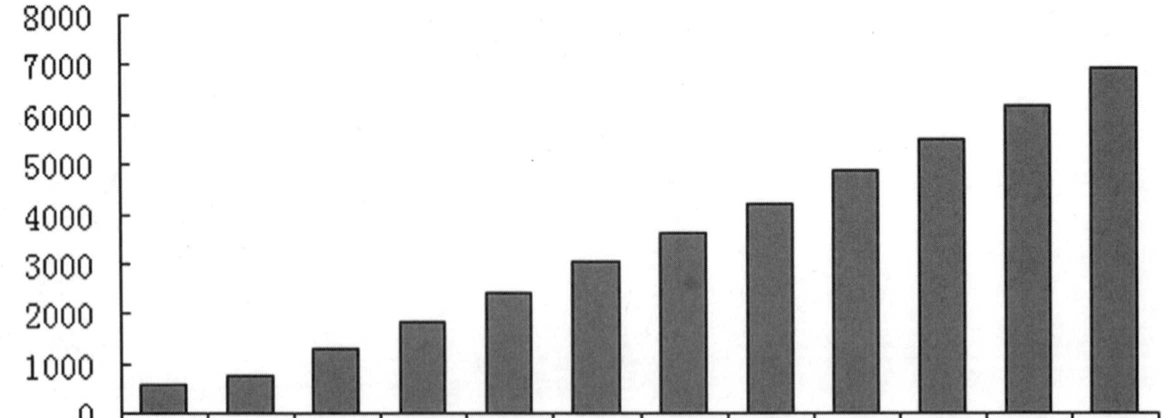

	1月	2月	3月	4月	5月	6月	7月	8月	9月	10月	11月	12月
■销售额	570.2	750.8	1275.7	1824.5	2409.4	3044.3	3612.5	4217.2	4850.5	5491.9	6169.6	6926.9

三、利润水平

该行业2004年1~12月实现利润391.73亿元，上年同期为288.24亿元，2004年1~12月比2003年同期增收利润103.49亿元，增幅为35.90%。

从销售利润率看，2004年该行业的销售利润率平均为5.42元，即该行业每卖掉100元产品能获得5.42元利润。从销售利润率走势看，年初该行业的利润率为4.66元，第一季度末涨到了5.37元，第二季度末涨到5.86元；第三季度末回落到5.61元。第四季度末进一步回落涨到5.46元左右。总的看，2004年非金属矿物制品业创利能力在节节走高。

2004年非金属矿物制品业利润变化情况　（累计值：亿元）

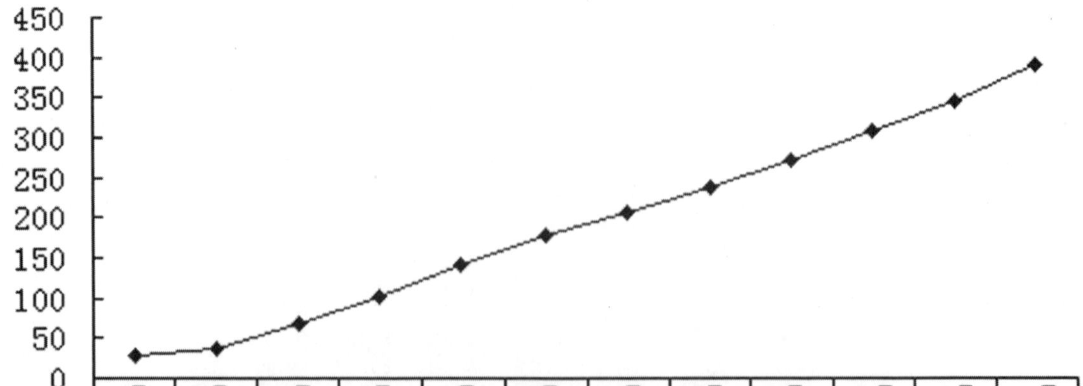

	1月	2月	3月	4月	5月	6月	7月	8月	9月	10月	11月	12月
—◆—本年利润	27.73	37.35	68.50	102.83	142.33	178.36	207.89	236.49	272.26	307.89	344.60	391.73

四、企业亏损情况

2004年1~12月非金属矿物制品业累计亏损企业的亏损额为63.38亿元，较上年同期增12.64%。

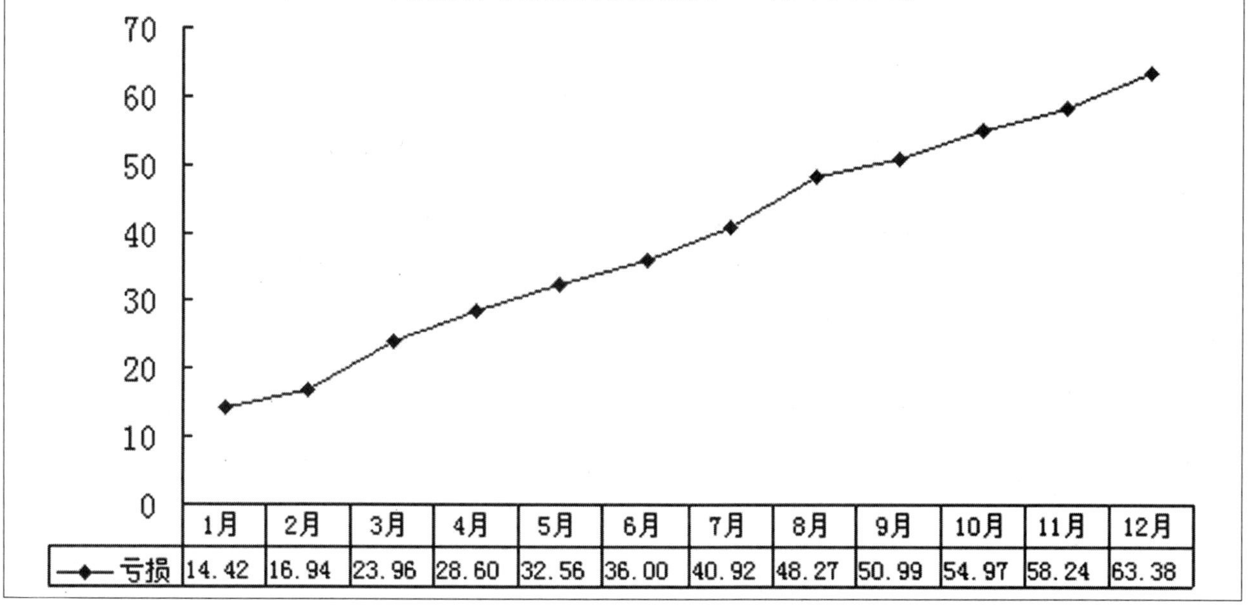

2004年非金属矿物制品业亏损变化情况　（累计值:亿元）

五、2004年1~12月产品产销量、产销率和库存情况

水泥:2004年1~12月我国共生产水泥93368.62万吨,比上年同期增产15.7%;同期销售水泥93080.5万吨,产销率为100.2%,12月末较年初库存减少12.9%。

平板玻璃:2004年1~12月我国共生产平板玻璃30058.02万重量箱,比上年同期增产20.5%;同期销售平板玻璃29835.6万重量箱，产销率为100.5%,12月末较年初库存减少10.1%。

2004年中国黑色金属冶炼及压延加工业经济运行点评

黑色金属冶炼及压延加工业是我国国民经济行业分类中的一个大类,主要涉及炼铁、炼钢、铸造、轧钢等钢铁加工产品。2004年1~12月该行业产品销售收入为15907.13亿元(人民币,下同),全部从业人员为261.39万人。

黑色金属冶炼及压延加工业的范围

炼铁	炼铁业、铸铁管制造业
炼钢	炼钢业
钢压延加工	钢压延加工业
铁合金冶炼	铁合金冶炼业

一、总资产和资产负债率

据国家统计局统计,2004年1~12月该行业的资产总值为14798.02亿元，比上年同期增加23.80%。与此同时,2004年1~12月流动资产平均余额为6040.32亿元，比上年同期增加34.61%；固定资产净值平均余额累计为5430.24亿元,比上年同期增长了13.25%。这些数据反映了2004年1~12月黑色金属冶炼及压延加工业总资产增长的情况。

钢铁行业是个高负债行业，其生产活动的资金来源主要依赖银行贷款。从2004年1~12月的资产负债率水平看，黑色金属冶炼及压延加工业的资产负债率平均为58.38%，年初为57.04%，第一季度末为58.11%，第二季度末为58.89%，第三季度末为59.35。第四季度末达到59.58%。就黑色金属冶炼及压延加工业，该行业资产负债率尚属正常。

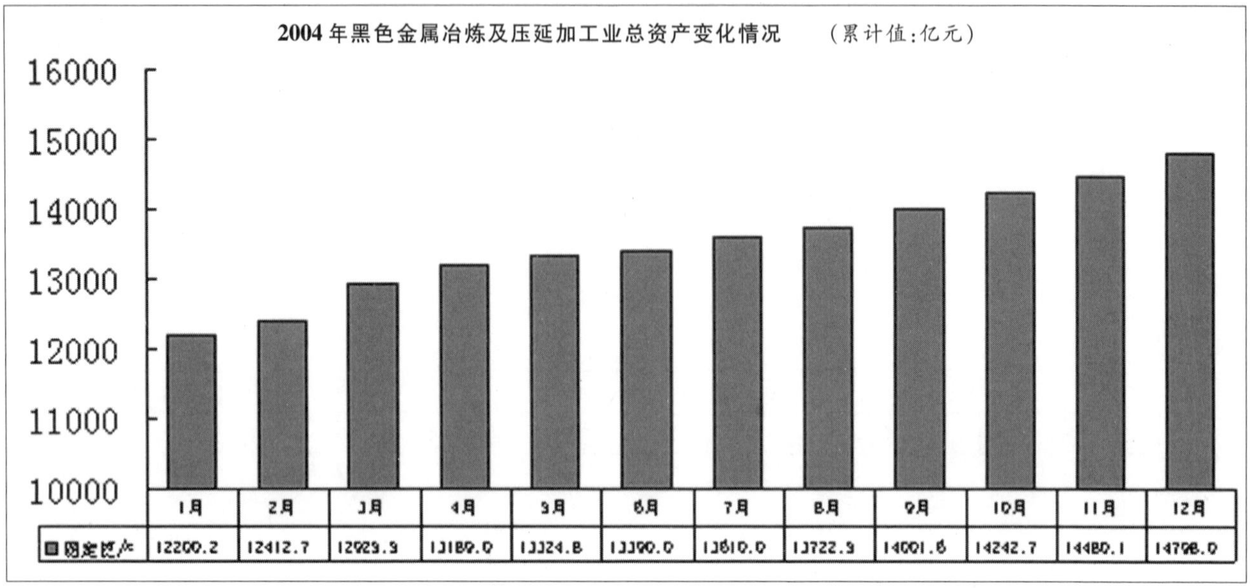

2004年黑色金属冶炼及压延加工业总资产变化情况 （累计值：亿元）

二、销售水平

从2004年1~12月该行业的产成品销售情况看，累计产品销售收入为15907.13亿元，比上年同期增加56.44%。产品销售成本为13835.25亿元，比上年同期增加60.47%，这些数据反映了2004年1~12月我国黑色金属冶炼及压延加工业销售额增长的情况。

上图反映了2004年黑色金属冶炼及压延加工业销售收入的变化趋势。

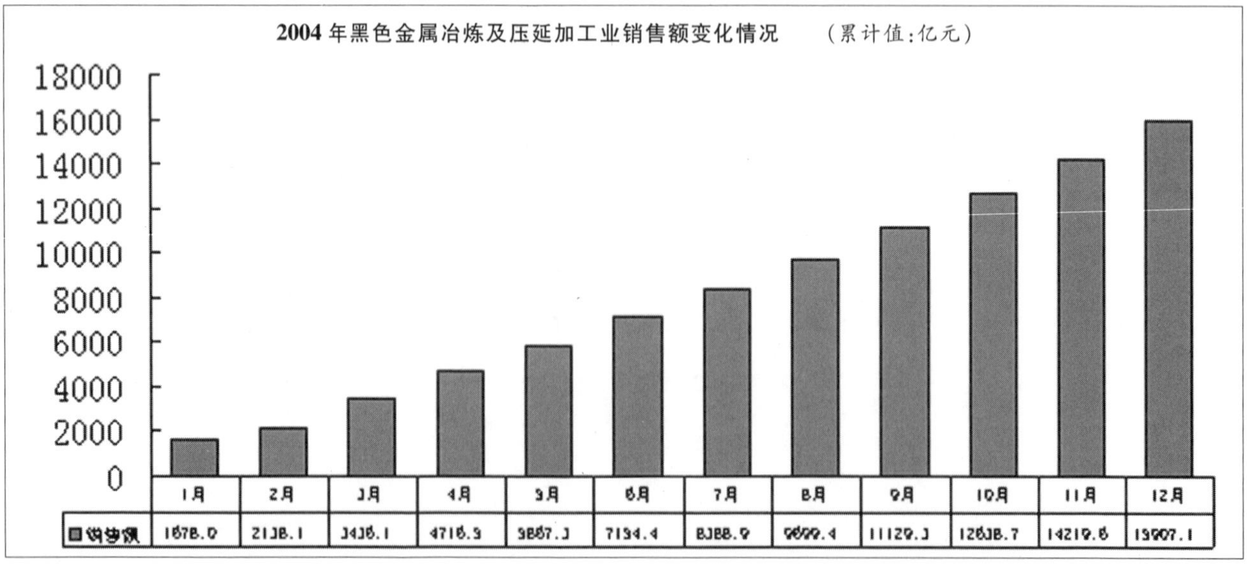

2004年黑色金属冶炼及压延加工业销售额变化情况 （累计值：亿元）

三、利润水平

黑色金属冶炼及压延加工业2004年1~12月实现利润1038.93亿元，上年同期为610.64亿元，2004年1~12月该行业的利润额是2003年同期的1.70倍。

从销售利润率看，2004年该行业的销售利润率平均为6.79元，即该行业每卖掉100元产品能获得6.79元利润。从销售利润率走势看，年初该行业的利润率为7.74元，第一季度末涨到了7.81元，第二季度末回落到6.59元；第三季度末再次回落到6.28元。第四季度末降到6.19元。2004年受我国基本建设、房地产、汽车制造等行业拉动，对钢铁需求旺盛，黑色金属冶炼及压延加工业市场前景好。

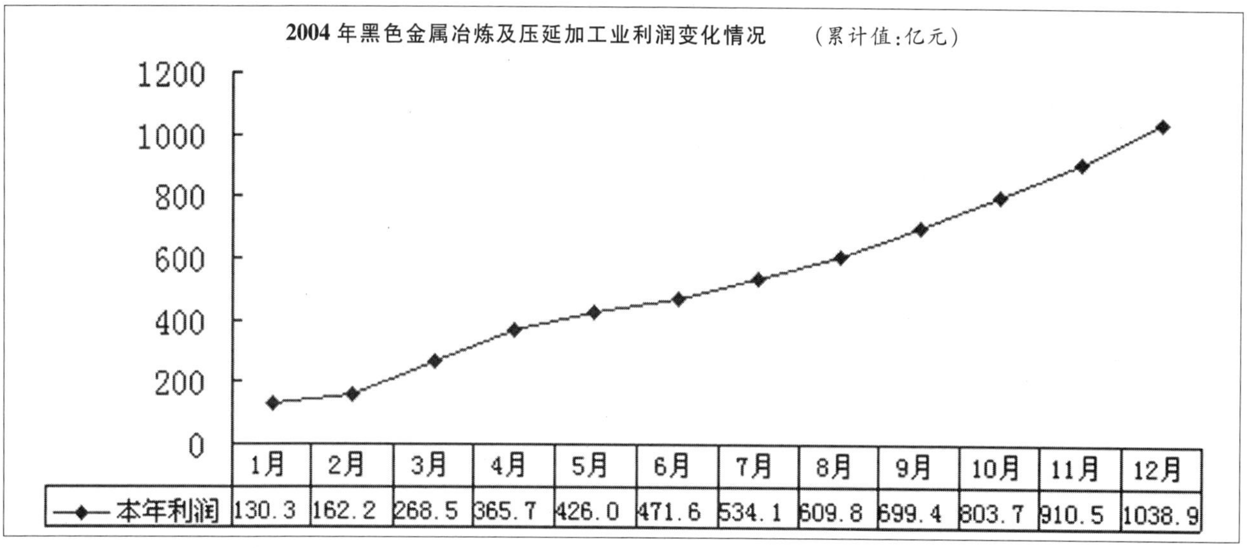

四、企业亏损情况

2004年1~12月黑色金属冶炼及压延加工业累计亏损企业的亏损额为31.23亿元，较上年同期减少了0.31%。

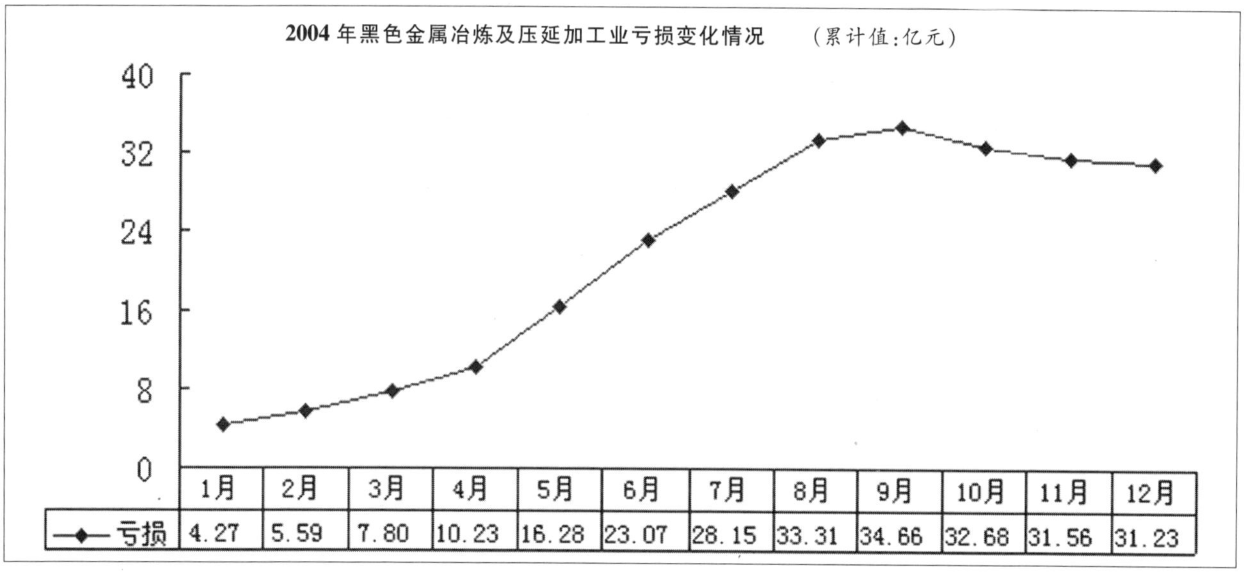

五、2004年1~12月产品产销量、产销率和库存情况

	产量(万吨)	增产幅度(%)	销量(万吨)	产销率(%)	库存比年初增长±%
生铁	28185.05	24.1	7919.5	100.5	-24.1
粗钢	27245.63	23.2	7525.0	100.4	-17.6
钢材	29738.70	23.5	29491.3	99.7	23.6
铁道用钢材	268.91	18.7	255.5	95.0	136.1
重轨	167.50	37.4	168.5	100.6	-14.9
轻轨	49.34	26.2	48.0	97.3	68.8
大型型钢	638.33	18.2	632.4	99.2	61.7

续表

	产量(万吨)	增产幅度(%)	销量(万吨)	产销率(%)	库存比年初增长±%
中小型型钢	3377.99	21.7	3322.4	98.5	28.5
盘条(线材)	4940.98	21.4	4901.2	100.2	-6.7
厚钢板	796.06	29.0	822.0	104.1	-24.7
热轧薄板	315.88	24.4	312.0	98.8	45.2
冷轧薄板	682.22	27.3	657.8	99.7	19.3
中厚宽钢带	2426.65	61.5	2409.6	99.3	123.8
镀层板(带)	497..17	47.7	485.1	98.5	34.9
无缝钢管	908.33	23.9	907.0	99.9	3.3
焊接钢管	1214.77	17.9	1156.4	97.3	48.5
铁合金	865.54	28.5	806.1	97.9	54.3

2004年中国有色金属冶炼及压延加工业经济运行点评

有色金属冶炼及压延加工业是我国国民经济行业分类中的一个大类，主要涉及铜、铅、锌、铝、镍等有色金属的冶炼和压延加工。2004年1~12月该行业产品销售收入为5374.75亿元（人民币，下同），全部从业人员为115.58万人。

有色金属冶炼及压延加工业的行业范围

常用有色金属冶炼	铜冶炼、铅锌冶炼、镍钴冶炼、锡冶炼、锑冶炼、铝冶炼、镁冶炼、其他常用有色金属冶炼
贵金属冶炼	金冶炼、银冶炼、其他贵金属冶炼
稀有稀土金属冶炼	钨钼冶炼、稀土金属冶炼、其他稀有金属冶炼
有色金属合金制造	有色金属合金制造
有色金属压延加工	常用有色金属压延加工、贵金属压延加工、稀有稀土金属压延加工

一、总资产和资产负债率

据国家统计局统计，2004年1~12月该行业的资产总值为5009.09亿元，比上年同期增加20.37%。与此同时，2004年1~12月流动资产平均余额为2197.10亿元，比上年同期增加28.35%；固定资产净值平均余额累计为1812.70亿元，比上年同期增长了14.35%。这些数据反映了2004年1~12月有色金属冶炼及压延加工业总资产增长的情况。

从1~12月的资产负债率水平看，有色金属冶炼及压延加工业的资产负债率平均为64.45%左右。从资产负债率走势看，1月份以63.01%，第一季度末为64.08%，第二季度末为64.71%，第三季度末为65.13%。第四季度末为65.28%。

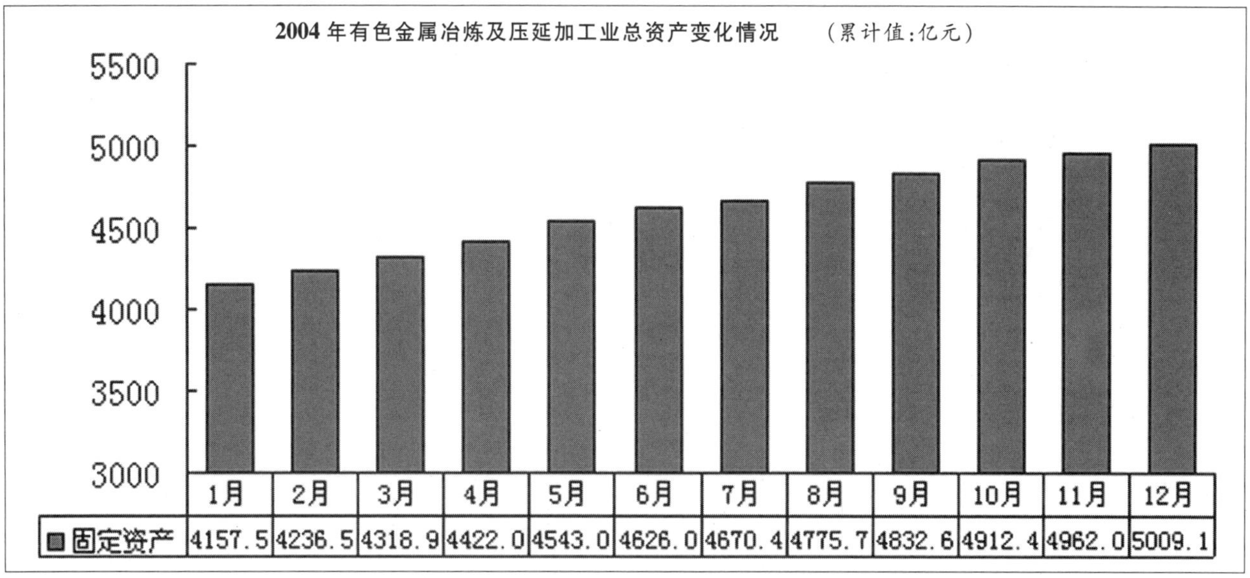

	1月	2月	3月	4月	5月	6月	7月	8月	9月	10月	11月	12月
■固定资产	4157.5	4236.5	4318.9	4422.0	4543.0	4626.0	4670.4	4775.7	4832.6	4912.4	4962.0	5009.1

二、销售水平

从2004年该行业的产成品销售情况看,累计产品销售收入为5374.75亿元,比上年同期增加47.84%。产品销售成本为4742.60亿元,比上年同期增加49.02%,这些数据反映了2004年1~12月我国有色金属冶炼及压延加工业销售额增长的情况。

下图反映了2004年有色金属冶炼及压延加工业销售收入的变化趋势。

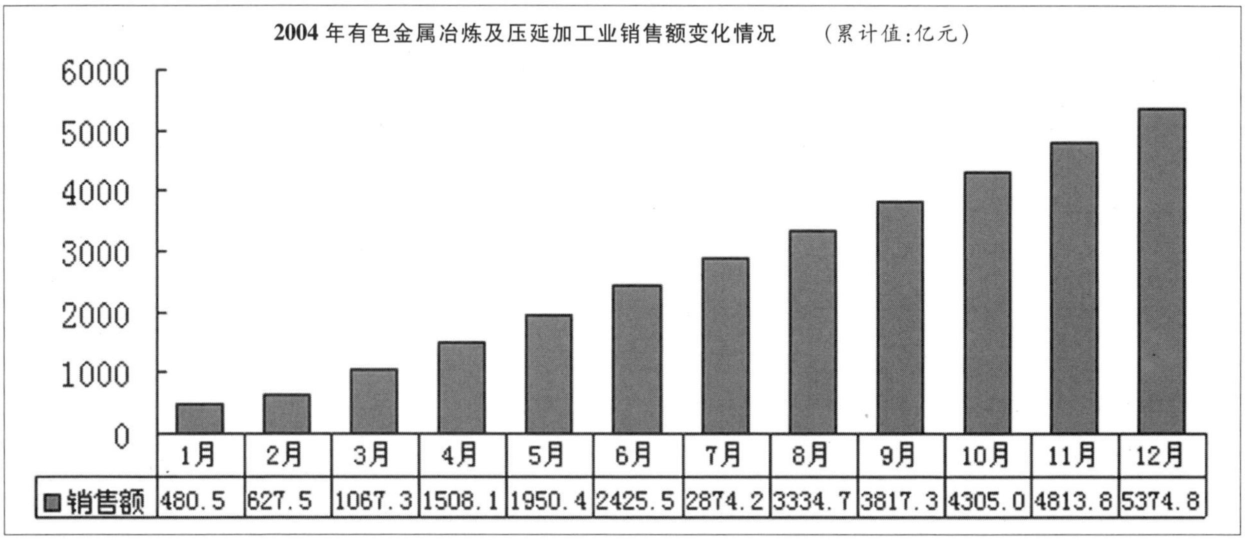

	1月	2月	3月	4月	5月	6月	7月	8月	9月	10月	11月	12月
■销售额	480.5	627.5	1067.3	1508.1	1950.4	2425.5	2874.2	3334.7	3817.3	4305.0	4813.8	5374.8

三、利润水平

该行业2004年1~12月实现利润277.69亿元,上年同期为163.09亿元,2004年1~12月比2003年同期增收利润114.6亿元,增幅为70.27%,可以说是大幅跃升。

从销售利润率看,2004年该行业的销售利润率平均为5.11元,即该行业每卖掉100元产品能获得5.11元利润。从销售利润率走势看,年初该行业的利润率为5.04元,第一季度末涨到了5.68元,第二季度末回落到5.65元;第三季度末再跌到5.16元。第四季度末回落到4.94元的水平上。

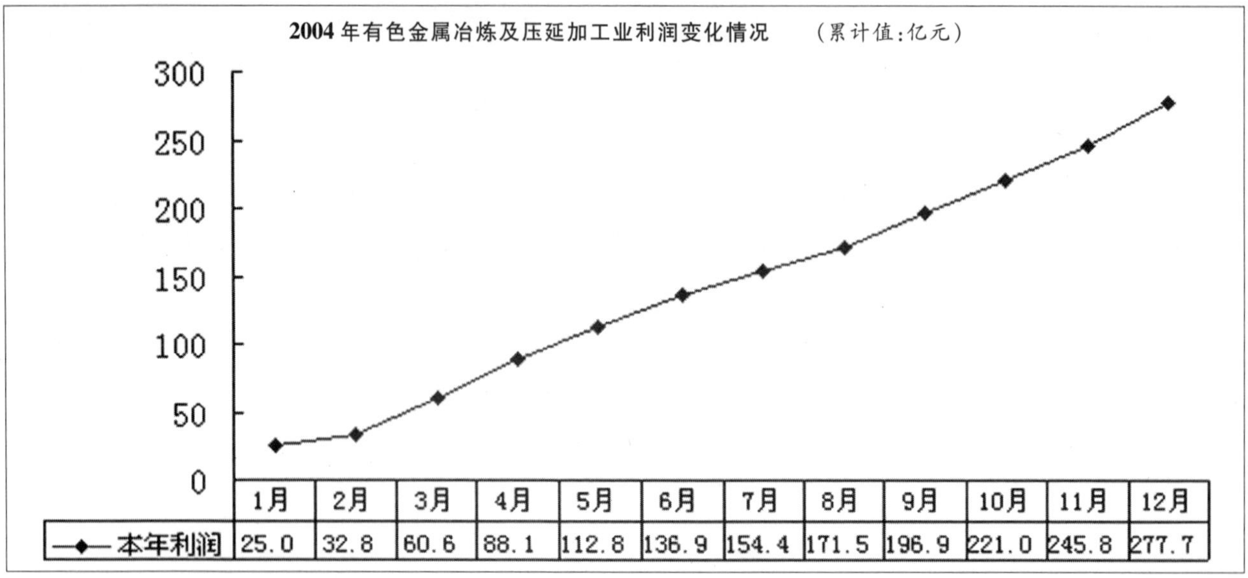

四、企业亏损情况

2004 年 1~12 月有色金属冶炼及压延加工业累计亏损额为 25.17 亿元，较上年同期增加了 6.61%。

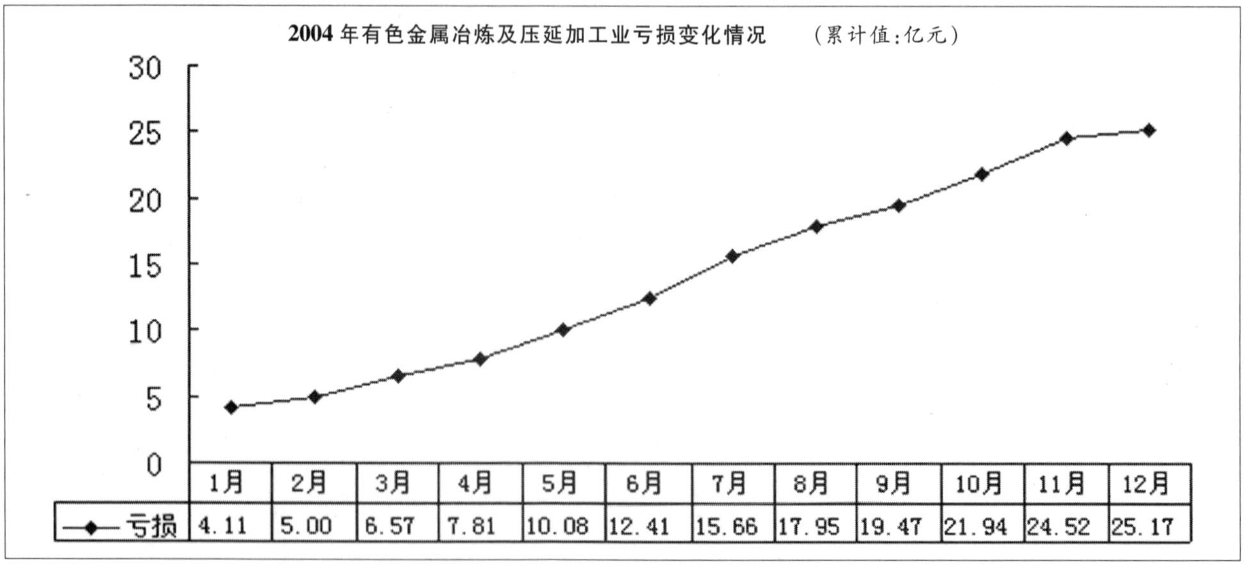

五、2004 年 1~12 月产品产销量、产销率和库存情况

	单位	产量	增产幅度(%)	销量	产销率(%)	库存比年初增长±%
10 种有色金属	万吨	1369.60	16.4	1301.6	99.3	11.1
铜	万吨	203.51	17.9	185.3	99.2	36.4
铅	万吨	175.35	8.2	169.3	99.4	13.7
锌	万吨	253.71	10.2	244.8	98.2	50.0
镍	吨	71481.43	20.8	--	--	--
氧化铝	万吨	702.38	13.7	620.7	101.2	-53.3
铜加工材	万吨	439.13	22.8	427.1	99.0	35.1
铝材	万吨	448.40	23.9	434.4	99.2	24.9

2004 年中国金属制品业经济运行点评

金属制品业是我国国民经济行业分类中的一个大类，2004 年 1~12 月该行业产品销售收入为 5023.20 亿元（人民币，下同），全部从业人员为 191.59 万人。

金属制品业的行业范围

结构性金属制品制造	金属结构制造、金属门窗制造
金属工具制造	切削工具制造、手工具制造、农用及园林用金属工具制造、刀剪及类似日用金属工具制造、其他金属工具制造
集装箱及金属包装容器制造	集装箱制造、金属压力容器制造、金属包装容器制造
金属丝绳及其制品的制造	金属丝绳及其制品的制造
建筑、安全用金属制品制造	建筑、家具用金属配件制造、建筑装饰及水暖管道零件制造、安全、消防用金属制品制造、其他建筑、安全用金属制品制造
金属表面处理及热处理加工	金属表面处理及热处理加工
搪瓷制品制造	工业生产配套用搪瓷制品制造、搪瓷卫生洁具制造、搪瓷日用品及其他搪瓷制品制造
不锈钢及类似日用金属制品制造	金属制厨房调理及卫生器具制造、金属制厨用器皿及餐具制造、其他日用金属制品制造
其他金属制品制造	铸币及贵金属制实验室用品制造、其他未列明的金属制品制造

一、总资产和资产负债率

据国家统计局统计，2004 年 1~12 月该行业的资产总值为 4013.60 亿元，比上年同期增加 22.93%。与此同时，2004 年 1~12 月流动资产平均余额为 2300.70 亿元，比上年同期增加 27.54%；固定资产净值平均余额累计为 1090.35 亿元，比上年同期增长了 15.49%。这些数据反映了 2004 年 1–12 月金属制品业总资产增长的情况。

从 1~12 月的资产负债率水平看，金属制品业的资产负债率平均为 61.0%左右，与去年基本持平。分季度看，1 月份以 60.3%，第一季度末为 59.5%，第二季度末为 61.09%，第三季度末为 61.48%。

2004 年金属制品业总资产变化情况 （累计值：亿元）

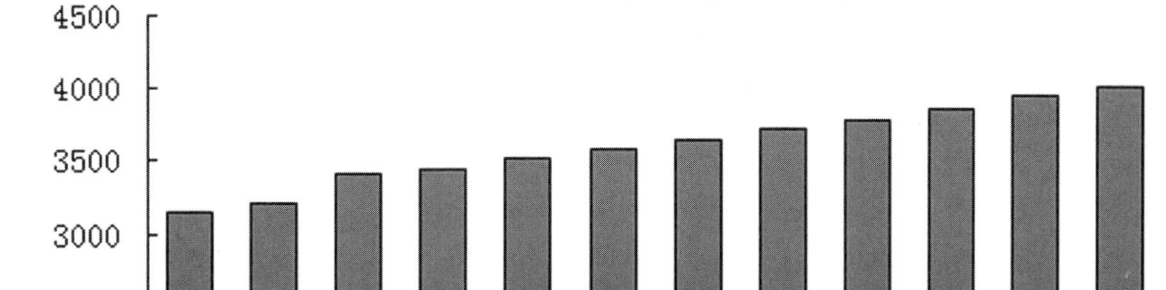

二、销售水平

从 2004 年 1~12 月该行业的产成品销售情况看，累计产品销售收入为 5023.20 亿元，比上年同期增加 35.14%。产品销售成本为 4359.27 亿元，比上年同期增加 36.10%，这些数据反映了 2004 年 1~12 月我国金属制品业销售额增长的情况。

下图反映了 2004 年金属制品业销售收入的变化趋势。

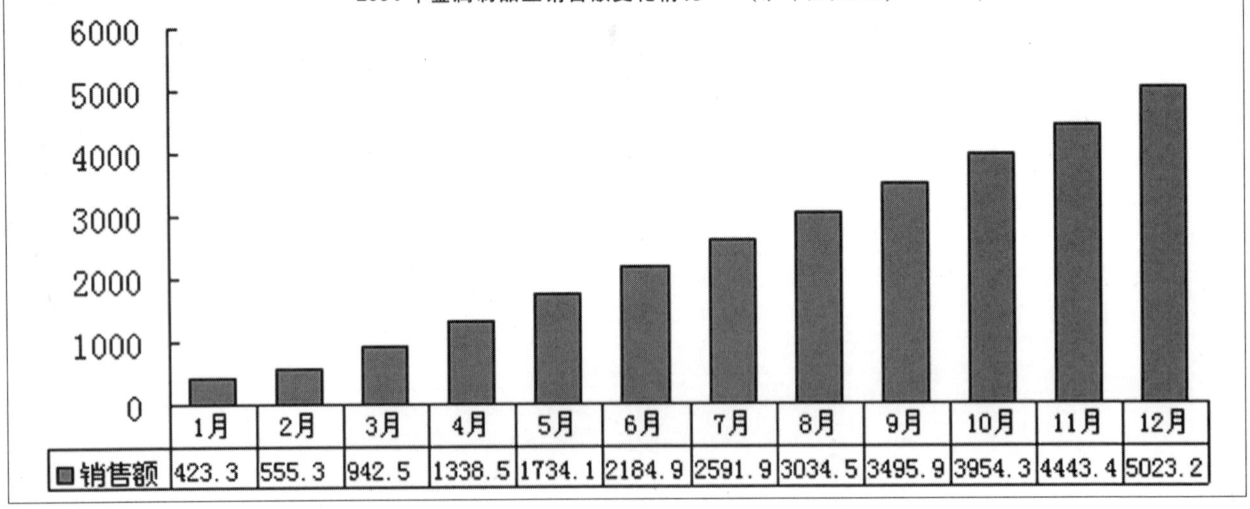

2004 年金属制品业销售额变化情况 （累计值：亿元）

三、利润水平

金属制品业创利颇丰。2004 年 1~12 月实现利润 239.56 亿元，上年同期为 167.97 亿元，2004 年 1-12 月比 2003 年同期增加利润收入 71.59 亿元，增幅为 42.6%。

从销售利润率看，2004 年该行业的销售利润率平均为 4.4 元，即该行业每卖掉 100 元产品能获得 4.4 元利润。从销售利润率走势看，年初该行业的利润率为 3.57 元，第一季度末涨到了 4.03 元，第二季度末涨到 4.49 元；第三季度末为 4.52 元。第四季度末涨到 4.49 元的水平上。

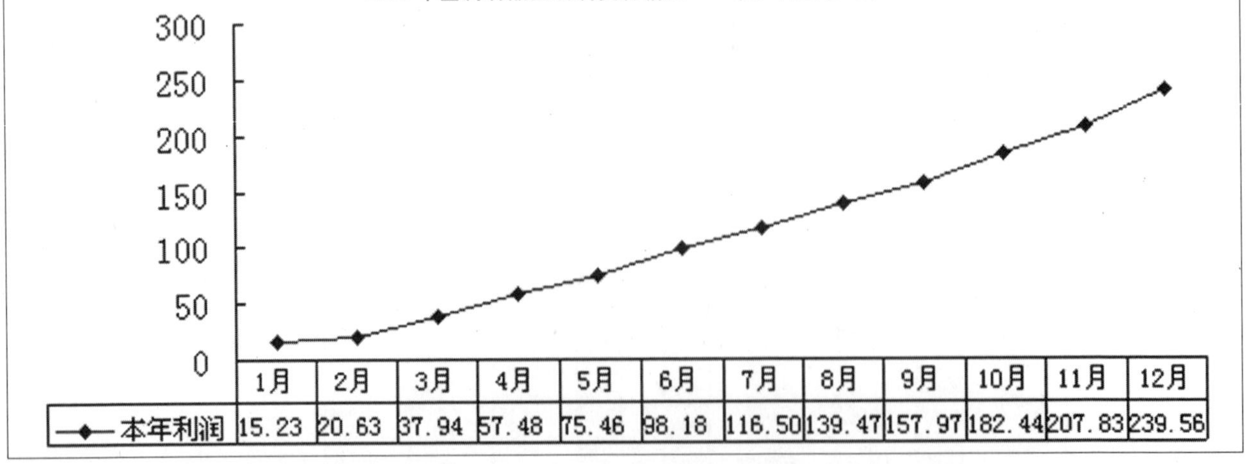

2004 年金属制品业利润变化情况 （累计值：亿元）

四、企业亏损情况

2004 年 1~12 月金属制品业累计亏损企业的亏损额为 22.26 亿元，较上年同期增加了 6.61%，应引起重视。

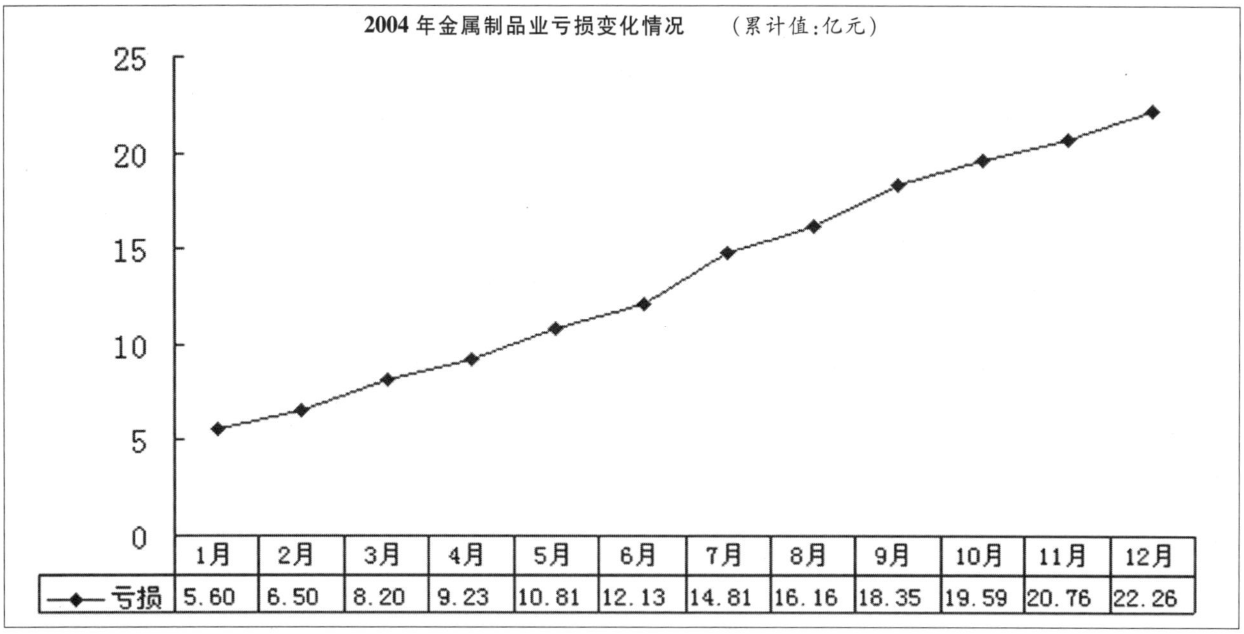

五、产品产量、产销率和库存情况

	日用精铝制品
产量(吨)	144320.43
比去年增长%	13.8
销量(吨)	141508.2
产销率%	99.7
比年初库存增长±%	5.9

2004 年中国通用设备制造业经济运行点评

通用设备制造业是我国国民经济行业分类中的一个大类，生产各种切削机床、工作母机和各种通用设备。2004 年 1~12 月该行业产品销售收入为 7433.40 亿元（人民币，下同），全部从业人员为 308.36 万人。

通用设备制造业

锅炉及原动机制造	锅炉及辅助设备制造、内燃机及配件制造、汽轮机及辅机制造、水轮机及辅机制造、其他原动机制造
金属加工机械制造	金属切削机床制造、金属成形机床制造、铸造机械制造、金属切割及焊接设备制造、机床附件制造、其他金属加工机械制造
起重运输设备制造	起重运输设备制造
泵、阀门、压缩机及类似机械的制造	泵及真空设备制造、气体压缩机械制造、阀门和旋塞的制造、液压和气压动力机械及元件制造
轴承、齿轮、传动和驱动部件的制造	轴承制造、齿轮、传动和驱动部件制造
烘炉、熔炉及电炉制造	烘炉、熔炉及电炉制造
风机、衡器、包装设备等通用设备制造	风机、风扇制造、气体、液体分离及纯净设备制造、制冷、空调设备制造、风动和电动工具制造、喷枪及类似器具制造、包装专用设备制造、衡器制造、其他通用设备制造

续表

通用零部件制造及机械修理	金属密封件制造、紧固件、弹簧制造、机械零部件加工及设备修理、其他通用零部件制造
金属铸、锻加工	钢铁铸件制造、锻件及粉末冶金制品制造

一、总资产和资产负债率

据国家统计局统计，2004 年 1~12 月该行业的资产总值为 8036.53 亿元，比上年同期增加 21.50%。与此同时，2004 年 1~12 月流动资产平均余额为 4768.73 亿元，比上年同期增加 27.93%；固定资产净值平均余额累计为 1904.71 亿元，比上年同期增长了 11.01%。这些数据反映了 2004 年 1~9 月通用设备制造业总资产增长的情况。

从 1~12 月的资产负债率水平看，通用设备制造业的资产负债率平均为 63.74%左右。分季度看，1 月份以 62.95%，第一季度末为 63.41%，第二季度末为 64.28%，第三季度末为 64.34%。第四季度末为 63.54%。

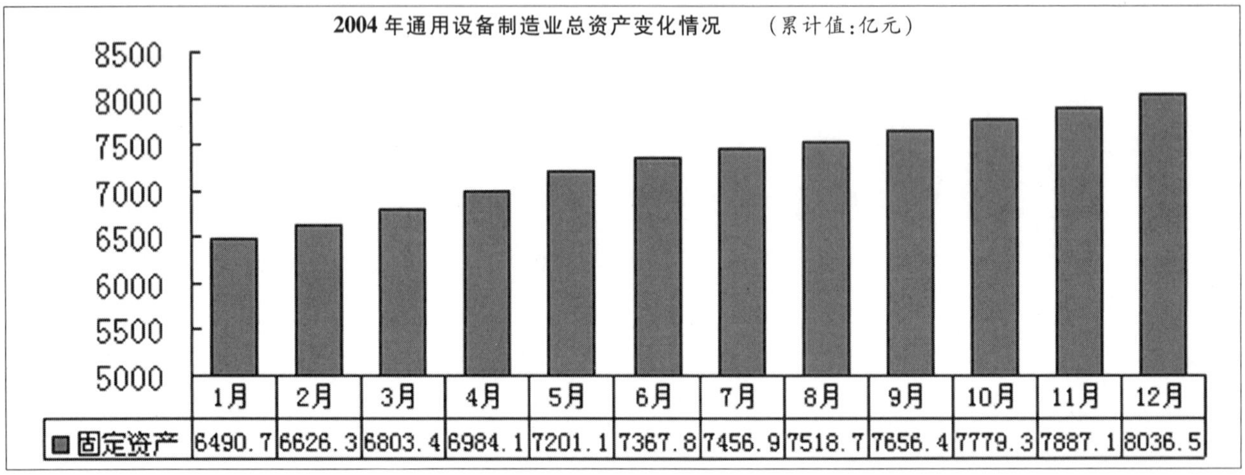

二、销售水平

从 2004 年前 1~12 月该行业的产成品销售情况看，累计产品销售收入为 7433.40 亿元，比上年同期增加 34.94%。产品销售成本为 6175.26 亿元，比上年同期增加 36.74%，这些数据反映了 2004 年 1~9 月我国通用设备制造业销售额增长的情况。

下图反映了 2004 年通用设备制造业销售收入的变化趋势。

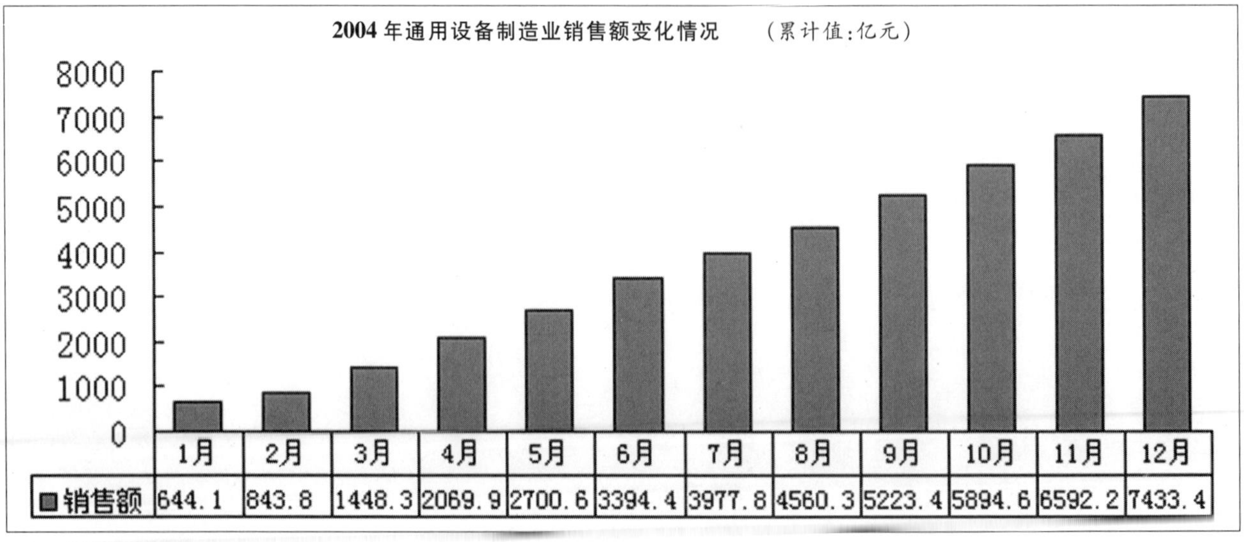

三、利润水平

在我国经济快速增长时期，通用设备制造业直接受惠，创利颇丰。2004 年 1~12 月实现利润 424.45 亿元，上年同期为 306.50 亿元，增幅为 38.48%。

从销售利润率看，2004 年该行业的销售利润率平均为 5.5 元，即该行业每卖掉 100 元产品能获得 5.5 元利润。从销售利润率走势看，年初该行业的利润率为 4.12 元，第一季度末涨到了 4.66 元，第二季度末涨到 5.44 元；第三季度末为 5.66 元。第四季度末涨到 5.94 元的水平。

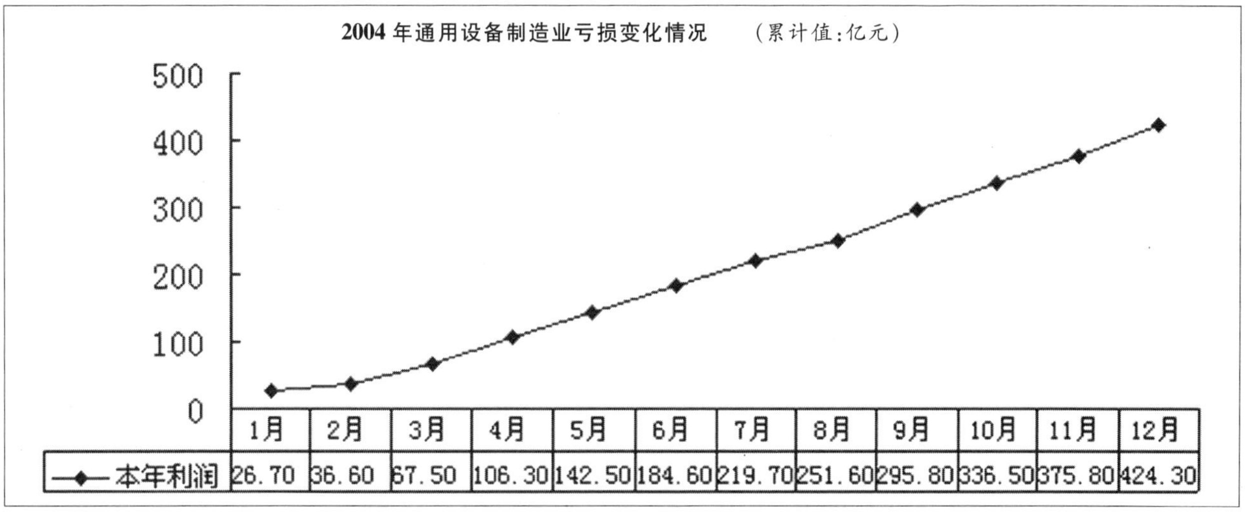

四、企业亏损情况

2004 年 1~12 月通用设备制造业累计亏损企业的亏损额为 43.64 亿元，较上年同期减少了 4.97%。

五、2004 年 1~9 月产品产销量、产销率和库存情况

行业主要产品产量、产销率和库存情况见下页表格。

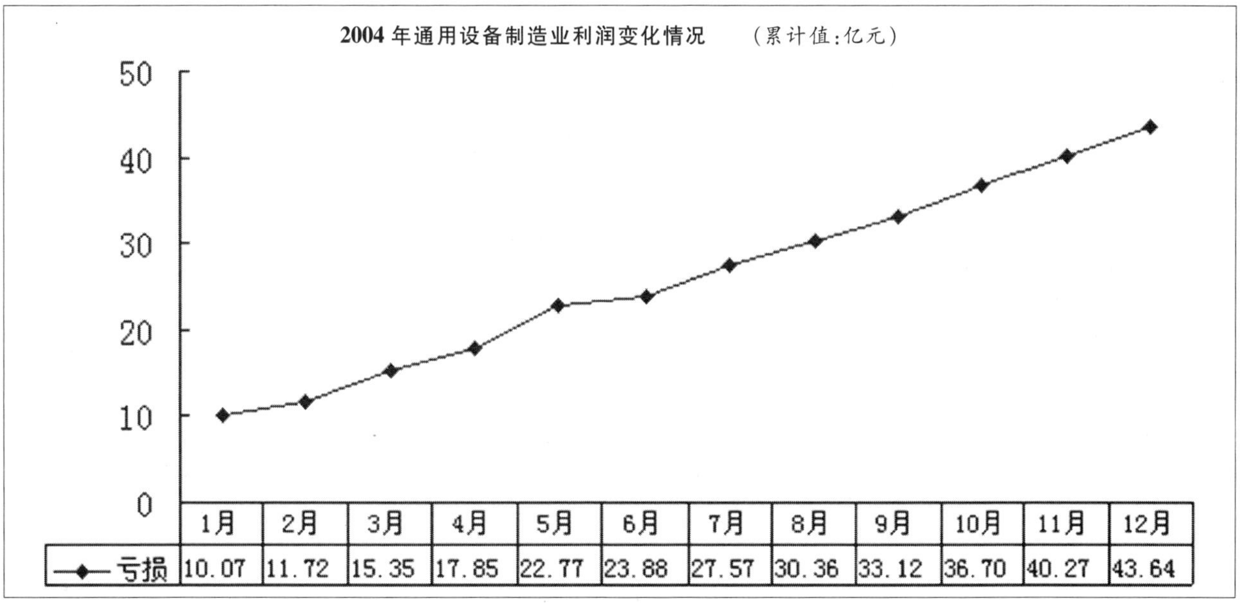

产品名称	单位	产量	增长率(%)	销量	产销率(%)	比年初库存增减(%)
工业锅炉	蒸发吨	133648.85	9.9	126925.4	95.1	32.4
内燃机	万千瓦	43400.44	25.1	36687.7	98.7	14.8
金属切削机床	万台	38.94	36.0	37.8	97.3	29.7
高精度机床	台	4354.0	75.3	4104.0	94.3	91.9
数控机床	台	518612.0	49.8	49239.3	96.0	31.4
大型机床	台	7151.0	72.0	6944.3	97.1	26.9

2004 年中国专用设备制造业经济运行点评

专用设备制造业主要涉及矿山、冶金、电工、石化、化学工业、化纤工业、橡胶工业、塑料工业、木材工业、印刷工业等所用专业设备的制造，也包括农、林、牧、渔、水利，医用、公共安全、环保等专用设备的制造和修理。专用设备制造业是我国国民经济行业分类中的一个大类，2004 年 1~12 月该行业产品销售收入为 4509.82 亿元（人民币，下同），全部从业人员为 209.13 万人。

专用设备制造业

矿山、冶金、建筑专用设备制造	采矿、采石设备制造、石油钻采专用设备制造、建筑工程用机械制造、建筑材料生产专用机械制造、冶金专用设备制造、
化工、木材、非金属加工专用设备制造	炼油、化工生产专用设备制造、橡胶加工专用设备制造、塑料加工专用设备制造、木材加工机械制造、模具制造、其他非金属加工专用设备制造
食品、饮料、烟草及饲料生产专用设备制造	食品、饮料、烟草工业专用设备制造、农副食品加工专用设备制造、饲料生产专用设备制造
印刷、制药、日化生产专用设备制造	制浆和造纸专用设备制造、印刷专用设备制造、日用化工专用设备制造、制药专用设备制造、照明器具生产专用设备制造、玻璃、陶瓷和搪瓷制品生产专用设备制造、其他日用品生产专用设备制造
纺织、服装和皮革工业专用设备制造	纺织专用设备制造、皮革、毛皮及其制品加工专用设备制造、缝纫机械制造、其他服装加工专用设备制造
电子和电工机械专用设备制造	电工机械专用设备制造、电子工业专用设备制造、武器弹药制造、航空、航天及其他专用设备制造
农、林、牧、渔专用机械制造	拖拉机制造、机械化农业及园艺机具制造、营林及木竹采伐机械制造、畜牧机械制造、渔业机械制造、农林牧渔机械配件制造、其他农林牧渔业机械制造及机械修理
医疗仪器设备及器械制造	医疗诊断、监护及治疗设备制造、口腔科用设备及器具制造、实验室及医用消毒设备和器具的制造、医疗、外科及兽医用器械制造、机械治疗及病房护理设备制造、假肢、人工器官及植(介)入器械制造、其他医疗设备及器械制造
环保、社会公共安全及其他专用设备制造	环境污染防治专用设备制造、地质勘查专用设备制造、邮政专用机械及器材制造、商业、饮食、服务业专用设备制造、社会公共安全设备及器材制造、交通安全及管制专用设备制造、水资源专用机械制造、其他专用设备制造

一、总资产和资产负债率

据国家统计局统计，2004 年 1~12 月该行业的资产总值为 5420.05 亿元，比上年同期增加 13.56%。与此同时，2004 年 1~12 月流动资产平均余额为 3084.57 亿元，比上年同期增加 18.19%；固定资产净值平均余额累计为 1374.46 亿元，比上年同期增长了 7.40%。这些数据反映了 2004 年 1~9

月专用设备制造业总资产增长的情况。

从 2004 年 1~12 月的资产负债率水平看，专用设备制造业的资产负债率平均为 62.04%左右。分季度看，1 月份以 64.28%，第一季度末为 64.66%，第二季度末为 65.62%，第三季度末为 62.44%。第四季度末为 57.59%左右。

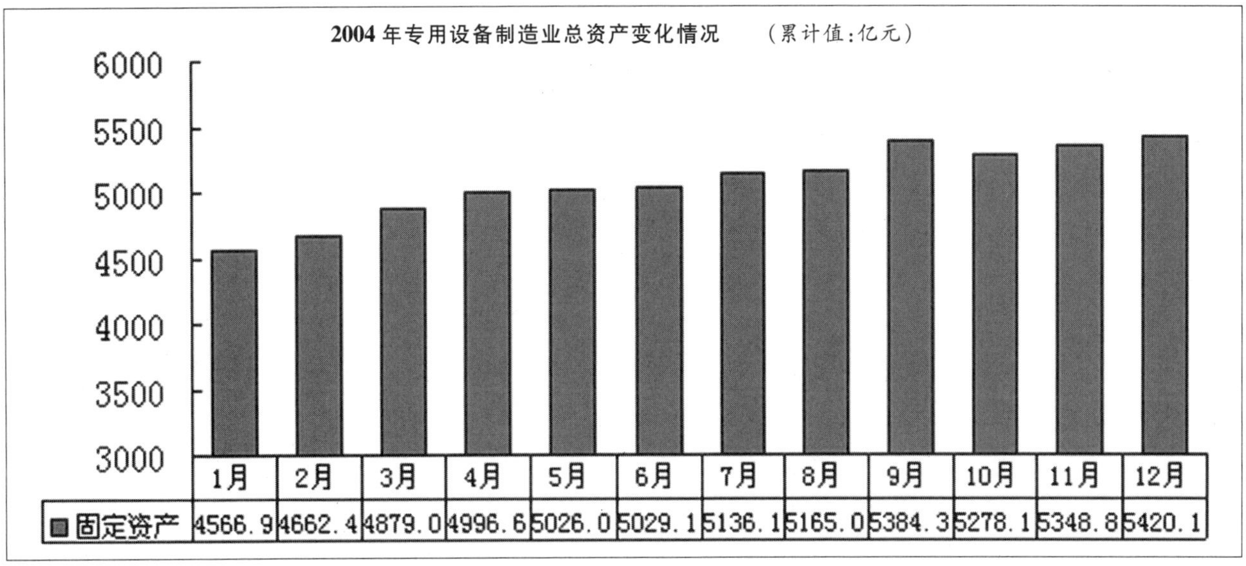

二、销售水平

从 2004 年 1~12 月该行业的产成品销售情况看，累计产品销售收入为 4509.82 亿元，比上年同期增加 24.84%。产品销售成本为 3765.27 亿元，比上年同期增加 26.75%，这些数据反映了 2004 年 1-12 月我国专用设备制造业销售额增长的情况。

下图反映了 2004 年专用设备制造业销售收入的变化趋势。

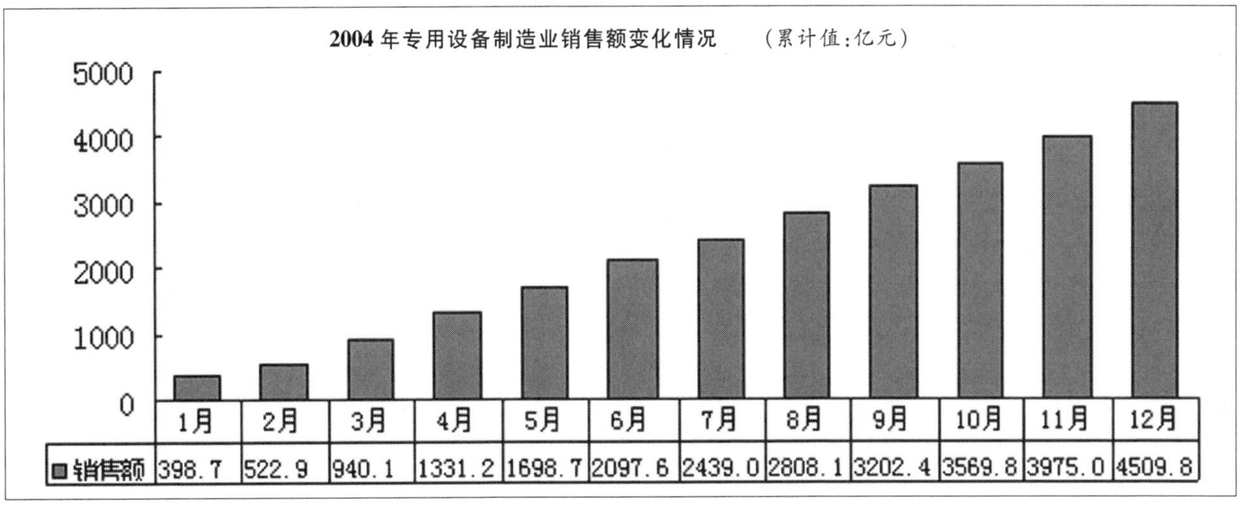

三、利润水平

2004 年 1~12 月实现利润 216.85 亿元，上年同期为 178.26 亿元，增幅为 21.65%。

从销售利润率看，2004 年平均销售利润率为 4.56 元，即该行业每卖掉 100 元产品能获得 4.56 元利润。从销售利润率走势看，年初该行业的利润率为 3.36 元，第一季度末涨到了 3.39 元，第二季度末涨到 4.89 元；第三季度末为 4.91 元。第四季度末回落到 4.72 元的水平。

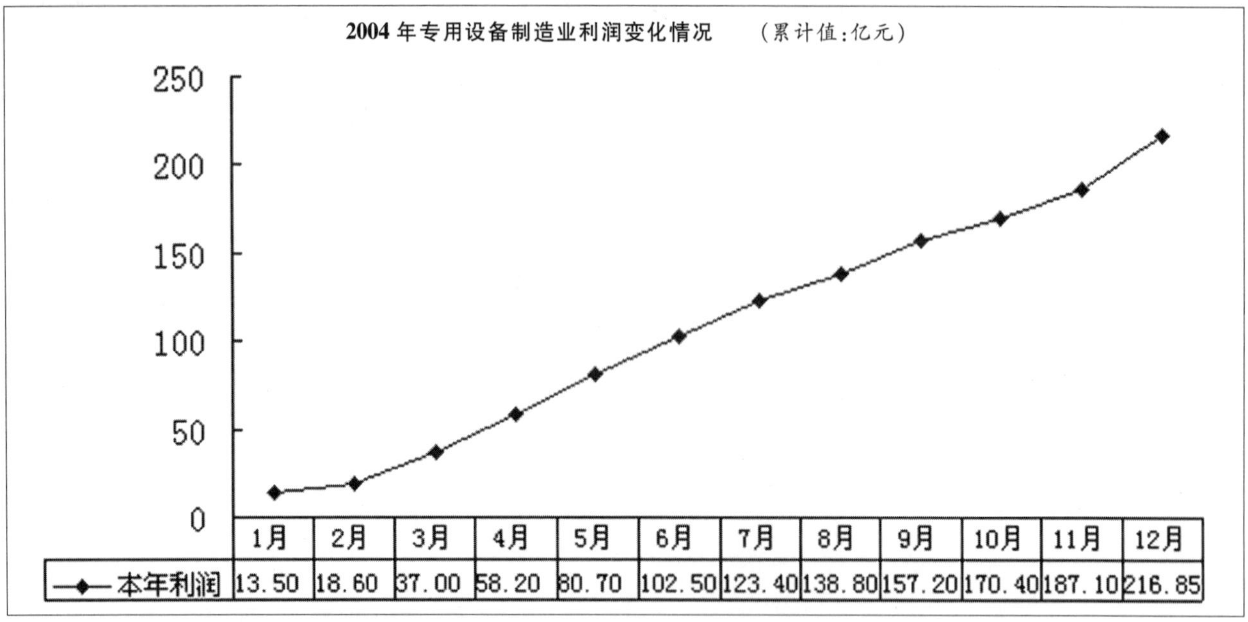

四、企业亏损情况

2004 年 1~12 月专用设备制造业亏损企业的亏损额为 42.54 亿元，比上年同期下降了 2.0%。

五、2004 年 1~12 月产品产销量、产销率和库存情况

该行业产品很多，例如，大中型拖拉机、小型拖拉机、缝纫机等。就这三种产品 2004 年 1~12 月的产量、销量和产销率分析如下：

1.从生产看

* 生产大中型拖拉机 98268.00 台，增产 83.9%；

* 生产小型拖拉机 179.43 万台，增产 0.9%；

* 生产缝纫机 855.75 万架，增产 9.1%；

* 大气污染防治设备 127063.0 台，增产 37.2%。

2.从销售看

* 销售大中型拖拉机 95720.0 台，产销率为 97.5%，12 月末库存量与年初比较增加了 27.0%；

* 销售小型拖拉机 174.7 万台，产销率为 97.4%，12 月末库存量与年初比较增加了 48.8%。

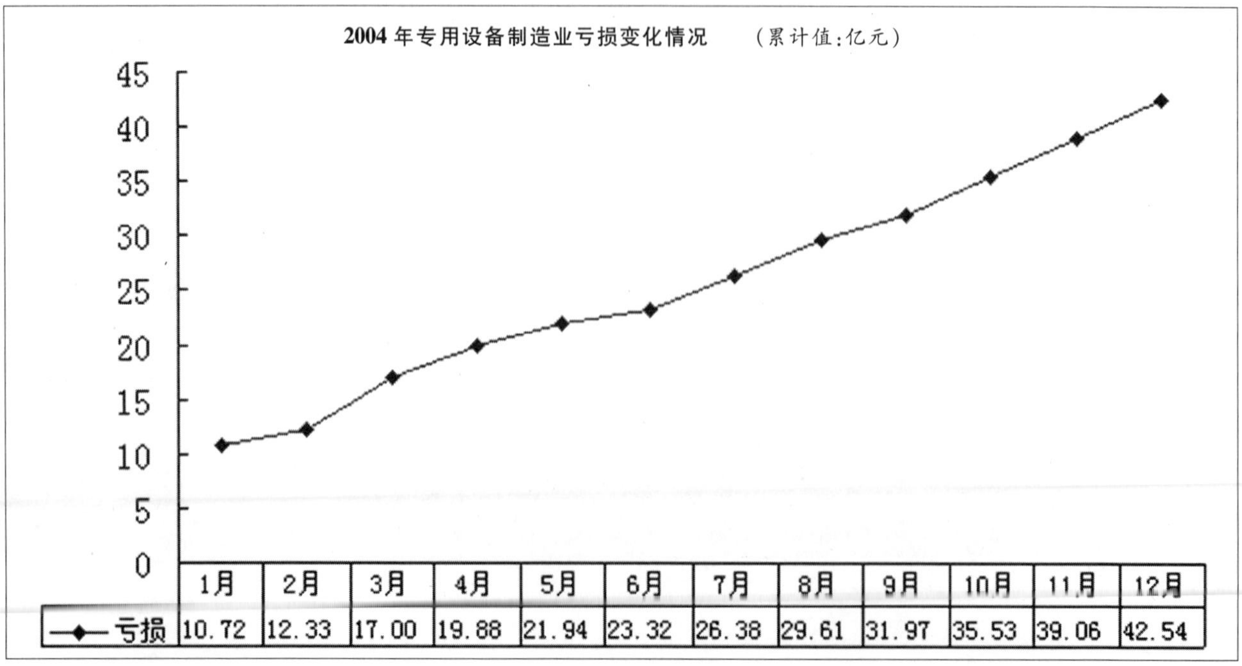

2004年中国交通运输设备制造业经济运行点评

交通运输设备制造业主要涉及铁路运输设备、机车、汽车、摩托车、海洋运输船、航空航天器的制造，也包括交通运输设备的修理等。交通运输设备制造业是我国国民经济行业分类中的一个大类，2004年1~12月该行业产品销售收入为13272.12亿元（人民币，下同），全部从业人员为327.48万人。

交通运输设备制造业

铁路运输设备制造	铁路机车车辆及机动车组制造、工矿有轨专用车辆制造、铁路机车车辆配件制造、铁路专用设备及器材，配件制造、其他铁路设备制造及设备修理
汽车制造	汽车整车制造、改装汽车制造、电车制造、汽车车身，挂车的制造、汽车零部件及配件制造、汽车修理
摩托车制造	摩托车整车制造、摩托车零部件及配件制造
自行车制造	脚踏自行车及残疾人座车制造、助动自行车制造
船舶及浮动装置制造	金属船舶制造、非金属船舶制造、娱乐船和运动船的建造和修理、船用配套设备制造、船舶修理及拆船、航标器材及其他浮动装置的制造
航空航天器制造	飞机制造及修理、航天器制造、其他飞行器制造
交通器材及其他交通运输设备制造	潜水及水下救捞装备制造、交通管理用金属标志及设施制造、其他交通运输设备制造

一、总资产和资产负债率

据国家统计局统计，2004年1~12月该行业的资产总值为13738.96亿元，比上年同期增加15.10%。2004年1~12月该行业的流动资产平均余额为7733.123亿元，比上年同期增加19.92%；固定资产净值平均余额累计为3319.25亿元，比上年同期增长了13.13%。这些数据反映了2004年1~12月交通运输设备制造业总资产大幅增长的情况。

从今年1~12月的资产负债率水平看，交通运输设备制造业的资产负债率平均为60.38%左右。分季度看，1月份以59.76%，第一季度末为60.41%，第二季度末为60.7%，第三季度末为60.38%。第四季度末为60.89%。

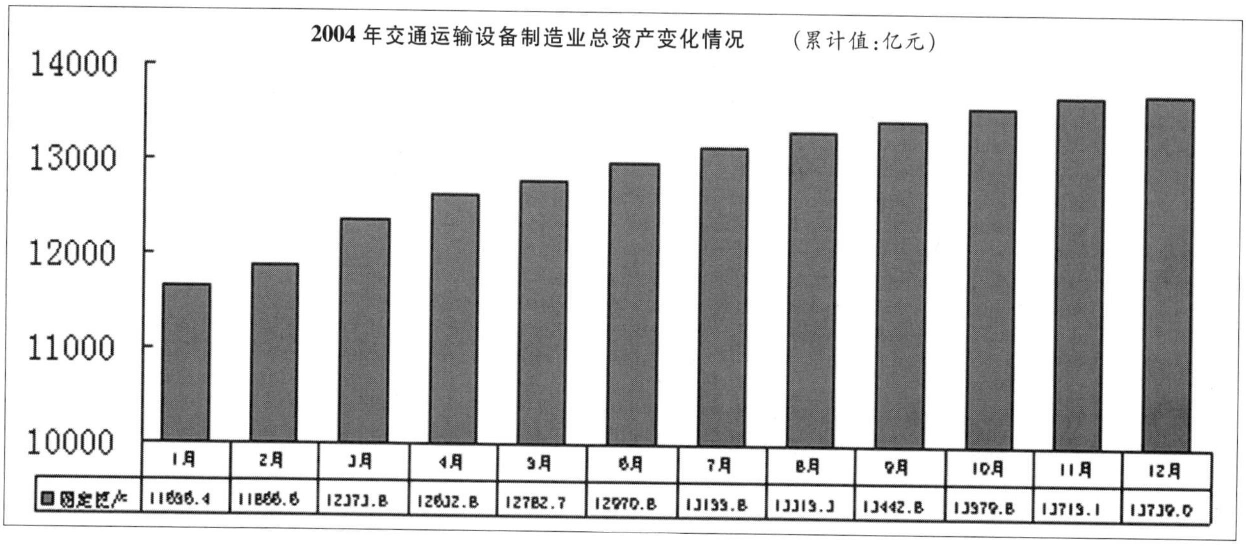

二、销售水平

从 2004 年 1~12 月该行业的产成品销售情况看，累计产品销售收入为 13272.12 亿元，比上年同期增加 18.75%。产品销售成本为 11205.62 亿元，比上年同期增加 22.14%，这些数据反映了 2004 年 1~12 月我国交通运输设备制造业销售额增长的情况。

下图反映了 2004 年交通运输设备制造业销售收入的变化趋势。

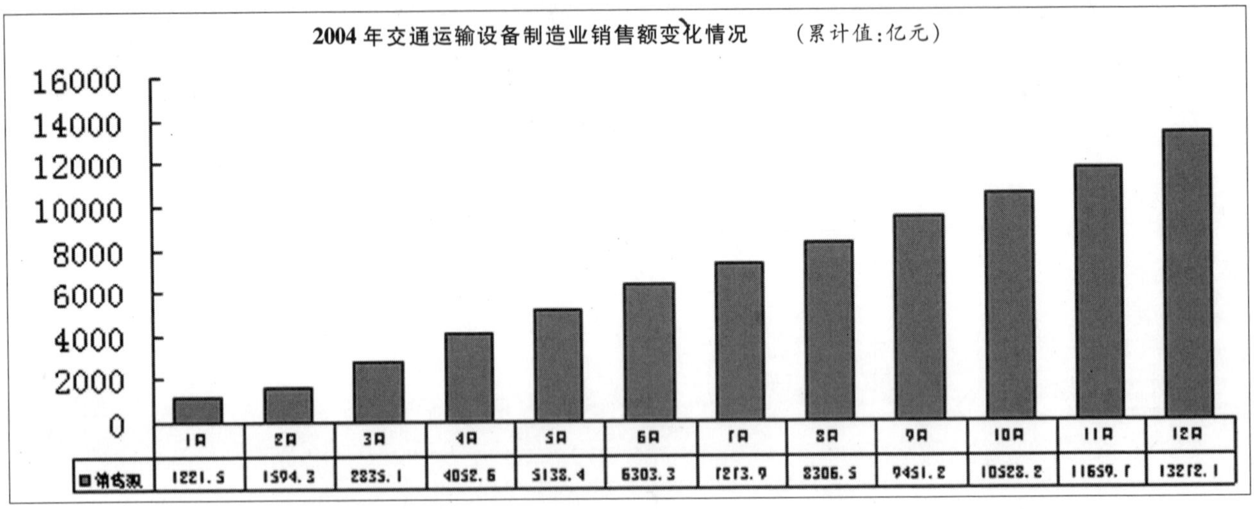

三、利润水平

2004 年 1~12 月实现利润 771.88 亿元，上年同期为 794.78 亿元，2004 年 1~12 月比 2003 年同期减少 2.9%。

从销售利润率看，2004 年平均销售利润率为 6.39 元，即该行业每卖掉 100 元产品能获得 6.39 元利润。从销售利润率走势看，年初该行业的利润率为 6.02 元，第一季度末涨到了 6.69 元，第二季度末涨到 7.19 元；第三季度末为 6.44 元。第四季度末维持在 6.11 元的水平。

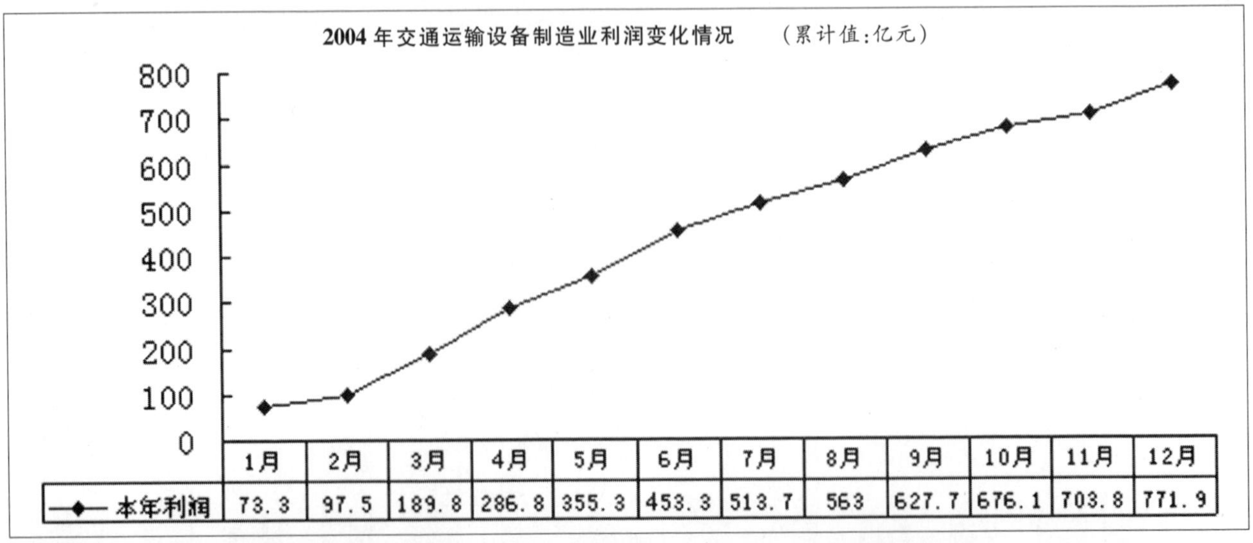

四、企业亏损情况

2004 年 1~12 月交通运输设备制造业累计亏损企业的亏损额为 82.31 亿元，较上年同期上升了 19.19%。

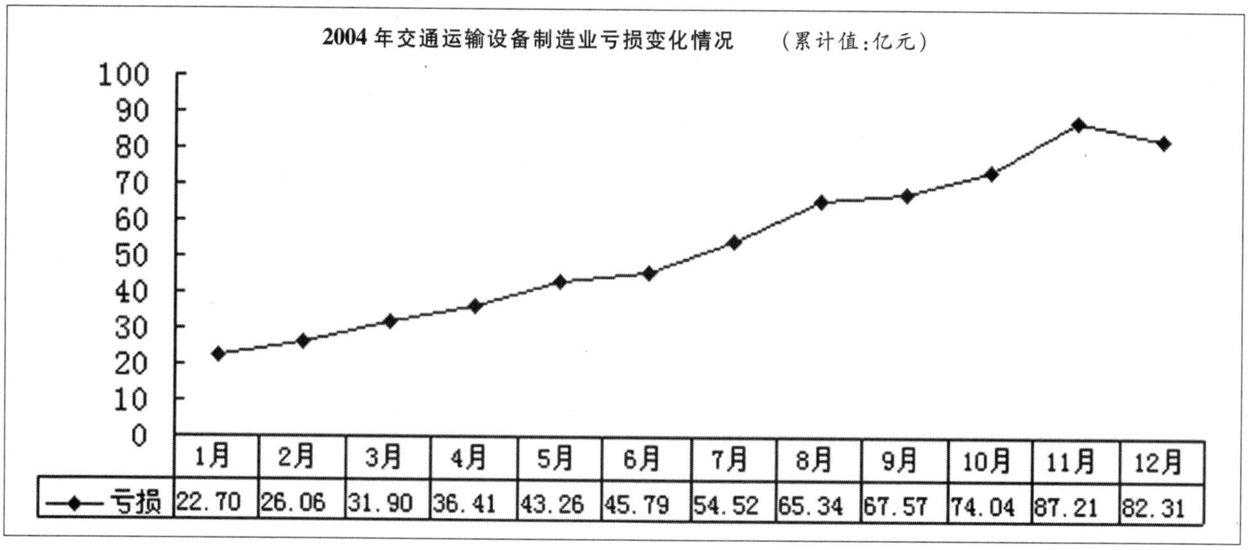

五、2004 年 1~12 月产品产销量、产销率和库存情况

该行业主要产品产量、产销率和库存情况见下表：

产品名称	单位	产量	增长率(%)	销量	产销率(%)	比年初库存增减(%)
机车	万千瓦	329.20	1.2	----	----	----
铁路客车	辆	1709.0	12.1	----	----	----
铁路货车	辆	28225.0	-16.3	----	----	----
汽车	万辆	519.65	14.0	509.1	98.0	21.5
载货汽车	万辆	167.73	24.4	162.2	96.7	10.2
公路客车	万辆	124.83	8.5	123.0	98.7	25.8
轿车	万辆	226.14	10.2	222.4	98.3	35.1
摩托车	万辆	1581.55	17.8	1578.6	99.9	2.8
自行车	万辆	5001.26	6.2	4983.2	99.6	18.3
民用钢质船舶	万综吨	1019.03	55.3	1015.7	100.0	-3.1

2004 年中国电气机械及器材制造业经济运行点评

电气机械及器材制造业主要涉及电机制造、输配电及控制设备、电工器材、日用电气、照明器具的制造和修理。电气机械及器材制造业是我国国民经济行业分类中的一个大类，2004 年 1~12 月该行业产品销售收入为 10055.65（人民币，下同），全部从业人员为 298.57 万人。

电气机械及器材制造业的范围

电机制造	发电机及发电机组制造、电动机制造、微电机及其他电机制造
输配电及控制设备制造	变压器、整流器和电感器制造，电容器及其配套设备制造、配电开关控制设备制造、电力电子元器件制造、其他输配电及控制设备制造
电线、电缆、光缆及电工器材制造	电线电缆制造，光纤、光缆制造，绝缘制品制造、其他电工器材制造

电气机械及器材制造业的范围

电池制造	
家用电力器具制造	家用制冷电气具制造、家用空气调节器制造、家用通风电气具制造、家用厨房电气具制造、家用清洁卫生电气具制造，家用美容、保健电气具制造、家用电力器具专用配件制造、其他家用电力器具制造
非电力家用器具制造	燃气、太阳能及类似能源的器具制造、其他非电力家用器具制造
照明器具制造	电光源制造、照明灯具制造、灯用电气附件及其他照明器具制造
其他电气机械及器材制造	车辆专用照明及电气信号设备装置制造、其他未列明的电气机械制造

一、总资产和资产负债率

据国家统计局统计，2004 年 1~12 月该行业的资产总值为 8840.24 亿元，比上年同期增加 19.98%。2004 年 1~12 月该行业的流动资产平均余额为 5341.94 亿元，比上年同期增加 24.16%；固定资产净值平均余额累计为 1924.03 亿元，比上年同期增长了 14.45%。这些数据反映了 2004 年 1-12 月电气机械及器材制造业总资产增长的情况。

从 1~12 月的资产负债率水平看，电气机械及器材制造业的资产负债率平均为 60.4%左右。分季度看，1 月份以 59.2%，第一季度末为 59.8%，第二季度末为 60.7%，第三季度末为 60.6%。第四季度末为 60.52%。

2004 年电气机械及器材制造业总资产变化情况 （累计值：亿元）

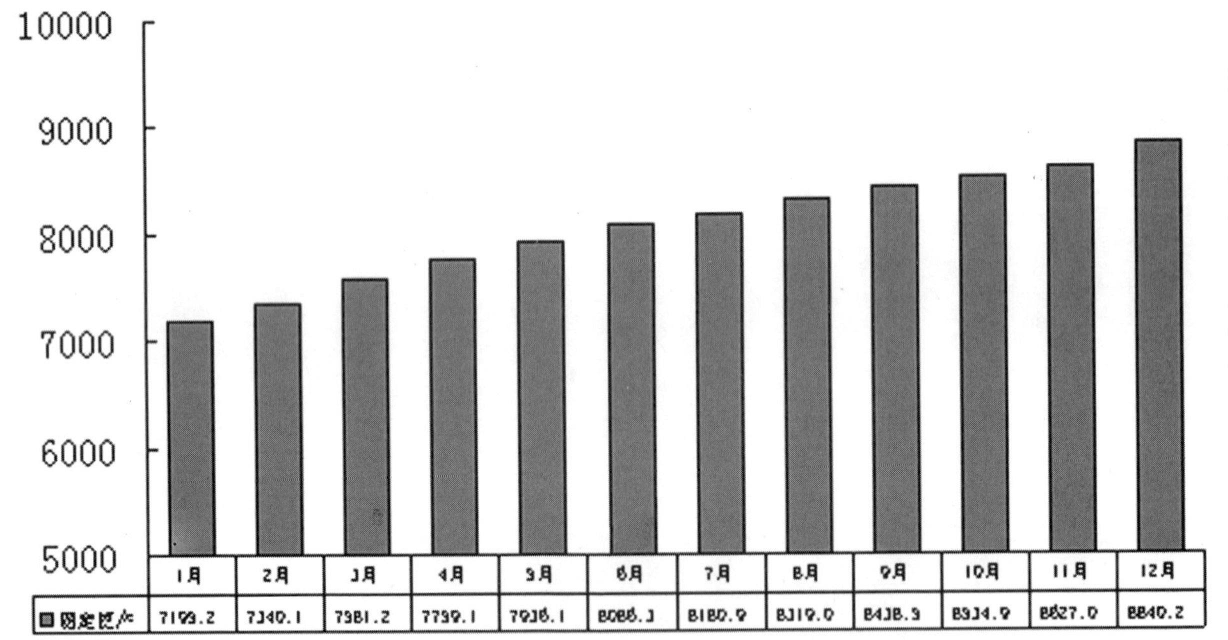

二、销售水平

从 2004 年前 1~12 该行业的产成品销售情况看，累计产品销售收入为 10055.65 亿元，比上年同期增加 33.79%。产品销售成本为 8478.33 亿元，比上年同期增加 36.13%，这些数据反映了 2004 年 1~9 月我国电气机械及器材制造业销售额增长的情况。

下图反映了 2004 年电气机械及器材制造业销售收入的变化趋势。

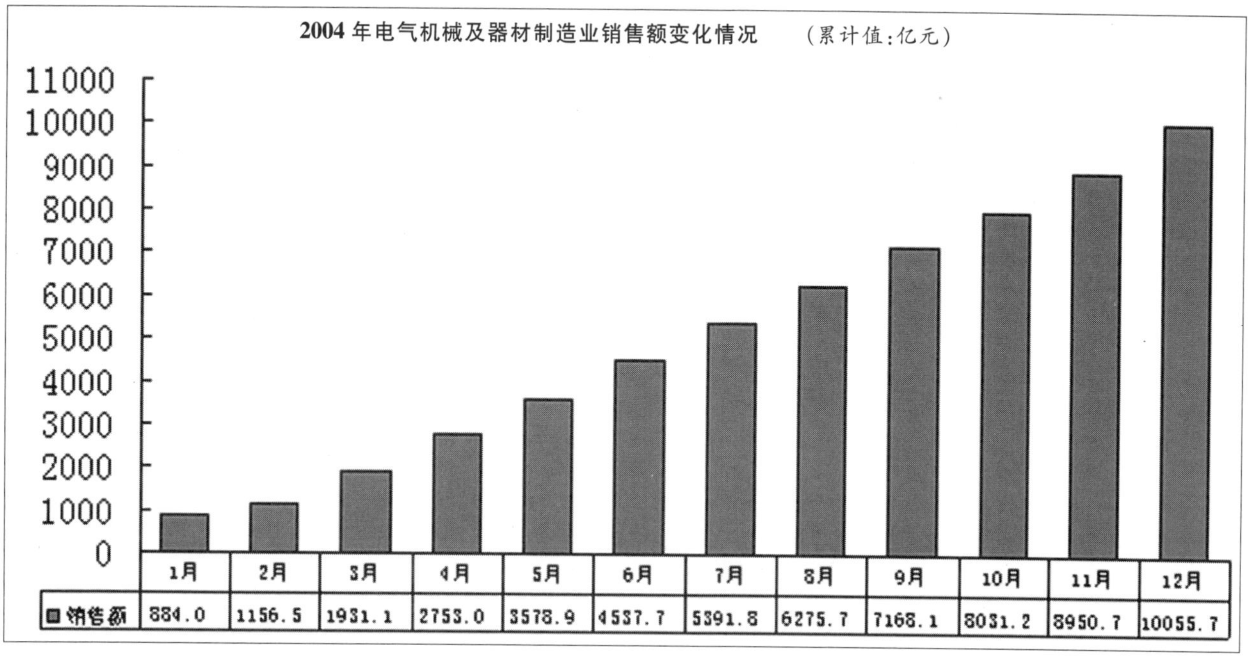

三、利润水平

2004 年 1~12 月实现利润 486.95 亿元，上年同期为 371.43 亿元。

从销售利润率看，2004 年平均销售利润率为 4.56 元，即该行业每卖掉 100 元产品能获得 4.56 元利润。从销售利润率走势看，年初该行业的利润率为 4.25 元，第一季度末涨到了 3.92 元，第二季度末涨到 4.55 元；第三季度末为 4.60 元。第四季度末保持 4.60 元的水平。

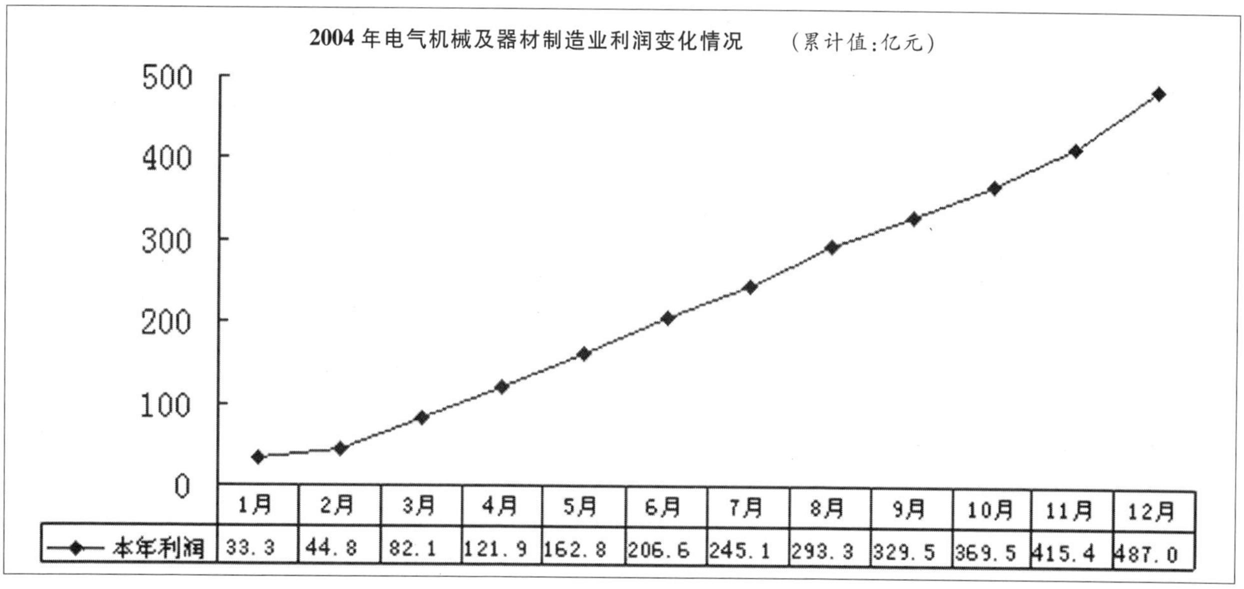

四、企业亏损情况

2004 年 1~12 月电气机械及器材制造业亏损企业的亏损额为 52.95 亿元，较上年同期增加了 1.62%。

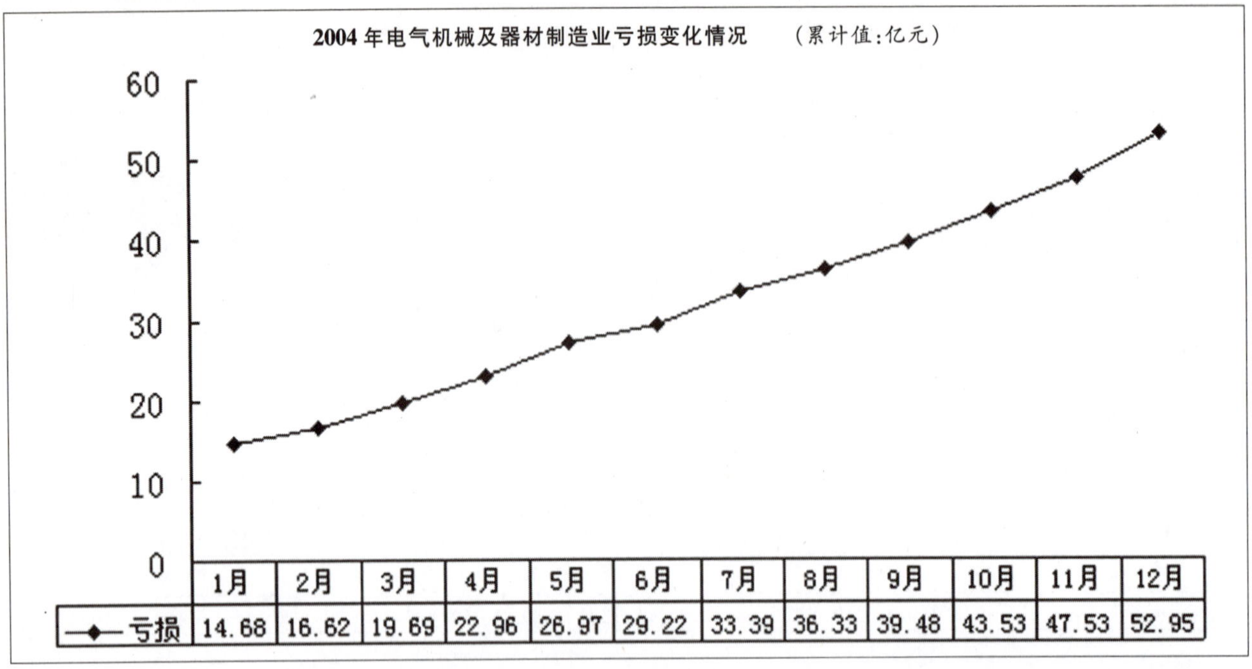

五、2004年1~12月产品产销量、产销率和库存情况

该行业主要产品产量、产销率和库存情况见下表。

从上表数据看，家电产品今年普遍比较俏销，库存减少最多的产品是家用洗衣机、家用电冰箱、电风扇、排油烟机和电饭锅。房间空气调节器库存均有减少。

产品名称	单位	产量	增长率(%)	销量	产销率(%)	比年初库存增减(%)
发电设备	万千瓦	7137.88	90.9	6947.6	97.3	49.3
交流电动机	万千瓦	11179.12	23.7	10834.9	98.5	14.18
家用洗衣机	万台	2348.85	19.2	2367.9	100.9	-12.2
吸尘器	万台	2571.81	6.3	2612.3	101.6	-45.5
家用电冰箱	万台	3033.38	30.0	3044.4	100.4	-6.6
冷冻箱	万台	628.28	21.3	668.0	106.3	-44.7
电风扇	万台	11042.64	11.1	11434.5	103.6	-47.2
房间空气调节器	万台	7046.63	42.6	7005.5	99.4	12.3
排油烟机	万台	537.81	16.7	536.7	99.8	3.3
电饭锅	万个	4136.74	14.8	4125.6	99.8	5.5

2004年中国电子及通信设备、计算机及其他电子设备制造业经济运行点评

通信设备、计算机及其他电子设备制造业是国民经济支柱行业，主要涉及传输设备、交换设备、通信终端设备、雷达、电视机、收音机、电话机、广播电视设备、手机、电子计算机和外部设备、电子元器件的制造和修理。该行业技术含量高，市场潜力巨大，但竞争非常激烈。通信设备、计算机及其

他电子设备制造业是我国国民经济行业分类中的一个大类，2004 年 1~12 月该行业产品销售收入为 21463.18 亿元（人民币，下同），全部从业人员为 333.40 万人。

通信设备、计算机及其他电子设备制造业的范围

通信设备制造	通信传输设备制造、通信交换设备制造、通信终端设备制造、移动通信及终端设备制造、其他通信设备制造
雷达及配套设备制造	雷达整机制造业、雷达专用配套设备及部件制造业、应用电视设备及其他广播电视设备制造
广播电视设备制造	广播电视节目制作及发射设备制造、广播电视接收设备及器材制造、
电子计算机制造	电子计算机整机制造、计算机网络设备制造、电子计算机外部设备制造
电子器件制造	电子真空器件制造、半导体分立器件制造、集成电路制造、光电子器件及其他电子器件制造
电子元件制造	电子元件及组件制造、印制电路板制造
家用视听设备制造	电视机、录像机、摄像机制造业，收音机、录音机制造业，其他电子设备修理业，其他电子设备制造业

一、总资产和资产负债率

据国家统计局统计，2004 年 1-12 月该行业的资产总值为 15097.32 亿元，比上年同期增加 21.33%，2004 年 1~12 月该行业的流动资产平均余额为 9256.59 亿元，比上年同期增加 23.35%；固定资产净值平均余额累计为 3500.681 亿元，比上年同期增长了 23.03%。这些数据反映了 2004 年 1~9 月通信设备、计算机及其他电子设备制造业总资产增长的情况。

从 1~12 月的资产负债率水平看，通信设备、计算机及其他电子设备制造业的资产负债率平均为 60.28%左右。分季度看，1 月份以 60.29%，第一季度末为 61.55%，第二季度末为 62.0%，第三季度末为 62.21%。第四季度末为 62.90%。

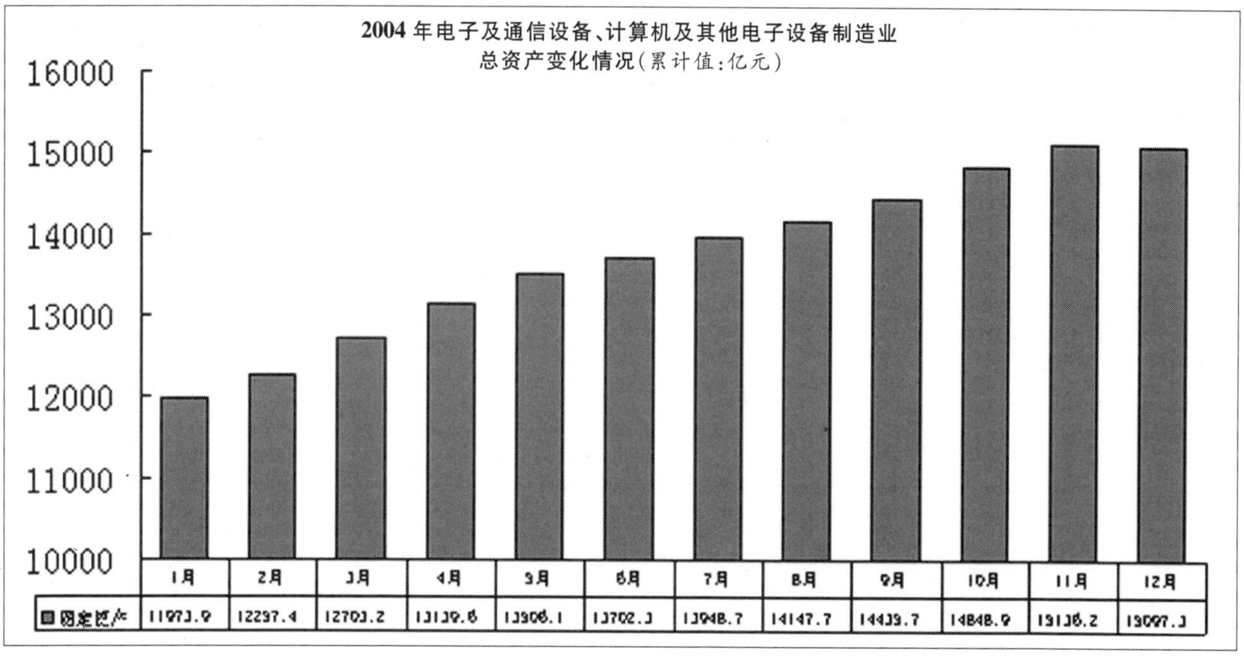

二、销售水平

从 2004 年 1~12 月该行业的产成品销售情况看，累计产品销售收入为 21463.18 亿元，比上年同期增加 34.39%。产品销售成本为 19117.08 亿元，比上年同期增加 35.90%，这些数据反映了 2004 年 1~12 月我国通信设备、计算机及其他电子设备制造业销售额增长的情况。

下图反映了 2004 年通信设备、计算机及其他电子设备制造业销售收入的变化趋势。

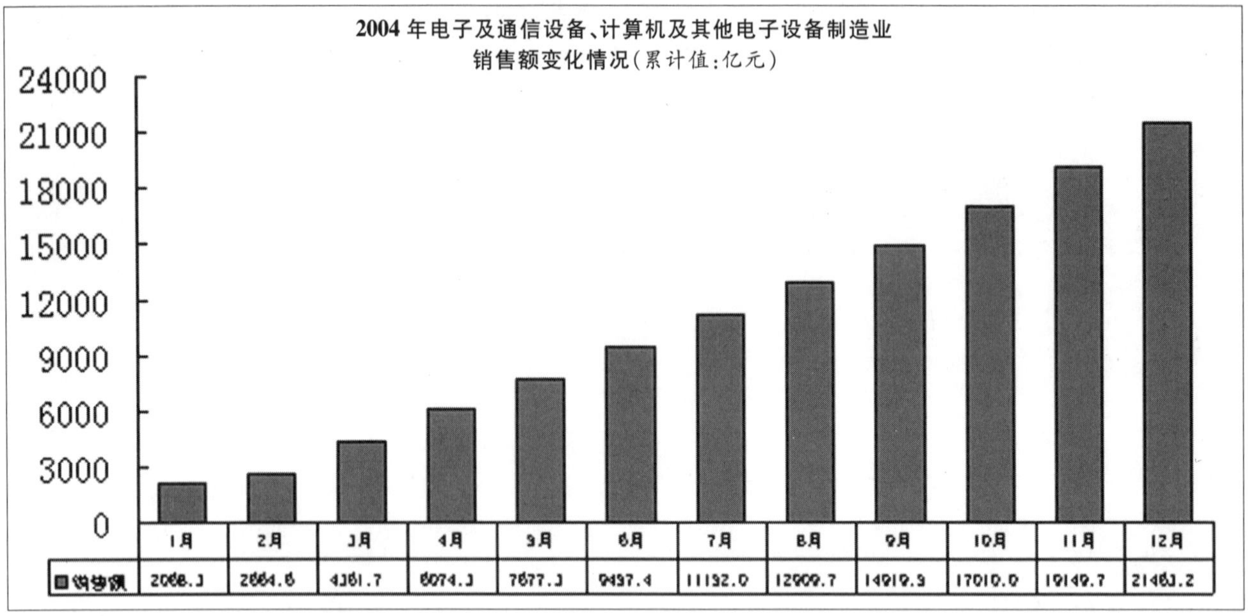

三、利润水平

通信设备、计算机及其他电子设备制造业2004年1~12月实现利润821.87亿元，上年同期为586.29亿元。从销售利润率看，2004年平均销售利润率为3.70元，即该行业每卖掉100元产品能获得3.7元利润。从销售利润率走势看，年初该行业的利润率为3.13元，第一季度末为3.33元，第二季度为3.76元；第三季度末为3.78元。第四季度末为3.97元。

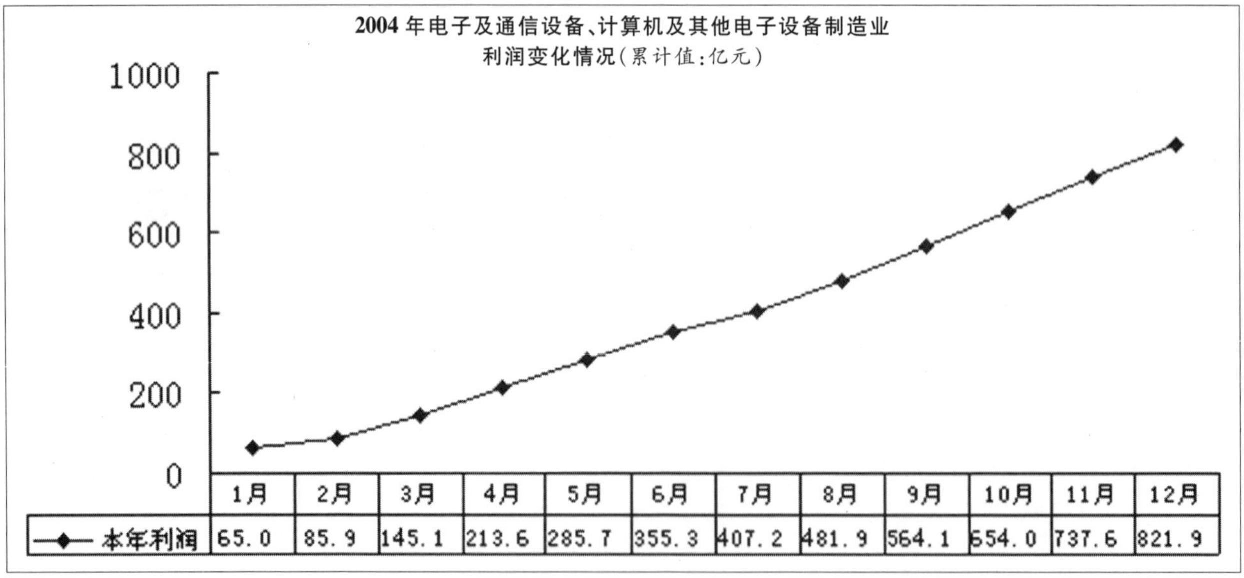

四、企业亏损情况

2004年1~12月通信设备、计算机及其他电子设备制造业累计亏损企业的亏损额为150.38亿元，较上年同期增加了30.34%。

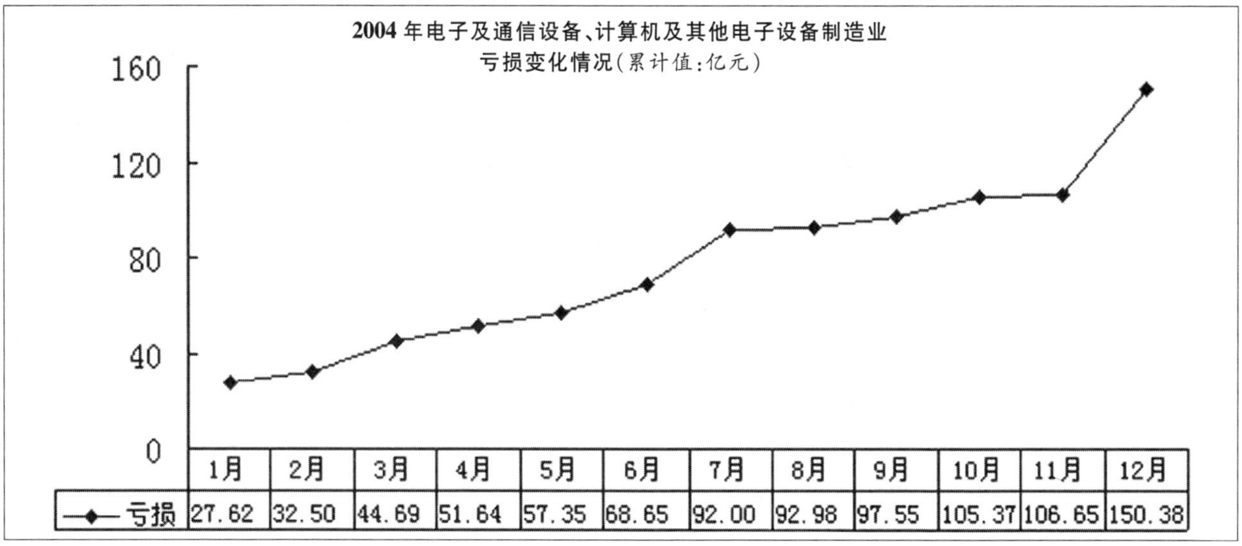

五、2004年1~12月产品产销量、产销率和库存情况

该行业主要产品产量、产销率和库存情况见下表:

产品名称	单位	产量	增长率(%)	销量	产销率(%)	比年初库存增减(%)
载波通信设备	部	5433.00	4.5	--	--	--
光通信设备	部	139561.0	28.0	--	--	--
程控交换机	万线	7735.47	14.7	7729.2	99.9	10.0
数字程控交换机	万线	6526.02	10.8	6515.1	99.8	20.8
传真机	万部	823.78	84.9	--	--	--
移动通信设备	万部(信道)	1070.46	9.2	--	--	--
移动电话机	万部	--	--	24220.5	98.7	75.6
电子计算机	部	54446.00	5.7	54643.0	100.4	-33.8
微型电子计算机	万部	4512.41	38.7	4456.0	98.8	200.0
彩色显象管	万只	8225.61	16.3	8018.6	98.0	158.7
半导体集成电路	万块	2114586.62	34.5	2103920.3	100.0	34.3
大规模集成电路	万块	781139.81	47.7	780592.7	101.0	36.7
彩色电视机	万部	7673.0	13.0	7709.8	100.6	2.8
录相机	万部	2322.22	3.7	2325.8	100.2	-28.4
收音机	万部	5525.54	0.5	5533.3	100.1	-15.6
组合音响	万部	4517.92	-12.1	4468.0	99.01	105.7

2004年中国仪器仪表及文化、办公用机械制造业经济运行点评

仪器仪表及文化、办公用机械制造业涉及面广,通常包括工业自动化仪表、电工仪器和仪表、光学仪器、计时仪器、分析仪器、实验机等的制造;还包括实验室仪器、汽车仪器仪表、环保、导航等仪器仪表的制造;也包括衡器、打字机、幻灯机、复印机、照相机、钟表的制造,总之,是个包罗万象的

行业大类。仪器仪表及文化、办公用机械制造业是我国国民经济行业分类中的一个大类，2004 年 1~12 月该行业产品销售收入为 2105.73 亿元（人民币，下同），全部从业人员为 78.33 万人。

仪器仪表及文化、办公用机械制造业范围

通用仪器仪表制造	
工业自动控制系统装置制造	工业自动化仪表制造，电工仪器、仪表制造，传递标准用计量仪器制造，量具量仪制造，分析仪器制造，实验室仪器及装置制造，试验机制造，通用仪器仪表元件、器件制造，其他通用仪器仪表制造
专用仪器仪表制造	
环境监测专用仪器仪表制造	环境保护仪器仪表制造，业，汽车仪器仪表制造，导航、制导仪器制造，气象、海洋、水文、天文测量仪器制造，农、林、牧、渔仪器仪表制造，地质勘探、钻采、地震专用仪器制造，教学仪器制造，核子及核辐射测量仪器制造，电子测量仪器制造，专用仪器仪表元件、器件制造，钟表制造，计时仪器制造
光学仪器及眼镜制造	光学仪器制造，眼镜制造
文化、办公用机械制造	电影机械制造，幻灯机及投影仪制造，照相机及器材制造，复印机制造，打字机及油印机制造，电子计算器制造，其他文化、办公用机械制造
其他仪器仪表的制造及修理	其他仪器仪表制造

一、总资产和资产负债率

据国家统计局统计，2004 年 1~12 月该行业的资产总值为 1786.33 亿元，比上年同期增加 15.02%。2004 年 1~12 月该行业的流动资产平均余额为 1104.82 亿元，比上年同期增加 19.94%；固定资产净值平均余额累计为 406.59 亿元，比上年同期增长了 13.14%。这些数据反映了 2004 年 1~9 月仪器仪表及文化、办公用机械制造业总资产增长的情况。

从 1~12 月的资产负债率水平看，仪器仪表及文化、办公用机械制造业的资产负债率平均为 57.65%左右。分季度看，1 月份以 55.23%，第一季度末为 56.91%，第二季度末为 57.44%，第三季度末为 58.38%。第四季度末为 59.46%。

2004 年仪器仪表及文化、办公用机械制造业总资产变化情况　（累计值：亿元）

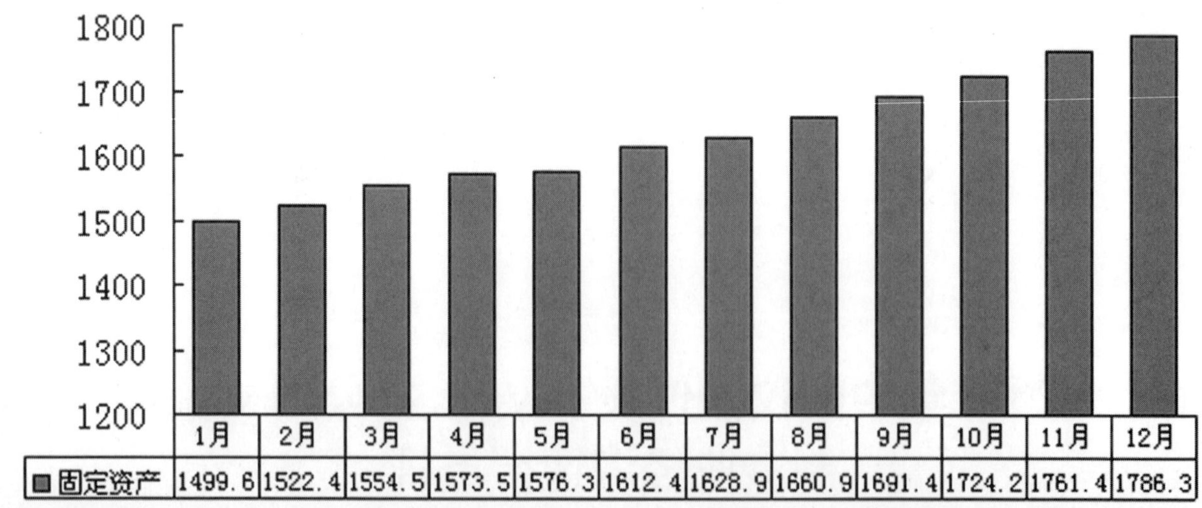

二、销售水平

从 2004 年 1~12 月该行业的产成品销售情况看，累计产品销售收入为 2105.73 亿元，比去年同期增加 28.80%。产品销售成本为 1779.15 亿元，比上年同期增加 31.41%，这些数据反映了 2004 年

1~12 月我国仪器仪表及文化、办公用机械制造业销售额增长的情况。

下图反映了 2004 年仪器仪表及文化、办公用机械制造业销售收入的变化趋势。

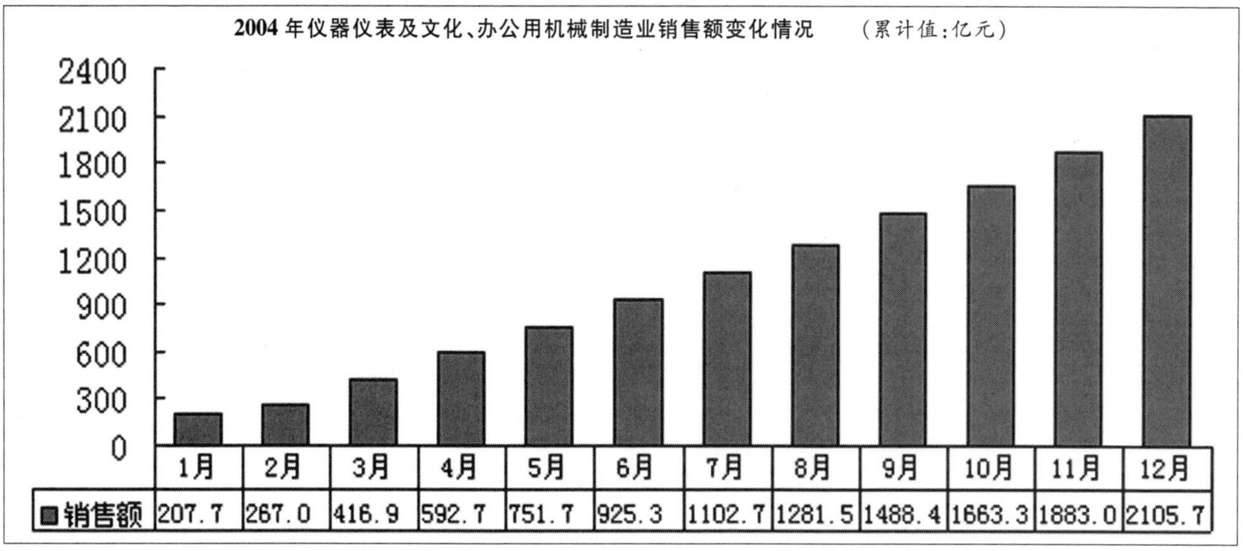

三、利润水平

该行业 2004 年 1~12 月实现利润 98.44 亿元，上年同期为 83.26 亿元

从销售利润率看，2004 年平均销售利润率为 4.49 元，即该行业每卖掉 100 元产品能获得 4.49 元利润。从销售利润率走势看，年初该行业的利润率为 3.34 元，第一季度末为 4.49 元，第二季度为 4.92 元；第三季度末为 4.75 元。第四季度末为 4.73 元。

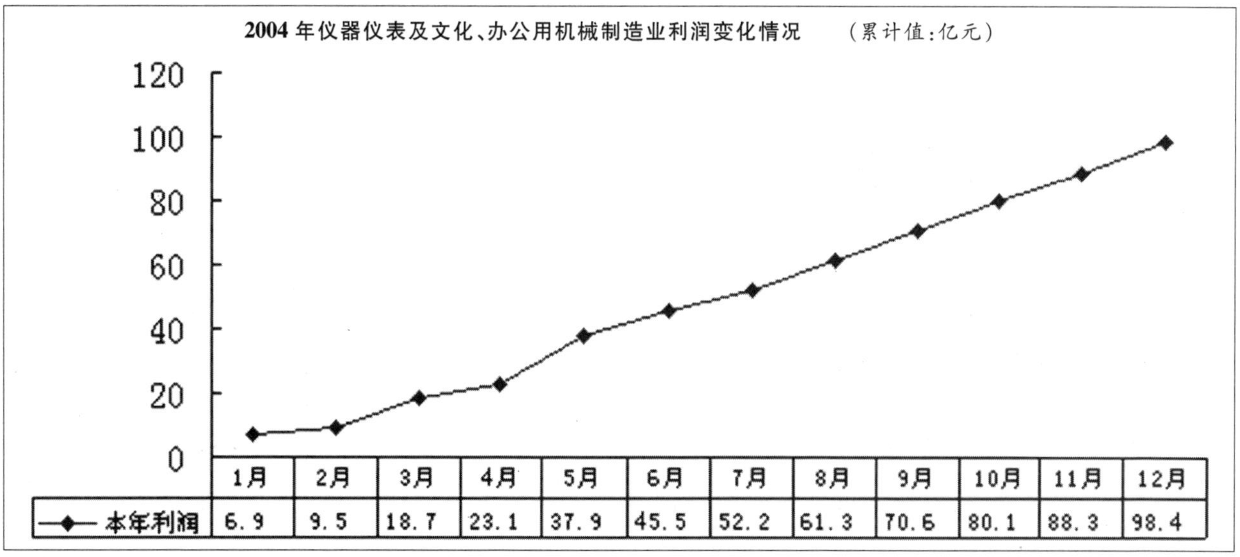

四、企业亏损情况

2004 年 1~12 月仪器仪表及文化、办公用机械制造业累计负债为 19.67 亿元，比上年同期增加了 46.26%。

2004 年仪器仪表及文化、办公用机械制造业亏损变化情况 （累计值：亿元）

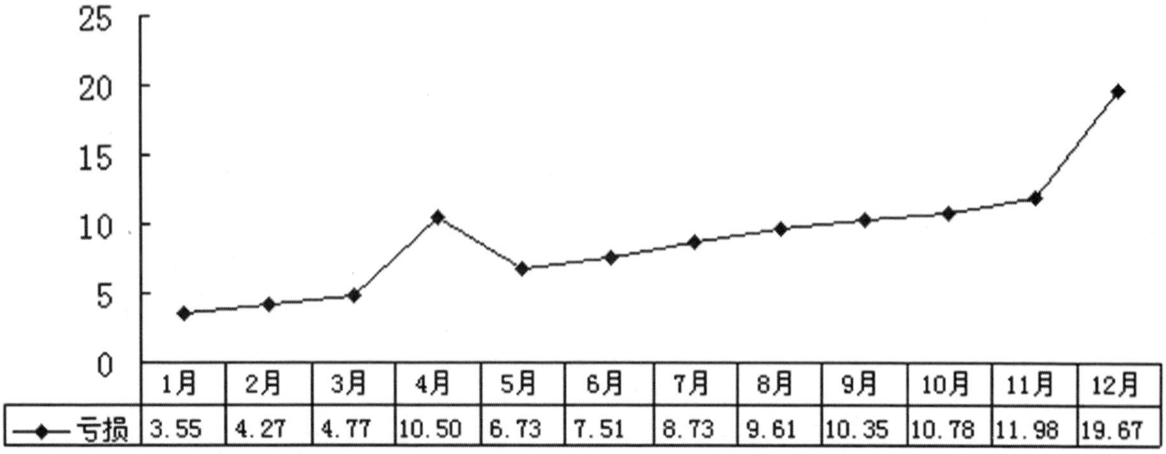

五、2004 年 1~12 月产品产销量、产销率和库存情况

从主要产品产量看，我国 2004 年 1~12 月生产电工仪表 4184.03 万台（套），比上年同期减产 15.9%；照相机 6217.99 万台，比上年同期增产 4.1%；复印机械 324.57 万台，比上年同期增产 11.7%；钟 14243.80 万只，增产 9.0%；表 13577.78 万只，减产 1.5%。

从个别产品的销售情况看，2004 年 1-12 月累计销售了照相机 6179.3 万台，产销率为 99.4%，12 月末库存比年初增加 39.3%；同期销售表 13492.9 万只，产销率为 100.3%，12 月末库存比年初减少 1.9%。

2004 年中国工艺品及其他制造业经济运行点评

工艺品及其他制造业是我国国民经济行业分类中的一个大类，2004 年 1~12 月该行业产品销售收入为 1466.64 亿元（人民币，下同），全部从业人员为 109.42 万人。

工艺品及其他制造业

工艺美术品制造	雕塑工艺品制造、金属工艺品制造、漆器工艺品制造、花画工艺品制造、天然植物纤维编织工艺品制造（竹、藤、棕、草工艺品）、抽纱刺绣工艺品制造、地毯、挂毯制造，珠宝首饰及有关物品的制造、其他工艺美术品制造
日用杂品制造	制镜及类似品加工，鬃毛加工、制刷及清扫工具的制造，其他日用杂品制造（制伞）
煤制品制造	生活用其他产品制造业
核辐射加工	生产用其他产品制造业
其他未列明的制造业	生产和生活用其他产品制造业

一、总资产和资产负债率

据国家统计局统计，2004 年 1~12 月该行业的资产总值为 1054.77 亿元，比上年同期上升了 18.10%。与此同时，流动资产平均余额也相应增加了 600.18 亿元，比上年同期增加了 18.75%；固定资产净值平均余额为 287.53 亿元，比上年同期增长了 17.71%。这些数据反映了 2004 年 1-9 月工艺品及其他制造业总资产增加的情况。

从今年1-12月的资产负债率水平看，该行业的资产负债率平均为56.39%左右。分季度看，1月份以55.39%，第一季度末为56.2%，第二季度末为56.09%，第三季度末为56.16%。第四季度末为56.70%。

2004年工艺品及其他制造业总资产变化情况　　（累计值：亿元）

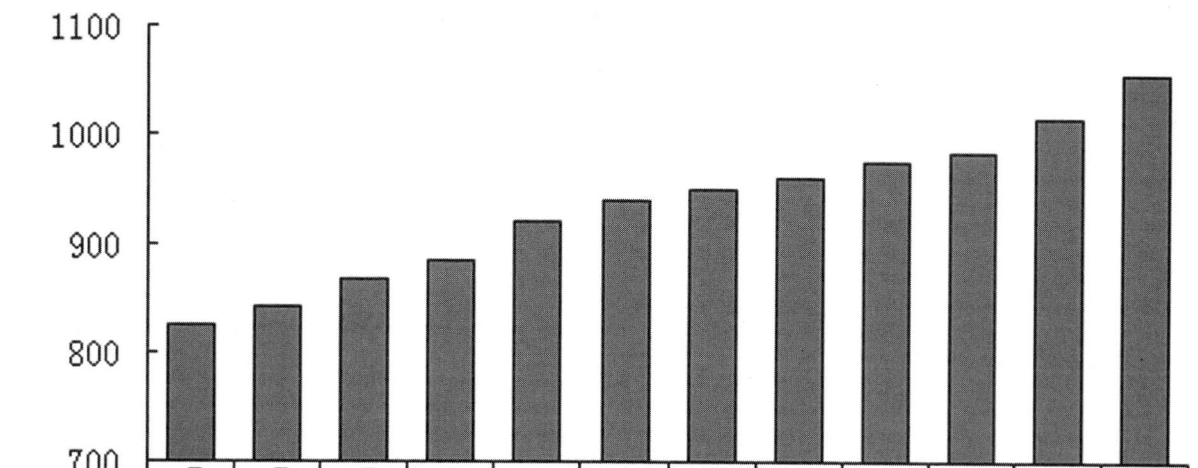

	1月	2月	3月	4月	5月	6月	7月	8月	9月	10月	11月	12月
■固定资产	824.5	842.0	867.5	883.6	919.2	939.9	950.7	960.9	974.8	984.6	1014.3	1054.8

二、销售水平

从该行业的产成品销售情况看，2004年1~12月累计产品销售收入为1466.64亿元，比去年同期增长了24.21%。产品销售成本为1276.46亿元，比上年同期也增长了23.62%，这些数据反映了2004年1~9月我国工艺品及其他制造业销售额增加的情况。

2004年工艺品及其他制造业销售额变化情况　　（累计值：亿元）

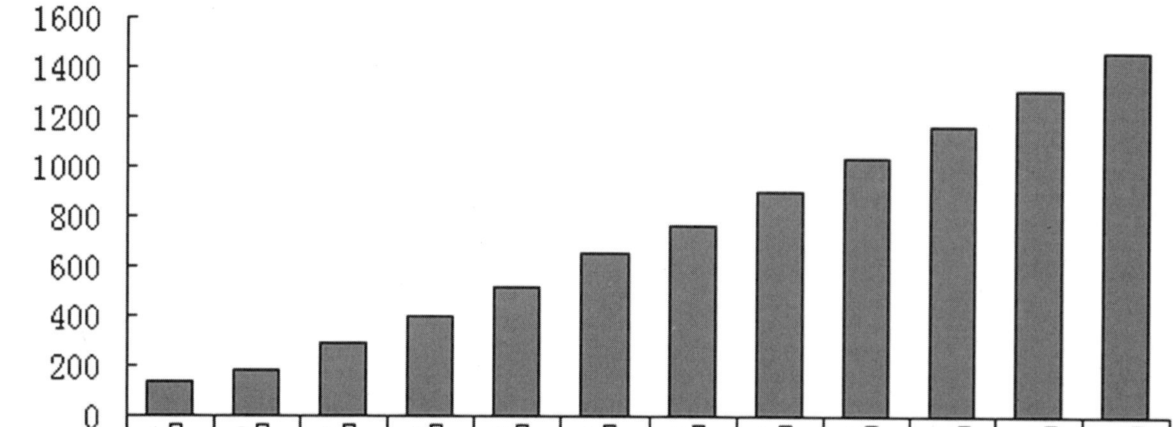

	1月	2月	3月	4月	5月	6月	7月	8月	9月	10月	11月	12月
■销售额	140.7	181.5	289.2	404.1	521.1	652.7	768.1	897.8	1033.1	1164.1	1306.5	1466.6

三、利润水平

工艺品及其他制造业2004年1~12月获得利润57.48亿元，去年同期为46.62亿元。

从销售利润率看，2004年平均销售利润率为3.56元，即该行业每卖掉100元产品能获得3.56元利润。从销售利润率走势看，年初该行业的利润率为3.38元，第一季度末为3.41元，第二季度为3.61元；第三季度末为3.65元。第四季度末为3.60元。

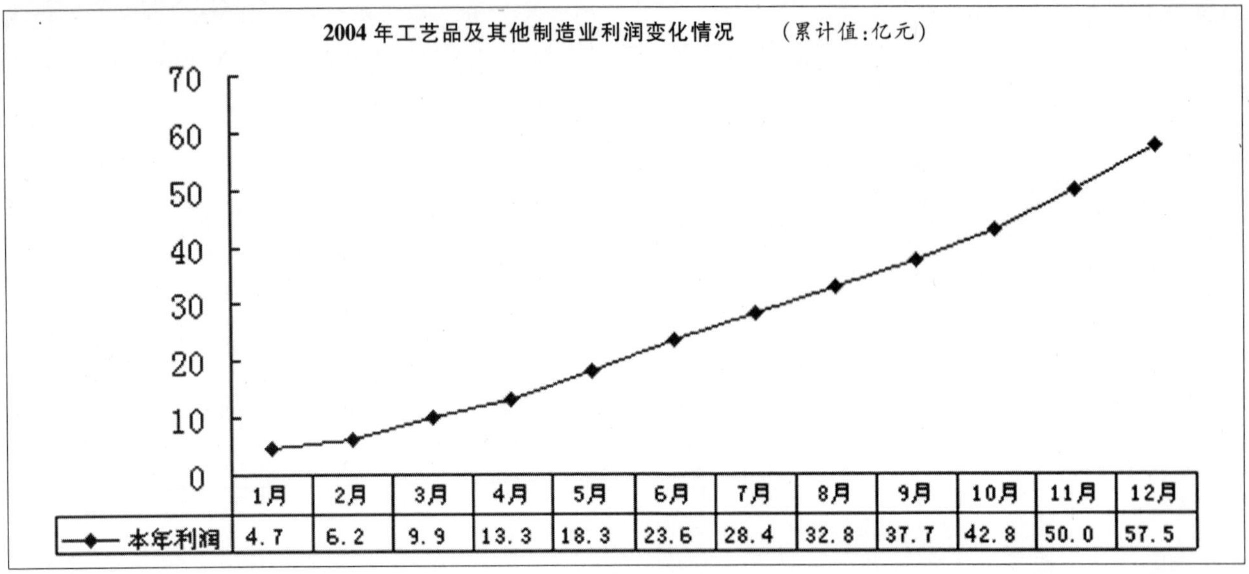

	1月	2月	3月	4月	5月	6月	7月	8月	9月	10月	11月	12月
本年利润	4.7	6.2	9.9	13.3	18.3	23.6	28.4	32.8	37.7	42.8	50.0	57.5

四、企业亏损情况

2004 年 1~12 月工艺品及其他制造业累计亏损企业的亏损额为 5.98 亿元，较上年同期减少了 1.87%。

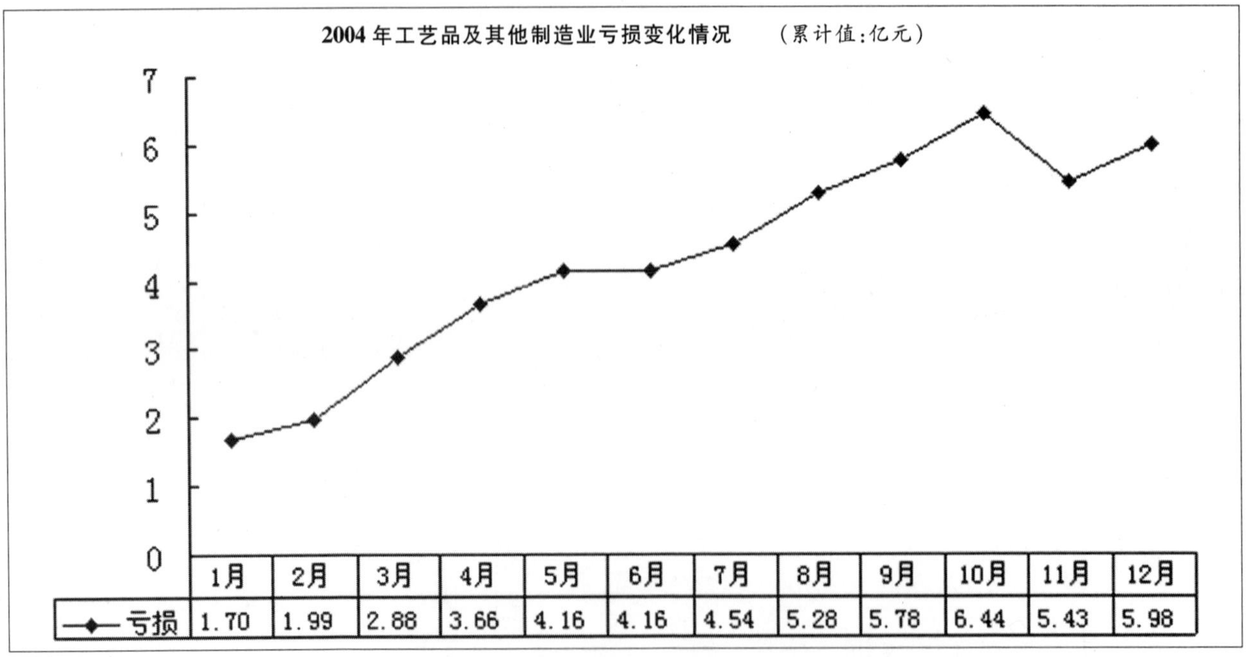

	1月	2月	3月	4月	5月	6月	7月	8月	9月	10月	11月	12月
亏损	1.70	1.99	2.88	3.66	4.16	4.16	4.54	5.28	5.78	6.44	5.43	5.98

2004 年中国废弃资源和废旧材料回收加工业经济运行点评

废弃资源和废旧材料回收加工业是我国国民经济行业分类中的一个大类，2004 年 1~12 月该行业产品销售收入为 70.50 亿元（人民币，下同），全部从业人员为 1.83 万人。

废弃资源和废旧材料回收加工业的范围

金属废料和碎屑的加工处理	再生物资回收批发业
非金属废料和碎屑的加工处理	再生物资回收批发业

一、总资产和资产负债率

据国家统计局统计，2004 年 1~12 月该行业的资产总值为 30.67 亿元，比上年同期上升了 19.13%。与此同时，流动资产平均余额也相应增加，2004 年 1~12 月为 21.46 亿元，比上年同期增加了 38.89%；固定资产净值平均余额为 5.59 亿元，比上年同期增长了 23.71%。这些数据反映了 2004 年 1~12 月废弃资源和废旧材料回收加工业总资产增加的情况。

从今年资产负债率变化趋势看，全年平均为 70-73%之间。年初该行业资产负债率已经在 70.55%高位浮动，第一季度攀升至 72.19%，第二季度进一步攀升到 72.26%，第三季度略有下挫，为 71.1%。第四季度该行业资产负债率有挑高到 80.4%左右。

总之，废弃资源和废旧材料回收加工业是环保行业中的重要行业。但是，该行业起步艰难，生产成本较高，技术水平较低，生产尚达不到赢利的规模，国家投入相对较少，这一切因素造成该行业资产负债率较高。如不能有效地减少资产负债率，有可能会出现行业内弱小企业破产高峰。从另一个意义上讲，行业内洗牌在即，动荡即将来临。

2004 年废弃资源和废旧材料回收加工业总资产变化情况 （累计值：亿元）

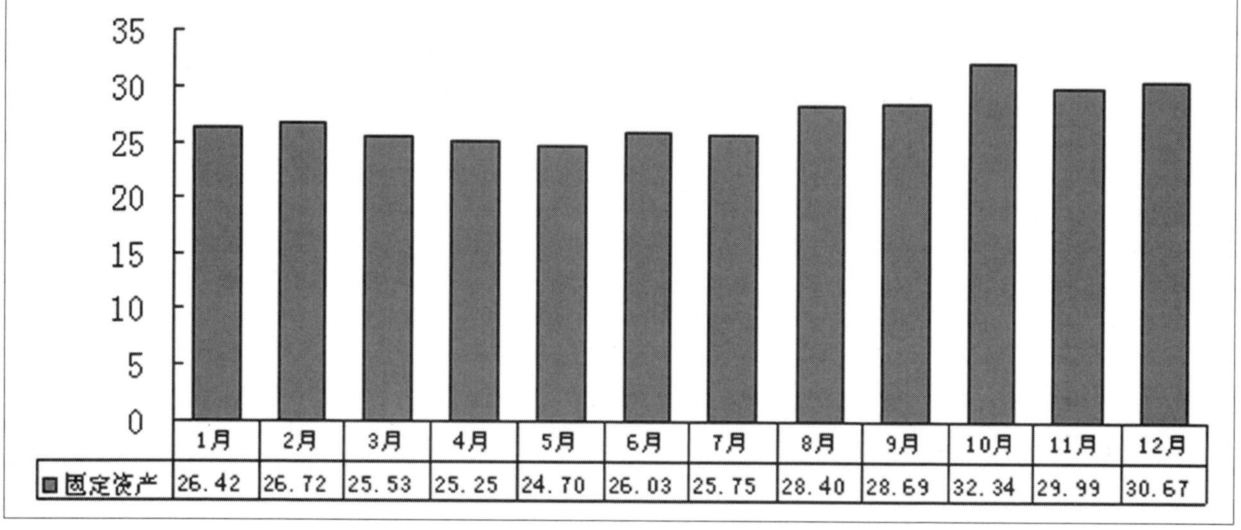

二、销售水平

从该行业的产成品销售情况看，2004 年 1~12 月累计产品销售收入为 79.50 亿元，比上年同期增长了 56.03%。产品销售成本为 73.58 亿元，比上年同期也增长了 48.73%，这些数据反映了 2004 年 1~12 月我国废弃资源和废旧材料回收加工业销售额增加的情况。

三、利润水平

废弃资源和废旧材料回收加工业 2004 年 1~12 月实现利润 1.19 亿元，上年同期为 0.681 亿元。

从销售利润率看，2004 年平均销售利润率为 1.07 元，即该行业每卖掉 100 元产品能获得 1.07 元利润。从销售利润率走势看，年初翘高为 2.85 元，第一季度末猛跌到 1.71 元，第二季度再跌到

2004 年废弃资源和废旧材料回收加工业销售额变化情况　（累计值:亿元）

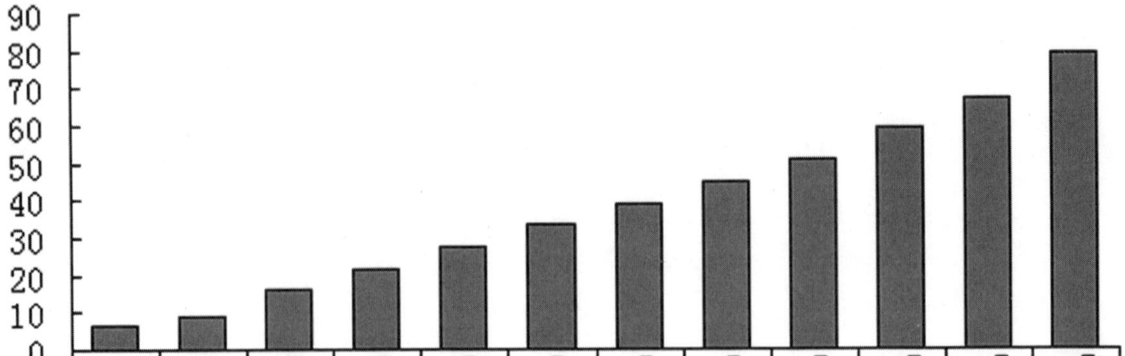

	1月	2月	3月	4月	5月	6月	7月	8月	9月	10月	11月	12月
销售额	6.89	8.95	16.38	21.82	27.31	33.35	39.02	45.00	51.18	59.38	67.12	79.50

0.87 元，第三季度末又下滑到 0.82 元。第四季度末回升到 0.89 元。总的来说，该行业赢利能力似乎很不稳定。

四、企业亏损情况

2004 年 1~12 月废弃资源和废旧材料回收加工业累计亏损企业的亏损额为 0.15 亿元，较上年同期减少了 31.23%，情况向好的方向转化。

2004 年废弃资源和废旧材料回收加工业利润变化情况　（累计值:亿元）

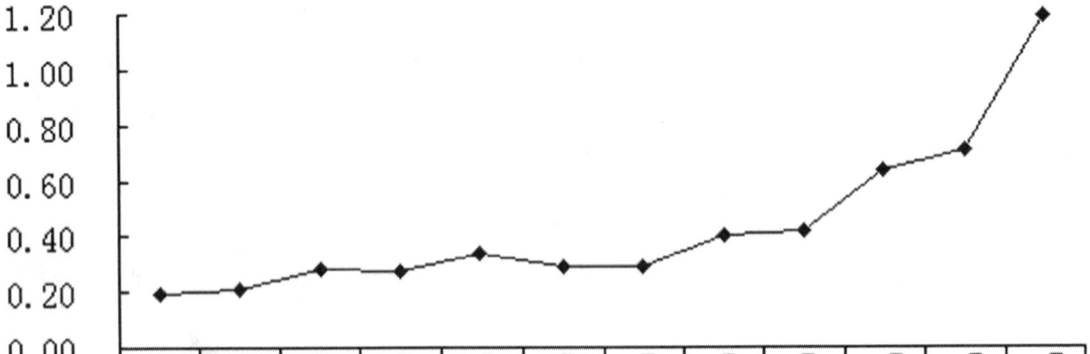

	1月	2月	3月	4月	5月	6月	7月	8月	9月	10月	11月	12月
本年利润	0.19	0.21	0.28	0.27	0.34	0.29	0.29	0.40	0.42	0.64	0.71	1.19

2004 年废弃资源和废旧材料回收加工业亏损变化情况　（累计值:亿元）

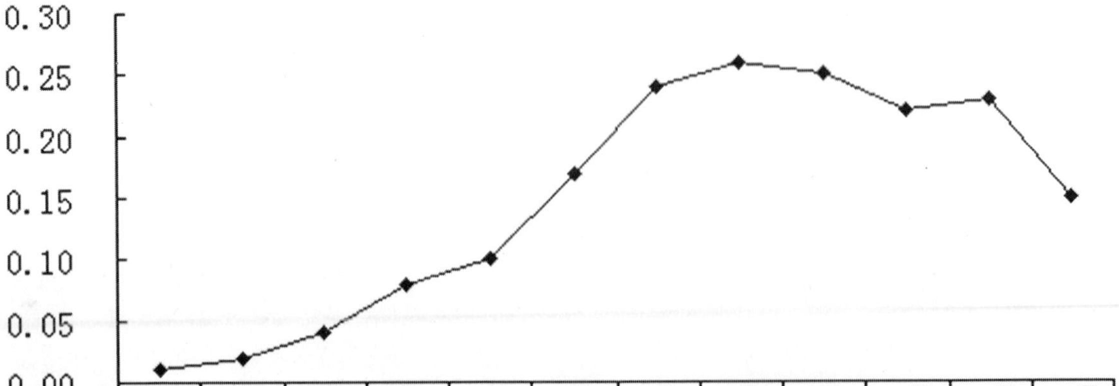

	1月	2月	3月	4月	5月	6月	7月	8月	9月	10月	11月	12月
亏损	0.01	0.02	0.04	0.08	0.10	0.17	0.24	0.26	0.25	0.22	0.23	0.15

2004年中国电力、热力的生产和供应业经济运行点评

电力、热力的生产和供应业是我国国民经济行业分类中的一个大类，电力行业是重要的能源工业。该行业2004年1~12月该行业产品销售收入为13562.88亿元(人民币，下同)，全部从业人员为239.28万人。

电力、热力的生产和供应业的范围

电力生产	
火力发电	火力发电业
水力发电	水力发电业
核力发电	核力发电业
其他能源发电	其他电业
电力供应	电力供应业
热力生产和供应	蒸汽、热水生产和供应业

一、总资产和资产负债率

据国家统计局统计，2004年1~12月该行业的资产总值为27300.73亿元，比上年同期增加8.51%，是我国唯一总资产超过2万亿元人民币的行业。2004年1~12月该行业的流动资产平均余额为6019.85亿元，比上年同期增加7.01%；固定资产净值平均余额累计为17413.60亿元，比上年同期增长了8.67%。这些数据反映了2004年1-12月电力、热力的生产和供应业总资产增长的情况。

从1~12月的资产负债率水平看，电力、热力的生产和供应业的资产负债率平均为63.97%左右。分季度看，1月份以62.57%，第一季度末为62.77%，第二季度末为62.76%，第三季度末为63.97%。第四季度末为65.84%。

2004年废电力、热力的生产和供应业总资产变化情况　(累计值:亿元)

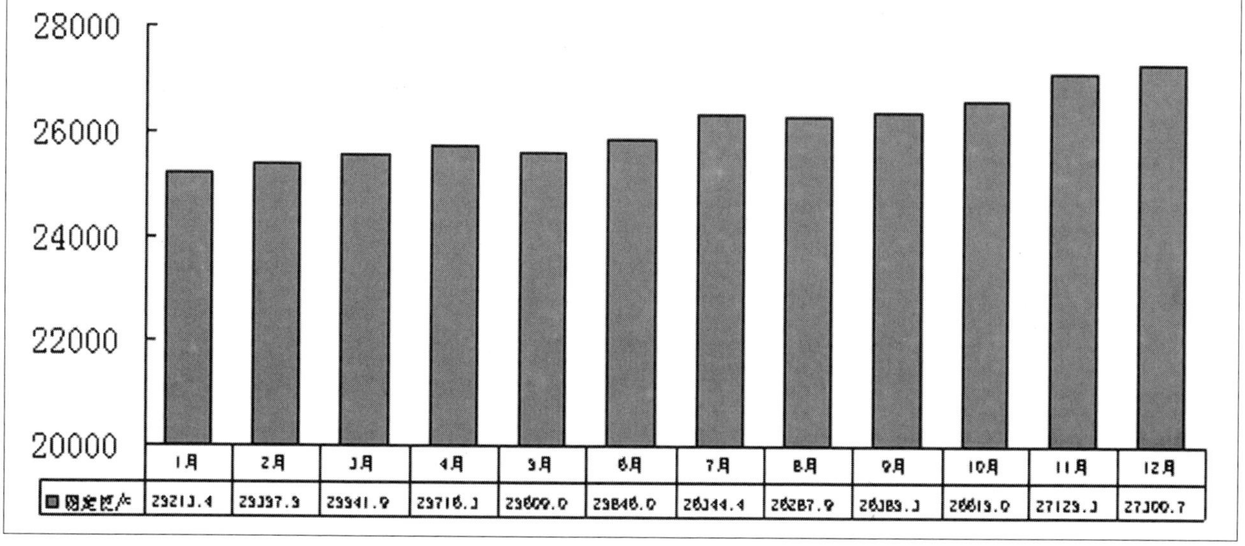

二、销售水平

从2004年1~12月该行业的产成品销售情况看，累计产品销售收入为13562.88亿元，比上年同期增加22.46%。产品销售成本为11879.63亿元，比上年同期增加25.06%，这些数据反映了2004年1~12月我国电力、热力的生产和供应业销售额增长的情况。

上图反映了2004年电力、热力的生产和供应业销售收入的变化趋势。

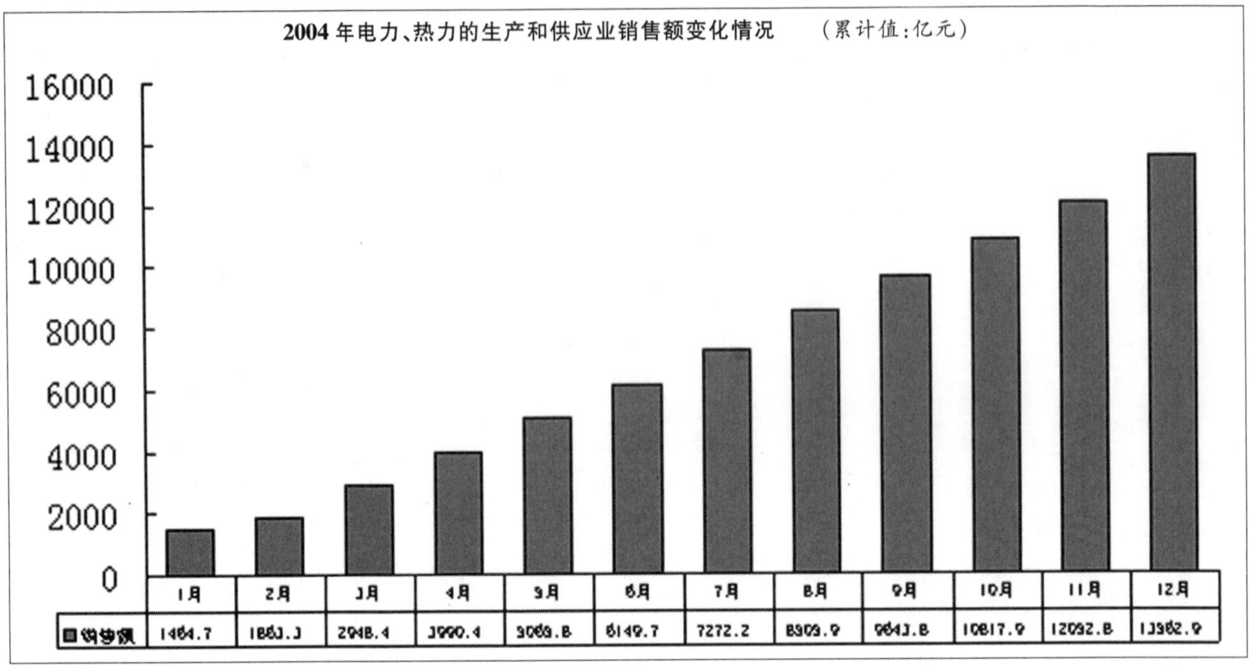

三、利润水平

2004年1~12月该行业实现利润708.17亿元，上年同期为634.24亿元。

从销售利润率看，2004年平均销售利润率为6.01元，即该行业每卖掉100元产品能获得6.01元利润。从销售利润率走势看，年初该行业的利润率为7.5元，第一季度末为6.12元，第二季度为5.49元；第三季度末为5.75元。第四季度末为5.66元。

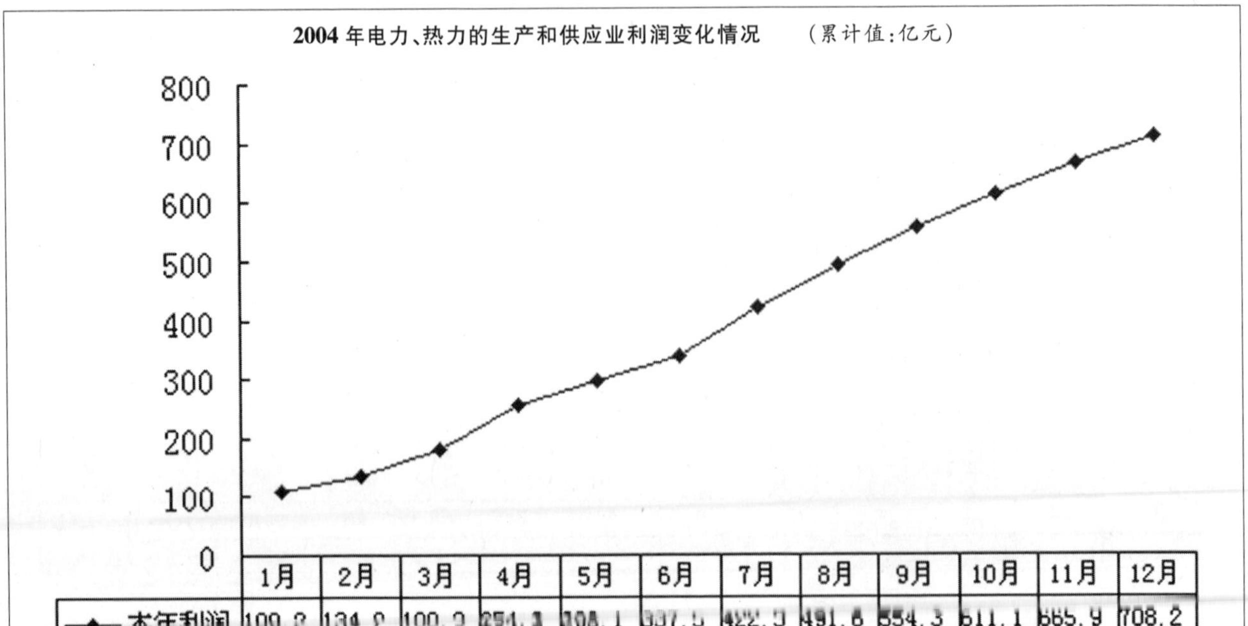

四、企业亏损情况

2004 年 1~12 月电力、热力的生产和供应业累计亏损企业的亏损额为 166.03 亿元，较上年同期增加了 19.73%。造成亏损的原因，主要是国际原油价格上调，导致该行业燃料运输费大幅上升。另外，国内电煤和燃料煤市场放开，价格有较大上升，这也是该行业亏损增加的原因之一。

2004 年电力、热力的生产和供应业亏损变化情况 （累计值：亿元）

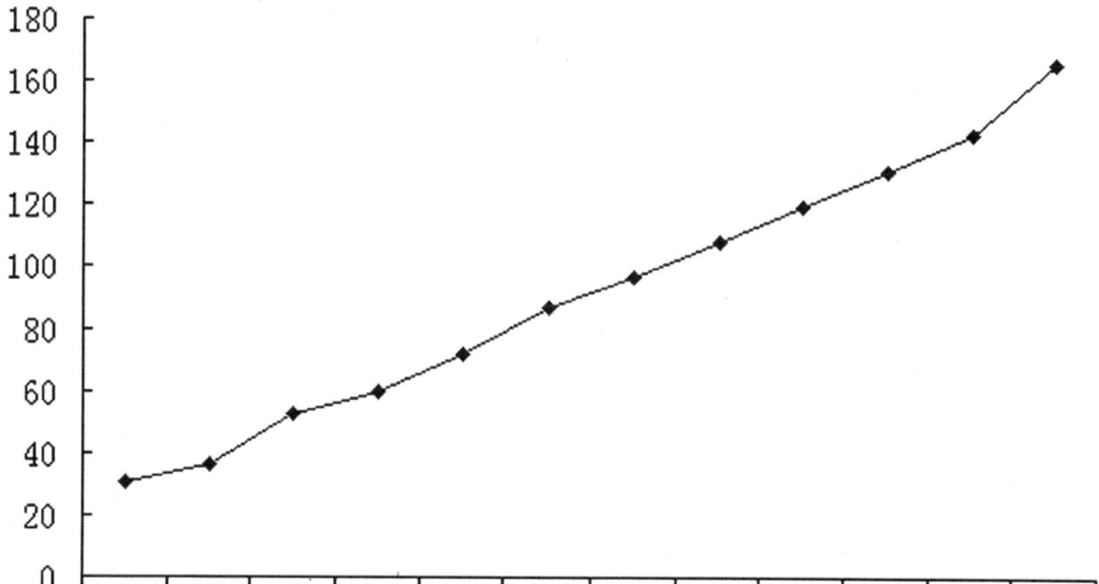

	1月	2月	3月	4月	5月	6月	7月	8月	9月	10月	11月	12月
—◆— 亏损	30.47	36.28	52.60	59.87	72.15	86.72	96.50	108.06	119.59	131.15	143.29	166.03

五、2004 年 1~12 月产品产销量、产销率和库存情况

2004 年 1~12 月我国发电量为 21302.28 亿千瓦时，比去年同期增长 14.9%。其中，火电发电量为 17701.71 亿千瓦时，增长 14.4%；水电发电量为 3065.23 亿千瓦时，比上年同期增产 17.6%。核电发电量为 500.07 亿千瓦时，比上年同期增产 14.2%。

总的看，2004 年，我国电力供应缺口从上年的 19 个省上升到 23 个省，除东三省电力供求基本平衡外，其他省份都存在电力供应缺口。2004 年我国电力行业快速发展，在强大电力需求的拉动下，生产能力有了实质性的增强。2004 年，我国电、运、油、煤各业间矛盾进一步显露，这些矛盾的解决，一靠电力行业本身的市场化，二靠中央政府的宏观调控。预计，2005 年我国电力供应仍会有较大缺口，中央对以上行业的宏观调控力度将进一步加大。

2004 年中国燃气生产和供应业经济运行点评

燃气生产和供应业是我国国民经济行业分类中的一个大类，是关系到千家万户生活用燃料供应的行业。2004 年 1~12 月该行业产品销售收入为 467.45 亿元（人民币，下同），全部从业人员为 14.49 万人。

燃气生产和供应业的范围

燃气生产和供应业	煤气生产产业
	煤气供应业

一、总资产和资产负债率

据国家统计局统计,2004 年 1~12 月该行业的资产总值为 902.62 亿元，比上年同期上升了 11.88%。与此同时，流动资产平均余额也相应增加,2004 年 1~12 月为 267.57 亿元，比上年同期增加了 11.53%;固定资产净值平均余额为 432.78 亿元，比上年同期增长了 9.01%。这些数据反映了 2004 年 1~12 月燃气生产和供应业总资产增加的情况。

从 1~12 月的资产负债率水平看，燃气生产和供应业的资产负债率平均为 46.98%左右。分季度看,1 月份以 47.47%,第一季度末为 47.29%,第二季度末为 47.41%,第三季度末为 47.01%。第四季度末为 46.82%。

2004 年燃气生产和供应业总资产变化情况 （累计值:亿元）

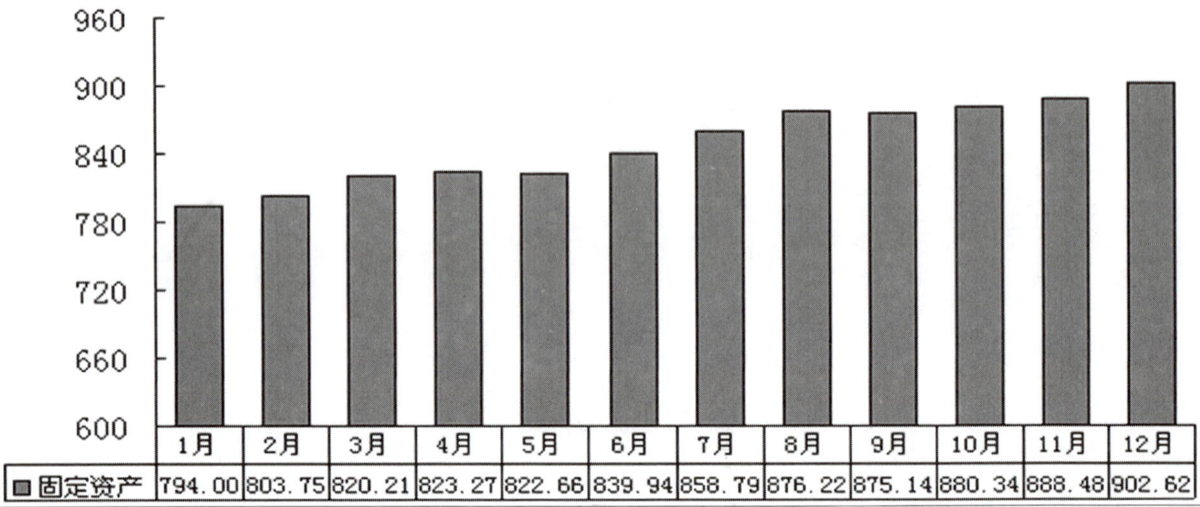

二、销售水平

从该行业的产成品销售情况看,2004 年 1~12 月累计产品销售收入为 467.45 亿元，比上年同期增长了 21.19%。产品销售成本为 424.89 亿元,比上年同期也增长了 21.54%，这些数据反映了 2004 年 1~12 月我国燃气生产和供应业销售额增加的情况。

下图反映了燃气生产和供应业 2004 年销售收入的变化趋势。

2004 年燃气生产和供应业销售额变化情况 （累计值:亿元）

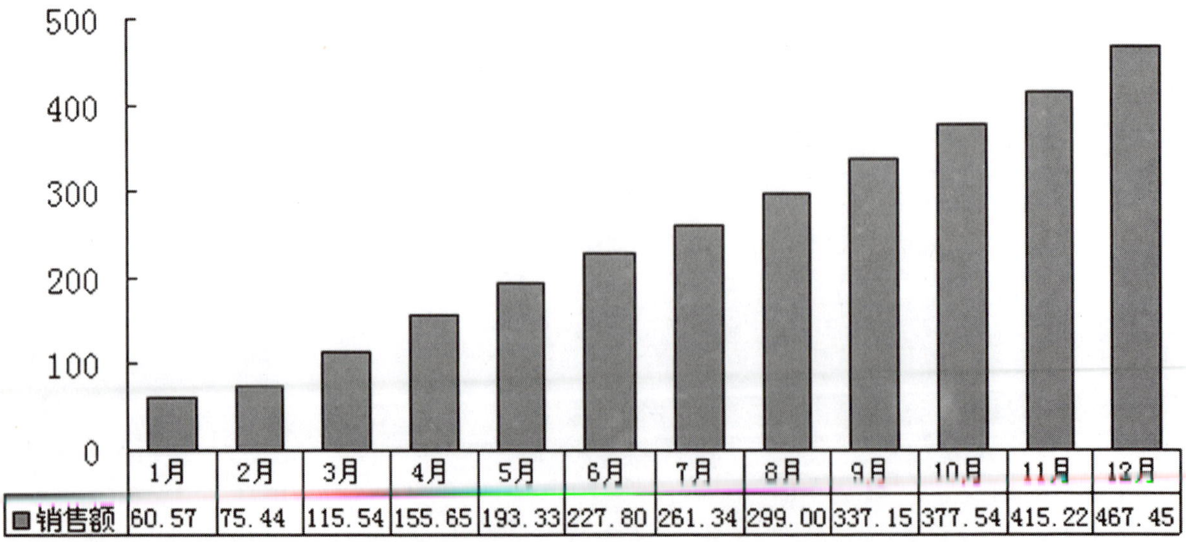

三、利润水平

燃气生产和供应业是个低利润行业。2004 年 1~12 月该行业实现利润 8.66 亿元，上年同期为 2.51 亿元。

从销售利润率看，2004 年平均销售利润率为 1.42 元，即该行业每卖掉 100 元产品赚 1.42 元利润。从销售利润率走势看，年初该行业的利润率为-1.3 元，第一季度燃气价格上调后，销售利润率顺理成章的提高为 1.52 元，整个行业实现了咸鱼翻身；第二季度为 2.75 元；第三季度末为 2.17 元。第四季度末保持在 1.94 元左右。

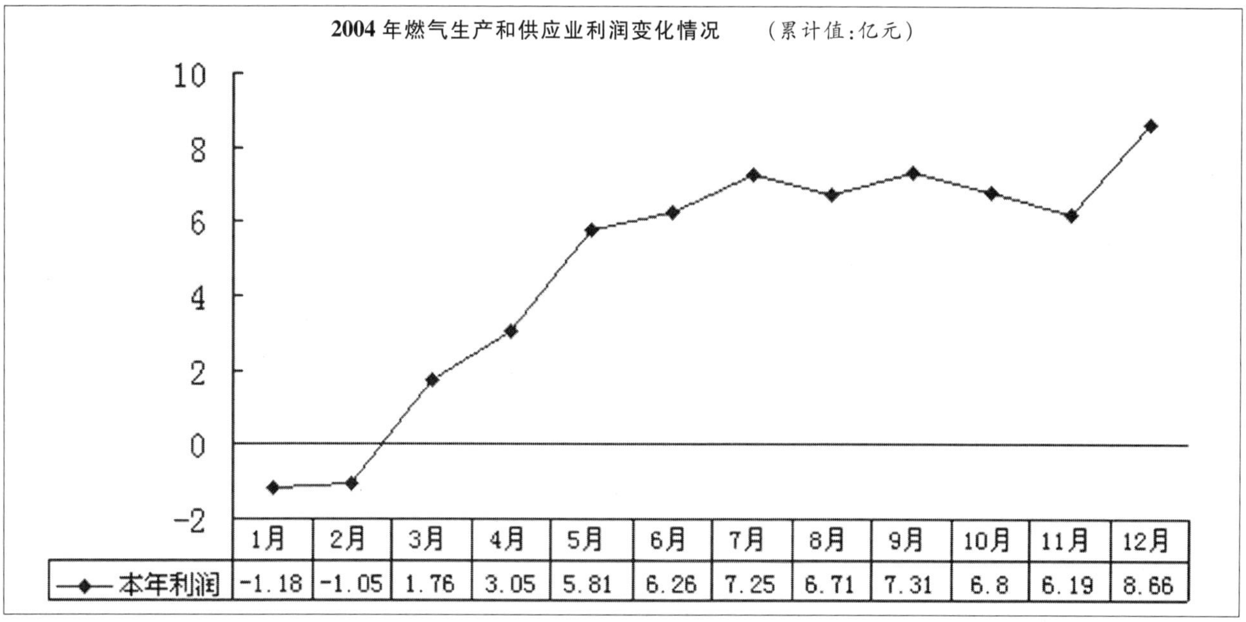

	1月	2月	3月	4月	5月	6月	7月	8月	9月	10月	11月	12月
本年利润	-1.18	-1.05	1.76	3.05	5.81	6.26	7.25	6.71	7.31	6.8	6.19	8.66

四、企业亏损情况

2004 年 1~12 月燃气生产和供应业累计亏损企业的亏损额为 12.22 亿元，较上年同期增加了 11.23%。

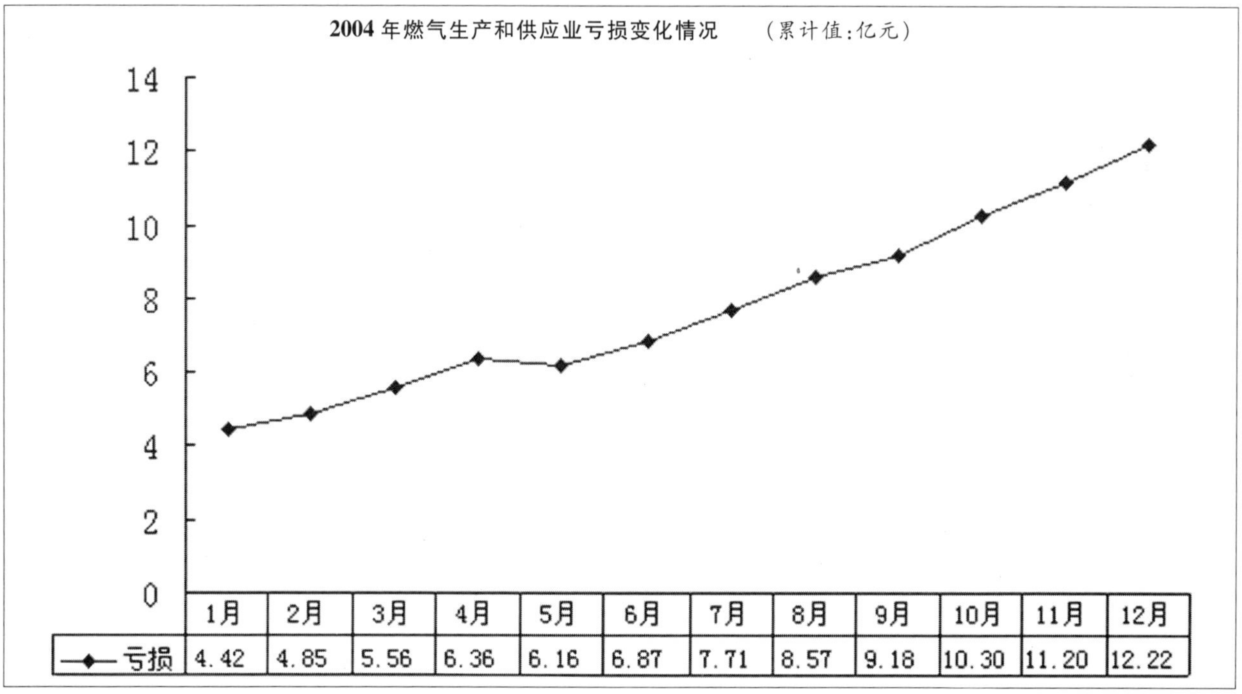

	1月	2月	3月	4月	5月	6月	7月	8月	9月	10月	11月	12月
亏损	4.42	4.85	5.56	6.36	6.16	6.87	7.71	8.57	9.18	10.30	11.20	12.22

2004年中国水的生产和供应业经济运行点评

水的生产和供应业是我国国民经济行业分类中的一个大类，涉及大众饮水，是典型的民生工业行业。2004年1~12月该行业产品销售收入为467.79亿元（人民币，下同），全部从业人员为46.49万人。

水的生产和供应业的范围

自来水的生产和供应	自来水生产业，自来水供应业
污水处理及其再生利用	市政工程管理业
其他水的处理、利用与分配	自来水生产业

一、总资产和资产负债率

据国家统计局统计，2004年1~12月该行业的资产总值为2495.96亿元，比上年同期上升了9.52%。与此同时，流动资产平均余额也相应增加，2004年1~12月为563.64亿元，比上年同期增加了11.52%；固定资产净值平均余额为1343.53亿元，比上年同期增长了6.95%。这些数据反映了2004年1~12月水的生产和供应业总资产增加的情况。

从1~12月的资产负债率水平看，水的生产和供应业的资产负债率平均为45.41%左右。分季度看，第一季度末为44.49%，第二季度末为44.88%，第三季度末为45.97%，第四季度末为46.83%。

2004年水的生产和供应业总资产变化情况 （累计值：亿元）

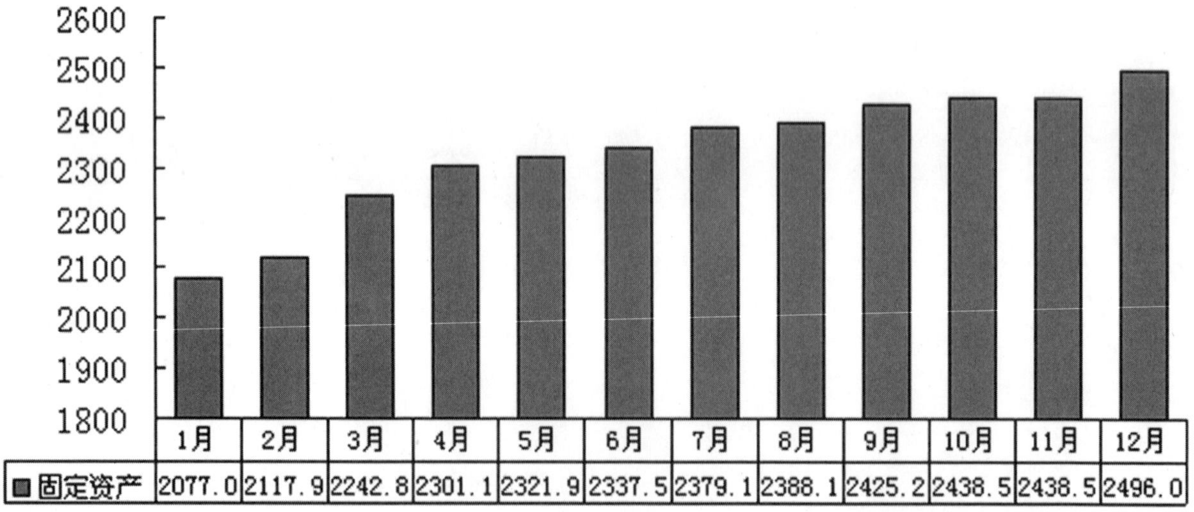

二、销售水平

从该行业的产成品销售情况看，2004年1~12月累计产品销售收入为467.79亿元，比上年同期增长了14.05%。产品销售成本为356.41亿元，比上年同期也增长了14.49%，这些数据反映了2004年1~12月我国水的生产和供应业销售额增加的情况。

下图反映了水的生产和供应业2004年销售收入的变化趋势。

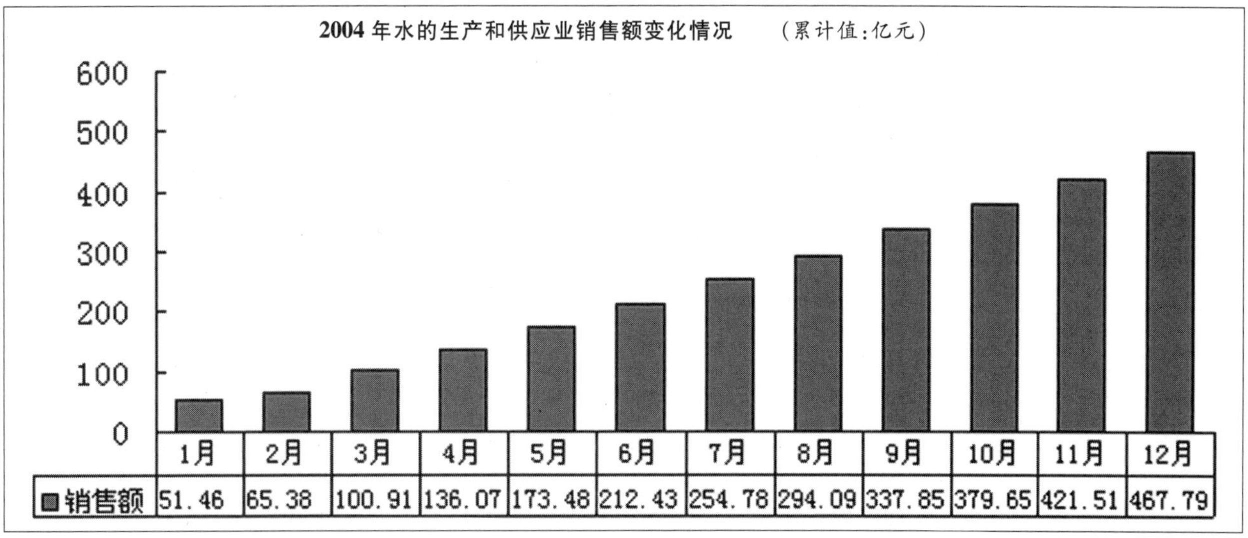

三、利润水平

水的生产和供应业 2004 年 1~12 月实现利润 5.09 亿元，上年同期为 1.49 亿元。

水的生产和供应业是基本的民生工业，涉及家家户户用水，水的价格基本不受市场调节，价格变动必须召开听证会。

从销售利润率看，2004 年 1~12 月的利润率看，前 8 个月均为负值。2004 年入夏后，国家经听证后调高水价，该行业利润率才出现正值。例如，年初该行业的利润率为-5.24 元，第一季度末为-4.49 元，第二季度为-1.93 元，第三季度末为 0.39 元，第四季度末为 2.64 元。正负抵消，全年平均利润率仅为 0.08 元，即在 100 元销售收入中仅有 8 分钱的利润。

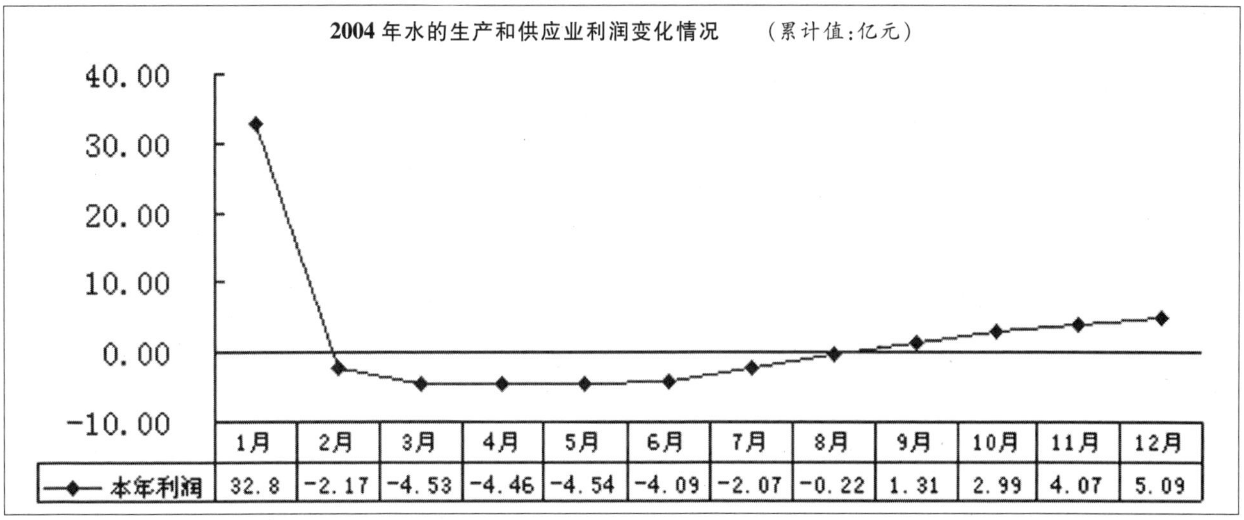

四、企业亏损情况

2004 年 1~12 月水的生产和供应业累计亏损企业的亏损额为 21.42 亿元，较上年同期减少了 0.39%。

2004年水的生产和供应业亏损变化情况　（累计值：亿元）

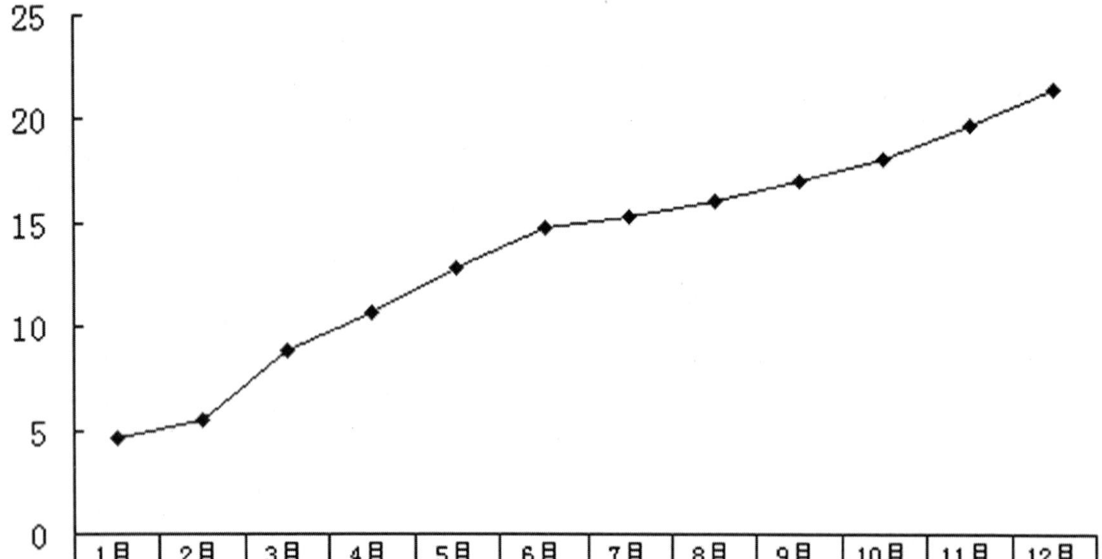

	1月	2月	3月	4月	5月	6月	7月	8月	9月	10月	11月	12月
—◆—亏损	4.64	5.51	8.86	10.68	12.80	14.76	15.28	16.02	17.07	18.09	19.77	21.42

工业行业主要数据

一、煤炭工业

2004年煤炭工业分地区主要经济效益指标

地区	资本保值增值率(%)	资产负债率(%)	流动资产周转率(次)	成本费用利润率(%)	人均销售率(元)
全国	113.97	60.22	1.59	8.88	99.51
北京市	106.82	32.52	4.16	11.21	429.71
天津市	149.77	90.87	1.17	1.51	11128.51
河北省	113.83	57.41	1.65	5.52	99.43
山西省	117.49	63.86	1.34	10.82	120.76
内蒙古	115.13	55.32	1.60	9.71	150.59
辽宁省	101.35	54.08	1.37	2.17	71.14
吉林省	100.69	62.70	1.14	4.73	40.89
黑龙江	80.78	74.28	1.06	2.99	55.12
江苏省	106.26	57.93	1.76	5.36	93.68
浙江省	150.39	57.91	2.35	–0.36	141.84
安徽省	112.65	65.27	1.73	4.79	86.71
福建省	132.40	52.56	2.28	11.36	99.30
江西省	105.60	58.09	1.70	4.64	66.61
山东省	124.35	61.93	1.70	13.25	155.55
河南省	114.81	54.91	2.06	12.09	95.39
湖北省	71.83	80.42	1.69	4.82	44.40
湖南省	107.63	54.18	2.46	6.76	67.14
广东省	120.28	56.72	3.11	4.97	70.79
广西区	103.54	60.27	1.69	1.70	54.86
重庆市	113.51	47.81	2.00	4.99	56.50
四川省	123.84	55.36	2.10	5.82	50.60
贵州省	107.09	46.11	1.53	4.85	63.87
云南省	110.53	69.98	1.08	6.24	80.72
西藏区	100.02	11.21	3.43	0.84	124.57
陕西省	129.98	63.99	1.58	6.04	98.06
甘肃省	103.61	55.15	1.08	5.70	52.29
青海省	121.75	59.78	0.75	–6.69	72.37
宁夏区	121.47	49.51	0.95	2.25	71.32
新疆区	122.34	51.11	0.92	5.79	49.83

2004年煤炭工业分地区主要经济指标(一)

单位:千元

地区	产品销售收入			利润总额		
	2004年	2003年	同期增长(%)	2004年	2003年	同期增长(%)
全国	387040692	249762825	54.96	30762149	14467930	112.62

续表

地区	产品销售收入			利润总额		
	2004 年	2003 年	同期增长(%)	2004 年	2003 年	同期增长(%)
北京市	10575210	5770160	83.27	1077283	524791	105.28
天津市	2236830	278836	702.20	33311	-19506	270.77
河北省	23045646	13377551	72.27	1175328	494362	137.75
山西省	83427497	54162795	54.03	7843632	3712980	111.25
内蒙古	20468359	12582755	62.67	1749441	621912	181.30
辽宁省	12606545	8928364	41.20	264621	98135	169.65
吉林省	3355620	2539973	32.11	154906	50220	208.45
黑龙江	13392216	9196953	45.62	383510	173744	120.73
江苏省	10372736	7397087	40.23	527268	292943	79.99
浙江省	1258159	951408	32.24	-4610	13978	-132.98
安徽省	23548681	15224976	54.67	1015787	550849	84.40
福建省	2851171	1893906	50.54	264173	166358	58.80
江西省	4654434	3044188	52.90	200541	79612	151.90
山东省	74006072	48052411	54.01	8286974	3933075	110.70
河南省	47378743	28984401	63.46	5077451	2421334	109.70
湖北省	945209	733811	28.81	42864	-14286	400.04
湖南省	9093679	6337629	43.49	566124	232282	143.72
广东省	725939	542936	33.71	34396	18899	82.00
广西区	961269	626319	53.48	16383	-8540	291.84
重庆市	4104229	2864622	43.27	198090	48303	310.10
四川省	9059517	5719758	58.39	503645	88871	466.71
贵州省	6099933	3726525	63.69	278658	141899	96.38
云南省	2615640	1904874	37.31	153104	100368	52.54
西藏区	39240	30940	26.83	259	286	-9.44
陕西省	9796148	6764442	44.82	558114	411919	35.49
甘肃省	3639637	2681468	35.73	194145	113661	70.81
青海省	526486	290119	81.47	-37549	7607	-593.61
宁夏区	4131237	3308138	24.88	90777	106106	-14.45
新疆区	2124610	1845480	15.13	113523	105768	7.33

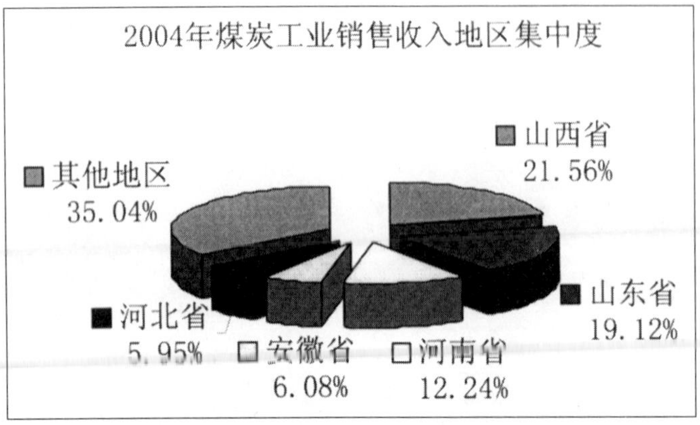

据统计,2004 年煤炭工业按销售收入排名前 5 名的地区是山西、山东、河南、安徽、河北,分别占全国销售收入的 21.56%、19.12%、12.24%、6.08%、5.95%,销售收入排名前 5 名的地区占销售总收入的 64.96%,这说明我国煤炭工业相对较集中。

2004年煤炭工业分地区主要经济指标(二)

单位:千元

地区	应收账款净额			产成品		
	2004年	2003年	同期增长(%)	2004年	2003年	同期增长(%)
全国	39281091	37822163	3.86	14365231	10277856	39.77
北京市	751882	788864	-4.69	140555	116994	20.14
天津市	1047761	193714	440.88	3217	2573	25.03
河北省	2343947	2511241	-6.66	1117096	736396	51.70
山西省	10370935	7876298	31.67	4714058	2968440	58.81
内蒙古	2209942	1916290	15.32	868516	680659	27.60
辽宁省	1804563	2247923	-19.72	287146	296328	-3.10
吉林省	607448	637330	-4.69	150835	162240	-7.03
黑龙江	3358930	4783468	-29.78	783803	728920	7.53
江苏省	766671	1023250	-25.07	339222	281288	20.60
浙江省	58396	52258	11.75	20079	19429	3.35
安徽省	1715785	1534899	11.78	496219	361292	37.35
福建省	120100	128750	-6.72	64871	39983	62.25
江西省	576405	587732	-1.93	123199	131537	-6.34
山东省	3356072	3133522	7.10	1586362	1155567	37.28
河南省	3473137	3438441	1.01	1341527	1031958	30.00
湖北省	87384	91022	-4.00	25578	25457	0.48
湖南省	879918	922984	-4.67	348452	241913	44.04
广东省	63130	66638	-5.26	27593	17345	59.08
广西区	155021	123291	25.74	60008	42203	42.19
重庆市	387994	347137	11.77	114954	64629	77.87
四川省	964409	1083786	-11.01	224950	200880	11.98
贵州省	685326	857058	-20.04	305302	198398	53.88
云南省	301393	257307	17.13	92377	58117	58.95
西藏区	8383	4413	89.96	1311	5345	-75.47
陕西省	978172	1038951	-5.85	362959	164984	120.00
甘肃省	711715	750711	-5.19	159822	150044	6.52
青海省	184788	74619	147.64	58240	15699	270.98
宁夏区	714889	724075	-1.27	358667	290161	23.61
新疆区	596595	626191	-4.73	188313	89077	111.40

2004 年煤炭工业分地区主要经济指标(三)

单位:千元

地区	流动资产平均余额			固定资产净值平均余额		
	2004 年	2003 年	同期增长(%)	2004 年	2003 年	同期增长(%)
全国	243587672	185508417	31.31	288122205	263191135	9.47
北京市	2541383	2148692	18.28	998075	959923	3.97
天津市	1906470	593761	221.08	77998	56934	37.00
河北省	13959120	10913714	27.90	19474110	16365924	18.99
山西省	62358392	44006288	41.70	58401987	50618009	15.38
内蒙古	12786863	8875057	44.08	21405462	18535785	15.48
辽宁省	9229143	7604650	21.36	16178888	16068387	0.69
吉林省	2932387	3457576	-15.19	3310668	3153597	4.98
黑龙江	12594802	11714881	7.51	16353072	16380613	-0.17
江苏省	5901539	5103835	15.63	7051993	5717254	23.35
浙江省	534581	378460	41.25	658515	591074	11.41
安徽省	13644054	10310707	32.33	24162406	23962707	0.83
福建省	1250512	964780	29.62	1068888	770724	38.69
江西省	2731641	2584379	5.70	2539680	2097528	21.08
山东省	43520143	32367181	34.46	39634297	37160844	6.66
河南省	22948228	16735526	37.12	30776590	27974208	10.02
湖北省	560953	520497	7.77	714261	732892	-2.54
湖南省	3694301	3402896	8.56	3662501	3859738	-5.11
广东省	233370	224536	3.93	157558	113593	38.70
广西区	568121	393103	44.52	674571	674433	0.02
重庆市	2047680	1877681	9.05	2736605	2462247	11.14
四川省	4312208	3616764	19.23	4889879	4414059	10.78
贵州省	3975948	3339904	19.04	6691746	5952140	12.43
云南省	2417057	1718792	40.63	1705133	1994320	-14.50
西藏区	11436	11954	-4.33	33751	27366	23.33
陕西省	6210096	4568036	35.95	11845264	10516146	12.64
甘肃省	3361200	2722395	23.46	6157611	5144563	19.69
青海省	703991	291471	141.53	432789	301291	43.64
宁夏区	4353869	3066955	41.96	3561970	3806550	-6.43
新疆区	2298184	1993946	15.26	2765937	2778286	-0.44

2004 年煤炭工业分地区主要经济指标(四)

单位:千元

地区	资产总计			负债合计		
	2004 年	2003 年	同期增长(%)	2004 年	2003 年	同期增长(%)
全国	673822508	539890091	24.81	405778429	304710743	33.17
北京市	6021164	5510860	8.67	1938283	1737361	12.72
天津市	2008897	693134	189.83	1825475	570666	219.89

续表

地区	资产总计			负债合计		
	2004年	2003年	同期增长(%)	2004年	2003年	同期增长(%)
河北省	40329664	32914854	22.53	23152905	17825147	29.89
山西省	159869055	117703299	35.82	102087452	68525061	48.98
内蒙古	44308739	32810701	35.04	24512641	15615470	56.98
辽宁省	27056613	25205043	7.35	14633414	12947344	13.02
吉林省	7465207	6765175	10.35	4680864	3999894	17.02
黑龙江	31895543	31118574	2.50	23692596	20964043	13.02
江苏省	19220409	14978567	28.32	11134838	7369010	51.10
浙江省	1509866	1215137	24.25	874362	792568	10.32
安徽省	45133623	38863429	16.13	29460728	24950233	18.08
福建省	2969238	2086363	42.32	1560702	1022508	52.63
江西省	6945403	6154985	12.84	4034622	3398533	18.72
山东省	109484702	86291594	26.88	67801995	52772142	28.48
河南省	66186759	52207084	26.78	36346335	26216085	38.64
湖北省	1614236	1456459	10.83	1298136	1016422	27.72
湖南省	8454869	7922735	6.72	4581019	4323557	5.95
广东省	426309	402691	5.87	241820	249312	-3.01
广西区	1408547	1231155	14.41	848861	690586	22.92
重庆市	6225709	5267540	18.19	2976307	2404875	23.76
四川省	11726777	10084328	16.29	6491390	5856839	10.83
贵州省	13895922	12009086	15.71	6407179	5015830	27.74
云南省	6067716	5283119	14.85	4246150	3635021	16.81
西藏区	38017	39298	-3.26	4263	5550	-23.19
陕西省	24318438	17035835	42.75	15560188	10297724	51.10
甘肃省	10969132	9941301	10.34	6049039	5192509	16.50
青海省	1554748	814133	90.97	929485	300573	209.24
宁夏区	9806354	7969559	23.05	4855544	3893744	24.70
新疆区	6910852	5884053	17.45	3531834	3122136	13.12

2004年煤炭工业分地区主要经济指标(五)

单位:千元

地区	销售成本			销售费用		
	2004年	2003年	同期增长(%)	2004年	2003年	同期增长(%)
全国	261809907	171827516	52.37	21544997	17178086	25.42
北京市	8690038	4892917	77.60	454407	152698	197.59
天津市	2164515	263220	722.32	6448	7204	-10.49
河北省	16376322	8397816	95.01	781484	467477	67.17
山西省	51780838	32878821	57.49	8931224	7101195	25.77
内蒙古	13279139	8659016	53.36	2670327	1849175	44.41
辽宁省	9113433	6546538	39.21	298438	186413	60.10
吉林省	2716703	2144057	26.71	136642	103886	31.53

续表

地区	销售成本			销售费用		
	2004 年	2003 年	同期增长(%)	2004 年	2003 年	同期增长(%)
黑龙江	9693716	6825698	42.02	519397	451227	15.11
江苏省	7004510	4910087	42.66	331950	348820	-4.84
浙江省	1062993	759052	40.04	24870	15743	57.97
安徽省	15696576	10745929	46.07	544394	591439	-7.95
福建省	1839731	1268577	45.02	164268	119369	37.61
江西省	3268035	2305913	41.72	125620	95679	31.29
山东省	44707364	32085726	39.34	3187698	2973834	7.19
河南省	34623765	21280789	62.70	1138570	966491	17.80
湖北省	695506	569680	22.09	31731	33587	-5.53
湖南省	6990981	5034598	38.86	325071	235224	38.20
广东省	611022	463979	31.69	42855	35240	21.61
广西区	737375	479502	53.78	27796	21676	28.23
重庆市	3179905	2206495	44.12	131368	94687	38.74
四川省	6953167	4506158	54.30	404564	323268	25.15
贵州省	4478241	2677728	67.24	309875	239467	29.40
云南省	1909410	1447658	31.90	93404	91697	1.86
西藏区	23040	19260	19.63	1220	920	32.61
陕西省	7100782	4962401	43.09	336602	234456	43.57
甘肃省	2129838	1593464	33.66	177962	156719	13.55
青海省	380917	199388	91.04	97898	18494	429.35
宁夏区	3220495	2501667	28.73	201311	208753	-3.56
新疆区	1381550	1201382	15.00	47603	53248	-10.60

2004 年煤炭工业分地区主要经济指标(六)

单位:千元

地区	财务费用			管理费用		
	2004 年	2003 年	同期增长(%)	2004 年	2003 年	同期增长(%)
全国	6965551	5579888	24.83	56082576	36683886	52.88
北京市	6994	18626	-62.45	462688	367892	25.77
天津市	20366	1255	1522.79	14704	9092	61.72
河北省	385560	249233	54.70	3750059	2457502	52.60
山西省	1805082	1381775	30.64	10005219	7109814	40.72
内蒙古	361377	405246	-10.83	1704320	1178433	44.63
辽宁省	102521	124961	-17.96	2672987	1988544	34.42
吉林省	36586	42171	-13.24	384446	381619	0.74
黑龙江	507340	416617	21.78	2111722	1484036	42.30
江苏省	61955	25405	143.87	2434035	1697807	43.36
浙江省	10580	-2225	-575.51	183000	176949	3.42
安徽省	325656	346765	6.09	4633955	2709407	71.03
福建省	14748	10222	44.28	306874	228838	34.10

续表

地区	财务费用			管理费用		
	2004 年	2003 年	同期增长(%)	2004 年	2003 年	同期增长(%)
江西省	111758	58192	92.05	814560	548425	48.53
山东省	1190263	896722	32.73	13438064	7243558	85.52
河南省	1030179	643422	60.11	5192540	3474212	49.46
湖北省	10989	7556	45.43	150551	123612	21.79
湖南省	85789	76077	12.77	971531	895185	8.53
广东省	1629	2073	-21.42	36477	27268	33.77
广西区	18045	12454	44.89	180844	132308	36.68
重庆市	38127	43499	-12.35	620463	451591	37.39
四川省	126568	96820	30.73	1170051	822267	42.30
贵州省	80526	39134	105.77	880652	500075	76.10
云南省	26993	36254	-25.54	423128	321551	31.59
西藏区	67	100	-33.00	6400	4420	44.80
陕西省	341799	442231	-22.71	1468655	811496	80.98
甘肃省	166145	140990	17.84	930697	601216	54.80
青海省	16763	2602	544.24	65879	41715	57.93
宁夏区	32847	29008	13.23	584042	485053	20.41
新疆区	48299	32703	47.69	484033	410001	18.06

2004 年煤炭工业分地区主要经济指标(七)

单位:千元

地区	税金及附加			税金总额
	2004 年	2003 年	同期增长(%)	2004 年
全国	6043902	3640905	66.00	35442130
北京市	32138	21382	50.30	306788
天津市	100	10	900.00	19268
河北省	286758	174007	64.80	1957764
山西省	1279393	910103	40.58	8050310
内蒙古	381021	221856	71.74	1851209
辽宁省	485891	114816	323.19	1392132
吉林省	31033	25897	19.83	254391
黑龙江	152910	111268	37.42	1390520
江苏省	151171	105382	43.45	1163392
浙江省	11303	9633	17.34	77530
安徽省	317468	211952	49.78	2553599
福建省	150810	111995	34.66	443758
江西省	56352	31959	76.33	430050
山东省	1000793	565163	77.08	6319444
河南省	672175	441869	52.12	4197923
湖北省	23081	18723	23.28	89273

续表

地区	税金及附加			税金总额
	2004 年	2003 年	同期增长(%)	2004 年
湖南省	159017	115819	37.30	703258
广东省	4656	3069	51.71	40327
广西区	10796	6753	59.87	93295
重庆市	127366	29748	328.15	445322
四川省	146388	89639	63.31	804722
贵州省	190851	72848	161.99	649651
云南省	40413	24385	65.73	270589
西藏区	150	130	15.38	5170
陕西省	193652	122634	57.91	1007031
甘肃省	49085	37666	30.32	411196
青海省	8555	3209	166.59	43011
宁夏区	56351	37505	50.25	259919
新疆区	24225	21485	12.75	211288

2004 年煤炭工业主要经济指标

指标	单位	2004 年	2003 年	同期增减(%)
企业总数	个	3685		
亏损企业	个	377		
亏损企业亏损总额	千元	947972		
应收账款净额	千元	39281091	37822163	3.86
产成品	千元	14365231	10277856	39.77
资产总计	千元	673822508	539890091	24.81
流动资产平均余额	千元	243587672	185508417	31.31
固定资产净值平均余额	千元	288122205	263191135	9.47
负债总计	千元	405778429	304710743	33.17
产品销售收入	千元	387040692	249762825	54.96
产品销售成本	千元	261809907	171827516	52.37
产品销售费用	千元	21544997	17178086	25.42
税金及附加	千元	6043902	3640905	66.00
财务费用	千元	6965551	5579888	24.83
管理费用	千元	56082576	36683886	52.88
利润总额	千元	30762149	14467930	112.62
全部从业人员	人	3889551	3816648	1.91

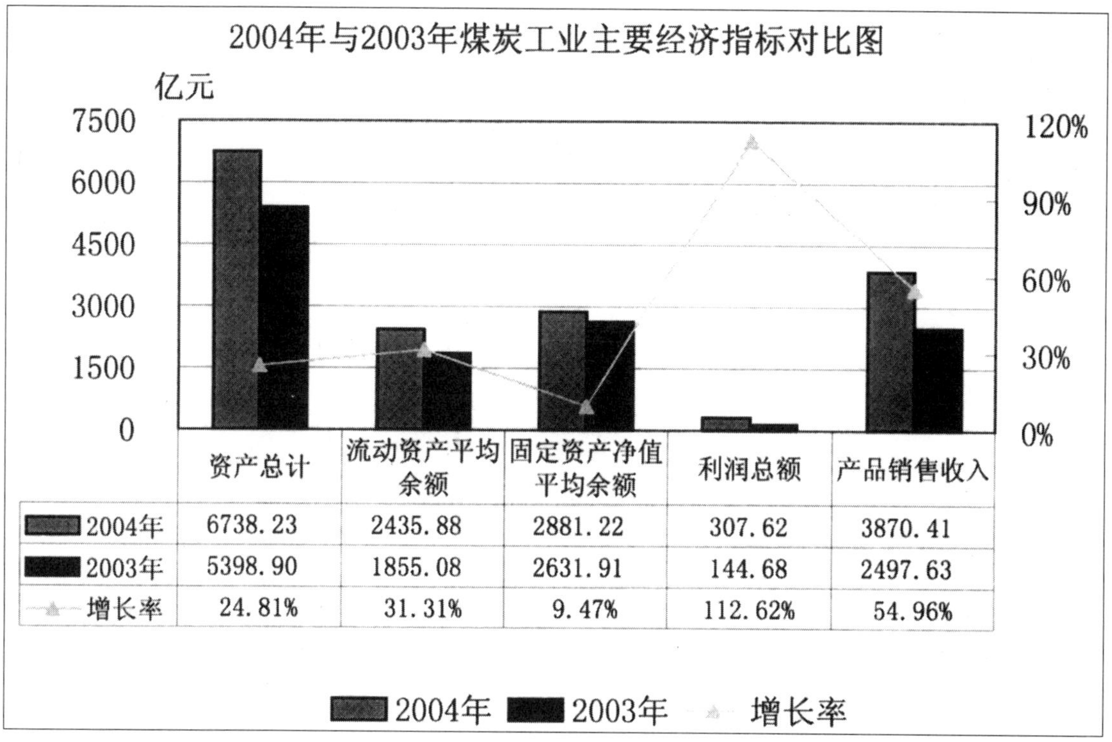

2004 年，国内经济较快增长，持续的煤电油运紧张局势引起全社会关注，煤炭行业克服困难顾全大局，努力增产缓解煤电油运的瓶颈制约，煤炭产量刷新纪录，煤炭运销一再提速，煤炭供应基本保证了主要消费行业、重点企业的生产运行需要，有力地支持了国民经济的不断增长，煤炭行业经济运行质量也保持了良好的发展势头。

据统计，2004 年规模以上煤炭生产企业共 3685 个，2004 年全年实现销售收入 3870.4 亿元，比 2003 年增长 54.96%，实现利润 307.62 亿元，比去年增长 112.62%，资产总额达到 6738.23 亿元，其中流动资产平均系数达 2435.88，固定资产净值平均余额，达 2881.22 亿元，分别比 2003 年增长 31.31%和 9.47%。这些统计指标显示 2004 年煤炭工业生产效率提高，煤炭企业经济效益好转。

全国各省、市煤产量同期对比情况

产品名称	单位	地区名称	煤产量				同期增长(%)	
			2004 年 12 月	2004 年	2003 年 12 月	2003 年	12 月	全年
原煤	吨	全国	152697871.3	1606108167	141139456.2	1396172677	8.19	15.04
原煤	吨	北京市	834912	9084261	514851	8272282	62.17	9.82
原煤	吨	河北省	6478900	71561462	7775299	65292573	-16.67	9.60
原煤	吨	山西省	33279059.34	372316017	33990584.06	327208157.4	-2.09	13.79
原煤	吨	内蒙古	20972749	171714391.5	13626654.28	123201139.5	53.91	39.38
原煤	吨	辽宁省	5453697.3	62324904.6	4901404	54135736.6	11.27	15.13
原煤	吨	吉林省	2315246	23965072.7	2819195	20411921	-17.88	17.41
原煤	吨	黑龙江	6091288.5	71626374.75	6660605.6	66235694.2	-8.55	8.14
原煤	吨	江苏省	2224587	27470270	2442511	27628837	-8.92	-0.57
原煤	吨	浙江省	38754	563180	62008	693937	-37.50	-18.84
原煤	吨	安徽省	6508805.4	78680993.7	7164464.1	74155043.1	-9.15	6.10
原煤	吨	福建省	950352.25	10760466.4	915922.4	8685551.8	3.76	23.89

续表

产品名称	单位	地区名称	煤产量				同期增长(%)	
			2004年12月	2004年	2003年12月	2003年	12月	全年
原煤	吨	江西省	1402993.3	12326366.66	1468816.45	9985385.45	-4.48	23.44
原煤	吨	山东省	15698840	165799032	14510279	163358598.5	8.19	1.49
原煤	吨	河南省	12032045	144454450.2	11185358.4	125202097.5	7.57	15.38
原煤	吨	湖北省	463572	3956156	477815	3685335	-2.98	7.35
原煤	吨	湖南省	3185590.1	30361498.6	2554000.5	25625314.5	24.73	18.48
原煤	吨	广东省	371136.4	2193461.4	231718	1971721	60.17	11.25
原煤	吨	广西区	551586	5212942	477396.41	4285802.31	15.54	21.63
原煤	吨	重庆市	1787854	17642257	1714493	15425153	4.28	14.37
原煤	吨	四川省	4476882.7	44299045.07	3253203	35049178	37.61	26.39
原煤	吨	贵州省	11651573.51	97566183	10349334.2	76894175.78	12.58	26.88
原煤	吨	云南省	1641646	17185732	1367340	14420632	20.06	19.17
原煤	吨	西藏区	269.82	16412.21	10400.06	22073.79	-97.41	-25.65
原煤	吨	陕西省	7127058	84259880.2	6736542	75183179	5.80	12.07
原煤	吨	甘肃省	2592993.39	30837664.1	2350157	26149299.47	10.33	17.93
原煤	吨	青海省	420246.5	4187458	470545	3187100	-10.69	31.39
原煤	吨	宁夏区	1907213	23545861	1409267	20505064	35.33	14.83
原煤	吨	新疆区	2238020.74	22196373.91	1699292.76	19301694.7	31.70	15.00
洗煤	吨	全国	30772027.3	338365175.5	24754917	279410279.6	24.31	21.10
洗煤	吨	河北省	2722592	27465240	1475712	23839380	84.49	15.21
洗煤	吨	山西省	11197197	134934976	10407654	108073755	7.59	24.85
洗煤	吨	内蒙古	1252368.3	13237386.86	949288	9837140	31.93	34.57
洗煤	吨	辽宁省	1087286	14340633	1120668	14332640	-2.98	0.06
洗煤	吨	吉林省	186501	1226948.8	59544	1089992	213.22	12.56
洗煤	吨	黑龙江	2564528	27275046	2132752	21480007	20.25	26.98
洗煤	吨	江苏省	417359	5329310	364648	5166798	14.46	3.15
洗煤	吨	安徽省	542642	6203182	464345	5081985	16.86	22.06
洗煤	吨	江西省	273289	1946697	135531	1504203	101.64	29.42
洗煤	吨	山东省	4515045	44289743.9	3390204	40273343	33.18	9.97
洗煤	吨	河南省	2626322	24691472.1	1408570	16850365	86.45	46.53
洗煤	吨	湖南省	85141	1185785	96397	1296114	-11.68	-8.51
洗煤	吨	重庆市	364195	3617758	292232	2991296	24.63	20.94
洗煤	吨	四川省	905157	9159895	622880	7377295.58	45.32	24.16
洗煤	吨	贵州省	677026	7931363.8	578160	7101016	17.10	11.69
洗煤	吨	云南省	352264	3917880	261489	3326939	34.71	17.76
洗煤	吨	陕西省	263287	2457451	208884	2110121	26.04	16.46
洗煤	吨	甘肃省	74078	751183	71958	582210	2.95	29.02
洗煤	吨	青海省	10000	20000	11000	22000	-9.09	-9.09
洗煤	吨	宁夏区	589753	7498159	646386	6393177	-8.76	17.28
洗煤	吨	新疆区	65997	885065	56615	680503	16.57	30.06

二、石油化学工业

2004年石油化学工业分地区主要经济效益指标

地区名称	资本保值增值率(%)	资产负债率(%)	流动资产周转率(次)	成本费用利润率(%)	人均销售率(元)
全国	114.94	52.52	2.61	11.11	425.32
北京市	116.99	37.83	2.58	11.65	696.88
天津市	116.50	48.52	2.57	14.03	499.95
河北省	106.47	60.45	2.22	8.49	321.90
山西省	109.37	66.71	1.62	5.68	234.35
内蒙古	126.39	48.90	2.22	7.72	267.53
辽宁省	109.92	49.32	3.47	6.54	601.71
吉林省	109.96	47.98	2.32	12.08	383.37
黑龙江	111.83	28.36	4.09	69.24	741.43
上海市	110.91	45.76	2.26	7.73	617.80
江苏省	121.26	57.10	2.85	6.14	529.01
浙江省	122.08	57.55	2.67	6.49	492.53
安徽省	113.69	63.18	2.15	2.72	324.96
福建省	121.79	48.20	2.60	8.51	328.29
江西省	132.97	62.61	2.63	2.80	267.82
山东省	124.77	49.09	3.35	11.76	477.77
河南省	114.08	61.94	2.56	5.40	258.68
湖北省	107.78	58.28	2.31	3.01	289.23
湖南省	109.48	64.01	2.48	2.08	240.35
广东省	108.97	51.38	2.49	10.88	470.19
广西区	112.06	60.38	1.75	4.88	187.49
海南省	119.39	53.67	1.17	28.38	511.59
重庆市	118.77	54.72	1.62	9.54	215.63
四川省	109.08	55.19	1.77	6.65	236.28
贵州省	122.16	55.44	1.42	6.69	194.24
云南省	123.52	64.02	1.51	9.78	259.42
西藏区	104.20	30.88	0.36	26.42	181.40
陕西省	118.28	54.41	2.35	27.07	397.88
甘肃省	116.55	49.14	2.94	5.35	405.70
青海省	98.17	61.71	1.48	40.43	283.59
宁夏区	143.96	67.31	2.19	4.65	296.37
新疆区	110.03	47.19	3.66	37.99	920.00

2004年石油化学工业分地区主要经济指标(一)

单位:千元

地区	产品销售收入			利润总额		
	2004年	2003年	同期增长(%)	2004年	2003年	同期增长(千元)
全国	3524121608	2699169642	30.56	345708005	231267402	49.48
北京市	83288064	62403871	33.47	8648493	4139590	108.92
天津市	119515156	96073041	24.40	14262016	9519036	49.83
河北省	139303464	106735525	30.51	10755590	8069922	33.28
山西省	68295732	47307097	44.37	3645278	2503356	45.62
内蒙古	21260047	13320517	59.60	1462605	639062	128.87
辽宁省	237892934	185340285	28.35	14157607	9743600	45.30
吉林省	75738583	56829024	33.27	7892745	4524392	74.45
黑龙江	184497189	150708313	22.42	72305793	56847441	27.19
上海市	207461799	171889541	20.69	14855631	10429592	42.44
江苏省	437963188	329287406	33.00	25262561	17106679	47.68
浙江省	311205739	232482733	33.86	18913611	14610406	29.45
安徽省	55659808	41401607	34.44	1457147	1515118	-3.83
福建省	79984047	61993671	29.02	6221129	3660460	69.95
江西省	35954080	26758051	34.37	968958	396163	144.59
山东省	419878897	301178217	39.41	43083120	28557783	50.86
河南省	117332882	90141571	30.17	5888661	3236875	81.92
湖北省	87936403	70350404	25.00	2488564	1771496	40.48
湖南省	60956373	47531053	28.25	1206900	488789	146.92
广东省	360586362	287106765	25.59	34493290	21811224	58.14
广西区	21616704	18418697	17.36	998800	577461	72.96
海南省	6628160	5039221	31.53	1510624	911995	65.64
重庆市	21757642	16929784	28.52	1907770	933770	104.31
四川省	80933507	60787137	33.14	4962004	2424824	104.63
贵州省	19654606	15591658	26.06	1206953	809735	49.06
云南省	25432467	19400514	31.09	2301053	356910	544.72
西藏区	269745	241169	11.85	60653	58781	3.18
陕西省	85696866	62979567	36.07	17715190	11397814	55.43
甘肃省	51465667	39691039	29.67	2566140	635133	304.03
青海省	10141612	7852867	29.15	2679770	996653	168.88
宁夏区	11168009	7566882	47.59	485376	-129483	474.86
新疆区	84645876	65832415	28.58	21343973	12722825	67.76

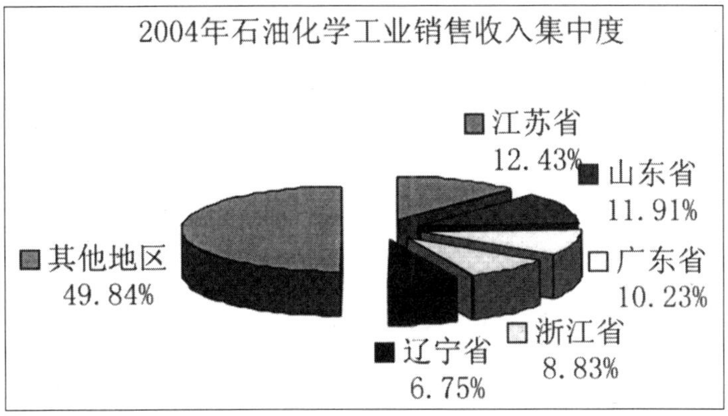

据统计，全国石油化学工业按销售收入排名前5名的地区是江苏、山东、广东、浙江、辽宁，分别占全国销售收入的12.43%、11.91%、10.23%、8.83%和6.75%，销售收入排名前5名的地区占全国销售收入的50.16%。

2004年石油化学工业分地区主要经济指标(二)

单位:千元

地区	应收账款净额			产成品		
	2004年	2003年	同期增长(%)	2004年	2003年	同期增长(%)
全国	313944881	271938154	15.45	184004104	142050524	29.53
北京市	6330268	6212794	1.89	3445146	3119471	10.44
天津市	10829309	9047328	19.70	4129995	3653969	13.03
河北省	13594964	12914501	5.27	8213424	6715933	22.30
山西省	7289915	5598987	30.20	7701531	5241605	46.93
内蒙古	1883758	1518915	24.02	1654506	1021214	62.01
辽宁省	12559241	11390371	10.26	11571403	8633524	34.03
吉林省	7854189	6905435	13.74	4315831	3619202	19.25
黑龙江	5166636	4871362	6.06	5233055	4221025	23.98
上海市	28546636	25638336	11.34	9397576	7725124	21.65
江苏省	42408912	35417140	19.74	20140834	15086679	33.50
浙江省	29413481	24828381	18.47	16891574	11298925	49.50
安徽省	6614904	5213503	26.88	3673224	2815334	30.47
福建省	8827100	7462025	18.29	4582799	3119610	46.90
江西省	3384165	2878059	17.58	2071753	1735334	19.39
山东省	24369439	20986975	16.12	18373170	14234463	29.08
河南省	9938354	8047617	23.49	5988339	4948486	21.01
湖北省	8364932	7642473	9.45	4093887	3736928	9.55
湖南省	5836166	5635338	3.56	4043015	3092971	30.72
广东省	45178168	38256452	18.09	21843666	17257586	26.57
广西区	3114562	2875039	8.33	2076873	1855106	11.95
海南省	1516809	1340525	13.15	637511	646469	-1.39
重庆市	3026781	2404173	25.90	1411242	1295082	8.97
四川省	8416919	7058729	19.24	4596236	3488313	31.76
贵州省	3088946	2830445	9.13	2223895	1646632	35.06
云南省	3075735	2958629	3.96	2568312	1902208	35.02
西藏区	74681	97529	-23.43	26767	20757	28.95

续表

地区	应收账款净额			产成品		
	2004年	2003年	同期增长(%)	2004年	2003年	同期增长(%)
陕西省	7296451	6244560	16.84	3929803	3044950	29.06
甘肃省	2007681	2048403	-1.99	2922984	2126895	37.43
青海省	872045	716322	21.74	697596	488492	42.81
宁夏区	1243876	859746	44.68	818029	692443	18.14
新疆区	1819858	2038062	-10.71	4730128	3565794	32.65

2004年石油化学工业分地区主要经济指标(三)

单位:千元

地区	流动资产平均余额			固定资产净值平均余额		
	2004年	2003年	同期增长(%)	2004年	2003年	同期增长(%)
全国	1348194850	1145020951	17.74	1463489799	1332128198	9.86
北京市	32314202	28502245	13.37	27969437	28093247	-0.44
天津市	46530548	38153960	21.95	62940551	60461508	4.10
河北省	62830664	55941176	12.32	61700853	55553005	11.07
山西省	42257384	30750588	37.42	36222918	28091826	28.94
内蒙古	9576636	7997836	19.74	13480253	11728026	14.94
辽宁省	68647461	63212960	8.60	110781576	107596019	2.96
吉林省	32600165	31214846	4.44	57093978	53362617	6.99
黑龙江	45071546	47068405	-4.24	98872883	94883102	4.20
上海市	91685406	80880161	13.36	74286529	72129884	2.99
江苏省	153431268	121014162	26.79	123920754	109042503	13.64
浙江省	116388979	89367635	30.24	80875311	65572088	23.34
安徽省	25942230	20613374	25.85	21865023	19664990	11.19
福建省	30725320	26190741	17.31	32609903	30440737	7.13
江西省	13684632	11874108	15.25	15837006	12730460	24.40
山东省	125283691	99659325	25.71	152941527	130614161	17.09
河南省	45771164	42214520	8.43	58343243	54097007	7.85
湖北省	38096773	34453249	10.58	34007171	30959609	9.84
湖南省	24600518	22512634	9.27	25731436	24819857	3.67
广东省	145090595	125121592	15.96	96683212	93143101	3.80
广西区	12361065	11074449	11.62	10929311	10089675	8.32
海南省	5657160	3968013	42.57	5224993	3351151	55.92
重庆市	13396329	11251013	19.07	10666665	9761321	9.27
四川省	45760420	38472465	18.94	40209589	34576712	16.29
贵州省	13875398	11532986	20.31	9076659	7457072	21.72
云南省	16825192	14269645	17.91	17073343	16044986	6.41
西藏区	741934	617421	20.17	200442	109452	83.13
陕西省	36516144	30808921	18.52	70117471	59992754	16.88
甘肃省	17477711	15815001	10.51	25264157	23941638	5.52

续表

地区	流动资产平均余额			固定资产净值平均余额		
	2004 年	2003 年	同期增长(%)	2004 年	2003 年	同期增长(%)
青海省	6849825	5247251	30.54	11856084	10497379	12.94
宁夏区	5094448	3647310	39.68	5661931	5081454	11.42
新疆区	23110042	21572959	7.13	71045590	68240857	4.11

2004 年石油化学工业分地区主要经济指标(四)

单位:千元

地区	资产总计			负债合计		
	2004 年	2003 年	同期增长(%)	2004 年	2003 年	同期增长(%)
全国	3422426105	2979593894	14.86	1797344228	1565734917	14.79
北京市	79065169	72956965	8.37	29913530	30941969	-3.32
天津市	128870773	115313532	11.76	62523575	58363374	7.13
河北省	151040588	136707349	10.48	91298505	80596458	13.28
山西省	98780945	79754558	23.86	65895901	49687512	32.62
内蒙古	28230928	22583328	25.01	13805339	11169736	23.60
辽宁省	208145049	193049460	7.82	102665990	97089191	5.74
吉林省	106654166	99136614	7.58	51175889	48681224	5.12
黑龙江	154325670	150723969	2.39	43762162	51858646	-15.61
上海市	202976715	185301486	9.54	92886952	86042040	7.96
江苏省	339051914	276782681	22.50	193598738	156831905	23.44
浙江省	248701993	197709446	25.79	143130131	111231775	28.68
安徽省	58911847	50268397	17.19	37222113	31190708	19.34
福建省	78011058	66747044	16.88	37603730	33569740	12.02
江西省	36296548	29644471	22.44	22725220	19438446	16.91
山东省	342882243	281019170	22.01	168335956	141122366	19.28
河南省	125500970	113054370	11.01	77736408	71186172	9.20
湖北省	91107692	81412984	11.91	53096989	46144818	15.07
湖南省	59783244	55547084	7.63	38268652	35894582	6.61
广东省	292412480	260860229	12.10	150236431	130392858	15.22
广西区	30585010	27467170	11.35	18468747	16655272	10.89
海南省	12638976	9039828	39.81	6783903	4135720	64.03
重庆市	33055727	27351403	20.86	18089319	14749866	22.64
四川省	115301822	98619546	16.92	63635283	51252752	24.16
贵州省	29495919	24701713	19.41	16353759	13943215	17.29
云南省	44909829	39013797	15.11	28750924	25931759	10.87
西藏区	858910	819716	4.78	265202	249937	6.11
陕西省	124179833	107984094	15.00	67571458	60125553	12.38
甘肃省	50650024	47109318	7.52	24888137	25006275	-0.47
青海省	22111509	19664856	12.44	13644551	11040306	23.59
宁夏区	13197944	10149634	30.03	8883831	7152850	24.20
新疆区	114690610	99099682	15.73	54126903	44057892	22.85

2004年石油化学工业分地区主要经济指标(五)

单位:千元

地区	销售成本			销售费用		
	2004年	2003年	同期增长(%)	2004年	2003年	同期增长(%)
全国	2776860963	2119747395	31.00	133970977	110005945	21.79
北京市	64192972	49506380	29.67	4686535	3789172	23.68
天津市	90553873	72421383	25.04	3977278	3578960	11.13
河北省	112929588	84987730	32.88	4519293	3309964	36.54
山西省	53281299	36108398	47.56	5672984	4388076	29.28
内蒙古	16630779	10655938	56.07	899427	573309	56.88
辽宁省	201375117	156127731	28.98	3665464	3060400	19.77
吉林省	56709587	43108076	31.55	2745194	2156258	27.31
黑龙江	93174204	77373305	20.42	2856414	2545565	12.21
上海市	168404392	138503826	21.59	9656445	8617460	12.06
江苏省	372564983	278688192	33.69	17523700	14586770	20.13
浙江省	266941496	196951360	35.54	9277455	7660301	21.11
安徽省	48599898	35098199	38.47	1969213	1668132	18.05
福建省	66564582	51776286	28.56	2742898	2374524	15.51
江西省	30337246	22045311	37.61	2065649	1843322	12.06
山东省	336299756	241627912	39.18	10333891	8446206	22.35
河南省	98243784	74778394	31.38	2945757	2518730	16.95
湖北省	72838194	57214264	27.31	3736542	2906900	28.54
湖南省	51879117	40495187	28.11	2196169	1979604	10.94
广东省	275281693	222654159	23.64	24190352	18596434	30.08
广西区	16652088	14103071	18.07	1758867	1665045	5.63
海南省	3772180	3311113	13.92	1060666	396927	167.22
重庆市	16052006	12464774	28.78	1645372	1562854	5.28
四川省	63099423	41657257	51.47	4912788	4061987	20.95
贵州省	14391719	11599380	24.07	1898368	1646665	15.29
云南省	19058295	15203071	25.36	1642247	1462680	12.28
西藏区	86636	65579	32.11	116382	90854	28.10
陕西省	56491594	44027611	28.31	2809516	2408203	16.66
甘肃省	44209683	32619557	35.53	821714	686185	19.75
青海省	5408695	4978851	8.63	231394	194523	18.95
宁夏区	9497832	6550524	44.99	305946	252839	21.00
新疆区	51338252	43044576	19.27	1107057	977096	13.30

2004年石油化学工业分地区主要经济指标(六)

单位:千元

地区	财务费用			管理费用		
	2004年	2003年	同期增长(%)	2004年	2003年	同期增长(%)
全国	39134577	35349246	10.71	160570592	142716010	12.51
北京市	642178	742562	-13.52	4703983	4254132	10.57
天津市	1338143	1286456	4.02	5814135	5381413	8.04
河北省	2216108	2047689	8.22	7038454	6034685	16.63
山西省	1902801	1406588	35.28	3309675	2689647	23.05
内蒙古	333332	256891	29.76	1092964	770237	41.90
辽宁省	1878637	1940242	-3.18	9467556	8473065	11.74
吉林省	1091228	1091092	0.01	4764634	4121639	15.60
黑龙江	304930	324512	-6.03	8092102	8340532	-2.98
上海市	1805931	2027383	-10.92	12433190	11743954	5.87
江苏省	4310279	3337729	29.14	16964921	15070783	12.57
浙江省	3860628	2853139	35.31	11424266	9652240	18.36
安徽省	923900	791575	16.72	2161589	1994396	8.38
福建省	931461	944547	-1.39	2907006	2488945	16.80
江西省	697208	656145	6.26	1494479	1319505	13.26
山东省	4769083	3796851	25.61	15092056	12795227	17.95
河南省	1872031	1829375	2.33	5983981	5443991	9.92
湖北省	1270742	1126898	12.76	4716946	4345634	8.54
湖南省	760946	803087	-5.25	3181865	2862815	11.14
广东省	2424425	2792868	-13.19	15278432	13976172	9.32
广西区	443265	470689	-5.83	1622602	1483937	9.34
海南省	142590	103336	37.99	346888	289376	19.87
重庆市	401240	410646	-2.29	1893699	1573998	20.31
四川省	1282138	1281179	0.07	5299456	4861590	9.01
贵州省	380384	342557	11.04	1368791	1138275	20.25
云南省	640615	611620	4.74	2184097	1842785	18.52
西藏区	-4059	-2743	47.98	30584	27100	12.86
陕西省	1180383	903999	30.57	4949811	3849340	28.59
甘肃省	363307	411936	-11.80	2558049	2095397	22.08
青海省	112507	58757	91.48	875252	482486	81.40
宁夏区	217234	190276	14.17	427475	412478	3.64
新疆区	640982	511365	25.35	3091654	2900236	6.60

2004年石油化学工业分地区主要经济指标(七)

单位:千元

地区	税金及附加			税金总额
	2004年	2003年	同期增长(%)	2004年
全国	52896259	42659619	24.00	196925454
北京市	1220989	1051805	16.09	4975821
天津市	2483201	2052548	20.98	7408482
河北省	1850100	1499003	23.42	6867782
山西省	720345	473170	52.24	5993089
内蒙古	317367	258107	22.96	1669288
辽宁省	5144599	4273666	20.38	12292266
吉林省	1423426	1341200	6.13	5020342
黑龙江	5109881	4599915	11.09	21938469
上海市	2367414	2052873	15.32	9568504
江苏省	3367747	2862254	17.66	16908195
浙江省	2968878	2268494	30.87	11664239
安徽省	772731	674161	14.62	2273704
福建省	899161	692933	29.76	2568916
江西省	661878	569039	16.32	2178385
山东省	5344365	3934917	35.82	22947794
河南省	1565578	1332402	17.50	5640611
湖北省	1439559	1305793	10.24	4032027
湖南省	1316777	1087626	21.07	3654053
广东省	4875158	3791616	28.58	17945423
广西区	280758	262030	7.15	1450569
海南省	54321	35578	52.68	556385
重庆市	175585	125189	40.26	1315636
四川省	1655727	514865	221.58	4800187
贵州省	184014	138749	32.62	1164349
云南省	149680	124293	20.43	1308435
西藏区	5934	5080	16.81	43602
陕西省	2156320	1657868	30.07	7934801
甘肃省	1569968	1298505	20.91	3504619
青海省	234365	182920	28.12	950236
宁夏区	262522	211422	24.17	683919
新疆区	2317911	1981598	16.97	7665326

2004 年石油化学工业主要经济指标

指标	单位	2004 年	2003 年	同期增减(%)
企业总数	个	34001		
亏损企业	个	6168		
亏损企业亏损总额	千元	21759099		
应收账款净额	千元	313944881	271938154	15.45
产成品	千元	184004104	142050524	29.53
资产总计	千元	3422426105	2979593894	14.86
流动资产平均余额	千元	1348194850	1145020951	17.74
固定资产净值平均余额	千元	1463489799	1332128198	9.86
负债总计	千元	1797344228	1565734917	14.79
产品销售收入	千元	3524121608	2699169642	30.56
产品销售成本	千元	2776860963	2119747395	31.00
产品销售费用	千元	133970977	110005945	21.79
税金及附加	千元	52896259	42659619	24.00
财务费用	千元	39134577	35349246	10.71
管理费用	千元	160570592	142716010	12.51
利润总额	千元	345708005	231267402	49.48
全部从业人员	人	8285728	8001478	3.55

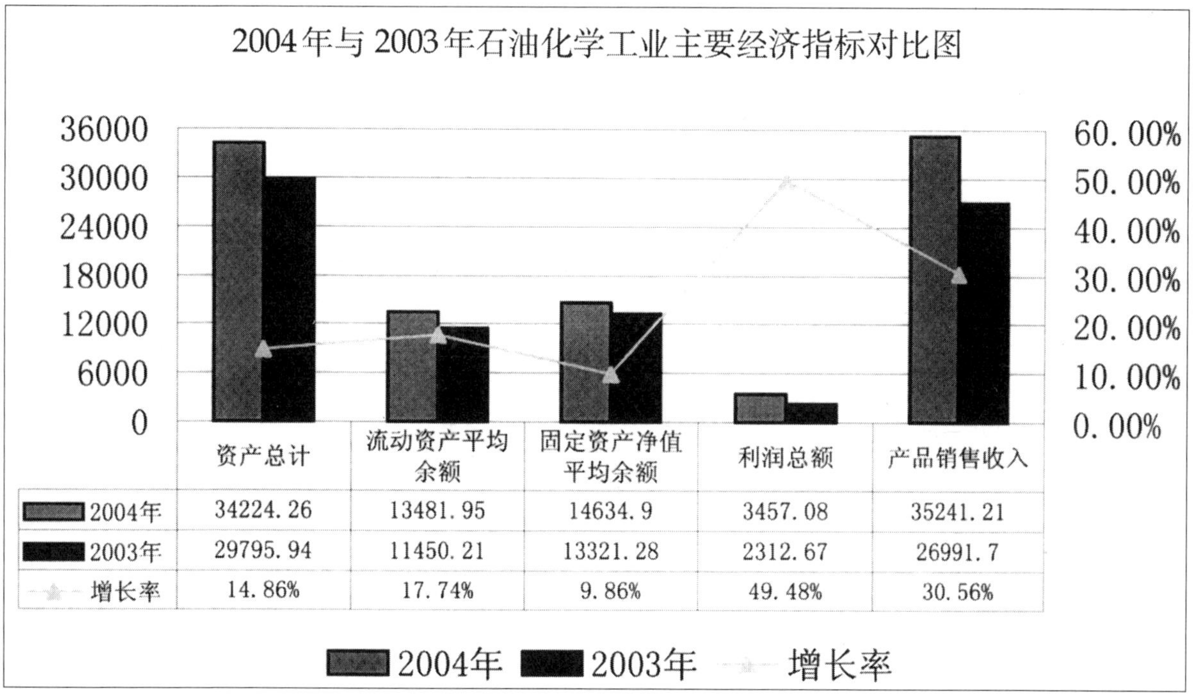

2004 年，我国石油化学工业继续保持快速增长，全国国有及规模以上(年销售收入 500 万元以上)的非国有企业 34001 家，实现销售收入 35241.21 亿元，比去年增长 30.56%，完成利润 3457.08 亿元，同比增长 49.48%，资产总额达 34224.26 亿元，比去年增长 14.86%，其中流动资产平均余额达 13481.95 亿元，固定资产净值平均余额 14634.9 亿元，分别比上年增长 17.74%和 9.86%。

全国石油化学工业主要产品产量同期对比情况

产品名称	单位	完成产量				同期增长(%)	
		2004年12月	2004年	2003年12月	2003年	12月	全年
天然原油	吨	14921750.77	174502730.8	14632335.22	169592748.2	1.98	2.90
天然气	万立方米	408259.35	4076754.78	343805.73	3441476.07	18.75	18.46
化纤用浆粕	吨	47703.11	507401.42	46726.57	499004.65	2.09	1.68
化学纤维	吨	1167452.81	14245389.88	1148935.3	11842433.88	1.61	20.29
粘胶纤维	吨	85636.99	966183.53	78835.56	832534.6	8.63	16.05
合成纤维	吨	1069188.17	13139523.01	1057355.9	10875110.4	1.12	20.82
锦纶纤维	吨	57132.36	668317.87	53615.59	581768.95	6.56	14.88
涤纶纤维	吨	920591.62	11380464.46	910553.32	9267307.34	1.10	22.80
腈纶纤维	吨	54496.9	661848.1	54726.71	628348.58	-0.42	5.33
维纶纤维	吨	3714	35105.1	3096.9	31661	19.93	10.88
丙纶纤维	吨	22472.29	275969.5	26726.66	276892.17	-15.92	-0.33
原油加工量	吨	24472976.16	273067748.5	21826578.59	240129432.5	12.12	13.72
汽油	吨	4786186.93	52497778.18	4442779.4	47655851	7.73	10.16
煤油	吨	869230	9707444	715357	8507964	21.51	14.10
柴油	吨	9372002.75	101620716.2	7780539.58	85018533.53	20.45	19.53
润滑油	吨	409745.32	4642782.54	369569.69	4086041.45	10.87	13.63
燃料油	吨	2048298.07	20825740.06	2083728.83	19345596.34	-1.70	7.65
石油沥青	吨	526533.78	9026105.2	623351.72	8026810.89	-15.53	12.45
液化石油气	吨	1386366.47	14719330.93	1255669.4	13395016.42	10.41	9.89
焦炭	吨	17436143.2	177485189.5	13994889.92	141073526.5	24.59	25.81
机械化焦炉生产的焦炭	吨	14811554.71	153861617.7	12078848.08	122120026.3	22.62	25.99
煤气	万立方米	1908492.42	19751180.1	1567735.56	17181852.58	21.74	14.95
硫酸(折100%)	吨	3460895.67	38249309.79	2873914.85	32386274.45	20.42	18.10
浓硝酸(折100%)	吨	121499.2	1264689.29	103033.8	1185162.83	17.92	6.71
盐酸(含量31%以上)	吨	547690.41	6007397.51	490889.79	5491358.55	11.57	9.40
氢氧化钠(烧碱)(折100%)	吨	967506.82	10602729.73	841770.16	9332782.73	14.94	13.61
离子膜法烧碱	吨	239849.68	2524480.15	201227.27	2238003.63	19.19	12.80
碳酸钠(纯碱)	吨	1114483.8	12667693	974949.62	11024392.72	14.31	14.91
碳化钙(电石)(折300升/千克)	吨	652690.94	6539365.5	546833.93	5387668.96	19.36	21.38
合成氨	吨	3635164.47	42222200.12	3240799.35	37898093.55	12.17	11.41
农用氮、磷、钾化学肥料总计(折纯)	吨	3779229.49	45198016.66	3300751.21	38899564.14	14.50	16.19
氮肥(折含N 100%)	吨	2816189.04	33040716.03	2494538.21	28832508.84	12.89	14.60
尿素	吨	1689009.42	19235147.87	1680638.16	17363465.72	0.50	10.78
磷肥(折含P_2O_5 100%)	吨	814992.17	10029566.56	722808.01	8670079.85	12.75	15.68
钾肥(折含K_2O 100%)	吨	139368.28	2063338.07	79935.99	1355466.45	74.35	52.22
磷酸铵肥	吨	479790	6104386.7	396348	4570871	21.05	33.55
化学农药	吨	69093.13	869251.98	56536.98	772156.56	22.21	12.57
杀虫剂	吨	26950.98	425001.54	29257.12	410554.97	-7.88	3.52
杀菌剂	吨	7309.97	90928.99	5485.13	77140.88	33.27	17.87
除草剂	吨	0	461	0	493	#DIV/0!	6.49
乙烯	吨	538874	6265719	541425	6120207	-0.47	2.38

续表

产品 名称	单 位	完成产量				同期增长(%)	
		2004 年 12 月	2004 年	2003 年 12 月	2003 年	12 月	全年
纯苯	吨	220428	2556533	210144	2427814.8	4.89	5.30
精甲醇	吨	412187.8	4406476.86	306718.55	3266239.68	34.39	34.91
冰醋酸	吨	115694	1151705	85717	978268	34.97	17.73
油漆	吨	174900.26	1847572.3	178675.04	1647137.63	−2.11	12.17
建筑涂料	吨	111821.37	1133537.94	99376.67	898641.59	12.52	26.14
油墨	吨	20665.36	237928.62	18210.79	222320.73	13.48	7.02
颜料	吨	129928.26	1316310.15	105624.69	1164772.28	23.01	13.01
染料	吨	91961.93	842493.76	98425.37	804199.03	−6.57	4.76
塑料树脂及共聚物	吨	1583598.61	17909885.03	1502073.93	16266234.42	5.43	10.10
聚氯乙烯树脂	吨	460235.81	5031833.58	388194.78	4242122.5	18.56	18.62
聚乙烯树酯	吨	380668.8	4413186.8	384242.83	4195492.51	−0.93	5.19
聚丙烯树酯	吨	410221.22	4748906.33	405292.03	4455847.27	1.22	6.58
合成橡胶	吨	135208.04	1477811.8	130231.94	1322404.36	3.82	11.75
顺丁橡胶	吨	33247	397114	41783	390932	−20.43	1.58
合成纤维单体	吨	577316.65	6497339.59	528201.39	5849578.26	9.30	11.07
己内酰胺	吨	22336.05	227649.03	17260.97	201688.65	29.40	12.87
合成纤维聚合物	吨	591225.31	7879678.14	686494.85	7287435.02	−13.88	8.13
聚脂	吨	530265.37	7127224.89	629017.03	6612156.71	−15.70	7.79
照相胶卷	万平方米	141.11	2750.45	148.41	1427.41	−4.92	92.69
环保药剂与材料	吨	3696.56	35551.57	3434.1	22541.15	7.64	57.72
肥皂	吨	52817.39	654960.25	48522.01	674237.43	8.85	−2.86
合成洗涤剂	吨	437058.6	4363496.6	326390.86	3913085.76	33.91	11.51
合成洗衣粉	吨	273580.11	2726433.15	184629.37	2496347.88	48.18	9.22
香精	吨	7539.73	81966.23	7534.17	75705.36	0.07	8.27
牙膏(折 65 克标准支)	万支	50444.75	479502.4	48949.22	422175.3	3.06	13.58
火柴(折 50 支标准盒)	件	658747	11288273	770237	10632201	−14.47	6.17
化学原料药	吨	87065.4	934399.96	72355.17	839606.05	20.33	11.29
中成药	吨	61819.7	615665.21	50807.17	581513.54	21.68	5.87
轮胎外胎	条	21532925	239263142.6	19384362	201530600	11.08	18.72
子午线轮胎外胎	条	9511592	104366023	7280492	76759767	30.64	35.96
胶鞋	万双	9882.97	99438.38	9144.04	90171.77	8.08	10.28
塑料制品	吨	1723250.57	18466101.2	1589962.75	16490472.32	8.38	11.98
塑料薄膜	吨	355709.25	3658915.5	315228.46	3249525.05	12.84	12.60
农用薄膜	吨	61997.32	728724.57	77974.65	753455.83	−20.49	−3.28
塑料型材(含板片材)	吨	124419.32	1688079.1	99766.2	1526696.95	24.71	10.57
塑料管(棒)材	吨	191939.97	1970012.76	177910.02	1659925.23	7.89	18.68
塑料编织袋	吨	211318.21	2023857.46	174224.61	1822413.53	21.29	11.05
人造革	吨	75643.42	659900.21	62035.22	518945.31	21.94	27.16
合成革	吨	36384.66	345520.11	30922.84	297269.79	17.66	16.23
泡沫塑料制品	吨	70623.77	859507.47	76990.67	861393.41	−8.27	−0.22
塑料包装箱及容器	吨	79357.24	855408.67	69061.55	788804.52	14.91	8.44
日用塑料制品	吨	225816.47	2247758.73	216190.75	1985903.93	4.45	13.19

三、电力工业

2004年电力工业分地区主要经济效益指标

地区名称	资本保值增值率(%)	资产负债率(%)	流动资产周转率(次)	成本费用利润率(%)	人均销售率(元)
全国	105.93	64.02	2.25	5.55	566.82
北京市	167.80	48.81	3.33	4.56	1079.62
天津市	108.10	62.55	3.15	5.62	1002.38
河北省	105.00	54.54	4.73	7.26	694.74
山西省	122.75	81.91	1.95	15.17	320.23
内蒙古	103.44	82.10	3.37	7.25	471.85
辽宁省	99.63	63.44	1.80	2.55	515.85
吉林省	92.59	85.43	2.64	2.15	359.84
黑龙江	101.59	66.89	1.95	1.07	301.17
上海市	124.94	26.08	3.01	6.55	1751.14
江苏省	109.34	62.37	2.14	3.97	1051.16
浙江省	119.46	54.88	2.73	7.13	985.23
安徽省	92.42	70.22	2.81	3.42	591.01
福建省	107.88	59.20	2.20	6.62	812.50
江西省	85.96	80.58	1.89	-1.38	292.57
山东省	94.80	59.71	3.08	5.20	614.95
河南省	96.96	72.38	2.01	1.21	401.67
湖北省	113.70	58.33	1.26	12.81	434.89
湖南省	114.42	75.23	2.08	4.84	359.68
广东省	90.97	56.48	2.41	7.90	1473.00
广西区	107.83	72.09	1.62	11.31	228.48
海南省	104.77	63.25	2.69	0.02	415.47
重庆市	138.52	62.76	1.46	5.42	353.92
四川省	108.39	75.77	1.45	8.86	361.03
贵州省	110.55	82.70	2.23	6.19	430.93
云南省	116.67	77.48	2.72	9.06	405.24
西藏区	93.53	10.04	1.23	1.23	55.59
陕西省	106.40	63.90	2.40	2.23	426.61
甘肃省	115.20	70.11	1.84	2.54	266.75
青海省	89.13	77.58	0.72	1.90	552.73
宁夏区	115.17	67.29	2.63	6.88	570.25
新疆区	65.49	87.14	1.49	-10.99	205.99

2004年电力工业分地区主要经济指标(一)

单位:千元

地区	产品销售收入			利润总额		
	2004年	2003年	同期增长(%)	2004年	2003年	同期增长(千元)
全国	1356287562	1107536329	22.46	70816642	63423957	11.66
北京市	35709612	17144558	108.29	1588265	1402063	13.28
天津市	20752368	17601029	17.90	1112159	570655	94.89
河北省	87647521	74710141	17.32	6008771	5580927	7.67
山西省	25811133	21481303	20.16	3339659	3325337	0.43
内蒙古	32771527	25387931	29.08	2226993	502236	343.42
辽宁省	67203983	56707057	18.51	1646984	1893423	-13.02
吉林省	22164280	18346678	20.81	449956	-537024	183.79
黑龙江	45260269	38819810	16.59	485006	27488	1664.43
上海市	49865375	42403160	17.60	3117430	3032386	2.80
江苏省	118375870	93493032	26.61	4524536	5319033	-14.94
浙江省	50357243	42002374	19.89	3385656	4140905	-18.24
安徽省	39330283	33119062	18.75	1295968	1111652	16.58
福建省	50264340	42608979	17.97	3046067	3499905	-12.97
江西省	23344026	20031397	16.54	-317747	355694	-189.33
山东省	124051049	104460689	18.75	6201852	7274189	-14.74
河南省	76270743	63518827	20.08	920581	2456498	-62.52
湖北省	51166244	38863209	31.66	5859343	3303405	77.37
湖南省	37065351	29350854	26.28	1699772	1036815	63.94
广东省	197174595	164997958	19.50	14401035	12890262	11.72
广西区	15005235	13448900	11.57	1535211	1431224	7.27
海南省	2567617	2269167	13.15	647	164565	-99.61
重庆市	14749681	12024063	22.67	778279	475392	63.71
四川省	47475100	37754102	25.75	3849272	1962227	96.17
贵州省	20742428	16603208	24.93	783997	761965	2.89
云南省	23357740	18460559	26.53	1933983	1259754	53.52
西藏区	243669	274677	-11.29	3396	3296	3.03
陕西省	28876470	23662717	22.03	560174	626724	-10.62
甘肃省	19708437	16272585	21.11	475694	147206	223.15
青海省	8857424	6304994	40.48	167535	-167552	199.99
宁夏区	11728857	8519222	37.68	754837	219120	244.49
新疆区	8389092	6894087	21.69	-1018669	-645813	-57.73

2004年电力工业销售收入地区集中度

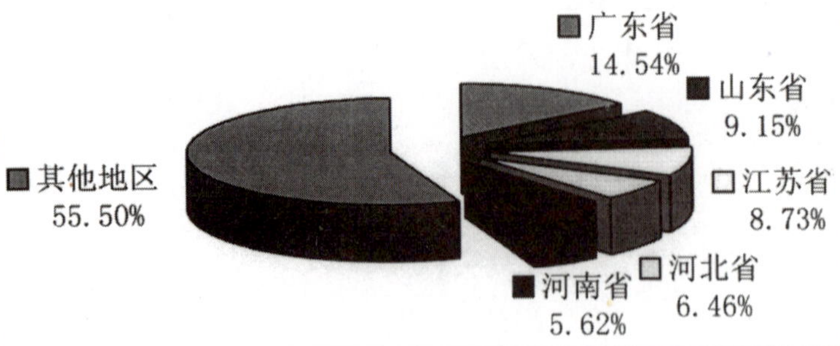

2004 年电力工业按销售收入排名前 5 名的地区是广东、山东、江苏、河北、河南，分别占全国销售收入的 14.54%、9.15%、8.73%、6.46%和 5.62%，前 5 名地区的销售收入占电力工业销售总收入的 44.50%。

2004 年电力工业分地区主要经济指标（二）

单位：千元

地区	应收账款净额			产成品		
	2004 年	2003 年	同期增长(%)	2004 年	2003 年	同期增长(%)
全国	116473017	120188007	-3.09	4039694	3876808	4.20
北京市	2058279	2140941	-3.86	105170	75981	38.42
天津市	1139807	1350619	-15.61	8	3	166.67
河北省	4765853	4684489	1.74	27117	36019	-24.71
山西省	3218624	2655646	21.20	22470	25933	-13.35
内蒙古	2741479	2225686	23.17	4215	7657	-44.95
辽宁省	7182746	7687423	-6.56	51810	34359	50.79
吉林省	2167774	2389617	-9.28	143088	108356	32.05
黑龙江	4613766	3646071	26.54	322551	827096	-61.00
上海市	3129197	2804669	11.57	7596	3971	91.29
江苏省	7532421	6010964	25.31	85265	67745	25.86
浙江省	3910535	3490594	12.03	854370	226807	276.69
安徽省	3706647	3847331	-3.66	42677	39147	9.02
福建省	4068342	4612287	-11.79	13033	24635	-47.10
江西省	1528620	2022471	-24.42	1993	1657	20.28
山东省	5473655	5833228	-6.16	1044132	465963	124.08
河南省	8179644	7321135	11.73	261919	242397	8.05
湖北省	8291072	9713752	-14.65	60517	69449	-12.86
湖南省	4044742	4831610	-16.29	113131	95969	17.88
广东省	15925561	16470797	-3.31	424050	1205978	-64.84
广西区	2450627	2495065	-1.78	32088	30649	4.70
海南省	446767	401379	11.31	13015	3689	252.81
重庆市	1005153	1364585	-26.34	12358	4548	171.72
四川省	4803369	6160361	-22.03	106383	68180	56.03
贵州省	3525064	3474779	1.45	1490	12277	-87.86
云南省	1930131	2015919	-4.26	18388	14755	24.62
西藏区	55974	44763	25.05	140	3043	-95.40

续表

地区	应收账款净额			产成品		
	2004 年	2003 年	同期增长(%)	2004 年	2003 年	同期增长(%)
陕西省	2716267	3122967	-13.02	0	0	0.00
甘肃省	2181813	2509670	-13.06	101019	65293	54.72
青海省	2280944	2744049	-16.88	11967	4442	169.41
宁夏区	415167	528626	-21.46	156712	109983	42.49
新疆区	982977	1586514	-38.04	1022	827	23.58

2004 年电力工业分地区主要经济指标(三)

单位:千元

地区	流动资产平均余额			固定资产净值平均余额		
	2004 年	2003 年	同期增长(%)	2004 年	2003 年	同期增长(%)
全国	601984541	562569579	7.01	1741359580	1602498491	8.67
北京市	10734982	8343005	28.67	37665303	35335433	6.59
天津市	6589801	6210042	6.12	23549303	26068123	-9.66
河北省	18531287	17256446	7.39	75811951	74485295	1.78
山西省	13227882	10487565	26.13	55697097	48259004	15.41
内蒙古	9737405	7661823	27.09	52146966	42875406	21.62
辽宁省	37258461	36678997	1.58	85020158	81783298	3.96
吉林省	8392502	7833831	7.13	28828800	27152725	6.17
黑龙江	23167540	22193600	4.39	52251827	51950645	0.58
上海市	16583274	17241117	-3.82	70255103	59633133	17.81
江苏省	55409022	48763781	13.63	104896507	95527940	9.81
浙江省	18426190	15194945	21.27	41993215	37490683	12.01
安徽省	14017961	21404838	-34.51	34503866	34698501	-0.56
福建省	22813067	21170219	7.76	65422136	63237209	3.46
江西省	12364359	13613709	-9.18	30361230	26863864	13.02
山东省	40226215	38981740	3.19	103381129	99495443	3.91
河南省	37996194	33683129	12.80	78905931	72083241	9.47
湖北省	40635504	34243524	18.67	189882335	170896797	11.11
湖南省	17860770	18069067	-1.15	64939795	56835411	14.26
广东省	81811489	76828748	6.49	185614443	169380647	9.58
广西区	9244570	9422452	-1.89	36287427	32910122	10.26
海南省	952867	1166364	-18.30	5232960	3720882	40.64
重庆市	10098140	8407642	20.11	24005351	20062127	19.66
四川省	32753776	29369627	11.52	97397032	93561793	4.10
贵州省	9314555	9715156	-4.12	27140267	21160082	28.26
云南省	8598259	7418908	15.90	38265791	34169329	11.99
西藏区	198554	210875	-5.84	2570435	2800189	-8.20
陕西省	12030348	10970552	9.66	39983598	37866611	5.59
甘肃省	10691547	9220308	15.96	29929168	29497320	1.46

续表

地区	流动资产平均余额			固定资产净值平均余额		
	2004 年	2003 年	同期增长(%)	2004 年	2003 年	同期增长(%)
青海省	12245374	10706439	14.37	23946437	21936683	9.16
宁夏区	4458320	4221819	5.60	13045369	11147328	17.03
新疆区	5614326	5879311	-4.51	22428650	19613227	14.35

2004 年电力工业分地区主要经济指标(四)

单位:千元

地区	资产总计			负债合计		
	2004 年	2003 年	同期增长(%)	2004 年	2003 年	同期增长(%)
全国	2730073191	2516050864	8.51	1747674608	1588628475	10.01
北京市	61129457	54165269	12.86	29836139	35516308	-15.99
天津市	36158222	35749632	1.14	22616580	23223129	-2.61
河北省	103999637	99222417	4.81	56720231	54193956	4.66
山西省	77542170	67936208	14.14	63511098	56505156	12.40
内蒙古	74779549	59643075	25.38	61397574	46705914	31.46
辽宁省	131404030	126432789	3.93	83363071	78213859	6.58
吉林省	40260051	38372561	4.92	34393249	32036113	7.36
黑龙江	82912301	80176282	3.41	55457685	53152400	4.34
上海市	109711252	90644663	21.03	28615912	25739534	11.17
江苏省	198423940	169102133	17.34	123753940	100813037	22.76
浙江省	76865402	61590867	24.80	42182176	32556850	29.56
安徽省	60044813	61587537	-2.50	42163973	42241064	-0.18
福建省	101528004	93833420	8.20	60105438	55436709	8.42
江西省	49629633	49586472	0.09	39990247	38372531	4.22
山东省	188125990	183436961	2.56	112327114	103481810	8.55
河南省	129950624	118862686	9.33	94060930	81847399	14.92
湖北省	250052471	240224594	4.09	145862866	148589207	-1.83
湖南省	90280282	83608660	7.98	67921986	64068579	6.01
广东省	313332479	293739741	6.67	176962366	143829750	23.04
广西区	53404983	49339714	8.24	38498988	35516086	8.40
海南省	7682666	5935477	29.44	4859083	3240552	49.95
重庆市	43922684	31960970	37.43	27566038	20152714	36.79
四川省	150263754	138106724	8.80	113853076	104513638	8.94
贵州省	47477055	40045773	18.56	39261558	32614044	20.38
云南省	52747176	50479288	4.49	40870254	40298999	1.42
西藏区	3146289	3295014	-4.51	315754	268730	17.50
陕西省	57467295	53941233	6.54	36718950	34440512	6.62
甘肃省	45065032	44646464	0.94	31594484	32953005	-4.12
青海省	42709742	41194329	3.68	33132971	30449385	8.81
宁夏区	19438027	19020101	2.20	13079994	13499350	-3.11
新疆区	30618181	30169810	1.49	26680883	24158147	10.44

2004年电力工业分地区主要经济指标(五)

单位:千元

地区	销售成本			销售费用		
	2004年	2003年	同期增长(%)	2004年	2003年	同期增长(%)
全国	1187963449	949924342	25.06	5123568	6255314	-18.09
北京市	33401809	14846576	124.98	39536	61541	-35.76
天津市	18690004	15592150	19.87	35511	33810	5.03
河北省	78183665	66008100	18.45	393437	305187	28.92
山西省	19803952	15558312	27.29	58707	35307	66.28
内蒙古	27573760	21992357	25.38	177335	128370	38.14
辽宁省	60620027	50753167	19.44	245651	193840	26.73
吉林省	19707507	16956301	16.23	89014	63311	40.60
黑龙江	42990370	36426949	18.02	87903	62532	40.57
上海市	46431541	38680127	20.04	7427	9265	-19.84
江苏省	109545033	83470397	31.24	146479	190228	-23.00
浙江省	44104505	35118810	25.59	163213	108175	50.88
安徽省	36007958	29062507	23.90	130097	113246	14.88
福建省	42744153	34977255	22.21	79786	82973	-3.84
江西省	21333071	17726150	20.35	29926	32352	-7.50
山东省	112733045	92283262	22.16	592053	461425	28.31
河南省	70004638	55655210	25.78	363469	363463	0.00
湖北省	40080117	32168477	24.59	89214	84026	6.17
湖南省	31747672	25304812	25.46	98840	94476	4.62
广东省	169939702	137520633	23.57	1326326	3131729	-57.65
广西区	11625906	10175506	14.25	149882	110443	35.71
海南省	2595408	2028236	27.96	73931	3940	1776.42
重庆市	12961319	10176438	27.37	54826	60209	-8.94
四川省	37557278	30282169	24.02	231285	195749	18.15
贵州省	11572656	8939266	29.46	47097	39833	18.24
云南省	19247154	14989363	28.41	146766	130232	12.70
西藏区	220317	214689	2.62	3462	2979	16.21
陕西省	23558704	19105077	23.31	17441	19653	-11.26
甘肃省	17228078	14535763	18.52	101048	74456	35.72
青海省	7717686	5623766	37.23	69731	5728	1117.37
宁夏区	10150084	7632590	32.98	41870	30880	35.59
新疆区	7886330	6119927	28.86	32305	25956	24.46

2004年电力工业分地区主要经济指标(六)

单位:千元

地区	财务费用			管理费用		
	2004年	2003年	同期增长(%)	2004年	2003年	同期增长(%)
全国	47332354	45331734	4.41	36509001	34458023	5.95
北京市	566488	402382	40.78	833749	974852	-14.47

续表

地区	财务费用			管理费用		
	2004 年	2003 年	同期增长(%)	2004 年	2003 年	同期增长(%)
天津市	819019	976145	-16.10	258819	152914	69.26
河北省	1963380	2351733	-16.51	2177812	2113161	3.06
山西省	1502750	1681501	-10.63	656460	362615	81.03
内蒙古	2347825	1970519	19.15	612552	556388	10.09
辽宁省	2079051	1962869	5.92	1703476	1383579	23.12
吉林省	765188	842936	-9.22	371414	419895	-11.55
黑龙江	1394900	1544405	-9.68	824994	747752	10.33
上海市	607594	655184	-7.26	528130	733173	-27.97
江苏省	2300712	2417221	-4.82	1945769	1889268	2.99
浙江省	1227479	1282285	-4.27	1974907	1564274	26.25
安徽省	949740	1023610	-7.22	845890	814960	3.80
福建省	1931743	1792965	7.74	1266087	1265904	0.01
江西省	1201540	1348991	-10.93	416893	379006	10.00
山东省	2905961	3063286	-5.14	2991115	2744869	8.97
河南省	2875692	2969142	-3.15	2820933	2529189	11.54
湖北省	3964179	2403220	64.95	1600462	1133825	41.16
湖南省	2006823	1812624	10.71	1238166	1031683	20.01
广东省	5086906	4276492	18.95	6042098	7668190	-21.21
广西区	649908	704923	-7.80	1147818	1044912	9.85
海南省	115110	76634	50.21	155126	105339	47.26
重庆市	856880	949000	-9.71	478987	434155	10.33
四川省	3505355	3478787	0.76	2155739	1787974	20.57
贵州省	543192	491136	10.60	507820	403419	25.88
云南省	890698	1132029	-21.32	1063492	736922	44.32
西藏区	857	758	13.06	51365	38089	34.86
陕西省	1199294	1143187	4.91	382055	340510	12.20
甘肃省	958597	825090	16.18	428382	329072	30.18
青海省	831926	667757	24.59	183602	170712	7.55
宁夏区	478721	384004	24.67	299424	112243	166.76
新疆区	804846	700919	14.83	545465	489179	11.51

2004 年电力工业分地区主要经济指标(七)

单位:千元

地区	税金及附加			税金总额
	2004 年	2003 年	同期增长(%)	2004 年
全国	7343361	6068284	21.01	94447972
北京市	149033	129541	15.05	1222605
天津市	121113	117083	3.44	1538192
河北省	444216	368016	20.71	5976219

续表

地区	税金及附加			税金总额
	2004 年	2003 年	同期增长(%)	2004 年
山西省	198906	149122	33.38	2861600
内蒙古	241013	184778	30.43	2640834
辽宁省	280448	238232	17.72	4473672
吉林省	118976	112987	5.30	1502215
黑龙江	296669	256675	15.58	3322720
上海市	255108	195828	30.27	3942511
江苏省	742349	537099	38.21	6695832
浙江省	275192	263463	4.45	3303624
安徽省	155037	160291	-3.28	2429971
福建省	193937	166962	16.16	3071506
江西省	137387	138525	-0.82	1315318
山东省	626543	557398	12.40	7328588
河南省	323462	276424	17.02	4205880
湖北省	452527	328827	37.62	4745678
湖南省	267598	218397	22.53	3223134
广东省	546958	513446	6.53	13163675
广西区	148746	123044	20.89	1751231
海南省	21171	16813	25.92	222314
重庆市	92494	66348	39.41	1346211
四川省	446087	313790	42.16	4146712
贵州省	142312	109168	30.36	1920717
云南省	139550	110534	26.25	1768454
西藏区	5595	5262	6.33	42085
陕西省	154035	117405	31.20	2138315
甘肃省	135928	114247	18.98	1647435
青海省	71905	54944	30.87	737244
宁夏区	78461	56754	38.25	870873
新疆区	80603	66881	20.52	892607

2004 年电力工业主要经济指标

指标	单位	2004 年	2003 年	同期增减(%)
企业总数	个	4971		
亏损企业	个	1736		
亏损企业亏损总额	千元	16602916		
应收账款净额	千元	116473017	120188007	-3.09
产成品	千元	4039694	3876808	4.20
资产总计	千元	2730073191	2516050864	8.51
流动资产平均余额	千元	601984541	562569579	7.01
固定资产净值平均余额	千元	1741359580	1602498491	8.67

续表

指标	单位	2004 年	2003 年	同期增减(%)
负债总计	千元	1747674608	1588628475	10.01
产品销售收入	千元	1356287562	1107536329	22.46
产品销售成本	千元	1187963449	949924342	25.06
产品销售费用	千元	5123568	6255314	-18.09
税金及附加	千元	7343361	6068284	21.01
财务费用	千元	47332354	45331734	4.41
管理费用	千元	36509001	34458023	5.95
利润总额	千元	70816642	63423957	11.66
全部从业人员	人	2392796	2382138	0.45

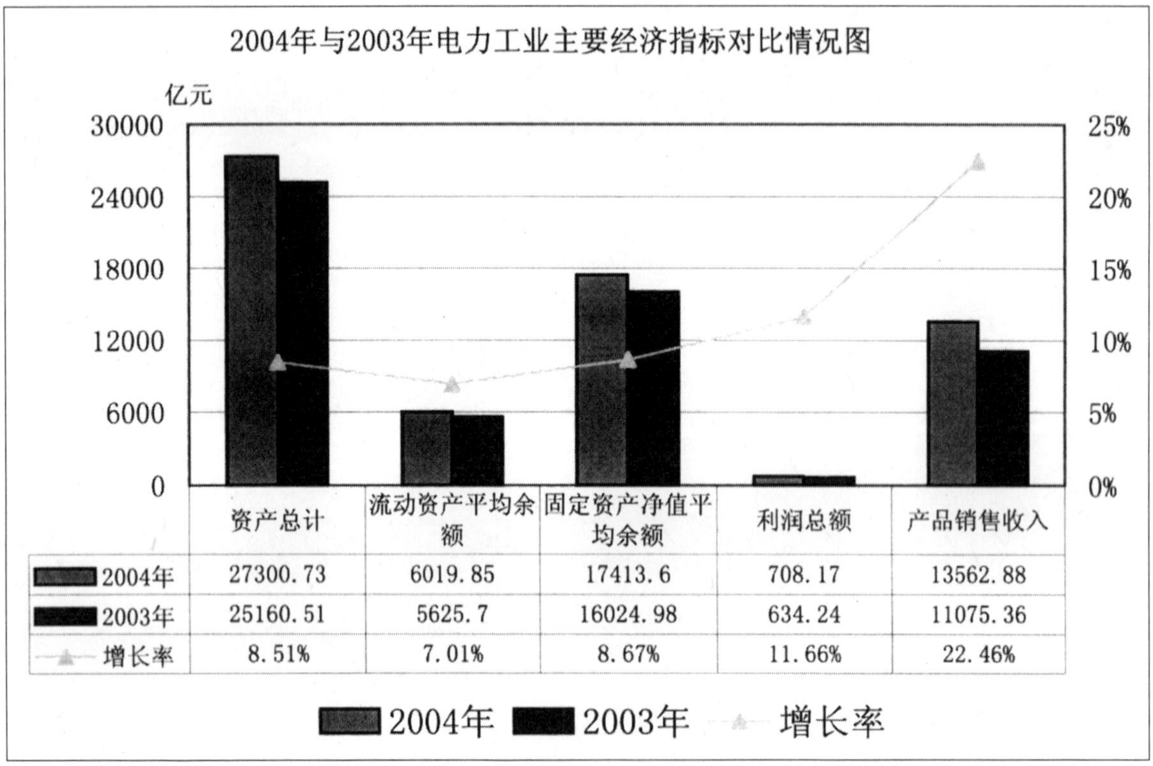

2004 年电力工业在宏观调控取得成效，国民经济健康发展的大环境中，继续保持稳定增长、经济效益提高的发展态势，行业资源配置规模有所扩大。根据对全行业 4971 个规模以上企业的统计调查，2004 年电力工业实现利润 708.17 亿元，其增长幅度达到了 11.66%；资产总额为 27300.73 亿元，同比增长 8.51%，其中固定资产净值平均余额为 17413.6 亿元，同比增长 8.67%，流动资产平均余额为 6019.85 亿元，同比增长 7.01%；全年完成销售收入 13562.88 亿元，比上年增长 22.46%。

全国各省、市发电量同期对比情况

单位：万瓦时

产品名称	地区	发电量				同期增长(%)	
		2004年12月	2004年	2003年12月	2003年	12月	全年
发电量	全国	19305456.87	212984644.5	17188726.16	185386382.3	12.31	14.89
发电量	北京市	138347	1506343	134930	1446525	2.53	4.14
发电量	天津市	325204	3376917	291370	3199115	11.61	5.56
发电量	河北省	1129655.3	12555627.58	1023322.4	10882232.66	10.39	15.38
发电量	山西省	979147.1	10570883.1	847508.37	9567994.01	15.53	10.48
发电量	内蒙古	808835.33	8075998.75	653181.25	6419344.34	23.83	25.81
发电量	辽宁省	783967.74	8887437.38	800929.33	8235655.28	-2.12	7.91
发电量	吉林省	341372.8	3740617.3	301373.6	3140608.61	13.27	19.10
发电量	黑龙江	551633.75	5463272.42	501902.49	4951410.8	9.91	10.34
发电量	上海市	744902.58	7661477.72	643668.29	6854285.02	15.73	11.78
发电量	江苏省	1323348.27	14886434.36	1221435.51	13272318.03	8.34	12.16
发电量	浙江省	1031451.46	11151921.16	933366.78	9948414.59	10.51	12.10
发电量	安徽省	515194.76	6068539.44	497927.44	5493491.9	3.47	10.47
发电量	福建省	568500	6596400	471100	6107100	20.68	8.01
发电量	江西省	320888.68	3277748.47	293538.67	3077769.15	9.32	6.50
发电量	山东省	1609220.66	16402457.24	1341489.4	13542987.68	19.96	21.11
发电量	河南省	1160790.5	11927680.1	971999.9	10260921	19.42	16.24
发电量	湖北省	876808.03	11059180.94	807070.76	7683014.05	8.64	43.94
发电量	湖南省	495824.48	6051797.3	467448.89	5182498.3	6.07	16.77
发电量	广东省	1778099.71	20225295.09	1550517.96	17955252.58	14.68	12.64
发电量	广西区	239437.37	3380899.39	265248.66	3384870.57	-9.73	-0.12
发电量	海南省	57736.85	664664.37	48043.62	576159.16	20.18	15.36
发电量	重庆市	235217.99	2188453.53	198618.2	1898175.15	18.43	15.29
发电量	四川省	707667.88	8817572.5	666876.31	7790184.24	6.12	13.19
发电量	贵州省	639672.62	7130426.95	566893.69	6368831.74	12.84	11.96
发电量	云南省	428790	5134853	333348	4504640	28.63	13.99
发电量	西藏区	14881.29	116468.57	12123.49	101481.82	22.75	14.77
发电量	陕西省	470288.77	4809480.05	424974.05	4181155.76	10.66	15.03
发电量	甘肃省	413812.97	4553968.18	432836.02	3940853.45	-4.39	15.56
发电量	青海省	171311.05	1734377.04	121266.22	1331680.94	41.27	30.24
发电量	宁夏区	222925.84	2528516.52	168620.32	1923847.86	32.21	31.43
发电量	新疆区	220522.09	2438936.08	195796.54	2163563.6	12.63	12.73
火电	全国	16356434.88	176978895	14935729.61	154655920.5	9.51	14.43
火电	北京市	127838	1449294	130247	1364939	-1.85	6.18
火电	天津市	325204	3376917	291370	3199115	11.61	5.56
火电	河北省	1124758.28	12497770.68	1017374.36	10843399.3	10.56	15.26
火电	山西省	953616.66	10300663.28	830077.72	9324113.31	14.88	10.47
火电	内蒙古	807054.43	8052199.25	651852.85	6402626.44	23.81	25.76
火电	辽宁省	747186.94	8423662.4	779981.83	8006448.4	-4.20	5.21
火电	吉林省	308206.2	3189894.06	263976.2	2769745.5	16.76	15.17
火电	黑龙江	541279.75	5300410.42	486680.49	4772522.8	11.22	11.06
火电	上海市	744902.58	7661477.72	643668.29	6854285.02	15.73	11.78
火电	江苏省	1321309.27	14863031.36	1219287.51	13249646.03	8.37	12.18

续表

产品名称	地区	发电量				同期增长(%)	
		2004年12月	2004年	2003年12月	2003年	12月	全年
火电	浙江省	777093.77	8349897.57	723357.51	7600975.04	7.43	9.85
火电	安徽省	513891.13	5981071.81	495689.57	5376860.37	3.67	11.24
火电	福建省	175900	5048800	417400	4214600	-57.86	19.79
火电	江西省	284838.9	2976438.07	276875.53	2662257.79	2.88	11.80
火电	山东省	1602051.66	16347781.04	1336925.7	13512119.28	19.83	20.99
火电	河南省	1114591.5	11190326.2	882170.1	9692613.2	26.35	15.45
火电	湖北省	373799.46	4135146.69	362461.95	3874106.44	3.13	6.74
火电	湖南省	350932.25	3685933.74	350657.7	2934381.01	0.08	25.61
火电	广东省	1508907.98	16375869.66	1306118.72	13861038.23	15.53	18.14
火电	广西区	150390.26	1794033.05	169016.06	1601553.07	-11.02	12.02
火电	海南省	52931.91	568784.7	33492.94	451840.87	58.04	25.88
火电	重庆市	186694.95	1694880.32	169768.15	1580923.43	9.97	7.21
火电	四川省	309987.27	3360378.24	366835.66	3232099.32	-15.50	3.97
火电	贵州省	490395.57	4967911.46	413669.27	4321590.41	18.55	14.96
火电	云南省	245461	2447511	190328	1959136	28.97	24.93
火电	西藏区	63.8	759.4	62	753	2.90	0.85
火电	陕西省	431896.17	4443863.88	397007.5	3742925.85	8.79	18.73
火电	甘肃省	322250.08	3340219.12	341389.72	2928219.72	-5.61	14.07
火电	青海省	51266	624258	53138.7	638795.5	-3.52	-2.28
火电	宁夏区	215144.84	2439884.52	161738.32	1842410.86	33.02	32.43
水电	全国	2227077.12	30652189.72	1878356.2	26068700.76	18.57	17.58
水电	北京市	8255	34575	3059	63589	169.86	-45.63
水电	河北省	4378.52	52187.24	5350.04	27487.36	-18.16	89.86
水电	山西省	25530.44	270219.82	17430.65	243880.7	46.47	10.80
水电	内蒙古	393.9	5712.5	307.4	5626.9	28.14	1.52
水电	辽宁省	35316.3	442093.3	18064.5	211442.5	95.50	109.08
水电	吉林省	32616.6	543038.24	36097.4	363713.11	-9.64	49.30
水电	黑龙江	6851	112175	8207	129917	-16.52	-13.66
水电	江苏省	2039	23403	2148	22672	-5.07	3.22
水电	浙江省	60564.4	602554.59	40211.64	854421.92	50.61	-29.48
水电	安徽省	1303.63	87467.63	2237.87	116631.53	-41.75	-25.01
水电	福建省	92300	1545700	53300	1889900	73.17	-18.21
水电	江西省	36049.78	301310.4	16663.14	415511.36	116.34	-27.48
水电	山东省	10	123	5	61	100.00	101.64
水电	河南省	43112	683042.9	86203.8	539968.8	-49.99	26.50
水电	湖北省	500068.57	6897112.25	441171.81	3782798.61	13.35	82.33
水电	湖南省	144892.23	2365863.56	116791.19	2248117.29	24.06	5.24
水电	广东省	69050.55	998422.53	70917.12	1159923.01	-2.63	-13.92
水电	广西区	89047.11	1586866.34	96232.6	1783317.5	-7.47	-11.02
水电	海南省	4691.94	94885.67	14426.68	123114.29	-67.48	-22.93
水电	重庆市	48523.04	493573.21	28850.05	317251.72	68.19	55.58
水电	四川省	397680.61	5457194.26	300040.65	4558084.92	32.54	19.73
水电	贵州省	149277.05	2162515.49	153224.42	2047241.33	-2.58	5.63

续表

产品名称	地区	发电量				同期增长(%)	
		2004 年 12 月	2004 年	2003 年 12 月	2003 年	12 月	全年
水电	云南省	183329	2687342	143020	2545504	28.18	5.57
水电	西藏区	13589.09	104627.81	11040.89	91964.55	23.08	13.77
水电	陕西省	38392.6	365616.17	27966.55	438229.91	37.28	-16.57
水电	甘肃省	90603.89	1207865.06	90669	1008933.73	-0.07	19.72
水电	青海省	120045.05	1110119.04	68127.52	692885.44	76.21	60.22
水电	宁夏区	7781	88632	6882	81437	13.06	8.84
水电	新疆区	21384.82	327951.71	19710.28	305074.28	8.50	7.50
核电	全国	388032.44	5000748.67	339021.76	4379751.01	14.46	14.18
核电	浙江省	193739.44	2198830.69	169743.76	1492360.96	14.14	47.34
核电	广东省	194293	2801917.98	169278	2887390.05	14.78	-2.96

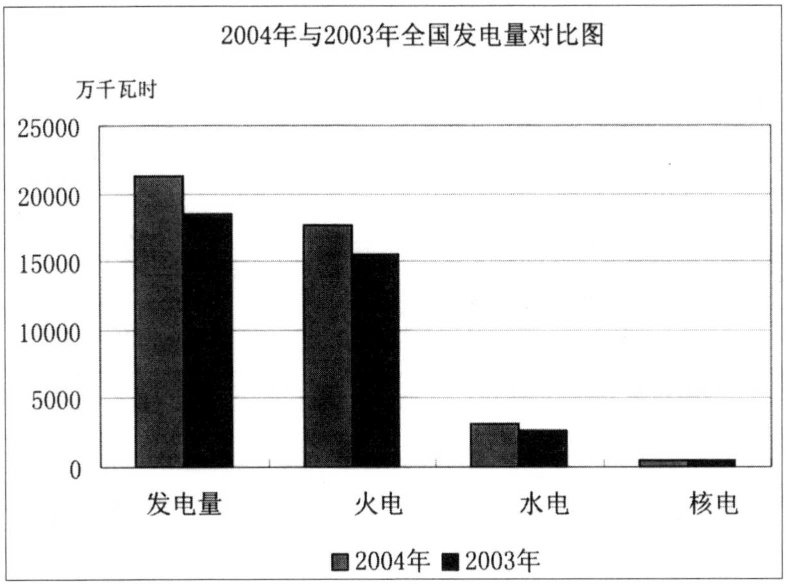

	2004 年	2003 年
发电量	21298.46	18538.64
火电	17697.89	15465.59
水电	3065.22	2606.87
核电	500.07	437.98

四、钢铁工业

2004 年钢铁工业分地区主要经济效益指标

地区名称	资本保值增值率(%)	资产负债率(%)	流动资产周转率(次)	成本费用利润率(%)	人均销售率(元)
全国	119.59	58.92	2.62	7.37	567.63
北京市	104.15	54.64	1.86	4.81	649.56
天津市	128.89	71.56	2.96	4.09	898.49
河北省	119.72	66.54	2.84	7.11	629.25
山西省	126.17	55.93	2.97	5.52	411.34
内蒙古	121.65	54.53	2.58	5.29	385.98
辽宁省	104.52	54.82	2.48	8.64	478.61
吉林省	115.72	63.58	2.56	9.00	359.48

续表

地区名称	资本保值增值率(%)	资产负债率(%)	流动资产周转率(次)	成本费用利润率(%)	人均销售率(元)
黑龙江	114.09	81.22	1.70	4.17	257.39
上海市	117.02	42.35	3.21	17.90	1637.73
江苏省	117.18	63.94	3.09	5.61	1151.62
浙江省	123.39	51.89	2.37	6.97	716.03
安徽省	120.08	43.71	2.45	11.81	404.61
福建省	127.70	54.80	2.66	6.03	762.22
江西省	107.62	67.64	3.17	2.63	473.90
山东省	151.12	64.20	2.66	5.91	747.66
河南省	116.44	59.04	2.63	4.58	430.24
湖北省	137.12	52.97	1.94	14.49	425.23
湖南省	155.02	64.39	3.01	7.56	440.80
广东省	119.94	65.66	2.57	4.99	1048.19
广西区	136.60	50.82	2.94	9.99	448.44
海南省	353.06	72.66	1.41	23.46	167.62
重庆市	153.97	55.59	2.33	8.52	379.14
四川省	106.28	62.95	2.03	4.61	295.19
贵州省	124.13	73.89	1.78	0.28	205.40
云南省	138.81	51.53	2.68	9.63	359.71
西藏区	110.16	32.47	0.89	25.47	380.05
陕西省	87.02	71.96	1.68	2.23	331.38
甘肃省	102.06	65.12	1.61	5.93	368.19
青海省	143.03	64.43	1.45	3.47	280.23
宁夏区	154.12	67.92	3.43	2.59	238.15
新疆区	121.11	44.18	2.90	14.40	666.59

2004年钢铁工业分地区主要经济指标(一)

单位:千元

地区	产品销售收入			利润总额		
	2004年	2003年	同期增长(%)	2004年	2003年	同期增长(%)
全国	1649734565	1048274956	57.38	112568545	63376947	77.62
北京市	39440376	29928418	31.78	1803139	1061950	69.80
天津市	73235162	46494780	57.51	2833876	2131332	32.96
河北省	256551541	155084085	65.43	16884196	11784853	43.27
山西省	82722539	54571709	51.59	4287669	2825595	51.74
内蒙古	41825506	26464087	58.05	2088226	1229187	69.89
辽宁省	157682658	101497493	55.36	12445342	3617796	244.00
吉林省	19045751	12100236	57.40	1562727	1193071	30.98
黑龙江	8156050	5173014	57.67	285564	-475179	160.10

续表

地区	产品销售收入			利润总额		
	2004 年	2003 年	同期增长(%)	2004 年	2003 年	同期增长(%)
上海市	111064534	83554182	32.93	16881040	10660745	58.35
江苏省	213023764	130839818	62.81	11340699	6132694	84.92
浙江省	40228754	26962162	49.20	2626108	1728062	51.97
安徽省	42283788	24386489	73.39	4429069	3112322	42.31
福建省	27333803	17806775	53.50	1554591	1365233	13.87
江西省	28470507	19010702	49.76	728613	853433	-14.63
山东省	122565965	68886749	77.92	6801948	3154856	115.60
河南省	52000674	33262011	56.34	2259993	1503848	50.28
湖北省	61767410	42210571	46.33	7688836	3428741	124.25
湖南省	38177962	22373781	70.64	2655141	953050	178.59
广东省	52807949	34451449	53.28	2529480	1733512	45.92
广西区	22776679	11724077	94.27	2049114	904242	126.61
海南省	1459318	732871	99.12	258480	-1096	23683.94
重庆市	14278070	8961824	59.32	1125114	942336	19.40
四川省	56555048	37332716	51.49	2479050	1489618	66.42
贵州省	16491659	10230968	61.19	45253	-240223	118.84
云南省	22454782	13200911	70.10	1977434	725242	172.66
西藏区	456062	276406	65.00	90592	22890	295.77
陕西省	9812716	6944099	41.31	215348	100584	114.10
甘肃省	17563698	11244715	56.20	914683	616645	48.33
青海省	3812033	2803155	35.99	127184	76667	65.89
宁夏区	3418588	1843775	85.41	85176	36781	131.58
新疆区	12271219	7920928	54.92	1514860	708160	113.91

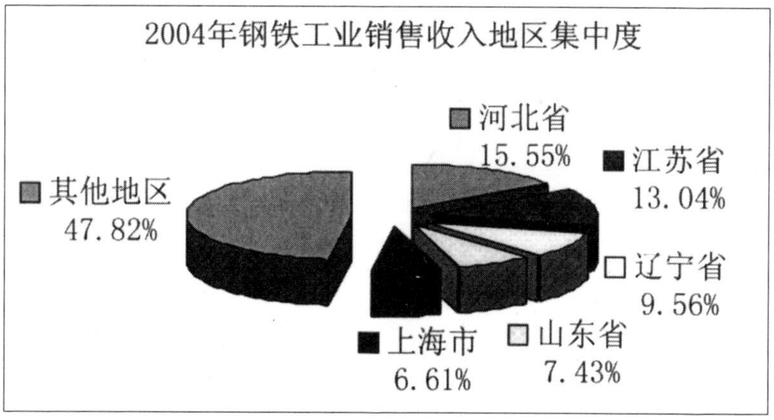

2004 年钢铁工业按销售收入排名前 5 名的地区是河北、江苏、辽宁、山东和上海，分别占全国销售收入的 15.55%、13.04%、9.56%、7.43%和 6.61%，前 5 名地区的销售收入占总数的 52.18%。

2004年钢铁工业分地区主要经济指标(二)

单位:千元

地区	应收账款净额			产成品		
	2004年	2003年	同期增长(%)	2004年	2003年	同期增长(%)
全国	67344218	58333220	15.45	71659072	46464720	54.22
北京市	2457384	2134491	15.13	1283634	749321	71.31
天津市	3216709	4239283	-24.12	2243971	1745537	28.55
河北省	6386079	5519318	15.70	10303502	7531846	36.80
山西省	2125073	2404029	-11.60	4773267	3160230	51.04
内蒙古	1804112	1592527	13.29	1241488	1108831	11.96
辽宁省	8396183	8646610	-2.90	7662465	4973307	54.07
吉林省	1356695	971279	39.68	656926	603216	8.90
黑龙江	1145045	652006	75.62	887450	511319	73.56
上海市	5442328	3918955	38.87	3643254	1822319	99.92
江苏省	7117455	5702815	24.81	8435358	5426700	55.44
浙江省	1994972	1409817	41.51	2120515	2222716	-4.60
安徽省	1498361	928658	61.35	974430	872822	11.64
福建省	775165	899101	-13.78	891537	655102	36.09
江西省	756153	739290	2.28	912793	420152	117.25
山东省	4675382	3125174	49.60	6143109	3290959	86.67
河南省	1139743	1032958	10.34	2464369	1105928	122.83
湖北省	2961360	2359599	25.50	2678583	1504187	78.08
湖南省	985331	864315	14.00	1416743	692325	104.64
广东省	2810329	2240989	25.41	2315680	1918071	20.73
广西区	856433	473666	80.81	1023217	474637	115.58
海南省	59034	230740	-74.42	168917	130582	29.36
重庆市	568486	496718	14.45	553337	355992	55.44
四川省	3562826	3473269	2.58	3751603	2063458	81.81
贵州省	1114263	1014652	9.82	1608582	709004	126.88
云南省	844217	503301	67.74	787617	355450	121.58
西藏区	234860	225659	4.08	97025	67221	44.34
陕西省	824130	821029	0.38	732927	672506	8.98
甘肃省	1119957	906589	23.54	1066740	808750	31.90
青海省	579529	459314	26.17	208380	179558	16.05
宁夏区	128507	83385	54.11	202884	82294	146.54
新疆区	408117	263684	54.78	408769	250380	63.26

2004年钢铁工业分地区主要经济指标(三)

单位:千元

地区	流动资产平均余额			固定资产净值平均余额		
	2004年	2003年	同期增长(%)	2004年	2003年	同期增长(%)
全国	629974278	464598747	35.60	560314890	493624769	13.51

续表

地区	流动资产平均余额			固定资产净值平均余额		
	2004 年	2003 年	同期增长(%)	2004 年	2003 年	同期增长(%)
北京市	21239189	15828511	34.18	15501022	17537470	-11.61
天津市	24738425	18536034	33.46	16200428	14129801	14.65
河北省	90461409	62262943	45.29	63401242	54254384	16.86
山西省	27894521	21075332	32.36	29454061	26451657	11.35
内蒙古	16235284	13418933	20.99	17857535	17414859	2.54
辽宁省	63698166	51840099	22.87	78026884	73827085	5.69
吉林省	7436739	5656417	31.47	7099998	5932486	19.68
黑龙江	4804427	3413054	40.77	2845045	2416130	17.75
上海市	34647564	28908896	19.85	59253271	60057974	-1.34
江苏省	68951848	51826534	33.04	49322626	37168350	32.70
浙江省	16979527	11017934	54.11	8945918	7769810	15.14
安徽省	17284033	12039432	43.56	22057360	15457556	42.70
福建省	10290993	6913861	48.85	8098351	5422548	49.35
江西省	8981835	7021809	27.91	7824611	6275096	24.69
山东省	46011611	31856800	44.43	25477758	18687294	36.34
河南省	19735928	14368550	37.36	12105136	9973033	21.38
湖北省	31845536	23166410	37.46	31838659	33112669	-3.85
湖南省	12695960	8193486	54.95	17027718	10822037	57.34
广东省	20510009	15298082	34.07	16174139	14583611	10.91
广西区	7734561	4922336	57.13	6612457	5468341	20.92
海南省	1034584	939394	10.13	547792	542143	1.04
重庆市	6133012	5284582	16.05	4151237	4267342	-2.72
四川省	27852066	19268399	44.55	24123802	21888524	10.21
贵州省	9278745	6465043	43.52	5172688	4824578	7.22
云南省	8393445	6158125	36.30	10068715	8313025	21.12
西藏区	509617	500041	1.92	331876	239798	38.40
陕西省	5835291	4432789	31.64	3800253	3148202	20.71
甘肃省	10897916	7958405	36.94	10189302	7764008	31.24
青海省	2629911	2340901	12.35	1710853	1557432	9.85
宁夏区	997913	667421	49.52	1050580	821540	27.88
新疆区	4234213	3018194	40.29	4043573	3495986	15.66

2004 年钢铁工业分地区主要经济指标(四)

单位:千元

地区	资产总计			负债合计		
	2004 年	2003 年	同期增长(%)	2004 年	2003 年	同期增长(%)
全国	1538497842	1235622295	24.51	906482820	707151598	28.19
北京市	54313927	47527909	14.28	29679370	23874512	24.31
天津市	60148499	41160037	46.13	43043429	27888677	54.34

单位：千元

地区	资产总计			负债合计		
	2004 年	2003 年	同期增长(%)	2004 年	2003 年	同期增长(%)
河北省	195647629	150530638	29.97	130178545	95846970	35.82
山西省	71794448	56332641	27.45	40152542	31253209	28.47
内蒙古	47066200	36823384	27.82	25665020	19231213	33.46
辽宁省	171495982	154205028	11.21	94012489	80068846	17.41
吉林省	18505305	14434579	28.20	11766377	8611311	36.64
黑龙江	12219890	9707491	25.88	9924658	7695801	28.96
上海市	123366998	110291549	11.86	52248589	49517001	5.52
江苏省	151970795	118819608	27.90	97167869	72052637	34.86
浙江省	34568162	25570654	35.19	17936426	12091469	48.34
安徽省	51558759	43110356	19.60	22537306	18941264	18.99
福建省	21819865	16955518	28.69	11956204	9231471	29.52
江西省	23006424	19033192	20.88	15561048	12114808	28.45
山东省	95775308	68499355	39.82	61486547	45809364	34.22
河南省	40415334	30512957	32.45	23860794	16295312	46.43
湖北省	78124935	63384961	23.25	41385647	36591249	13.10
湖南省	40136636	26088049	53.85	25844540	16868508	53.21
广东省	45817077	36948564	24.00	30083516	23830684	26.24
广西区	17915809	12060205	48.55	9103967	5609432	62.30
海南省	2046428	1891854	8.17	1486937	1733383	-14.22
重庆市	12778926	12008888	6.41	7103378	8322865	-14.65
四川省	66740188	57057876	16.97	42009786	33788827	24.33
贵州省	17508909	13720975	27.61	12938193	10038636	28.88
云南省	26029205	20032775	29.93	13411736	10942915	22.56
西藏区	950610	845754	12.40	308697	263056	17.35
陕西省	11462943	10741205	6.72	8249250	7048288	17.04
甘肃省	25685104	21966665	16.93	16726030	13188014	26.83
青海省	6472240	5583759	15.91	4170026	3974163	4.93
宁夏区	2829092	2112592	33.92	1921594	1523754	26.11
新疆区	10326215	7663277	34.75	4562310	2903959	57.11

2004 年钢铁工业分地区主要经济指标（五）

单位：千元

地区	销售成本			销售费用		
	2004 年	2003 年	同期增长(%)	2004 年	2003 年	同期增长(%)
全国	1423511688	886103592	60.65	18686888	14126634	32.28
北京市	34552865	25370147	36.19	392925	262160	49.88
天津市	66870575	40907970	63.47	422331	1602784	-73.65
河北省	223976852	132164113	69.47	2297985	1614241	42.36
山西省	72695694	47665667	52.51	818909	620296	32.02

续表

地区	销售成本			销售费用		
	2004 年	2003 年	同期增长(%)	2004 年	2003 年	同期增长(%)
内蒙古	37793697	24205290	56.14	540633	205889	162.58
辽宁省	130261238	82787235	57.34	2304911	1419136	62.42
吉林省	16213769	9819768	65.11	206503	122113	69.11
黑龙江	6387051	4217702	51.43	87689	60577	44.76
上海市	86860696	65199634	33.22	881291	641363	37.41
江苏省	194121336	118094401	64.38	1469065	1022294	43.70
浙江省	35800621	23786153	50.51	295002	214577	37.48
安徽省	34577462	19185772	80.22	366024	201743	81.43
福建省	24466059	15361893	59.26	314317	210488	49.33
江西省	26338284	16273820	61.84	177279	178678	-0.78
山东省	107022426	57062588	87.55	1316175	770038	70.92
河南省	45760216	28704252	59.42	803834	583074	37.86
湖北省	47493467	32734205	45.09	364663	281142	29.71
湖南省	32505744	18783775	73.05	547305	363926	50.39
广东省	48366152	30561308	58.26	619831	418308	48.18
广西区	18883453	9345214	102.07	372696	193293	92.81
海南省	993440	620131	60.20	7477	3934	90.06
重庆市	12211766	7186380	69.93	271788	212433	27.94
四川省	47831803	31126957	53.67	1378378	1108444	24.35
贵州省	14662106	8922951	64.32	494574	375864	31.58
云南省	18680971	10677254	74.96	394644	216544	82.25
西藏区	269964	180719	49.38	21295	28831	-26.14
陕西省	8886713	6052244	46.83	165822	143946	15.20
甘肃省	13025134	8417058	54.75	703448	480767	46.32
青海省	3249836	2384345	36.30	108561	121814	-10.88
宁夏区	2974404	1640856	81.27	179828	80072	124.58
新疆区	9777894	6663790	46.73	361705	367865	-1.67

2004 年钢铁工业分地区主要经济指标(六)

单位:千元

地区	财务费用			管理费用		
	2004 年	2003 年	同期增长(%)	2004 年	2003 年	同期增长(%)
全国	19074674	15292148	24.74	65166257	57348668	13.63
北京市	738636	694450	6.36	1814014	2388161	-24.04
天津市	556127	508236	9.42	1361972	1222219	11.43
河北省	2711480	2163210	25.35	8367982	6313585	32.54
山西省	1012678	782648	29.39	3126710	2183925	43.17
内蒙古	189564	355900	-46.74	982263	928433	5.80
辽宁省	2217271	1948310	13.80	9322435	9856228	-5.42

续表

地区	财务费用			管理费用		
	2004 年	2003 年	同期增长(%)	2004 年	2003 年	同期增长(%)
吉林省	225806	171871	31.38	721740	687424	4.99
黑龙江	212497	212909	-0.19	164682	578554	-71.54
上海市	1015009	1202424	-15.59	5544806	5505588	0.71
江苏省	2440708	1491986	63.59	4262298	3743040	13.87
浙江省	270543	124456	117.38	1303838	1110540	17.41
安徽省	474571	206869	129.41	2074531	1514392	36.99
福建省	347406	219750	58.09	673475	519216	29.71
江西省	312939	212736	47.10	825195	1098136	-24.85
山东省	1648536	1018023	61.94	5119565	4141934	23.60
河南省	309942	220130	40.80	2467310	2033753	21.32
湖北省	708510	830074	-14.64	4484447	3633936	23.40
湖南省	427409	353252	20.99	1663349	1453029	14.47
广东省	706714	509038	38.83	1041534	710885	46.51
广西区	185479	143643	29.12	1079424	954945	13.04
海南省	17854	18969	-5.88	83087	60743	36.78
重庆市	137396	120218	14.29	589639	412190	43.05
四川省	843125	708748	18.96	3748021	2958889	26.67
贵州省	158062	171666	-7.92	908393	672201	35.14
云南省	364421	244853	48.83	1100706	928738	18.52
西藏区	5276	4486	17.61	59175	31281	89.17
陕西省	184682	204572	-9.72	413218	447215	-7.60
甘肃省	415767	250388	66.05	1273409	820787	55.14
青海省	138378	108919	27.05	171296	152481	12.34
宁夏区	48364	44452	8.80	84527	58711	43.97
新疆区	49524	44962	10.15	333216	227509	46.46

2004 年钢铁工业分地区主要经济指标(七)

单位:千元

地区	税金及附加			税金总额
	2004 年	2003 年	同期增长(%)	2004 年
全国	8050137	6080217	32.40	74902202
北京市	201651	173265	16.38	2009476
天津市	155390	118011	31.67	1596726
河北省	1012350	752912	34.46	10960630
山西省	484457	382704	26.59	4958139
内蒙古	239717	177865	34.77	2239308
辽宁省	1030723	715650	44.03	7925431
吉林省	113788	87125	30.60	998335
黑龙江	33849	26609	27.21	463125

单位:千元

地区	税金及附加			税金总额
	2004 年	2003 年	同期增长(%)	2004 年
上海市	540131	451286	19.69	5786945
江苏省	622518	474870	31.09	6126147
浙江省	165758	136894	21.08	1436398
安徽省	328185	225697	45.41	2744465
福建省	124497	97895	27.17	1067411
江西省	141293	117170	20.59	1642240
山东省	633096	404494	56.52	4585394
河南省	259853	210373	23.52	2375576
湖北省	492878	426377	15.60	4373660
湖南省	174349	138745	25.66	1708120
广东省	149547	122371	22.21	1346584
广西区	145115	78021	85.99	1275589
海南省	39097	29270	33.57	152482
重庆市	40311	24964	61.48	726845
四川省	417917	302620	38.10	3098021
贵州省	89206	74833	19.21	920804
云南省	143739	95881	49.91	1545227
西藏区	8107	9400	-13.76	38920
陕西省	42759	32528	31.45	474349
甘肃省	135520	100966	34.22	1265264
青海省	18269	15639	16.82	187745
宁夏区	9347	20206	-53.74	92974
新疆区	56720	55576	2.06	779872

2004 年钢铁工业主要经济指标

指标	单位	2004 年	2003 年	同期增减(%)
企业总数	个	5997		
亏损企业	个	1036		
亏损企业亏损总额	千元	3265042		
应收账款净额	千元	67344218	58333220	15.45
产成品	千元	71659072	46464720	54.22
资产总计	千元	1538497842	1235622295	24.51
流动资产平均余额	千元	629974278	464598747	35.60
固定资产净值平均余额	千元	560314890	493624769	13.51
负债总计	千元	906482820	707151598	28.19
产品销售收入	千元	1649734565	1048274956	57.38
产品销售成本	千元	1423511688	886103592	60.65
产品销售费用	千元	18686888	14126634	32.28

续表

指标	单位	2004 年	2003 年	同期增减(%)
税金及附加	千元	8050137	6080217	32.40
财务费用	千元	19074674	15292148	24.74
管理费用	千元	65166257	57348668	13.63
利润总额	千元	112568545	63376947	77.62
全部从业人员	人	2906337	2741838	6.00

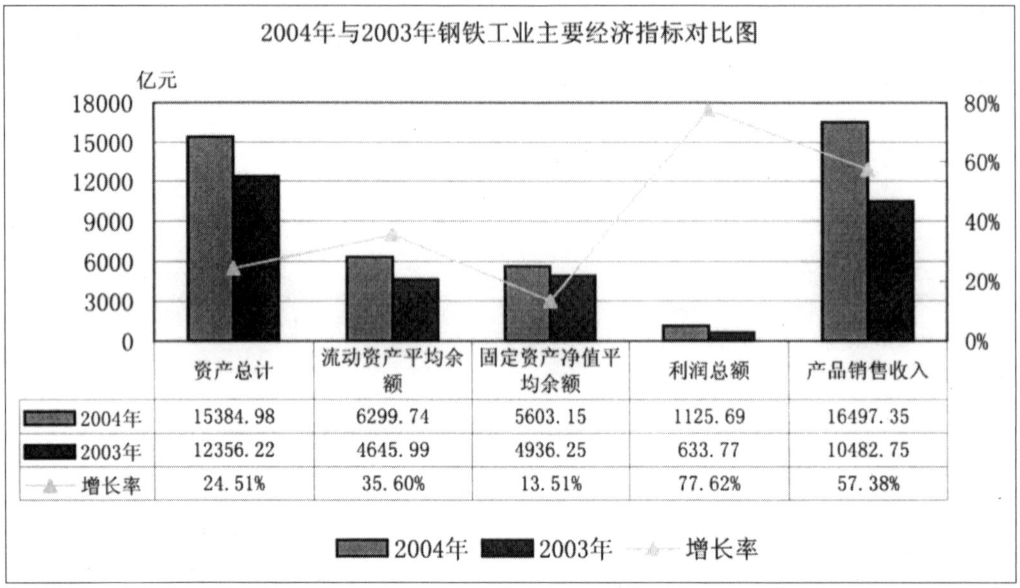

2004 年是我国钢铁工业连续实现高速发展的第三年，是结构调整取得显著进展的第二年，也是我国钢铁工业走新型工业化道路，实现可持续发展取得新成绩的一年。在党中央、国务院的正确领导下，由于加强和改善宏观调控，使钢铁工业低水平盲目扩张的势头得到遏制，以法律手段和经济手段为主的宏观调控政策措施，对保证我国钢铁工业今后的健康发展奠定了坚实的基础。2004 年钢铁行业全年实现销售收入 16497.35 亿元，同比增长了 57.38%；利润总额 1125.69 亿元，增长幅度达 77.62%；资产总额为 15384.98 亿元，同比增长 24.51%。其中流动资产平均余额为 6299.74 亿元，同比增长 35.60%，固定资产净值平均余额为 5603.15 亿元，同比增长 13.51%。

全国钢铁工业主要产品产量同期对比情况

产品名称	单位	完成产量				同期增长(%)	
		2004 年 12 月	2004 年	2003 年 12 月	2003 年	12 月	全年
铁矿石原矿量	吨	28157191.72	310104485.8	22736143.16	253176986.3	23.84	22.49
硫铁矿(折含 S 35%)	吨	950744.34	10657641.61	751785.12	8551181.34	26.46	24.63
生铁	吨	25070901.03	251850544.4	19376347.89	202913544	29.39	24.12
粗钢	吨	26533640.27	272456380.7	19929126.1	221164783.6	33.14	23.19
钢材	吨	27639520.96	297386887.9	22001043.49	240822928.8	25.63	23.49

续表

产品名称	单位	完成产量				同期增长(%)	
		2004年12月	2004年	2003年12月	2003年	12月	全年
铁道用钢材	吨	222350	2689101	286896	2265462	-22.50	18.70
重轨	吨	149358	1675016	72310	1218838	106.55	37.43
轻轨	吨	25223	493391	49316	391069	-48.85	26.16
大型型钢	吨	641613	6383407.4	467462	5398193	37.25	18.25
中小型型钢	吨	3121269.81	33779823.68	2581807.38	27752540.33	20.89	21.72
棒材	吨	1857845.25	22467793.22	1522666.77	18674240.09	22.01	20.31
钢筋	吨	4419604.53	47118983.04	3426176.6	40054175.88	29.00	17.64
盘条(线材)	吨	4422246.21	49409822.84	3738602.22	40703940.65	18.29	21.39
特厚板	吨	150811	2117108	214952	1668605	-29.84	26.88
厚钢板	吨	695713	7960600	531192.98	6170764.48	30.97	29.01
中板	吨	1523643.3	17840979.3	1465924.11	16310203.69	3.94	9.39
热轧薄板	吨	272017	3158952.63	240974.7	2539372.22	12.88	24.40
冷轧薄板	吨	660296.81	6822231.29	474451.28	5358439.52	39.17	27.32
中厚宽钢带	吨	2347961	24266400.54	1549456.15	15029073.42	51.53	61.46
热轧薄宽钢带	吨	1209027	10377788.1	691522	7487823.67	74.84	38.60
热轧窄钢带	吨	1671264	17364112	1394098	14889179	19.88	16.62
冷轧窄钢带	吨	295239.55	2726734.42	224089.65	2306297.41	31.75	18.23
镀层板(带)	吨	490892.28	4971634.72	331614	3366115.82	48.03	47.70
镀锌板(带)	吨	397750.28	3862397.92	240742	2428317.62	65.22	59.06
镀锡板(带)	吨	46491	561950	40828	524858	13.87	7.07
涂层板(带)	吨	124574.04	1007595.29	44311.37	714392.69	181.13	41.04
电工钢板(带)	吨	140773	1561334	118397	1418748	18.90	10.05
无缝钢管	吨	808018.62	9083286.04	684498.41	7332078.24	18.05	23.88
焊接钢管	吨	1253407.05	12147623.18	1017160.8	10307719.62	23.23	17.85
其它钢材	吨	1071823.39	11102420.11	799688.79	8448781.75	34.03	31.41
附:钢材生产中消耗的外购国内钢材	吨	446288.58	4720065.83	362756.73	4545024.73	23.03	3.85
铁合金	吨	876215.44	8655207.76	680173.86	6735049.26	28.82	28.51

五、有色金属工业

2004年有色金属工业分地区主要经济效益指标

地区名称	资本保值增值率(%)	资产负债率(%)	流动资产周转率(次)	成本费用利润率(%)	人均销售率(元)
全国	121.61	63.76	2.48	6.81	393.98
北京市	116.59	41.20	1.11	7.93	501.23
天津市	111.96	65.03	3.50	2.25	801.25
河北省	101.22	74.45	3.20	1.56	365.53

续表

地区名称	资本保值增值率(%)	资产负债率(%)	流动资产周转率(次)	成本费用利润率(%)	人均销售率(元)
山西省	105.72	69.59	1.81	14.08	217.34
内蒙古	133.74	59.28	2.56	5.83	281.46
辽宁省	129.65	65.62	1.45	3.65	299.29
吉林省	101.24	75.57	2.06	0.75	131.81
黑龙江	108.71	57.57	1.08	15.96	125.09
上海市	129.33	63.38	3.01	3.25	755.63
江苏省	122.11	69.82	3.79	2.43	886.31
浙江省	121.16	63.25	3.83	4.07	852.76
安徽省	125.14	69.64	2.68	3.15	538.80
福建省	119.77	42.83	1.92	12.37	522.17
江西省	125.07	58.22	2.47	6.84	400.89
山东省	128.13	52.22	2.93	12.86	405.95
河南省	122.17	69.33	2.96	13.56	424.34
湖北省	111.17	65.20	2.43	4.75	313.77
湖南省	128.00	60.39	3.03	4.08	298.21
广东省	132.87	65.53	2.62	2.67	570.56
广西区	101.57	77.25	2.61	14.02	243.28
海南省	169.79	90.09	1.21	7.47	214.58
重庆市	60.91	68.92	2.41	2.12	524.99
四川省	105.93	62.04	2.27	5.44	338.92
贵州省	107.34	63.15	2.86	9.64	263.16
云南省	121.43	62.24	1.87	6.16	292.07
西藏区	80.13	42.34	0.38	10.80	37.68
陕西省	146.02	57.72	1.59	19.74	227.04
甘肃省	133.20	65.98	1.68	6.16	257.99
青海省	158.98	77.59	1.91	12.73	460.17
宁夏区	131.81	63.49	1.13	0.94	329.38
新疆区	132.41	62.43	1.93	12.01	254.94

2004年有色金属工业分地区主要经济指标(一)

单位:千元

地区	产品销售收入			利润总额		
	2004年	2003年	同期增长(%)	2004年	2003年	同期增长(%)
全国	611536851	415555859	47.16	38883275	21385376	81.82
北京市	3117665	2658642	17.27	241767	176990	36.60
天津市	11823215	7293828	62.10	258935	211828	22.24
河北省	12354391	9648540	28.04	189397	191329	-1.01
山西省	16700529	13002476	28.44	2059783	1324470	55.52
内蒙古	14874134	8418032	76.69	821177	359750	128.26

单位:千元

地区	产品销售收入			利润总额		
	2004 年	2003 年	同期增长(%)	2004 年	2003 年	同期增长(%)
辽宁省	23817571	16349883	45.67	836171	-25844	3335.46
吉林省	2451107	1875809	30.67	18399	46896	-60.77
黑龙江	2322236	1784019	30.17	325547	137411	136.91
上海市	20328645	13433647	51.33	646850	313900	106.07
江苏省	55069715	37576382	46.55	1301149	796773	63.30
浙江省	48726111	32292483	50.89	1917153	1254048	52.88
安徽省	23439832	13423795	74.61	722033	219118	229.52
福建省	9399653	6961980	35.01	1035882	812188	27.54
江西省	27309573	17648380	54.74	1749622	606468	188.49
山东省	58176334	41837819	39.05	6637340	4490486	47.81
河南省	60374592	40822267	47.90	7165263	4436565	61.50
湖北省	13126463	7797456	68.34	594731	280306	112.17
湖南省	30256948	20194356	49.83	1132943	702949	61.17
广东省	41795148	29210884	43.08	1063804	649324	63.83
广西区	14603646	10115804	44.36	1793354	635472	182.21
海南省	89696	111362	-19.46	6301	-7319	186.09
重庆市	8396229	5238339	60.28	175186	130617	34.12
四川省	16183883	10797489	49.89	849279	527636	60.96
贵州省	11285721	8913167	26.62	1002162	405929	146.88
云南省	28371102	17687807	60.40	1651566	805853	104.95
西藏区	38317	24058	59.27	2088	-1660	225.78
陕西省	11045828	7687802	43.68	1803314	447578	302.90
甘肃省	29582398	20930898	41.33	1690504	1118943	51.08
青海省	8270662	5895195	40.29	934834	182846	411.27
宁夏区	6360279	4500314	41.33	61909	100038	-38.11
新疆区	1845228	1422946	29.68	194832	54488	257.57

2004年有色金属工业销售收入地区集中度

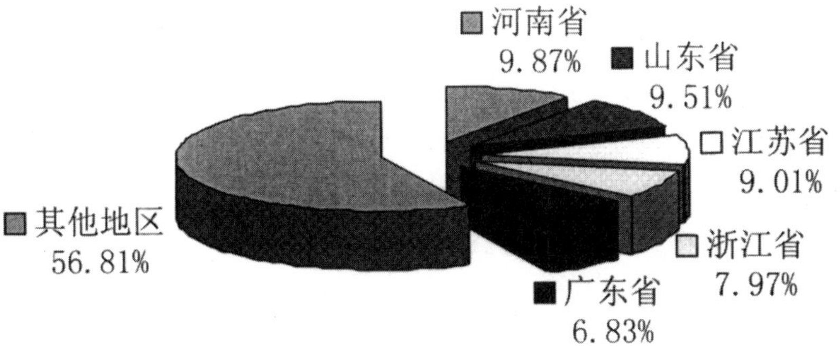

据统计，按销售收入排名前5名的地区是河南、山东、江苏、浙江和广东，分别占全国销售收入的9.87%、9.51%、9.01%、7.97%和6.83%，销售收入排名前5名的地区占全国销售收入总额的43.19%。

2004年有色金属工业分地区主要经济指标(二)

单位:千元

地区	应收账款净额			产成品		
	2004年	2003年	同期增长(%)	2004年	2003年	同期增长(%)
全国	43323841	35661032	21.49	28918121	22578546	28.08
北京市	483919	412320	17.36	209274	213471	-1.97
天津市	455580	501079	-9.08	347083	191292	81.44
河北省	972532	917983	5.94	579829	540803	7.22
山西省	997147	945368	5.48	1257349	918629	36.87
内蒙古	929540	742108	25.26	1151564	828976	38.91
辽宁省	3003748	2479132	21.16	1727704	1548324	11.59
吉林省	254664	237904	7.04	146872	179416	-18.14
黑龙江	615779	575283	7.04	163569	146740	11.47
上海市	2171546	1651788	31.47	643690	527591	22.01
江苏省	4293076	3831920	12.03	2085187	1683365	23.87
浙江省	3494622	2935809	19.03	1681946	1288674	30.52
安徽省	1003974	799848	25.52	703620	597106	17.84
福建省	893769	750193	19.14	667955	396680	68.39
江西省	1863285	1499310	24.28	919743	751356	22.41
山东省	2438896	2104172	15.91	1809252	1492096	21.26
河南省	3070966	2268483	35.38	1786137	1440226	24.02
湖北省	626573	589943	6.21	501757	357638	40.30
湖南省	1526403	1259273	21.21	1482790	1144369	29.57
广东省	5603090	3613370	55.07	2834020	2194881	29.12
广西区	767038	740359	3.60	951682	811009	17.35
海南省	7880	4754	65.76	17951	12738	40.92
重庆市	745560	681683	9.37	320327	146174	119.14
四川省	955244	873666	9.34	747783	587759	27.23
贵州省	621747	624804	-0.49	532734	294194	81.08
云南省	1448346	920708	57.31	1790295	928310	92.86
西藏区	21093	31008	-31.98	12266	2744	347.01
陕西省	939527	707970	32.71	988672	720417	37.24
甘肃省	2140372	2291793	-6.61	1927503	1671058	15.35
青海省	390162	222653	75.23	378792	386965	-2.11
宁夏区	451449	350161	28.93	455918	484277	-5.86
新疆区	136314	96187	41.72	94857	91268	3.93

2004年有色金属工业分地区主要经济指标(三)

单位:千元

地区	流动资产平均余额			固定资产净值平均余额		
	2004年	2003年	同期增长(%)	2004年	2003年	同期增长(%)
全国	246151041	191285810	28.68	207510007	182319329	13.82
北京市	2811071	2412579	16.52	522273	451050	15.79
天津市	3373476	2205618	52.95	1290348	1327391	-2.79
河北省	3864118	3579533	7.95	3937588	4028156	-2.25
山西省	9225372	7037106	31.10	10691247	9734425	9.83
内蒙古	5810829	4118989	41.07	6212842	4500211	38.06
辽宁省	16452908	13541972	21.50	11387818	10909375	4.39
吉林省	1189633	1209878	-1.67	1552759	1466802	5.86
黑龙江	2158549	1865133	15.73	1532166	1221708	25.41
上海市	6744340	5437189	24.04	3323288	2783408	19.40
江苏省	14535838	11546197	25.89	5385905	4408816	22.16
浙江省	12730058	9367119	35.90	5346314	4442795	20.34
安徽省	8741877	7390554	18.28	4888944	4317216	13.24
福建省	4892577	3845592	27.23	3776688	3427908	10.17
江西省	11048031	8653632	27.67	10318424	9611159	7.36
山东省	19838424	15082978	31.53	25764086	21133778	21.91
河南省	20430590	15461026	32.14	22305531	19087968	16.86
湖北省	5412047	4157188	30.19	5241117	4812212	8.91
湖南省	9992625	8337320	19.85	8163516	7029630	16.13
广东省	15961033	12736391	25.32	9256137	8418405	9.95
广西区	5594284	5345145	4.66	8789726	8271432	6.27
海南省	73918	58067	27.30	47255	32056	47.41
重庆市	3485073	2726003	27.85	4037464	3861024	4.57
四川省	7118954	5258131	35.39	7598317	5823141	30.48
贵州省	3946036	3390026	16.40	7132789	6379829	11.80
云南省	15146082	9945495	52.29	11518026	10206792	12.85
西藏区	100449	85998	16.80	110081	62605	75.83
陕西省	6951056	5439487	27.79	4896620	4514704	8.46
甘肃省	17604774	13824258	27.35	13026964	12464567	4.51
青海省	4332278	2662822	62.69	4436083	3699031	19.93
宁夏区	5629187	3696748	52.27	4341882	3184113	36.36
新疆区	955554	867636	10.13	677809	707622	-4.21

2004 年有色金属工业分地区主要经济指标(四)

单位:千元

地区	资产总计			负债合计		
	2004 年	2003 年	同期增长(%)	2004 年	2003 年	同期增长(%)
全国	571948497	472137047	21.14	364691635	301706653	20.88
北京市	5455915	4598584	18.64	2247710	1846900	21.70
天津市	6145657	4989253	23.18	3996656	3069790	30.19
河北省	8978202	8643239	3.88	6683968	6376597	4.82
山西省	28472002	23041460	23.57	19812567	14850640	33.41
内蒙古	15525866	11600228	33.84	9204109	6873151	33.91
辽宁省	33254228	28357298	17.27	21821415	19539133	11.68
吉林省	3291884	3298017	-0.19	2487816	2503795	-0.64
黑龙江	3996853	3662268	9.14	2301104	2102388	9.45
上海市	12852525	11192550	14.83	8146138	7553536	7.85
江苏省	23389304	19045340	22.81	16330194	13264163	23.12
浙江省	22440996	17878407	25.52	14194339	11071827	28.20
安徽省	19250090	17287908	11.35	13406282	12618093	6.25
福建省	11143998	9607154	16.00	4772693	4287623	11.31
江西省	25609844	21300677	20.23	14910516	12745709	16.98
山东省	56494874	44685718	26.43	29503634	23619889	24.91
河南省	54038403	44230988	22.17	37462388	30662879	22.18
湖北省	12713727	10392924	22.33	8288921	6412695	29.26
湖南省	23264012	19565383	18.90	14048739	12366025	13.61
广东省	30197139	24773989	21.89	19787127	16939064	16.81
广西区	17440430	16433354	6.13	13473200	12527607	7.55
海南省	125999	96534	30.52	113516	89182	27.29
重庆市	8095767	7987282	1.36	5579938	3856936	44.67
四川省	19757083	16453490	20.08	12258138	9374144	30.77
贵州省	14527634	12404061	17.12	9174886	7417403	23.69
云南省	34984499	26282694	33.11	21775654	15404764	41.36
西藏区	236052	248654	-5.07	99936	78795	26.83
陕西省	16437143	12835655	28.06	9487846	8076399	17.48
甘肃省	38072939	32554475	16.95	25119200	22829590	10.03
青海省	13275196	8582575	54.68	10299727	6710978	53.48
宁夏区	10545931	8271351	27.50	6695710	5350290	25.15
新疆区	1934305	1835537	5.38	1207568	1286668	-6.15

2004年有色金属工业分地区主要经济指标(五)

单位:千元

地区	销售成本			销售费用		
	2004年	2003年	同期增长(%)	2004年	2003年	同期增长(%)
全国	527640456	358226970	47.29	9117788	7037765	29.56
北京市	2799602	2402009	16.55	61235	59506	2.91
天津市	11159618	6616513	68.66	45450	123744	-63.27
河北省	11306469	8644383	30.80	234433	194270	20.67
山西省	13190523	10277744	28.34	284652	209592	35.81
内蒙古	12895088	7132805	80.79	264306	174857	51.16
辽宁省	20992755	14300788	46.79	293088	380120	-22.90
吉林省	2180693	1548961	40.78	43260	43354	-0.22
黑龙江	1727400	1408990	22.60	46106	33814	36.35
上海市	18916800	12447062	51.98	191513	151011	26.82
江苏省	51591096	35280107	46.23	494990	408161	21.27
浙江省	45607879	30084316	51.60	311807	246736	26.37
安徽省	21786593	12154038	79.25	179173	195269	-8.24
福建省	7634081	5598456	36.36	168357	140148	20.13
江西省	23708867	15556485	52.41	283111	241580	17.19
山东省	47446014	34740115	36.57	1268246	649802	95.17
河南省	48710292	32929403	47.92	949903	751895	26.33
湖北省	11513403	6690378	72.09	192779	132220	45.80
湖南省	25073032	17083910	46.76	784820	533870	47.01
广东省	37642190	26211270	43.61	508153	383130	32.63
广西区	11221293	8058587	39.25	242814	193622	25.41
海南省	72802	112851	-35.49	2683	1375	95.13
重庆市	7739257	4754216	62.79	99696	74171	34.41
四川省	14043184	9195191	52.72	533950	360254	48.21
贵州省	9155709	7583376	20.73	215710	168192	28.25
云南省	24235412	15353695	57.85	499113	361408	38.10
西藏区	13766	11217	22.72	1223	2262	-45.93
陕西省	7728671	5903278	30.92	178180	139845	27.41
甘肃省	23523189	16288621	44.41	426603	398341	7.09
青海省	6645401	4776850	39.12	147551	143709	2.67
宁夏区	5953055	3879980	53.43	137909	111841	23.31
新疆区	1426322	1201375	18.72	26974	29666	-9.07

2004年有色金属工业分地区主要经济指标(六)

单位:千元

地区	财务费用			管理费用		
	2004年	2003年	同期增长(%)	2004年	2003年	同期增长(%)
全国	9140234	7474510	22.29	25253041	19697107	28.21
北京市	33856	18028	87.80	153672	124392	23.54
天津市	68993	59681	15.60	234765	228818	2.60
河北省	242081	235976	2.59	368991	379681	-2.82
山西省	384892	373223	3.13	765684	725625	5.52
内蒙古	236385	166641	41.85	688368	568606	21.06
辽宁省	633198	517381	22.39	975454	968448	0.72
吉林省	33304	43953	-24.23	206699	185835	11.23
黑龙江	41334	47930	-13.76	224416	184685	21.51
上海市	156241	136760	14.24	625310	454439	37.60
江苏省	529260	350149	51.15	1022565	798401	28.08
浙江省	461509	356044	29.62	769912	572284	34.53
安徽省	390563	328745	18.80	580312	460498	26.02
福建省	105166	111993	-6.10	468087	384756	21.66
江西省	459871	357419	28.66	1131669	840842	34.59
山东省	830522	637664	30.24	2081501	1674147	24.33
河南省	948882	806951	17.59	2213832	1759853	25.80
湖北省	201687	152091	32.61	610057	443991	37.40
湖南省	478435	350618	36.45	1412712	1148704	22.98
广东省	472995	409681	15.45	1285262	1070692	20.04
广西区	345245	331197	4.24	986496	861792	14.47
海南省	2172	2263	-4.02	6640	3502	89.61
重庆市	126099	127086	-0.78	282029	209160	34.84
四川省	335732	268010	25.27	706659	571741	23.60
贵州省	107098	71310	50.19	920475	802781	14.66
云南省	510784	346987	47.21	1570022	1043819	50.41
西藏区	462	251	84.06	3891	7367	-47.18
陕西省	176903	189481	-6.64	1053102	953925	10.40
甘肃省	474580	382316	24.13	3032506	1424230	112.92
青海省	142120	109490	29.80	410014	432037	-5.10
宁夏区	188272	157511	19.53	314726	287395	9.51
新疆区	21593	27680	-21.99	147213	124661	18.09

2004年有色金属工业分地区主要经济指标(七)

单位:千元

地区	税金及附加			税金总额
	2004年	2003年	同期增长(%)	2004年
全国	2423079	1809006	33.95	21402978
北京市	2848	3945	-27.81	49567
天津市	6992	7536	-7.22	171669
河北省	24110	19380	24.41	201575
山西省	76967	68845	11.80	1036654
内蒙古	41280	29381	40.50	414296
辽宁省	84992	61317	38.61	816745
吉林省	6964	5687	22.45	73150
黑龙江	11964	11242	6.42	85989
上海市	16192	12132	33.47	322743
江苏省	122321	111466	9.74	1263154
浙江省	189971	125464	51.41	1536773
安徽省	95498	53756	77.65	657732
福建省	33550	30593	9.67	189996
江西省	74573	77462	-3.73	1226453
山东省	274712	224981	22.10	1584532
河南省	232413	173985	33.58	2347804
湖北省	66122	50383	31.24	464063
湖南省	298772	166046	79.93	1440853
广东省	82911	86096	-3.70	784146
广西区	87206	62059	40.52	1051221
海南省	399	184	116.85	2637
重庆市	27873	14098	97.71	248639
四川省	78927	89428	-11.74	680467
贵州省	94596	61207	54.55	835413
云南省	116398	75369	54.44	1083034
西藏区	7869	5896	33.46	8189
陕西省	51571	40014	28.88	509564
甘肃省	165206	106847	54.62	1572711
青海省	30852	19246	60.30	346658
宁夏区	11736	11652	0.72	288497
新疆区	7294	3309	120.43	108054

2004 年有色金属工业主要经济指标

指标	单位	2004 年	2003 年	同期增减(%)
企业总数	个	5111		
亏损企业	个	835		
亏损企业亏损总额	千元	2654327		
应收账款净额	千元	43323841	35661032	21.49
产成品	千元	28918121	22578546	28.08
资产总计	千元	571948497	472137047	21.14
流动资产平均余额	千元	246151041	191285810	28.68
固定资产净值平均余额	千元	207510007	182319329	13.82
负债总计	千元	364691635	301706653	20.88
产品销售收入	千元	611536851	415555859	47.16
产品销售成本	千元	527640456	358226970	47.29
产品销售费用	千元	9117788	7037765	29.56
税金及附加	千元	2423079	1809006	33.95
财务费用	千元	9140234	7474510	22.29
管理费用	千元	25253041	19697107	28.21
利润总额	千元	38883275	21385376	81.82
全部从业人员	人	1552213	1515902	2.40

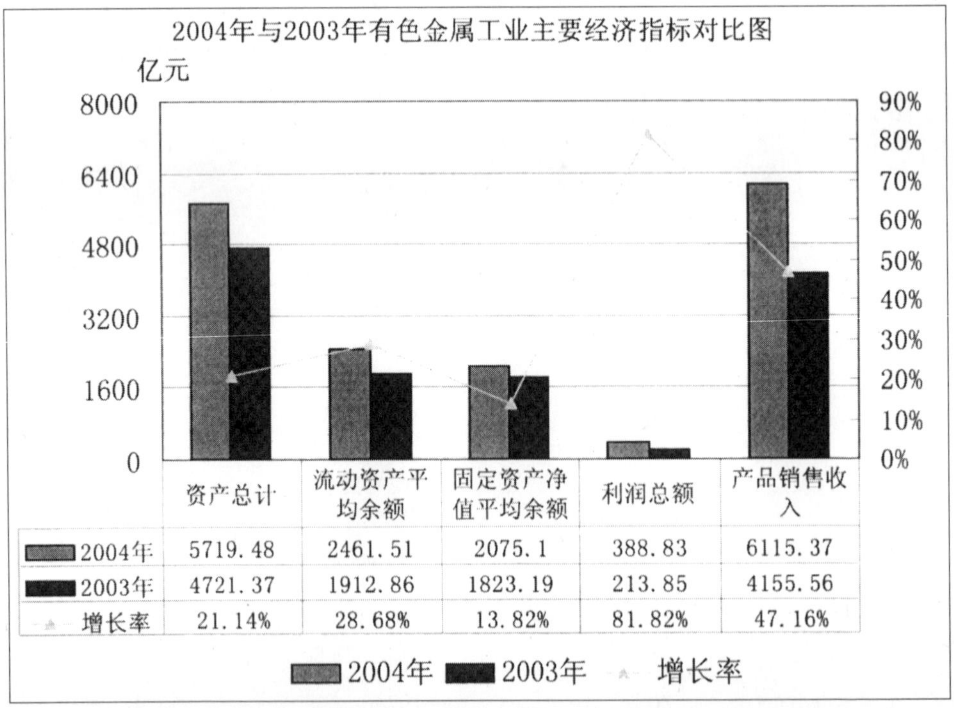

2004 年，我国有色金属工业在中央积极的宏观调控政策和市场的共同作用下，继续保持了持续、稳定、健康发展的良好态势。据统计，全国有色金属行业规模以上企业共计 5111 家，2004 年全年实现销售收入 6115.37 亿元，比上年增长 47.16%，完成利润 388.83 亿元，同比增长 81.82%，资产总额达 5719.48 亿元，同期增长 21.14%，其中流动资产平均余额达 2461.51 亿元，固定资产净值平均余额 2075.1 亿元，分别比去年增长 28.68%和 13.82%。

全国有色金属工业主要产品产量同期对比情况

产品名称	单位	完成产量				同期增长(%)	
		2004年12月	2004年	2003年12月	2003年	12月	全年
10种有色金属	吨	1252881.74	13696031.81	1113243.36	11763123.78	12.54	16.43
铜	吨	171417.26	2035121.07	163023.43	1726351.35	5.15	17.89
铅	吨	165211.99	1753384.77	171545.38	1621068.33	-3.69	8.16
锌	吨	245784.68	2536961.55	202476.94	2302215.28	21.39	10.20
镍	吨	2829.22	71481.43	2971.75	59191.6	-4.80	20.76
锡	吨	15823.06	117246.72	17509.35	103141.41	-9.63	13.68
锑	吨	10220.63	124919.23	10039.22	111508.27	1.81	12.03
铝	吨	586922.04	6557477.93	504997.74	5454164.58	16.22	20.23
镁	吨	39233.39	422917.51	35415	337343	10.78	25.37
钛	吨	6697.21	30259.39	2236.75	20186.25	199.42	49.90
黄金	千克	25431.99	265040.58	25496.68	279875.97	-0.25	-5.30
白银	千克	597695.68	6086989.72	489396.25	4666260.08	22.13	30.45
氧化铝	吨	613047.5	7023765.2	543979.8	6180148.9	12.70	13.65
铝合金	吨	80399.51	758465.96	63761.37	612431.48	26.09	23.85
铜加工材	吨	365281.52	4391192.63	389898.23	3576808.01	-6.31	22.77
铝材	吨	387548.09	4484123.99	362070.16	3619757.11	7.04	23.88
铜精矿含铜量	吨	50227.5	598230.59	45938.57	561372.23	9.34	6.57
铅精矿含铅量	吨	47668.23	584774.69	68340.91	617873.98	-30.25	-5.36
锌精矿含锌量	吨	148419.83	1691202.02	164571.29	1616619.23	-9.81	4.61
锡精矿含锡量	吨	6835.19	49771.43	3919.92	44353.62	74.37	12.22
锑精矿含锑量	吨	3835.93	49094.47	4204.85	41164.6	-8.77	19.26
钨精矿折含量(折三氧化钨65%)	吨	11783.71	85377.68	6714.33	65576.77	75.50	30.20
钼精矿折含量(含纯钼45%)	吨	5162.36	63961.08	6083.87	67458.62	-15.15	-5.18

六、建材工业

2004年建材工业分地区主要经济效益指标

地区名称	资本保值增值率(%)	资产负债率(%)	流动资产周转率(次)	成本费用利润率(%)	人均销售率(元)
全国	117.51	60.64	2.00	5.60	199.58
北京市	109.46	58.77	1.11	5.77	231.67
天津市	115.09	66.52	1.99	5.82	305.02
河北省	114.48	63.69	1.93	5.99	151.88
山西省	106.99	69.15	1.07	0.74	71.50
内蒙古	122.44	60.65	1.78	8.09	129.35
辽宁省	117.01	61.21	1.51	4.05	212.66
吉林省	96.39	65.25	1.33	6.26	149.38
黑龙江	110.65	62.36	1.03	2.68	92.59
上海市	113.41	53.74	1.73	6.52	351.87

续表

地区名称	资本保值增值率(%)	资产负债率(%)	流动资产周转率(次)	成本费用利润率(%)	人均销售率(元)
江苏省	118.16	62.78	2.15	5.64	299.19
浙江省	131.36	60.38	1.99	6.56	252.68
安徽省	116.21	59.40	1.86	12.98	164.88
福建省	118.66	47.68	2.00	6.84	185.56
江西省	135.12	57.44	1.88	5.34	123.38
山东省	128.49	60.11	2.90	6.90	251.16
河南省	106.83	61.86	2.41	6.47	163.11
湖北省	109.47	60.48	2.43	4.91	159.40
湖南省	116.22	64.37	2.40	2.80	103.78
广东省	117.76	60.76	2.28	4.08	234.04
广西区	120.12	72.49	2.00	3.07	82.85
海南省	117.27	51.14	2.12	2.96	379.22
重庆市	126.30	62.74	1.52	6.14	125.22
四川省	108.26	55.65	1.77	2.79	112.94
贵州省	111.70	63.36	1.01	–0.95	72.35
云南省	111.73	67.88	1.31	2.94	125.32
西藏区	130.09	55.36	1.44	25.06	153.32
陕西省	130.19	74.86	1.14	0.32	79.66
甘肃省	106.99	58.95	1.21	2.50	73.76
青海省	125.88	55.27	1.58	4.94	91.04
宁夏区	105.85	55.29	1.19	9.44	118.82
新疆区	101.87	56.66	0.97	5.99	146.32

2004 年建材工业分地区主要经济指标(一)

单位:千元

地区	产品销售收入			利润总额		
	2004 年	2003 年	同期增长(%)	2004 年	2003 年	同期增长(%)
全国	1195008141	900834312	32.66	63129013	45621116	38.38
北京市	23940510	18871952	26.86	1333992	1094888	21.84
天津市	30727225	22691130	35.42	1674299	1002015	67.09
河北省	54320160	41457160	31.03	3064993	2135471	43.53
山西省	10751369	8689723	23.73	77095	50974	51.24
内蒙古	7449978	4917282	51.51	564756	275017	105.35
辽宁省	44055697	33470491	31.63	1664205	1129328	47.36
吉林省	9405906	7289853	29.03	550916	348163	58.24
黑龙江	7288101	6376175	14.30	198215	67676	192.89
上海市	75508207	62366486	21.07	4662987	3984396	17.03
江苏省	163765151	119284554	37.29	8765549	6238953	40.50
浙江省	123812831	91788672	34.89	7666964	7058540	8.62

续表

地区	产品销售收入			利润总额		
	2004 年	2003 年	同期增长(%)	2004 年	2003 年	同期增长(%)
安徽省	20540337	15311309	34.15	2373591	1930862	22.93
福建省	44349880	33650974	31.79	2809537	2106939	33.35
江西省	13426973	8864055	51.48	672221	437811	53.54
山东省	171632214	115248695	48.92	11041360	7136271	54.72
河南省	64075739	48041233	33.38	3879048	2448264	58.44
湖北省	30332889	24496469	23.83	1411915	1252445	12.73
湖南省	22002474	16999917	29.43	590760	300606	96.52
广东省	189382423	147326701	28.55	7240002	4328298	67.27
广西区	10619239	9211661	15.28	315189	139304	126.26
海南省	2186953	1879037	16.39	62901	-19058	430.05
重庆市	11895006	9379439	26.82	687336	463624	48.25
四川省	27702030	23016040	20.36	754835	715922	5.44
贵州省	5077416	4261612	19.14	-49280	14137	-448.59
云南省	7462332	5946088	25.50	221300	-61264	461.22
西藏区	424699	441087	-3.72	84765	83807	1.14
陕西省	6654461	5496746	21.06	20435	15570	31.25
甘肃省	6887065	6000668	14.77	165361	-19147	963.64
青海省	1347259	1199037	12.36	65187	43528	49.76
宁夏区	2650133	2114210	25.35	239190	128882	85.59
新疆区	5333484	4745856	12.38	319389	788894	-59.51

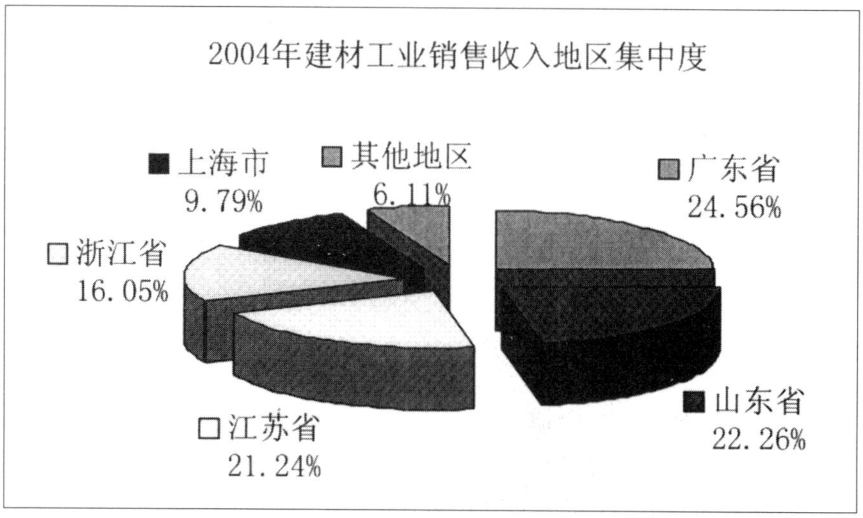

据统计，全国建材工业按销售收入排名前 5 名的地区是广东、山东、江苏、浙江、上海，分别占全国销售收入的 24.56%、22.26%、21.24%、16.05%和 9.79%。销售收入排名前 5 名的地区占全国销售收入的 93.89%，华东地区山东、江苏、浙江和上海四省市占 69.34%，远高于工业平均集中度。

2004 年建材工业分地区主要经济指标(二)

单位:千元

地区	应收账款净额			产成品		
	2004 年	2003 年	同期增长(%)	2004 年	2003 年	同期增长(%)
全国	171696835	145876427	17.70	93983397	77070467	21.94
北京市	7355952	5578589	31.86	3260207	2994172	8.89
天津市	4584073	3969128	15.49	1927842	1947649	-1.02
河北省	7125300	6493809	9.72	5373148	4618517	16.34
山西省	2735968	2500772	9.40	2289302	1785858	28.19
内蒙古	1122056	1040904	7.80	742383	597382	24.27
辽宁省	9714593	8152644	19.16	4789441	3918894	22.21
吉林省	2181619	2403539	-9.23	1292416	1051180	22.95
黑龙江	2474884	2373491	4.27	1313372	1170260	12.23
上海市	15691175	13153750	19.29	5256543	4370226	20.28
江苏省	23560531	19057871	23.63	10644799	8642156	23.17
浙江省	17497322	13276937	31.79	8428238	6595419	27.79
安徽省	2070361	1733107	19.46	1662664	1048200	58.62
福建省	7242091	5942712	21.87	3360493	2777759	20.98
江西省	1337989	1186978	12.72	1256650	1084884	15.83
山东省	11820852	9548640	23.80	9318361	7192275	29.56
河南省	7072147	6556523	7.86	3817813	3259021	17.15
湖北省	3014816	2665617	13.10	1675103	1371352	22.15
湖南省	2458604	2262897	8.65	2263295	1598257	41.61
广东省	25949408	22558717	15.03	15819984	12746399	24.11
广西区	1380933	1256482	9.90	909167	728374	24.82
海南省	179975	282370	-36.26	103124	42342	143.55
重庆市	1803635	1542781	16.91	1149150	937315	22.60
四川省	4133528	4050716	2.04	2394179	2120382	12.91
贵州省	1091628	1041063	4.86	858699	728068	17.94
云南省	1982157	1518448	30.54	677011	624218	8.46
西藏区	92372	50820	81.76	9752	37971	-74.32
陕西省	1632703	1544241	5.73	1247898	1144304	9.05
甘肃省	1937340	1878114	3.15	1017783	967048	5.25
青海省	228845	192753	18.72	197396	170795	15.57
宁夏区	575414	608661	-5.46	373092	298654	24.92
新疆区	1648564	1453353	13.43	554092	501136	10.57

2004 年建材工业分地区主要经济指标(三)

单位:千元

地区	流动资产平均余额			固定资产净值平均余额		
	2004 年	2003 年	同期增长(%)	2004 年	2003 年	同期增长(%)
全国	596497593	488685451	22.06	468855633	405634088	15.59

续表

地区	流动资产平均余额			固定资产净值平均余额		
	2004 年	2003 年	同期增长(%)	2004 年	2003 年	同期增长(%)
北京市	21477986	16917040	26.96	12396550	11317704	9.53
天津市	15417091	11919617	29.34	7579759	7602512	-0.30
河北省	28170138	24616859	14.43	28642990	25493878	12.35
山西省	10071483	8501664	18.46	9040131	8376070	7.93
内蒙古	4185523	3702484	13.05	5593585	4405787	26.96
辽宁省	29253204	24679906	18.53	22666075	19226097	17.89
吉林省	7087106	7338969	-3.43	7437387	6637901	12.04
黑龙江	7107894	6813059	4.33	6301184	5843607	7.83
上海市	43638096	36320184	20.15	21851884	20187650	8.24
江苏省	76276800	60166364	26.78	45320551	39418082	14.97
浙江省	62297676	44594634	39.70	37251203	28314362	31.56
安徽省	11014009	8767986	25.62	14274275	10673208	33.74
福建省	22153107	17286883	28.15	16826480	14659959	14.78
江西省	7143721	5486800	30.20	9375555	7635060	22.80
山东省	59132031	47420914	24.70	54683361	41137357	32.93
河南省	26561477	23319595	13.90	22076523	20537968	7.49
湖北省	12484235	10456446	19.39	14188291	12515441	13.37
湖南省	9159261	8385369	9.23	11326002	9807808	15.48
广东省	82959886	69590532	19.21	54627515	50877734	7.37
广西区	5315554	4816602	10.36	8650000	7657760	12.96
海南省	1030151	809652	27.23	1863897	1146873	62.52
重庆市	7804327	5771138	35.23	7838201	6433543	21.83
四川省	15613192	13914968	12.20	16262297	15397416	5.62
贵州省	5025921	4052261	24.03	4785898	4348024	10.07
云南省	5699954	4922744	15.79	6256368	5977964	4.66
西藏区	295373	212599	38.93	357809	312935	14.34
陕西省	5820162	5291217	10.00	6634632	5889605	12.65
甘肃省	5699249	4623019	23.28	6048610	5643157	7.18
青海省	852811	811646	5.07	1116695	1008580	10.72
宁夏区	2226196	1829210	21.70	2222202	2140894	3.80
新疆区	5523979	5345090	3.35	5359723	5009152	7.00

2004 年建材工业分地区主要经济指标(四)

单位:千元

地区	资产总计			负债合计		
	2004 年	2003 年	同期增长(%)	2004 年	2003 年	同期增长(%)
全国	1276971647	1083498803	17.86	774412770	655813385	18.08
北京市	41449944	35929732	15.36	24361539	20318272	19.90
天津市	27650574	24242475	14.06	18393294	16199086	13.55

单位：千元

地区	资产总计			负债合计		
	2004 年	2003 年	同期增长(%)	2004 年	2003 年	同期增长(%)
河北省	66892598	59503514	12.42	42605347	38288004	11.28
山西省	23194897	20973503	10.59	16038247	14284352	12.28
内蒙古	12745706	10343674	23.22	7730717	6247740	23.74
辽宁省	61510246	51952006	18.40	37652021	31562480	19.29
吉林省	17258519	16876788	2.26	11261336	10655086	5.69
黑龙江	15745273	14808507	6.33	9819447	9453161	3.87
上海市	77379258	67927442	13.91	41587370	36368815	14.35
江苏省	144594824	119718240	20.78	90776477	74169647	22.39
浙江省	127300473	94861624	34.20	76867639	56469532	36.12
安徽省	30483875	26188304	16.40	18108682	15539467	16.53
福建省	47367228	38756836	22.22	22585026	17871018	26.38
江西省	18847202	16151683	16.69	10826067	10215391	5.98
山东省	135251340	106668656	26.80	81293476	64674667	25.70
河南省	57733800	51995618	11.04	35713258	31382914	13.80
湖北省	32323783	28101817	15.02	19550956	16434113	18.97
湖南省	24916722	21417068	16.34	16038582	13777943	16.41
广东省	158557209	138058539	14.85	96344144	85229086	13.04
广西区	16624466	14807643	12.27	12050428	10999906	9.55
海南省	3106067	2988393	3.94	1588407	1694278	-6.25
重庆市	19512447	15177200	28.56	12241328	9420370	29.95
四川省	37906361	34384490	10.24	21094670	18855643	11.87
贵州省	11344979	9805390	15.70	7188072	6083955	18.15
云南省	14260370	13056584	9.22	9680361	8957269	8.07
西藏区	1061549	897411	18.29	587681	533143	10.23
陕西省	15289548	13538543	12.93	11445313	10585698	8.12
甘肃省	13975650	13480963	3.67	8238380	8118400	1.48
青海省	2471605	2101183	17.63	1366015	1222866	11.71
宁夏区	5493090	4783658	14.83	3037013	2463331	23.29
新疆区	14722044	14001319	5.15	8341477	7737752	7.80

2004 年建材工业分地区主要经济指标（五）

单位：千元

地区	销售成本			销售费用		
	2004 年	2003 年	同期增长(%)	2004 年	2003 年	同期增长(%)
全国	1011717672	753949743	34.19	41792020	34233021	22.08
北京市	19764801	15348976	28.77	930777	753163	23.58
天津市	26702246	19802983	34.84	722896	561958	28.64
河北省	45264119	34342233	31.80	2188488	1756019	24.63
山西省	8823236	7017538	25.73	502163	415432	20.88

续表

地区	销售成本			销售费用		
	2004 年	2003 年	同期增长(%)	2004 年	2003 年	同期增长(%)
内蒙古	5967048	3849637	55.00	317322	262844	20.73
辽宁省	36027328	27499389	31.01	1954566	1923395	1.62
吉林省	7509207	5779387	29.93	378617	308940	22.55
黑龙江	6221588	5250052	18.51	300260	247601	21.27
上海市	64033508	52276536	22.49	2557081	2348147	8.90
江苏省	141716739	102019300	38.91	4850895	3899840	24.39
浙江省	106267847	76815628	38.34	3428347	2815703	21.76
安徽省	15915754	11207904	42.00	985964	681941	44.58
福建省	36895296	27856360	32.45	1686291	1420912	18.68
江西省	11083689	7021303	57.86	582301	455476	27.84
山东省	147129456	98618917	49.19	4915764	3424329	43.55
河南省	52995681	39865890	32.93	3291472	2590100	27.08
湖北省	25314582	19784796	27.95	1353268	1094086	23.69
湖南省	18332624	14258373	28.57	1032498	819499	25.99
广东省	163124107	125711910	29.76	5710835	4833991	18.14
广西区	8947915	7773401	15.11	430052	454595	-5.40
海南省	1837143	1585787	15.85	121996	88361	38.07
重庆市	9359250	7316992	27.91	729518	571964	27.55
四川省	23508694	18957534	24.01	1103465	1013915	8.83
贵州省	4234872	3431693	23.40	275591	242285	13.75
云南省	6267128	4944183	26.76	287058	255810	12.22
西藏区	290191	305242	-4.93	5936	7165	-17.15
陕西省	5268468	4361931	20.78	303405	253611	19.63
甘肃省	5419249	4688239	15.59	315628	267306	18.08
青海省	1112654	945356	17.70	64551	60590	6.54
宁夏区	2078816	1632641	27.33	165108	143240	15.27
新疆区	4304436	3679632	16.98	299907	260803	14.99

2004 年建材工业分地区主要经济指标(六)

单位:千元

地区	财务费用			管理费用		
	2004 年	2003 年	同期增长(%)	2004 年	2003 年	同期增长(%)
全国	17520580	14631035	19.75	55750856	47808473	16.61
北京市	298041	305685	-2.50	2120084	1826964	16.04
天津市	260663	283578	-8.08	1058503	987072	7.24
河北省	1074068	860746	24.78	2619441	2237277	17.08
山西省	351929	315530	11.54	756224	678660	11.43
内蒙古	184278	142975	28.89	507966	401316	26.58
辽宁省	740126	640111	15.62	2414397	1971091	22.49

续表

地区	财务费用			管理费用		
	2004 年	2003 年	同期增长(%)	2004 年	2003 年	同期增长(%)
吉林省	266589	200088	33.24	641067	567743	12.91
黑龙江	175043	153003	14.40	696263	652486	6.71
上海市	553122	503742	9.80	4343780	3925320	10.66
江苏省	2052982	1645963	24.73	6855676	5879829	16.60
浙江省	1967341	1350466	45.68	5279376	4252118	24.16
安徽省	403883	338538	19.30	987632	849657	16.24
福建省	580359	496000	17.01	1943041	1575460	23.33
江西省	276774	250106	10.66	648881	534706	21.35
山东省	2459396	1758147	39.89	5513536	4292455	28.45
河南省	1075672	979986	9.76	2619374	2243550	16.75
湖北省	527022	459268	14.75	1585669	1403790	12.96
湖南省	371753	271574	36.89	1368739	1139148	20.15
广东省	1521252	1407153	8.11	6949594	6044167	14.98
广西区	194440	202049	-3.77	685651	652456	5.09
海南省	43614	79892	-45.41	119411	84474	41.36
重庆市	307134	268258	14.49	806725	732187	10.18
四川省	563032	547881	2.77	1851762	1788253	3.55
贵州省	137187	105786	29.68	538433	487792	10.38
云南省	246094	259524	-5.17	738667	701637	5.28
西藏区	1611	2475	-34.91	40576	39610	2.44
陕西省	278374	258094	7.86	627456	569928	10.09
甘肃省	241755	216782	11.52	637100	545010	16.90
青海省	31139	24255	28.38	111896	126260	-11.38
宁夏区	71805	77533	-7.39	218296	200402	8.93
新疆区	264102	225847	16.94	465640	417655	11.49

2004 年建材工业分地区主要经济指标(七)

单位:千元

地区	税金及附加			税金总额
	2004 年	2003 年	同期增长(%)	2004 年
全国	7229144	5967955	21.13	48889932
北京市	75235	76617	-1.80	929021
天津市	87869	63413	38.57	601103
河北省	354156	295893	19.69	2307985
山西省	104711	83294	25.71	739063
内蒙古	48836	34548	41.36	439057
辽宁省	214849	175814	22.20	1538763
吉林省	80012	57482	39.19	613619
黑龙江	60861	62479	-2.59	568095

单位:千元

地区	税金及附加			税金总额
	2004 年	2003 年	同期增长(%)	2004 年
上海市	152405	119771	27.25	2016520
江苏省	837022	636988	31.40	6508837
浙江省	704186	594836	18.38	5291320
安徽省	146801	159330	-7.86	1270340
福建省	484717	399574	21.31	1850296
江西省	124082	102549	21.00	824598
山东省	1226271	827824	48.13	7614041
河南省	460785	366014	25.89	2939639
湖北省	278142	232737	19.51	1339747
湖南省	286596	264743	8.25	1197152
广东省	794633	779439	1.95	4833232
广西区	88783	68037	30.49	726716
海南省	6513	8766	-25.70	94878
重庆市	84382	70050	20.46	695424
四川省	231145	228170	1.30	1504908
贵州省	41783	37844	10.41	317648
云南省	65687	50300	30.59	558428
西藏区	3172	2889	9.80	34936
陕西省	54185	47936	13.04	467453
甘肃省	78074	68866	13.37	487284
青海省	11238	9351	20.18	83888
宁夏区	13631	14343	-4.96	184976
新疆区	28382	28058	1.15	310965

2004 年建材工业主要经济指标

指标	单位	2004 年	2003 年	同期增减(%)
企业总数	个	29205		
亏损企业	个	4901		
亏损企业亏损总额	千元	8563308		
应收账款净额	千元	171696835	145876427	17.70
产成品	千元	93983397	77070467	21.94
资产总计	千元	1276971647	1083498803	17.86
流动资产平均余额	千元	596497593	488685451	22.06
固定资产净值平均余额	千元	468855633	405634088	15.59
负债总计	千元	774412770	655813385	18.08
产品销售收入	千元	1195008141	900834312	32.66
产品销售成本	千元	1011717672	753949743	34.19
产品销售费用	千元	41792020	34233021	22.08

续表

指标	单位	2004年	2003年	同期增减(%)
税金及附加	千元	7229144	5967955	21.13
财务费用	千元	17520580	14631035	19.75
管理费用	千元	55750856	47808473	16.61
利润总额	千元	63129013	45621116	38.38
全部从业人员	人	5987762	5671239	5.58

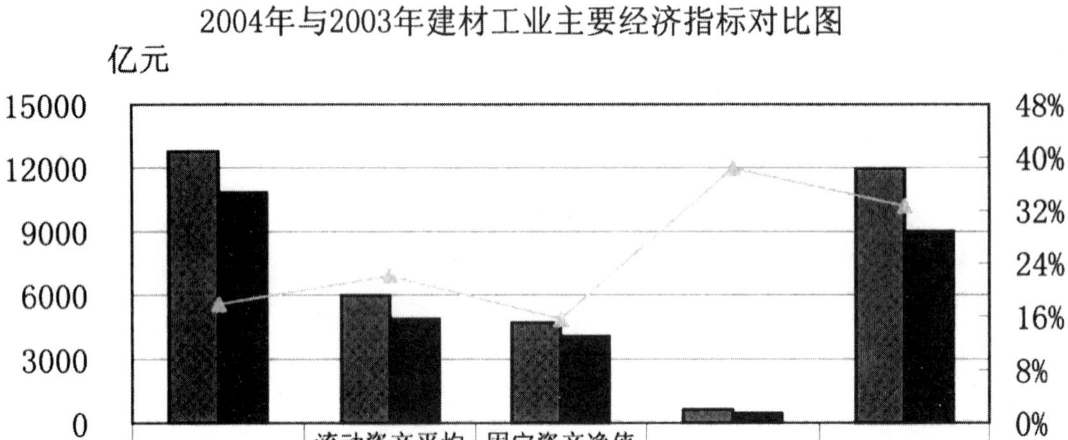

	资产总计	流动资产平均余额	固定资产净值平均余额	利润总额	产品销售收入
2004年	12769.72	5964.98	4688.56	631.29	11950.08
2003年	10834.99	4886.85	4056.34	456.21	9008.34
增长率	17.86%	22.06%	15.59%	38.38%	32.66%

2004年建材工业呈现出生产快速增长，产销衔接良好，效益大幅度提高，结构进一步优化的良好发展态势。2004年建材行业资产总额达到12769.72亿元，同比增长17.86%，其中流动资产平均余额达5964.98亿元，固定资产净值平均余额4688.56亿元，分别比上年增长22.06%和15.59%。全年完成销售收入11950.08亿元，同比增长32.66%；实现利润631.29亿元，同比增长38.38%，创历史最好水平，值得说明的是这是在2003年建材工业高位增长的基础上实现的。

全国建材工业主要产品产量同期对比情况

产品名称	单位	完成产量				同期增长(%)	
		2004年12月	2004年	2003年12月	2003年	12月	全年
水泥熟料	万吨	5955.26	59088.57	4784.9	46418.52	24.46	27.30
预分解窑熟料	万吨	1167.86	11238.84	855.02	8895.75	36.59	26.34
水泥	万吨	8702.55	93368.62	7484.5	80704.84	16.27	15.69
水泥排水管	千米	57779.8766	437617.29	24040	388462.07	140.35	12.65

续表

产品名称	单位	完成产量				同期增长(%)	
		2004年12月	2004年	2003年12月	2003年	12月	全年
水泥压力管	千米	5950.3	86853.44	15533.16	108080.03	-61.69	-19.64
水泥电杆	根	534316.75	4858500.31	425990.05	5511707.17	25.43	-11.85
商品混凝土	立方米	5996142.58	64356120.41	5666898.11	50217251.43	5.81	28.16
水泥预制管桩	米	5938659.09	51999699.91	3243047.4	31834894.37	83.12	63.34
砖(折标准砖)	万块	528316.65	6372137.34	502290.76	5800346.48	5.18	9.86
瓦	万片	24352.08	266290.71	19923.42	235123.46	22.23	13.26
大理石板材	平方米	1322642	10085770	1185764.72	8913325.16	11.54	13.15
花岗石板材	平方米	10268869.96	102195692.7	5859601.68	66342176.9	75.25	54.04
石膏板	平方米	36123942	320402343.2	24040826	218672887	50.26	46.52
平板玻璃	重量箱	26499786.99	300580416.2	23591577.7	249543925.3	12.33	20.45
中空玻璃	平方米	234457	2898154.2	264777.2	2225595.07	-11.45	30.22
钢化玻璃	平方米	1624963.78	18438780.6	1670799.08	15744921.55	-2.74	17.11
夹层玻璃	平方米	262351.11	3234884.99	335588.5	2957997.87	-21.82	9.36
石英玻璃	吨	219.26	2501.87	154.85	1817.55	41.60	37.65
日用玻璃制品	吨	703285.84	7852155.44	678120.15	6623383.19	3.71	18.55
玻璃保温容器	万个	2859.87	34683.27	3147.27	32353.92	-9.13	7.20
釉面砖	万平方米	12919.62	108905.13	8537.3	89293.43	51.33	21.96
墙地砖	万平方米	17542.66	187345.73	13650.85	146045.75	28.51	28.28
卫生陶瓷	万件	16949.05	109256.57	9713.4	83516.59	74.49	30.82
日用陶瓷	万件	104878.29	920070.21	87687.98	844930.96	19.60	8.89
耐火材料制品	吨	1836380.17	18675058.65	1626776.45	14967336.3	12.88	24.77
石墨及碳素制品	吨	619946.18	6309434.58	494642.16	5074818.03	25.33	24.33
玻璃纤维纱	吨	73228.69	662558.64	47509.86	506344.2	54.13	30.85
金属集装箱	立方米	8117362.5	87346698.6	6566033.8	73088462.5	23.63	19.51

七、机械工业

2004年机械工业分地区主要经济效益指标

地区名称	资本保值增值率(%)	资产负债率(%)	流动资产周转率(次)	成本费用利润率(%)	人均销售率(元)
全国	117.02	62.01	1.88	5.04	384.13
北京市	117.87	57.34	1.70	5.56	728.50
天津市	131.52	51.64	2.22	8.80	649.34
河北省	105.00	65.73	1.62	6.77	204.05

续表

地区名称	资本保值增值率(%)	资产负债率(%)	流动资产周转率(次)	成本费用利润率(%)	人均销售率(元)
山西省	103.41	68.21	1.03	1.05	111.14
内蒙古	119.71	56.67	1.30	7.27	201.03
辽宁省	111.54	66.96	1.27	3.00	310.07
吉林省	112.91	61.21	1.83	4.25	549.47
黑龙江	90.50	82.50	0.76	0.65	178.43
上海市	113.42	58.69	1.91	6.60	768.71
江苏省	121.87	63.73	2.17	4.34	443.23
浙江省	125.41	58.09	1.88	6.64	298.88
安徽省	119.95	59.93	1.61	4.58	296.45
福建省	120.75	61.62	2.13	6.23	467.07
江西省	106.29	63.55	1.32	3.34	216.01
山东省	126.27	62.32	2.55	5.02	394.60
河南省	110.64	66.81	1.45	4.32	197.20
湖北省	118.13	55.33	1.46	3.81	323.50
湖南省	111.86	65.41	1.37	4.74	202.67
广东省	117.24	62.33	2.33	4.43	426.76
广西区	117.17	62.99	1.62	5.18	336.64
海南省	107.05	59.36	2.44	3.97	876.71
重庆市	117.07	61.41	1.74	5.39	285.72
四川省	97.59	68.80	1.09	−0.06	227.16
贵州省	122.09	62.06	0.97	2.07	123.57
云南省	105.27	64.65	1.13	1.57	184.16
西藏区	127.39	52.56	1.23	15.83	69.17
陕西省	104.93	68.79	0.95	5.12	179.61
甘肃省	113.68	66.52	0.83	−2.08	75.42
青海省	88.46	58.33	0.90	1.92	107.08
宁夏区	91.93	77.52	0.91	1.24	126.12
新疆区	108.41	63.91	1.01	5.46	234.64

2004 年机械工业分地区主要经济指标(一)

单位:千元

地区	产品销售收入			利润总额		
	2004 年	2003 年	同期增长(%)	2004 年	2003 年	同期增长(%)
全国	5673416698	4378473519	29.58	272200636	223726267	21.67
北京市	239905256	187044601	28.26	12788900	11784538	8.52
天津市	222039685	156355009	42.01	17986051	6901078	160.63
河北省	82791538	64456420	28.45	5293410	3859684	37.15
山西省	24592896	19003113	29.42	254052	−24597	1132.86
内蒙古	14963418	12024361	24.44	1021212	949654	7.54

单位:千元

地区	产品销售收入			利润总额		
	2004 年	2003 年	同期增长(%)	2004 年	2003 年	同期增长(%)
辽宁省	189336600	150097796	26.14	5499293	4459099	23.33
吉林省	143185682	130535360	9.69	5842693	9916053	-41.08
黑龙江	43699859	35426318	23.35	284710	148270	92.02
上海市	704748670	545234931	29.26	43848887	38409729	14.16
江苏省	880752863	652373872	35.01	36754314	26680861	37.76
浙江省	491158779	377046516	30.26	30667776	24871408	23.31
安徽省	82360834	66102934	24.59	3596942	3210693	12.03
福建省	190592279	148480757	28.36	11168452	9610558	16.21
江西省	36016774	26869118	34.05	1161072	1045078	11.10
山东省	480613786	349505981	37.51	23011569	15710379	46.47
河南省	103419003	79883276	29.46	4298167	3137809	36.98
湖北省	145008727	125399062	15.64	5323164	6366895	-16.39
湖南省	59329192	49063380	20.92	2702679	2632650	2.66
广东省	1170992748	911724823	28.44	48960331	42469576	15.28
广西区	46285962	35511512	30.34	2278932	1726486	32.00
海南省	11236789	9411923	19.39	410371	395391	3.79
重庆市	102227971	79116088	29.21	5273747	4270445	23.49
四川省	100129382	79779232	25.51	-60810	2806687	-102.17
贵州省	13334984	11165711	19.43	272958	124027	120.08
云南省	11821540	10026350	17.90	185164	208684	-11.27
西藏区	96971	102519	-5.41	13312	10815	23.09
陕西省	65302664	51947444	25.71	3207710	2025886	58.34
甘肃省	8623156	7265028	18.69	-183833	-190057	3.27
青海省	1001631	1013452	-1.17	18870	16374	15.24
宁夏区	2815970	2223110	26.67	35180	-11160	415.23
新疆区	5031089	4283522	17.45	285361	203274	40.38

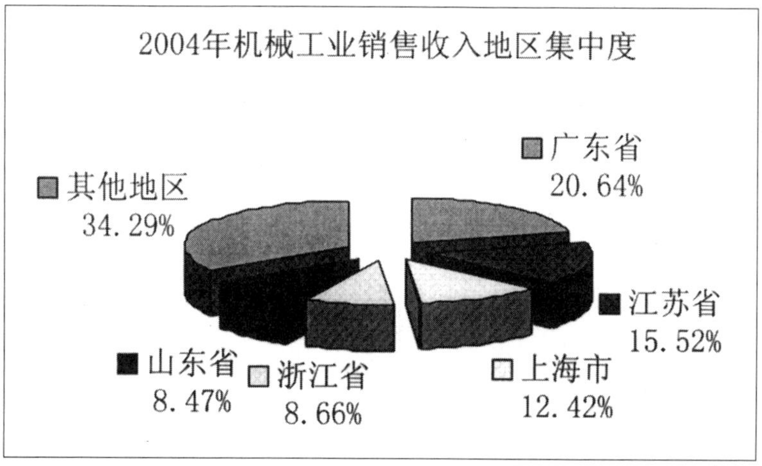

机械行业按销售收入排名前5名的地区是广东、江苏、上海、浙江和山东，分别占全国销售收入的20.64%，15.52%，12.42%，8.66%，8.47%，其中华东地区四省市占全国销售收入的45.07%，这说明机械行业集中度相对较高。

2004年机械工业分地区主要经济指标(二)

单位:千元

地区	应收账款净额			产成品		
	2004年	2003年	同期增长(%)	2004年	2003年	同期增长(%)
全国	960423619	801652895	19.81	356502621	295885023	20.49
北京市	36791198	31718308	15.99	14107544	11536482	22.29
天津市	31658227	30956251	2.27	6504975	6256682	3.99
河北省	14245609	12902620	10.41	9458867	7870235	20.19
山西省	5984040	5457224	9.65	3637308	3543086	2.66
内蒙古	3077110	3134718	-1.84	1774470	1307221	35.74
辽宁省	38880740	31688321	22.70	20204918	15642837	29.16
吉林省	20579835	15167730	35.68	6317995	7364804	-14.21
黑龙江	13809935	12955084	6.60	6098234	5356227	13.85
上海市	121187542	97225441	24.65	23313395	19151089	21.73
江苏省	162379904	132449661	22.60	44020829	36177706	21.68
浙江省	93471090	76200960	22.66	33711653	28009189	20.36
安徽省	13503293	12610348	7.08	7411830	5898252	25.66
福建省	31516314	25011317	26.01	9036489	6889773	31.16
江西省	5246233	4268149	22.92	3055612	2582935	18.30
山东省	46989387	39064506	20.29	28597613	21646411	32.11
河南省	17639847	16303005	8.20	9397571	8409939	11.74
湖北省	19612942	17398446	12.73	12042725	8986354	34.01
湖南省	13654717	10302352	32.54	6561264	5904743	11.12
广东省	192440130	153475785	25.39	70303889	57553091	22.15
广西区	6764247	5792755	16.77	4859363	3826233	27.00
海南省	524149	346893	51.10	1022818	529655	93.11
重庆市	15292646	13870468	10.25	7084015	6295889	12.52
四川省	23599575	24963989	-5.47	12455338	11332573	9.91
贵州省	3967567	4205293	-5.65	2375693	2074306	14.53
云南省	2240311	1975236	13.42	1813194	1408345	28.75
西藏区	15309	16830	-9.04	0	0	0
陕西省	19147586	15950063	20.05	7541926	6645708	13.49
甘肃省	3422516	3185751	7.43	1999841	1982062	0.90
青海省	266214	325021	-18.09	179507	177697	1.02
宁夏区	1157252	1347061	-14.09	698818	743005	-5.95
新疆区	1358154	1383309	-1.82	914927	782494	16.92

2004年机械工业分地区主要经济指标(三)

单位:千元

地区	流动资产平均余额			固定资产净值平均余额		
	2004年	2003年	同期增长(%)	2004年	2003年	同期增长(%)
全国	3018496499	2459221727	22.74	1202327538	1045625036	14.99
北京市	141166078	115366342	22.36	39190788	34625672	13.18
天津市	100035581	75303224	32.84	43671207	39102968	11.68
河北省	51120740	43906823	16.43	26245059	25866895	1.46
山西省	23975391	20525184	16.81	16056412	15728399	2.09
内蒙古	11530836	9080554	26.98	4907971	4412876	11.22
辽宁省	149275230	128046872	16.58	66827334	62546581	6.84
吉林省	78297239	70162414	11.59	31596923	27087949	16.65
黑龙江	57593881	43827796	31.41	20906325	20267946	3.15
上海市	369002777	282860261	30.45	146125864	119689123	22.09
江苏省	405659147	321181558	26.30	173462845	140522326	23.44
浙江省	261606226	208298568	25.59	97259673	77654447	25.25
安徽省	51077838	40445724	26.29	21722399	18970314	14.51
福建省	89452390	70139283	27.54	30884943	27395089	12.74
江西省	27200145	22964682	18.44	12877183	11293901	14.02
山东省	188163025	149888949	25.53	77407687	64296070	20.39
河南省	71274510	61219002	16.43	30965379	29891834	3.59
湖北省	99045787	85357106	16.04	43268729	40515685	6.80
湖南省	43190605	36257751	19.12	24046112	22900525	5.00
广东省	502600042	413414950	21.57	173259420	149281570	16.06
广西区	28636236	23164439	23.62	10163990	9350780	8.70
海南省	4608321	4103556	12.30	1428884	1564178	-8.65
重庆市	58887477	49463533	19.05	27076832	25662846	5.51
四川省	92187251	81816330	12.68	29989882	27355829	9.63
贵州省	13763548	13085081	5.19	7105008	6260902	13.48
云南省	10475407	9839192	6.47	4542727	4030221	12.72
西藏区	78962	74327	6.24	83531	69621	19.98
陕西省	68965652	60199759	14.56	29699289	27653243	7.40
甘肃省	10443141	9788825	6.68	6852107	7196085	-4.78
青海省	1110061	1100478	0.87	498802	482940	3.28
宁夏区	3103351	3272176	-5.16	1415539	1442138	-1.84
新疆区	4969624	5066988	-1.92	2788694	2506083	11.28

2004年机械工业分地区主要经济指标(四)

单位:千元

地区	资产总计			负债合计		
	2004年	2003年	同期增长(%)	2004年	2003年	同期增长(%)
全国	5113310265	4315951684	18.47	3170882276	2656038622	19.38
北京市	236180969	194204133	21.61	135417306	108715463	24.56
天津市	163715057	135918352	20.45	84545384	75721455	11.65
河北省	91899381	84662529	8.55	60409959	54672369	10.49
山西省	46365185	42066932	10.22	31626986	27814941	13.71
内蒙古	20759960	17558377	18.23	11764913	10044412	17.13
辽宁省	258894034	227061634	14.02	173353748	150372230	15.28
吉林省	146419244	134789973	8.63	89622996	84487561	6.08
黑龙江	94320791	80205140	17.60	77814370	61965088	25.58
上海市	602921087	503075025	19.85	353846794	283479231	24.82
江苏省	677488603	555913529	21.87	431742803	354272828	21.87
浙江省	458044658	367288756	24.71	266084008	214222583	24.21
安徽省	88330588	74052236	19.28	52935220	44543795	18.84
福建省	139767048	115245036	21.28	86124246	70819866	21.61
江西省	48782647	42002504	16.14	30999983	25272567	22.66
山东省	328556435	270978093	21.25	204745724	172926936	18.40
河南省	120810907	108312851	11.54	80710718	72068754	11.99
湖北省	187522002	165144695	13.55	103755419	94233660	10.10
湖南省	85521346	72271407	18.33	55935418	45822944	22.07
广东省	798593524	658608438	21.25	497769144	402028585	23.81
广西区	48416879	41215841	17.47	30495705	25921042	17.65
海南省	6008850	6164275	-2.52	3566916	3883236	-8.15
重庆市	112615351	96296707	16.95	69154891	59171893	16.87
四川省	150423120	134876284	11.53	103485374	86779148	19.25
贵州省	24859597	23971988	3.70	15427994	16247137	-5.04
云南省	19183724	17466238	9.83	12401580	11023386	12.50
西藏区	179965	174345	3.22	94584	107320	-11.87
陕西省	117873469	108917510	8.22	81083205	73857099	9.78
甘肃省	21404343	20390382	4.97	14237235	14085846	1.07
青海省	2020845	2041793	-1.03	1178797	1089877	8.16
宁夏区	5061120	5342262	-5.26	3923620	4104909	-4.42
新疆区	10369536	9734419	6.52	6627236	6282461	5.49

2004年机械工业分地区主要经济指标(五)

单位:千元

地区	销售成本			销售费用		
	2004年	2003年	同期增长(%)	2004年	2003年	同期增长(%)
全国	4874155934	3695667029	31.89	193987141	162745875	19.20
北京市	205891343	156707342	31.39	9293151	8036109	15.64
天津市	187754508	135739436	38.32	8754919	7195893	21.67
河北省	68668995	52457105	30.91	3268312	2634103	24.08
山西省	20148277	15394461	30.88	853227	732748	16.44
内蒙古	12715883	10029622	26.78	234696	192245	22.08
辽宁省	160972222	126099059	27.66	6869426	5751827	19.43
吉林省	124222896	107535597	15.52	2843781	3518096	-19.17
黑龙江	37316989	29236015	27.64	1455655	1338604	8.74
上海市	607402189	456547767	33.04	17118466	16136462	6.09
江苏省	779793578	570504127	36.69	24512629	19887790	23.25
浙江省	415379782	315674710	31.58	15317893	12509223	22.45
安徽省	68263188	53612338	27.33	5041368	3670091	37.36
福建省	164327496	126840230	29.55	7634408	6236332	22.42
江西省	30305338	21580104	40.43	1405934	1219672	15.27
山东省	416792865	301129405	38.41	18135946	14262196	27.16
河南省	86645780	66424476	30.44	5238957	3990533	31.28
湖北省	123086817	102208755	20.43	5891612	6676291	-11.75
湖南省	47679799	38713346	23.16	3209072	2210553	45.17
广东省	1013806146	772213892	31.29	40916295	33146595	23.44
广西区	38404310	28909730	32.84	2124071	1750363	21.35
海南省	9546447	8110673	17.70	506351	343914	47.23
重庆市	85624869	65452797	30.82	4522331	3427997	31.92
四川省	82571417	65259851	26.53	4578961	4190642	9.27
贵州省	10327627	8145408	26.79	629008	656503	-4.19
云南省	10003665	8331435	20.07	374957	354543	5.76
西藏区	72987	75635	-3.50	2544	1642	54.93
陕西省	51841875	40781046	27.12	2476692	2060259	20.21
甘肃省	7123360	5890790	20.92	349959	272561	28.40
青海省	828229	832973	-0.57	45114	38613	16.84
宁夏区	2236638	1745642	28.13	137446	106937	28.53
新疆区	4400419	3483262	26.33	243960	196538	24.13

2004 年机械工业分地区主要经济指标(六)

单位:千元

地区	财务费用			管理费用		
	2004 年	2003 年	同期增长(%)	2004 年	2003 年	同期增长(%)
全国	44044103	41323855	6.58	284953173	246947449	15.39
北京市	1488687	1439818	3.39	13505707	12626842	6.96
天津市	816537	922169	-11.45	7088734	6584662	7.66
河北省	1128059	1139290	-0.99	5081846	4636525	9.60
山西省	566310	515640	9.83	2685809	2406306	11.62
内蒙古	174842	174539	0.17	925611	864588	7.06
辽宁省	2877111	2753136	4.50	12671455	11290767	12.23
吉林省	1161593	971965	19.51	9240784	9246164	-0.06
黑龙江	668716	844719	-20.84	4046825	3952163	2.40
上海市	2747482	3134099	-12.34	36934850	32094874	15.08
江苏省	6037822	5209061	15.91	35615985	30535432	16.64
浙江省	5814140	4242180	37.06	25558407	20156416	26.80
安徽省	767072	711007	7.89	4396338	4540241	-3.17
福建省	1298740	1181698	9.90	6105943	5430118	12.45
江西省	467372	471466	-0.87	2537105	2431354	4.35
山东省	3962501	3467213	14.28	19181323	15625795	22.75
河南省	1749773	1579295	10.79	5779805	5252422	10.04
湖北省	1259712	1619296	-22.21	9528940	9558888	-0.31
湖南省	1051632	848224	23.98	5045592	4929528	2.35
广东省	4894858	4649019	5.29	44954900	38697306	16.17
广西区	343281	405339	-15.31	3138453	3035557	3.39
海南省	65176	57615	13.12	215352	282777	-23.84
重庆市	1064483	1120025	-4.96	6572781	5184125	26.79
四川省	1274212	1340810	-4.97	11950370	6966902	71.53
贵州省	246554	312106	-21.00	1991324	1817602	9.56
云南省	198085	214060	-7.46	1210287	1095248	10.50
西藏区	-67	1586	-104.22	8604	8335	3.23
陕西省	1397055	1461650	-4.42	6984214	5899700	18.38
甘肃省	276690	284331	-2.69	1092099	1009580	8.17
青海省	18217	17865	1.97	93505	97982	-4.57
宁夏区	86471	99236	-12.86	367081	289568	26.77
新疆区	140987	135398	4.13	443144	399682	10.87

2004年机械工业分地区主要经济指标(七)

单位:千元

地区	税金及附加			税金总额
	2004年	2003年	同期增长(%)	2004年
全国	30339088	25878387	17.24	147495849
北京市	1363073	995825	36.88	6579521
天津市	1154088	724793	59.23	4703668
河北省	398763	381674	4.48	2649950
山西省	84977	77895	9.09	832399
内蒙古	23305	23735	-1.81	359955
辽宁省	953329	765443	24.55	4918323
吉林省	3543349	3840056	-7.73	8366890
黑龙江	279929	304040	-7.93	1300811
上海市	4210603	3921983	7.36	16079015
江苏省	2528572	2243531	12.71	19912362
浙江省	2423599	2090602	15.93	15182612
安徽省	621892	673595	-7.68	2827077
福建省	456905	438365	4.23	2933982
江西省	338956	268538	26.22	1458788
山东省	2204725	1410363	56.32	14212781
河南省	651090	499004	30.48	3743601
湖北省	835880	869654	-3.88	4281539
湖南省	463532	378256	22.54	2217264
广东省	4739725	3667969	29.22	20974477
广西区	328144	260298	26.06	1927137
海南省	413710	273999	50.99	626443
重庆市	1494562	1121122	33.31	4485138
四川省	391167	283035	38.20	3137084
贵州省	42063	34924	20.44	418439
云南省	37307	33226	12.28	387890
西藏区	945	698	35.39	9283
陕西省	263710	219386	20.20	2214818
甘肃省	39419	37898	4.01	349650
青海省	3789	4648	-18.48	34388
宁夏区	7704	6359	21.15	115195
新疆区	40276	27473	46.60	255369

2004 年机械工业主要经济指标

指标	单位	2004 年	2003 年	同期增减(%)
企业总数	个	50822		
亏损企业	个	8743		
亏损企业亏损总额	千元	37182011		
应收账款净额	千元	960423619	801652895	19.81
产成品	千元	356502621	295885023	20.49
资产总计	千元	5113310265	4315951684	18.47
流动资产平均余额	千元	3018496499	2459221727	22.74
固定资产净值平均余额	千元	1202327538	1045625036	14.99
负债总计	千元	3170882276	2656038622	19.38
产品销售收入	千元	5673416698	4378473519	29.58
产品销售成本	千元	4874155934	3695667029	31.89
产品销售费用	千元	193987141	162745875	19.20
税金及附加	千元	30339088	25878387	17.24
财务费用	千元	44044103	41323855	6.58
管理费用	千元	284953173	246947449	15.39
利润总额	千元	272200636	223726267	21.67
全部从业人员	人	14769417	13608725	8.53

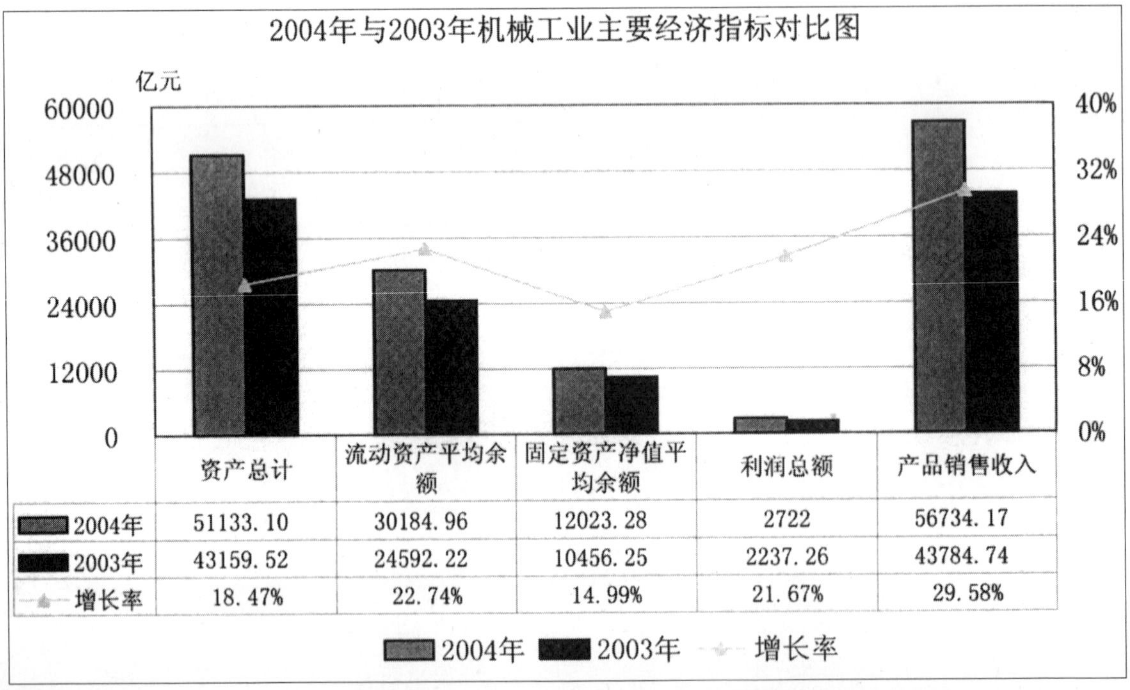

2004 年机械工业经济效益总体上仍保持较好水平，据统计，全国机械行业规模以上企业共计 50822 家，全行业实现利润 2722 亿元，比上年增长 21.67%，完成销售收入 56734.17 亿元，同比增长 29.58%。2004 年机械行业资产总额达 51133.10 亿元，比 2003 年同期增长 18.47%，其中流动资产平均余额达 30184.96 亿元，固定资产净值平均余额 12023.28 亿元，分别比上年增长 22.74%和 14.99%。

全国机械工业主要产品产量同期对比情况

产品名称	单位	完成产量				同期增长(%)	
		2004年12月	2004年	2003年12月	2003年	12月	全年
工业锅炉	蒸发量吨	14713.29	133648.85	12160.98	121558.89	20.99	9.95
电站锅炉	蒸发量吨	34617	234104	24160	135570	43.28	72.68
内燃机	万千瓦	3702.45	43400.44	3029.37	34697.11	22.22	25.08
电站汽轮机	千瓦	4989000	40806900	3805950	27514000	31.08	48.31
电站水轮机	千瓦	138760	1829405	158024	1409756	-12.19	29.77
金属切削机床	台	38233	389284	29574	286432	29.28	35.91
高精度机床	台	410	4354	247	2484	65.99	75.28
数控机床	台	5018	51861	3835	34611	30.85	49.84
大型机床	台	829	7151	489	4158	69.53	71.98
锻压设备	吨	54138.23	528247.76	58484.1	467213.33	-7.43	13.06
数控锻压设备	吨	1864	20297	963	15471	93.56	31.19
铸造机械	台	1648.15	18003.4	1355	16597	21.63	8.47
起重设备	吨	151042.25	1522154.42	132498.6	1241560.92	14.00	22.60
叉车	台	5477	63655	5012	50825	9.28	25.24
输送机械	米	139753.8	1138592.83	135964.1	844348.91	2.79	34.85
泵	台	3884892.8	28984178	2767614.83	25042828	40.37	15.74
风机	台	204803	2094367	145059	1464552	41.19	43.00
气体压缩机	台	121323	1191695	82637	777155	46.81	53.34
制冷空调设备	台(套)	641730	5635865	356593	3325251.5	79.96	69.49
减速机	台	152324	1395238.09	114453.3	1245309.4	33.09	12.04
分离机械	台	4082	14971	2959	9458	37.95	58.29
轴承	万套	62612.65	620610.46	55135.25	503258.44	13.56	23.32
阀门	吨	133764.22	1158399.54	104903.51	880851.58	27.51	31.51
液压元件	件	3290526	43030298.33	2959426.5	29516508.5	11.19	45.78
气动元件	件	77806	881712	51994	702893	49.64	25.44
粉末冶金制品	吨	41431.97	474728.29	35569.47	402494.98	16.48	17.95
矿山设备	吨	80210.32	1031320.18	75496.16	784469.7	6.24	31.47
水泥设备	吨	56210.97	441993.63	30861.1	272256.36	82.14	62.34
冶炼设备	吨	18402.33	229213.53	16538	192773.4	11.27	18.90
金属轧制设备	吨	22039.63	264955.32	13706.88	165373.4	60.79	60.22
包装机械	台	5242	61719.56	8715	67316.5	-39.85	-8.31
大中型拖拉机	台	7077	98268	4767	53426	48.46	83.93
小型拖拉机	台	154126	1794183	157416	1778232	-2.09	0.90
收获机械	台	11930.89	216577.01	11806	200411	1.06	8.07
场上作业机械	台	9813	128201	9733	124664	0.82	2.84
农业运输机械	辆	194893	2202633	236702	2572463	-17.66	-14.38
铲土运输机械	台	8413.86	116611.63	8923	105939	-5.71	10.07
压实机械	台	3252	25077	2967	27431	9.61	-8.58
混凝土机械	台	5560	59022	5964	80293	-6.77	-26.49

续表

产品名称	单位	完成产量				同期增长(%)	
		2004年12月	2004年	2003年12月	2003年	12月	全年
环境保护专用设备	台(套)	15334.01	152725.91	8453.21	22836.61	81.40	24.33
水污染防治设备	台(套)	299	3285	218	2277	37.16	44.27
固体废弃物处理设备	台(套)	102	995	108	771	-5.56	29.05
噪音与振动控制设备	台(套)	30	304	32	207	-6.25	46.86
大气污染防治设备	台(套)	13466.01	127063.91	6122.21	92583.61	119.95	37.24
机车	千瓦	318179	3292067	491535	3252381	-35.27	1.22
铁路客车	辆	315	1709	330	1525	-4.55	12.07
汽车	辆	416952	5196230	423574	4557314	-1.56	14.02
载货汽车	辆	135457	1677416	106882	1348309	26.74	24.41
公路客车	辆	114946	1248394	112803	1150966	1.90	8.46
其中:大型(40座及以上)	辆	4833	47630	6277	43616	-23.00	9.20
中型(20~40座)	辆	5974	61470	5600	61013	6.68	0.75
小型(9~20座)	辆	46727	563502	47234	554027	-1.07	1.71
其中:越野汽车	辆	4118	59630	6652	67228	-38.09	-11.30
轿车	辆	165914	2261442	203343	2052226	-18.41	10.19
排气量1.0升及以下	辆	13703	114718	10462	75697	30.98	51.55
排气量1.0~1.6升(含1.6升)	辆	79525	1041095	94021	1005963	-15.42	3.49
排气量1.6~2.5升(含2.5升)	辆	65313	1000949	84013	812003	-22.26	23.27
排气量2.5升以上	辆	7373	104680	14847	158563	-50.34	-33.98
改装汽车	辆	36966	439804.35	35298	372528	4.73	18.06
摩托车	辆	1449901	15815520	1455533	13422585	-0.39	17.83
自行车	辆	3390046.22	50012497.42	3518544.11	47112463.31	-3.65	6.16
民用钢质船舶	综合吨	869548.62	10190022.56	943333.11	6561572.7	-7.82	55.30
发电设备	千瓦	10045040	71378934	6591644	37396998	52.39	90.87
水轮发电机组	千瓦	1797620	11214419	1497063	6133709	20.08	82.83
汽轮发电机	千瓦	8011533	59534844	4989271	31030025	60.58	91.86
交流电动机	千瓦	9987180.42	111791144.9	9089133.42	90405823.72	9.88	23.65
变压器	千伏安	43354784.08	489701169.2	37892243.09	376637953.7	14.42	30.02
高压开关板	面	29268	271988	23395	208967	25.10	30.16
低压开关板	面	218809	2229247.95	216203.7	2775628.02	1.21	-19.68
电焊机	台	32088	304178	28026	239448	14.49	27.03
工业用电炉	台	500	6167	612	6718	-18.30	-8.20
微波通信设备	部	909	7854	2049	9492	-55.64	-17.26
光通信设备	部	12226	139561	13228.05	109066.5	-7.58	27.96
移动通信设备	部(信道)	943683	10704422	1110500	9805359	-15.02	9.17
程控交换机	线	9074407	77354725	7835337	67465141	15.81	14.66
数字程控交换机	线	7708727	65260099	6359353	58898825	21.22	10.80

八、轻工业

2004年轻工业分地区主要经济效益指标

地区名称	资本保值增值率(%)	资产负债率(%)	流动资产周转率(次)	成本费用利润率(%)	人均销售率(元)
全国	116.26	60.08	2.03	4.56	315.48
北京市	112.84	53.42	1.50	5.46	587.87
天津市	128.15	52.57	2.19	9.02	553.27
河北省	113.84	62.83	1.99	5.95	197.34
山西省	108.75	64.65	0.98	0.10	91.70
内蒙古	124.07	54.28	1.50	7.70	150.46
辽宁省	116.65	59.80	1.42	3.64	262.64
吉林省	89.80	62.91	1.25	-2.44	92.03
黑龙江	88.88	74.25	0.75	1.45	109.89
上海市	115.41	59.57	2.15	4.43	629.96
江苏省	123.47	63.26	2.30	4.39	426.84
浙江省	128.60	57.77	1.93	5.77	271.92
安徽省	121.28	56.27	1.74	4.77	218.83
福建省	120.14	57.13	2.16	5.84	285.86
江西省	113.68	57.57	1.53	5.04	151.23
山东省	123.58	58.76	2.72	5.17	321.91
河南省	110.68	63.94	1.65	5.37	181.33
湖北省	93.51	57.61	1.66	5.01	219.12
湖南省	109.64	59.91	1.68	5.91	190.55
广东省	113.94	60.38	2.36	3.63	324.36
广西区	114.04	63.00	1.42	4.11	147.05
海南省	110.03	58.97	1.45	5.90	218.72
重庆市	121.63	71.68	1.37	3.22	181.25
四川省	89.07	64.07	1.17	-2.14	205.01
贵州省	126.32	62.44	0.90	1.44	120.82
云南省	104.23	60.14	1.17	5.61	162.19
西藏区	110.29	39.41	0.75	0.80	41.59
陕西省	106.43	65.03	0.93	3.77	150.66
甘肃省	110.41	61.82	0.87	-1.60	81.42
青海省	123.18	57.93	1.03	0.55	61.81
宁夏区	79.09	72.72	0.98	-10.16	114.76
新疆区	113.04	53.78	0.98	5.75	166.28

2004 年轻工业分地区主要经济指标(一)

单位:千元

地区	产品销售收入			利润总额		
	2004 年	2003 年	同期增长(%)	2004 年	2003 年	同期增长(千元)
全国	5253243972	4006061680	31.13	228464689	172584028	32.38
北京市	191940364	161718170	18.69	10171346	9835069	3.42
天津市	210144049	149860716	40.23	17536480	5902975	197.08
河北省	85927528	67017334	28.22	4834957	3524160	37.19
山西省	17149250	13779363	24.46	17424	-105922	116.45
内蒙古	15589492	12569558	24.03	1128320	1011087	11.59
辽宁省	124019294	101753828	21.88	4346729	2935200	48.09
吉林省	16549340	13158408	25.77	-404572	-344204	-17.54
黑龙江	25780394	22447521	14.85	372361	120135	209.95
上海市	580191584	419530818	38.30	24816489	16836590	47.40
江苏省	848256700	613874527	38.18	35738006	25097028	42.40
浙江省	507648976	388574732	30.64	27760735	22772063	21.91
安徽省	60097129	45403611	32.36	2730609	2533959	7.76
福建省	229010582	174161613	31.49	12632876	9830824	28.50
江西省	26563903	17955433	47.94	1269783	724418	75.28
山东省	467494521	340911258	37.13	22963575	16435301	39.72
河南省	102819933	80090409	28.38	5249252	3640453	44.19
湖北省	67442673	53429869	26.23	3111489	2493561	24.78
湖南省	59043829	45412071	30.02	3277109	2429275	34.90
广东省	1400977189	1103343478	26.98	48316191	41314559	16.95
广西区	24014365	19147105	25.42	954023	503399	89.52
海南省	4219266	3450815	22.27	274642	143568	91.30
重庆市	27565070	20065529	37.38	901381	749164	20.32
四川省	75019602	64814063	15.75	-1639364	2420894	-167.72
贵州省	9815420	8133138	20.68	140538	88215	59.31
云南省	14420701	12993032	10.99	770394	520397	48.04
西藏区	190430	189899	0.28	1600	8398	-80.95
陕西省	39913279	33203725	20.21	1452921	1014456	43.22
甘肃省	9854525	9232228	6.74	-159464	-107278	-48.65
青海省	629881	609303	3.38	3477	-1948	278.49
宁夏区	4563291	3522690	29.54	-480471	-62763	-665.53
新疆区	6391412	5707436	11.98	375853	320995	17.09

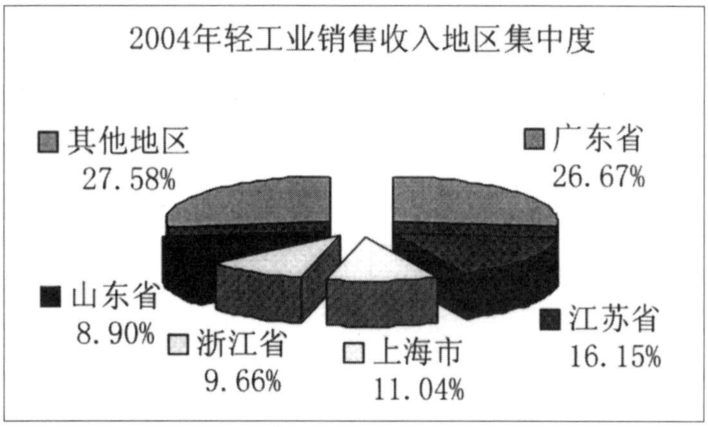

2004年中国轻工业规模以上企业共计67432家。按销售收入排名前5名的地区是广东、江苏、上海、浙江和山东，分别占全国销售收入的26.67%，16.15%，11.04%，9.66%，8.90%，排名前5名地区占全国销售收入的72.42%，这说明我国轻工业行业主要集中在华东和华南的部分地区。

2004年轻工业分地区主要经济指标(二)

单位：千元

地区	应收账款净额			产成品		
	2004年	2003年	同期增长(%)	2004年	2003年	同期增长(%)
全国	897134701	750264800	19.58	320521265	268438513	19.40
北京市	33876682	30578279	10.79	11069103	10027639	10.39
天津市	28887139	28186931	2.48	6477300	6503060	-0.40
河北省	11967204	10911630	9.67	8265268	6964351	18.68
山西省	3908570	3634204	7.55	2666369	2925969	-8.87
内蒙古	2667918	2816712	-5.28	1250684	910531	37.36
辽宁省	28524361	23680910	20.45	11851042	10072796	17.65
吉林省	3280040	3565856	-8.02	2487447	2372255	4.86
黑龙江	9963061	10143037	-1.77	4624662	3965278	16.63
上海市	111086408	88271812	25.85	19386041	16254327	19.27
江苏省	153367363	125032543	22.66	39263582	31239681	25.68
浙江省	90154306	72500031	24.35	33596988	28458438	18.06
安徽省	11594476	9235363	25.54	5402375	3836615	40.81
福建省	37786907	30144045	25.35	10595687	8129405	30.34
江西省	4376531	3893224	12.41	2388782	1755305	36.09
山东省	44158696	35863360	23.13	27341339	21309911	28.30
河南省	14781806	13835145	6.84	7534876	6671779	12.94
湖北省	11513766	10068415	14.36	5546331	4275081	29.74
湖南省	9946258	8146476	22.09	4989960	4488744	11.17
广东省	234317507	189615399	23.58	86240844	72047691	19.70
广西区	4558464	3773149	20.81	2564551	2236703	14.66
海南省	800781	654627	22.33	689766	319763	115.71
重庆市	5077059	4898540	3.64	2479404	2065358	20.05
四川省	16749921	19131182	-12.45	10436463	9927384	5.13
贵州省	2685474	2928473	-8.30	1561311	1249441	24.96
云南省	2894573	2724164	6.26	1960807	1607277	22.00
西藏区	45594	61643	-26.04	57103	43639	30.85

续表

地区	应收账款净额			产成品		
	2004 年	2003 年	同期增长(%)	2004 年	2003 年	同期增长(%)
陕西省	12242120	10000059	22.42	5793867	4956886	16.89
甘肃省	3014189	2966546	1.61	2172532	2141753	1.44
青海省	107536	92524	16.22	159993	166668	-4.00
宁夏区	1098218	1229392	-10.67	610846	673183	-9.26
新疆区	1701773	1681129	1.23	1055942	841602	25.47

2004 年轻工业分地区主要经济指标(三)

单位:千元

地区	流动资产平均余额			固定资产净值平均余额		
	2004 年	2003 年	同期增长(%)	2004 年	2003 年	同期增长(%)
全国	2585648588	2118537388	22.05	1299508568	1135051532	14.49
北京市	127944384	107708751	18.79	42098956	39746520	5.92
天津市	96042948	72828652	31.88	41846611	39084925	7.07
河北省	43261251	39105643	10.63	31330647	29992450	4.46
山西省	17587167	15050052	16.86	12569709	11992396	4.81
内蒙古	10407585	7832775	32.87	6862388	5951518	15.30
辽宁省	87197288	73945475	17.92	53085458	49081828	8.16
吉林省	13211849	13144117	0.52	17218835	17124534	0.55
黑龙江	34520163	31755481	8.71	20478979	20789341	-1.49
上海市	269636919	208310279	29.44	130416276	106629319	22.31
江苏省	368347532	286930444	28.38	188262253	153257232	22.84
浙江省	263077867	206578887	27.35	115182080	91240251	26.24
安徽省	34621229	27917723	24.01	18230801	15848615	15.03
福建省	105972522	83133254	27.47	50320393	43280981	16.26
江西省	17339073	14638833	18.45	11817766	10302001	14.71
山东省	172115243	140645756	22.37	103855067	86933188	19.47
河南省	62206644	53510255	16.25	35313305	32731724	7.89
湖北省	40579528	36558387	11.00	23681037	20733530	14.22
湖南省	35204747	27636561	27.38	27639740	24857025	11.19
广东省	592901699	490608873	20.85	249823722	224797685	11.13
广西区	16926404	14482616	16.87	13833821	12558069	10.16
海南省	2916892	2745869	6.23	2518848	2391668	5.32
重庆市	20053066	17431515	15.04	12123591	11814448	2.62
四川省	64193547	62658967	2.45	31030288	28966254	7.13
贵州省	10923999	9548056	14.41	5557839	4776580	16.36
云南省	12333011	11613334	6.20	11082980	10271435	7.90
西藏区	253865	263836	-3.78	451224	374296	20.55
陕西省	42756720	39637576	7.07	24139003	21985858	9.80
甘肃省	11346965	11176995	1.52	8953621	8735474	2.50

续表

地区	流动资产平均余额			固定资产净值平均余额		
	2004 年	2003 年	同期增长(%)	2004 年	2003 年	同期增长(%)
青海省	612567	619881	-1.18	750184	650081	15.40
宁夏区	4664304	4472586	4.29	3569721	3407890	4.75
新疆区	6491610	6045959	7.37	5462765	4744416	15.14

2004 年轻工业分地区主要经济指标(四)

单位:千元

地区	资产总计			负债合计		
	2004 年	2003 年	同期增长(%)	2004 年	2003 年	同期增长(%)
全国	4667888928	3950852493	18.15	2804342564	2347926663	19.44
北京市	230682579	199467920	15.65	123232778	104244180	18.22
天津市	159486833	135542069	17.67	83847895	76518774	9.58
河北省	86475920	79163543	9.24	54328797	50923946	6.69
山西省	35882078	32297708	11.10	23197667	20634236	12.42
内蒙古	21445708	17998317	19.15	11641266	10096151	15.30
辽宁省	168605200	146657468	14.97	100817687	88547756	13.86
吉林省	35380368	36636152	-3.43	22256498	22021501	1.07
黑龙江	64010272	62935168	1.71	47528334	44391870	7.07
上海市	468822268	389785584	20.28	279280686	225558437	23.82
江苏省	646309052	527011163	22.64	408871207	334709295	22.16
浙江省	481811855	378211631	27.39	278344731	219995338	26.52
安徽省	64198952	52591906	22.07	36125116	29443984	22.69
福建省	181694848	149219993	21.76	103810085	84389589	23.01
江西省	36096609	30570386	18.08	20779958	17096872	21.54
山东省	343967981	282348951	21.82	202106768	167553141	20.62
河南省	114756317	101852715	12.67	73378354	64466696	13.82
湖北省	79368335	75627526	4.95	45720588	39645335	15.32
湖南省	77575919	66868745	16.01	46472636	38499183	20.71
广东省	985400033	825883561	19.31	594975498	483212153	23.13
广西区	40227236	34961256	15.06	25343283	21910161	15.67
海南省	6121452	5981062	2.35	3609966	3698516	-2.39
重庆市	44691351	38689771	15.51	32033582	28282709	13.26
四川省	115577043	112984207	2.29	74054014	66367950	11.58
贵州省	19108216	17335522	10.23	11931440	11654149	2.38
云南省	27971191	26188179	6.81	16821377	15491292	8.59
西藏区	793136	673603	17.75	312584	237869	31.41
陕西省	79451729	74128680	7.18	51667094	48022615	7.59
甘肃省	25472760	24035972	5.98	15747833	15227834	3.41
青海省	1751639	1500519	16.74	1014647	902229	12.46
宁夏区	9392138	9824687	-4.40	6829846	6585152	3.72
新疆区	15359910	13878529	10.67	8260349	7597750	8.72

2004 年轻工业分地区主要经济指标(五)

单位:千元

地区	销售成本			销售费用		
	2004 年	2003 年	同期增长(%)	2004 年	2003 年	同期增长(%)
全国	4547985293	3425604406	32.76	178988353	147363118	21.46
北京市	164992166	136286711	21.06	7574403	7188222	5.37
天津市	179091983	132198899	35.47	8697437	6682731	30.15
河北省	72202340	55495637	30.10	3146390	2531701	24.28
山西省	14013043	11070783	26.58	465002	427091	8.88
内蒙古	13211401	10524085	25.53	255557	184144	38.78
辽宁省	104762698	85371445	22.71	4450609	3822827	16.42
吉林省	13511840	10675679	26.57	686080	542574	26.45
黑龙江	20994363	18303904	14.70	1148549	989573	16.07
上海市	512442024	364969512	40.41	14817756	14679384	0.94
江苏省	754791044	540507455	39.64	22510928	17886741	25.85
浙江省	435598822	330049080	31.98	15225392	12488240	21.92
安徽省	49675289	37119692	33.82	3885346	2702007	43.79
福建省	197631614	150629620	31.20	9058322	6977114	29.83
江西省	22680515	14627730	55.05	824890	643292	28.23
山东省	403518500	291644974	38.36	18257525	14430730	26.52
河南省	86204920	66794875	29.06	4790031	3748304	27.79
湖北省	53074056	39973235	32.77	4142844	2847654	45.48
湖南省	46808910	36651194	27.71	3144544	2156457	45.82
广东省	1225480629	946639915	29.46	45825292	37427947	22.44
广西区	19924554	15833705	25.84	874017	772049	13.21
海南省	4116027	2789845	47.54	217212	188006	15.53
重庆市	23203905	16331050	42.08	1212653	897002	35.19
四川省	61428464	52952980	16.01	4096242	3751412	9.19
贵州省	7929825	6502201	21.96	578166	605060	-4.44
云南省	11450949	10394696	10.16	430429	391661	9.90
西藏区	148508	151536	-2.00	13747	9889	39.01
陕西省	31233570	25734297	21.37	1726985	1588091	8.75
甘肃省	8089843	7490932	8.00	386437	374634	3.15
青海省	519251	509460	1.92	23494	22554	4.17
宁夏区	3835545	2842548	34.93	193579	140150	38.12
新疆区	5418695	4536731	19.44	328495	265877	23.55

2004 年轻工业分地区主要经济指标(六)

单位:千元

地区	财务费用			管理费用		
	2004 年	2003 年	同期增长(%)	2004 年	2003 年	同期增长(%)
全国	46164467	41827932	10.37	242322122	203926460	18.83
北京市	1263170	1245231	1.44	12292568	11689166	5.16

续表

地区	销售成本			销售费用		
	2004 年	2003 年	同期增长(%)	2004 年	2003 年	同期增长(%)
天津市	802220	933362	-14.05	5719792	5883614	-2.78
河北省	1246750	1199467	3.94	4664738	4186687	11.42
山西省	348775	325532	7.14	2081675	1858214	12.03
内蒙古	158612	159498	-0.56	1018780	937030	8.72
辽宁省	1875585	1866780	0.47	8276343	7436139	11.30
吉林省	584303	446046	31.00	1788480	1678091	6.58
黑龙江	729527	803410	-9.20	2801833	2503566	11.91
上海市	3170838	3299096	-3.89	29186580	23199193	25.81
江苏省	6704616	5635464	18.97	30266207	25383949	19.23
浙江省	6164409	4665126	32.14	24307790	19077919	27.41
安徽省	641080	659633	-2.81	3015328	2656262	13.52
福建省	1869739	1650762	13.27	7875135	6768108	16.36
江西省	445120	422949	5.24	1243219	1290574	-3.67
山东省	5060252	4018692	25.92	17484617	14276221	22.47
河南省	1773723	1570330	12.95	4916116	4646239	5.81
湖北省	857392	797904	7.46	3975888	3467931	14.65
湖南省	1031854	859725	20.02	4421515	3999851	10.54
广东省	6578731	6243207	5.37	52703340	45294160	16.36
广西区	567677	590712	-3.90	1822470	1668247	9.24
海南省	81916	80825	1.35	238848	208193	14.72
重庆市	775766	859639	-9.76	2758111	2366739	16.54
四川省	1345601	1303800	3.21	9705439	5140035	88.82
贵州省	160047	171288	-6.56	1105917	988254	11.91
云南省	325088	324315	0.24	1527025	1382052	10.49
西藏区	2539	2053	23.67	34146	26001	31.33
陕西省	949400	1074082	-11.61	4680184	3916149	19.51
甘肃省	262726	270497	-2.87	1217627	1078562	12.89
青海省	17727	17731	-0.02	70544	65133	8.31
宁夏区	184666	160918	14.76	513109	303880	68.85
新疆区	184618	169858	8.69	608758	550301	10.62

2004 年轻工业分地区主要经济指标(七)

单位:千元

地区	税金及附加			税金总额
	2004 年	2003 年	同期增长(%)	2004 年
全国	13420863	11546916	16.23	113116023
北京市	305408	261656	16.72	4699272
天津市	229146	190562	20.25	3054534
河北省	385797	328923	17.29	2643572

续表

地区	税金及附加			税金总额
	2004 年	2003 年	同期增长(%)	2004 年
山西省	67192	72933	–7.87	543389
内蒙古	36539	33854	7.93	450065
辽宁省	263856	233811	12.85	2624510
吉林省	86860	99281	–12.51	638535
黑龙江	122714	126413	–2.93	1102622
上海市	504488	424966	18.71	8244070
江苏省	1728577	1571531	9.99	17640378
浙江省	2101657	1826070	15.09	15206241
安徽省	219156	184641	18.69	1872227
福建省	460384	415023	10.93	3871467
江西省	128354	102510	25.21	960694
山东省	1819027	1156629	57.27	13737777
河南省	600944	538505	11.59	3612923
湖北省	450660	356520	26.41	2315471
湖南省	414250	327124	26.63	2323733
广东省	2341070	2174250	7.67	18991141
广西区	120309	103884	15.81	1024004
海南省	14257	24608	–42.06	163394
重庆市	189399	138118	37.13	952718
四川省	298545	252043	18.45	2676633
贵州省	41357	39045	5.92	333397
云南省	162419	252712	–35.73	738069
西藏区	5473	2484	120.33	10489
陕西省	188454	181863	3.62	1686743
甘肃省	62252	70439	–11.62	386666
青海省	6486	5668	14.43	32848
宁夏区	16199	13482	20.15	214920
新疆区	49634	37368	32.82	363521

2004 年轻工业总产值同期对比情况

地区	工业总产值				同期增长(%)	
名称	2004 年 12 月	2004 年	2003 年 12 月	2003 年	12 月	全年
全国	635715527	6265397775	532560676	5035304689	19.37	24.43
北京市	9077381	92324471	8714667	80724074	4.16	14.37
天津市	10935910	124088540	10154710	108538460	7.69	14.33
河北省	19635016	197005023	17649589	160530882	11.25	22.72
山西省	2741241	24616250	2215031	21397182	23.71	15.04
内蒙古	7104421	58547549	5077438	42958599	39.92	36.29

续表

地区名称	工业总产值				同期增长(%)	
	2004 年 12 月	2004 年	2003 年 12 月	2003 年	12 月	全年
辽宁省	13772168	130317168	11404940	103527428	20.76	25.88
吉林省	5974832	60455847	5808177	49168456	2.87	22.96
黑龙江	7619275	68001621	6833887	58374437	11.49	16.49
上海市	34594616	348529040	30368781	292643842	13.92	19.10
江苏省	79535360	823952284	62959201	656986988	26.33	25.41
浙江省	92573786	862313312	81293528	682220873	13.88	26.40
安徽省	11082333	105434172	9497363	84802894	16.69	24.33
福建省	29624255	295458807	22831207	228055675	29.75	29.56
江西省	7134432	59069301	4994919	42715263	42.83	38.29
山东省	87329291	835918442	66935468	620230070	30.47	34.78
河南省	23407809	223602570	18942944	176093387	23.57	26.98
湖北省	13655256	143413772	11614742	118661671	17.57	20.86
湖南省	10004301	108469147	8626636	85409230	15.97	27.00
广东省	116295294	1181011674	100291637	983144276	15.96	20.13
广西区	8442241	63986551	7019062	53668091	20.28	19.23
海南省	2011639	16451765	1759465	15384507	14.33	6.94
重庆市	7481911	72158340	6218859	56771702	20.31	27.10
四川省	15379749	154348623	13210761	125852322	16.42	22.64
贵州省	4257570	34074441	3590586	28613449	18.58	19.09
云南省	5044469	78057655	4840574	69798818	4.21	11.83
西藏区	217472	958834	168064	808853	29.40	18.54
陕西省	4673372	48225612	4246793	42963527	10.04	12.25
甘肃省	2509734	21645518	1933400	18064358	29.81	19.82
青海省	292910	2395786	362557	2151637	−19.21	11.35
宁夏区	1292883	9486414	945862	7137854	36.69	32.90
新疆区	2014600	21079237	2049028	17905884	−1.68	17.72

2004 年轻工业主要经济指标

指标	单位	2004 年	2003 年	同期增减(%)
企业总数	个	67432		
亏损企业	个	12557		
亏损企业亏损总额	千元	37152302		
应收账款净额	千元	897134701	750264800	19.58
产成品	千元	320521265	268438513	19.40
资产总计	千元	4667888928	3950852493	18.15
流动资产平均余额	千元	2585648588	2118537388	22.05
固定资产净值平均余额	千元	1299508568	1135051532	14.49
负债总计	千元	2804342564	2347926663	19.44
产品销售收入	千元	5253243972	4006061680	31.13

续表

指标	单位	2004 年	2003 年	同期增减(%)
产品销售成本	千元	4547985293	3425604406	32.76
产品销售费用	千元	178988353	147363118	21.46
税金及附加	千元	13420863	11546916	16.23
财务费用	千元	46164467	41827932	10.37
管理费用	千元	242322122	203926460	18.83
利润总额	千元	228464689	172584028	32.38
全部从业人员	人	16651455	15242477	9.24

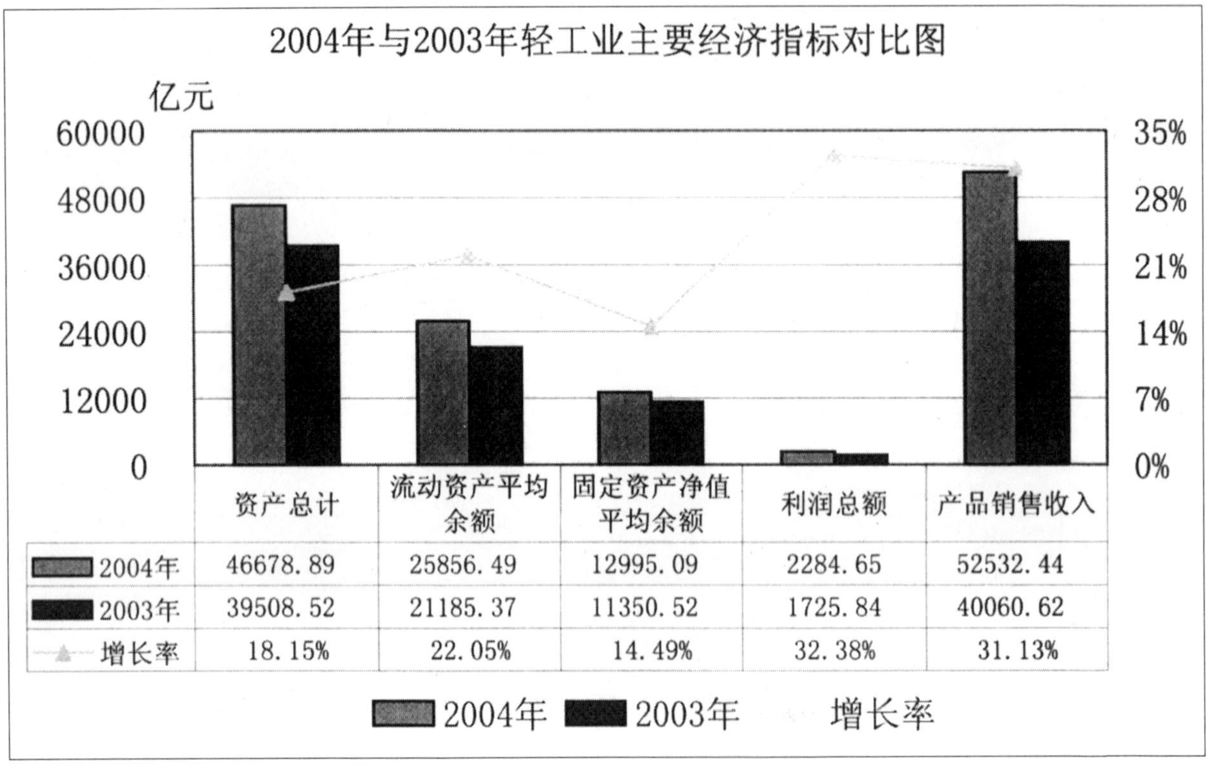

2004 年轻工业依然保持了健康快速的发展态势，经济效益较好，企业内在活力明显增强。据国家统计局提供的数据，轻工全行业全部国有和年产品销售收入 500 万元以上非国有独立核算工业企业共计 67432 家，2004 年完成销售收入 52532.44 亿元，比上年增长 31.13%；实现利润 2284.65 亿元，比上年增长 32.38%；资产总额达 46678.89 亿元，同比增长 18.15%，其中流动资产平均余额达 25856.49 亿元，固定资产净值平均余额 12995.09 亿元，分别比上年增长 22.05%和 14.49%。

全国轻工业主要产品产量同期对比情况表

产品名称	单位	完成产量				同期增长(%)	
		2004年12月	2004年	2003年12月	2003年	12月	全年
人造板	立方米	11570	135595	12600	141948	-8.17	-4.48
胶合板	立方米	1641298.4	16214290.37	1095640.12	12385412.8	49.80	30.91
纤维板	立方米	1219244.52	12599056.96	1014560.38	9545580.2	20.17	31.99
刨花板	立方米	288981.14	3156539.81	268892.71	2580148.09	7.47	22.34
人造板二次加工装饰板	平方米	10597301.01	144775708.2	13269254.05	144981242.6	-20.14	-0.14
木地板	平方米	4513029.79	50372462.58	2912897.14	35912535.14	54.93	40.26
复合地板	平方米	7459018.66	66350428.71	4595266.07	43244030.65	62.32	53.43
家具	件	28205214.72	258165509.5	24274863.67	223416825.6	16.19	15.55
木制家具	件	8890654.08	83506959.08	7989879.73	69768420.27	11.27	19.69
软体家具(包括床垫、沙发)	件	1047246.49	9194730.77	931066.06	7159153.6	12.48	28.43
金属家具	件	14712776	152492360	14518863	139290120	1.34	9.48
纸浆	吨	1518531.92	15162297.02	1361312.08	12928136.98	11.55	17.28
机制纸	吨	2803512.43	28735597.29	2334843.67	24047519.76	20.07	19.50
新闻纸	吨	285991.07	2999565.93	233796.44	2498348.89	22.32	20.06
胶印书刊纸(含凸版纸)	吨	196578.62	1777040.04	162370.02	1202657.95	21.07	47.76
机制纸板	吨	1823319.7	19896382.35	1572177.58	16342736.96	15.97	21.74
纸制品	吨	1310244.47	13061756.29	1122062.21	11048416.78	16.77	18.22
纸箱	吨	691989.34	7046516.95	612851.52	6141274.53	12.91	14.74
本册	万本	11426.92	105537.61	10711.46	101393.28	6.68	4.09
自来水笔	万支	1073.17	11552.19	945.56	9427.63	13.50	22.54
铅笔	万支	77717.46	891742.48	76996.81	839401	0.94	6.24
金属切削工具	万件	21419.7	179070.11	19391.94	175562.37	10.46	2.00
模具	套	860313.39	8679890.9	1206759.85	13934084.53	-28.71	-37.71
手工工具	万把	36748.82	317659.88	38289.75	297452.11	-4.02	6.79
电动工具	台	15252910.25	154668504.8	14036118.68	135113832.8	8.67	14.47
搪瓷制品	吨	11858.6	114572.55	12532.45	120211.74	-5.38	-4.69
日用精铝制品	吨	16665.55	144320.43	13066.88	126787.39	27.54	13.83
日用不锈钢制品	吨	60719.9	683067.98	54802.44	585558.64	10.80	16.65
锁具	万把	13131.81	143609.91	12227.37	126101.79	7.40	13.88
燃气灶具	台	851159	10234202	1245069	9667341	-31.64	5.86
燃气热水器	台	392917	4371670	293908	3273062	33.69	33.57
粮食加工机械	台	113747	984280	117066	843271	-2.84	16.72
饲料加工机械	台	12749	123099	12609	132156	1.11	-6.85
烟草加工机械	台(条、组)	1018	8805	959	6763	6.15	30.19
棉花加工设备	台	2049.5	21999.5	1541	19913.5	33.00	10.48
缝纫机	架	717842	8557440	673218	7846689	6.63	9.06
造纸机械	台	1368.6	15021.6	1504	13679	-9.00	9.82
印刷机	吨	6891.62	77432.45	6865.16	72371.63	0.39	6.99
化工设备	吨	33740.54	313615.44	33557.06	276107.36	0.55	13.58
塑料加工设备	吨	28066.04	424742.33	24372.43	383951.22	15.15	10.62

续表

产品名称	单位	完成产量				同期增长(%)	
		2004年12月	2004年	2003年12月	2003年	12月	全年
电力电缆	公里	460325.58	4686857.64	432110.1	4118741.8	6.53	13.79
通讯电缆	公里	3487383.03	54308585.72	3757745.22	43029222.54	-7.19	26.21
光纤通讯电缆	公里	238107.44	2944270.9	327419.91	2670726.88	-27.28	10.24
钢芯铝绞线	吨	52884.44	595046.39	51524.95	588257.94	2.64	1.15
绝缘制品	吨	29783.08	350932.61	29310.54	312576.98	1.61	12.27
蓄电池	千伏安时	3750418.83	45132985.7	4391252.86	38534354	-14.59	17.12
干电池(折一号电池)	万只	235438.98	2484147.25	222753.03	2309604.16	5.70	7.56
灯具	万只	13076.17	152386.08	14854.09	126281.86	-11.97	20.67
电光源(灯泡)	万只	82372.49	835682.21	79415.3	721565.98	3.72	15.82
家用洗衣机	台	2730866	23488643.9	2764864	19705313.57	-1.23	19.20
家用吸尘器	台	2893826	25718178	3142475	24188709	-7.91	6.32
家用电冰箱	台	2964984	30333947	2893280	23329063	2.48	30.03
冷柜(含冷冻箱、冷藏箱、展示柜)	台	508404	6282809	626449	5181341	-18.84	21.26
家用电风扇	台	7310162	110426313	7808178	99410145	-6.38	11.08
房间空调器	台	6037075	70466265	4785100	49428932	26.16	42.56
吸排油烟机	台	479911	5378140	462430	4609983	3.78	16.66
电热水器	台	491202	4716805	477575	3936664	2.85	19.82
微波炉	台	4538513	43924548	4781497	37383668	-5.08	17.50
电饭锅	个	5313711	41367499	5302295	36035660	0.22	14.80
家用电热烘烤器具	个	8873219	102583042	6684978	69321268	32.73	47.98
家用洗碗机	台	58256	523325	19226	196169	203.01	166.77
电话单机	部	11166722	139598217	11151555	127747525	0.14	9.28
传真机	部	746594	8237746	387416	4455394	92.71	84.89
移动电话机	部	19536512	245876247	22159050	190460614	-11.84	29.10
电子计算机	部	5288	54446	4689	51509	12.77	5.70
微型电子计算机	部	5305062	45124045	4257837	32541022	24.60	38.67
笔记本计算机	部	2581372	22213031	1897196	14351418	36.06	54.78
显示器	部	11561744	131365502	9544977	86122553	21.13	52.53
打印机	部	2578049	27540811	2079316	20710437	23.99	32.98
黑白显象管	只	478821	5073922	546299	7236849	-12.35	-29.89
彩色显象管	只	6561598	82256086	6906147	70719164	-4.99	16.31
半导体分立器件	万只	1269938.3	14078920.86	1033874.8	10417009.52	22.83	35.15
半导体集成电路	万块	175358.43	2114586.62	177496.95	1571763.49	-1.20	34.54
大规模半导体集成电路	万块	68420.32	781139.81	64961.71	528740.57	5.32	47.74
彩色电视机	部	7900186	76729959	7488815	67878390	5.49	13.04
黑白电视机	部	847271	9403953	876961	9105894	-3.39	3.27
录相机	部	1679525	23222171	2269540	22390525	-26.00	3.71
激光视盘机	台	6934751	84610830	7891744	71353163	-12.13	18.58
收音机	部	3699065	55255398	4467178	54990315	-17.19	0.48
录放音机	部	4971146	58863362	4318218	58224448	15.12	1.10
复读机	部	169948	2117097	16510	1043510	929.36	102.88

续表

产品名称	单位	完成产量				同期增长(%)	
		2004年12月	2004年	2003年12月	2003年	12月	全年
组合音响	部	3613257	45179265	4992278	51404416	-27.62	-12.11
自动化仪表及系统	台(套)	4318302.79	47383854.34	4858749	44991074	-11.12	5.32
电工仪器仪表	台	3981245	41840284.52	5708038	49773434	-30.25	-15.94
光学仪器	台	457819	7729536	932991	8670358	-50.93	-10.85
成分分析仪器	台	6147	64414	6527	64321	-5.82	0.14
试验机	台	1654	19294	1692	20414	-2.25	-5.49
汽车仪器仪表	台	1409439	21430171	1416961	18775736	-0.53	14.14
环境监测仪器仪表	台	102	1043	150	1842	-32.00	-43.38
电教设备	台	4195	43672	5616	52882	-25.30	-17.42
照相机	台	4696357	62179997	5084658	59750122	-7.64	4.07
数码照相机	台	2000348	24906391	2108370	16586196	-5.12	50.16
复印机械	台	262072	3245786	270941	2906128	-3.27	11.69
钟	只	13019839	142438075	15263614	129952688	-14.70	9.61
表	只	13934839	135777667	13223916	137870674	5.38	-1.52
眼镜	付	69842213.23	625811023.2	86490742.73	594049032.7	-19.25	5.35
伞	把	38715820.72	415511061	25836875	286470604	49.85	45.04

九、纺织工业

2004年纺织工业分地区主要经济效益指标

地区名称	资本保值增值率(%)	资产负债率(%)	流动资产周转率(次)	成本费用利润率(%)	人均销售率(元)
全国	117.28	61.26	2.39	3.50	154.74
北京市	115.56	62.66	1.30	1.00	101.68
天津市	111.21	71.55	1.62	4.74	105.28
河北省	103.50	62.32	3.23	6.73	157.94
山西省	108.87	68.07	1.41	-1.95	53.76
内蒙古	105.77	56.21	1.12	4.13	188.75
辽宁省	113.09	63.27	1.70	2.22	121.53
吉林省	97.26	69.97	1.14	0.05	71.36
黑龙江	127.66	65.01	1.35	2.35	65.65
上海市	106.45	55.97	1.83	4.36	157.96
江苏省	114.85	65.14	2.58	3.22	201.30
浙江省	126.33	59.74	2.41	4.60	211.93
安徽省	108.07	67.35	2.02	1.08	96.20
福建省	127.96	43.71	2.68	4.54	120.88
江西省	127.67	63.23	2.77	2.38	91.68

续表

地区名称	资本保值增值率(%)	资产负债率(%)	流动资产周转率(次)	成本费用利润率(%)	人均销售率(元)
山东省	126.81	62.12	2.84	4.78	171.13
河南省	117.75	67.51	2.29	3.65	113.93
湖北省	111.28	68.24	2.40	1.55	105.41
湖南省	125.80	67.22	2.66	0.87	104.61
广东省	108.95	57.54	2.51	1.16	127.32
广西区	111.25	75.56	2.19	0.85	85.38
海南省	71.72	61.62	1.29	6.60	138.58
重庆市	149.75	73.56	2.46	0.87	90.58
四川省	108.26	62.00	2.56	1.88	113.83
贵州省	122.28	74.72	1.12	-1.87	47.08
云南省	86.96	86.27	0.69	-3.43	32.13
西藏区	100.45	44.49	0.18	1.91	41.20
陕西省	71.88	84.27	1.42	-4.68	57.58
甘肃省	107.57	47.94	1.34	3.56	91.98
青海省	141.98	60.27	0.53	7.76	98.84
宁夏区	144.00	57.25	1.63	5.77	372.85
新疆区	92.89	75.03	0.96	-6.04	87.50

2004年纺织工业分地区主要经济指标(一)

单位:千元

地区	产品销售收入			利润总额		
	2004年	2003年	同期增长(%)	2004年	2003年	同期增长(千元)
全国	1580379568	1270584628	24.38	53137344	44266344	20.04
北京市	11250307	11290320	-0.35	115753	209541	-44.76
天津市	18362153	16615639	10.51	837118	722897	15.80
河北省	55716935	45439147	22.62	3477330	2630581	32.19
山西省	2734243	2360872	15.81	-54891	-33763	-62.58
内蒙古	12868126	11603902	10.89	513415	497813	3.13
辽宁省	24754097	17513517	41.34	514121	384830	33.60
吉林省	3254704	3140353	3.64	1559	-42345	103.68
黑龙江	3719466	3042974	22.23	85548	62874	36.06
上海市	68866746	66547130	3.49	2898627	3129982	-7.39
江苏省	320238467	260396965	22.98	9983670	8445522	18.21
浙江省	368170562	293944061	25.25	16210684	14283915	13.49
安徽省	18889261	16002153	18.04	201539	314545	-35.93
福建省	96297052	70153155	36.68	4098213	3106314	31.93
江西省	12500539	6123640	104.14	281222	99541	182.52

单位:千元

地区	产品销售收入			利润总额		
	2004 年	2003 年	同期增长(%)	2004 年	2003 年	同期增长(千元)
山东省	207791561	144316985	43.98	9464001	6186294	52.98
河南省	37108188	28808112	28.81	1295597	904656	43.21
湖北省	36744274	30193210	21.70	542181	527515	2.78
湖南省	13103047	10485528	24.96	118726	30196	293.18
广东省	221944475	195765458	13.37	2480353	2881223	-13.91
广西区	4283905	3461756	23.75	36078	-13705	363.25
海南省	1029354	885791	16.21	64622	54985	17.53
重庆市	5561044	3780372	47.10	47535	3366	1312.21
四川省	16871143	12586333	34.04	310344	225667	37.52
贵州省	563084	445774	26.32	-11018	-15708	29.86
云南省	611275	666174	-8.24	-25833	-48423	46.65
西藏区	5809	5744	1.13	112	70	60.00
陕西省	5699810	5233189	8.92	-277233	-126913	-118.44
甘肃省	2481263	2140317	15.93	84519	50985	65.77
青海省	494023	528800	-6.58	35045	37201	-5.80
宁夏区	2977205	2300033	29.44	156263	96370	62.15
新疆区	5487450	4507224	21.75	-347856	-339682	-2.41

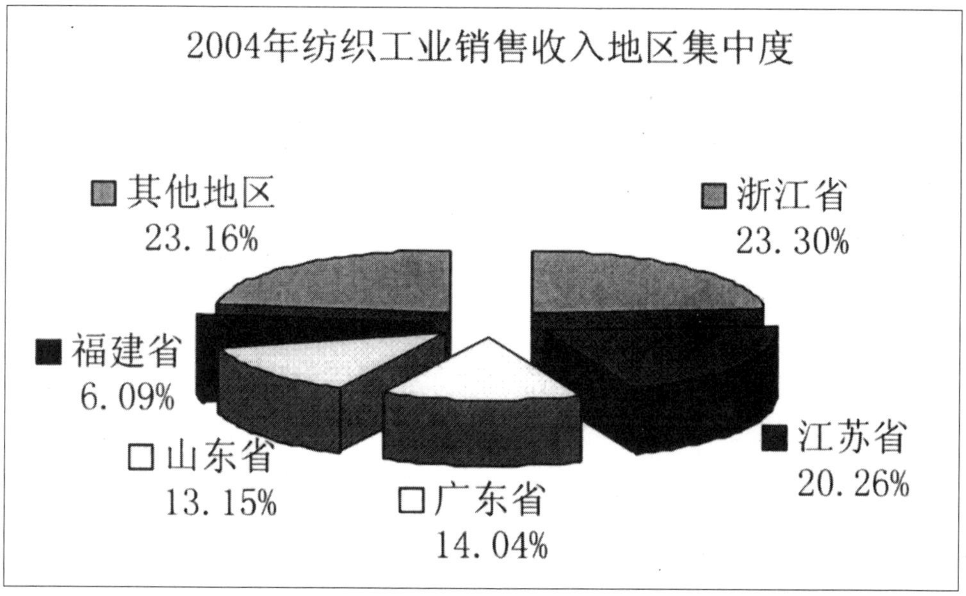

2004 年纺织工业按销售收入排名前 5 名的地区是浙江、江苏、广东、山东、福建，分别占全国销售收入的 23.30%、20.26%、14.04%、13.15%和 6.09%，前 5 名地区的销售收入占纺织工业销售收入总数的 76.84%，集中度比较高。

2004年纺织工业分地区主要经济指标(二)

单位:千元

地区	应收帐款净额			产成品		
	2004年	2003年	同期增长(%)	2004年	2003年	同期增长(%)
全国	152116270	135470090	12.29	114299995	92913744	23.02
北京市	1552507	1407991	10.26	2500790	2230839	12.10
天津市	2437449	2392861	1.86	1445039	1375034	5.09
河北省	2736959	2590429	5.66	4090270	3828932	6.83
山西省	272615	207758	31.22	635988	581694	9.33
内蒙古	2050548	1573687	30.30	3098346	2635124	17.58
辽宁省	3266008	2288015	42.74	4777602	1854443	157.63
吉林省	392248	538230	-27.12	1009555	865148	16.69
黑龙江	768665	572173	34.34	1145763	968437	18.31
上海市	10323739	10333919	-0.10	5534808	4624390	19.69
江苏省	29240064	25555944	14.42	19472148	16479210	18.16
浙江省	36496557	31227546	16.87	21624089	15311921	41.22
安徽省	1732656	1511205	14.65	1812702	1599120	13.36
福建省	10879029	8337599	30.48	5148323	4228566	21.75
江西省	819893	563351	45.54	1102005	974691	13.06
山东省	10746290	10041411	7.02	11712158	9556665	22.55
河南省	2443169	2346073	4.14	2971457	2743470	8.31
湖北省	2905647	2640323	10.05	2988449	2454911	21.73
湖南省	747416	623454	19.88	1445094	1328297	8.79
广东省	27327630	26439871	3.36	15538815	13534532	14.81
广西区	477502	334561	42.72	377708	351208	7.55
海南省	204890	185047	10.72	164541	144052	14.22
重庆市	384873	260353	47.83	563920	410841	37.26
四川省	1034515	1027643	0.67	1287053	1074559	19.77
贵州省	51021	48415	5.38	80247	76386	5.05
云南省	122384	98429	24.34	221391	245033	-9.65
西藏区	82	123	-33.33	3734	3786	-1.37
陕西省	478713	505637	-5.32	974715	1053300	-7.46
甘肃省	381740	203051	88.00	585272	727602	-19.56
青海省	193503	150168	28.86	80139	60206	33.11
宁夏区	616788	573476	7.55	544078	484676	12.26
新疆区	1031170	891347	15.69	1363796	1106671	23.23

2004年纺织工业分地区主要经济指标(三)

单位:千元

地区	流动资产平均余额			固定资产净值平均余额		
	2004年	2003年	同期增长(%)	2004年	2003年	同期增长(%)
全国	660731500	561095117	17.76	430475259	371158861	15.98

续表

地区	流动资产平均余额			固定资产净值平均余额		
	2004 年	2003 年	同期增长(%)	2004 年	2003 年	同期增长(%)
北京市	8685507	8238877	5.42	3823195	3685605	3.73
天津市	11366280	9754988	16.52	8409458	7761869	8.34
河北省	17232126	16703797	3.16	13928852	13156870	5.87
山西省	1944221	1793543	8.40	1825966	1872276	-2.47
内蒙古	11483445	11318449	1.46	4147668	3689024	12.43
辽宁省	14574521	9318864	56.40	10038067	8001931	25.45
吉林省	2862306	2803081	2.11	2670452	2639015	1.19
黑龙江	2762220	2424840	13.91	1607339	1551126	3.62
上海市	37644372	34128310	10.30	16468379	15929838	3.38
江苏省	124002108	106012444	16.97	76560325	66648819	14.87
浙江省	152891437	120932364	26.43	99528455	79266976	25.56
安徽省	9372771	8717084	7.52	7788724	7090313	9.85
福建省	35940296	27615938	30.14	24877918	20652626	20.46
江西省	4520460	3415905	32.34	3303158	2669764	23.72
山东省	73292500	56947400	28.70	53980621	42116015	28.17
河南省	16228061	13943818	16.38	12114651	10789697	12.28
湖北省	15331044	14353672	6.81	12171964	11229953	8.39
湖南省	4917609	4507234	9.10	3603985	3225387	11.74
广东省	88312284	82941723	6.48	51449709	48503077	6.08
广西区	1955443	1899293	2.96	1352421	1242155	8.88
海南省	798144	813877	-1.93	826417	834498	-0.97
重庆市	2261778	1752543	29.06	2072593	1790851	15.73
四川省	6588926	5594213	17.78	4761940	4271770	11.47
贵州省	501355	405727	23.57	581792	540198	7.70
云南省	891554	852425	4.59	832361	796675	4.48
西藏区	32239	25676	25.56	24317	28799	-15.56
陕西省	4014344	4158997	-3.48	4362125	4328726	0.77
甘肃省	1851716	1736721	6.62	1315161	1143981	14.96
青海省	929580	847394	9.70	629136	360385	74.57
宁夏区	1825478	1776485	2.76	521670	450750	15.73
新疆区	5717375	5359435	6.68	4896440	4889892	0.13

2004 年纺织工业分地区主要经济指标(四)

单位:千元

地区	资产总计			负债合计		
	2004 年	2003 年	同期增长(%)	2004 年	2003 年	同期增长(%)
全国	1311861806	1128178350	16.28	803691301	694899806	15.66
北京市	15362752	14369683	6.91	9626479	9405866	2.35
天津市	25129074	24571426	2.27	17979216	18142402	-0.90

续表

地区	资产总计			负债合计		
	2004 年	2003 年	同期增长(%)	2004 年	2003 年	同期增长(%)
河北省	37258333	34841504	6.94	23220518	21278571	9.13
山西省	4475294	4208942	6.33	3046303	2896423	5.17
内蒙古	20365803	17604010	15.69	11447214	9172199	24.80
辽宁省	28850253	22217626	29.85	18254397	12848552	42.07
吉林省	6144870	6234417	-1.44	4299507	4337125	-0.87
黑龙江	5004978	4552395	9.94	3253798	3180656	2.30
上海市	63740575	59377314	7.35	35675024	33011825	8.07
江苏省	239726498	206885013	15.87	156162258	134125888	16.43
浙江省	314251127	249870082	25.77	187721509	149712614	25.39
安徽省	19999653	18646374	7.26	13469548	12603646	6.87
福建省	68306859	54214875	25.99	29856810	24166566	23.55
江西省	9714430	7809325	24.40	6142015	5011231	22.56
山东省	158896922	128439710	23.71	98714336	80980692	21.90
河南省	33046509	29328946	12.68	22308244	20209475	10.39
湖北省	32647877	30503845	7.03	22279707	21186985	5.16
湖南省	10505638	9465498	10.99	7061480	6727714	4.96
广东省	159746654	149808601	6.63	91925613	87557540	4.99
广西区	3820181	3653666	4.56	2886384	2814268	2.56
海南省	2030686	1987356	2.18	1251326	900639	38.94
重庆市	5328238	4401517	21.05	3919640	3460895	13.26
四川省	13858871	12780384	8.44	8592812	7916290	8.55
贵州省	1172656	1113978	5.27	876153	871499	0.53
云南省	2164230	2012815	7.52	1867093	1671120	11.73
西藏区	63707	58610	8.70	28346	23409	21.09
陕西省	10090525	10271402	-1.76	8502890	8062797	5.46
甘肃省	3737534	3504393	6.65	1791634	1695382	5.68
青海省	1738957	1330347	30.71	1048093	843761	24.22
宁夏区	2999384	2645132	13.39	1717198	1754737	-2.14
新疆区	11682738	11469164	1.86	8765756	8329039	5.24

2004 年纺织工业分地区主要经济指标(五)

单位:千元

地区	销售成本			销售费用		
	2004 年	2003 年	同期增长(%)	2004 年	2003 年	同期增长(%)
全国	1405855690	1124230974	25.05	35903766	29390141	22.16
北京市	9633376	9724595	-0.94	670816	639838	4.84
天津市	16225439	14619442	10.99	397589	387432	2.62
河北省	48159493	39549220	21.77	1480892	999897	48.10
山西省	2509593	2114672	18.68	53134	47922	10.88

续表

地区	销售成本			销售费用		
	2004 年	2003 年	同期增长(%)	2004 年	2003 年	同期增长(%)
内蒙古	11187671	9615357	16.35	408086	282132	44.64
辽宁省	20983134	15137079	38.62	899174	467879	92.18
吉林省	2906324	2790360	4.16	72839	79436	-8.30
黑龙江	3297413	2626653	25.54	100767	97166	3.71
上海市	58720239	56767240	3.44	2775608	2416750	14.85
江苏省	289021576	233406448	23.83	6394475	5530184	15.63
浙江省	328036177	260651645	25.85	6953580	5617814	23.78
安徽省	17131548	14424757	18.76	395556	317090	24.75
福建省	83351221	61345175	35.87	2667037	1894634	40.77
江西省	11013867	5367580	105.19	322467	158174	103.87
山东省	185528340	128381427	44.51	3863500	2803863	37.79
河南省	33119570	25660969	29.07	719071	516918	39.11
湖北省	32106681	25860623	24.15	1098608	983133	11.75
湖南省	12767392	9562900	33.51	346022	318193	8.75
广东省	198460701	173906536	14.12	5238670	4868613	7.60
广西区	3955276	3206254	23.36	43745	44558	-1.82
海南省	786731	666750	17.99	100426	89752	11.89
重庆市	4938042	3376962	46.23	163669	97239	68.32
四川省	15497693	11405165	35.88	300010	243908	23.00
贵州省	506019	404336	25.15	15479	12325	25.59
云南省	545873	609955	-10.51	21028	16859	24.73
西藏区	4522	4572	-1.09	108	187	-42.25
陕西省	5204318	4616468	12.73	121267	125834	-3.63
甘肃省	2182196	1857103	17.51	37140	34644	7.20
青海省	400989	445845	-10.06	9435	11576	-18.50
宁夏区	2602992	2013932	29.25	37858	79231	-52.22
新疆区	5071284	4110954	23.36	195710	206960	-5.44

2004 年纺织工业分地区主要经济指标(六)

单位:千元

地区	财务费用			管理费用		
	2004 年	2003 年	同期增长(%)	2004 年	2003 年	同期增长(%)
全国	18627064	15751884	18.25	57412601	50433990	13.84
北京市	189878	189670	0.11	1063394	1038815	2.37
天津市	249280	215883	15.47	797553	700710	13.82
河北省	614982	552216	11.37	1404301	1343183	4.55
山西省	55147	45686	20.71	193043	186677	3.41
内蒙古	364679	281918	29.36	457574	394812	15.90
辽宁省	257600	251104	2.59	1054335	926831	13.76

续表

地区	财务费用			管理费用		
	2004 年	2003 年	同期增长(%)	2004 年	2003 年	同期增长(%)
吉林省	54547	96370	-43.40	170293	209230	-18.61
黑龙江	62726	73213	-14.32	178785	194606	-8.13
上海市	554360	615559	-9.94	4380203	4198372	4.33
江苏省	3696703	3036515	21.74	11051467	9914131	11.47
浙江省	5541432	4127741	34.25	11839399	9459515	25.16
安徽省	310816	281806	10.29	790386	731113	8.11
福建省	756615	632188	19.68	3500911	2700652	29.63
江西省	107036	71247	50.23	355551	250767	41.79
山东省	2538135	2077049	22.20	6071886	5158379	17.71
河南省	619504	602417	2.84	1065940	1002549	6.32
湖北省	497561	476683	4.38	1379588	1373922	0.41
湖南省	136217	109181	24.76	465386	420828	10.59
广东省	1184786	1186503	-0.14	9011393	8028221	12.25
广西区	53689	61704	-12.99	177459	179899	-1.36
海南省	11100	17971	-38.23	81112	69396	16.88
重庆市	78721	74330	5.91	255424	227831	12.11
四川省	249729	209061	19.45	499957	482386	3.64
贵州省	4266	7330	-41.80	63193	62818	0.60
云南省	50811	48986	3.73	135940	128882	5.48
西藏区	34	22	54.55	1203	1050	14.57
陕西省	162720	178766	-8.98	435122	462800	-5.98
甘肃省	35023	28891	21.22	121009	119884	0.94
青海省	18386	14876	23.60	22958	26953	-14.82
宁夏区	26936	29671	-9.22	40080	42804	-6.36
新疆区	143645	157327	-8.70	347756	395974	-12.18

2004 年纺织工业分地区主要经济指标(七)

单位:千元

地区	税金及附加			税金总额
	2004 年	2003 年	同期增长(%)	2004 年
全国	6363601	5064311	25.66	42167624
北京市	26188	20416	28.27	304597
天津市	49369	49074	0.60	435442
河北省	379248	279098	35.88	1606065
山西省	7801	8344	-6.51	105954
内蒙古	377825	33283	1035.19	594518
辽宁省	144852	101648	42.50	489120
吉林省	9591	9372	2.34	74988
黑龙江	12201	8785	38.88	147289

续表

地区	税金及附加			税金总额
	2004 年	2003 年	同期增长(%)	2004 年
上海市	109872	122360	-10.21	1529460
江苏省	1011927	954524	6.01	8485510
浙江省	1526525	1338279	14.07	11430876
安徽省	76837	65399	17.49	590839
福建省	507854	374064	35.77	2482875
江西省	72747	34610	110.19	399864
山东省	752896	520249	44.72	6003607
河南省	212014	155413	36.42	1202520
湖北省	214837	179272	19.84	1079956
湖南省	84481	69843	20.96	315863
广东省	627483	602110	4.21	3429126
广西区	17784	13129	35.46	158039
海南省	3151	1802	74.86	29064
重庆市	21874	16580	31.93	175959
四川省	53996	37132	45.42	465319
贵州省	1777	1205	47.47	16032
云南省	1106	1849	-40.18	15821
西藏区	31	37	-16.22	901
陕西省	26238	27201	-3.54	240473
甘肃省	12166	12834	-5.20	79560
青海省	1150	2596	-55.70	9546
宁夏区	3581	9487	-62.25	32381
新疆区	16199	14316	13.15	236060

2004 年纺织工业主要经济指标

指标	单位	2004 年	2003 年	同期增减(%)
企业总数	个	32930		
亏损企业	个	5981		
亏损企业亏损总额	千元	9720894		
应收账款净额	千元	152116270	135470090	12.29
产成品	千元	114299995	92913744	23.02
资产总计	千元	1311861806	1128178350	16.28
流动资产平均余额	千元	660731500	561095117	17.76
固定资产净值平均余额	千元	430475259	371158861	15.98
负债总计	千元	803691301	694899806	15.66
产品销售收入	千元	1580379568	1270584628	24.38
产品销售成本	千元	1405855690	1124230974	25.05
产品销售费用	千元	35903766	29390141	22.16
税金及附加	千元	6363601	5064311	25.66

续表

指标	单位	2004 年	2003 年	同期增减(%)
财务费用	千元	18627064	15751884	18.25
管理费用	千元	57412601	50433990	13.84
利润总额	千元	53137344	44266344	20.04
全部从业人员	人	10213259	9497310	7.54

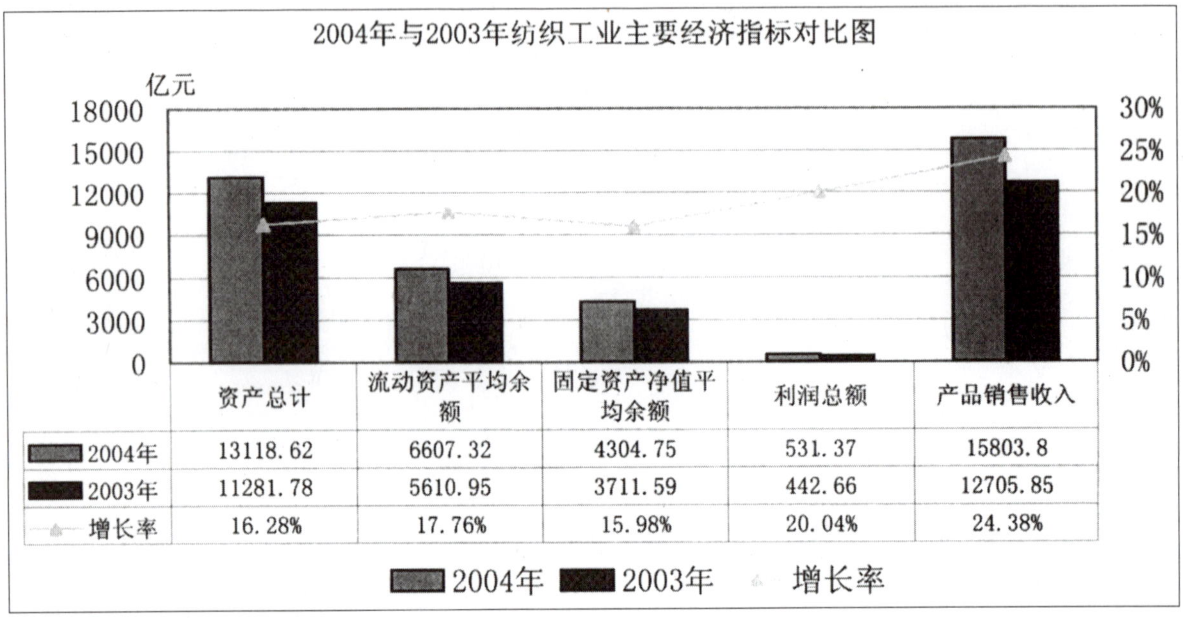

2004 年纺织工业经受了国内外经济环境的变化，以及各种不利因素的影响，但在国家宏观调控的形势下，整个行业保持着稳步、快速发展，生产、效益、规模、进出口等各项经济指标均有突出增长，延续了新世纪以来上升发展的良好势头。据对纺织行业 32930 个规模以上企业的统计调查，2004 年全国纺织工业实现销售收入 15803.8 亿元，比 2003 年增加了 3097.95 亿元人民币，同比增长了 24.38%，完成利润 531.37 亿元，增长幅度达到 20.04%；资产总额达 13118.62 亿元，同比增长 16.82%。其中流动资产平均余额为 6607.32 亿元，同比增长 17.76%，固定资产净值平均余额为 4304.75 亿元，同比增长 15.98%，

全国纺织工业主要产品产量同期对比情况

产品名称	单位	完成产量				同期增长(%)	
		2004 年 12 月	2004 年	2003 年 12 月	2003 年	12 月	全年
纱	吨	1127924.11	10948626.35	826828.02	9235983.63	36.42	18.54
布	万米	298941.06	2947397.82	231045.93	2467960.81	29.39	19.43
棉布	万米	164799.69	1530034.62	112383.55	1261958.99	46.64	21.24
混纺交织布	万米	62489.87	675307.61	55624.28	601729.28	12.34	12.23
纯化纤布	万米	71650.5	742050.59	63036.1	604269.54	13.67	22.80
印染布	万米	323982.11	3016578.03	297683.1	2575458.8	8.83	17.13

续表

产品名称	单位	完成产量				同期增长(%)	
		2004年12月	2004年	2003年12月	2003年	12月	全年
帘子布	吨	28752.59	324691.39	26823.62	285065.6	7.19	13.90
绒线(毛线)	吨	40226.71	432978.06	38548.23	379903.65	4.35	13.97
呢绒	万米	2341.24	27400.13	2080.44	24789.98	12.54	10.53
麻袋(混合数)	万条	341.33	4617.71	431.77	5589.55	-20.95	-17.39
苎麻布及亚麻布	米	13954689.7	143506547.2	13171187.3	130578771.9	5.95	9.90
丝	吨	10752.19	102560.07	8427.85	92217.34	27.58	11.22
丝织品	万米	74330.03	815336.36	69732.94	696677.43	6.59	17.03
针棉织品折用纱线量	吨	73735.97	820372	72760.98	701023.43	1.34	17.02
非织造布	吨	18164.38	199095.89	17856.61	178132.77	1.72	11.77
服装	万件	116374.58	1183266.14	108937.23	1028445.81	6.83	15.05
梭织服装	万件	56456.06	557059.05	53935.43	494420.3	4.67	12.67
西服及西服套装	万件	3675.56	34553.51	3041.13	27410.21	20.86	26.06
衬衫	万件	7271.64	75976.46	7671.43	68718.66	-5.21	10.56
儿童服装	万件	1859.44	15972.24	1487.74	14468.1	24.98	10.40
针织服装	万件	58022.95	611435.54	53309.51	520353.63	8.84	17.50
羽绒服装	万件	1768.96	13182.03	1470.38	11739.92	20.31	12.28
轻革	平方米	52134692.29	510187414.2	45174333.6	437230838.8	15.41	16.69
皮鞋	万双	22399.97	212142.14	20272.11	184252.74	10.50	15.14
革皮服装	件	7301842	77404475	9262206	85679819	-21.17	-9.66
皮包、袋	万个	10541.99	100402.16	10215.33	92127.06	3.20	8.98
毛皮服装	件	548955	5378577	272918.5	4558086	101.14	18.00

十、食品工业

2004年食品工业分地区主要经济效益指标

地区名称	资本保值增值率(%)	资产负债率(%)	流动资产周转率(次)	成本费用利润率(%)	人均销售率(元)
全国	115.75	54.54	2.21	6.77	380.99
北京市	106.54	53.50	1.98	4.30	352.63
天津市	109.26	61.54	2.42	5.05	391.64
河北省	120.19	65.13	3.03	4.39	401.71
山西省	112.57	59.79	1.82	4.16	204.71
内蒙古	119.41	51.44	2.74	5.43	374.00
辽宁省	124.02	59.92	2.24	2.62	329.34
吉林省	142.53	59.73	2.53	4.91	338.59

续表

地区名称	资本保值增值率(%)	资产负债率(%)	流动资产周转率(次)	成本费用利润率(%)	人均销售率(元)
黑龙江	118.93	67.67	2.18	3.91	295.26
上海市	118.84	33.17	1.66	18.28	680.96
江苏省	123.09	57.69	2.69	6.47	503.34
浙江省	115.76	52.58	2.01	7.44	418.89
安徽省	114.85	59.49	1.60	5.25	265.17
福建省	119.73	47.60	2.53	4.27	358.71
江西省	122.69	59.72	2.51	6.36	285.63
山东省	119.61	59.84	2.95	5.57	376.07
河南省	107.89	64.57	2.76	4.43	318.25
湖北省	110.36	61.89	2.07	5.42	304.56
湖南省	114.79	43.91	2.24	10.23	427.02
广东省	112.53	53.94	2.18	5.76	516.97
广西区	128.13	58.48	2.39	9.36	304.39
海南省	124.64	41.09	1.56	4.28	286.73
重庆市	111.87	62.36	2.24	4.74	340.31
四川省	112.08	47.08	2.19	7.96	383.96
贵州省	113.81	65.81	1.23	17.57	315.39
云南省	109.98	32.33	1.15	29.46	761.53
西藏区	104.25	10.49	1.36	35.95	172.26
陕西省	105.43	70.07	1.74	4.22	280.52
甘肃省	107.04	58.56	1.11	6.03	206.79
青海省	87.15	65.66	1.37	-1.73	135.45
宁夏区	127.37	67.41	1.52	2.37	215.13
新疆区	110.12	68.23	1.17	2.07	281.31

2004年食品工业分地区主要经济指标(一)

单位:千元

地区	产品销售收入			利润总额		
	2004年	2003年	同期增长(%)	2004年	2003年	同期增长(千元)
全国	1550824249	1219569337	27.16	90812869	69093632	31.43
北京市	31588638	25099066	25.86	1273111	1171523	8.67
天津市	25793677	21834481	18.13	1212058	1005957	20.49
河北省	71721908	54824810	30.82	2879358	2159224	33.35
山西省	10612508	8077270	31.39	389566	280858	38.71
内蒙古	33887762	23217010	45.96	1693923	1324126	27.93
辽宁省	48943953	37610079	30.14	1170567	1430886	-18.19

单位：千元

地区	产品销售收入			利润总额		
	2004 年	2003 年	同期增长(%)	2004 年	2003 年	同期增长(千元)
吉林省	29382973	22786309	28.95	1290692	529403	143.80
黑龙江	41452077	32542730	27.38	1493227	1385045	7.81
上海市	62199093	53173575	16.97	8686237	6955855	24.88
江苏省	111319269	87552792	27.15	6358825	4203544	51.27
浙江省	77539401	65016989	19.26	4888620	4556086	7.30
安徽省	38149194	31749501	20.16	1659411	1277026	29.94
福建省	57974018	43799263	32.36	2222198	1877592	18.35
江西省	18431386	13899284	32.61	956815	696449	37.38
山东省	287091946	208696946	37.56	14709831	9988050	47.27
河南省	106777396	81303823	31.33	4312961	3166967	36.19
湖北省	49329313	40511819	21.77	2214500	1792935	23.51
湖南省	49641533	38813162	27.90	3622146	2755365	31.46
广东省	138227046	111938850	23.48	7054043	6995661	0.83
广西区	36340256	29702194	22.35	2946125	1231076	139.31
海南省	6851099	6193441	10.62	269320	135652	98.54
重庆市	14878868	11791338	26.18	596082	482261	23.60
四川省	77100034	59460135	29.67	5367042	4126267	30.07
贵州省	18126345	15694112	15.50	2333317	1246008	87.26
云南省	63152283	56635643	11.51	9727629	6890890	41.17
西藏区	194823	171744	13.44	50020	44874	11.47
陕西省	19697814	16478994	19.53	685737	507017	35.25
甘肃省	10398132	8936899	16.35	496782	527465	-5.82
青海省	842920	849363	-0.76	-13883	-5072	-173.72
宁夏区	2995695	2079820	44.04	66879	38187	75.14
新疆区	10182889	9127895	11.56	199730	316455	-36.89

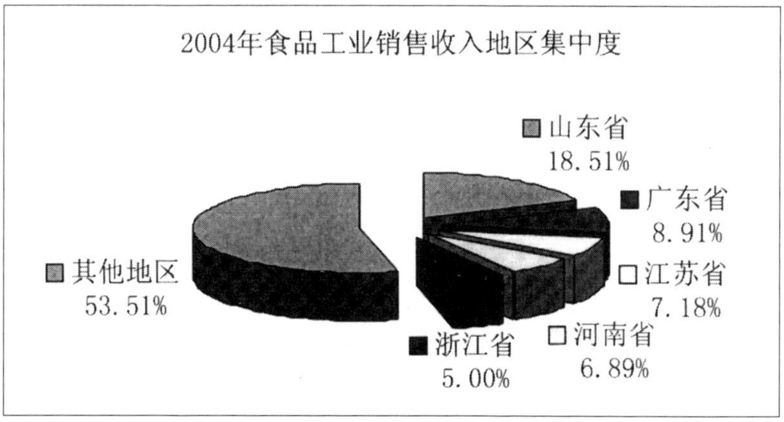

2004 年食品工业按销售收入排名前五名的地区是山东、广东、江苏、河南和浙江，分别占全国销售收入的 18.51%、8.91%、7.18%、6.89%和 5.00%，前五名地区的销售收入占食品工业总数的 46.49%。

2004 年食品工业分地区主要经济指标(二)

单位:千元

地区	应收账款净额			产成品		
	2004 年	2003 年	同期增长(%)	2004 年	2003 年	同期增长(%)
全国	107878917	95970683	12.41	84701066	70455673	20.22
北京市	2861221	2545714	12.39	1524805	1344847	13.38
天津市	2039604	2231364	-8.59	1042897	886314	17.67
河北省	3687010	3048062	20.96	3131549	3043322	2.90
山西省	753471	650090	15.90	1039764	1022470	1.69
内蒙古	1795301	1290503	39.12	2092573	1739751	20.28
辽宁省	2994176	2527958	18.44	3167879	2291584	38.24
吉林省	2096422	1821792	15.07	1822190	1451923	25.50
黑龙江	3529704	3607211	-2.15	2968317	2663216	11.46
上海市	6229957	5533800	12.58	2544185	2200509	15.62
江苏省	6557312	5963191	9.96	4313722	3839855	12.34
浙江省	6628479	5145660	28.82	6246628	5217789	19.72
安徽省	3384580	2994435	13.03	2905831	2677382	8.53
福建省	4241350	3541893	19.75	3408771	2828447	20.52
江西省	934989	863184	8.32	959368	743723	29.00
山东省	13175876	11515743	14.42	14283071	11564212	23.51
河南省	6867162	5797581	18.45	3686953	3464309	6.43
湖北省	3367750	3242658	3.86	2689727	2057537	30.73
湖南省	2767972	2058212	34.48	1644391	1256044	30.92
广东省	12609499	11314741	11.44	7599248	6639495	14.46
广西区	2410235	2334760	3.23	3274068	1923137	70.25
海南省	976894	830370	17.65	828397	394387	110.05
重庆市	885060	746500	18.56	537829	404109	33.09
四川省	4153903	3747850	10.83	3309442	2937063	12.68
贵州省	2428826	2690777	-9.74	1323803	1039533	27.35
云南省	4797793	4464462	7.47	2632461	2049801	28.43
西藏区	30456	45373	-32.88	24165	28103	-14.01
陕西省	2148567	2288394	-6.11	1717071	1357777	26.46
甘肃省	1772095	1478042	19.89	1127875	1123624	0.38
青海省	95277	82147	15.98	231674	178146	30.05
宁夏区	229913	182776	25.79	370111	235325	57.28
新疆区	1428063	1385440	3.08	2252301	1851939	21.62

2004 年食品工业分地区主要经济指标(三)

单位:千元

地区	流动资产平均余额			固定资产净值平均余额		
	2004 年	2003 年	同期增长(%)	2004 年	2003 年	同期增长(%)
全国	701006954	604563875	15.95	434345814	394249990	10.17

续表

地区	流动资产平均余额			固定资产净值平均余额		
	2004 年	2003 年	同期增长(%)	2004 年	2003 年	同期增长(%)
北京市	15921513	14291929	11.40	11552446	10437389	10.68
天津市	10641919	9691326	9.81	7674593	6915681	10.97
河北省	23648357	20252051	16.77	18660653	16091390	15.97
山西省	5816741	5000631	16.32	4999866	4276042	16.93
内蒙古	12367759	9828454	25.84	8842228	7166786	23.38
辽宁省	21812532	17343841	25.77	17226909	14734518	16.92
吉林省	11601001	9957289	16.51	12153299	11305591	7.50
黑龙江	19012962	18238138	4.25	17059586	15039772	13.43
上海市	37491733	31447155	19.22	14292168	14234057	0.41
江苏省	41400607	34401906	20.34	24027674	22020758	9.11
浙江省	38529333	31859831	20.93	19512506	18496434	5.49
安徽省	23877486	19836923	20.37	14063618	13447815	4.58
福建省	22942534	18455982	24.31	15945722	13786064	15.67
江西省	7328830	6316464	16.03	4653646	4072903	14.26
山东省	97277425	78698692	23.61	59638253	50161028	18.89
河南省	38675075	34947210	10.67	24161813	21887198	10.39
湖北省	23807947	20657388	15.25	15941458	14627067	8.99
湖南省	22163287	19403912	14.22	11785240	10503825	12.20
广东省	63505730	53460163	18.79	34657328	33748351	2.69
广西区	15230508	13066540	16.56	14573979	13342089	9.23
海南省	4400952	3768245	16.79	3068715	2430735	26.25
重庆市	6648480	5692003	16.80	4538519	4143901	9.52
四川省	35150892	32218452	9.10	22901243	19951961	14.78
贵州省	14703884	15159782	−3.01	6729521	6735205	−0.08
云南省	54906922	51003344	7.65	20926078	22545376	−7.18
西藏区	143043	188305	−24.04	295019	312392	−5.56
陕西省	11341997	10950543	3.57	7786218	6975816	11.62
甘肃省	9368066	8427658	11.16	7148032	6612572	8.10
青海省	614073	628101	−2.23	669319	725860	−7.79
宁夏区	1965753	1365348	43.97	1572377	1123703	39.93
新疆区	8709613	8006269	8.78	7287788	6397711	13.91

2004 年食品工业分地区主要经济指标(四)

单位:千元

地区	资产总计			负债合计		
	2004 年	2003 年	同期增长(%)	2004 年	2003 年	同期增长(%)
全国	1387828397	1231327711	12.71	756960769	686287460	10.30
北京市	36172588	32076288	12.77	19351475	16287376	18.81
天津市	20914621	19421088	7.69	12871551	12059960	6.73

续表

地区	资产总计			负债合计		
	2004 年	2003 年	同期增长(%)	2004 年	2003 年	同期增长(%)
河北省	49780485	44700199	11.37	32420053	30256526	7.15
山西省	12630012	11242810	12.34	7550935	6730698	12.19
内蒙古	28914425	23567312	22.69	14872517	11807458	25.96
辽宁省	45487103	39037097	16.52	27257684	24338582	11.99
吉林省	27778863	25176803	10.34	16591204	17327560	-4.25
黑龙江	42747251	38782816	10.22	28928148	27163728	6.50
上海市	75370942	64883750	16.16	25000066	22499596	11.11
江苏省	77952993	68294319	14.14	44968190	41497153	8.36
浙江省	72405635	62051256	16.69	38073958	32393973	17.53
安徽省	47696902	42689983	11.73	28373367	25864646	9.70
福建省	44702994	38632843	15.71	21276710	19067166	11.59
江西省	14825629	12384977	19.71	8854389	7518002	17.78
山东省	188455293	159208677	18.37	112780542	95942009	17.55
河南省	72523260	66187933	9.57	46828542	42373299	10.51
湖北省	45914251	42076370	9.12	28415874	26220709	8.37
湖南省	43007957	37574453	14.46	18884434	16559958	14.04
广东省	118070908	104869185	12.59	63689548	56541881	12.64
广西区	38580731	32404215	19.06	22562246	19902004	13.37
海南省	8572265	7787679	10.07	3522473	3736043	-5.72
重庆市	13466101	11864384	13.50	8396947	7333004	14.51
四川省	69387367	63460478	9.34	32666604	30696643	6.42
贵州省	24997680	25173522	-0.70	16451201	17664174	-6.87
云南省	99895178	95597242	4.50	32298600	34135951	-5.38
西藏区	711447	825759	-13.84	74619	214915	-65.28
陕西省	21686226	20920393	3.66	15195510	14764164	2.92
甘肃省	20156163	18163508	10.97	11803622	10360028	13.93
青海省	1503013	1480427	1.53	986851	888132	11.12
宁夏区	4175833	3205384	30.28	2815049	2137005	31.73
新疆区	19344281	17586561	9.99	13197860	12005117	9.94

2004 年食品工业分地区主要经济指标(五)

单位:千元

地区	销售成本			销售费用		
	2004 年	2003 年	同期增长(%)	2004 年	2003 年	同期增长(%)
全国	1175223435	907864564	29.45	86038188	72637844	18.45
北京市	23120368	17869047	29.39	4104833	3298715	24.44
天津市	20667287	17406478	18.73	2122968	1900081	11.73
河北省	59685914	45142258	32.22	3151730	2528222	24.66
山西省	7903741	5955759	32.71	697894	567768	22.92

续表

地区	销售成本			销售费用		
	2004 年	2003 年	同期增长(%)	2004 年	2003 年	同期增长(%)
内蒙古	26813521	18136667	47.84	2895420	1972072	46.82
辽宁省	40472363	30830288	31.27	1884824	1569752	20.07
吉林省	23592926	18246849	29.30	1208277	997538	21.13
黑龙江	32596571	25358575	28.54	2981686	2411629	23.64
上海市	36571624	31279566	16.92	6740899	6383103	5.61
江苏省	88097682	69037663	27.61	5466548	4672340	17.00
浙江省	56729379	46697652	21.48	5232417	4507152	16.09
安徽省	27063645	21949451	23.30	2061957	1700495	21.26
福建省	46842018	34076409	37.46	2459867	2185121	12.57
江西省	13170042	9333183	41.11	867271	790500	9.71
山东省	244855115	177418377	38.01	9063883	6884600	31.65
河南省	88908316	66578338	33.54	4128103	3379967	22.13
湖北省	34556863	27997295	23.43	3385141	3104945	9.02
湖南省	29353508	23269733	26.14	2581410	2148709	20.14
广东省	105266619	83070440	26.72	10730631	8518848	25.96
广西区	27948385	23837052	17.25	1240057	1046185	18.53
海南省	5060358	4676451	8.21	702201	742652	-5.45
重庆市	10624818	7925879	34.05	915009	776006	17.91
四川省	58643996	43278975	35.50	4877339	4513107	8.07
贵州省	9528063	8335699	14.30	1102829	959250	14.97
云南省	25705368	24019993	7.02	2511635	2482526	1.17
西藏区	115647	102282	13.07	5448	2843	91.63
陕西省	13714518	11207750	22.37	1280870	1162834	10.15
甘肃省	6819106	5492500	24.15	563893	530905	6.21
青海省	677415	722633	-6.26	52023	31416	65.59
宁夏区	2296068	1649405	39.21	308467	175484	75.78
新疆区	7822191	6961917	12.36	712658	693079	2.82

2004 年食品工业分地区主要经济指标(六)

单位:千元

地区	财务费用			管理费用		
	2004 年	2003 年	同期增长(%)	2004 年	2003 年	同期增长(%)
全国	16753141	15126892	10.75	63379675	55976520	13.23
北京市	296474	259003	14.47	2115347	1901468	11.25
天津市	222270	128861	72.49	1001528	1594346	-37.18
河北省	807591	681442	18.51	1919352	1953564	-1.75
山西省	214499	139266	54.02	546567	431019	26.81
内蒙古	325837	269515	20.90	1145398	901481	27.06
辽宁省	562438	533684	5.39	1821303	1615033	12.77

续表

地区	财务费用			管理费用		
	2004 年	2003 年	同期增长(%)	2004 年	2003 年	同期增长(%)
吉林省	326746	537370	-39.20	1140543	978924	16.51
黑龙江	688337	680641	1.13	1914703	1938686	-1.24
上海市	243799	290192	-15.99	3973112	3387892	17.27
江苏省	844674	764447	10.49	3797475	3198259	18.74
浙江省	835443	708405	17.93	2908289	2633786	10.42
安徽省	485667	409110	18.71	1998017	1930644	3.49
福建省	579816	505396	14.73	2138335	1734138	23.31
江西省	206620	181732	13.69	804416	631972	27.29
山东省	3082814	2470847	24.77	7183132	6202536	15.81
河南省	1494828	1274109	17.32	2793910	2534264	10.25
湖北省	575788	528557	8.94	2362440	2011458	17.45
湖南省	393139	387909	1.35	3086778	2419597	27.57
广东省	931369	879785	5.86	5625511	5157578	9.07
广西区	560789	525719	6.67	1732320	1558300	11.17
海南省	59334	50213	18.16	477888	462632	3.30
重庆市	227711	224811	1.29	806272	740074	8.94
四川省	691314	599589	15.30	3194489	2825575	13.06
贵州省	343124	434784	-21.08	2308475	1409456	63.78
云南省	686212	720827	-4.80	4112284	3712740	10.76
西藏区	1202	1438	-16.41	16854	12230	37.81
陕西省	335442	354325	-5.33	935913	921882	1.52
甘肃省	290386	230380	26.05	563104	477519	17.92
青海省	15428	26581	-41.96	57587	54539	5.59
宁夏区	59327	44622	32.95	163747	105069	55.85
新疆区	364723	283332	28.73	734586	539859	36.07

2004 年食品工业分地区主要经济指标(七)

单位:千元

地区	税金及附加			税金总额
	2004 年	2003 年	同期增长(%)	2004 年
全国	119713995	101734297	17.67	182968774
北京市	1194175	1027280	16.25	2710746
天津市	655542	519707	26.14	1495954
河北省	2574981	2333528	10.35	4335068
山西省	763762	722186	5.76	1186281
内蒙古	1009618	801534	25.96	2015655
辽宁省	1598052	1475131	8.33	2828643
吉林省	1400952	1230748	13.83	2026965
黑龙江	1705899	1295717	31.66	3399497

续表

地区	税金及附加			税金总额
	2004 年	2003 年	同期增长(%)	2004 年
上海市	8296189	6867586	20.80	12532594
江苏省	7704042	5764018	33.66	10970460
浙江省	7584865	6228534	21.78	11214341
安徽省	4916244	4418036	11.28	6750441
福建省	3714816	3359235	10.59	5639742
江西省	2232797	1983362	12.58	3157349
山东省	7083273	6100612	16.11	13998835
河南省	5339396	4567559	16.90	8251468
湖北省	5357207	4380403	22.30	7588943
湖南省	10311677	7970583	29.37	13713107
广东省	7016245	5199056	34.95	12679093
广西区	1998205	1553571	28.62	3922980
海南省	317066	273182	16.06	688710
重庆市	1666305	1559180	6.87	2451911
四川省	4727486	4649139	1.69	7784499
贵州省	4348986	3540608	22.83	6040643
云南省	21759469	20003181	8.78	29183680
西藏区	2029	2243	-9.54	29716
陕西省	2320804	2048905	13.27	3272148
甘肃省	1545401	1373290	12.53	2080798
青海省	41593	38374	8.39	63016
宁夏区	102700	85400	20.26	197539
新疆区	424219	362409	17.06	757952

2004 年食品工业主要经济指标

指标	单位	2004 年	2003 年	同期增减(%)
企业总数	个	20749		
亏损企业	个	3948		
亏损企业亏损总额	千元	11434469		
应收账款净额	千元	107878917	95970683	12.41
产成品	千元	84701066	70455673	20.22
资产总计	千元	1387828397	1231327711	12.71
流动资产平均余额	千元	701006954	604563875	15.95
固定资产净值平均余额	千元	434345814	394249990	10.17
负债总计	千元	756960769	686287460	10.30
产品销售收入	千元	1550824249	1219569337	27.16
产品销售成本	千元	1175223435	907864564	29.45
产品销售费用	千元	86038188	72637844	18.45
税金及附加	千元	119713995	101734297	17.67

续表

指标	单位	2004 年	2003 年	同期增减(%)
财务费用	千元	16753141	15126892	10.75
管理费用	千元	63379675	55976520	13.23
利润总额	千元	90812869	69093632	31.43
全部从业人员	人	4070541	3846930	5.81

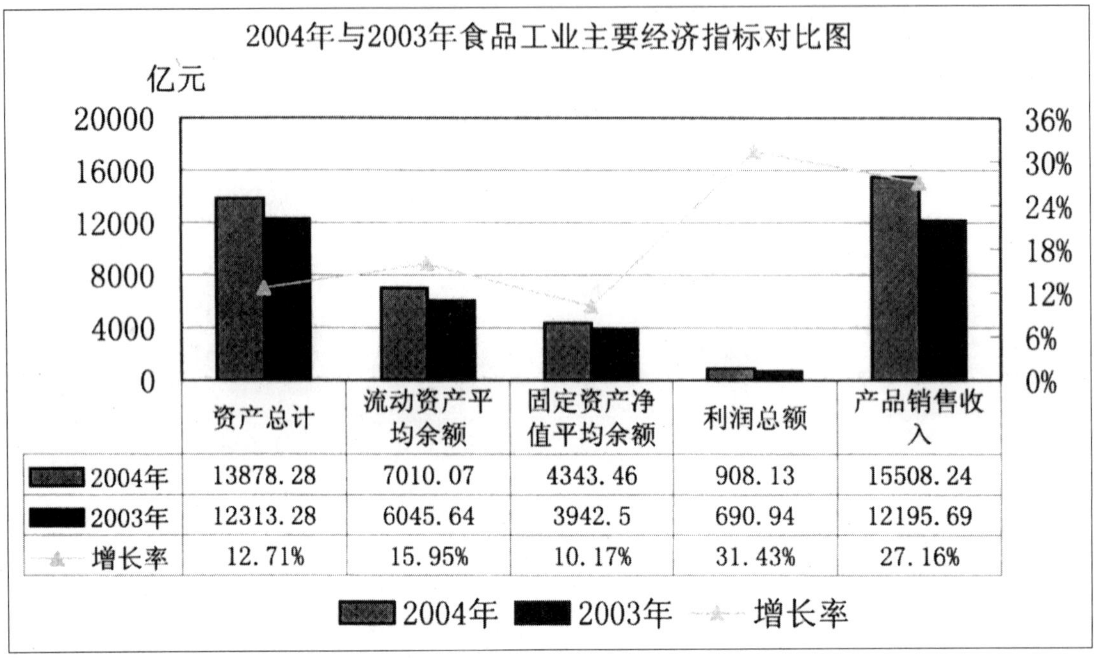

在国家宏观产业政策扶持、国内消费需求增长的刺激下，2004 年食品工业出现了较好的发展势头，根据国家有关资料显示，2004 年食品工业全年完成销售收入 15508.24 亿元，同比增长 27.16%；实现利润 908.13 亿元，同比增长 31.43%；资产总额达到 13878.28 亿元，同比增长 12.71%，其中流动资产平均余额 7010.07，比上年增长 15.95%，固定资产净值平均余额 4343.46，比上年增长 10.17%，食品工业的较快发展，为农产品的生产和销售，为农民增收作出了直接贡献。

全国食品工业主要产品产量同期对比情况

产品名称	单位	完成产量				同期增长(%)	
		2004 年 12 月	2004 年	2003 年 12 月	2003 年	12 月	全年
大米	吨	1245111.62	11667622.69	1135650.76	10043341.11	9.64	16.17
小麦粉	万吨	356.92	3424.37	313.24	2837.33	13.94	20.69
罐头	吨	359222.23	3133657.77	329972.8	2669056.55	8.86	17.41
糖果	吨	80252.2	632051.46	72910.65	577829	10.07	9.38
饼干	吨	106301.16	1054715.51	99261.52	978708.34	7.09	7.77
糕点	吨	29522.79	340183.87	28378.03	282676.64	4.03	20.34
发酵酒精(折 96 度，商品量)	千升	318415.05	2859517.17	249172.87	2541713.96	27.79	12.50
乳制品	吨	898965.31	9491807.68	826844.07	7172746.47	8.72	32.33
冷冻饮品	吨	36300.57	950182.42	29042.15	704366.1	24.99	34.90
原盐	吨	2277113.48	37100708.38	1500871.9	31027401.89	51.72	19.57

续表

产品名称	单位	完成产量				同期增长(%)	
		2004年12月	2004年	2003年12月	2003年	12月	全年
味精	吨	127874.43	1149161.32	99552.66	1119813.84	28.45	2.62
机制糖	吨	2128356.72	10564890.36	1807502.02	10645317.52	17.75	-0.76
酱油	吨	185706.52	1689334.5	162861.74	1612656.94	14.03	4.75
食用植物油	吨	1513484.14	12354388.3	1301205.6	10183558.75	16.31	21.32
精制茶	吨	47670.8	425809.02	39376.27	346225.36	21.06	22.99
卷烟	万支	11907747.1	187450815.5	11668986.49	175722651.3	2.05	6.67
饮料酒	千升	2134123.84	33783878.3	1912210.43	29534302.94	11.61	14.39
白酒(折65度,商品量)	千升	365837.42	3116814.62	398133.88	3056445.94	-8.11	1.98
啤酒	千升	1559829.05	29100536.37	1345352.24	25254644.62	15.94	15.23
葡萄酒	千升	51512.3	367607.43	56452.07	320307.08	-8.75	14.77
方便面	吨	270375.76	2764158.22	259180.9	2537851.94	4.32	8.92
软饮料	吨	1903747.48	26201666.6	1865806.33	21932306.24	2.03	19.47
液体乳	吨	741579.21	8067386.83	712792.16	6162690.73	4.04	30.91
碳酸饮料	吨	565784.49	6388934.87	637956.56	5481919.28	-11.31	16.55
果汁及果汁饮料	吨	378509.78	4837364.48	309163.62	3780629.91	22.43	27.95
瓶(罐)装饮用水	吨	649465.78	10212578.96	568175.36	8542207.75	14.31	19.55

政策法规篇

中华人民共和国国家发展和改革委员会
公 告

2004年 第1号

国家发展改革委批准《石油天然气勘探开发常用量和单位》等3项石油天然气行业标准，现予公布，自2004年3月1日起实施。

以上标准由石油工业出版社出版。

附件：3项石油天然气行业标准编号及名称

中华人民共和国国家发展和改革委员会
二〇〇四年一月六日

附件：

3项石油天然气行业标准编号及名称

序号	1	SY/T 6580—2003	石油天然气勘探开发常用量和单位
标准编号	2	SY/T 6587—2003	电子式井斜仪校准方法
标准名称	3	SY/T 6588—2003	双侧向测井仪校准方法

中华人民共和国国家发展和改革委员会
公 告

2004年 第2号

国家发展改革委批准《水处理剂结晶氯化铝》等111项化工行业标准，其中《氯嘧磺隆原药》等7项为强制性行业标准，现予公布，自2004年5月1日起实施。

以上标准由化工出版社出版。

附件：一、7项化工行业强制性标准编号及名称

二、104项化工行业推荐性标准编号及名称

中华人民共和国国家发展和改革委员会
二〇〇四年一月九日

附件1:

7项化工行业强制性标准编号及名称

序号	标准编号	标准名称	被代替标准号	采标情况
1	HG	3717-2003	氯嘧磺隆原药	
2	HG	3718-2003	氯嘧磺隆可湿性粉剂	
3	HG	3719-2003	苯噻酰草胺原药	
4	HG	3720-2003	50%苯噻酰草胺可湿性粉剂	
5	HG	2211-2003	乙酰甲胺磷原药	HG 2211-1991
6	HG	212-2003	乙酰甲胺磷乳油	HG 2212-1991
7	HG	2952-2003	尿素二氧化碳汽提塔技术条件	HG 2952-1989

附件2:

104项化工行业推荐性标准编号及名称

序号	标准编号	标准名称	被代替标准号	采标情况
1	HG/T	3541-2003	水处理剂 结晶氯化铝	HG/T 3541-1990
2	HG/T	3518-2003	工业循环冷却水中巯基苯骈噻唑测定方法	HG/T 3518-1985 ISO 10566:1994,IDT
3	HG/T	3519-2003	工业循环冷却水中苯骈三氮唑测定方法	HG/T 3519-1985
4	HG/T	3525-2003	工业循环冷却水中铝离子的测定——邻苯二酚紫分光光度法	HG/T 3525-1985
5	HG/T	3526-2003	工业循环冷却水中亚硝酸盐的测定——分光光度法	HG/T 3516-1985 ISO 6777:1984, IDT
6	HG/T	3530-2003	工业循环冷却水污垢和腐蚀产物试样的调查、采取和制备	HG/T 3530-1985
7	HG/T	3531-2003	工业循环冷却水污垢和腐蚀产物中水分含量的测定	HG/T 3531-1985
8	HG/T	3532-2003	工业循环冷却水污垢和腐蚀产物中硫化亚铁含量的测定	HG/T 3532-1985
9	HG/T	3533-2003	工业循环冷却水污垢和腐蚀产物中灼烧失重测定方法	HG/T 3533-1985
10	HG/T	3534-2003	工业循环冷却水污垢和腐蚀产物中酸不溶物、磷、铁、铝、钙、镁、锌、铜含量测定方法	HG/T 3534-1985
11	HG/T	3535-2003	工业循环冷却水污垢和腐蚀产物中硫酸盐含量测定方法	HG/T 3535-1985
12	HG/T	3536-2003	工业循环冷却水污垢和腐蚀产物中二氧化碳含量的测定方法	HG/T 3536-1985
13	HG/T	3538-2003	水处理剂 乙二胺四亚甲基膦酸钠(EDTMPS)	HG/T 3538-1989

续表

14	HG/T	3539-2003	工业循环冷却水中铁含量的测定——邻菲罗林分光光度法	HG/T 3539-1990
15	HG/T	3504-2003	玻璃纤维润滑剂 G	HG/T 3504-1990
16	HG/T	2018-2003	轻便胶鞋	HG/T 2018-1991 JIS S5002-1994,NEQ
17	HG/T	3711-2003	硫化剂 MOCA	
18	HG/T	3712-2003	抗氧剂 168	
19	HG/T	3713-2003	抗氧剂 1010	
20	HG/T	3714-2003	耐油输送带	
21	HG/T	3715-2003	双面传动带	ISO 13050:1999, NEQ
22	HG/T	3716-2003	热熔胶粘剂开放时间的测定	ASTMD 4497-94, MOD
23	HG/T	3075-2003	胶粘剂产品包装、标志、运输和贮存的规定	HG/T 3075-1982
24	HG/T	2487-2003	橡胶胶丝—试验方法	HG/T 2412.1-2412.3-1992
				HG/T 2724.1-2724.7-1995 HG/T 2487-1993 HG/T 2488-1993 ISO 2321:1983, IDT
25	HG/T	3349-2003	各色酚醛磁漆	HG/T 3349-1987
26	HG/T	3352-2003	各色醇酸腻子	HG/T 3352-1987
27	HG/T	3354-2003	各色环氧酯腻子	HG/T 3354-1987
28	HG/T	3355-2003	各色硝基底漆	HG/T 3355-1987
29	HG/T	3356-2003	各色硝基腻子	HG/T 3356-1987
30	HG/T	3357-2003	各色过氯乙烯腻子	HG/T 3357-1987
31	HG/T	3362-2003	铝粉有机硅烘干耐热漆(双组份)	HG/T 3362-1987
32	HG/T	3366-2003	各色环氧酯烘干电泳漆	HG/T 3366-1987 HG/T 3367-1987
33	HG/T	3369-2003	云铁酚醛防锈漆	HG/T 3369-1987
34	HG/T	3371-2003	氨基烘干绝缘漆	HG/T 3371-1987
35	HG/T	3372-2003	醇酸烘干绝缘漆	HG/T 3372-1987 HG/T 3373-1987
36	HG/T	3375-2003	有机硅烘干绝缘漆	HG/T 3375-1987 HG/T 3376-1987
37	HG/T	3378-2003	硝基漆稀释剂	HG/T 3378-1987
38	HG/T	3379-2003	过氯乙烯漆稀释剂	HG/T 3379-1987
39	HG/T	3380-2003	氨基漆稀释剂	HG/T 3380-1987
40	HG/T	3381-2003	脱漆剂	HG/T 3381-1987 HG/T 3382-1987
41	HG/T	3383-2003	硝基漆防潮剂	HG/T 3383-1987
42	HG/T	3384-2003	过氯乙烯漆防潮剂	HG/T 3384-1987
43	HG/T	3501-2003	橡胶涂覆织物 气床垫	HG/T 3501-1999
44	HG/T	2866-2003	橡胶护舷	HG/T 2866-1997 HG/T 3329-1989

续表

45	HG/T	2447-2003	胶辊 第4部分 印染胶辊	HG/T 2447-1993
46	HG/T	2015-2003	橡胶海绵地毯衬垫	HG/T 2015-1991
47	HG/T	3441-2003	化学试剂 焦硫酸钾	HG/T 3441-1976
48	HG/T	3443-2003	化学试剂 硝酸铜	HG/T 3443-1976
49	HG/T	3444-2003	化学试剂 三氧化铬	HG/T 3444-1976
50	HG/T	3445-2003	化学试剂 偏钒酸铵	HG/T 3445-1976
51	HG/T	3446-2003	化学试剂 氯金酸(氯化金)	HG/T 3446-1981
52	HG/T	3447-2003	化学试剂 发烟硝酸	HG/T 3447-1976
53	HG/T	3448-2003	化学试剂 硝酸镍	HG/T 3448-1984
54	HG/T	3451-2003	化学试剂 硝基苯	HG/T 3451-1976
55	HG/T	3457-2003	化学试剂 乙二胺四乙酸	HG/T 3457-1976
56	HG/T	3459-2003	化学试剂 顺丁烯二酸酐	HG/T 3459-1976
57	HG/T	3460-2003	化学试剂 乙酸异戊酯	HG/T 3460-1976
58	HG/T	3464-2003	化学试剂 三氯化锑	HG/T 3464-1977
59	HG/T	3467-2003	化学试剂 50%硝酸锰溶液	HG/T 3467-1977
60	HG/T	3469-2003	化学试剂 黄色氧化汞	HG/T 3469-1977
61	HG/T	3473-2003	化学试剂 还原铁粉	HG/T 3473-1977
62	HG/T	3479-2003	化学试剂 邻苯二甲酸酐	HG/T 3479-1977
63	HG/T	3482-2003	化学试剂 氯化锂	HG/T 3482-1978
64	HG/T	3485-2003	化学试剂 五氧化二钒	HG/T 3485-1979
65	HG/T	3483-2003	化学试剂 四苯硼钠	HG/T 3483-1978
66	HG/T	3488-2003	化学试剂 结晶四氯化锡	HG/T 3488-1980
67	HG/T	3490-2003	化学试剂 线状氧化铜	HG/T 3490-1980
68	HG/T	3492-2003	化学试剂 亚硫酸氢钠	HG/T 3492-1980
69	HG/T	2467.1-2467.20-2003	农药产品标准编写规范	HG/T 2467.1-2467.7-1996 HG/T 2473.1-2473.6-1996
70	HG/T	2335-2003	照相化学品 2-[(4-氨基-3-甲基苯基)乙基氨基]-乙醇硫酸盐	(CD-4) HG/T 2335-1992
71	HG/T	2694-2003	阳图型PS版	HG/T 2694-1995
72	HG/T	2172-2003	红激光影像记录片	HG 2172-1991
73	HG/T	3561-2003	暗室照相拷贝片	HG/T 3561-1988
74	HG/T	2553-2003	2,4—二硝基氯苯	HG/T 2553-1993
75	HG/T	2076-2003	N-苯基-1-萘胺-8-磺酸(苯基周位酸)	HG/T 2076-1991
76	HG/T	3398-2003	邻羟基苯甲酸(水杨酸)	HG/T 3398-1975
77	HG/T	3727-2003	造纸用荧光增白剂220	
78	HG/T	2282-2003	分散大红 S-3GL	HG/T 2282-1992
79	HG/T	2549-2003	还原橄榄绿5G细粉	HG 2549-1993
80	HG/T	2285-2003	还原黄5RC超细粉	HG/T 2285-1992
81	HG/T	3721-2003	酸性紫 N-FBL(C.I.酸性紫 48)	
82	HG/T	3722-2003	酸性橙 RXL(C.I.酸性橙 67)	
83	HG/T	3723-2003	酸性蓝6B(C.I.酸性蓝 83)	

续表

84	HG/T	3724-2003	媒介黑 PV(C.I.媒介黑 9)	
85	HG/T	3725-2003	荧光增白剂 CF-127	
86	HG/T	3726-2003	荧光增白剂 CF-351	
87	HG/T	2044-2003	机械密封用喷涂氧化铬密封环技术条件	HG/T 2044-1991
88	HG/T	2099-2003	釜用机械密封试验规范	HG/T 2099-1991
89	HG/T	2100-2003	液环式氯气泵用机械密封	HG/T 2100-1991
90	HG/T	2122-2003	釜用机械密封辅助装置	HG/T 2122-1991
91	HG/T	2269-2003	釜用机械密封技术条件	HG/T 2269-1992
92	HG/T	2479-2003	机械密封用波形弹簧技术条件	HG/T 2479-1993
93	HG/T	2057-2003	搪玻璃搅拌容器用机械密封	HG/T 2057-1991
94	HG/T	2371-2003	搪玻璃开式搅拌容器	HG/T 2371-1992
95	HG/T	2372-2003	搪玻璃闭式搅拌容器	HG/T 2372-1992
96	HG/T	3704-2003	氟塑料衬里阀门通用技术条件	
97	HG/T	3705-2003	金属网聚四氟乙烯复合管与管件	
98	HG/T	3706-2003	工业用孔网钢骨架聚乙烯复合管	
99	HG/T	3707-2003	工业用孔网钢骨架聚乙烯复合管件	
100	HG/T	3106-2003	内胎硫化机	HG/T 3106-1988
101	HG/T	3231-2003	内胎硫化机检测方法	HG/T 3231-1989
102	HG/T	3708-2003	普通 V 带疲劳试验机技术条件	
103	HG/T	3709-2003	无转子硫化仪技术条件	
104	HG/T	3710-2003	直读式橡胶密度计技术条件	

中华人民共和国国家发展和改革委员会
公 告

2004年 第 3 号

国家发展改革委批准《包装容器 20mm 口径铝气雾罐》等 4 项包装行业标准，现予公布，自 2004 年 6 月 1 日起实施。

以上标准由国家标准出版社出版。

附件：4 项包装行业标准编号及名称

中华人民共和国国家发展和改革委员会

二〇〇四年一月九日

附件:

4 项包装行业标准编号及名称

序号	标准编号	标准名称	被代替标准号	采标情况
1	BB0006-2003	包装容器 20mm 口径铝气雾罐	BB0006-1995	
2	BB/T0022-2003	瓦楞纸板传送带		
3	BB/T0023-2003	纸护角		
4	BB/T0024-2003	运输包装用拉伸缠绕膜	ASTMD4649-1999 IDT	

中华人民共和国国家发展和改革委员会
公 告

2004 年 第 4 号

国家发展改革委批准《石油沥青蜡含量测定法》等 8 项石化行业标准,现予公布,自 2004 年 6 月 1 日起实施。以上标准由中国石化出版社出版。

附件:8 项石化行业标准编号及名称

中华人民共和国国家发展和改革委员会
二〇〇四年一月九日

附件:

8 项石化行业标准编号及名称

序号	标准编号	标准名称	被代替标准号	采标情况
1	SH/T	0425-2003	石油沥青蜡含量测定法	SH/T 0425—1992
2	SH/T	0734-2003	聚合物改性道路沥青	ASTM D5976—00, ASTM D5840-00, ASTM D5841-00, MOD
3	SH/T	0735-2003	沥青粘韧性试验法	ASTM D5801—1995(2001) IDT
4	SH/T	0736-2003	沥青旋转薄膜烘箱试验法	ASTM D2872—97 IDT
5	SH/T	0737-2003	沥青弹性恢复测定法(延度仪法)	ASTM D6084—97 MOD
6	SH/T	0738-2003	聚合物改性沥青 1.1.1-三氯乙烷溶解度测定法	ASTM D5546—94a IDT
7	SH/T	0739-2003	沥青粘度测定法(布如克菲尔德旋转粘度仪法)	ASTM D4402—87 (Reapproved 2000) MOD
8	SH/T	0740-2003	聚合物改性沥青离析试验法	ASTM D5976—00 MOD

中华人民共和国国家发展和改革委员会
公告

2004年 第8号

国家发展改革委批准《安瓿洗烘灌封联动机》等47项制药装备行业标准，现予公布，自2004年6月1日起实施。以上标准由计划出版社出版。

附件：47项制药装备行业标准编号及名称

中华人民共和国国家发展和改革委员会
二〇〇四年二月五日

附件：

47项制药装备行业标准编号及名称

序号	标准编号	标准名称	被代替标准号
1	JB20002.1~5-2004	安瓿洗烘灌封联动机	YY0295.1~5-1997
2	JB20003-2004	滴眼剂联动线	
3	JB20004-2004	栓剂生产线	
4	JB20005.1-2004	玻璃输液瓶清洗机	YY0235.1-1995
5	JB20005.2-2004	玻璃输液瓶灌装机	YY0235.2-1995
6	JB20005.3-2004	玻璃输液瓶翻塞机	YY0235.3-1995
7	JB20005.4-2004	玻璃输液瓶轧盖机	YY0235.4-1995
8	JB20006-2004	安瓿注射液灯检机	
9	JB20007.1~5-2004	口服液瓶灌装联动线	YY0217.1~5-1995
10	JB20008.1-2004	抗生素玻璃瓶粉剂分装联动线	YY0234.1-1995
11	JB20008.2-2004	抗生素玻璃瓶粉剂分装机	YY0234.2-1995
12	JB20008.3-2004	抗生素玻璃瓶轧盖机	YY0234.3-1995
13	JB20009-2004	直线式柱塞灌装机	YY0225-1995
14	JB20010-2004	三维混合机	
15	JB20011-2004	斗式输料混合机	
16	JB20012-2004	槽式混合机	YY0219-1995
17	JB20013-2004	双锥型回转式真空干燥机	YY/T0134-1993
18	JB20014-2004	药用沸腾制粒器	
19	JB20015-2004	湿法混合制粒机	YY0256-1997
20	JB20016-2004	高效包衣机	YY0253-1997
21	JB20017-2004	荸荠式糖衣机	YY0222-1995
22	JB20018-2004	摇摆式颗粒机	YY0220-1995

续表

23	JB20019-2004	药品电子计数瓶装机	
24	JB20020-2004	旋转式压片机	YY0221-1995
25	JB20021-2004	高速旋转式压片机	YY0020-1990
26	JB20022-2004	压片机药片冲模	
27	JB20023-2004	铝塑泡罩包装机	YY/T0139-1993
28	JB20024-2004	中药自动小丸机	YY0023-1990
29	JB20025-2004	全自动硬胶囊充填机	YY0254-1997
30	JB20026-2004	空心胶囊自动生产线	YY0255-1997
31	JB20027-2004	滚模式软胶囊机	YY0224-1995
32	JB20028-2004	胶囊药片印字机	YY/T0135-1993
33	JB20029-2004	热压式蒸馏水机	YY0230-1995
34	JB20030-2004	多效蒸馏水机	YY0229-1995
35	JB20031-2004	制药机械 纯蒸汽发生器	
36	JB20032-2004	药用真空冷冻干燥机	
37	JB20033-2004	热风循环烘箱	YY0026-1990
38	JB20034-2004	药用漩涡振动式筛分机	YY0098-1992
39	JB20035-2004	除粉筛	YY0258-1997
40	JB20036-2004	提取浓缩罐	YY0024-1990
41	JB20037-2004	真空浓缩罐	YY0025-1990
42	JB20038-2004	提取罐	ZBC91001-1988
43	JB20039-2004	锤式粉碎机	YY0227-1995
44	JB20040-2004	分粒式粉碎机	YY0228-1995
45	JB/T 20041-2004	往复式切药机	YY0022-1990
46	JB/T 20042-2004	洗药机	YY/T0137-1993
47	JB/T 20043-2004	旋转式切药机	YY/T0140-1993

中华人民共和国国家发展和改革委员会
公 告

2004年 第 9 号

国家发展改革委批准《Y3 系列(IP55)三相异步电动机技术条件(机座号 63—355)》等 47 项机械行业标准，现予公布，自 2004 年 6 月 1 日起实施。

以上标准由机械工业出版社出版。

附件：47 项机械行业标准编号及名称

中华人民共和国国家发展和改革委员会

二〇〇四年二月十日

附件：

47 项机械行业标准编号及名称

序号	标准编号	标 准 名 称	代替标准编号
1	JB/T 10447-2004	Y3 系列(IP55)三相异步 电动机技术条件(机座号 63-355)	
2	JB/T 10395-2004	离网型风力发电机组安装规范	
3	JB/T 10396-2004	离网型风力发电机组可靠性要求	
4	JB/T 10397-2004	离网型风力发电机组验收规范	
5	JB/T 10398-2004	离网型风力发电系统售后技术服务规范	
6	JB/T 10399-2004	离网型风力发电机组风轮叶片	
7	JB/T 10400.1-2004	离网型风力发电机组用齿轮箱 第 1 部分:技术条件	
8	JB/T 10400.2-2004	离网型风力发电机组用齿轮箱 第 2 部分:试验方法	
9	JB/T 10401.1-2004	离网型风力发电机组制动系统 第 1 部分:技术条件	
10	JB/T 10401.2-2004	离网型风力发电机组制动系统 第 2 部分:试验方法	
11	JB/T 10402.1-2004	离网型风力发电机组偏航系统 第 1 部分:技术条件	
12	JB/T 10402.2-2004	离网型风力发电机组偏航系统 第 2 部分:试验方法	
13	JB/T 6939.1-2004	离网型风力发电机组用控制器 第 1 部分:技术条件	JB/T 6939.1-1993
14	JB/T 6939.2-2004	离网型风力发电机组用控制器 第 2 部分:试验方法	JB/T 6936.2-1993
15	JB/T 10403-2004	离网型风力发电机组塔架	
16	JB/T 10404-2004	离网型风力发电集中供电系统 运行管理规范	
17	JB/T 10405-2004	离网型风力发电机组基础与联接 技术条件	
18	JB/T 10425.1-2004	风力发电机组偏航系统 第 1 部分:技术条件	
19	JB/T 10425.2-2004	风力发电机组偏航系统 第 2 部分:试验方法	
20	JB/T 1042-.1-2004	风力发电机组制动系统 第 1 部分:技术条件	
21	JB/T 10426.2-2004	风力发电机组制动系统 第 2 部分:试验方法	
22	JB/T 10427-2004	风力发电机组一般液压系统	
23	JB/T 10409-2004	圆盘加压过滤机	
24	JB/T 10410-2004	工业用水自动反冲洗过滤器	
25	JB/T 2974-2004	滚动轴承代号方法的补充规定	JB/T 2974-1993
26	JB/T 3016-2004	滚动轴承包装箱技术条件	JB/T 3016-1991 JB/T 3017-1991
27	JB/T 4036-2004	滚动轴承运输用托盘和大木箱	JB/T 4036-1993

续表

28	JB/T 6637-2004	滚动轴承标准器技术条件	JB/T 6637-1993
29	JB/T 6639-2004	滚动轴承零件骨架式丁腈橡胶密封圈技术条件	JB/T 6639-1993
30	JB/T 6642-2004	滚动轴承零件圆度和波纹度误差测量及评定方法	JB/T 6642-1993
31	JB/T 6048-2004	金属制件在盐浴中的加热和冷却	JB/T 6048-1992
32	JB/T 7951-2004	测定工业淬火油冷却性能的镍合金探头实验方法	JB/T 7951-1999
33	JB/T 2832-2004	水轮机调速器及油压装置型号编制方法	JB/T 2832-1993
34	JB/T 7072-2004	水轮机调速器及油压装置系列型谱	JB/T 7072-1993
35	JB/T 10442.1-2004	电工用菱格涂胶绝缘纸 第1部分:定义和一般要求	
36	JB/T 10442.2-2004	电工用菱格涂胶绝缘纸 第2部分:试验方法	
37	JB/T 10442.3-2004	电工用菱格涂胶绝缘纸 第3部分:单项材料菱格环氧胶绝缘纸	
38	JB/T 10443.1-2004	层合纸板规范第1部分:定义、分类和一般要求	
39	JB/T 10443.2-2004	层合纸板规范第2部分:试验方法	
40	JB/T 10443.3-2004	层合纸板规范第3部分:单项材料规范 层合预压纸板规范 LB3.1.1,LB3.1.2,LB3.3.1及LB3.3.2型	
41	JB/T 4307-2004	绝缘子胶装用水泥胶合剂	JB/T 4307-1986
42	JB/T 6457.1-2004	小型阀控密封式铅酸蓄电池 第1部分:产品分类	JB/T 6457.1-1992
43	JB/T 6457.2-2004	小型阀控密封式铅酸蓄电池 第2部分:技术条件	JB/T 6457.2-1992
44	JB/T 7118-2004	YVF2系列(IP54)变频调速专用三相异步电动机 技术条件(机座号80~315)	B/T 7118-1993
45	JB/T 10444-2004	Y2系列高压三相异步电动机 技术条件(机座号355~560)	
46	JB/T 10445-2004	YR系列10kV绕线转子三相异步电动机 技术条件(机座号450~630)	
47	JB/T 10446-2004	Y系列10kV三相异步电动机 技术条件(机座号450~630)	

中华人民共和国国家发展和改革委员会
公 告

2004年 第10号

国家发展改革委批准《车辆说明文件第一部分:车辆注册技术参数表》等15项汽车行业标准,现予公布,自2004年8月1日起实施。

以上标准由中国计划出版社出版。

附件:15项汽车行业标准编号及名称

中华人民共和国国家发展和改革委员会

二〇〇四年二月十日

附件:

15 项汽车行业标准编号及名称

序号	标准编号	标准名称	被代替标准号	采标情况
1	QC/T 698.1-2004	车辆说明文件 第一部分:车辆注册技术参数表		
2	QC/T 459-2004	随车起重运输车	QC/T 459-1999	
3	QC/T 699-2004	车用起重尾板		
4	QC/T 700-2004	摩托车和轻便摩托车气缸头 通用技术条件		
5	QC/T 701-2004	摩托车和轻便摩托车后 减震器安装接头尺寸	ISO 7118-1981 MOD	
6	QC/T 702-2004	摩托车和轻便摩托车用 催化转化器可靠性试验方法		
7	QC/T 27-2004	汽车干磨擦式离合器总成台架试验方法	QC/T 27-1992	
8	QC/T 25-2004	汽车干磨擦式离合器总成技术条件	QC/T 25-1992	
9	QC/T 703-2004	汽车转向盘聚氨酯泡沫包覆层技术条件		
10	QC/T 704-2004	汽车转向盘聚氨酯泡沫包覆层 整体硬度试验方法		
11	QC/T 705-2004	客车电子报站器		
12	QC/T 706-2004	机动车用硅雪崩整流二极管技术条件		
13	QC/T 707-2004	车用中央电气接线盒技术条件		
14	QC/T 30-2004	机动车用电喇叭技术条件	QC/T 30-1992	
15	QC/T 29106-2004	汽车低压电线束技术条件	QC/T 29106-1992	

中华人民共和国国家发展和改革委员会
公 告

2004 年 第 16 号

国家发展改革委批准《火电厂环境监测技术规范》等 99 项电力行业标准,现予公布,自 2004 年 6 月 1 日起实施。

以上标准由中国电力出版社出版。

附件:99 项电力行业标准编号及名称

中华人民共和国国家发展和改革委员会

二〇〇四年三月九日

附件：

99项电力行业标准编号及名称

序号	标准编号	标 准 名 称	代替标准号	采标程度
1	DL/T 414-2004	火电厂环境监测技术规范	DL 414-1991	
2	DL/T 435-2004	电站煤粉锅炉炉膛防爆规程	DL/T 435-1991	
3	DL/T 461-2004	燃煤电厂电除尘器运行维护导则	DL 461-1992	
4	DL/T 466-2004	电站磨煤机及制粉系统选型导则	DL 466-1992	
5	DL/T 467-2004	电站磨煤机及制粉系统性能试验	DL 467-1992	
6	DL/T 468-2004	电站锅炉风机选型和使用导则	DL 468-1992	
7	DL/T 469-2004	电站锅炉风机现场性能试验	DL 469-1992	ISO 5802:2001, MOD
8	DL/T 519-2004	火力发电厂水处理用离子交换树脂验收标准	DL/T519-1993	
9	DL/T 555-2004	气体绝缘金属封闭开关设备现场耐压及绝缘试验导则	DL/T 555-1994	
10	DL/Z 634.56-2004	远动设备及系统第5-6部分：IEC60870-5规约系列测试规则		
11	DL/T 790.432-2004/IEC 61334-4-32 :1996	采用配电线载波的配电自动化 第4-32部分：数据通信协议 数据链路层—逻辑链路控制		IEC 61334-4-32 :1996,IDT
12	DL/T 790.441-2004/IEC 61334-4-41:1996	采用配电线载波的配电自动化 第4-41部分：数据通信协议 应用层协议-配电线报文规范		IEC 61334-4-41:1996,IDT
13	DL/Z 790.53-2004/IEC TS 61334-5-3:2001	采用配电线载波的配电自动化 第5-3部分：低层协议集 自适应宽带扩频(SS-AW)协议		IEC TS 61334-5-3:2001,IDT
14	DL/Z 790.54-2004/IEC TS 61334-5-4:2001	采用配电线载波的配电自动化 第5-4部分：低层协议集 多载波调制(MCM)协议		IEC TS 61334-5-4:2001,IDT
15	DL/T 805.2-2004	火电厂汽水化学导则第2部分：锅炉炉水磷酸盐处理		
16	DL/T 845.1-2004	电阻测量装置通用技术条件 第1部分：电子式绝缘电阻表		
17	DL/T 845.2-2004	电阻测量装置通用技术条件 第2部分：工频接地电阻测试仪		
18	DL/T 845.3-2004	电阻测量装置通用技术条件 第3部分：直流电阻测试仪		
19	DL/T 845.4-2004	电阻测量装置通用技术条件 第4部分：回路电阻测试仪		
20	DL/T 846.1-2004	高电压测试设备通用技术条件 第1部分：高电压分压器测量系统		
21	DL/T 846.2-2004	高电压测试设备通用技术条件 第2部分：冲击电压测量系统		
22	DL/T 846.3-2004	高电压测试设备通用技术条件 第3部分：高压开关综合测试仪		
23	DL/T 846.4-2004	高电压测试设备通用技术条件 第4部分：局部放电测量仪		

续表

24	DL/T 846.5-2004	高电压测试设备通用技术条件 第5部分：六氟化硫微量水分仪		
25	DL/T 846.6-2004	高电压测试设备通用技术条件 第6部分：六氟化硫气体检漏仪		
26	DL/T 846.7-2004	高电压测试设备通用技术条件 第7部分：绝缘油介电强度测试仪		
27	DL/T 846.8-2004	高电压测试设备通用技术条件 第8部分：有载分接开关测试仪		
28	DL/T 846.9-2004	高电压测试设备通用技术条件 第9部分：真空开关真空度测试仪		
29	DL/T 847-2004	供电企业质量管理体系文件编写导则		
30	DL/T 848.1-2004	高压试验装置通用技术条件 第1部分：直流高压发生器		
31	DL/T 848.2-2004	高压试验装置通用技术条件 第2部分：工频高压试验装置		
32	DL/T 848.3-2004	高压试验装置通用技术条件 第3部分：无局放试验变压器		
33	DL/T 848.4-2004	高压试验装置通用技术条件 第4部分：三倍频试验变压器装置		
34	DL/T 848.5-2004	高压试验装置通用技术条件 第5部分：冲击电压发生器		
35	DL/T 849.1-2004	电力设备专用测试仪器通用技术条件 第1部分：电缆故障闪测仪		
36	DL/T 849.2-2004	电力设备专用测试仪器通用技术条件 第2部分：电缆故障定点仪		
37	DL/T 849.3-2004	电力设备专用测试仪器通用技术条件 第3部分：电缆路径仪		
38	DL/T 849.4-2004	电力设备专用测试仪器通用技术条件 第4部分：超低频高压发生器		
39	DL/T 849.5-2004	电力设备专用测试仪器通用技术条件 第5部分：振荡波高压发生器		
40	DL/T 849.6-2004	电力设备专用测试仪器通用技术条件 第6部分：高压谐振试验装置		
41	DL/T 850-2004	电站配管		
42	DL/T 851-2004	联合循环发电机组验收试验		ISO2314:1989, Amed.1:1997(E), MOD
43	DL/T 852-2004	锅炉启动调试导则		
44	DL/T 853-2004	带电作业用绝缘垫		IEC61111:2002MOD
45	DL/T 854-2004	带电作业用绝缘斗臂车的保养 维护及在使用中的试验		IEC TS 1831:2000, MOD
46	DL/T 855-2004	电力基本建设火电设备维护保管规程	SDJ 68-1984	
47	DL/T 856-2004	电力用直流电源监控装置		

续表

48	DL/T 857-2004	发电厂、变电所蓄电池用整流逆变设备技术条件		
49	DL/T 858-2004	架空配电线路带电安装及作业工具设备		IEC61911:1998MOD
50	DL/T 859-2004	高压交流系统用复合绝缘子人工污秽试验		
51	DL/T 860.3-2004/IEC 61850-3:2002	变电站通信网络和系统 第3部分:总体要求		IEC 61850-3:2002, IDT
52	DL/T 860.4-2004/IEC 61850-4:2002	变电站通信网络和系统 第4部分:系统和项目管理		IEC 61850-4:2002, IDT
53	DL/T 861-2004	电力可靠性基本名词术语		IEC60050-191:1990, NEQ; IEC60050-191:1999, Amed.1-1999 and Amed.2-2002, NEQ;IEEE Std.859,NEQ;IEEE Std.1366-1998, Part 4, NEQ
54	DL/T 862-2004	水电厂非电量变送器、传感器运行管理与检验规程		
55	DL/T 863-2004	汽轮机启动调试导则		
56	DL/T 864-2004	标称电压高于1000V 交流架空线路用复合绝缘子使用导则		
57	DL/T 865-2004	126 kV~550 kV 电容式瓷套管技术规范 SD330-1989		
58	DL/T 866-2004	电流互感器和电压互感器选择及计算导则		
59	DL/T 867-2004	粉煤灰中砷、镉、铬、铜、镍、铅和锌的分析方法(原子吸收分光光度法)		
60	DL/T5035-2004	火力发电厂采暖通风与空气调节设计技术规程	DL/T5035-1994	
61	DL/T5044-2004	电力工程直流系统设计技术规程	DL/T 5044-1995	
62	DL/T5182-2004	火力发电厂热工自动化就地设备安装、管路、电缆设计技术规定	NDGJ16-1989 中的第12、13章	
63	DL/T5184-2004	水电水利工程通信设计内容和深度规定		
64	DL/T5185-2004	水电水利工程地质测绘规程	SDJ15-1978	
65	DL/T5186-2004	水力发电厂机电设计规范	DJ173-1985	
66	DL/T 5190.4-2004	电力建设施工及验收技术规范 第4部分:电厂化学	DLJ 58-1981	
67	DL/T 5190.5-2004	电力建设施工及验收技术规范 第5部分:热工仪表及控制装置	SDJ 279-1990	
68	DL/T 440-2004	在役电站锅炉汽包的检验及评定规程	DL440-1991	
69	DL/T 441-2004	火力发电厂高温高压蒸汽管道蠕变监督规程	DL/T441-1991	
70	DL/T 765.2-2004	额定电压10 kV 及以下架空裸导线金具		

续表

71	DL/T 765.3-2004	额定电压 10 kV 及以下架空绝缘导线金具	DL464.1-1992 DL464.2-1992 DL464.3-1992 DL464.4-1992 DL464.5-1992	
72	DL/T 868-2004	焊接工艺评定规程	SD 340-1989	
73	DL/T 869-2004	火力发电厂焊接技术规程	DL5007-1992	
74	DL/Z 870-2004	火力发电企业设备点检定修管理导则		
75	DL/T 871-2004	电力系统继电保护产品动模试验	SD286-1988	
76	DL/T 872-2004	小接地电流系统单相接地保护装置		
77	DL/T 873-2004	微机型发电机变压器组动态记录装置技术条件		
78	DL/T 874-2004	电力工业锅炉压力容器安全监督管理(检验)工程师资格考核规则		
79	DL/T 875-2004	输电线路施工机具设计、试验基本要求	SD165-1987	
80	DL/T 876-2004	带电作业绝缘配合导则		
81	DL/T 877-2004 /IEC61477:2002	带电作业用工具、装置和设备使用的一般要求		IEC61477:2001IDT
82	DL/T 878-2004	带电作业用绝缘工具试验导则		
83	DL/T 879-2004/ IEC61230:1993	带电作业用便携式接地和接地短路装置	SD332-1989	IEC61230:1993IDT
84	DL/T 880-2004	带电作业用导线软质遮蔽罩		IEC61479:2002MOD
85	DL/T 881-2004	±500kV 直流输电线路带电作业技术导则		
86	DL/T 882-2004	火力发电厂金属专业名词术语		
87	DL/T 883-2004	电站在役给水加热器铁磁性钢管远场涡流检验技术导则		
88	DL/T 884-2004	火电厂金相检验与评定技术导则		
89	DL/T5004-2004	火力发电厂热工自动化试验室设计标准	DL5004-1991	
90	DL/T5083-2004	水电水利工程预应力锚索施工规范	DL/T 5083-1998	
91	DL/T 5187.1-2004	火力发电厂运煤设计技术规程 第 1 部分:运煤系统	DLGJ1-1993	
92	DL/T5188-2004	火力发电厂辅助机器基础隔振设计规程		
93	DL/T5189-2004	电力线载波通信设计技术规程	SDGJ75—1986	
94	DL/T5191-2004	风力发电场项目建设工程验收规程		
95	DL/T5192-2004	水电水利工程施工总布置设计导则		
96	DL/T5193-2004	环氧树脂砂浆技术规程		
97	DL/T5194-2004	水电水利工程地质勘察水质分析规程		
98	DL/T5195-2004	水工隧洞设计规范	SD134-1984	
99	DL 647-2004	电站锅炉压力容器检验规程	DL 647-1998	

中华人民共和国国家发展和改革委员会
公 告

2004年 第14号

国家发展改革委批准《石油化工安全仪表系统设计规范》等19项石油化工行业标准，现予公布，自2004年7月1日起实施。

以上标准由中国石化出版社出版。

附件：19项石油化工行业标准名称及编号

中华人民共和国国家发展和改革委员会

二〇〇四年三月十日

附件：

19项石油化工行业标准名称及编号

序号	标准名称	标准编号	替代标准编号	采标编号
1	石油化工安全仪表系统设计规范	SH/T3018-2003	SH3018-1990	
2	石油化工仪表管道线路设计规范	SH/T3019-2003	SH3019-1997	
3	石油化工企业照度设计标准	SH/T3027-2003	SH3027-1990	
4	一般炼油装置用火焰加热炉	SH/T3036-2003	SH3036-1991	ISO13705
5	石油化工非埋地管道设计通则	SH/T3039-2003	SH3039-1991	
6	石油化工设备管道表面色和标志	SH3043-2003	SH3043-1991	
7	石油化工管式炉热效率设计计算	SH/T3045-2003	SH/T3045-1992	
8	石油化工钢制通用阀门选用、检验及验收	SH/T3064-2003	SH3064-1994	
9	石油化工给水排水系统设计规范	SH3015-2003	SH3015-2000	
10	石油化工仪表接地设计规范	SH/T3081-2003	SH3081-1997	
11	石油化工仪表供电设计规范	SH/T3082-2003	SH/T3082-1997	
12	石油化工工程地震破坏鉴定标准	SH/T3135-2003		
13	石油化工液化烃球形储罐设计规范	SH3136-2003		
14	石油化工钢结构防火保护技术规范	SH3137-2003		
15	球形储罐整体补强凸缘	SH/T3138-2003		
16	大型设备吊装工程施工工艺标准	SH/T3515-2003	SH/T3515-1990	
17	石油化工隔热工程施工工艺标准	SH3522-2003	SH/T3522-1991	
18	隔热耐磨混凝土衬里技术规范	SH3531-2003	SH/T3531-1999	
19	石油化工给水排水管道工程施工及验收规范	SH3533-2003	SH3533-1995	

中华人民共和国国家发展和改革委员会令
公 告

2004年 第15号

根据国家发展改革委办公厅关于继续开展企业技术中心认定和评价工作的通知要求，按照原国家经贸委、国家税务总局、海关总署《关于印发〈鼓励和支持大型企业和企业集团建立技术中心暂行办法〉的通知》(国经贸[1993]261号)和《财政部、国家税务总局关于企业(集团)技术中心等继续享受有关进口税收优惠政策的通知》(财税[2001]112号)的规定，经审定，确认中国铝业公司等24家企业的技术中心为第十批享受优惠政策的企业(集团)技术中心。享受优惠政策的企业(集团)技术中心要按原国家经贸委、国家税务总局、海关总署《关于确认享受优惠政策的企业(集团)技术中心名单的通知》(国经贸[1993]465号)规定的程序及《海关总署《关于调整科教用品进口免税审批手续有关问题的通知》(署税[1998]787号)规定，办理有关手续。

根据国家认定企业技术中心2003年评价结果，吉林造纸集团有限公司等7家企业技术中心得分低于60分，北京牡丹电子集团技术中心连续二年评价得分低于65分，黑龙江敏感技术产业集团有限公司申请取消国家认定企业技术中心资格，根据原国家经贸委《关于调整<企业技术中心认定与评价办法>及<企业技术中心评价指标体系>的通知》(国经贸技术[2001]926号)规定，决定撤销上述9家企业技术中心的国家认定资格，停止享受优惠政策。

由于中国铝业公司技术中心已被确认为国家认定企业技术中心，对其下属的山东铝业公司、贵州铝厂、中国长城铝业公司等3家企业技术中心的国家认定资格予以调整，这些企业的技术中心不再单独享受有关优惠政策，由其母公司统一享受政策。

附件一：第十批国家认定企业(集团)技术中心名单

二：撤销和调整的12家国家认定企业技术中心名单

三：国家认定企业技术中心名单

中华人民共和国国家发展和改革委员会
中华人民共和国财政局
中华人民共和国海关总署
国家税务总局
二〇〇四年三月十日

附件一

第十批国家认定企业(集团)技术中心名单

序号	企业名称	企业技术中心名称
1	中国铝业公司	中国铝业公司技术中心
2	上海外高桥造船有限公司	上海外高桥造船有限公司技术中心
3	乐金电子(天津)电器有限公司	乐金电子(天津)电器有限公司技术中心
4	河北宝硕集团有限公司	河北宝硕集团有限公司技术中心
5	中国北车集团大同电力机车有限责任公司	中国北车集团大同电力机车有限责任公司技术中心

续表

6	内蒙古伊利实业集团股份有限公司	内蒙古伊利实业集团股份有限公司技术中心
7	大连机床集团有限责任公司	大连机床集团有限责任公司技术中心
8	吉林修正药业集团股份有限公司	吉林修正药业集团股份有限公司技术中心
9	华宝食用香精香料(上海)有限公司	华宝食用香精香料(上海)有限公司技术中心
10	江阴兴澄特种钢铁有限公司	江阴兴澄特种钢铁有限公司技术中心
11	浙江新和成股份有限公司	浙江新和成股份有限公司技术中心
12	雅戈尔集团股份有限公司	雅戈尔集团股份有限公司技术中心
13	江西铜业集团公司	江西铜业集团公司技术中心
14	潍坊亚星集团有限公司	潍坊亚星集团有限公司技术中心
15	青岛即发集团股份有限公司	青岛即发集团股份有限公司技术中心
16	河南安彩集团有限责任公司	河南安彩集团有限责任公司技术中心
17	郑州宇通客车股份有限公司	郑州宇通客车股份有限公司技术中心
18	烽火通信科技股份有限公司	烽火通信科技股份有限公司技术中心
19	中国葛洲坝水利水电工程集团有限公司	中国葛洲坝水利水电工程集团有限公司技术中心
20	常德卷烟厂	常德卷烟厂技术中心
21	广州金发科技股份有限公司	广州金发科技股份有限公司技术中心
22	国营建中化工总公司	国营建中化工总公司技术中心
23	绵阳新晨动力机械有限公司	绵阳新晨动力机械有限公司技术中心
24	重庆力帆实业(集团)有限公司	重庆力帆实业(集团)有限公司技术中心

附件二

撤销和调整的12家国家认定企业技术中心名单

撤销的国家认定企业技术中心：

序号	企业名称	企业技术中心名称
1	吉林造纸集团有限公司	吉林造纸集团有限公司技术中心
2	北京第一机床厂	北京第一机床厂技术中心
3	中国南方航空工业有限责任公司	中国南方航空工业有限责任公司技术中心
4	中国石化集团金陵石油化工有限责任公司	中国石化集团金陵石油化工有限责任公司技术中心
5	天津中新药业集团股份有限公司	天津中新药业集团股份有限公司技术中心
6	西宁特殊钢股份有限公司	西宁特殊钢股份有限公司技术中心
7	中国石化上海高桥石油化工公司	中国石化上海高桥石油化工公司技术中心
8	北京牡丹电子集团	北京牡丹电子集团技术中心

调整的国家认定企业技术中心：

序号	企业名称	企业技术中心名称
1	山东铝业公司	山东铝业公司技术中心
2	贵州铝厂	贵州铝厂技术中心
3	中国长城铝业公司	中国长城铝业公司技术中心
4	黑龙江敏感技术产业(集团)有限公司	黑龙江敏感技术产业(集团)有限公司技术中心

附件三

国家认定企业技术中心名单

序号	企业名称	企业技术中心名称
1	联想集团有限公司	联想集团有限公司技术中心
2	巨能实业集团公司	巨能实业集团公司技术中心
3	北大方正集团	北大方正集团技术中心
4	中国长城计算机集团公司	中国长城计算机集团公司技术中心
5	北京兆维电子(集团)有限责任公司	北京兆维电子(集团)有限责任公司技术中心
6	北新建材(集团)有限公司	北新建材(集团)有限公司技术中心
7	中地装备集团	中地装备集团技术中心
8	北京北开电气股份有限公司	北京北开电气股份有限公司技术中心
9	北人集团公司	北人集团公司技术中心
10	首钢总公司	首钢总公司技术中心
11	北京燕山石油化工公司	北京燕山石油化工公司技术中心
12	中国远洋运输(集团)总公司	中国远洋运输(集团)总公司技术中心
13	北京城建集团有限责任公司	北京城建集团有限责任公司技术中心
14	北京同仁堂集团公司	北京同仁堂集团公司技术中心
15	中国建筑第二工程局	中国建筑第二工程局技术中心
16	中国建筑一局(集团)有限公司	中国建筑一局(集团)有限公司技术中心
17	北京邮电通信设备厂	北京邮电通信设备厂技术中心
18	北京燕京啤酒集团公司	北京燕京啤酒集团公司技术中心
19	中国石油天然气集团公司	中国石油天然气集团公司技术中心
20	京东方科技集团股份有限公司	京东方科技集团股份有限公司技术中心
21	中国电子信息产业集团公司	中国电子信息产业集团公司技术中心
22	清华同方股份有限公司	清华同方股份有限公司技术中心
23	中国铝业公司	中国铝业公司技术中心
24	天津钢管有限责任公司	天津钢管有限责任公司技术中心
25	天津药业集团有限公司	天津药业集团有限公司技术中心
26	天津渤海化工集团公司	天津渤海化工集团公司技术中心
27	天津灯塔涂料股份有限公司	天津灯塔涂料股份有限公司技术中心
28	天津汽车工业(集团)有限公司	天津汽车工业(集团)有限公司技术中心
29	天津天士力集团有限公司	天津天士力集团有限公司技术中心
30	乐金电子(天津)电器有限公司	乐金电子(天津)电器有限公司技术中心
31	保定天威集团有限公司	保定天威集团有限公司技术中心
32	中国乐凯胶片集团公司	中国乐凯胶片集团公司技术中心
33	华北制药集团有限责任公司	华北制药集团有限责任公司技术中心
34	唐山陶瓷集团有限公司	唐山陶瓷集团有限公司技术中心
35	保定天鹅化纤集团有限公司	保定天鹅化纤集团有限公司技术中心
36	新兴铸管集团有限公司	新兴铸管集团有限公司技术中心
37	中国耀华玻璃集团公司	中国耀华玻璃集团公司技术中心
38	风帆股份有限公司	风帆股份有限公司技术中心

续表

39	唐山钢铁集团有限责任公司	唐山钢铁集团有限责任公司技术中心
40	河北宝硕集团有限公司	河北宝硕集团有限公司技术中心
41	太原钢铁(集团)有限公司	太原钢铁(集团)有限公司技术中心
42	大同煤矿集团有限责任公司	大同煤矿集团有限责任公司技术中心
43	南风化工集团股份有限公司	南风化工集团股份有限公司技术中心
44	榆次液压有限公司	榆次液压有限公司技术中心
45	太原重型机械集团有限公司	太原重型机械集团有限公司技术中心
46	山西潞安矿业(集团)有限责任公司	山西潞安矿业(集团)有限责任公司技术中心
47	中国北车集团永济电机厂	中国北车集团永济电机厂技术中心
48	中国北车集团大同电力机车有限责任公司	中国北车集团大同电力机车有限责任公司技术中心
49	包头钢铁(集团)有限责任公司	包头钢铁(集团)有限责任公司技术中心
50	亿利资源集团公司	亿利资源集团公司技术中心
51	内蒙古鹿王羊绒(集团)公司	内蒙古鹿王羊绒(集团)公司技术中心
52	内蒙古伊化化学有限公司	内蒙古伊化化学有限公司技术中心
53	内蒙古鄂尔多斯羊绒(集团)有限责任公司	内蒙古鄂尔多斯羊绒(集团)有限责任公司技术中心
54	内蒙古伊利实业集团股份有限公司	内蒙古伊利实业集团股份有限公司技术中心
55	东软集团有限公司	东软集团有限公司技术中心
56	沈阳飞机工业(集团)有限公司	沈阳飞机工业(集团)有限公司技术中心
57	沈阳机床股份有限公司	沈阳机床股份有限公司技术中心
58	沈阳鼓风机厂	沈阳鼓风机厂技术中心
59	营口化学纤维厂	营口化学纤维厂技术中心
60	辽宁华锦化工(集团)有限责任公司	辽宁华锦化工(集团)有限责任公司技术中心
61	抚顺特殊钢(集团)有限责任公司	抚顺特殊钢(集团)有限责任公司技术中心
62	东北制药总厂	东北制药总厂技术中心
63	鞍山钢铁集团公司	鞍山钢铁集团公司技术中心
64	本溪钢铁(集团)有限责任公司	本溪钢铁(集团)有限责任公司技术中心
65	沈阳黎明航空发动机(集团)有限责任公司	沈阳黎明航空发动机(集团)有限责任公司技术中心
66	渤海船舶重工有限责任公司	渤海船舶重工有限责任公司技术中心
67	大连盛道集团有限公司	大连盛道集团有限公司技术中心
68	大连大显集团有限公司	大连大显集团有限公司技术中心
69	瓦房店轴承集团有限责任公司	瓦房店轴承集团有限责任公司技术中心
70	大连新船重工有限责任公司	大连新船重工有限责任公司技术中心
71	中国华录集团有限公司	中国华录集团有限公司技术中心
72	大连冰山集团有限公司	大连冰山集团有限公司技术中心
73	大连机车车辆厂	大连机车车辆厂技术中心
74	大连造船重工有限责任公司	大连造船重工有限责任公司技术中心
75	大化集团有限责任公司	大化集团有限责任公司技术中心
76	大连重工·起重集团有限公司	大连重工·起重集团有限公司技术中心
77	大连机床集团有限责任公司	大连机床集团有限责任公司技术中心
78	吉林化纤集团有限责任公司	吉林化纤集团有限责任公司技术中心
79	吉林敖东药业集团股份有限公司	吉林敖东药业集团股份有限公司技术中心

续表

80	吉林铁合金股份有限公司	吉林铁合金股份有限公司技术中心
81	中国第一汽车集团公司	中国第一汽车集团公司技术中心
82	长春长铃集团有限公司	长春长铃集团有限公司技术中心
83	长春轨道客车股份有限公司	长春轨道客车股份有限公司技术中心
84	吉林炭素集团有限责任公司	吉林炭素集团有限责任公司技术中心
85	吉林龙鼎电气股份有限公司	吉林龙鼎电气股份有限公司技术中心
86	吉林修正药业集团股份有限公司	吉林修正药业集团股份有限公司技术中心
87	中国第一重型机械集团公司	中国第一重型机械集团公司技术中心
88	黑龙江龙涤集团有限公司	黑龙江龙涤集团有限公司技术中心
89	哈尔滨东安发动机(集团)有限公司	哈尔滨东安发动机(集团)有限公司技术中心
90	北满特殊钢集团有限责任公司	北满特殊钢集团有限责任公司技术中心
91	哈药集团有限公司	哈药集团有限公司技术中心
92	哈尔滨轴承集团公司	哈尔滨轴承集团公司技术中心
93	哈尔滨亚麻集团有限公司	哈尔滨亚麻集团有限公司技术中心
94	哈尔滨第一工具有限公司	哈尔滨第一工具有限公司技术中心
95	哈尔滨飞机工业(集团)有限责任公司	哈尔滨飞机工业(集团)有限责任公司技术中心
96	哈尔滨电站设备集团公司	哈尔滨电站设备集团公司技术中心
97	上海贝尔阿尔卡特股份有限公司	上海贝尔阿尔卡特股份有限公司技术中心
98	上海广电(集团)有限公司	上海广电(集团)有限公司技术中心
99	江南造船(集团)有限责任公司	江南造船(集团)有限责任公司技术中心
100	上海港机重工有限公司	上海港机重工有限公司技术中心
101	上海宝钢集团公司	上海宝钢集团公司技术中心
102	上海贝岭股份有限公司	上海贝岭股份有限公司技术中心
103	上海家化联合股份有限公司	上海家化联合股份有限公司技术中心
104	上海氯碱化工股份有限公司	上海氯碱化工股份有限公司技术中心
105	沪东中华造船(集团)有限公司	沪东中华造船(集团)有限公司技术中心
106	上海通用机械(集团)公司	上海通用机械(集团)公司技术中心
107	上海汽车工业(集团)总公司	上海汽车工业(集团)总公司技术中心
108	上海电气集团印刷包装机械有限公司	上海电气集团印刷包装机械有限公司技术中心
109	上海日立电器有限公司	上海日立电器有限公司技术中心
110	上海德尔福汽车空调系统有限公司	上海德尔福汽车空调系统有限公司技术中心
111	中国石化上海石油化工股份有限公司	中国石化上海石油化工股份有限公司技术中心
112	上海雷允上药业有限公司	上海雷允上药业有限公司技术中心
113	上海三菱电梯有限公司	上海三菱电梯有限公司技术中心
114	上海柴油机股份有限公司	上海柴油机股份有限公司技术中心
115	上海自动化仪表股份有限公司	上海自动化仪表股份有限公司技术中心
116	上海轮胎橡胶(集团)股份有限公司	上海轮胎橡胶(集团)股份有限公司技术中心
117	上海烟草(集团)公司	上海烟草(集团)公司技术中心
118	上海白猫有限公司	上海白猫有限公司技术中心
119	上海建工(集团)总公司	上海建工(集团)总公司技术中心
120	光明乳业股份有限公司	光明乳业股份有限公司技术中心

续表

121	华宝食用香精香料(上海)有限公司	华宝食用香精香料(上海)有限公司技术中心
122	上海外高桥造船有限公司	上海外高桥造船有限公司技术中心
123	春兰(集团)公司	春兰(集团)公司技术中心
124	无锡威孚集团有限公司	无锡威孚集团有限公司技术中心
125	江苏扬子江药业集团	江苏扬子江药业集团技术中心
126	南京电子网板有限公司	南京电子网板有限公司技术中心
127	熊猫电子集团有限公司	熊猫电子集团有限公司技术中心
128	江苏双良集团公司	江苏双良集团公司技术中心
129	常柴股份有限公司	常柴股份有限公司技术中心
130	常林股份有限公司	常林股份有限公司技术中心
131	大屯煤电(集团)有限责任公司	大屯煤电(集团)有限责任公司技术中心
132	江苏小天鹅集团有限公司	江苏小天鹅集团有限公司技术中心
133	中国石化集团仪征化纤股份有限公司	中国石化集团仪征化纤股份有限公司技术中心
134	江苏阳光集团公司	江苏阳光集团公司技术中心
135	宝胜集团有限公司	宝胜集团有限公司技术中心
136	中国石化集团南京化学工业有限公司	中国石化集团南京化学工业有限公司技术中心
137	徐州工程机械集团公司	徐州工程机械集团公司技术中心
138	法尔胜集团公司	法尔胜集团公司技术中心
139	江苏恒瑞医药股份有限公司	江苏恒瑞医药股份有限公司技术中心
140	镇江江奎集团公司	镇江江奎集团公司技术中心
141	江阴兴澄特种钢铁有限公司	江阴兴澄特种钢铁有限公司技术中心
142	万向集团	万向集团技术中心
143	东方通信股份有限公司	东方通信股份有限公司技术中心
144	杭州制氧机集团有限公司	杭州制氧机集团有限公司技术中心
145	巨化集团	巨化集团技术中心
146	西湖电子集团有限公司	西湖电子集团有限公司技术中心
147	杭州汽轮动力集团有限公司	杭州汽轮动力集团有限公司技术中心
148	浙江海正集团有限公司	浙江海正集团有限公司技术中心
149	横店集团控股有限公司	横店集团控股有限公司技术中心
150	浙江新和成股份有限公司	浙江新和成股份有限公司技术中心
151	雅戈尔集团股份有限公司	雅戈尔集团股份有限公司技术中心
152	合肥美菱股份有限公司	合肥美菱股份有限公司技术中心
153	安徽叉车集团公司	安徽叉车集团公司技术中心
154	中国扬子集团有限公司	中国扬子集团有限公司技术中心
155	合肥荣事达集团有限责任公司	合肥荣事达集团有限责任公司技术中心
156	安徽海螺集团有限责任公司	安徽海螺集团有限责任公司技术中心
157	马鞍山钢铁股份有限公司	马鞍山钢铁股份有限公司技术中心
158	福州天宇电气股份有限公司	福州天宇电气股份有限公司技术中心
159	福建南平南孚电池有限公司	福建南平南孚电池有限公司技术中心
160	厦门工程机械股份有限公司	厦门工程机械股份有限公司技术中心
161	厦门华侨电子股份有限公司	厦门华侨电子股份有限公司技术中心

续表

162	江西江中药业股份有限公司	江西江中药业股份有限公司技术中心
163	洪都航空工业集团有限责任公司	洪都航空工业集团有限责任公司技术中心
164	江西铜业集团公司	江西铜业集团公司技术中心
165	济南二机床集团有限公司	济南二机床集团有限公司技术中心
166	浪潮集团有限公司	浪潮集团有限公司技术中心
167	临沂鲁南制药集团	临沂鲁南制药集团技术中心
168	中国轻骑集团有限公司	中国轻骑集团有限公司技术中心
169	烟台万华合成革集团有限公司	烟台万华合成革集团有限公司技术中心
170	烟台东方电子信息产业集团有限公司	烟台东方电子信息产业集团有限公司技术中心
171	山东鲁北企业集团总公司	山东鲁北企业集团总公司技术中心
172	山东滨州渤海活塞股份有限公司	山东滨州渤海活塞股份有限公司技术中心
173	山东晨鸣纸业集团股份有限公司	山东晨鸣纸业集团股份有限公司技术中心
174	山东工程机械集团有限公司	山东工程机械集团有限公司技术中心
175	济南一机床集团有限公司	济南一机床集团有限公司技术中心
176	济南钢铁集团总公司	济南钢铁集团总公司技术中心
177	济南试金集团有限公司	济南试金集团有限公司技术中心
178	中国重型汽车集团有限公司	中国重型汽车集团有限公司技术中心
179	中国石化齐鲁股份有限公司	中国石化齐鲁股份有限公司技术中心
180	山东新华医药集团有限责任公司	山东新华医药集团有限责任公司技术中心
181	兖矿集团有限公司	兖矿集团有限公司技术中心
182	鲁能泰山电缆电器有限责任公司	鲁能泰山电缆电器有限责任公司技术中心
183	山东如意科技集团有限公司	山东如意科技集团有限公司技术中心
184	山东小鸭集团有限责任公司	山东小鸭集团有限责任公司技术中心
185	山东华冠集团有限责任公司	山东华冠集团有限责任公司技术中心
186	胜利石油管理局	胜利石油管理局技术中心
187	三角集团有限公司	三角集团有限公司技术中心
188	山东成山轮胎股份有限公司	山东成山轮胎股份有限公司技术中心
189	山东海化集团有限公司	山东海化集团有限公司技术中心
190	山东东阿阿胶集团有限责任公司	山东东阿阿胶集团有限责任公司技术中心
191	华泰集团有限公司	华泰集团有限公司技术中心
192	烟台张裕集团有限公司	烟台张裕集团有限公司技术中心
193	天润曲轴有限公司	天润曲轴有限公司技术中心
194	潍坊亚星集团有限公司	潍坊亚星集团有限公司技术中心
195	海尔集团公司	海尔集团公司技术中心
196	海信集团有限公司	海信集团有限公司技术中心
197	双星集团有限责任公司	双星集团有限责任公司技术中心
198	青岛港(集团)有限公司	青岛港(集团)有限公司技术中心
199	青岛啤酒股份有限公司	青岛啤酒股份有限公司技术中心
200	青岛澳柯玛集团总公司	青岛澳柯玛集团总公司技术中心
201	颐中烟草(集团)有限公司	颐中烟草(集团)有限公司技术中心
202	青岛黄海橡胶集团有限责任公司	青岛黄海橡胶集团有限责任公司技术中心

续表

203	南车四方机车车辆股份有限公司	南车四方机车车辆股份有限公司技术中心
204	青岛即发集团股份有限公司	青岛即发集团股份有限公司技术中心
205	河南黄河实业集团股份有限公司	河南黄河实业集团股份有限公司技术中心
206	许继集团有限公司	许继集团有限公司技术中心
207	中国神马集团有限责任公司	中国神马集团有限责任公司技术中心
208	河南新飞电器有限公司	河南新飞电器有限公司技术中心
209	平顶山天鹰集团有限责任公司	平顶山天鹰集团有限责任公司技术中心
210	中国洛阳浮法玻璃集团有限责任公司	中国洛阳浮法玻璃集团有限责任公司技术中心
211	河南莲花味精集团有限公司	河南莲花味精集团有限公司技术中心
212	平顶山煤业(集团)有限责任公司	平顶山煤业(集团)有限责任公司技术中心
213	中信重型机械公司	中信重型机械公司技术中心
214	洛阳铜加工集团有限责任公司	洛阳铜加工集团有限责任公司技术中心
215	中国一拖集团有限公司	中国一拖集团有限公司技术中心
216	郑州电缆(集团)股份有限公司	郑州电缆(集团)股份有限公司技术中心
217	洛阳轴承集团有限公司	洛阳轴承集团有限公司技术中心
218	河南省漯河市双汇实业集团有限责任公司	河南省漯河市双汇实业集团有限责任公司技术中心
219	河南安彩集团有限责任公司	河南安彩集团有限责任公司技术中心
220	郑州宇通客车股份有限公司	郑州宇通客车股份有限公司技术中心
221	沙隆达集团公司	沙隆达集团公司技术中心
222	武汉钢铁(集团)公司	武汉钢铁(集团)公司技术中心
223	武汉东湖高新集团股份有限公司	武汉东湖高新集团股份有限公司技术中心
224	湖北京山轻工机械股份有限公司	湖北京山轻工机械股份有限公司技术中心
225	大冶特殊钢股份有限公司	大冶特殊钢股份有限公司技术中心
226	武汉锅炉股份有限公司	武汉锅炉股份有限公司技术中心
227	东风汽车公司	东风汽车公司技术中心
228	湖北美尔雅纺织服装实业(集团)公司	湖北美尔雅纺织服装实业(集团)公司技术中心
229	活力二八集团公司	活力二八集团公司技术中心
230	红桃开集团股份有限公司	红桃开集团股份有限公司技术中心
231	武汉烟草(集团)有限公司	武汉烟草(集团)有限公司技术中心
232	烽火通信科技股份有限公司	烽火通信科技股份有限公司技术中心
233	中国葛洲坝水利水电工程集团有限公司	中国葛洲坝水利水电工程集团有限公司技术中心
234	株洲硬质合金集团有限公司	株洲硬质合金集团有限公司技术中心
235	湖南华升工贸进出口(集团)公司	湖南华升工贸进出口(集团)公司技术中心
236	株洲冶炼集团有限责任公司	株洲冶炼集团有限责任公司技术中心
237	长沙卷烟厂	长沙卷烟厂技术中心
238	中国南车集团株洲电力机车厂	中国南车集团株洲电力机车厂技术中心
239	三一重工股份有限公司	三一重工股份有限公司技术中心
240	常德卷烟厂	常德卷烟厂技术中心
241	广东风华高新科技集团有限公司	广东风华高新科技集团有限公司技术中心
242	广东美的集团股份有限公司	广东美的集团股份有限公司技术中心
243	TCL 集团股份有限公司	TCL 集团股份有限公司技术中心

续表

244	汕头东方超声集团	汕头东方超声集团技术中心
245	广东佛陶集团股份有限公司	广东佛陶集团股份有限公司技术中心
246	广东肇庆星湖生物科技股份有限公司	广东肇庆星湖生物科技股份有限公司技术中心
247	中山市凯达精细化工股份有限公司	中山市凯达精细化工股份有限公司技术中心
248	广州无线电集团有限公司	广州无线电集团有限公司技术中心
249	广州广船国际股份有限公司	广州广船国际股份有限公司技术中心
250	广东轻工业机械集团有限公司	广东轻工业机械集团有限公司技术中心
251	广东科龙电器股份有限公司	广东科龙电器股份有限公司技术中心
252	惠州市德赛集团有限公司	惠州市德赛集团有限公司技术中心
253	广州市珠江啤酒集团有限公司	广州市珠江啤酒集团有限公司技术中心
254	广州金发科技股份有限公司	广州金发科技股份有限公司技术中心
255	深圳市中金岭南有色金属股份有限公司	深圳市中金岭南有色金属股份有限公司技术中心
256	华为技术有限公司	华为技术有限公司技术中心
257	深圳市中兴通讯股份有限公司	深圳市中兴通讯股份有限公司技术中心
258	深圳海王集团股份有限公司	深圳海王集团股份有限公司技术中心
259	三九企业集团	三九企业集团技术中心
260	康佳集团股份有限公司	康佳集团股份有限公司技术中心
261	深圳华强集团有限公司	深圳华强集团有限公司技术中心
262	中国国际海运集装箱(集团)股份有限公司	中国国际海运集装箱(集团)股份有限公司技术中心
263	柳州市建筑机械总厂	柳州市建筑机械总厂技术中心
264	广西贵糖(集团)股份有限公司	广西贵糖(集团)股份有限公司技术中心
265	上汽通用五菱汽车股份有限公司	上汽通用五菱汽车股份有限公司技术中心
266	广西玉柴机器股份有限公司	广西玉柴机器股份有限公司技术中心
267	柳州华锡集团	柳州华锡集团技术中心
268	桂林三金药业股份有限公司	桂林三金药业股份有限公司技术中心
269	广西柳工集团有限公司	广西柳工集团有限公司技术中心
270	椰树集团有限公司	椰树集团有限公司技术中心
271	托普集团科技发展有限责任公司	托普集团科技发展有限责任公司技术中心
272	四川华神集团股份有限公司	四川华神集团股份有限公司技术中心
273	四川长虹电子集团有限公司	四川长虹电子集团有限公司技术中心
274	川化集团有限责任公司	川化集团有限责任公司技术中心
275	泸天化(集团)有限责任公司	泸天化(集团)有限责任公司技术中心
276	攀枝花钢铁(集团)公司	攀枝花钢铁(集团)公司技术中心
277	四川九洲电器集团有限责任公司	四川九洲电器集团有限责任公司技术中心
278	中国东方电气集团公司	中国东方电气集团公司技术中心
279	四川东材企业集团有限公司	四川东材企业集团有限公司技术中心
280	国营建中化工总公司	国营建中化工总公司技术中心
281	绵阳新晨动力机械有限公司	绵阳新晨动力机械有限公司技术中心
282	中国嘉陵工业股份有限公司(集团)	中国嘉陵工业股份有限公司(集团)技术中心
283	长安汽车(集团)有限责任公司	长安汽车(集团)有限责任公司技术中心
284	中国四联仪器仪表集团有限公司	中国四联仪器仪表集团有限公司技术中心

续表

285	太极集团有限公司	太极集团有限公司技术中心
286	建设工业(集团)有限责任公司	建设工业(集团)有限责任公司技术中心
287	重庆钢铁(集团)有限责任公司	重庆钢铁(集团)有限责任公司技术中心
288	重庆力帆实业(集团)有限公司	重庆力帆实业(集团)有限公司技术中心
289	昆明船舶设备集团有限公司	昆明船舶设备集团有限公司技术中心
290	云南磷化集团有限公司	云南磷化集团有限公司技术中心
291	玉溪红塔烟草(集团)有限责任公司	玉溪红塔烟草(集团)有限责任公司技术中心
292	云南锡业集团有限责任公司	云南锡业集团有限责任公司技术中心
293	云天化集团有限责任公司	云天化集团有限责任公司技术中心
294	中国江南航天集团	中国江南航天集团技术中心
295	贵州轮胎股份有限公司	贵州轮胎股份有限公司技术中心
296	中国振华电子集团有限公司	中国振华电子集团有限公司技术中心
297	中国贵州航空工业(集团)有限责任公司	中国贵州航空工业(集团)有限责任公司技术中心
298	中国贵州茅台酒厂有限责任公司	中国贵州茅台酒厂有限责任公司技术中心
299	西安飞机工业(集团)有限责任公司	西安飞机工业(集团)有限责任公司技术中心
300	长岭(集团)股份有限公司	长岭(集团)股份有限公司技术中心
301	庆安集团有限公司	庆安集团有限公司技术中心
302	秦川机床集团有限公司	秦川机床集团有限公司技术中心
303	西安电力机械制造公司	西安电力机械制造公司技术中心
304	陕西鼓风机(集团)有限公司	陕西鼓风机(集团)有限公司技术中心
305	中国标准缝纫机集团有限公司	中国标准缝纫机集团有限公司技术中心
306	兰州电机有限责任公司	兰州电机有限责任公司技术中心
307	金川集团有限公司	金川集团有限公司技术中心
308	青海盐湖工业集团有限公司	青海盐湖工业集团有限公司技术中心
309	宁夏东方有色金属集团有限公司	宁夏东方有色金属集团有限公司技术中心
310	西北轴承股份有限公司	西北轴承股份有限公司技术中心
311	吴忠仪表股份有限公司	吴忠仪表股份有限公司技术中心
312	新疆天业(集团)有限公司	新疆天业(集团)有限公司技术中心
313	特变电工股份有限公司	特变电工股份有限公司技术中心
314	新疆天山水泥股份有限公司	新疆天山水泥股份有限公司技术中心

中华人民共和国国家发展和改革委员会
公 告

2004年 第17号

国家发展改革委批准《闸阀 静压寿命试验规程》等57项机械、汽车、包装行业标准,现予公布,自2004年8月1日起实施。

以上机械行业标准由机械工业出版社出版,汽车、包装行业标准由中国计划出版社出版。

附件:57项机械、汽车、包装行业标准编号及名称

中华人民共和国国家发展和改革委员会

二○○四年三月十二日

附件:

57项机械、汽车、包装行业标准编号及名称

序号	标 准 编 号	标 准 名 称	代替标准编号	采标情况
机械行业				
1	JB/T 8858-2004	闸阀 静压寿命试验规程	JB/T 8858-1999	
2	JB/T 8859-2004	截止阀 静压寿命试验规程	JB/T 8859-1999	
3	JB/T 8860-2004	旋塞阀 静压寿命试验规程	JB/T 8860-1999	
4	JB/T 8861-2004	球阀 静压寿命试验规程	JB/T 8861-1999	
5	JB/T 8863-2004	蝶阀 静压寿命试验规程	JB/T 8863-1999	
6	JB/T 8864-2004	阀门气动装置 技术条件	JB/T 8864-1999	
7	JB/T 5184-2004	拖拉机离合器 超速试验方法	JB/T 5184-1991	
8	JB/T 5615-2004	拖拉机传动齿轮 技术条件	JB/T 5615-1991	
9	JB/T 6294-2004	农业拖拉机 型式检验规则	JB/T 6294-1992	
10	JB/T 6702-2004	拖拉机产品图样及设计文件编号规则	JB/T 6702-1993	
11	JB/T 7282-2004	拖拉机用油 品种、规格的选用	JB/T 7282-1994	
12	JB/T 6053-2004	钢制锻件热锻工艺 燃料消耗定额计算方法	JB/T 6053-1992	
13	JB/T 6541-2004	冷挤压件 形状和结构要素	JB/T 6541-1993	
14	JB/T 5866-2004	宽调速永磁直流伺服电动机 通用技术条件	JB/T 5866-1991	
15	JB/T 5867-2004	空心杯电枢永磁直流伺服电动机 通用技术条件	JB/T 5867-1991	
16	JB/T 5868-2004	印制绕组直流伺服电动机 通用技术条件	JB/T 5868-1991	
17	JB/T 2426-2004	发电厂和变电所自用三相变压器 技术参数和要求	JB/T 2426-1992	
18	JB/T 5344.1-2004	埋弧炉变压器 总则	JB/T 5344.1-1991	
19	JB/T 6303-2004	电石炉变压器 技术参数和要求	JB/T 6303-1992	
20	JB/T 8448.1-2004	变压器类产品用密封制品技术条件 第1部分:橡胶密封制品	JB/T 4884.1-1996	

续表

21	JB/T 8448.2-2004	变压器类产品用密封制品技术条件 第 2 部分:软木橡胶密封制品	JB/T 4884.2-1996	
22	JB/T 10088-2004	6kV~500kV 级电力变压器声级	JB/T 10088-1999	
23	JB/T 10428-2004	变压器用多功能保护装置		
24	JB/T 10429-2004	钢包精炼炉变压器		
25	JB/T 10430-2004	变压器用速动油压继电器		
26	JB/T 10431-2004	高燃点绝缘油电力变压器		
27	JB/T 6300-2004	控制用电压互感器 JB/T 6300-1992		
28	JB/T 10432-2004	三相组合互感器		
29	JB/T 10433-2004	三相电压互感器		
30	JB/T 2751-2004	等离子弧切割机 JB/T 2751-1993		
31	JB/T 10434.2-2004	家用和类似用途插头插座 第 2 部分:固定式无联锁带开关插座的特殊要求		IEC 60884-2-3:1989,E1,MOD
32	JB/T 10435-2004	电缆局部放电测试系统检定方法		
33	JB/T 10436-2004	电线电缆用可交联阻燃聚烯烃料		
34	JB/T 10437-2004	电线电缆用可交联聚乙烯绝缘料		
35	JB/T 10438-2004	额定电压 450/750V 及以下交联聚氯乙烯绝缘电线和电缆		
36	JB/T 4280-2004	中频无心感应炉 JB/T 4208-1993		
37	JB/T 10439-2004	单晶炉 TDR 系列直拉法单晶炉		
38	JB/T 10440-2004	大型煤粉锅炉炉膛及燃烧器 性能设计规范		
39	JB/T 10441.1-2004	电工用皱纹绝缘纸 第 1 部分:定义和一般要求		IEC 60554-1:1977,MOD
40	JB/T 10441.2-2004	电工用皱纹绝缘纸 第 2 部分:试验方法		IEC 60554-2:1977,MOD
41	JB/T 10441.3-2004	电工用皱纹绝缘纸 第 3 部分:技术要求		IEC 60554-3-3:1980,MOD
42	JB/T 3022-2004	微动开关	JB/T 3022-1991	
43	JB/T 3732.3-2004	剃齿机 第 3 部分:参数	JB/T 3731-1992	
44	JB/T 3732.4-2004	剃齿机 第 4 部分:系列型谱	JB/T 6094-1992	
45	JB/T 5554-2004	机床组合开关	JB/T 5554-1991	
46	JB/T 10330.2-2004	高速电火花小孔加工机 第 2 部分:参数		
47	JB/T 10330.3-2004	高速电火花小孔加工机 第 3 部分:精度检验		
48	JB/T 10074-2004	电阻真空计 技术条件	JB/T 10074-1999	
49	JB/T 10451-2004	多用户静止式交流有功电能表 特殊要求		
50	JB/T 10452-2004	办公设备 文本装订机		
51	JB/T 10453-2004	速印(油印)机 技术条件		
52	JB/T 10454-2004	激光打印机负电性有机光导鼓 技术条件		
53	JB/T 10455-2004	小胶印机测试版		
汽车行业				
54	QC/T 265-2004	汽车零部件编号规则	QC/T 265-1999	
55	QC/T 420-2004	汽车用熔断器	QC/T 420-1999	
56	QC/T 708-2004	汽车空调风机技术条件		
包装行业				
57	BB/T0025-2004	30/25mm 塑料防盗瓶盖		

国家发展改革委办公厅印发关于 2004~2005 年度国家认定企业技术中心重点认定的行业领域的通知

发改办高技[2004]548 号

国务院有关部门,各省、自治区、直辖市及计划单列市,新疆生产建设兵团发展改革委(计委)、经贸委(经委),中央管理企业:

为贯彻落实十六届三中全会关于加快国家创新体系建设,确立企业技术创新主体地位的精神,继续发挥国家认定企业技术中心在技术创新中的重要引导和示范作用,我委研究确定了 2004~2005 年度国家认定企业技术中心重点认定的行业领域(见附件),现通知如下:

在重点认定的行业领域内获得省级企业技术中心认定两年以上(含两年)的企业可以依据国家认定企业技术中心的有关规定和相关要求,准备认定申报材料,于每年 4 月 30 日前报所在省、自治区、直辖市及计划单列市发展改革委(计委)或经贸委(经委)或所属国务院主管部门,各省、市及国务院主管部门择优推荐不超过二家企业于 5 月 15 日前将申报材料上报国家发展改革委,中央管理企业可以直接上报。

附件:2004~2005 年度国家认定企业技术中心重点认定的行业领域

国家发展和改革委员会办公厅
二〇〇四年四月五日

附件:

2004-2005 年度国家认定企业技术中心重点认定的行业领域

机械行业:动力机械、船舶、铁路运输设备、工业自动化、石化及建筑工程机械、汽车

煤炭行业:煤炭开采及加工

石化行业:农药、磷化工、聚酯和涤纶

信息行业:电子器件(集成电路、新型元器件)、计算机与网络设备、软件、通信设备、汽车电子、信息安全、数字音视频产品

轻工行业:精细化工、工程塑料、工业陶瓷、新型电源及光源、造纸、农产品深加工、烟草

纺织行业:纺织品精加工

建材行业:新型建材

医药行业:药品制造及医疗器械

环保行业:环保技术及装备

中华人民共和国国家发展和改革委员会
公 告

2004年 第 21 号

国家发展改革委批准《汽油中烃族组成测定法(多维气相色谱法)》等 28 项石化行业标准,现予公布,其中《SH/T 0741-2004 汽油中烃族组成测定法(多维气相色谱法)》、《SH/T 0742-2004 汽油中硫含量测定法(能量色散 X 射线荧光光谱法)》2 项标准自 2004 年 4 月 30 日起实施,其余 26 项标准自 2004 年 9 月 1 日起实施。

以上标准由中国石化出版社出版。

附件:28 项石化行业标准编号及名称

中华人民共和国国家发展和改革委员会
二○○四年四月九日

附件:

28 项石化行业标准编号及名称

序号	标准编号	标准名称	被代替标准号	采标情况
1	SH/T 0741-2004	汽油中烃族组成测定法(多维气相色谱法)		
2	SH/T 0742-2004	汽油中硫含量测定法(能量色散 X 射线荧光光谱法)		ASTMD 6445-1999MOD
3	SH/T 0414-2004	石油蜡嗅味试验法	SH/T 0414—1992	ASTM D1883—87(1999) IDT
4	SH/T 1743-2004	乙烯-丙烯-二烯烃橡胶(EPDM)评价方法		ISO 4097:2000MOD
5	SH/T 1744-2004	工业用异丙苯		ASTM D4077-2000MOD
6	SH/T 1745-2004	工业用异丙苯中纯度及杂质的测定 气相色谱法		ASTM D3760-2002MOD
7	SH/T 1746-2004	工业用异丙苯中过氧化物含量的测定 分光光度法		ASTM E299-97(2002) MOD
8	SH/T 1747-2004	工业用异丙苯中苯酚含量的测定 分光光度法		ASTM D3160-2003MOD
9	SH/T 1748-2004	工业用异丙苯中酚类化合物和过氧化氢异丙苯含量的测定 高效液相色谱法		
10	SH/T 1492-2004	工业用 1-丁烯纯度及烃类杂质的测定 气相色谱法	SH/T 1492-1992	
11	SH/T 1548-2004	工业用 1-丁烯中微量丙二烯和丙炔的测定 气相色谱法	SH/T 1548-1993	

续表

12	SH/T 1547-2004	工业用1-丁烯中微量甲醇和甲基叔丁基醚的测定 气相色谱法	SH/T 1547-1993	
13	SH/T 0749-2004	润滑油及添加剂中添加元素含量测定法(电感耦合等离子体发射光谱法)		
14	SH/T 1726-2004	工业用异丁烯		
15	SH/T 1482-2004	工业用异丁烯纯度及烃类杂质的测定 气相色谱法	SH/T1482-92	
16	SH/T 1483-2004	工业用异丁烯中含氧化合物的测定 气相色谱法	SH/T1483-92	
17	SH/T 1484-2004	工业用异丁烯中异丁烯二聚物的测定 气相色谱法	SH/T1484-92	
18	SH/T 1611-2004	丙烯腈-丁二烯橡胶(NBR)评价方法	SH/T 1611-1995	ISO 4658:1999, MOD
19	SH/T 1727-2004	丁二烯橡胶微观结构的测定 红外光谱法		ISO 12965:2000, IDT
20	SH/T 0728-2004	石蜡嗅味稳定性试验法		
21	SH/T 0556-2004	石油蜡含油量测定法(丁酮—甲苯法)	SH/T0556-93	ASTM D3235-97, MOD
22	SH/T 0175-2004	馏分燃料油氧化安定性测定法(加速法)	SH/T0175-2002	ASTM D2274-2001, MOD
23	SH/T 0729-2004	石油馏分的碳分布和结构族组成计算方法(n-d-M 法)		ASTM D3238-95(2000), MOD
24	SH/T 0730-2004	石油馏分分子量估算法黏度测量法)		ASTM D2502-92(1996), MOD
25	SH/T 0731-2004	润滑油蒸发损失测定法(热重诺亚克法)		ASTM D6375-99a, MOD
26	SH/T 0732-2004	润滑油低温低剪切速率下黏度与温度关系测定法(温度扫描法)		ASTM D5133-99, MOD
27	SH/T 0733-2004	闪点测定法(泰克闭口杯法)		ASTM D56-01, MOD
28	SH/T 0109-2004	润滑脂抗水淋性能测定法	SH/T0109-92	ISO 11009:2000, MOD

国家发展改革委办公厅关于组织实施国家重大产业技术开发专项的公告

为全面贯彻十六届三中全会精神，加快实施国民经济可持续发展战略，加强国民经济的宏观调控，推进我国产业结构调整和技术升级，加快新型工业化道路进程，国家发展和改革委决定组织实施国家重大产业技术开发专项，以提高我国产业技术水平和核心竞争力，现就有关事项公告如下：

一、专项组织的指导思想和原则

专项组织要坚持科学发展观，按照新型工业化的要求，以市场为导向，加强技术创新，充分发挥和调动各方面的积极性，充分利用国际、国内两种资源，努力突破一批重大共性关键技术，实现产业技术的跨越式发展。

国家重大产业技术专项以促进产业技术升级、加快产业结构调整、切实解决制约国民经济发展的重大技术瓶颈问题、增强产业发展核心竞争力为目标。坚持市场机制与政府组织协调相结合；坚持重点突破与应用导向相结合；坚持当前发展和前瞻研发相结合；坚持自主创新与技术引进、消化吸收相结合；坚持以企业为主体、产学研相结合。

二、专项实施内容

从 2004 年开始，围绕重点产业、重点领域和重点企业，重点组织实施 10 项重大产业技术专项，具体内容包括：

1.资源勘探开发与高效利用关键技术；

2.大型石油、天然气和煤化工及新型催化关键技术；

3.节能和新能源关键技术；

4.工业节水关键技术；

5.环境保护关键技术；

6.资源综合利用技术；

7.安全生产关键技术；

8.先进制造关键技术；

9.农产品深加工关键技术；

10.交通现代化关键技术。

三、总体目标

国家重大产业技术专项将结合国民经济发展和国家重大建设工程的需要，围绕重点产业、重点领域和重点行业中突出问题，以国家重点建设工程和重点建设项目为依托，重点攻克一批产业发展中的重大共性、关键技术，带动并促进产业结构调整和优化升级，提升产业的核心竞争力，加快高新技术和先进适用技术向传统产业的渗透和融合，为我国国民经济持续、快速、协调、健康发展提供技术支撑和保障。

四、先期启动专项的重点开发内容和预期目标

按照专项前期工作进展和当前急需，拟先期启动安全生产关键技术开发专项。专项开发的重点内容和力争在 2~3 年达到的预期目标为：

（一）电网安全稳定运行及控制技术

1.区域互联电网稳定控制技术，重点开发广域测量技术、在线安全稳定评估技术、快速故障阻隔技术、电网信息安全深度防护技术等。

2.大容量、远距离直流输电的电网稳定技术，重点开发交直流并列运行系统在线稳定控制决策支持系统、多回路直流协调控制技术、直流多落点电网的安全稳定技术、直流输电系统在电力系统稳定分析中的详细模拟技术等。

预期目标：形成我国电网的广域测量系统，实现电网主要厂站的实时测量，改变现有状态评估方式，使大区测量时间由 10 分钟左右提高到微秒级。提高在线动态安全稳定评估反应速度，全国电网安全分析，使现在的大区评价时间 2~3 周，缩短到 10 分钟左右；增强电网安全性，使互联电网快速解列时间提高数百微秒；形成大容量、远距离直流输电的电网稳定技术，掌握直流输电系统的协调控制技术和仿真技术。

（二）矿山安全生产快速反应联动监控、重大灾害的监控预警技术

1.高可靠性快速反应监测监控技术、重点开发快速智能监控技术、系统故障自动诊断技术、井下电网

故障自动监控技术、关键传感器快速检测技术、大容量本安电源技术等。

2.矿井主要灾害预防集成技术，重点开发重大瓦斯灾害隐患辨识及控制技术、火灾隐患辨识及控制技术、水灾的监测预警及探查与封堵技术等。

预期目标：提高现有综合监控反应速度(30秒)5倍以上，无故障运行时间(1/700小时)提高2倍，全面提高安全监控系统的可靠性和快速反应能力；瓦斯传感器反应速度由30秒提高2倍、使用寿命由一年和调校周期由1~2周提高1~2倍、粉尘浓度传感器达到实用化；形成重大瓦斯灾害、矿山火灾、水灾等主要灾害预兆识别及其危险性的自动分析、防灾应急预案自动生成和灾害应急控制系统。

五、有关工作安排

(一)请国务院有关部门，各省、自治区、直辖市、计划单列市、新疆生产建设兵团发展改革委(计委、经贸委、经委)，计划单列企业集团作为主持单位，认真做好国家重大产业技术专项的组织与申报工作，结合本公告具体要求与本部门、本地区实际，做好项目的组织申报工作，同时汇总相关立项申请材料，报国家发展改革委。

(二)国家发展改革委将按照公正、公平的原则，委托有资格的中介机构或组织专家组对项目进行评审，并以此为依据研究确定是否立项，对已同意项目的项目，由项目主持单位组织项目申报单位编制可行性研究报告上报。

(三)申请项目的单位应具有独立企业法人资格，有较强的技术创新能力和承担项目所需的研究开发以及相应的经济实力，鼓励产学研联合。

(四)项目申报单位应按照公告的具体要求，认真填写项目立项建议书(格式要求附后)等材料，申报材料一式三份，并附电子版。

(五)安全生产关键技术专项申报截至日期为2004年6月20日。

附件：国家重大技术装备研制和重大产业技术开发专项项目立项建议书

国家发展和改革委员会办公厅
二〇〇四年四月三十日

附件：

国家重大技术装备研制和重大产业技术开发专项
项目立项建议书

项目名称：

项目申报单位：

项目主持单位：

国家发展和改革委员会制订
年　　月　　日

格式及说明

一、格式

纸张规格：A4；页边距：2.5cm；字体：仿宋体4号字。

二、《项目立项建议书》填写款项要求

申报单位要严格按照国家重大技术装备研制和重大产业技术开发专项申报要求编写《项目立项建议书》，主要包括：

(一)立项理由

1.国内外相关技术与产品现状、问题、趋势和本项目的意义；

2. 本项目的主要技术曾列入过哪些科技计划和取得的阶段成果。

(二)实施方案

1.本项目的具体内容、技术与装备特点、关键技术和关键工艺；

2.实施方式(自主开发、消化吸收、国际合作等)和技术路线；

3.项目进度安排、实施期限和预期达到的技术性能指标和参数。

(三)技术经济指标

与现有技术进行对比分析，并分析项目对产业发展的效益。

(四)项目资金

1.项目总资金与年度资金预算(资金构成及构成比例)；

2.资金使用范围、贷款偿还估算。

(五)项目申报单位财务状况

进行项目财务分析，并附项目申报单位上一个财政年度损益表、现金流量表和资产负债表等有关财务报表。

(六)项目申报单位及协作单位概况与条件

1.申报单位以及合作单位概况(包括技术力量和人员结构等)；

2.各自承担的主要工作和有关协议(或合同复印件)；

3. 申报单位已取得的技术开发成绩和实施本项目所具备的条件。

(七)其他需要说明的情况

(八)项目申报单位签章

必须由项目申报单位的法人代表签字，并加盖公章。

(九)项目主持单位审核意见并盖章

主持单位写出审核意见，由单位负责人签字并加盖公章。

国务院办公厅转发发展改革委等部门关于对电石和铁合金行业进行清理整顿若干意见的通知

各省、自治区、直辖市人民政府，国务院各部委、各直属机构：

发展改革委、国土资源部、工商总局、质检总局、环保总局、银监会、电监会《关于对电石和铁合金行业进行清理整顿的若干意见》已经国务院同意，现转发给你们，请认真贯彻执行。

国务院办公厅

二〇〇四年五月一日

关于对电石和铁合金行业进行清理整顿的若干意见

发展改革委 国土资源部 工商总局

质检总局 环保总局 银监会 电监会

(二〇〇四年四月)

电石和铁合金行业是高能耗、高污染产业，近年来一些地区和企业受利益驱动，违反国家产业政策，纷纷新建、扩建电石和铁合金生产能力，甚至大量建设国家明令淘汰和禁止发展的电石、铁合金生产装置。东部地区一些电石、铁合金生产企业还将落后的生产能力转移到中西部地区。据不完全统计，目前全国电石和铁合金生产能力分别为700万吨和1000万吨，在建生产能力分别为300万吨和500万吨，预计2005年电石和铁合金生产能力将分别超过1000万吨和1500万吨，生产能力超出预期市场需求的一倍以上。电石和铁合金工业大规模低水平重复建设和盲目发展，不仅造成了资源浪费和严重环境污染，而且加剧了电力供应紧张的局面。

为贯彻党的十六大、十六届三中全会和中央经济工作会议精神，坚决遏制电石、铁合金行业低水平重复建设和盲目发展的势头，现就清理整顿电石、铁合金行业有关问题提出以下意见：

一、地方各级人民政府要依据《中华人民共和国环境保护法》、《中华人民共和国节约能源法》等法律，《国务院办公厅转发国家经贸委等五部门关于从严控制铁合金生产能力切实制止低水平重复建设意见的通知》（国办发[2002]23 号），以及原国家经贸委《淘汰落后生产能力、工艺和产品的目录（第一批）（第二批）》和《工商领域制止重复建设目录（第一批）》等有关规定的要求，对现有电石、铁合金生产企业和在建（拟建）电石、铁合金项目进行全面清理整顿。坚决淘汰敞开式和 1 万吨（单台装机容量为 5000 千伏安）以下的电石炉、单台装机容量 3200 千伏安及以下的铁合金矿热电炉和 100 立方米以下的铁合金高炉；2005 年年底前，淘汰单台装机容量 5000 千伏安以下的铁合金矿热电炉。对依法淘汰的生产装置要进行废毁处理。对超标排污的电石和铁合金生产企业，由当地环保部门责令停止生产，限期整改。限期整改的电石、铁合金生产企业，需经省级环保部门验收合格后方可恢复生产。2004 年年底前，经整改仍不能达到国家环保要求的，要坚决关闭。银行等金融机构不得向依法关闭及违反国家产业政策建设的电石和铁合金生产企业提供信贷支持，对已发放的贷款，要采取有效措施妥善处理，并尽力保全银行资产。

二、对违反国家产业政策于 1999 年 9 月 1 日以后审批建设的电石、铁合金生产项目，要逐项查清项目审批、用地审批、环保审批、工商登记及给予信贷融资支持等方面情况。对违反国家产业政策和有关规定的在建及已批准立项的电石、铁合金生产项目要停止建设，根据具体情况，再行处理。在国家新的政策规定出台前，暂停审批新建电石、铁合金生产项目，国土资源行政主管部门不得受理用地申请，环境保护行政管理部门不得审批其环境影响报告书和核发排污许可证，工商行政管理部门不予登记注册。违反政策规定的要严肃追究有关责任人的责任。

三、地方各级人民政府要全面清理并取消电石、铁合金企业享受的优惠电价、优惠税收、优惠供地等政策。各级环境保护部门要加大环境监督和执法力度，对电石和铁合金生产企业进行重点监控。银行业监管部门要加强对银行等金融机构执行国家政策情况的监管。电力监管部门要加强对供电企业的监管，对必须依法关闭的生产企业、淘汰及限期整改的生产装置要立即停止供电；对 1999 年 9 月 1 日以后违规建设的电石、铁合金项目生产用电价格，每千瓦时提高电价 0.05 元（暂执行 2 年）。有关方面要设立举报电话，利用社会力量对电石、铁合金生产企业进行重点监督。新闻媒体要对违法生产企业进行公开曝光。

四、发展改革委要会同有关部门尽快制定电石、铁合金行业准入条件，对工艺、技术、装备、规模、能源、资源消耗和环境保护提出明确的指标要求。要根据市场需求，依照“控制总量、调整结构、节约能源、保护环境、合理布局”的原则，对我国电石和铁合金工业的发展和整体布局进行科学规划。研究鼓励用乙烯氧氯化法及其他先进生产工艺替代电石法生产聚氯乙烯的政策措施，引导企业合理投资。质检部门要按照《危险化学品安全管理条例》，对电石生产实行工业产品生产许可证管理。

五、充分发挥行业协会等社会中介组织的作用，加强对产业发展趋势、技术进步的跟踪分析和研究，建立和完善市场信息发布制度，及时公布电石、铁合金生产和市场供需情况，宣传国家产业政策，加强行业自律。鼓励大型企业通过优势兼并和重组改造，采用先进生产工艺和技术，提高生产技术水平和产品质量，降低能源消耗，实现环保达标排放和资源合理转化。

各地区特别是近几年电石和铁合金产量增长较快的内蒙古、山西、新疆、陕西、贵州、四川、广西、宁夏、甘肃、云南、湖南、江苏、重庆等省（区、市），要立即成立由省级人民政府主管领导担任组长，有关部门参加的电石、铁合金行业清理整顿领导小组，根据本意见精神，组织力量对电石、铁合金生产企业进行调查摸底和清理整顿，并于 2004 年 5 月底前，将调查和清理结果报发展改革委。发展改革委要根据各地自查情况，会同有关部门对重点地区、重点企业进行抽查，并在汇总分析地方自查和有关部门抽查情况的基础上，对违规建设的项目提出审核处理意见报国务院。

国家发展改革委办公厅关于组织开展国家重大技术装备研制专项工作的通知

国务院有关部门办公厅(办公室),各省、自治区、直辖市及计划单列市,新疆建设兵团发展改革委(计委)、经贸委(经委),计划单列企业集团:

为满足国家重点建设工程的需要,提高我国重大成套技术装备设计制造水平,增强我国装备制造业的自主创新能力和核心竞争能力,保障国民经济的可持续发展,根据国家重大技术装备研制和重大产业技术开发专项规划,现将有关事项通知如下:

一、国家重大技术装备研制专项的安排原则

国家重大技术装备研制专项以国家重大建设工程和重点建设项目为依托,以解决国民经济发展急需、提升我国装备制造业水平为目的。国家重大技术装备研制专项的组织与实施要坚持市场机制与政府组织协调相结合;坚持重点突破与应用导向相结合;坚持自主创新与技术引进、消化吸收相结合;坚持以企业为主体、产学研相结合。

二、国家重大技术装备研制专项内容

根据国民经济发展和国家重大建设工程的需要,重点组织开展以下10项重大技术装备研制专项,集中研制一批重大技术装备,攻克一批共性、关键制造技术,带动相关产业发展。专项内容包括:

1.三峡工程配套装备研制;

2.直流输电成套设备;

3.超超临界火力机组成套设备;

4.大型空冷火电机组成套设备;

5.大型抽水蓄能机组成套设备;

6.重型燃气轮机联合循环发电技术及成套装备;

7.高新优船舶及配套设备;

8.铁路现代化成套装备;

9.年产600万吨综采成套装备;

10.百万千瓦级核电站成套设备。

三、国家重大技术装备研制专项的组织方式

(一)根据国家重大技术装备研制专项的内容,明确相应的项目主持单位和依托单位,并请国务院相关部门,各省、自治区、直辖市、计划单列市、新疆生产建设兵团发展改革委(计委、经贸委、经委),计划单列企业集团按实施研制项目的要求,积极配合做好重大技术装备研制专项的组织准备工作。

(二)研制专项项目将依托国家重点建设工程,整合装备制造优势力量,协作研制开发,并按照公开、公平、公正的原则,委托有资格的中介机构或组织专家组评审,择优支持。

(三)研制项目承担单位应具有较强的装备研制能力和承担项目所需的经济实力。

(四)国家重大技术装备研制专项的项目申报工作,将根据国家重点建设工程进展情况和专项的前期准备工作另行通知。

国家发展和改革委员会

二〇〇四年五月八日

中华人民共和国国家发展和改革委员会令

第 8 号

《汽车产业发展政策》业经国家发展和改革委员会主任办公会议讨论通过，并报国务院批准，现予以发布，并于发布之日起施行。1994 年颁布的《汽车工业产业政策》根据国务院国函[2004]30 号文件批复从即日起停止执行。

国家发展和改革委员会主任：马凯

二〇〇四年五月二十一日

附件：《汽车产业发展政策》

汽车产业发展政策

为适应不断完善社会主义市场经济体制的要求以及加入世贸组织后国内外汽车产业发展的新形势，推进汽车产业结构调整和升级，全面提高汽车产业国际竞争力，满足消费者对汽车产品日益增长的需求，促进汽车产业健康发展，特制定汽车产业发展政策。通过本政策的实施，使我国汽车产业在 2010 年前发展成为国民经济的支柱产业，为实现全面建设小康社会的目标做出更大的贡献。

第一章　政策目标

第一条　坚持发挥市场配置资源的基础性作用与政府宏观调控相结合的原则，创造公平竞争和统一的市场环境，健全汽车产业的法制化管理体系。政府职能部门依据行政法规和技术规范的强制性要求，对汽车、农用运输车(低速载货车及三轮汽车，下同)、摩托车和零部件生产企业及其产品实施管理，规范各类经济主体在汽车产业领域的市场行为。

第二条　促进汽车产业与关联产业、城市交通基础设施和环境保护协调发展。创造良好的汽车使用环境，培育健康的汽车消费市场，保护消费者权益，推动汽车私人消费。在 2010 年前使我国成为世界主要汽车制造国，汽车产品满足国内市场大部分需求并批量进入国际市场。

第三条　激励汽车生产企业提高研发能力和技术创新能力，积极开发具有自主知识产权的产品，实施品牌经营战略。2010 年汽车生产企业要形成若干驰名的汽车、摩托车和零部件产品品牌。

第四条　推动汽车产业结构调整和重组，扩大企业规模效益，提高产业集中度，避免散、乱、低水平重复建设。

通过市场竞争形成几家具有国际竞争力的大型汽车企业集团，力争到 2010 年跨入世界 500 强企业之列。

鼓励汽车生产企业按照市场规律组成企业联盟，实现优势互补和资源共享，扩大经营规模。

培育一批有比较优势的零部件企业实现规模生产并进入国际汽车零部件采购体系，积极参与国际竞争。

第二章　发展规划

第五条　国家依据汽车产业发展政策指导行业发展规划的编制。发展规划包括行业中长期发展规划和大型汽车企业集团发展规划。行业中长期发展规划由国家发展改革委会同有关部门在广泛征求意见的基础上制定，报国务院批准施行。大型汽车企业集团应根据行业中长期发展规划编制本集团发展规划。

第六条 凡具有统一规划、自主开发产品、独立的产品商标和品牌、销售服务体系管理一体化等特征的汽车企业集团，且其核心企业及所属全资子企业、控股企业和中外合资企业所生产的汽车产品国内市场占有率在15%以上的，或汽车整车年销售收入达到全行业整车销售收入15%以上的，可作为大型汽车企业集团单独编报集团发展规划，经国家发展改革委组织论证核准后实施。

第三章 技术政策

第七条 坚持引进技术和自主开发相结合的原则。跟踪研究国际前沿技术，积极开展国际合作，发展具有自主知识产权的先进适用技术。引进技术的产品要具有国际竞争力，并适应国际汽车技术规范的强制性要求发展的需要；自主开发的产品力争与国际技术水平接轨，参与国际竞争。国家在税收政策上对符合技术政策的研发活动给予支持。

第八条 国家引导和鼓励发展节能环保型小排量汽车。汽车产业要结合国家能源结构调整战略和排放标准的要求，积极开展电动汽车、车用动力电池等新型动力的研究和产业化，重点发展混合动力汽车技术和轿车柴油发动机技术。国家在科技研究、技术改造、新技术产业化、政策环境等方面采取措施，促进混合动力汽车的生产和使用。

第九条 国家支持研究开发醇燃料、天然气、混合燃料、氢燃料等新型车用燃料，鼓励汽车生产企业开发生产新型燃料汽车。

第十条 汽车产业及相关产业要注重发展和应用新技术，提高汽车的燃油经济性。2010年前，乘用车新车平均油耗比2003年降低15%以上。要依据有关节能方面技术规范的强制性要求，建立汽车产品油耗公示制度。

第十一条 积极开展轻型材料、可回收材料、环保材料等车用新材料的研究。国家适时制定最低再生材料利用率要求。

第十二条 国家支持汽车电子产品的研发和生产，积极发展汽车电子产业，加速在汽车产品、销售物流和生产企业中运用电子信息技术，推动汽车产业发展。

第四章 结构调整

第十三条 国家鼓励汽车企业集团化发展，形成新的竞争格局。在市场竞争和宏观调控相结合的基础上，通过企业间的战略重组，实现汽车产业结构优化和升级。

战略重组的目标是支持汽车生产企业以资产重组方式发展大型汽车企业集团，鼓励以优势互补、资源共享合作方式结成企业联盟，形成大型汽车企业集团、企业联盟、专用汽车生产企业协调发展的产业格局。

第十四条 汽车整车生产企业要在结构调整中提高专业化生产水平，将内部配套的零部件生产单位逐步调整为面向社会的、独立的专业化零部件生产企业。

第十五条 企业联盟要在产品研究开发、生产配套协作和销售服务等领域广泛开展合作，体现调整产品结构，优化资源配置，降低经营成本，实现规模效益和集约化发展。参与某一企业联盟的企业不应再与其它企业结成联盟，以巩固企业联盟的稳定和市场地位。国家鼓励企业联盟尽快形成以资产为纽带的经济实体。企业联盟的合作发展方案中涉及新建汽车生产企业和跨类别生产汽车的项目，按本政策有关规定执行。

第十六条 国家鼓励汽车、摩托车生产企业开展国际合作，发挥比较优势，参与国际产业分工；支持大型汽车企业集团与国外汽车集团联合兼并重组国内外汽车生产企业，扩大市场经营范围，适应汽车生产全球化趋势。

第十七条 建立汽车整车和摩托车生产企业退出机制，对不能维持正常生产经营的汽车生产企业（含现有改装车生产企业）实行特别公示。该类企业不得向非汽车、摩托车生产企业及个人转让汽车、摩托车生产资格。国家鼓励该类企业转产专用汽车、汽车零部件或与其它汽车整车生产企业进行资产重组。汽车生产企业不得买卖生产资格，破产汽车生产企业同时取消公告名录。

第五章 准入管理

第十八条 制定《道路机动车辆管理条例》。政府职能部门依据《条例》对道路机动车辆的设计、制造、认证、注册、检验、缺陷管理、维修保养、报废回收等环节进行管理。管理要做到责权分明、程序公开、操作方便、易于社会监督。

第十九条 制定道路机动车辆安全、环保、节能、防盗方面的技术规范的强制性要求。所有道路机动车辆执行统一制定的技术规范的强制性要求。要符合我国国情并积极与国际车辆技术规范的强制性要求衔接,以促进汽车产业的技术进步。不符合相应技术规范的强制性要求的道路机动车辆产品,不得生产和销售。农用运输车仅限于在3级以下(含3级)公路行驶,执行相应制定的技术规范的强制性要求。

第二十条 依据本政策和国家认证认可条例建立统一的道路机动车辆生产企业和产品的准入管理制度。符合准入管理制度规定和相关法规、技术规范的强制性要求并通过强制性产品认证的道路机动车辆产品,登录《道路机动车辆生产企业及产品公告》,由国家发展改革委和国家质检总局联合发布。公告内产品必须标识中国强制性认证(3C)标志。不得用进口汽车和进口车身组装汽车替代自产产品进行认证,禁止非法拼装和侵犯知识产权的产品流入市场。

第二十一条 公安交通管理部门依据《道路机动车辆生产企业及产品公告》和中国强制性认证(3C)标志办理车辆注册登记。

第二十二条 政府有关职能部门要按照准入管理制度对汽车、农用运输车和摩托车等产品分类设定企业生产准入条件,对生产企业及产品实行动态管理,凡不符合规定的企业或产品,撤销其在《道路机动车辆生产企业及产品公告》中的名录。企业生产准入条件中应包括产品设计开发能力、产品生产设施能力、产品生产一致性和质量控制能力、产品销售和售后服务能力等要求。

第二十三条 道路机动车辆产品认证机构和检测机构由国家质检总局商国家发展改革委后指定,并按照市场准入管理制度的具体规定开展认证和检测工作。认证机构和检测机构要具备第三方公正地位,不得与汽车生产企业存在资产、管理方面的利益关系,不得对同一产品进行重复检测和收费。国家支持具备第三方公正地位的汽车、摩托车和重点零部件检测机构规范发展。

第六章 商标品牌

第二十四条 汽车、摩托车、发动机和零部件生产企业均要增强企业和产品品牌意识,积极开发具有自主知识产权的产品,重视知识产权保护,在生产经营活动中努力提高企业品牌知名度,维护企业品牌形象。

第二十五条 汽车、摩托车、发动机和零部件生产企业均应依据《商标法》注册本企业自有的商品商标和服务商标。国家鼓励企业制定品牌发展和保护规划,努力实施品牌经营战略。

第二十六条 2005年起,所有国产汽车和总成部件要标示生产企业的注册商品商标,在国内市场销售的整车产品要在车身外部显著位置标明生产企业商品商标和本企业名称或商品产地,如商品商标中已含有生产企业地理标志的,可不再标明商品产地。所有品牌经销商要在其销售服务场所醒目位置标示生产企业服务商标。

第七章 产品开发

第二十七条 国家支持汽车、摩托车和零部件生产企业建立产品研发机构,形成产品创新能力和自主开发能力。自主开发可采取自行开发、联合开发、委托开发等多种形式。企业自主开发产品的科研设施建设投资凡符合国家促进企业技术进步有关税收规定的,可在所得税前列支。国家将尽快出台鼓励企业自主开发的政策。

第二十八条 汽车生产企业要努力掌握汽车车身开发技术,注重产品工艺技术的开发,并尽快形成底盘和发动机开发能力。国家在产业化改造上支持大型汽车企业集团、企业联盟或汽车零部件生产企业开发具有当代先进水平和自主知识产权的整车或部件总成。

第二十九条 汽车、摩托车和零部件生产企业要积极参加国家组织的重大科技攻关项目,加强与科研机构、高等院校之间的合作研究,注重科研成果的应用和转化。

第八章 零部件及相关产业

第三十条 汽车零部件企业要适应国际产业

发展趋势，积极参与主机厂的产品开发工作。在关键汽车零部件领域要逐步形成系统开发能力，在一般汽车零部件领域要形成先进的产品开发和制造能力，满足国内外市场的需要，努力进入国际汽车零部件采购体系。

第三十一条 制定零部件专项发展规划，对汽车零部件产品进行分类指导和支持，引导社会资金投向汽车零部件生产领域，促使有比较优势的零部件企业形成专业化、大批量生产和模块化供货能力。对能为多个独立的汽车整车生产企业配套和进入国际汽车零部件采购体系的零部件生产企业，国家在技术引进、技术改造、融资以及兼并重组等方面予以优先扶持。汽车整车生产企业应逐步采用电子商务、网上采购方式面向社会采购零部件。

第三十二条 根据汽车行业发展规划要求，冶金、石化化工、机械、电子、轻工、纺织、建材等汽车工业相关领域的生产企业应注重在金属材料、机械设备、工装模具、汽车电子、橡胶、工程塑料、纺织品、玻璃、车用油品等方面，提高产品水平和市场竞争能力，与汽车工业同步发展。

重点支持钢铁生产企业实现轿车用板材的供应能力；支持设立专业化的模具设计制造中心，提高汽车模具设计制造能力；支持石化企业技术进步和产品升级，使成品油、润滑油等油品质量达到国际先进水平，满足汽车产业发展的需要。

第九章 营销网络

第三十三条 国家鼓励汽车、摩托车、零部件生产企业和金融、服务贸易企业借鉴国际上成熟的汽车营销方式、管理经验和服务贸易理念，积极发展汽车服务贸易。

第三十四条 为保护汽车消费者的合法权益，使其在汽车购买和使用过程中得到良好的服务，国内外汽车生产企业凡在境内市场销售自产汽车产品的，必须尽快建立起自产汽车品牌销售和服务体系。该体系可由国内外汽车生产企业以自行投资或授权汽车经销商投资方式建立。境内外投资者在得到汽车生产企业授权并按照有关规定办理必要的手续后，均可在境内从事国产汽车或进口汽车的品牌销售和售后服务活动。

第三十五条 2005年起，汽车生产企业自产乘用车均要实现品牌销售和服务；2006年起，所有自产汽车产品均要实现品牌销售和服务。

第三十六条 取消现行有关小轿车销售权核准管理办法，由商务部会同国家工商总局、国家发展改革委等有关部门制定汽车品牌销售管理实施办法。汽车销售商应在工商行政管理部门核准的经营范围内开展汽车经营活动。其中不超过九座的乘用车（含二手车）品牌经销商的经营范围，经国家工商行政管理部门依照有关规定核准、公布。品牌经销商营业执照统一核准为品牌汽车销售。

第三十七条 汽车、摩托车生产企业要加强营销网络的销售管理，规范维修服务；有责任向社会公告停产车型，并采取积极措施保证在合理期限内提供可靠的配件供应用于售后服务和维修；要定期向社会公布其授权和取消授权的品牌销售或维修企业名单；对未经品牌授权和不具备经营条件的经销商，不得提供产品。

第三十八条 汽车、摩托车和零部件销售商在经营活动中应遵守国家有关法律法规。对销售国家禁止或公告停止销售的车辆的，伪造或冒用他人厂名、厂址、合格证销售车辆的，未经汽车生产企业授权或已取消授权仍使用原品牌进行汽车、配件销售和维修服务的，以及经销假冒伪劣汽车配件并为客户提供修理服务的，有关部门要依法予以处罚。

第三十九条 汽车生产企业要兼顾制造和销售服务环节的整体利益，提高综合经济效益。转让销售环节的权益给其它法人机构的，应视为原投资项目可行性研究报告重大变更，除按规定报商务部批准外，需报请原项目审批单位核准。

第十章 投资管理

第四十条 按照有利于企业自主发展和政府实施宏观调控的原则，改革政府对汽车生产企业投资项目的审批管理制度，实行备案和核准两种方式。

第四十一条 实行备案的投资项目：

1.现有汽车、农用运输车和车用发动机生产企业自筹资金扩大同类别产品生产能力和增加品种，包括异地新建同类别产品的非独立法人生产单位。

2.投资生产摩托车及其发动机。

3.投资生产汽车、农用运输车和摩托车的零部件。

第四十二条 实行备案的投资项目中第1款由省级政府投资管理部门或计划单列企业集团报送国家发展改革委备案;第2、3款由企业直接报送省级政府投资管理部门备案。备案内容见附件二。

第四十三条 实行核准的投资项目:

1.新建汽车、农用运输车、车用发动机生产企业,包括现有汽车生产企业异地建设新的独立法人生产企业。

2. 现有汽车生产企业跨产品类别生产其它类别汽车整车产品。

第四十四条 实行核准的投资项目由省级政府投资管理部门或计划单列企业集团报国家发展改革委审查,其中投资生产专用汽车的项目由省级政府投资管理部门核准后报国家发展改革委备案,新建中外合资轿车项目由国家发展改革委报国务院核准。

第四十五条 经核准的大型汽车企业集团发展规划,其所包含的项目由企业自行实施。

第四十六条 2006年1月1日前,暂停核准新建农用运输车生产企业。

第四十七条 新的投资项目应具备以下条件:

1. 新建摩托车及其发动机生产企业要具备技术开发的能力和条件,项目总投资不得低于2亿元人民币。

2. 专用汽车生产企业注册资本不得低于2000万元人民币,要具备产品开发的能力和条件。

3. 跨产品类别生产其它类汽车整车产品的投资项目,项目投资总额(含利用原有固定资产和无形资产等)不得低于15亿元人民币,企业资产负债率在50%之内,银行信用等级AAA。

4.跨产品类别生产轿车类、其他乘用车类产品的汽车生产企业应具备批量生产汽车产品的业绩,近三年税后利润累计在10亿元以上(具有税务证明);企业资产负债率在50%之内,银行信用等级AAA。

5.新建汽车生产企业的投资项目,项目投资总额不得低于20亿元人民币,其中自有资金不得低于8亿元人民币,要建立产品研究开发机构,且投资不得低于5亿元人民币。新建乘用车、重型载货车生产企业投资项目应包括为整车配套的发动机生产。

新建车用发动机生产企业的投资项目,项目投资总额不得低于15亿元人民币,其中自有资金不得低于5亿元人民币,要建立研究开发机构,产品水平要满足不断提高的国家技术规范的强制性要求的要求。

6.新建下列投资项目的生产规模不得低于:

重型载货车10000辆;

乘用车:装载4缸发动机50000辆;装载6缸发动机30000辆。

第四十八条 汽车整车、专用汽车、农用运输车和摩托车中外合资生产企业的中方股份比例不得低于50%。股票上市的汽车整车、专用汽车、农用运输车和摩托车股份公司对外出售法人股份时,中方法人之一必须相对控股且大于外资法人股之和。同一家外商可在国内建立两家(含两家)以下生产同类(乘用车类、商用车类、摩托车类)整车产品的合资企业,如与中方合资伙伴联合兼并国内其它汽车生产企业可不受两家的限制。境外具有法人资格的企业相对控股另一家企业,则视为同一家外商。

第四十九条 国内外汽车生产企业在出口加工区内投资生产出口汽车和车用发动机的项目,可不受本政策有关条款的约束,需报国务院专项审批。

第五十条 中外合资汽车生产企业合营各方延长合营期限、改变合资股比或外方股东的,需按有关规定报原审批部门办理。

第五十一条 实行核准的项目未获得核准通知的,土地管理部门不得办理土地征用,国有银行不得发放贷款,海关不办理免税,证监会不核准发行股票与上市,工商行政管理部门不办理新建企业登记注册手续。国家有关部门不受理生产企业和产品准入申请。

第十一章 进口管理

第五十二条 国家支持汽车生产企业努力提高汽车产品本地化生产能力,带动汽车零部件企业技术进步,发展汽车制造业。

第五十三条 汽车生产企业凡用进口零部件生产汽车构成整车特征的，应如实向商务部、海关总署、国家发展改革委报告，其所涉及车型的进口件必须全部在属地海关报关纳税，以便有关部门实施有效管理。

第五十四条 严格按照进口整车和零部件税率征收关税，防止关税流失。国家有关职能部门要在申领配额、进口报关、产品准入等环节进行核查。

第五十五条 汽车整车特征的认定范围为车身(含驾驶室)总成、发动机总成、变速器总成、驱动桥总成、非驱动桥总成、车架总成、转向系统、制动系统等。

第五十六条 汽车总成（系统）特征的认定范围包括整套总成散件进口，或将总成或系统逐一分解成若干关键件进口。凡进口关键件达到或超过规定数量的，即视为构成总成特征。

第五十七条 按照汽车整车特征的认定范围达到下述状态的，视为构成整车特征：

1.进口车身（含驾驶室）、发动机两大总成装车的；

2.进口车身（含驾驶室）和发动机两大总成之一及其余三个总成（含）以上装车的；

3.进口除车身（含驾驶室）和发动机两大总成以外其余五个总成（含）以上装车的。

第五十八条 国家指定大连新港、天津新港、上海港、黄埔港四个沿海港口和满洲里、深圳（皇岗）两个陆地口岸，以及新疆阿拉山口口岸（进口新疆自治区自用、原产地为独联体国家的汽车整车）为整车进口口岸。进口汽车整车必须通过以上口岸进口。2005 年起，所有进口口岸保税区不得存放以进入国内市场为目的的汽车。

第五十九条 国家禁止以贸易方式和接受捐赠方式进口旧汽车和旧摩托车及其零部件，以及以废钢铁、废金属的名义进口旧汽车总成和零件进行拆解和翻新。对维修境外并复出境的上述产品可在出口加工区内进行，但不得进行旧汽车、旧摩托车的拆解和翻新业务。

第六十条 对进口整车、零部件的具体管理办法由海关总署会同有关部门制订，报国务院批准后实施。对国外送检样车、进境参展等临时进口的汽车，按照海关对暂时进出口货物的管理规定实施管理。

第十二章 汽车消费

第六十一条 培育以私人消费为主体的汽车市场，改善汽车使用环境，维护汽车消费者权益。引导汽车消费者购买和使用低能耗、低污染、小排量、新能源、新动力的汽车，加强环境保护。实现汽车工业与城市交通设施、环境保护、能源节约和相关产业协调发展。

第六十二条 建立全国统一、开放的汽车市场和管理制度，各地政府要鼓励不同地区生产的汽车在本地区市场实现公平竞争，不得对非本地生产的汽车产品实施歧视性政策或可能导致歧视性结果的措施。凡在汽车购置、使用和产权处置方面不符合国家法规和本政策要求的各种限制和附加条件，应一律予以修订或取消。

第六十三条 国家统一制定和公布针对汽车的所有行政事业性收费和政府性基金的收费项目和标准，规范汽车注册登记环节和使用过程中的政府各项收费。各地在汽车购买、登记和使用环节，不得新增行政事业性收费和政府性基金项目和金额，如确需新增，应依据法律、法规或国务院批准的文件按程序报批。除国家规定的收费项目外，任何单位不得对汽车消费者强制收取任何非经营服务性费用。对违反规定强制收取的，汽车消费者有权举报并拒绝交纳。

第六十四条 加强经营服务性收费管理。汽车使用过程中所涉及的维修保养、非法定保险、机动车停放费等经营服务性收费，应以汽车消费者自愿接受服务为原则，由经营服务单位收取。维修保养等竞争性行业的收费及标准，由经营服务者按市场原则自行确定。机动车停放等使用垄断资源进行经营服务的，其收费标准和管理办法由国务院价格主管部门或授权省级价格主管部门制定、公布并监督实施。经营服务者要在收费场所设立收费情况动态告示牌，接受公众监督。

公路收费站点的设立必须符合国家有关规定。所有收费站点均应在收费站醒目位置公布收费依据和收费标准。

第六十五条 积极发展汽车服务贸易，推动汽车消费。国家支持发展汽车信用消费。从事汽车消费信贷业务的金融机构要改进服务，完善汽车信贷抵押办法。在确保信贷安全的前提下，允许消费者以所购汽车作为抵押获取汽车消费贷款。经核准，符合条件的企业可设立专业服务于汽车销售的非银行金融机构，外资可开展汽车消费信贷、租赁等业务。努力拓展汽车租赁、驾驶员培训、储运、救援等各项业务，健全汽车行业信息统计体系，发展汽车网络信息服务和电子商务。支持有条件的单位建立消费者信用信息体系，并实现信息共享。

第六十六条 国家鼓励二手车流通。有关部门要积极创造条件，统一规范二手车交易税费征管办法，方便汽车经销企业进行二手车交易，培育和发展二手车市场。

建立二手车自愿申请评估制度。除涉及国有资产的车辆外，二手车的交易价格由买卖双方商定；当事人可以自愿委托具有资质证书的中介机构进行评估，供交易时参考；任何单位和部门不得强制或变相强制对交易车辆进行评估。

第六十七条 开展二手车经营的企业，应具备相应的资金、场地和专业技术人员，经工商行政管理部门核准登记后开展经营活动。汽车销售商在销售二手车时，应向购车者提供车辆真实情况，不得隐瞒和欺诈。所销售的车辆必须具有《机动车登记证书》和《机动车行驶证》，同时具备公安交通管理部门和环境保护管理部门的有效年检证明。购车者购买的二手车如不能办理机动车转出登记和转入登记时，销售商应无条件接受退车，并承担相应的责任。

第六十八条 完善汽车保险制度。保险制度要根据消费者和投保汽车风险程度的高低来收取保费。鼓励保险业推进汽车保险产品多元化和保险费率市场化。

第六十九条 各城市人民政府要综合研究本市的交通需求和交通方式与城市道路和停车设施等交通资源平衡发展的政策和方法。制定非临时性限制行驶区域交通管制方案要实行听证制度。

第七十条 各城市人民政府应根据本市经济发展状况，以保障交通通畅、方便停车和促进汽车消费为原则，积极搞好停车场所及设施的规划和建设。制定停车场所用地政策和投资鼓励政策，鼓励个人、集体、外资投资建设停车设施。为规范城市停车设施的建设，建设部应制定相应标准，对居住区、商业区、公共场所及娱乐场所等建立停车设施提出明确要求。

第七十一条 国家有关部门统一制定和颁布汽车排放标准，并根据国情分为现行标准和预期标准。各省、自治区、直辖市人民政府根据本地实际情况，选择实行现行标准或预期标准。如选择预期标准为现行标准的，至少提前一年公布实施日期。

第七十二条 实行全国统一的机动车登记、检验管理制度，各地不得自行制定管理办法。在申请办理机动车注册登记和年度检验时，除按国家有关法律法规和国务院规定或授权规定应当提供的凭证（机动车所有人的身份证明、机动车来历证明、国产机动车整车出厂合格证或进口机动车进口证明、有关税收凭证、法定保险的保险费缴费凭证、年度检验合格凭证等）外，公安交通管理部门不得额外要求提交其它凭证。各级人民政府和有关部门也不得要求公安交通管理部门在注册登记和年度检验时增加查验其它凭证。汽车消费者提供的手续符合国家规定的，公安交通管理部门不得拒绝办理注册登记和年度检验。

第七十三条 公安交通和环境保护管理部门要根据汽车产品类别、用途和新旧状况商有关部门制定差别化管理办法。对新车、非营运用车适当延长检验间隔时间，对老旧汽车可适当增加检验频次和检验项目。

第七十四条 公安交通管理部门核发的《机动车登记证书》在汽车租赁、汽车消费信贷、二手车交易时可作为机动车所有人的产权凭证使用，在汽车交易时必须同时将《机动车登记证书》转户。

第十三章　其它

第七十五条 汽车行业组织、中介机构等社会团体要加强自身建设，增强服务意识，努力发挥中介组织的作用；要积极参与国际间相关业界的交流活动，在政府与企业间充分发挥桥梁和纽带作用，促进汽车产业发展。

第七十六条 香港特别行政区、澳门特别行政区和台湾地区的投资者在中国内地投资汽车工业的，按本政策的有关规定执行。

第七十七条 在道路机动车辆产品技术规范的强制性要求出台之前，暂行执行国家强制性标准。

第七十八条 本政策自发布之日起实施，由国家发展改革委负责解释。

附件一： 名词解释

一、道路机动车辆——在道路上行驶的，至少有两个车轮，且最大设计车速超过每小时 6 公里的各类机动车及其挂车。主要包括汽车、农用运输车、摩托车和其他道路运输机械及挂车。不包括利用轨道行驶的车辆，以及农业、林业、工程等非道路用各种机动机械和拖拉机。

二、汽车、专用汽车、农用运输车、摩托车——《汽车产业发展政策》所称汽车是指国家标准（GB/T 3730.1—2001）2.1 款定义的车辆，包括汽车整车和专用汽车；所称专用汽车是指国家标准（GB/T 3730.1—2001）2.1.1.11，2.1.2.3.5，2.1.2.3.6 款定义的车辆；所称农用运输车是指国家标准（GB18320—2001）中定义的车辆；所称摩托车是指国家标准（GB/T5359.1—1996）中定义的车辆。

三、产品类别——按照国家标准定义的乘用车、商用车和摩托车及其细分类，其中：

（一）乘用车细分类为：

轿车类：国家标准 GB/T 3730.1—2001 中 2.1.1.1—2.1.1.6

其它乘用车类(包括多用途车和运动用车)：国家标准 GB/T 3730.1—2001 中 2.1.1.7—2.1.1.11

（二）商用车细分类为：

客车类： 国家标准 GB/T 3730.1—2001 中 2.1.2.1

半挂牵引车及货车类：国家标准 GB/T 3730.1—2001 中 2.1.2.2，2.1.2.3

六、中国进出口银行对境外投资专项贷款依照有关规定加快贷款审查速度，并视具体情况提供以下便利：

（一）根据贷款企业信用等级和境外投资项目的经济效益情况授予一定的信用放款额度；

（二）对风险小、投资收益稳定且效益较好的项目，可考虑直接对境外项目公司提供贷款，由项目的境内投资主体提供担保和/或以项目形成的资产或其他权益作为抵押；

（三）对一些投资期较长的战略性项目，可视情况适当延长贷款期限。

七、中国进出口银行还将对拟使用境外投资专项贷款的项目，提供与项目相关的投标保函、履约保函、预付款保函、质量保函以及国际结算等方面的金融服务，并根据境内投资主体和项目情况在反担保和保证金方面给予一定优惠。

八、本通知由国家发展改革委和中国进出口银行负责解释，自发布之日起执行。国家发展改革委的发改外资[2003]226 号文件自本通知发布之日起失效。

国家发展和改革委员会
中国进出口银行
二○○四年十月二十七日

印发关于清理规范焦炭行业的若干意见的紧急通知

各省、自治区、直辖市、计划单列市人民政府，新疆生产建设兵团：

国家发展改革委、财政部、商务部、国土资源部、工商总局、税务总局、环保总局、银监会、电监会联合制定的《关于清理规范焦炭行业的若干意见》(附件)已报经国务院同意，现印发给你们，请认真贯彻执行。

焦炭行业是高污染行业，目前在建项目生产能力已远远超过了预期需求，必将导致产能过剩、竞争无序、浪费资源和污染环境，甚至造成金融风险和社会、经济其他方面的隐患。为此，各地区、各部门必须引起高度重视，切实树立和落实科学发展观,坚持以人为本,依照国家产业政策和行业发展规划,综合运用金融、财税、法律和行政手段,加强调控和规范管理,尽快抑制目前焦炭行业盲目投资、低水平重复建设的势头,促进行业的可持续发展。

各部门要根据本意见要求,尽快制定、完善相关规划和管理措施,明确职责,加强监督管理。各地方人民政府,要立即成立由政府主管领导和有关部门组成的清理和规范小组,对焦炭生产企业和建设项目进行全面清理和规范(附表一、附表二),并将清理和规范意见于2004年7月底前报国家发展改革委。国家发展改革委将根据各地自查情况,会同有关部门对重点地区、重点企业进行抽查,在汇总分析地方自查和有关部门抽查情况的基础上,向国务院报告全国焦炭行业清理和规范结果。

附件:关于清理规范焦炭行业的若干意见

附表:一、焦炭生产企业基本情况表

二、焦炭生产企业已建、在建和拟建项目情况调查表　续附表二

联系人:产业政策司一处　舒朝晖、曹云峰

电话:010-68535591　010-68535592

国家发展改革委　财政部　商务部　国土资源部

工商总局　税务总局　环保总局　银监会电监会

二〇〇四年五月二十七日

附件:

关于清理规范焦炭行业的若干意见

近年来,受国内钢铁和其它行业发展的拉动,焦炭市场需求急剧增长,产品价格持续攀高。国内焦炭生产规模迅速扩大,投资日趋升温。2003年我国焦炭产量已近1.78亿吨,比上年增长20.2%;其中出口1472万吨,出口量已占世界贸易量的56.4%左右。

一些地方和企业为获取局部和短期利益,不顾国家产业政策规定,不惜损害环境和浪费资源,纷纷扩建、新建焦炭生产装置,盲目扩张生产能力。1999年9月1日和2000年1月1日,经国务院批准原国家经贸委先后发布的《工商投资领域制止重复建设目录(第一批)》、《淘汰落后生产能力、工艺和产品的目录》(第二批)明令淘汰和禁止投资的土焦(含改良焦,下同)生产装置也在部分地区死灰复燃。据统计,目前全国有700多家炼焦企业,各类焦炉1900多座,机焦生产能力已达1.8亿吨,在建约8100万吨,远远超过国内焦炭需求总量,势必造成资源的浪费和投资的损失。2003年我国土焦产量达0.46亿吨,同比增长15.3%。土焦生产工艺落后,不能回收煤气,每年放散煤气约200亿立方米以上,折合损失1800多万吨标煤,同时与机焦相比多消耗优质炼焦煤约2200万吨,资源浪费严重。

焦炭生产排放出废水、废气、苯并芘等大量有害污染物,是污染最为严重的行业之一。为有效保护和充分利用国家资源,减少环境污染,按照《中华人民共和国水污染防治法》、《中华人民共和国大气污染防治法》有关法律和国家有关规定,必须加强宏观调控,采取有力措施,促进炼焦行业健康发展,现提出以下清理和规范意见:

一、全面清理整顿,优化结构,减少环境污染

各有关省、自治区、直辖市人民政府,特别是近年焦炭产量增长较快、土焦产量较大的地区,要立即对现有焦炭生产企业和在建、拟建的焦炭生产项目进行全面清理,区别不同情况进行处理:

(一)按照《中华人民共和国水污染防治法》、《中华人民共和国大气污染防治法》等有关法律的规定和原国家经贸委报经国务院同意发布的《淘

汰落后生产能力、工艺和产品的目录》(第二批)的要求,坚决淘汰土焦。现有土焦生产一律停止,对土焦生产装置进行废毁处理。

(二)各级环境保护部门要加大环境监督和执法力度,建立焦炭企业污染物排放动态监测制度,对焦炭生产企业进行重点跟踪监控。要按照排污费高于污染治理成本的原则,提高和征收焦炭生产排污费。对环保和综合利用设施不配套、超标排污的机焦生产企业要依照国家有关法律、法规加大处罚力度,同时限期整改。对限期整改企业需经省级行业主管部门会同环保等部门组成联合专家组验收合格,发放排放许可证后方可恢复生产。经整改后仍不能达到国家环保、节能标准要求的企业要坚决予以关闭。

(三)对须依法关闭的焦炭生产企业,水、电供应部门要立即停止供水、供电,运输部门不能安排运输计划。

(四)对 2000 年以后建设的焦炭生产企业和建设项目,要逐项查清项目审批、用地审批、环保审批、工商登记及给予信贷融资支持等方面情况,凡审批手续不健全或有违规审批情况的企业和项目,要严格按照国家有关规定重新进行审核,并追究有关责任人的责任。对不符合审批要求的企业要立即停产、关闭,不符合审批要求的项目要立即停止建设。

二、统筹规划,控制总量,抑制盲目扩张

(一)对焦炭生产实行总量控制。根据国家资源状况和市场需求,依照"控制总量、调整结构、节约能源、保护环境、合理布局"的原则,国家发展改革委要尽快组织有关部门和重点省区统筹制定焦炭行业总体发展规划和煤化工发展规划,对各地的焦炭生产实行总量控制,抑制盲目扩张,采取有力措施,确保规划的实施。

(二)强化炼焦煤资源管理。依照《中华人民共和国矿产资源法》和《中华人民共和国煤炭法》的有关规定,从保障国家能源安全和国民经济可持续发展需要考虑,把炼焦煤资源作为重要的战略资源,实行保护性开采。有关部门要尽快制定炼焦煤资源保护性开采规划,合理调控全国炼焦煤开采建设规模。制定炼焦煤开采监督管理办法,建立严格的资源开发利用监管制度,规范炼焦煤开发秩序。

(三)严格审批管理。除国家重点大型钢铁企业配套建设和城市居民供气需要建设的焦炭项目外,在国家有关新的政策规定出台前,各级投资主管部门要暂停审批新的焦炭生产项目,国土资源行政主管部门不得受理用地申请,环境保护行政管理部门不得审批其环境影响报告书和核发排污许可证,工商行政管理部门不予登记注册。

(四)加强金融监管。各金融机构不得向国家已明令淘汰、违反国家产业政策的焦炭建设项目提供信贷支持,对已发放的贷款,要采取有效措施尽快予以回收,最大限度地保全银行资产。

三、严格市场准入,加强规范管理和引导

(一)严格市场准入管理。为确保炼焦企业生产工艺、技术和装备的先进性,满足环保、节能要求,焦炭投资建设项目的准入条件为:

焦炉炭化室高度达到 4.3 米以上(含 4.3 米),年生产能力 60 万吨以上,同步配套建设干熄焦、装煤、推焦除尘装置,废水处理设施,焦炉煤气回收、净化和综合利用等装备,严格执行环保设施"三同时"制度(同时设计、同时施工、同时投产)。对煤焦油、粗轻苯采取集中加工和深加工。在城市规划区 2 公里以内(城市居民供气需要项目除外)、居民聚集区 500 米以内、主要河流两岸和公路干道两旁 1 公里范围内、生态保护区、自然保护区、风景旅游区内不得建设焦炉。

(二)依靠科技进步,进行焦炉节能环保改造。鼓励大型企业积极采用装入煤水分调节(CMC)、煤捣固炼焦、配型煤炼焦、干法熄焦(CDQ)、导热油换热、炼焦装煤除尘、推焦除尘、废水处理、煤气脱硫脱氰等节能环保新技术,对现有焦炭企业进行改造,提高生产技术水平和产品质量;加大对煤焦油、粗轻苯的集中加工和深加工,降低能源消耗,改善环境。

(三)取消炼焦煤、焦炭的出口退税。炼焦煤是重要的不可再生的稀缺能源,要控制炼焦煤、焦炭出口,取消炼焦煤、焦炭的出口退税。

(四)改进和完善焦炭出口管理制度。商务部要进一步改进和完善焦炭出口配额分配办法。尽快修订焦炭出口企业(生产和贸易)的资质条件和认定办法。要重点支持资源综合利用率高和环保、节能达标的焦炭生产企业出口,严禁土焦出口;加强对已发放配额的管理,严禁以各种名义收费或倒卖出口配额，对违规的企业要依法惩处；加强对焦炭出口经营活动的组织协调。价格主管部门要按照有关规定，针对焦炭出口企业配额使用过程中各种乱收费和变相收费情况进行检查，对违反规定收费的，要依法严肃查处。

（五）强化对焦炭建设项目的跟踪监督。新建成的焦炭生产装置，需经省级投资、行业管理、土地、环保等管理部门组成的联合专家组，按照准入条件要求验收，并将验收结果报国家发改委备案。验收合格后，水、电供应企业才能供水、供电，企业方能组织生产销售，电力监管部门要加强对供电企业的监管。

（六）加强信息引导和行业自律。炼焦行业协会要加强对国内外焦炭市场需求、炼焦工业技术发展等情况的分析与研究，建立和完善市场信息发布制度，宣传、贯彻国家产业政策，及时反映焦炭生产和市场供需情况，推广焦炉环保、节能新技术，制定行规行约，引导企业合理经营和发展，实现行业自律。

中华人民共和国国家发展和改革委员会
公 告

2004年 第30号

国家发展改革委批准《机械行业节能设计规范》等95项行业标准，其中机械行业标准54项、黑色冶金行业标准18项、有色金属行业标准15项、商业行业标准8项；批准《JB/T10051—1999 金属切削机床 液压系统通用技术条件》等8项机械行业标准修改单，现予公布，以上95项行业标准自2004年11月1日起实施，8项行业标准修改单自2004年8月1日起实施。

机械行业标准由机械工业出版社出版，冶金、有色金属行业标准由标准出版社出版，商业行业标准由商业出版社出版。

附件：

一、95项机械、冶金、有色金属、商业行业标准编号及名称

二、8项机械行业标准修改单目录

三、8项机械行业标准修改单

中华人民共和国国家发展和改革委员会

二〇〇四年六月十七日

附件一：

95项机械、冶金、有色金属、商业行业标准编号及名称

序号	标准编号	标 准 名 称	代替标准	采标情况
机械行业				
1	JBJ 14-2004	机械行业节能设计规范	JBJ 14-1986	
	JBJ 15-1987			
	JBJ 17-1988			
	JBJ 19-1989			
	JBJ 20-1990			

续表

2	JBJ 35-2004	机械工业建设工程设计文件深度规定		
3	JB/T 7065-2004	变压器用压力释放阀	JB/T 7065-1993	
4	JB/T 7069-2004	变压器用压力释放阀 试验导则	JB/T 7069-1993	
5	JB/T 9756-2004	内燃机 空气滤清器纸质滤芯 技术条件	JB/T 9756-1999	
6	JB/T 6003-2004	内燃机 板翅式机油冷却器 技术条件	JB/T 6003-1992	
7	JB/T 10406-2004	内燃机 激光淬火气缸套 技术条件		
8	JB/T 10407-2004	内燃机 铝活塞奥氏体铸铁镶圈 金相检验		
9	JB/T 10408-2004	内燃机换热器 可靠性试验方法		
10	JB/T 9752.3-2004	涡轮增压器 转子平衡品质及校验方法	JB/T 9752.3-1999 JB/T 5094-1991	JIS B0905:1978,NEQ
11	JB/T 447-2004	活塞推料离心机	JB/T 447-1992 JB/T 4063-1991	
12	JB/T 10456-2004	胶带封箱机		
13	JB/T 3790.1-2004	机械式自动捆扎机	JB/T 3790.1-1994	
14	JB/T 6905-2004	隔膜压缩机	JB/T 6905-1993	
15	JB/T 10457-2004	液态淬火冷却设备 技术条件		
16	JB/T 9202-2004	热处理用盐	JB/T 9202-1999	
17	JB/T 10458-2004	机械设备抗高温氧化涂层 技术条件		
18	JB/T 5075-2004	无损检测 射线照相检测用金属增感屏	JB/T 5075-1991	
19	JB/T 6065-2004	无损检测 磁粉检测用试片	JB/T 6065-1992	
20	JB/T 6066-2004	无损检测 磁粉检测用环形试块	JB/T 6066-1992	
21	JB/T 7522-2004	无损检测 材料超声速度测量方法	JB/T 7522-1994	ASTM E 494-1995(2001),MOD
22	JB/T 7523-2004	无损检测 渗透检测用材料	JB/T 7523-1994	
23	JB/T 7296-2004	柴油机喷油嘴偶件 技术条件	JB/T 7296-1994	
24	JB/T 7297-2004	柴油机喷油嘴偶件 性能试验方法	JB/T 7297-1994	
25	JB/T 7661-2004	柴油机油泵油嘴产品清洁度 限值及测定方法	JB/T 7661-1995	
26	JB/T 7761.1-2004	柴油机喷油泵供油角度自动提前器 技术条件	JB/T 7761.1-1995	
27	JB/T 7761.2-2004	柴油机喷油泵供油角度自动提前器 性能试验方法	JB/T 7761.2-1995	
28	JB/T 10459-2004	滑片泵		
29	JB/T 3277-2004	矿井提升机和矿用提升绞车 液压站	JB/T 3277-1991	
30	JB/T 8852.1-2004	转筒干燥机 托轮装置	JB/T 8852.1-1999	
31	JB/T 6388-2004	YKR 型圆振动筛	JB/T 6388-1992	
32	JB/T 7351-2004	中磁场永磁滚筒	JB/T 7351-1994	
33	JB/T 7353-2004	立式冲击破碎机	JB/T 7353-1994	
34	JB/T 7689-2004	悬挂式电磁除铁器	JB/T 7689-1995	
35	JB/T 10460-2004	香蕉形直线振动筛		
36	JB/T 10461-2004	螺旋洗砂机		
37	JB/T 2378-2004	行星传动耙斗装岩机	JB/T 2378-1993	

续表

38	JB/T 5496-2004	振动筛 制造通用技术条件	JB/T 5496-1991	
39	JB/T 5500-2004	地下铲运机	JB/T 5500-1991 JB/T 6114-1992	
40	JB/T 5501-2004	地下铲运机 试验方法	JB/T 5501-1991	
41	JB/T 5503-2004	立爪挖掘装载机	JB/T 5503-1991	
42	JB/T 5508-2004	冷矿振动筛	JB/T 5508-1991	
43	JB/T 6115-2004	侧鼓式跳汰机	JB/T 6115-1992	
44	JB/T 6122-2004	破岩滚刀	JB/T 6122-1992	
45	JB/T 6124-2004	立式磨煤机 ZSJ 型减速器	JB/T 6124-1992	
46	JB/T 7357-2004	耙矿绞车	JB/T 7357-1994	
47	JB/T 9027-2004	固定车箱式窄轨矿车 技术条件	JB/T 9027-1999	
48	JB/T 10412-2004	XN(W)型高压水射流钢管清洗机		
49	JB/T 7364-2004	倍速输送链和链轮	JB/T 7364-1994	
50	JB/T 5453-2004	工业 X 射线图像增强器电视系统 技术条件	JB/T 5453-1991	
51	JB/T 5482-2004	X 射线晶体定向仪 技术条件	JB/T 5482-1991	
52	JB/T 6215-2004	工业用 X 射线管 系列型谱	JB/T 6215-1992	
53	JB/T 6220-2004	射线探伤用密度计	JB/T 6220-1992	
54	JB/T 6221-2004	工业 X 射线探伤机电气 通用技术条件	JB/T 6221-1992	
冶金行业				
55	YB/T042-2004	冶金石灰	YB/T042-1993	
56	YB/T376.3-2004	耐火制品 抗热震性试验方法 第 3 部分：水急冷-裂纹判定法		
57	YB/T115-2004	不定形耐火材料用二氧化硅微粉	YB/T115-1997	
58	YB/T2011-2004	连续铸钢方坯和矩形坯	YB/T154-1999 YB/T2011-1983	
59	YB/T2012-2004	连续铸钢板坯	YB/T168-2000 YB/T2012-1983	
60	YB/T4075-2004	锆质定径水口	YB/T4075-1991	
61	YB/T4119-2004	连铸结晶器铜板 技术规范		
62	YB/T4120-2004	中间包用挡渣堰		
63	YB/T4121-2004	中间包用碱性涂料		
64	YB/T4122-2004	微机继电保护运行技术管理规程		
65	YB/T4123-2004	冶金企业电信劳动定员定额		
66	YB/T5107-2004	热风炉用粘土砖	YB/T5107-1993	
67	YB/T5187-2004	缝纫机针和植绒针用钢丝	YB/T5187-1993	
68	YB/T5198-2004	电梯钢丝绳用钢丝	YB/T5198-1993	
69	YB/T5206-2004	轻烧氧化镁	YB/T5206-1993	
70	YB/T5208-2004	菱镁石	YB/T5208-1993 YB/T4065-1991	
71	YB/T5222-2004	优质碳素结构钢圆管坯	YB/T5222-1993	
72	YB/T5266-2004	电熔镁砂	YB/T5266-1999	

续表

有色金属行业				
73	YS 68-2004	砷*	YS 68-1993	
74	YS/T 71-2004	粗铅	YS/T 71-1993	
75	YS/T 103-2004	铝生产能源消耗	YS/T 103-1992 YS/T 127-1992	
76	YS/T 105.1-2004	锡、锑冶炼企业产品能耗 第1部分:锡冶炼企业产品能耗	YS/T 105-1992	
77	YS/T 105.2-2004	锡、锑冶炼企业产品能耗 第2部分:锑冶炼企业产品能耗	YS/T 105-1992	
78	YS/T 260-2004	铜铍中间合金锭	YS/T 260-1994	
79	YS/T 347-2004	铜及铜合金平均晶粒度测定方法	YS/T 347-1994	
80	YS/T 467-2004	绢云母粉		
81	YS/T 468-2004	有色金属选矿用生石灰		
82	YS/T 469-2004	氧化铝、氢氧化铝白度测定方法		
83	YS/T 470.1-2004	铜铍合金化学分析方法 电感偶合等离子体发射光谱法测定铍、钴、镍、钛、铁、铝、硅、铅、镁量		
84	YS/T 470.2-2004	铜铍合金化学分析方法 氟化钠滴定法测定铍量		
85	YS/T 470.3-2004	铜铍合金化学分析方法 钼蓝分光光度法测定磷量		
86	YS/T119.7-2004	氧化铝生产专用设备热平衡测定与计算方法 第7部分:管道化溶出系统		
87	YS/T 471-2004	铜及铜合金韦氏硬度试验方法		
商 业				
88	SB/T10375-2004	零售业信息化指标		
89	SB/T10376-2004	饼店分等定级		
90	SB/T10377-2004	粽子		
91	SB/T10373-2004	胶原蛋白肠衣		
92	SB/T10374-2004	餐饮业职业经理人评定条件		
93	SB/T10378-2004	基于XML的商业流程和数据交换格式		
94	SB/T10379-2004	速冻调制食品		
95	SB/T10382-2004	服务管理体系规范及实施指南		

附件二:

8项机械行业标准修改单目录

序号	标 准 编 号	标 准 名 称	修改单号
1	JB/T 10051-1999	金属切削机床 液压系统通用技术条件	第1号修改单
2	JB/T 5837-1991	ZP系列2000A以上管壳额定整流二极管	第1号修改单
3	JB/T 5838-1991	KP系列1000A以上管壳额定反向阻断三极晶闸管	第1号修改单
4	JB/T 5839-1991	KH系列200A以上管壳额定反向阻断三极高压晶闸管	第1号修改单

续表

5	JB/T 5841-1991	ZH 系列 200A 以上管壳额定高压整流二极管	第 1 号修改单
6	JB/T 7626-1994	反向阻断三极晶闸管测试方法	第 1 号修改单
7	JB/T 8442.3-1996	电阻焊水冷次级连接电缆 第 3 部分:试验要求	第 1 号修改单
8	JB/T 10216-2000	电控配电用电缆桥架	第 1 号修改单

附件三:

8 项机械行业标准修改单

1.JB/T 10051-1999《金属切削机床 液压系统通用技术条件》

机械行业标准第 1 号修改单

本修改单经中华人民共和国国家发展和改革委员会于 2004 年 6 月 17 日批准，以 2004 年第 30 号公告公布,自 2004 年 8 月 1 日起实施。

a 3.3.7 “管路应做标记,用涂……”改为“对于复杂的液压系统,其外露管路可涂……”

b 3.4.9 “油箱内壁可镀锌,但不得涂油漆。”改为“油箱内壁可镀锌,或作防锈处理。”

2.JB/T 5837-1991《ZP 系列 2000A 以上管壳额定整流二极管》

机械行业标准第 1 号修改单

本修改单经中华人民共和国国家发展和改革委员会于 2004 年 6 月 17 日批准，以 2004 年第 30 号公告公布,自 2004 年 8 月 1 日起实施。

a 第 2 章:

“GB4024 半导体器件反向阻断三极晶闸管测试方法”更改为“JB/T 7624 整流二极管测试方法”;

“ZBK46003”更改为“JB/T 10097”。

b 4.4 条(表 7):

“恒定加速度”更改为“冲击(D)或振动”。

3.JB/T 5838-1991《KP 系列 1000A 以上管壳额定反向阻断三极晶闸管》

机械行业标准第 1 号修改单

本修改单经中华人民共和国国家发展和改革委员会于 2004 年 6 月 17 日批准，以 2004 年第 30 号公告公布,自 2004 年 8 月 1 日起实施。

a 第 2 章:

“GB 4024 半导体器件反向阻断三极晶闸管测试方法”更改为“JB/T 7626 反向阻断三极晶闸管测试方法”;

“ZB K46 003”更改为“JB/T 10097”。

b 4.4 条(表 7):

“恒定加速度”更改为“冲击(D)或振动”。

4.JB/T5839-1991《KH 系列 200A 以上管壳额定反向阻断三极高压晶闸管》

机械行业标准第 1 号修改单

本修改单经中华人民共和国国家发展和改革委员会于 2004 年 6 月 17 日批准，以 2004 年第 30 号公告公布,自 2004 年 8 月 1 日起实施。

a 第 2 章:

“GB4024 半导体器件反向阻断三极晶闸管测试方法”更改为“JB/T 7626 反向阻断三极晶闸管测试方法”;

“ZBK46003”更改为“JB/T 10097”。

b 4.4 条(表 7):

“恒定加速度”更改为“冲击(D)或振动”。

5.JB/T 5841-1991《ZH 系列 200A 以上管壳额定高压整流二极管》

机械行业标准第 1 号修改单

本修改单经中华人民共和国国家发展和改革委员会于 2004 年 6 月 17 日批准，以 2004 年第 30 号公告公布,自 2004 年 8 月 1 日起实施。

a 第 2 章:

“GB 4024 半导体器件反向阻断三极晶闸管测试方法”更改为“JB/T 7624 整流二极管测试方法”;

“ZB K46 003”更改为“JB/T 10097”。

b 4.4 条(表 7):

“恒定加速度”更改为“冲击(D)或振动”。

6.JB/T 7626-1994《反向阻断三极晶闸管测试方法》

机械行业标准第 1 号修改单

本修改单经中华人民共和国国家发展和改革委员会于 2004 年 6 月 17 日批准，以 2004 年第 30 号公告公布,自 2004 年 8 月 1 日起实施。

2.1.3 改用新条文:

2.1.3 环境条件:

a) 测试大气条件

1)基准测试大气条件：温度 25℃±1℃，相对湿度 48%~52%，气压 86kPa~106kPa；

2)常规测试大气条件：温度 25℃±5℃，相对湿度 45%~75%，气压 86kPa~106kPa；

当相对湿度和大气压对被测参数没有可观影响时,大气条件可仅以温度为准。当室温偏离 25℃较远，而温度对被测参数又有明显影响时，应按 25℃对测量结果进行修正。

b) 控温精度要求

被测器件在高、低温箱中或控温夹具上进行高温测试或低温测试时，温度起伏在-1℃~+1℃范围内，当温度对被测参数没有明显影响时，温度起伏在-2℃~+2℃范围内，否则应对测量结果进行修正。在无特别说明时，高温测试指在(允许误差为-3℃~0℃)下进行，为额定最高结温。低温测试指在额定最低结温(允许误差为 0℃~+3℃)下进行。

7.JB/T 8442.3-1996《电阻焊水冷次级连接电缆 第 3 部分：试验要求》

机械行业标准第 1 号修改单

本修改单经中华人民共和国国家发展和改革委员会于 2004 年 6 月 17 日批准，以 2004 年第 30 号公告公布，自 2004 年 8 月 1 日起实施。

8.JB/T 10216-2000《电控配电用电缆桥架》

机械行业标准第 1 号修改单

本修改单经中华人民共和国国家发展和改革委员会于 2004 年 6 月 17 日批准，以 2004 年第 30 号公告公布，自 2004 年 8 月 1 日起实施。

4.3.4 条款内容更换为：“钢制托盘、梯架板材厚度的选择应能承受电线电缆所产生的正常机械负载和具有一定的抗腐蚀裕度。”

中华人民共和国国家发展和改革委员会
公 告

2004年 第 35 号

根据《标准化法实施条例》的规定，我委组织对已实施 5 年以上，尤其是 1995 年(含)的行业标准进行了复审，决定废止 FZ/T01005-1991《涂层织物定幅拉伸强力试验方法》等 226 项行业标准(标准编号及名称见附件)，其中：纺织行业 84 项，石油天然气行业 21 项，化工行业 121 项，现予公布，自 2004 年 8 月 1 日起生效。

附件：废止 226 项纺织、石油天然气、化工行业标准编号及名称

中华人民共和国国家发展和改革委员会
二〇〇四年六月二十六日

附件：

废止 226 项纺织、石油天然气、化工行业标准编号及名称

序号	标准编号	标准名称
纺织行业		
1	FZ/T01005-1991	涂层织物 定幅拉伸强力试验方法
2	FZ/T01013-1991	纺织品 过氯乙烯干洗尺寸变化的测定 机械法
3	FZ/T01021-1992	织物抗菌性能试验方法

续表

4	FZ/T01022-1992	纺织地板覆盖物 静电性能评定 人体行走试验方法
5	FZ/T01025-1993	纺织品耐高湿氧化氮色牢度试验方法
6	FZ/T01027-1993	评定变色用彩色样卡
7	FZ/T01037-1993	纺织产品保证文件
8	FZ/T01039-1994	织物风格试验方法 伞形法
9	FZ/T01055-1999	评定沾色用彩色样卡
10	FZ/T01056-1999	单根纱线定捻效果的测定方法
11	FZ/T01058-1999	纱线耐磨试验方法 往复式磨辊法
12	FZ/T01062-1999	弹性织物的拉伸弹性试验方法
13	FZ/T01064-1999	涂层织物压缩弹性测定方法
14	FZ/T01067-1999	涂层织物拒油性测定方法
15	FZ/T01070.1-1999 (ZBW04018.1-1989)	麻棉混纺物纤维含量的测定方法-吸附等温线法
16	FZ/T01070.2-1999 (ZBW04018.1-1989)	麻棉混纺物纤维含量的测定方法-数值逼近法
17	FZ/T01072-1999	不同压差条件下织物透气量的换算方法
18	FZ/T01087-1999	纺织品上颜色迁移进入聚氯乙烯涂层的评定
19	FZ/T01088-1999	纺织品耐染浴中金属络盐色牢度试验方法
20	FZ/T01089-1996	纺织品耐染浴中铁和铜金属色牢度试验方法
21	FZ/T10014-1999	棉及化纤纯纺、混纺纱线交付验收抽样方案
22	FZ/T10015-1999	棉及化纤纯纺、混纺本色布交付验收抽样方案
23	FZ/T10016-1999	本色纱线生产评等检验抽样方案
24	FZ/T10017-1999	本色布物理指标生产评等检验抽样方案
25	FZ/T10018-1999	本色布外观质量生产评等检验后复查抽样方案
26	FZ/T10019-1999	棉及化纤纯纺、混纺印染布交付验收抽样方案
27	FZ/T10020-1999	印染布内在质量生产评等检验抽样方案
28	FZ/T10021-1999	印染布外观质量生产评等检验抽样方案
29	FZ/T13016-1999 (ZBW13001-85)	色织涤棉纬长丝织物
30	FZ/T13017-1999 (ZWB13002-85)	色织涤棉纱罗织物
31	FZ/T20001-1991	长毛绒试验方法
32	FZ/T 20006-1993	精梳、粗梳毛织品生产评等检验的抽样方案
33	FZ/T 20007-1993	精梳、粗梳毛织品交付验收检验的抽样方案
34	FZ/T 21005-1999	国产细羊毛及其改良毛工业分级
35	FZ/T 21006-1999	土种毛毛条
36	FZ/T24001-1991	长毛绒
37	FZ/T30001-1992	苎麻主要化学成分系统定量分析方法
38	FZ/T40001-1992	丝织物平滑度试验方法、斜面滑动法
39	FZ/T40004-1991	生丝检验实施细则
40	FZ/T43002-1991	涤纶仿真丝织物

续表

41	FZ/T43003-1991	涤纶仿毛丝织物
42	FZ/T 54002-1991	涤纶牵伸网络丝
43	FZ/T 54004-1993	涤纶低弹网络丝
44	FZ/T60002-1991	非织造布定义
45	FZ/T60009-1993	金属镀膜复合絮片针刺密度的测定
46	FZ/T60010-1993	金属镀膜复合絮片断裂强力和断裂伸长及拼搭强力的测定
47	FZ/T60012-1993	金属化纺织品镀层耐磨牢度的测定
48	FZ/T60013-1993	金属化纺织品保温性能的测定
49	FZ/T60015-1993	《毛巾、床单检验规则》
50	FZ/T60016-1993	《毛巾、床单回潮率和重量试验方法》
51	FZ/T60018-1993	非织造布衬里材料水洗试验方法
52	FZ/T60019-1994	非织造布破裂强力试验方法
53	FZ/T60020-1995	服装衬里用非织造布回弹性试验方法 圆环法
54	FZ/T60022-1999	《线毯检验规则》
55	FZ/T60023-1999	《线毯缩水率的测定》
56	FZ/T60024-1999	《毛巾、床单长度和宽度的测定》
57	FZ/T60025-1999	《毛巾、床单密度的测定》
58	FZ/T60026-1999	《毛巾、床单断裂强力的测定(条样法)》
59	FZ/T62001-1991	《涤棉床单》
60	FZ/T62002-1991	《涤棉床单检验规则》
61	FZ/T62004-1991	《手帕检验规则》
62	FZ/T62008-1994	《连匹床单》
63	FZ/T75001-1993	涂层织物 撕破强力试验方法
64	FZ/T75003-1993	涂层织物 胀破强度的测定 弹性膜片法
65	FZ/T75006-1994	涂层织物水浸尺寸变化试验方法
66	FZ/T77001-1992	阻燃涤纶针织面料
67	FZ/T90017-1991	夹壳联轴器
68	FZ/T90029.1-1991	针织用针分类、术语及产品代号编法 分类
69	FZ/T90051-1993	纺织机械产品图样及设计文件的计算机编码
70	FZ/T92001-1991	旋转手柄
71	FZ/T92002-1991	弓形拉手
72	FZ/T92030-1995	梳棉机盖板链条
73	FZ/T92031-1995	梳棉机盖板螺钉
74	FZ/T92032-1995	棉纺粗纱牵伸下罗拉
75	FZ/T92034-1995	粗纱托锭锭翼
76	FZ/T92035-1995	粗纱锭子
77	FZ/T93011-1991	换梭式梭子用木质纬纱管
78	FZ/T93022-1993	绢纺用弹性针布
79	FZ/T93026-1993	苎麻、绢纺翼锭粗纱机(罗拉、针板、针筒牵伸式)
80	FZ/T93031-1994	转杯纺纱机用圆柱形筒管
81	FZ/T94010-1992	织机用铁综框

续表

82	FZ/T96015-1994	化纤牵伸加捻机用圆柱形筒管
83	FZ/T97001-1991	罗纹机(三角回转式)
84	FZ/T97012-1995	台车
石油天然气行业		
85	SY/T 5411-91	固井施工设计格式
86	SY/T 5474-92	陀螺单、多点照相测斜仪测量规程
87	SY/T 5575-93	钻杆测试资料处理方法
88	SY/T 5624-93	磁性单、多点照相测斜仪测量规程
89	SY/T 5681-95 JC891	环空测试仪地面系统
90	SY/T 5682-95	钻井深度测定仪技术条件
91	SY/T 5684-95	遥测地震仪交叉站技术条件
92	SY/T 5709-95	稠油井试油试采资料录取规范
93	SY/T 5717-95	单井碎屑岩储层评价
94	SY/T 5741-1996	石油行业职业安全卫生数据处理要求
95	SY/T 5770-1995	GPS 数据短波传输操作规程
96	SY/T 5773-1995	VISION 地震数据采集系统检验项目及技术指标
97	SY/T 5816-93	钻杆测试资料质量评定
98	SY/T 6045-95	天然气输送企业计量器具配备规范
99	SY/T 6046-95	天然气开采企业计量器具配备规范
100	SY/T 6134-1996	抽油杆及其接箍采购规定
101	SY/T 6242-1996	原油中油质胶质蜡质含量气相色谱分析方法
102	SY/T 6251-1996	石油测井电缆深度记号标定规范
103	SY/T 6256-1996	油井水泥浆磁化器
104	SY/T 6263-1996	香豆胶压裂液技术条件
105	SY/T 6406-1996	磁性单、多点照相测斜仪的维修与校验
化工行业		
106	HG/T 3260-1990	精制硫磺粉
107	HG/T 3348-1987	L04-1 沥青磁漆
108	HG/T 3359-1987	G 52-2 过氯乙烯防腐漆
109	HG/T 3360-1987	X98-11、X98-14 缩醛烘干胶液
110	HG/T 3361-1987	W61-34 草绿有机硅耐热漆
111	HG/T 3363-1987	W37-51 红有机硅烘干电阻漆
112	HG/T 3364-1987	T03-1 各色酯胶调和漆
113	HG/T 3368-1987	L01-34 沥青烘干清漆
114	HG/T 3370-1987	T04-1 各色酯胶磁漆
115	HG/T 3374-1987	H30-12 环氧酯烘干绝缘漆
116	HG/T 3377-1987	W32-53 粉红有机硅烘干绝缘漆
117	HG/T 3517-1985	工业循环冷却水中二氯酚(DDM)残存量测定方法
118	HG/T 3521-1985	工业循环冷却水磷系复合抑制剂中乙二胺四甲叉二膦酸(EDTMPA)的测定方法
119	HG/T 3522-1985	工业循环冷却水磷系复合抑制剂中羟基乙叉二膦酸(HEDPA)测定方法
120	HG/T 3528-1985	工业循环冷却水中微量聚丙烯酸和聚马来酸测定方法

续表

121	HG/T 2153-1991	水处理剂 聚合硫酸铁
122	HG/T 2304-1992	工业三氟三氯乙烷
123	HG/T 2093-1991	烷基磺酸苯酯
124	HG/T 2094-1991	橡胶配合剂简称
125	HG/T 2341-1992	四溴双酚 A
126	HG/T 2978-1986	乙酰甲胺磷原药含量分析方法
127	HG/T 2218.1-1991	灭害灵气雾剂 A 型
128	HG/T 2218.2-1991	灭害灵气雾剂 B 型
129	HG/T 2218.3-1991	灭害灵气雾剂 C 型
130	HG/T 2218.4-1991	灭害灵气雾剂 E 型
131	HG/T 2360-1992	卷筒相纸尺寸
132	HG/T 3559-1988	胶片片基底层粘牢度测定方法
133	HG/T 2173-1991	银-胶型缩微摄影负片
134	HG/T 2174-1991	彩色相纸
135	HG/T 2175-1991	黑白全塑相纸
136	HG/T 2356-1992	三醋酸纤维素胶卷片基
137	HG/T 2358-1992	5244 型、2244 型、6244 型彩色电影正片
138	HG/T 2529-1993	荧光测井片
139	HG/T 2530-1993	印刷制版软片用聚酯片基
140	HG/T 2696-1995	ISO 100/21O 彩色照相胶卷
141	HG/T 3565-1989	氩离子激光电子分色片
142	HG/T 3567-1990	彩色电影正片片基
143	HG/T 2253-1991	成色剂 COY-2
144	HG/T 2254-1991	成色剂 COM-1
145	HG/T 2255-1991	成色剂 COC-1
146	HG/T 2259-1991	照相化学品 碘化钾(乳剂用)
147	HG/T 2260-1991	照相化学品 苯亚磺酸钠(乳剂用)
148	HG/T 2336-1992	照相化学品 三水合乙二胺四乙酸铁钠
149	HG/T 2531-1993	照相化学品 成色剂 COC-2(青 324)
150	HG/T 2532-1993	照相化学品 邻苯二甲酸二丁酯
151	HG/T 2533-1993	照相化学品 成色剂 COM-2(品 263)
152	HG/T 2534-1993	照相化学品 磷酸三甲苯酯
153	HG/T 2632-1994	照相级化学药品 通用试验方法
154	HG/T 2633-1994	照相级化学药品 间苯二酚
155	HG/T 2634-1994	照相级化学药品 间膜剂 H-11
156	HG/T 2635-1994	照相级化学药品 成色剂 COY-5(黄 118)
157	HG/T 3012-1989(1997)	照相级有机物产品的编号原则
158	HG/T 3022-1989(1997)	照相级无水亚硫酸钠
159	HG/T 3023-1989(1997)	照相级硫代硫酸钠
160	HG/T 3024-1989(1997)	照相级对苯二酚
161	HG/T 3572-1989	照相级 对异辛基苯酚聚氧乙烯醚(表面活性剂 1283)

续表

162	HG/T 3573-1990	照相级 氯化钠(乳剂用)
163	HG/T 3574-1990	照相级 4-羟基-6-甲基-1、3、3a、7-四氮茚(ST-1)
164	HG/T 3564-1989	电影声带负片
165	HG/T 2388-1992	钢制焊接压力容器质量分等通则
166	HG/T 2395-1996	橡胶机械产品质量分等通则
167	HG/T 2045-1991	釜用机械密封产品质量分等
168	HG/T 2046-1991	机械密封用真空熔结环技术条件
169	HG/T 2047-1991	纯碱蒸汽煅烧炉旋接头技术条件
170	HG/T 2264-1992	釜用机械密封的类型、主要尺寸及标志
171	HG/T 2731-1995	热碱泵质量分等细则
172	HG/T 2732-1995	单级悬臂双作用液环式氯气泵质量分等细则
173	HG/T 2389-1992	钢制管壳式换热器质量分等细则
174	HG/T 2390-1992	卧式储罐质量分等细则
175	HG/T 2475-1993	液化气体铁道罐车质量分等细则
176	HG/T 2476-1993	铝制铁道罐车质量分等细则
177	HG/T 2600-1994	液化石油气汽车罐车质量分等细则
178	HG/T 2651-1995	尿素合成塔质量分等细则
179	HG/T 2652-1995	钢制多层包扎式压力容器质量分等细则
180	HG/T 2653-1995	钢制热套式压力容器质量分等细则
181	HG/T 2654-1995	扁平钢带式压力容器质量分等细则
182	HG/T 2655-1995	钢制球形储罐质量分等细则
183	HG/T 2656-1995	钢制管壳式废热锅炉质量分等细则
184	HG/T 2657-1995	隔膜法金属阳极电解槽质量分等细则
185	HG/T 2658-1995	聚氯乙烯聚合釜质量分等细则
186	HG/T 3171—1-89	杠杆式固体物料包装机技术条件
187	HG 2035-1986	黄磷包装钢桶技术条件
188	HG/T 2438-1993	改性酚醛玻璃纤维增强塑料球阀质量分等
189	HG/T 3190-1980	板槽式石墨换热器系列
190	HG/T 3204-1991	石墨管螺纹系列
191	HG/T 3208-1986	耐酸陶瓷设备系列
192	HG/T 3211-1989	陶瓷矩鞍形填料压碎力试验方法
193	HG/T 3212-1989	耐酸陶瓷矩鞍形填料技术条件
194	HG/T 2061-1991	橡胶机械用空气过滤器
195	HG/T 2062-1991	橡胶机械用空气减压阀
196	HG/T 2063-1991	橡胶机械用时间程序控制器
197	HG/T 2392-1992	橡胶机械用差压开关
198	HG/T 2393-1992	橡胶机械用压力开关
199	HG/T 2605-1994	密闭式炼胶机产品质量分等及检查细则
200	HG/T 2738-1995	轮胎定型硫化机用平面二次包络环面蜗轮减速机系列与基本参数
201	HG 20669-1988	化学工业炉噪声控制设计规定
202	HG/T 20548-1992	化工建筑软弱地基处理设计规定

续表

203	HG/T 21555-1993	砌体结构计算书格式规定
204	HG/T 21628-1990	SPE 自紧填函式管道伸缩节
205	HG/T 21627-1990	多层 U 型波纹管膨胀节系列
206	HG/T 21577-1994	快速特种管接头
207	HG/T 21576-1994	双切换旋塞阀
208	HG/T 20550-1993	球型补偿器配置设计规定
209	HG/T 20562-1994	化工企业自备铁路机车和车辆数量计算规定
210	HG/T 20563-1994	化工企业货运汽车数量计算规定
211	HG/T 20564-1994	化工企业运输装卸人员数量计算规定
212	HG/T 20650-1998	化工企业汽车运输设计运营费计算规定
213	HG/T 20651-1998	化工企业铁路运输设计运营费计算规定
214	HG/T 20574-1995	化工企业总图运输设计工程测量技术规定
215	HG/T 21587-1995	岩土工程勘察资料整理标准
216	HGJ 204-1983	化工机器安装工程施工及验收规范(对置式压缩机)
217	HGJ 207-1983	化工机器安装工程施工及验收规范(化工用泵)
218	HGJ 208-1983	高压化工设备施工及验收规范
219	HGJ 209-1983	中低压化工设备施工及验收规范
220	HGJ 210-1983	圆通形钢制焊接储罐施工及验收规范
221	HGJ 211-1985	化工塔类设备施工及验收规范
222	HGJ 216-1979	不饱和聚脂树脂类防腐蚀工程施工及验收规范
223	HGJ 217-1986	钛管道施工及验收规范
224	HGJ 227-1984	化工用炉砌筑工程施工及验收规范
225	HGJ 228-1987	中型化肥厂煤气发生炉砌筑工程施工及验收规范
226	HGJ 233-1987	炼油、化工施工安全规程

中华人民共和国国家发展和改革委员会
公 告

2004年 第 38 号

国家发展改革委批准《石油工业用加热炉安全规程》等 110 项行业标准,其中:石油天然气行业标准 89 项、纺织行业标准 13 项、建材行业标准 8 项,现予公布,以上标准自 2004 年 11 月 1 日起实施。

以上石油天然气行业标准由石油工业出版社出版,纺织行业标准由标准出版社出版,建材行业标准由建材工业出版社出版。

附件:110 项石油天然气、纺织、建材行业标准编号及名称

中华人民共和国国家发展和改革委员会

二〇〇四年七月三日

附件：

110项石油天然气、纺织、建材行业标准编号及名称

序号	标准编号	标准名称	代替标准	采标情况	备注
石油天然气行业					
1	SY0031-2004	石油工业用加热炉安全规程	SY0031-95		
2	SY/T0009-2004	石油地面工程设计文件编制规程	SY/T0009-93		
3	SY/T0053-2004	油气田及管道岩土工程勘察规范	SY/T0053-97 SY/T0058-98		
4	SY/T0061-2004	埋地钢质管道外壁有机防腐层技术规范	SY/T0061-92		
5	SY/T0328-2004	管道焊口内喷焊防腐技术标准			
6	SY/T0329-2004	大型油罐基础检测方法			
7	SY/T0330-2004	现役管道的不停输移动推荐做法		MOD API RP1117:1996	
8	SY/T0450-2004	输油(气)钢质管道抗震设计规范	SY/T0450-97		
9	SY/T0455-2004	球形储罐γ射线全景曝光检测标准	SY/T4055-93		
10	SY/T0538-2004	管式加热炉规范	SY/T0538-94 SY/T0539-94		
11	SY/T0544-2004	石油钻杆内涂层技术条件	SY/T0544-1995		
12	SY/T5035-2004	吊环、吊卡、吊钳	SY/T5035-91 SY/T5041-92 SY/T5113-1999		
13	SY/T5074-2004	石油钻井和修井用动力钳	SY/T5074-91 SY/T5400.1-2000 SY/T5400.2-2000		
14	SY/T5080-2004	石油钻机和修井机用转盘	SY/T5080-92 SY/T5531-92		
15	SY/T5089-2004	石油天然气钻井日报表	SY/T5089-92	MOD IADC-API:2002	
16	SY/T5202-2004	石油修井机	SY/T5202-91 SY/T5208-2000 SY/T5470-2002 SY/T5471-92 SY/T5610-1995		
17	SY/T5234-2004	优选参数钻井基本方法及应用	SY/T5234-91 SY/T6201-1996		中英 双语版
18	SY/T5257-2004	油气输送用钢制弯管	SY/T5257-91		
19	SY/T5314-2004	地震资料采集技术规程	SY/T5314-2002 SY/T5330-2003 SY/T5455-1997 SY/T6051-2000 SY/T6052-2000 SY/T6054-2000 SY/T6247-2003		中英 双语版

续表

20	SY/T5323-2004	节流和压井系统	SY/T5323-92	IDT API Spec 16C:1993	
21	SY/T5360-2004	裸眼井单井测井数据处理流程	SY/T5360-1995		
22	SY/T5394-2004	固井水泥头及常规固井胶塞	SY/T5394-91 SY/T5571-93		
23	SY/T5466-2004	钻前工程及井场布置技术要求	SY/T5466-1997 SY/T5958-94		中英 双语版
24	SY/T5524-2004	石油地震勘探钻机车	SY/T5524-92		
25	SY/T5536-2004	原油管道运行规程	SY/T5536-2002 SY/T5537-2000 SY/T6148-1995		
26	SY/T5587.3-2004	常规修井作业规程 第3部分： 油气井压井、替喷、诱喷	SY/T5587.3-93 SY/T5789-93		
27	SY/T5587.4-2004	常规修井作业规程 第4部分： 找串漏、封串堵漏	SY/T5587.4-93 SY/T5587.8-93		
28	SY/T5587.5-2004	常规修井作业规程 第5部分： 井下作业井筒准备	SY/T5587.5-93 SY/T5587.6-93 SY/T5587.7-93 SY/T5587.16-93		
29	SY/T5587.11-2004	常规修井作业规程 第11部分： 钻铣封隔器、桥塞	SY/T5587.11-93 SY/T5587.18-93		
30	SY/T5587.12-2004	常规修井作业规程 第12部分：打捞落物	SY/T5587.12-93 SY/T5587.13-93 SY/T5587.17-93 SY/T5587.19-93 SY/T5587.20-93		
31	SY/T5587.14-2004	常规修井作业规程 第14部分：注塞、钻塞	SY/T5587.14-93 SY/T5587.15-93		
32	SY/T5590-2004	调剖剂性能评价方法	SY/T5590-93 SY/T5799-93 SY/T6379-1998		
33	SY/T5615-2004	石油天然气地质编图规范及图式	SY/T5615-93		
34	SY/T5704-2004	地层倾角测井仪刻度	SY/T5704.1-95 SY/T5704.2-95		
35	SY/T5718-2004	试油成果报告编写规范	SY/T5718-95		
36	SY/T5726-2004	石油测井作业安全规程	SY5726-1995 SY6204-1996		
37	SY/T5737-2004	原油管道输送安全规程	SY5737-1995		
38	SY/T5749-2004	油气田集输工艺安装工程劳动定额	SY/T5749-1995		
39	SY/T5771-2004	地面磁法勘探技术规程	SY/T5771-1995		
40	SY/T5858-2004	石油工业动火作业安全规程	SY5858-93		
41	SY/T5904-2004	潜油电泵选井原则及选泵设计方法	SY/T5904-93		

续表

42	SY/T5913-2004	岩石制片方法	SY/T5913-94		
43	SY/T5918-2004	埋地钢质管道外防腐层修复技术规范	SY/T5918-94 SY/T6063-94		
44	SY/T5945-2004	测井解释报告编写规范	SY/T5945.1-94 SY/T5945.2-94		
45	SY/T5954-2004	开钻前验收项目及要求	SY/T5954-94		中英双语版
46	SY/T5955-2004	定向井井身轨迹质量	SY/T5955-1999 SY/T6333-1997		
47	SY/T5956-2004	钻具报废技术条件	SY/T5956-94		
48	SY/T6044-2004	海上石油作业安全应急要求	SY6044-94 SY6433-1999		中英 双语版
49	SY/T6058-2004	自升式井架起放作业规程	SY/T6058-94		中英双语版
50	SY/T6103-2004	岩石孔隙结构特征的测定 图像分析法	SY/T6103-94 SY/T6312-1997		
51	SY/T6108-2004	碳酸盐岩气藏开发动态分析技术规范	SY/T6108-94		
52	SY/T6143-2004	用标准孔板流量计测量天然气流量	SY/T6143-1996		
53	SY/T6176-2004	气藏开发井资料录取技术规范	SY/T6176-1995		
54	SY/T6199-2004	钻井设施基础规范	SY/T6199-1996		中英双语版
55	SY/T6266-2004	低压玻璃纤维管线管和管件	SY/T6266-1996	IDT API Spec 15LR:2001	
56	SY/T6269-2004	石油企业常用节能节水词汇	SY/T6269-1996		
57	SY/T6297.1-2004	油气井射孔器评价方法 第1部分: API推荐的射孔器评价方法	SY/T6297-1997	MOD API RP 19B:2000 第一版	
58	SY/T6297.2-2004	油气井射孔器评价方法 第2部分: 射孔器模拟井射孔试验	SY/T6297-1997		
59	SY/T6332-2004	定向井轨迹控制	SY/T6332-1997 SY/T6467-2000		
60	SY/T6408-2004	钻井和修井井架、底座的 检查、维护、修理与使用	SY/T6408-1999	MOD API RP 4G:2002	
61	SY/T6589-2004	建场测深法勘探技术规程			
62	SY/T6590-2004	IMAGE地震数据采集系统 检验项目及技术指标			
63	SY/T6591-2004	地震数据叠前深度偏移处理技术规程			
64	SY/T6592-2004	固井质量评价方法			
65	SY/T6593-2004	核磁共振成像测井仪刻度规范			
66	SY/T6594.1-2004	电、声成像测井作业质量监控 规范 第1部分:测井仪刻度			
67	SY/T6594.2-2004	电、声成像测井作业质量监控 规范 第2部分:测井作业			
68	SY/T6595-2004	油田商业评估技术要求			
69	SY/T6596-2004	气田水回注方法			
70	SY/T6597-2004	钢质管道内检测技术规范			

续表

71	SY/T6598-2004	潜油电泵保护器的使用与检验推荐作法		IDT API RP 11S7:1993	
72	SY/T6599-2004	潜油电泵离心泵试验推荐作法		IDT API RP 11S2:1997	
73	SY/T6600-2004	承荷探测电缆			
74	SY/T6601-2004	耐腐蚀合金管线钢管		IDT API Spec 5LC:1998	
75	SY/T6602-2004	海底电缆地震数据采集系统			
76	SY/T6603-2004	地面岩心能谱测定仪			
77	SY/T6604-2004	海上试油作业安全规范			
78	SY/T6605-2004	石油钻、修井用吊具安全技术检验规范			
79	SY/T6606-2004	石油工业工程技术服务承包商 健康安全环境管理基本要求			
80	SY/T6607-2004	石油工业建设项目安全预评价 报告编制规则			
81	SY/T6608-2004	海上石油作业人员安全 救生培训要求			
82	SY/T6609-2004	环境、健康和安全(EHS) 管理体系模式		MOD API Publ 9100A:1998	
83	SY/T7550-2004	原油中蜡、胶质、沥青质含量测定法	SY/T7550-2000		
84	SY/T7551-2004	原油倾点测定法		MOD ASTM D 5853:1995	
85	SY/T10029-2004	浮式生产系统规划、设计 与建造的推荐作法		IDT API RP 2FPS:2001	
86	SY/T10030-2004	海上固定平台规划、设计和建造 的推荐作法 工作应力设计法	SY/T10030-2002	IDT API RP 2A-WSD:2000	
87	SY/T10049-2004	海上钢结构疲劳强度分析推荐作法		IDT DNV RP-C203:2001	
88	SY/T10050-2004	环境条件和环境荷载规范		IDT DNV NO.30.5:2000	
89	SY/T10051.1-2004	海上结构用改良韧性的碳锰钢板规范		IDT API Spec 2MT1:2001	
纺织行业					
90	FZ/T73022-2004	针织保暖内衣 注:原编号73018改为73022			
91	FZ/T73019.1-2004	针织塑身内衣、弹力型			
92	FZ/T73019.2-2004	针织塑身内衣、调整型			
93	FZ/T73020-2004	针织休闲服装			
94	FZ/T73021-2004	针织学生服			
95	FZ/T73001-2004	袜子	FZ/T73001-1998		
96	FZ/T73011-2004	针织腹带	FZ/T73011-1998		
97	FZ/T73012-2004	文胸	FZ/T73012-1998		
98	FZ/T73013-2004	针织泳装	FZ/T73013-1998		
99	FZ/T70006-2004	针织物拉伸弹性回复率试验方法	FZ/T70006-1999		
100	FZ/T43004-2004	桑蚕丝纬编针织绸	FZ/T43004-1992		
101	FZ/T54003-2004	涤纶预取向丝	FZ/T54003-1993		
102	FZ/T62006-2004	毛巾	FZ/T62006-1993		

续表

建材行业					
103	JC 943-2004	混凝土多孔砖			
104	JC/T 942-2004	丁基橡胶防水密封胶粘带			
105	JC/T 774-2004	预浸料凝胶时间试验方法	JC/T774-1985(1996)	ASTM D3532-1999,MOD	
106	JC/T 775-2004	预浸料树脂流动度试验方法	JC/T775-1985(1996)	ASTM D3531-1999,MOD	
107	JC/T 776-2004	预浸料挥发物含量试验方法	JC/T776-1985(1996)	ISO9782:1993,MOD	
108	JC/T 777-2004	预浸纱带拉伸强度试验方法	JC/T777-1985(1996)		
109	JC/T 780-2004	预浸料树脂含量试验方法	JC/T7801987(1996)		
110	JC/T 783-2004	玻璃纤维增强改性酚醛塑料球阀	JC/T783-1996		

中华人民共和国国家发展和改革委员会
公 告

2004年 第 49 号

国家发展改革委批准《水嘴通用技术条件》等67项行业标准(标准编号及名称见附件),其中轻工行业标准58项、纺织行业标准7项、黑色冶金行业标准2项,现予公布,以上标准自2005年1月1日起实施。

以上轻工行业标准由轻工业出版社出版,纺织行业标准由中国标准出版社出版,黑色冶金行业标准由冶金工业出版社出版。

附件:67项轻工、纺织、黑色冶金行业标准编号及名称

中华人民共和国国家发展和改革委员会

二○○四年八月十五日

附件:

67项轻工、纺织、黑色冶金行业标准编号及名称

序号	标准编号	标准名称	代替标准	采标情况
轻工行业				
1	QB 1334-2004	水嘴通用技术条件	QB/T 1334-1998	
2	QB 1175-2004	家用缝纫机　曲形线缝锁式线迹机头	QB 1175-1991	
3	QB/T 1948-2004	柳琴	QB/T 1948-1994	
4	QB/T 1949-2004	扬琴	QB/T 1949-1994	
5	QB/T 2279-2004	钢琴击弦机	QB/T 2279-1996	
6	QB/T 2155-2004	旅行箱包	QB/T 2155-1995 QB/T 2156-1995	
7	QB/T 1333-2004	背提包	QB/T 1333-1996	

续表

8	QB/T 1872-2004	服装用皮革	QB/T 1872-1993	
9	QB/T 1873-2004	鞋面用皮革	QB/T 1873-1993	
10	QB/T 1476-2004	钓鱼竿	QB/T 1476-1992	
11	QB/T 1690-2004	贵金属饰品质量测量允差的规定	QB/T 1690-1993	
12	QB/T 2149-2004	工业用缝纫机 GB 型平缝缝纫机机头	QB/T 2149-1995	
13	QB/T 2626.1-2004	工业用缝纫机 针板的通用技术条件 第 1 部分:平缝缝纫机针板	QB/T 1579-1992	
14	QB/T 2627-2004	工业用缝纫机 连续缝纫的试验方法		
15	QB/T 2628-2004	工业用缝纫机 层缝缝纫的试验方法		
16	QB/T 2629-2004	无汞碱性锌-二氧化锰电池用电解二氧化锰		
17	QB/T 2630.1-2004	金饰工艺画 第 1 部分:金膜画金层		
18	QB/T 2630.2-2004	金饰工艺画 第 2 部分:金箔画金层		
19	QB/T 2631.1-2004	金饰工艺画 金层含金量与厚度测定 ICP 光谱法 第 1 部分:金膜画		
20	QB/T 2631.2-2004	金饰工艺画 金层含金量与厚度测定 ICP 光谱法 第 2 部分:金箔画		
21	QB/T 2632-2004	饮料热灌装拧盖机		
22	QB/T 2633-2004	饮料热灌装生产线		
23	QB/T 2634-2004	洗瓶机	QB/T 3680-1999	
24	QB/T 2635-2004	杀菌机	QB/T 3690-1999	
25	QB/T 2636-2004	纸与纸板油墨吸收性测定仪		
26	QB/T 2637-2004	圆刀裁剪机		
27	QB/T 2638-2004	带式检针机		
28	QB/T 2639-2004	石油干洗机		
29	QB/T 1308-2004	热熔粘合机	QB/T 1308-1991	
30	QB/T 1696-2004	工业用蒸汽熨斗	QB/T 1696-1993	
31	QB/T 2321-2004	直刀裁剪机	QB/T 2321-1997	
32	QB/T 2322-2004	熨烫工作台	QB/T 2322-1997	
33	QB/T 2323-2004	工业洗衣机	QB/T 2323-1997	
34	QB/T 2325-2004	熨平机	QB/T 2325-1997	
35	QB/T 2326-2004	四氯乙烯干洗机	QB/T 2326-1997	
36	QB/T 1048-2004	纸板及纸箱抗压试验机	QB/T 1048-1998	
37	QB/T 1049-2004	纸与纸板耐折度仪	QB/T 1049-1998	
38	QB/T 1053-2004	纸与纸板抗张试验机	QB/T 1053-1998	
39	QB/T 1054-2004	纸浆打浆度测定仪	QB/T 1054-1998	
40	QB/T 1055-2004	纸与纸板厚度测定仪	QB/T 1055-1998	
41	QB/T 1057-2004	纸与纸板耐破度仪	QB/T 1057-1998	
42	QB/T 1665-2004	纸与纸板平滑度仪	QB/T 1665-1998	
43	QB/T 1506-2004	烟用香精	QB/T 1506-1992	
44	QB/T 2640-2004	咸味食品香精		

续表

45	QB/T 2641-2004	食品添加剂　甲基环戊烯醇酮 MOD CAC(JECFA418)		
46	QB/T 2642-2004	麦芽酚 MOD CAC(JECFA 636)		
47	QB/T 2643-2004	食品添加剂　97%柠檬醛	QB/T 3785-1999 MOD FCC Ⅳ	
48	QB/T 2644-2004	食品添加剂　苯乙醇	QB/T 3786-1999 MOD CAC(JECFA 987)	
49	QB/T 2645-2004	食品添加剂　乙酸苄酯	QB/T 3787-1999 MOD CAC(JECFA 23)	
50	QB/T 2646-2004	食品添加剂　丁酸异戊酯	QB/T 3788-1999 MOD CAC(JECFA 45)	
51	QB/T 2647-2004	食品添加剂　异戊酸异戊酯	QB/T 3789-1999 MOD CAC(JECFA 50)	
52	QB/T 2648-2004	食品添加剂　己酸烯丙酯	QB/T 3794-1999 MOD CAC(JECFA 3)	
53	QB/T 2649-2004	食品添加剂　丁酸苄酯	QB/T 3795-1999 MOD CAC(JECFA 843)	
54	QB/T 2650-2004	食品添加剂 α-戊基肉桂醛	QB/T 3796-1999 MOD CAC(JECFA 685)	
55	QB/T 2651-2004	食品添加剂　松油醇	QB/T 3797-1999 MOD EOA No.8	
56	QB/T 2652-2004	方便米粉(米线)		
57	QB/T 2653-2004	大豆肽粉		
58	QB/T 6019-2004	制浆造纸专业设备安装工程施工质量验收规范	QBJ1-1964	
纺织行业				
59	FZ/T93027-2004	棉纺环锭细纱机	FZ/T93027-1993	
60	FZ/T90074-2004	纺织机械产品涂装	FZ/T90074-1995	
61	FZ/T91007-2004	纺织机械产品涂装工艺	FZ/T91007-1995	
62	FZ/T93007-2004	纺织机械与附件　圆柱形条筒	FZ/T93007-1991	
技术条件				
63	FZ/T93020-2004	弹性针布	FZ/T93020-1993 FZ/T93021-1993 FZ/T93023-1993	
64	FZ/T90052-2004	弹性针布术语和定义	FZ/T90052-1993	
65	FZ/T93019-2004	梳棉机用弹性盖板针布	FZ/T93019-1993	
黑色冶金行业				
66	YB/T4124.1-2004	热轧无缝钢管轧辊技术条件 张力减径机轧辊和定径机轧辊		
67	YB/T4124.2-2004	热轧无缝钢管轧辊技术条件 连轧机轧辊		

中华人民共和国国家发展和改革委员会
公 告

2004年 第 51 号

根据《标准化法实施条例》的规定，我委组织对已实施5年以上，尤其是1995年(含)的行业标准进行了复审，决定废止MT/T176-1996《商品煤质量抽查方法》等130项行业标准(标准编号及名称见附件)，其中：煤炭行业115项、石化行业8项、制药装备行业7项，现予公布，自2004年10月1日起生效。

附件：废止130项煤炭、石化、制药装备行业标准编号及名称

中华人民共和国国家发展和改革委员会

二〇〇四年八月十七日

附件：

废止130项煤炭、石化、制药装备行业标准编号及名称

序号	标准编号	标准名称
煤炭行业		
1	MT/T176-1996	商品煤质量抽查方法
2	MT/T385-1994	煤中钒的测定方法
3	MT/T791-1998	水煤浆采样方法
4	MT/T792-1998	水煤浆浓度测定方法
5	MT/T29-1977	少量煤样烟煤胶质层指数测定方法
6	MT 107.1-85	蒸汽机车用大同煤质量标准
7	MT 107.2-1985	固定床煤气发生炉用大同煤质量标准
8	MT 107.3-1985	发电煤粉锅炉用大同煤质量标准
9	MT 107.4-1995	常压固定床煤气发生炉用永荣矿务局煤技术条件
10	MT 107.5-1995	冶金焦用永荣矿务局煤技术条件
11	MT 107.6-1985	蒸汽机车、工业锅炉用鹤壁煤质量标准
12	MT 107.7-1985	发电煤粉锅炉用鹤壁煤质量标准
13	MT 107.11-1985	冶炼用鹤壁精煤质量标准
14	MT292.1~292.3-1992	抚顺矿务局煤技术条件(冶金、发电、机车)
15	MT 293.1~293.4-1992	南桐矿务局煤技术条件(冶金、发电、机车、水泥)
16	MT/T 294.1-1992	发电煤粉锅炉用平庄矿务局煤技术条件
17	MT 295.1~295.2-1992	沈阳矿务局煤技术条件(冶金、发电)
18	MT 296.1~296.3-1992	双鸭山矿务局煤技术条件(冶金、发电、机车)
19	MT 297.1~297.4-1992	阳泉矿务局煤技术条件(高炉喷吹、合成氨、煤气发生炉、发电)
20	MT/T 298.1~298.2-1992	水城矿务局煤技术条件(水泥、冶金、发电)

续表

21	MT 299.1~299.5-1-92	鹤岗矿务局煤技术条件(发电、机车、冶金、水泥、煤气发生炉)
22	MT 300.1~300.4-1992	盘江矿务局煤技术条件(冶金、发电、机车、水泥)
23	MT 301.1~301.2-1992	铁法矿务局煤技术条件(发电、机车)
24	MT 302.1~302.2-1992	韩城矿务局煤技术条件(冶金、发电)
25	MT 303.1-1992	发电煤粉锅炉用舒兰矿务局煤技术条件
26	MT 304.1-1992	发电煤粉锅炉用霍林河矿务局煤技术条件
27	MT/T 305.1-1992	辽源矿务局煤技术条件
28	MT 306.1~306.4-1992	铜川矿务局煤技术条件(发电、机车、水泥、煤气发生炉)
29	MT/T 340.1~340.3-1994	淮北矿务局煤技术条件(冶金、发电、水泥)
30	MT/T 341.1~341.3-1994	大屯煤电公司煤技术条件(冶金、发电、机车)
31	MT/T 342.1~342.5-1994	七台河矿务局煤技术条件(冶金、煤气发生炉、机车、水泥、发电)
32	MT/T 343.1~343.2-199	西山矿务局煤技术条件(冶金、发电)
33	MT/T 344.1~344.2-1994	龙口矿务局煤技术条件(发电、煤气发生炉)
34	MT/T 345.1~345.2-1994	霍州矿务局煤技术条件(发电、冶金)
35	MT/T 346.1-1994	发电煤粉锅炉用大雁矿务局煤技术条件
36	MT/T 347.1-1994	发电煤粉锅炉用扎赉诺尔矿务局煤技术条件
37	MT/T 348.1~348.4-1994	萍乡矿务局煤技术条件(冶金、发电、合成氨、水泥)
38	MT/T 349.1~349.3-1995	潞安矿务局煤技术条件(冶金、发电、机车)
39	MT/T 430.1~430.3-1995	永荣矿务局煤技术条件(机车、水泥、发电)
40	MT/T 431.1~431.3-1995	丰城矿务局煤技术条件(冶金、发电、水泥)
41	MT/T 432.1~432.2-1995	靖远矿务局煤技术条件(发电、机车)
42	MT/T 433.1~433.4-1995	窑街矿务局煤技术条件(发电、煤气发生炉、水泥、冶金)
43	MT/T 434.1~434.2-1995	六枝矿务局煤技术条件(冶金、发电)
44	MT/T 435.1~435.2-1995	通化矿务局煤技术条件(冶金、发电)
45	MT/T 436.1-1995	发电煤粉锅炉用临沂矿务局煤技术条件
46	MT/T 437.1-1995	冶金焦用一平浪煤矿煤技术条件
47	MT/T 438.1~438.2-1995	后所矿务局煤技术条件(冶金、发电)
48	MT/T 439.14-1995	发电煤粉锅炉用曲仁矿务局煤技术条件
49	MT/T 508.1~508.2-1995	北京矿务局煤技术条件(高炉喷吹、合成氨)
50	MT/T 509.1~509.2-1995	海渤湾矿务局煤技术条件(发电、机车)
51	MT/T 510.1~510.3-1995	乌达矿务局煤技术条件(发电、冶金、机车)
52	MT/T 511.1~511.3-1995	石炭井矿务局煤技术条件(冶金、高炉喷吹、合成氨)
53	MT/T 512.1~512.4-1995	平顶山矿务局煤技术条件(发电、冶金、机车、水泥)
54	MT/T 513.1~513.4-1995	邯郸矿务局煤技术条件(合成氨、冶金、发电、高炉喷吹)
55	MT/T 514.1~514.4-1995	徐州矿务局煤技术条件(冶金、发电、机车、水泥)
56	MT/T 598.1~598.2-1996	攀枝花矿务局煤技术条件(冶金、发电)
57	MT/T 599.1-1996	发电煤粉锅炉用资兴矿务局煤技术条件
58	MT/T 600.1-1995	发电煤粉锅炉用白沙矿务局煤技术条件
59	MT/T 601.1~601.2-1996	涟邵矿务局煤技术条件(冶金、发电)
60	MT/T 602.1~602.2-1996	天府矿务局煤技术条件(发电、冶金)
61	MT/T603.1~603.2-1996	华蓥山矿务局煤技术条件(发电、冶金)

续表

62	MT/T 604.1-1996	发电煤粉锅炉用石嘴山矿务局煤技术条件
63	MT/T 605.1-1996	发电煤粉锅炉用灵武矿务局煤技术条件
64	MT/T 606.1~606.4-1996	开滦矿务局煤技术条件(冶金、发电、水泥、煤气发生炉)
65	MT/T 607.1~607.4-1996	淮南矿务局煤技术条件(冶金、发电、机车、水泥)
66	MT/T 608.1~608.3-1996	兖州矿务局煤技术条件(冶金、发电、机车)
67	MT/T 609.1-1996	发电煤粉锅炉用轩岗矿务局煤技术条件
68	MT/T 610.1-1996	发电煤粉锅炉用四望嶂矿务局煤技术条件
69	MT/T 611.1~611.2-1996	淄博矿务局煤技术条件(冶金、发电)
70	MT/T 612.1~612.2-1996	枣庄矿务局煤技术条件(冶金、发电)
71	MT/T 614.1~614.4-1996	广旺矿务局煤技术条件(冶金、水泥、发电、煤气发生炉)
72	MT/T 615.1~615.2-1996	田坝矿务局煤技术条件(冶金、发电)
73	MT/T 616.1-1995	冶金焦用坪石矿务局煤技术条件
74	MT/T 617.1~617.2-1996	中梁山矿务局煤技术条件(冶金、发电)
75	MT/T 618.1~618.2-1996	汾西矿务局煤技术条件(冶金、发电)
76	MT/T 613.1~613.2-1995	晋城矿务局煤技术条件(合成氨、高炉喷吹)
77	MT/T 724.1-1997	发电煤粉锅炉用澄合矿务局煤技术条件
78	MT/T 725.1~725.2-1997	新汶矿务局煤技术条件(发电、冶金)
79	MT/T 726.1~726.2-1997	肥城矿务局煤技术条件(发电、冶金)
80	MT/T 727.1~727.2-1997	阜新矿务局煤技术条件(机车、发电)
81	MT/T 728.1-1997	发电煤粉锅炉用大通矿务局煤技术条件
82	MT/T 729.1~729.3-1997	义马矿务局煤技术条件(发电、水泥、冶金)
83	MT/T 730.1~730.3-1997	鸡西矿务局煤技术条件(冶金、机车、发电)
84	MT/T 731.1~731.2-1997	峰峰矿务局煤技术条件(冶金、发电)
85	MT/T 732.1~732.3-1997	阿干煤矿煤技术条件(水泥、发电、煤气发生炉)
86	MT/T 733.1~733.4-1997	永城矿务局煤技术条件(合成氨、发电、水泥、高炉喷吹)
87	MT/T 735.1-1997	发电煤粉锅炉用蒲白矿务局煤技术条件
88	MT/T 734.1~734.2-1997	郑州矿务局煤技术条件(发电、高炉喷吹)
89	MT/T574-1996	煤矸石生物肥料技术条件
90	MT/57-1993	煤粉浮沉试验方法
91	MT/58-1993	煤粉筛分试验方法
92	MT/T262-1991	煤岩样品采取方法
93	MT/T263-1991	烟煤宏观类型的划分与描述
94	MT/T265-1991	商品煤随机反射率分布的判别方法
95	MT/T203-1995	煤矿水中钙离子和镁离子的测定
96	MT/T362-1994	煤矿水中铅的测定方法
97	MT/T363-1994	煤矿水中锌的测定方法
98	MT/T364-1994	煤矿水中镉的测定方法
99	MT/T365-1994	煤矿水中锰的测定方法
100	MT/T372-1994	煤矿水中硫离子的测定方法
101	MT/T479-1995	煤矿酸性水中硝酸根离子的测定方法
102	MT/T480-1995	煤矿酸性水中可溶性固体的测定方法

续表

103	MT/T481-1995	煤矿酸性水中氯离子的测定方法
104	MT/T482-1995	煤矿酸性水中硫酸根离子的测定方法
105	MT/T483-1995	煤矿酸性水中铁离子的测定方法
106	MT/T484-1995	煤矿酸性水中铝离子的测定方法
107	MT/T485-1995	煤矿酸性水中钙离子的测定方法
108	MT/T486-1995	煤矿酸性水中镁离子的测定方法
109	MT/T 184-1988	工作面用刮板输送机挡板型式、基本参数和尺寸
110	MT/T 185-1988	工作面用刮板输送机铲煤板型式、基本参数和尺寸
111	MT/T 186-1988	工作面用刮板输送机电缆槽基本参数
112	MT/T 270-1992	同步带传动悬挂式摇床
113	MT/T 492-1995	煤矿用隔爆型三相异步电动机产品质量分等
114	MT/T 496-1995	综采用刮板输送机产品质量分等
115	MT/T 569-1995	矿用板翅式冷却器技术条件
石化行业		
116	SH/T 1158-1992	丁腈橡胶中防老剂丁含量测定方法
117	SH/T 1612.6-1995	工业用精对苯二甲酸中对羧基苯甲醛含量的测定极谱法
118	SH/T 0198-1992	润滑油中酚含量测定法(紫外吸收法)
119	SH/T 0213-1992	防锈油胶状物试验法
120	SH/T 0235-1992	液体燃料蒸发损失测定法
121	SH/T 0240-1992	重整原料油中烷烃、环烷烃含量测定法(色谱法)
122	SH/T 0244-1992	标准正庚烷和标准异辛烷的沸点测定法
123	SH/T 0247-1992	柴油凝点测定法(自动测定法)
制药装备行业		
124	YY/T0161-1994	安瓿机用燃烧器
125	YY0226-1995	安瓿拉丝灌封机
126	YY0021-1990	旁滤式离心机技术条件
127	YY/T0133-1993	离心薄膜蒸发器
128	YY/T0136-1993	脱皮机
129	YY0257-1997	三工位注吹式塑料药瓶机
130	YY0218.4-1995	塞塞封腊机

中华人民共和国国家发展和改革委员会令

2004年 第21号

《境外投资项目核准暂行管理办法》业经国家发展和改革委员会主任办公会讨论通过，现予以发布，并于发布之日起施行。

国家发展和改革委员会主任：马凯
二〇〇四年十月九日

境外投资项目核准暂行管理办法

第一章 总则

第一条 根据《中华人民共和国行政许可法》和《国务院关于投资体制改革的决定》，为规范对境外投资项目的核准管理，特制定本办法。

第二条 本办法适用于中华人民共和国境内各类法人（以下称“投资主体”）及其通过在境外控股的企业或机构，在境外进行的投资（含新建、购并、参股、增资、再投资）项目的核准。

投资主体在香港特别行政区、澳门特别行政区和台湾地区进行的投资项目的核准，适用本办法。

第三条 本办法所称境外投资项目指投资主体通过投入货币、有价证券、实物、知识产权或技术、股权、债权等资产和权益或提供担保，获得境外所有权、经营管理权及其他相关权益的活动。

第二章 核准机关及权限

第四条 国家对境外投资资源开发类和大额用汇项目实行核准管理。

资源开发类项目指在境外投资勘探开发原油、矿山等资源的项目。此类项目中方投资额3000万美元及以上的，由国家发展改革委核准，其中中方投资额2亿美元及以上的，由国家发展改革委审核后报国务院核准。

大额用汇类项目指在前款所列领域之外中方投资用汇额1000万美元及以上的境外投资项目，此类项目由国家发展改革委核准，其中中方投资用汇额5000万美元及以上的，由国家发展改革委审核后报国务院核准。

第五条 中方投资额3000万美元以下的资源开发类和中方投资用汇额1000万美元以下的其他项目，由各省、自治区、直辖市及计划单列市和新疆生产建设兵团等省级发展改革部门核准，项目核准权不得下放。为及时掌握核准项目信息，省级发展改革部门在核准之日起20个工作日内，将项目核准文件抄报国家发展改革委。

地方政府按照有关法规对上款所列项目的核准另有规定的，从其规定。

第六条 中央管理企业投资的中方投资额3000万美元以下的资源开发类境外投资项目和中方投资用汇额1000万美元以下的其他境外投资项目，由其自主决策并在决策后将相关文件报国家发展改革委备案。国家发展改革委在收到上述备案材料之日起7个工作日内出具备案证明。

第七条 前往台湾地区投资的项目和前往未建交国家投资的项目，不分限额，由国家发展改革委核准或经国家发展改革委审核后报国务院核准。

第三章　核准程序

第八条　按核准权限属于国家发展改革委或国务院核准的项目，由投资主体向注册所在地的省级发展改革部门提出项目申请报告，经省级发展改革部门审核后报国家发展改革委。计划单列企业集团和中央管理企业可直接向国家发展改革委提交项目申请报告。

第九条　国家发展改革委核准前往香港特别行政区、澳门特别行政区、台湾地区投资的项目，以及核准前往未建交国家、敏感地区投资的项目前，应征求有关部门的意见。有关部门在接到上述材料之日起7个工作日内，向国家发展改革委提出书面意见。

第十条　国家发展改革委在受理项目申请报告之日起5个工作日内，对需要进行评估论证的重点问题委托有资质的咨询机构进行评估。接受委托的咨询机构应在规定的时间内向国家发展改革委提出评估报告。

第十一条　国家发展改革委在受理项目申请报告之日起20个工作日内，完成对项目申请报告的核准，或向国务院提出审核意见。如20个工作日不能作出核准决定或提出审核意见，由国家发展改革委负责人批准延长10个工作日，并将延长期限的理由告知项目申请人。

前款规定的核准期限，不包括委托咨询机构进行评估的时间。

第十二条　国家发展改革委对核准的项目向项目申请人出具书面核准文件；对不予核准的项目，应以书面决定通知项目申请人，说明理由并告知项目申请人享有依法申请行政复议或者提起行政诉讼的权力。

第十三条　境外竞标或收购项目，应在投标或对外正式开展商务活动前，向国家发展改革委报送书面信息报告。国家发展改革委在收到书面信息报告之日起7个工作日内出具有关确认函件。信息报告的主要内容包括：

（一）投资主体基本情况；

（二）项目投资背景情况；

（三）投资地点、方向、预计投资规模和建设规模；

（四）工作时间计划表。

第十四条　投资主体如需投入必要的项目前期费用涉及用汇数额的（含履约保证金、保函等），应向国家发展改革委申请核准。经核准的该项前期费用计入项目投资总额。

第十五条　已经核准的项目如出现下列情况之一的，需向国家发展改革委申请变更：

（一）建设规模、主要建设内容及主要产品发生变化；

（二）建设地点发生变化；

（三）投资方或股权发生变化；

（四）中方投资超过原核准的中方投资额20%及以上。

变更核准的程序比照本章的相关规定执行。

第四章　项目申请报告

第十六条　报送国家发展改革委项目申请报告应包括以下内容：

（一）项目名称、投资方基本情况；

（二）项目背景情况及投资环境情况；

（三）项目建设规模、主要建设内容、产品、目标市场，以及项目效益、风险情况；

（四）项目总投资、各方出资额、出资方式、融资方案及用汇金额；

（五）购并或参股项目，应说明拟购并或参股公司的具体情况。

第十七条　报送国家发展改革委项目申请报告应附以下文件：

（一）公司董事会决议或相关的出资决议；

（二）证明中方及合作外方资产、经营和资信情况的文件；

（三）银行出具的融资意向书；

（四）以有价证券、实物、知识产权或技术、股权、债权等资产权益出资的，按资产权益的评估价值或公允价值核定出资额。应提交具备相应资质的会计师、资产评估机构等中介机构出具的资产评估报告，或其他可证明有关资产权益价值的第三方文件；

（五）投标、购并或合资合作项目，中外方签署的意向书或框架协议等文件；

（六）境外竞标或收购项目，应按本办法第十三条规定报送信息报告，并附国家发展改革委出具的有关确认函件。

第五章 核准条件及效力

第十八条 国家发展改革委核准项目的条件为：

（一）符合国家法律法规和产业政策，不危害国家主权、安全和公共利益，不违反国际法准则；

（二）符合经济和社会可持续发展要求，有利于开发国民经济发展所需战略性资源；符合国家关于产业结构调整的要求，促进国内具有比较优势的技术、产品、设备出口和劳务输出，吸收国外先进技术；

（三）符合国家资本项目管理和外债管理规定；

（四）投资主体具备相应的投资实力。

第十九条 投资主体凭国家发展改革委的核准文件，依法办理外汇、海关、出入境管理和税收等相关手续。本办法第六条规定的中央管理企业凭国家发展改革委出具的备案证明，办理上述有关手续。

第二十条 投资主体就境外投资项目签署任何具有最终法律约束力的相关文件前，须取得国家发展改革委出具的项目核准文件或备案证明。

第二十一条 国家发展改革委出具的核准文件应规定核准文件的有效期。在有效期内，核准文件是投资主体办理本办法第十九条所列相关手续的依据；有效期满后，投资主体办理上述相关手续时，应同时出示国家发展改革委出具的准予延续文件。

第二十二条 对未经有权机构核准或备案的境外投资项目，外汇管理、海关、税务等部门不得办理相关手续。

第二十三条 投资主体以提供虚假材料等不正当手段，取得项目核准文件或备案证明的，国家发展改革委可以撤销对该项目的核准文件或备案证明。

第二十四条 国家发展改革委可以对投资主体执行项目情况和省级发展改革部门核准境外投资项目情况进行监督检查，并对查实问题依法进行处理。

第六章 附则

第二十五条 各省级发展改革部门依据本办法的规定，制定相应的核准管理办法。

第二十六条 自然人和其他组织在境外进行的投资项目的核准，参照本办法执行。

第二十七条 本办法由国家发展改革委负责解释。

第二十八条 本办法自 2004 年 10 月 9 日起施行。此前有关境外投资项目审批的规定，凡与本办法有抵触的，均按本办法执行。

中华人民共和国国家发展和改革委员会令

2004年 第 22 号

《外商投资项目核准暂行管理办法》业经国家发展和改革委员会主任办公会讨论通过，现予以发布，并于发布之日起施行。

国家发展和改革委员会主任：马凯

二〇〇四年十月九日

外商投资项目核准暂行管理办法

第一章 总则

第一条 根据《中华人民共和国行政许可法》和《国务院关于投资体制改革的决定》，为规范对外商投资项目的核准管理，特制定本办法。

第二条 本办法适用于中外合资、中外合作、外商独资、外商购并境内企业、外商投资企业增资等各类外商投资项目的核准。

第二章 核准机关及权限

第三条 按照《外商投资产业指导目录》分类，总投资（包括增资额，下同）1亿美元及以上的鼓励类、允许类项目和总投资5000万美元及以上的限制类项目，由国家发展改革委核准项目申请报告，其中总投资5亿美元及以上的鼓励类、允许类项目和总投资1亿美元及以上的限制类项目由国家发展改革委对项目申请报告审核后报国务院核准。

第四条 总投资1亿美元以下的鼓励类、允许类项目和总投资5000万美元以下的限制类项目由地方发展改革部门核准，其中限制类项目由省级发展改革部门核准，此类项目的核准权不得下放。

地方政府按照有关法规对上款所列项目的核准另有规定的，从其规定。

第三章 项目申请报告

第五条 报送国家发展改革委的项目申请报告应包括以下内容：

（一）项目名称、经营期限、投资方基本情况；

（二）项目建设规模、主要建设内容及产品，采用的主要技术和工艺，产品目标市场，计划用工人数；

（三）项目建设地点，对土地、水、能源等资源的需求，以及主要原材料的消耗量；

（四）环境影响评价；

（五）涉及公共产品或服务的价格；

（六）项目总投资、注册资本及各方出资额、出资方式及融资方案，需要进口设备及金额。

第六条 报送国家发展改革委的项目申请报告应附以下文件：

（一）中外投资各方的企业注册证（营业执照）、商务登记证及经审计的最新企业财务报表（包括资产负债表、损益表和现金流量表）、开户银行出具的资金信用证明；

（二）投资意向书，增资、购并项目的公司董事会决议；

（三）银行出具的融资意向书；

（四）省级或国家环境保护行政主管部门出具的环境影响评价意见书；

（五）省级规划部门出具的规划选址意见书；

（六）省级或国家国土资源管理部门出具的项目用地预审意见书；

（七）以国有资产或土地使用权出资的，需由有关主管部门出具的确认文件。

第四章 核准程序

第七条 按核准权限属于国家发展改革委和国务院核准的项目，由项目申请人向项目所在地的省级发展改革部门提出项目申请报告，经省级发展改革部门审核后报国家发展改革委。计划单列企业集团和中央管理企业可直接向国家发展改革委提交项目申请报告。

第八条 国家发展改革委核准项目申请报告时，需要征求国务院行业主管部门意见的，应向国务院行业主管部门出具征求意见函并附相关材料。国务院行业主管部门应在接到上述材料之日起7个工作日内，向国家发展改革委提出书面意见。

第九条 国家发展改革委在受理项目申请报告之日起5个工作日内，对需要进行评估论证的重点问题委托有资质的咨询机构进行评估论证。接受委托的咨询机构应在规定的时间内向国家发展改革委提出评估报告。

第十条 国家发展改革委自受理项目申请报告之日起20个工作日内，完成对项目申请报告的核准，或向国务院报送审核意见。如20个工作日内不能做出核准决定或报送审核意见的，由国家发展改革委负责人批准延长10个工作日，并将延长期限的理由告知项目申请人。

前款规定的核准期限，不包括委托咨询机构进行评估的时间。

第十一条 国家发展改革委对核准的项目向项目申请人出具书面核准文件；对不予核准的项目，应以书面决定通知项目申请人，说明理由并告知项目申请人享有依法申请行政复议或者提起行政诉讼的权力。

第五章 核准条件及效力

第十二条 国家发展改革委对项目申请报告的核准条件是：

（一）符合国家有关法律法规和《外商投资产业指导目录》、《中西部地区外商投资优势产业目录》的规定；

（二）符合国民经济和社会发展中长期规划、行业规划和产业结构调整政策的要求；

（三）符合公共利益和国家反垄断的有关规定；

（四）符合土地利用规划、城市总体规划和环境保护政策的要求；

（五）符合国家规定的技术、工艺标准的要求；

（六）符合国家资本项目管理、外债管理的有关规定。

第十三条 项目申请人凭国家发展改革委的核准文件，依法办理土地使用、城市规划、质量监管、安全生产、资源利用、企业设立（变更）、资本项目管理、设备进口及适用税收政策等方面手续。

第十四条 国家发展改革委出具的核准文件应规定核准文件的有效期。在有效期内，核准文件是项目申请人办理本办法第十三条所列相关手续的依据；有效期满后，项目申请人办理上述相关手续时，应同时出示国家发展改革委出具的准予延续文件。

第十五条 未经核准的外商投资项目，土地、城市规划、质量监管、安全生产监管、工商、海关、税务、外汇管理等部门不得办理相关手续。

第十六条 项目申请人以拆分项目或提供虚假材料等不正当手段取得项目核准文件的，国家发展改革委可以撤销对该项目的核准文件。

第十七条 国家发展改革委可以对项目申请人执行项目情况和地方发展改革部门核准外商投资项目情况进行监督检查，并对查实问题依法进行处理。

第六章 变更及其核准

第十八条 经国家发展改革委核准的项目如出现下列情况之一的，需向国家发展改革委申请变更：

（一）建设地点发生变化；

（二）投资方或股权发生变化；

（三）主要建设内容及主要产品发生变化；

（四）总投资超过原核准投资额20%及以上；

（五）有关法律法规和产业政策规定需要变更的其他情况。

第十九条 变更核准的程序比照本办法第四章的规定执行。

第七章 附则

第二十条 为及时掌握核准项目信息，地方核准的总投资3000万美元以上的外商投资项目，由省级发展改革部门在项目核准之日起20个工作日内，将项目核准文件抄报国家发展改革委。

第二十一条 各省级发展改革部门应依据《指导外商投资方向规定》（国务院令第346号）和本办法的规定，制定相应的管理办法。

第二十二条 香港特别行政区、澳门特别行政区和台湾地区的投资者在祖国大陆举办的投资项目，参照本办法执行。

第二十三条 本办法由国家发展改革委负责解释。

第二十四条 本办法自2004年10月9日起施行。此前有关外商投资项目审批的规定，凡与本办法有抵触的，均按本办法执行。

国家发展改革委员会办公厅关于2005年行业标准计划编制工作的通知

发改办工业[2004]1825号

有关行业协会(联合会)、中国石油天然气集团公司、中国石化集团公司、中国海洋石油总公司,计划单列标准化技术委员会:

为进一步做好行业标准计划编制工作,现将编制2005年行业标准项目计划的有关事项通知如下:

一、编制原则

(一)重点突出、科学合理,按照科学发展观的要求,体现当今技术进步、经济发展与对标准需求相适应的原则。

(二)协调一致、系统配套,体现结构合理、层次分明,标准间互相协调、互为补充的原则。

(三)贯彻落实"采标"方针,不断提高我国行业标准化水平,体现积极采用国际标准和国外先进标准的原则。

(四)突出加入世贸组织后行业急需制定的标准,体现国际接轨的原则。

(五)根据行业发展需要,积极制定行业标准,体现行业标准为行业服务的宗旨。

二、编制重点

(一)优先编制有利于实施行业规划、产业政策,推动行业技术进步、技术创新,引导行业结构调整、结构优化、产业升级、老工业基地改造,资源节约、保护环境,推进新型工业化,市场准入、规范市场经济秩序的标准。

(二)突出做好高新技术推广应用和科研成果产业化,推动产业升级、促进新型工业化的标准制定。

(三)建立产品安全保障体系所需的标准。

(四)行业规划中确定的重点产品、重大装备及先进设计、工艺等技术标准。

(五)采用国际标准和国外先进标准。

(六)行业标准复审需要修订的标准。

三、报送要求

(一)请各有关单位组织好本行业标准项目的征集及筛选工作,认真做好2005年行业标准立项计划编制工作,于2005年2月底以前将本行业拟立项的标准制定计划报送我委(工业司)。

(二)报送材料:

1.项目计划编制说明:包括计划编制的基本情况,编制原则、重点,对行业发展将产生的影响等。

2.项目计划汇总表(附件一)及软盘。

3.标准项目计划建议书(附件二)。

(三)产品标准和工程建设标准分类报送。

请有关单位按通知要求认真组织做好本行业标准项目计划的编报工作。

附件:一、行业标准项目计划汇总表

二、行业标准项目任务书

国家发展和改革委员会办公厅

二〇〇四年十月十五日

中华人民共和国国家发展和改革委员会
公 告

2004年 第 61 号

国家发展改革委批准《拖拉机外观质量要求》等 228 项行业标准(标准编号及名称见附件),其中机械行业标准 129 项、建材行业标准 17 项、电力行业标准 34 项、汽车行业标准 23 项、有色金属行业标准 2 项、包装行业标准 5 项、石化行业标准 18 项,现予公布。以上标准自 2005 年 4 月 1 日起实施。

以上机械行业标准由机械工业出版社出版,建材行业标准由建材工业出版社出版,电力行业标准由电力出版社出版,汽车行业标准、有色金属行业标准和包装行业标准由中国计划出版社出版,石化行业标准由中国石化出版社出版。

附件:228 项机械、建材、电力、汽车、有色金属、包装、石化行业标准编号及名称

中华人民共和国国家发展和改革委员会

二〇〇四年十月二十日

附件:

228 项机械、建材、电力、汽车、有色金属、包装、石化行业标准编号及名称

序号	标准编号	标准名称	代替标准	采标情况
机械行业				
1	JB/T6712-2004	拖拉机外观质量要求	JB/T6712-1993	
2	JB/T9758-2004	气缸套、活塞环快速模拟磨损试验方法		
3	JB/T10420-2004	摩托车花键轴冷挤压件技术条件		
4	JB/T10422-2004	摩托车齿轮坯精锻技术条件		
5	JB/T10423-2004	摩托车齿轮零件、组件技术条件		
6	JB/T10424-2004	摩托车齿轮材料及热处理质量检验的一般规定		
7	JB/T6921-2004	罗茨真空泵机组	JB/T6921-1993	
8	JB/T6922-2004	真空蒸发镀膜设备	JB/T6922-1993	
9	JB/T8540-2004	水蒸汽喷射真空泵	JB/T8540-1997	
10	JB/T10462-2004	水喷射真空泵		
11	JB/T7265-2004	蒸汽流真空泵	JB/T7265-1994	
12	JB/T10463-2004	真空磁流体动密封件		
13	JB/T5963-2004	液压二通、三通、四通螺纹式插装阀插装孔	JB/T5963-1991	IDT ISO7789:1998
14	JB/T8727-2004	液压软管总成	JB/T8727-1998 JB/T8885-1999	

续表

15	JB/T10414-2004	液压二通插装阀试验方法		
16	JB/T5916-2004	袋式除尘器用电磁脉冲阀	JB/T5916-1991	
17	JB/T10464-2004	拉条式塑料切粒机		
18	JB/T6887-2004	风机用铸铁件技术条件	JB/T6887-1993 JB/T6889-1993	
19	JB/T6888-2004	风机用铸钢件技术条件	JB/T6888-1993 JB/T6890-1993	
20	JB/T5129-2004	纯扭式气动螺丝刀	JB/T5129-1991	
21	JB/T10465-2004	稀油润滑装置技术条件		
22	JB/T10466-2004	星形弹性联轴器		
23	JB/T10467-2004	PR 模块式齿轮减速器		
24	JB/T10468-2004	DQJ 点线啮合齿轮减速器		
25	JB/T10469.1-2004	气动盘式制动器常开型		
26	JB/T10469.2-2004	气动盘式制动器常闭型		
27	JB/T10469.3-2004	气动盘式制动器水冷却型		
28	JB/T10476-2004	MAL 型摩擦安全联轴器		
29	JB/T106-2004	阀门的标志和涂漆	JB/T106-1978	
30	JB/T308-2004	阀门型号编制方法	JB/T308-1975	
31	JB/T10470-2004	滚动轴承零件铆钉		
32	JB/T6643-2004	滚动轴承四点接触球轴承轴向游隙	JB/T6643-1993	
33	JB/T3372-2004	滚动轴承连杆支承用滚针和保持架组件	JB/T3372-1992	
34	JB/T10471-2004	滚动轴承转盘轴承		
35	JB/T3573-2004	滚动轴承径向游隙的测量方法	JB/T3573-1993	
36	JB/T9003-2004	起重机三合一减速器	JB/T9003-1999	
37	JB/T7025-2004	25MW 以下汽轮机转子体和主轴锻件技术条件	JB/T7025-1993	
38	JB/T7028-2004	25MW 以下汽轮机轮盘及叶轮锻件技术条件	JB/T7028-1993	
39	JB/T10474-2004	巷道堆垛类机械式停车设备		
40	JB/T10475-2004	垂直升降类机械式停车设备		
41	JB/T6291.1-2004	活塞式输油泵总成技术条件	JB/T6291.1-1992	
42	JB/T6291.2-2004	活塞式输油泵总成性能试验方法	JB/T6291.2-1992	
43	JB/T7173.1-2004	柴油机喷油泵柱塞偶件技术条件	JB/T7173.1-1993	
44	JB/T7173.2-2004	柴油机喷油泵柱塞偶件性能试验方法	JB/T7173.2-1993	
45	JB/T7174.1-2004	柴油机喷油泵出油阀偶件技术条件	JB/T7174.1-1993	
46	JB/T7174.2-2004	柴油机喷油泵出油阀偶件性能试验方法	JB/T7174.2-1993	
47	JB/T6918-2004	制冷用金属与玻璃烧结液位镜和视镜		
48	JB/T10477-2004	制冷空调净化设备的箱体器件		
49	JB/T10478-2004	热轧环形件机械加工余量及公差		
50	JB/T5425-2004	真空压力复合气泵	JB/T5425-1991	
51	JB/T5426-2004	软片显影机技术条件	JB/T5426-1991	
52	JB/T5428-2004	丝网晒版机技术条件	JB/T5428-1991	
53	JB/T5429-2004	胶粘装订联动机	JB/T5429-1991	

续表

54	JB/T5434-1991	单张纸平版印刷机测试印版	JB/T5434-1991	
55	JB/T6424-2004	胶印制版定位打孔机	JB/T6424-1992	
56	JB/T6530-2004	印刷机产品型号编制方法	JB/T6530-1992	
57	JB/T6531-2004	印刷机械噪声声功率级测定方法	JB/T6531-1992	
58	JB/T6933-2004	印刷机类别划分	JB/T6933-1993	
59	JB/T6934-2004	移印机	JB/T6934-1993	
60	JB/T6936-2004	书芯压平机	JB/T6936-1993	
61	JB/T6937-2004	单头铁丝订书机	JB/T6937-1993	
62	JB/T9124.1-2004	平型网版印刷机第1部分:平台式平型网版印刷机	JB/T9124-1999	
63	JB/T9124.2-2004	平型网版印刷机第2部分:滚筒式平型网版印刷机	JB/T9124-1999	
64	JB/T10479-2004	单张纸输纸机		
65	JB/T10480-2004	柔性版印刷机		
66	JB/T10481-2004	单张纸凹版印刷机		
67	JB/T10482-2004	丝网印刷用铝合金网框		
68	JB/T6664.1-2004	自吸泵第1部分:型式与基本参数	JB/T6664.1-1993	
69	JB/T6664.2-2004	自吸泵第2部分:技术条件	JB/T6664.2-1993	
70	JB/T6664.3-2004	自吸泵第3部分:自吸性能试验方法	JB/T6664.3-1993	
71	JB/T6666.1-2004	导叶式混流泵第1部分:型式与基本参数	JB/T6666.1-1993	
72	JB/T6666.2-2004	导叶式混流泵第2部分:技术条件	JB/T6666.2-1993	
73	JB/T6667.1-2004	蜗壳式混流泵第1部分:型式与基本参数	JB/T6667.1-1993	
74	JB/T6667.2-2004	蜗壳式混流泵第2部分:技术条件	JB/T6667.2-1993	
75	JB/T10483-2004	管道屏蔽电泵		
76	JB/T6162-2004	塑料、玻璃珠和金属银幕通用工艺规范	JB/T6162~6164-1992	
77	JB/T7992-2004	普通磨具外观、尺寸和形位公差试验方法	JB/T7992-1995	
78	JB/T10449-2004	碳化硅特种制品重结晶碳化硅方梁		
79	JB/T10450-2004	普通磨具检验规则		
80	JB/T9395-2004	四球摩擦试验机技术条件		
81	JB/T7634-2004	定子槽绝缘插入机	JB/T7634-1994	
82	JB/T10484-2004	大型水轮机主轴技术规范		
83	JB/T10485-2004	变频调速专用三相异步电动机绝缘规范		
84	JB/T10486-2004	嵌线机		
85	JB/T10487-2004	串模绕线机		
86	JB/T10488-2004	槽绝缘成形切断机		
87	JB/T5289-2004	鞋用转盘注射成型机	JB/T5289-1991	
88	JB/T7267-2004	塑料注射成型机	JB/T7267-1994	
89	JB/T7669-2004	塑料混合机	JB/T7669-1995	
90	JB/T6446-2004	真空阀门	JB/T6446-1992 JB/T4077~4080-1991 JB/T4083-1991	
91	JB/T7026-2004	50MW以下汽轮发电机转子锻件技术条件	JB/T7026-1993	
92	JB/T7029-2004	50MW以下汽轮发电机无磁性护环锻件技术条件	JB/T7029-1993	

续表

93	JB/T9008.1-2004	钢丝绳电动葫芦第 1 部分： 型式与基本参数、技术条件	JB/T9008.1~3-1999 JB/T9008.5~6-1999 JB/T9009-1999	
94	JB/T9008.2-2004	钢丝绳电动葫芦第 2 部分：试验方法	JB/T9008.4-1999	
95	JB/T4355-2004	矿井离心通风机技术条件	JB/T4355-1993	
96	JB/T6444-2004	风机包装通用技术条件	JB/T6444-1992	
97	JB/T6891-2004	风机用消声器技术条件	JB/T6891-1993	
98	JB/T10489-2004	隧道用射流风机技术条件		
99	JB/T8836-2004	往复式割草机安全技术要求	JB8836-1999	
100	JB/T10416-2004	悬架用螺旋弹簧技术条件		
101	JB/T10417-2004	摩托车减震弹簧技术条件		
102	JB/T10418-2004	气弹簧设计计算		
103	JB/T1674-2004	气腿式凿岩机	JB/T1674-1994	
104	JB/T5130-2004	气动铆钉机用窝头	JB/T5130-1993	
105	JB/T7162-2004	凿岩机械与气动工具结构钢熔模铸件通用技术条件	JB/T7162-1993	
106	JB/T7163-2004	凿岩机械与气动工具钢质模锻件通用技术条件	JB/T7163-1993	
107	JB/T7164-2004	凿岩机械与气动工具机械加工件通用技术条件	JB/T7164-1993	
108	JB/T7165-2004	凿岩机械与气动工具装配通用技术条件	JB/T7165-1993	
109	JB/T7166-2004	凿岩机械与气动工具冷挤压件通用技术条件	JB/T7166-1993	
110	JB/T7167-2004	凿岩机械与气动工具焊接件通用技术条件	JB/T7167-1993	
111	JB/T7169-2004	导轨式液压凿岩机	JB/T7169-1993	
112	JB/T10421-2004	摩托车齿轮噪声测量方法		
113	JB/T502-2004	螺旋卸料沉降离心机	JB/T502-1991 JB/T4335-1991	
114	JB/T7218-2004	筒式加压液体过滤滤芯	JB/T7218-1994	
115	JB/T10411-2004	离心机、分离机奥氏体钢锻件超声检测及质量评级		
116	JB/T2626-2004	电力系统继电器、保护及自动化装置 常用电气技术的文字符号	JB/T2626-1992	
117	JB/T6524-2004	电力系统继电器、保护及自动化装置 电气简图用图形符号	JB/T6524-1992	
118	JB/T6762-2004	矿用隔爆型潜污水电泵	JB/T6762-1993	
119	JB/T7565.1-2004	隔爆型三相异步电动机技术条件第 1 部分：YB2 系列隔爆型三相异步电动机（机座号 63~355）	JB/T7565-1999	
120	JB/T7565.3-2004	隔爆型三相异步电动机技术条件第 3 部分 YB2-F1、YB2-WF1、YB2-F2、YB2-WF2 系列防腐、 户外防腐隔爆型三相异步电动机(机座号 63~355)		
121	JB/T7565.4-2004	隔爆型三相异步电动机技术条件第 4 部分：YB2 系列 隔爆型(Exd Ⅱ CT1~T4)三相异步电动机(机座号 63~355)	JB/T5338-1991	
122	JB/T7565.5-2004	隔爆型三相异步电动机技术条件第 5 部分：YBF2 系列 风机用隔爆型三相异步电动机(机座号 63~355)	JB/T6202-1992	

续表

123	JB/T7565.6-2004	隔爆型三相异步电动机技术条件第6部分:YB2-H系列船用隔爆型三相异步电动机(机座号63~355)	JB/T6455-1992	
124	JB/T10490-2004	小功率电动机机械振动测量方法、评定和限值		
125	JB/T10491.1-2004	额定电压450/750V及以下交联聚烯烃绝缘电线和电缆第1部分:一般规定		
126	JB/T10491.2-2004	额定电压450/750V及以下交联聚烯烃绝缘电线和电缆第2部分:耐热105℃交联聚烯烃绝缘电线和电缆		
127	JB/T10491.3-2004	额定电压450/750V及以下交联聚烯烃绝缘电线和电缆第3部分:耐热125℃交联聚烯烃绝缘电线和电缆		
128	JB/T10491.4-2004	额定电压450/750V及以下交联聚烯烃绝缘电线和电缆第4部分:耐热150℃交联聚烯烃绝缘电缆		
129	JB/T10492-2004	交流无间隙金属氧化物避雷器用监测器		
建材行业				
130	JC/T311-2004	明矾石膨胀水泥	JC/T311-1997	
131	JC/T421-2004	水泥胶砂耐磨性试验方法	JC/T421-1991(1996)	
132	JC/T453-2004	自应力水泥物理检验方法	JC/T453-1992(1996)	
133	JC/T517-2004	粉刷石膏	JC/T517-1993	
134	JC/T533-2004	建材工业用铬合金铸造磨球	JC/T533-1994	
135	JC/T603-2004	水泥胶砂缩试验方法	JC/T603-1995	
136	JC/T667-2004	水泥助磨剂	JC/T667-1997	
137	JC/T738-2004	水泥强度快速检验方法	JC/T738-1986(1996)	
138	JC/T938-2004	水泥工业用多通道煤粉燃烧器		
139	JC/T939-2004	建筑用抗菌塑料管抗细菌性能		
140	JC/T940-2004	玻璃纤维增强水泥(GRC)装饰制品		
141	JC/T941-2004	门窗用玻璃纤维增强塑料拉挤中空型材		
142	JC475-2004	混凝土防冻剂	JC475-1992(1996)	
143	JC934-2004	预制钢筋混凝土方桩		
144	JC935-2004	玻璃纤维工业用玻璃球		
145	JC936-2004	单组份聚氨酯泡沫填缝剂		
146	JC937-2004	软式透水管		
电力行业				
147	DL/T790.442-2004	采用配电线载波的配电自动化第4-42部分:数据通信协议应用协议应用层		IDT IEC61334-4-42:1996
148	DL/Z790.55-2004	采用配电线载波的配电自动化第5-5部分:低层协议集快速跳频扩频通信(SS-FFH)协议		IDT IECTS61334-5-5:2001
149	DL/Z860.1-2004	变电站通信网络和系统第1部分:概论		IDTIEC 61850-1:2003
150	DL/T860.72-2004	变电站通信网络和系统第7-2部分:变电站和馈线设备的基本通信结构抽象通信服务接口(ACSI)		IDTIEC61850-7-2:2003

续表

151	DL/T860.73-2004	变电站通信网络和系统第 7-3 部分:变电站和馈线设备的基本通信结构公用数据类		IDT IEC61850-7-3:2003
152	DL/Z885-2004	电力系统控制及其通信解除管制的电力市场通信		IDTIECTR 62195:2000
153	DL/Z886-2004	750kV 电力系统继电保护		
154	DL/T887-2004	杆塔工频接地电阻测量		
155	DL/T888-2004	电力调度交换机电力 DTMF 信令规范		
156	DL/T805.3-2004	火电厂汽水化学导则第 3 部分:汽包锅炉炉水氢氧化钠处理		
157	DL/T805.4-2004	火电厂汽水化学导则第 4 部分:锅炉给水处理		
158	DL/T889-2004	电力基本建设热力设备化学监督导则		SDJJS03-1988
159	DL/T774-2004	火力发电厂热工自动化系统检修运行维护规程		DL/T774-2001
160	DL/T891-2004	热电联产电厂热力产品		
161	DL/T892-2004	电站汽轮机技术条件		SD269-1988 MODIEC 60045-1:1991
162	DL/T893-2004	电站汽轮机名词术语		
163	DL/T521-2004	真空净油机验收及使用维护导则	DL/T521-1993	
164	DL/T582-2004	火力发电厂水处理用活性炭使用导则	DL/T582-1995	
165	DL/T515-2004	电站弯管	DL/T515-1993	
166	DL/T894-2004	除灰除渣系统调试导则		
167	DL/T895-2004	除灰除渣系统运行导则		
168	DL/T563-2004	水轮机电液调节系统及装置技术规程	DL/T563-1995	
169	DL/T896-2004	QPKY 型水工平面快速闸门液压启闭机基本参数		SD114-1983
170	DL/T897-2004	QPPY Ⅰ、Ⅱ型水工平面闸门液压启闭机基本参数		SD207-1987
171	DL/T898-2004	QP 型卷扬式启闭机系列参数		SD296-1988
172	DL/T5001-2004	火力发电厂工程测量技术规程	DL5001-1991	
173	DL/T5187.2-2004	火力发电厂运煤设计技术规程 第 2 部分:煤尘防治		
174	DL/T5196-2004	火力发电厂烟气脱硫设计技术规程		
175	DL/T5197-2004	电力勘测设计企业计算机网络管理规定		
176	DL/T5198-2004	水电水利工程岩壁梁施工规程		
177	DL/T5199-2004	水电水利工程混凝土防渗墙施工规范		
178	DL/T5200-2004	水电水利工程高压喷射灌浆技术规范		
179	DL/T5201-2004	水电水利工程地下工程施工组织设计导则		
180	DL/T5018-2004	水电水利工程钢闸门制造安装及验收规范	DL5018-1994	
汽车行业				
181	QC/T639-2004	汽车用橡胶密封条	QC/T639-2000 QC/T640-2000	
182	QC/T709-2004	汽车密封条压缩永久变形试验方法		
183	QC/T710-2004	汽车密封条压缩负荷试验方法		
184	QC/T711-2004	汽车密封条植绒耐磨性试验方法		
185	QC/T712-2004	汽车安全带装置固定连接用焊接螺母		

续表

186	QC/T713-2004	塑料(尼龙)用自攻螺钉螺纹		
187	QC/T714-2004	汽车车身覆盖件未注形状与位置公差值		
188	QC/T715-2004	汽车用螺纹连接副摩擦系数的测试方法		
189	QC/T716-2004	汽车密封条保持力和插入力试验方法		
190	QC/T243-2004	汽车车轮安装平面度要求及检验方法	QC/T243-1997	
191	QC/T717-2004	汽车车轮跳动量的要求和检测方法		
192	QC/T242-2004	汽车车轮不平衡量要求及测试方法	QC/T242-1997	
193	QC/T718-2004	混凝土泵车		
194	QC/T719-2004	高空作业车		
195	QC/T458-2004	计划生育车技术条件	QC/T458-1999	
196	QC/T720-2004	汽车空调术语		
197	QC/T721-2004	汽车用锌铝铬涂层		
198	QC/T722-2004	摩托车和轻便摩托车轮辋轮廓检验方法样板检验		
199	QC/T723-2004	摩托车和轻便摩托车辐板式车轮技术条件和试验方法		
200	QC/T724-2004	摩托车和轻便摩托车直流信号闪光器技术条件	NEQISO7398:1990	
201	QC/T725-2004	摩托车和轻便摩托车轮辋标定直径检验方法球带尺检验方法		
202	QC/T726-2004	摩托车和轻便摩托车轮辋标定直径检验方法平带尺检验方法		
203	QC/T727-2004	汽车、摩托车用仪表	QC/T8-1992 QC/T9-1992 QC/T10-1992 QC/T11-1992 QC/T12-1992 QC/T13-1992 QC/T214-1996 QC/T594-1999 QC/T595-1999 QC/T596-1999	
有色金属行业				
204	YS5017-2004	有色金属工业环境保护设计技术规范	YSJ017-1992	
205	YS5202-2004	岩土工程勘察技术规范	YSJ202-1988	YBJ1-1988
包装行业				
206	BB/T0026-2004	夹筋包装袋纸		
207	BB/T0027-2004	埋纱包装袋纸		
208	BB/T0028-2004	按压式真空定量泵		
209	BB/T0029-2004	包装玻璃容器公差		IDT ISO9058:1992
210	BB/T0030-2004	包装用镀铝薄膜		
石化行业				
211	SH/T3044-2004	石油化工精密仪器抗震鉴定标准	SH3044-1992	
212	SH/T3051-2004	石油化工配管工程术语	SH/T3051-1993	

续表

213	SH/T3052—2004	石油化工配管工程设计图例	SH/T3052—1993	
214	SH/T3073—2004	石油化工管道支吊架设计规范	SH3073—1995	
215	SH/T3139—2004	石油化工重载荷离心泵工程技术规定		
216	SH/T3140—2004	石油化工中、轻载荷离心泵工程技术规定		
217	SH/T3141—2004	石油化工往复泵工程技术规定		
218	SH/T3142—2004	石油化工计量泵工程技术规定		
219	SH/T3143—2004	石油化工往复压缩机工程技术规定		
220	SH/T3144—2004	石油化工离心压缩机工程技术规定		
221	SH/T3145—2004	石油化工特殊用途汽轮机工程技术规定		
222	SH/T3146—2004	石油化工噪声控制设计规范		
223	SH/T3147—2004	石油化工构筑物抗震设计规范		
224	SH/T3520—2004	石油化工工程铬钼耐热钢管道焊接技术规程	SH3520—1991	
225	SH/T3525—2004	石油化工低温钢焊接规程	SH3525—1992	
226	SH/T3526—2004	石油化工异种钢焊接规程	SH3526—1992	
227	SH/T3902—2004	石油化工配管工程常用缩写词	SH/T3902—1993	
228	SH/T3903—2004	石油化工建设工程监理规范		

国家发展和改革委员会
中 国 进 出 口 银 行

发改外资[2004]2345 号

国家发展改革委 中国进出口银行
关于对国家鼓励的境外投资重点项目给予信贷支持政策的通知

各省、自治区、直辖市及计划单列市、副省级省会城市人民政府，新疆生产建设兵团，国务院各部门、各直属机构，各中央管理的企业：

自国家发展改革委、中国进出口银行下发《关于对国家鼓励的境外投资重点项目给予信贷支持有关问题的通知》(发改外资[2003]226 号)以来，为国内企业对外投资提供了信贷支持，有效地鼓励和促进了企业“走出去”，取得了良好成果。根据《国务院关于投资体制改革的决定》(国发[2004]20 号)和《境外投资项目核准暂行管理办法》(发展改革委令第 21 号)，对发改外资[2003]226 号文件有关内容需进行适当调整，现就有关事项通知如下：

一、国家发展改革委和中国进出口银行共同建立境外投资信贷支持机制。根据国家境外投资发展规划，中国进出口银行在每年的出口信贷计划中，专门安排一定规模的信贷资金(以下称“境外投资专项贷款")用于支持国家鼓励的境外投资重点项目。境外投资专项贷款享受中国进出口银行出口信贷优惠利率。

二、境外投资专项贷款主要用于支持下列境外投资重点项目:

(一)能弥补国内资源相对不足的境外资源开发类项目;

(二)能带动国内技术、产品、设备等出口和劳务输出的境外生产型项目和基础设施项目;

(三)能利用国际先进技术、管理经验和专业人才的境外研发中心项目;

(四)能提高企业国际竞争力、加快开拓国际市场的境外企业收购和兼并项目。

三、拟申请使用境外投资专项贷款的项目,须按《国务院关于投资体制改革的决定》和《境外投资项目核准暂行管理办法》的规定获得核准,并由中国进出口银行遵循独立审贷的原则对项目的贷款条件进行审查。

四、申请使用境外投资专项贷款的程序如下:

(一)在中华人民共和国境内注册的企业法人(以下称"境内投资主体")按规定向国家发展改革委或省级发展改革部门上报项目申请报告,并抄送中国进出口银行总行及相应的营业性分支机构。同时,境内投资主体向中国进出口银行提出贷款申请;

(二)中国进出口银行就项目使用境外投资专项贷款问题出具意见函,作为国家发展改革委或省级发展改革部门审核项目申请报告的参考依据;

(三)国家发展改革委或省级发展改革部门对项目进行审核,并将审核意见抄送中国进出口银行。项目获得核准后,由中国进出口银行对项目的贷款条件进行最终确定。

对国别风险较大的项目,要求境内投资主体充分利用现有的境外投资保险机制,办理有关投保手续,积极规避境外投资风险。

五、国家发展改革委对符合使用境外投资专项贷款条件的项目,加强政策指导,强化必要协调,加快核准进度。同时,促成有关单位完善境外投资风险保障机制,进一步做好境外投资保险工作。

六、中国进出口银行对境外投资专项贷款依照有关规定加快贷款审查速度,并视具体情况提供以下便利:

(一)根据贷款企业信用等级和境外投资项目的经济效益情况授予一定的信用放款额度;

(二)对风险小、投资收益稳定且效益较好的项目,可考虑直接对境外项目公司提供贷款,由项目的境内投资主体提供担保和/或以项目形成的资产或其他权益作为抵押;

(三)对一些投资期较长的战略性项目,可视情况适当延长贷款期限。

七、中国进出口银行还将对拟使用境外投资专项贷款的项目,提供与项目相关的投标保函、履约保函、预付款保函、质量保函以及国际结算等方面的金融服务,并根据境内投资主体和项目情况在反担保和保证金方面给予一定优惠。

八、本通知由国家发展改革委和中国进出口银行负责解释,自发布之日起执行。国家发展改革委的发改外资[2003]226号文件自本通知发布之日起失效。

国家发展和改革委员会
中国进出口银行
二〇〇四年十月二十七日

中华人民共和国国家发展和改革委员会
公　告

2004年 第75号

国家发展改革委批准《沐浴剂》等170项行业标准(标准编号及名称见附件),其中轻工行业标准50项、化工行业标准83项、电力行业标准17项、纺织行业标准6项、煤炭行业标准13项、物流行业标准1项,现予公布。以上标准自2005年6月1日起实施。

以上轻工行业标准由轻工业出版社出版,化工行业标准由化工出版社出版,电力行业标准由电力出版社出版,纺织行业标准和物流行业标准由中国标准出版社出版,煤炭行业标准由煤炭工业出版社出版。

附件:170项轻工、化工、电力、纺织、煤炭、物流行业标准编号及名称

中华人民共和国国家发展和改革委员会
二〇〇四年十二月十四日

中华人民共和国国家发展和改革委员会
公　告

2004年 第76号

为遏制电石、铁合金、焦化行业低水平重复建设和盲目扩张趋势,促进产业结构升级,规范行业发展,维护市场竞争秩序,依据国家有关法律法规和产业政策要求,我委会同有关部门制定了《电石行业准入条件》、《铁合金行业准入条件》、《焦化行业准入条件》,现予以公告。

各有关部门在对电石、铁合金、焦化生产建设项目进行投资管理、土地供应、环境评估、信贷融资、电力供给等工作中要以行业准入条件为依据。

附件:一、《电石行业准入条件》
　　二、《铁合金行业准入条件》
　　三、《焦化行业准入条件》

中华人民共和国国家发展和改革委员会
二〇〇四年十二月十六日

附件一：

电石行业准入条件

为有效遏制当前电石行业盲目投资，制止低水平重复建设，规范电石行业健康发展，促进产业结构升级，根据国家有关法律法规和产业政策，按照调整结构、有效竞争、降低消耗、保护环境和安全生产的原则，对电石行业提出如下准入条件。

一、生产企业布局

根据资源、能源状况和市场需求情况，各省(自治区、直辖市)要编制电石行业发展规划，引导本地区电石行业的发展，抑制盲目扩张。

(一)在国务院、国家有关部门和省(自治区、直辖市)人民政府规定的风景名胜区、自然保护区和其他需要特别保护的区域内，城市规划区边界外2公里以内，主要河流两岸、公路干路两侧，居民聚集区和其它严防污染的食品、药品、精密制造产品等企业周边1公里以内，不得新建电石生产装置。

(二)新建或改扩建电石生产装置必须符合本地区电石行业发展规划。鼓励新建电石装置与大型工业企业配套建设，以便做到资源、能源的综合利用。在电石生产能力较大的地区，地方政府要科学规划、合理布局，建设区域性电石等高耗能、高污染工业生产区，做到集中生产，便于三废集中治理。

二、工艺与装备

(一)为满足节能环保和资源综合利用的要求，实现合理规模经济。新建电石生产装置单台炉容量≥25000kVA；中西部具有独立运行的小水电及矿产资源优势的国家确定的重点贫困地区，单台炉容量≥12500KVA。

(二)新建电石生产装置必须采用密闭式电石炉或内燃式电石炉，鼓励炉气的综合利用；中西部小水电丰富地区、孤网运行的地区，可以采用内燃式电石炉。

(三)现有生产能力1万吨(单台炉容量5000kVA)以下电石炉和敞开式电石炉必须依法淘汰；环保不达标的电石炉要立即停产改造，鼓励有条件的企业改造为密闭式电石炉；改造为内燃式电石炉的企业，排污必须达到国家环保要求。

(四)新建电石装置要求采用先进成熟技术，保证电石炉的安全、稳定和长期运转。具体要求如下：

1.采用先进的原料破碎、筛分、烘干设备，确保原料粒度、水分达到工艺要求；

2.采用自动配料、加料系统；

3.电极升降、压放、把持系统，必须采用先进的液压自动调节系统，使电极操作平稳，安全稳定可靠；

4.采用微机等先进的控制系统。

三、能源消耗和资源综合利用

(一)新建电石生产装置，吨电石(标准)电炉电耗应≤3250kWh。

(二)现有电石生产装置经改造后，吨电石(标准)电炉电耗应≤3400kWh。

(三)密闭式电石装置的炉气(指CO气体)必须综合利用，正常生产时不允许炉气直排或点火炬。

(四)粉状炉料必须回收利用。

四、环境保护

(一)所有电石生产必须达到国家环保要求。电石炉大气污染物排放必须符合《工业炉窑大气污染物排放标准》(国标GB9078-1996)中“其它炉窑”的排放标准(国家新的环保标准出台后，按新标准执行)。

(二)含尘炉气或利用后的再生气必须经除尘处理，达标排放。捕集后的粉尘不能造成二次污染。

(三)原料和产品破碎、储运等过程产生的无组织排放含尘气体，必须集中收集除尘后达标排放。

五、监督与管理

(一)新建和现有电石生产装置进行改扩建，必须符合上述准入条件。电石生产建设项目的投资管理、土地供应、环境评估、信贷融资等必须依据本准入条件。环境影响评估报告必须经省级及以上环境保护行政主管部门审批。

(二)新建或改扩建电石生产装置建成投产前，要经省级及以上投资、土地、环保、质检等管理部门及有关专家组成的联合检查组，按照准入条件要求进行监督检查。经检查未达到准入条件的，投资主管部门应责令限期完成符合准入条件(企业备案材料提供)的有关建设内容。环境保护行政执法部门要根据国家有关法律、法规加大处罚力度，同时限期整改。

（三）新建电石生产装置，须经过有关部门验收合格后，按照有关规定办理《安全生产许可证》和《排污许可证》，企业方可进行生产与销售。现有符合条件及改造后经省级有关部门验收合格的电石生产企业，也要按规定办理《安全生产许可证》和《排污许可证》。

（四）各级电石行业主管部门要加强对电石生产企业执行准入条件情况进行督促检查。中国石油和化学工业协会、各级电石工业协会要宣传国家产业政策，加强行业自律，协助政府有关部门做好行业监督、管理工作。

（五）对不符合准入条件的新建或改扩建电石生产项目，环保部门不得办理环保审批手续，金融机构不得提供信贷支持，电力供应部门依法停止供电。地方人民政府或相关主管部门依法决定撤销或责令关闭的企业，工商行政管理部门依法责令其办理变更登记或注销登记。

六、附则

（一）铁合金矿热炉等矿冶炉改造为电石炉，视同新建电石生产装置。

（二）本准入条件适用于中华人民共和国境内（台湾、香港、澳门特殊地区除外）所有类型的电石生产企业。

（三）本条件自2005年1月1日起实施，由国家发展和改革委员会负责解释。国家发展和改革委员会将根据电石行业发展和国家宏观调控要求进行修订。

附件二：

铁合金行业准入条件

为遏制铁合金行业低水平重复建设和盲目发展，促进产业结构升级，根据国家有关法律法规和产业政策，按照调整结构、有效竞争、降低消耗、保护环境和安全生产的原则，对铁合金生产企业提出如下准入条件。

一、工艺与装备

（一）铁合金矿热电炉采用矮烟罩半封闭型或全封闭型，容量为25000kVA及以上（中西部具有独立运行的小水电及矿产资源优势的国家确定的重点贫困地区，单台矿热电炉容量≥12500kVA），变压器选用有载电动多级调压的三相或三个单相节能型设备，实现操作机械化和控制自动化。中低碳锰铁和中低微碳铬铁等精炼电炉，可根据产品特点选择炉型，容量一般不得低于3000kVA。锰铁高炉容积为300立方米及以上。

（二）原料处理、熔炼、装卸运输等所有产生粉尘部位，均配备除尘及回收处理装置，并安装省级环保部门认可的烟气和废水等在线监测装置。各类铁合金电炉、高炉配备干法袋式或其它先进适用的烟气净化收尘装置。湿法净化除尘过程产生的污水经处理后进入闭路循环利用或达标后排放。采用低噪音设备和设置隔声屏障等进行噪声治理。所有防治污染设施必须与铁合金建设项目主体工程同时设计、同时施工、同时投产使用。

（三）配备火灾、雷击、设备故障、机械伤害、人体坠落等事故防范设施，以及安全供电、供水装置和消除有毒有害物质设施。所有安全生产和安全检查设施必须与铁合金建设项目主体工程同时设计、同时施工、同时投产使用。

二、能源消耗

主要铁合金产品单位冶炼电耗：硅铁（FeSi75）不高于8500千瓦时/吨、硅钙合金（Ca28Si60）不高于12000千瓦时/吨、高碳锰铁不高于2600千瓦时/吨、硅锰合金不高于4200千瓦时/吨、中低碳锰铁不高于580千瓦时/吨、高碳铬铁不高于2800千瓦时/吨、硅铬合金不高于4800千瓦时/吨、中低微碳铬铁不高于1800千瓦时/吨，高炉锰铁焦比不高于1600千克/吨。对使用低品位粉矿原料，单位电耗上浮不高于15%。

三、资源消耗

（一）主元素回收率：硅铁（FeSi75）Si>92%，硅钙合金（Ca28Si60）Si>50%、Ca≥33%，高碳锰铁

Mn≥78%，硅锰合金 Mn≥82%，中低碳锰铁 Mn≥80%，高炉锰铁 Mn≥82%，高碳铬铁 Cr>92%，硅铬合金 Cr≥94%，中低微碳铬铁 Cr≥80%。

（二）水循环利用率 95%以上。

（三）硅铁和硅系铁合金电炉烟气回收利用微硅粉纯度 SiO_2>92%。

四、环境保护

（一）铁合金熔炼炉大气污染物排放应符合现行《国家工业炉窑大气污染物排放标准》（GB9078-1996）（新的国家标准颁布后按新标准执行）。

主要指标为：1997 年 1 月 1 日以前安装的炉窑，环境一类地区低于 100 毫克/立方米，环境二类地区低于 150 毫克/立方米，环境三类地区低于 250 毫克/立方米；1997 年 1 月 1 日以后安装的炉窑，环境一类地区禁止排放，环境二类地区低于 100 毫克/立方米，环境三类地区低于 200 毫克/立方米。无组织排放，有车间厂房的低于 25 毫克/立方米，露天（或有顶无围墙）低于 5 毫克/立方米。凡是向已有地方排放标准的区域排放大气污染物的，应当执行地方排放标准。

（二）水污染物排放应符合国家《钢铁工业水污染排放标准》（GB13456-92）（铁合金）（新的国家标准颁布后按新标准执行）。

主要指标为：PH 值 6-9、悬浮物低于 70 毫克/升、挥发酚低于 0.5 毫克/升、化学需氧量（CODcr）低于 100 毫克/升、油类低于 10 毫克/升、六价铬低于 0.5 毫克/升、氨氮低于 15 毫克/升、锌低于 2.0 毫克/升、氰化物低于 0.5 毫克/升。凡是向已有地方污染物排放标准的水体排放污染物的，应当执行地方污染物排放标准。

五、监督与管理

（一）新建和改扩建铁合金项目必须符合上述准入条件，铁合金项目的投资管理、土地批租、贷款融资等也必须依据上述准入条件。现有铁合金生产企业也要通过技术改造达到环保、能耗、资源消耗、安全生产等方面的准入条件。

（二）各级铁合金行业主管部门和有关执法部门负责对当地生产企业执行铁合金行业准入条件的情况进行监督检查。中国铁合金工业协会协助国家有关部门，做好监督和管理工作。

（三）对不符合准入条件的新建和改扩建铁合金项目，金融机构不得提供信贷支持，电力企业停止供电，环保部门不得办理环保审批手续。地方人民政府或相关主管部门依法决定撤消或者责令关闭的企业，工商行政管理部门依法责令其办理变更登记或者注销登记。

（四）国家发展和改革委员会定期公告符合准入条件的铁合金生产企业名单。

六、附则

（一）本准入条件适用于中华人民共和国境内（台湾、香港、澳门特殊地区除外）所有类型的铁合金行业生产企业。

（二）电石炉、黄磷炉、炼铁高炉等设备如需转炼铁合金及不同铁合金品种相互转炼，也适用本准入条件。

（三）本准入条件自 2005 年 1 月 1 日起实施，由国家发展改革委员会负责解释，并根据行业发展情况和宏观调控要求进行修订。

二〇〇四年十一月一日

附件三：

焦化行业准入条件

为遏制焦化行业低水平重复建设和盲目扩张趋势，促进产业结构升级，规范市场竞争秩序，依据国家有关法律法规和产业政策要求，按照“总量控制、调整结构、节约能（资）源、保护环境、合理布局”的可持续发展原则，特制定焦化行业准入条件。

一、生产企业布局

（一）新建和改扩建焦化生产企业厂址要靠近用户和炼焦煤原料基地；必须符合各省（自治区、直辖市）焦化行业发展规划。

（二）在城市规划区边界外 2 公里（城市居民

供气项目除外)以内,主要河流两岸、公路干道两旁,居民聚集区和其他严防污染的食品、药品等企业周边1公里以内,国务院、国家有关部门和省(自治区、直辖市)人民政府规定的生态保护区、自然保护区、风景旅游区、文化遗产保护区以及饮用水水源保护区内不得建设焦化生产企业。

已在上述区域内投产运营的焦化生产企业要根据该区域规划,通过“搬迁、转产”等方式逐步退出。

二、工艺与装备

新建和改扩建焦化企业要达到炼焦行业清洁生产标准(HJ/T126-2003)中生产工艺与装备二级标准要求。主要指标有:

(一)为满足节能、环保和资源综合利用要求,实现合理规模经济。新建和改扩建机焦炉炭化室高度必须达到4.3米以上(含4.3米),年生产能力60万吨及以上。

(二)新建煤焦油单套加工装置规模要达到处理无水焦油10万吨/年及以上,粗(轻)苯精制单套装置规模要达到5万吨/年及以上。已有煤焦油单套加工装置规模要达到5万吨/年及以上;粗(轻)苯精制单套装置规模要达到2.5万吨/年及以上。

(三)节能工艺与设施

1、新建或改扩建焦炉,原则上(缺水地区和钢铁企业)要同步配套建设干熄焦装置。

2、新建或改扩建焦炉,焦炉煤气必须全部回收利用,不得直排或点火炬。

3、新建或改扩建焦炉,要采用先进的配煤工艺,合理配比炼焦用煤,尽量减少优质主焦煤用量。

(四)环保工艺与设施

1、新建或改造焦炉要同步配套建设粉碎、装煤、推焦、筛运焦除尘装置、煤气净化(含脱硫脱氰工艺)回收、废水生化处理设施。严格执行环保设施“三同时”规定,并要在主体设备投产后6个月内达到设计规定标准,连续运行。

2、废水生化处理工艺与装备及洗选煤设备要先进可靠,与主体生产设备同步竣工投产,连续运行。在设备发生故障或检修时要有足够的废水事故处理备用储槽,做到不达标废水不外排。焦化废水经处理后做到内部循环使用。

三、主要产品质量

(一)焦炭

新建或改扩建焦炉生产的冶金焦要达到GB/T1996-2003规定的二级冶金焦以上标准,铸造焦要达到GB/T8729-1988规定的二级铸造焦以上标准。

现有焦炉生产的冶金焦要达到GB/T1996-2003规定的三级冶金焦以上标准,铸造焦要达到GB/T8729-1988规定的三级铸造焦以上标准。

(二)焦炉煤气

1.城市民用煤气

焦化企业生产的城市民用煤气要达到炼焦行业清洁生产标准(HJ/T126-2003)中城市民用煤气产品指标。

2.工业或其它用煤气

焦化企业生产的工业或其它用煤气中的

(三)其他焦化或化工产品

按国标或冶标组织生产。

1.硫铵按GB535-1995标准(一级品)

2.粗焦油符合YB/T5075-1993标准

3.粗苯符合YB/T5022-1993标准

四、资源、能源消耗及副产品综合利用

(一)资源能源利用指标

新建和改扩建焦化企业要达到炼焦行业清洁生产标准(HJ/T126-2003)中资源能源利用指标二级标准。主要指标有:

1.吨焦耗洗精煤(干煤)≤1.33t(即全焦率≥75%);

2.炼焦工序能耗≤170kg标煤/t焦;

3.炼焦耗热量:焦炉煤气加热≤2250kj/kg煤(7%含水折算);高炉煤气加热≤2550kj/kg煤(7%含水折算);

4.吨焦耗新水≤3.5t;

5.吨焦耗电量≤35KWh;

6.焦炉煤气利用率≥95%;

7.水循环利用率≥85%。

(二)副产品综合利用

1.焦化生产企业产生的焦化煤气要有使用用户;若有剩余煤气,必须配套建设煤气综合利用设施,例如:合成甲醇、双氧水,煤气提氢或煤气发电等,转化全部剩余煤气。正常生产时煤气不得直排或点火炬。

2.煤焦油及苯类化工产品应进行有效回收。

五、环保指标和清洁生产

(一)清洁生产标准

新建和改扩建焦化生产企业各种污染物产生指标不得超过炼焦行业清洁生产标准（HJ/T126-2003)中规定的二级标准。废物回收利用指标要达到炼焦行业清洁生产标准(HJ/T126-2003)中规定的标准。

(二)污染物排放标准

1. 新建和改扩建焦化生产企业大气污染物排放执行《炼焦炉大气污染物排放标准》(GB16171-1996)

2.酚氰废水处理后厂内回用。外排废水应达到《钢铁工业污染物排放标准》(GB13456-1992)二级标准和《污水综合排放标准》(GB8978-1996)二级标准或其所在地区规定的要求。

3.熄焦废水:熄焦水实现闭路循环使用,不得外排;

(三)废渣

焦化企业废渣包括备配煤、推焦、装煤、熄焦及筛焦工段除尘器收回的煤尘、焦油渣(含焦油罐涤清渣)、粗苯再生渣以及剩余污泥等炼焦工艺产生的一切废渣均在厂内完全处理利用，不得对外排放。

(四)焦化生产企业新建或扩建,各种污染物排放不得突破该地区环境允许排放总量。

六、监督与管理

(一)新建和改扩建焦化行业生产项目必须符合上述准入条件。焦化生产建设项目的投资管理、土地供应、环保审批、信贷融资必须依据上述准入条件。环境影响评估报告要由省级及以上环境保护行政主管部门审批。

(二)新建或改扩建焦化生产装置建成投产前,要经省级及以上投资、土地、环保、工商等管理部门及有关专家组成的联合检查组，按照准入条件中第一、二款要求进行监督检查。经检查未达到准入条件要求的，投资主管部门应责令限期完成符合准入条件（企业备案材料提供）的有关建设内容。环境保护行政管理部门依照有关法律法规要求吊销其排污许可证，水电供应部门将依法停止供电、供水。

(三)新建或改扩建焦化项目要在投产 6 个月内达到准入条件第四、五款中规定的节能、环保和资源综合利用指标。逾期者除按正常规定缴纳相关费用外，环境保护行政执法部门要根据国家有关法律、法规加大处罚力度,同时限期整改。

(四)各省市发改委(经贸委、经委)、环保局要对本地区执行焦化行业准入条件情况进行监督检查。中国炼焦行业协会要加强对国内外焦炭市场、炼焦工艺技术发展等情况的分析研究，推广焦化行业环保、节能和资源综合利用新技术;建立符合准入条件的评估体系,科学公正提出评估意见;协助政府有关部门做好监督和管理工作。

(五)国家发展和改革委员会定期公告符合准入条件的焦化生产企业名单。符合准入条件的焦化生产企业，可按有关程序规定取得焦炭产品出口资格。

(六)对不符合准入条件的新建或改扩建焦化建设项目,环保部门不得办理环保审批手续,金融机构不得提供信贷支持，电力供应部门依法停止供电。地方人民政府或相关主管部门依法决定撤销或责令关闭的企业，工商行政管理部门依法责令其办理变更登记或注销登记。

七、附则

(一)本准入条件适用于中华人民共和国境内(台湾、香港、澳门特殊地区除外)所有类型的焦化行业生产企业。

(二)本准入条件中涉及的国家和行业标准若进行了修订,则按修订后的新标准执行。

(三)本准入条件自 2005 年 1 月 1 日起实施，由国家发展和改革委员会负责解释，并根据行业发展情况和宏观调控要求进行修订。

中华人民共和国国家发展和改革委员会文件

发改产业[2004]2930号

国家发展改革委关于进一步巩固电石、铁合金、焦炭行业清理整顿成果规范其健康发展的有关意见的通知

各省、自治区、直辖市及计划单列市、副省级省会城市、新疆生产建设兵团发展改革委(计委)、经贸委(经委):

根据《国务院办公厅转发发展改革委等部门关于对电石和铁合金行业进行清理整顿若干意见的通知》(国办发明电[2004]22号)和国家发展改革委会同财政部等九个部门联合下发的《关于清理规范焦炭行业的若干意见的紧急通知》(发改产业[2004]941号)要求,今年5月份以来,各地政府组织有关部门对本地区电石、铁合金、焦炭行业的生产企业和在建、拟建项目进行了认真清理整顿。国家发展改革委商有关部门提出了进一步巩固清理整顿成果,规范电石、铁合金、焦炭行业健康发展的政策措施,已报经国务院批准。现将有关情况和意见通知如下:

一、各地要高度重视三个行业发展和清理整顿中存在的突出矛盾和问题

近几年电石、铁合金和焦炭行业在总量迅速增长的同时,出现了严重的低水平盲目扩张、生产能力过剩、浪费资源、污染加剧的突出矛盾和问题。主要情况是:

(一)行业生产能力严重过剩

到2003年底,全国共有电石生产企业441个,生产能力1262万吨;在建项目162个,生产能力484万吨;拟建项目41个,生产能力189万吨。铁合金生产企业1303个,生产能力1600万吨;在建矿热炉311台,生产能力300万吨;拟建矿热炉97台,生产能力200万吨。焦炭生产企业1304个,焦炉2710座,生产能力2.4亿吨;在建项目245个,生产能力1.2亿吨;拟建项目53个,生产能力3540万吨。

目前电石和铁合金已建和在建的生产能力已分别达到1700万吨和1900万吨,焦炭生产能力达到了3.6亿吨,均为2003年实际产量的2~3倍,三个行业的生产能力已远远超出当前和行业预测的近期市场需求,呈现严重过剩局面,不仅造成社会资源的浪费,企业也面临巨大的经营风险。

(二)低水平的重复建设,加剧了资源浪费和环境污染

在电石、铁合金行业中,工艺技术先进、能够有效控制排放、资源综合利用充分的大型全密闭式矿热炉只占总能力的10%左右,大多数企业均为半密闭式和敞开式炉型。敞开式炉工艺装备简陋,能源利用效率低下,粉尘排放失控,属于应予淘汰的设备,约占总生产能力的30%。独立焦炭生产企业中只有部分大型机焦炉和城市供气机焦炉的煤气得到合理利用,大多数低于2.5米的简易机焦炉环保措施不健全,煤气放空,特别是少数非法经营的小土焦炉消耗优质煤炭,生产劣质产品,大量烟尘废气废水造成周边环境的严重污染。这些高能耗、高排放的落后工艺和装备对能源供给和地方环境治理带来巨大压力。

(三)很大一部分企业属于违规建设,违规生产

1999年经国务院批准原国家经贸委发布的产业政策,明确要求淘汰工艺落后、不符合环保和节能要求的小型电石、铁合金生产设备及土焦炉,禁止新建任何电石、铁合金生产装置和炭化室高度4米以下的机焦炉。通过清理汇总统计,三个行业中近半数企业是1999年后违规建设的,许多企业仍采用了国家明令淘汰的落后工艺设备。部分企业虽然办理了工商注册登记,但是没有经过规范的环境评价和环境保护部门的排放达标确认,少数企业未

经任何审批程序，完全属于非法建设和经营。

（四）对三个行业发展缺乏统筹规划

目前大部分地方缺乏结合本地区资源、交通、环境承载力的全面分析，对高能耗行业发展研究制订科学的总体规划，更缺乏有效的引导和规范措施，一些县市政府部门对来自各方面的投资采取鼓励、支持的态度，致使出现重复建设严重，企业数量多，生产规模小，布局分散，总体水平落后，生产和资源利用效率不高的低水平扩张状况，对地方资源合理可持续利用、环境保护和生态平衡都带来严重影响。

（五）部分地区的清理整顿工作有待进一步深入

各地贯彻执行国务院有关清理整顿措施过程中，少数地区行动迟缓，治理不到位，一些应关闭、淘汰的企业只是列入整改范围，一些应予废毁的设备未能有效拆毁，存在复燃可能；部分在建项目没有按要求停建；一些企业虽然配套了环保除尘设施，但是缺乏持续有效的监督管理；部分地区企业规模小，布局分散，余热、煤气和废渣尚未得到有效利用。

各地政府和有关主管部门要高度重视这些矛盾和问题，进一步统一和提高认识，把规范高能耗行业的发展作为树立和落实科学发展观的一项重要内容，作为确保国民经济实现可持续发展的重要举措，结合本地区实际进行深入研究，贯彻国家宏观调控措施，继续强化电石、铁合金和焦炭三个行业的清理整顿工作，巩固清理整顿成果，把优化结构、节约资源、保护环境作为地方经济发展过程中的一项长期任务，不折不扣地执行国家各项政策措施，务求取得实效，防止反弹。

二、对清理的建设项目区别对待，妥善处理

（一）5000kVA 以下的电石炉、3200kVA 及以下的铁合金矿热炉（特种铁合金电炉除外）和 100 立方米以下的铁合金高炉，敞开式电石炉、土焦炉（含各种改良焦炉）要坚决依法淘汰并进行废毁处理，决不允许以任何理由保留和恢复。

（二）对 1999 年后建成的项目，各地清理整顿领导小组要进一步组织清查。符合国家产业政策，但审核手续不健全或有违规审核行为的项目，要按照国家有关规定重新进行审核，补办相关手续，并追究相关人员的责任；项目手续齐全，并配套了有效环保和综合利用设施，经省级主管部门验收合格后可继续运营；未能配套有效的环保和综合利用设备的项目，主管部门和环保执法部门要加强监督检查，限期整改，合格后方可运营，逾期不能达标的，应予关闭；对违反国家产业政策的建设项目，一律依法关停。

（三）对在建的项目，符合产业政策和项目管理程序的，可在严格执行环保、节能标准条件下，继续完成建设；符合产业政策但违反项目管理程序的建设项目，要由省级清理整顿领导小组逐项进行审核，达到相关管理要求后方可继续建设；国家产业政策明令淘汰的项目一律停止建设。

（四）对拟建项目，要严格按照国家产业政策、项目管理程序和国家发展改革委发布的三个行业准入条件进行审核，符合要求后方可进行投资建设。

在处理淘汰、关闭企业的过程中，各地要采取有效措施，妥善安排富余人员，避免激化矛盾，影响社会稳定。

三、进一步规范电石、铁合金、焦炭行业的健康发展

（一）认真贯彻执行行业准入条件

为了有效遏制三个行业的低水平盲目扩张，促进产业结构升级，规范市场竞争秩序，国家发展改革委组织行业协会、科研、设计和企业人员制定了三个行业的准入条件，已经以国家发展改革委公告第 76 号发布执行。各地要认真宣传和严格贯彻这些行业准入条件，有关部门在对相关建设项目进行投资管理、环境评价、土地供应、信贷融资、电力供给等行政审核时，要以行业准入条件为依据，严把市场准入关。

（二）加强对三个行业的统筹规划和总量控制

各地政府和行业主管部门要切实树立和落实科学发展观，组织人员对本地资源、电力、交通、环境，以及国内外市场发展趋势进行深入研究分析，统筹制定包括发展总量、地区布局、企业规模、装备水平、综合利用、污染治理等内容的行业规划，把现有资源和长远发展纳入统一规划中，综合运用行业规划、技术改造、环境监督等措施严格控制总量，合理调整布局，发展优势企业，减少企业数量，优化产业结构。引导和促进高能耗企业集中建设和经营，

统筹建设排放处理和资源综合利用设施，延长产业链，发展循环经济，确保社会与经济、人与自然的和谐发展。

（三）建立必要的督察、监控长效机制

各地要在清理整顿工作的基础上，进一步加强日常监管。行业主管部门要及时了解和掌握本地区三个行业的发展状况，组织环保、质监、工商、安全等有关部门建立定期核查企业设备运转和排放控制状况的督察制度，形成长效机制。综合利用环保、安全、土地、供电、运输、信贷等手段进行监管和调控，对恢复或在新建项目中采用国家产业政策明令淘汰的设备，要立即取缔；对不能规范运行设备，相关指标不能达到规定标准的企业，要停产整改；认真执行国家差别电价政策，提高生产高耗能产品企业的电价，强化市场竞争，抑制盲目发展；建立和完善行政执法监督机制与行政过错责任追究制度，提高行政执法的效率。

（四）加强信息引导和行业自律

充分发挥行业协会对行业的指导、协调和自律作用。三个行业协会作为政府和企业间的桥梁和纽带，应积极协助政府推进行业结构调整，在行业中积极宣传国家产业政策，贯彻行业准入条件，汇集和发布行业生产、技术和市场信息，引导企业合理经营，推广新技术，指导企业进行整改，达到规定的标准和条件，约束企业行为，实现行业自律，促进行业健康、稳定和可持续发展。

中华人民共和国国家发展和改革委员会
二〇〇四年十二月二十日

中华人民共和国国家发展和改革委员会令

2004 年第 25 号

为加强煤炭经营监督管理，规范和维护煤炭经营秩序，根据《中华人民共和国煤炭法》和《中华人民共和国行政许可法》的规定，特制定《煤炭经营监管办法》，经国家发展和改革委员会办公会议讨论通过，现予公布，自公布之日起 30 日后施行，原国家经济贸易委员会发布的《煤炭经营管理办法》同时废止。

国家发展和改革委员会主任： 马凯
二〇〇四年十二月二十七日

煤炭经营监管办法

第一章　总则

第一条　为加强煤炭经营监督管理，规范和维护煤炭经营秩序，根据《中华人民共和国煤炭法》和《中华人民共和国行政许可法》的规定，制定本办法。

第二条　在中华人民共和国境内从事煤炭经营活动，适用本办法。

第三条　本办法所称煤炭经营，是指从事原煤及其洗选加工产品的批发、零售及民用型煤的加工经销等活动。

第四条　国家发展和改革委员会负责全国煤炭经营的监督管理。

省、自治区、直辖市人民政府指定的煤炭经营资格审查部门负责本行政区域内煤炭经营的监督管理。

工商、质检、环保等有关部门在各自的职责范围内负责煤炭经营的监督管理。

第二章　煤炭经营企业

第五条　国家实行煤炭经营资格审查制度。设立煤炭经营企业，应当经过煤炭经营资格审查。

第六条　煤炭经营资格实行分级审查、分级管理。

国家发展和改革委员会负责由国家工商行政管理总局登记的煤炭经营企业的经营资格审查。

省、自治区、直辖市人民政府指定的煤炭经营资格审查部门负责本行政区域内的煤炭经营资格审查。省级煤炭经营资格审查部门根据本行政区域的具体情况，可以规定设区的市有关部门负责煤炭经营资格初审。

第七条　设立煤炭经营企业，应当具备下列条件：

（一）有与其经营规模相适应的注册资金；

（二）有固定的经营场所；

（三）有与经营规模相适应的设施和储煤场地；

（四）有符合标准的煤炭计量和质量检验设备；

（五）符合国家对煤炭经营企业合理布局及环境保护的要求；

（六）法律、行政法规规定的其他条件。

第八条　取得由国家发展和改革委员会负责审查的煤炭经营企业经营资格，除应当符合本办法第七条规定外，还应具备以下条件：

（一）注册资金在五千万元以上；

（二）独立拥有产权的储煤场地在二万平方米以上；

（三）独立拥有符合标准的煤炭计量和质量检验设施；

（四）独立具备符合规定的煤炭计量和质量检验人员。

第九条　设立煤炭经营企业，应当向煤炭经营资格审查部门提出申请，并提交下列材料：

（一）煤炭经营项目可行性分析报告；

（二）煤炭经营资格申请报告、申请表；

（三）注册资金证明及法定验资机构出具的资信证明文件；

（四）企业法定代表人、负责人身份证明；

（五）固定经营场所证明；

（六）企业自有储煤场地证明（使用权证）或租赁、联营场地的合同证明（包括场地面积、储煤能力和场地设施）；

（七）环保行政部门出具的储煤场地环保合格证明；

（八）质检部门出具的计量设施、煤炭质量监测设施合格证明；

（九）国家有关部门颁发的计量、质检工作人员上岗证书。

第十条　取得煤炭生产许可证的煤矿企业销售本企业生产、加工的煤炭产品，不实行煤炭经营资格审查。

取得煤炭生产许可证的煤矿企业经营非本企业生产、加工的煤炭产品，应当向煤炭经营资格审查部门提出申请，取得煤炭经营资格。

第十一条　煤炭经营资格审查部门接到申请人提交的申请材料后，对材料不齐全或不符合法定形式的，应在五个工作日内一次告知申请人需要补正的全部内容，逾期不告知的，自收到申请材料之日起即为受理。

第十二条　煤炭经营资格审查部门依法对申请人提交的材料进行审查，必要时应当到有关现场对申请材料的实质内容的真实性进行核实。经审查核实具备煤炭经营条件的，予以批准；不具备条件的，不予批准，并书面通知申请人。

第十三条　煤炭经营资格审查部门应当自受理申请之日起二十个工作日内完成审查工作。二十个工作日内不能完成的，经本行政机关负责人批准，可以延长十个工作日，并应当将延长期限的理由告知申请人。

第十四条　按规定由设区的市有关部门负责煤炭经营资格初审后报省级煤炭经营资格审查部门审查的，设区的市有关部门应当自受理申请之日起二十个工作日内审查完毕。

第十五条　煤炭经营资格审查部门对准予从事煤炭经营的企业，应当自作出批准决定之日起十个工作日内向申请人颁发、送达煤炭经营资格证。

第十六条　煤炭经营资格审查部门对作出的准予从事煤炭经营的审查决定，应当通过公开发行的报刊、网站等方式向社会公告。

第十七条　申请人持依法取得的煤炭经营资格证向工商行政管理部门申请登记，领取经营范围包括煤炭经营的营业执照，方可从事煤炭经营活动。

未取得煤炭经营资格证的，工商行政管理部门不予颁发经营范围包括煤炭经营的营业执照。

第十八条 煤炭经营资格证的有效期为三年。期满需要延续的，应当在有效期届满三十日前向原煤炭经营资格审查部门申请办理延续手续。

第十九条 煤炭经营企业登记事项发生变更的，应当到原煤炭经营资格审查部门办理变更手续。

第二十条 煤炭经营企业终止的，应当到原煤炭经营资格审查部门办理煤炭经营资格注销手续。

第二十一条 煤炭经营资格证由国家发展和改革委员会统一印制，其他任何单位和个人不得擅自印制。

第二十二条 煤炭经营资格证不得伪造，不得买卖、出租、转借或以其他任何形式转让。

第二十三条 煤炭经营资格审查部门审查煤炭经营资格，除法定收费项目外，不得收取其他任何费用。

煤炭经营资格审查部门依法收取的费用应全部上缴国库，不得以任何形式截留、挪用和私分。

第三章　煤炭经营

第二十四条 煤炭经营企业从事煤炭经营，应当遵守有关法律、法规和规章的规定，保证煤炭质量，提高服务水平。

第二十五条 从事煤炭经营，应当依照《中华人民共和国合同法》规定，由买卖双方签订煤炭买卖合同。

煤炭买卖合同一般包括下列内容：

（一）出卖人和买受人的名称和住所；

（二）数量；

（三）品种、规格、质量；

（四）价格；

（五）交货方式；

（六）发出地点（站、港）和到达地点（站、港）；

（七）履行期限；

（八）货款及运杂费的结算方式，买卖双方的开户银行、账号、纳税登记号；

（九）违约责任；

（十）解决争议的方法；

（十一）买卖双方约定的其他条款。

第二十六条 煤炭买卖合同签订后，买卖双方必须全面履行合同，任何一方不得擅自变更或者解除合同。有特殊原因需要变更或解除合同的，应按《中华人民共和国合同法》规定办理，否则应承担违约责任。

第二十七条 需由运输企业承运的煤炭，煤矿企业、煤炭经营企业或煤炭用户依照《中华人民共和国合同法》与运输企业签订煤炭运输合同。

第二十八条 煤炭运输合同生效后，合同双方必须全面履行合同。煤矿企业或煤炭经营企业应当按照合同约定发运质量合格、计量准确的煤炭；运输企业应当按照合同约定承运，并将承运的不同质量的煤炭分装、分堆；煤炭用户应当按照合同的约定接卸煤炭。不履行合同的，应当承担违约责任。

第二十九条 煤炭发运时承运、托运双方的交接和到站（港）后收货人对煤炭质量、数量的验收，按照国家有关规定办理。

第三十条 煤炭经营应当取消不合理的中间环节。国家提倡有条件的煤矿企业直销，鼓励大型煤矿企业与耗煤量大的企业签订中长期直销合同。

第三十一条 国家提倡有条件的煤炭经营企业实行代理配送。

第三十二条 煤炭经营企业经营民用型煤，应当保证质量，方便群众，稳定供应。

民用型煤应当推行集中粉碎、定点成型、统一配送、连锁经营。

第三十三条 国家鼓励使用洁净煤，推广动力配煤、工业型煤，节约能源，减少污染。

第三十四条 煤矿企业、煤炭经营企业，应当依法经营，公平竞争，禁止下列经营行为：

（一）未取得煤炭经营资格擅自经营；

（二）未取得煤炭生产许可证擅自销售煤炭产品；

（三）采取掺杂使假、以次充好、数量短缺等欺诈手段；

（四）垄断经营；

（五）违反国家有关价格的规定，哄抬煤价或者低价倾销；

（六）违反国家有关税收的规定，偷漏税款；

（七）违反法律、行政法规规定的其他行为。

第三十五条 从事煤炭运输的车站、港口及其他运输企业不得利用其掌握的运力参与煤炭经营。

第三十六条 禁止行政机关设立煤炭供应的中间环节和额外加收费用。

禁止行政机关开办煤炭经营企业或者从事、参与煤炭经营活动。

第三十七条 禁止经营无煤炭生产许可证的煤矿企业生产、加工的煤炭产品。

禁止经营无煤炭经营资格的煤炭经营企业的煤炭产品。

禁止向无煤炭经营资格证的煤炭经营企业销售煤炭产品。

第三十八条 煤矿企业和煤炭经营企业应当严格执行国家有关煤炭产品质量管理的规定，其供应的煤炭产品质量应当符合国家标准或者行业标准。用户对煤炭产品质量有特殊要求的，由买卖双方在煤炭买卖合同中约定。

第四章 监督管理

第三十九条 煤炭经营资格审查部门依法对煤炭经营进行监督管理，应建立对煤炭经营企业在经营过程中经营资格条件变化和依法经营状况的全面检查制度，具体办法由国家发展和改革委员会制定。

煤炭经营资格审查部门和工商、质检、环保等有关部门依法查处非法经营活动，并在各自的职责范围内实施行政处罚。

第四十条 煤炭经营资格审查部门的工作人员应当熟悉有关法律、法规，具备必要的专业知识，公正廉洁，秉公执法。

第四十一条 煤炭经营资格审查部门进行监督检查时，有权向煤炭经营企业或者煤炭用户了解有关执行煤炭法律、法规的情况，查阅有关资料，进入现场进行检查；煤炭经营企业和煤炭用户应当提供方便。

第四十二条 煤炭经营资格审查部门的工作人员进行监督检查时，应当出示证件。

第四十三条 煤炭经营资格审查部门实施资格审查和日常监督管理所需经费，应当列入本级财政预算，由本级财政予以保障。

第五章 罚则

第四十四条 未经煤炭经营资格审查部门审查批准，或伪造煤炭经营资格证，或以买卖、出租、转借等形式取得煤炭经营资格证，擅自从事煤炭经营活动的，由煤炭经营资格审查部门责令停止经营，没收违法所得，可以并处违法所得一倍以上五倍以下的罚款。

第四十五条 未取得煤炭生产许可证擅自销售自已生产的煤炭产品的，由煤炭经营资格审查部门责令停止经营，没收违法所得，可以并处违法所得一倍以上五倍以下的罚款。

第四十六条 采取掺杂使假、以次充好等欺诈手段进行经营的，由煤炭经营资格审查部门责令停止经营，没收违法所得，并处违法所得一倍以上五倍以下的罚款；情节严重的，取消煤炭经营资格；构成犯罪的，由司法机关依法追究刑事责任。

第四十七条 经营无煤炭生产许可证或无煤炭经营资格证的企业的煤炭产品的，或向无煤炭经营资格证的煤炭经营企业销售煤炭产品的，由煤炭经营资格审查部门处违法所得一倍以上三倍以下的罚款，但最多不得超过三万元。

第四十八条 煤炭经营企业违反本办法有关规定，从事其他非法经营的，依照有关法律、法规和规章的规定处罚。

第四十九条 煤炭经营资格审查部门的工作人员滥用职权、玩忽职守或者徇私舞弊的，依法给予行政处分；构成犯罪的，由司法机关依法追究刑事责任。

第六章 附则

第五十条 本办法发布前，依据原国家经济贸易委员会发布的《煤炭经营管理办法》，已经进行的煤炭经营资格审查，继续有效。

第五十一条 各省、自治区、直辖市人民政府指定的煤炭经营资格审查部门，可以根据本办法对本行政区域的煤炭经营监管制定实施细则。

第五十二条 本办法自发布之日起三十日后施行。1999年6月22日原国家经济贸易委员会发布的《煤炭经营管理办法》同时废止。

国家发展改革委关于做好2005年度重点煤炭产运需衔接工作的通知

各有关单位：

2005年，我国煤炭需求将继续保持旺盛增长势头，但受资源、产能和运输条件等制约，煤炭生产和运输难以完全满足需求的快速增长，将继续呈总体偏紧局面，部分地区和煤种的供需矛盾可能比较突出。为推进煤炭订货改革，进一步发挥市场在资源配置中的基础性作用，引导煤炭供需企业做好2005年度重点煤炭产运需衔接的工作，现将有关事项通知如下：

一、搞好煤炭产运需衔接的总要求是：在现有煤炭生产、需求和运输能力条件下，煤炭产运需各方面都要通过挖掘潜力、调整结构、优化配置，最大限度地实现资源、需求总量及其品种结构与煤炭运力状况相适应，促进国民经济持续快速协调健康发展。

二、参加重点煤炭产运需衔接的企业条件。在上年基础上，优先煤炭生产企业；取消“四证”不全、不具备基本安全生产条件的煤矿；取消不符合国家产业政策、未经批准违规新上项目。新增煤矿和电力重点用户必须是符合国家审批程序建设的项目。

三、各有关方面抓紧公布产运需信息和制定公布衔接框架意见

（一）煤炭协会提供分地区、分煤种、分矿区的煤炭资源量；电力等重点行业提供分地区、分企业的生产能力（原有和新增）、需求煤种、数量等信息；铁路部门提供主要装车点、运煤通道、流向、区段的煤炭运输能力；交通部门提供各港口的煤炭吞吐能力和江海运输能力。

（二）各有关方面尽快制定公布分矿点、分行业、分流向的产运需衔接框架意见。

四、协商确定煤炭价格的原则

（一）坚持供需双方协商定价的基本原则，落实煤炭供需企业协商定价自主权，任何政府部门、行业组织和企业不得以任何形式非法干预企业自主定价。在市场价格显著上涨或有可能显著上涨时，政府可依法进行必要的干预。

（二）对电煤价格，凡供需双方已签订合同的，按合同确定的价格执行，并优先考虑衔接运力。

（三）为加快衔接进度，对尚未签订合同的电煤，以2004年9月底实际结算的含税车板价为基础，在8%的幅度内，由供需双方协商确定。

五、重点煤炭产运需衔接的基本原则

（一）优先考虑电力、化肥、冶金、居民生活和出口等五个重点行业，其他行业不在会上衔接；

（二）优先考虑中长期合同和大宗、直销、直达列合同；

（三）优先考虑供需双方已协商确定价格的合同；

（四）符合铁路、水路合理流向、流量的要求；

（五）符合国家产业政策和建设项目的审批规定；

（六）符合国家统筹兼顾、实施宏观调控的要求。

六、供需企业要根据重点煤炭产运需衔接原则和衔接框架意见，在自愿平等的基础上，进行供需衔接。国家支持煤矿企业集中和优化用户结构，支持用户企业集中和优化货源结构，支持运输部门集中和优化运输结构。鼓励供需双方将多年来已形成的稳定的购销关系发展为中长期合同。

七、各行业衔接牵头单位要及时掌握供需衔接情况，对总量、煤种、地区平衡出现的问题负责协调，重大问题向我委和有关部门报告。我委将会同有关部门对重大问题及时进行调整平衡。

各行业衔接牵头单位要组织和督促本行业企业在 12 月中旬完成供需衔接工作，并负责统计汇总衔接结果。

八、在供需双方完成衔接工作的基础上，国家将召开全国重点煤炭产运需衔接会，正式签订合同、落实运力。

九、请各行业衔接牵头单位迅速将上述原则传达到具备重点煤炭产运需衔接资格的供需企业。

中华人民共和国国家发展和改革委员会

二〇〇四年十二月六日

专题研究

当前电力供需形势及展望

国家电网公司总经理　赵希正

【提要】进入新世纪以来，国民经济进入较快的发展时期，电力需求持续高速增长。全国电力供需形势自2002年开始紧张，缺电已经成为经济运行中的突出矛盾，是社会各界关注的焦点问题。本文主要从影响电力供需的宏观经济形势、能源环境、产业结构特点、重点高能耗行业的发展状况、电力需求及供给情况、电力供需平衡情况等方面进行了分析。结合建国以来的电力供需发展变化，提出了需要吸收的经验和教训。对2004年下半年、2005年、2006年全国和分地区的电力供需形势进行了分析预测。还就如何加快缓解电力供需矛盾，促进电力工业可持续发展等问题提出了相关建议。

自1882年以来，中国电力工业已经走过了122年的发展历程。旧中国的67年，电力工业发展缓慢，步履艰难。新中国成立后，党中央国务院高度重视电力工业，电力作为国民经济的“先行官”得到了较快发展。我国电力供需历经了从平衡到缺电、再平衡、再缺电等阶段。社会经济快速发展，加上高度集中的计划经济管理体制，致使20世纪60年代中期开始出现较大规模缺电，最严重的1986年全国缺电力约25%、缺电量约20%。随着集资办电、多家办电和积极合理有效地利用外资办电政策的实施，加上电价体制改革保证了电源投资的合理收益，全国发电容量自1987年迈上1亿千瓦后，1995年和2000年相继迈上2亿千瓦和3亿千瓦的新台阶，全国电力供需形势也从1997年开始全面缓和，供需基本平衡，并在上世纪末出现低用电水平下的电力供应能力略有过剩。

一、近年来全国电力供需形势及其特征

进入新世纪以来，随着国家自“九五”后期推行积极财政政策和拉动社会需求政策开始发挥作用，加入WTO的优势逐步显现，民间投资逐渐升温，经济快速增长，企业效益好转，全国电力需求明显回升，2001年和2002年全国用电增长分别达到9.0%和11.6%。与此同时，2001年和2002年全国发电容量增长仅为6.0%和5.3%，电力供应增长远低于用电需求增长，在逐步消化原有富余装机的基础上，电力供需形势再次出现紧张局面。

2002年全国用电量达到16386亿千瓦时，同比增长11.6%；发电容量达到3.57亿千瓦，同比增长5.3%。全国发电设备平均利用小时数为4860小时，其中火电达到5272小时。全国电力供需形势转变为总体平衡，有12个省级电网在夏季高峰和冬季枯水期出现拉限电。这些电网包括：华北的河北南网；山西、内蒙西部电网；华东的上海、江苏、浙江；华中的河南、湖北、四川和重庆；南方电网的贵州和广东。这个阶段缺电主要表现为季节性、区域性和随机性特征。季节性主要是指在夏季高峰或(和)枯水期的部分时段出现拉限电；区域性主要是指在局部电网如跨区电网的部分省级电网、省级电网的局部地区电网出现拉限电；随机性主要是指由于一些随机因素如来水偏枯、气温偏高与偏低、机组临时性故障检修、电煤供应不足等导致电网拉限电。

2003年，我国用电量达到18891亿千瓦时，增长速度达到15.3%，为改革开放以来的最高用电增速；年末装机总量达到3.91亿千瓦，增速9.8%。全国发电设备平均利用小时数为5250小时，其中火

电设备利用小时数达到5760小时,超过了近10年来火电机组利用小时数最高的1994年(5574小时)。缺电范围大幅度扩大,全国出现拉限电的省级电网增加到23个,比2002年增加11个;缺电程度加深,部分电网连续拉限电;随机性因素对供需形势继续产生较大影响,持续高温干旱导致电力需求上升迅猛以及水电比重较大的地区发电能力严重受阻。随机性缺电反映了国家电力危机应急机制的不健全。全国电力供需重新回到紧张状态,全国电力供需总体偏紧,部分地区缺电严重,全国电力缺口大约1500~2000万千瓦。缺电已成为国民经济运行中的突出矛盾之一。

2004年上半年,全国用电量9976亿千瓦时,增长速度比2003年再度提高,达到15.77%;上半年新投产装机约1600万千瓦,同比增长约11%,仍然落后于用电增长近5个百分点。进入2004年后,全国电力供需矛盾总体上比2003年更加突出,缺电范围和持续缺电地区进一步扩大,缺电程度进一步加深,缺电影响进一步加大。受装机不足、水电出力减少以及电煤短缺的影响,全国拉限电地区扩大到24个省级电网,只有东北三省、新疆、海南和西藏电网未出现拉限电现象。拉限电地区中,山东、江西、河南、陕西、甘肃、上海和安徽等7个省拉限电持续时间和范围较小,而山西、浙江、江苏、湖南、四川、贵州和云南等十几个区域电网拉限电现象较为严重。上半年,国家电网公司供电地区中,合计拉限电达到78.7万条次,损失电量约187.6亿千瓦时;南方电网供电地区累计拉限电8.6万条次,累计限电量133亿千瓦时。初步分析,上半年全国最大电力缺口合计约2500万千瓦,三季度最大电力缺口达到3500万千瓦。缺电已经给政府造成很大压力;给老百姓生活带来不便,使生活质量下降,使社会安全事故增加;影响国内生产总值、财政收入和职工收入;影响社会安定和就业率;严重影响投资环境和企业订单;小机组的抬头也加剧了能源浪费和环境污染。

对各大电网电力供需形势进行调研,可简要概括如下:

——华北区域电网

2003年前京津唐电网供需基本平衡,2003年后京津唐地区供需平衡偏紧,唐山地区因钢铁等高耗能工业发展过快及电煤供应不足,开始限电。河北南网主要在春季农灌时期和夏季高峰负荷时段的缺电。山西电网和蒙西电网受高耗能行业发展快,加上局部电网受限,缺电日趋严重,成为华北地区缺电最严重地区。山东电网近年来装机增长较快,电力供需一直平衡有余,但电煤供应紧张直接导致了2004年上半年出现拉限电。

——东北区域电网

电力电量有一定富余,向华北电网送电60万~100万千瓦。区域电网内部呈现"北松南紧"的特点,从2003年下半年起,辽宁电网供需开始偏紧,黑龙江仍有少量窝电。

——华东区域电网

从2002年夏季开始,备用不足,电力平衡十分脆弱,上海、江苏和浙江就出现了不同程度的拉限电情况。安徽和福建电网电力电量仍有一定富余。2003年开始,电力供应严重不足、持续高温干旱等诸多不利因素使得华东地区电力供需异常严峻,成为全国缺电最严重的地区,其中尤以浙江最为严重,江苏和上海次之,安徽和福建受电煤供应和干旱的影响较大。

——华中区域电网

2002年华中电网电力供需基本平衡,河南电网在夏季和冬季枯水期出现拉限电,湖北电网受电煤供应紧张影响,在冬季枯水期出现拉限电,湖南电网基本平衡,江西仍有富余。受电煤供应不足和持续高温干旱等因素影响,2003年全网供需紧张继续加剧,湖南最为严重,湖北、河南出现部分拉限电,江西基本平衡。四川电网基本持续表现季节性缺电,重庆电网在外购电较多的情况下平衡仍然偏紧。

——西北区域电网

2002年西北电网电力供需基本平衡。受黄河上游来水特枯的影响,水电出力严重不足,宁夏、青海和甘肃在2003年开始出现了不同程度的拉限电现象。装机富余的陕西受电煤供应不足影响从2004年年初开始出现局部拉限电。新疆电网供需基本平衡。

——南方电网

2003年前南方电网供需形势总体较好,云南和广西供需平衡,海南供应富余,贵州缺备用,广东缺电。2003年以来,受电力供应总量不足、高耗能用电快速增长、持续干旱、来水偏枯、夏季持续高温、电煤供应紧张、局部电网"卡脖子"等影响，各省网出现了不同程度的缺电，海南电网也出现随机性缺电。

需要特别指出的是，党中央国务院高度重视当前的缺电问题，多次进行专题研究，做出了一系列重大部署。按照党中央国务院部署，政府有关部门及各大电力企业做了大量具体细致的工作。所有这些，对确保全国电网安全，缓解电力供应紧张状况，保证重点地区、重点行业和人们生活用电起到了决定性作用。

综合分析近年来我国电力供需形势及其变化，可以看出有以下特点：

1.全国用电全面快速增长。

新中国成立以来，我国电力工业呈现不均衡发展。改革开放以前，西部和中部地区是全国的主要推动力量，东北、华北和华东地区的用电增长明显落后于西部和中部地区；改革开放以来，华东、广东等地区用电增长明显高于其他地区。

2002 年开始，我国用电需求出现了全面快速增长特征。2002 年，除东北电网外，其他大电网用电增长都在 10%以上。2003 年，东北电网也开始明显回升（全年用电增长 9.8%），其他区域电网的用电增速则在 13%以上，全国有 25 个省（市、自治区）用电增速超过 10%。2004 年 1~7 月，全国用电增速超过 10%的省（市、自治区）达到 27 个，仅吉林、黑龙江和广西的用电增速在 10%以下。此外，各行业用电也呈现全面快速增长。2003 年，用电分类的 76 个行业中，有 56 个行业的用电增速在 10%以上，而 2004 年 1~7 月则有 63 个行业的用电增速超过 10%。其中几乎所有的制造业在 2003 年和 2004 年 1~7 月的用电增长都超过了 10%。

2.第二产业用电高速增长，比重逐年上升，是全国用电增长的推动力量。

第二产业用电比重从 1990 年的 79.4%下降到 2001 年的 72.5%，共下降了 7.1 个百分点。从 2002 年开始，第二产业用电比重止跌回升，工业尤其是重工业成为用电高速增长的主导。2002 年第二产业用电增速比全社会用电增速高出 0.7 个百分点，用电比重上升为 73%；2003 年高出 1.4 个百分点，用电比重再上升到 73.8%；2004 年 1~7 月高出 1.2 个百分点，用电比重更上升至 75.2%，共计上升了 2.7 个百分点。

3.高耗电行业用电迅猛增长，产值单耗出现回升。

黑色金属、化工、有色金属、建材等四大高耗电行业长期以来都是我国用电最多的四个行业。近些年钢铁、有色金属、建材等三大高耗电行业迅猛增长，特别是有色金属行业连续两年用电增长超过 20%，成为全社会用电增长的火车头。三大行业用电比重也从 2000 年的 17.8%快速上升到 2003 年的 19.8%，2004 年 7 月再次上升到 20.8%。2002~2003 两年间，三大行业用电增长对全社会用电增长的贡献率超过 1/4。

高耗电行业迅猛扩展，使我国产值单耗开始回升。按 1990 年可比价格计算，我国产值用电单耗已从 1999 年的 2688 千瓦时/万元，上升到 2003 年的 3079 千瓦时/万元。

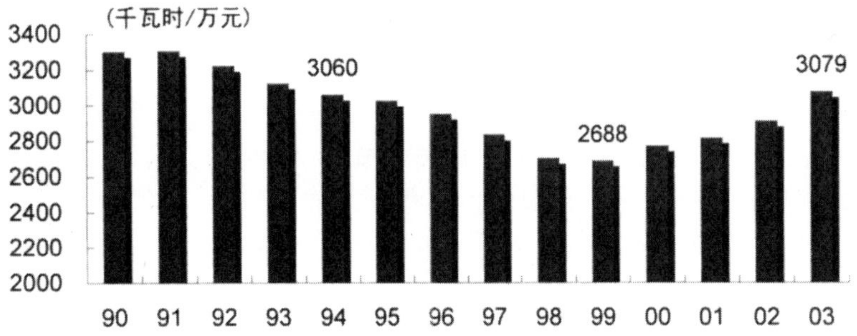

图 1　1990 年以来我国的产值单耗变化情况

4.受产业结构和用电结构调整影响，电力弹性系数再度大于 1。

到 2003 年，我国的重工业增长已经连续第五年高于轻工业的增长，工业在国民经济中的比重不断上升。工业内部中重工业的比重越来越高。钢铁、建材、化工、机械、有色金属等大的用电行业不断扩张，正逐渐成为当前拉动我国经济增长的主要行业。受此影响，我国的电力弹性系数也出现转折性变化。1990~2000 年间，我国的电力弹性系数为 0.8，均小于 1，且呈逐年下降的变化趋势。而我国电力弹性系数在 2000~2003 年分别高达 1.36、1.29、1.45 和 1.68，四年平均弹性系数达到 1.45。

5.制冷采暖等温控负荷逐年增加，用电负荷对气候变化越来越敏感。

随着我国温饱问题的解决，人民生活水平提高较大，人们从温饱型转向舒适型，消费结构升级，造成制冷采暖用空调拥有量不断提高。2002年，我国空调产量比2001年增长35%，全年产量达到3135万台，2003年全国空调设备产量为4812万台，同比增长47.4%。2002年全国每100户城镇家庭的空调拥有量已经超过50%，并且每年还在以5%以上的速度增长。由于空调设备容量在各电网都占有较大比重，夏季空调负荷在电网负荷中所占的比重也越来越高，夏季高温对电网最大负荷增长的影响变得越来越明显。华东电网、南方电网、华中电网空调制冷负荷比重已超过30%，上海电网夏季制冷负荷已经占到全网最大负荷的40%。空调负荷受气候影响较大，导致各电网负荷对最高温度和湿度变化的反应越来越敏感。对华东电网温度与负荷关系的初步分析表明，当温度超过28℃以后，温度每升高1℃，电网负荷上涨大约1.6%~2.0%，气温已成为影响电力供需的重要因素之一。

6.受用电结构重型化和拉限电影响，各主要电网用电量增长普遍快于用电负荷增长。

在"八五"及"九五"用电结构轻型化时期，各电网负荷的增长在不同程度上高于用电增长，导致各电网的峰谷差不断拉大，负荷率下降。进入"十五"后，用电结构向重型化发展，重工业用电比重上升，各电网用电量的增长速度普遍高于负荷的增长速度。且由于大部分电网在夏季高峰期甚至一年四季都出现了拉限电现象，各电网的负荷率不同程度得到提高，峰谷差率开始逐步缩小。2003年，贵州、浙江等省的年均日负荷率均超过90%。

7.跨地区送电为缓解缺电地区的电力紧张发挥重要作用，全国联网在资源优化配置的效益显著。

随着我国跨大区联网工作的推进，近年来我国区域间电量交换增长明显，区域电网间的电力电量交换更加频繁，区域电网内跨省送电也更加活跃。2002年全国跨区送电828亿千瓦时，占当年全社会用电的5%左右，其中跨大区送电132亿千瓦时，占当年全社会用电的0.8%。按照改革后的区域电网格局，2003年跨区送电达到1636亿千瓦时，其中跨大区送电达到296亿千瓦时，区域电网内跨区送电1340亿千瓦时。区域间以及省间电力电量交换，大大缓解了近些年缺电地区的缺电状况，充分表明跨区资源优化配置作用进一步体现，跨区送电具有十分强大的生命力。

8. 电力消费快速增长引发新一轮的电源建设热潮。

受用电快速增长以及供需形势日益趋紧引导，自2002年开始在全国范围内掀起了新一轮的电源建设热潮，出现了未经国家批准就自行开工建设的不良现象。根据国家发改委公布数据，在2001、2002年两年新开工电源建设规模4470万千瓦的基础上，2003年国家共批准新开工电源项目41项3111万千瓦，今年国家批准新开工电源规模将超过4000万千瓦。目前，各地上报到国家发改委的电源项目总装机容量已达3亿多千瓦，而且开工了一大批未经国家批准的项目，包括一大批中小燃煤机组，出现了无序建设态势。这些将对未来电力供需及其电力结构调整带来深远影响。

二、缺电原因分析及其对我们的启示

造成近些年来缺电的原因是多方面的，通过调查分析，可以归纳为以下7方面原因：

1. 电力特别是电源建设滞后是造成近年来电力供应逐年紧张的根本原因。

电力建设规模对电力供需的作用都有一个滞后期，火电项目从开建到投产通常要3年以上的时间，大的水电项目建设期则更长。"九五"中后期开始，受国内电力需求增长缓慢和供应过剩影响，国家着力调整结构，电源开工规模大幅度削减。1998~2000年全国新开工规模下降到852万千瓦、583万千瓦和594万千瓦，与1990~1997年年平均新开工规模降低了40%。新开工规模偏小直接导致1998年以后我国每年的投产装机规模逐年减少，到2002年全国新增装机仅1800万千瓦。与此同时，1998年以后我国用电增长速度开始出现明显的回升势头。1999年用电增长已经开始接近于装机增长，2000年到2003年用电增长高出装机增长分别达到4.5、3、6.3和7.6个百分点。电力建设相对滞后，造成电力供应明显不足，加上其他因素，导致全国大部分地区缺电。

2.经济高速增长特别是高耗能行业迅猛扩张，拉动用电需求全面高涨，电力供应对经济发展支撑能力下降。

积极财政政策和扩大内需政策，促进社会经济进入新的发展阶段，消费结构升级、工业化和城镇化进程加快、大量人口转移和社会财富迅速增加。以住宅、汽车、电子通信和基础设施为龙头，拉动了钢铁、有色金属、机械、建材、化工等中间投资品行业快速发展，并以若干龙头产业为先导，按照投入产出的关联，相应形成几个高增长产业群，说明我国经济发展已经进入工业化中期或者是重化工业阶段。重化工业时期最显著的特点是能源、矿产资源大量增加，电力消耗增大，电力消费弹性系数上升。同时，我国经济发展尚为粗放型增长模式，表现为高投入、高消耗、高排放、不协调、难循环和低效率。导致经济增长对能源消费的依赖性越来越强，用电单耗居高不下，电力供应支撑经济增长的能力相对减弱。2003 年我国仅 GDP 用电单耗上升一项就导致全国多用电 1031 亿千瓦时，也就是说，在 2003 年用电增长的 15.3 个百分点中，有 6.3 个百分点是由于 GDP 用电单耗上升所致。此消彼长，电力供应支撑经济增长的能力下降，电力供需紧张局面进一步加剧。

3.电煤供应紧张，加剧了部分地区的缺电程度。

2002 年特别是 2003 年以来，电煤供应紧张成为我国部分地区电力供应紧张的重要原因。如山东和陕西等装机较为富余的省份，也因电煤供应紧张直接导致拉限电。

电煤供应紧张表现在产能不足、价格难协调、运力紧张和煤质下降等四个方面。我国大部分电源是燃煤机组，并且电煤库存设计警戒线又偏低，火电厂的发电能力对煤炭运输非常敏感，当前煤炭运输困难成为部分地区火电厂出力受限的制约瓶颈，加剧了这些地区电力供应紧张局面。特别值得注意的是，煤炭资源丰富的西电东送省份，也因本地煤炭资源开发和保证力度不够，没有上规模的、强有力的大型煤矿开发和西电东送电源相配套，导致电煤供应不足，出力下降，加剧了缺电。

4.电网发展缺乏资本金，局部电网结构薄弱，存在输配电“卡脖子”问题，制约了有限资源的优化配。

部分电网结构不尽合理，存在输配电“卡脖子”问题，限制了电网对供电资源的调配能力，电网制约成为局部电力供需紧张的一个重要因素。由于局部电网薄弱，造成电力交换受阻地区主要包括山西北电南送、山东胶东地区、东北地区北电南送、蒙西乌海地区受电、江苏长江南北衔接地区、江西东北地区和西南部、陕北陕南地区、湘南地区、广东东南部地区等。

电网结构薄弱的更深层次原因是厂网分开后，国家没有及时出台独立合理的输配环节电价，现有的输配环节收益过低，没有足够的资本金来支撑电网快速发展的需要，更没有形成电网发展的良性循环机制。

5.持续高温、干旱、来水不足以及水利防洪调度与发电协调不充分等随机性因素，使部分地区的供需矛盾进一步加剧。

2003 年我国的南方、华东、华中等地均出现了较为罕见的持续高温，进一步拉大了这些电网夏季尖峰期的电力缺口。加上 2003 年严重干旱，主要河流和水库来水是 90 年代以来甚至是几十年以来最少的年份之一，导致水库来水减少，水电出力下降，同时干旱天气又导致农业灌溉用电的增加，日常由小水电供电地区的负荷也不得不接入统调电网，这些都使水电比重大的省份的电力供需形势受气候影响更加明显。福建电网和湖南电网装机容量较多，在正常情况下完全能够满足自身需求，福建尚有部分富余能力向长江三角洲地区送电，但是去年遭遇上述偶然性因素，特别是有关防洪部门对水情判断存在偏差，在汛期到来前将水库放空至防汛水位，而实际遭遇连续干旱，从而导致下半年水电出力锐减，造成了十分严重的随机性缺电。

6.电价改革滞后，促进了低效用电需求，也制约了需求侧管理实施。

为解决“九五”后期出现的供应过剩，国家有关部门特别是地方政府相继出台了鼓励用电政策，对大用户特别是高耗能用电大户出台了优惠电价。随着电力供需形势的变化，国家特别是地方对高耗能行业的优惠电价未能及时调整，而且优惠电价政策与我国一次能源严重不足大背景下的国家产业政策和能源发展战略相悖，从而客观上激励高耗能行业过度扩张，增加了低效需求。

国内外实践均已证明，需求侧管理是提高能效、节约资源的重要手段，也是缓解当前电力供需矛盾的最重要手段之一。当前，实施需求侧管理主要是通过行政命令，而不是主要电价等经济手段，缺乏必要的法律支持和激励机制，面临越来越大的社会压力。

7.机组临时性停运增加，增加了随机性缺电。

在全国供需总体紧张的情况下，发、输、配电设备不得不连续高负荷运行，客观上造成大量设备计划检修安排不足或不能及时检修，造成临时性停运检修增加，加剧了拉限电。

系统回顾电力工业发展历程，特别是深入分析新世纪再次遭遇缺电的深层原因，我们可以得到以下五点启示：

1. 能源供应问题是我国经济发展的重大战略问题，我国应坚持以能源长期稳定供给能力来确定经济增长速度和经济增长方式。

改革开放以来，我国确立了以电力为中心、以煤炭为基础的能源发展战略，实行"以运定煤"、"以煤定电"和"以电定产"，促进了发展，最终实现电力供需平衡。随着宏观环境发展变化特别是能源供需矛盾缓和，我国未能及时调整和形成清晰、稳定的能源发展战略，造成了煤油电运的全面紧张。

我国能源发展能力，难以支撑当前经济增长速度和粗放型增长方式。特别是经济粗放型增长严重制约了电力工业发展的支撑能力。进入新世纪以来，我国经济持续快速增长，带动了用电高速增长，特别是电解铝、钢铁等高耗能行业更是起到了火车头作用。但从根本上看，我国仍然属于高投入、高消耗、高排放、低效率和不协调的粗放型经济增长方式，要素投入多，各类资源的消耗强度较高，经济结构不合理，相当一部分增长成为无效增长。粗放型增长方式不仅使电力消费强度高，近年来电力消费弹性系数逐年攀升，也造成了一些低效甚至无效的电力需求，严重制约了电力工业发展的可持续支撑能力，这也是造成缺电的重要原因。

2.科学把握电力工业自身规律，始终坚持电力先行、电网适度超前发展。

电力与一般商品不同，具有产供销同时完成、网络性和公用事业属性。公用事业属性，决定了电力关系国计民生，决定了电力工业既是经济社会发展的生产资料，又是人民生活须臾不能离开的生活资料。随着经济发展和社会进步，电力已经成为经济社会发展不可或缺的物质技术条件，缺电对经济发展、社会稳定和人民生活带来的负面影响越来越大，电气化已经成为任何国家实现现代化的必要条件。同时，电力项目建设具有较长周期性。所以，电力先行，电网适度超前发展，确保电力系统具有合理的备用容量和足够支撑竞争性电力市场的输配电能力，才能保证电力安全、稳定和充足供应，这是国民经济稳定健康发展的重要条件，事关经济发展和社会稳定大局，关系能否真正实现以人为本。建国以来，我们始终坚持电力先行，坚持以电力为中心的能源发展战略，解决了长期严重缺电难题。当今再次缺电，重要原因是电力发展滞后，开工和投产规模相对不足所致。

3.要着力改善国家对电力工业宏观调控方式，促进电力工业有序可持续发展。

随着社会主义市场经济体制逐步完善，国家对电力工业的计划管理体制与市场经济运行机制冲突愈演愈烈，对电力工业良性发展制约越来越大。近些年无序建设愈演愈烈，无不表明国家电力规划、产业政策和项目审批制度等电力宏观调控方式面临极大挑战。需要改善宏观调控方式，充分发挥市场机制的作用，做到电力有序可持续发展。国家的电力宏观调控方式，要按照"放松管制、加强监管、市场引导"原则，加快改革电力项目和电价行政性审批制度，加快制定电力法和市场监管条例，强化市场监管，同时要坚持以长期稳定的供电、供煤合同为基础。

4. 要充分发挥电价在引导有效需求和增加有效供应的市场调控作用。

现有电价体制既增加了低效和无效需求，又不能促进增加有效供应和更大范围优化配置资源，加剧了缺电。上世纪末对高耗能行业实行的优惠电价，特别是各地方比照扩大了优惠范围，与国家产业政策和能源战略不尽相符，刺激了高耗能行业飞速增长，增加了低效需求。电价在错峰、避峰和节约电能、资源方面的调节作用也未得到应有发挥。发电环节分时电价机制尚未形成，制约了发电机组调峰能力发挥，造成了电网调峰困难。没有独立合理的输配电价和输配环节收益过低，电网发展不能形成良性循环机制，从体制上造成了电网发展滞后，结构薄弱。按照现行电价体制，即使在2007年装机容量供过于求的情况下，也可能因电网制约而出现局部拉限电。跨省、跨大区电力交易缺乏灵活的定价机制，制约了有限的电力资源在更大范围内优化配置。

5.要及时正确化解随机性矛盾，建立危机管理机制。

随着社会进步和人民生活水平不断提高，制冷采暖负荷比重上升，因持续高温、干旱、来水不足以及水利调度与发电不协调等偶然性因素，造成随机性缺电逐年加深和扩大。特别是电煤供应矛盾日益突出，对电力供应影响越来越明显，加剧了缺电局面。政府及有关部门需要尽快建立危机管理机制，制定应急预案，及时协调有关部门，尽可能减轻随机性因素带来的缺电。

三、近期电力供需发展态势分析

2003年以来，国家相继出台了一系列宏观调控措施，从投资政策、金融政策、财政政策、价格政策和土地政策等五个方面，重点解决固定资产投资规模增长过快、投资结构不合理和局部行业过热等问题。总体上看，国家宏观调控效果已经开始显现，重点行业用电快速增长势头得到初步遏制，用电结构不合理、用电效率偏低的发展势头将有所缓解，电力供应能力增加较多，电源无序建设有所限制，建设节电型社会开始形成共识。

目前对我国经济增长的普遍看法是我们正处于新一轮经济增长的上升期，2004年我国的经济增长将承接2003年的强劲增长势头，经济的快速增长需要有较大的电力消费增长支撑，下面对近期我国的电力供需进行预测和展望。

当前，我国经济继续保持较高速度增长，充分考虑国内外经济环境、产业政策、电价调整、电煤供应、气候以及来水情况，随着重工业持续发展和能源结构的升级，电力需求增长速度将继续高于经济增长速度。综合数学模型预测、影响因素修正，预计2004年全国电力需求增速可能会比2003年略有回落，但继续保持较高速度。全年的总电力需求将达到21150亿~21725亿千瓦时，净增2260亿~2830亿千瓦时左右，增长速度约12%~15%。即使考虑到今年投产规模将超过4000万千瓦，输变电能力也将进一步加强，2004年电力供需更为紧张，电力缺口高达3500万千瓦左右、缺电量600亿千瓦时左右。四季度电力缺口大致有1500万~2000万千瓦。

随着国家宏观调控效果进一步显现，将对电力需求影响更加明显。预计2005年和2006年全国电力需求分别增长7%~11%和6%~9%。考虑到2005年和2006年投产规模将达到5000万千瓦甚至更多一些，2005年全国电力供需将比2004年有所缓和，拉闸限电的地区和持续时间将较2004年有所减少，仍然表现为总体偏紧；国家宏观调控措施落实到位后，2006年全国电力供需将总体平衡，局部地区略显紧张。

四、几点建议

当前出现的缺电，既不是电力垄断特别是电网环节的自然垄断造成的，也不是电力体制改革带来的。解决当前缺电问题，保持未来电力供需基本平衡，更需要牢固树立和认真落实科学发展观，深化改革，建立促进电力工业全面、协调、可持续发展的宏观调控和市场运行机制，加快电力有序发展，增加电力有效供应，不断满足国民经济发展和人民物质文化水平日益提高的电力有效需求。

1.深化电价体制改革，建立节约资源、降低无效需求和优化结构、促进发展的市场调控机制。

电价是电力市场的价格信号。电价改革的核心是尽快形成独立的输配电价和合理的电价结构。输配环节属于自然垄断环节，电网经营企业既要受到国家严格管制，其管制的输配电价又必须反映电网合理的建设、运营成本，保证合理利润，以满足电网快速发展的需要。发电环节关键是要发挥市场机制在形成容量电价的基础性作用，既要反映电力市场供求关系，又要反映电源可用率和质量水平，还要充分反映国家产业政策，优化电源结构，促进水电、新能源等清洁发电能源发展。销售电价结构要有利于节约用电、抑制低效需求和促进需求侧管理，进而促进经济增长方式的转变。此外，还要尽快形成调峰、调频、备用、事故支援等辅助服务电价(费用)制度。

2.深化电力投融资体制改革，完善国家宏观调控机制，充分发挥市场机制配置电力资源的基础性作用。

强化国家在发展战略、发展规划、产业政策和市场监管的宏观调控职能，通过控制规模、优化布局、出台经济政策等宏观调控措施来实现优化结构，避免电力供需的大起大落。国家根据电力供需形势和规划布局，通过市场竞争招标确定电源投资者及其容量电价，从体制上根本解决抢占发电资源和无序建设、保证投资者合理收益的问题；电网经营企业根据政府管制要求，自行确定电网项目建设时序，实行项目备案制。

3.加快形成电网发展良性循环机制，尽早消除竞争性电力市场的跨区、省间交易通道的堵塞问题。

国家要尽快明确对电网经营企业的管制方式，加快出台合理独立的输配电价，确保企业具有良好的资本结构，确保电网发展资金能够筹集到位，理顺电网公司与其他市场主体关系。电网经营企业根据国家管制要求和国家发展规划，加快电网发展，消除电力市场中电网瓶颈制约，促进省间以及区域电网间电力电量交换，为各市场主体提供无歧视优质服务，实现更大范围内资源优化配置。

4.加快形成电源与电网统一规划、协调发展机制，落实国家电力规划责任主体和工作主体。

电源与电网是电力供应的两个有机组成部分。电力需求分布和大型水电站开发、大型水电基地和煤电基地开发、核电站开发决定了电网的网架，电网引导负荷中心电厂和一般性电源的布局，电源和电网是紧密联系、相互制约的统筹关系，要确保电网安全性和经济性，就必须对电力系统进行统一规划，包括统一规划电源和电网，统一规划水电、煤电、核电、气电和新能源发电，统一规划全国、区域和省级电网，统一规划输电网和配电网，统一规划一次系统和二次系统，统一规划送端电网和受端电网，统一规划有功和无功等。

电力规划是国家宏观调控的重要内容，政府部门是电力规划的责任主体，负责规划的组织、制定和实施。电网经营企业既不能获得额外的垄断收益，又要确保稳定的合理收益以满足电网发展的需要，其利益归根结底与全社会和全行业整体利益相一致。电网经营企业长期以来承担电力规划工作，与供应侧和需求侧直接接触，对电力系统安全运行状况更能深刻理解。所以，无论是国外实践，还是我国国情，都需要在政府部门组织和指导下，委托电网经营企业为主，具体承担电力规划研究工作，既能做到电力规划工作整体上投入和成本最小，又能够站在全电力系统和全社会的高度统筹规划电源与电网，确保规划方案的公正性和客观性，确保全社会总成本最低、效益最好。

5.重视资源节约，加强需求侧管理。

我国国情决定了能源、电力对经济发展的承载力极其有限，单纯依靠增加供给来满足需求的传统发展模式，难以满足经济社会科学发展要求。要把节约资源和节约电力提升到与电力供应同等重要的地位，树立能源忧患意识，减少能源消耗。要从规划开始，全过程实施节约资源措施，提高能源利用效率。加强发电节能管理，推进节能发电技术，降低输配电损耗，提高电源、电网的主要技术经济指标水平；加强火电厂的节水、节油管理；加快现有电厂技术改造和生态环境治理；加快发展热电联产、集中供热及热能梯级利用技术，推广热电冷联供技术和热电煤气三联供技术。

需求侧管理是电力工业节约资源的重要内容，既是缓解当前电力供需矛盾的最重要手段，也是保障电力系统安全经济运行的重要举措，更是提高能效，促进我国电力工业全面、协调、可持续发展的长远战略。国家要制定切实可行的经济政策和法律制度，建立推动需求侧管理的激励机制和约束机制，近期辅之必要的行政措施，把需求侧管理落实到实处，坚持到长久。

6.坚持电网统一调度，确保安全供电。

全国联网能实现全国范围内资源优化配置，提高电网整体经济性，同时，一旦发生大面积停电，可能带来更大的损失。我国刚进入西电东送、南北互供、全国联网新阶段，电网结构特别是全国联网还十分薄弱。网厂分开后，在市场交易规则和国家监管尚待完善，特别是当前缺电环境下，网厂协调难度加大，加上外力破坏，都使电网安全面临更为严峻的形势。2004 年美加“8·14”大面积停电事件，就给我们敲响了警钟，提醒我们要始终坚持统一调度，建立和完善保障电网安全运行的“三道防线”，确保电网不发生重大安全事故，确保居民生活、重点城市和重要用户用电。

坚持电网统一调度与鼓励市场竞争是辩证统一的。统一调度是市场经济规律与产供销瞬间完成的电力属性有机结合的产物。按照统一规范的技术标准，在电网正常运行情况下，各市场主体按照市场规则充分竞争；在电网非正常情况下，按照事先制定的事故处理预案，严格按照电网调度部门的统一指挥，进行事故快速处理，确保电网安全，再按照交易规则，各市场主体进行利益调整。

创新变革，为下游用户创造价值

上海宝钢集团公司董事长、总经理　谢企华

【提要】 钢铁企业与下游产业不只是简单的产品买卖关系。钢铁企业应通过与客户建立良性互动，为自己赢得更多的商机。在当前的市场条件下，我国虽然面临国际产业转移和市场持续扩大的有利局面，但也面对国外钢铁公司竞争、产品结构调整、更好地适应下游产业要求等方面的障碍。国内钢铁企业要想把握住目前的发展机遇，就必须建立"以用户需求为导向，不断提升用户价值"的有效运行机制。本文借鉴处于世界领先地位的日本钢铁企业的成功经验，指出我国钢铁企业应进行用户关系的创新变革，其主要实现途径有专业化运作、产品结构优化、成本控制、技术研发、组织创新等。本文还对宝钢的"先期介入"理念及其具体的实施措施和取得的成效进行了介绍。

钢铁工业是国民经济基础产业之一，钢铁业的发展很大程度上取决于以制造业为主的钢铁下游产业的发展，下游产业的需求不断激发钢铁业的变革与创新；同时，钢铁业通过产品、服务与技术的提升，反过来又促进并更好地满足下游行业的发展，钢铁上下游行业之间的发展彼此依存，相互促进。全球产业分工与转移，给中国钢铁业及下游产业带来巨大的机会。外资的进入，竞争的升级，也不断推动各相关产业的结构调整、产业升级与整合。在此形势下，产业之间的合作与创新变得尤为紧迫和重要。对钢铁行业而言，创新变革，不断为下游行业创造价值，将成为行业下一轮发展的主要方向之一。

一、环境与挑战

1.共生合作：跨国公司优势发展模式的挑战

伴随经济全球化和新技术革命浪潮的兴起，国际产业结构调整、产业分工与转移步伐不断加快。中国强劲的经济增长势头、巨大的市场空间以及劳动力成本相对低廉的现实，直接导致并加快了以跨国公司为主要载体的发达国家和新兴工业化国家向我国转移汽车、钢铁、石化、造船、装备制造等制造业的步伐。

就钢铁业而言，发达国家对我国钢铁产业转移的步伐正明显加快：由于从世界范围看，钢铁工业生产能力过剩、市场总体供大于求的状况并未根本解决，因而长期存在转移的动因；同时，在发达工业国家，有关生态环境保护的法律法规对钢铁工业发展的制约作用越来越强，为缓解压力，美国、日本、欧洲以至韩国的一些企业在加快调整重组的同时，加快了向发展中国家转移钢铁工业的进程。显而易见，中国成为国际钢铁产业转移的首选地。实际上不仅仅是钢铁业，汽车等钢铁下游行业已呈现出更明显的国内市场国际化的趋势。

分析钢铁及下游跨国资本进入中国的行为模式，有一个不容忽视的特点，即下游跨国公司与上游的钢铁企业(通常是母国钢铁企业)形成共生发展模式：下游跨国公司产品线延伸到某一地区，与之结成紧密关联的钢铁公司采取用户追随战略，相应在当地建立钢材生产厂以及剪切配送、加工物流等配套服务体系，提供度身定制的专业化服务。通过上下游互动，双方建立起彼此合作交往的更有效的专业化程式，紧密的合作模式使得上游企业可以根据下游企业的用钢特性以及特殊要求，在钢铁产品的质量、规格等方面实施灵活的调节；下游企业在以产定销的基础上，还可以优化钢材资源库存，甚至实现零库存。由此，大大提高了上下游企业的整体效率和效益。同时，用户追随战略经由上下游之间长期深入合作的磨合，为双方产业先期介入，进一步熟悉各自相关的设计、产品以及技术发展路线提供了机会。跨国汽车巨头与国外钢铁公司在国内的合作，便是这种最典型的共生模式。

不难理解，上述共生合作发展模式实质上是跨国公司之间分工深化、专业化和协作化运营的体现，是相互之间技术、资源与能力互补提升，进而创造增值价值的优势合作模式。这种上下游合作的行为与理念对国内行（企）业提出了新的挑战。

2.钢铁业自身结构调整的挑战

伴随工业化进程，我国钢铁工业取得了长足的发展。作为一种传统性基础材料，钢铁被认为是工业化的“粮食”。由于其在质量、性能、经济以及可再生性等方面普遍具有无可替代的优越性，因此，预计相当长一段时期内钢铁作为最重要的工业原材料的地位仍无可撼动。自1996年粗钢产量突破1亿吨以来，国内钢产量已持续8年保持在世界第一的位置。2003年，国内粗钢产量达到2.2亿吨的规模，并同时创造了钢产量、钢消费量、钢材进口量及铁矿石进口量4项“世界第一”。中国已成为名符其实的世界钢铁大国，钢铁产业对促进我国国民经济发展起到了举足轻重的作用。未来，中国经济的持续快速增长将继续促进钢铁产业较快发展。

应当看到，中国还不是钢铁强国，体现在产业粗放型发展特征明显、行业集中度低、钢铁企业总体竞争力不强、劳动生产率不高以及产品结构不合理等方面。可以预料，随着国家新一轮宏观调控的进行，钢铁企业之间的竞争将会进入一个更讲究效率、效益的层次，钢铁行业的结构调整也必然朝着更好地满足下游行业需求的方向展开，这对整个行业而言是一个现实的挑战。

3.钢铁下游产业用钢特点与趋势分析

钢铁业主要下游行业有建筑、机械、汽车、家电、造船、石化、铁路、集装箱等等，这八大行业钢材消费量占我国钢材消费总量的80%左右，这些行业也基本上涵盖了国民经济的各主要领域，可见，钢铁业与国民经济的发展息息相关，钢铁工业满足下游行业的需求，实质上体现了不断满足我国国民经济持续、稳定、健康发展的要求。

不同行业在不同的发展时期对钢铁行业有着不同的需求，重化工业阶段的主要产业对钢铁工业的需求与工业化初始阶段对钢铁工业的需求特征显然有明显的差别。

对汽车行业而言，随着对汽车安全性、节能性和环保性的要求日益提高，汽车用钢品种、性能需要不断改进与优化：具有良好的强度、延伸性、耐疲劳强度及能量吸收率的双向钢和烘烤硬化钢等高强度、超高强度钢材的应用不断增加。镀层钢板因具有较好的防腐性能、可焊接性能和表面质量，在车身覆盖件中的应用比例不断提高。在与钢铁业的产业组织关系上，逐渐体现出钢铁产业链向下游汽车产业链延伸的趋势。

对家电产业而言，产业与消费升级使得家电产品的生命周期越来越短，家电产品的不断推陈出新，一方面要求国产冷轧薄板、镀锌板、硅钢片等产品能够尽快达到国外同类产品的水平，在表面平整度、光洁度和清洁度等指标方面缩短差距。另一方面，要求钢材供应商以更快的市场响应速度（如新产品的开发与服务响应）以及更短的交货周期来满足家电行业对最终市场的快速响应。此外，行业利润状况使得家电行业对钢材价格的敏感度较高，对钢铁企业控制成本和价格提出要求。

对造船行业来说，随着我国船舶制造行业的迅猛发展，船舶的规格和性能不断提升，对钢材质量、规格、尺寸精度、焊接性等方面的要求也不断提升，其中超宽、超厚、低合金、高强度、耐腐蚀造船用板的比例大幅增加。同时，由于造船业产品制造周期普遍较长，对钢材价格的稳定性有着很高的要求，对此，上下游企业间建立在长期基础上的供需合作就尤为重要。

再看建筑行业，相比发达国家，目前中国民用钢结构建筑只占年建筑总量的3%，而发达国家这一比例则达到30%。钢结构取代钢筋混凝土是一种趋势，悬殊的差距意味着巨大的需求空间。这其中，能否生产和提供耐火、耐候、高强度的结构用钢，以及能否满足不同设计规范、不同规格的新型建筑用钢需求，成为众多国内钢铁企业努力的方向。

下游行业的结构调整和消费升级，成为钢铁行业产品结构调整和产业结构调整的动力和方向。如何更快、更好、在更高的层次上满足下游行业不断升级的用钢特点和需求，是对钢铁行(企)业未来发展的重要挑战。

世界经济一体化、产业分工与转移以及国内经济的快速增长，在给国内钢铁及下游产业带来强大刺激和拉动效应的同时，也深刻改变着国内钢铁等相关行业的竞争和发展格局。外资的进入、竞争的升级、市场的多变以及需求的多层次，使国内企业传统的经营方式与合作理念正面临新的冲击与挑战。对钢铁行业而言，惟有以用户为导向，以面向用户的组织创新与变革，不断提升用户价值。

二、我国钢铁工业的发展方向：持续变革，提升用户价值

1.下游产业引领钢铁业发展方向

管理学大师德鲁克从一般管理的责任出发，指出“对企业目的只有一个有效的定义，使顾客得到满足……顾客界定了企业是什么”。可见，以顾客为导向，以用户价值创造为导向，是企业发展的一个基本的条件。延伸到产业范畴，则下游产业的发展界定了上游产业的发展趋势、发展模式及行为理念。

当前，某个产业的价值创造过程已不仅仅局限于传统的生产过程，而是取决于该产业能否与上下游产业共同构成价值创造的一个完整体系，在此基础上，企业之间的竞争也将更多体现在整个价值链过程环节的竞争。对钢铁企业来说，通过对钢铁原材料资源供应环节的合作与开发，获得上游资源的配置同时创造价值；通过钢铁下游分销、物流、延伸加工与创新服务等环节，逐渐建立以用户为导向的运营模式，创造并获取增值价值。

在钢铁业的价值环节中，下游行业又显得尤为重要，下游产业引领钢铁业的发展方向。

仍然以汽车业和钢铁产业间的发展关系为例：众所周知，日本钢铁工业目前在全球处于领先的水平，无论在产品、工艺、技术还是创新能力方面，日本的钢铁企业都走在前面。那么，日本钢铁工业是如何才走到现在这样的先进和成熟的水平、制造出如此出众的优质钢材产品的呢？根据日本新日铁等世界一流钢铁企业自身的总结，他们认为成功的因素很多，但其中很重要的一条，是六七十年代以丰田为代表的日本汽车工业的迅速崛起，引领和促使日本钢铁企业加速创新变革，以更好的产品质量性能、以更优质的服务满足日本汽车企业不断提升的要求，这种压力和动力导致了日本钢铁企业自身竞争力的迅速提升。钢铁产业的进步又促进了日本汽车工业的国际竞争力，日本汽车的经济、节能、轻量化等特性很大程度上基于钢铁材料高强度、轻量化等质量性能的不断改进。

2.提升用户价值，钢铁业创新变革的主要方向

满足下游产业的需求，不断提升用户价值，是钢铁业实现新一轮发展，变革创新的主要方向。体现在以下几个方面：

(1)专业化。包括生产的专业化、采购营销的专业化以及经营模式的专业化等方面。专业化生产要求钢铁企业以连续、高效、现代化的设备，在工艺、组织、操作等关系到企业产品生产竞争力的方面形成企业独有的专长，形成一系列的专业化产品制造中心，实现大规模、专业化的精益生产模式，为下游用户提供专业化的、低成本、高质量产品。采购与营销的专业化要求钢铁企业尤其是大型钢铁企业实施集中化、专业化的采购，提高效率同时降低成本；要提供专业化的用户钢材使用解决方案，把钢材销售作为为用户创造价值的开始而不是结束，以一体化的营销服务体系满足并服务于用户的需求升级，为下游产业创造增值价值。经营模式的专业化则要求钢铁企业对供应链各种要素进行专业化整合，大型钢铁企业集团应当尽可能实现集团层面一体化，以专业、规范以及透明的经营模式赢得用户和投资者的信任，并通过内外部资源的专业化整合，减少组织运营的不协调，提高效率。

此外，企业规模也在某种意义上决定了实现专业化的程度。对企业来说，资源占有能力和调动能力越来越重要，这都离不开规模，规模也逐渐成为钢铁企业运用经济杠杆推进企业系统降低各项成本的主要手段，成为钢铁企业为下游用户提供有价格竞争力的、专业化的产品及服务的重要因素。很难想像，一个年产几万吨的钢厂能为下游用户提供多少专业化的服务。

（2）产品结构优化。体现在钢铁企业不断优化产品结构，满足用户对品种、质量、性能的日益提高。我国钢铁产业长期以来走的是粗放型的发展道路，主要依靠增加资本、劳动投入单纯追求数量和速度的增长，产品结构的升级未得到应有的重视，形成了以技术含量和附加值不高的低档次初级产品为主的产品结构。近年我国钢铁业板材比始终在40%以下（2003年为34%），而进口产品中板材占90%左右的比例，表明国内钢产量的增量部分主要是低等级产品，高级产品的产能远未满足下游产业的需求自给，这些产品包括冷轧薄板、镀锌板、彩涂板、不锈钢板、冷轧硅钢片，等等。即使是一些我国企业能够生产的高附加值钢铁产品，同钢铁强国相比，在性能、质量上也存在一定的差距。

从国外成熟工业化国家或地区的钢材消费结构来看，板材等占据主要的比重，以长材为主的建筑用钢所占的比重，美国为21%，日本为29%，欧盟约41%，而2003年，我国建筑用钢比重占到了钢材消费总量的53%。由于钢消费结构与区域市场下游产业消费特点紧密关联，随着国内产业结构、消费结构的升级，对我国钢材消费的高级化要求也会越来越高。

产品的质量档次直接体现着产品结构优化，是钢铁业为下游行业创造价值的最主要方面。钢铁企业应当树立并秉承这样的观念：质量不仅仅是与标准一致，优异质量只有在达到或超过用户需要时才算达到要求；优异质量是满足下游企业每一方面要求的全面质量管理的结果。未来成功的中国钢铁企业，其竞争优势将更多体现在技术高级化层面的竞争主动权，体现在以专有技术带动品种结构高级化的竞争能力。

（3）成本控制。体现在精益运营，为下游行业创造价格空间。近年，中国经济的快速增长使得全球范围内铁矿石、焦炭、运输等与钢铁制造企业直接相关的资源严重短缺，原材料价格的迅速上涨使得钢铁企业成本大增，价格传递作用导致钢材价格也有了较大幅度的上涨，进而给下游相关行业造成了一定的压力。在这种形势下，钢铁企业内部的成本控制就显得更为重要。

成功的成本改进需要整个组织的不懈努力。通过详细分析钢铁企业价值链各环节中的活动成本，可以找出改进的方向，并且可以通过引入西格玛和精益运营等管理实践方法，实现以用户为导向、流程协作、价值驱动的企业运营目标，进而为下游用户创造价格空间。钢铁企业改进成本的几个方面有：改进组织结构以降低管理费用；通过自动化降低劳动密集程度，提高劳动生产率；改变产品设计、组织、性能，降低工序成本；提高工艺操作技能，增加成材率；改变营销运作方式，减少中间环节，加快用户响应速度；开展工艺技术革命，降低能源消耗，节约制造成本，等等。

钢铁企业通过成本控制，尽可能稳定钢材价格的波动，为下游行业创造价格空间提供了可能。

（4）技术研发。下游行业消费升级与需求多样化要求钢铁供应商不断提升技术创新能力，尤其是面向用户的应用技术与服务。传统上，用户提出要求，钢铁企业进行研究，开发设计出满足用户要求的新产品，企业通过这种方式进行创新。国内外众多行业的大部分创新就是最先由市场上的主要用户设想并开发出来，而后才导致上游供应商在相应技术上的创新。也就是说，下游行业的产业升级，不断引导钢铁企业实施创新，实现产品、技术的升级。进一步地，我们认为未来钢铁企业与下游用户可以共同进行开发研究，通过信息互通、互动，共同识别市场与技术趋势，共同把握端终市场机遇。当然，前提条件是钢铁企业首先要具有自我意识，要具备进一步实施技术创新的基础条件，要具有不断满足消费升级的技术创新的资源和能力。

（5）组织创新。体现在联盟合作，柔性互动，面向用户。首先是要有进行面向用户的组织创新的信念与价值观。对于市场驱动的企业，一切决策都以顾客及所预期的优势机会为出发点，整个组织自始至终坚持从顾客的角度出发，提供优越的质量和服务。其次，建立以用户为导向的开放型的组织结构与体系，实现钢铁企业与下游用户的柔性互动。组织结构的主要目的是为市场驱动价值和行为提供支持，并强化整个企业所需要的行为。这就要求组织结构必须反映市场的细分状况，以更好地为每一个细分市场服务。当钢铁企业围绕下游用户进行组织时，市场中差别化的要求就会受到重视，并且可能通过产品组合来满足个性化的要求。最后，充分运用信息技术，实施钢铁企业系统创新工程。例如，宝钢股份2001年提出了系统创新工程：以客户需求为中心，以业务流程为重点，以管理体系为保障，以规范透明为制约，以信息技术为支撑，以提高系统有效性和运作效率为目标，最终建成对外快速响应、内部高效协同、客户驱动的流程化运作系统。至去年底，宝钢股份“敏捷制造系统一期工程”、“产品设计二次开发”和“网上营销系统”三大产销主体项目全面投入上线运行，实现了从ERP管理应用层次向供应链管理应用层次的跨越。

此外，钢铁企业与下游企业可以实施开放型的组织体系创新，建立类似虚拟组织的合作与联盟，以实现信息、资源以及设计、生产、配送、物流及服务等方面的柔性互动，共同创造价值。

三、宝钢与下游行业互动发展的实践与探索

宝钢从建厂以来，较早确立了以用户满意为导向的先进理念，从选择“直供用户”到“战略用户”，从“100%完成合同”到“标准+α”，从“按月交货”到“按周交货”，都是面向市场、面向用户、面向下游行业的战略性举措。在集团内部，通过精益运营以及系统创新工程，不断降低成本、优化结构、强化工艺质量水平。在集团新一轮发展战略明确后，宝钢正将一体化、信息化以及扁平化作为集团发展的重要战略性举措而推进。

近年来，宝钢与上游铁矿石、煤炭、船运，下游汽车、家电、机械制造等诸多优秀企业建立了合作伙伴，确保了资源的长期稳定供给，建立了上下游间紧密的合作发展模式。2003年，在汽车业、家电业、机械制造业、运输业及通信业平均增长幅度超过40%的形势下，宝钢凭借长期稳定的战略供应链合作关系，取得了较好的经营业绩。

宝钢始终在努力探索上下游产业创新合作的途径与模式。以宝钢与汽车行业的合作为例：在国内钢铁企业中，宝钢率先导入了“先期介入”的理念，本着“为用户创造效益”的宗旨，于1999年成立了用户技术研究中心。技术中心不仅自觉将“先期介入”理念导入技术服务的实践中，更以主导产品汽车用钢的用户使用技术研究和用户技术服务作为切入点，在成型技术、焊接技术、涂装技术诸方面与汽车用户开展交流和合作，并且在汽车板产品的技术服务与实践中不断丰富和发展先期介入模式，以满足不同汽车制造商的不同层次需求，引导用户对宝钢汽车板产品的认可和使用；同时，通过与汽车制造企业共同建设基于信息化的供应链体系，深化了供需之间的紧密衔接，缩短了交货周期，大大降低了汽车制造企业的库存，提高了企业的资金利用率，加快了汽车生产的周期和市场响应速度。在与国内汽车企业的合作中，宝钢逐渐探索出几种有效的服务模式：产品开发延伸工作模式；模具设计支持型工作模式；用户投产支持型工作模式以及成本、性能优化型工作模式。通过互动合作，宝钢与汽车用户实践了真正意义上的双赢。

总之，全球产业转移与分工给国内包括钢铁在内的诸多产业带来了难得的发展机遇，国内产业的发展又大大促进了全球市场的复苏和发展，地位得以进一步提升。但是，全球竞争与合作的理念、模式已进入一个新的时代，而国内产业在这方面还处于一个相对较低的层次，已越来越不能适应新的需要。为此，国内产(企)业应当以这种优势的竞争与合作理念为方向，以更为灵活、务实和超前的姿态，通过创新变革，在不断提升用户价值的同时，获得自身的发展。同时，建议政府有关部门在推动相关产业(例如钢铁及相关产业)的产业升级与合理化，在促进各产业间协调、互动发展上给予更多政策引导。

关于加快提升中国石油集团公司国际竞争力的战略研究报告

中国石油天然气集团公司战略研究课题小组

【提要】为了适应经济全球化和国际激烈竞争的要求，实现党中央、国务院提出的大公司、大集团战略，中石油集团公司正在实现由国家石油公司向综合性跨国大石油公司的转变，本文是中石油集团实现这一转变的战略研究。文章首先阐明了转变的战略定位，并通过与世界前5名大石油公司的对比，对中石油竞争力进行了分析，认为中石油集团已经具备较强的规模实力、盈利能力和技术创新能力，但也存在国际化程度低、下游产业发展滞后、管理水平和资产运营效率有待进一步提高等问题。因此，本文提出了整体发展、突出主业、结构调整、加快国际化和改革创新的战略发展思路。

党的"十六大"提出了我国在新世纪头20年全面建设小康社会的奋斗目标，核心是强国富民，关键是增强国家综合国力和国际竞争力，最根本的还是坚持以经济建设为中心，不断解放和发展生产力。应当看到，随着经济全球化，特别是我国加入世界贸易组织后国内市场国际化、国际竞争国内化趋势的加快，国内许多产业和企业面临着严峻的国际竞争挑战。必须大力实施大公司、大集团战略，集中力量在国民经济的一些关键领域和重点行业形成若干"拥有著名品牌和自主知识产权、主业突出、核心能力强的大公司和企业集团"。这项工作事关国家经济实力的增强，事关中华民族的振兴，事关国有企业的前途。石油石化工业是国民经济的基础产业和支柱产业，中国石油天然气集团公司(简称石油集团公司或CNPC)作为国有特大型石油石化企业集团，面对新世纪、新机遇、新目标，必须站在实现中华民族伟大复兴的战略高度，瞄准国际同行业先进水平，努力把石油集团公司建设成为具有国际竞争力的世界一流的大集团、大公司，为全面建设小康社会贡献力量。

根据国务院办公厅转发原国家经贸委等八部委《关于发展具有国际竞争力的大型企业集团的指导意见》的要求，结合石油的产业特点和公司的实际情况，研究提出加快提升中国石油集团公司国际竞争力的战略思路及对策方案。

一、石油集团公司的国际竞争环境

(一)在经济全球化的大背景下，国与国之间的竞争，越来越演化为各国大公司、大集团之间的竞争。当今世界，各国的经济活动越来越紧密地联系在一起，全球范围内的生产要素流动和优化组合日益加剧，资本聚集、产业集中和市场垄断的程度也越来越高。一个国家能否在这种激烈的国际竞争及国际分工、资源配置、财富分配中处于主动地位，在国际经济舞台上拥有发言权，关键就取决于有没有自己的、具有国际竞争力的大公司和企业集团。据美国《财富》杂志近年来公布的世界500家排序情况，一个国家的国内生产总值的世界排序，与其在500家中所拥有的席位基本一致。2002和2003年，中国进入《财富》世界500家的企业分别只有11和15家，其中CNPC分别排在第69和54位，基本能够反映我国的国际竞争力水平。

世界著名的竞争战略专家迈克尔·波特教授认为，国家竞争力由四大要素组成：一是要素条件，如熟练的劳动力供给和基础设施状况；二是需求条件，如对产品或服务的不同市场的需求情况；三是相关的支持产业；四是企业的战略、组织结构与竞争状况等。这就是说，大公司和大集团的竞争力已经成为国家竞争力的重要组成部分。另外，从国际上有关竞争力的排名情况来看，无论是世界经济论坛（WEF）的“全球竞争力(Global Competitiveness)”，还是瑞士洛桑国际管理发展研究院（IMD）的“国际竞争力（World Competitiveness)”，往往小国比大国更有竞争力，反映了“国际竞争力”不同与“综合国力”的内涵。综合国力是主权国家经济、军事、科教、资源等方面的实力和影响力的总和。而国际竞争力则主要是指一国经济在国际竞争中表现出来的强弱程度，或者说，一国公司参与分享国际资源和市场的能力。按照国际上的有关分析报告，我国的综合国力排名比较靠前(第7名左右)，但竞争力却远远排在30名甚至40名以后，说明我国公司的国际竞争力依然较弱。

因此，党中央、国务院明确提出要大力实施大公司、大集团战略，加快发展一批具有国际竞争力的大公司和企业集团。CNPC作为特大型国有企业集团，需要担当起历史的重任，成为增强国家竞争力的一支重要力量。

（二）世界石油工业经过新一轮的大规模兼并重组，形成了一批超巨型的跨国石油公司。20世纪90年代以来，世界石油领域的兼并、重组风潮一浪高过一浪。仅2000年前后的三年间，大石油公司之间的超大规模合并就有8次，总金额达3058亿美元。经过一系列的兼并重组，形成了埃克森莫比尔、BP-阿莫科、英荷壳牌、道达尔菲纳埃尔夫和雪佛龙德士古等一批巨型石油公司。目前，主要跨国石油公司控制着世界30%以上的石油工业产值，其贸易量和直接投资金额超过了全世界的2/3，并拥有80%以上的世界石油石化先进技术。同时，主要石油技术服务公司也在加快进行联合、兼并和重组，哈里伯顿以85.2亿美元购并德莱塞公司，贝克休斯以61.7亿美元合并西方阿特拉斯公司，斯伦贝谢以32.2亿美元收购卡姆科公司，成为实力强大的综合服务公司。这三大石油技术服务公司占据着全球物探市场45%的份额，测井市场88%的份额，压裂市场69%的份额，明显处于垄断地位。

世界石油市场上的竞争，主要表现为这些巨型公司之间的抗争。CNPC进入国际市场，并要发展成为具有国际竞争力的跨国公司，面对的竞争对手主要是这些实力强大的巨型公司。

（三）在私有化和股份化的过程中，国家石油公司的职能、发展模式及其作用出现了新的变化。从现代石油工业的发展历史看，早期从事石油生产经营活动的主要是私营石油公司，直到1914年英国政府才开始介入石油工业。20世纪70年代，发展中国家产油国为打破国际大石油公司的垄断，掀起了石油工业的国有化浪潮。到80年代初期，几乎所有发展中国家产油国都建立了国家石油公司；除美国外的大多数西方发达国家，出于保证国家石油安全的考虑，也纷纷建立了国家石油公司（美国曾在70年代中期就是否成立国家石油公司的问题进行过全国范围的争论）。国家石油公司逐步发展成为世界石油工业尤其是油气上游领域的一支主导力量，极大地改变了世界石油工业的格局。

80年代中期后，由于国际政治和经济形势出现新的重大变化，一些西方发达国家更加强调市场机制的作用，开始对国家石油公司的部分业务或整个公司进行私有化改革，主要是出售和大幅度减让国家股权；一些发展中国家产油国为了加快对外开放和市场化进程，吸引国外投资，缓解财政和债务危机，同时也因受到来自西方发达国家的压力，不得不选择国家石油公司私有化的道路。经过私有化改革，政府对国家石油公司的持股比例显著下降，公司体制和经营模式发生明显转型，作为国家石油工业管理者的角色普遍淡化，而作为运营公司的职能得到了加强。在政府的支持下大力拓展海外业务，积极参与分享全球石油资源。像马来西亚、巴西等国家石油公司，国际经营业务增长势头迅猛，正在或已经成为CNPC新的竞争、合作伙伴。

尽管如此，除美国等少数国家外，大多数国家的法律都明确规定地下石油资源归国家所有，政府依然采取有效措施保持着对国内石油工业的控制，以欧佩克成员国为主的国家石油公司在全球石油上游领域仍占据主导地位。目前，世界上拥有油气储量最多的10家公司，均是国家石油公司，其中沙特、伊拉克、科威特、阿布扎比、伊朗和委内瑞拉等6大资源国的国家石油公司拥有的石油可采储量占世界总储量的70%，石油产量占世界总产量的32%。一些资源国开始实行油气储量开放政策，以吸引国际大石油公司的技术和资金。

国家石油公司地位和发展战略的变化，使全球资源争夺更趋激烈。CNPC在参与分享国际石油资源的过程中，不仅要面对国际大石油公司的竞争，更需要借助国家政治、外交等多方面的支持，协调好与资源国政府及其国家石油公司的关系。

（四）石油技术快速发展，国际石油领域的竞争越来越依靠技术制胜。世界石油工业的发展史就是一部技术创新的历史。随着石油科技的不断进步，一次次打破了"石油即将枯竭"的预言，带来全球石油储量、产量的增长和生产成本的下降。近年来，石油勘探开发难度越来越大，油田发现的规模变小，品质变差，大量"边、老、低、难"资源，特别是深海、极地等非常规资源的勘探开发，对技术要求越来越高。与此同时，由于上游技术的不断突破，又跨越了"常规"与"非常规"石油的界限，使以前那些被视为非常规的石油资源逐步转化成了常规资源。据统计，最近10年全球发现的近80个油气田中，有15个属于深水油气田。上游发展对技术依赖程度的提高，进一步拉近了油公司与技术服务公司的距离，双方开始构建一种新型的战略联盟关系。

在炼油化工市场上，赢得产品、价格竞争优势同样要依靠技术，而且环境、资源和市场需求已成为炼化技术发展的重要动力。为满足越来越高的环保要求和日益丰富的市场需求，更加有效地利用有限的石油资源，世界各国的炼油加工装置越来越趋向超大型化，炼油与化工越来越趋向一体化，产品开发和生产越来越趋向精细化、差别化等。加氢技术、洁净油技术、天然气合成油技术、生物脱硫技术、燃料电池技术等快速发展，为降低生产成本、提高产品质量、实现环境友好等展示出良好前景。

面对日新月异的石油新技术革命，CNPC无论是应对国内市场的竞争挑战，还是参与国际市场的激烈竞争，都必须加快实施技术创新和技术制胜战略，掌握并不断开发优势技术，加快培育核心能力。

（五）世界石油供需总体平衡的格局短期内不会发生重大改变，但资源分布与消费格局的严重失衡，潜伏着错综复杂的国际矛盾。自上世纪80年代以来，世界石油的总供给量与总需求量基本平衡，且经常供略大于求。根据各方面的预测，这种供需基本平衡的状况短时期内不会被打破。但是，石油毕竟是一种有限的、不可再生的矿产资源，而且资源分布严重不均。世界常规石油资源的80%集中在中东—北非、中亚—俄罗斯和北美3个地区，世界石油供应主要依赖中东；世界石油消费的近80%则集中在北美、亚太和欧洲地区。近年来，由于亚太地区经济发展加快，石油需求剧增，石油消费从1985年的5亿吨增至2002年的9.92亿吨，增长4.9亿吨，约占同期世界石油消费增长量的70%左右。2002年，世界7大石油消费国中有4个国家在亚太地区。

资源分布与消费格局的严重失衡，加上地质条件和生产成本的不同，使跨国经营成为实现低成本高效益运作的有效手段，由此导致全球石油资源争夺加剧，不断引发石油消费国、资源国之间错综复杂的矛盾。同时，随着里海等地区和深海石油的新发现，以及资源国的开放、国家石油公司的私有化和跨国公司的重组等，今后15~20年内，世界石油资源市场可能呈现新一轮调整和再分配的局面，这对CNPC参与世界石油资源开发又是一个难得的机遇。

（六）我国石油供需矛盾日益突出，对进口石油的依赖程度越来越大。我国是世界主要产油国之一，也是石油消费和进口增长速度最快的国家之一。90年代至今是我国石油消费快速增长的阶段，石油消费量从1991年的1.18亿吨增长到2003年的2.67亿吨，年均增长1173万吨（是产量增长的3倍以上），石油消费年均递增6.7%（高出产量年均增长速度4个百分点以上）。1993年我国开始成为石油净进口国，2003年的原油进口量已达9741万吨，占全国石油消费总量的36.5%左右。据多个机构的预测，2010年以前，我国石油消费年均增长速度为3.5%左右，2010~2020年为3%左右。2010年和2020年石油需求将分别达到3.4亿吨和4.5亿吨左右。保守预测，石油供需缺口2010年为1.7亿吨，2020年为2.5亿吨左右。我国对国外石油资源的依赖程度将由目前的36%上升到2010年的超过50%和2020年的55%以上。

我国不断增加的石油需求和对进口石油越来越高的依存度，在很大程度上影响到国家石油安全。CNPC 必须把国家与企业的利益紧密结合起来，加快“走出去”的步伐，尽可能多地参与分享国际石油资源和市场，努力保障国内油气供应。

（七）中国加入 WTO，既为石油石化产业的发展提供了难得的机遇，同时也带来了严峻的挑战。 1998 年石油石化两大公司的交叉重组，打破了石油石化的行业垄断，拉开了石油、石化两大石油集团公司竞争的序幕。随着我国加入 WTO，国内石油石化市场进一步对外开放，越来越多的国际大石油公司瞄准中国市场、越来越多的进口石油石化产品挤入中国市场。特别是世界炼油、乙烯等生产能力过剩，韩国、日本和中东地区的石化产品生产能力过剩更为严重，它们都视我国为重要的目标市场之一，纷纷采取一体化合资合作的方式，转移加工能力，建设加油站和零售网络，渗透进入中国市场，对 CNPC 的下游业务造成比较大的冲击。

国外一些石油技术服务公司，也借助其技术、装备上的优势，采取多种方式和渠道，抢占国内服务市场。CNPC 重组改制之前，技术服务单位是“甲方”的一部分，国外公司要进入油田市场需要借助 CNPC 的技术服务单位。现在的情况不同了，CNPC 的技术服务单位变成了“乙方”，与外国服务公司成了面对面的竞争对手，一些外国公司接连举行技术展示会，以更强的势头对我国石油技术服务市场进行扩张，给国内石油技术服务企业带来很大的威胁。如斯伦贝谢公司在我国的测井队伍大约有 6 个，测井业务收入达 850 万美元。

总之，面对经济全球化趋势的日益加快和我国加入 WTO 后全方位、多层次、宽领域对外开放的形势，企业的内外部环境越来越复杂，市场竞争更加激烈，不确定因素明显增多，无论是从维护国家石油安全，还是实现企业自身战略发展，石油集团公司都迫切需要加快培育和增强国际竞争力，全面参与分享全球石油资源和市场。

二、石油集团公司的战略定位和国际竞争力特征

（一）石油集团公司的战略定位。 目前，世界石油工业的经营主体主要包括：跨国石油公司、国家石油公司、独立勘探开发公司、独立炼油公司、技术服务公司、独立钻井承包商，以及各种能源贸易公司等。其中能够对世界石油工业发展产生重要影响的，主要是跨国石油公司、国家石油公司和技术服务公司。

一般认为，国家石油公司是国家全资或控股的公司，在国家授权范围内统一规划、管理或垄断经营国内石油勘探开发、炼油等业务，并代表国家实施对外合作，努力实现国内石油资源的有效开发和利用，保证国家石油安全供给。而跨国石油公司则以私人或社会资本为主，以开发国际石油市场为重点，跨越多国从事石油经营业务，努力实现盈利的最大化和股东回报最大化。近些年来，跨国石油公司通过兼并重组越滚越大，形成了一批巨型公司；国家石油公司则在市场化取向的改革中逐步分划成三种类型：

第一类，继续保持国家全资或控股地位的国家石油公司，主要是资源十分丰富的发展中国家，特别是欧佩克成员国。

第二类，完全私有化的国家石油公司。像英国石油公司、法国道达尔公司、意大利埃尼公司、西班牙雷普索尔公司、阿根廷 YPF 公司等，早已按市场经济模式商业化运作，政府仅保留了少量股份或“黄金股”。

第三类，处于转型过程中的国家石油公司。政府通过转变国家石油公司的职能，或将部分业务、资产改制和上市，实现从纯粹的国家石油公司向市场化的跨国公司转型。如巴西国家石油公司、印尼国家石油公司、马来西亚石油公司、挪威石油公司，以及俄罗斯的石油公司等。

目前，石油集团公司作为“国家授权的投资机构和国家控股公司”，保持着国家石油公司的特征和职能。但由于政府管理职能已经分离，国内石油市场的竞争格局开始形成，国际化经营取得重大成效，跨国石油公司的特征和职能得到不断加强。因此，石油集团公司总体上应属于转型中的国家石油公司，在实际运作中应在朝着包括“油公司”和“技术服务公司”在内的综合性跨国大石油公司方向发展。

（二）石油产业的发展要素

世界石油工业经过百年的发展，逐步显示出自身的产业发展特点。综观国内外大石油公司，特

别是那些"百年老店"的成功经营和持续发展，普遍具备6个方面的基本要素：规模、技术、结构、管理、文化、政府支持。

——规模：石油产业的高投入、高风险，要求企业必须具有庞大的生产经营规模。油气资源和生产规模对资产组合深度和成本结构有着决定性的影响，是其生存和发展的基础。国际石油市场上的激烈竞争，带来的往往是一轮又一轮的兼并重组，使石油巨人越滚越大。

——技术：石油勘探开发、炼油化工产业的复杂性，使石油生产对科学技术及相应的装备、工具、手段等依赖性很强，大凡最先进的技术都可以在石油领域找到其运用的价值。依靠技术创新和科技进步，可以大幅度降低勘探开发成本和风险，大幅度提高炼制和化工生产效率及产品附加价值。

——结构：石油的产业链较长，且易受各种不确定因素的影响，特别是石油资源分布的严重不均和油价的频繁波动，要求石油公司必须建立合理的上下游一体化经营结构，这种结构的完善程度对降低成本、分散风险有着相当重要的影响。国际石油领域频繁的业务交换、出售、购并、分割等活动，其实际结果是加快了石油公司产业链条的延伸。

——管理：油气田是一座无围墙的工厂，工作地域广阔，专业结构庞杂，业务流量大，对管理的层次、幅度及计划、组织、控制等运营系统有比较特殊的要求，石油公司的管理创新、体制创新、制度创新十分频繁。

——文化：石油产业的艰苦性、风险性和国际性等，培育了带有石油特色的经营方式和工作作风，并经过多年的积累形成宝贵的石油文化传统。在过去的百年里，世界石油工业无论如何变迁，但那些老牌的石油公司就像一棵棵常青树，依靠文化的底蕴不断创造新的奇迹。

——政府支持：由于石油是一种战略性物资，具有与政治、经济、军事、外交密切相关的属性，大凡石油公司的国际化经营业务，往往离不开本国政府的支持和推动。

（三）石油产业的竞争界定

根据波特教授的竞争力理论，企业获得竞争优势的关键在于选对产业，并赢得在该产业中的优势地位，这主要取决于五种竞争力量，即潜在进入者、替代品威胁、供货方的讨价还价能力、消费方的讨价还价能力以及同业竞争。企业必须利用价值链创造竞争力或竞争优势，特别要经营和控制好价值链上的某些战略环节。

石油是一种关系到国家经济安全的战略物资，石油石化产业高度资本和技术密集，产业进入的壁垒和难度较大；石油作为当今世界主要一次能源，目前还没有哪种能源产品能够有效替代；石油公司普遍实行的一体化经营模式和石油价格形成机制的特殊性，使供应商和消费方的讨价还价能力相对较弱。因此，石油产业的竞争主要是同业竞争。同时，石油石化产业是一个完整的价值链，从上游勘探开发，到下游炼油化工、市场营销等各经营环节，都对创造整体价值发挥着重要的作用。就CNPC而言，上游勘探开发业务，是整个价值链中的关键战略环节。

另外，石油是一种国际化商品，其竞争的焦点主要集中在对全球石油资源的争夺上。考虑到我国日益加剧的石油供需矛盾，迫切需要建立稳定的海外石油生产供应基地和安全的运输通道。所以，CNPC的国际竞争力总体上应表现为参与分享全球石油资源和市场的能力。同时，随着国内外石化市场的逐步接轨，国际竞争日趋国内化，CNPC下游业务的国际竞争力应首先立足于站稳国内市场，扩大占有份额。

（四）石油公司的国际竞争力特征

国际竞争力，主要是指参与国际市场竞争的能力。具体地讲，就是企业在国际化的市场竞争环境中，通过合理配置资源，取得比同行企业更多市场占有份额、更高经济效益、更强发展后劲的能力。因此，国际竞争力是一种综合能力，可以根据企业的性质和规模等，分解成若干具体能力，如市场开发能力、技术创新能力、组织管理能力等。特别是核心能力，又是企业长期竞争力的源泉。同时，国际竞争力也是一种比较概念，需要通过与国际竞争者或标杆企业的对比分析，进行评价和度量。

原国家经贸委在《关于发展具有国际竞争力的大型企业集团的指导意见》中，把企业国际竞争力的特征归纳为：技术创新能力强，主业突出，拥有知名品牌和自主知识产权；市场开拓能力强，有健全的营销网络，拥有持续的市场占有率；经营管理能力强，有适应国际化经营的优秀管理人才队伍和现代化管理手段；劳动生产率、净资产收益率等主要经济指标达到国际同行业先进水平；规模经济效益好，具有持续的盈利能力和抗御风险能力等。

根据石油产业特征，石油公司的国际竞争力应主要表现在以下七个方面：

——规模实力：主要反映企业资产、生产、经营、员工等规模状况，表现为抗御风险能力和成本竞争优势。

——盈利能力：主要反映企业投入产出、资产收益、利润、现金流等状况，表现为积累能力、“造血”能力、再生产能力和投融资、偿债能力等。

——持续发展能力：主要反映企业资源接替、产品更新、业务领域拓展、经济增长点及环境友好等状况，表现为稳定增长或成长能力、发展后劲等。

——技术创新能力：主要反映企业开发和掌握新技术、使用先进生产工具和手段、产品技术含量等状况，表现为企业的核心能力、独特技术优势等。

——市场营销能力：主要反映企业营销策略、网络覆盖、品牌声誉、市场份额等状况，表现为市场影响力、控制力、拓展力和应变力等。

——国际化经营能力：主要反映企业跨国投资、海外资源开发、国际贸易等状况，表现为分享全球资源和市场的能力。

——经营管理能力：主要反映企业管理体制、经营机制、管理手段、组织构架、管理效率等状况，表现为战略适应能力、协调控制能力、资本运营能力、文化聚合力等。

三、石油集团公司的主要竞争力指标对比分析

CNPC 注册资本 1149 亿元，总资产 8000 多亿元；主要从事石油天然气勘探开发、炼油化工、管道运输、施工作业、市场销售等业务；拥有 13 个油气田、15 个大型炼油化工厂，以及一批大型石油石化销售、施工作业、技术服务、机械制造单位及科研院所等；拥有的剩余石油可采储量和年油气产量均占全国的 2/3 左右，是国内最大的石油生产和供应商；1999 年，CNPC 进行了大规模重组改制，并实现股份公司境外成功上市，使企业的管理体制和经营机制发生了重大变化，经济运行质量、效益水平和竞争能力明显提高。在美国《石油情报周刊》公布的世界最大 50 家石油公司排名中，按照原油储量、原油产量、天然气储量、天然气产量、石油加工能力、油品销售量等六项指标综合排序，中国石油（石油集团公司所属股份公司）居第 10 位。在美国《财富》杂志 2004 年公布的世界 500 家公司排名中，CNPC 居第 52 位，在 17 家能源企业中居第 8 位。这表明 CNPC 已成为全球大公司阵营和世界石油工业领域一支不可忽视的重要力量，具有一定的国际竞争力基础。

为客观评价 CNPC 的国际竞争力，选择埃克森莫比尔、英荷壳牌、BP-阿莫科公司、道达尔菲纳埃尔夫、雪佛龙德士古等 5 家世界排名处于前列的跨国大石油公司，按照 7 个方面、32 项指标进行“对标”分析。同时，还选择了部分国家石油公司，以及贝克休斯、哈里伯顿、斯伦贝谢等 3 家国际主要综合性石油服务公司，进行有关指标的补充对比分析。由于 CNPC 的发展历程、业务结构和性质特征等并不同于这些跨国大石油公司，其中存在着一定的不可比性。所用指标以各公司年报为主，部分指标参考了美国《财富》杂志、《美国石油情报周刊》及国际中介机构研究报告的资料。

（一）与国际大石油公司的对比分析

1.规模实力比较。主要对比资产、收入、储量、产量、加工能力、加工量等指标。

CNPC 的总资产规模已经超过雪佛龙德士古，接近道达尔菲纳埃尔夫。石油剩余可采储量（均含海外）最高，石油产量略低于埃克森莫比尔，排第二位。天然气剩余可采储量的差距不是很大，但天然气产量则小得多。下游规模实力相对较弱，特别是炼厂的平均规模小，没有一个千万吨规模的炼厂。从近三年来的情况看，世界主要大石油公司的石油储量、产量增长缓慢，炼油化工业务处于收缩状态，成品油销售量有较大幅度增长。

2.盈利能力比较。主要对比利润、销售利润率、股东权益回报率、平均运用资本回报率等指标。

按照《财富》杂志的世界 500 家排序，CNPC 营业收入排名 52 位，但利润和营业收入收益率分别排在 20 多位、30 多位，反映了 CNPC 的总体盈利水平较好。CNPC 油气主营业务的销售利润率高于国外大公司的水平，平均运用资本回报率和股东

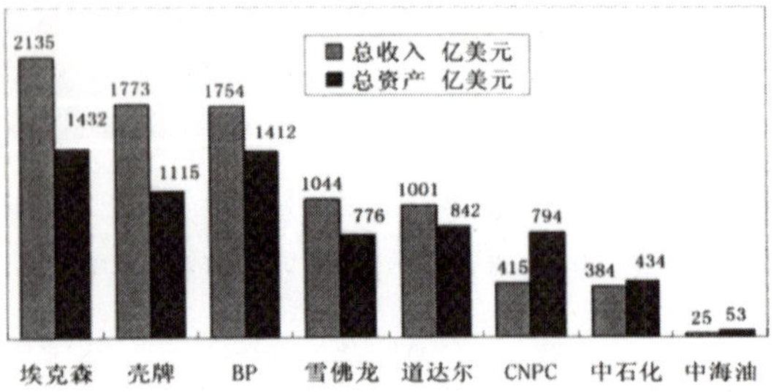

图 1　总资产与营业收入比较

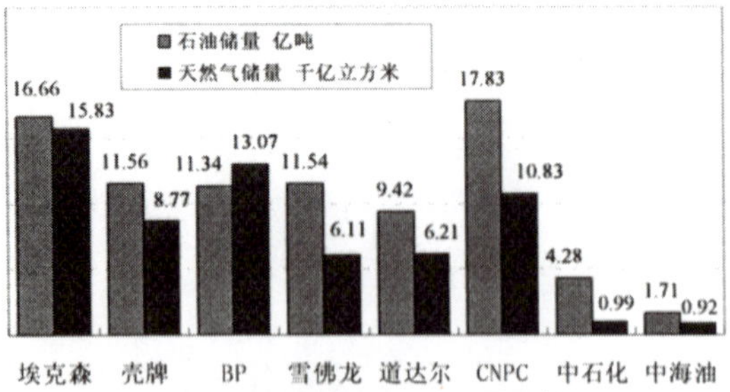

图 2　剩余油气可采储量比较

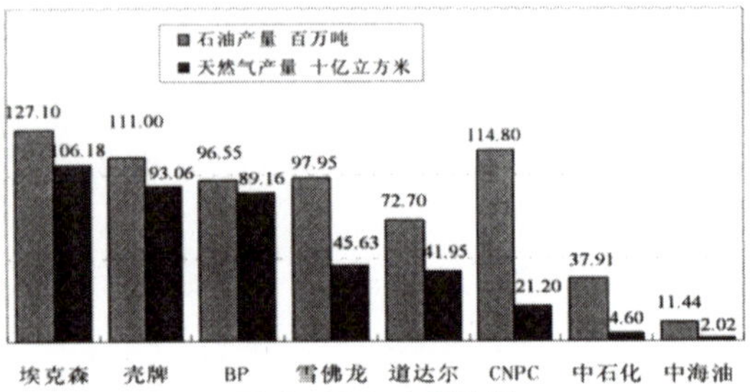

图 3　油气产量比较

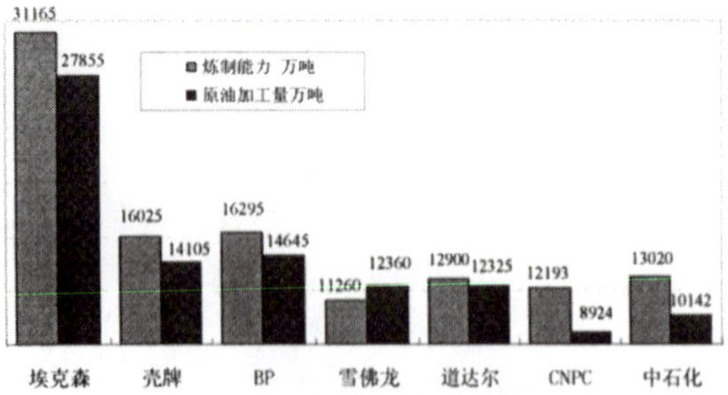

图 4　加工能力和加工量比较

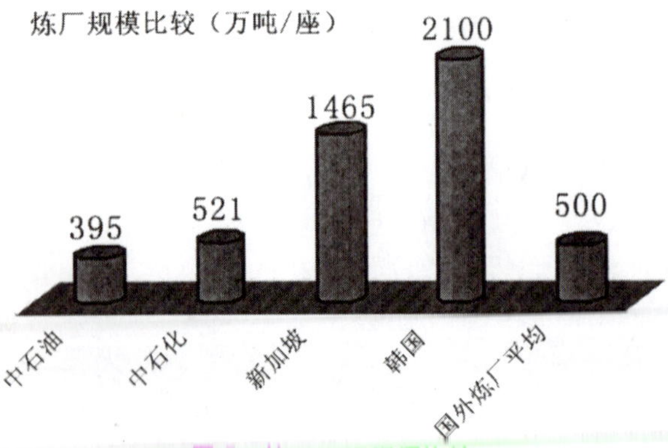

图 5　炼厂平均规模比较

权益回报率接近国外平均水平。特别是勘探与生产板块的平均资产回报率远远高于国外大公司的指标，说明 CNPC 上游业务的盈利能力处于国际先进水平。炼油、化工业务板块的盈利能力有较大差距，近 3 年来这两项业务的平均净资产回报率均为负值，而国际大石油公司的这两项指标一般处于 5%~12%和 3%~19%的范围内。

根据国外证券公司的分析，国际油价每变动 1 美元/桶，CNPC 的油气主营业务净利润将增（或减）7%；炼油毛利每变动 0.5 美元，CNPC 的盈利将随之变动 3%，CNPC 的抗油价波动能力在中国是领先的。但国际主要大石油公司，净利润随油价变动的幅度一般为 4%~5%，比 CNPC 低 2~3 个百分点。特别是经营业绩对炼油毛利的敏感性，国外大石油公司明显强于 CNPC。

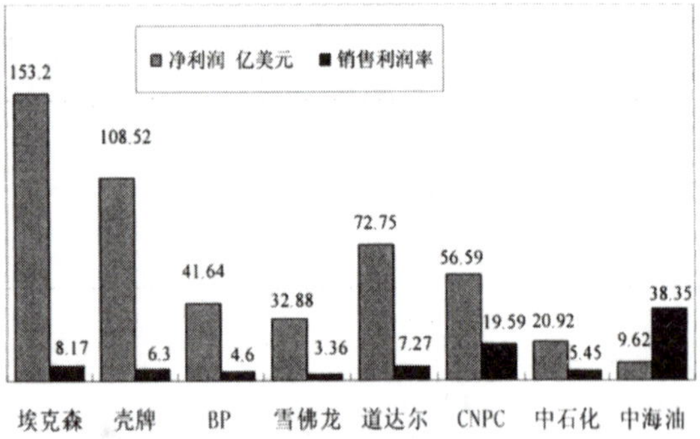

图 6　利润和销售利润率比较

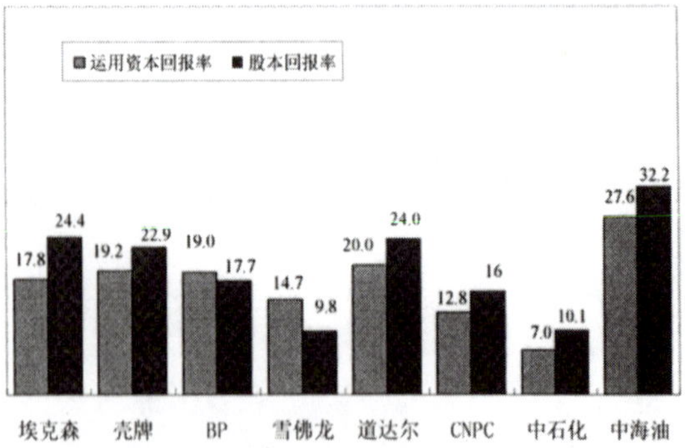

图 7　股东权益回报率和平均运用资本回报率比较

3.可持续发展能力比较。石油公司实现可持续发展的基础主要是油气后备资源，因此主要对比剩余可采储量、储量替代率、储采比等三项指标。

近几年，CNPC 的平均原油储量接替率约为 113.6%，与国际大公司大体持平，但呈现下降趋势且剩余可采储量的质量和品位不高；天然气储量替代率远远高于国外大公司水平，虽然天然气产量较低，但发展潜力很大。

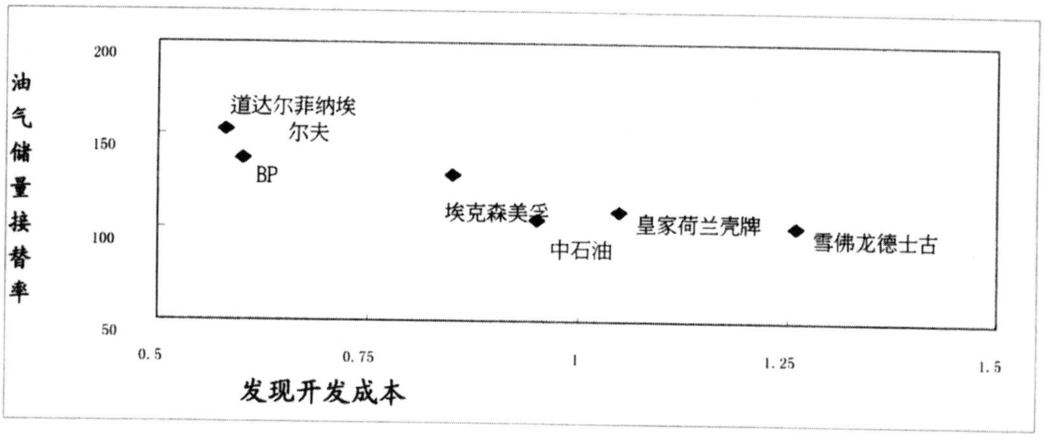

图 8　2001 年国际石油公司上游业务竞争力水平定位

表 1　CNPC 原油储量及接替情况

	1999	2000	2001	平均
新增储量(百万桶)	909.6	797.6	690.8	875.8
其中:重新评估	159.9	138.3	189.6	159.3
扩边与新发现	419.3	296.4	360.4	405.8
提高采收率	330.4	362.9	140.8	310.7
当年产量	775.2	765.2	763.5	771.0
储量接替率	117.3	104.2	90.5	113.6
年底剩余可采储量	10999	11031	10959.1	10963.5

近年来,一些主要国际大石油公司的原油储量接替也出现下降的趋势。同时,根据国外中介机关评价上游业务竞争力的通常做法，即用油气储量接替率和发现开发成本两大指标进行定位分析，可以得出图 8 的结论。

表 2　主要公司的原油储量接替率比较

	1999	2000	2001
埃克森	135.8	133.6	116.3
壳牌	114.7	138.7	72.7
道达尔	226	131	90.5
中石油	117.3	104.2	90.5

4. 技术创新能力比较。主要对比技术水平、技术人才、研发投入、专利申请、技术创新体系等指标。

经过半个世纪的摸索、攻关和创新,CNPC 已经掌握了一整套成熟的陆上油气勘探开发技术。特别是陆相石油地质理论、大型非均质砂岩油田开发理论与开采技术等，已处于世界领先水平；盆地山地地震、快速钻井、定向井和水平井钻井技术等，也已经达到或基本跟踪世界先进水平。但是,在炼油化工领域,除个别技术达到或接近国际先进水平外，总体上不仅较国外大公司有 10~15 年的差距，严重影响了企业的盈利能力和市场竞争力。

CNPC 具有一支较强的技术队伍,有各类专业技术人员 33 万人，其中石油石化工程技术人员 9 万人，具有研究生以上学历的占 1.3%、大学本科学历的占 33%。从申请专利的情况来看,1985~2000 年期间，在中国石油石化领域四类申请人专利中,CNPC 占 15%，中石化占 17%，外国公司占 31%;发明专利中,CNPC 占 6%,中石化占 16%,外国公司占 56%,反映出 CNPC 在知识产权管理方面还存在着一定的差距。

在科技投入方面,CNPC 近年来的科技投入总额基本上保持在销售总额的 1%左右。但是,在科技总投入中，约有 70%左右属于人头费、基建费等，真正用到研发上的也只占销售总收入的 0.31%,与国外油公司的比例相当,但与技术服务公司的差距较大。

在技术创新体系方面，国际大石油公司普遍建有两个层次的研发机构:第一层次,在总部设立直属的综合研发中心,作为战略性、全局性、超前性的研发主体;第二层次,根据专业化、国际化的需要,在世界各地或业务单元设立专项研发中心、实验室、现场研发机构等,形成较为合理的研发和技术支持体系。CNPC 在长期的科研管理实践中，也建立起了比较完整的分层次、分专业技术研究体系。特别在上游领域,技术开发能力较强。但整体技术创新体系尚处于建设之中，特别是下游技术研究力量还十分薄弱,体系也不尽完善。

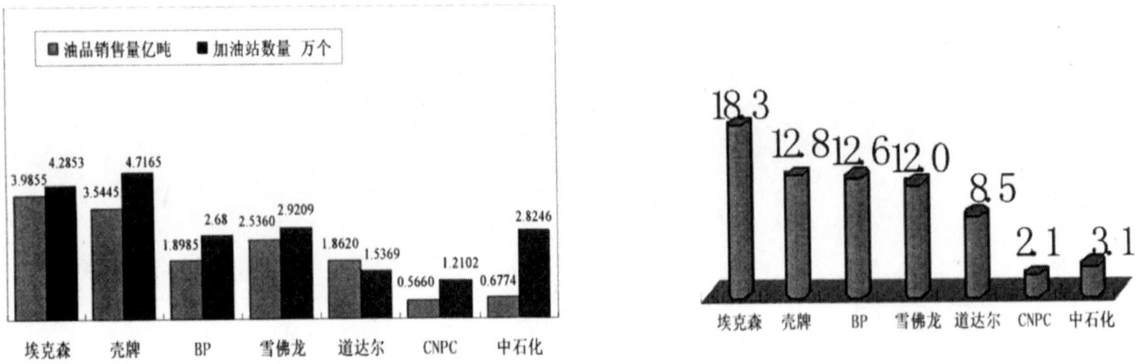

图9　2001年主要成品油市场销售指标比较

目前，CNPC总部设有专门的科技委员会，定期研究技术创新工作思路、审议科技项目和经费计划；建有国家认定的技术中心，下属60个企业技术分中心，并建有一批重点实验室，负责重大关键技术研究开发和解决企业生产经营发展中的技术难题；每年都承担完成一批国家科研攻关重大专项、原国家经贸委重点技术创新项目、国家级新产品试产计划项目、科技部重点新产品项目等，组织实施大批集团公司级项目等。

同时，建立和不断完善有利于促进创新的激励机制。专门设立了技术创新奖，每年评选50个项目，发放奖金700多万元；还设立了“石油中青年创新基金”，每年投入500万元，面向高校和科研院所开放，促进了产学研的合作。并制订了多种吸引、稳定、激励科技人才的政策。

5.市场营销能力比较。主要对比油品销售量、加油站数量、市场占有率等指标。

由于CNPC实行上下游一体化经营，大部分原油留在集团内部加工，产运销衔接比较好，上游价值可以得到最大程度实现。天然气市场受管网限制较大，在西南、西北、东北、华北等地区占据市场主导地位。随着西气东输、川气出川和涩-宁-兰管线、陕京复线等的建设，必将进一步扩大京津冀和甘肃、青海等地区的天然气市场，开发占领上海和长江三角洲地区，以及湖南、湖北、河南、安徽等地区的天然气市场，发展潜力很大。

但是，CNPC所属炼化企业大都集中在东北、西北等经济欠发达地区，当地油品市场的需求量十分有限，每年生产的成品油近一半需要“进关下海”“东调南进”，销往区外市场，主要是经济发达的华东、华南及东南沿海地区市场，有相当一部分成品油的运距超出了经济半径。比如，大连的下海油到广东地区运费要超过100元/吨，西部地区的成品油运到云、贵地区一次运费高达500~600元/吨。相比之下，从台湾到福建的运费只有30元/吨左右，从韩国到上海的运费也只有60元/吨左右等。CNPC油品销售的地域劣势比较明显。

近年来，CNPC十分重视研究和实施积极的营销策略，在牢牢站稳区内市场的同时（区内成品油批发市场占有率为93%，零售市场占有率达43%），按照“一级集散、二级批发、三级分销”的思路，加快营销网络和销售体系建设，特别是大力发展终端市场，增加加油站和便利店，积极推广配送制和IC卡技术等，使区外市场的占有率大幅度提高，保证了产销衔接，实现了均衡运行。目前，CNPC的成品油国内市场份额已达到40%以上，零售市场占有率超过了20%。

如果以全球石油消费市场为基数，CNPC的油品销售量、市场占有率、加油站数量等指标，与国外大公司相比差距就更大了。在营销策略与结构上，CNPC与国际大石油公司的主要差异表现在：国际大公司一般油品销售量大于油品加工量，油品加工量又大于原油产量，形成面向市场的放射性结构。近年来，跨国大石油公司的石油贸易量进一步扩大，加油站、便利店的数量及成品油零售量也有较大幅度增长，有的公司已经遭到政府的反垄断。

CNPC的情况则相反，特别是成品油终端销售环节依然比较薄弱。这里有历史的原因，也是转型中的国家石油公司普遍遇到的问题。马来西亚、巴西等国家石油公司，已经开始把扩大海外、扩大销售纳入重要的经营战略。

6.国际化经营能力比较。主要对比海外油气储量、产量、投资、收入等占公司总量的比例指标。

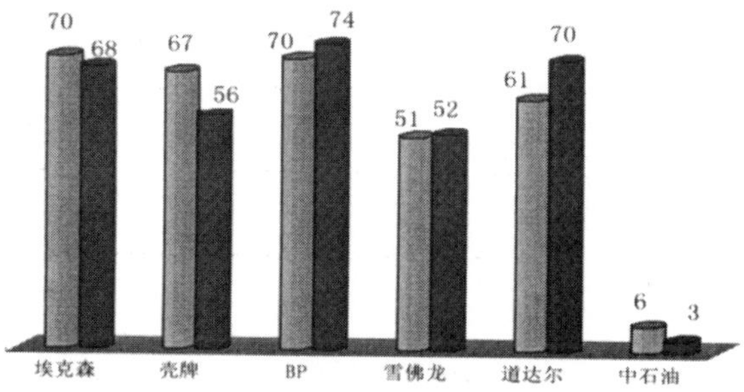

图 10　跨国指数比较(2000 年)

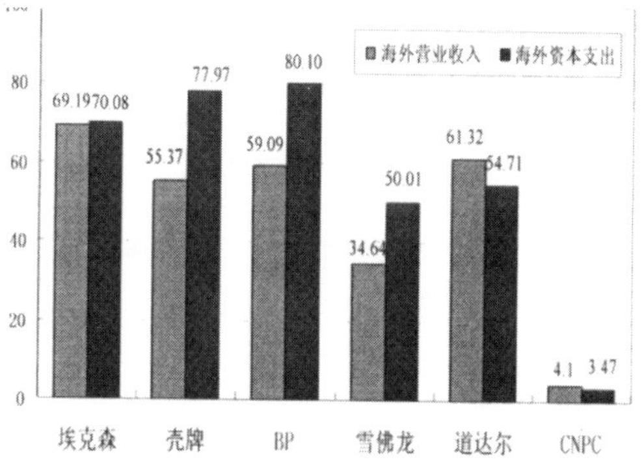

图 11　海外收入与投资比较

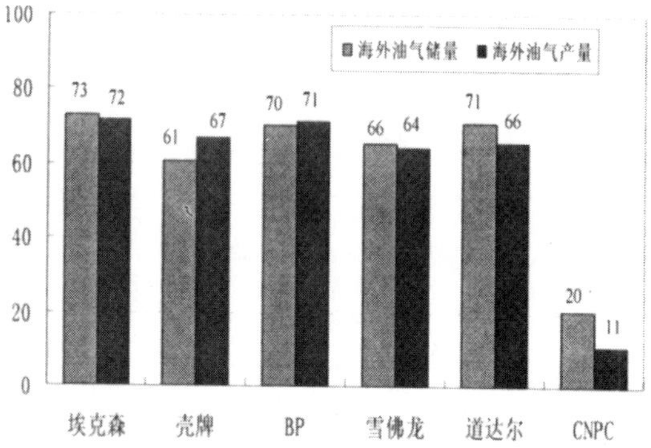

图 12　海外油气储产量比较

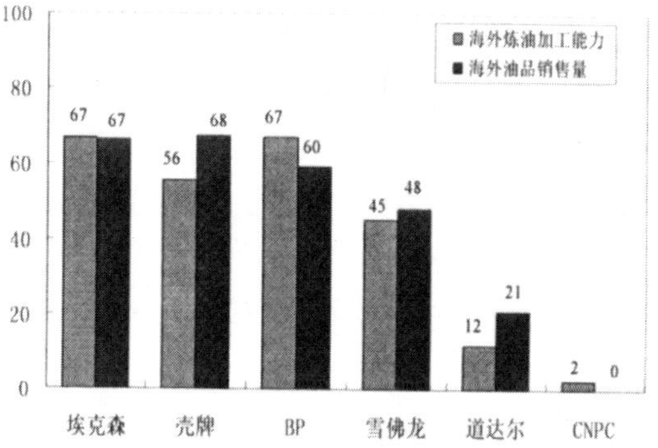

图 13　海外下游炼油与销售比较

自上个世纪 90 年代以来，CNPC 开始进入国际市场，在夹缝中抓住机遇加快发展，取得了喜人的成效。目前，CNPC 在海外已签订合同的投资项目有 24 个，分布于四大洲 10 个国家，初步形成了中东及北非地区、中亚及俄罗斯地区、南美地区三个发展战略区，业务范围包括油气勘探开发、生产销售、炼油化工及成品油销售等领域，逐步显现出在国际化经营中独特的政治、技术、成本、体制、品牌等优势。到 2001 年，CNPC 在海外共获得份额油可采储量 4.8 亿吨，原油生产水平达到 1623 万吨、天然气 9.26 亿立方米，当年我方获权益原油产量 831 万吨、天然气产量 5.77 亿立方米，实现份额油气销售收入 9.1 亿美元，实现利润 1 亿美元。与此同时，工程技术服务业务也在国际市场竞争中崭露头角。在国外作业的工程建设和技术服务队伍已达 170 多个、4800 多人，分布在苏丹、哈萨克斯坦、委内瑞拉、伊朗等 24 个国家和地区。尤其是钻井和物探业务，在国际市场竞争十分激烈的情况下，已经有 60 多台钻机、20 多个物探队打入国际市场，并呈现出良好的发现势头，有力地推动了海外油气项目的发展，赢得了良好的国际信誉。

按照联合国贸易和发展委员会确定的跨国指数(TNI)，即公司海外资产、海外销售额和海外雇员占公司总资产、总销售额和雇员总数的百分比的平均数，以及每年进行的世界最大 100 家跨国公司排名，国外大石油公司的跨国指数一般达到 60%~70%，即便是较低的雪佛龙德士古也达到了 35%。而 CNPC 的跨国指数仅有 2.9%左右。特别是油品销售基本上还局限于国内市场，国际贸易量较小，零售市场几乎是空白。尽管“跨国指数”难以准确反映 CNPC 国际化经营的特点和要求，但总体看，CNPC 的国际化经营应当属于起步阶段，差距仍较大，潜力也较大。

7.经营管理能力比较。主要对比管理体制、成本、劳动生产率、总资产周转率、存货周转率等方面指标。

CNPC 具有优良的管理传统和作风，也积累有丰富的管理经验。经过资产重组和改制上市，公司的管理体制和制度基本实现了与国际接轨。目前，石油集团公司已构筑起母子公司体制，股份公司引入了一级法人的总分公司和事业部体制，并实行全面预算管理和资金、债务、核算的集中管理，资金运作效率明显提高，成本得到有效控制，并呈下降趋势。近年来，由于国际油价较高，国际大石油公司加大勘探开发投资力度，油气操作成本有所上升。2001 年，CNPC 的单位油气操作成本 4.32 美元/桶，比 2000 年减少 0.36 美元/桶，与国外大公司差距在缩小。炼油成本虽然也有大幅度下降，但比国际先进水平仍高出 1 倍左右，其中现金加工成本比亚太平均水平高出 46 元/吨左右。

表 3　各石油公司操作成本比较(美元/桶)

石油公司	2000 年	2001 年	2002 年
BP	2.6	2.7	2.60
壳牌	2.42	2.39	2.86
埃克森美孚	3.43	3.54	3.58
中海油	4.45	4.01	3.99
中石油	4.68	4.37	4.32
雪佛隆德士古	4.55	4.81	4.92
中石化	6.63	6.28	6.28

目前，CNPC 依然存在着管理层次过多、幅度过大，管理手段落后，劳动生产率不高等方面的问题。人均营业收入、人均利润指标仅相当于 5 家国外主要大石油公司平均水平的 1/50。2000 年，CNPC 的总资产周转率相当于国外主要大石油公司平均水平的 40%，存货周转率相当于国外主要大石油公司平均水平的 60%。

表 4　国际大石油公司的操作成本(美元/BOE)

	1999	2000	2001	平均
埃克森美孚	3.61	3.77	4.21	3.86
BP	3.73	4.52	4.33	4.19
壳牌	4.22	5.07	6.06	5.12
雪佛龙德士古	3.64	4.08	4.49	4.07
道达尔菲纳埃尔夫	3.83	4.28	3.94	4.02
平均 CNPC	3.814.76	4.344.68	4.614.38	4.254.60

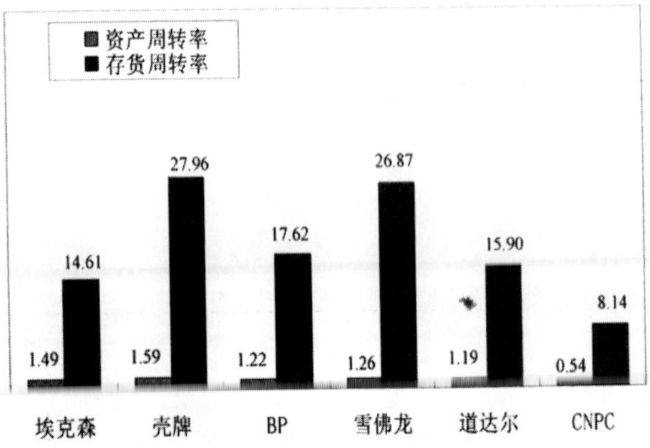

图 14　资产周转率、存货周转率比较

在企业信息化方面，CNPC 总部已与 45 个主要企事业单位网络实现了互联并与因特网联结；财务管理、勘探开发、科研管理、人事劳资管理等大型数据库已在网上运行；电子商务已经起步。但是，与国外大石油公司相比主要差距是：主营业务生产经营数据库及网络工程建设尚不完备，网上信息资源贫乏，大量信息尚未电子化、数字化；应用系统开发缓慢，低水平、重复建设现象严重，共享、集成性差。特别是企业资源计划、广域网、地球科学信息系统和炼化生产数据库等方面的差距较大，已经影响到 CNPC 的国际竞争力。

通过与跨国大石油公司的对标分析，对 CNPC 国际竞争力的基本评价是：总体规模实力、盈利能力、技术创新能力较强，特别是上游业务竞争优势明显，已属国内外综合实力较强的大型石油公司。但是，国际化程度低，下游结构性矛盾突出，管理水平和资产运营效率有待进一步提高。

(二)与主要国家石油公司对比分析

CNPC 作为转型中的国家石油公司，与其它国家石油公司相比，主要优劣势表现在(如表 5)：

首先，从上游业务的经营规模来看，CNPC 无法与拥有丰富油气储量的沙特、委内瑞拉、伊朗、墨西哥等主要资源国的国家石油公司相比，但与转型中的巴西、印尼等国家石油公司相比，CNPC 的规模实力最大。在下游业务方面，炼油加工能力仅次于委内瑞拉国家石油公司，在整个国家石油公司中处于领先地位，但油品销售量不仅远远低于主要资源国国家石油公司，而且落后于上游规模明显小于自己的埃尼集团和巴西石油公司。反映了市场销售仍是 CNPC 经营链条中的薄弱环节。

其次，从总收入和利润等主要财务指标来看(可获得数据资料的、进入《财富》500 家排名前 100 名的 5 家国家石油公司)，CNPC 的总资产最高，利润仅落后于委内瑞拉国家石油公司，但总收入则比较落后。由于职工人数远远超过其他几家公司，CNPC 的人均收入和人均利润仅相当于这些公司平均水平的约 1/30。

近年来，一些推行开放和国际化经营战略的国家石油公司，如委内瑞拉国家石油公司、巴西石油公司和马来西亚国家石油公司等，凭借核心特色

表 5　主要国家石油公司经营规模指标

	国有比例（%）	石油储量（亿吨）	石油储量（亿吨）	石油产量（万吨）	天然气产量（亿立方米）	炼制能力（万吨）	油品销售量（万吨）	在石油情报周刊中的排名
沙特国家石油公司	100	357.02	357.02	43010	473	10420	14915	1
委内瑞拉国家石油公司	100	105.98	105.98	16475	424	15350	16170	2
伊朗国家石油公司	100	122.37	122.37	18935	605	7420	6415	4
墨西哥国家石油公司	100	38.55	38.55	17250	483	7625	10250	6
印尼国家石油公司	100	5.46	5.46	4850	477	4960	6820	10
巴西石油公司	32.5	11.40	11.40	6620	149	9675	11075	12
意大利埃尼集团	36	4.85	4.85	3740	272	4295	5385	15
CNPC	100	21.11	21.11	11110	188	11298	4637	9

表 6　主要国家石油公司财务数据

	总资产亿美元	总收入亿美元	利润亿美元	雇员人数	在财富 500 中的排名
委内瑞拉国家石油公司	570.98	572.03	72.16	41320	45
墨西哥国家石油公司	593.16	495.92	(21)	132954	81
巴西石油公司	392.15	352.66	53.42	38908	160
意大利埃尼集团	493.04	568.86	53.76	69969	69
CNPC	793	417	61	1290000	83

技术或地缘政治优势，国际竞争实力获得了明显的提高。马来西亚国家石油公司引进国际大石油公司的管理模式和管理人员，经营管理水平较高，在东南亚地区的业务扩展影响较大；委内瑞拉国家石油公司的经营管理模式基本与跨国公司接近，海外发展的重点是下游业务；巴西国家石油公司则凭借自己在深水勘探开发方面的技术优势，扩大跨国经营。

由于 CNPC 的经营业务包括了油气勘探生产、炼制与销售等一体化链条中的几乎每个环节，并拥有较大规模和较强实力的石油技术服务队伍，作为综合型国家石油公司，CNPC 的实力应该说是最强的。

（三）与主要国际技术服务公司对比分析

截至 2002 年底，CNPC 的钻井能力已超过 1600 万米/年；按照 60 次覆盖计算，二维地震资料采集能力达到 6.4 万千米/年，三维地震资料采集能力达到 1.5 万平方千米/年；管道施工能力达到 6000 千米/年（按 Φ660 计算）。多年来，CNPC 的技术服务业务主要面向集团内部，具有很强的内部保障能力。同时，总体技术实力也处于国内优势地位，部分业务具有一定的国际市场竞争力。

20 世纪 90 年代以来，国际石油技术服务市场上，开始形成以哈里伯顿、斯伦贝谢和贝克休斯三大综合性油田技术服务公司为主的寡头垄断局面。CNPC 与这三大国际石油技术服务公司相比，还存在着较大差距。其中，工程技术服务业务总资产约相当于它们的 60%、30%和 55%，总收入分别是它们的 40%、50%和 90%。CNPC 的国际市场占有率不到 1%，相当于它们的 1/20 至 1/30。在国际钻井市场上，CNPC 的工作量大约为 1%；在国际物探市场上，CNPC 占全部工作量 30 亿美元的 2%；在国际测井市场上，CNPC 也只占不到 1%。在录井市场方面，国内各油田录井公司联合起来，先进设备也只有 40 台，即便是全部进入国际市场，也仅占国际录井市场的 6%。

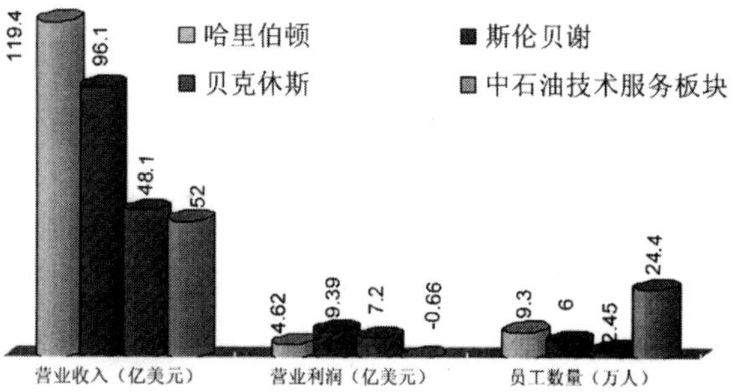

图 15　与主要技术服务公司收入、利润、人数对比

同时，CNPC的整体技术装备水平也有一定差距。比如物探方面，国外24位遥测地震仪已达到8000道，正在研制36位上万道的地震仪，而国内目前只达到1000道的水平，正在研制4000道的仪器。测井方面，国外正在推广成像测井、核磁测井等新一代产品，而国内尚处于研制阶段。CNPC的工程技术开发投入约占销售总收入的0.85%，仅相当于国际大技术服务公司的1/10。另外，技术服务业务的运行效率也不高，物探队伍作业效率仅相当于国外大服务公司的1/4到1/5，钻井作业效率只有美国的1/2等。

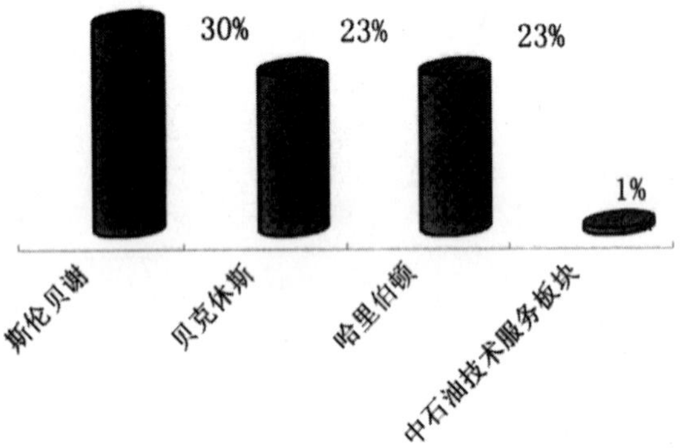

图16 与国外三大技术服务公司市场份额对比

（四）石油集团公司国际竞争力综合评估

通过以上几个方面的对比分析，CNPC国际竞争力的综合评估是：

——油气勘探开发上游业务优势明显，具有较强的竞争力。现有的石油储量、产量规模较大，天然气发展也有较大的潜力。平均油气操作成本处于国际先进水平。但是，石油储量结构及原油后备储量不足的矛盾日渐突出。

——技术服务具有内部协同保障优势和一定的竞争力。作为集"油公司"与"服务公司"于一身的综合性石油公司，具有独特的协同优势，物探、钻井、管道施工等在国际市场上也具有一定的竞争力。但是，总体技术装备和服务水平，依然存在着较大的差距，许多关键技术和仪器装备主要靠引进。

——下游炼化业务结构不合理，市场销售环节薄弱，一体化效益没有充分体现出来。炼油总规模与原油资源基本配套，可以保证上游价值的实现。但是，炼厂普遍规模小，单套装置能力低，并且装置结构不合理，技术水平和资源利用效率也较低，零售市场应变能力不强。

——跨国经营刚刚起步，国际化程度依然很低。跨国经营处于国内领先水平，并在国际竞争中呈现出一定的政治、经济、技术优势及良好的发展势头。但跨国程度依然很低，业务结构、地域分布等还存在着较大的差距。

——国有企业的体制性弊端和历史性包袱没有得到根本性解决。经过持续的重组改制和配套改革，虽然在建立现代企业制度和实现与国际接轨方面迈出了重大的步子，取得了一定的成效。但是，庞大的职工队伍、严重的冗员和办社会负担等，严重制约了石油集团公司国际竞争力的提高。

四、提升石油集团公司国际竞争力的战略目标

考虑到CNPC的国际竞争力指标与埃克森莫比尔、壳牌、BP公司的差距较大，综合实力接近雪佛龙德士古、道达尔菲纳埃尔夫两公司。参照国外"对标"分析理论和方法，把雪佛龙德士古、道达尔菲纳埃尔夫作为CNPC提升国际竞争力的"标杆"。并选用17项反映国际竞争力的指标，与两家公司进行逐项对比，发现比较优势，找出主要差距和不足。在此基础上，研究确定CNPC的追赶目标和战略对策。

两家公司的基本情况如下：

雪佛龙德士古公司，是2001年10月9日在雪佛龙和德士古公司合并的基础上成立的。合并前的雪佛龙公司和德士古公司分别是美国第二和第三大石油公司。两公司合并后拥有油气储量约15.64亿吨油当量，油气总产量达1.33亿吨油当量，炼油能力达到11000万吨，加油站25000座，还拥有三个国际公认的著名品牌，即雪佛龙、德士古和加德士。新公司的业务活动广泛涉及石油和天然气工业的各个领域，经营范围覆盖100多个国家和地区，已成为世界第四大石油公司。

道达尔菲纳埃尔夫公司，是1998年以来由法国的道达尔公司、埃尔夫公司和比利时的菲纳三家公司连续合并组建的大型国际一体化石油公司。合并后新公司油气储量达到14.2亿吨油当量，油气总产量为1.025亿吨油当量，炼油能力1.25亿吨，加油站11350座。新公司广泛涉及石油天然气上下游，业务活动遍及世界各大洲。公司营业收入中的61%，油气储量和产量中的71%和66%来

自欧洲以外。原油加工能力和油品销售量中只有12%和21%在欧洲以外，是世界第五大石油公司。

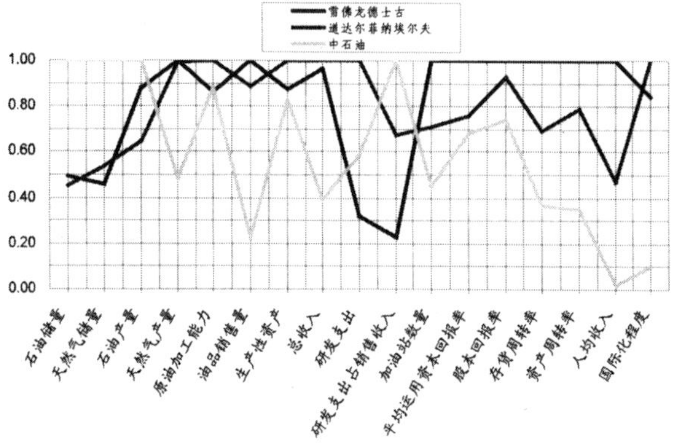

图 17　CNPC 与两家标杆企业的主要指标比较

注：各指标以三家公司中最大的为 1，其他两家与之相比得出比例

从对标图中可以看出：CNPC 的规模经济指标优势明显，但人均营业收入、国际化程度、油品销售量差距很大，营业总收入、天然气产量、加油站数量及资产周转率等指标差距也较大，集中反映出 CNPC 在市场和经营管理环节十分薄弱，是实施“追赶计划”的重点。上述对标图属静态分析，尚需密切关注标杆企业的动态变化，及时调整 CNPC 的战略部署。

CNPC 提升国际竞争力的总体指导思想是：按照国家实施“大公司、大集团战略”的总体要求和全面建设小康社会的奋斗目标，围绕增强参与分享全球石油资源和市场的能力，瞄准国际同业先进水平，在继续发挥和保持优势的前提下，突出结构调整、科技进步、市场开发、国际化经营及企业管理，加快把石油集团公司发展成为“拥有著名品牌和自主知识产权、主业突出、核心能力强”的大型跨国企业集团。

研究提出两步走目标：

第一步，“十五”期间，确保石油集团公司在国际大石油公司综合排序中继续处于前 10 位。与雪佛龙德士古、道达尔菲纳埃尔夫相比，石油储量、产量等优势指标继续领先，国际化程度、天然气产量、油品销售量等指标缩小差距，夯实提升国际竞争力的基础。

第二步，再用 5~10 年的时间，大多数竞争力指标赶上或超过雪佛龙德士古、道达尔菲纳埃尔夫两个公司，使石油集团公司真正成为具有国际竞争力的大型跨国企业集团。

今后 10~15 年，石油集团公司的国际竞争力奋斗目标是：

——在规模经济实力方面，主要规模指标跻身世界大石油公司前列。总资产超过 1000 亿美元，油气总产量达到 1.6 亿~2.0 亿吨，炼油加工量达到 1.6 亿吨以上，实现销售收入 800 亿~1000 亿美元，实现利润 80 亿~100 亿美元。其中，技术服务业务总收入达到 200 亿美元，接近贝克休斯、哈里伯顿、斯伦贝谢目前的平均水平。

——在市场开发能力方面，拥有持续的和较高的国内市场占有率。油品销售量超过 1 亿吨，国内油品市场份额保持在 40%左右，其中零售市场占有率达到 30%以上。基本形成覆盖全国、延伸海外的进出口、批发、配送、零售一体化的营销网络。

——在国际化经营能力方面，国际发展空间和海外市场份额大幅度提高。海外油气开发项目产量达到 4000 万~5000 万吨，占到石油集团公司油气总产量的 25%。同时，国际石油工程技术服务市场份额达到 5%~10%，物资装备、化工等产品出口规模扩大。到 2010 年，石油集团公司的海外经营收入达到 80 亿~100 亿美元，占销售总收入的 10%左右。

——在技术创新能力方面，主要油气勘探开发技术达到或接近国际先进水平，部分特色技术处于国际领先地位。在“十五”的基础上，继续攻克一批重大关键技术，油气地质综合研究、复杂油藏识别及深层勘探、复杂钻井、提高采收率等技术有重大突破，达到或接近国际先进水平，探井成功率提高 5%，原油采收率提高 2%~3%；山地、黄土塬及深层地震、稳油控水等技术继续保持国际领先水平，部分工程服务技术达到国际先进水平；重油深加工领域部分技术达到国际先进水平，润滑油、催化剂技术继续保持优势，天然气化工利用新技术有重大突破，形成特色技术优势。2010 年，科技贡献率达到 60%。

——在经营管理能力方面，经济运行质量和效益明显提高。全面建立现代企业制度，管理体制、经营机制基本实现与国际接轨；广泛采用先进的管理手段和技术，全面实现管理信息化；队伍结构更加合理，高素质人才含量增加；成本费用得到有效控制，投资回报率、销售利润率等指标保持或达到国际水平，人均销售收入、人均利润等指标有大幅度的提高。

上述奋斗目标具有一定的挑战性，对石油集团公司增强国际竞争力十分重要。为此，需要明确五个方面的战略思路。

一是坚持整体协调发展，依靠综合实力赢得竞争优势。树立和落实全面、协调、可持续的发展观，以整体利益最大化、整体效益最优化为全集团奉行的准则，充分发挥集团化综合协同优势，统筹上市部分与未上市部分发展，统筹上中下游即油气勘探开发、炼油化工、储运销售、内外贸易发展，统筹东部西部、陆地海域、境内海外发展，统筹企业发展与矿区和人的全面发展，统筹能源与环境和谐发展，建立一体化发展的有效保障机制，不断提高石油集团公司的整体国际竞争力和抗御风险能力。

二是突出主业、突出上游，不断强化国际竞争力的油气储量和产量基础。对于公司主营业务，坚持做强做优，使之长期保持强劲增长势头。在力量配置和资金投入上，始终坚持把油气勘探放到重中之重的位置，坚持不懈地实施倾斜政策，不断巩固和发展上游优势。充分发挥石油集团公司的上游资源、技术、规模等优势，继续加强石油勘探开发，实现石油后备储量的战略接替，保证石油生产的持续稳定增长；大力发展天然气，加快培育新的经济增长点。

三是大力推进结构调整，实现资源合理配置和结构的优化升级。按照"有进有退、有所为有所不为"的原则，针对炼化、销售、工程技术服务等业务领域存在的结构性矛盾，下大气力进行业务整合和资产重组，加快技术更新改造和新产品开发，实现产业结构、企业结构、产品结构的优化升级。同时，积极推进主辅分离、辅业改制分流，关停无效低效装置，退出关联度差的辅助业务，移交企业办社会职能，增强集团公司核心竞争能力和可持续发展能力。

四是加快国际化经营步伐，努力拓展国际发展空间。充分利用国内外两个市场、两种资源，打破本土、本区域局限，加快"走出去"步伐，奋力向海外扩展，采取多种形式，建立布局合理、规模经营的海外油气生产与加工基地，发展管道运输、营销网络和油气贸易体系。坚持"开发一个项目、带出一支队伍、占有一片市场"的方针，推动技术服务、物资装备和其他业务的国际化经营。坚持以"国内领先、国际一流"为目标，以质量、技术和优质服务。坚持在竞争中合作，积极与跨国石油公司发展战略联盟等合作伙伴关系，不断扩大国际合作的范围和领域。

五是立足改革和创新，不断为企业注入新的生机和活力。建立和完善集团总部和地区公司、专业服务公司两个层次的技术中心，整合科技资源，在继续强化石油勘探开发技术中心的同时，加强天然气、炼油化工、工程技术、管道工程等技术中心和经济研究中心建设。立足核心技术自主开发，加强重大储备技术超前开发，加大瓶颈技术开发攻关，加快成熟技术推广应用，为跨国企业集团建设提供强有力的技术支持。

五、提升石油集团公司国际竞争力的主要对策措施

为实现提升国际竞争力的战略目标，必须深入学习贯彻党的十六大精神，按照"发展要有新思路、改革要有新突破、开放要有新局面、各项工作要有新举措"的要求，解放思想，实事求是，开拓创新，与时俱进，采取切实有效的措施，努力把石油集团公司建设成为具有国际竞争力的世界一流大公司、大集团。

（一）针对竞争强势业务，实施积极扩张战略，继续做专、做强、做大

1.突出勘探，加强开发，努力实现石油增储上产。

明确勘探目标，加强综合研究。集中力量抓好松辽南部和北部、渤海湾滩海、鄂尔多斯中生界、酒泉盆地、柴达木盆地、塔里木盆地、准噶尔盆地、川渝等重点区域的勘探，突出战略接替区和战略后备区；解放思想，甩开预探，向新地区、新层系、新领域延伸，提供勘探后备战场；适时向海相、海外、海洋方向发展，立足全球油气资源大背景，统筹优化勘探目标，努力扩大上游业务空间，实现资源的合理接替。

增加勘探投入，改善勘探管理机制。进一步增加勘探投入，使勘探投资占总投资的比例提高并保持在20%以上（一般，国际大石油公司勘探投资

占总投资的比例平均为25.2%，比CNPC目前的比例高出7~8个百分点），同时提高预探性勘探投资占勘探总投资的比例，立足超前、立足大型，实行研究与预探一体化，提高勘探效益，使储量接替率保持在一个合理的水平；完善油气勘探绩效考核机制，使预探向后延伸3年再考核，减轻短期内发现的压力；为鼓励新区勘探，可引入风险勘探机制，建立风险勘探基金，单独使用、单独核销，由总部承担相应风险。

强化老区开发，提高油田采收率。搞好老区控水稳油和区块综合治理，进一步完善水驱油、聚合物驱油等二次、三次采油技术，争取使老油田的采收率提高1~2个百分点，减缓老区递减速度；鼓励采取合资、合作和其它更加灵活的方式，大力开发低产、低效油田和低渗透、难动用的边际油藏。

大力开发非常规油气资源。借助于大型增产措施、特殊开采工艺或先进技术开发低渗油气藏、重油、煤层气、沥青砂、天然气水合物、油页岩等非常规油气资源。随着技术进步和油气需求增长，开发非常规油气资源具有广阔的前景。

2. 加大石油工程技术服务业务的改组改造力度，培育具有国际竞争力的技术服务队伍。

缩减总量、优化存量。压缩过剩的生产能力，逐年缩编一批钻井队、物探队、测井队、作业队等，淘汰、报废一批陈旧落后装备。“十五”期间，计划钻机、地震队压缩30%，测井队压缩40%等，使服务能力与市场需求基本平衡。

控制增量、提高质量。集中资金择优扶强，重点对物探、钻井、测井、作业、施工建设等业务领域的关键技术装备进行更新改造，提高对油气勘探开发、炼油化工等业务的技术保障能力。

实施专业化重组，打造国际化劲旅。打破企业、地域的界限，对物探、测井等技术含量高、设备更新快、市场竞争性强的业务，实施跨企业、跨地区的专业化重组整合，形成整体优势，组建精干队伍，着力培育一批技术、服务、管理、效益一流，具有规模经济实力和强大市场竞争能力，并拥有著名品牌的专业服务公司，努力打造中国式的哈里伯顿、斯伦贝谢。

3.大力实施技术创新战略，增强核心竞争力。

加快建立和完善企业技术创新体系。按照“一个整体、两个层次”的思路，对科技创新工作进行整体规划和部署。即，发挥集团的整体优势，充分利用多年积累形成的科研体系，整合现有科技资源，在CNPC总部层面上，逐步形成上游、下游、天然气管道、工程技术、经济和信息等研发中心，负责全局性、中长期的基础研究和重大应用技术开发；在地区公司、子公司层面上，建立面向生产和具有专业化技术特色的技术分中心，负责新技术的推广应用和解决企业生产中的技术难题。突出重点实验室建设，形成国际一流的应用基础研究和前沿技术开发创新基地，并努力把基础研究、应用开发、装备制造、技术服务及技术推广等有机地结合起来，形成石油集团公司技术创新的一体化、集约化、规模化体系。

加大科技投入，强化科技管理。提高科技经费占企业销售收入的比重，到2010年总体上达到2%左右，石油工程技术服务业务要达到4%左右。同时，进一步规范科技经费管理，明确总部科技经费集中投入重大项目，并坚持把重大项目和重大工程紧密结合起来；加强项目管理和课题管理，建立规范的业务流程，明确流程中各环节的定位和责任，改革技术创新工作的绩效评估和考核体系；完善知识产权保护和管理办法，建立统一的专利代理机构，开展专利资产评估。

重视搞好技术引进，集中力量攻克一批制约生产发展和影响竞争力的关键技术。密切跟踪世界石油石化工业技术动态，大胆引进新技术，并注重吸收、消化和提高，从整体上尽快缩小与国外先进企业的技术差距；紧紧围绕最大限度地提高勘探成功率、原油采收率、轻质油收率和产品质量等目标，集中优势兵力，大打科技攻坚战，开发一批具有自主知识产权的专有、适用和核心技术。

（二）针对竞争潜势业务，实施加快发展战略，努力培育新的竞争力

1.加快天然气发展，推动上下游一体化进程，积极构筑新的增长点。

继续加大天然气的勘探力度。在目前已形成的川渝、陕甘宁、新疆、青海四大产气区的基础上，立足寻找大气田，优选大目标，择优预探，适度探明，并根据市场需求变化情况及时调整探勘开发和生产建设部署，加快发展步伐。到2005年，天然气产量超过360亿立方米，比2000年翻一番。再经过5年的努力，使产量达到500亿~600亿立方米。

加快天然气长输管道建设。加快塔里木-上海、重庆忠县-武汉、陕西靖边-北京复线等重点长输天然气管道的建设，抓紧启动引进俄罗斯天然气管道工程，最终形成横跨东西、纵贯南北、连接海外的输气干线管网。

大力开发和培育天然气市场。积极渗透天然气发电、天然气化工及城市用气市场，努力扩大京津冀地区的城市气化程度，进一步落实兰州、西宁、湖北、湖南以及河南、安徽和长江三角洲地区的用气项目，逐步形成西南与中南、华北与长庆、西北与长江三角洲等多气源、多用户的跨地区天然气销售网络。

积极参与城市输配气管网建设。充分发挥CNPC的资金、人才、技术优势，以及在天然气管网建设及运营方面的基础和经验，有计划、有重点地参与城市管网和输配气系统建设，使其成为天然气一体化业务的重要延伸。

2.加快实施“走出去”战略，提高国际化经营水平。

加快发展海外油气勘探开发业务。立足现有三大战略区，以苏丹项目为依托，加快发展中东和北非战略区。该地区石油资源丰富，对我石油项目的合同条款较为优惠，投资项目可获得较好的经济效益；以哈萨克斯坦阿克纠宾项目为依托，加快发展中亚和俄罗斯战略区。该地区石油资源丰富，且与我国接壤，对保障我国石油安全具有十分重要的意义；以委内瑞拉项目为依托，加快发展南美战略区。该地区与我友好，有利于发挥CNPC技术、成本优势。经过5~10年的时间，力争在中东、北非、南美、里海、俄罗斯和亚洲等地区有新的、重大突破。到2010年，海外油气产量超过4000万吨，实现销售收入40亿美元以上，初步建立起稳定的、安全的海外石油生产、供应基地和运输通道。

加大技术服务市场开发力度。瞄准中东、非洲、南美、中亚、欧洲、大洋洲等地区，以海外油气勘探开发项目为依托，增强独立开发市场能力，带动更多石油技术服务、工程承包和物资装备等进入国际市场，尽快形成CNPC国际化经营的重要力量。到2010年，出国服务的技术服务队伍要达到200个左右，其中钻井队100~120个、物探队60个、测井队40个，实现营业收入10亿美元以上；海外工程承包营业额达到14亿~16亿美元；物资装备、石化产品及技术出口实现营业收入10亿~12亿美元。从国外主要技术服务公司的经营结构来看，油田增产和提高采收率措施工作量越来越大，所占收入比重越来越高，CNPC有条件应加大这方面业务的工作力度。

积极拓展新的国际化业务领域。发挥CNPC的比较优势，通过建立海外战略联盟，有效借助国际资本市场和金融手段，积极探索采取收购、兼并、联合、参股等方式，以油田开发为主，向风险勘探延伸，向上下游一体化延伸、产业与贸易结合延伸，加大新项目开发力度，实现良性快速发展。大力开展国际石油贸易业务，努力拓展贸易领域，并适度向终端市场延伸，增加国际石油贸易量，全面融入国际大流通，提高国际化经营水平。

加强国际化经营管理，提高整体竞争实力。对海外业务实行集中管理、统一投标、合理分工、协调运作，把勘探开发与技术服务、资源开发与石油贸易、作业管理与资本经营等有机地结合起来，调动地区公司和专业公司两个积极性，共举CNPC大旗，形成强大的对外合力，树立良好国际形象，实现CNPC国际化经营的整体效益最大化。

3.加快实施资本经营，探索产业资本与金融资本融合发展的新模式。

有效借助资本市场，增强集团资本扩张力和控制力。充分发挥CNPC现有资本市场渠道功用，借助现代融资手段和信用手段，扩大直接融资比重，优化资本结构，加速资本流动，降低资金成本，提高运营效率；利用上市公司的“壳”资源，采取购并、控股等方式，以少量资本控制大量资本，实现规模有效扩张、业务优化整合、产业有序接替、市场迅速拓展，全面增强抗风险能力。

加大重组改制力度，提高资产运营水平。针对企业普遍存在的“大而全”、“小而全”，重复建设和大量闲置资产，采取改组、联合、兼并、租赁、承包经营和股份合作制、出售等多种形式，努力盘活存量资产，提高资产运营效率；发挥集团整体优势，合理调配内部资源，通过实施资本置换、股权置换等方式，不断优化资本结构，实现资本的流动增值。

适时渗透金融业务领域，逐步建立以金融资本为中心的资本经营体系。以中油财务公司为依托，在继续完善集团内部借贷和资金封闭运行的基础上，利用 CNPC 的资本、信用优势，在政策允许的条件下，通过合资合作和参股、控股等方式，适时渗透保险、银行、证券等金融业务，逐步形成集团金融中心，促进产业资本与金融资本的有机结合和高效运营。

（三）针对竞争弱势业务，实施差别化战略，努力缩小差距，弥补不足

1.加大炼油化工的战略性调整，促进结构的优化升级，不断增强盈利能力。

加大结构调整力度。采取更加坚决的措施，对现有炼化企业和装置择优发展造大一批、改造完善提高一批、停产关闭淘汰一批、资产流动剥离一批。以布局调整和资源调整为切入点，带动产品结构、装置结构、企业结构的调整，尽快实现炼化业务的大规模、高质量、低成本、短流程、差别化，增强市场竞争能力。

推进炼油化工一体化。打破现有管理体制的掣肘，统筹规划炼油与化工业务，西部地区以化工深加工为主，依靠增加产品附加值消化运距矛盾；东部地区以炼油为主，使成品油生产尽可能靠近市场；天然气化工项目则应以靠近气源地为主，尽量缩短作为化工原料的天然气管道运距。

广泛开展对外合作。利用中国“入世”后外资大量进入的有机时机，积极探索与国际大石油公司在炼化业务领域的合资、合作及出售、购并等，引进国外先进生产工艺和管理技术，借助外力提升炼化业务的技术、管理水平。

加快组建炼化研发中心。整合现有技术开发力量，适时选择有利地区组建炼化研发中心。可考虑将研发中心建在经济较发达地区，甚至国外，以吸引人才和跟踪世界先进技术。同时，集中力量开发一批具有自主知识产权的炼化核心技术，特别要依托稠油加氢、接力式双提升管催化裂化、洁净汽油三大技术，力求实现新突破。

2.加快营销网络建设，提高市场占有率。

整合现有销售业务系统。针对目前按照业务、产品等分别设立销售系统，难以发挥整体优势的问题，有计划、有步骤地进行销售系统整合，逐步建立集团统一管理、按区域分销的销售体系和销售平台，实现多品种、产供销的协调运作。

建设和完善与资源、生产能力相匹配的营销网络。进一步加大对营销网络建设的投入，优化资源配置、运输组织和资金运作，建立若干布局合理的油品配送中心，并通过收购、兼并、控股、联合、租赁、连锁、合资合作、特许经营、新建等方式，有效地发展加油站和便利店，扩大终端销售和零售市场份额。到 2010 年，加油站总量达到 30000 座，油品销售总量达到 10000 万吨，国内市场份额保持在 40%以上，零售市场占有率达到 30%以上，区内零售比例达到 85%以上，并努力实现销售效益与市场份额的同步增长。

实施市场销售与信息网络的联动建设。把传统营销网络与电子商务结合起来，充分发挥现代信息和网络技术在销售领域的优势，尽快实现石油销售商务电子化，形成覆盖全国、延伸海外的 CNPC 整体市场营销和信息网络。

（四）深化改革，加强管理，促进竞争力的形成和实现

1.深化体制改革，加快转换机制，增强企业经营活力。

进一步建立和完善母子公司体制。按照国家授权投资的机构和国家控股公司的定位，全面加强总部的制度建设和功能建设，尽快形成强有力的投资中心、决策中心和资本运营中心，成为培育和增强国际竞争力的领导核心。CNPC 控股的各子公司，按照《公司法》、公司章程，建立和完善法人治理结构，加强规范运作。同时，充分借鉴国际上的成功经验，结合企业实际，理顺综合部门、专业公司、地区公司的关系，搞好持续重组、业务整合和结构调整，大幅度压缩层次，精简人员，明确职权，提高运行效率。

突出抓好存续企业的改革。主要是以市场为导向，明确产业定位和发展方向，从整体上规划好产业布局；按照“有进有退、有所为有所不为”的原则，加快解体企业内部的“小而全”，实现主辅分离，放开搞活中小企业，积极移交办社会职能，集中力量把工程技术服务、生产服务等业务做专做强；适时推进跨企业、跨地区的专业化联合重组，尽快形成既有一个强大的油公司，又有多个精干、强大的工程技术服务公司的专业公司体系；按照建立现代企业制度的要求，积极推进存续企业的公司制改革。

深化“三项制度”改革。在人事制度改革上，实行符合现代企业制度要求的企业经营管理者选拔任用、业绩考核、激励奖惩、监督约束等相互配套的人事管理制度和“按需设岗、竞聘上岗”的岗位管理制度；在劳动用工制度改革上，全面实行竞争上岗和岗位考评制度，加强劳动合同动态管理，按照新的劳动用工管理办法划分人员管理界面；在分配制度改革上，完善工资与企业效益挂钩考核办法，实施与岗位职责相适应、与工作业绩直接挂钩的工资制度改革，使劳动者工资水平的确定逐步与市场机制接轨，拉开分配上的档次等。尽快形成“人员能进能出、收入能高能低、干部能上能下”的选人用人机制和激励、约束机制。

2.狠抓企业管理，不断提高科学管理和经济效益水平。

加强战略管理。切实把握宏观经济大局，密切关注技术发展、市场变化和政策动态，研究制定科学合理的企业战略目标和战略部署，确保企业沿着正确的方向前进。

加强决策管理。建立健全科学的决策程序、可追究的决策责任制度及有效的决策支持系统，提高战略决策的水平。

加强专业管理。特别是资金管理、成本管理、质量管理、合同管理等关键环节，以及影响成本效益的薄弱环节和管理死角，坚持“严”字当头，强化运营监控管理，建立预警系统，堵住各种“跑、冒、滴、漏”。

加强基础管理。加快建立与国际接轨的各项管理制度、工作规范，以及可比较分析的指标体系，提高管理标准，夯实管理基础，增加管理压力。

加强 HSE 管理。加快建立和完善安全、环境和健康管理体系，强化责任意识，增加技术管理和文化管理内涵，使主要 HSE 指标接近国际上同类石油公司和石油技术服务公司的先进水平。

3.加强人力资源开发，夯实企业国际竞争力的人才基础。

实施积极的人力资源开发战略。按照优秀人才优先培养、重要人才重点培养、紧缺人才抓紧培养的原则，抓紧做好高层次骨干人才队伍建设，着力培养一批素质高、掌握最新知识和技能，适应企业发展和国际化经营需要的高级财会、金融、证券、法律、贸易、营销等专业人才队伍；加紧培养年轻的科研人员，造就一大批德才兼备的学科带头人和高层次的技术专家；广泛开展继续工程教育、转岗转产培训，加快知识更新，不断提高职工队伍的业务素质。

加快人才引进和专家队伍建设。打破人才的单位、身份乃至国籍限制，对紧缺的或关键岗位上的技术、管理人才，面向国内外进行公开招聘，大胆引进国际人才；以专家队伍建设为龙头，带动整个专业技术队伍建设，围绕企业核心竞争力，建立与企业科研生产密切结合的，实行动态管理的两级专家队伍和人才库。

营造有利于人才脱颖而出的政策环境。要不拘一格选拔、培养和使用人才，特别是在分配制度改革中，注意向各类优秀人才倾斜，确保企业发展急需的高级经营管理和专业技术人才引得进、留得住、用得好。实行按岗定酬、按任务定酬、按业绩定酬的激励机制，修订技术创新人才奖励办法，对贡献和业绩突出者进行重奖。

4.大力推进企业信息化，提升 CNPC 现代化水平。

加强信息基础设施和综合应用系统的建设。完成三级互联、横向集成的综合信息网络和信息应用系统，建成集团网络中心和数据中心，建设决策管理信息系统(EIS)，努力实现资金流、业务流、信息流和物资流的科学集成。

大力推进管理信息化。建立和完善石油石化企业网络化运营管理系统，推进业务流程规范化、企业管理网络化、业务运营电子化、决策支持科学化。

积极利用信息技术改造主营产业。在油气勘探领域，建设地球科学信息系统；在油气生产和炼油化工领域，推广应用集散控制系统(DCS)、计算机监控系统(SCADA)、现场总线(FB)、先进控制技术(APC)等生产控制系统；结合实际需求，开发计算机集成制造系统(CIMS)；提高石油科技创新体系的信息技术应用和开发水平。

加快积极开展石油电子商务。尽快形成覆盖全国、延伸海外的石油集团公司整体市场营销和信息网络，建设石油化工产品销售网络系统，推进物资采购供应和石化产品销售的电子商务，建设网络和 IC 卡支撑的加油站信息系统。

(五)加强企业党建和文化建设，实现持久的国际竞争力

认真学习贯彻“三个代表”重要思想，加强企业党的思想建设、组织建设和作风建设。在石油集团公司党组的坚强领导下，调动广大干部职工的积极性和创造性，实现提升石油集团公司国际竞争力的奋斗目标。

继续弘扬大庆精神。把"爱国、创业、求实、奉献"的大庆精神和"三老四严"、"四个一样"的优良传统，与社会主义市场经济的新形势、新观念有机结合起来，与当代企业改革、发展和管理的实践有机结合起来，着力培育具有时代特征、行业特点、企业个性，符合改革和发展需要的经营理念、价值取向等，作为指导全体职工行为的准则。

树立爱岗敬业的职业道德风尚。针对企业改革过程中利益格局的调整，特别是职工心态的变化，大力宣传 CNPC 改革和发展的新思路、新战略、新政策，振奋精神，增强信心，明确责任，团结奋斗。特别是通过开展创建优秀企业、争当先进班组和岗位能手等活动，调动广大职工的劳动热情和积极性、主动性、创造性，形成爱岗敬业、诚实守信的良好职业道德风尚。

打造"创造能源与环境的和谐"的良好形象。围绕"创造能源与环境的和谐"的经营理念，依靠优良的业绩及有意义的公益、广告宣传等活动，提高 CNPC 的知名度、信誉度、美誉度，塑造崭新的社会形象，为企业的改革、发展和稳定营造良好的内外部环境。特别要妥善处理好 CNPC 与 PETRO CHINA 两个"中国石油"品牌的关系，努力争取最佳效果，增强整体市场竞争能力。

六、有关政策建议

（一）进一步整顿石油矿区生产经营秩序。

鉴于目前部分地区油气资源乱开滥采现象比较严重，非法采油、土炼炉屡禁不止，成品油市场秩序混乱，矿区生产安全性较差等，建议政府加大整治石油矿区秩序的力度，并尽快出台《石油法》，依法治理石油市场秩序，把石油资源管理纳入法制化、规范化轨道，维护矿区生产环境。同时，建议抓紧制定缉私条例，将反走私工作规范化、制度化。

（二）积极支持海外石油项目的发展。

考虑到国外石油开发项目的规模普遍较大，竞争激烈，政治经济风险较高，必须快速反应，果断决策，建议国家在海外项目审批等方面，抓紧研究制定新的办法和措施，给予石油集团公司一定的海外项目投资决策自主权和外汇使用的自主空间。同时，国家在财税、信贷等方面给予扶持。比如，对在国外从事油气勘探开发所得免征所得税，工程带出设备享受退税，份额油气产品运回国内加工减免税等。另外，要加强对国外石油项目的协调，避免国内三大石油集团公司在境外恶性竞争。

（三）石油税收及价格机制方面。

税收方面，建议国家对国内石油企业实行完全的消费型增值税政策，将天然气增值税税率由13%降为10%；建议统一内外资企业所得税政策，对难开采油气区块降低所得税税率；资源税与矿产资源补偿费合并，避免重复征收；在燃油税出台时，将汽柴油的消费税与燃油税合并，简化税种；成品油消费税与燃油税税率应采用滑动税率，油价越高，税率越低，从而保持国内成品油最终销售价格的相对稳定，以减轻油价波动对企业和社会的压力。

我国石油产品的价格基本与国际市场接轨，但定价方法和价格形成机制，不尽合理。我国作为世界石油的生产和消费大国，应当建立自己的能及时反映国际、国内市场行情的石油价格形成机制和石油交易市场，并与国际市场联网，为石油生产企业和消费者提供发现价格、转移风险的制度保障。建议按照逐步市场化的原则，充分考虑我国成品油消费结构的需要，进一步完善成品油价格机制；天然气的交易和价格，主要应解决计划经济的色彩，实行国际通行的"照付不议"合同模式，保护石油企业和消费者的合法权益。

（四）加强成品油市场总量控制，积极推进结构调整，严格控制炼油加工能力和规范市场秩序。

在成品油市场方面，建议国家有关部门要根据国内成品油市场状况，搞好总量控制，并严格控制原油一次加工能力的增加，杜绝盲目重复建设；整顿和规范成品油市场，按照成品油价格与国际接轨的新机制，加强对价格执行情况的监管力度；严格加油站建设审批办法，现阶段只允许两大集团新建加油站，对违规建设的加油站进行清理整顿；对成品油批发和零售企业实行严格的资质管理，将不符合经营标准的企业坚决清理出去；继续严厉打击成品油走私；搞好加入 WTO 后过渡期内的成品油进口管理，进口配额应首先安排燃料油，尽量不进或少进汽柴油。

化工品销售方面，建议国家有关部门实行严格的进口管理办法，坚决打击走私，严防谎报化肥品种而逃证进口，加大对来料加工和保税仓库的监管力度；建立适当的技术壁垒，阻止化肥的大量进口，控制进口总量；制定化肥等产品市场管理规则，规范市场秩序。

此外，加强反倾销机构建设，合理利用反补贴条例和保障措施条例，充分利用技术贸易壁垒保护国内市场。

（五）大力支持分离企业办社会职能。

CNPC 所属企业多处于独立工矿区，办社会负担沉重。由于各地政府在分离企业办社会职能方面的政策、方式、态度不尽相同，工作进展难度较大。建议国家制定专门的政策和办法，明确移交时间及补偿费用标准，解决 CNPC 所属企业办社会职能的分离移交问题。

“三圆理论”的探索与实践
——科学发展观提升安彩核心竞争能力

安彩集团董事长、总裁、党委书记　　李留恩

【提要】 所谓“三圆理论”是指“在企业生态的大圆中，包含着三个互为相切的小圆：软件圆、硬件圆、能源圆。在大圆直径不变的情况下，任意一个小圆直径变大，其他小圆直径就会变小。企业软件圆做得越大，硬件圆、能源圆的投入就越小，经济、社会效益就越好。”他告诉了我们，在当今知识经济和信息时代大背景下企业经营中的四个重要特征——软件比硬件重要，无形资产比有形资产重要，无形网络比有形网络重要，人力资源比物质资源重要。

党的十六大提出：“坚持以信息化带动工业化，以工业化促进信息化，走出一条科技含量高，经济效益好，资源消耗低，环境污染少，人力资源优势得到充分发挥的新型工业化路子”。十届全国人大二次会议《政府工作报告》指出：要以邓小平理论和“三个代表”重要思想为指导，全面贯彻党的十六大和十六届三中全会精神，抓好发展这个第一要务，坚持科学发展观，推动经济社会全面、协调、可持续发展，实现社会主义物质文明、政治文明和精神文明共同进步。这就是我党从世界经济发展新阶段的特征和我国国情出发，为全面建设小康社会作出的科学规划。

安彩集团作为国家重点高新技术企业，在改革开放年代应运而生，在市场经济大潮中磨砺进取。从引进技术、消化吸收，到开发创新、输出技术，短短十多年时间，迅速发展成为国内最大、世界一流的彩电玻壳制造企业，使国内外同行业感到神奇和震惊。然而，安彩并没有得到过“上帝”的恩赐，更没有享受过市场的偏爱。安彩的跨越式发展，是安彩人发扬团结拼搏、艰苦创业、为国争光的精神，在科学发展观指导下，不断培育和提升企业文化和核心竞争能力，实践“三圆理论”的结果。

科学发展观的核心是以人为本，实现全面、协调、可持续的人和自然的和谐发展。安彩的“三圆理论”正是运用社会科学和自然科学相结合的思维方式去分析问题、指导实践，实现可持续发展。“三圆理论”是植根于企业、积淀于勤奋探索之中的宝贵财富，既有丰富的内涵，又有很强的可操作

性。在企业生态圆中,包含三个互为相切的小圆:软件圆、硬件圆、能源圆。在大圆直径不变情况下,任意一个小圆直径变大,其他小圆直径就会变小。企业软件圆做的越大,硬件圆、能源圆的投入就越小,经济效益就越好。体现了知识经济时代“四个特征”:软件比硬件重要,无形资产比有形资产重要,无形网络比有形网络重要,人力资源比物质资源重要。安彩在科学发展观的实践过程中,以“三圆理论”提升了企业的核心竞争能力。

一、稳定性保证能力

安彩集团主业一彩电玻壳制造,集机械、电子、冶金、化工等多种专业技术于一体,高度自动化流水作业。原材料供应一设备动力一生产工艺一产品质量一市场销售整个产业链条的每个环节必须始终处于稳定受控状态,任何环节波动都会直接影响投入与产出的比例关系。

安彩在建设初期就建立了一套“基建和生产准备两项任务一肩挑”的班子,企业投产之后,又逐步形成了“生产、改造、扩容三项任务一肩挑”的体制。公司的各级领导和主要技术人员、操作人员,从项目筹建之初的技术培训、技术交流、谈判、签约,到设备监造、安装、调试、运行、改进、改造、创新等,实行一竿子承包到底,没有特殊情况专业始终不变,保持工作岗位和专业技术上的连贯性。这种组织体系创新,既保证了工程建设有一个统一、坚强的决策领导班子,贯彻了项目责任制,又促使全公司人才根据生产经营实际在以后的工程建设中实现有序流动,优化了内部资源配置。同时在一肩挑的过程中充分挖掘人的潜能,进一步培养和锻炼了队伍,保证了生产效率和经济效益稳定增长。安玻在1990年一期工程400万套生产能力时,职工人数为2000名,如今有5个工厂,年生产能力成倍增长达4000万套时,职工总数只有3100人,仅增加了1/3。

安彩集团制定了信息化发展战略,推进“五化”建设(数字化、软件化、信息化、网络化、环保化)。其内涵是以数字化为基础,使各项成果软件化共享,进而扩大信息量、提高控制精度,并在信息化基础上搭建网络化平台,提升整体技术和管理水平,最终实现最小投入、最大产出、利润最大化、经济可持续发展这一真正意义上的环保化的目标。安彩每年的科技投入占当年销售总额的8%~10%,生产控制系统全部实现了计算机网络管理,主要生产工序相继建立了数字模型,变人工经验操作为数字化智能控制,数字技术的广泛推广应用,逐步实现了“模拟技术向数字技术的转化,模拟管理向数字化的管理转化”,快速提升了企业的管理水平和技术水平。信息资源向生产力转化,实现了“质量、效率、效益”大幅度提高。以“加法”创建了彩玻基地,又通过不断创新,使经济效益由量的积累到质的飞跃,出现了成倍增长的“乘法”关系。

1990年5月17日一期工程池炉点火,比中日合同工程提前了三个月。1991、1992、1993三年迈了三大步,产量、效益每年递增50%,1994年实现了质的飞跃,综合效益比1993年翻了一番。在设备、材料等硬件基本不变情况下,1998年公司的年销售收入为15亿元,1999年成倍增长为45亿元。

2003年与2002年相比,集团公司实现利税6.8同比增长83.3%,其中利润4.8亿元,同比增长118%。2004年上半年,安彩集团共完成工业总产值46.2亿元,与去年同期相比增长17.6%,实现销售收入42.4亿元,同比增长26.3%,利税4.86亿元,同比增长45.4%,其中利润3.09亿元,同比增长17.7%。同样是安彩本部的5个工厂,设备硬件没有变化,产量比去年同期增长了22%,等于增加了一个工厂的产能。安彩称之为:用知识和创新构造的一个“虚拟工厂”,在效益上变成了一个“黄金工厂”。

经河南省审计厅审计,1996年到1998年连续三年资产增值率为303%,1998年到2000年,资产保值增值率为207%。企业在1994年通过ISO—9002国际质量管理体系认证,2002年3月8日通过ISO—14002国际环境管理体系认证。2003年2月28日通过OHSMS—18000职业健康安全管理体系认证。在财务管理、营销管理、人事管理、半成品管理、备品备件管理以及经济责任制考核等各个方面,围绕生产管理和技术管理,全面实现规范化、数字化,一切以数字来体现各部门、各个员工的行为能力、行为效果,如创造性地运用“点因素法”薪酬考核办法,对员工工资实行数字动态管理,把每个人的资料输入微机,逐一分解影响工资的各个因素，每个因素都有一定的分值，以分值的高低决定员工收入的多少，使有能力者多得，贡献大者多得。同时充分利用现代化的信息设备和手段，依托公司内部的网络系统，将各单位的生产报表、质量报表、财务报表等上网，实现经营管理信息的生产、储存、处理、传输、共享以及决策全过程的科学化，为有效地提高企业的国际竞争力打下坚实的基础。

二、系统性集成能力

安彩在建设和发展中感悟到：思路是生产力，资源整合也是生产力。

勇于创新，彩玻工程建设实现三大步跨越式发展。安彩一期工程建设全套引进了日本 NEG(含美国 OI)公司技术和设备，设计年产 14、18、21 英寸 6 个品种玻壳 400 万套。1990 年，在工程合同验收专家撤走后，残酷的现实摆在了安彩职工面前，生产的数十万套产品迟迟得不到用户认可，炉子一旦点火就不能停，每天要“烧掉”人民币 80 万元。在不到一年的时间里，就出现了产品积压高达百万套，企业面临破产的严峻局面。安彩从实践中认识到，企业单靠技术引进，没有自主开发能力，永远难以摆脱技术落后受制于人的被动局面。要掌握竞争的主动权，关键是要具备自主开发能力，形成自己的核心技术专长。

1992 年，安彩成功地开发了第一个新品种东芝 21 英寸彩玻，填补了国内空白。同时，对引进的技术和设备都进行了改进、改造和创新，使一期工程的实际生产能力超过了原设计能力的 80%。之后，安彩以“自我技术总承包”的方式，广泛优化国内外资源，逐步实现了“专业化、规模化、核心化”三大步跨越式发展。第一步从引进技术的 21 英寸以下小屏幕玻壳专业化制造(第一期工程)，跳到自主开发的 25 英寸中屏幕(第二期工程)，仅用了 13 个月就建成投产，比世界上最快速度 18 个月提前了 5 个月；第二步从 25 英寸中屏幕跳到自主开发的 29 英寸大屏幕(第三期工程)，三期工程 1998 年 3 月 8 日一次点火成功，比二期工程又有了新的突破；第三步从 29 英寸大屏幕再跳到自主开发的 34 英寸特大屏幕(第四期工程)，四期工程 2000 年 4 月 18 日投产，工期仅用了 11 个月，创世界彩玻建设史上最快记录。这样，安彩自主建设的二、三、四期工程，与同期引进同等规模工程相比，建设工期均缩短一半，投资节省一半，累计节约资金 30 亿元。掌握了玻壳制造核心技术，形成了安彩的自主知识产权。在创新的道路上越走越快，步子越迈越大。在安彩本部已形成我国生产规模最大、产品品种最多、技术装备最先进的彩玻生产基地。

“信息兼并”，跨入“三个平台”互动多元化发展良性循环。

1999 年在国内彩玻制造厂多数被外国公司并购的情况下，安彩集团先后采取兼并、租赁、合作形式，对成都红光玻壳厂生产线进行了全面改造，使关停两年之久的国有企业起死回生，当年盈利。被列为四川省和成都市重点优势发展企业，成为代表河南省参与西部大开发的样板工程。与此同时，对天津津京玻壳厂黑白玻壳生产线成功地改造成彩色玻壳生产线，使之以全新的产品进入市场竞争。安彩用自有核心技术，改造成都、天津玻壳生产线，闯出一条以信息技术改造传统产业的道路。这两个工厂改造后的 7 条生产线，年新增生产能力 800 万套，增加销售收入约 10 亿元。2003 年安成公司自主开发的背投管玻壳填补国内空白，背投显像管通过长虹等用户批量认证并投放市场，取得了显著的经济和社会效益。此外，安彩与荷兰飞利浦在郑州建成了大屏幕玻壳工程，又跨国收购美国康宁全部 9 条生产线，年内将实现世界彩玻第一的目标。

1999 年，安彩集团整体兼并新乡美乐公司。美乐集团是国家“一五”期间兴建的 156 项重点工程之一，也是河南省最大的综合型电子整机制造企业，由于种种原因连年亏损，无法对支柱产品扩产改造，严重制约了企业的生存和发展。安彩集团通过企业文化和企业管理的渗透，激活了美乐集团，安美公司一跃成为新乡市利税大户。2003 年安美公司数字电视机顶盒研制成功并批量投放市场，具有国内领先水平的抗干扰电台样机研制成功，为安彩集团的多元化经营和跨越式发展注入了新的活力。2003 年 10 月，安彩集团托管新乡 755 厂，两个月内就摘掉了连续 10 年亏损的帽子。

由此可见，安彩在资源整合过程中，进入了“生产经营平台、资本运营平台、技术创新平台”互动、多元化发展的轨道。

三、持续性创新能力

“知识创造价值，智慧创造财富”。跨入新世纪，全球经济一体化进程明显加快，人类社会以信息技术和生物工程为主要标志的科技进步日新月异，令人目不暇接，知识经济初见端倪。以智力资源为主要依托，以知识的加工和生产为主体的全新经济形式呈现在人们面前。那么，作为一个企业来说，如何开发企业内部和外部的智力资源为我所用，又如何为智慧的生成创造条件，则是我们所面临的一个重要课题。而惟一能够解决的方法，就是营造一种氛围，在持续的学习知识、创造知识过程中去实现最终目标。这就是创建学习型组织。

早在 1984 年，安彩集团彩玻一期工程筹建时期，第一笔贷款 150 万元用在了人才的培养上，创立“生产、科研、教育三位一体”的运行模式。此后，安彩逐年增加培训资金、扩大培训范围，把学习、创新与生产经营紧密结合起来，进一步提高员工的整体素质。1993 年安彩公司实行五班三运转工作制，每天抽出 20%的员工进入公司培训中心进行系统学习。公司设立统筹、规划、协调、指导的技术部，主要车间既是生产单位，又是技术开发中心；公司教学中心与各大专院联办了不同层次的专业班，与清华联办的工程硕士研究生进修班，参加学习人数和一次毕业人数均属清华与企业联合办学以来最多。其他各类本科、大专和中技等专业技能班，分期分批从不间断地对全厂员工进行培训。培训成绩与个人的晋升和工资挂钩，极大地调动了职工的积极性。十多年来，累计培训员工 54580 人次，培养高级人才 150 余人，专科以上人才 380 余人，中专以上人才 1034 人，高级操作型人才 720 余人，国际学习型组织把安彩列为“建设首家国际学习型组织中国学习型企业基地”。

创新是企业发展的不竭动力，安彩提出“三个创新”(观念创新、管理创新、技术创新)，大力开展“模拟技术向数字技术的转化”，积极推进产业信息化建设，以实现“三个提高”(提高质量、提高效率、提高效益)，实现产业的不断升级。

安彩大力推进以建立玻璃池炉数学模型、成型数学模型、后加工数学模型等为代表的数字化建设，换来了累累硕果。以先进的 CAD/CAM 技术在玻壳模具开发新工艺的突破，使加工时间极大缩短，加工精度大大提高，使用寿命大大延长。在改扩建项目池炉设计上进行了大胆创新，使池炉结构、燃烧方式更为合理，大大提高了控制精度和玻璃溶解质量。目前，安彩的玻璃熔解技术、新产品开发周期、锥封接面不倒角和定位块不研磨工艺技术、主导产品生产效率均达到了世界同行业先进水平。

为了形成自己的核心技术专长优势，企业先后建立了国家级企业技术中心、模具设计开发中心、玻璃开发中心和国家博士后科研工作站等。多年来，安彩走出去、请进来，与国内外大专院校、科研单位、大型企业集团进行了广泛的技术交流与合作(包括清华大学、华东理工大学、中国工程物理研究院、荷兰 TNO 应用物理研究院、荷兰飞利浦公司、德国肖特公司等)，强化了自主开发能力，短短十年走完了国外需要几十年走的路。

十多年来，安彩共完成技术进步项目 1400 多个。其中，获得国家科技进步二等奖 1 项，获省部级以上科技奖 10 余项。企业申报专利 45 项，其中：发明专利 13 项。获得国家级管理创新成果一等奖 2 项。产品品种已由引进时的 6 个，自主设计开发形成了 14~17 英寸系列彩色显示管玻壳和 14~34 英寸日立型、东芝型、松下型、飞利浦型等 7 大系列 160 多个彩色玻壳新品种。一大批新材料、新装备、新工艺、新技术的开发并推广应用，使安彩集团公司成为国内行业具备自主开发创新能力的彩玻企业，而且具备了实施膨胀式发展的较强的经济技术实力和人才基础。

在管理创新上，安彩改革用人机制，实行“三权、五个一”的纵向授权制度。“三权”，即总经理对中层直接任免权、直接考核权和直接奖惩权。“五个一”即一级抓一级，一级聘一级，一级考一级，一级奖惩一级，一级任免一级。对当月没有完成技术、经济、工作指标(包括教育)的中层主要负责人通报批评。连续两个月完不成经济指标的中层正职要自动辞职或给予免职。1997 年，公司进行了全面机构改革和人事制度改革，管理科室由当时的 26 个减到 12 个，管理人员由 320 人减为 96 人。新设科室领导实行公开竞聘，科室成员由部门领导优化组合。各工厂同时减员 1/3，与精简的管理人员一起集中培训后，全部充实到三期工程的各个岗位。形成了干部能上能下、职工能进能出、工资能升能降的全新的动态管理用人机制。

改革激励机制，实行以“三实代三档”制度和“消化吸收视同科研，创新视同发明”等科技奖励政策。公司以“实际职称(能力)”代替“档案职称(学历)”，对原有技术职称的干部进行严格的考核，在专业干部的使用上看职称更看实绩，看学历更看能力，实行评聘分开。公司以“实绩工资”代替“档案工资”，创造性地运用“点因素法”进行科学分配，采用岗位结构工资制，一岗一薪，岗变薪变，工效挂钩，分配适当拉开距离、工资发放实行全封闭，杜绝攀比。

安彩集团通过持续的管理创新和技术创新，公司从全套引进技术建设到完全自主开发建设和发展，实现了三步大的跨越。管理上经历了从“严格管理”到“科学管理”再到“人文管理”，这样三次脱胎换骨般的“升级换代”。2001 年，安彩被国家确认为“向世界名牌进军，具有国际竞争力的 16 家中国企业”之一。

四、战略性应变能力

企业战略是企业面对激烈变化、严峻挑战的经营环境，为求得长期生存和不断发展而进行的总体性谋划。战略性的应变能力，就是在符合和保证实现企业使命的条件下，在充分利用环境中存在的各种机会和创造新机会的基础上，确定企业同环境的关系，规定企业从事的经营范围、成长方向和竞争对策，合理地调动企业结构和分配企业的全部资源，从而使企业获得竞争优势。

安彩发展战略总体目标：进一步把玻壳产业做大、做强，争创世界第一；重点发展信息产品、环保产品、物流仓储，使其尽快形成优势产业；2005 年销售收入达到 300 亿元以上；2010 年把安彩发展成为以高新技术为主，多种经营为一体的跨行业、跨地区、跨所有制、跨国经营，年销售收入达 600 亿元以上具有国际竞争力的大型企业集团。

玻壳产业争创世界第一。跨入新世纪，世界制造产业迅速向中国集中，玻壳行业也不例外，国际上知名的几家公司也纷纷向中国拆迁或新建生产线，以降低制造成本，新的竞争格局正在形成。安彩通过对现有生产线的改造提升和安彩信益二期、三期工程的建设，玻壳年产量将达到 8500 万套以上，同时产品质量、生产效率、经济效益、市场占有率、产品的技术特性和环保性能也要达到世界第一。同时，安彩还要对国外公司的玻壳生产资源进行整合，在产品开发、销售网络建设以及市场资源优化等方面进行深入广泛合作，将产品推向欧、美市场。还要充分利用安彩自主知识产权，有计划地向经济欠发达国家和地区输出玻壳制造的成套技术和设备。这样，才能抑制竞争对手的扩张势头，牢牢掌握市场竞争的主动权。同时，安彩要重点抓好以采用新技术、新材料、新工艺为特征的 CRT 的二次技术革命，进一步提高 CRT 的性能价格比和市场竞争能力，打造具有世界竞争力的安彩品牌。

建设信息产品基地，加速信息产业发展。信息产业的发展主要抓好数字产品，背投电视和卫星导航定位系统(GPS)的开发生产，力争三年内形成规模生产，实现销售收入 100 亿元，到 2010 年达到销售收入 300 亿元。第一，在搞好军民用通讯产品的基础上，抓紧新乡安彩信息工业园区建设，主要从事数字电视系统及宽带数字通讯产品的生产和开发。2003~2004 年为一期工程，建设数字电视传输和数字电视机顶盒两个工程项目，形成年产 1000 万台数字电视机顶盒和 1000 套数字电视发射系统。2004~2005 为二期工程，建成数字集群通信系统项目。2005~2010 年为三期工程，建成数字电视工程项目。在郑州开展无线数字电视试播和“移动”数字电视业务，在此基础上向省内其它城市辐射。第二，在郑州经济技术开发区，以安飞公司为依托，与飞利浦等国外大公司合作建设郑州家电工业园，主要生产数字背投电视机，拓展信息产品发展领域。计划在 2004 年 6 月份前，开始建设一期工程，设计生产规模达到 200 万台。第三，提高安彩卫星导航定位系统(GPS)产品的技术水平，开拓市场，扩大经营规模。主要拓展的领域有：公安交警勤务系统，公交行业车辆指挥与调度系统，消防、邮政、铁路运输集装箱定位管理系统，智能交通系统(ITS)等。将在现已取得成果的基础上，利用安彩品牌，实施专业化、规模化发展，采取自主与联合开发相结合的方式，提高产品技术水平和服务质量，3~5 年内形成营业额 20 亿元，到 2010 年达到营业额 50 亿元。

加快绿色环保新型能源基地建设。人类社会文明的进步，对环境保护和可再生能源的利用提出了越来越高的要求。大力发展绿色环保新型能源已经成为全球能源产业发展的必然趋势。以锂离子电池、氢镍电池、燃料电池和太阳能电池为代表的新型绿色环保能源产业，不仅具有广阔的应用前景、巨大的市场潜力，而且对于环境保护和可持续发展具有重要意义，已经成为21世纪世界十大高新技术产业之一。为此，安彩集团托管了新乡755厂，并以此为基础重点发展新型绿色环保能源产业。进一步完善"安彩新能源绿色电池产业园区"发展规划。兴建新型绿色环保电池产业化园区，把产业园区建设成为新型绿色环保能源的科研和产业化基地。力争3~5年综合实力达到国内电池行业第一，到2008年实现年销售收入60亿元。

加快郑州安彩物流园区建设。随着我国加入WTO和世界经济一体化的加速进行，许多跨国公司纷纷将制造中心或采购中心向中国转移，国内越来越多的企业实施"走出去"的发展战略，需要建立一套快速、机动、便捷、高效的现代物流系统。此外，国际上著名物流企业已登陆抢滩中国市场，为我国仓储物流企业的发展带来了很大的合作机遇，同时推动和促进了我国保税区和国际化物流园区的蓬勃发展。据专家预测，近期全国物流产业总值将达2000亿元人民币以上，巨大的国际物流量为我国的物流产业带来了新的发展机遇。安彩集团已在郑州国家经济技术开发区征地784亩，建设安彩物流园区。以公共保税为依托，以电子商务为手段，将保税仓储、保税商品展示、保税物流有机结合起来，形成国际贸易全部流程的物流、商流、信息流、资金流四位一体，提供跨行业、跨地域、多功能、规范化、高起点的服务系统。力争到2005年初具规模，2010年营业收入达50亿元。

实施人才强企战略。以人为本是科学发展观的基本价值趋向，安彩以三年为一个周期(现改为职工学习五年规划)对员工的学习培训统筹规划，提高全体员工的业务素质和技术素养。《2001~2005年人才学习(培训)规划》中明确了"2518人才学习培训规划"，即"培养20名能掌握现代化管理方法、具有较强的经营决策能力、熟悉国内外市场经济规律的高级领导人才和后备领导干部；培养50名具有较高学术水平、在国内有一定知名度的彩色显示器件(CRT)、电子信息和新型显示器件及新型能源科技专家，能领导并组织大型项目实施的学科(技术)带头人；培养100名具有较高学术、技术水平、成绩显著的具有开发项目能力的青年技术骨干；培养800名高水平实践型、身怀绝技的操作型人才；充分利用社会高校的资源，五年内逐步建成工作学习化、学习工作化的学习型企业，形成一个与安彩发展相适应的人才学习培训基地。"一是充分利用企业外部的智力资源。通过经营合作、技术交流、咨询服务、安彩博士后工作站等多种渠道、多种方式，利用企业外部人才为企业的产品研发、经营发展服务。二是抓好全体员工的再学习。在实践中结合具体工作岗位，重点培养一批高水平的技术、管理人才和高技能的技术工人。在抓好员工专业技术，岗位技能提高的同时，要抓好全体员工思维方式、经营理念、价值观的转变，抓好诚信求实、互助协作精神的培养，使整个职工队伍能适应公司发展和市场经济的需要。

2003年3月25日，在我国珠海举办的世界经济发展宣言大会通过了《世界经济发展宣言》(珠海宣言)，提出"实现人口、资源、环境的良性循环，为经济的稳定发展提供良好的环境，保持世界经济的可持续发展"。党中央提出树立科学发展观，正是以宽广的世界眼光观察世界，积极借鉴当代人类文明有益成果的具体体现，反映出我们党对人类社会发展规律的认识达到了新的高度。

安彩集团作为《世界经济发展宣言》(珠海宣言)的发起单位之一，"为人类社会文明做贡献"始终是企业和员工追求的理想和信念。"三圆理论"指导安彩的建设和发展，体现了"知识创造价值，智慧创造财富"。安彩的发展战略又充分考虑了人与自然、企业与社会、软件与硬件、国内资源与国外资源等综合因素，进一步体现了以人为本的科学发展观。相信安彩集团一定能够不断提高稳定性保证能力、持续性创新能力、系统性集成能力、战略性应变能力，打造世界名牌，实现健康、快速、持续发展。

民营企业参与国企改制的重要意义

金花企业集团总裁　吴一坚

【提要】中国企业改革的过程从某种意义上讲是一个“国退民进”的过程，因为在大多数竞争性企业中，国有资产以国有企业的形态存在不一定是保值增值的理想方式。实践证明，民营企业在参与国有企业改革和改制中具有重要意义和重大贡献，但也存在一些问题，例如：一些国企领导为了维护自己的利益总是设法阻挠改制，职工则想借此获得更多的补偿；资产评估、市场竞价、人员安置、债务处理以及产权并购等环节还缺乏操作性强的科学程序和市场透明度；民企在收购国企大量失血后，难以得到融资支持，反而因此陷入资金运转困难的境地。

党的十五大把民营经济正式确定为国民经济的“重要组成部分”。中国共产党十六届三中全会通过的《中共中央关于完善社会主义市场经济体制若干问题的决定》明确指出，要大力发展国有资本、集体资本和非公有资本等参股的混合所有制经济，实现投资主体多元化，使股份制成为公有制的主要实现形式。各地政府也陆续出台了相关的法律法规，大力发展非公有制经济，如陕西省委、省政府适时出台关于大力发展非公有制经济决定，先后出台了《关于大力发展非公有制经济的决定》和《关于深化体制改革加快科技产业化的决定》等一系列重要文件，这些政策的出台为民营科技企业的快速发展营造良好的政策环境。

一、民企参与国企改制的时机与条件已具备

(一)民营经济在国民经济中的地位不断提高。

改革开放以来，我国民间投资迅速崛起，民营经济已经成为促进国民经济和社会发展的重要力量。民营企业经过20年的发展，已经具备了大规模参与国企改制改组和国有资产处置的条件，民营企业已经非常壮大了。目前，国有企业雇佣员工才3000多万，而民营企业雇佣的从业人员已经达到8000多万，加上广义的达一个多亿。据统计，仅以2001年与1996年相比，国有经济投资占全社会总投资的比重从52.5%下降到47.3%，而同期民间投资由35.7%上升到44.6%；民营经济占社会总资产额的52.69%，占税收的64.42%，占出口总额的55.04%。占全社会GDP的62.3%，有一些地区已达80%~90%。以浙江为例，浙江省工商业领域非国有经济的比重已经从1978年的38.7%上升到目前的90%以上，经济增加值达2935亿元，占浙江省GDP增加值的比重为51.4%。越来越多的浙江民营企业不断拓展发展空间，进入国际市场。1998年，浙江民营企业外贸出口额仅占浙江省的8%；2002年，浙江民营企业的外贸出口额，占全省总量的比重已达24%。目前，浙江已有4000多家民营企业获得自营进出口权。在境外香港上市已有5家，已过上市辅导期的有117家，在境外设立的分支机构和营销机构已达到100多个。

再以陕西省为例，目前陕西民营经济呈现了总量扩张、质量提高、贡献增加的良好态势，进入了改革开放以来发展最快、最好的时期，在全省经济总量中所占比重迅速上升，具有关统计资料显示，目前陕西省民营科技企业在数量上已达到8500家，居全国第二，年技工贸收入突破400亿元，利税总额40多亿元，陕西民营科技企业上缴税金比1995年增长了60%，1997年至2002年民营经济占

全省 GDP 的比重由 11.8%上升到 38.2%，年拉动全省经济增长 3 个百分点以上。金花、海星、步长、东盛等一批民营企业规模不断扩大，竞争力不断提高。

（二）民营企业在多年的市场经济实践中总结出灵活的、独具特色的管理模式。它所具有的生机和活力，可有效的弥补陷入困境的国企的不足之处。

国有企业体制改革必须面向市场化，建立市场经济的经营理念和模式。而民营企业是社会主义市场经济的产物，它所具有的生机和活力，正是陷入困境的国企所缺少的。

有一个故事，讲的是鹰从小就接受最残酷的竞争：通常鹰都生两枚蛋，孵化后老鹰便常以饥饿法让两只幼鹰争斗，胜者生败者死。如此长大的鹰还有什么不敢面对？民营企业正是在这种激烈竞争的环境中成长壮大起来的。

民营经济是与市场经济相伴而生的。以市场为导向，一切为了市场，一切服务于市场。企业发展战略决策、资源配置以及企业经营理念、经营机制等都要适应市场的变化。民营企业在多年的实践中总结出独具特色的管理模式。

一是坚持“二不”、“四自”、“四权”、“四种机制”来规范企业的行为。“二不”即不要国家编制，不要国家的经费；“四自”即“自愿结合，自筹经费，自主经营，自负盈亏”；“四权”即企业发展战略决策权，随行就市的自由贸易权，按需择优录用的人事权，工效挂钩的分配权；“四种机制”即与时俱进的创新机制，充分整合各种资源的管理机制，自我完善自我约束的发展机制，以人为本、人与自然和谐发展的文化机制。二是企业产权可以量化到自然人。三是生产要素(如管理、技术、资金、设备、土地、固定资产等)可以参与分配。

民营企业的管理模式与社会主义初级阶段基本经济制度相适应的。它营造了鼓励人们干事业、支持人们想干事业、干成事业的企业文化氛围，放手让一切劳动、知识、技术、管理和资本的活力竞相迸发，让一切创造社会财产的源泉充分涌流。这就是民营企业管理理念的生命力。

（三）国有企业改革对民营企业的发展提供了空间和机会

目前国有企业面临的生存和发展环境发生了重大变化，在过去几十年中，我国形成了大量国有企业，而国有资产一直以国有企业的形态存在。但实践证明，除了一些国计民生的重要领域，在大多数竞争性行业中，国有资产以国有企业的形态存在不一定是保值增值的理想方式。由于机制不顺等原因，许多国企经营不善，亏损严重，一些表面看还存在的国有资产已经萎缩。解决国有企业的退出问题，单靠体制内的因素远远不够，需要体制外的“增量”进来，国有企业的改革从原则上讲主要解决两大问题。一个是企业制度创新，另一个就是结构调整，两者相互关联。国有经济布局和结构调整，不仅会给民营企业让出发展的空间，而且会给民营企业发展提供更多的资源，这一轮调整将构成民营企业发展壮大的历史性机遇。

过去几十年，我国形成了大量国有企业、积累了大量国有资产，保守估计未来约有 15 万家国有企业、7 万亿国有资产等待改组，仅 2003 年 4~9 月，国资委就批准了 48 户企业的产权和股权的转让行为，涉及国有资本及权益 225 亿元。因此，民营企业参与国资重组的空间相当大。

国资改革的大潮为中国民营企业开拓出前所未有的发展空间。在完成资本原始积累后，已有了相当经济实力的民营企业，更需要寻找一个新的飞跃式发展的空间。国企改制为他们提供了机会和空间。

二、民企参与国企重组共享历史机遇

民营企业参与国企改革也是民营企业做强做大从而实现企业跨越式发展的有效途径。十六届三中全会第一次提出要鼓励有条件的民营企业做强做大，中国的民营企业通过自身的积累和投资；建立战略联盟，增强自身优势；并购扩张增强核心竞争力等途径，从无到有，从小到大，现在一些企业已经初步具备了做强做大的条件。从国际经验来看，并购整合是国际大公司低成本扩张的成功途径。中国的民营企业做强做大，也要充分利用当前国有经济结构调整的机会，进行有目的，有选择，基于总体发展战略的并购，通过并购，可以以较低成本，较短的时间，获得被购并企业他们长期积累而自己又短缺的资源。

民企参与国企改革，不仅可以盘活国企存量资产，发挥人力资源潜能，同时也是民企充分体现其价值、能力的一种途径、平台，为实现做实、做强、做大的目标创造条件。

民企与国企有着不同的创业背景和历程、有着不同的管理机制和经营机制，甚至有着不同的文化理念和价值观。总之，有许多不同点，有时是矛盾的双方。谈民企参与国企改革问题，就是如何将这些不同点、差异点寻找出共同点。

（一）民营企业参与国有企业改革对民营企业做强做大有着重要的意义。

随着民营经济的迅猛发展，民营企业参与国有企业改革的步伐也在加快。这对民营企业今后的发展有着三个方面的重要意义：

1.可以实现民企低成本扩张。因为大企业、大集团的成长过程是一个并购、重组的过程。把握住此次“国退民进”的历史机遇，推动改革，扩大规模，能达到政府和民营企业双赢的目的；

2.可以实现资产的大流动、资源的大整合。国有企业虽然历史包袱沉重，但经过多年的发展，积累了很多宝贵的资源，比如产业工人就是很难得的产业资源，不是一年两年可以培养出来的。一个具有战略眼光的民营企业家就应尽快地抢占这些宝贵资源，整合这些宝贵资源，从量的扩张转变为质的扩张；

3. 可以在扩张和整合中确立民企自身的产业发展方向。目前部分地方的民营企业不是规模太小，就是没有形成产业链，竞争优势还不明显，因此，通过积极参与国企改革可以更快地完成这种战略布局。

（二）企业改制是国有企业改革的一个主要的途径和方式

国有企业改革，涉及到国家、企业、职工、社会各类投资者、境外的投资者等各个方面的利益。操作上也非常复杂，政策性很强。根据国资委对国有企业改制的情况的调研情况，我们可以看到：首先，国有小型企业改制取得了成效，我们从2002年底的情况看，全国国有小型企业的改制面已经达到了80%，其中涉及到国有产权的改制，占到改制企业的39%，这些改制促进了企业转换机制，增强了企业的活力。从1994年到1999年，国有小型企业总体上看，全国盈亏相抵以后，连续六年是亏损的。但是，从2000年以后，这个局面得到了根本性的扭转，2000年盈利是73.5亿元，2001年109亿元，2002年186亿元，2003年前10个月又比上年同幅度有大型增长，国有小型企业通过改制，整体经济效益有明显提高。

其次，通过改制调整国有经济布局和结构的成效开始显现。国有及国有控股工业企业1998年的户数是6.5万户，但是到2002年就下降为4.3万户。5年时间下降了34%，但是，实现利润同期却由743亿元增加到2636亿元，增长了2.5倍。2003年前10个月国有及国有控股工业企业的实现利润已经超过3170亿元。所以国有企业的数量虽然下降，但是国有企业的整体经济效益是大幅度地增加了。这说明党中央、国务院关于调整国有经济布局和结构，放开搞活国有中小企业的方针是完全正确的。国企改革成功对民营企业参与这项改革是利好的。

（三）民营企业参与国企改制是解决当前突出社会矛盾的有效方法

民营企业参与国企改造，很大程度上解决了下岗职工的再就业问题，吸纳消化了改革中的消极因素和不稳定因素，加快了企业社会化、资本社会化、经营社会化、福利社会化的步伐，为社会稳定和经济发展尽了一份力。

1999年，西安金花企业集团对西安大庆制药厂整体收购，通过注入资金和先进的管理机制，使这家具有35年制药历史的国有企业重新焕发生机。

收购大庆制药厂后，金花对大庆制药厂从设施设备到厂容厂貌进行了全面改造更新，对员工进行再培训上岗，使得大庆制药厂的软硬件设施大为改观，并不失时机地引入竞争机制，加强管理，狠抓销售，为企业发展注入了活力，药厂的销售收入当年就从原来的不到1000万元攀升到3000万元，2002年达到8000万元，2003年实现销售收入14600万元，生产与销售创下了该厂历史最好水平，使这家步履艰难的老药厂进入了良性的发展循环，该厂下岗职工全部实现了再就业，职工人均年收入是原来的3倍以上。金花企业集团总裁吴一坚在接受记者采访时说过，通过并购大庆制药厂，企业的产品结构更加完善，企业规模得到迅速扩张，达到了优势互补、互惠互利，真正实现了金花、大庆制药、政府“三赢”的目的。

三、政府搭台 企业唱戏 实现多赢

通过兼并过程的有效经营，对兼并企业来讲是增强了实力，突出了主导产业，提升了核心竞争力，扩大了市场、提高了规模效益；对被兼并企业来讲是减轻了负担，卸掉了包袱，转移了风险，获得了新生；对政府来讲是减轻了财政压力，增加了税收，扩大了就业，促进了经济发展，可以说取得了“三赢”的效果。

（一）政府要为民营企业参与国有经济的调整创造条件

1. 要进一步统一认识，给民营企业更多的机会。国有经济布局调整，不仅会给民营企业让出发展的空间，而且会给民营企业发展提供更多的资源，这一轮调整将构成民营企业发展壮大的历史性机遇，不应排除外资的进入，但必须改变那种只重视外资进入，轻视民营企业参与，甚至对民营企业参与抱有歧视的态度，在参与国有企业重组中，要给民营企业以平等的地位。

2.要继续改革国有资产管理体制，建立有效的出资人机构。

3.要有有效的政策和法规的指导，国有经济布局调整涉及众多敏感的问题，比如资产定价，资产评估，转让价格，人员安置，职工身份转变，社会保障，银行债务，高管人员安排，改制后的股权结构等等，因而是一项涉及多方厉害相关者，十分复杂的，政策性极强的变革。虽然各种情况千差万别，不可能制定一个统一的改革模式，但是就一些重要的政策问题和操作程序，制定规章和指导性意见，不仅可行，而且必要，要进一步完善企业重组的法制环境，把国有经济布局调整，纳入法制化轨道，维护各方的合法权益。

4.要重视配套措施的建立。涉及几万亿资产，上万家企业，几千万职工的国有经济布局调整，是一个牵动全社会的大事，需要银行等金融机构，劳动力市场，经理人市场，律师、会计师、资产评估等中介机构，新闻传媒等多方面共同努力创造配套条件，特别是要继续大力促进资本市场的规范和完善，进一步完善社会保障制度。

（二）民营企业要抓住机遇，优势互补，做强做大

民企参与国企改制，一定要看准了行业、盯准了项目，还要充分认清自己必须承担的社会责任，摸清情况算好帐。同时也要重视社会效益。社会的稳定是企业可以长远发展的关键，也是政府和企业良好合作关系的基础。

随着社会保障机制进一步健全，退休、失业职工对企业的依托将逐步转向对社会的依托，企业改制将会得到一个更好的环境。

（三）国企改制要以资源重组为核心，规范操作为保障

民企兼并或收购、投资国企，一定要公开透明，进行规范操作、防止和杜绝暗箱操作。对民企来说，在兼并、收购国企之前，属股份制或合伙企业要听取股东的意见。对国企来说，更要听取职工代表大会的意见，摆明各种利与不利的关系，特别是职工的切身利益问题。要公开、透明，并经上级主管和劳动部门审批同意。然后，按规定进行清产核资、财务审计、资产评估、产权登记等操作程序，按程序进入产权交易市场，对容易产生摩擦的问题，要有各种预案。慎重考虑后，用合同、合约、意向书、协议书等文字形式加以确定，并进行公证，有法律依据。

当人们到商店去购置家电等设备时，总愿意购买原装的，然而，当民企兼并、购置国企时，绝不能保留“原装”的，绝不能原封不动，必须按民企的思路去办，进行各种资源（包括人力资源、物质资源、自然资源、社会资源等）重新组合，达到各种生产要素最佳配置。

四、民企参与国企改制面临的困惑

西安金花企业集团对西安大庆制药厂整体收购，通过注入资金和先进的管理机制，使这家具有35年制药历史的国有企业重新焕发生机。陕西东盛企业集团通过积极参与国有企业重组改造，迅速成长为国内知名的药业企业。步长集团参与国有企业的重组，全资收购了山东恩奇药业有限公司，在重组后第一年就扭亏为盈，两年后成为山东省20强企业之一。

从目前陕西省情况看，民企参与国企改革，有不少成功经验，也有不少阻碍和失败，期间允满酸甜苦辣。如何很好地“消化吸收”被兼并企业，是所有参与改制民企面对的一道难题。

制约民企参与国企改革进程的最大“瓶颈”还在于观念和市场透明度。有些国企的领导和职工的思想观念仍然停留在计划经济时代，一些国企领导为了维护自己利益总是设法阻挠，职工则想借此获得更多补偿。

此外，资产评估、市场竞价、人员安置、债务处理等等产权购并环节还缺乏一套操作性强的科学程序规范，评估改制企业的固定资产时，往往对其使用年限、折旧率、装备水平等因素缺乏认真的分析研究，资产评估价值往往过高，对被收购企业的债务评估不实，资产评估周期长。

向来困扰民营企业的贷款困难问题，也是影响民营企业参与国企改造的重要因素，民企参与国企改造，付出的成本是巨大的，但是民营企业融资是很难得到支持的，这就使民企在收购、改造国企大量失血后，难以及时补充新鲜血液，反而因此陷入资金运转困难的境地。

总之，民企参与国企改革，是社会主义市场经济体制下的一个新问题、新趋势，目前时机已到，条件成熟。然而，也会有一些尚难判断和发现的盲点问题、政策性问题，应在各级政府的指导和支持下，有序地健康进行下去，直至取得成功。

关于电信网络资源合理配置与有效利用的建议

中国联通发展战略咨询委员会主任　杨贤足

【提要】 随着我国电信体制改革的深化，电信业得到了飞速发展。但由于缺乏有效的法律和行政调控机制，电信企业对有效利用资源的认识和动力不够，电信网络在干线光缆、接入网、通信管道、移动通信基站等方面存在着严重的重复建设和资源浪费现象。如何实现电信网络资源的合理配置和有效利用，是当前亟待解决的问题。一方面，利用电信立法和相关政策推动有效的市场竞争格局和运作机制的形成；另一方面，企业间也应加强合作，资源共享，为电信业的健康发展共同努力。

1994 年我国电信业开始了以打破垄断、引入竞争为主要内容的体制改革，极大地促进了电信事业的繁荣，经过 10 年发展，已成为世界电信大国。1993~2003 年期间，我国电信业固定资产投资由 1993 年的 404 亿元增长到 2003 年的 2249 亿元，累计完成 12787 亿元；长途光缆从 3.87 万公里增长到 59.4 万公里；固定电话用户数由 1797 万户增长到 2.95 亿户，移动电话用户更是实现了从 82.7 万户到 3.05 亿户的飞跃；电信业务收入由 441 亿元增长到 4610 亿元，累计达到 23974 亿元。电信改革 10 年所取得的巨大成果，充分说明改革的正确性和引入竞争的必要性。但是，在电信业引入竞争的同时，也出现了电信网络重复建设和资源浪费的现象，需要引起重视并加以解决。

一、电信网络存在严重的重复建设和资源浪费现象

其主要表现是：

1.在干线光缆方面。2003 年，全国电信行业的干线光缆已近 60 万公里。主要城市间光缆的光纤芯数都在百芯以上。主要采用 SDH（同步数字系列）技术，每对光纤容量 2.5Gbps（千兆比特/秒）。而先进的 160 波×10Gbps 的 DWDM（密集波分复用系统）也已开始投入使用，每对光纤容量可达 1600Gbps，是目前容量的 640 倍。据预测，即便在我

国干线传输网中带宽需求最大的南京-上海段，2006年带宽需求也仅为528Gbps，理论上两对光纤足以满足需求，全国干线光缆资源冗余状况可见一斑。

虽然干线光缆资源总量可满足电信业务发展需求，但资源在不同运营商间的分布严重不均。由于竞争的缘故，资源短缺的电信企业向资源富余企业租用其冗余光缆资源十分困难。因此，几乎每个基础电信企业都在建设自成体系的全国性干线光缆传输网络。广电、部队等部门为自身需要也投入巨资建设自己的干线光缆传输网络。结果造成许多公路沿线数条光缆并行的状况比比皆是。

这些重复建设造成资源的巨大浪费，也降低了各电信企业的效益。一个覆盖全国比较完整的省际干线光缆传输网络需要超过200亿元投资，多家企业重复建设造成的浪费十分严重。

2.在接入网方面。接入网是连接用户与电信运营企业之间的桥梁。由于历史原因，我国接入网资源基本掌握在当地一家电信企业手中。在相互竞争情况下，拥有接入网的企业宁可网络闲置也不会全面开放自己掌握的接入网资源。没有接入网的企业通过与其他公司（如用户驻地网运营公司、有线电视网络公司等）合作的方式，也只能有限地解决用户接入的需求。因此，没有接入网的企业只好自建。而接入网建设投资巨大，约占整个固定通信网络投资的40%~50%。如果不能建立良好的接入网资源共享机制，各电信企业势必投入巨资建设自己的接入网，结果必然造成巨大的重复建设，其资源浪费规模要远高于干线光缆重复建设所造成的投资损失。

3.在通信管道方面。通信管道是城市基础设施的组成部分，也是电信企业重要的网络资源。由于建设通信管道需要破路挖沟，受到市政规划的严格约束，因此，通信管道已成为一种稀缺资源。由于历史原因，城市管道大多为当地某一家电信企业拥有，管道的使用、出租、出售等条件完全由该企业控制。尽管许多地方有闲置管孔，但这些资源不开放，造成没有管道的电信企业只能在同一条路上重复铺设。以某特大城市为例，在较繁华的10条城市主、次干道上，主导电信企业已建有48孔、36孔、24孔、12孔的通信管道，平均占用率不足一半，冗余的管道资源基本不开放。即使有部分管道开放，租金定价也很高。按照2004年6月1日开始执行的该市通信管道及光缆资源出租业务资费标准（该市通信管理局与该市发改委联合通知），以在城市近郊区租用用户管道1公里计算，3年的租金约为7.53万元/孔公里，而完全新建管道的费用约为6万元/孔公里，且拥有永久产权和使用权。三年的租金就可以自建管道，这就使得新兴运营商不得不选择自建。

4.在移动通信基站方面。基站（指铁塔、机房等设施）是移动通信建设中非常重要和投资巨大的组成部分。目前我国只有两家国家控股经营的移动通信企业，由于没有移动基站资源共享机制，两家企业分别独立建设了自己的基站铁塔。按照一个铁塔30万元的造价来估算，在现有的24万个基站中，如果其中1/3的基站实行共建，仅铁塔建设就可节约投资240亿元。如果不对移动基站资源进行有效的配置，随着今后移动通信网络进一步扩展，不仅要浪费巨大的投资，而且还要占用大量的土地。

以上情况表明，我国电信网络重复建设和资源浪费严重，其危害不可忽视：一是造成巨大的建设资金浪费；二是资源利用率低，不利于企业效益的提高和国有资产的增值；三是直接降低了电信企业在国际资本市场的价值，一旦外资进入时，将造成国有电信资产股权可能被贬值出售；四是给产业链传递虚假的市场需求信息，影响电信设备制造业的健康发展；五是在社会主义市场经济条件下增加了良性竞争成本。

我国电信网络重复建设和资源浪费，究其原因：一是缺乏有效的法律和行政调控约束机制；二是电信市场尚未形成有序的竞争格局；三是电信企业自身对有效利用资源还缺乏足够的认识和内在动力。

二、实现电信网络资源合理配置和有效利用的建议

解决电信行业的上述问题，需要以科学发展观为指导，把电信业的发展建立在优化结构、提高质量、讲求效益的基础上，有效地防止低水平重复建设，合理配置资源，实现资源共享。为此建议：

1.将电信网络资源的开放列入电信立法

国外电信业促进资源有效利用、避免重复建设的成功经验表明，将电信网络资源开放列入电信立法是非常有效的措施。越来越多的国家通过电信立法，规定电信网络必须开放，相应明确网络资源的分拆、出租以及定价原则，确保资源的有效利用。美国1996年《电信法》要求主导电信运营商提供非捆绑网络元素的接入并且以批发价格提供零售业务。美国电信监管机构指出“不提供非捆绑本地网路的接入会使得潜在的竞争者无法进入该地区的市场，从而不能使用户获得竞争的利益，也可能使竞争者建设不必要的重复设施从而错误分配社会资源”（联邦通信委员会有关实行1996年电信法本地竞争条款的第1号报告和指令）。

我们应借鉴市场经济发达国家的经验，将防止重复建设列入电信立法。目前正在制定的《电信法》草案应规定电信企业强制开放其富余的网络资源，限制出租价格（应基于成本定价）。并明确接入网、管道资源、干线及城域网光缆资源、传输电路的开放原则、网络元素非绑定政策、移动基站的共站政策、网络元素出租的定价原则等。

2.推动电信市场有效竞争格局的真正形成

在鼓励竞争的同时避免重复建设，就必须从优化市场竞争结构入手，促进电信企业合理布局，建立电信市场有效竞争格局。

我国电信业经过多年的深化改革，目前已形成六家基础电信运营企业（指提供公共网络基础设施、数据传送和基本话音业务的电信企业），同时经营电信增值业务的企业（指利用公共网络基础设施提供电信与信息服务的企业）多达上万家。在基础电信领域，虽然垄断经营已不存在，但市场有效竞争格局还远未形成。

由于电信业属于规模经济显著的行业，基础电信运营企业的网络容量、用户数量要达到一定规模才具有效益。因此，在打破垄断、鼓励竞争的同时，需要进一步加强对新兴或弱势基础运营企业的扶持力度，同时也要适度控制基础电信企业的数量，合理布局基础电信企业的经营范围，避免过多的基础电信企业经营同一业务而造成过度竞争。

按照WTO关于我国电信业开放条款，移动通信业务到2006年、固定通信业务到2007年外商投资比例可达到49%，同时民营资本进入基础电信领域也势在必行。外资和民营资本按政策只能以参股形式进入现有的基础电信运营企业，而不是重新组建新的基础电信企业，以进一步推动有效竞争格局的形成。

3.加强政府调控和监管力度，建立有效的运作机制

我国的基础电信运营企业同是国有独资或国家资本绝对控股企业。电信业既属于基础设施领域，又属于具有相对垄断性质的竞争性领域，市场在资源配置中将发挥越来越重要的作用。但政府在宏观管理、统一协调上要通盘考虑，总体谋划，建立有效的运作机制。这对促进网络资源的有效利用，具有极其重要的作用。

在电信网络规划方面，有关政府部门应根据对电信行业总体需求和发展前景预测，统筹协调、指导电信网络建设规划，推动资源共享，避免和减少重复建设。

在制度建设方面，有关政府部门应制定相应的法规、政策，建立冗余网络资源开放制度，对不开放冗余网络资源，或者以不合理的高价变相不开放冗余网络资源的企业，坚决按照违规进行惩处。

在考核机制方面，国资委作为基础电信企业出资人，可将电信网络资源有效利用问题列入对企业的综合考核中，促使企业开放冗余网络资源，充分发挥引导、协调和监督作用。

在采用新技术方面，引导和鼓励企业采用先进技术，淘汰落后技术，促进电信行业的技术进步和效率提升。政府有关部门可以定期公布淘汰技术的目录，控制企业采用落后和过时技术造成低水平重复建设。

4.积极探索企业间网络资源的共享模式

电信企业应积极探讨对移动基站寻址、建设的共享模式，通过企业间合作，提高基站设施利用率，有效降低建设成本。

对于城市通信管道和接入网等基础网络资源的有效使用问题，可探讨由拥有电信网络资源的企业（包括广电、电力等部门）以其全部或富余部分的网络资源入股，成立多家企业共同持股的股份制公司，专门从事城市管道、城域网或接入网的管理、出租。

总之，我国电信设施重复建设、资源闲置浪费问题有的已经形成，有的正在形成和即将形成，需要引起国家的高度重视。

实施全球化战略背景下的 我国矿产资源远洋运输保障研究

中国远洋运输(集团)总公司课题组

【提要】随着我国重化工业的发展,我国矿产资源进口逐渐增加,2003年我国原油的对外依存度达到35%,铁矿石的对外依存度达到36%,然而在我国远洋运输发展滞后的情况下,我国矿产资源的运输受国外船队极大的制约。2003年铁矿石运输价格的大幅上涨已经严重损害我国钢铁企业的利益。为了突破我国矿产资源运输的瓶颈,保障我国石油、铁矿石等战略资源的运输安全和我国经济安全,本文参考国际惯例,结合我国实际,从保障我国矿产远洋运输的能力出发,提出了保证战略性物资国货国运、资源企业与运输企业建立战略合作关系、国家对购买船舶贷款支持和减免二手船购买税收、支持发展船舶租赁业务、完善海运法律法规等政策建议。

一、我国全面建设小康社会急需提高矿产资源保障能力,由此需要尽快实施矿产资源全球化战略[1]

(一)我国已进入矿产资源消费快速增长期

矿产资源是一个国家实现工业化和现代化的基本资源。世界主要国家在工业化进程中,对矿产品消费具有以下规律:一是在工业化快速发展阶段,矿产品消费也处于快速增长期,大宗矿产的消费弹性系数(矿产品消费增长/国内生产总值增长)大于1;二是工业化完成后,钢、铜等矿产品消费量趋于平衡;三是能源消费量随着国内生产总值(GDP)增长而增长。

改革开放以来,我国工业化进程加快,矿产品消费迅速增加,消费弹性系数增大。石油在1985~2000年的15年间,每5年消费弹性系数分段平均值是0.46、0.60、0.83,近年来已超过1。钢、铜、铝在10年间平均消费弹性系数均大于1,呈现出与发达国家快速工业化阶段类似的消费规律。

(二)我国矿产资源的需求预测

根据近15年来我国国民经济发展与矿产品消耗关系的一般规律和趋势,并考虑新型工业化道路和科技进步对矿产品消耗可能产生的影响,我国主要矿产品需求,预计到2010年:能源总量18.67亿~22.73亿吨标煤,其中石油3.13亿~3.47亿吨,煤炭17.38亿~19.22亿吨,天然气780亿~1200亿立方米;钢2.50亿~3.09亿吨。预计到2020年:能源总量26.20亿~32.02亿吨标煤,其中石油4.37~4.83亿吨,煤炭21.73亿~24.01亿吨,天然气1800亿~2800亿立方米;钢2.73亿~3.34亿吨。

(三)石油、铁等大宗矿产资源的国内供应不能满足需求

1.石油

预计到2010年,我国新发现油田年均新增探明储量将保持在3亿~4亿吨,可形成生产能力0.18亿~0.25亿吨/年。2010年我国石油产量将保持在1.68亿~1.80亿吨之间,只能保证需求的

1. 以下关于我国实施矿产资源全球化战略的内容主要参考国土资源部2003年12月组织撰写的《中国矿产资源全球战略研究报告》。

51%~55%，短缺1.50亿~1.62亿吨。预计到2020年，我国石油产量在1.56亿~1.85亿吨之间，只能保证需求量的34%~40%，短缺2.75亿~3.04亿吨。

2.铁

预计到2010年和2020年，我国铁矿石产量为2亿吨（含铁0.7亿吨）和1.56亿吨（含铁0.56亿吨），钢产量均为2亿吨，其中废钢产钢为4500和6331万吨；钢需求量为2.50亿~3.09亿吨和2.73亿~3.34亿吨。由此2010年和2020年国内铁矿石产量只能满足钢产量需求的38%和29%。

（四）我国具有比较优势的矿产资源仍需进一步提高保障能力

1.煤炭

虽然我国是世界煤炭资源大国，探明资源量居世界前列，但预计到2010年和2020年，我国煤炭消费需求量为17.38亿~19.22亿吨和21.73亿~24.01亿吨，限于生产能力，届时我国煤炭供应缺口将分别达约2.5亿吨和7亿吨。为此，我国已从今年开始改变积极支持煤炭出口的政策，今年压缩煤炭出口1000万吨，并开始探讨建立煤炭战略储备。

2.天然气

2001年我国天然气剩余可采储量18345.83亿立方米，估计远景可采资源量为12~15万亿立方米。预计到2010和2020年，我国天然气需求量为780亿~1200亿立方米和1800亿~2800亿立方米，而供气能力为1304和1650亿立方米，2010年能基本保持供应，2020年则缺口650亿立方米。

（五）实施全球化战略是提高我国矿产资源保障能力的必然选择

自上世纪90年代以来，我国部分战略性矿产供不应求的现象已经出现，且随着经济持续快速发展，供需缺口日益扩大。通过大量进口国外矿产品及增加国内矿山产能等措施，我国基本满足了经济发展对矿产资源的大量需求。然而，上述两种措施都有一定的局限性。大量进口国外矿产品，不仅使进口用汇日益增大，而且形成对国外矿产资源的过分依赖，在政治上对我不利，在经济上也易处于竞争劣势。继续扩大国内矿山产能，则受到我国资源禀赋的制约，目前短缺的大宗战略性矿产，或者因为资源性短缺，或者因为较高的开发成本，在国际上不具备比较优势，难以具备现实利用性。因此，在目前情况下应统筹国内与国外的资源市场，重视实施以“走出去”为核心的矿产资源全球化战略，这将是提高我国矿产资源保障能力的必然选择。

二、我国矿产资源全球化战略的总体思路、基本目标和主要内容

（一）矿产资源全球化战略的总体思路

在分类摸清各类矿产资源比较优势的基础上，立足国内、面向全球，统筹我国优势矿产和短缺矿产的发展。加强国内矿产资源勘查开发，发挥我国优势矿产对全球市场的影响，建立与经济全球化趋势相适应的矿业体系。紧紧抓住本世纪头20年重要战略机遇期，多渠道、多方式地充分利用国外矿产资源，保障我国矿产的安全供应，建立国内与国外相结合的稳定、安全、经济、多元的矿产资源保障体系。

（二）矿产资源全球化战略的基本目标

到2010年，我国重要短缺资源海外份额矿产品占我需求缺口（需求量减国内生产量）的比重从目前的不足10%上升到30%，到2020年进一步上升到40%；通过直接控制海外产能，与国外签订长期供货合同，扩大长期供货能力，减少现货贸易量，使长期供货占我矿产品进口量的比重从目前的不足20%上升到70%，到2020年进一步上升到80%；培育有足够实力参与国际矿业竞争的“矿业”及“运输”航母，到2020年这些“矿业、运输航母”能够进入本行业的世界前列。

（三）矿产资源全球化战略的主要内容

1.立足于综合比较优势的矿种发展战略

石油储量的相对不足与煤炭的相对丰富，构成了我国能源矿产的二元基本特征，能源矿产发展也要在此二元结构的基础上进行整体考虑，要以优化能源生产结构为主线，相应优化能源消费结构，重点解决石油供不应求的结构性矛盾，要把煤炭作为我能源的长期稳定支柱，加强煤炭工业的发展，加快洁净煤技术进步。石油在进一步加大国内勘查开发力度的同时，要努力实现石油来源的多元化，加快国外产能建设。根据我国天然气开发利用率低和国外目前买方市场的形势，大力发展天然气产业，及早签订天然气海外长期供货合同。

我国铁矿资源比较丰富，但富铁矿少。既要着力建立国外富铁矿供应基地；又要通过技术创新、制定税收等优惠政策，加强国内贫铁矿石的开发利用。

2. 以繁荣矿业经济为宗旨的矿业结构升级战略

在实现新型工业化的进程中，保持和发展具有国际竞争力的强势矿业，是我国的客观需要，其根本途径是组建具有国际竞争力的大型跨国矿业集团，打造“矿业航母”。我国虽已建立起较完整的矿业和原材料工业体系，然而除石油外，我多数矿业企业规模小、技术水平低、竞争力弱。在全球经济一体化的背景下，要充分利用跨国公司的先进技术，推动我国矿业整体竞争能力的提高。在与国际矿业公司的竞争中，通过学习国际先进经验，引进先进技术，按照国际惯例经营运作，真正使我国矿业公司更好地发展壮大。通过加强与跨国矿业公司的战略合作，充分借鉴跨国公司全球化经营的经验，利用其全球化网络，推动我公司“走出去”。

3. 以建立长期供给能力为主线的多元经贸战略

通过直接购买矿产品以及购买国外矿产地进行勘查开发两种方式利用国外矿产资源。前者时效性强，能尽快满足国内需求，但易受制于人；后者我具有主动控制权，有利于我国矿业公司的发展。两种方式统筹兼顾、运用得当将带来良好的经济效益。在矿产品贸易方面，要改变目前矿产品现货贸易比重过大的状况，多与国外厂家签订长期供货合同，同时注重发挥期货市场的作用，趋利避害。

从全球资源看，多数固体矿产，包括我国长期短缺的富铁、铝土矿、铜等均具有较好的远景储量，20年以内石油仍可具有相当规模的新增储量。要抓住当前有利时机，在开展矿产品贸易的同时，着眼未来，尽快加强国外矿山产能建设，通过购买、兼并国外现有产能以及到国外勘查开发有前景的矿产地等途径，按照经济效益的原则，形成我国大宗战略矿产的国外安全供应源。

4.实行以企业为中心的“走出去”战略

“走出去”是繁荣和发展我国矿业经济的新生长点。走出去的主体是矿业企业。矿业企业“走出去”，可通过对国外矿产资源的勘查与开发，获得直接的经济利益，促进自身的发展与壮大。从长远和战略角度看，有利于促进经济结构调整和资源优化配置，为我国社会经济的可持续发展提供可靠的资源保障。为此，必须以矿业企业的利益为基础，以矿业经济的繁荣为纽带，以国家资源安全目标的实现为主导，统筹资源开发“走出去”的实施与落实。“走出去”战略重点有两个，一是从周边国家切入的区域经济发展战略，二是选择资源条件及投资环境好的国家实施重点突破，进入全球矿业经济并促进我国矿业发展战略。

5.提高远洋运输能力的运输保障战略(具体如下所述)。

三、克服远洋运输瓶颈、提高我国远洋运输能力是成功实施我国矿产资源全球化战略的重要内容和保障

随着我国国民经济持续、稳定、健康的发展，国家对钢铁和石油的需求量越来越多，而这些需求越来越依靠海外进口满足。如何提高以铁矿石和石油为典型代表的我国矿产资源远洋运输能力来保障我国矿产资源进口运输显得越来越重要。这也是我国成功实施矿产资源全球化战略的重要内容和保障。

1.铁矿石运输

随着中国经济的快速发展，我国钢铁业迅速发展。由于国内铁矿石产量及质量限制，我国钢铁业对进口铁矿石的依存度不断上升。2003年我国铁矿石进口达到1.48亿吨，对外依存度达到36%，成为世界第一大铁矿石进口国。2003年全球铁矿石海运量较去年增长4300万吨，其中我国新增3300万吨。我国铁矿石进口量已经占到全球铁矿石总海运贸易量的近30%。尽管如此，受国轮船队规模、结构等的限制，国轮承担我国铁矿石进口量的份额还非常有限。这也成为2003年以来我国铁矿石进口运输价格大幅上涨的重要原因。而这又进一步影响到我国钢铁业的持续健康发展。由此，我国急需克服铁矿石远洋运输瓶颈，提高国轮铁矿石远洋运输能力。

2.石油运输

改革开放以来，随着经济的持续快速发展，我国能源消费结构中的石油消费不断增长。为弥补

石油供应不足，我国石油进口增长较快，对进口石油依赖程度不断加大。1993 年，我国已成为石油净进口国，1996 年又成为原油净进口国。2003 年我国石油净进口 9741 万吨，对外依存度达到 15%，我国原油的对外依存度则已经达到 35%。随着我国石油对外依存度不断上升，石油和经济安全时刻受到相关国际局势变化及国际石油价格波动的严重威胁，加之国轮承运进口石油的份额非常低，实现进口石油国轮运输已成为保障我国石油进口安全的重要环节。

实际上，根据国外经验，需要大量从国外进口石油的国家一般都控制一支相当强大的油轮船队，以保证进口原油运输安全。如：日本原油需求基本上完全依靠进口，年进口量 2.5 亿吨以上。日本船东控制的大型油轮吨位超过 2000 万吨，能满足进口石油 80%以上的运输需求，全部以长期合同的方式租给石油进口商使用，合同期最短为 5 年，最长达 18 年。在日本，除船东与石油公司之间有紧密合作外，其他相关产业之间，比如船厂、银行融资、保险业之间均有稳固的合作机制。韩国是世界上石油需求增长最快的国家之一，2001 年原油进口量达到 1.17 亿吨。大部分炼油厂都有自己集团控制的油轮船队，韩国船东控制的大型油轮规模达到 660 万载重吨，可以满足进口石油运输需求的 30%以上。另外，国外一些大石油公司控股炼厂，同时也控制一部分油轮船队，如 Exxon Mobile 就控制一支很大的船队，保证其石油供应链中运输环节安全。

进一步来看，除了确保运输安全外，提高远洋运输能力、实行进口矿产资源国轮运输还能为国家实现巨大的航运及相关方经济利益。我国拥有一支具有国际竞争力的矿产资源运输船队，有利于货主(我国的铁矿石及石油进口商等)取得相对优惠的运价，获得相应的运输利益。这主要表现在以下三个方面：一是我国船队可以与货主签订长期租约，提供最优惠的运价；二是货主企业在市场上询租船舶时，可以借助本国船队，准确了解掌握市场行情和运价信息，比选多种运价，争取获得较为优惠的费率；三是由于货主拥有本国船队这支后备运力，使其在与国外船东谈判时不受制于对方，有利于控制进口运输成本。再者，实现进口矿产资源国轮运输，相应地可以实行“国轮国造”并加快建设大型矿石或油轮码头，从而推动我国造船业（我国造船业正在实施从造船大国向造船强国转变战略）和港口业的快速发展。

四、如何提高我国矿产资源远洋运输保障能力：主要以铁矿石和原油运输为例的研究

我们下面仍以铁矿石和原油进口运输分别代表干散货和液体散货运输来进一步分析如何提高我国矿产资源远洋运输保障能力。

(一)铁矿石进口运输(干散货海运)[1]

1.我国铁矿石进口及其海上运输现状

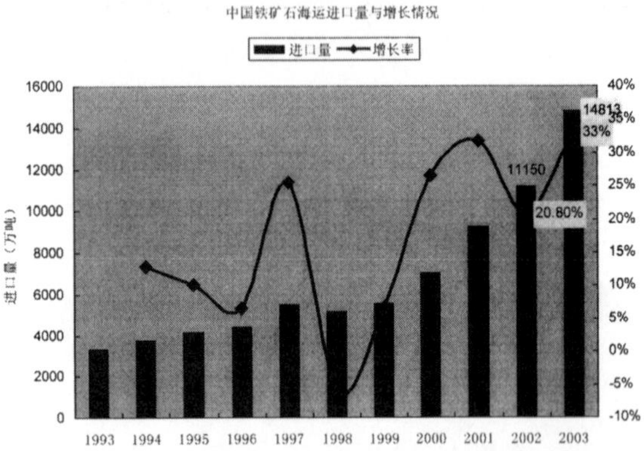

(1)我国铁矿石进口情况

随着我国钢铁工业的快速发展，我国铁矿石进口量年年攀升，2001 年为 9240 万吨，2002 年增至 1.115 亿吨，2003 年达到 1.48 亿吨，我国也首次超过日本成为全球最大的铁矿石进口国，进口量已占全球海运贸易量的近 30%(具体如图所示)。预计 2004 年全年我国铁矿石总进口量将超过 1.8 亿吨，而到 2005 年，只要内陆运输跟得上，铁矿石进口量还会再增加 15%左右。

(2)我国进口铁矿石海上运输情况

我国铁矿石进口几乎全部需要经过海上运输，主要进口地有澳大利亚、巴西、印度和南非等国家，西澳/北仑和巴西/北仑是两条最主要的海运进口航线。

随着我国铁矿石进口的迅速增长，中国铁矿石进口海运在全球海运中的地位也逐渐上升。从运

1. 关于铁矿石进口运输的部分内容参考了 2004 年《中国海关月报》及 Clarkson 2004 年 7 月出版的《Dry Bulk Trade Outlook》。

量看，2001 年中国铁矿石进口增长 2240 万吨，而同期全球铁矿石海运量仅增长 600 万吨，如果没有中国的增长，全球铁矿石海运量将会出现 3.8%的下跌；2003 年中国铁矿石进口增加 3300 万吨，而当年全球铁矿石海运量增长也只不过 4300 万吨。

2.我国铁矿石进口对国际海运市场的影响

我国进口铁矿石的快速增长对国际干散货海运市场产生了巨大影响。从运量分析看(具体如下表所示)，近年中国钢铁业产品与原料的进口数量增长每年达 5000 万~6000 万吨。如此大的数量增长，不仅改变了海运市场的供求关系，也改变了市场的地区结构，使国际干散货运市场的重点转向中国。2002 年以来，尽管西方国家经济仍未完全恢复，恐怖主义及美伊战争造成消费信心不强，但国际干散货海运市场仍一路走高，持续时间之长也前所未见。今年 2 月 4 日，波罗的海干散货运价指数 BDI 达到 5681 点，是 1995 年 5 月出现的上一次历史最高点的 2.4 倍。虽然随着中国部分行业出现投资过热迹象后中国政府出台了一系列宏观调控政策，BDI 开始回落。但这没有从根本上改变干散货市场的供不应求局面，市场在 6 月下旬开始回稳，迄今仍在 4000 点的高位。海运人士认为，现在已不能根据全球经济走势来判断干散货市场的走势，“中国因素”才是驱动市场增长的主要力量。

中国铁矿石进口量与全球铁矿石海运贸易量

单位：百万吨

年份	铁矿石贸易量		
	世界贸易	中国进口	中国占世界%
1995	402	41.2	10.25%
1996	392	43.9	11.20%
1997	428	55.1	12.87%
1998	428	51.8	12.10%
1999	405	55.4	13.68%
2000	449	70.0	15.60%
2001	454	92.3	20.33%
2002	475	111.5	23.47%
2003	519	148.13	28.54%
2004 预计	540	162	30.00%

资料来源：
英国克拉克森(Clarkson)航运咨询机构，中远研发中心。

从运价变化看，我国进口铁矿石的快速增长使海运供求关系日益紧张，海运价格快速上升，2003 年历史上首次出现运费高于货价的现象。2003 年全球铁矿石离岸贸易价(FOB 价)上涨了 9%，2004 年合同 FOB 价又增长了 18.62%。根据日本 6 家钢厂与澳大利亚矿商 BHP 签署的“2004 年度矿价协议”，BHP Billition 公司的高品位粉矿（含铁量 65%)FOB 平均价格由 2003 年的每吨 20.04 美元涨到 2004 年的每吨 23.78 美元。然而，根据波罗的海航运交易所公布的运价指数，西澳到北仑之间的铁矿石海运，15 万吨级货船的运费率在 2003 年初为每吨 6.7 美元，年底就上涨到 18.78 美元，今年初又一度上涨到 21 美元，分别上涨了 180%和 213%，远高于矿石贸易价上涨的幅度，并已接近矿石价格。在巴西到中国航线上，运价也大幅攀升，两年内从每吨 8 美元上升到 40~50 美元，运费已差不多是矿价的两倍。

如果回溯到 1999 年，市场波动的幅度就显得更大了。当时西澳到北仑航线上运价只有 3~4 美元，同去年年底的 20.42 美元/吨相比，相差 6.81 倍。一条能装 16.8 万吨铁矿石的好望角型船从澳大利亚进口铁矿石，如果在 1999 年市场低位时，整船运费只需 50 万美元，可到 2004 年市场高位时，整船运费已高达 343 万美元。

海运运价的上升，进一步导致国际铁矿石贸易方式的变化。目前，国际矿石供应商利用“卖方市场”的优势地位，纷纷将贸易条款改为到岸价(C&F)，以控制海上运输权。我国以前进口铁矿石多采用离岸价(FOB)贸易条款，但近年来，少数跨国公司通过兼并重组控制国际铁矿市场，形成“卖方垄断”现象。目前澳大利亚的哈默斯雷、BHP Billiton 和巴西的 CVRD 控制了全球 70%以上的铁矿石贸易量。货主集中度越来越高，议价能力增强，国外货主利用控制资源的优势扩大 C&F 贸易条款合同的数量，掌握派船权力，如澳大利亚哈默斯雷对华铁矿石出口的 50%已改为 C&F 条款。2003 年甚至发生了我国铁矿石用户有钱买不到矿的情况，国内铁矿石贸易价格因此大涨。目前，在中国港口船底交货的进口铁矿石货价每吨高达 105~115 美元，而装港矿石价格只有 23~24 美元，这也刺激了国内外的巨头矿石贸易商控制海上运输权的欲望。预计随着我国小型钢厂扩容增产，这种趋势将愈演愈烈。

海运运费的增长，又反过来冲击了我国国内钢铁企业及其下游产业。据海关统计，2002年我国铁矿石进口总额为27.69亿美元，平均到岸价为每吨24.83美元；2003年我国铁矿石进口额增至48.57亿美元，平均到岸价为每吨32.82美元；扣除铁矿石本身价格上涨9%这一因素，仅运费增长就使我国铁矿石进口用汇2003年比2002年多支出11.78亿美元。如果与1999年相比，相差则更多。花同样多的钱，1999年能进口一吨铁矿石，而现在只能进口到半吨多一点。可以说，运价上涨使我国钢铁业承受了沉重的压力，付出了沉重的负担。进一步看，运费最终被转移到钢铁业的下游产业，使这些产业的生产成本大幅上涨。因为市场需求量大，供应不足，钢铁产品价格普遍比一年前大涨。以螺纹钢为例，最上游的产品铁矿石从原来每吨300多元涨到900~1000元，钢坯价格从原来1000多元涨到3700~3800元。这使钢铁业的下游行业如基建、造船、家电、房地产等的成本迅猛增加，不仅侵蚀了这些行业的利润空间，而且还通过进一步转移冲击到农资、化肥等行业，对异常脆弱的农村经济产生影响，引发整个经济体系的失调。

3.影响我国进口铁矿石海运运价的因素分析

分析目前我国铁矿石进口海运运费高涨的原因，除海运市场供求因素外，还有以下一些因素：一是国轮运输能力不足，外轮控制进口运输(具体如后所述)。二是国内矿石进口海上运输几乎完全暴露在即期市场上。绝大多数海上运输是在即期市场中完成，受市场波动影响较大。三是分散采购给国外矿石出口商以可乘之机。目前我国各铁矿石进口企业都是独立对外采购，相互很少沟通，对铁矿价格、海运费掌握不准，再加上分散购矿数量太小，形不成整体议价能力，海上运输被国外矿石出口商控制。四是港口压港、铁路疏运不畅的影响。我国目前国内港口和铁路运输已出现紧张状况。长江区域内的港口装卸能力的增长主要靠南通港的10万吨级码头建设和沙钢工业港口的建设，增长能力有限。而北仑、青岛、日照、天津以及京唐港等港口虽在扩大产能，但其外部铁路运输已经超负荷，成为铁矿进口的"瓶颈"。2002年，中国各大港口，因铁路运力不足而产生的铁矿压港已超过500万吨数量，而2003年更有所加剧，2004年上半年囤积在港口的铁矿石达3000万吨。由于铁路运力不足的矛盾近两年无法缓解，华北地区、部分华东地区钢铁产量的发展必将受到限制。

4.改善我国进口铁矿石海上运输的措施和建议

一方面，国有钢铁企业快速发展提供了铁矿石海运巨大的需求；另一方面，国有主力船队具有强大的运力保障。仅中远集团的散货运输船队就有自有船舶210艘、1230万载重吨；租入船舶也达120艘、1046万载重吨。这其中，拥有和控制承运铁矿石的好望角型船舶近50艘，占即期市场运力总和的近1/4，在市场上拥有比较强的影响力和竞争力。但是，我国进口铁矿石的大部分海运合同交给了外资船公司。据初步统计，2003年中国全部铁矿石进口中，只有25%是中国船舶运输的，而且在这25%的运量中，有将近一半是利润率较低的二手合同，只有约10%左右的运量，是真正利润率较高的一手合同。也就是说，中国海运公司只享受到了十分之一的中国进口铁矿石的运输，绝大部分为外国船运公司吃掉了。

过分依赖外国船公司运输货物，不仅造成运价的不经济，造成成本上涨，从保证我国资源运输的角度看，也非常不安全。加强国有钢铁企业与国有主力船队的合作，才是解决我国进口铁矿石海运问题的根本途径和最好办法。

在这方面，我国应借鉴日本和韩国成功的经验。日本政府一直大力支持海运业发展，来保证和促进本国经济的发展。日本政府对航运企业实行非常有利于本国船队营运的货载保留政策，在买造船方面给予补贴并低息贷款，对本国商社租用本国船队也给予一定程度的税务减免。这使得在日益激烈的航运市场竞争中，日本船东处于十分有利的地位，反过来也保证了日本企业原材料进口运输。在政府政策的引导下，日本各大钢厂、商社同本国船公司建立了紧密合作的关系，有的互相参股，签订长期协议，货载绝不外流，外国船东很难打入日本大宗干散货海运市场。中国船东不仅难以承运日本进口的铁矿石，就连中国出口到日本的煤炭也很难获得海上运输权，即便是有也是从日本的公司期租我国的船舶。所以尽管日本每年进口的干散货数量很大，但受全球即期航运市场的影响并不大。韩国船东同样与浦项钢厂、韩国电力公司等本国大型企业签订长期运输合同来获得稳定发展，加强了船东和货主的联系，从而与大货主形成利益共同体，实现运贸一体化。

我国钢铁企业与航运企业可以通过紧密合作，发挥各自优势，改善铁矿石运输中的问题。合作方式可以是双方确立合作关系协议，签订包运合同。也可以以资产为纽带，进行深层次产权合作，通过成立合资航运公司或钢厂和航运公司之间互相持股，合理配置资源，建立双赢的战略合作，从源头上把握海上运输环节，从而使矿石资源供应做到“长期、稳定、优质、及时”。这种合作有利于形成利益共同体，有关运价制定不完全根据市场价格，而是根据海上运输成本加合理的利润来确定海上运输价格。这样双方都有利，钢厂的原料海上运输成本不因市场波动而波动，航运公司又获得期望中的投资回报。这样还可以稳定进口铁矿石的海上运输，增加钢厂同矿商谈判的砝码。我国如果在三年前做到联盟合作，国内船东针对需求买造船，钢厂借助船东的海上运输优势控制海上运输权，国际矿商不可能乘机获取高额的海上运输增值利润，目前高位市场的被动局面也将难以出现。

应该说，目前是钢厂与船公司积极开展合作的有利时机。一方面，受原材料来源限制，我国钢铁企业开始成为“走出去”战略的先锋。今年 2 月份，武钢集团、马钢、江苏沙钢和唐钢同澳洲 BHP-Billiton 公司及日本的伊达忠和三井物产达成协议，成立合资公司，为他们提供每年 1200 万吨的铁矿石，为期 25 年。宝钢已经和 Rio-Tinto 签订了 1000 万吨、为期 20 年的铁矿石供应合同，鞍钢也表示要实施海外战略。大的贸易采购合同为成立合资航运公司创造了货源条件。今年 2 月份，中远集团与鞍钢集团组建了合资航运公司，“让鞍钢有船出海，走向世界；让中远有桥登陆，服务客户。”在航运企业与钢铁企业之间强强联合走出了坚实的一步。随后，中远又相继与宝钢、首钢等建立了战略合作伙伴关系。近期，作为落实与宝钢战略合作伙伴关系协议的具体措施，中远开始订造 30 万吨级大型散矿船，专门用于承担宝钢的进口矿运输。

国家有关部门则应加强政策导向。“货载保留”是各国通用的政策，可最大限度地为本国船运本国货提供“保护”。由于我国取消了用行政手段确定本国船队承运进出口货物比例的规定，而国内的货主与国轮没有历史上的联系惯例，各自为政，同时各进出口公司也没有确立“运贸一体、以运促贸”的意识，才导致当前进口铁矿石海上运输的被动局面。建议政府有关部门在这方面发挥指导和协调作用，促进运工贸一体化运作并一致对外(通过联合进行“团购”，可极大地增强同卖方的议价能力，从而打破“卖方垄断”，尽力争取 FOB 条款购买矿产资源)，在保障国家进口矿运输安全的同时，实现相关方利益的最大化。

(二)原油进口运输(液体散货海运)[1]

1.我国原油进口及其海上运输现状

(1)我国原油进口情况

石油作为重要的能源，在我国国民经济和人民生活中占有地位正在迅速提高。1990 年石油占我国一次能源消费比重为 16.62%，到 2000 年上升为 24.60%，预测到 2010 年石油占我国能源消费的比重将达到 27.8%，到 2010 年在我国能源消耗增长 31%~39%的情况下，而石油消费需求将增长 48%~57%。到 2010 年我国石油消费总量将达到 3.1 亿~3.5 亿吨，考虑我国石油产量 1.7 亿吨，需要净进口 1.4 亿~1.8 亿吨石油才能满足国民经济发展的需要。

(2)我国进口石油海运现状分析

从船队运力看，中国大陆内地从事油轮运输的公司有 60 家左右，船队规模达到近 500 万载重吨，共计有大小油轮约 660 艘船。从原油进口运输看，根据原油进口大幅度增加的需要，在国家、石化企业的大力支持下，中远集团充分认识到发展大型油轮船队的市场空间和历史机遇，于 2000 年初制定了快速发展大型油轮船队的战略决策。已经通过集团自己的船厂南通中远川崎公司建造 3 艘 30 万载重吨的双壳 VLCC。后又签订了 5 艘 VLCC、3 艘 Suezmax 型油轮的建造合同，预计到 2007 年中远油轮船队的规模可望达到约 31 艘、420 万载重吨左右。加上内地其它公司订造的油轮，估计到 2007 年大陆船公司将拥有 VLCC23 艘、10 万吨级以上船舶 6 艘，这 29 艘船舶若 50%用于国内进口原油运输，可完成 3000 万吨进口原油运输任务，大大提升我国原油进口运输能力。但相对于进口 1.15 亿~1.35 亿吨原油海上运输需求看，仍然有很大的缺口。

1. 关于原油进口运输的部分内容参考了国家发改委体改司、能源局和交通部水运司 2003 年 8 月共同编辑的《中国进口石油海上运输安全研讨会论文集》。

近年来，在我国进口的大量原油中，由于国家没有相应的“国货国运”政策，由国轮船队承运的比例一般不超过10%，再加之随着进口地越来越集中于中东和西非等地，我国油轮船队中大型油轮运力没有相应的增长，国轮船队承运的比例变得更小。以2002年为例，中远集团承运我国进口原油160万吨，仅占全部进口量的2.2%。中远3艘VLCC和3艘SUEZMAX全部投入运营后，如果均放在中东进口油航线上，每年的承运量最多也不过1000万吨，加上其它船舶的运量，总量也只在1200万吨左右，如果以2004年我国进口原油1亿吨计算，所占的比例不会超过13%。

在承运中国进口原油的世界大油轮船东中，主要是以油轮联合体（Tankers International）为主。该联合体是于2000年2月成立的，当时以FRONT LINE、AP MOLLER、OSG、EURONAV、OSPREY和OLDENDOLFF六家油轮船东的50艘VLCC组成，所属油轮除1艘为1988年建造外，其余都为90年代以后建造，数量和载重吨分别占世界VLCC总量的约11.5%和13%。但到2002年FRONT LINE和OSPREY分别退出联合体，到2003年1月Tankers International拥有43艘VLCC，其中双壳船37艘，总规模达1295万载重吨。机构总部设在百慕大，日常经营由伦敦代理公司操作，另外在纽约和东京分别设有分支机构。他们与国内石油进口商分别签有包运合同（COA），所承运的份额占中国原油VLCC进口运量的一半以上，是中国油运市场的主力。

2.实现石油海运战略安全的措施和建议

（1）加快大型石油接卸码头和战略储备基地的建设

为确保原油进口海运系统安全，首先应加快大型接卸码头建设，到2010年改造或新建7~9个20万吨以上接卸泊位，在加快已经确定的4个石油战略储备基地的基础上，尽早确定第二批石油战略储备项目，并加快建设，迅速提升石油安全战略储备能力。整个建设和运营由国家负责投资，并决定战略储备油的进口和使用。

（2）利益共享风险共担联合组建大型油轮船队

从我国国有油轮船队现有规模及保障国家石油运输安全所需的船队规模来看，中远、中海及招商局集团通过组建油轮联营体（POOL）完全可以实现进口石油（包括战略储备石油）国轮运输，也可以由中远、中海、招商集团与中石化、中石油联合投资组建大型油轮船队来承担进口石油运输。在组建油轮船队时，还应充分与国际油轮运输市场接轨，按照油轮运输国际惯例的运作模式，利用注册单船公司和“方便旗”注册的方式，规避不必要的风险。

具体的运作模式可以参考前不久签署的广东LNG试点项目中的运输项目组织模式。广东LNG试点项目是由LNG接收站和输气干线项目、燃气电厂项目、城市燃气管网项目以及LNG运输等多个法人项目组成的系统工程，是国家天然气战略的重要组成部分。该试点项目为我国航运业发展LNG运输提供了非常难得的机遇，而且，我国航运企业参与该LNG项目运输，不但有利于发展我国航运业和造船业，更有利于保证国家能源供应的安全性和可靠性以及LNG项目的长期发展。为此，中远集团和招商局集团联合有关方，从国家根本利益出发，兼顾企业和最终用户的利益，认真研究提出了该LNG运输项目方案，该方案的主要内容是，由中远和招商局集团为主成立运输联合体，先由该运输联合体与LNG买卖双方签订LNG长期包运合同，再由运输联合体分别投资成立船舶资产公司和船舶管理公司，由船舶资产公司在国内船厂融资建造LNG船并长期租赁给船舶管理公司具体运营LNG运输。这样也就同时实现了“国气国运”、“国轮国造”并有效规避了LNG运输的风险。该方案已在最终的招投标中胜出。对于进口石油国轮运输，也可以同样由中远、中海、招商等组成油轮联营体，由该联营体与中石化、中石油、中海油等石油进口方签订长期包运合同，再由该联运体分别成立船舶资产公司和船舶管理公司，由船舶资产公司在国内融资建造所需油轮长期租赁给船舶管理公司使用，这样也就可以同时实现“国油国运”、“国轮国造”（还包括“国旗国挂”），从而不但保障国家进口石油运输安全，而且有利于促进我国航运业、造船业及石化业的发展。

（3）国家支持并协调发展国有油轮船队

由于现有国有大型油轮船队即使联营后规模仍不能满足国家快速增长的进口石油运输需要及大型油轮造价昂贵，为了尽快实现进口石油国轮运输，建议国家支持安排大型油轮国内制造专项政策性贷款或利用国家外汇储备转低息贷款约100亿元，从今年开始，5年内支持国内企业建造20艘大型油轮，在2010年前达到满足我国进口石油50%~60%的运输需求。同时需要请国家有关部门协调中石化、中石油、中海油与中远、中海、招商集团等签订长期运输协议，长期协议应占我国进口石油运输量的50%以上，以使我国船东在获得长期稳定的运输协议后，能按计划订造新船并顺利承担进口石油运输。

（4）积极参与国际石油运输相关的国际组织和国际事务

目前，马六甲海峡作为国际通道，尚无统一的、为国际公认的管理机构，然而，就国际海事组织（IMO）、使用国、沿岸国的政府、主要企业对该通道的安全航行、污染防治及管理等问题日益关注和深入探讨，以及从国际环境保护的要求及对油运船舶日益严格的实际发展趋势看，成立马六甲海峡国际管理机构，立法对通道实施有效的管理，实施通道通行收费、用于通道航行设施维护及条件改善的建设等等措施将加快实施步伐。

日本作为该通道最主要的使用国家，从1968年即开始了与海峡沿岸国家的合作，并逐步深入地介入到马六甲海峡通道的管理事务中，已经形成了日本参与马六甲海峡建设和航运管理的一整套计划。我国作为继日本之后利用马六甲海峡通道的第二大国家，也应尽快参与到马六甲海峡的管理事务中去，积极争取主动，确立我国在马六甲海峡管理事务中应有的地位。为了在该合作中进一步争取主动，趋利避害，发挥我国的经济技术优势，为我政治和经济利益服务，我国有必要以适量的资金投入，建立马六甲海峡建设及管理基金。建议国家重视并尽快着手研究参与马六甲海峡管理事务的程序，先以民间机构形式介入，以主要的大型运输和石化企业或集团作依托，建立专门的机构和基金，参与马六甲海峡基础设施建设、工程的合作，并参与具体事务的管理，为政府的介入争取空间。

五、提高我国矿产资源远洋运输保障能力的综合政策建议

综上所述，结合我国实际，参照国际惯例，综合来看，我国急需采取以下主要措施来提高矿产资源远洋运输保障能力：

一是国家要对铁矿石、石油等国家战略性物资的进口海上运输权在贸易条款上作出规定，以保证其掌握在中国公司手中。

二是对铁矿石、石油等国家战略性物资的海上运输实施“国货国运”，以保障国家经济安全。

三是支持我国大型资源、能源企业（包括贸易企业）与资源、能源运输企业建立战略合作伙伴关系或战略联盟，促进运工贸一体化运作，一致对外，在实现相关方利益最大化的同时，确保我国资源、能源等战略性物资的远洋运输安全。

四是在实现“国货国运”的同时，我国发展资源、能源远洋运输船队可同时实行“国轮国造”和“国旗国挂”。

五是支持我国主要的资源、能源运输企业迅速扩大和发展远洋运输船队，可采取恢复买造船优惠贷款政策，对二手船进口给予税收优惠，适当增加税前留成的种类及力度，实行适度的航运补贴政策及支持上市融资等措施。

六是支持发展船舶租赁业，利用船舶租赁公司这一巧妙的杠杆和平台，在促进我国远洋运输企业和造船企业（也可以包括货主企业）共同发展的同时，迅速扩大和发展我国的矿产资源远洋运输船队。

应对国际航运业联合兼并、规模扩张的严峻挑战，我国航运企业正在调整优化船队结构的基础上不断扩大船队规模。但由于船舶投资大，考虑到资产负债率因素，我国航运企业难以采取传统的方式贷款买船、赢利还贷。从我国造船企业来看，由于我国航运企业受资金瓶颈制约，买造船需求不足，造船企业也一度面临开工不足的困难局面。如何解决这些问题，需要系统思维和创新思维，中远集团现正在有效实施的从拥有船向控制船转变的船队发展战略为我们提供了全新的答案。

既然航运企业船队发展以控制船而不是以拥有船为目的，国家可以鼓励发展船舶租赁业，通过成立船舶租赁公司，将船舶以经营租赁的方式租赁给航运企业经营，这样航运企业可以在不增加资产负债率的前提下扩大发展船队。从造船企业来看，也可以将船舶先出售给租赁公司，从而获得造船需求。这样，船舶租赁公司就成为一个巧妙的

杠杆和平台，通过它可以有力地撬动和支撑起船舶供需，从而加快和促进我国航运业和造船业的发展，实现两者的“双赢”。考虑到航运业发展可以大大降低物流成本，对广大货主同样有益，货主也可以加入进来，与航运企业、造船企业一起，共同组建船舶租赁公司，实现三者的共赢。

有鉴于此，国家发改委已经在同相关部门、企业一道，以我国建立矿产资源战略储备为契机(特别是建立石油战略储备，发展远洋油轮船队)，开展成立我国船舶租赁公司(政策性租赁公司)的研究，业已取得了积极的进展。

七是尽快完善与海上运输相关的法律法规体系建设，积极参与与海运相关的国际组织和国际事务，以此加快我国矿产资源远洋运输保障的法制化、规范化和国际化进程。

在加强我国的矿产资源安全方面，作为国家骨干船队，中远集团义不容辞。目前，中远集团正在调整船队发展规划，进一步发展资源、能源型船队。到2010年，中远将拥有和经营一支均处于国际前列的干散货和油轮船队。中远所属中远川崎造船厂也已具备了建造包括VLCC在内先进船舶的雄厚实力和丰富经验，中远所属中国船舶燃料供应总公司则是我国最大的水上供油储油企业之一。通过不断发展壮大矿产资源远洋运输及相关方面的实力，中远集团愿和其他国内航运企业、矿产资源生产及进出口企业、港口企业等一道，为实施我国矿产资源全球化战略，确保国家矿产资源安全乃至经济安全做出应有的贡献。

主要参考文献：

1.《中国矿产资源全球战略研究报告》；国土资源部，2003年12月15日。

2.《中国进口石油海上运输安全研讨会论文集》；国家发改委体改司、能源局，交通部水运司，2003年8月。

3.《中国海关月报》；2004年。

4.《Dry Bulk Trade Outlook》；Clarkson，2004年7月。

课题总负责人：

魏家福　中远(集团)总公司总裁

课题组成员：

杨世成　罗虎　赵希　史海鹰

振兴东北老工业基地应优先发展汽车工业

中国第一汽车集团公司课题组

【提要】 汽车工业对经济的发展有着举足轻重的推动作用。我国要大力振兴东北老工业，应从发展其支柱产业——汽车工业开始。在中国进入汽车业发展的黄金时期，以吉林的一汽集团、辽宁的金杯公司、黑龙江的哈飞公司为龙头企业带动本省的经济腾飞。政府不但要从观念和规划上优先发展汽车业，还要从政策制定和实施上加大支持力度。

20多年来，一汽集团坚持“开放合作、自主发展”的振兴战略。通过引进先进生产技术和管理模式，提高了自主研发能力，发展了自主的汽车工业体系和自主品牌的汽车产品，并正在向“规模百万化、管理数字化、经营国际化”的目标前进。

振兴东北老工业基地已经成为全国性的热门话题。温家宝总理在十届二次人大会议上的政府工作报告中明确指出，“认真实施东北地区老工业基地振兴战略，今年要有一个良好的开端。”这对东北地区的工业企业是个巨大的鼓舞。根据东北工业发展的布局与各个产业的作用而言，振兴东北老工业基地，应该把发展汽车工业放在优先的位置。

一、汽车工业对经济发展有着显著的拉动作用

在国内外的产业格局中，每一种产业都有自己个性化的定位。而在经济社会中，每一种产业也都发挥着自己独特的作用。但对经济发展的影响之广、作用之大，汽车工业则是一枝独秀，这已得到整个国际社会的共同认知。

汽车工业对经济发展的积极影响，主要表现为"三个拉动"的功能。一是对消费的拉动功能。汽车是大额消费品，一次购入需要的投入较大；汽车又是持续消费品，只要使用还在进行，消费就不会停止。二是对衍生经济的拉动功能。汽车消费需要配套的社会服务来支持，如保险、金融、驾校、诚信资质认定等等，有力地促进了衍生经济产业链的延伸扩展和服务类产品的不断创新。三是对相关产汽车板产品的技术服务与实践中不断丰富和发展先期介入模式，以满足不同汽车制造商的不同层次需求，引导用户对宝钢汽车板产品的认可和使用；同时，通过与汽车制造企业共同建设基于信息化的供应链体系，深化了供需之间的紧密衔接，缩短了交货周期，大大降低了汽车制造企业的库存，提高了企业的资金利用率，加快了汽车生产的周期和市场响应速度。在与国内汽车企业的合作中，宝钢逐渐探索出几种有效的服务模式：产品开发延伸工作模式；模具设计支持型工作模式；用户投产支持型工作模式以及成本、性能优化型工作模式。通过互动合作，宝钢与汽车用户实践了真正意义上的双赢。

总之，全球产业转移与分工给国内包括钢铁在内的诸多产业带来了难得的发展机遇，国内产业的发展又大大促进了全球市场的复苏和发展，地位得以进一步提升。但是，全球竞争与合作的理念、模式已进入一个新的时代，而国内产业在这方面还处于一个相对较低的层次，已越来越不能适应新的需要。为此，国内产(企)业应当以这种优势的竞争与合作理念为方向，以更为灵活、务实和超前的姿态，通过创新变革，在不断提升用户价值的同时，获得自身的发展。同时，建议政府有关部门在推动相关产业(例如钢铁及相关产业)的产业升级与合理化，在促进各产业间协调、互动发展上给予更多政策引导。

拉动作用，其它产业只能望其项背。

汽车工业是一个需要巨额投入的产业，同时也是一个快速产出的产业。美国的通用和福特公司不仅长期占据着世界汽车工业销售额龙头霸主的地位，而且在全球企业中的"老大"、"老二"位置许多年岿然不动。中国汽车工业真正的大发展应该在改革开放以后，至今大概还不到20年的时间，2003年的资产总额已经达到8294亿元，在国内所有产业中居于第3位，仅次于电力生产与电力供应业。就生产规模而言，中国汽车工业也经历了从小到大、由慢到快的发展过程，年产量从1辆到100万辆用了将近40年的时间；从100万辆到200万辆用了8年；而从200万辆到300万辆却仅仅用了两年；从300万辆到400万辆，2003年一年就得到了实现。中国汽车工业正以几何速率突飞猛进，2003年的销售收入已经排到所有产业的第5位。由于中国的汽车市场是一个极具潜力的大市场，甚至被国际社会称之为"最后一块汽车市场"，给中国的汽车工业带来了巨大的发展空间。据世界一些权威机构和著名学者预测，2010年以前这几年，非洲、南美洲的汽车市场举升乏力，年平均增速只维持在1%以下；欧洲、北美洲则会出现负增长，平均每年下降1%；而亚洲市场年平均增速仍然达到6.47%，主要因素就是中国市场将持续保持10%以上的高速增长。由于中国汽车市场的巨大潜力，世界上的跨国公司和众多的汽车零部件企业就纷纷盯向这块诱人的蛋糕，他们以合资甚至独资的方式进军中国，并很快形成了在华的战略发展格局。从上个世纪80年代上汽集团同大众公司建立了第一个国内汽车合资企业，中国汽车企业至今已经吸引了上百亿美元的外资。外国资本、先进技术、成熟管理经验的大量进入，不仅带动了中国汽车工业的产品进步和产业升级，同时也使得这个幼稚的产业迅速成为不可替代的支柱产业。

汽车工业的发展不仅局限于对于经济的拉动，同时还是一个国家科学技术和文化进步的重要标志。人们往往会从汽车的密集度和档次高低来判断一个国家的发达程度，一个强大的汽车企业则会带动整个国家的科技进步，给自己的国家带来很大的骄傲。从某种意义上讲，汽车已经成为社会进步的发动机，其拉动作用将会长期存在并日益显著。

二、汽车工业已经成为东北地区的支柱产业

东北地区是新中国成立之后着力建设的工业基地，尤以重工业的迅速发展而著称全国。由于各种各样的原因，东北的工业企业有兴有衰，汽车工业在市场经济的大潮激荡中迅速崛起，已经成为东北地区的突出支柱产业。我国现已进入重工业化时代，东北的重工业发展正逢其时，而尤以汽车产业最具发展的基础。从整个布局看，居中的吉林省拥有第一汽车集团公司，其南部的辽宁省和北部的黑龙江省则分别拥有金杯公司和哈飞公司，形成了三地呼应的汽车产业格局。无论从目前的经营规模还是从未来的发展趋势上，三家企业都在所属省份有着举足轻重的经济地位。一汽已从“一五”期间国家仅仅投资6亿元建设起来的年产3万辆规模的一家工厂发展成为今天的汽车企业集团，资产总额已达1062亿元，2003年销量突破90万辆，销售收入和利润分别达到1181亿元和61.7亿元。由于一汽的总部设在吉林省，东北地区一直是企业的投资和发展重心，对吉林省和东北地区经济的拉动作用因此也最为明显。2003年一汽在吉林省的销售收入和利润达到963.8亿元和49.3亿元，分别占到总量的82%和80%。一汽在东北地区的原材料、零部件供应商多达1354家，配套额高达212亿元，其中吉林省内分别为1164家和171亿元。一汽在长春市的工业产值已经占到长春市工业总产值的60%以上，加上配套企业，更占到80%以上。辽宁的金杯公司和黑龙江的哈飞公司作为改革开放以后诞生和发展起来的汽车企业，业已在国内汽车行业中占据了重要的一席地位，对拉动本省的经济发展发挥了很大作用。三家企业的发展不仅拉动了地区上下游相关产业的快速发展，逐渐形成了配套工业体系日趋完善、技术与效益同步提升的一条经济发展带，还带来了巨大的就业空间。三家企业在东北的从业人员多达十几万人，能够吃上“汽车饭”的人口要超过百万人，而房地产、餐饮、娱乐行业的迅速兴旺，也得益于汽车产业从业人员迅速增长的消费需求。最近几年东北城市的大力建设很大一部分资金投入也来自于汽车产业的巨额税金。

目前，三家大型汽车企业都已大大加快了发展的步伐。以2003年7月15日建厂50周年为标志，一汽制定的“规模百万化、管理数字化、经营国际化”的战略发展规划已经进入全面实施阶段。位于长春市的解放卡车新基地、一汽轿车新基地、一汽-大众二厂新基地、一汽与丰田合作的越野车基地建设进展顺利。按照“三化”规划，2004年一汽的销量将要突破100万辆，2009年达到200万辆，销售收入和利润水平也将同步成倍提高。在份额的分配上，一汽在吉林省和东北地区将会继续保持突出优势。到2008年，东北地区的原材料、零部件配套额将要达到580亿元，2010年再进一步攀升到910亿元，其中吉林省的配套额为460亿元和720亿元。一汽的“三化”建设首先要实现的是“规模百万化”，今后的发展将以百万辆为一个新的台阶，实现300万辆时就可以达到韩国现代公司目前的水平，500万辆时开始接近欧、美、日的跨国公司。“管理数字化”、“经营国际化”的目标实现则更为艰难，但一汽有信心在2010年之前打好基础和部分完成。“三化”实现是中国汽车企业走向世界的三张通行证，只有达到了这个目标，中国的汽车工业才能自立于世界汽车工业，我们的权重才会增加，中国的经济实力也会因此而强大起来。一汽作为中国汽车工业的“长子”，应该率先担起完成这一历史使命的责任。

金杯公司和哈飞公司作为汽车行业的新生代优秀企业，也已描绘了自己的发展蓝图。金杯通过联手宝马，壮大了自己的实力，发展驶上快车道。哈飞已经成为国内重要的微型车生产企业，近几年又开始向轿车领域拓展，产品多元化已现雏形，发展前景充满希望。两家的配套体系基本上集中在本省和东北地区，对东北经济的拉动作用会越来越大。三家企业在市场上无疑是互不相让的竞争对手，但在振兴东北老工业基地、拉动东北地区经济发展这一点上，大家有着共同的责任和义务。因此，在竞争中相互促进，在振兴中共谋发展，这是大家共同的利益所在和统一的游戏规则。

我们高兴地看到，东北三省也已围绕三大汽车企业的发展规划，开始铺陈自己的规划蓝图，政府与企业的契合度越来越高。吉林省将充分发挥一汽的龙头作用，加快零部件企业的整合与优化，提升产业配套水平，加快建设汽车及零部件出口基地，努力扩大产品的出口规模。对汽车高新技术与主导企业要从资金、用地、政策和服务等方面给予重点

扶持，建设汽车工业园，卸掉一汽办社会负担，广泛吸引外资与国内优势企业投资建厂，推动配套企业紧跟主机企业的调整步伐，实现模块化、专业化生产，形成依托一汽、面向世界的汽车零部件制造基地。大力发展物流业和会展经济，建立汽车信息网络，并加强汽车专业人才和外企人才的培养。这些措施将会大大促进企业的健康发展，对吉林省工业基地的振兴功在千秋。应该承认，目前吉林省和东北地区与南方发达地区相比，对汽车整车企业的配套水平和服务水平还比较落后，如果在这些方面尽快改善与提高，对汽车工业和地区经济的整体发展都会带来巨大的变化。三大企业的东北经济拉动规划都是基于目前的状态而制定的，如果政府的配套措施付诸实现，汽车工业的拉动作用将会超过预期目标，达到更高的“双赢”效果。

三、发展东北汽车工业恰逢最佳机遇期

种种迹象表明，中国汽车工业的发展已经进入黄金时期。据权威部门预测，从2003年开始，全国汽车产销量将会连续三年每年净增100万辆左右，2005年中国的汽车销量将超过600万辆，取代日本成为世界第二大汽车消费国；2012年中国的汽车产量将达到1100万辆，成为世界第二大汽车制造国，届时国内汽车的保有量将超过1亿辆。

汽车能够热起来，标志着我国经济发展步入了突破汽车消费“门槛”的阶段，原因在于人们兜里有钱了，消费观念改变了，对经济发展的预期增强了。现代社会中，人与汽车息息相关，大中小城市的协调发展和农村的城镇化建设，均以汽车的普及为基础。随着社会的发展和国民收入水平的普遍提高，人们的生活方式已经发生巨大变化。汽车进入家庭，成为人们的伙伴，体现了它对提高生活质量和延长生命周期的丰富内涵，揭示出人们由崇尚“安居乐业”到向往“动居乐业”的崭新追求。曾几何时，轿车在中国百姓的心中还是一种可望而不可及的“奢侈品”，进入21世纪之后，逐渐富裕起来的百姓们已经把轿车作为工作、生活的代步工具，汽车成为大家最好的朋友，缩短着人们的生活半径，加快着人们的工作节奏。汽车对于每一个中国人，有了更多的文化感召和亲情色彩，大家的购买欲望因实现条件的具备而日益强烈。从运行趋势来讲，中国经济还会有一个很长的快速发展期，人均收入也会不断增长，汽车特别是轿车的消费热潮也将持续较长一段时间。世界上通常采用一种“R”值的计算方法，也就是汽车的平均价格除以人均收入所得出的结果。人均收入越高，“R”值就越小。当“R”值接近或达到3的时候，汽车的个人消费就会出现爆发式增长。中国全国的平均“R”值还比较大，因此有人判定中国尚未达到汽车消费的“爆发期”，目前的汽车购买热潮不会持久。但是他们忽略了另外一种计算方式，就是中国经济发达地区的“R”值已经接近于3，而这些地区的人口已达3亿多，相当于美国全国的人口，这些地区的汽车购买热一旦形成，就会拉动汽车销量的快速增长。随着国家西部地区开发战略和东北地区老工业基地振兴战略的不断推进，地区间的经济平衡度会越来越高，区域性人民收入水平的差距也会大大缩短，汽车的消费必然会进入一个稳健的发展阶段。

还有一种事实也能调动我们的乐观神经，2004年一季度中国的汽车出口量历史性地超过了进口量，出口的车型也已由过去单一的卡车类扩大到重、中、轻、微、轿、客各大系列。国人惊异地看到，加入WTO以后，中国的汽车工业不仅没有出现原来想像的“衰亡”危机，反而越发壮大起来了。如果在产品的出口方面再有进一步的突破，中国汽车的销量还会有一个更大的攀升。国家商务部已经排出了扩大出口的进度表：2010年我国汽车及零部件出口额要达到700亿美元，中国汽车工业的“走出去”战略将会快速付诸实现，以令人信服的实力进入国际循环之中。

通过上面的分析，我们可以得出肯定的结论，中国汽车工业大发展的时刻已经到来，东北汽车工业的振兴与发展容不得一点的犹豫和彷徨。东北地区有着一定的工业基础，制造业更有着多年的积淀能力。东北地处一马平川的松辽平原，从事汽车制造有着得天独厚的地理优势。有人作过一些考证，世界制造业大都集中存在于东北地区的同一纬度上，这里可能是汽车及其它制造业的最佳发展地带。有了国家东北振兴战略所带来的良好机遇，有了东北三省各级政府及社会各界的大力支持，东北汽车工业必然会呈现出一派繁荣的发展景象。

四、一汽的振兴战略是开放合作、自主发展

中国汽车工业起步于50年代，一汽建成投产时达到了当时较为先进的国际水平。但由于计划经济体制的长期束缚，中国的汽车工业将近30年局限于单一卡车的生产，技术上没有太大的进步。后来，又有了二汽、南汽、上汽等几个大的汽车企业，但在制造技术上仍然没有大的飞跃。长期积淀下来，造成了中国汽车工业的工厂老化、产品老化、技术老化，与国际汽车业的差距越来越大。70年代末期的改革开放给汽车工业注入了发展的动力，全国汽车厂家纷纷涌现，产品的系列品种不断拓宽，汽车的投资热到现在已经度过了几轮的高峰。

投资热的一浪高过一浪确实制造了中国汽车工业的一派繁荣，国内整车厂家的数量甚至超过了其他国家的总和，但技术水平上的跨越却要比工厂的建设要艰难得太多。如何让中国的汽车工业实现外在、内在的均衡发展？如何从产品制造和技术掌握上都能达到国际先进水平？如何让中国的汽车工业也能崛起几个响当当的跨国公司？一连串严峻的问题不仅长期困扰着中国的每一个汽车企业，同时也引起了全国民众的普遍关注。按照国际上一些后起之秀国家的成功经验，根据国内一些企业多年来的实践结果，一汽做出了“开放合作、自主发展”的战略选择，并且取得了一定的成果。

自80年代末期引进了奥迪轿车的制造技术，一汽开放合作的路子越走越宽，现已同世界“六大三小”中的大众、丰田两家跨国公司结成战略伙伴，在整车制造与销售、零部件制造、产品研发等方面不同程度的开展了合资合作。同时，与马自达公司进行了产品的技术合作，与国外的一些公司建立了十几家零部件合资企业。总投资111.3亿元的一汽大众一厂，从1991年边建设边生产，2003年底已经累计生产轿车超过100万辆，实现销售收入1490亿元，利润总额193亿元，上缴税金309亿元。与丰田公司的合作虽然在2002年刚刚起步，但发展势头很好，合资的项目已经扩展到天津、成都、长春、北京四个城市。通过十几年的开放合作，一汽不仅引进、学习、消化、吸收了国外大量的先进技术，而且学会了应用现代化的手段大规模生产国际水平的汽车产品，同时引入国外汽车企业先进的管理模式，培养了大量的国际型人才，给企业带来了深刻的变化。我们还抓住一汽大众扩建和丰越公司组建的机会，把一汽轿车公司老的生产基地转让给两家合资企业，利用转让资金全新建设起一个现代化的自主轿车生产基地，既盘活了存量，又为自主发展赢得了未来空间。合资合作也为一汽的零部件企业插上了腾飞的翅膀，同时带动了国内众多零部件配套企业的同步发展，多家轿车制造企业都已借用了一汽大众的零部件基础资源。

开放合作的目的是促进企业的自主发展。一个国家如果没有强大的自主工业体系，就不能称之为经济强国。在国际化、全球化的趋势下，没有自主的汽车工业体系，就不能形成对国内关键相关产业的有效拉动，汽车企业的核心竞争力也就无从谈起。一汽在整车上现有大众、奥迪、丰田、马自达4个合作品牌和解放、红旗、夏利三大自主品牌，在生产布局上已经形成了东北、华北及胶东、西南三大基地，并通过1888个经销商和服务商，将市场的触角延伸到全国的每一个地区，同时也已在海外一些国家建厂和开展销售业务。通过多年的开放合作，一汽合作品牌的产品系列已扩展到从普及型轿车到高级轿车的各个级别，同时又通过对国外产品技术和制造技术的消化、吸收带动了自主品牌产品的发展，在2003年90.2万辆的销售总量中，自主品牌占到52%。更为可喜的是，通过开放合作，一汽的自主研发的能力大大提高。在研发的机构上，以总部技术中心为核心逐渐扩展，已经形成了长春、无锡、青岛、天津互为补充的研发体系。在研发的技术上，已经在卡车体系上形成了在国际化的国内市场具有较强竞争力的从整车到总成的全系列产品自主研发能力；在轿车体系上形成了在整车造型、车身设计、A级及A级以下发动机总成、年型车改进和整车匹配方面的自主研发能力；在关键技术上如电控共轨、发动机排放、混合动力等方面取得了突破性进展；在资源整合上对全球各类研发资源的组织运用能力不断增强。研发体系的快速增长和研发能力的多方面提高，为一汽今后的自主发展奠定了雄厚的基础。按照新一轮的发展规划，一汽2009年的销量要达到200万辆，我们有信心将自主品牌的产品发展到100万辆，仍然保持总规模的“半壁江山”，之后将要不断提高自主品牌产品的比例。

发展自主的汽车工业体系，发展自主品牌的汽

车产品，绝不只是单纯的民族感情问题，必须坚持科学的发展观。自主品牌的发展需要国际先进技术与国内市场规模的重要依托，两者互为依存，不可偏废。汽车工业是个典型的全球化产业，任何一个企业的产品研发都要在总体上或局部上进行国际间的合作，那种自我封闭、自我陶醉式的狭隘的所谓“自主研发”是不可能符合国际竞争要求的，也是难以持久立足的。一汽已经或正在自主研发的产品都广泛采用了国际合作的方式，但知识产权必须归己，对核心技术必须掌控。从国内汽车市场的规模看，去年销售总量刚刚突破400万辆，乘用车比例尚不到1/2。显而易见，中国生产的汽车品牌最多，但总量不大，每个品牌的市场支撑还十分薄弱。一汽认为，市场年销售量达到1000万辆、乘用车达到600万辆以上的时候，自主品牌产品、特别是轿车产品就具备了应有的发展空间，也就具备了重要的市场依托。目前国内汽车企业需要抓紧进行的是掌握方法、形成体系和可持续发展能力等方面的工作，先夯实基础，再待机而发。夯实基础十分重要，如果没有必要的全面准备，机遇期到来时也会丧失发展的良机。

我们在这里阐述了一汽加速发展和持续发展的一种选择，如果能对辽、哈两省的汽车企业有所裨益，唯愿我们互助共勉。

五、对发展东北汽车工业的几点建议

1.要从观念和规划上优先发展汽车工业。东北老工业基地的诸多问题是几十年积淀而成的，解决起来也同样需要较长的时间，国家和东北三省在对每个产业的发展上要有明确的进度排序。汽车工业的发展正值最佳机遇期，投资见效快，发展潜力大，拉动范围广，应该在政策、财力上给予一定的支持，最大可能地发挥其在振兴东北老工业基地的“龙头”作用。

2. 支持汽车工业的发展应该在言行上高度一致。目前东北三省都已经制定了围绕汽车工业产业振兴本省经济的详细计划，一汽、金杯、哈飞的属地市在措施上更加积极。这种支持应该体现在每一个举措之中，坚决杜绝“劫富济贫”式的“摊派”和“赞助”。政府对汽车在配套上的一些投入应该更注重于企业未来税收上的回报性增长，而不应计较暂时的得失。

3.应从快解决汽车企业的社会负担问题。汽车企业都有着一定的社会负担。尤其像一汽这样的老国有企业，与生产经营并存的还有办社会的职能，下一步改革的难点就是主辅分离问题。东风公司已经被国家列入主辅分离的三家试点企业之一，希望国家对一汽给予试点企业相应的政策，支持吉林省、长春市政府尽快建成汽车工业园区，整体性、一次性卸掉一汽办社会负担，同时也使一汽的经营精力更加集中。对企业来讲，精力也是一种生产力。

4. 国家的支持性政策措施应尽快出台和从速到位。除了分离企业办社会职能的全国通用性措施外，国家还要在投资体制改革、增值税抵扣、不良资产处理、社会保障体系建设等方面研究出一些政策措施，并对东北地区给予一定的倾斜。我们希望国家的这些政策应尽快出台，并优先在东北的汽车企业实施到位。一汽利用一汽-大众扩大生产规模和一汽丰田建设越野车基地的机遇，将一汽轿车公司的东西两个厂区分别转让给两家合资公司，从而在长春高新经济开发区新建了一座符合经济规模的新的生产基地。对于这种利用部分外资盘活国有资产的汽车项目，国家和项目所在地应该特别给予一定的政策性支持。

5.东北三省都应重视零部件企业的发展。汽车企业配套布点的最佳半径应该在300公里以内，但由于东北三省的零部件基础比较薄弱，进步较慢，已经丧失了太多对三家企业的配套机遇。目前，由于中国汽车工业的快速发展，国外的汽车零部件商已经开始进军中国建厂布点。对于东北地区的汽车零部件企业来讲，无论是对三家汽车企业的配套上，还是吸引外资上，都只剩下最后一次机遇。希望东北地区的省市政府在政策上给予零部件企业最大的支持，做大做强零部件产业体系，同时也给予三大汽车企业以有力的配套支持。

6.东北地区还应该强化汽车文化的良好氛围。汽车工业有着拉动地方经济的巨大作用，同时也就需要社会各个方面的关注与支持。吉林省和长春市都已经喊出了“一汽兴则吉林兴”、“一汽兴则长春兴”的口号，呼吁各界支持一汽的快速发展。希望东北三省的政府有关部门要把这种观念灌输给社会各界和广大民众，努力建设起汽车文化的良好氛围，以强势舆论和实际行动推动汽车工业的健康发展。

航空公司如何在放松管制的市场中发展壮大

中国南方航空股份有限公司董事长　颜志卿

【提要】从世界范围来看，管制与放松管制是20世纪航空业的两件大事。以美国为主的西方国家基于促进航空企业价格竞争的目的，引入了航空放松管制的产业政策。在经济全球化的今天，中国经济逐步融入世界经济，中国进一步地对外开放，中国民航也不例外。中国加入WTO后，中国民航与国际惯例接轨速度加快，开放和放松管制的力度加大。在转变政府职能之后，民航总局将国内航空公司推向市场的态度更加坚定，航空公司将来的生存状态已不再是民航主管部门关心的重点，未来国家将实行航空放松管制的产业政策，国内航空公司将面临一个竞争更加激烈的生存环境。本文通过分析航空运输业的特性和航空公司竞争特点，指出航空运输业的特性及内在规律性决定了航空公司竞争的方法和手段，但这些从航空公司利益出发的通行做法，却会对整个航空运输业造成极具破坏力的恶性竞争。面对这样一个困境，建议管理当局既要用恰当的航空运输政策为航空公司创造宽松的竞争环境，也要规范航空公司的竞争行为，使他们能够进行积极的而不是破坏性的、公平的而不是掠夺性的竞争，保证航空运输业的健康发展。而对于航空公司如何应对放松管制后的市场环境，也提出了调整航线结构、改变分销渠道和手段、创新营销、品牌建设、强化成本管理以及建立航空联盟等六大应对策略。

从世界范围来看，管制与放松管制是20世纪航空业的两件大事。企业竞争的最直接手段是价格竞争，以美国为主的西方国家正是基于促进航空企业价格竞争的目的，引入了航空放松管制的产业政策。放松管制带来了多方面的影响，在管制解除之前已有相当基础的一部分航空公司通过进一步发展其当时还较为有限的枢纽航线网络扩展到了新的市场，同时新的航空公司也相继成立。一些低成本的航空公司（以美西南航空公司为代表）通过管制解除所带来的价格空间得以充分发展。美国国内航空客运市场的竞争激烈程度急剧上升，85%的航线上有两家以上的航空公司同时经营。在80年代初期至1988年期间，航空公司真实的收益水平降低了28%，而同时航空公司通过不懈的努力也使成本降低了23%。放松管制后的美国航空业成为低回报率行业，税前利润率不足3%，但机票价格的下降令公众普遍受益。

由于政策方面的原因，中国飞机、航材的进口关税比较高，航油的价格也比国外普遍要高30%~50%，因此，中国航空公司的营运成本相对较高，但是，在票价水平上，却反而比欧美同行的要低。整体上比较，中国国内航线机票水平为每客公里0.75元（基准票价），大约相当于9美分。而外国国内航线平均票价水平为每客公里约20美分。中国机票水平比欧美、日本低，甚至比发展中国家巴西的每客公里约16美分也要低。从局部比较，以南航股份和美西南为例，2002年，南航的每客公里收益为0.54元（人民币），美西南的约折合为0.61元（人民币）。而美西南是以低成本、低票价著称的低成本航空公司的翘楚。由此可见，在较高的营运成本的情况下，中国航空公司的票价水平却保持在较低的水平。

尽管如此，政府主管部门从公众利益和中国民众消费水平出发，效仿欧美航空运输业放松管制的做法，希望通过市场竞争的手段进一步降低票价水平，以让利于民。因此，于2002年开始，民航总局在国内逐步实施民航放松管制的产业政策。中国航空公司所处的市场竞争环境和国家产业政策环境由此将发生深刻变化，如何在这新的环境下生存和发展，成了我们必须解决的一项重大课题，本文的研究目的和写作宗旨正源于此。

一、航空运输业的行业特性及竞争特点

1.航空运输业的行业特性

航空运输业是一个独特的行业，它的独特性使其经历了管制和放松管制的两个发展阶段。航空运输业的独特性可以概括为如下几个方面：

（1）航空运输具有公共性、准军事性、基础性特征，国家必须对它进行一定程度的管制，以利于经济的顺利运行和发展，有利于维护公众利益。出于国防安全和行政管治的考虑，政府采取一系列的如进入壁垒、价格管制等措施，限制竞争，保护承运人的收益，以此保证国家航空交通的持续性。

（2）航空运输具有资金、信息、技术密集和安全风险、经营风险大的特点，要求具有规模经济。只有少数的供应者，有利于集中人力、物力、财力，促进航空运输业的发展和实现规模效益。

（3）航空运输业涉及国家主权和航空权益，由国家实行直接或间接控制能更有效维护国家主权和航空权益。

（4）航空运输涉及公共安全。为确保飞行安全，维护公众利益和国家信誉，国家对航空公司进入市场实行严格的安全技术标准审查，严密监督各航空公司的运营安全。政府不允许航空公司进行价格竞争，因为价格竞争将导致航空公司降低设备使用标准，雇佣低素质的人员，从而不利于保障飞行安全。

2.航空公司竞争的脆弱性

航空公司作为航空运输业的主体，其竞争的一个显著特点就是脆弱性，这也是政府必须制定相应的管制政策对其进行适当限定的原因之一。航空公司竞争的脆弱性在经营效益上表现得尤为突出。美国航空运输业在放松管制前的1960~1977年的平均利润率为2.4%，放松管制后15年间的平均利润率降到了-0.4%。中国民航局从1997年底开始放松对机票价格的管理，随之而来的是航空公司间低票价恶性竞争，中国航空公司业由此进入了低利润率行业阶段。

航空公司竞争的脆弱性源于航空运输业生产要素固有的特点：

(1) 高昂的固定成本

航空运输业是一个资本密集型、技术密集型、信息密集型的服务行业，这使航空运输业的固定成本在总成本中所占比例大大高于很多其他行业，这意味着获利对航空运输业绝非易事。

(2) 低微的变动成本

对于一个已经定好了离港时间的定期航班来说，绝大部分成本已固定不动，多载运一个旅客的边际成本一般只是全部成本的15%~20%。只要多载运一个乘客的边际收入大于边际成本，其边际利润就会为分摊固定成本做贡献。航班运营低变动成本的特性为航空公司低价格竞争创造了条件，当然也就成为航空运输业低利润的重要原因。

(3) 相对过剩的航空运力

由于航空市场需求弹性大，为了不让高峰时期旺盛的需求溢出过多，航空公司会根据高峰需求确定运力的需求计划。在经济繁荣的时候，批量订购飞机成为航空业的普遍行为，但通常订购的飞机要滞后一个时期才能到货，市场的无常变化使运力经常出现相对过剩现象。此外，运力占有率和市场占有率之间存在的S曲线关系，也诱使航空公司通过提高航班频率去占有较高的市场份额。

(4) “易腐”的航班座位

对航空公司来说，其实真正的大敌是与运力过剩相伴的另一特征——座位的“易腐性”。随着飞机起飞时间的临近，空座位就像逐渐变色的香蕉，不断地失去它的价值，一旦飞机起飞，空座位就变成了烂香蕉，一文不值。为了赶在“香蕉”烂掉之前将它们统统处理掉，航空公司常常依据旅客变动成本将所剩座位廉价出售，这样做的目的是为了将损失减少到最低限度。但从长期来看，这种做法只会降低航空运输业的利润率水平。

(5) 同质化的航空产品

航空运输业的另一个显著特点是各航空公司提供的服务产品没有本质的差别，价格弹性很大，因此价格战也是航空界的常用竞争手段。经验告诉我们，价格战是新航空公司进入市场的金钥匙，价格战是老航空公司维持市场份额的法宝，在高

成本支撑的航空运输业，谁也无力承受失去市场的风险，放松管制后的美国航空市场价格战此起彼伏就是对此最好的说明，当然美国航空运输业也为此付出了沉重的代价，泛美、东方这样的大型航空公司相继被市场淘汰。

上述航空运输业的诸多特点、内在规律性决定了航空公司竞争的方法和手段，这些从航空公司利益出发的通行做法，却可能对整个航空运输业造成极具破坏力的恶性竞争。如何用恰当的航空运输政策在为航空公司创造宽松竞争环境的同时又规范他们的行为，使他们进行积极的而不是破坏性的、公平的而不是掠夺性的竞争，保证航空运输业的健康发展，确实是航空运输政策制定者必须深思熟虑的大问题。

二、航空运输业的管制与放松管制的历史

上世纪30年代末，资本主义世界刚刚经历了经济大萧条，倡导政府干预的凯恩斯主义思想在各国政府中占据了主导地位。而民航业作为一个新兴的行业，其技术和管理水平还比较低，市场需求波动较大。为了避免这一行业的无序竞争与重复建设带来的资源浪费，美国于1938年通过了《国内航空法》，之后便以此法为依据对国内的民航业实行严格的管制。为了更好落实《国内航空法》，同年联邦政府批准成立航空运输委员会（CAB）全面负责对民航业的监管。

由于行业管制的严格，使当时的航空企业得以在一个相对稳定的市场环境中发展，并逐渐壮大。在过度的市场保护与票价控制下，航空公司外部没有竞争压力，内部失去了经营自主权，效率低、服务质量差成为普遍现象。20世纪70年代的石油危机引发了世界性的经济衰退，成本的升高和客座率的下降使CAB多次提高票价水平以避免巨额亏损。1974~1976年航空票价上涨了45%，许多乘客被拒之门外，同时航空公司的客座率进一步下降，财务状况严重恶化。许多航空公司为了缩小亏损，积极扩大经营范围，但这并没有改变每况愈下的局面。

消费者的不满与航空业经营绩效的恶化促使政府管理者重新考虑对民航业的管制政策。同时，经济学界关于监管的理论也得到了进一步的发展，如著名的“俘获理论”，指出政府监管的无效性（斯蒂格勒，1962），可竞争市场理论得到了许多经济学家的支持等。关于航空业放松管制的改革开始在美国酝酿。

1.美国民航业的放松管制

1978年航空业的《放松管制法》由卡特总统签署生效。该法旨在对先前高度管制的民航业引入竞争，因此，除只保留了少量的社会性管制外，全面解除了对民航业的经济监管。最初，该立法允许未经航空运输委员会（CAB）批准的机票降幅达70%，并允许新的航空企业自由进入航线。到1983年之前，全面取消了航空运输委员会对票价、航线以及兼并的管制（Guzhva，Pagiavlasb，2003）。1985年航空运输委员会被撤销，有关航空安全的职能被移交给联邦航空管理局（FAA）。

继1978年的《航空公司放松管制法》之后，美国国会又先后通过了1979年《国际航空运输竞争法》、1997年《航空竞争促进法案》、2001年《航空运输竞争恢复法案》等相关的法律来规范航空公司的市场行为。此外，美国国会还在讨论一些提案，如针对控制航空运输企业滥用市场优势地位、促进航空运输企业竞争、保护航空运输消费者权益的《航空公司旅客权利法案》，针对大型航空运输企业合并、促进航空运输企业竞争、保护航空旅客权益的《2001年航空公司竞争和旅客权利法案》，针对保护航空旅客权益的《2001年航空公司旅客公平待遇法案》，针对消费者获取航空运输业信息、促进航空业竞争、保护航空旅客权益的《航空消费者知情权法案》等，并通过运输部发布类似于1998年4月6日《关于航空运输领域不公平竞争和独占行为的执法政策》这样规范航空运输市场不正当竞争行为的政策，不断完善有关航空运输市场竞争的法律体系。

在管制解除后的几年中，美国和欧洲航空业的市场竞争激烈程度不断提高，新的市场进入者利用定价的自由度引入诸如“无花哨服务”等新的商业模式。到目前为止，只有超越国内市场或单一市场的国际航权和外国企业股权仍然受到政府的管制。

2.欧洲民航业的放松管制

欧洲航空市场的管制放松过程始于1987年，放松管制的一整套措施使航空公司在欧盟内的跨

国航线上增加运力和调整票价享有更大的灵活度，而不再需要所牵涉的两国政府和承运人进行谈判。伴随着第二套(1990年)和第三套(1993年)放松管制措施的相继出台，欧盟内跨国航线上的管制被最终解除。它向成员国开放了第三、第四、第五航权，其主要目的是将第三方的竞争者引入一般由两国旗舰航空公司所主导的跨国航线之中(第三方航空公司原则)。1997年，管制已完全解除，对于运力/航权和价格控制方面限制的全部取消使欧盟占主要股份的航空公司能以任何价格进入欧盟内任意两个机场之间的航线。欧盟航空业目前仍然存在着的部分管制为航空公司的所有权限制(最高限度49%)。对非欧盟航空公司在欧盟境内的航班以及欧盟航空公司在超越欧盟以外的国际航线上的航权，仍须服从两国双边谈判的结果。

3.中国民航业放松管制的现状与趋势

当前，中国民航业正处在由严格管制向放松管制转变的历史时期。在经济全球化、中国经济逐步融入世界经济的大背景下，中国民航加快了与国际惯例接轨速度，加大了开放和放松管制的力度。在转变政府职能之后，民航总局将国内航空公司推向市场的态度更加坚定。中国民航将通过实行航空放松管制的产业政策，逐步消除市场准入方面的制度性障碍，充分发挥各类投资者投资民航业的积极性，推进公平合理竞争，反对垄断和不正当竞争，用市场的规则、法律的手段而不是行政命令的办法解决竞争中存在的问题，使公平合理竞争成为行业发展的强大动力。中国民航将分阶段实现航空运输市场和服务保障市场的基本开放。行业竞争有利于促使航空公司降低成本，提高服务质量，实现规模经营，促进民航业资源的合理配置，提高整个行业的经营管理水平，增强航空公司尤其是大型航空公司的综合竞争力。当然，过度的价格竞争也会造成行业企业整体效益滑坡，不利于行业的长期持续发展。

国内民航企业之间，已经开始采取更具有竞争力或者更市场化的办法取得一些国际航线，海航、厦航、上航已经获得了更多的经营国际航线的权利，打破了由国航、东航、南航垄断国际航线的局面；内地与港澳的一些企业或个人已经正式申请创办低成本航空公司，准备加入航空运输市场的竞争。

鉴于国内航空公司数量多、规模小，在国内市场竞争不规范、国际市场竞争乏力的情况，根据国务院批准的《民航体制改革方案》，2002年10月，民航总局直属的航空运输企业进行了联合重组，形成了中国航空集团公司、中国东方航空集团公司、中国南方航空集团公司三家航空运输集团。通过这次联合重组，我国航空运输业形成以三大集团公司为主体的市场结构，三大集团公司在国内航空运输市场份额达80%以上，行业集中度大大提高。通过联合重组，三大集团公司具有较大规模，较强竞争实力，有利于规范市场竞争行为，有利于提高国际竞争力，夺取国际市场竞争的主动权；通过联合重组，企业现有的资产、运力、航线、航班、市场网络、人力等资源得到优化配置，有利于降低经营成本。在三大航空集团重组前后，非民航总局直属的各航空公司也在政策鼓励下，积极谋求联合与重组。航空运输业已经形成了三大航空集团与海南航空集团、上海航空股份有限公司、深圳航空有限责任公司、四川航空有限公司、山东航空股份有限公司等中小航空公司并存的竞争局面。三大航空集团及各中小航空公司为谋求更大的市场份额，均在规模、航班、价格、服务等方面展开激烈的竞争：

1.规模竞争：航空公司的规模首先体现在机队规模上。国内各航空公司为了增强自身实力，争取在竞争中占据优势，均不遗余力地投入巨资购置新型飞机扩充机队，增加运力和机队规模。

2.航线竞争：一个航空公司飞行的航线、航班越多，才能越充分地提高飞机的使用效率，提高公司的经济效益。目前中国的航线仍由国家控制，航空公司在开始一条新航线运营之前，必须向政府主管部门申请，得到批准后才能开始飞行。

3.价格竞争：价格竞争是当前最常使用的竞争手段。降价促销可以在一定程度上加大客流量，提高客座率，但价格竞争并不一定能取得规模经济效益，反而可能形成恶性竞争，造成效益滑坡。

4.服务竞争：各航空公司开始通过个性化服务，创建服务品牌，树立安全形象和优质服务形象，提高自身的知名度和市场竞争优势。

三、航空公司应对放松管制的策略

放松管制对航空运输业有深远的、不可逆转的影响。随着限制航空公司诸多竞争行为的政府管制被逐步取消，身在其中的每一个航空公司，开始彻底调整自己的竞争策略和竞争手段以适应新的环境。在管制时期，由于票价固定，航空公司可能的竞争手段只有航班频率和地面、机上等相关服务，虽然这样的竞争代价昂贵，但为保住已有的市场份额，也别无选择。但航空公司如果将拥有的资源过多地投入到这样的竞争中，只能增加航空公司的亏损，并不能带来相应的利润。过度的服务质量竞争，对航空公司有害无益。因为，与政府管制下的单一高票价相应的需求是有限的，服务质量的改善并不能保证相应、足够的市场份额。况且事实上，航空公司虽说是在有诸多限制的环境中经营，但却是在政府的保护伞下，生存并无忧患。因此，许多航空公司为了减少亏损，提高资金的使用效率，积极扩大经营范围，进行多角化经营。多角化经营战略也就成为管制时期航空公司的重要竞争战略之一。

管制与保护并存是管制时期的主要特征，放松管制无疑彻底改变了原有航空公司的生存环境。保证生存、构筑自己的保护伞成为放松管制后大型骨干航空公司的首要问题。这样，分散资源利用的多角化经营战略很快被许多航空公司抛弃。实践证明，及时调整竞争战略，适应变化了的环境，积极进行管理创新是航空公司生存、发展的关键。今天，在放松管制的环境下，国外成功的航空公司在经营战略、航线结构、市场营销等诸方面都有可圈可点之处，值得中国航空公司认真研究，加以借鉴，以便在新形势下谋求更大的发展。

1.调整航线结构，构筑竞争要塞堡垒

长航程、需求量大的航线是航空公司盈利的黄金航线，他们理所当然成为放松管制后新进入者攻击的着眼点。为了保护自己的航线网，大型航空公司从根本上调整它们的航线结构。放松管制后，他们很快将原来点到点的分散式航线结构调整为以几个城市为中心的中枢辐射系统航线结构。

中枢辐射系统航线结构的主要优势在于它能将航空公司的飞机、人员、航材等资源进行有效的再分配，能在很大程度上取得航班密度经济性和航线范围经济性；航空公司可通过提高航班密度而获得S曲线效应，增加市场份额；它可使航空公司用同一航班向多个市场提供服务，以降低飞机投入不可分割的固有内在特性对收益水平的负面影响。它的存在，使大型航空公司用相对较大的飞机经营需求量少、航班密度较低的航线变得相对容易，它也使航空公司能以相同的资源拥有量服务于更广泛的市场范围。

中枢辐射航线结构相对于点到点的直线式航线结构的成本优势、竞争优势是明显的，因而它成为放松管制初期大型航空公司保护自己的第一道防护网。小型低成本航空公司因财力有限，难以构筑这样的航线结构，通常他们只能在几条单一航线上以高密度和低价格进行竞争。这样，对整个市场的影响不仅是有限的，而且散布在竞争对手航线网中的几条孤立航线极易受到攻击，即使成功，也只能是市场的弥隙（niche）者。今天，中枢航线结构仍是大型航空公司制胜的基础，无怪乎有人将中枢航线网中的中枢称为航空公司的要塞堡垒。中枢辐射航线系统虽然不能保证航空公司的生存和成功，但它却是航空公司确立自己竞争优势必不可少的关键一步。

2.创新营销方法，控制增收关键环节

影响顾客选择的另一个手段是旅客奖励系统。常客计划是美利坚航空公司（AA）于1981年率先向市场推出的，它是向多次使用本航空公司的旅客提供升舱、免票、专门候机室服务等各种奖励的一种促销手段。由于航空公司之间提供的服务并没有本质的差别，航空旅客也就很难具有类似于对一般产品的品牌忠诚性。常客优惠计划就是针对这一问题，试图人为地建立起旅客对特定航空公司服务的品牌忠诚，通过增加旅客改乘其它航空公司飞机的替代成本，使旅客的品牌转换不易发生。

常客计划的主要对象是不由旅客自己掏腰包的商务旅客，航空公司希望通过各种奖励刺激他们用雇主的钱增加在本航空公司航线网上的旅行次数。由于AA的常客计划获得了极大的成功，1984年的运量由此增加了20%~35%。随后，其他航空公司争相效仿，或建立自己的常客计划，或加入其他航空公司的常客计划。1990年，全美3%的常客（每年旅行次数超过12次）的旅行次数合计占全美旅行总次数的27%，这些常客带来的收入至少占全美航空公司总收入的40%。常客优惠计划不仅差别化了航空公司之间的产品，还平添了像AA这样有强大中枢辐射航线网的大型航空公司的竞争优势。如果旅客加入有发达航线网支持的常客计划，一方面容易积累里程数，另一方面可通过公务旅行的里程积累达到去风景点游玩的个人目的。因此，航空公司航线网的大小、是否包括理想的旅游地点、或是否与经营这些地点的航空公司有代码共享协议等因素是旅客选择常客计划的主要因素。虽然现在许多旅客同时加入多个航空公司的常客计划，但为了尽快积累起足够的获奖里程，大多旅客在旅行时，还是尽量乘坐同一航空公司的班机，这样拥有大航线网的航空公司仍是旅客的首选。此外，CRS系统对提高常客计划的效力十分关键，拥有CRS系统的航空公司可利用它追踪和识别旅客对不同奖励的反应敏感程度，这将保证常客计划在发生作用的基础上，尽量降低因奖励而带来的成本。而不拥有CRS的航空公司几乎无法制订出有针对性的常客计划，他们或盲目降低奖励里程数以减少成本，或简单跟随竞争对手的奖励计划，结果不是常客计划难以起作用，就是成本过高，使自己的处境更加艰难。总之，常客计划很难起到应有的作用。

3.推广电子客票，拓宽分销渠道，确立市场竞争优势

市场分销渠道的变化和CRS系统的发展是放松管制带来的另一个重要变化。放松管制前，大多数旅客从航空公司直接订座。放松管制在大大增加了航空公司航线经营自由的同时，也给旅客创造了多种选择的可能。现在多数旅客愿意到独立于航空公司的代理人那里获得中立的信息，进行咨询并订购机票。有资料表明，80年代中期，美国有80%的机票是代理人销售的，在加拿大，销售代理人也销售了70%的机票。目前，在北美销售代理人销售的机票超过了90%。大航空公司很快发现，销售代理人是不可忽视的重要销售渠道，必须加以控制。

航空公司可通过两种方法影响代理人的选择：一是付高额代理费，使代理人的订购和销售具有倾向性。1990年美国运输部的一项研究表明，代理人可替四分之一的商务旅客和一半的闲暇旅客选择承运人；二是通过计算机订座系统（CRS）影响代理人的选择。CRS最初是单纯用于收集订座数据、降低劳动力成本、提高工作效率的工具，现已成为航空公司最有力的市场分销工具和竞争的武器。

早在1975年，CRS的拥有者就开始给代理人安装订座系统。至1988年，超过95%的代理人都安装了电脑订座系统。美国的一项调查发现，信息在订座系统上的显示方式，大大影响了代理人的选择。对于给定市场，平均有92%的机票是在订座系统的第一屏被卖掉的，54%的销售来自于订座系统的第一屏的第一行。这样的事实诱使CRS系统的拥有者改变航班信息的显示方式，以偏袒自己的航班。虽然这种明显不公平竞争很快得以纠正（1984年，CAB通过了一系列禁止屏幕歧视的规定），但取而代之的是CRS系统的拥有者向其它系统使用者征收高额使用费。不仅如此，因为订座系统是一个巨大的信息资料库，拥有和掌握它的航空公司不仅可利用它来控制和影响代理人和旅客的选择，而且还可以通过它收集旅客信息、预测需求变化、追踪旅客行为方式，了解、分析使用本系统的其它航空公司的策略和销售状况，以帮助航空公司适时地采取正确的对策。除此之外，CRS的拥有者还可以用它进行策略模拟，如改变特定市场的价格，模拟竞争对手和顾客的反应，分析座位的利用情况，调整策略实施的时机、程度和范围。甚至，它可使拥有它的航空公司向市场发出扭曲的信号，迷惑竞争对手，让他们做出错误的决策。与之相反，不拥有CRS的航空公司不仅要用已经很低的边际利润去缴纳高额CRS系统使用费，还要将最宝贵的数据、信息交于竞争对手，这使CRS的拥有者不仅具有财务上的优势，而且具有信息上的优势，其竞争结果不难预见。虽然近年来，CRS系统的兼并和系统部分股权的出售使CRS的拥有者的相对优势已有所减少，但逐步发展起来的、建立在其之上的信息技术和长年积累起来的经验，却是这些系统的新进入者难以匹敌、望尘莫及的。

除了通过代理销售机票以外，航空公司还可以通过直销的方法加强与市场的联系，降低销售成本。推广电子客票则是航空公司加大直销力度的重要手段。电子客票是普通纸质机票的电子替代产品。由于电子客票采用的是无纸化的计算机出票方式，因此能为航空公司节省大量的人力和物力成本。一张电子客票可以比传统纸质机票节省

近30元。同时，电子客票也方便航空公司收集和管理旅客的信息，有助于航空公司为旅客提供个性化的服务，提高服务质量。另外，旅客直接从网上购票，可以为航空公司节省大笔管理成本和建立销售网点的投资，减少航空公司在销售环节的投入，更重要的是电子客票系统还将解决一直困扰航空公司的结算和票款回笼等问题。

推广电子客票为航空公司拓宽分销渠道，降低经营成本创造了条件。自1993年第一张电子客票在美国诞生以来，10年间电子机票在国际民航业得到了迅猛发展，其普及程度已足以威胁传统纸质机票的生存。目前美国各大航空公司电子机票的销售量已超过50%，国际航协IATA甚至为此制订出统一的电子客票国际标准。

在国内，电子客票正方兴未艾、蓬勃发展。2000年，南航率先推出国内第一张电子客票，经过多年的宣传和推广，电子客票已逐渐被旅客认可和接受，电子客票的销售规模也逐年提高，预计今年，南航电子客票销售额将占到客运收入的25%。2005年，南航国内电子客票销售额将有望达到国内客票销售总额的40%。电子客票为南航拓宽分销渠道，降低经营成本，提高竞争力发挥了积极的作用。国航、东航等一些国内航空公司也已开始陆续推广和实施电子客票。可以预计，电子客票将很快成为国内航空公司重要销售方式，成为各航空公司在放松管制环境下提高竞争力、确立市场优势的重要手段。

4.加大品牌建设力度，提升企业市场竞争力

在航空运输服务产品同质化程度越来越高的今天，加大品牌建设力度，建立与竞争对手之间服务产品的市场区格，以吸引和留住更多的旅客，是航空公司参与竞争、获得成功的重要手段。而放松管制后的自由竞争将使得服务产品的同质化现象更趋严重，因此，在放松管制后的市场环境下，品牌建设对航空公司显得尤为重要和迫切。

航空公司的品牌建设离不开航空服务产品固有的特性，因此，航空公司往往在航空服务产品诸多要素中，提炼和升华他们认为最有价值的要素，使之成为其品牌特点。不同特点的品牌能吸引不同需求层次的旅客，从而在市场中形成区格，以有助于航空公司从中最大限度地获取市场份额。

通过减少服务内容等手段，压缩运营成本，降低机票价格，吸引票价敏感度高的旅客，是低成本航空公司的竞争策略，低票价、无花边服务是这类航空公司的品牌亮点，美西南就是他们的成功典范。相反，通过提高服务档次，增加服务内容等手段来吸引票价敏感度低，但对服务要求比较高的旅客，是传统的网络航空公司的通常做法，高品质的服务是这类航空公司的品牌特色，新加坡航空公司就是其中的佼佼者。但毋庸置疑，无论是新加坡航空公司，还是美西南都是航空市场的强者。因此，不同特点的品牌没有好坏之分，只有目标市场的不同。但没有品牌特色的航空公司，其市场竞争力肯定值得怀疑，同样，与目标市场不和谐的品牌，对航空公司竞争力的提升也只能起到适得其反的作用。因此，找准目标市场，有针对性地设计和培育自己的服务产品品牌，是航空公司提升竞争力，并在市场上赢得一席之地的关键。

当然，品牌的内涵相当广泛，不仅仅局限于价格、服务内容和质量等方面。另外，品牌还与诚信、负责等企业形象高度相关。因此，航空公司的品牌建设是一个相当复杂、耗时费力的系统工程。在品牌建设方面，南航在不断探索和尝试的过程中，逐渐形成了以“便捷、可靠、准点”为主要内涵的服务产品品牌，并将之上升到品牌战略的高度。在此基础上，南航先后创立了5个地面服务品牌和4个空中服务品牌系列，大大提升了公司的知名度，提高了企业市场竞争力，也树立了较好的企业形象。南航还通过开展常旅客计划，提高旅客对南航品牌的忠诚度。目前，南航常旅客会员已超过240万人。近10年来，南航屡获殊荣。1995、2001和2003年三次捧得中国民航航空安全最高奖——金鹏杯，1999年获“旅客话民航”活动第一名，2001年被世界经济论坛评为“正在崛起的市场领导者”，2000年和2002年分别被英国伦敦航空服务质量网站和世界知名旅游业传媒《TTG》评为“中国最佳航空公司”，2003年荣获全球服务行业最高奖“五星钻石奖”。这些荣誉和称号无疑为南航的品牌增添了许多亮色。

5.强化成本管理，争创竞争成本优势

根据历史数据统计，1990~1999年民航总局直属航空公司所完成的运输总周转量、运营总成本（由运输费用和期间费用构成）及吨公里成本如下表所示：

从表1可以看出，1990年以来，吨公里成本上

表 1　直属航空公司成本变动情况

年 份	1990	1991	1992	1993	1994	1995	1996	1997	1998	1999
运输总周转量(亿吨公里)	23.9	30.2	40.1	47.5	52.4	62.8	69.4	74.8	74.1	83.47
成本总额(亿元)	57.6	79.6	122.4	173.2	284.6	353.8	394.5	427.5	444.5	483.3
吨公里成本(元)	2.41	2.63	3.05	3.65	5.42	5.64	5.68	5.72	6.0	5.79

资料来源:历年会计决算报表

升最大的是 1994 年，上升 48.5%，这主要是由于 1994 年汇率并轨引起的，因为我国航空公司运输飞机大多是租赁的,须用外汇支付租金。其次,吨公里成本上升幅度较大的是 1993 年，这主要是由于航油价格上升引起的,1993 年平均航油价格比 1992 年上涨 1 倍多。总的说来,1990~1999 年,除 1999 年外,单位成本是逐年上升的。期间运输总周转量年均增长率为 14.9%，成本总额年均增长 26.7%，高于运输总周转量的增长速度约 12 个百分点。除物价上涨因素外,在市场高速增长时期忽视成本管理是主要原因。

如果再进一步计算直属航空公司的成本结构,1995~1999 年空勤人员工资补贴、航油消耗、起降服务费、飞行训练费、销售费用等占总成本的比例稳中有升，其中空勤人员工资补贴占总成本的比例 1998 年上升较快，比 1997 年上升 0.4 个百分点;飞机发动机折旧、大修费用和管理费用比例上升幅度较大,分别上升了 3、2.7 和 1.1 个百分点;飞机发动机保险费、经营性租赁费、机上餐食供应费、间接运营费、财务费用等的比例均有不同程度的下降。统计表明,航油、维修、折旧、起降、销售、财务费用占全部成本的 80%以上,这些成本项目是控制的重点。从南航 1999 年的情况来看,折旧、财务费用、航油及起降服务费已占全部成本的 59.77%,而销售费用从 2000 年起持续上升,占全部成本的 10%以上。

我国航空市场已由卖方市场转变为买方市场,激烈的市场竞争导致航空公司获取正常利润的难度越来越大,降低单位成本是任何航空公司增强盈利能力的关键。中国加入 WTO 后,航空运输市场的开放度将逐步扩大,航空公司能否在国际航空市场占有应得的市场份额,在很大程度上取决于其生产效率和成本的竞争性。与此同时,随着社会主义市场经济逐步确立和国家财政、税收、金融、外贸等方面改革力度加大,国有企业已经难以从财政税收、借贷融资上获得更多支持,航空公司惟有靠改善自身的经营管理,才能增强自我积累和发展的能力。总之,在竞争日益激烈的今天,在经济体制改革不断深化的宏观环境之中,为了获得竞争优势,为了生存和发展,通过强化管理以降低成本是航空公司必然选择的重要经营战略之一。

6.建立航空联盟,谋求共同发展

近年来,虽然航空公司间联盟的成员和结盟的形式随航空公司间力量对比的变化不断发生着相应的变换，但全球范围的航空公司之间的结盟已变成一种趋势。代码共享是最早在美国发展起来的且至今仍是结盟的主要方式之一，它的广泛发展是放松管制的又一直接结果。事实上,今天世界范围的联盟是过去美国国内大型航空公司和地方航空公司结盟范围的扩大，它们所遵循的思路基本相同。

航空公司之间的结盟并不是一个很新的概念。早在 1967 年，美国的 Alleghency Commuter System 就已经使用,但直到 1984 年,航空公司的结盟仍是凤毛麟角,没有广泛发展起来。放松管制不仅促进了中枢系统的形成，也由此带动了代码共享协议在 1985~1986 年间的迅速发展,至 1985 年,类似的协议已近 60 个，几乎所有的航空公司和主要的地方航空公司都加入了这种或那种形式的代码共享协议,地区航线 75%的旅客来自于代码共享联盟。从名义上讲,地方航空公司是独立的经营者,但实质上已变成向大公司中枢系统中输送运量的不可分割的组成部分。

代码共享是对结盟双方都互利互惠的合作方式。弱小的航空公司可借此将自己同大公司的形象联接起来,增强市场竞争力,提高客座利用率。大公司不仅可利用它扩展航线网的覆盖面，更重要的是小航空公司输入的运量几乎直接变成了利润。表明上看，小航空公司输入的运量只占大公司中枢航线网的很小一部分，平均到衔接中枢的每个航班上只有1~2名旅客，但因为这些航班都是早已订好离港时间的定期航班，航班的大部分成本是沉没成本，多载运1~2名旅客的增量成本微乎其微，因此，这1~2名旅客的边际收入几乎全部成了边际利润。假如在一条航线上竞争的两个航空公司在服务水平、机型、航班频率等方面都相差无几，平均每个航班上这1~2名旅客之差，往往就成为航空公司之间的盈亏之别所在。中国的航空公司在国际市场竞争中应及早部署，选择适当的航空联盟，把自身的国内市场优势与联盟成员的国际市场经验结合起来，以应对日益激烈的国际竞争。

放松管制后，航空公司必然会为适应变化的新环境而做出自然反应。众所周知，市场经济条件下企业永恒的主题是提高资金的使用效率、增强自身的竞争力、追求企业长期利润的最大化并保证企业的生存与发展。中国民航业管制的放松与开放必将使中国航空业竞争更加激烈，新的行业竞争者也将进入此领域参与竞争。因此，航空公司在自身生存与发展壮大的征途中将会利用国际上一切文明的成果和先进的经营管理手段，充分利用航空公司现有资源，在竞争中求发展，在放松管制中调整自己的应对策略，实现企业的良性发展和永续经营，为股东、为员工、为社会创造最大价值。

中国经济持续发展急需解决品牌经营问题

恒源祥集团董事长　刘瑞旗

【提要】 即使到目前为止，社会上绝大多数的人还是把诸如厂房、设备等有形资产看作是自己的财富，而把品牌等无形资产的建立看作是投入的成本。恒源祥的做法，完全是倒过来的。即形成物质的东西视作为成本，而把无形资产看作是财富。这样做的理由在于，有形资产最终是要靠智慧和无形资产去进行有效管理的，否则它不会带来效益。即使能够带来效益，它也是一种暂时的效益。恒源祥原是1927年创立的一个小商店，专门做人造丝和手编毛线。之所以能从1987年以后逐步发展成为一个大型企业集团，关键就是恒源祥利用品牌优势撬动了庞大的社会有形资产，通过联合经营而非直接投资的方式组建了日涨夜大的“战略联盟”，使资产配置和产业结构得到了最大程度的优化。

经济过热和宏观调控，是2004年最热的话题。虽然宏观调控采取的系列措施能够将经济过热的一些症状消除掉，但类似消防队功能的行政手段肯定不是根治的治本之策。中国经济要走上可持续发展的良性道路，关键是国家用怎样的战略去引导企业的长远规划。

在发达国家中，国民生产总值中60%的部分来自于品牌产业创造的价值。像拥有众多全球著名品牌的美国，完全可以不需要制造业，而只需要通过经营品牌，就可以创造出不菲的价值。目前的中国，国民生产总值中只有不到20%的价值是由品牌制造业所贡献出来的。因此，中国离不开制造业的兴旺。问题在于，“中国制造”只应是强大中国经济发展的策略和过程，而不是中国经济发展的战略和终点，因为制造不能“制造”出一个强大的中国，而经营是能“经营”出富强的中国，中国经济若要持续发展，其中一个重要问题就是要解决品牌经营的问题。要实现这样的重大转变，必须由政府出面来帮助解决阻滞品牌发展的一些重大问题，以加速品牌的产业化进程。

经济过热的表象背后

从 2003 年底至今，围绕中国经济过热的议论不绝于耳，可以说是各种说法都有。在讨论经济过热之前，有这么几组数字值得揣摩。

——在 1992 年，中国上市公司的平均净资产回报率可以达到 12.6%；到 2003 年，中国全部上市公司的平均净资产回报率只有 3.6%了，低于同期银行贷款利息 5.3%的水平。这个现象说明，中国上市公司的效益和效率出现了双下降。它们现在运营资产回报率的能力，根本不足以支付市场贷款的成本。

——第二个数字，是讲社会总投入创造的 GDP。1992 年，我们国家对社会总投入每 2 元人民币可以带来 1 元 GDP 的增长；到了 2003 年，再实现 1 元钱 GDP 的增长，已经需要 5 元人民币的投入才行。

——第三个数字，是第三产业的比重。2003 年，中国 GDP 增长了 9.1%。具体的说，第一、第二产业增长了 12.7%，第三产业增长了 6.7%。这是个什么概念呢？即在我们国家整个经济总量和总比例当中，本该高速增长的第三产业出现了相对下降。第三产业在我们国家本身就是偏低的，而第三产业增长速度比第一、二产业增长得慢，使得第三产业在 GDP 中的比例出现了下降，就是在倒退。而在美国，第三产业贡献达到了经济比重的 77%左右，而第一、第二产业只占到不足 1/4。

分析、考量这些数据和现象，我们的心情无疑是沉重的。中国经济目前的高速发展和想要实施的全球化，存在一个非常重大的问题。由于它是建立在三个掠夺式发展基础上的，非但谈不上可持续发展，而且未来对后遗症的治理可能要比今天得到的要多的多。因此，我们不能单纯地看现在的经济有多热，而必须找到经济过热的症结是什么，以及它造成的后果会是怎样的。

它是建立在低劳动力成本、低劳动生产力基础上的。

2004 年以来，在几年前已经露头的民工荒在东南沿海地区愈演愈烈。在广东东莞，普通工人年流失率平均约为 10%，而毛织和玩具行业的流失率更是高达 20%~30%。劳动和社会保障部的相关调查表明，工资待遇十多年没涨、劳工权益缺乏保障等，是造成民工荒的主要原因。调查显示，珠三角地区 12 年来月平均工资只提高了 68 元。佛山不少企业民工月工资在 10 年前就已达到 600~1000 元，但目前仍维持在该水平，而广东、福建等省实际工资水平甚至有所下降。此外，不少劳动密集型加工企业，常常以最低工资作为员工的底薪，加班也不按标准支付加班工资。

它是建立在消耗大量资源、能源基础上的。

中国地质科学院的一项研究报告指出，今后 20 年，中国实现工业化，石油、天然气、铜、铝矿产资源累计需求总量则至少是目前储量的 2~5 倍。以 2000 年为起始点到 2020 年，中国年需煤炭 16 亿~18 亿吨，20 年累计需 247 亿~268 亿吨；石油年需 5.5 亿~6.4 亿吨，10 年累计需 85 亿~92 亿吨；天然气年需 0.6 亿~0.7 亿吨，10 年累计需 9.2 亿~10 亿吨。中国油气资源的现有储量将不足 10 年消费，最终可采储量勉强可维持 30 年消费；到 2020 年，中国石油的进口量将超过 5 亿吨，天然气将超过 1000 亿立方米，对外依存度将分别达 70%和 50%。未来 20 年中国石油需求缺口超过 60 亿吨，天然气超过 2 万亿立方米。

除了能源问题，中国在铁、铜、铝等重要矿产资源上一样面临用什么来持续支撑中国经济发展的问题。国家发展和改革委员会的数据显示，50 多年来，我国的 GDP 增长了大约 10 倍，而矿产资源消耗却增长了 40 倍。2003 年，我国已成为煤炭、钢铁、铜的世界第一消费大国，世界第二石油和电力消费大国，而创造的 GDP 仅相当于世界总量的 4%。按照这种寅吃卯粮的高消耗低产出方式，很难找得到如此多供中国经济总量再翻几番所需的能源和资源。事实上，中国的能源和资源消耗高峰尚未到来。中国地质科学院的研究报告说，2012~2014 年，中国将迎来年 2.4 亿~2.6 亿吨铁的消费高峰，未来 20 年缺口将达 30 亿吨；2019~2023 年，将迎来年 530 万~680 万吨铜的消费高峰，未来 20 年缺口将达 5000 万~6000 万吨；2022~2028 年，将迎来年 1300 万吨铝的消费峰值，未来 20 年缺口将达 1 亿吨。

它是建立在对我们国家整个环境造成极大危害情况基础上的。

最新的统计数据显示，我国现有荒漠化土地面积为267.4万多平方公里，占国土总面积的27.9%,而且每年仍在增加1万多平方公里；我国有18个省的471个县,近4亿人口的耕地和家园,正受到不同程度的荒漠化威胁；到20世纪末,全国668座城市中，已有400多个城市供水不足,其中比较严重的缺水城市达110个,全国城市年缺水60亿立方米。全国131个流经城市的河流有70%被污染;酸雨面积已占国土面积的30%……

从前面的三组数据中可以看到,我们国家的经济发展呈现出"比例失调、发展缓慢"的现象。而正是这个第三组数据，才能用来解释第一组和第二组数据中的悖论。综合各种固定资产投融资的情况,可以进一步发现,以外资为主导的全社会投入增长很快,但对第三产业方面的投入却较小。中国的贸易额与国内生产总值的比率为40%，而美国的这一数字只有20%。跨国公司通过中国为世界开展庞大的加工业务，是中国贸易额占GDP比率高得离谱的原因之一。在近几年前20家出口商中,像摩托罗拉和戴尔等跨国公司的身影频现。虽然这些跨国公司为"中国出口奇迹"做出了贡献，2003年，外资企业占中国全国进出口总值的55.48%,但绝大部分的利润并没有进入中国的国民收入。

由于粗放型的不断投入,实际增加的是经济运营的新成本,而增加的不是创造财富的能力。既然没有把优势资源和财力专注于去投入能为我们带来财富的领域，又怎能要求它为我们新增多少财富呢？那么,什么才是能为我们带来财富且需要重大投入的方面呢？我认为,投资效益和效率大幅度下降的根本原因，在于我国各行业的发展没有形成强大的产业品牌集群，即用品牌背后的无形资产来支撑经济的持续健康发展。

品牌与国家竞争力

有些人认为,国家竞争优势源自廉价与充沛的劳动力；也有些人认为,国家竞争力与资源丰富与否之间可以划上等号。尽管在其它国家持这种观点的人正变得越来越少，但中国目前还这样认为的实在是大有人在。以生产要素、成本要素的比较优势决定生产形态确实有着比较直接的说服力，但越来越多的例证显示生产要素的比较优势并不足以解释丰富多元的贸易形态。

德国、瑞士、日本等国家在劳动力薪水不断高涨的同时，劳动力长期不足与经济持续繁荣的反差，已经让廉价与充沛劳动力是国家竞争优势的说法站不住脚了。过去由充沛的廉价劳动力起家的日本企业之所以能够延续国际竞争优势，原因在于它借助自动化取代人工。中国当下的劳动力确实非常廉价且充沛，但后起之秀的印度正在以更加低廉的叫价与中国争夺外资。而且,大有后来者居上的味道。不用说国家与国家之间的竞争了,就说上海与苏州的竞争吧。苏州吸引外资的数量一度直逼大上海，根本原因就是苏州包括工资在内的商务成本比上海便宜。东南沿海地区的民工荒，已经表明廉价劳动力只能是暂时且特别容易丧失的优势。所以当今天,我们在谈论中国制造遍布全世界的时候，当我们以自己成为世界的制造中心而自喜的时候，当我们因为自己的廉价劳动力而成为世界的制造中心的时候，这个优势不是核心竞争优势,它是可以复制的,那就是"印度制造"或者是别的什么比中国劳动力更廉价的制造,它将会替代"中国制造"。

同样,资源的物产丰富也并不能决定一个国家的富有,更何况,我们能说自己地大物博吗？相对于众多的中国人口来说，我们人均的资源绝不能说富有。其实,德国、日本、瑞士、意大利和韩国等世界上一些贸易表现突出的国家，大多是资源有限而必须依赖进口原料的国家。而且,相对于很多资源丰富的国家,资源不足的韩国、英国和德国反而更加的繁荣。黄沙遍地的以色列成为高效率的农业生产者，更加具象的表明生产要素在产业竞争中的作用,非但不再扮演决定性的角色,而且其价值也在快速的消退中。

显然,永续的竞争优势来自于持续的改善和自我提升。具体到企业来说,永续的竞争优势只能来自经年累月发展的营销渠道、独特技术、苦心培养的品牌形象等高级生产要素。美国的大型电脑公司的持续竞争优势,就来自于大量投资研究发展、积累经验形成独特的软件开发技术、减低成本以抵消营销服务网路的花费,以及绝对忠诚的客户。

大量投资于研究发展,固然能够形成只属于自己的核心技术,但在技术可以自由转让的情况下,企业完全可以通过购买的办法来使自己的技术升级换代。也就是说，任何技术和发明都可以通过钱来实现拥有，但这里我们要探究的是，很多像牙膏和肥皂（宝洁）、玛斯糖果（M&M'S）、巧克力（瑞士莲）、雀巢和可口可乐等很多的日用消费品，在技术没有重大突破的情况下，仍能稳坐领导地位数十年，这是什么原因？它完全不能用金钱来购买，那就是品牌的经营能力，品牌经营才是一个企业的核心竞争优势，我们讲核心竞争，那是不能复制的能力才叫作核心能力。

美国《商业周刊》公布的2004年"世界百强品牌价值排名"中，美国品牌占有全世界最有价值100个品牌的58席，且有可口可乐等8家企业品牌跻身"世界十大最具价值品牌"排行榜。此次公布的品牌价值标准，充分考虑到了该品牌在未来5年的市场领导力、品牌稳定性以及全球普及率。在经营上与世界百强品牌相差甚远的中国企业，自然无一入选。在发达国家中，国民生产总值中60%的部分来自于品牌产业创造的价值。比如，美国就可以完全不需要制造，而只需经营品牌就可以创造出价值来。但目前中国的国民生产总值中只有不到20%的价值，是由品牌制造业所贡献出来的。因此，中国离不开制造业的兴旺。问题更加严重的是，中国兴旺的制造业所制造的商品挂的却是其它国家的品牌。

2003年，中国钟表出口达到了8.45亿只，钟表成品及配件出口金额达11亿美元，分别比2002年增长了10.3%和22.5%。至此，中国钟表产量占全球的80%。其中，深圳制造的钟表即已占全球的40%。尽管出口量如此之大，但深圳几十家公司生产的30多个钟表品牌却没有一个能够在全球甚至在中国本土市场上叫得响的。由于没有像瑞士、日本等国家拥有在世界上声誉卓著的品牌，中国钟表出口价折合成人民币平均每只不足10元。从深圳飞亚达公司已经攻克了标志着手表设计顶尖技术航天表的能力上已经可以看出，中国钟表制造技术并不赖。事实上，包括一些瑞士手表在内的很多世界品牌都让深圳工厂为它们进行贴牌生产。

为世界著名品牌贴牌生产，中国的生产厂家只能赚取极其微薄的利润。在整个价值链中，加工利润仅占总利润的10%，流通渠道是30%，而品牌占30%，在中国的一些加工厂，为了拿到订单，竞相压价，有的只能拿到3%的利润，由于所赚的利润相当微薄，很难经得起成本微小波动的冲击。可资证明的明显例证，就是"长三角制造"。2004年上半年，中国商品出口总额为2581亿美元，而其中37.46%为"长三角制造"，比重之高创历史纪录。长三角地区的江苏、浙江和上海的出口，分别比去年同期增长了53.3%、40%和54.5%，均高于全国36%的出口平均增幅。但就在这些辉煌数据的背后，电价上升立即让不少企业遭遇到了成本上升的煎熬。来自浙江省经贸委的统计数据显示，2004年1~6月，浙江省30个制造业中增亏50%以上的行业有13个，增亏1倍以上的行业有8个；江苏省统计局的统计数据显示，2004年第二季度江苏省企业家信心指数为128.13，比一季度回落了10.96点，且预期继续呈回落态势。

在此，我想呼吁的是，中国应该从"中国制造"走向"中国经营"，只有成为世界的经营中心，才能让中国走上持续健康的发展之路。把"中国经营"当作我们国家发展经济的战略，不是说不要制造业了，而是要把"中国制造"降格到策略的角度上。如果把"中国经营"当作国家发展经济的战略，那我们国家就会强烈地刺激对"中国经营"的投资。中国经济目前的过热，恰恰就是"中国制造"这样一个概念强烈地刺激了各路资本对中国制造的投资。由于没有把"中国经营"确定为战略，使得整个制度配套都不到位，从而导致我国本身就不多的品牌更加日渐势微。

作为中国近代工业的发源地，曾有着让全国人民如数家珍的上海货而今已成为那个年代的骄傲。无论是在南京东路上的商场里，还是在恒隆广场等外资商厦里，法国、意大利、瑞士、西班牙、德国、美国、日本、南非等世界一线和二线的品牌商品比比皆是。曾经"盛产"品牌的上海如今很难找到叫得响品牌的状况到底有多严重呢？最近的一项调查表明，尽管至目前上海还有30多个全国著名品牌，但这些品牌加在一起的含金量还不如一个青岛啤酒。但是，有一个数据很令我们痛心，2003年，青岛啤酒通过销售掉400多万吨的啤酒实现了2.3亿多元的利润，还不及前往考察的一位外资基金经理一年的奖金来得多。我们的品牌价值的含金量令人汗颜。

个地区或国家名牌商品的多少，往往是其综合实力、经济竞争能力和科技发展水平的最好反映。上海品牌的日渐势微，显然与上海拥有中国经济发展“龙头老大”的地位极不相称。而在上海本地品牌江河日下的同时，合资品牌却日益扶摇直上。2003年，上海服务业增加值占GDP的比重从2002年的51%下降为48.4%，出现了自上世纪90年代以来的首次下降。在造成服务业增加值占GDP比重下滑的原因中，国际制造业的加快转移，被上海市发展改革委员会副主任陈寅当作了首要因素。上海服务业增加值占GDP比重的不升反降，意味着上海和服务业占GDP比重均超过85%的纽约、伦敦等世界级大城市的差距越来越远。由此可见，“中国制造”只能是强大中国经济发展的策略和过程，而不能将其视作中国经济发展的战略和终点。否则，就很容易使经济成长成果被黑洞所吞噬。

品牌急需当作支柱进行产业化

中国曾经有过几千家老字号企业，但目前70%以上的已经寿终正寝，而幸存下来的经济效益好的不到10%，形成规模经济效益的更是凤毛麟角。物竞天择，适者生存，这是自然选择的法则。在产品极大丰富的现代商业社会，人们越来越熟稔于质量取胜、价格取胜、服务取胜等等竞争原则。几乎所有的教科书都这么写，几乎所有的专家都认为它是真理，而几乎所有的企业也都把它奉若神明，但遗憾的是，并非所有不折不扣运用这些原则的企业都能够有幸获得利润而存活下来，大多数被一批又一批的新兴企业所代替，为数不多的幸存者也感到唇亡齿寒。显然，这些原则没错，错的是没有将这些原则建立在核心竞争优势基础之上。

阿基米德曾经说过这样一句话：“给我一个支点，我就能撬动地球。”持续不断的行业竞争，不啻是由众多的战役组成的一场战争。而经营者要成功跨过这个战争，创造真正的价值，就必须寻找到那个最有力的支点和杠杆。怎样创造核心竞争优势，这是中国十年来所面临的最大挑战。如何考量企业有无核心竞争力，我们认同以下三个衡量的标准：核心竞争力是否是企业内部集体学习能力而不是外在资源的强大，核心竞争力是否是人的能力而不是物或可以继承的资产，核心竞争力是否是为客户创造价值的能力而不是相比对手的优势。只有企业家对上述三个标准都做出了肯定的回答，才可以说他的企业具有不可被别人轻易复制的核心竞争力。而这些肯定回答的问题，得到的都是来自品牌的支撑。也就是说，只有以品牌整合经营的运作模式，才能占据高附加值产品市场，才能赚取超额收益。而可口可乐、肯德基、柯达等世界著名品牌的成功运作，无不是走的这条道路。

即使到目前为止，社会上绝大多数的人还是把诸如厂房、设备等有形资产看作是自己的财富，而把品牌等无形资产的建立看作是投入的成本。恒源祥的做法，完全是倒过来的。即形成物质的东西视作为成本，而把无形资产看作是财富。这样做的理由在于，有形资产最终是要靠智慧和无形资产去进行有效管理的，否则它不会带来效益。即使能够带来效益，它也是一种暂时的效益。这种道理，一个很明显的例证就是我们国家的酒店管理。中国有很多企业、很多人都有盖一座四星、五星酒店的财富能力，但却无法有效地经营好，只能聘请国际上著名的酒店管理公司来进行管理。显然，酒店管理公司就是用无形来管有形，企业运作中的制造与经营的道理是一样的。企业在既拥有无形又拥有有形资产的时候，企业家就应该培育自己无形的资产去管理有形的资产。1997年，有一个品牌调查，其中有一个美国的数据很有意义。当时，美国的有形资产和无形资产的价值之比是1:1.6。就是说，假如把美国总财富比喻为1的话，它整个社会的无形资产就高达1.6。由此来判断一家企业的管理好坏，只要看它的无形资产规模是否大于它的有形资产就行。如果大于的话，就叫管理覆盖，即无形资产能够覆盖有形资产。在这种情况下，有形资产就不大容易流失，就能保值增殖；如果有形资产比无形资产大了很多，说明这家企业的有形资产正在被别人管理着呢。自然，也是在帮别人挣钱呢。由此可见，无形资产投资才是企业真正需要进行的财富投资。

尽管品牌作为一种无形资产已经为中国广大的经理人所接受，但成败的区别在于是否很好地建立起品牌优势并加以最大化地利用。恒源祥原是1927年创立的一个小商店，专门做人造丝和手编毛线。之所以能从1987年以后逐步发展成为一个大型企业集团，关键就是恒源祥利用品牌优势撬动了庞大的社会有形资产，通过联合经营而非直接投资的方式组建了日涨夜大的“战略联盟”，使资产配置和产业结构得到了最大程度的优化。从而打破了以绒线为一业的界限，并延伸到床上用品、羊毛衫、羊毛袜、羊毛制品专用洗涤剂和其它与羊有关的产业。

近期，上海市政府提出将上海打造成为品牌运作中心的设想，而有关部门则希望通过形成以商标为龙头的科研开发中心、商标管理和品牌输出中心、市场营销中心和商标资产运作中心，来将这种设想变为现实。上海的这种想法，其实就是将品牌虚拟化，借此引导上海企业由生产性经营转向品牌性经营，从而确立上海在全国经济的主导地位。过去，上海确立了房地产、汽车、金融等六大支柱产业。由于众所周知的原因，这些产业对上海的经济贡献并没有预期得那么理想，房地产和汽车更是呈现出拐头向下的迹象，而即使是上海最为看好的金融，其对上海经济的贡献力度也在2003年出现了明显下滑。然而，上海发展制造业又遭到了江苏省和浙江省的强烈反对。在这种进退两难之际，上海通过打造品牌运作中心来确立自己在全国经济主导地位的想法，无疑是值得称赞的。

品牌是企业的资产，但它却是不折不扣的国家财富。品牌的国际竞争力，已经被视作是一国产业国际竞争力、民族素质和国家经济实力的象征。之所以有些国家的企业具备大多数企业可望而不可及的国际竞争优势，决定条件就在于这些企业所处的国家在特定领域中创造或保持了比较优势。同样是面对风险难测的危机，世界名牌可以一次次地死里逃生。如果没有美国国家创造或保持的比较优势，是很难想象可口可乐能够7次在生死线上逢凶化吉的。同世界500强相比，中国品牌在一些即使不是大灾大难的面前往往也可能遭遇灭顶之祸。而这，肯定并非中国品牌天生就缺少欧美品牌那样的贵族基因。包括迈克尔·波特在内的学者研究发现，只要所在国家能够提供企业竞争的优势，一些特定产业或产业环节的企业可以保持持续长达几十年的竞争优势。因此，我国仅有上海开始萌动将品牌产业化运作还是远远不够的，应该尽快地将其当作国家的支柱产业来发展。

政府如何推进品牌战略

2003年，上海市各经济类型企业中，外资企业每投入百元人工成本产出的利润最高，惊人地达到240元。外资企业的高产出，主要得益于品牌经营理念、先进生产技术和科学管理模式。根据获得诺贝尔经济学奖的品牌理论研究定律，任何一个行业前4名的产值，将占行业总产值的75%以上。事实上，发达国家行业前4名的市场占有率已经远远超过75%。因此，以上海为先导的中国市场形成赢家通吃和强者愈强这一品牌马太效应肯定是为时不远的。对此现象，麦肯锡公司的一篇报告表示了严重的担忧。这篇报告认为，尽管中国依靠低廉的劳动力价格在全球制造业市场占据着优势地位，但绝大多数中国公司仅满足于为外国企业的知名品牌或自有品牌提供产品，而不是发展自己的品牌。由于建立品牌和维持品牌生存是一件复杂、昂贵和不确定的事情，中国企业目前连必需的营销技巧都非常的欠缺。

在1990年之前，雅诗兰黛还只有4个品牌，不到20亿美元的年销售额。但在过去的10年中，雅诗兰黛在业界频频发起收购。在现有的18个品牌当中，就有13个品牌是这10年中收购的。对在中国市场上的发展，雅诗兰黛全球总裁连翰墨寄予了很大的期望。正是因为如此，连翰墨两年时间内到中国来了三次，其中一项重要的任务就是为了引进更多新的产品。连翰墨表示：“我们只收购对公司具有战略意义的品牌，收购的品牌必须与公司现有品牌形成互补而不是相互削弱的关系，并给公司带来独特的商业机会。”

那么，跨国公司希望通过收购中国品牌带来怎样的商业机会呢？世界500强公司之一的德国汉高2004年2月对上海轻工控股集团旗下“熊猫”品牌的收购，或许算得上最好的注解。在这项收购交易中，德国汉高以“令人满意的价钱”全资收购了轻工控股集团全资子公司——上海海文集团的“熊猫”商标和品牌，并不收购产品、生产线和接管人员，而海文集团将就此受德国汉高之托为其贴牌生产。引人瞩目的是，“熊猫”品牌白胶和万能胶从1996年起就连年被评为上海市“名牌产品”、上海市“著名商标”等，在上海市场上的份额已逾60%。而在15年前进入中国的德国汉高，除个别胶种能够占据50%以上的市场份额外，其他胶种均无法与本地相抗衡，其在上海白胶市场上的份额还不及“熊猫”的50%。

在占尽优势的条件下，“熊猫”通过“与国际资本合作的新路子”把自己的名号拱手让人，不能不令人感到遗憾。两相比较，更加衬托出了缺乏品牌支持的中国经济陷入了成长黑洞。而中国经济要向品牌资产经营这个企业最高经营境界的方向努力，必须先行理清现有阻碍品牌成长的环境。由于形成品牌经营所需的政策、法律，远非通过无形之手能够自发形成的，必须通过政府的有形之手来推进中国的品牌战略。从目前的情况来看，需要制度层面推进品牌战略的焦点问题主要集中在以下几个方面：

一、支持和保护中国企业做大做强品牌是政府的责任和义务。

20年前，中国汽车开始走上与国际知名品牌合资生产的道路。当时的构想，是用国内的市场换取国外的先进技术，让中国民族汽车业尽快赶上国际先进水平。20年后，在中国培育出世界第三大汽车销售市场之后，中国自主品牌的汽车，不仅没有走向世界，反而丢掉了国内的大部分市场。中国民族汽车业，正在进入“越依赖越没有能力，越没有能力越依赖”和“引进—落后—再引进—再落后”的恶性循环。

中国民族汽车业遭遇到的问题，已经是国内大多数行业的集体顽疾。由于和柯达公司的合资，中国感光行业仅剩的“乐凯”失去了2004年度国家质监局“中国名牌”评选资格。即从2004年9月1日起，“乐凯”的名牌头衔正式从“中国名牌”中出列。而柯达公司借以与中国感光行业全行业合资的’98协议，最重要的意义是给了柯达公司在中国市场长达3年的独立发展机会。

虽然中方有可能通过合资过程学习到创立品牌的能力，但无论做出何种政策选择，支持和保护民族品牌的做大做强，都是中国政府的责任和义务，而不是一件可以商量的事情。目前应该采取的政策，至少包括帮助自主产品树立品牌以及税费优惠等。

二、改进会计制度确立品牌动态价值。

品牌是企业最重要的无形资产，是一个企业的生命线。作为企业生存的基石，为了保证品牌获利能力的完整性、持续性和有效性，企业必须支付各项品牌的维护费用。综观全球的著名品牌，像可口可乐、麦当劳这些企业，并不是所在国的支柱产业，但为什么能成为全球最好的品牌呢？主要原因是，它需要大量的资金导入，仅广告成本就十分惊人。比如，一个品牌在美国的导入成本，需要7500万美元，如果中国企业没有这个实力，其品牌要打入美国市场，是不可能的。就拿恒源祥来说吧，为了让评估值6亿多元的“恒源祥”保值、增值，恒源祥2003年的维护费就近1亿元。而上个世纪90年代中期，在中国导入一个全国性的品牌只需1000万元人民币。估计几年之后，“恒源祥”每年的品牌维护费还将增长到2亿元。显然，品牌维护是经营企业的一项长期投资。

但令人遗憾的是，现行的会计准则对广告宣传费处理的明确规定，是在费用发生的当期计入期间损益并列入销售费用科目。显然，作为经济语言的会计目前无法提供品牌资产的全貌。

中国市场的对外开放和商品经济快速发展的进程，很快会将企业无情地推入品牌资产经营的国际竞争轨道。在这种情况下，应该尽快更新会计制度以确立品牌的动态价值，以促进品牌抵押、担保、上市和交易等的资本运作。目前，对品牌在资产负债表上的价值，美国会计制度的摊销政策已经发生了重大变化。以前执行的配比原则，要求将购买的无形资产在一定的时期内逐年摊销。现在的美国会计准则规定，按照客观性原则，除非所购买的品牌价值有明显的减值，否则不必摊销。

三、从市场环境及法律层面加大品牌资本化力度。

我国《担保法》明文规定，商标专用权、专利权等权利可以质押。但是在实际经济生活中，这并没有给那些拥有品牌资产的企业以切实的保障，一些拥有上亿元身价的中国品牌，在银行质押贷款时往往遭到冷遇，变得一文不名。品牌不能抵押贷款，无论对企业还是对金融业来说，都是一个损失。说到品牌价值，很多人也许都知道这样一个经典故事：可口可乐公司的总裁伍德拉夫曾自豪地对世界宣布，即使可口可乐公司在一夜之间化为灰烬，凭着可口可乐的品牌资产，还会在很短的时间内重建。这不是神话。可口可乐有着巨大的品牌价值，争先恐后贷款给它的银行多的是。因为在市场经济发达的欧美国家,好的品牌很容易获得贷款合同。银行的贷款依据,实质上是品牌资产所拥有的巨大价值,而不单单是资本结构。反观我们自己的企业,也许被一把火烧光了,就不会有东山再起的幸运事。就算它拥有巨大的品牌资产,但是在银行那里,仍然难以拿到一分钱贷款。这是因为,我国的银行界尚没有认可无形资产的价值,品牌作为无形资产很难凭借自身的魅力打动银行。这也从一个侧面说明,在中国企业界,品牌资产的间接融资功能还没有形成,品牌本身的脆弱和不稳定性,难以使银行对其有足够的信心。

近年来,一些外资企业在上海的经营业绩稳步攀升,其奥秘就在于,他们以品牌授权、品牌特许等方式进入中国市场,形成竞争强势。对于中小企业尤其是小型科技企业来说,融资问题更是至关重要。小型科技企业的特点,一般是拥有科技成果但缺乏一定规模的固定资产,想要凭借手中的专利技术等无形资产去银行贷款,几乎不可能。在银行不能找到"知音",寻找资本合作伙伴似乎还有路可走。一些地方为了鼓励创新,科技成果入股的比例突破了35%,但是真正操作起来,却又不那么顺畅。一方面持有资金的企业家对科技成果理解甚少,双方沟通起来非常困难,另一方面无形资产到底值多少钱,也没有一个权威、准确、公平的评估方式。于是,有形的资本和无形资产不得不各走各的路。目前,国家虽然在法律上认定了无形资产,公司申请注册时以20%作价,在某些特定行业中甚至可以达到35%,但在具体的运行中根本无法兑现。据悉,目前新修改的《公司法》草案已将这一比例增加到70%以上,这应该是中国无形资产经营的福音。说明无形资产作为资产的观念正在形成。但目前依然存在着在操作层面上的困难。从法律上来说,商标等无形资产可以股权形式投入企业,从而成为总股本的一部分,从理论上说,总股本的任何一部分是可以以股份质押的形式去银行质押贷款的。那为什么体现无形资产那部分股份就不可以呢?这从表面上看是制度政策与法律不匹配,其实质是还没有深刻认识到无形资产的意义和作用,因此,我们应该从制度和政策上去建立与法律相匹配的、促进无形资产发展的体系。

无形资产值钱吗?如果值,能够值多少?这个问题,要银行和资本来回答,可能会勉为其难。因为银行多年以来一直为不良贷款所困扰,如果以看不见实实在在身影的品牌等无形资产去质押贷款,怎么不让它万分小心?有银行界人士称,目前银行很难接受用无形资产抵押的借贷方式,关键是存在商标的变现问题,我国还没有形成无形资产的交易方式,因此造成了一些品牌有价无市的怪现象。这个分析不无道理。比起有形资产,品牌这种无形资产的价值评估更为复杂。完善评估体系使其更具权威性,是当前迫切需要解决的问题,否则,品牌资产将永远无法敲开银行的大门。可口可乐等品牌价值评估需具备七大要素,包括品牌的领导力、品牌的稳定性、品牌的发展趋势、品牌的市场环境、品牌的支持情况、品牌的国际化、品牌的保护等。相比之下,我们的很多品牌评估,用未来的收益折算出品牌的价值,就显得非常草率,并不能体现品牌资产的真正价值。而且由谁来监督和制约评估机构,保证其不造假这也是一个问题。此外,商标专用权是一个变量,企业业绩、经营方针和经营者素质都会改变品牌的价值,所以,即使是知名品牌,也不能搞"终身制"。品牌企业的信誉与名牌商标、商号等宝贵的无形资产,是企业以往经营绩效的积累,是一笔巨大的财富,用无形资产抵押贷款,是对这种经营绩效的承认和肯定。中国不乏拥有优质无形资产的企业,也有用无形资产向世界银行贷款获得成功的案例。目前,在企业急需资金,银行却积压大量贷款的情况下,中国金融业应该给企业一次机会,与有关部门协同解决无形资产变现的问题,从而形成银企合作,实现"双赢"。

四、不仅要加大知识产权保护的力度,更重要的是要发展知识产权。

根据无形资产涵盖的法律内容,可以这样认为,目前在企业无形资产中占据最重要地位、最活跃和具有经济效益的是知识产权。

二战以前,发达国家靠战争掠夺他国资源来达到富强的目的。现在发达国家依靠建立在全球的世界经济组织来掠夺发展中国家的资源,他们通过这些经济组织制定的游戏规则来控制世界经济格局的发展,知识产权保护是发达国家为了保护自己的经济利益而制定的一项经济规则。作为发展中国家,由于其不是游戏规则的制定者,而是按照他们制定的规则出牌,注定只能是处于被动局面,在世界经济竞争中处于劣势。中国市场规模大、潜力大，吸引了众多外国投资，但外资并没有把全部的知识、技术转让给中国，尤其是最新的技术。对于中国知识产权面临的问题有一些跨国公司变本加厉，通过不断修改法律，扩展保护范围，提高保护程度。动不动就把消费者也当成了“盗版者”，完全“异化”了制度，我们不得不质疑，保护知识产权的根本目的是什么？它已不再是鼓励创新，而主要是保护这些巨头的商业模式。这反而会阻碍了知识传播，制约了新技术的发展，制约了创新活动。

在资本主义国家，大多数发达国家大型现代化企业的知识产权保护都有100年以上的历史。而中国建立知识产权有关制度仅有20年的历史，我们存在着相当大的差距，在高新技术产业中，外国公司的知识产权占绝对优势，中国制造产品出口因知识产权问题频频受阻，传统产业的技术升级面临知识产权竞争，国内一些优势企业受知识产权侵权的困扰。这20年中，我们仅仅只是建立了初级的知识产权保护体系还谈不上知识产权的发展，最简单的问题是知识产权的职能部门设置重复，职责不清晰，我们缺乏经验，缺乏相关制度支持，更关键是没有人才。在发达国家，对于滥用知识产权的做法，有复杂和周全的法律制度来制衡，保证公众利益不受伤害，如竞争法，反垄断法等；但是发展中国家没有，这就是为什么我们总是特别容易受冲击和伤害的原因，因此，发展知识产权已是我们国家迫在眉睫的问题。

加速国际化进程　向世界名牌迈进

万向集团董事局主席　鲁冠球

【提要】一位美国客商曾经问鲁冠球，能不能用一句话概括万向集团目前的优势？鲁冠球的回答是：“能够在美国讲中文，在中国讲英文。”坦率地说，在国外，万向的技术、质量比不过优秀的同行；在国内，其成本、价格也比不过很多的小厂。万向的优势恰恰在于：使国内外的资源通过互换、转移、嫁接，在融会贯通中得到有效的放大和充分的提升。

万向集团始创于1969年，现有员工31800多人。2003年，实现营收152亿元，利税13.58亿元，出口创汇3.8亿美元，是国务院120家试点企业集团和国家520户重点企业中的汽车零部件企业。

30多年来，万向牢牢抓住主业，从零件到部件，到系统模块化供货，国内已形成4平方公里的制造基地，并在长春、武汉、海南、南京、哈尔滨等地与当地主机厂合作建厂，形成战略合作伙伴关系，主导产品国内达到65%以上的市场份额。

同时，我们较早地实施了“走出去”战略，产品进入通用、福特等国际一流主机厂配套，打通了内外两个市场，融通了内外两种资源，企业整体素质不断提高，国际化进程显著加快。我们的具体做法是：

一、走出去、引进来，同时并举，融通内外资源

大家知道，对于企业来说，没有资源，就没有发展。但是，有了资源，不等于就有了发展。因为企业的资源中，能够转化为生产力的只是其中的一部分，甚至是一小部分。而谁能够使资源最大限度地转化为现实生产力，转化为企业的利益目标，谁就是赢家。

万向的策略是“走出去”、“引进来”同时并举，通过内外资源的融会贯通，使资源实现最大限度的转化。

我们通过产品“走出去”、人员“走出去”，再到企业“走出去”，真正感受到了与国际市场的差距。

当时，美国一家同行企业有250人，年生产400万套万向节，而我们，有近千名员工，年生产只有80多万套。对照他们，我们采取了“以高起点投入，引进高精尖设备，培育高素质人才，制造高档次产品”的策略，企业整体素质得到有效提升。

现在，我们已在美国、英国、德国、加拿大、澳大利亚等8个国家，拥有31家公司，其中独资或控股18家，实现了从“点”的突破，到“线”的连接，到“面”的拓展，参与国际经济合作与竞争的范围逐步扩大，层次也不断提高。

同时，我们也积极地“引进来”。把国际整车厂的技术和管理作为引进目标，以“定单”为切入点，销多少产品出去，引多少标准进来。

比如，我们为通用公司配套的第三代轮毂单元，他们派15批35人次来万向，从生产现场到工艺改进，从原材料供应到关键技术创新，每一个细节，他们认真教，我们努力学，并积累了一套完整的操作程序。这样，我们少走了很多弯路，更直接地满足了整车厂的需要。现在，第三代轮毂单元不仅国外稳定配套，国内市场也全面启动，生产企业每天都在加班加点。

坦率地讲，万向能够在国际市场站稳脚跟，产品进入国际主流市场配套，并不是我们做到了世界最好。在国外，我们的技术、质量比不过优秀的同行；在国内，我们的成本、价格比不过很多的小厂。我们的优势恰恰在于，使国内外的资源通过互换、转移、嫁接，在贯通中得到有效的放大和提升。

一位美国客商曾经问我，能不能够用一句话，概括万向目前的优势？我的回答是：能够在美国讲中文，在中国讲英文。我反问他：这样的回答满意吗？他说我很智慧。其实，不是我智慧，确实是实践给了我这样的感受。

就像我们引以为豪的西湖水，正是因为每月与钱塘江循环，而钱塘江又与大海贯通。这样，水才活了、才清澈了，资源也才丰富了，才可以与“人间天堂”相匹配了，我们楼外楼的醋鱼，也才得以闻名天下。

二、大联合、大协作，共生共荣，加速国际化进程

经济的发展已经告别了单打独斗的时代，随着工作的不断细化，产业链上下游企业间的分工与合作、不同产业间的互通与融合、区域经济间的互动与互补，都变得越来越密切了，大联合、大协作，才能实现大发展。

万向在国内广泛与同行联合的同时，积极与整车厂建立战略合作伙伴关系。在湖北、海南、安徽、南京、河南、黑龙江等地，与整车厂就地合作建厂。一方面产品进入整车配套，确保他们在全球采购时，在同质同价的情况下，获得优先权，实现同步发展。另一方面，加入整车厂的新车型开发，掌握未来整车对零部件的性能、质量要求，确保与其同步开发，为将来零部件的开发，主宰整车开发做一些积累和储备。

国外，我们采取灵活的合作方式。比如资产重组带动技术重组，收购世界上万向节专利最多的企业——美国舍勒公司。现在，我们是世界上万向节专利最多的企业。

与世界上最大的轴承企业之一铁姆肯公司，我们则采取了“三边”政策，即边做他们的OEM，边与他们打反倾销官司，边逐步展开合作。

收购美国历史最悠久的轴承生产企业GBC公司，我们采取的方式是以“股权换市场”，获得每年8000万美元的订单，为做大轴承产业积累实力。

目前，我们已经初步形成了以万向美国公司为核心，涵盖50多个国家和地区的国际化营销体系，产品进入通用、福特、克莱斯勒等国际一流整车厂配套。

同时，在美国建立了生产基地，产品可以根据客户的需要，选择在国内制造或者国外制造，或者国内粗加工，国外精加工，初步形成了国际化的制造体系。

技术方面，我们在美国和中国分别设立了技术中心，美国技术中心主要负责跟踪国际先进技术，并与世界著名的独立汽车工业技术开发公司合作，以多样化的形式，如协同小组、项目工程师等，使一批在国际上享有盛誉的技术专家，为万向所用，既开发了新产品，又避免了侵权等纠纷。国内的技术中心主要负责国内外技术资源的对接，以及产业化的转化。2003年，我们的技术中心，在国家发改委组织的国家级技术中心综合评比中，列全国第二位，初步形成了内外一体化，多点、多层面、国际化的技术开发支持体系。

同时，我们在美国设立了国际投资公司，在深

圳、上海分别设立了投资公司，在杭州设立了创业投资公司；拥有浙江省惟一的企业财务公司和唯一的全国租赁试点企业；在美国、深圳、上海有4家上市公司；还在美国设立了万向制造基金，初步构建了国际化的金融投资体系。

在国际化人才体系建设方面，我们注重人才的国际化结构，目前，有外籍员工920名，使不同国籍、不同文化的人，在企业中相互碰撞，相互影响，相互提高。2003年，我们美国公司员工盖瑞·威斯尔，获中国国家"友谊奖"，受到温家宝总理、吴仪副总理的亲切接见；同时，我们的技术、管理、营销等岗位，实行内外轮岗工作，员工互做工作交流报告，也可以说是相互培训，共享资源，共同提高，创造了一体化的成长空间。

国际化，不是产品卖到国外去了，企业就国际化了；也不是与国外的企业合资合作了，企业就国际化了。我们的做法，就是努力拓展企业参与国际经济活动的广度，逐步提高企业对国际经济活动影响的深度。

三、从制造、到创造，提升价值，向世界名牌迈进

万向进入国际市场从贴牌生产开始，到打自己的品牌销售，到现在，开发和组合品牌优势。比如，在美国，我们利用国内的制造成本优势，搞战略性带品牌外购，收购美国上市公司UAI公司，把他们的"UBP"品牌引入中国，已为我们所用。该品牌在国际市场享有很高的美誉度，为我们国际化战略的推进赢得了优势。

加入WTO以来，万向海外业务的优势正日益显现，品牌形象也逐步确立。我们的产品获得了"中国名牌"称号，企业被列为向"世界名牌"进军的16家具有国际竞争力的中国企业行列。但是，我们深深地知道，现阶段，向"世界名牌"进军，只能是我们的战略目标，我们与"世界名牌"的距离实在是太远。

我们知道，品牌本身只是一个标识，但是，它所表达的，却是企业深层次的内涵和实力，它可以把企业现有的价值，经营成未来的资产，所谓有形的东西价值有限，无形的东西价值无限。

我们在用未来思考今天，而我们今天的一切无不在创造着未来。因此，我们不仅要知道国际主流市场在做什么，学习他们怎么做，还要了解国际主流市场没做什么，以及我们需要怎么做，从制造到创造，不断地深化企业的国际化，提高品牌的国际影响力，才能实现"世界名牌"的目标。当然，这不是一朝一夕的事，也许需要几代人的奋斗，但是我们会坚持不懈地向这个方向去努力。

天上不会掉下馅饼，地上没有免费的午餐。对于企业来说，国际化的竞争与合作，已经迫切地摆在我们的面前，谁对国际化的认识越早，谁在未来的发展中就越主动，反之，谁对国际化趋势置若罔闻，那么，几年以后，就将失去现有的优势。

下一步，万向的经营目标是"奋斗十年添个零"。70年代，企业实现了日创利润1万元，员工最高年收入达到了1万元；80年代，企业日创利润10万元，员工最高年收入为10万元；90年代，企业日创利润为100万元，员工最高年收入超过了100万元。

我们的具体措施是联合一切可以联合的力量，做精、做大现有产品、产业，建设先进汽车零部件基地；利用一切可以利用的资源，强化"走出去""引进来"，接轨国际跨国公司运作，接轨国际先进技术，接轨国际主流市场；调动一切可以调动的积极因素，走新型工业化道路，顺势而为，乘势而上，力争在2009年，实现日创利润1000万元，员工最高年收入达到1000万元。

重点领航企业风采篇

完美平衡 实全实美

威姿VIZI、威乐VELA，通过全局考虑，将各项优势性能科学集成、合理搭配，实现动力、空间、安全、操控、节能的完美平衡，呈现真正实全实美、周到惬意的驾乘感受。

真空荧光反射式数字中置仪表

前排双安全气囊

日本原装电控四速自动变速箱

高车顶+长轴距=大空间

多样储物空间

GOA全方位安全车身

Vizi

Vela

威姿、威乐轿车是天津一汽夏利汽车股份有限公司引进日本丰田先进的NBC平台技术生产的两款具有世界先进水平的小排量轿车，威乐具有稳健的三厢车风格，而威姿则倡导“生活多姿才多彩”的时尚主张。公司生产的夏利轿车更是以其皮实、省油、耐用的优良品质广受赞誉，成为中国汽车工业第一个突破百万产量的民族品牌。天津一汽已经将“日三省吾车”作为企业造车的座右铭，以期为百姓打造出“省钱、省心、省时”的“三省”好车，从而实现企业造“国民车”的产业抱负。

天津一汽

汽车科技与都市时尚、实用价值与美学情趣完美柔合的经典之作。

绿色环保的整车制造理念，自然气息由内而外时刻绽放。

匠心独运的造型设计

爱迪尔的设计灵感源于大自然中的绿叶，从车前灯、车门把手、车窗到整车流线都恍如一片流畅的树叶，处处展现绿叶的流畅与叶脉的精致之美。

宽敞惬意驾乘空间

爱迪尔轿车采用小车身、高车顶、四轮四角大空间的独特设计；诸多细致入微的人性化舒适配置，乘坐、载物两相宜。

安全环保的优越操控

新增DA468Q超轻量化铝合金发动机，16气节门，双顶置凸轮轴。排放符合欧洲II标准，并可升级为欧洲III标准，精心匹配的前盘后鼓式制动器、EPS电动助力转向、感载比例阀、双安全气囊、吸能式转向柱、四车门侧防撞杆、宽大的子午线轮胎和14英寸车轮……等装备（部分为选装），与经过优化设计的车身结构相配合，全面提高车辆的操控性、主被动安全性，让您得心应手轻松驾驭。

阳 光 魅 力

自 然 天 成

在都市的尘嚣中，畅享亲近自然的喜悦，让心情随阳光翩翩起舞。爱迪尔，全新演绎现代汽车时尚，卓越内在品质与外在典雅气质相得益彰。阳光魅力，自然天成。

昌河 爱迪尔

Ideal

东风 HONDA
东风本田汽车有限公司是通过改组改造原武汉万通汽车有限公司，由东风汽车集团股份有限公司与日本本田技研工业株式会社共同投资组建的整车生产经营企业，注册资本9800万美元，中日双方各占50%股比。
公司先期导入本田CR-V运动型多功能车，严格按本田技术标准生产和检测,保持全球同一品质。该车发动机排量2.0L，采用本田独有i-VTEC技术，实时四轮驱动，自动变速器。CR-V车造型时尚、协调、圆润，驾乘空间舒适宽敞、视野开阔。CR-V车有着高安全性（正、侧、斜面碰撞）、高动力性（110kW/6500rpm，55kW/L）、低排放（欧Ⅱ标准）、低油耗（等速90km/h时，百公里油耗7.2L）等卓越的综合性能，成为SUV类车的佼佼者。
公司宗旨：我们以建立国际企业为目标，竭尽全力以合理的价格、提供全球化高品质产品，让广大的用户满意。
公司理念：以人为本，三个喜悦
（销售的喜悦、购买的喜悦、创造的喜悦）
公司经营方针：
1）永葆青春和梦想；
2）重视理论、创意和时间；
3）热爱工作，注重交流；
4）制定合理通畅的工作流程；
5）不懈地研究与努力；
6）同心协力，共同发展。
东风本田汽车有限公司
DONGFENG HONDA AUTOMOBILE CO.,LTD.
地址：湖北武汉经济技术开发区车城东道283号 邮编：430056 电话：027-84286000 http://www.wdhac.com.cn

HONDA
The Power of Dreams
Get a New View!
略高一筹　全新境界
i-VTEC DOHC
满足自由驰骋的渴望
享受多样的精彩生活
●排量：1.998L　●额定功率：110/6,500(kW/rpm)
●最大扭距：190/4,000(N.m/rpm)　●驱动系统：双联泵适时四轮驱动　●安全系统：双SRS安全气囊和防抱死制动系统(ABS)+电子制动力分配系统（EBD）
CR-V 张弛自有道
东风本田汽车有限公司
http://www.wdhac.com.cn
地址:湖北武汉经济技术开发区车城东道283号
电话:027-84286000　邮编:430056
东风 HONDA

董事长：李书福

浙江吉利控股集团有限公司是一家以汽车及汽车零部件生产经营为主要产业的大型企业集团。

集团始建于1986年11月6日，经过十八年的建设和发展，在汽车、摩托车、汽车发动机、变速箱和零部件、高等教育、装潢材料制造、旅游和房地产方面都取得了辉煌业绩，资产总额已经超过50亿元；特别是自1996年进入汽车制造领域以来，凭借灵活的经营机制和不断的观念创新，快速成长为中国经济型轿车的主力品牌，以年销售平均增长117%的速度跻身中国国内汽车制造企业“3＋6”主流格局，2003年经营规模列全国500强第331位，名列“浙江省百强企业”第25位，被评为“中国汽车工业50年发展速度最快、成长最好”的企业之一。

地址：浙江省杭州市滨江区江南大道
邮编：310052
电话：0571—87760192
传真：0571—87760191

吉利汽车
GEELY AUTOMOBILE

造老百姓买得起的好车，让吉利轿车走遍全世界。

浙江吉利控股集团有限公司的总部设在浙江省省会杭州，在临海、宁波、台州、上海建有四大专门从事汽车整车和汽车零部件生产的制造基地，现已拥有年产20万辆整车、20万台发动机和15万台变速箱的生产能力，随着宁波、台州、上海等新建项目陆续竣工投产，集团的整车生产能力将提升到年产30万辆，发动机生产能力将提升到年产30万台；

浙江吉利控股集团有限公司建有面对国内、国际两个市场的四大销售公司和全天候售后服务公司以及备件公司；在全国共有109个4S汽车专卖店、489家品牌经销商、569家服务站，代理吉利、美人豹、华普三大品牌系列，两厢、三厢经济型轿车和都市跑车等系列产品的销售和售后服务；吉利轿车在全国已经拥有30余万个终端用户，在全国市场排名由2003年的第十位跃居到目前的第七位，在经济型轿车市场占有率达到21.4%，通过体验营销、关怀服务和公益活动、赛车活动，吉利轿车的知名度和美誉度均有大幅度的提升。

浙江吉利控股集团有限公司现有员工近7000人，从国内、外聘请和自主培养了大批的专家和优秀技术人才，具有整车、发动机、变速箱、模具设计、制造能力；先后成立了吉利汽车研究院和吉利发动机研究所两大研发中心，拥有多名享受国家政府津贴的研发人员，每年推出2—3款新车型，其中被誉为“中国第一跑”的都市休闲跑车“美人豹”被评为“中国工业设计创新特别奖”，作为中国自主设计开发的第一辆跑车被永久收藏在国家博物馆；华普品牌轿车被评为“性价出众产品”，吉利品牌轿车被评为“消费者喜爱的自主汽车品牌”；所研制的MR479Q系列发动机产品通过了省级新产品鉴定，处国内同类机型的先进水平，首开中国轿车生产企业自己独立研制、生产四缸电喷发动机之先河；吉利自行开发的手动挡、自动挡变速箱也已投入批量生产；现生产的各系列产品全部达到国家的环保标准，顺利通过了3C认证。

浙江吉利控股集团有限公司本着“沟通合作、敬业创新”的精神，不断推陈出新，积极参与国际竞争与合作，以一流的技术、优质的产品和服务，全心全意地圆中国老百姓的汽车梦。

普桑 SANTANA
波罗 Polo
波罗
Polo
帕萨特 V6 Passat
伊斯坦纳
途安
凯迪拉克

江苏友谊汽车有限公司创建于1973年，是享有自营进出口权的客车生产企业。公司位于江苏省张家港市乐余镇，紧邻京沪铁路、京沪高速公路和长江口南岸，交通便利、地理位置优越、基础设施完备。

在30年艰苦奋斗的历程中，友谊人走出了一条崭新的创业之路。目前，公司拥有固定资产1.2亿元，占地面积12.4万平方米，职工总数1358人，工程技术人员138名。以335台套主要生产设备组成的冲压、焊装、涂装、装配、检测的大、中、轻客生产线，年单班生产能力达6000台以上，并具有先进和完备的检测设施。

公司奉行**“用户第一、质量第一、从严治厂”**的宗旨，先后开发出各类友谊牌客车及其变型车，效果显著，多次受到行业的表彰和奖励。近年来公司主要产品曾获得全国及省知名品牌、全国消费者协会银奖等奖励。目前主要产品有5.7m～7m轻客系列；7.2m～9m中客系列；8m～10m城市客车系列；10m以上大客系列等，16个单元108个品种列入国家经贸委产品公告并获得了3C证书。

公司生产的ZGT6790、ZGT6890、ZGT6110、ZGT6120、ZGT6121型等系列客车，因其结构合理、功能完善和较高的性能价格比，在交通部客车评定中，分别评为中型高一级、大型高一级产品，成为中长途客运和旅途部门首选车辆，产品行销全国各地。自1995年以来，友谊牌轻客、中客、大客出口到中东和东南亚地区，并深受外商的好评。2004年公司批量出口各种型号客车1023台，在全国91个主要客车行业中名列榜首。

一汽哈尔滨轻型车厂

一汽哈尔滨轻型车厂是中国第一汽车集团全资子公司，轻型车生产基地。该厂占地面积75万平方米，固定资产6.8亿元，有员工4000余人，现有生产线43条，已形成8万辆轻卡车、4万辆皮卡车的年生产能力。

一汽集团投资近两亿元为哈轻厂成功地开发出在国内处于领先水平的解放轻型卡车，该产品采用最新的五十铃驾驶室外形、三菱内饰，并在国内同行业中率先装配日产4D32发动机和技术领先的国产CA498及CA4DF2-13发动机，同时采用在国内承载能力更强的CAS5-25变速箱及前后桥，以及动力转向、助力离合等先进技术，真正使产品实现了高速度、低油耗、大扭矩、低噪音。在该产品平台基础上，哈轻厂不断进行扩展式开发，并逐渐形成了单双排、排半，长、短轴距，长、短货箱，汽柴油，高中低档的产品发展格局，整车技术水平在国内处于领先地位。

该厂是国内三家最早开发生产皮卡车的厂家之一，解放牌皮卡车经过近10年的发展，已经成为哈轻厂两个主产品之一。该厂最新开发的五十铃皮卡车配备了国内最新的4Y发动机，解放车专用的变速箱及传动系统，使该车成为一款可靠性强，耗油低的产品。

到目前为止，哈轻厂共计开发出五大系列，44个品种，700多种产品。

2003年5月该厂为北京市第一台非典垃圾运输车配备了底盘，得到了北京非典防治部门的充分肯定，该车成为我国第一台非典垃圾运输机车。2003年5月7日，中央电视台《焦点访谈》栏目重点对哈轻厂参与生产的非典垃圾运输车做了介绍。截至2003年9月该厂生产的非典垃圾运输车达全中国非典垃圾运输车生产总量的70%以上。

中国加入WTO之后，该厂从提高全员认识出发，把“用户第一”的理念提高到了一个新的层次，全面形成了以用户为重心的经营思想。为提高经销和服务水平，他们在全国24个省、市、自治区建立了200多个经销网点，建立了500 多家服务中心以及合理分布的备品站，使广大用户真正成为了企业一切工作的中心。截至2004年，该厂轻卡车累计出口到沙特阿拉伯、南非、越南等17个国家和地区，累计出口各类轻型车、皮卡车近万辆。

地址：哈尔滨市动力区进乡街41号　邮编：150046
电话：0451-82680683　传真：0451-82681848　http://www.yqhq.com

一汽专用汽车有限公司

公司的企业精神：甘于奉献、勇于创新。
公司的经营理念：智慧+汗水是力量之源；
产品+质量是效益之本。
公司服务宗旨：提供个性化产品，满足个性化需求。

一汽专用汽车有限公司(全资子公司)的前身是中国第一汽车集团公司专用车厂。

公司占地面积32万m^2；现有职工1200人；产品拥有二级设计权；现有设备900余台；拥有汽车装配线和后桥装配线；具有较强的锻造、机加、热处理、汽车装配生产体系以及先进齐全的质量检测手段；具有年产专用汽车及底盘1.5万辆、后桥总成1.5万台份、汽件150万件的生产能力。

汽车生产已形成**载货车、越野车、水泥搅拌车、自卸车、吊车、牵引车、罐式车、起重举升车、特种结构车、仓栅车、军车和消防车**等213个整车和底盘的生产车型。

汽车零部件生产形成**中、后桥和齿轮半轴**两大总成系列。

总经理 杜泽臣

地　　址：长春市东郊长吉公路北线5.5km处
邮　　编：130102
电　　挂：2114
电　　话：(0431) 4599111
传　　真：(0431) 4592727
电子信箱：xsk_zyc@faw.com.cn

广东明威专用汽车有限公司

GUANGDONG MINGWEI SPECIAL VEHICLE CO;LTD.

MINGWEI 明威

A013620

广东明威专用汽车有限公司是通过 GB/T119001 idt ISO9001 质量认证体系，生产明威牌半挂车、专用车的自营进出口企业，世界制造厂识别代号（WMI）为 LJT。公司已经被列入全国汽车、民用改装车和摩托车生产企业及产品公告并通过产品 3C 认证，属私营有限责任公司。

公司占地 5 万 m^2，建筑面积 2.1 万 m^2，固定资产 1.0 亿元，年工业销售收入 2 亿元。主要产品有 40 英尺二轴或三轴集装箱骨架及平板半挂车、二轴或三轴平板半挂车、散装水泥罐式汽车及半挂车、运加油车及半挂车、车辆运输半挂车、混凝土搅拌运输半挂车、厢式运输半挂车。

GDMW is a company which has passed the GB/ T119001 idt ISO9001 conformity of quality system certification and been authorized by government to export/import directly, producing semi-trailer and special vehicles of the band of MingWei ; the Manufacturer in the World Identification(WMI) of GDMW is "LJT".The company has already been listed in the Public Announce of Vehicle ,civil refitting vehicle and motorcycle enterprises and products ,and our company has obtained 3C certificates, belonging to privateundertaking company.

The covering area of our company is 50 thousand square meters that includes 2.1 thousand square meters construction area. Our fixed assets is 100 million Yuan RMB, and the annual sale has reached to 200 million Yuan RMB. Our main products are as following:Container transportation semi-trailer (frame or platform & two or three axles), low platform semi-trailer(two or three axles), bulk cement powder tank truck and semi-trailer, semi-trailer tipper, oil tank semi-trailer、car transportation semi-trailer, cement mixer semi-trailer and dry boxtruck & semi-trailer.

地址: 广州市番禺区钟村镇屏一村　　传真: 020-84711683
电话: 020-84774999 、34712777　　邮编: 511495
Add:Pingyi Village Zhongcun Town,Panyu District Guangzhou
Tel:020-84774999、34712777　Fax:020-84711683　Post Code:511495
Web:http://www.mw-trailer.com.cn　E-mail:sales@mw-trailer.com.cn

广东明威专用汽车有限公司
GUANGDONG MINGWEI SPECIAL VEHICLE CO;LTD.

ISO 9001 UCS　国际认可论坛 质量管理体系 多边承认协议 成员认可　CNAB 注册号: CNAB024-Q

证书编号:02403Q10868R1M

上海交大神舟汽车设计开发有限公司

SHANGHAI JIAODA SHENZHOU VEHICLE DESIGN DEVELOP CO.,LTD

公司简介

上海交大神舟汽车设计开发有限公司由上海交通大学、上海交运集团、上海环卫集团、上海航空工业集团等投资成立的高科技有限责任公司，上海市专用车研究开发中心也挂靠在该公司。

上海交大神舟汽车设计开发有限公司依托上海交大在机械、动力、电子、工业设计、自动化及机电液一体化等方面的技术及人才优势，依托国内外广泛的技术合作渠道，专业从事汽车、专用车及其零部件的设计开发，从事各种车辆检测装备、制造装备及生产线的设计开发，从事相关领域装备及零部件的设计开发，从事汽车、专用车产品技术升级及性能完善的咨询服务，从事汽车、专用车及其零部件制造工艺、质量控制、生产管理等方面的技术咨询与培训，汽车、专用车市场供需分析与产品性价比评价，国内外最新汽车、专用车技术发展动态等业务。

上海交大神舟汽车设计开发有限公司现有员工及研究生 50 人，员工的职称结构为教授 5 人、高工 4 人、工程师 12 人，员工的学历结构为博士 4 人，硕士 10 人，其余均为本科以上。

公司的产品定位是：更高的技术含量，更新的技术创意，更优的技术性能，更宽的市场需求。

上海交大神舟汽车设计开发有限公司立足上海、面向全国，与汽车、专用车及相关企业优势互补、技术共享、市场共拓、效益双赢。

业务部门	业务范围
车辆技术部	轿车、专用车、特种车、SUV、MPV、工程机械及摩托车等整车的设计开发。
工程技术部	各类车辆制造装备、试验装备、检测装备、装配线、焊装线、涂装线、铸造线及相关领域装备的设计开发。
零部件技术部	轿车、专用车、摩托车零部件及总成的结构设计、逆向设计、模具设计及零部件委托加工，涉及动力、车身、底盘及电子等方面。
工业设计技术部	轿车、专用车、摩托车及各类产品的外观设计、油泥模型制造、玻璃钢样车制造、三坐标测量、三维建模、快速成形等。
市场信息部	产品供需分析、技术动态分析、性能价格比评估、制造工艺咨询、质量管理方法、企业技能培训等。
国际合作部	国外先进技术与先进技术的跟踪、评估、引进，国际融资及国际合作。

上海交大神舟汽车设计开发有限公司随时恭候与您的合作。

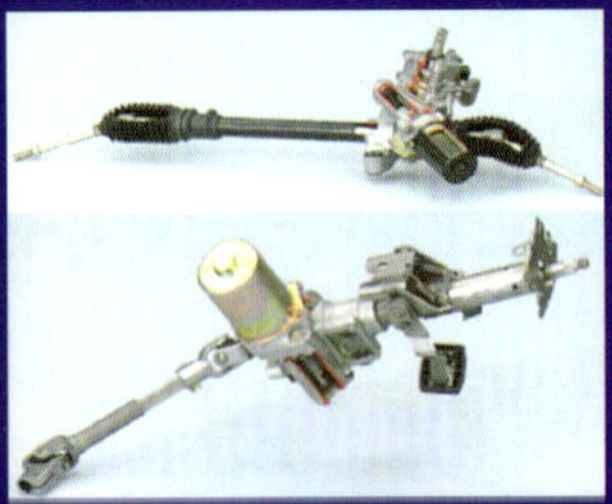
EPS 助力转向机构

正泰集团公装生产线

超级电容公交电车

后装压缩式垃圾车

车厢一体式冷藏车

高压清洗车

真空吸尘车

还有更多……

地址：上海市闵行区春申路 2328 弄（张幕工业园区）3 号厂房

电话：13916916788

网址：AUTOSZ.NET

上海市专用车研究开发中心

SHANGHAI SPECIAL VEHICLE DESIGN DEVELOP CENTRE

江阴市汽车改装厂

公安部第二研究所
公安部第三研究所

ANGYIN AUTOMOBILE REFIT FACTORY

神探牌 WISE DETECTIVE®

公安部物证鉴定中心
地址：北京市西城区木樨地南里17号
联系人：周实　电话：010-63437695
手机：13901080312
邮编：100038

公安部第三研究所
地址：上海市岳阳路76号
电话：021-64746362　传真：021-64333563
联系人：郑健、李震宇、张文熙
邮编：200031

江阴市汽车改装厂
地址：江苏省江阴市青阳镇锡澄路183号 邮编：214401
厂长：秦安君　手机：13906169609
销售部：宋建军　手机：13961605199
电话：0510-6503011　6503010 传真：0510-6502055
http://www.chinashentan.com E-mail:qaj8@pub.wx.jsinfo.net

江阴市汽车改装厂座落于太湖畔江阴市，水陆空交通便
。工厂于一九九六年开始专业生产各类专用车，与公安部
所、三所紧密联合，研制生产各类军警用特种车辆。目前
有一批长年从事机械、计算机、电子、通讯等领域的中高
专业人才，技术力量雄厚。

工厂是国家核定的汽车改装生产企业，公安部装备财务
特种车辆改装定点企业，神探牌系列警务用车已通过公安
科技局成果鉴定，各项性能指标均达到国内领先水平。
001年获得世界制造厂资格证书，产品已列入国家发展与改
委员会产品目录，并通过中国强制认证（CCC认证）及
S09001-2000质量体系认证。

工厂军警类主导产品：卫星通信指挥车、通讯指挥车、
达缉私巡逻车、刑事勘查车、交通事故勘查车、激光测速
违车、现场照明车、现场测绘车、防暴车、警犬车等特种
务用车；民用类主导产品：旅游住宿车。

工厂自97年研制生产警务用车以来，在公安部各级领导
支持下，以公安部二所、三所强大科研能力为后盾，不断
发和吸收代表当今世界潮流的先进产品和技术，自各款警
投入销售以来，以其优越的价格性能比，深受全国用户青
。

面对令人鼓舞的二十一世纪，工厂将以先进的技术水
，精益求精的产品质量，丰富积累的设计经验，热情周到
售后服务，积极进取的企业精神，服务于用户。

热忱欢迎各公安、军队、司法、边防、海关领导来我厂
谈、指导工作。

神探牌JYG5032XKC型交通事故勘查车

神探牌JYG5030XKC型交通事故勘查车

神探牌JYG5030XKC型刑事勘查车

神探牌JYG5051XZH型通讯指挥车

神探牌JYG5110XZH型卫星通讯指挥车

二○○三年为徐淮盐高速公路淮沭河大桥工地施工服务

二○○三年为徐淮盐高速公路淮沭河大桥工地施工服务

刚开工连盐通高速公路II标现场

S 施达 D ®

施达机械

013852498827

淮安市清河区施达工程机械厂

淮安市清河区施达工程机械厂是生产中小型工程机械的专业厂，为适应新形势下的施工要求，研制生产了适合配备国产普通车的新产品，SG2000、SG3000、SG4000、SG6000混凝土运输罐系列产品，是隧道、桥梁、涵洞，道路施工的最理想的混凝土运输设备。

产品优点：

- 安装简单：装在5T车底盘上便成为混凝土运输车。
- 用汽车动力，全液压传动，运输过程中，连续搅拌，保证混凝土品质，具备进口车性能。
- 使用方便：柴油机作动力，全机械传动，运输过程中，保证混凝土品质，具备进口车性能。
- 在价格上：远远低于市面上各种混凝土运输车的价格。

地址：江苏省淮安市西安路工业园区　　电话：0517－3282327　　手机：013852498827

邮编：223001　　传真：0517－3934011

德国索埃勒特种车辆有限公司

SCHEUERLE

企业简介

德国索埃勒特种车辆有限公司，位于德国工业发达的南方巴登符腾堡州，在奔驰公司驻地斯图加特市近郊，该公司是老索埃勒先生1869年创建的，至今已有140年的历史，它是国际工业用运输车辆集团的主要成员，公司现有成员500余人。建地面积10万平方米，生产区为7万平方米，近年来索埃勒公司在总裁斯蒂芬•曼额斯的带领下，投入了大量的人力物力，扩建新车间，开发新产品，应用新技术。例如：数显技术、电子化、数字化、计算机程序甚至GPS等，车辆载重吨位不断刷新世界纪录。

索埃勒公司重型车辆系列繁多，从15t～12000t，应用范围很广，如：冶金工业、造船工业、建筑业、公路大件运输、高速铁路建设、化工设备成套搬迁、港口集装箱装卸、工矿企业、空间技术，飞机抢险，等等：几乎可以满足各种不同客户的需要。目前，索埃勒特种车辆，正信心自信地投放中国经济市场，凭借公司雄厚的经济实力，科学的管理，领先于世界的先进技术，充足的生产能力，无与伦比的产品质量和良好的售后服务，相信索埃勒公司在中国的经济市场一定会有更大的发展，索埃勒公司是您新世纪最好的合作伙伴！

带液压驱动和驾驶室在上方的钢卷运输车

Scheuerle公司的3轴马鞍矮负载框架车辆。框架的长度和宽度均可调整，鹅颈可脱卸，有效载重约为30吨。

平板车

SCHEUERLE船体分段大型平板车，1120吨，驱动功率为1000马力，为目前世界上最大的单车之一。

地址：上海市长宁区长宁路250号一号楼302室
邮编：200042
电话：021–56130910　62135613
传真　021–52398340　66740035
E–mail．lilimary@vip.163.com
手机：13311793711
联系人：郭经理
Website：www.scheuerle.com

广州摩托集团
GUANGZHOU MOTORS GROUP

广州摩托集团公司成立于1992年，是广东省70户重点大型企业集团和广州市57户重点企业集团、国家摩托车生产定点企业之一。2000年，集团公司与汽车集团共同组建广州汽车工业集团有限公司，成为广州市重点扶持的支柱产业之一。

集团公司恪守“创新创业、尽善尽美”的企业精神和“以人为本”的管理理念，积极为社会各界奉献各类名优产品主要产品有五羊牌、五羊—本田牌摩托车，拥有100ml - 250ml等排量的摩托车产品目录66个，年生产能力为80万辆摩托车整车，并以雄厚的技术力量大力发展汽车、摩托车零部件生产。此外，还生产华南牌缝纫机、五羊牌自行车等，以及从事房地产开发、普通机械、摩托车维修及第三产业服务。产品和企业先后荣获国家、轻工部、机械行业及省市各种奖项逾100项。2002年，集团公司荣列中国最大500家大企业集团之列；2003年，又获得中国机械500强企业称号；2004年，五羊牌、五羊—本田牌摩托车再次双双获得广东省名牌产品称号。

近年来，集团公司按照我国汽车工业产业政策，加快招商引资步伐，扩大与国内外先进的汽车零部件、摩托车整车和零部件生产厂家的合作，根据市场需求不断开发生产摩托车、汽车零部件、机电一体化缝纫机、电动自行车等新产品。2003年，集团公司率先通过国家发改委组织的摩托车生产准入审查考核，企业发展前景良好。“十一 五”期间， 集团公司将加快与国内中小型摩托车生产企业的整合， 通过品牌生产和资本的结合，重组企业优质资源，走集团化、规模化生产的道路。目标到2010年形成年产摩托车整车150万辆、汽车（ 含摩托车）零部件产值30亿元、产品销售产值100亿元以上的生产能力，成为规模化和具有强大竞争能力的大型企业集团，以良好的企业素质参与国际竞争。

Guangzhou Motors Group Co. was founded in 1992, it is the enterprise assigned to manufacture motorcycles by the state, and it is one of the 70 large-scale enterprises supported emphatically by Guangdong provincial government and is one of the 57 key enterprises of Guangzhou municipal government. In 2000, Guangzhou Automobile Industry Group Co., Ltd. was established by the Group Company and Automobile Group Company, it becomes a pillar enterprise supported emphatically by Guangzhou municipal government.

In light of the enterprise spirits of*Making Innovations and Doing Pioneering Work, Perfectly Good and Beautiful*and the management idea of*Taking Talents as the Foundation*, the group company will try its best to contribute all kinds of famous good-quality products to the society. The main products of the group company is Wuyang and Wuyang-Honda motorcycles which hold 66 product catalogues with the emission range from 100ml to 250ml, the production capability of the group company is 800,000 whole motors, the group company also manufactures parts and components of motors and cars with tremendous strength. Besides, the group company produces Wuyang bicycles and Huanan sewing machines, sets steps on the real estate, common machinery, motorcycle repairing and*the third property*services, its products have been awarded more than 100 special honors. In 2002, it was listed in one of the 500 largest domestic enterprise groups and get an award on "one of the 500 best enterprises in domestic machinery line". In 2004, Both Wuyang and Wuyang-Honda motorcycles win *the famous brand products in Guangdong province*.

In recent years, the group company quickens the step for attracting foreign investment in accordance with the national car industry policy. At the same time, the group company extends its cooperation with the advanced manufacturing company of auto parts, motorcycle and its parts, speeds up the development of new products and opens up many new types of products such as motorcycle, auto parts, sewing machines of computer integration and electro bicycles to meet the need of the market. In 2003,the group company took the lead in passing the examination for CPC by the National Development and Reform Committee. It has a prosperous future.

During*the eleventh five-year plan*,the group company will accelerate the integration with domestic small or medium motors manufacturing enterprises, unite its superior resources through brand production and capital integration and finds out a way of groupies in scale. By the year of 2010, it will become a large-scale group with annual production of 1,500,000 whole motors, production value of 3billion RMB for parts and sales value of more than 10 billion RMB and take part in the international competition with good performance.

五羊—本田

MCR125

追梦系列

五羊摩托 WUYANG

WY125-20B

WY125-9A

广州摩托集团公司
GUANGZHOU MOTORS GROUP COMPANY

地址：中国广州市滨江中路352号
Add:No.352BinjiangZhongRoad,Guangzhou,P.R.C
Tel:86-20-84429542 84475700 84423888
Fax:86-20-84231304 84475816 Zip:510220
Internet Add:http//www.gzmotors.com

为社会进步创造新动力
为用户致富提供好产
传承狄赛尔 动力改变世界
上海柴油机股份有限公司
地址：上海市军工路2636号
服务热线：800-820-5656
021-35040220(移动电话用

一汽解放汽车有限公司无锡柴油机分公司

一汽解放汽车有限公司无锡柴油机分公司（以下简称一汽解放锡柴）始建于1943年，1992年12月18日加入中国第一汽车集团。工厂占地面积50万平方米，拥有总资产20亿元，具有年产15万台柴油机和单班年产5000辆改装汽车的生产能力，是中国第一汽车集团公司在华东地区车用柴油机的研制、开发和生产基地。工厂主要产品为6缸、4缸系列车用高速柴油机；300系列发电和船用中速柴油机；解放牌改装车。产品远销美国、阿根廷、阿联酋等30多个国家和地区。

2001年起，一汽解放锡柴开始了第三次创业，以圆好品牌梦、赶超梦、走向国际梦为目标，打好结构调整、创新、品牌三大战役，企业综合实力不断攀升，主要技经指标连续三年居国内多缸柴油机第一名，2002年工厂产销柴油机15万台，创出了单系列多缸柴油机生产规模世界之最的纪录，改装车产销总量突破6600辆大关，成为国内同行业的领跑者。2003年批量下线的具有国际先进水平的CA6DL柴油机，开创了我国具有自主知识产权和核心技术的四气门卡车用柴油发动机的先河，正在开发的CA6DL320马力电控共轨柴油机，采用了具有国际先进水平的160MPa高压电控喷射技术，有效改善了柴油机的燃烧过程，既提高了柴油机的动力性和经济性，又降低了柴油机的噪音，达到了欧Ⅲ排放标准要求。

▲ 一汽解放锡柴总经理兼党委书记蒋彬洪同志简介：研究员级高工，1991年11月任无锡柴油机厂厂长，1995年6月起兼任党委书记。曾获全国“五一”劳动奖章、机械部、江苏省优秀企业家，一汽劳模、连续多次获得无锡市优秀企业家、优秀厂长（经理）荣誉称号。

以CA6DL奥威为领军的系列柴油机

国内第一台拥有自主知识产权、具有国际先进水平的CA6DL奥威发动机，该机是集中一汽集团公司技术中心、一汽锡柴发动机核心设计开发能力，与奥地利AVL公司合作，运用全新的开发、设计理念，是国内第一台商用车四气门柴油机，具有大功率、低排放、低噪音、低成本、低油耗、长寿命等六大特点，功率覆盖260～350马力，排放达到欧Ⅱ标准，采用电控喷油技术，达到欧Ⅲ标准，并具有欧Ⅳ潜力。噪声比国内普通柴油机低2-3分贝，油耗仅为195克/千瓦时，国内最低。经5000小时全速全负荷耐久试验认证，大修里程超过50万公里。

客户服务电话：8008287885　手机客户：0510-5014990

杭州汽车发动机厂

HANGZHOU AUTOMOTIVE ENGINE PLANT

斯太尔 WD615 柴油机

杭州汽车发动机厂坐落于风景如画的西子湖畔。企业始建于1958年，占地面积30余万平方米，总资产近10亿元，现有员工2100余人，拥有各类专业技术人员500余人，其中高级职称60余人。企业所属的技术中心为省级技术中心。

企业自1964年研制开发了6120型高速车用柴油机，为黄河牌8吨重型载货车及12米底盘的黄河牌大客车配套，使其成为我国首家专业生产重型车用柴油机的企业。1983年自行研制开发的X6130系列柴油机，在1987年获国家科技进步二等奖。

1984年开始引进奥地利斯太尔公司的WD615系列柴油机，经多年消化、吸收、改进，该产品现已成为国内生产的同类成熟产品中性能、排放、质量较优、性价比较高的柴油机，同时也是国内极少数符合国家汽车行业"十五"规划鼓励发展的柴油发动机机型，是目前国内较畅销的柴油发动机。

目前企业的主导产品为WD615系列和WD415系列柴油发动机，产品已全部达到欧Ⅱ排放标准，被广泛使用于重型载重货车、大型客车、工程机械及船舶和发电机组等。

法人代表：刘新华

企业地址：浙江省杭州市湖墅南路66号　邮编：310005

联系电话：0571－88078888　　传真：0571－88086768

五菱动力，真诚为您服务！

WULING ENGINE 五菱动力

柳州五菱汽车有限责任公司柳州机械厂

LJ465Q-1ANE

企业规模

柳州五菱汽车有限责任公司柳州机械厂始建于1928年，主要从事内燃机开发和制造，有50多年生产内燃机的历史和经验，先后设计和研制成功100多种型号的汽油机、柴油机及其配套产品，为国家大型二类企业，中国500家较大机械工业企业之一。

企业占地面积92.2万m²，在职职工1700多人，其中工程技术人员320多人，主要设备1119台，具备国内一流的发动机设计、开发、制造、服务水平。现拥有总资产10.8亿元人民币，具有年产35万台发动机的生产能力。

产品品种

创新是企业发展的强大动力。企业积极致力于技术创新，产品不断推陈出新。

目前的主导产品有：2缸（LJ276M、LJ265MQ）摩托车发动机系列；LJ462QE型电喷汽油发动机系列；LJ465QE型电喷汽油发动机系列；LJ474QE型电喷汽油发动机系列；LJ491QE型电喷汽油发动机系列和LJ486QE型电喷汽油发动机系列等。

LJ486QE

产品质量

“视质如命，服务至诚；依靠先锋科技，制造名牌动力。”是企业的质量方针。作为中国专业的内燃机生产基地，柳州机械厂不断引进国外先进技术，与国外多家专业机构合作研发，通过从国外引进具有国际先进水平的关键设备、生产线和测试线，为企业内燃机产品的开发和质量稳定提高打下了坚实的基础。

企业致力于建立完善的质量保证体系。1999年12月，通过了ISO9001质量体系认证，2000年3月通过汽车产品认证，成为我国微车发动机行业首家通过“双认证”的企业。同时，企业于2003年3月又通过QS9000质量管理体系认证。

LJ465QE

产品市场

目前企业的产品用户主要有：五菱汽车、佳宝汽车、华阳汽车；比亚迪汽车、奇瑞汽车；北汽公司；北汽福田、泰兴三迪、济南轻骑等。近几年，企业发动机产品的产销量稳居全国汽油汽车发动机生产企业的前列。

服务网络

“五菱动力，真诚为您服务”是企业的服务宗旨。企业有着多年精心构筑而成的完善的服务体系和网络优势。目前，柳州机械厂在每个客户企业均驻点有技术服务人员，在国内建有15个驻外办事处，近600个技术服务站，大批技术熟练、经验丰富的维修服务人员常年驻外，配件销售网点遍布全国各地。

LJ491QE

地址：广西柳州市鸡喇路16号
邮编：545005
销售电话(Tel)：0772-3960349 3150908
传真(Fax)：0772-3150984
服务电话（Tel）：
0772-3960061 3150584
传真(Fax)：0772-3151105
配件销售（Tel）：
0772-3960353 3150145
http://www.wlfdj.com.cn
E-mail:ljxsgs@wlfdj.com.cn

LJ474QE

LJ462QE

广州市花都东捷实业有限公司

GUANGZHOU CITY HUADU DONG JIE INDUSTRY CO.,LTD

DONG JIE

广州市花都东捷实业有限公司创建于1983年，是一颇有声誉的优秀企业。多年来，公司恪守重合同，守信用的宗旨，坚持产品质量第一的原则，取得了蓬勃的发展，多年荣获政府、工商、税务部门颁发的如：先进私营企业、重合同守信用单位、纳税大户等证书。优良的产品深受国内外客户的好评。

1999年，公司通过ISO质量管理体系，生产管理体系完善，拥有先进的专业生产和检测设备，宽敞的生产场地（三万多平方米）。主要产品有：汽车进排气歧管系列、消声器、排气管、法兰、波纹管；摩托车车架、油箱及其它五金配件；还有10升、20升汽油罐、咖啡脱皮机等产品。公司属下还设有科技分公司，从事电脑软件配套以及网络工程的设计与安装，还有机电新技术开发中心，专门研制后产汽油割焊机。

消声气系列

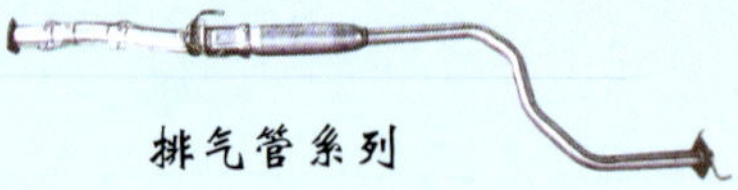

排气管系列

消声气系列

排气管系列

公主型油箱

大鲨型油箱

东捷牌汽油罐

软管系列

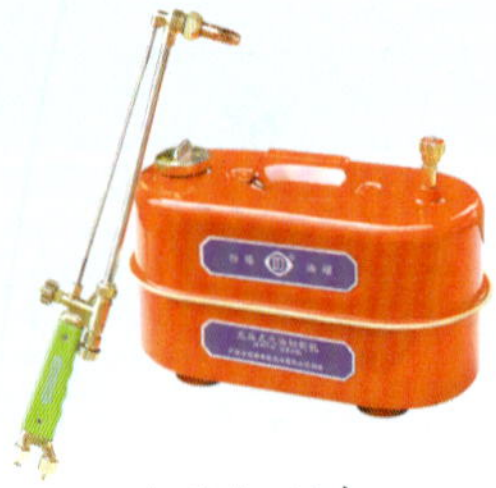

汽油切割机

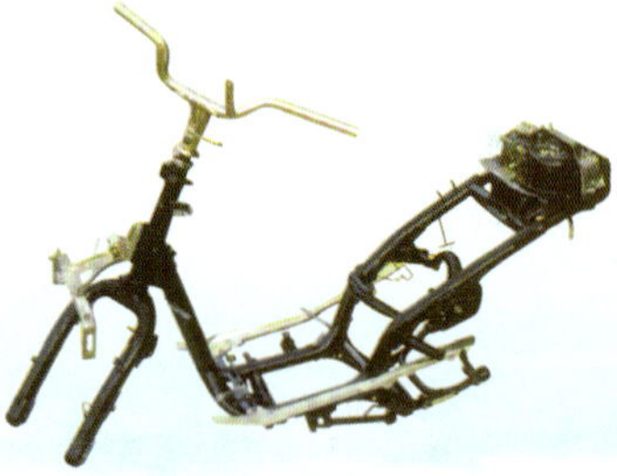

豪迈型摩托车架

岐管系列

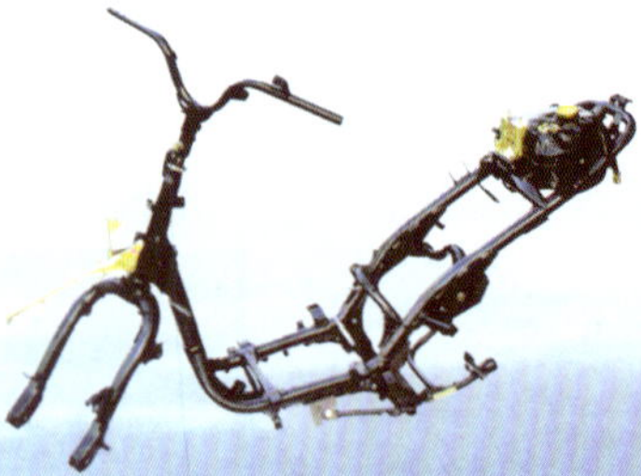

公主型摩托车架

董事长/总经理：黎国平先生　董事/副总经理：梁活南先生
地址：广州市花都区花山镇平山民营工业园16号（106国道小布村地段）
电话：020-86789998　86808448　传真：020-86959968　86859216　网址：www.dong-jie.com　邮箱：djkj@21cn.com

丹传汽车传动轴有限公司

全心全力

湖北丹传

总经理　肖江

湖北省丹江口丹传汽车传动轴有限公司（以下简称丹传公司），位于丹江口市区，亚洲最大的人工淡水湖、南水北调中线源头——丹江口水库之滨，紧邻中国最大的汽车城——十堰市，地处风景秀丽的道教圣地，世界文化遗产武当风景名胜区。丹传公司1950年建厂，1987年加入东风汽车集团。公司下设四个分厂：传动轴厂、铸钢厂、汽车底部零件厂、热处理厂；两个合资公司：苏州仁和（老河口）汽车有限公司，与美国JLF公司、EPIC公司合资的爱科有限公司。

公司占地10万平方米，主要生产设备360台套，主要从事汽车传动轴及零件、车桥及车架配套铸件、转向系统——转向装置的设计开发，生产及销售。产品研发主导面向东风、欧曼、解放等品牌，轻、中、重三大系列主力车型的配套开发。开发成功的传动轴总成有600多个品种，底盘铸钢件200多种，年生产各类传动轴30万根，轻、中型车转向装置5万套，铸钢件10000吨、精密铸钢件3000吨。产品除与东风公司配套以外，还与中国汽车行业众多知名企业建立了长期合作关系。

公司有可靠的质量体系和完善的售后服务体系，公司已通过ISO/TS16949：2002质量管理体系认证和ISO14001：1996环境质量管理体系。我公司质量承诺:优质服务,持续改进,保证总成和零件行车三万里无故障。售后服务承诺:需我公司现场服务的,湖北省内24小时到达;省外24小时不能到达的,保证36小时到达现场。

地址:丹江口市丹江大道495号　电话:0719-5221068　5213600　传真:0719-5221068

售后服务电话：0717-5221068

网址:http//:danchuan.com.cn　E-mail:scb@danchuan.com.cn

轻型车EQ140（4-Φ14.5）

轴管	4孔分度圆直径	外止	止口高	孔对中心先夹角	额定扭矩
Φ89*2.5	Φ120	12.Φ95	2.5	40	2580N.m

EQ153传动轴（4-Φ14.5）

轴管	4孔孔距	外止	止口高	额定扭矩
Φ89*4、Φ*5	112*88	12Φ108	2.5	5300N.m

重型车端面齿传动轴总成

类型	4孔孔径	分度圆直径	齿夹角	额定扭矩
0092	4-Φ15	Φ150	70°*110°	18500
0082	4-Φ15	Φ150	70°*110°	13000
0125	4-Φ15	Φ150	70°*110°	8200
0125-Q	4-Φ15	Φ130	70°*110°	8200

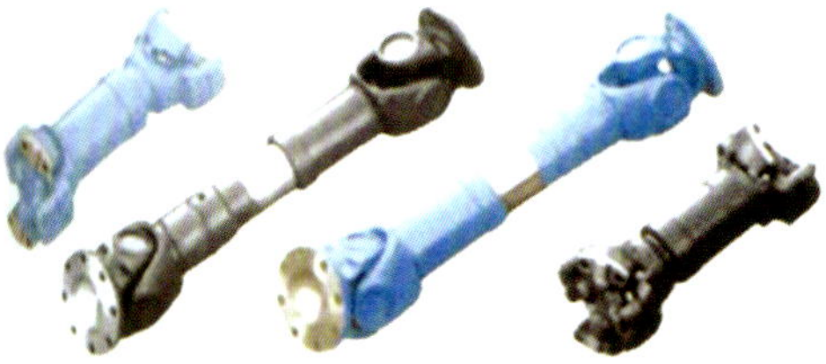

传动轴总成(配缓速器)

型号	额定扭矩	长度
金龙	5400N.m	≥280cm

轻、中型车转向装置

精铸件

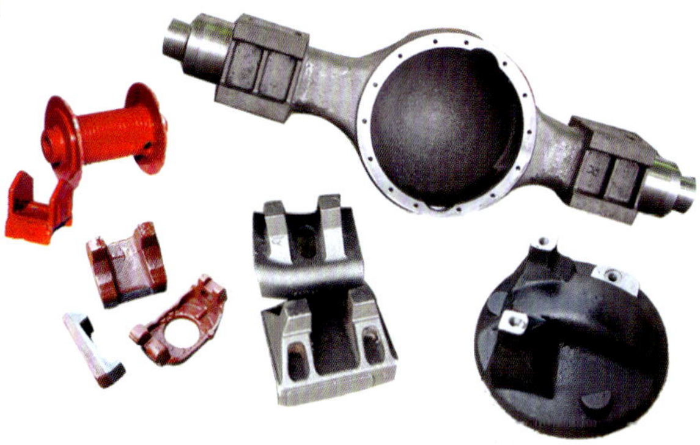

丹传汽车传动轴有限公司
地址:丹江口市丹江大道495号　电话:0719-5221068　5213600　传真:0719-5221068　售后电话：0719-5221068
网址:http//:danchuan.com.cn　E-mail:scb@danchuan.com.cn

“安湖”品牌，安徽省著名商标

芜湖盛力制动有限公司

芜湖盛力制动有限公司由原芜湖市汽车制动阀厂按照现代企业制度改制而成，属原中国汽车工业公司定点生产汽车制动元器件的专业骨干企业，系全国汽车零配件双百推展工作委员会成员单位，先后加入中国重型汽车集团和安徽“安凯”、“江淮”汽车集团，同时是中国各大工程机械集团成员及配套合作伙伴。

公司技术力量雄厚，工程技术人员占职工总数20%以上，拥有“CAD”、“PDM”设计和管理，为安徽省基础信息化建设示范企业。公司理化试验、检测手段齐全，属二级计量单位。安徽省汽车制动元件产品质量监督检测站设在本公司。

公司产品有“STR”、“CAT”、“东风”、“解放”、“延安”、“黄海”、“交通”、“江淮”等十几个系列300多个品种的气制动元器件、真空助力器和液压制动元器件。销往国内各省、市、自治区，为国内六十余家汽车、工程机械集团公司配套，并承担社会维修任务，部分产品随整机出口，“安湖”品牌得到了顾客广泛赞誉。2002年公司被评为安徽省高技术产业化项目示范企业和“高新技术企业”；2003年XM50E（60B）驻车制动气室（可卸式）被国家科学技术部列为国家级火炬计划项目；2003年公司被评为全国100家最佳汽车零部件企业，2004年获省“质量管理奖”，2004年安徽省百强民营企业公司榜上有名。

公司坚持“以人为本、以质取胜、以誉生存”的方针，实施科学管理，以“全灵精新、服务一流、顾客满意、安湖追求”为宗旨，创顾客心目中的“安湖”品牌。公司愿与国内外新老顾客携手并肩，互惠互利，共同发展。

地址：安徽省芜湖市康复路24号　　邮编：241000
电话：0553-2861953　2864706　　传真：0553-2862914
董事长、法人代表：张武江
E-mail:wuhu@slzd.com　　http://www.slzd.com

长春一汽四环汽车制品有限公司转向泵厂

企业简介

长春一汽四环汽车制品有限公司转向泵厂是生产汽车动力转向油泵和汽车转向油罐总成的专业厂，现有员工378人，占地面积5万平方米；我厂集研发、生产、经营、服务为一体，其中专业技术人员占有10%，拥有先进的自动化装配线，拥有德国KOPP公司和瑞士MAGELE公司引进的磨削中心和国内最先进的加工中心、数控车床、三坐标测量仪、粗糙度仪等加工设备和检测设备。现单班生产能力达到年产20万台。目前开发生产动力转向泵39个品种，转向油罐19个品种，产品主要为一汽、青汽、柳特、大柴、锡柴等生产的中、重、轻型车配套，并为社会提供备品，分销全国20多个省市。

转向泵厂科学管理，苦练内功，以高起点、高水平、高质量为目标，强化工厂的基础建设和管理工作。2001年通过了德国DQS公司ISO9001：2000、QS-9000、VDA6.1的国际质量体系认证，其中VDA6.1获得了94分高分成绩，是该公司在中国质量审核中的最高分，2005年下半年通过ISO/TS16949认证。

企业始终坚持“精心策化，提供一流的产品；忠诚顾客，持续全优的服务”的质量方针，力求开拓创新，向顾客提供最好的产品，为中国汽车工业增添光彩。

汽车动力转向油泵总成系列产品

汽车动力转向储油罐总成系列产品

地址：吉林省长春市净月旅游经济开发区福址大街1685号　邮编：130122
电话：0431-4520250　传真：0431-4520271　E-mail：yhm_zxd@sina.com

SORL 中国·瑞立集团 RUILI GROUP CHINA

瑞立液压件股份有限公司

RUILI HYDRAULIC COMPONENTS CO., LTD

瑞立液压件股份有限公司是中国·瑞立集团子公司，成立于1999年3月，主要开发和生产轿车、轻型客车及载重车的转向助力泵。总投资8200万元，年产50万台的转向助力泵技改项目已经基本完成。

公司引进德国、瑞士等国际先进的技术和设备，制造国内一流的转向助力泵产品，零件均采用数控机床和加工中心加工。检测仪器设备均采用国内一流的产品，整个加工过程均在高精度、高效率和严格控制下进行。公司已通过了德国莱茵技术公司的QS9000/ISO9001/VDA6.1国际标准质量保证体系和ISO/TS16949:2002标准质量体系认证。公司建有产品开发实验室，其实验设备采用计算机控制，具有实验数据自动采集打印、自动判断、油温自动控制、油液污染度自动检测和报警等功能。公司同时建有质量控制中心，采用微机管理，可对在线产品实行及时控制和跟踪，为提高产品质量奠定了坚实的基础。

瑞立液压件股份有限公司秉承“务实、诚信、求精、创优”的精神，把“制造精品配件”作为自己的追求，致力于在汽车液压元件领域打造瑞立强势品牌，期望与广大客户共同寻求更好的发展。

Ruili hydraulic parts company limited was established as a subsidiary of the Ruili Group in March 1999. The company mainly develops and manufactures power steering pumps for passenger vehicles, passenger buses and trucks. The upgrade project for the power steering pump manufacturing facility has almost been completed. With a total investment of 82 million RMB (US$10m), it is aimed to achieve a production level of 500 thousand units during 2006.

The company has imported advanced technology and equipment from countries such as Germany and Switzerland among others to assist us to produce power steering pumps and other hydraulic components of world-class quality.All machining processes are carried out on the latest CNC machinery and our use of state of the art inspection and testing equipment ensures that we manufacture the highest ranking products in both our domestic and export markets. All of our processes are carefully monitored to ensure that they are safe, efficient and environmentally friendly. The company's quality-control center operates microcomputer controlled quality management procedures that carry out in-process inspection of high tolerance quality critical items.In 2001, the company passed accreditation to the international standard quality certificates QS9000/ISO9001 and VDA6.1. Further to these internationally recognized standards, in February 2004, we gained accreditation to the ISO/TS16949: 2002, which is audited by TÜV Rhineland of Germany. Ruili Hydraulic has its own test centre involved in the research and development of our products. Destructive, non-destructive and endurance tests are carried out and highly sophisticated computer software carries out a series of automatic functions such as parameter judgment, printing of test data and non conformance alarms.

With a unique spirit of its own, Ruili hydraulic parts limited company seeks to achieve the goal of producing the best hydraulic automotive components and is devoted to further enhancing the already well established Sorl brand name in the automotive components industry. We look forward to achieving this by developing our business with our clients both current and new.

YBZ20D 系列转向泵

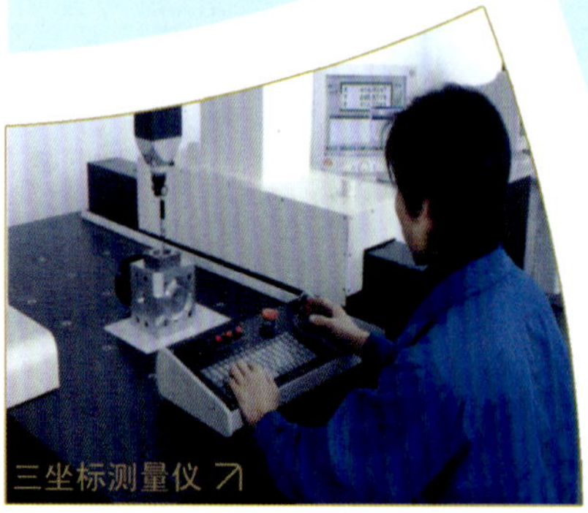

YBZ16D 系列转向泵

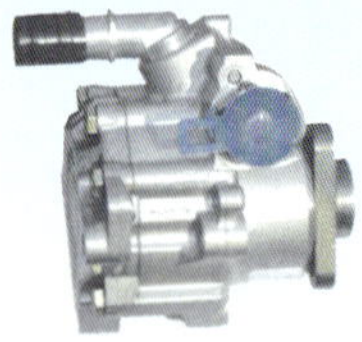

YBZ08 系列转向泵

高精度磨床车间

YBZ20F 系列转向泵

SORL 瑞立液压件股份有限公司
RUILI HYDRAULIC COMPONENTS CO., LTD
地址：浙江省瑞安经济开发区毓蒙路1169号瑞立工业园
电话：0577-65608388 65609532 传真：0577-65608911
http://www.sorl.com.cn E-mail：ruili@mail.wzptt.zj.cn

长治液压有限公司

CHANGZHIYEYA

CHANGZHI HYDRAULICS CO.,LTD.

CB30-F/E系列齿轮泵

YBZ系列卡车用叶片泵

CBJ40系列工程机械用齿轮泵

YBZ1系列卡车用叶片泵

CBJ45系列工程机械用齿轮泵

长治液压有限公司是国家液、气、密行业专业生产液压件企业，现拥有各类生产设备600余台，企业总资产为2.3亿元，**主要产品**：有汽车转向助力泵、中高压齿轮泵、液压破碎锤、转向齿轮泵、内啮合齿轮泵、摆线齿轮泵、液压油缸和阀以及液压辅件等300余个品种，达到了国际九十年代同类产品先进水平，可广泛应用于汽车、工程、农机、冶金、矿山、市政工程等行业，**主要用户**：东风汽车公司、一汽集团、玉柴、沈阳金杯、北汽福田、欧曼重卡、郑州日产、天动帕金斯、安徽奇瑞、宁波美日、柳州ZF、山推、黄工、内蒙一机、首钢、鞍钢等，并单件或随主机出口到美国、意大利、德国、东南亚等二十余个国家和地区。

公司具有完善的保证体系和自营进出口权，已通过ISO9001:2000、QS9000质量体系认证，是国家一级计量单位；产品设计采用CAD，产品试验采用CAT，可靠的质保体系和先进的加工、检测手段，以及国内同行业一流的产品试验系统，保证了产品质量的稳定性。企业先后 荣获了"全国百家最佳汽车零部件供应商"、"机械工业500强—液压件10强"、"全国机械工业文明单位"、"全国机械工业企业管理基础工作规范化达标企业"等荣誉称号。

YBZ2系列卡车用叶片泵

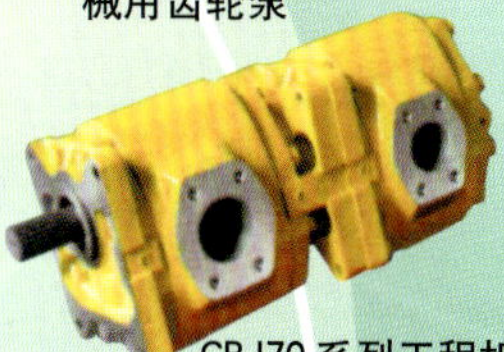

CBJ70系列工程机械用齿轮泵

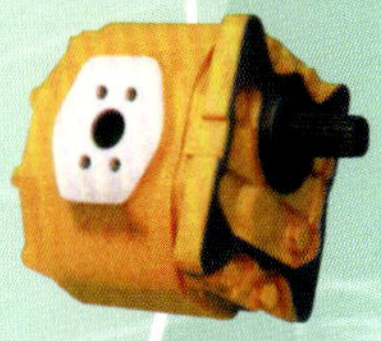

CBJ80系列工程机械用齿轮泵

YBZ810系列轿车用叶片泵

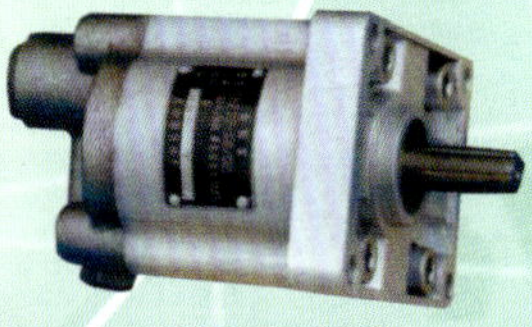

CBZ312系列转向齿轮泵

YBZ410系列轻型车用叶片泵

工程机械用内啮合齿轮泵

YBZ410D系列轻型车用叶片泵

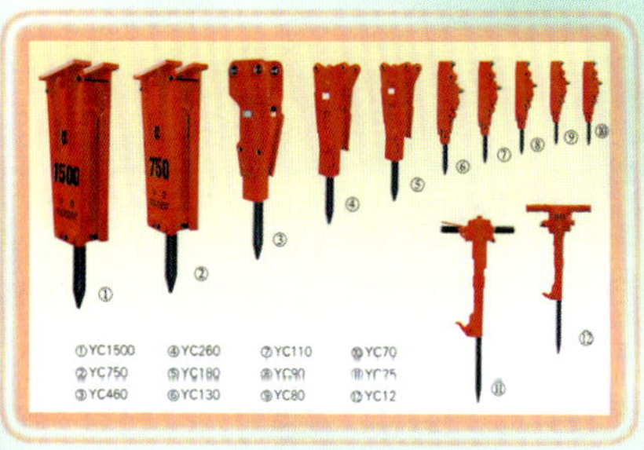

液压锤系列

总经理：张国智

厂址：山西省长治市太行西街52号

邮编：046011

电话：0355-6028005　6028013　6028015　6028016　6028019

传真：0355-2082733　6028091

http://www.changye.net

E-mail:changye@public.cz.sx.cn

中国名牌 万力轮胎

中国名牌
CHINA TOP BRAND

万力轮胎
WANLI TIRE

广州市华南橡胶轮胎有限公司

广州市华南橡胶轮胎有限公司（简称“华轮”）是全国率先引进技术专业生产子午线轮胎（“万力牌”）的企业，公司年生产能力400万条，是目前我国华南地区最大的子午线轮胎生产基地。先后被评为“中国石油和化学工业百强企业”、“2003年度广东省优秀企业”。

华轮生产技术从美国费尔斯通引进，设备由美国、日本、德国等引进，通过对引进技术的消化、吸收和提升，逐步形成了独具特色的自由技术体系，目前装备性能和生产技术在国内同行业处于领先水平。2003年1月，华轮被评为广东省“省级技术中心”；2003年5月，华轮通过评审，获得“广州市高新技术企业”称号。现在华轮是国内子午线轮胎规格花纹最齐全的厂家，生产轿车轮胎从80至35系列、载重胎有无内胎和有内胎共10个系列400多个规格花纹产品，每年均有30多个新的规格花纹品种推向市场，生产和研发能力在国内处于领先地位，高档轿车子午线轮胎多次填补国内自主设计开发和生产空白。

华轮已经通过了ISO9001认证、ISO14000的环保认证、德国汽车工业VDA6.1质量体系认证，中国轮胎产品强制性(3C)认证和美国DOT、欧盟ECE、澳大利亚ADR23、中东SASO等国家产品认证。2002年10月，通过了国家强制性产品认证（即“3C”认证）；2003年通过了汽车配套行业最新国际标准ISO/TS16949：2002体系认证。

“万力”轮胎在国内先后与一汽大众、一汽红旗、一汽解放、长丰猎豹、海南马自达、郑州日产、广州五十铃等多家国内知名汽车厂家配套，通过多年的努力，“万力”轮胎逐渐树立起中高档的品牌形象，现产品70%以上供出口，远销欧美、澳洲等90多个国家和地区。作为高新技术产品，“万力”轮胎被国家商务部列入“重点扶持和发展的名牌出口产品”、“广州工业重点培育发展具有知识产权的名牌产品”，2003年11月被中国橡胶行业协会评定为“中国轮胎十大民族品牌”之一，2004年9月“万力牌”全钢子午线轮胎荣获“2004年度中国名牌产品”称号。

地址：广州市番禺区东环路116号
邮编：511400
电话：020-84611600、84629574
传真：020-84632053、84610302
http://www.wanlitire.cn
E-mial:wanli@wanlitire.cn

ZNA ZHONGNAN ALLOY·WHEEL

佛山市南海中南铝车轮制造有限公司

FOSHAN NANHAI ZHONGNAN ALUMINUN WHEEL CO.,LTD.

专业生产汽车、摩托车铝合金车轮

“中国名牌”产品

佛山市南海中南铝车轮制造有限公司是中外合资企业，是目前国内颇具活力和创新精神的车用铝合金车轮生产企业之一。

公司主要生产汽车、摩托车铝合金车轮，具备年产500万件铝合金车轮的生产能力。经过多年的发展，本公司已成功开发出了超过400多种款式、4000多种规格的铝合金车轮产品，这些产品主要为一汽一大众、神龙汽车、东风日产、长安福特、长安汽车、重庆庆铃等十多家汽车厂，以及中国嘉陵、五羊一本田、嘉陵一本田、建设雅马哈、大长江、新大洲等二十多家摩托车厂配套。除了满足国内市场的需求外，产品还远销美国、加拿大、日本、澳大利亚、欧洲和东南亚等国家和地区。

本公司秉承“效益源于市场，管理优化成本，质量决定生存，人才构筑未来”的经营理念，坚持技术创新、管理创新、服务创新，努力提高企业的管理水平、研发能力和产品质量，为汽车、摩托车主机厂提供更好的产品和服务。

公司严格执行国家、地方、行业有关标准化方面的法律法规和强制性标准，制订了以国际先进标准和技术规范（如美国TRA、SFI、SAE、ASTM、日本JATMA、VIA、JIS、JASO、欧洲ETRTO、德国TUV）为参考，以客户提供的产品技术规范为基础的产品标准，公司的产品标准从1993年开始实施，目前已更新到第四版，并且所有版次的产品标准都到当地的技术监督部门备案。

公司的主导产品为铝合金汽车轮和摩托车轮，产品主要分全涂装、涂装车亮、车亮、镜面车亮、抛光、电镀、高亮银、电镀银等；汽车轮产品包括从12英寸到26英寸的各种规格：摩托车轮有大、中、小排量产品。产品具有重量轻、散热性好、平衡性好、外观亮丽的特点。公司产品严格按照国际上先进的技术标准（如德国、美国、日本等）生产，生产的铝合金车轮产品通过了美国SPI、日本VIA、德国TUV的认证。

地址：广东省佛山市南海区广佛路盐步城区路段　　电话：0757-85773123　　Http://www.znlwheel.com

邮编：528247　　传真：0757-85771372　　E-mail:pub@znlwheel.com

华泰铝轮毂有限公司

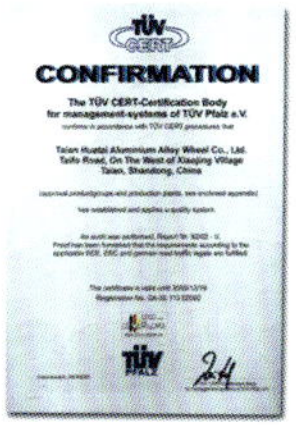

德国 TUV 证书

10949 标准证书

ISO9001 证书

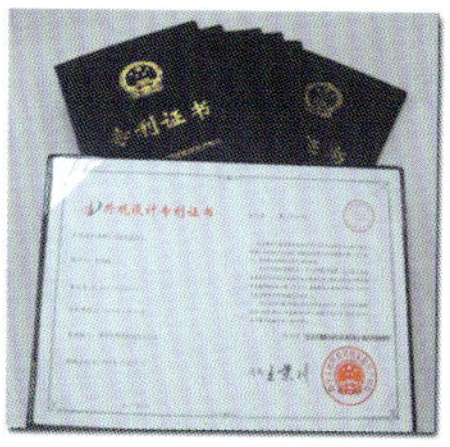
专利证书

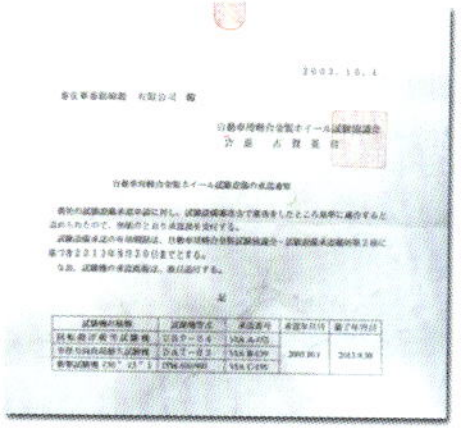
日本 VIA 证书

G01

华泰铝轮毂公司是成立于2001年6月的外商独资企业。经过四年的快速发展，现已发展成为一个固定资产为11亿元，集开发、设计、自制模具、自主生产、销售为一体的国内铝轮毂行业的龙头企业。

现公司总部设在广州天河的高级商务区，拥有员工136人，下设三个工厂，一个研发中心、一个模具厂及两个电镀厂，拥有员工总数达2000多人。

G02

华泰公司以生产铝轮毂为主导产品；市场以向美国、欧洲、日本等区域外销为主，积极开拓国内零售及OEM市场。现年产量达到380万件，产品品种超过1000种；铝合金轮毂规格从10英寸到28英寸均能生产，是目前国内能够生产28英寸铝轮毂的企业之一。

其产品质量稳定有保证，ISO/TS16949质量体系认证、ISO9001（2000版）质量体系认证、德国TUV公司产品质量认证、日本VIA质量标准认证等相继通过，是一个值得完全信赖的诚信企业。

G03

地址：广东省广州市天河区体育东路财富广场东塔16楼
邮编：510630
电话：020–61242818、61242816
传真：020–38931196
网站：cnwheel.com
E–mail：info@cnwheel.21cn.com

G04

G05

G06

湖北博盈投资股份有限公司

企业荣誉

计量检测室

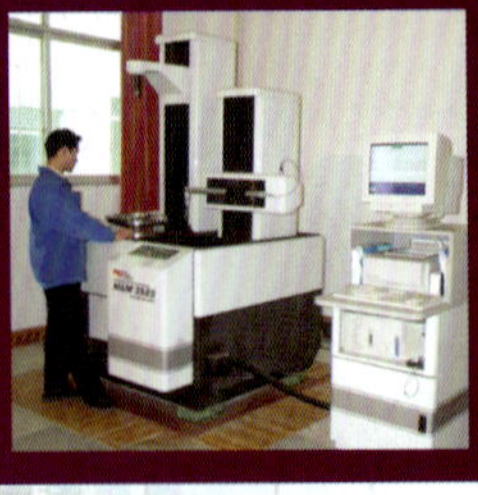

计量检测室

C28 设备加工线

热处理渗碳炉

湖北博盈投资股份有限公司（原湖北车桥股份有限公司）是以各类前后桥总成、汽车齿轮为主导产品的专业化生产企业，属国家机械工业局骨干企业，湖北省85家重点企业之一。1997年6月27日公司股票在深交所成功上市，成为全国车桥行业上市公司。

企业创建于1978年，现有员工246人，占地面积22万平方米，资产总额4.5亿元。1995年荣获全国机械行业荣誉——中国机械工业优秀企业；1997年顺利通过国家有关部门检测鉴定，成为“国家安全级企业”，同时通过了ISO9001国际标准质量体系认证；1998年，公司技术中心被评定为“省级企业技术中心”；2001年12月，公司通过中国汽车产品认证委员会质量体系认证中心的QS9000质量体系审核。2003年公司获得“省安全级企业”称号。目前，公司正在申请TS16949、ISO14000、OHSAS18000的认证。

公司引进美国、日本、德国、瑞士等国家的先进齿轮加工设备和奥地利热处理生产线，具有年产各类汽车前后桥总成20万台、主从动螺旋锥齿轮30万套生产能力、1998年公司开展了以信息网络中心、数控加工中心、技术开发中心为主体的大规模技术改造，引进了奥尼康C28六轴联动切齿机、美国M&M公司3525测齿中心、英国LK公司的90C三坐标测量仪等大批世界先进水平的加工和检测设备，产品系列覆盖0.5T～20T。目前，公司在螺旋锥齿、高速低噪性能和桥总成超长使用寿命等方面取得了突破性进展，赢得了良好商誉。

公司产品主要为北京福田公司（诸城汽车厂、欧曼汽车厂）、东风汽车公司、南京春兰公司、苏州金龙客车公司、扬州亚星公司和江淮汽车公司、郑州宇通客车公司等数十家配套，并与客户建立了稳定良好的合作关系，产品畅销全国。

多年来，我公司在“质量第一、顾客至上”的宗旨指引下，以优良的产品质量、合理的销售价格、周到的售后服务赢得了全国广大用户的赞誉。

2003年公司完成了资产重组，北京嘉利恒德入主车桥股份，对企业进行了彻底的改制与整合，引进了全新的管理机制和经营理念，加大了对主营业务的开拓力。目前，改制调整工作已全面完成，厂容厂貌焕然一新，新的领导班子、新的组织架构健全有序，在技术开发、质量保证、交付能力及健全服务体系等方面都得到了全面的提升。

改制整合后的博盈投资股份有限公司坚持发展主业，抓住机遇做精做强的企业发展战略，形成了主业突出、资本雄厚、人心稳定、客商合作环境美好、管理规范、创新能力强、重合同守信用的良好企业形象。公司坚持“精益管理、缔造品牌、持续改进、顾客满意的质量方针，以质量求生存，以科技求发展，以品牌求开拓”的治厂原则和“博采众长，竞合共赢“的经营理念，以一流的生产工艺，成熟的制造经验，满足国内外市场需求。

企业法人代表：管 琪　地址：湖北省公安县城关荆江大道178号　邮编：434300　公司电话：0716－5225925
销售热线：0716－5226671（5238066）服务热线：0716－5234241 产品开发电话：0716－5234027 传真：0716－522892

西北轴承股份有限公司

董事长：李树明

西北轴承股份有限公司是原西北轴承厂改组改制，于1996年4月创立的股份有限公司，是全国机械行业百强企业，大型一档企业之一，是全国轴承行业首家上市公司。

公司总资产12亿元，设备2900多台，固定资产原值5亿元，年销售额6亿元，员工5000人，专业技术人员500人，其中具有高级技术职称90多人，享受国务院特殊津贴专家7人，享受自治区政府特殊津贴2人，国家“百、千、万”人才工程人选1人。

公司能够按照国际标准和国家最新技术标准生产各种类型、外径40毫米至3500毫米的滚动轴承3000多种，还拥有国家级企业技术中心和博士后科研工作站，是全国CAD应用工程示范企业。年开发新产品能力达200种，有100多种新产品填补了国内空白，180多种产品达国际先进水平，8种产品被评定为国家重点新产品。开发工作取得丰硕成果，获国家和自治区科技进步奖20多项，获国家专利22项，中发明专利6项，“NXZ”成为国内名牌并在国际享有声誉。产品广泛用于石油、冶金、山、汽车、化工、建筑、农机、机床、电机、工程机械等行业的主机配套和维修。畅销国31个省、自治区、直辖市。公司是国家出口基地企业，拥有进出口自营权，产品外销欧、、亚、非50多个国家和地区。公司具有完善的质量管理体系，已通过ISO9001质量管理体认证和国家完善计量体系认证，是国家一级计量单位。公司的发展受到了国家各级政府的重视和支持，曾被国务院列为全国百家建立现代企业制度试点位之一，国家重点扶持的520户大型企业之一。曾荣获全国五一劳动状、全国思想政治工作优秀企业、全国质量效益型先进企业、全国量万里行百家质量优秀企业等称号。胡锦涛、吴邦国、李瑞环、铁映、钱其琛、邹家华等党和国家领导人先后到公司视察，给高度评价。

2004年中国机械500强

荣誉证书

编号：Jx2004299

西北轴承股份有限公司：

由中国机械工业企业管理协会、世界企业实验室（WEL）主办，世界经济论坛（WEF）、机械工业经济管理研究院、《剑桥制造评论》协办，《世界经理人周刊》、国家机械网（www.icxo.com）承办的2004年《中国机械500强》数据统计中，贵单位荣获中国机械500强称号。

特发此证！

中国机械工业企业管理协会

2004年7月11日

2004年公司被列入“中国机500强”和“中国轴承50强”。

公司的质量方针：唯用户为，为用户服务，对用户负责，用户满意。

质量目标和质量承诺：向国外用户奉献优良质量、优质服、用户满意的“NXZ”产品。

荣誉证书

授予：

西北轴承股份有限公司生产的NXZ牌石油、冶金机械类轴承为（2003-2006）宁夏名牌产品。

宁夏回族自治区名牌战略推进委员会

宁夏回族自治区质量技术监督局

二〇〇三年九月十四日

编号：1-014

地址：宁夏银川市西夏区北京西路630号

邮编：750021

电话：0086-0951-2030255、2039233

传真：0086-0951-2036747、2037524

数控电主轴

磨用电主轴

PCB钻削轴

电主轴及主轴单元

通过GB/T19001-2000（idt ISO9001:2000）和GJB9001A-2001及GJB/Z9001A-2001质量体系审

XDJ系列加工中心用电主轴，装有码盘，对转速进行精确控制及准停，且能自动更换刀具。

XDS、CDS、ZDS系列数控机床用电主轴带松拉刀机构，用气、油缸进行刀具更换。

加工中心 、数控铣用XP系列直联式主轴单元,具有松拉刀功能。

XD、XDS、XDJ系列铣削用电主轴

CD、CDS、CDJ系列车削用电主轴

DZ、DZS系列钻削用电主轴

XP系列主轴单元

DZ、GDZ、2GDZ系列磨用电主轴

功率：0.2kW－75kW

转速：3000r/min－150000r/min

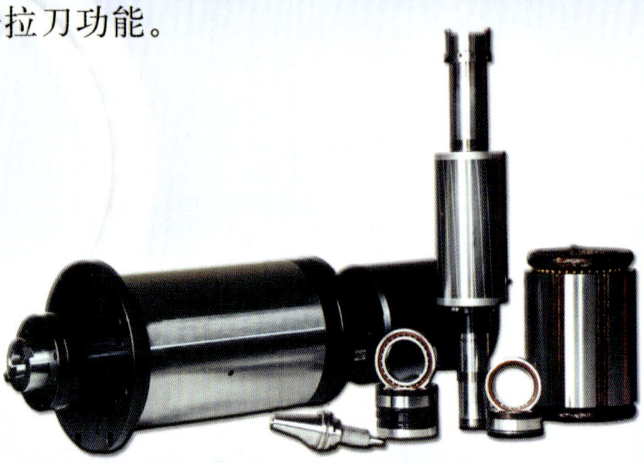

超精密机床轴承

通过GB/T19001-2000（idt ISO9001:2000）和GJB9001A-2001及GJB/Z9001A-2001质量体系审核

ZYS超精密多系列高速角接触球轴承、NN30系列圆柱滚子轴承、2344及2347系列双向推力接触球轴承、320系列圆锥滚子轴承系专为高速精密机床主轴设计。 可提供双联、多联定向配置和万能配对角接触球轴承组。另外 ，ZYS还提供高速精密陶瓷球轴承。生产的轴承精度等级为P P4A、P2以及SP、UP等。

ZYS精密滚珠丝杠轴承是一种接触角为60 的单向推角接触球轴承，该轴承特别适合于高速精密数控机床滚丝杠副及其类似传动元件的支承。可完全代替NSK和FA规格滚珠丝杠轴承。

ZYS转台轴承的型号表示及其外形尺寸和性能指标同采用INA轴承公司YRT系列转台轴承。

ZYS丝杠轴承

ZYS陶瓷球轴承

ZYS主轴轴承

汽车轴承试验机

汽车轴承系列试验机是为适应汽车工业快速发展而研发的模拟性强、控制功能多和测试精度高的新型专业化试验机，均具有了计算机自动控制，试验参数自动监测、自动打印记录和自动报警停机，变频无级调速等功能。

汽车轴承试验机主要技术参数

型　　号	试验轴承内径	最大径向载荷	最大轴向载荷	最 高 转 速	最高环境温度	测 控 方 式	测 试 参 数
TAC25-50nT 气车离合器分离轴承模拟试验机	25～50mm	0.5kN		10000rpm	≤150℃	微机自动控制、自动监测、自动打印记录	载荷、转速、温度、噪音、电压、电流
TA8-30NT 气车发电机轴承试验机	8～30mm	2kN	1kN	36000rpm	≤200℃	微机自动控制、自动监测、自动打印记录	载荷、转速、温度、振动、电压、电流
TAH20-60nf 气车轮毂轴承寿命试验机	20～60mm	50kN	30kN	10000rpm		微机自动控制、自动监测、自动打印记录	载荷、转速、温度、振动、电压、电流
TAH15-45Tf 气车轮毂轴承模拟试验机	15～45mm	15kN	±15kN	3000rpm	≤150℃	微机自动控制、自动监测、自动打印记录	载荷、转速、温度、振动、电压、电流
TAUh15-45Tf 气车轮毂轴承单元高温耐久性试验机	15～45mm	±15kN	±15kN	2000rpm	≤200℃	微机自动控制、自动监测、自动打印记录	载荷、转速、温度、振动、电压、电流
TAUh15-45TfP（气压） 气车轮毂轴承单元高温耐久性试验机	15～45mm	±12kN	±12kN	2000rpm	≤200℃	微机自动控制、自动监测、自动打印记录	载荷、转速、温度、振动、电压、电流
TAUh20-45fP 气车轮毂单元发兰盘旋转疲劳试验机	20～45mm	联合载荷±18kN		900rpm		微机自动控制、自动监测、自动打印记录	载荷、转速、位移、电压、电流
TUhMs25-45f---汽车轮毂 由承单元泥浆/盐水喷溅性能试验机	25～45mm	±15kN	±12kN	2000rpm		微机自动控制、自动监测、自动打印记录	载荷、转速、温度、振动、电压、电流

青密检测仪器

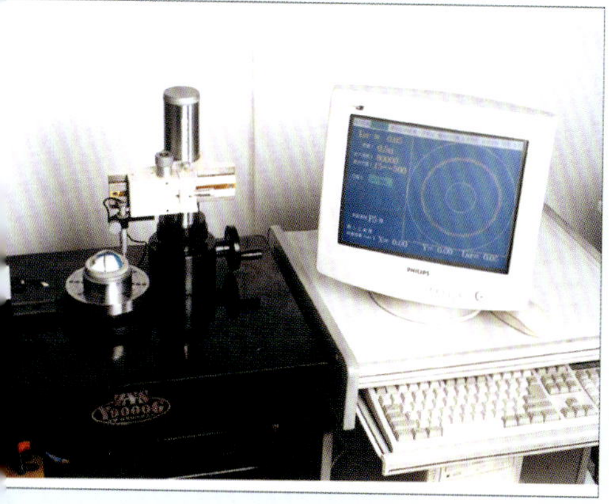

高速圆度测量仪用于测量环状零件圆度的精密测量仪器，普通型测量效率高达120件/小时。测量精度：普通型≤0.1μm，高精度型≤0.05μm，≤0.02μm。

形状测量仪用于测量各种机械零件表面微观几何结构和宏观几何形状的多参数精密仪器。横向移动长度200mm，垂直移动高度230mm，测量精度±0.1μm。

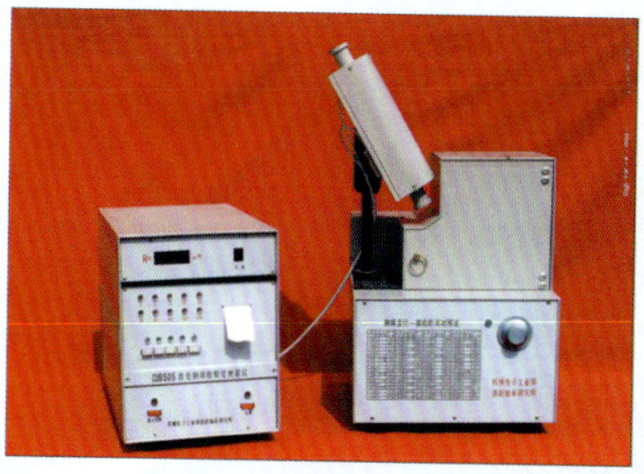

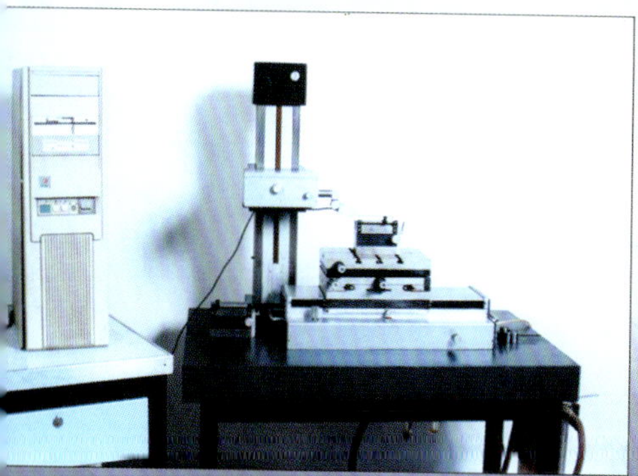

激光粗糙度测量仪采用激光散斑理论测量零件表面粗糙度，具有效率高 、 精度高 、 不损伤零件表面等优点。测量范围0.01～0.32μm，示值误差≤15%。

地址：河南省洛阳市吉林路1号
邮编：471039
电话：0379-4883028 4882132
传真：0379-4881522

湖北十堰香亭实业发展有限公司

董事长兼总经理：冯香亭

十堰市香亭实业发展有限公司始建于1994年，地处道教圣地武当山麓，濒临涛涛汉江水，拥有资产近亿元。

作为一家集科工贸于一体的新型高科技民营企业，公司致力于机械电子、化工、环保以及新材料等绿色高科技产品的开发和生产，目前公司产品有：汽车车架系列、汽车燃油箱系列、汽车刹车盘系列、消声器系列、汽车工具系列、车架支撑件和车身覆盖件冲压件系列、金属表面处理剂系列、铸造用树脂产品系列、汽车涂料系列、水处理剂系列等500余个品种，除满足东风汽车集团各专业厂、湖北三环实业股份公司等企业配套外，产品还销往四川、江苏、重庆、陕西、河南等省市。

质量是企业的生命。公司在产品质量、技术工艺和生产装备上高度重视，投入大量资金进行改进完善，按照“香亭实业、质量至上、持续改进、顾客满意，的质量方针，以1S09000—2000版标准建立了科学的质量体系，2002年通过ISO9000质量体系三方认证。2001年元月通过东风公司二方质量认证。

公司拥有良好的经营环境和高素质的专业人才，在现有620名员工中，有博士1人，大专以上学历员工50余人，获得高级职称的3人，中级职称28人，公司还与华中科技大学、华中师范大学化学学院有密切的技术合作关系，有强有力的技术后盾。

公司拥有先进的装备。由12M数控剪板机、数控纵梁冲孔柔性生产线、4000T液压机、2500T联动液压机、车架铆装线和阳极电泳表面涂层生产线组成的车架生产线处于国内先进水平。从韩国引进的CO_2机器人自动焊接燃油箱生产线处于国际先进水平。

公司连续多年被东风公司专业厂授予“优秀供应商”称号，多年被湖北省工商局评定为“重合同守信用企业”，多年被中国农业银行授予“AAA”级信用等级企业。

公司始终坚持“以人为本、和谐共生、持续发展”的理念，始终将“为顾客创造价值、为员工创造机会、为股东创造利润、为社会创造财富”作为公司的追求，始终将“分享利益、保护环境、造福社会”作为公司的责任。

为实现跨入大型企业的目标，正不断积累技术经验，致力于新技术、新产品的开发和质量改进，着力于建设更加灵活高效、更具竞争力、回报社会的香亭实业。

化工系列产品

刹车盘系列产品

地址：湖北省十堰市车城南路169号
邮编：442001
电话：0719—8882032　8635885
传真：0719—8882032　8635885
http://www.hbxtsy.com
E-mail:xiangtingshiye@yahoo.com.cn

汽车工具系列产品

油箱系列产品

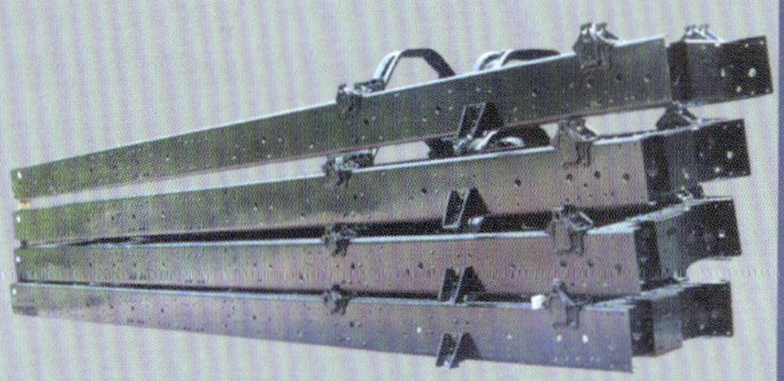

车架系列产品

防尘罩 3502R—021／023
轮毂盖 EQ153
后桥壳盖 24FA—01020
前左右制动底板总成
三道梁
元宝梁
驾驶室后悬梁
油箱支架

上海汽车股份有限公司粉末冶金厂

Shanghai Automotive Compowde Co.Powder Metallurgy Works

上海汽车股份有限公司粉末冶金厂隶属于上海汽车工业（集团）总公司，是粉末冶金产品的专业生产厂，目前已形成了汽车、摩托车、家用电器、动力传动四大产品系列，专业生产各种铁基粉末冶金齿轮、异形结构零件。通过设备和技术引进，企业技术水平达到了粉末冶金90年代国际水平。

企业已陆续通过了ISO9002、QS9000和VDA6.1质量体系认证。企业本着“以严治厂，造一流产品，服务国内外市场。狠抓质量，不断改进，提高顾客满意程度”的质量方针，为上海大众、一汽集团、上海通用、神龙富康等多家轿车生产厂配套服务，产品信誉良好，2001年7月被中国技术监督情报协会评为“全国粉末冶金制品质量过硬五佳企业”。

厂长：倪冠曹

地址：上海市闸北区灵石路800号

邮政编码：200072

电话：021-56053288

传真：021-56954785

E-mail:shhzpm@online.sh.cn

网址：shanghaipm.com.cn

南京汽车仪表厂

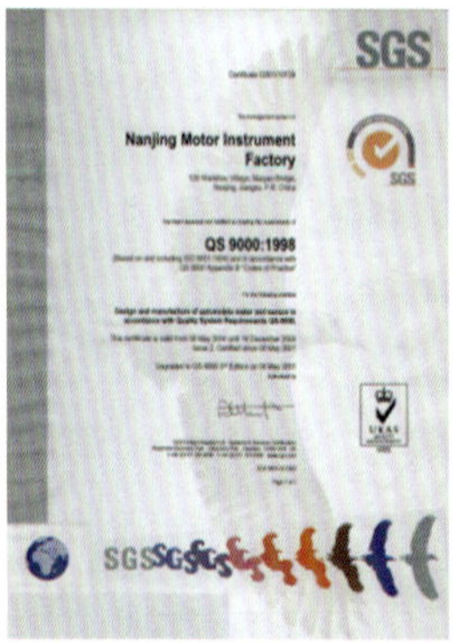

南京汽车仪表厂是跃进汽车集团公司控股企业，在跃进汽车股份公司和南京东阳塑料制品有限公司拥有股份。专业从事各类汽车仪表、传感器及汽车工程塑料件的研制开发、生产和销售。

企业成立于1956年，1994年扩建，厂区占地面积8.1万m^2，建筑面积1.9万m^2。员工286人，其中工程技术人员48人，中、高级职称人员46人。总资本5500余万元，固定资产3200余万元。生产设备497台，年生产能力：汽车仪表总成20万套；传感器100余万只；车用工程塑料件200余种。

企业遵循“科技进步求发展，精益求精为用户”的质量方针，致力于建立并完善质量保证体系，1998年通过ISO9001质量体系认证，2001年通过SGS公司QS9000质量体系认证，1999年至今被南京市科委认定为高新技术企业。2004年被南京市工商行政管理局评定为重合同守信用企业。近年来，企业加快了市场建设的步伐，以可靠的质量、优质的服务，开拓市场，走向市场。目前除为南汽集团各系列车型配套外，同时还为江铃陆风、河北中兴、浙江吉奥等整车公司配套。

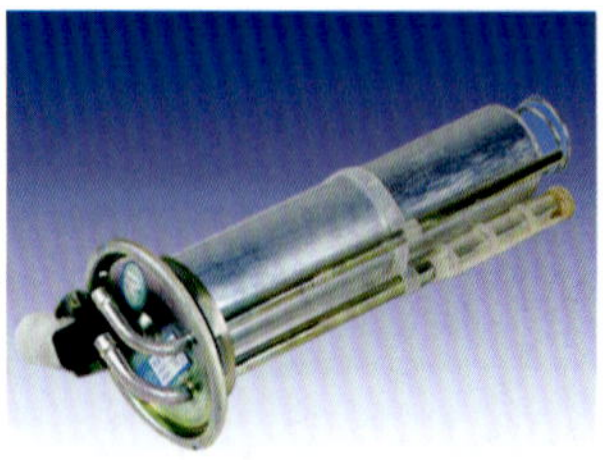

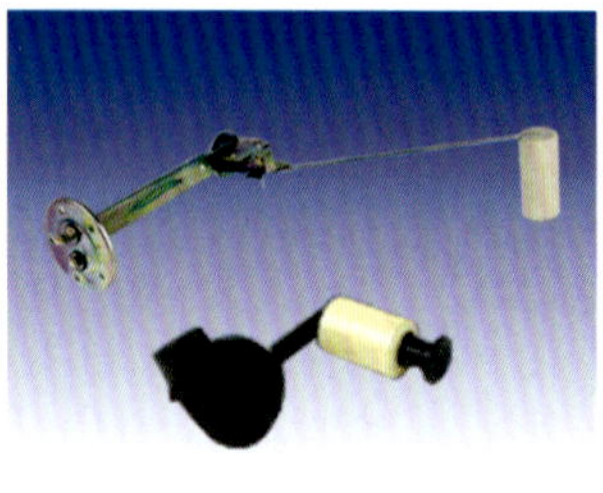

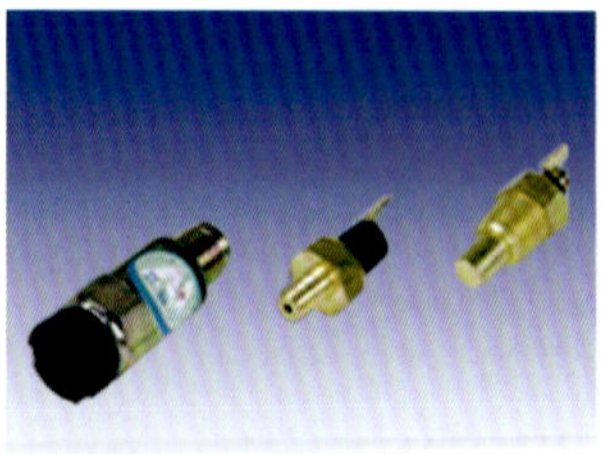

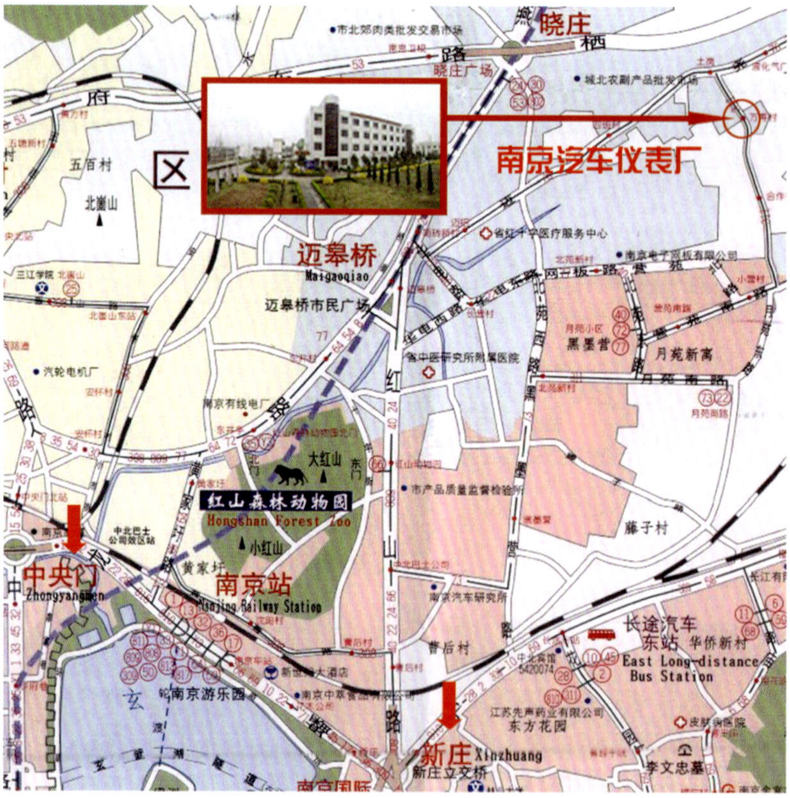

地址：南京市栖霞区迈皋桥万寿村128号　销售电话：025-85079019　http://www.njqcyb.com

邮编：210028　传真：025-85310967　E-mail:scb@njqcyb.com

NANJING MOTOR INSTRUMENT FACTROY

科技创新、技术进步

企业专业从事仪表、传感器的技术研发实力雄厚，始终围绕车用仪表、传感器及相关电子产品的先进技术发展方向，坚持依靠科技进步，积极推进产品技术更新。随着技术的发展，企业不仅拥有传统的机械、电热、电磁、电子、步进电机式仪表及传感器成熟技术，还拥有了数据通讯式、EOL (End of Line) 协议步进电机式仪表以及 CAN 总线技术应用的变速箱控制器等国内领先技术，目前已形成各类技术水平档次的车用仪表、传感器、电子控制器、车用工程塑料件的产品研发、制造系列平台，具备与国内外整车公司配套的综合能力。

客车系列组合仪表

产品功能：车速里程、发动机转速、双管气压、水温、燃油油量、油压、电压指示，18 种报警信号显示，表盘及指针导光。

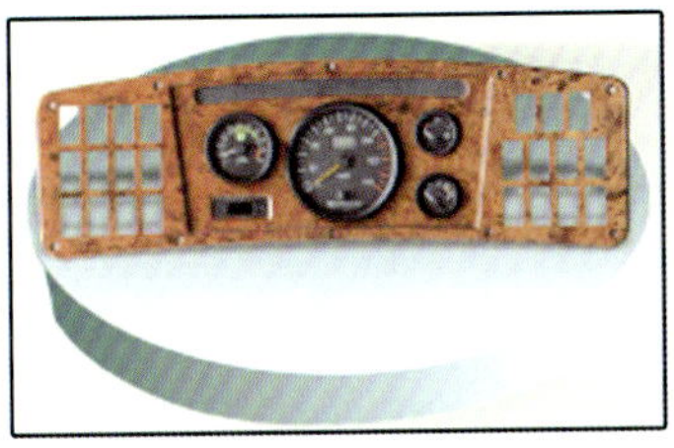

依维柯旅行车系列仪表

产品功能：车速里程、发动机转速、水温、燃油油量指示，34 种报警信号显示、时间显示，驾驶室外温度显示，步进电机直接驱动指针，表盘及指针导光，夜间照明可调光。

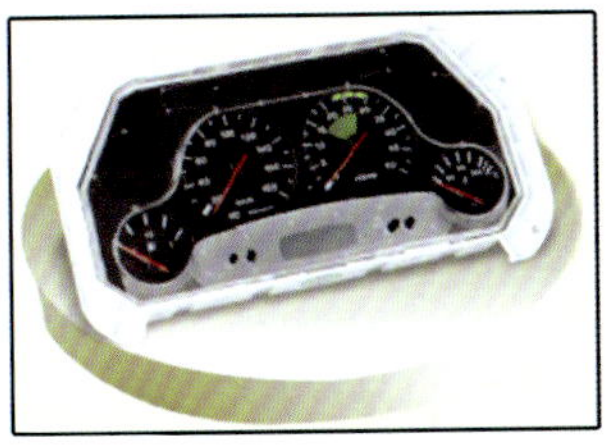

依维柯都灵 V 系列商务旅行车仪表

产品功能：车速里程、发动机转速、水温、燃油油量指示，电子钟计时，18种报警信号显示，胡桃木装饰表板，23 种照明灯开关控制。

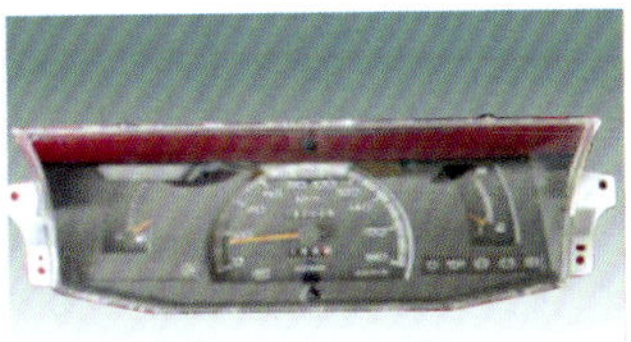

跃进君达 SUV 系列组合仪表

产品功能：车速里程、水温、燃油油量指示，13种信号显示，夜间照明可调光、表盘指针导光。

菲亚特系列变速箱控制器

产品功能：用于派力奥、西耶那自动档汽车，具有档位显示、档位锁止、速比调整功能。产品电子集成度高，技术含量高，性能可靠。（可根据不同客户的需要设计不同要求的产品）

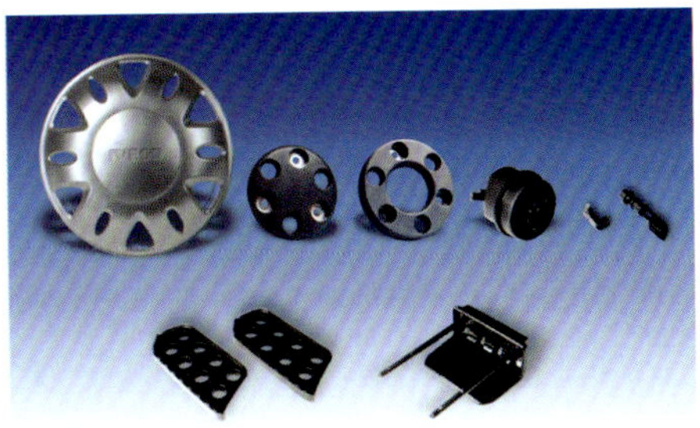

车用工程塑料件

用途：为美化汽车内饰、外观而固定于汽车内轮罩和车轮钢圈上，同时起到隔音、防水、防尘作用，适用于各系列车型。

地址：南京市栖霞区迈皋桥万寿村 128 号　销售电话：025—85079019　http://www.njqcyb.com
邮编：210028　传真：025—85310967　E—mail:scb@njqcyb.com

上海新跃仪表厂

上海新跃仪表厂（上海航天技术研究院第八O三研究所）是中国航天科技集团所属的大型骨干企业。主要从事航天飞行器的研制和生产。我厂依靠航天技术和人才优势，大力开发民用产品。我厂为汽车工业配套的汽车零部件，主要产品是：汽车电喷系统中的无触点分电器、节气门传感器、点火控制器、电子调光开关和助力转向传感器。主要配套单位有：上海大众汽车有限公司、一汽大众汽车有限公司、东风汽车有限公司、重庆长安汽车有限公司等。我厂已通过GB/T19001和GB/T19002质量体系认证。2004年1月通过了德国大众VDA6.1质量体系的认证。产品质量和产量在全国同行中均占领先地位。我厂除样本上介绍的汽车零部件以外，还具有多种产品的研制和开发能力。热忱欢迎各汽车厂商与我厂合作开发新型的汽车电子产品。

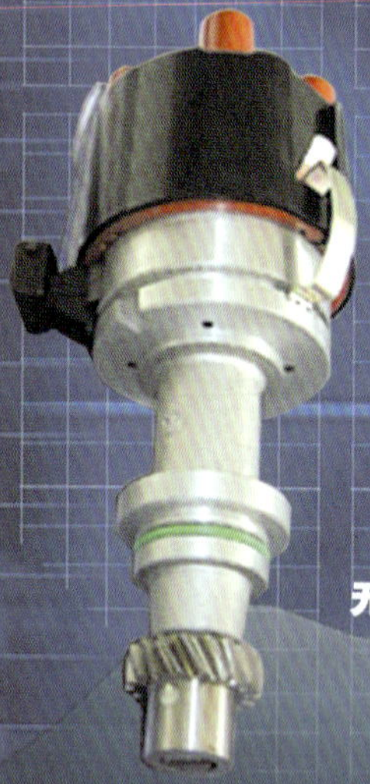

WFD-32
无触点分电器

WFD-41A
无触点分电器

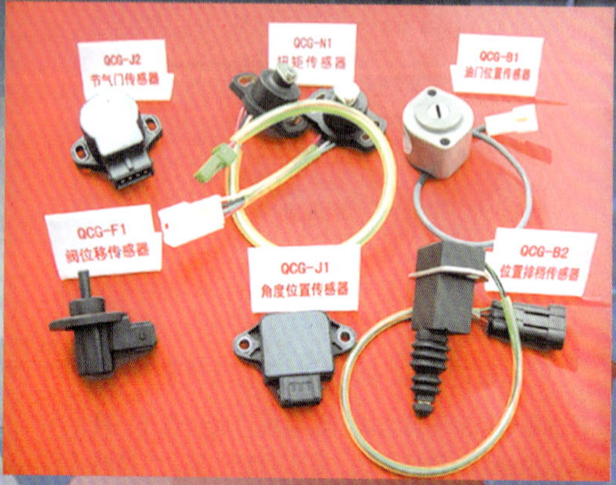

WFD-53
无触点分电器

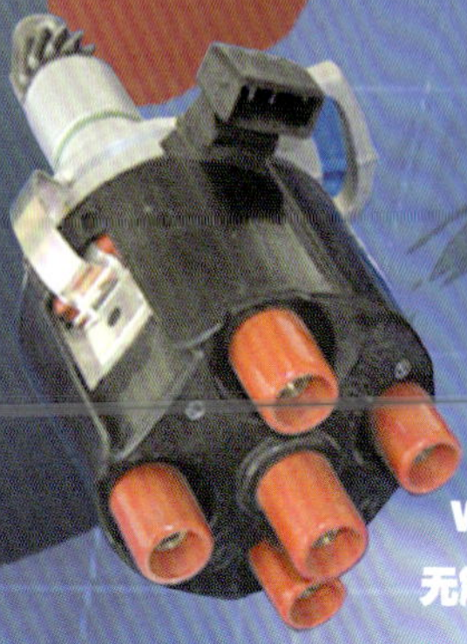

WFD-61
无触点分电器

法人代表（厂长）：秦锡元
厂址：上海市宜山路710号
电话：(021) 64362711-2111(2094)
(021)-64517762
传真：(021) 64855977

上海德科电子仪表有限公司

企业简介

上海德科电子仪表有限公司系上海农工商集团长江总公司与美国德尔福（电子）控股有限公司各出资50%创建的合资公司，公司成立于1996年8月1日，合资期限30年，注册资本12245万元人民币，总投资2.45亿人民币。

公司坐落在上海崇明岛上，占地75756平方米，建筑面积32169平方米。

上海德科电子仪表有限公司是国家经贸委，原机械工业部确定的汽车仪表定点生产骨干企业、国家二级企业、上海市高新技术企业、上海市外商投资先进技术企业、全国汽车零部件行业首家通过QS9000、VDA6.1质量管理体系认证、ISO14001环境管理体系认证的汽车仪表生产企业。“SDE”商标被认定为上海市著名商标、公司技术中心被上海市政府授予上海市企业技术中心、公司连续六年被评为上海市文明单位和花园单位称号。

公司主要经营范围是开发、生产、销售各类汽车、道路车辆用仪表及相关电子器件、冷暖空调控制器面板(HVAC)，并提供售后服务。公司国内产品主要为上海大众、上海通用、一汽大众、华晨金杯、上汽奇瑞、秦川、海南、哈飞等汽车制造公司配套或独家配套。出口产品空调控制器销往泰国、澳大利亚、欧洲市场。以创新思路和微处理控制、串行通讯等高新技术开发、生产的桑塔纳轿车系列组合仪表、别克轿车系列组合仪表、ISUZU-190空调控制器，均被认定为上海市级、国家级新产品。在技术和成本上与国际同类产品相媲美，受到用户的好评，赢得很好的经济效益，公司各项指标在同行业中名列前茅。

SDE致力于不断技术创新，走可持续发展的道路。2002年3月1日上海市政府授予公司技术中心为上海市企业技术中心，每年SDE都开发研制升级换代项目及新产品项目。

公司本着超越顾客的期望，让顾客持续满意的质量方针要求，技术创新的同时，管理上不断创新。特别是在质量管理体系的有效运行控制方面持续改进，开展零缺陷管理，优化技术、降低成本、提高产品实物质量，满足市场和顾客日益提高的要求。

SDE的目标是世界级公司，所以超越自我，不断给自己加压，不停地持续改进是我们的行动准则。2004年公司全面推展6 σ管理，向管理的更高境界进军。

上海德科电子仪表有限公司

上海市崇明县长江路218号(202178)　电话:(021)59666140　传真:(021)59666583

公司网址:www.sde-cn.com　E-mail:sde@sde-cn.com

公司简介

CFAP

公司愿景

- 建构国内领先国际一流的汽车零部件专业制造厂

品质政策

- 服务第一
- 顾客满意
- 品质至上
- 持续改善

公司介绍

公司名称：湖南长丰汽车零部件有限责任公司
投资股东：长丰（集团）有限责任公司 45%
台湾金鹤集团 35%
台湾太豪有限公司 20%
董 事 长：潘惠强 先生
总 经 理：陈豪德 先生
投资总额：USD$6,500,000
主营产品：汽车燃油箱、排气管、座椅骨架、电动天窗（二期产品）等汽车金属零部件及部分小型冲压件。
公司地址：中国湖南省永州市冷水滩区猎豹汽车配套工业园
TEL：0746–8456899（总机）
FAX：0746–8457056
公司概况：公司于2002年8月在湖南永州创立，座落于潇湘河畔的永州猎豹汽车配套招商工业园内，占地面积30亩，水、陆、空交通便利。公司有员工200余人，具备开发、生产、经营汽车金属零部件能力，其中工程师、助理工程师等技术人员40余人，均为机械类、化工类、涂装类专业技术人员，具备良好的产品开发、技术品质控制能力。

公司已初步建成冲压、焊装、涂装、总装四条主要工艺生产线，并从国内、境外等地引进世界先进水平的生产设备，可形成年产50000台汽车金属零部件的生产能力，年销售收入可达2亿元。

主要产品

排 氣 管

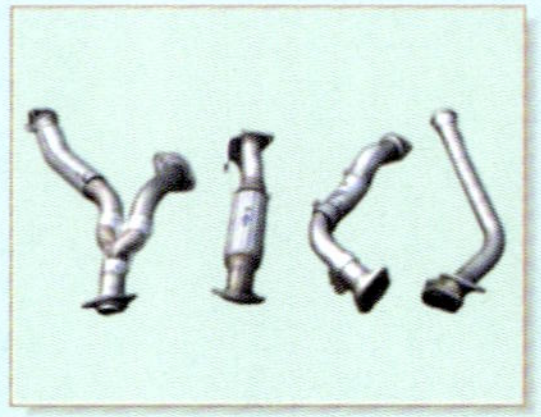

前段（FRT–TUBE）

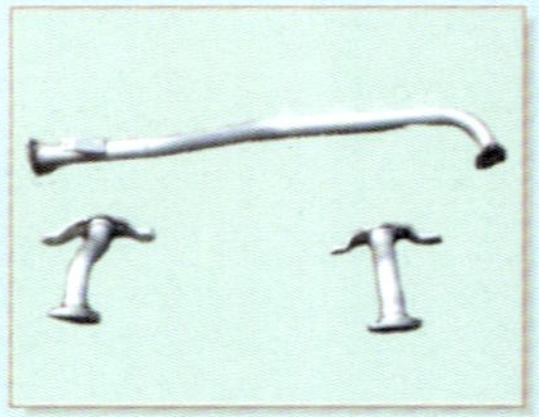

中段（CTR–TUBE）

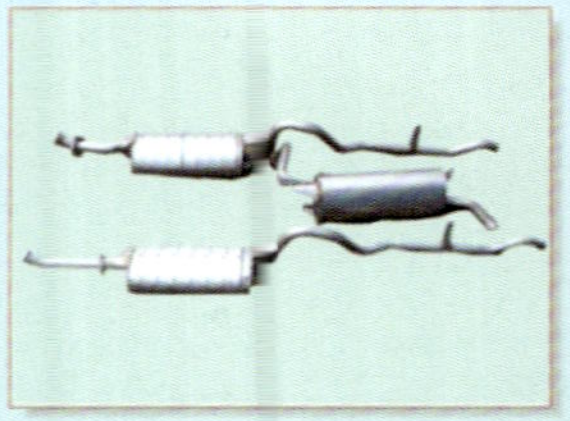

后段（M–MFLR）

座 椅

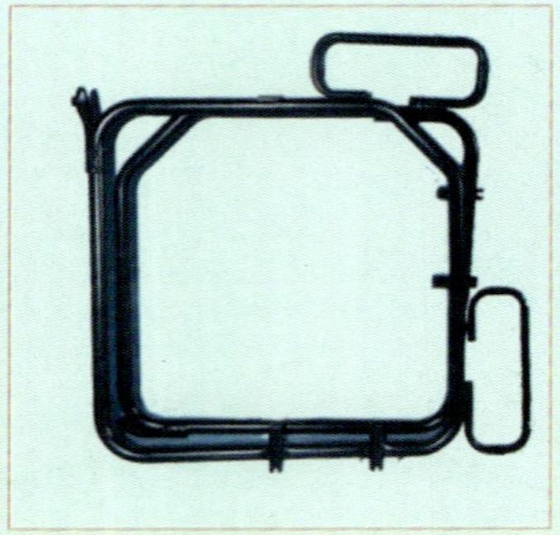

座椅（SEAT ASSY）

座椅后靠（SEAT ASSY, RR）

油 箱

燃油箱（TANK ASSY FUEL）

燃油箱轮焊机

消声器隔板点焊机

CNC弯管机

冲 压 产 品

OIL-PAN

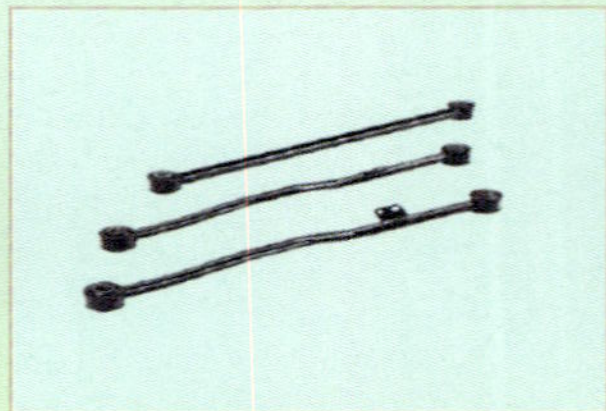

LINK ASSY-TRAIL

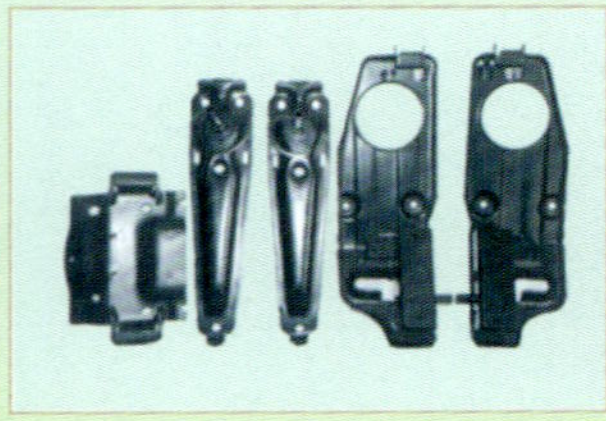

安装托架

三 角 璧

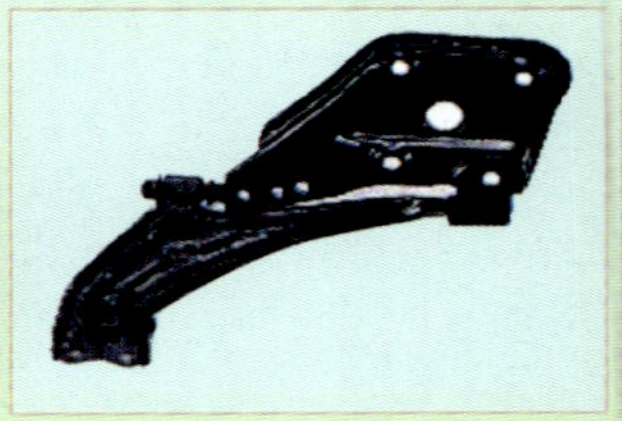

LINK ASSY-LOWER

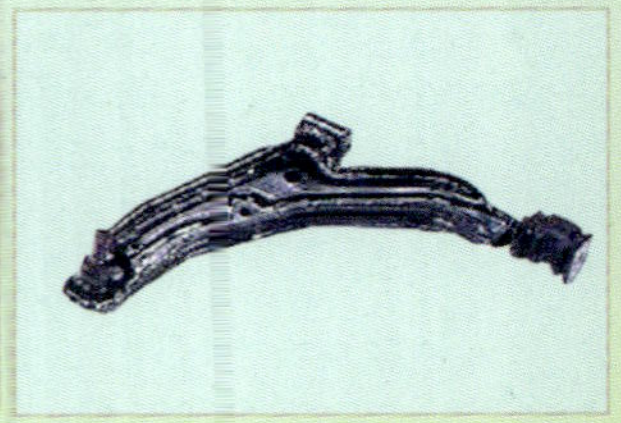

TRANSV-LINK

廊坊中德汽车座椅制造有限公司

石　桥

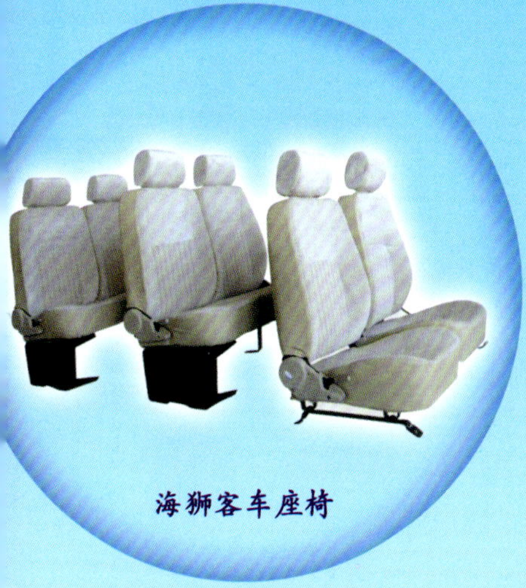

海狮客车座椅

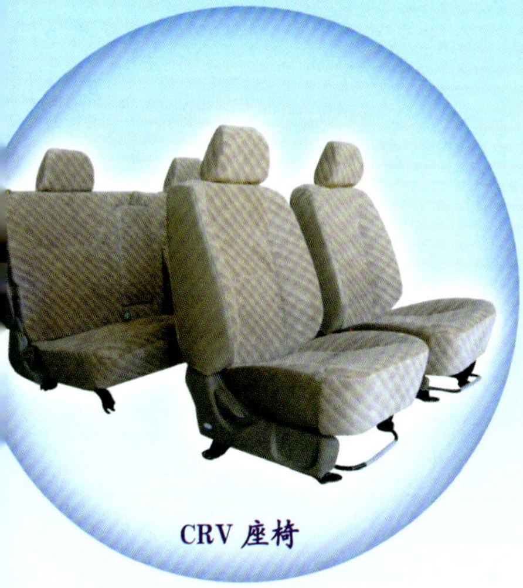

CRV 座椅

SUV 座椅

廊坊中德汽车座椅制造有限公司（原河北文安汽车靠垫厂），建于 1983 年，占地面积 18000m^2，拥有固定资产 2100 万元，现有职工 180 人，专业技术人员 36 人，中级专业技术职称 21 人，是专业生产汽车座椅的民营企业。

公司已通过ISO9001国际标准质量体系认证，其产品经国家汽车质量监督检验中心（长春），清华大学汽车工程系，河北工业大学汽车系试验完全符合国家颁布的有关标准。

公司有完善的生产设备：50t～300t冲床、315t液压机、自动弯管机、二氧保护焊机、高压、低压发泡生产线、涂装生产线、组装流水线等，具有生产轿车、客车、货车三大系列汽车座椅的能力，并且从附件到成品完全自行设计生产，无需外协件，从而既保证了产品质量又降低了成本，可为用户提供物美价廉的产品，现已为北汽、天汽、哈飞、中天高科等大型厂家配套，并出口美国、韩国。

目前，公司着力于新产品的开发，扩大企业规模，加强质量管理，以适应竞争激烈的汽车市场，不断满足用户需求。

地址：河北省文安县 106 国道 116 公里处南 5 公里
邮编：065803
电话：0316-5398116
传真：0316-5398244
E-mail:wtqyz@yahoo.com.cn
网址：www.lfzhongde.com
Http://shiqiaowtq.cn.alibaba.com

航空®牌汽车安全带

该厂是中国直升机设计研究所的直属单位，是开发、设计、生产、经营航空牌系列汽车安全带的专业厂家。早在1987年，企业着手开发汽车安全带，并于1989年通过国家级技术鉴定，1990年获国家专利（专利号90216745.6），1991年经国家工商行政管理局商标局批准航空牌注册商标。

企业目前办公、厂房占地面积约5000平方米，职工160余人，具有年产200万条各种型号安全带的能力。该厂技术力量雄厚，拥有研究员级、高中级职称的技术人员20余人，并于1998年全面实现计算机辅助设计（CAD），采用MDT3.0，Pro/E、CATIA5.0等专业三维设计软件进行产品设计和分析。

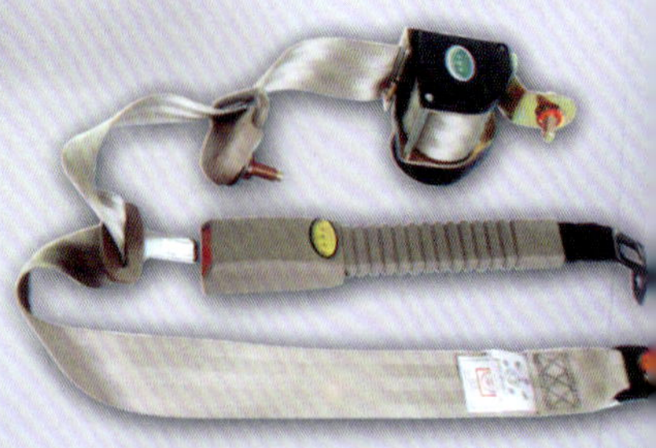

◆ A1系列紧急锁止式
复合敏感型汽车安全带

◆ A9B型预紧式汽车安全带
（爆炸式安全带）

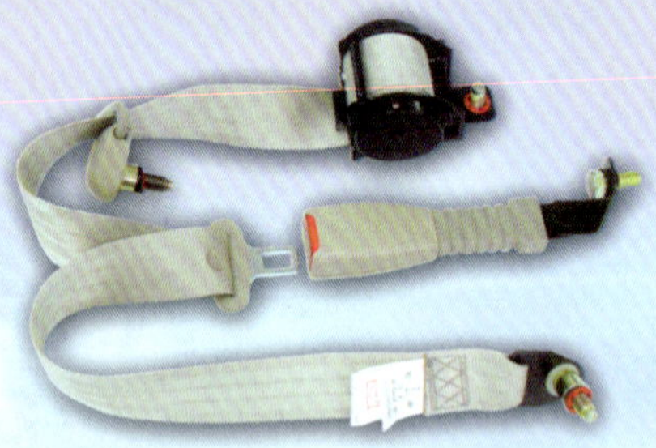

◆ A9系列紧急锁止式
复合敏感型汽车安全带

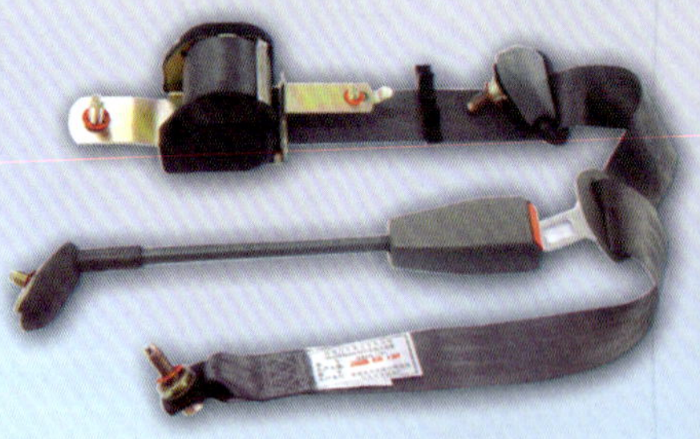

◆ A3系列紧急锁止式
复合敏感型汽车安全带

贡献优质产品　争创名优品牌
建设一流企业　赶超世界水平

www.602.com.cn

中国直升机设计研究所汽车安全设备厂

CHINESE HELICOPTER RESEARCH AND DEVELOPMENT INSTITUTE AUTOMOBILE SAFETY BELY FACTORT

地址：江西省景德镇市东郊湖田　邮政编码：333001　销售电话：0798-8465265　技术咨询电话：0798-8465257
图文传真：0798-8465673　销售传真：0798-8465693　网址：http://www.602.com.cn　电子信箱：asb@602.com.cn

浙江万里安全器材制造有限公司

浙江万里安全器材制造有限公司是国家认定的汽车安全带专业生产骨干企业，产品为中国一汽集团公司、重汽集团公司、东风集团公司、青岛汽车厂等汽车制造企业配套，属一汽轻、中、重型卡车配件的定点生产企业，年产安全带100万条。

公司只做一件事，昨天如此，今天如此，明天亦如此，这就是专业生产汽车安全带。这样才会做精、做细、做优。因此，我公司的产品设计充满专家呕心沥血竭诚为用户服务的智慧结晶。本公司坚持“诚信为本，客户至上”的经营宗旨，把忠诚、美誉作为企业生存发展的基础和最好的竞争手段，力创名牌是我们矢志不移追求的目标。汽车安全带系列产品首批通过国家强制性CCC认证。“万里安泰牌”汽车安全带总成荣获“中国名牌”、“中国名优产品”称号。解放系列产品特许使用一汽原厂商标。

公司始终遵循“强化基础、完善管理、刻求质量、服务大众”的质量方针，全面实施产品检测电脑自动化控制，整体通过了国际ISO9001质量管理体系认证。

本公司努力适应当今经济全球化的大趋势，积极参与国际大竞争，产品畅销欧美、南美、中东、非洲及东南亚国际市场。“万里安泰牌”汽车安全带经美国国际品质认证委员会，法国ATN科技质监评委会分别确定为优质品牌和高科技产品，他们为我公司向美国、欧盟市场推荐。

公司的发展壮大离不开广大客户长期以来的关心和支持。公司决心与时俱进，再创优势，重科技创新，打品牌战略，继续以一流产品，低廉价格，优良服务回报客户。诚挚期待广大用户一如既往选择本公司的产品和服务。

地址：浙江省瑞安市十八家工业区宝隆路15号　　邮编：325200
热线电话：0577-65814912 65821320　　传真：0577-65814673
网址：http://www.wanli-autoparts.com　　http:/www.65814912.0577.86.com.cn
电子信箱：E-mail:pjm663875@mail.wzptt.zj.cn　　wanli320@mail.wzptt.zj.cn

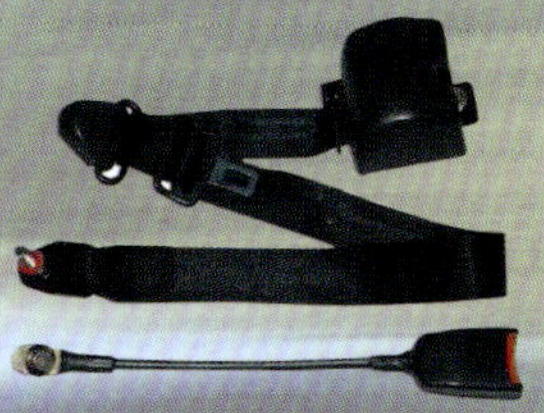

C013
通用型自动三点式汽车安全带
Versatility automatic three-point type Automobile Safety Belt

A011
跑车专用四点式安全带
Four-point type safety belt specially for car

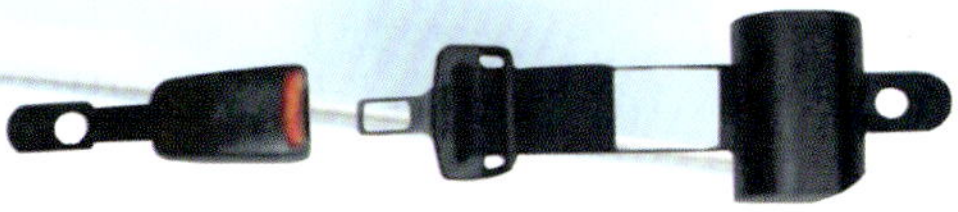

C027
自动通用两点式安全带
Automatic versatility two-point type safety belt

A020
肩背式高空作业安全带
Shoulder-back type safety beltfor Working high above the ground

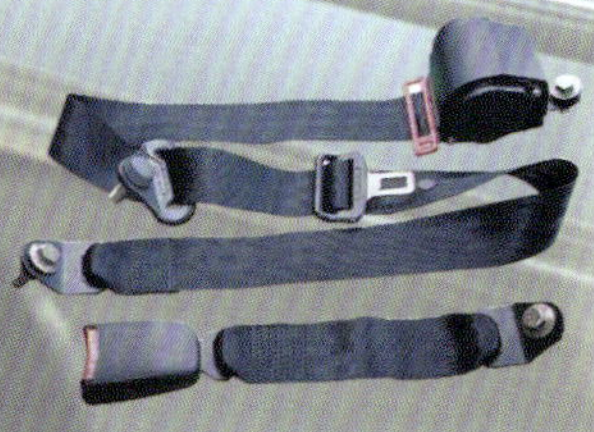

B008
欧标型紧急锁止式（自动卷收）轿车安全带
Euro-Standard Emeergency Locking Type Cat Safety Belt

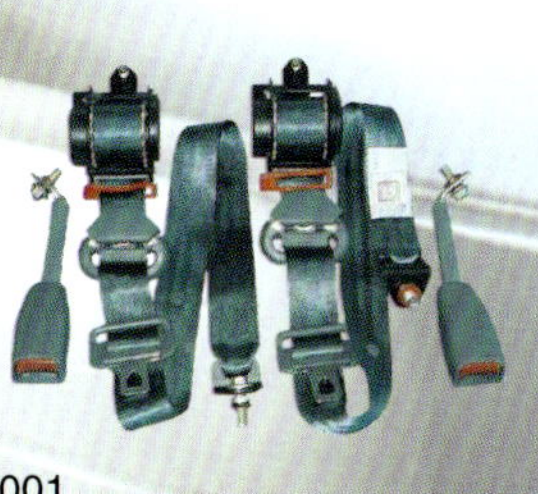

C001
QA92-33型紧急琐止式安全带
QA92-33 Emeergency Locking Type Car SafetyBelt

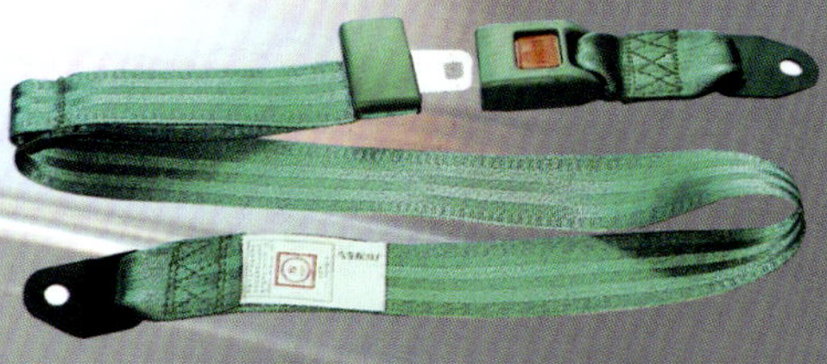

A001
QA92-31型通用简易二点式汽车安全带
QA92-31 General-purpose simple two-point type lap-belt

中国汽车电子十大品牌企业
百家优秀汽车零部件供应商
航盛电子
航盛电子：让消费者更喜爱汽车
汽车音响
智能导航
车载多媒体
车身电子控制
DVD 系列
2DIN数码听\三合一\六碟CD系列
ECU 车身控制系列
汽车安全控制系列
深圳市航盛电子股份有限公司
地址：深圳市宝安区福永镇新塘工业园 邮编：518103 电话：86-755-27383678
传真：86-755-27396568 网址：WWW.hangsheng.com.cn

瑞安市博宇电器有限公司

BOREYU 博宇

RUIAN BOYU ELECTRICAL APPLIANCES

董事长：阮志伍

瑞安市博宇电器有限公司是一家专业生产电机换向器的企业，经验丰富，技术力量雄厚，生产的产品精工细致，质量稳定。主要生产家用电器、电动工具、汽车摩托车等各种规格型号600多种换向器。换向器原材料精选进口材料，为全国各大电机工业市场提供配套，同时产品远销北美、东南亚、西欧及我国的台湾、香港等地。

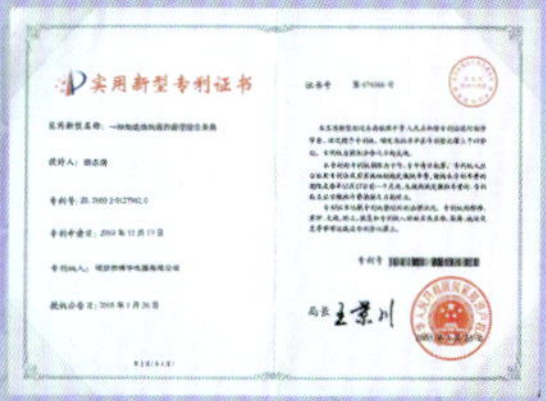

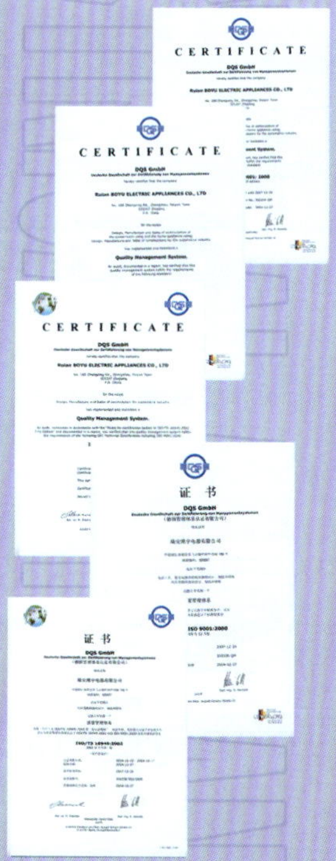

目前公司拥有生产换向器先进的专用设备和生产工艺。现已形成年产2500万只换向器的生产能力，并配置了换向器冷热超速试验机、径向跳动测试仪、斜片检查仪、片间高低差测试仪等全套检测设备。并于2004年通过ISO/TS16949:2002、ISO9001:2000国际质量体系认证。

公司以精湛的技术，优质的产品和优良的售后服务，竭诚为国内外电机行业配套服务。并可按用户特殊规格需求设计制造各种换向器。“博宇”真诚欢迎新老客户来公司考察指导，博宇人愿与国内外朋友携手并进，共创辉煌。

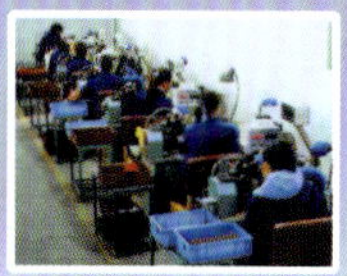

地址：浙江.瑞安市飞云镇中洲中兴路188号　　邮编：325207
电话：86-577-65576299　65577666　　传真：86-577-65576199
http://www.boreyu.com　　E-mail:boreyu188@163.com

营口市博远电子技术有限公司

BOHYUN

博远公司位于辽宁省营口市，这是一座美丽的海滨城市，也是全国汽保设备行业的知名地区。

博远企业具备多年的生产制造经验，以及遍布各省市的行销网络，在同行业中，一直处于领先地位。

博远企业在汽车维修保养及检测设备等领域，秉承专业精神，致力于中国汽车维修界整体水平的发展。现已成功将国外技术引进国内并使之本土化。在汽车电子检测设备、汽车维修保养设备、相关人员培训、汽车维修技术、整厂咨询策划等项目上，取得了令人瞩目的业绩。

博远企业以高质量、高信誉、高服务为宗旨，竭力开发研制汽车环保产品，不断创新新品种。以其优良的品质、适中的价位、完善的售后服务去赢得广大用户的信赖与认可！

特别关注国际市场，不断地朝国际技术现代化，国际管理现代化发展。博远公司愿与社会各界人士成为朋友，并一起为中国汽车维修界的发展携手并进！

产品介绍

★真正全无线＼圈型化界面

★WIN98中文操作系统，标准接口设计，使操作更简便，功能更强大。

★原厂内存数据超过10000种，而且根据用户需要，随时自行输入新车型数据，建立自定义数据库。

★新型八束红外线角度测量技术，主机与机头间利用高频无线电波，传送数据不受外界各种因素干扰。

★四轮同步测量，保证一次性定位。

★无须传统补偿程序，传感器可直接自动测量转角，无须电子转盘。

★针对四轮转向车辆转角的测量，强大的3D图形界面，便于初学者修理更方便。

★配备适用于10英寸～19英寸车轮专用工具。

★每个传感器都可操控电脑，非常方便。

★此外，强大的中文汉化系统即使不会电脑操作的人也可在一小时之内学会，并轻易的操作。24小时充电，保证电源充足。

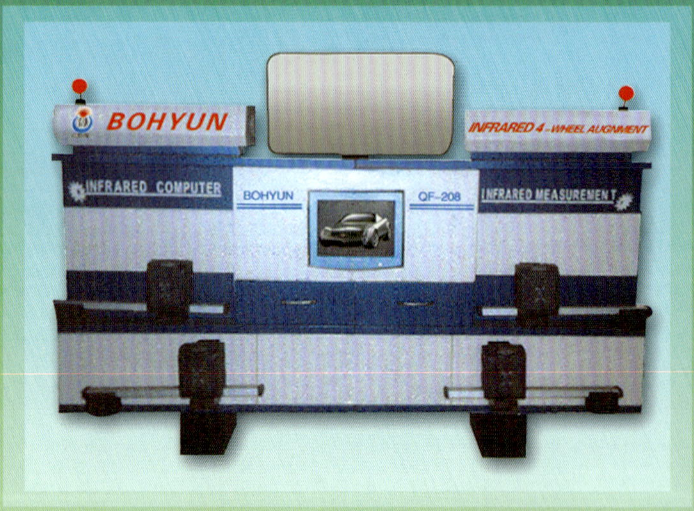

8束全无线电脑四轮定位仪(红外蓝牙)

轮胎拆装机系列

动平衡机系列

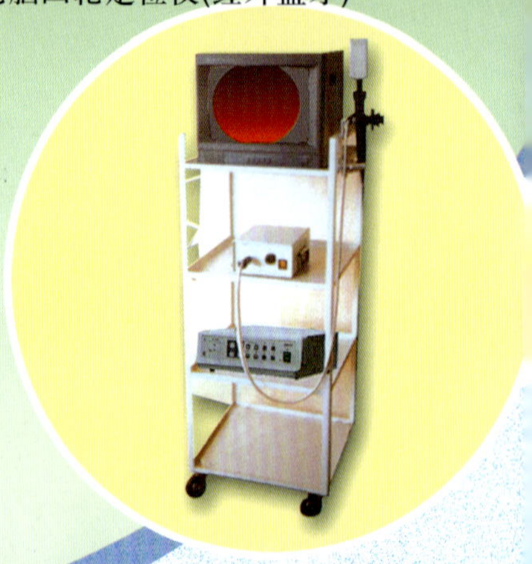

QTV系列工业内窥镜

	规格和技术指标	
光学系统	观察方向	前视
	视场角	>85°
	观察深度	10-100mm
	焦距	固定
外径	8-10mm	
全长	700-1000mm	
有效长度	50-1000mm	
弯曲角度	₵8mm以上四方向；上120°，下120°，左右各90°	
其它	可配摄影相机和电视显示系统	

QTV系列工业内窥镜（视频显示型）

地址：辽宁省营口市老边区路南
邮编：115001　电话：0417-3800861
传真：0417-3802987
电邮：yklb_cs_cn@sina.com
网址：www.ykbohyun.com
网络实名：四轮定位举升机

江苏超力电器有限公司

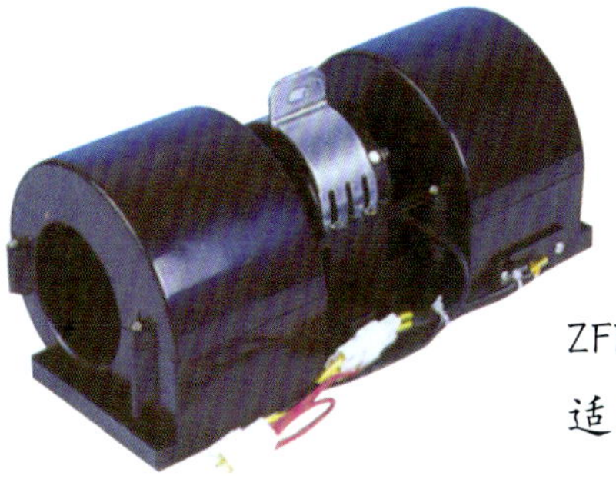

ZFF—7 ZFF—1529T3

适用车型：金杯、依维柯

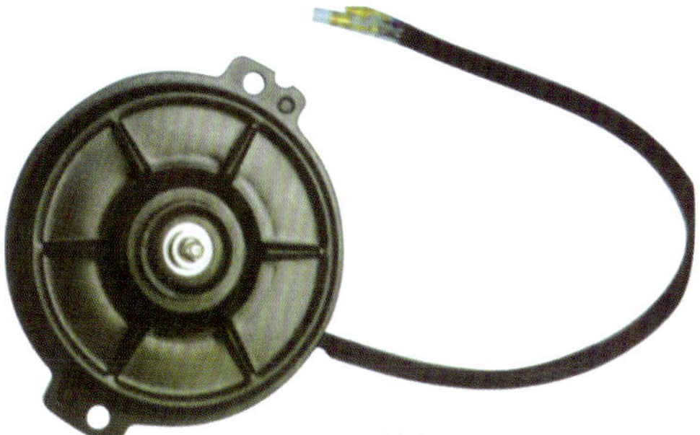

ZD14221　ZD24221

适用车型：冷凝风机用

MLNF—1288

适用车型：依维柯

SRF—1324

适用车型：中华轿车

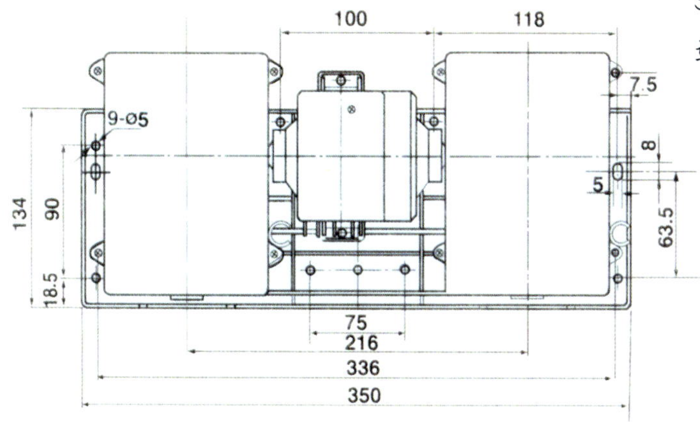

技术数据

型号	额定电压(V)	电流(A)	转速(R.P.M)	静压(Pa)	风量(m^3/h)	适用车型
ZFF—11028	12	≤20	3700±200	98	≥1000	客车
ZFF—21028	24	≤10	3700±200	98	≥1000	客车

地址：江苏省丹阳市访仙镇访高路59号　　邮编：212321

厂长：沈中泉

电话：0511—6462594　6469666　6469888

传真：0511—6462968

联系人：沈留庆　沈留祥

E—mail：dywxdj4@pub.jsinfo.net　　http：//www.chaoli—electric.com

上海申光高强度螺栓有限公司

Shanghai ShenGuang High Strength Bolts Co.,Ltd.

上海市著名商标

上海申光高强度螺栓有限公司位于洋山深水港东海大桥旁，交通便捷，环境优美。公司技术力量雄厚，生产设备精良，检测设备完善，是生产汽车车轮螺栓、钢结构用高强度螺栓连接副和电弧螺柱焊用圆柱头焊钉，焊接螺柱，焊接销、焊接锚固件的专业公司。目前已形成了年产汽车车轮螺栓200万套，钢结构用高强度螺栓连接副1200万套、电弧螺柱焊用圆柱头焊钉系列产品3000万件的生产规模，现已成为高强度螺栓和电弧螺柱用圆柱头焊钉的国内知名企业，在国内同行业中生产规模和销售总量名列前茅。

公司是中国钢结构协会房屋钢结构协会理事、中国建筑金属结构协会建筑钢结构委员会会员、上海金属结构协会理事和中国机械通用零部件工业协会理事。

地址：上海市南汇区芦潮港渔港路
邮编：201309
电话：021-58251129　58251041
传真：021-58251089
网址：http://www.shsg.cn

销售部地址：上海市东宝兴路157号精武大厦17楼
邮编：200080
电话：021-63831141　63831142
传真：021-63831145
E-mail:sales@shsg.cn

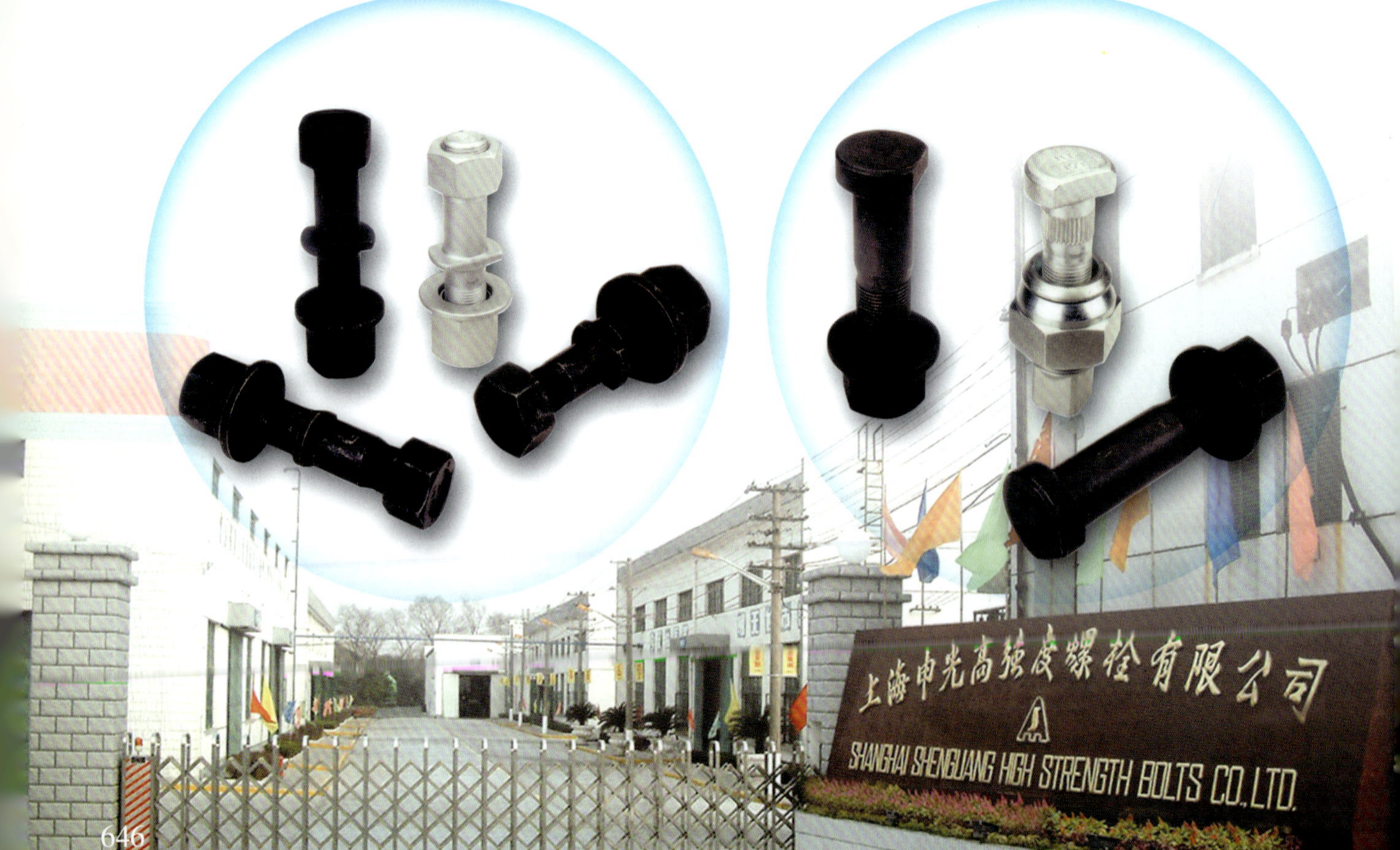

河北省清河县泰丰有限公司

泰丰有限公司位于著名的历史名城清河县，濒临308国道与山东相连、京九铁路横贯南北。便利的交通为企业发展准备了充分条件。

公司建于1985年，集体所有制，占地面积2.48万m^2，建筑面积6000m^2，固定资产860万元。现有职工180人，技术人员38人，高工6人，现有生产设备30台套，主要生产汽车、摩托车、自行车钢索拉线、汽车密封条、火车密封条、采暖风管、远距离操纵钢索、橡胶配件、塑料制品、铝合金压铸件等。泰丰钢索在具有国内先进的生产设备及完善的质保体系下，依靠过硬的产品质量、优质的服务和合理的价格赢得了广大用户的认可和赞誉，本公司已形成与大型车厂配套生产能力，产品各项指标均居同行业前列。

通过十几年来的努力，公司的产品已辐射到全国20多个省、市、自治区，与十几个大中型企业定点配套。部分产品出口美国、意大利。公司愿在用户第一，信誉至上的宗旨下，为国内外用户提供优质产品和优质服务。

金路顺® JINLUSHUN

厂址：河北省清河县王官庄工业区　邮编：054802
电话：0319-8139938　传真：0319-8132917
http://www.qhtaifeng.com E-mail:taifeng6688@sohu.com

江阴模塑

董事长：曹明芳

江阴模塑集团是江阴市中外合资省级集团公司，始创于1984年，目前为止，已成为一家以汽车零部件、机械制造、房地产和酒店流通服务为主业的多元化、集约化、外向型集团企业，截至2003年底，模塑集团拥有下属企业32家，其中上市公司1家，合资企业5家，总资产达30亿元人民币，年销售达到25亿元人民币，实际上交税金达1.03亿元人民币。

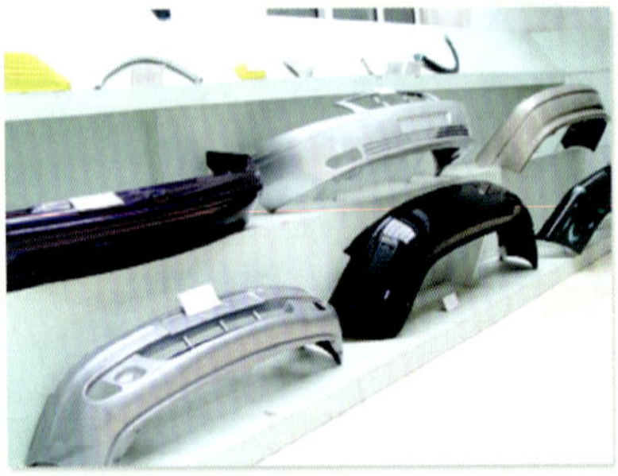

依靠集团公司强有力的精密注塑机和工程塑料的研发能力，再加上先进的油漆工艺技术和一大批优秀的工程技术人员，旗下上市企业模塑科技已为桑塔纳、别克、富康、金杯、江淮、南亚英格尔等车型累计配套生产了800多万套保险杠，并长期为上海大众、上海通用、一汽大众、武汉神龙、沈阳金杯等公司配套。已成为中国最大的轿车保险杠生产基地，同时跻身于中国1000强制造企业行列。

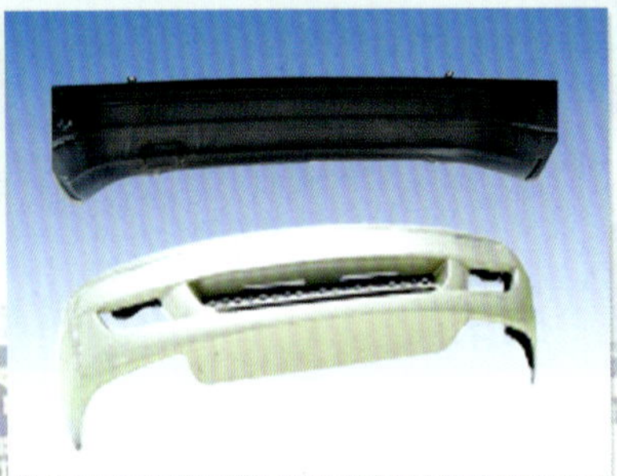

在机械制造领域，旗下占地140亩的精力机械是全球最大的薄膜机厂商德国布鲁克纳的一级供应商，产品全部为德国企业定做，在德国拥有较高的知名度。同时，与美国万奇和米拉克龙合资生产的大型模具和注塑机已开始批量出口至美国、澳大利亚和瑞士等国家，彻底改变了中国模具、注塑机等高技术产品不能出口欧美的历史。

随着WTO大幕的全面拉开，模塑将致力于提升企业品牌文化，加快实施国际化战略，以更强大的综合实力屹力于世界企业之林。

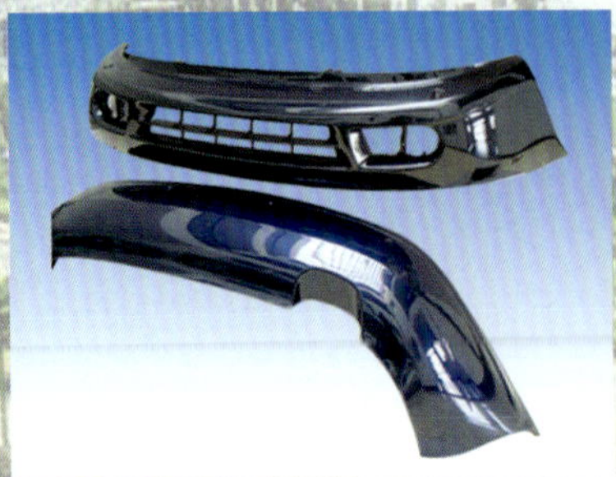

地址：江苏省江阴市澄江中路167号　　传真：0510-6401459　　http://www.jymou.com

电话：0510-6401456　　邮编：214434　　E-mail:office@jymosu.com

集团有限公司

无锡神舟汽车制造有限公司成立于2002年，位于长江三角洲腹地江苏省江阴市工业园，是由模塑集团与无锡威孚集团有限公司共同投资兴办的合资企业，主要从事中、高档豪华客车开发、制造及销售。公司注册资金0.4亿元，总投资2亿元，一期建筑面积3.8万平方米。

目前公司拥有强大的产品开发能力和国内领先的冲压、焊装、涂装、总装生产线，并确立了“宇舟牌”客车的品牌。公司主要设备选自德国、美国等著名厂家，并与德国大众、美国康明斯等公司建立了合作伙伴关系，现已形成了年产3000辆的生产装备能力。

公司对顾客的承诺：完美交付，精确服务。

HYKG110

HYKG890

HYKG840

HYG6120

HYKG115HG

HYKG100HG

HYKG100W

HYKG790

江阴模塑集团

FOTON 福田模具

企业简介

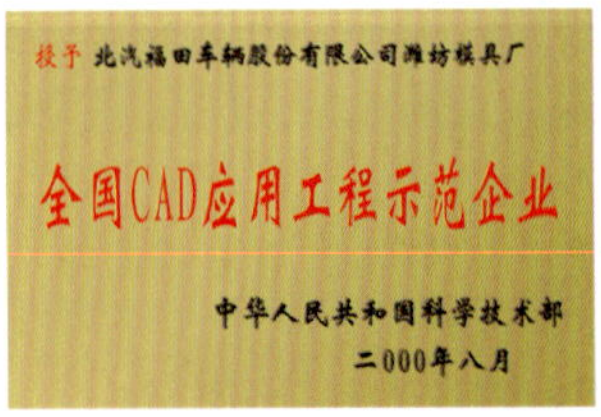

福田公司潍坊模具厂位于山东半岛交通要塞风筝都潍坊市，是北汽福田汽车股份有限公司专业汽车模具工艺装备事业部，企业现有职工260名，其中专业工程技术人员80多名，拥有一支国内一流水平的设计队伍。

企业始终坚持适中规模、稳步发展的战略方针，现拥有模具制造关键设备—意大利高速五轴数控铣床、日本高速数控铣及西班牙数控铣、美国激光扫描测量机、日本激光切割机11台，大型试冲、延配压床等设备32台，模具制造能力达到年40万工时，冲压件年百万件。具有整车车身模具装配协调能力，固定资产1亿多元。先后为福田公司开发轻卡、面包车、欧曼系列重卡等车型车身模具2500多套。企业与国内一汽、东风、天汽、北京吉普、上海通用、西安比亚迪等厂家建立稳固的商务关系，同时还承接了韩国、日本等厂商的部分轿车模具。

潍坊模具厂承担了“产品及其模具的协同设计与制造”国家863项目的企业，现在汽车模具设计采用CAD/CAM、三维实体建模、逆向工程、精细化加工、PDM与CAPP技术，生产组织实现了ERP信息系统管理，建立起了具有国内先进水平的信息化管理平台。2002年上海第九届国际模具展览会上后地板拉延模被评定为具有国际水平模具，2004年上海第十届国际模具展览会上福田奥铃皮卡主地板翻边侧冲孔模被评定为具有国际水平模具。2002年11月顺利通过了ISO9000质量体系认证，2000年被评定为全国CAD应用工程示范企业，被山东省认定为高新技术企业，2003年6月被认定为山东省制造业信息化工程重点示范企业称号。

福田欧曼重卡是福田公司具有独立知识产权的车型项目，该车型吸收了国际先进的造型理念。2003年5月经山东省科技厅鉴定技术水平达到了国产同类产品的领先水平。2004年欧曼重卡汽车车身模具被国家科技部评定为国际重点新产品，2004年8月被山东省评定为机械工业科技进步一等奖。

意大利五轴联动数控铣床

日本五轴连动高速数控铣

轿 车 模 具

前围本体拉延模

前围本体

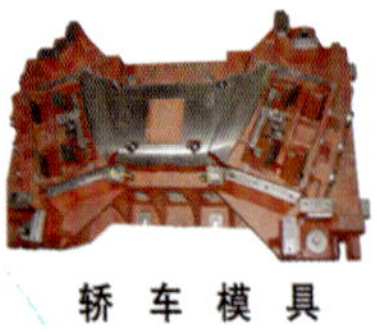

轿 车 模 具

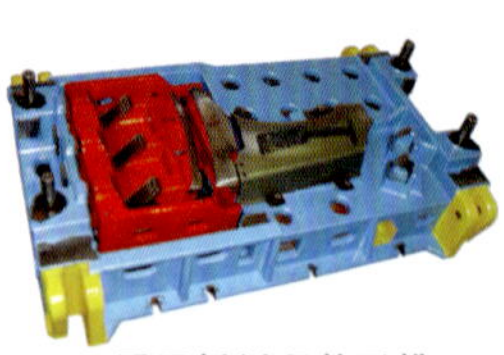

翼子板侧翻整形模

翼 子 板

激光扫描测量机

激光切割机

福田欧曼先锋、雄狮系列汽车产品

北汽福田汽车股份有限公司潍坊模具厂

地址：山东省潍坊市北海南路192号
邮编：261206
电话：0536—7608682
传真：0536—7602270
E-MAIL：sunbaosheng@foton.com.cn

普什模具有限公司

车门下模

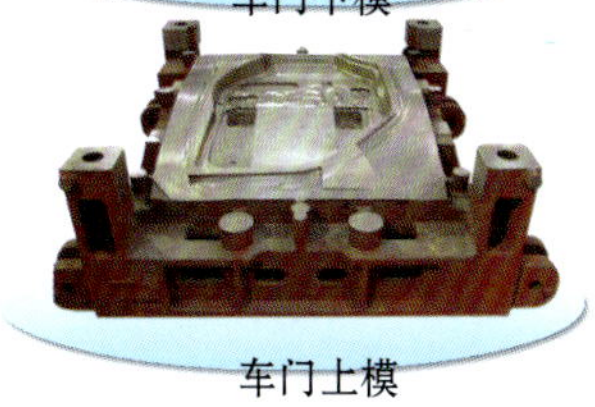

车门上模

多型腔水盖模具

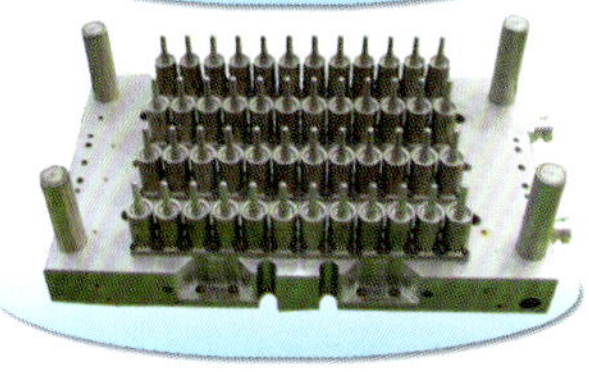

★普什模具有限公司坐落于万里长江第一城——宜宾。公司筹建于2000年，是五粮液集团旗下的全资子公司。作为集团高起点，多元化发展的重点项目，模具公司以高技术、大投入为基础，现已形成以多型腔注塑模、汽车覆盖件冲压模为主，精密机加工为辅的现代化制造企业。

★公司占地面积约10万平方米，拥有欧美日厂家各类加工中心、激光加工中心、深孔钻、平面磨床、水刀切割机、坐标磨床、挤压研磨机和各类热处理设备约200余台。250t～2300t调试压机15台。各种规格刀具、量具、辅具;英国、德国、意大利大型三坐标检测设备。并有100余套HP高档CAD/CAM工作站，各类CAD/CAM/CAE软件配套。固定资产投入达8亿元。

★公司现有员工600余人，大专以上学历占80%以上，引进国内外高级管理、技术人才50多名。与“日本丸顺株式会社”在设计、制造、产品销售等方面全方位合作。建立完善的质量保证体系，贯彻ISO9001、按ISO14000及TS16949的体系要求，从而实现企业的资源管理，客户关系管理，产品数据及生产自动化管理。

★普什模具公司将以大质量管理体系为核心，以具有世界先进的优良装备和先进技术为社会提供完美产品与服务。普什期待与您一起共创辉煌！

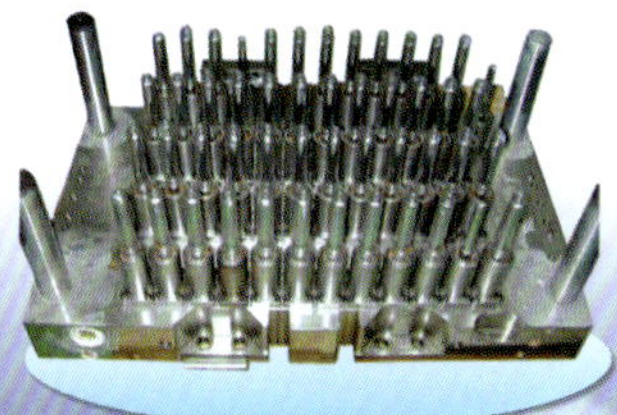

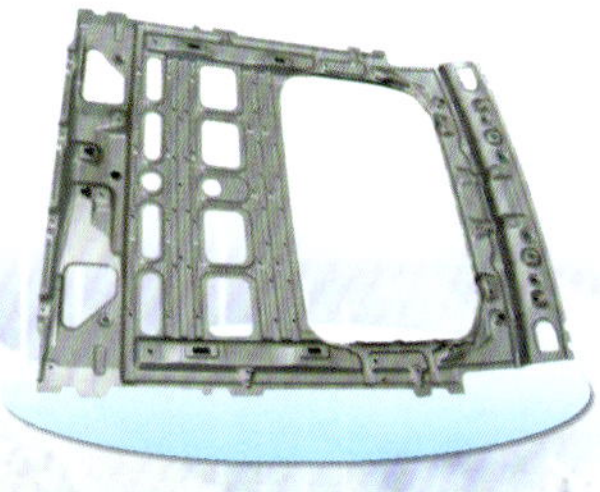

电话：0831-3566363
传真：0831-3552158
E-mail：info@pushmold.com
http://www.pushmold.com

跃进汽车集团南京模具装备有限公司

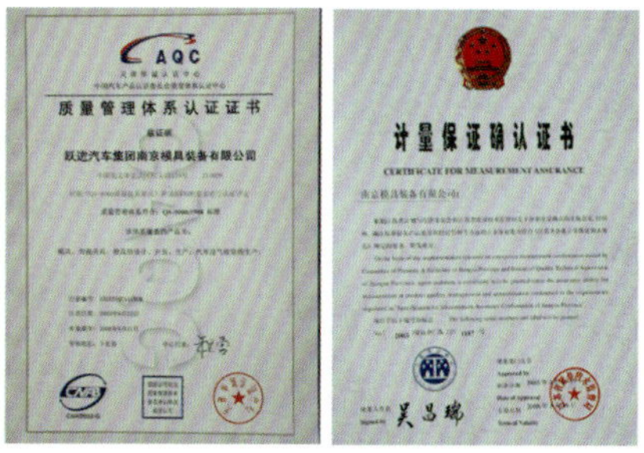

跃进汽车集团南京模具装备公司原名跃进汽车集团公司工具厂。公司是一个从事汽车工艺装备设计制造的专业化企业，现占地 60000m²,职工 499 人，其中有工程技术人员 91 人，公司拥有各类设备 332 台，其中数控加工设备 18 台、检测设备 33 台；公司的主要产品有汽车冲模、检具、焊装夹具、内饰件模、汽车玻璃模、铸模、锻模；近年来为跃进汽车集团公司、上海大众、通用、广州本田等国内的一些汽车厂设计、制造了大批模具、检具。模具还出口到英国、日本、伊朗、以色列等国。

车门下模

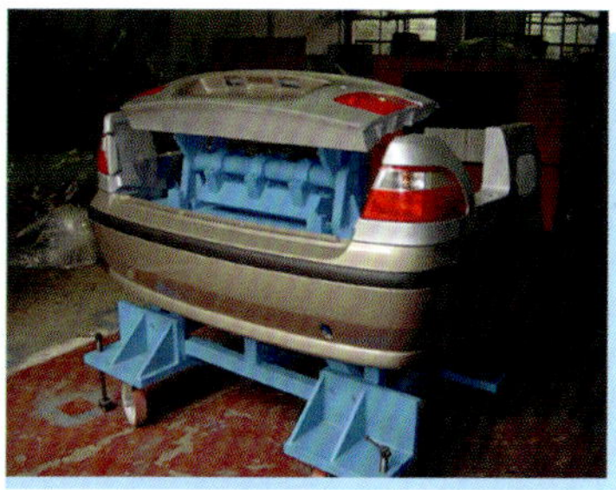

综合模具

车门上模

汽车玻璃模具

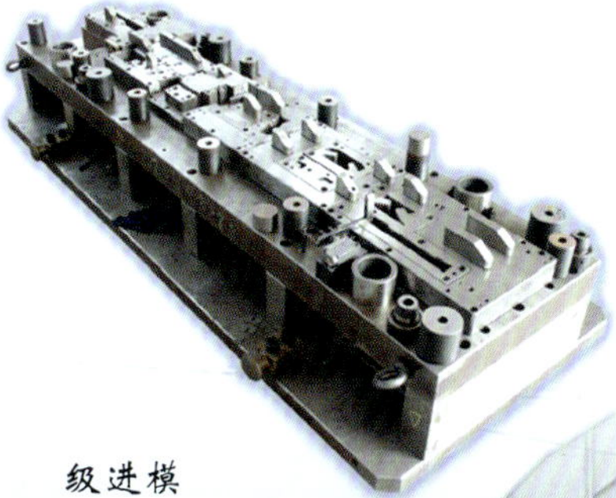

级进模

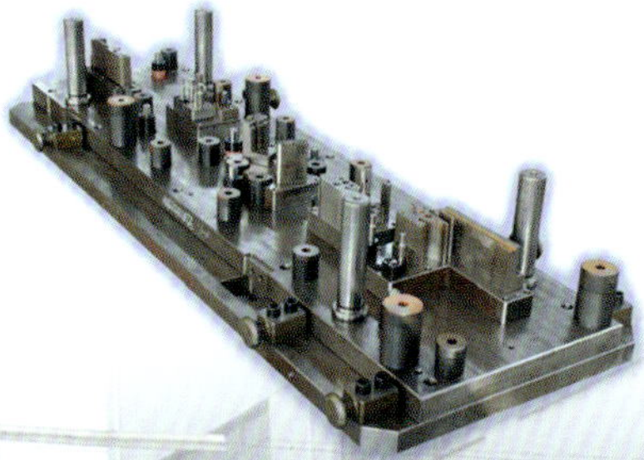

级进模

地址：江苏省南京市红山路 118 号　电话：025-85417698　http://www.njtooling.com

邮编：210028　传真：025-85424469　E-mail:yj-mj@public1.ptt.js.cn

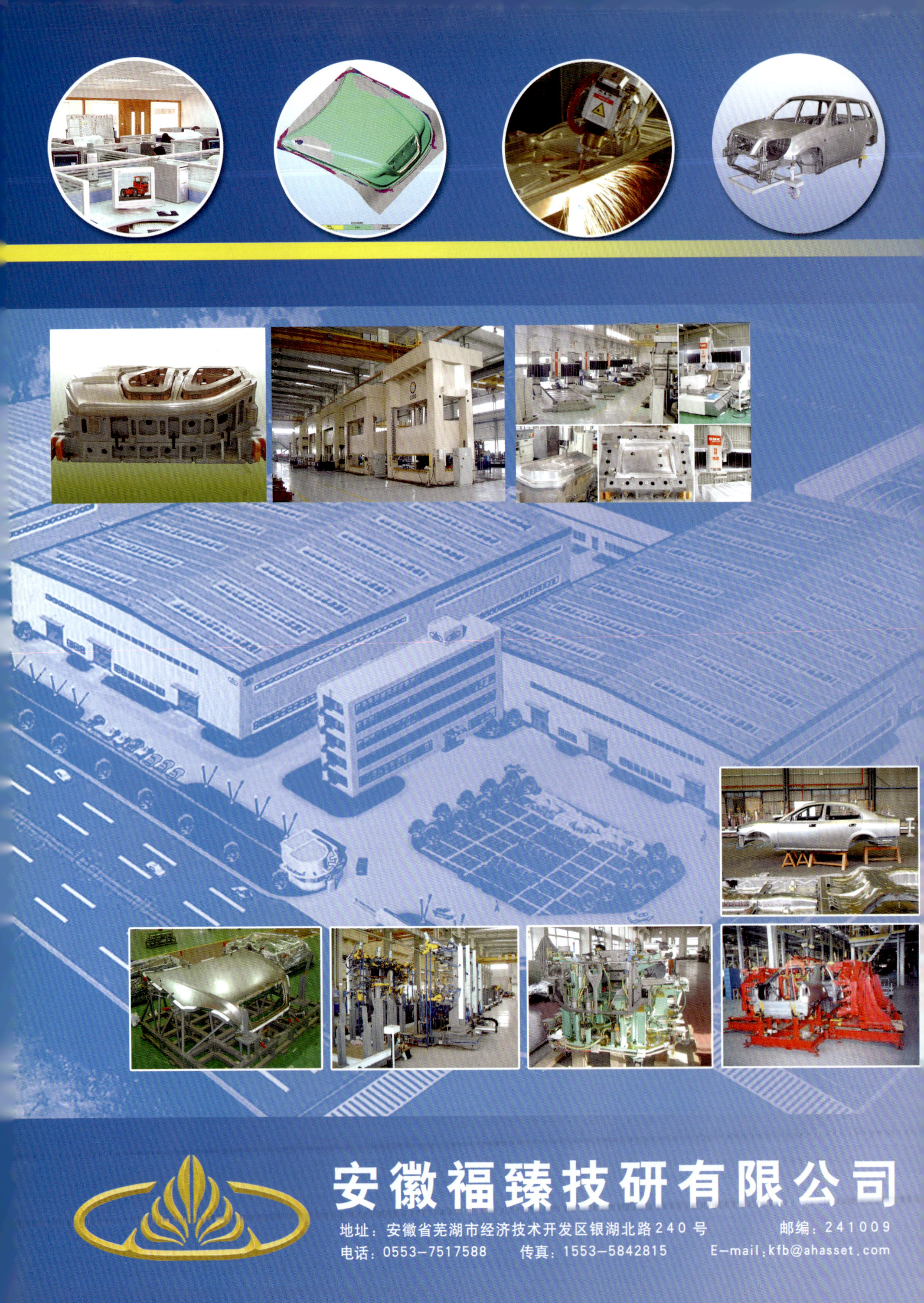
安徽福臻技研有限公司
地址：安徽省芜湖市经济技术开发区银湖北路240号
邮编：241009
电话：0553-7517588
传真：1553-5842815
E-mail:kfb@ahasset.com

安徽福臻技研有限公司是台湾福臻实业股份有限公司旗下专门从事汽车车身设计及汽车钣金件模具、夹具、检具开发与制造的高新技术企业。公司成立于2001年12月，坐落于国家级芜湖经济技术开发区。投资总额10720万元人民币(注册资金6160万元人民币)公司从成立之初就本着将安徽福臻建设成为具有时代特色的专业汽车车身开发制造公司的企业宗旨发展，力争为中国汽车工业做出贡献。

本公司采用台湾福臻车身开发制造技术及日本车辆设计先进技术，在汽车车身开发领域保持国内领先！始终坚持以客户为中心，以人为本，回馈社会。公司积极进行技术提升，以技术为基础，不断研发精进，大力引进专业化技术人才。技术领先是我们追求的目标。公司于2004年3月和日本富士株式会社签订了长期技术合作协议，每年多次派员赴日学习，并且日方长期派员驻厂指导。

公司主要业务范围包括从车身开发造型设计、油泥模型制作到模、夹、检具工装设备设计、制作、安装直至调试移交汽车厂投产等一系列环节。公司拥有各类专业技术人才，确保了设计、生产的每一环节的品质。公司成立至今已经有多个整车开发项目成功高质量的完成，并得到客户及市场的肯定。汽车的发展离不开模、夹、检具，汽车工业的发展也会极大程度地推动模、夹、检具工业的发展。相反的，只有模、夹、检具生产水平提高才能促进汽车制造水平提高。公司正积极地加大对高新科技、先进设备和高级人才等软件、硬件的投入，企业已经达到了国际先进水平，拥有了一定的竞争力。汽车行业是传统行业中最具发展潜力的行业，在国民经济持续稳定发展的中国更是不可限量。我们相信用安福人坚持不懈地努力和不断钻研的精神再加上您的信任一定能使中国汽车业早日跻身于国际汽车强国之列。

公司主要业务范围

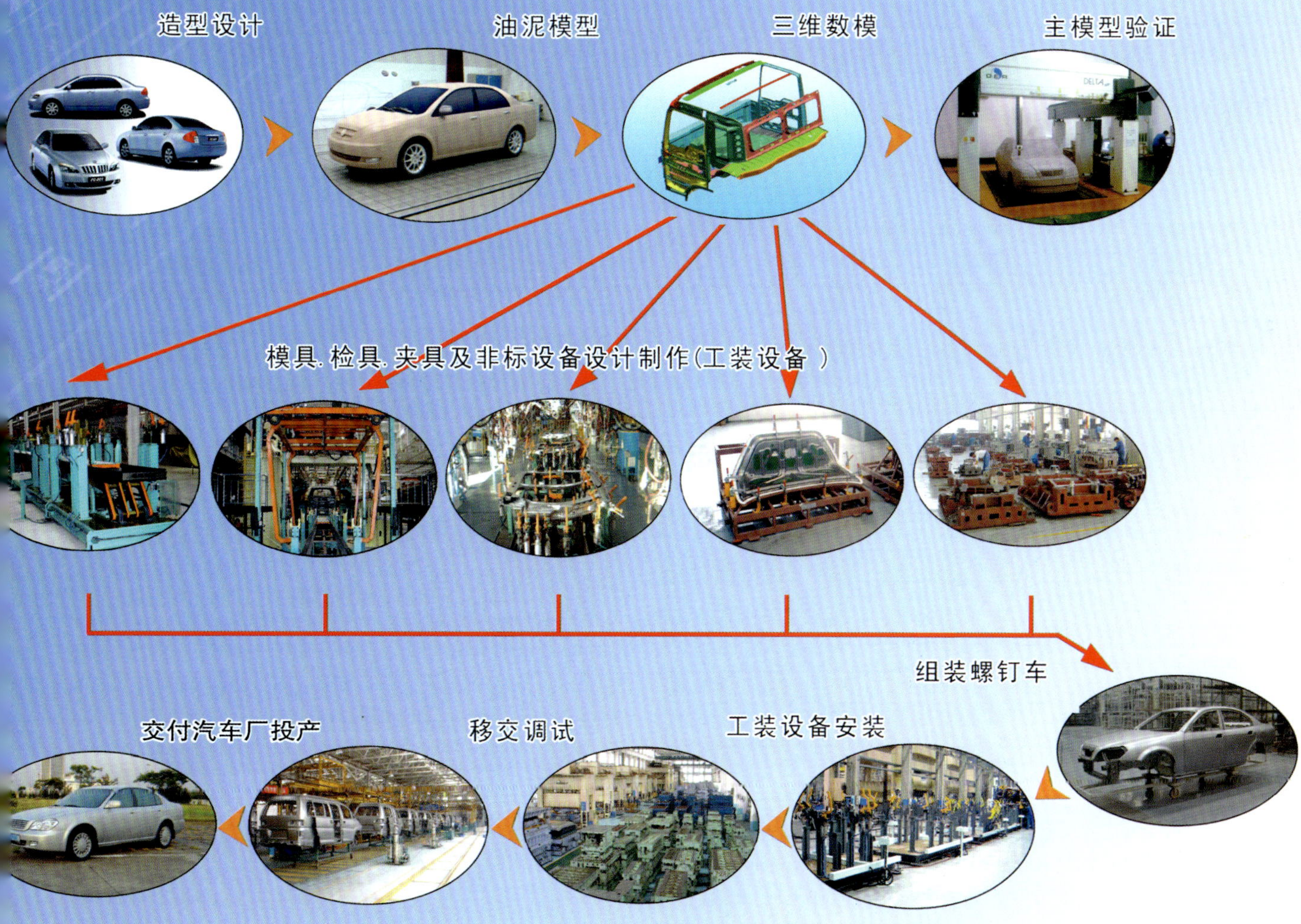

海嘉

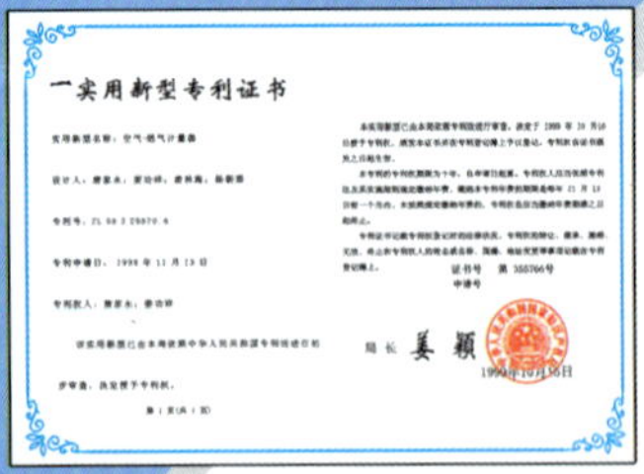

重庆市海嘉燃气汽车设备制造有限公司是生产绿色环保汽车燃气减压供气装置的专业厂家。本公司产品经过数年的科学研究制造，成功地开发了我国自行设计、自行制造的产品。适用于国内外多种（CNG、LPG）的燃气汽车、安装调整操作极为方便，安全性能可靠，各项经济技术指标均已达到国家标准，2003年2月3日得到国家抽查一次性过关。经推广应用得到广大用户的好评，现已形成年产30000套装置的生产规模。

本公司已列为重庆市定点生产企业，产品已形成系列化，并成功地研制出二级减压调节装置，位居国内同类产品首位。公司配备有专门的服务队伍，协助使用单位改装燃气汽车，使其最大范围提高使用本产品后的经济效益和社会效益。

应用车型

环保新概念　动力无极限

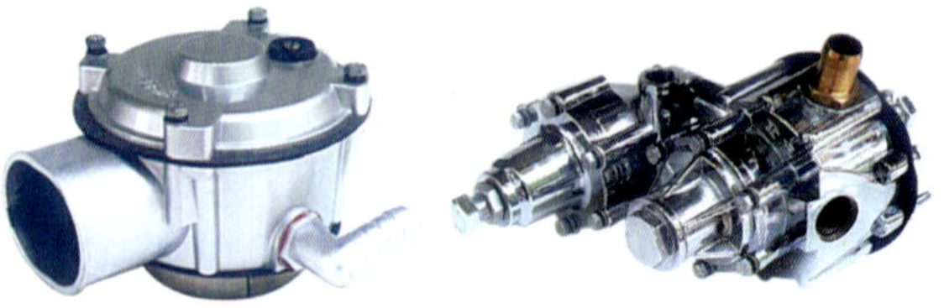

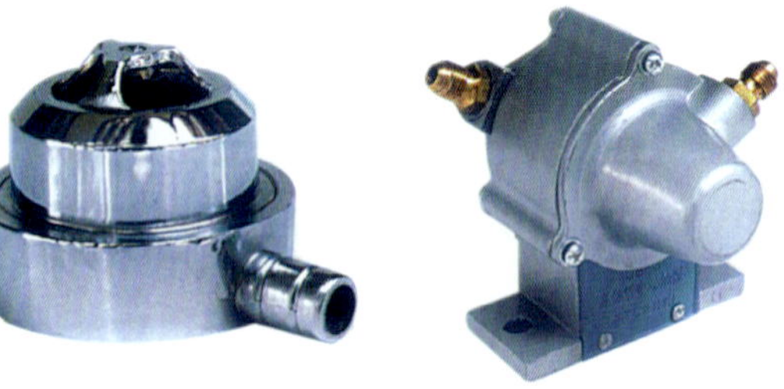

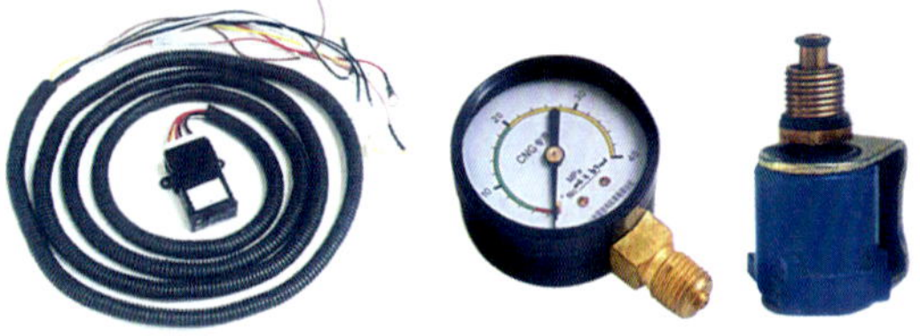

产品简介

压缩天然气(CNG)为目前人类公认的优质，价廉．清洁的绿色环保新能源是世界车用新能源的首选发展项目，用天然气作汽车燃料，在减少汽车尾气排放污染的同时，具有良好的经济效益和社会效益。

CNG汽车采用HJ.CNGV-G系列供气装置，保留了原车供油系统，使之既可用天然气又可用汽油作燃料的两用燃料汽车。

具有改装容易，操作简便，安全可靠，易起动，怠速稳定，经重庆汽车研究所、重庆技监局、质检部门检测其性能优于国内外同类产品。

本专利产品HJ.CNGV-G型供气装置，适用于0.8L-5.5L排量的各种国产、进口的汽油发动机。

本装置设计新颖，科技含量高，体积小，汽车加速性、动力性好，排放达标，能大幅度降低车辆使用成本。

本产品具有能满足燃气发动机所要求的混合气成份，(a值)，随负荷变化供气规律，即有怠速调压低，加速调压高，全负荷混合气浓，部分负荷混合气的减压调节功能的特点。

整套装置体积较国内外同类产品小，能适应大客车、大货车、中客车、微型车等。

成功解决了国内外同类产品低温起动难的问题。

该产品在同类产品以单纯负压供气基础上有了新的升华。

采用以正压供气为主，负压供气为辅，使之即能满足动力性的同时，又兼顾了燃料的经济性。

本产品具有独到的以空气进入量为主控点，直接改变空气、燃气的进出截面，提高了空—燃比控制的精度。由于该设备具有单点连续喷射功能，它的起动性、动力性、加速性在国内同类产品中处于领先地位。

产品的主要性能参数

压缩天然气作燃料		
发动机最大性能		不低于原车的85%
发动机最大扭距		不低于原车的90%
发动机额定充压力(Mpa)		20
$1m^3$天然气可代替汽油(L)		≥1.1
一次充气可续驶(km)		≥250
尾气排放	Co含量(%)	≤0.03
	HC(PPM)	≤400

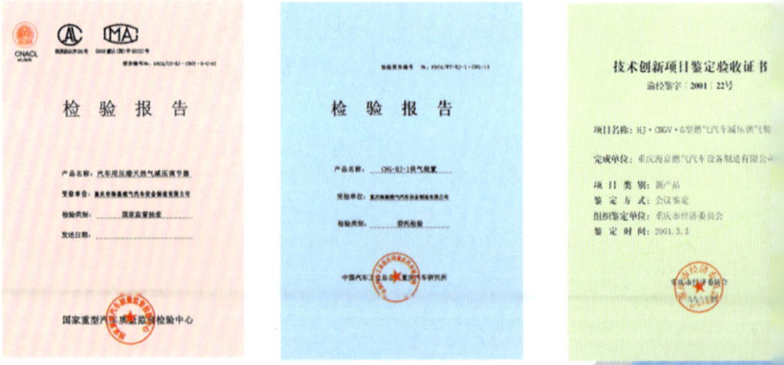

重庆市海嘉燃气汽车设备制造有限公司
CHONGQINGSHI HAIJIA RANQI QICHE SHEBEI ZHIZAO YOUXIAN GONGSI
地址：重庆市北碚区双柏树金龙湖工业园区　邮编：400700
联系人：涂先生　电话：13635448768　传真：023—68259906

董事长总经理：高龙生

强大的设计队伍

公 司 简 介

湖北十堰先锋模具股份有限公司始建于 1995 年 8 月，主营汽车覆盖件模具、检具的设计、制造和生产汽车零部件，系中国模具工业协会理事单位。

公司座落在车城十堰开发区，北有南水北调的源头汉水，南有道教圣地武当山，西距汉十高速十堰出口约 10 公里。占地 55000m^2、生产面积 15000m^2；拥有大型数控铣、调试压床、检测设备等主要设备 32 台。固定资产 6000 万元；员工 208 人，其中 CAD/CAM 人员 43 人，管理人员都曾到国外培训；年生产能力大、中型模具 600 套，产值 6000 万元。

“出精品模具，树先锋品牌”。十年来已为国内知名汽车公司提供了数以千计的模具、检具。为行业服务，永做先锋。

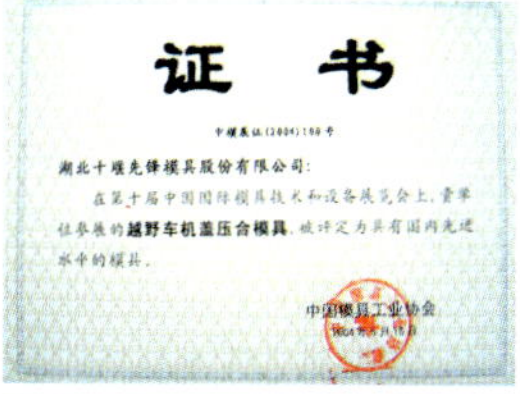

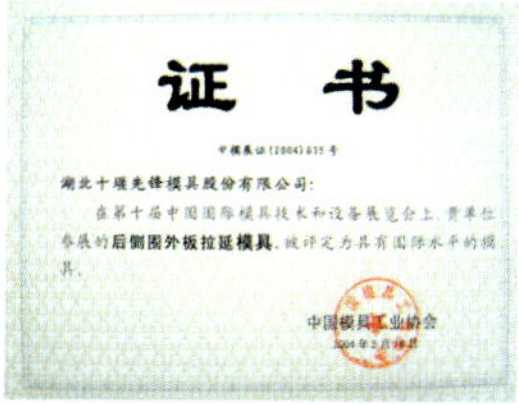

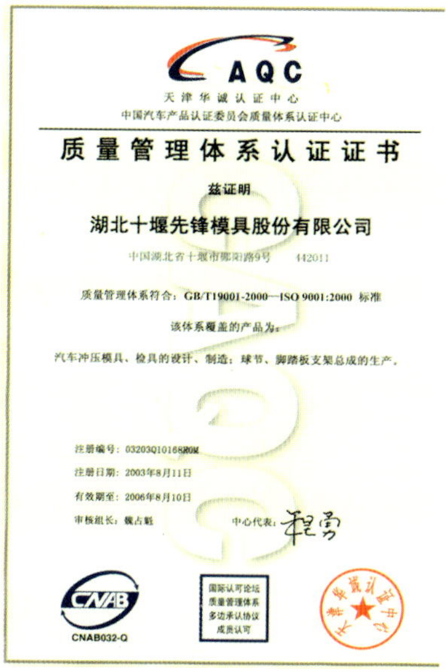

顶盖调试

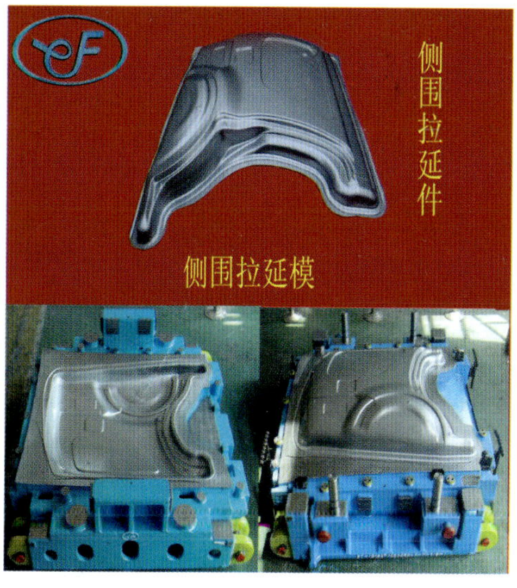

地址：湖北省十堰高新技术产业开发区滨河北路 6 号　　邮编：442013
电话：0719-8301886　传真：0719-8301880　　E—mail:xf@vip.sina.com

营口市辽南汽车保修机械厂

辽南汽保
LIAONAN QIBAO

营口市辽南汽车保修机械厂1996年建厂，是集专业生产销售为一体的电脑四轮定位仪器、轮胎拆装机、平衡机及举升机生产厂家。凭借多年专业生产经验开发了多种型号产品，产品远销美国、日本、俄罗斯、加拿大、马来西亚等国家，受到国内外客户的好评。

营口市位于渤海辽东半岛，地理位置优越，自然资源丰富，水陆交通便利，营口港和鲅鱼圈港可达世界各大港口，是国家全面开放城市之一。

企业将以优质产品及完善快捷的服务，使客户买得安心，用的更放心。

轮胎自动拆装机

各型大众型轮胎自动拆装机，适用于摩托车、轿车、轻型客车及农用车轮胎的拆装。它的特点可双向旋转。设计新颖的大铲压胎可与轮胎准确贴合而不损坏轮圈，操作方便摆动臂横向移动，机械锁紧手柄可使用于扒胎的鸟头，停止于不同厚度车轮的轮圈边缘，使之自动扒胎。

最大轮胎直径：1000mm

最大轮胎宽度：300mm

最小/最大工作压力：0.6/1.2Mp

拆装轮胎范围：10″ –20″

工作电压：220V/380V　50Hz

双柱式举升机

本厂生产的SYJ–30型液压式双柱举升机，它具有设计先进，轻巧耐用，寿命长等优点。选用先进、可靠的同步元件，实现可靠的同步动作和到位的锁定功能，托臂采用优质碳素结构钢，能承受较大的负载，操作简单明了，运行安全可靠，举升力大，是理想的汽车检查、维修、轮胎服务、四轮定位及检测设备。

额定举升量：3t

上升时间：＞60s

下降时间：＜30s

电源电压：220V380V

电机功率：1.5kg

举升高度：1800mm

流量：4L

额定电力：16map

整机重量：980kg

全自动电脑平衡机

CB2000型是大众型平衡仪，适用力度广，性能稳定，电脑操作程序简单准确，电脑所提供的资料简单明了，测试出来的数据从数码显示器显示出来，使操作者能准确的打好铅块使其车轮达到最佳平衡状态。

工作电压：220V

最大轮重：65kg

平衡精度：± 1g

轮钢直径范围：

10～24寸（254mm～610mm）

轮钢宽度范围：

1.5～20寸（38mm～510mm）

电话：0417–3835943　2132521　传真：0417–3803281　http://www.lnqb.com　E–mail:lnqb@lnqb.com

国家汽车质量监督检验中心（襄樊）

国家汽车质量监督检验中心（襄樊）暨襄樊达安汽车检测中心，是国家实验室认可委员会认可，国家质量监督检验检疫总局授权，具有独立法律地位的第三方检验／校准实验室。2004年10月，达安中心首批成为国家质检总局指定的承担缺陷汽车产品检测与实验机构，并先后获得国家有关部委的以下认可和授权：

汽车试验场鸟瞰图

- 国家级汽车质量监督检验中心
- 国家级汽车新产品鉴定定型及强制性标准检验机构
- 国家指定强制性产品认证检测机构
- 国家指定机动车排放污染检测机构
- 国家指定缺陷汽车产品检测与实验机构
- 汽车专用仪器和汽车检测线的校准实验室
- 汽车产品认证检验机构和科研成果技术鉴定试验机构

本中心拥有一个面积达1.67平方公里的综合性汽车试验场和8个国内先进的专业试验室，以其雄厚的技术力量和先进的检测设备，能够承担汽车整车、农用运输车、摩托车、发动机、底盘零部件、车身附件、汽车仪表、汽车灯光电器、汽车非金属件等各种产品的检测和汽车专用测试仪器的校准，并能提供汽车检测专用测试仪器设备的设计开发服务。

中心精神：团结、敬业、公正、科学、廉洁、服务

实车碰撞试验

汽车灯具配光性能测量系统

地址：湖北省襄樊市汽车试验场
邮编：441004
电话：0710-3392492、3393841
传真：0710-3310965
http://www.nast.com.cn

无锡市百合花胶粘剂厂

WU XI LILY ADHESION AGENT FACTORY

（原锡山市胶粘剂厂）

无锡市百合花胶粘剂厂是以生产百合花牌密封胶粘合剂的专业工厂，本厂以南京大学应用化学系、复旦大学化学系、无锡江南大学化学工程学院、吉化公司研究院、上海橡胶制品研究院、机械部上海材料研究所为技术依托，不断开发新的胶粘剂品种。目前已有五个胶粘剂系列（有机硅类、氯丁酚醛类、丙烯酸类、丁腈类、溶剂类）有五十多个牌号的胶粘剂、密封胶。

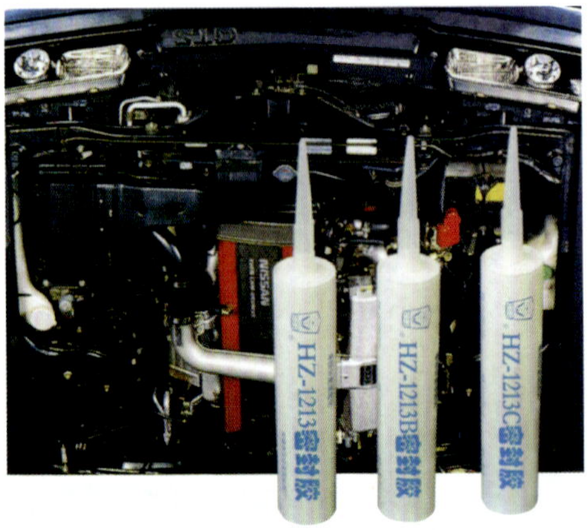

其中HZ–703、HZ–704、HZ–705、HZ–706、HZ–708胶已广泛应用于电子工业、电器制造工业及电加热的产品，HZ–1312E节能灯胶在国家推广的绿色照明工程中得到了广泛的应用，HZ–1213耐油硅酮密封胶，已通过省科委组织的鉴定。1993年被评为国家级新产品，已在全国各大汽车生产厂家（如第一汽车集团、东风集团、重庆长安汽车、济南重型汽车集团、江铃汽车集团、南京汽车集团、广西柳州微型汽车厂、哈尔滨东安发动机制造公司等）应用多年，获得好评。

1999年推出了HZ–3598（黑色）、HZ–3587（蓝色）、HZ–3596（铁红色）等多种与进口胶相对应的硅酮密封胶。

无锡市百合花胶粘厂生产的百合花牌耐油硅酮密封胶，被江苏省产品质量监督检验中心所评为质量认定产品，并被确定为国家监督检查质量合格产品。

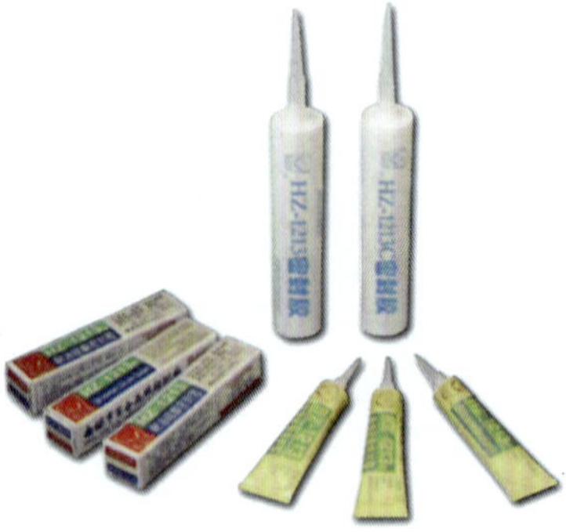

厂址：江苏省无锡市鸿山镇蠡鸿中路35–4号（后宅中学老校区内）
电话：0510–8990075　8992279
传真：0510–8995419　8999916
邮编：214145
电挂：9310

www.cnbhh.cn

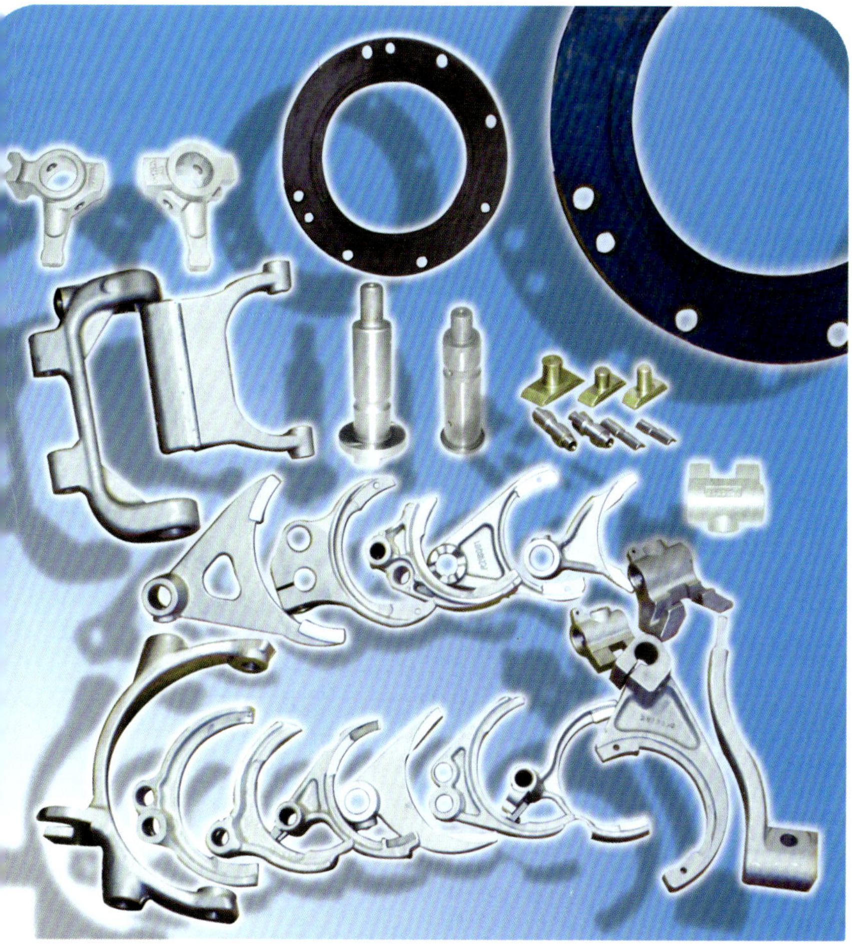

2004年汽车钢板国际学术研讨会在鞍钢举行，中国工程院院士、鞍钢集团公司党委书记、总经理刘玠在大会上致辞。

鞍山钢铁

鞍钢是我国解放后第一个恢复和建设起来的型钢铁联合企业，经过“九五”以来大规模的技术造，目前已具有年产钢、铁、钢材各1000万吨的合生产能力。鞍钢已全面通过ISO9002质量体系证，船用钢、石油管、钢铁生产主体单位分别通过国船级社、API、ISO14001环境管理体系和职业全健康管理体系认证。鞍钢可生产700多个品种25000多个规格的钢材产品，广泛应用于冶金、油、化工、煤炭、机械、水电、铁路、汽车、造船建筑、电子、航空、航天、轻工、国防等行业1949年至2003年，鞍钢累计生产钢3.1亿吨、3.04亿吨、钢材2.11亿吨；实现利税887亿元，上利税769亿元，相当于国家同期对鞍钢投入的14倍

“九五”以来，鞍钢全面推进改革、改组、造和加强企业管理，不断加大体制创新、技术创新管理创新力度。目前，鞍钢已形成了以资产为纽带母子公司体制；建立了符合市场经济要求具有本企特点的现代企业管理模式；完善了与市场经济相适的科学有效的激励和约束机制；走出了一条“高点、少投入、快产出、高效益”的老企业技术改造路子。淘汰了平炉，建成现代化转炉；淘汰了落后

地址：辽宁鞍山　　邮编：114021
电话：(0412)6723090　　传真：(0412)67230

新一号3200m³高炉

长春轨道客车股份有限公司为北京城市铁路和地铁设计制造的新型城轨车和地铁车，其车型支撑钢架和外罩面板是用鞍钢高强度冷轧耐候钢板制造的。

中国集装箱工业协会于2003年12月20日发布的统计数字表明，在去年全球生产的180万个集装箱中，每4.个就有一个使用鞍钢制造的集装箱板。

集团公司

铸工艺，实现了全连铸；建成了我国第一条拥有全
自主知识产权、具有当代国际先进水平的1700短
程薄板坯连铸连轧带钢生产线，第一条具有国际先
水平的钢轨万能轧制生产线，第一条立足于国内技
资源整合集成的冷轧2号线酸洗轧机联合机组；建
了一条具有国际先进水平的冷轧酸洗联合机组和两
彩涂板生产线；建成了三条冷轧镀锌钢板生产线；
成了国内规模最大的工业污水处理厂。鞍钢已形成
从热轧板、冷轧板、镀锌板到彩涂板的完整产品系
《鞍钢整体技术改造决策与实施》被评为国家管
创新成果一等奖；厂区绿化覆盖率达34.2%，荣获
辽宁省“花园式工厂”称号；推进非钢铁产业发
形成了多元化经营格局；钢铁主体人员从
5年的10.57万人减少到目前的2.8万人；全员劳
生产率由1995年的60260元/人年提高到2003年的
068元/人年。鞍钢核心竞争力明显增强，实现了
跨式发展，受到党中央、国务院充分肯定和高度赞
被誉为“旧貌换新颜”。

“十五”期间，鞍钢技术装备将得到全部更
鞍钢将成为1500万吨现代化板、管材精品生产
，鞍钢正在向国际先进钢铁企业目标迈进。

http://www.ansteel.com.cn

大连新船重工有限责任公司为伊朗国家油轮公司设计制造的五艘30万吨大型油轮交付使用。这五艘油轮的船板90%以上是鞍钢生产的。

鞍钢重轨铺设在我国第一条时速200km的秦沈高速铁路客运专线上。

鞍钢汽车板被广泛应用于哈飞汽车系列产品上。图采用鞍钢汽车板生产的哈飞新型家庭轿车——赛马轿生产线。

用鞍钢生产的66吨单股大直径镀锌钢绳制作的巨大伞状顶棚安装在上海F1国际赛车场东西两侧看台上方。

通钢总部办公大楼

董事长、党委书记、总经理：安凤成

通化钢铁集团有限责任公司

转炉精炼

通化钢铁集团有限责任公司是吉林省省属较大的国有工业企业和大型钢铁联合企业集团。始建于1958年，经过40多年的建设和发展，特别是经过“七五”至“十五”期间的技术改造，迄今已建设成为具有采矿、选矿、烧结、焦化、炼铁、炼钢、轧钢、耐火材料、动力、运输、机械制造、建筑安装、冶金研究设计等综合配套的大型钢铁联合企业，形成了规格齐全、品种配套的建筑用材和机械加工用材产品体系，具备了年产300万吨钢的综合生产能力。2004年末，拥有资产总值100亿元。从业人员2.9万人，实现工业总产值101亿元，实现销售收入80亿元，实现利税15亿元，其中利润8.5亿元，产钢253万吨、铁222万吨、钢材253万吨。2003年，按销售收入排序，在全国500强企业中排名第271位。在世界200万吨钢以上钢铁企业中，通钢排名第98位。

通钢主要产品有角钢、槽钢、弹簧扁钢、热轧圆钢、带肋钢筋、热轧圆盘条、硬线圆盘条、焊条圆盘条、无缝钢管、预应力钢绞线、优质带钢、连铸方坯以及铸造生铁、炼钢生铁、焦碳及化工产品等几百个品种，上千个规格。主导产品全部获吉林名牌，17个系列产品获省优称号，12个系列产品获国家冶金产品金杯奖。产品广泛用于国内建筑、交通、电力水利工程、汽车、机械加工等行业，远销新加坡、马来西亚、韩国、泰国、缅甸、越南、朝鲜、印尼等国家。

明珠广场

面对中国加入WTO后国内、国际市场的强势竞争，通钢集团公司以党的十六大精神指针，认真贯彻落实“三个代表”重要思想，牢固树立科学的发展观，按照党中央振兴东北老工业基地战略和吉林省委、省政府提出的“二次创业”的要求，通钢进一步丰富和完善发展思路，从现在起到“十一五”规划末，以“机制灵活，结构优化，管理高效，形象美好，文明富裕”为主要内容，强力推进二次创业，建设新世纪强盛通钢。力争在2006年，以加快体制的转变、机制的创新、管理结构的整合、管理流程的再造为前提和保证，以技术改造为发展基础，集中精力实施热轧超薄带钢和冷轧板带项目建设，实现综合生产规模翻番，钢产量形成年产400万吨能力，销售收入达到120亿元，利税有较大幅度的增长。到2007年，以板带钢为主体的产业链基本形成，并通过构建一流的管理体制、一流的管理机制、一流的管理模式和一流的管理流程，初步形成550万吨钢的发展规模。在这一过程中，重点围绕配套汽车工业的发展，积极研究通钢继续做大做强的途径，谋求通钢更大的发展，切实使通钢成为吉林省经济发展的重要依托，为中国钢铁工业和地域经济的发展做出更大的贡献。

科技大楼

第三炼钢厂

山东莱芜钢铁集团有限公司

公司简介　www.laigang.com

H 型钢装备生产线

棒材生产装备线

特殊钢生产装备线

板带钢生产装备线

莱钢始建于1970年1月。1999年5月改制为莱芜钢铁集团有限公司，并以其为核心企业组建了莱钢集团。现控股莱钢股份等25个子公司，总资产304亿元，在岗职工3.7万人，其中钢铁主业1.6万人。莱钢是国家重点扶持的520家企业之一，也是128家省属重点国有企业之一；是中国冶金行业首批通过ISO9002质量体系、ISO14001环境管理体系和OHSAS18001职业安全健康管理体系国家认证企业。

经过35年的建设与发展，莱钢已形成以钢铁业为主导，钢结构制作与建筑、房地产开发、粉末冶金与制品、黑色矿山采掘、机械加工、运输等与钢铁相关产业共同发展，集科研、生产、开发于一体的特大型钢铁企业集团。主要产品有H型钢、螺纹钢、带钢、特殊钢、无缝钢管等，其中齿轮钢和轴承钢荣获国家冶金产品实物质量“金杯奖”。非钢产业主要产品有钢结构、粉末冶金及制品、房地产、聚乙烯工程塑料、化工产品等。

2004年实现生产钢658.3万吨、生铁476.5万吨、钢材689.2万吨，分别比上年增长56.1%、57.6%和58.1%。钢产量在全国冶金行业的排名上升到第11位，钢产量增长速度连续两年名列全国前20位钢铁企业第一位。全年实现销售收入293亿元。

2005年的主要任务目标是：1.实现销售收入362亿元；2.实现利税总额42.5亿元，其中，利润26.5亿元；3.生产钢1023万吨、生铁803万吨、钢材976万吨；4.子公司全部实现盈利，确保实现资产保值增值；5.重大人身事故、重大设备事故、重大污染事故、重大火灾事故和重大交通事故为零；6.在实现上述目标的前提下，职工人均收入增长18%以上。

莱钢秉承“共赢共享，直到永远”的核心价值观，努力为用户创造最大价值，与客户共谋发展。莱钢赢得了包括美国福特公司、中国一汽等著名企业在内的大批忠诚用户。产品销往国内25个省市自治区，并出口美国、德国、法国、韩国、日本、东南亚等国家和地区。

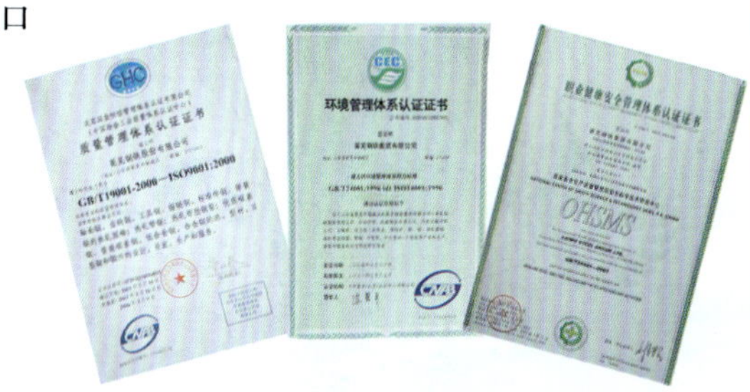

地址：山东省莱芜市钢城区友谊大街38号　　邮编：271104
电话：0634—6820222　　传真：0634—6821407
网址：www.laigang.com

莱钢厂貌

山东泰山钢铁集团

SHANDONG TAISHAN STEEL GROUP

集团董事长、党委书记　王守东

山东泰山钢铁集团是一家集钢铁冶金、能源电力、机械加工、建筑安装、国际贸易、高科技开发、三产服务于一体，跨行业、多元化经营的国家大型钢铁企业。目前已形成160万吨铁、200万吨钢、200万吨材的综合生产能力，是国家政策重点扶持的50家钢铁企业之一。集团下设16个分厂，6个分公司，3 座科研院所，三星级泰山饭店及大型娱乐城各1 座。 现有员工6000余人，各类专业技术人才1100人，中高级技术人才520人，专家级技术权威20人。1998年通过ISO9002国际质量体系认证，2000年建成省级技术中心，现达到国家级技术中心标准。先后承担多个国家级重点攻关项目及科研课题，获国家专利50余项，省部级科技进步奖80余项。

2004年4月建成投产的950mm热轧卷板生产线为华东第一条、国内第二条现代化生产线，钢带宽度700～950mm、厚度1.0～10mm，全液压、全数字、全自动，集成了机械、电气、液压、数控等专业的最新成果，核心部分消化吸收了德、英、法、美、日等国的领先技术，是优质、高效、环保和节能生产的典范，被列入2003年山东省技术创新导向计划。在产业发展战略定位上，确立了专业化生产高附加值、高技术含量的板带材及后序产品的方向，逐步向冷轧、镀锌、彩涂、不锈钢方向不断延伸拓展，以专业化、专家型、差异化为目标，努力把泰钢发展成为产业特色突出、技术工艺先进、科技人才密集的制造业基地和技术创新中心。

1998年以来，连年获山东省冶金企业“效益优胜杯”、“科技创新杯”、“管理创新杯”，山东省“重合同、守信用”企业，省资源节约综合利用先进单位、省社会治安综合治理先进单位；多年被评为省级文明单位、省级思想政治工作优秀企业、省级先进基层党组织、山东省富民兴鲁奖章获得者、中国专利山东明星企业。2003年获得山东省第六届专利奖金奖，被授予国家新材料产业化基地骨干企业，2004年被授予全国重合同守信用企业、AAA级信誉企业、山东省100强企业、山东省文明诚信百佳企业、山东省专利园区。

地址：山东省莱芜市新甫路1号
电话：0634—6117211、6114430
传真：0634—6114423
邮编：271100
网址：www.taishansteel.com.cn

具有国际先进水平的热轧卷板生产线

AAA级信誉企业

全国守合同重信用企业

水城钢铁（集团）有限责任公司

水钢党委书记：赵松桓

水钢总经理：张槐祥

水钢主导产品之一螺纹钢

水钢始建于上世纪60年代“三线建设”时期，经过近40年的艰苦创业，逐步发展成为了以钢铁业为主、多种配套产业为一体的国有大型钢铁联合企业。现有资产总额66.8亿元，在岗职工2.43万人，主体生产设施2005年底将达到年产生铁280万t、钢300万t、钢材180万t的规模。主要产品有螺纹钢、高速线材、普通线材等20余种。其中：螺纹钢于2001年获国家首批免检产品质量证书，2002年获全国冶金产品实物质量金杯奖，2004年再次获得国家免检产品质量证书；高速线材、普通线材、工业萘、改质沥青等获贵州省名牌产品称号或优质产品称号。企业于1999年通过ISO9000质量管理体系认证，并于2002年顺利通过第三方换证审核，获得了中国质量认证中心颁发的ISO9001：2000标准换版证书。2004年被中国质量协会和全国用户委员会评为“全国用户满意企业”，被中国建筑材料企业管理协会认定为“质量管理优秀企业”。

近年来特别是2000年以来，水钢坚持发展第一要务，进一步解放思想和转变观念，结合企业实际不断转换经营机制，深化内部改革，加强经营管理，大力推进科技进步与技术改造，逐步走上了持续协调健康发展的轨道，综合竞争实力和经营业绩逐年提高，相继获得了全国“五一劳动奖状”和全国“先进基层党组织”等荣誉称号。2004年在国家加大宏观调控力度，矿石、煤炭、电力、铁路运输等要素资源紧张，原燃材料价格居高不下，钢材市场价格大幅度震荡，生产与技改同步进行的情况下，生产经营仍取得较好成绩。实现销售收入57.54亿元、税金5.09亿元、利润6166万元。

当前水钢正处于抢抓机遇、加快发展的关键时期，面临填平补齐和结构调整的双重任务。2004年水钢通过对国家宏观经济形势、冶金行业发展趋势、区域经济发展走势以及企业在同行业处于相对弱势地位的深刻分析和思考，进一步明确了当前及今后一个时期的发展思路及目标。其基本内容是：牢固树立和认真落实科学发展观，坚持走新型工业化道路，紧紧围绕“集团化、精品化、清洁化、高效益”的可持续发展战略，不断用先进、成熟、适用技术淘汰落后设备和改善传统工艺，进一步优化工艺流程、提升装备水平和调整品种结构，确保“十五”末期达到300万t钢的生产规模，力争“十一五”初期把水钢建成年销售收入突破100亿元的大型钢铁企业。

通讯地址：贵州省六盘水市钟山区巴西中路　邮编：553028　法人代表：赵松桓
电话：（0858）8922071　传真：（0858）8950067

质量求生存 科技兴效益

HWISCO

邯钢集团舞阳钢铁有限责任公司

90t 超高功率电炉

邯钢集团舞阳钢铁有限责任公司始建于1970年，是我国首家宽厚钢板生产科研基地，国有大型重点钢铁企业。现年产电炉钢 120 万 t、宽厚钢板 100 万 t，资产总额 41 亿元，职工人数 10574 人。

舞钢是专业化的宽厚钢板生产企业，现已形成了电炉炼钢—精炼—连铸（模铸）—轧制—热处理—精整这一世界先进水平的短流程宽厚钢板生产线。主体设备有90t超高功率电炉、1900mm大型板坯连铸机、4200mm复合式四辊轧机各一台，拥有我国较大的6条大型钢锭模铸生产线，可产35t特大型钢锭，是国内能生产26t大单重钢板和厚达650mm钢板的企业。可对钢板进行正火、回火、退火、淬火、调质等热处理，总体装备水平在国内位于前列。

舞钢产品具有多品种、多规格、高质量、大单重等特点。质量保证体系通过了国际ISO9000体系认证，钢板实物质量达到世界发达国家同类产品质量水平。可生产300多个牌号、300多个厚度规格的宽厚钢板，产品类别有锅炉及压力容器用钢板、低合金高强度钢板、耐腐蚀钢板、碳素结构钢板、合金结构钢板、造船及海上平台用钢板、模具用钢板、桥梁用钢板、建筑结构用钢板、高强度高韧性钢板、油气输送管线用钢板、复合钢板等 12 大系列。钢板规格为厚 8～650mm、宽 1500～4020mm、长 3000～18800mm。有 80 多个品种用于国产替代进口，有 30 多个品种出口到美、德、日、韩、加拿大等欧美亚国家和地区。根据用户选材要求，可按国标，冶标，美国 AISI、ASTM、ASME，日本 JIS，德国 DIN，欧洲 EN，国际 ISO 等国内外标准供货。满足各牌号各种级别钢板附加探伤要求或 Z15、Z25、Z35 厚度方向性能要求、高强度高韧性要求等。船板通过了 ABS、BV、LR、GL、DNV、RINA、KR、NK、CCS 等九家权威船级社认证。16MnR、20g、普通船板、高强船板、Q370q（14MnNbq）、高层建筑结构用钢板、模具用钢板分别荣获“国优银奖”、“冶金产品实物质量金杯奖”，三峡工程用4020mm宽的“中华第一板”、直升机着舰格栅板、质子同步直线加速器用铜钢复合板、深潜器耐压壳体用402钢板等填补国内空白，20g、20R、16MnR、16MnDR等通过国家免检产品认证。

4200mm 宽厚钢板轧机

舞钢产品广泛应用于国家重点工程建设、重大技术装备项目、国防军工和国民经济主要部门。如电力方面的三峡工程、秦山核电站、上海外高桥电厂、黄河小浪底水利工程、西电东送工程的福堂水电站、云南昭通高桥水电站、四川冶勒水电站、公伯峡水电站、乌江水电站扩机等；桥梁方面的上海卢浦大桥、武汉军山长江大桥、芜湖长江大桥、安庆长江大桥、宜昌长江大桥、润扬长江大桥、苏通长江大桥、哈尔滨大阳桥等；高层建筑方面的上海东方明珠电视塔、厦门国际会展中心、北京国家大剧院、中关村金融中心、深圳国际会展中心、北京电视中心、上海信息枢纽大厦等；冶金方面的宝钢$4350m^3$高炉、太钢、马钢、包钢、鞍钢、攀钢高炉等；海上采油平台方面的东方、南海、胜利油田平台制造等；还用于制造巨轮、舰艇、水电站压力水管、港口机械、煤矿机械、1200t起重天车、大型锅炉和压力容器、装甲等。2000 年，舞钢先后被列为国家三峡工程发电机组用板国产化定点企业和西气东输大口径直缝焊管用板定点生产企业。

舞钢Q345D–Z15、Z25钢板用于国家大剧院建设

舞钢S355N、S355N–Z35钢板用于世界第一跨度的上海卢浦大桥

舞钢 WDB620 钢板替代日本 CF62 用于“西电东送”工程

舞钢生产的X70直缝焊管用宽厚钢板用于“西气东输”工程

舞钢始终坚持走品种质量效益型发展道路，科技兴企，质量兴厂，降低成本，加快改造，各项生产经营指标几年来连创历史最好成绩，企业呈现出旺盛的生机和活力，已成为中国一流的宽厚钢板生产科研基地。

地址：中国河南舞钢　　电话：0375-8111139　0375-8112294　　http://www.wygt.com.cn

邮编：462500　　传真：0375-8122728　0375-8111039　　E-mail:wgxxk@mysteel.com.cn

太钢集团临汾钢铁有限公司

党委书记 总经理　侯进平

临钢始建于1958年，1998年10月重组改制为“太钢集团临汾钢铁有限公司”(以下简称临钢公司)和“山西新临钢钢铁有限公司”(以下简称新临钢公司)。新临钢公司是全国72家重点钢铁企业之一。公司是集采矿、烧结、炼铁、炼钢、轧钢为一体的大型钢铁联合企业，具备年产钢200万吨的生产能力。

公司在深入分析国内外钢铁行业发展趋势的基础上，确定了“创建最具竞争力的中厚板精品企业”的发展战略。目前，正在实施以中板生产线改造为重点的一系列技改项目，以进一步调整产品结构，改善生产工艺和提高技术装备水平，增强企业的综合竞争力。坚持“以人为本、用户至上，质量兴企、全面开放，不断创新”的核心价值观，努力创建学习型企业，按照“健全制度、规范管理、监督有效、奖惩严明”的工作方针，加强和改善基础管理，在科学管理上迈出了新的步子。

公司坚持走可持续发展的路子，建设绿色企业。近年来，先后投资1亿多元，集中对污染源点进行彻底治理改造。工业“三废”排放达到国家标准，生产区、生活区环境按照绿化、美化、硬化的标准，努力建设花园式清洁工厂。

近年公司荣获了“全国五一劳动奖状”、“全国厂务公开工作先进单位”、“全国质量管理小组活动优秀企业”、“山西省优秀企业”、“山西省文明单位”等称号。被山西省劳动竞赛委员会荣记“集体一等功”。

2004年实现销售收入44.4亿元，同比增长38.3%；实现利税7.5亿元，同比增长43.2%；实现利润3.8亿元，同比增长60.4%。产钢153.8万吨，同比增长7.8%；产铁131.8万吨，同比增长2.5%；产中板32万吨，同比增长15.4%。公司主要产品有：连铸板坯、连铸方坯、铸造生铁、中板、焊管、冶金焦炭及炼焦化学产品等。板坯、方坯相继打入国际市场，远销东南亚。企业获全国钢铁行业出口及创汇先进奖。

主要产品

生活小区一景

全国五一劳动奖状

全国厂务公开工作
先进单位

山西省文明单位

地址：临汾市尧都区桥东街3号
邮编：041000
电话：0357-3091114　　http://www.sxlg.com.cn

山西新大钢铁有限公司

总经理：王继光

山西新大钢铁有限公司是一家中外合资的钢铁联合企业。总投资50534万元人民币，注册资金38534万元人民币。现有职工2038人，各类工程技术人员300余人，是大同市工业家族中举足轻重的知名企业。

公司占地50多万平方米，拥有150m³高炉一座和125m³高炉两座；24m²烧结机两台；30t顶吹转炉一座；300t混铁炉一座；四机四流小方坯连铸机一台和4500m³/h制氧机一台以及相应的风、水、电、气等工艺配套设施，现有铁路专用线2.5km，与京包铁路主干线接轨，年吞吐能力150多万吨，208公路国道绕厂通行，交通运输十分便利。

公司目前主要产品为各种规格生铁和全连铸钢坯，年产烧结矿70万t，生铁45万t，钢坯50万t，2003年实现工业总产值11亿元，销售收入11亿元，利税1.1亿元，名列全市工业企业第二位。

公司坚持以创新经营，科学管理，坚持诚信合作，互利发展的原则，致力于创一流先进企业。

近年来，紧紧围绕市场需求，结合本单位实际，狠抓工艺完善和配套技术改造，改革生产工艺、技术，不断发展壮大，目前，总投资2.6亿元，配套建设年产钢铁双百万吨技改项目正在施工，该项目预计2004年6月建成投产，届时，全年生铁产量达到100万～120万t，全连铸钢坯120万～150万t的生产规模，使企业的年销售收入达到24亿元，工业总产值达到20亿元，年创利税2亿多元。

与此同时，公司还将配套建设年产20万t不锈钢生产线，在产品品种方面走“填补空白，拾取边缘”的策略，逐步改为生产市场紧缺的特种钢，优质钢品种，来提高企业市场的竞争能力。

公司本着“以质量求生存，以信誉求发展”的宗旨，愿与社会各届朋友合作，共谋发展，同时也热情欢迎各界有志人士投资合作，共创佳业。

生产中的炼钢车间

地　址：山西大同古店
邮　编：037018
电　话：0352-6017369
传　真：0352-6017158

钢花飞舞

邯钢集团衡水薄板有限责任公司

总经理：张战军

邯钢集团衡水薄板有限责任公司，是邯钢集团子公司，属国有大型管带材加工骨干企业。公司有着40多年从事冶金产品生产的历史，拥有冷板、焊管、工贸、海力、储运五个分公司，年钢材产量30万吨。公司位于京九铁路与石德铁路交叉点的衡水市，厂区距衡德高速公路出口仅一公里，地理位置优越，交通通讯便利。

长期以来，公司始终坚持“科学是第一生产力”的发展原则，公司的多项新技术在国内都处于领先水平。由我公司和河北冶金设计院联合开发研制的热轧带钢卧式空芯卷取机，以故障率低、投资省、效率高的优点成为热轧窄带钢卷取设备的首选机型。公司于上世纪80年代在河北省率先建成了第一条焊管国际标准生产线，公司的高频焊接钢管产品是河北省优质产品。1990年公司和燕山大学合作开发的工作辊轴向移动、弯辊控制HCW350轧机获得河北省科技进步二等奖，为国内在中小型可逆冷轧技术上和国际接轨迈出了第一步。1995年公司在消化国外先进冷轧技术基础上，在国内第一个建成投产了全部由国内自行设计、制造的具有国际领先水平的900MS六辊可逆冷轧薄板生产线，该生产线的建成成为我国钢板可逆冷轧行业发展的里程碑，标志着国内可逆冷轧钢板技术已经可以完全和国际先进技术相媲美。2001年公司仅用14个月时间建成投产1050可逆冷轧生产线，并且仅用两个月时间就达到了设计能力。创造了目前国内建设工期最短、投资最少、国产化装备水平最高的冷轧生产线，创出国内同行业冷轧工程三项第一。

在公司发展史上，炼钢吹氧用渗铝涂层管、高强度建筑网架用管、搪瓷用冷轧薄板等多个新产品填补了国家空白。焊管自动平头倒棱机、高压节能水压试验机、工频渗浸铝炉用异径启熔体等多项新技术获国家技术发明专利。

公司按ISO9001标准建立了完善的质量保证体系，严密科学的管理和装备精良的设备，不仅使公司产品畅销国内还远销十几个国家和地区。迎着时代改革的春风，衡板公司正以饱满的热情一步步走向新的辉煌！

冷轧薄板产品

冷板轧机生产线

焊管生产线

地址：河北省衡水市裕华西路29号

邮编：053000

电话：0318-2123762

传真：0318-2127224

http://www.baoyun.cn

柳州华锡集团有限责任公司

具有选矿能力150万t的车河选矿厂

公司董事长兼党委书记：张友宝

总经理：李仕庆

地址：广西柳州高新技术产业开发区华锡大厦

邮编：545006

电话：0772-2610111

传真：0722-2612186

http://www.china-tin.com

华锡集团总部办公大楼

柳州华锡集团有限责任公司是国家较大型企业，集地质勘探、采矿、选矿、冶炼与深加工、新金属材料开发为一体的有色金属联合企业。

华锡集团公司目前辖有生产厂矿和以资产为纽带的全资、控股子公司20余个，职工15000余人，其中各类专业技术人员3200多人，形成了地质、采矿、选矿、冶炼、加工、机械、自动控制等门类比较齐全的专业技术队伍。2003年末，集团公司资产总额30.25亿元。

华锡以产锡为主，综合回收铅、锑、锌、银、铟等多种金属。生产持续稳步发展，2003年完成采掘总量292.59万吨，锡铅锌锑四种冶炼产品产61547吨，工业销售产值10.93亿元，比上年增长13.6%。目前主要产品有锡锭、锡合金、锡铅焊料、锌锭、铅锭、锑锭、高铅锑锭、三氧化二锑、焦锑酸钠、铟锭、ITO靶材、ITO粉、硫酸、硫酸锌等30多种。其中《金海牌》锡锭荣获国家质量金奖，1992年在英国伦敦金属交易所注册，1996年2月通过了国家ISO9002质量体系认证。产品远销欧、亚、美三大洲，在国际上享有较高的声誉。

华锡集团公司拥有得天独厚的矿产资源，其中锡、锑、铟等金属储量居全国之首，通过“三改一加强”，华锡集团将逐步发展成为集科、工、贸于一体的特大型企业集团。

中国新兴的锡工业企业——柳州华锡集团有限责任公司，承蒙国内外广大用户的厚爱和支持，在21世纪将创造更加辉煌的业绩！

西南铝业（集团）有限责任公司

西南铝业（集团）有限责任公司是中国铝业公司直属企业，是中国生产规模较大、技术装备先进、品种规格齐全的综合性特大型铝加工企业，中国高精铝材制造及开发基地，通过了ISO9002质量保证体系国际国内双重认证；获得了美国波音公司精密航空模锻件和锻坯生产许可证。

亚洲最大的30000T水亚机

西南铝业装备有3万吨模锻水压机、1.25万吨卧式挤压机、2800毫米热轧机和冷轧机等“四大国宝”，及具有国际先进水平的1850毫米特薄板轧机、1700毫米铝箔轧机、8000吨卧式挤压机、预位伸板生产线、彩色涂层机列、建筑型材及表面氧化处理生产线等设备。主要产品有铝及铝合金板、预拉伸板、带、箔、管、棒、型材和模锻件、自由锻件、压铸件、铝焊管、铝锂合金、高温合金、彩色涂层铝板及彩色涂层钢带等产品，形成了航空航天、交通运输、包装、电子家电、印刷、建筑装饰用铝材等六大系列支柱产品。并与世界30多个国家和地区保持着经济贸易往来，产品远销欧美、东南亚、中东、南美、非洲，年出口量万吨以上。

西南铝业现有中国工程院院士1名、享受政府津贴专家22名、大专以上学历人员3000多名，专业技术人员占总人数25%以上。在国内外拥有11个子公司，并建有17个集销售、服务于一体的营销分公司及销售部。拥有实力雄厚的技术中心，与国内著名高等学府建立了长期的技术合作关系，紧跟国际先进铝加工技术水平的发展，多个项目被列为国家863计划材料领域产学研精品项目。

具有国际先进水平的1850MM轧机

2004年，西南铝业面对生产经营继续挑战产能极限，热连轧工程建设全面攻坚的艰巨考验，紧紧围绕工作目标，坚持以经济效益为中心，牢固树立忧患意识、责任意识和过紧日子过苦日子的思想意识，突出抓好基础管理、营销工作、科技开发及工作思路的创新，立足向产量规模、产品结构、技术进步、成本控制和深挖内潜要效益，实现了高水平基础上的快速增长。

面对风云变化的国际形势和经济全球化浪潮，西南铝业凭借雄厚的科技实力和人才优势，做“优”做“强”，朝着资本多元化、经营国际化的目标前进。

铝材大卷

地　址：重庆西彭　　　邮　编：401326

电　话：023－65809668，65808888

传　真：023－65808648，65808500

http://www.swa.com.cn　　E-mail:swa@swa.com.cn

东北轻合金有限责任公司

东北轻合金有限责任公司（101厂）是国家“一五”期间156项重点工程中的两项，是中国第一个铝镁合金加工基地。

自诞生之日起，东轻公司就肩负起了服务军工、建设国防的光荣使命。国产第一架飞机、第一枚导弹和运载火箭、第一颗原子弹、第一座核反应堆、第一艘核潜艇、第一艘远洋巨轮、第一颗人造地球卫星所用的轻合金材料百分之百是由东轻公司生产的。2003年10月15日发射的“神舟五号”载人飞船所用轻合金材料80%是由东轻公司提供的。伴随着共和国的成长的脚步，东轻公司也已逐步发展壮大成为一个能够生产18大类、251种合金、3623个品种、14880个规格铝、镁及其合金板、带、箔、管、棒、型、线、粉材、锻件和深加工制品的综合型轻合金加工基地，技术力量和人才储备始终保持全国领先，被誉为“祖国的银色支柱”、“中国铝镁加工业的摇篮”。

预拉伸机

热轧机

目前，公司总资产达到265672万元；占地288.79万m^2；拥有职工9481人，其中专业技术人员2337人；拥有各类设备6314台（套），其中部分设备如预拉伸机、热轧机等为国内和亚洲少有的大型铝加工设备。

现如今，东轻公司正以“超大规格特种铝合金板带材生产线”项目为切入点，充分发挥自身优势，力争在未来三至五年内，发展成为资产总额和年销售收入双超50亿的大型企业集团，实现“基地化、专业化、集团化、规模化”的战略发展目标。

地址：哈尔滨市平房区新疆三道街11号
邮编：150060
电话：0451-86568201
传真：0451-86802288

山东东佳集团（原山东淄博钴业股份有限公司）。下设淄博钴业股份有限公司、山东东佳集团有限公司、山东金虹钛白化工有限公司、中日合资山东三盛钛工业有限公司、淄博佳阳钴业有限公司等七个公司。始建于1956年，经过40多年的不断发展，集团公司的经济实力不断增强。2003年集团公司完成工业总产值2.8亿元，实现产品销售收入2.03亿元，实现利税1849万元，较上年有较大增长。2004年上半年完成工业总产值2.57亿元，同比提高112.48%；实现销售收入1.98亿元，同比提高146.54%；实现利税2652万元，同比提高278.32%；其中实现利润1186万元，同比提高10倍。

集团公司董事长兼总经理：孙家财

山东东佳集团

原山东淄博钴业股份有限公司

TiO2

集团公司的主导产品钛白粉年产量已达到4.5万t（其中金红石型钛白粉2万t，锐钛型钛白粉2.5万t），生产量居全国同行业之首，产品畅销世界各地。钴系列产品生产加工能力达800t金属量，其中氧化钴、硫酸钴产量居全国同行业前列。硫酸年产31万t，是山东一流的商品酸生产企业。亚硫酸铵年产1.5万t稳居全省首位。

集团公司办公楼

集团公司中日合资年产1万t化纤级钛白粉，正在紧锣密鼓的建设之中，预计2005年一季度投产。集团公司现正与加拿大某公司合资筹建金红石型钛白粉扩建项目。届时公司金红石钛白粉将达到年产4万t能力。今后几年公司经济将有一个持续性、大幅度发展。

集团公司竭诚欢迎社会各界和业内同仁志士携手共进、精诚合作、互惠互利、共展宏图伟业。

生产线一角

SHANGDONG DONGJIA GROUP

地 址：山东省淄博市博山区
邮 编：255200
电 话：0533－4180979、4167746
传 真：0533－4182060
http://www.zbcobit.com

中色科技股份有限公司
公司设计的
南阳体育馆
公司设计的
政府办公楼
中色科技股份有限公司（以下简称“中色科技”）由洛阳有色金属加工设计研究院作为主发起人，联合中国有色工程设计研究总院、北京有色金属研究总院、苏州长光企业发展有限公司等五家法人单位以发起方式设立。
中色科技是以有色金属加工行业规划、工程设计、工程总承包、工艺、材料研究、设备研制及总承包为主的综合性科研设计企业，持有12个国家甲级资质证书，通过ISO9001质量体系认证，并被认定为高新技术企业。
中色科技设有有色金属加工工艺、设备、工业炉、液压控制、自动化、电力传动、电讯、自动化仪表、计算机、给排水、通风、环境保护、建筑、结构、技术经济、概预算等近30个专业，拥有国内领先的液压研究室、厚调实验室、中试基地等研究机构，并拥有一批有色金属加工领域内的专家学者。其中国家级设计大师2人，享受政府津贴专家25人，教授级高工54人，高级工程师232人，各类国家注册资格人员235人。名列2003年全国勘察设计行业营业额100强的第54位。
中色科技坚持科研、设计、装备研发制造、有色加工材生产“四位一体”的发展战略，贯彻“质量如同生命，服务竭尽真诚”的质量方针，正朝着建立科技先导型公司的目标努力奋斗。
公司设计的
铝箔生产线
公司设计的
铜板带车间
公司设计的铝热轧机列
公司设计的钨
钼线材连轧机
九華山九十九米地藏菩薩銅像
公司设计的
九华山大佛
地址：河南省洛阳市涧西区西苑路1号
邮编：471039

生产现场一隅

公司外景

“天坛”牌重熔铝锭

总经理：尚灵周

河南中迈铝业有限公司，隶属河南渑池中迈铝电实业有限公司，地处三门峡市渑池县天坛工业园区，邻近陇海铁路，靠310国道和连霍高速公路，交通便利。厂区占地500余亩，固定资产9亿元人民币，现有员工1200余人。

公司始建于1999年，设计规模为年产电解铝锭12.5万吨，2003年10月全部建成。生产系统分别采用SY160KA和GY200KA大型预焙阳极电解槽，应用电流大面四端进电，中间点式下料，计算机集中、分布控制，氧化铝超浓相输送，法国干法烟气净化回收技术，是国内技术装备比较先进的铝工业企业之一。

公司主导产品“天坛牌”重熔铝锭，2002年12月通过国家质量认证中心ISO9001：2000质量体系认证，产品合格率达100%，各项生产技术指标居全国先进水平。公司先后荣获“质量放心品牌”、“免检产品”、“河南省优质产品”、“河南省名牌产品”、“河南省质量管理先进单位”、“河南省出口工作先进企业”等荣誉称号。公司具备进出口自营权，产品在国内外市场供不应求，畅销上海、广东、厦门等10多个省市，并远销美国、卢森堡、韩国、日本等国家。

主控室

河南中迈铝业有限公司厂景

河南中迈铝业有限公司

地　址：河南省三门峡市渑池县天坛工业园区　　电　话：0398－4957053
邮　编：472400　　传　真：0398－4957040

独有豪情
只一步，驚天地，
王者不言，
氣勢……
河套酒业
HETAO LIQUOR
河套王
酒精度：39%(V/V)　净含量：500mL
内蒙古河套酒业集团股份有限公司
内蒙古河套酒业集团股份有限公司
电话：0478—6633999

上海印钞厂

厂长：罗鸿翔

上海印钞厂始建于1941年，隶属于中国印钞造币总公司。现有固定资产总额10亿多元，是一家拥有成套现代印钞设备和先进印刷技术的大型骨干印钞企业，从事货币的研制生产和印制增值税专用发票、有价证券、银行专用票据、高级防伪证件、证书等安全印务方面的生产经营活动，下辖上海证券印制有限公司、上海密特印制有限公司等多种经营企业。上钞厂连续四届获得“上海市文明单位”称号，2001年获“上海市优秀企业形象单位”称号，2003年荣获全国金融系统五一劳动奖章。近几年来，企业经济效益节节攀升，连年荣膺上海市工业企业销售收入500强。

历经60多年的不懈努力，上钞厂已发展成为印制实力雄厚、技术装备水平先进、工艺技术独特、品牌信誉可靠的大型印钞企业，形成了完整的生产技术工艺体系，在货币新品开发设计与印制方面具有较强的综合能力。企业拥有国际先进的计算机钞券设计、制版系统和胶印机、接线凹印机、全息贴膜机、超级双色印码机等进口印钞设备。近几年，企业成功研制和生产了新版第五套人民币百元券和国庆50周年流通纪念钞，为央行履行职责，确保发行需要做出了突出的贡献。

上钞厂将安全与质量视为生命，在生产过程中实行严格的产品数字管理，不断提升产品质量。在企业管理中，将传统管理经验与现代化管理模式、方法有机结合起来，形成了一套先进、完整、严密、特殊的管理制度和工艺技术，通过了ISO9001质量管理体系、IS014001环境管理体系、OHSAS18001职业安全卫生管理体系的国际认证，实现了三大管理体系的整合。

上海印钞厂所属的上海证券印制有限公司、上海密特印制有限公司等多种经营企业凭借雄厚的技术力量、先进的生产管理、完善的安全管理和良好的社会信誉，积极参与市场竞争，竭诚为社会各界服务。采用整套的人民币质量管理的特种制度，严格按照国家印钞厂特殊企业、特殊产品、特殊管理的“三特”模式组织生产。多种经营企业注重运用现代化管理手段，2003年证券印制公司、密特印制公司先后通过了ISO9001（2000版）质量管理体系的国际认证。多种经营企业拥有一支高水平的设计、制版、印刷专业技术人才队伍，在印刷防伪工艺上具有独特的、多方位的综合防伪印制技术能力，在安全印务领域形成了较强的专业化能力，以特种管理优势、技术优势、防伪特色和周到的服务在激烈的市场竞争中取得了良好的业绩，赢得了客户的广泛赞誉。

上海密特印制有限公司是全国护照生产企业。主要从事各类护照、精密防伪印刷品、银行电脑印刷品和有价证券、证券印刷品，以及其它印刷新品种的开发与印制。科技是企业的支撑,依托上海印钞厂雄厚的设计、科研和技术装备力量，公司在护照证件类产品的开发研制上，不断推陈出新。数次担纲人民币设计重任的多位高级工艺美术师匠心独具地设计构思，电脑辅助设计系统强大的专用支持软件，独特的钞券印制设备、装订设备、自主开发的专用防伪油墨、发达的国际物流系统,使我们产品的艺术性、防伪性一直以来深得客户的信赖和好评。最新研制成功的护照防伪膜已达到同行业领先水平。公司拥有护照装订机流水线及配页、裁切、塑封包装、晒版等成套设备。先后设计开发和生产了中国公民因私护照、因公往来香港、澳门特别行政区通行证，外交、公务、因公普通等系列护照证件产品。

上海证券印制有限公司是增值税发票、各类汇票、支票、地税刮奖发票的定点生产企业。公司在印刷防伪工艺上具有独特的、多方位的综合防伪印制技术能力，包括各种油墨防伪、机雕及手刻花纹防伪、专用水印纸防伪、彩虹印刷防伪、号码系列防伪、数码标签商标防伪、条形码防伪等技术手段。公司现已形成较大的生产规模，引进了具有世界先进水平的印刷设备和技术，包括BARCO设计排版出片系统、德国蔡瑟打码喷墨检测系统、日本富士、太阳轮转商用表格印刷机、丝网印刷机、海德堡印刷机等各类世界先进的印刷设备，以及撕页机、配页机、贴膜机等完整的配套设备。公司持有各类资格证件，包括中华人民共和国秘密载体复制许可证、中国防伪技术协会会员证书、印刷商标单位证书、上海市特种行业许可证、税务监制章等。公司利用自身的技术和管理优势，先后为国家各部委、金融机构和社会各界提供特种防伪印制服务，在全国高级防伪印品市场占有相当的份额，形成了银行票据与有价证券、税票与发票、特种证件和社会活件四大类核心业务。公司还积极拓展邮资品业务，引进了全套信封生产线以及烫金机、压痕机等成套印后设备，承担各类邮资信封、明信片的生产，包括第十届全运会对奖明信片、上海F1大奖赛明信片、门票等业务。

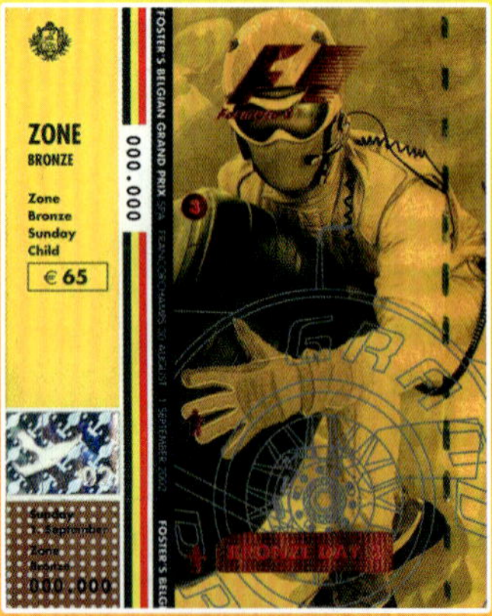

上钞厂“十五”规划即将完成，新的印钞厂房竣工在即。按照中国人民银行和中国印钞造币总公司的要求，企业将建设成为代表中国印钞行业最高水平的对国际、国内开放的窗口企业，已计划于2005年10月正式对国内外各界开放。上钞厂在确保主业发展的同时，加快发展多种经营业务，投资建设位于上海普陀区绥德路的多种经营生产基地，进一步做强、做大多种经营。

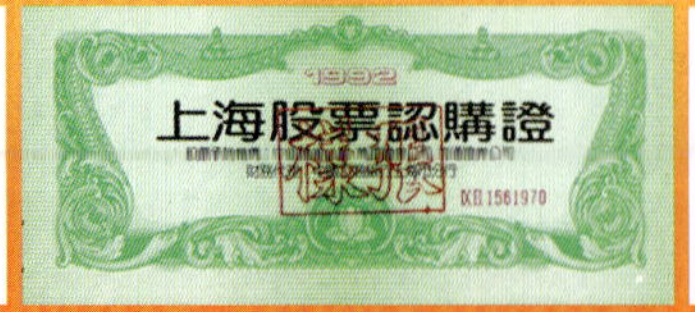

上海印钞厂
中国上海市曹杨路158号　邮编:200063
电话:021-52931111　传真:021-52931038
网址:http://shyc.cbpmc.com.cn

上海密特印制有限公司
中国上海市交暨路185号　邮编:200333
电话:021-56950640
传真:021-56950699

上海证券印制有限公司
中国上海市曹杨路540号中联大厦10楼
邮编:200063
电话:(021)62440001　传真:(021)62441174

全国妇联儿童事业发展集团

经中央编制委员会批准，全国妇联儿童事业发展集团于2004年4月8日成立。该集团是继中国广播电影电视集团和中国出版集团之后，由中编办批准组建的又一事业集团。集团隶属于中华全国妇女联合会，属事业单位性质，实行企业化管理，与中国儿童中心是一个机构，两个牌子。

全国妇联儿童事业发展集团是我国第一个专门从事儿童教育、文化、健康、科技开发的事业集团。集团以中国儿童中心为主体（中心于1982年成立，位于北京官园，占地8万平方米，建筑面积4万平方米，资产总规模为7.6亿元），集团由中心下属18个单位组建而成，经营文化、健康、科教娱乐、国际合作、投资管理、物业管理等多种儿童产业。

集团以服务儿童、造福家庭为宗旨，以繁荣儿童事业，促进儿童发展为使命，设立管理委员会，负责全面规划、管理和组织实施集团发展目标；下设办公室、人力资源部、财务管理部、资产管理部等管理机构和六大业务板块，致力于儿童产业的开发经营和管理。

集团愿意联合社会力量，运用市场机制发展公益性事业，以资产为纽带，以改革为动力，推动集团产业化、专业化、规模化发展，促进我国儿童事业的发展和繁荣。

地　　址：北京市西城区平安里西大街43号（邮编100035）　　　联系电话：010-66160122

天信仪表 TANCY

上海天信仪表有限公司坐落于上海奉贤综合经济开发区，主要产品有智能电磁流量计、多钝体涡街流量计、燃气设备、调压站(柜)、和燃气调压站自动控制系统。公司注重对外合作，与美国德莱赛工业公司合作生产城市燃气调压系统，自力式调压阀。公司还与国内外著名科研院所、大学合作，共同承担国际重点技术合作项目，开发研制具有国际领先水平科技产品。

上海天信仪表有限公司将充分利用上海国际大都市的区域优势，紧紧把握历史发展机遇，求得跟国际一流品牌公司更紧密的合作，发展外向型经济，为振兴中国自动化仪表和燃气设备作出不懈的努力。

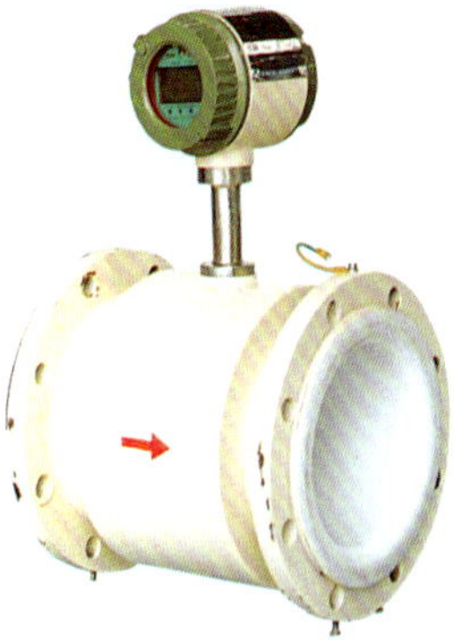

■TLD智能电磁流量计

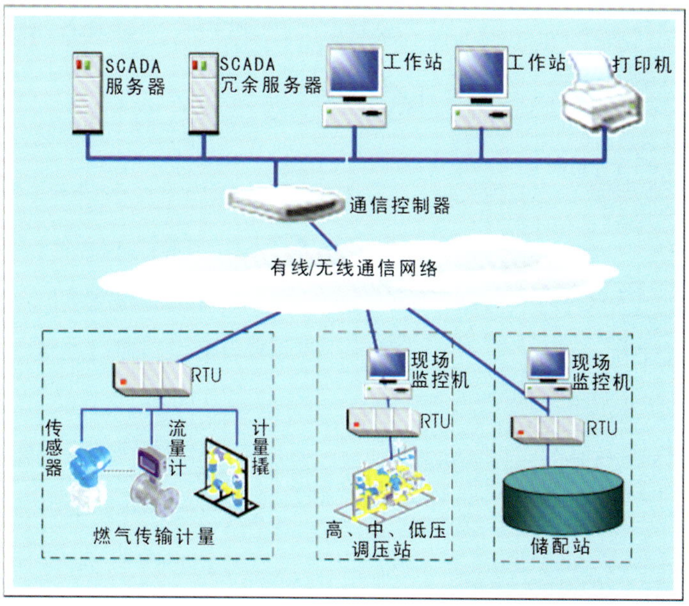

■SCADA系统的主要特点

- 基于Web技术，易集成、扩展和维护，节约系统投资；
- 通过有线/无线通信网络，实现遥测、遥控；
- 采用分布式控制结构,保证了系统的可靠性，增强了系统组态的灵活性（本地组态和远程组态）；
- 监控软件采用多窗体，多任务环境。完成监测点的电子地图定位：流程图、历史数据趋势曲线、实时数据趋势曲线显示：报警记录、数据报表打印等；
- 系统通用性强，既可遥测燃气传输网上的单个仪表信息，又可遥控高、中、低压调压站和储配站等复杂站点。

■TRG(M)系列燃气调压器：

该产品是我公司引进美国德莱赛穆尼公司的先进技术，散件进口组装，技术质量达到世界领先水平，其优特点：

- 结构紧凑，体积小，重量轻，在线维护成本低而且方便
- 响应速度快，调压范围宽，调压精度高
- 确保安全可靠使用5年免维护

上海天信仪表有限公司
地址：上海奉贤区西渡工业园区扶港路1258号
联系人：杨婷婷(商务部)
电话：021-57436682
传真：021-57436682/57436681
网址：http://www.tancy.com

贵州遵义烟叶有限责任公司

贵州遵义烟叶有限责任公司是由中国烟叶生产购销公司、中国烟草总公司贵州省烟草公司、武汉烟草（集团）有限公司、贵州省烟草公司遵义市分公司共同出资，1999年12月7日由国家烟草专卖局批准成立的有限责任公司，注册资金为2.3亿元。主要为卷烟工业企业提供打叶复烤委托加工服务。公司现有员工177人，平均年龄32岁，专业技术人员占员工总数的60%。在生产季节拥有长期稳定的季节性熟练工1200余人。

公司位于优质烟产区遵义，占地19万多平方米，其中厂房3.2万平方米，仓库7.8万平方米，原烟精选车间3400平方米。拥有两条具备当今先进生产技术和工艺水平的打叶复烤生产线，年处理原烟100万担以上。

公司遵循“敬业奉献，和、搏、一流”的企业精神、“超越期望、实现共赢”的经营理念从事烟叶加工业务，自投产以来，共为国内三十多家卷烟工业企业加工原烟240多万担，上缴国家税收2800万元，实现利润3200万元，工业总产值21.6亿元。

公司以“行业领先、国内一流”为发展目标，坚持“科技兴企”、“人才兴企”的发展战略，积极引进先进管理理念与方法，大力倡导工艺改进与技术创新，强化市场开拓与客户管理，务实求真、开拓进取，实现了改革、发展、稳定协调推进，物质文明、精神文明和政治文明全面发展。

公司现已获得ISO9001：2000质量管理体系、ISO14001：1996环境管理体系、OHSAS18001：1999职业健康安全管理体系的认证。

地址：贵州省遵义市汇川区董公寺镇　　邮编：563003

电话：0852-8642037　　传真：0852-8642037

E-MAIL:ZYYY@ZUNYITOBACCO.COM　　HTTP://WWW.ZUNYITOBACCO.COM

毕节卷烟厂

厂长：马达祥

一、毕烟历史

毕节卷烟厂创建于1974年，九十年代以来得以规模性发展，从一个小型企业发展为国有大二型工业企业，成为地方的重要经济支柱。"八五"、"九五"期间生产卷烟318万箱，销售收入89亿元，实现税利40亿元，占地区同期财政收入的一半以上，是毕节地区第一纳税大户。连续6年进入全国500家最大工业企业和最佳经济效益企业，连续9年被评为省级文明单位。

二、毕烟资产

全厂占地32万平方米，建筑面积18万平方米。资产总额17亿元，固定资产9.8亿元。企业装备有九十年代国际先进水平的570kg/h干冰膨胀烟丝生产线、3000kg/h虹霓制丝线各一条，PROTOS、帕西姆、GDX、B1等高速卷接包机组12组及投资2000多万元的质量三级检测站和科研机构，国际先进水平的设备装备占企业生产能力的90%。

三、毕烟品牌

毕节卷烟厂年生产能力45万箱，国家指令性生产计划34万箱。主要产品为"驰"牌。"驰"牌创牌于1990年，是毕节卷烟厂第一品牌，也是全省、全国知名品牌，多次荣获国优、省优和全国名优卷烟称号，畅销20多个省市自治区。在10余年的发展历程中，已形成驰（精品软）、驰（佳品）、驰（特醇）、驰（星光蓝）等系列产品，以独特的清香风味深受消费者喜爱， 2004年，"驰"被评为"贵州省首届十佳著名商标"、"十佳消费者喜爱品牌"、"贵州名牌产品"，被国家烟草专卖局列为"卷烟产品百牌号"。"驰"牌系列产品烟丝油润金黄，香气清雅圆润，烟味醇和细腻，浓度、劲头适中，无杂气刺激，口感干净舒适，余味悠长，回味生津感强。选择国内外优质烟叶和香辅料进行科学配方，具有国际先进水平的进口自动化制丝及卷接包装设备，进行精制加工，确保上乘的卷烟内在品质。

四、毕烟发展

2000年以来，毕节卷烟厂相继建立和完善原料保障体系、工艺保障体系、质量保障体系、市场保障体系，大力实施基础管理工程、品牌发展工程、市场建设工程。以财务管理为核心、质量管理为前提、成本管理为重点，狠抓内部管理，狠抓产品质量，大力推进技术创新，生产经营全面发展，经济效益显著增长。2004年生产卷烟34万箱，实现销售收入17.3亿元，同比增加3.8亿元，增幅达28.19%；平均单箱含税销售收入4950元，同比增加了1140元；实现税费7.1亿元，同比增长27.24%；全年综合盈利1.62亿元，同比增加1.1亿元，利税总额同比增长2.6亿元以上。

厂长：王记生

北京第一机床厂具有50余年机床生产历史，为国民经济各行业提供各种类型的升降台铣床、床身式铣床、圆工作台铣床、数控镗铣钻机床、立卧式加工中心、数控钻削中心以及重型、超重型的数控龙门镗铣床、龙门加工中心、装配生产线专用机床、汽车部件装配线和地质工程钻机等机械设备，产品畅销国内外，远销世界50多个国家和地区，深受广大客户的欢迎。

在深化国有企业改革中，北京第一机床厂根据北京整体规划要求，提升传统制造业，吸收并入了北京第三机床厂，并集合优质资产成立了北京北一数控机床有限责任公司，在北京林河工业开发区投资兴建北京数控机床生产基地。该基地生产加工中心机床、数控龙门镗铣床、精密机床零部件加工、装配成产线，机床刀具等，建成后将成为世界一流的现代机床制造企业。

北京北一数控机床有限责任公司与日本大隈株式会社合资成立了北一大隈（北京）机床有限公司，全套引进大隈株式会社技术，批量生产立、卧加工中心机床、数控车床。

北京第一机床厂、圣和精机株式会社、CMEC日本株式会社三方合资成立了北一圣和（北京）精密工具有限公司，引进日本圣和精机株式会社技术，生产数控机床功能部件、刀具、刀柄等精密零部件。

北京第一机床厂、北京北一数控机床有限责任公司、北一大隈（北京）机床有限公司、北一圣和（北京）精密工具有限公司将本着精良制造、精诚合作、创新发展、贡献社会的宗旨，竭诚为社会各界用户服务。

北京第一机床厂
北京北一机床数控有限责任公司
地址：北京市顺义区林河工业开发区双河大街16号
电话：010-89496161
北京第一机床厂销售分公司
地址：北京市朝阳区东三环中路39号建外SOHO B座2802室
电话：010-58691108 传真：010-58690354
E-mail:bjby@263.net.cn
北京第一机床进出口有限责任公司
地址：北京市朝阳区东三环中路39号建外SOHO B座2604室
电话：010-58693398 传真：010-58693594
E-mail:byjcb@public.bta.net.cn

XKA2150 数控龙门镗铣床

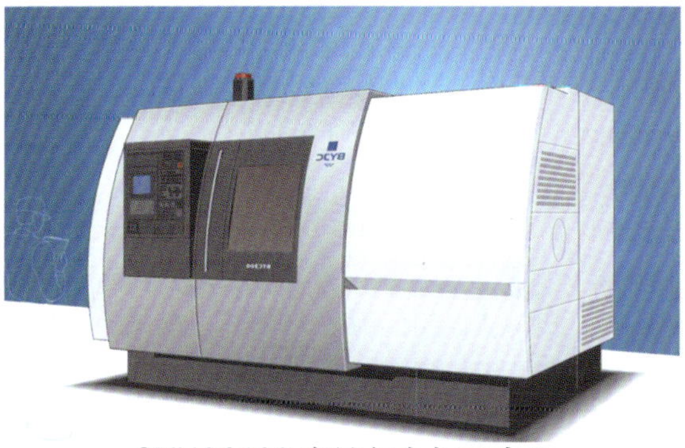

CXHA6130 车铣复合加工中心

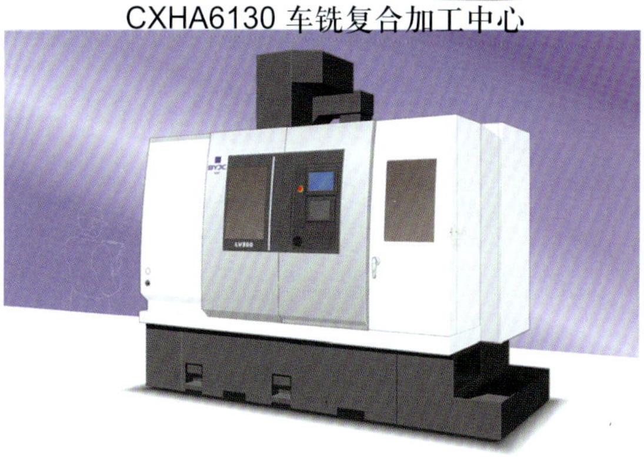

CDHA512 倒立式车削加工中心

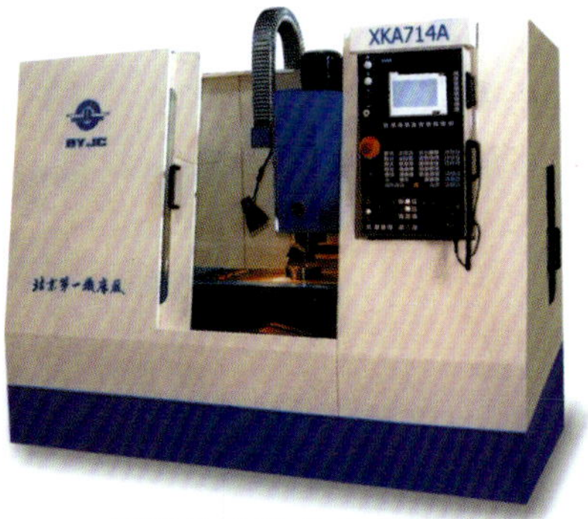

XKA714 数控床身铣床

BYJC

北京第一机床厂

北京北一数控机床有限责任公司

东风汽车有限公司设备制造厂

MACHINE TOOL PLANT OF DONG FENG MOTOR CO.,LTD.

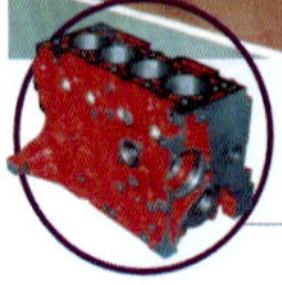

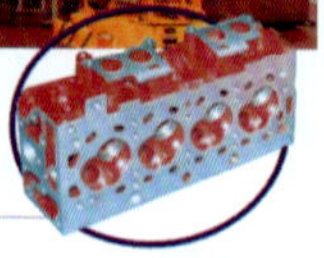

为神龙汽车公司襄樊总厂提供的发动机缸体、缸盖加工自动线，采用龙门式机械手上下料，配有三座标柔性加工单元，自动输送小车，可以完成三个品种的加工。

为上海汽车齿轮总厂提供的差速器壳体加工自动线，上下料工位采用电动定扭扳手夹紧、松开零件，随行夹具输送工件，半成品上线，成品下线。

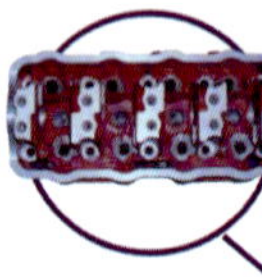

为哈尔滨东安微型发动机公司提供的缸盖进排气导管孔，阀座孔精加工自动线。由我厂与美国兰姆公司联合设计制造，采用先进的枪钻、枪镗、高速切削新工艺。

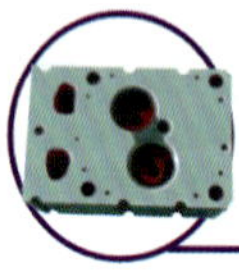

为山东潍纺柴油机厂提供的斯太尔发动机缸盖加工自动线群。

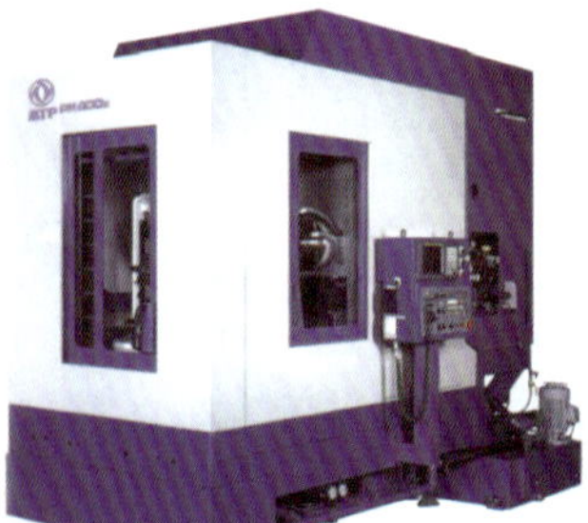

PM400II

PM500A

PM500

自主研制的**高速加工中心**

PM系列卧式加工中心主要参数

The main specification of PM Series horizontal machining centers

	PM400II	PM500A	PM500	PM630
各轴行程 Axis stroke：（X×Y×Z）mm	500x500x500	650x600x600	650x600x600	850x600x600
快速进给 Rapid feed：（X×Y×Z）	40m/min	40m/min	32m/min	36m/min
加速度 Acceleration：（X×Y×Z）	0.5G	0.5G	0.4G	0.4G
工作台尺寸 Table size：mm	Φ400	Φ500	Φ500	Φ630
主轴转速 Spindle speed：	100–14000rpm	100–6000rpm	100–6000rpm	100–12000rpm
主轴功率 Spindle power：kw	22/18.5	22/18.5	22/18.5	40/30
刀柄规格 Adaptor specification：	BT40(HSK63)	BT40(HSK63)	BT50	BT50\HSK–A100
刀库容量 Magazine contains：	20/28/40	20/28	30	30
刀具最大直径 Max. cutter diameter：(mm)x长(mm)x重量(kg)	125x300x7	125×300×7	108(250)x450x20	108(250)x450x20
换刀时间 Cutter changing time：（T–T）	1.2秒	1.25秒	2.1秒	2.1秒
电气系统 Electric system：	FANUC 18iMA	FANUC18iMA	FANUC18iMA	FANUC18iMA
机床宽x长 Machine width × length：mm	2350x3275	3650X5550	3500X4900	3590X4950
机床重量 Machine weight：kg	7500	15000	12000	13000

HS系列高速加工中心主要参数

The main specification of HS Series high speed machining centers

	HS630
各轴行程 Axis stroke：（X×Y×Z）mm	500×500×550
快速进给 Rapid feed：（X×Y×Z）	60
加速度 Acceleration：（X×Y×Z）	1.2G
工作台尺寸 Table size：mm	Φ630
主轴转速 Spindle speed：	100–20000
主轴功率 Spindle power：kw	40/47
刀柄规格 Adaptor specification：	HSK–A63
刀库容量 Magazine contains：	21
刀具最大直径 Max. cutter diameter：(mm)x长(mm)x重量(kg)	Φ125×250
换刀时间 Cutter changing time：（T–T）	3秒/5秒
电气系统 Electric system：	in dramat
机床宽x长 Machine width × length：mm	8000×2400×320
机床重量 Machine weight：kg	20000

MACHINE TOOL PLANT OF DONG FENG MOTOR CO.,LTD.

为扬州柴油机厂提供的缸体缸孔及止口精加工机床。该机床采用了双轴数控系统，精度专用镗头、精密内冷镗杆、在线定位检测及刀具自动补偿等技术。

为潍坊柴油机厂提供的斯太尔发动机缸体曲轴孔、凸轮轴孔、定位销孔精加工机床。

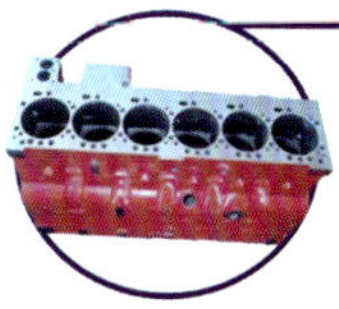

为东风康明斯公司提供的康明斯C系列发动机缸体加工自动线,采用了双面三座标柔性加工单元，精拉瓦盖结合面，枪钻细长孔，刚性主轴箱和定位面在线检测技术等新装备及新技术。

为重庆长安汽车股份有限公司提供的缸体主轴承孔、定位销孔加工机床。

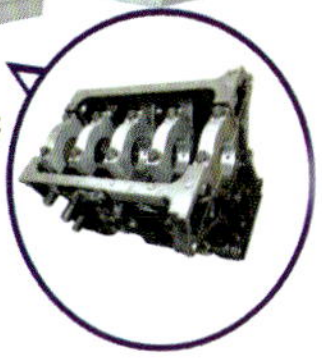

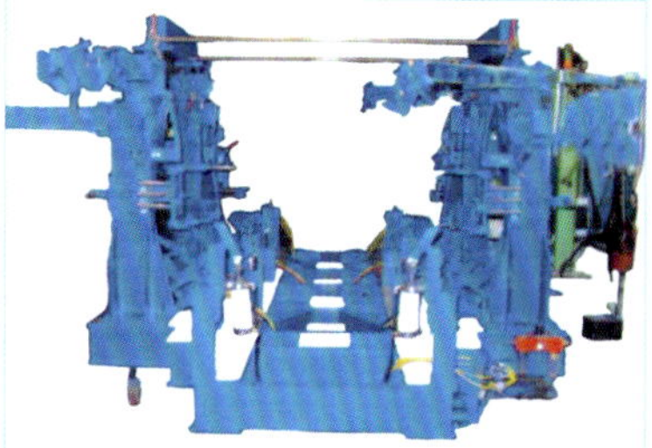

为风神汽车有限公司提供的风神蓝鸟车身总成焊装夹具

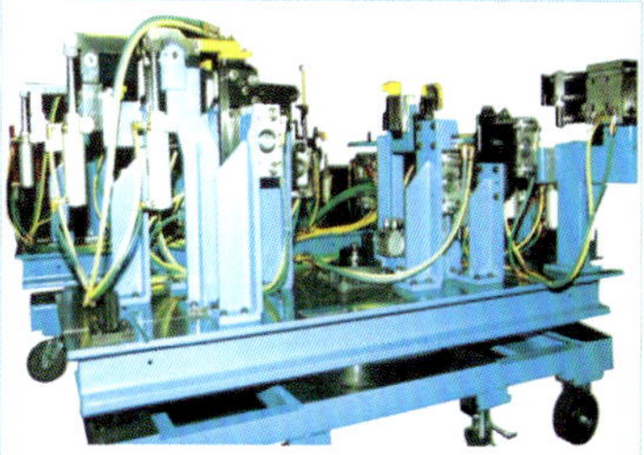

为广州本田汽车有限公司提供的雅阁轿车车身分总成焊装夹具

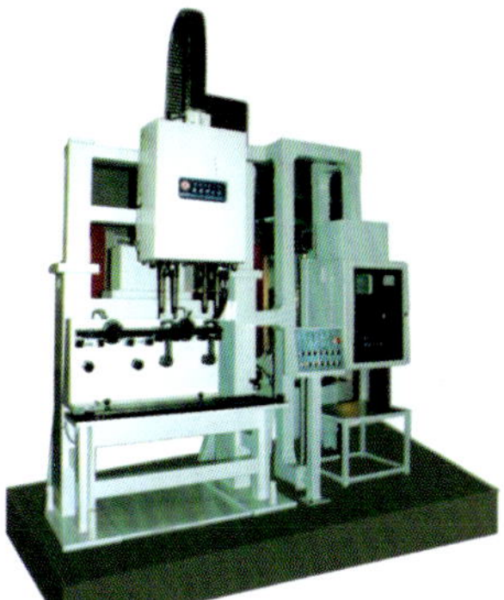

发动机连杆电动拧紧机

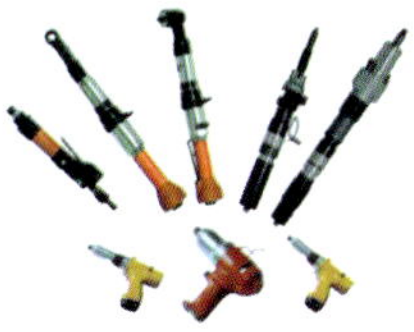

气、电动可控螺纹拧紧工具系列

为东风汽车公司提供的东风小霸王1.5T轻型车驾驶室总成焊接自动线，全长58米，10个工位，6台焊接机器人。

为神龙公司提供的轿车后桥装配线

地址：中国湖北省十堰市朝阳北路22号 邮编：442022
传真：0086-719-8223179 邮箱：Markdep@dfmtp.com.cn
电话：0086-719-8222448 http://www.dfmtp.com.cn

江苏恒力组合机床有限公司

JIANGSU HENGLI MODULAR MACHINE TOOL CO.,LTD

（盐城红旗机床厂）

董事长、总经理：仲秋

集科研、制造、贸易于一体的江苏恒力组合机床有限公司，座落在长江三角洲经济圈、黄海之滨千年古城江苏省盐城市。企业创建于1958年，占地面积11万平方米，拥有恒温车间和技术中心2400平方米（实现绘图自动化和三维智能化设计），各种金切设备400多台，其中精大稀设备50余台，具有较强的加工、装配、检测和机床安装调试能力，具备年产各类组合机床500台、通用部件600台的能力。

公司自70年代初开始专业从事组合机床及其通用部件的开发研制。目前主要产品有各类通用部件、组合铣床、转盘铣床、龙门铣床、专用机床、非标生产线及装备6大类17个系列，品种规格为国内同行之首，产品覆盖国内外市场，同时，公司加大出口业务拓展力度，先后开发东南亚和欧美市场，招商引资势头较好。

2003年通过省级新产品鉴定、省级科学技术成果鉴定的LT160.3-21-273型水箱式拉丝机组为代表的钢帘线生产设备，在制造精度和电气控制等方面均达到国际先进水平，产品质量受到多家用户的好评。

“十五”末期，恒力公司将进行新一轮的技改扩能工作，征地100亩新建恒力新厂区，总投入1.5亿元，全力将恒力公司建设成为以平面组合铣床为特色的国内组合装备的主要制造基地和拥有核心竞争力的现代化高技术公司，并着力开发金属制品加工设备，使之成为苏北钢帘线生产设备的基地。

新研制的替代进口产品：发动机缸体自动线

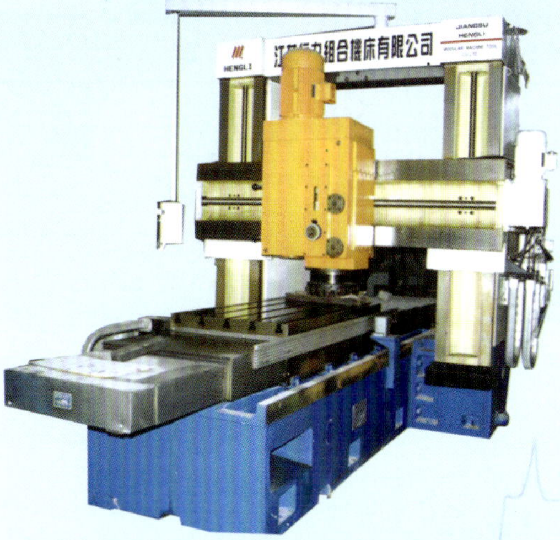

LMX—63龙门铣削组合机床

公司地址：江苏省盐城市小海北路2号

电话：0515-8777001 8177066

传真：0515-8500880 8599862

网址：http://www.jshljc.com.cn

电子信箱：hljc@mail.machineinfo.gov.cn

桂林机床股份有限公司

Guilin Machine Tool Co.,Ltd.

桂林机床股份有限公司于1993年7月由原桂林机床厂经股份制改组而成。原工厂始建于1951年7月，至今已有54年机床生产经验与40多年机床出口历史。现为中国机械工业500强企业、全国CAD工程应用示范企业、中国机床行业竞争力之星企业、中国机械500强——机床20强企业、中国机械工业质量效益型企业、全国质量服务消费者满意企业、国家人事部批准的建立博士后科研工作站企业、广西高新技术企业、广西(省)级技术中心企业。公司荣获中国进出口质量认证中心颁发的ISO9001：2000版质量体系认证证书。公司生产的桂

牌数控龙门铣床、龙门式加工中心、数控床身铣床、滑枕铣床

中国产品质量信息网授予“全国质量信誉保障产品”光荣称号。

林牌龙门系列产品，桂林牌X56、X57、X66、X67系列滑枕升降

铣床、桂林牌卧式、立式升降台系列铣床分获“广西名牌产品

“广西优质产品”，50-II 数控自动万能铣头获广西科技进步一

奖，XK2316/3-5X 五轴联动龙门铣获上海“工博会”铜奖

XHZ7712A/3滑枕式加工中心获广西科技进步二等奖。公司享有

营进出口权，产品内销全国各地，外销40多个国家和地区。现

中国主要万能铣头机床和滑枕系列铣床批量生产制造商。

2003年，公司在全国机床工具行业中取得了工业总产值排

国第6位，利润总额、工业增加值、资产总值、流动资产平均

额排第7位的好成绩。而在全国铣床行业中则排位更前，利润

额、利税总额排在第2位，工业总产值(不变价)、产品销售收

工业增加值排在第3位。2004年主要指标增长达40%以上，数

产品产值率达60%，新产品产值率达73.6%。

XKF778
数控滑枕床身铣床
数控仿形滑枕床身铣床

XK2316/3-5X
五轴联动数控龙门铣床

XKZ2316A/3
数控龙门铣床

XHZ7712A/3
滑枕床身式加工中心

地址：广西省桂林市中山北路37号
邮编：541001
电话：0773-2025560
市场部电话：0773-2824903
进出口电话：0773-2802894
传真：0773-2824287
E-mail:glmt@public.glptt.gx.cn
http://www.glmtc.com.cn
法人代表：尹向东

齐齐哈尔第一机床厂
齐重数控装备股份有限公司

企业法人代表：刘建荣

齐齐哈尔第一机床厂始建于1950年，坐落于美丽的丹顶鹤故乡——黑龙江省齐齐哈尔市。是我们机床行业“十八罗汉”之一。是国家数控机床产业化基地，也是我国机床行业规模较大的重点骨干企业之一。

齐重数控装备股份有限公司是由齐齐哈尔第一机床厂集中优势资产，联合中国机电出口产品投资公司、黑龙江中盟集团有限公司、武汉华中数控系统股份有限公司等社会法人共同发起成立的大型股份制企业。

齐齐哈尔第一机床厂、齐重数控装备股份有限公司拥有50多年机床产品生产制造的丰富经验以及优良的制造装备和手段，以重型数控立卧式车床、深孔钻镗床、铁路车床、轧辊车床等为主导产品，主要服务于能源、交通、原材料、重型机械、航空航天、国防等国家重点行业和领域，产品远销40多个国家和地区，累计已出产产品25000多台。

企业现有20多个主要生产车间，其中有世界先进水平的恒温加工装配车间和数字化的超重型机加装配车间，有年产26000t的大型铸造厂。拥有主要生产设备1600多台，其中进口把关设备200余台，并拥有进口的德国齿轮测量机、日本三坐标测量机、美国双频激光干涉仪、程序扫描电感耦合等离子光谱仪、德国超声波探伤仪等一批世界先进的检测仪器。

企业技术力量雄厚，设有国家级的重型机床研究所。引进了美国dell公司的网络系统、工作站、服务器等网络设备，使用美国UG公司的绘图软件，采用三维实体造型进行产品设计，应用动态仿真、虚拟制造技术对产品实行三维实体装配、干涉检查、动态分析。产品的开发设计已全部应用CAD、CAM、CAPP等先进技术，建立了工程图文信息管理系统，被科技部授予全国CAD应用工程示范企业。目前，产品的研发水平和手段在国内同行业中位居前茅。

齐齐哈尔第一机床厂、齐重数控装备股份有限公司是我国重大装备行业中的高新技术企业，2001年通过了ISO9001质量管理体系认证，2002年通过了2000版质量管理体系认证复审。2004年“齐一牌”机床产品被评为中国名牌产品。

2004年2月ERP系统建成并全面投入使用，使企业成为目前我国机床行业中第一家取得ERP项目成功的企业。

企业是黑龙江省优秀企业，先后进入黑龙江省工业50强、中国机械工业500强，其法人代表刘建荣荣获黑龙江省首届经济风云人物功勋奖。

齐齐哈尔第一机床厂、齐重数控装备股份有限公司的发展目标是：用高新技术提升企业核心竞争力，为国防工业提供功能部件、成套装备及技术服务。通过追赶世界先进技术潮流，产品向高速集成、柔性、复合化方向发展；全面打造世界先进管理模式，使生产、技术、销售、管理全面与世界接轨，使企业成为国内一流、特色突出、在国际上有一定地位的国防重大装备保障产业化基地。

DVT1600×55/280
重型数控双柱立式车床

SVT125×10/3Q-NC
数控高速立式车床

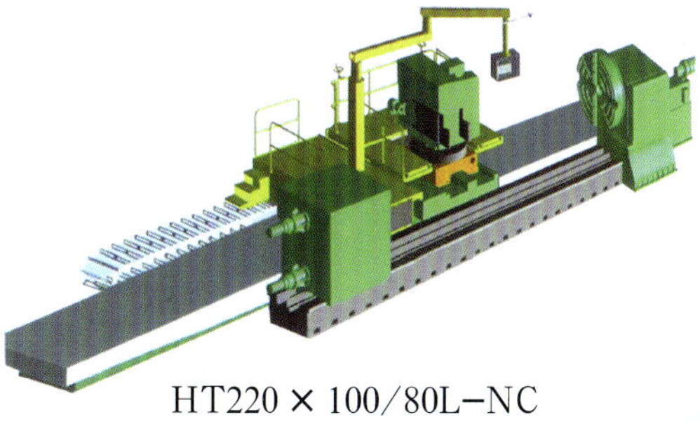

HT220×100/80L-NC
数控重型卧式车床

地　　址：黑龙江省齐齐哈尔市龙沙区安顺路61号
邮　　编：161005
联系电话：0452-2305281　2306695
　　　　　0452-2306646　2305329
传　　真：0452-2822857

集团公司董事长、总裁：丛威滋

Mr. CongWeizi,The boardchairman and the general manager of the group company

山东东维

SHAN DONG DONG WEI

山东东维集团公司是在原山东省威海市木工机械厂改制的基础上组建的大型股份制企业。座落在风光秀美、气候宜人的威海经济技术开发区的腹地。现有职工2600人，占地2000余亩；拥有“万国木机工业园”和“东维科技木业园”两大园区，四个中外合资企业，通过了IS09001质量体系认证，具有独立进出口权，是亚洲著名的木工机械生产基地之一。

公司集40多年之经验，引进国际先进技术设备，主要研发生产：“威木”牌高、中、低端“三板”成套设备，板式家具设备，实木家具设备，集成材、制材设备，多功能木工机床系列产品；“日田”牌数控龙门铣床、数控龙门磨床、数控车床和摇臂钻（自动）系列等金切设备；中韩合资“晓星”牌数控木工机床；中阿（阿根廷）合资“力纳”牌数控四面刨等。产品畅销国内，远销亚、欧、美、非等几十个国家和地区。

董事长兼总裁丛威滋同志热忱欢迎国内外各界朋友来公司合作兴业，携手共创美好未来！

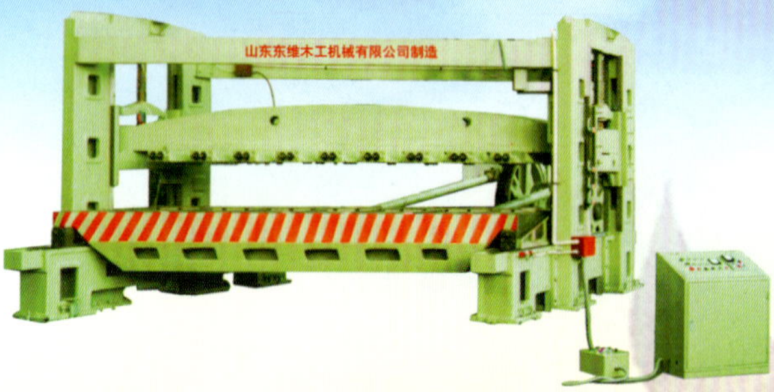

BBK1130B数控单板刨切机

MBX204F数显自动双面木工刨床

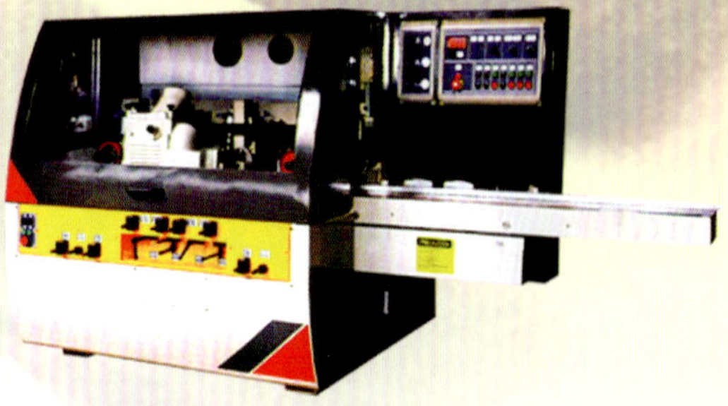

DL-3000数控六轴四面刨床

MK1830数控定梁式龙门平面磨床

主要荣誉

MAIN HONOUR

国家一级企业
中国500家最大机械工业企业
山东省管理示范企业
山东省高新技术企业
中国专利山东明星企业
20世纪中国木机行业十佳企业
通过ISO9001质量体系认证企业
中国农行山东分行“AAA级信用企业”
省级“重合同守信用企业”
国家科技成果重点推广计划项目依托单位

地址：中国·山东威海青岛中路148号
网址：http://www.weimu.com.cn

集团公司
GROUP CORPORATION

威 木
山东著名商标

ORI TIAN
东维数控

BQK1813数控无卡轴旋切机

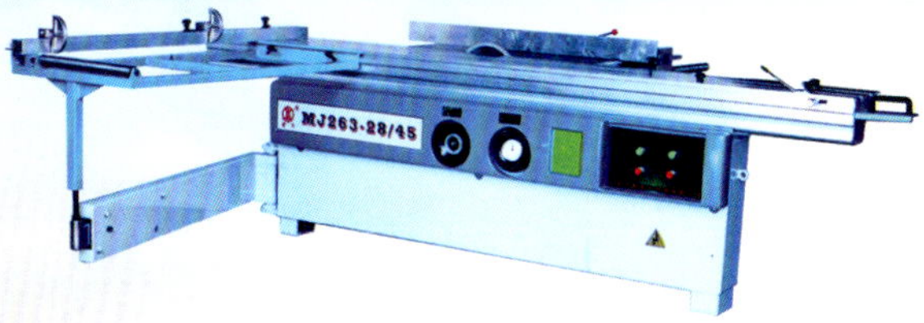

MJ263-28/45°精密推台锯

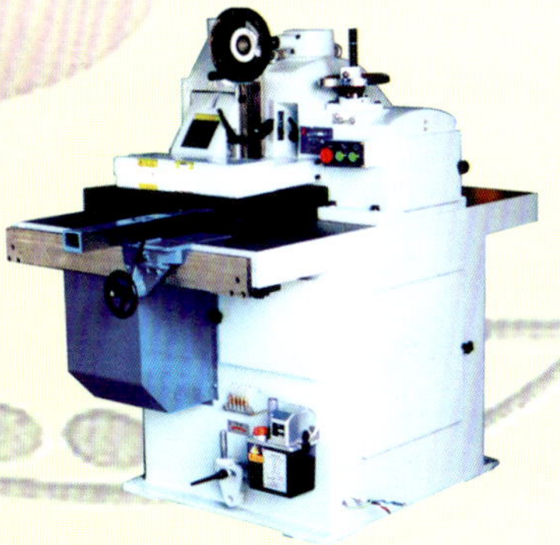

MJ153A自动进给圆锯机

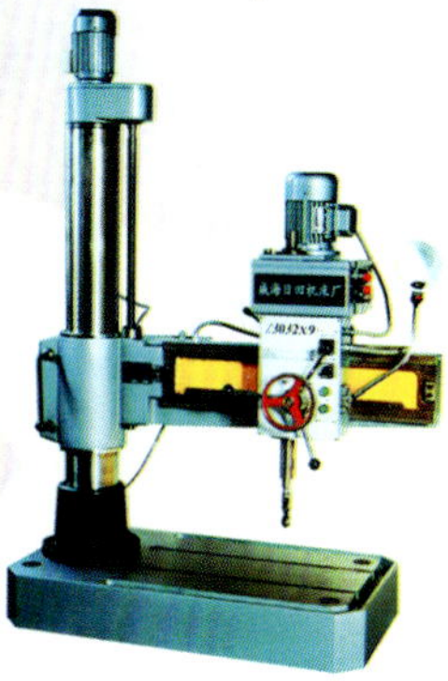

Z3032×9万向摇臂钻床

MB4023×5五轴自动四面木工刨床

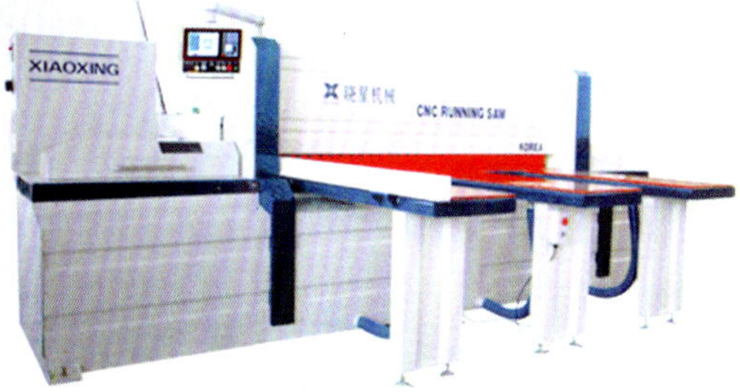

XS-2615数控裁板锯

XK1830数控定梁式龙门铣床

电话：内销 0631-5921002 外销 5921397　　传真：0631-5921431（国内）5925036（国外）
http://www.edongwei.cn E-mai:weihai@chinawoodworking.com

CSK40 双主轴自动车床

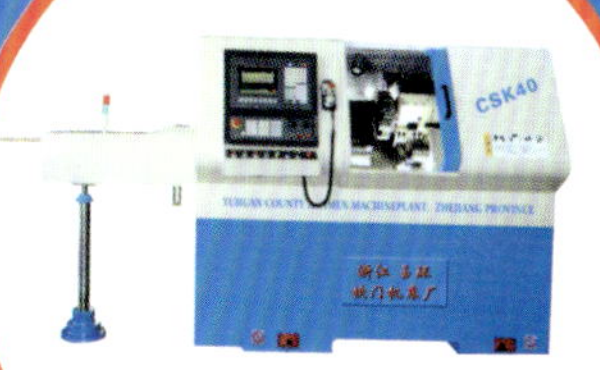

HK12 珩磨机

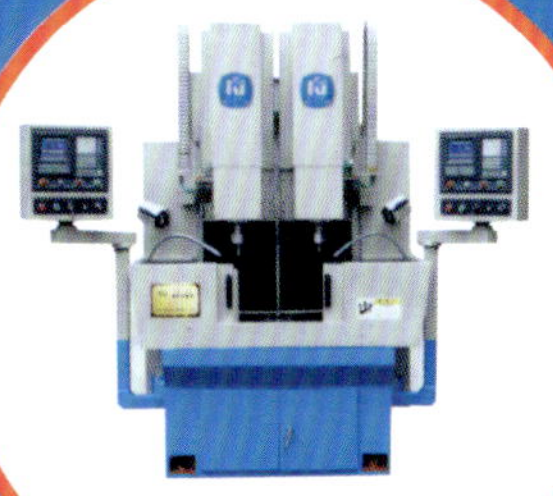

XK5030 立铣床

CJK6136/6145 车床

仪表车床

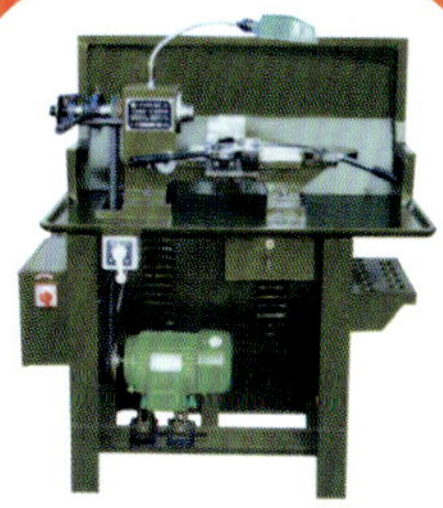

CJK0620 车床

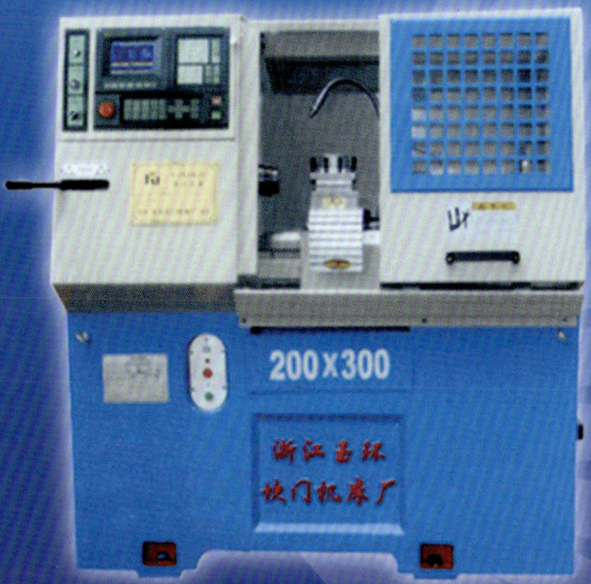

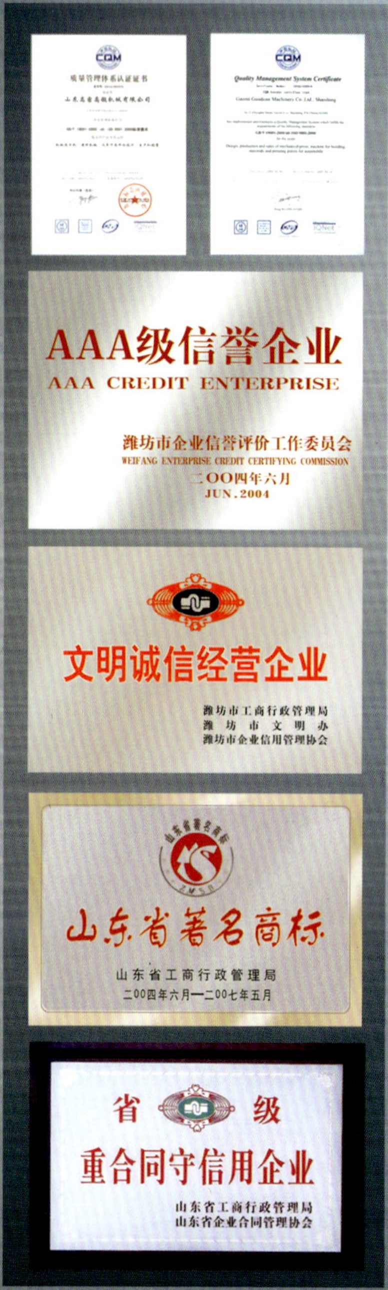

J36-630C闭式双点机械压

J39-630E2闭式四点移动工作台机械压力机

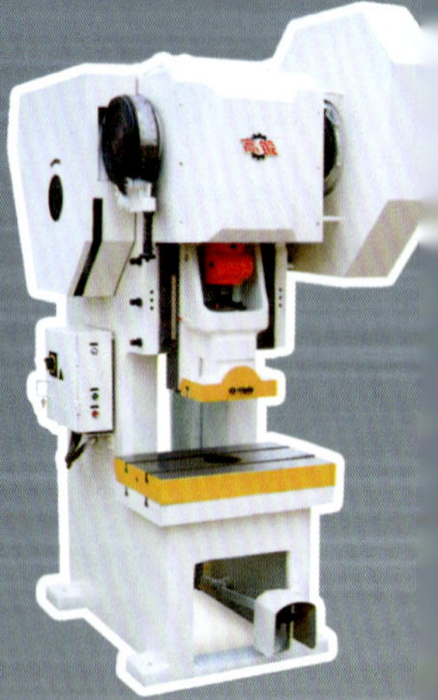

JF21-80型开式固定台压力机

JG21-250型开式双柱固定台压力机

QMY6-15型砌块生产线

NTP30型液压数控冲模回转头压力机

江苏常州同力机械制造有限公司

江苏·同力

江苏省常州市同力机械制造有限公司创建于1994年，公司现有员工61人，具有工程技术人员12人，其中高级职称2人，中级职称5人，在生产工人中，中专生和技校生占80%，高级技师3人。另外，聘有一批机床行业的顶尖人才，形成了较强的设计开发和制造能力。公司占地面积8000平方米，主要从事组合机床的设计开发、生产、服务及部分动力部件的生产，为汽车、拖拉机、柴油机、动力机械、工程机械、轻纺等行业企业提供组合机床的设计开发和制造（全部采用电脑CAD设计），公司设备、计量检测手段齐全，具有年产60～80台组合机床的生产能力。为国内大中型企业和集体企业提供了一批优秀的组合机床以及生产线，公司是常州市较大的民营组合机床制造企业，是中国机床工具工业协会组合机床分会会员单位。面对激烈的市场竞争环境，公司根据自身特点，在传统管理的基础上，狠抓内部管理，引入先进的质量管理思路、方法、手段，不断提高管理水平，实现优质高产低消耗的经济效益。2002年5月，公司通过了ISO9000—2000质量管理体系论证。公司积极组织市场调查，根据市场信息和自身营销特点，以销定产，及时掌握市场动态和了解顾客的需求动向及顾客的潜在期望，积极与顾客沟通，把这些需求和期望具体转化在产品中，公司以优质的产品质量、合理的价格、及时的交货期和热情的服务赢得了客户的满意和信任。我公司的目标要以一流的管理，一流的质量，一流的产品和一流的服务为我国组合机床事业的发展作出应有的贡献。

会员证书

根据中国机床工具工业协会章程，批准常州市同力机械制造有限公司为中国机床工具工业协会会员。

中国机床工具工业协会

质量体系认证证书

常州市同力机械制造有限公司

中国江苏省常州市花园路65号

认证范围

组合机床的设计、生产、销售与服务

建立的质量管理体系
符合ISO9001:2000国际质量体系标准

June 18, 2002 初次注册日期

June 18, 2005 注册有效日期

2827 证书编号：

AQA总经理

1105 Belleview Ave., Columbia, SC 29201
Phone (800) 281-4384

地址：江苏省常州市花园路65号（213016）
电话：0519—3297210　3297236　3297116
传真：0519—3297236　3973782
E—mail：tonglijx@tonglijx.net
网址：http：//www.tonglijx.net
总经理：郭明

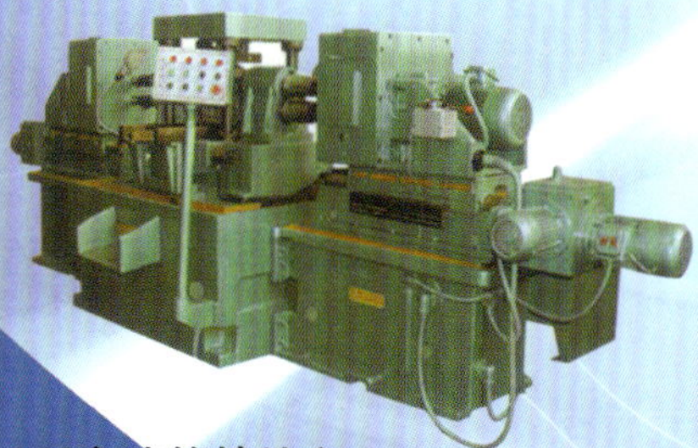
142变速箱精镗床

缸体车止推面专机

液压滑台

机械滑台

多缸机缸体铣内开档面专机

多缸机缸体双立柱数控缸孔镗床

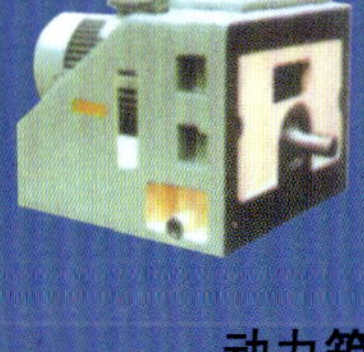
动力箱

国际品质 一脉相承

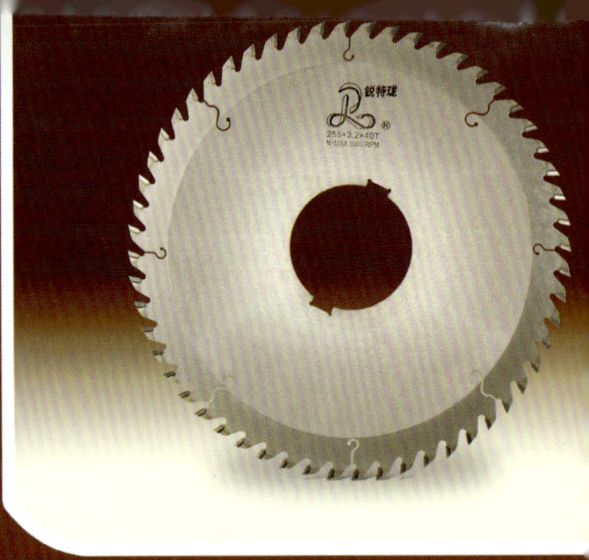

扬州锐特珑工具有限公司（原仪征晨翔工具有限公司）地处扬子江畔，毗邻宁通公路，宁启铁路，东距历史名城扬州30km，西距六朝古都南京67km，水陆交通便利，地理条件优越。

公司主导产品硬质合金圆锯片，是集科研、生产、销售为一体的专业生产硬质合金刀具企业，产品广泛用于木业、塑料、有色金属、黑色金属等行业。其产品在国内木材加工行业、家具制造业享有很高的信誉，产品远销欧洲及东南亚地区。

公司拥有从德国引进的CNC数控磨齿机、全自动高频焊机、计算机辅射的材料应力检测校验设备，以及齿型齿面加工、视像、投影数控动平衡等现代化全套检测设备。为制造高质量产品提供了可靠的技术平台。公司拥有完善的质量管理体系。通过了ISO9002质量体系认证。

公司将充分利用锐特珑品牌技术、市场优势，以国内大专院校为依托，不断开发出木业、电子业、机械加工业等专用高精密刀具制品，将锐特珑品牌打造成中国名牌并走向世界。

公司将始终坚持“质量第一，用户至上”的经营方针，竭诚为国内外用户服务，欢迎各界人士光临指导合作，愿本公司的信誉与您的事业和利益同在。

锐特珑 ®

255×3.2×60T

地址：中国·江苏省仪征市经济开发胥浦工业园区
邮编：211900
电话：0514-3296080 3101996 3272882
传真：0514-3026096
总经理：陈桂林 13705253867
电子信箱：cy0963@sina.com

HTPM 凯特精机

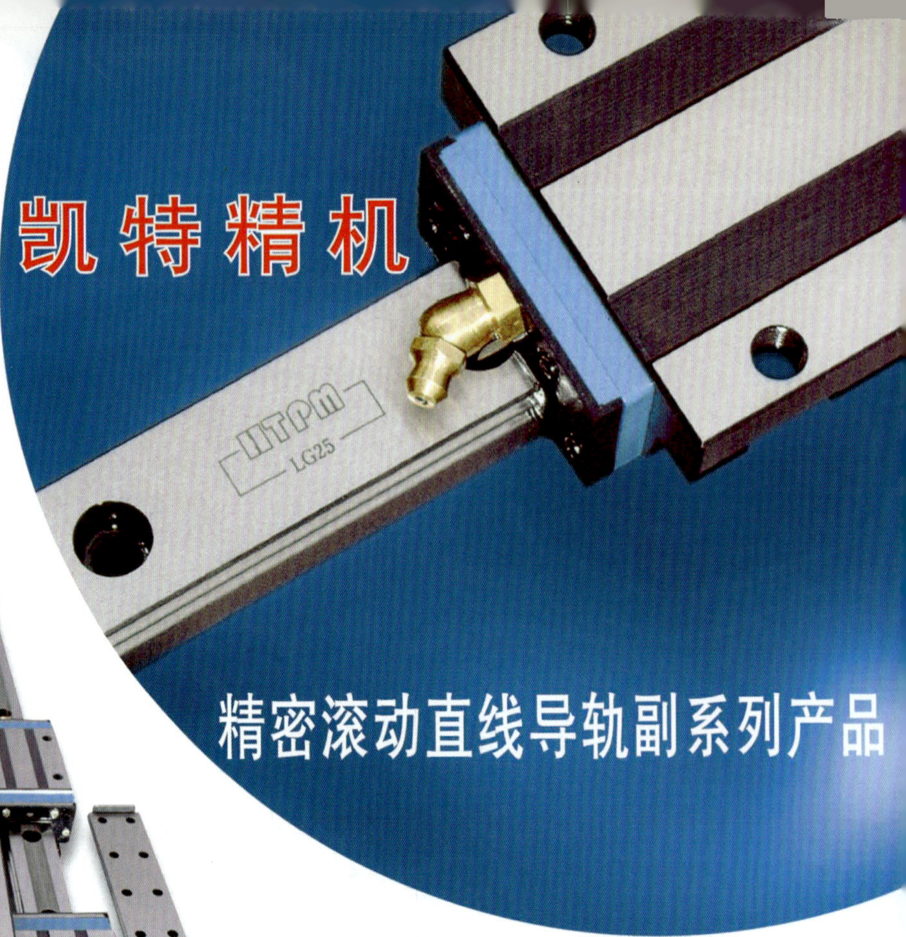

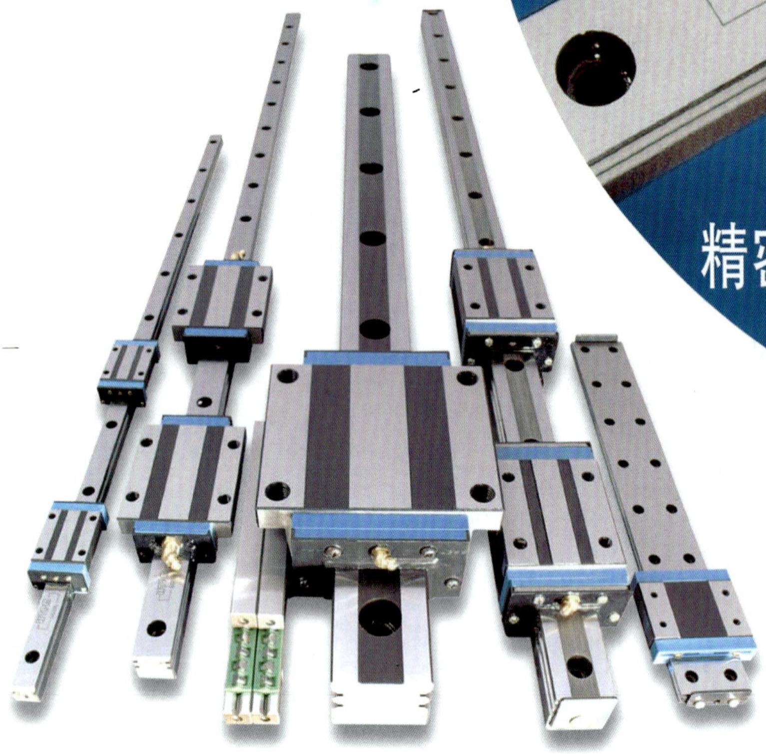

型号规格：

HTSD-LG15 HTSD-LG20
HTSD-LG25 HTSD-LG30
HTSD-LG35 HTSD-LG45
HTSD-LG55

- ISO9001:2000国际质量体系认证
- 国家机床质量监督检验测试中心产品认证
- 国家火炬计划项目
- 广东省高新技术企业
- 5200m^{2}大型现代恒温车间
- 先进的进口CNC精密导轨磨床、滑块磨床
- 近万台加工中心、数控车、数控铣和电加工机床的可靠应用经验
- 大量导轨、滑块零件常备库存

广东高新凯特精密机械有限公司

地址：广东省江门市新会区西门路圭峰高科技工业村
电话：0750－6693278 6693778 邮编：529100
传真：0750－6691361
http:www.htpm.com.cn E－mail:dg@htpm.com.cn

大连中华砂轮厂

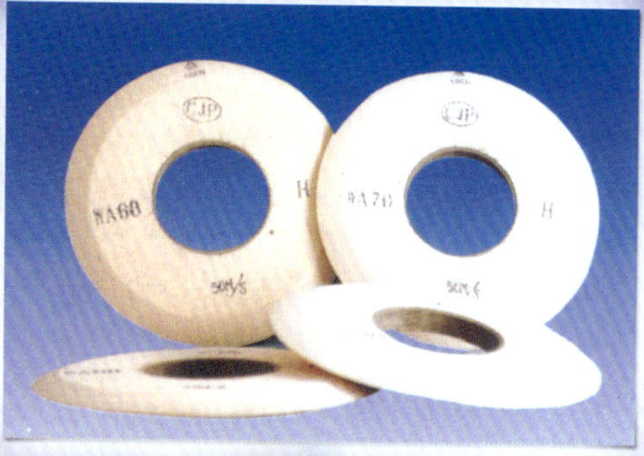

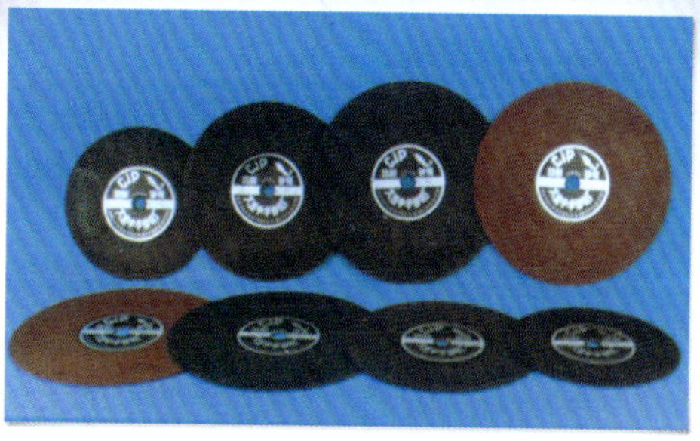

大连中华砂轮厂，位于甘井子区中革街，铁路、公路、交通方便，是著名的海滨浴场夏家河子必经之路。

工厂始建于1982年8月5日，原厂名为革镇堡磨料磨具厂。1983年正式更名为大连中华砂轮厂，是生产砂轮的专业厂家，厂区占地面积10000m^2，厂房3800m^2。主要生产设备有压力机、焙烧窑炉和满足砂轮的必要检测仪器、仪表及辅助设备等。工厂现有职工65人，由我国磨具行业的老前辈的传人为技术总负责人，技术力量雄厚。产品按国家标准和行业标准生产，并可根据市场需要和顾客要求按国际标准组织生产。工厂为了扩大市场，提高产品质量，在现有的组织生产中，制定了高于国家标准的企业内控标准进行质量控制。产品畅销全国，并被中国江本等外资企业指定为定点供应专用磨具。

我厂生产的齿鲸牌砂轮，连续多次获大连市优质产品称号，经国家机械委验证合格，颁发了质检认可A级证书。1997、1999年先后获市名牌产品称号，1995年和2000年，连续被区政府评为科技先导型企业，并于1990年获国家颁发的全国工业产品许可证书，其证书编号为：XK06-025-0309号。1995年工业产品许可证第二次换证，其陶瓷砂轮许可证号：XK06-125-0167，树脂砂轮许可证号：XK06-125-0168，2002年工业产品许可证第三次换证，其陶瓷砂轮许可证号：XK06-225-00482，树脂砂轮许可证号：XK06-225-00483。工厂于2004年通过ISO9001认证。

地址：大连市甘井子区中革街770号　邮编：116035　联系人：朱朝亮

电话：0411-86450299　86451227　手机：13309862912　13322212396　传真：0411-86451227

http://www.chinagrindingwheels.com　http://www.zhsl.com

盛世
盛世磨料磨具
沈阳市盛世磨料磨具有限公司是九十年代新兴的利用高新制作技术和先进加工工艺生产陶瓷砂轮、树脂砂轮、橡胶砂轮、金刚石砂轮以及涂附磨具的专业公司，技术力量雄厚，生产品种齐全，产品质量居国内领先水平。特别是公司生产的高速树脂切割砂轮和高速树脂角向磨光砂轮，是综合国内外最先进的工艺技术，利用最优质的原材料，采用独特配方研制而成的，高耐磨、高强度、高效率、安全可靠的新型换代产品，经国内外众多知名厂家的使用证明，其质量和安全系数均是无与伦比的，实为目前中国市场上的顶尖产品，深受国内外大型骨干企业如钢厂、船厂、轴承厂、机械厂、铸造厂、锅炉厂、工业安装公司及世界上许多国家客商的青睐和好评。
公司已通过ISO9001：2000国际质量体系认证，部分产品获得了国际上著名的“MPA”认证，并先后被国家有关部门评为“中国公认名牌产品”、“WTO首选推荐品牌”、“中国AAA企业”、“辽宁AAA企业”“中国著名畅销品牌”、“中国知名砂轮十佳品牌”、“沈阳著名商标”等。
公司总公司乔春华先生欢迎国内外朋友光临合作。
盛世
沈阳市盛世磨料磨具有限公司
地址：沈阳市苏家屯区施官村（浑河大市场东）
邮编：110102
电话：024-89156098
传真：024-89155618
网址：www.chinashengshi.com
电子邮件：shengsi@online.ln.cn

高唐波海精密机械有限公司
（高唐花岗石量具厂）

董事长　许洪海

高唐波海精密机械有限公司成立于20世纪80年代初，是花岗石产品的专业化生产厂，发展至今已成为中国花岗石产品的主要供应商之一。其产品包括八大系列四十多个品种。工厂也接受非标准产品的定单，同时为高精度测量／生产厂商提供精密花岗石构件。

产品质量对企业的生存至关重要，因此工厂把其作为经营的最高宗旨。从原材料的选购到成品的最终检验，工厂把生产的每个环节都置于严密的控制之下。因而，本厂生产的产品不仅畅销国内市场，还出口到世界二十多个国家和地区。

方箱

直角尺

Ever since its establishment in early 1980' Gaotang Granite Measuring Factory has been specialized in development and production of granite products, And now the facory has become of China's leading granite suppliers, Products available for offer include 8 series and over 40 specifications, The factory also accepts orders for non-standard product. Users who need granite patrs for their high precision measuring/production equipment always come to factory for help.

Product quality is critical to whether or not an enterprise can exist and it has always been the top priority of the factory's business practice. From the selecion of raw material to the final inspection of finished product, every aspect of production has been put under strict control. As a result, granite items produced by the factory sell well on domestic market and have also been exported to more than 20 countries and regions through the world.

方尺

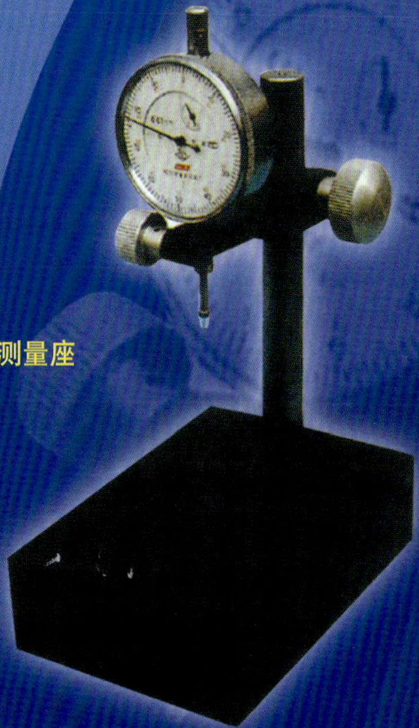

测量座

V形架

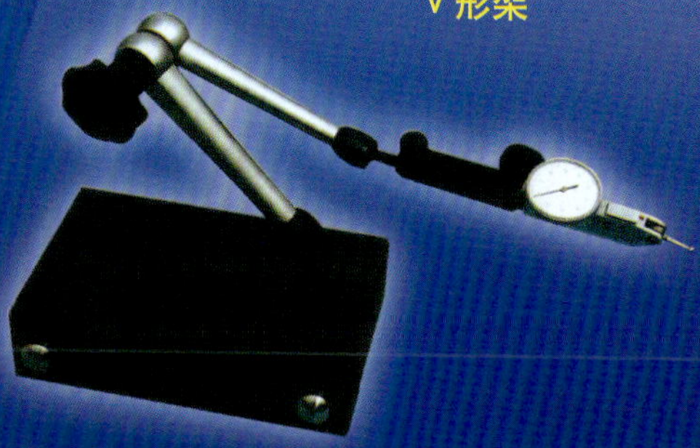

机械臂测量表座

地址：山东省高唐县赵寨子　　邮编(P.C.)：252000
Add：Zhaozhaizi Gaotang Shandong Province
电话(TEL)：0635-3835677 013506355692
传真(FAX)：0635-3835676 (H)
E-MAIL：lcbohai@126.com

上海超高压输变电公司

总经理：沈兆新

上海超高压输变电公司是国家电网公司先进企业、上海市文明单位，属技术密集、知识密集、资金密集的大型一档国有企业，也是我国规模最大的超高压输变电企业。公司承担着上海地区500kV、220kV及部分110kV输变电设备的运行管理、检修维护和更新改造工作，公司现有固定资产逾90亿元，职工近1600人，其中各类专业技术人员占30%。

公司运行管理着220kV～500kV超高压变电站60余座，其中南桥500kV交直流变电站为亚洲规模最大的变电站。所辖变电站的变电容量达3600万kVA，输电线路近190条，总长度约2500km。每年经超高压电网输送的电量占上海市年用电量的90%以上，设备先进、技术精湛、管理严谨的现代化大都市超高压电网已日渐成为上海电力的“主动脉”和“脊梁骨”。

面对未来电网发展新形势，2000年底公司进行了全面的体制改革，实现了主副分离。其下属子公司主要有上海电力高压实业公司和上海高雅实业公司。上海电力高压实业公司是一支具有送变电工程施工总承包二级资质的电力建设安装队伍，以带电检修、事故抢修、高压试验、继保校验以及变电站带电大规模的改造为特长，近两年成功地进行了上海220kV枢纽变电站——万荣站高层构架的改造和浦东、浦西大型220kV变电站——新周、港口站的改造，积累较为丰富的经验。为进一步开拓市场，近年又先后承接了浙江500kV王店、平窑、民谊变电站的安装调试工程，以优质的服务、良好的信誉赢得了同行的赞誉。

公司以“国内第一、国际先进”为企业的发展目标和共同愿景，在总经理沈兆新“用心工作”理念的倡导下，坚持用企业文化铸魂、育人、凝心、塑形，已形成了具有超高压特色的文化理念系统和环境氛围，正引领着超高压公司全体员工以饱满的热情，务实的作风确保超高压电网安全可靠运行，为上海经济的腾飞提供最优质的服务。

地址：上海市武宁路600号
总机：021－62052013
传真：021－52909292

华电国际莱城发电厂

华电国际莱城发电厂300MW汽轮发电机组(底图)

华电国际莱城发电厂厂长刘传柱

华电国际莱城发电厂是中国华电集团公司下属大型发电企业之一，由华电国际电力股份有限公司投资建设，一期工程装机总容量为4×300MW国产燃煤机组，工程总投资48.23亿元，工程于1998年3月1日开工建设，2003年5月6日全部建成投产。截至2004年7月31日，全厂实现安全生产1695天，保持了首台机组投产以来的连续安全生产纪录。

建厂以来，莱城电厂以管理创新、机制创新、科技创新为手段，不断深化基础管理工作，建成了覆盖全厂的MIS系统，通过设备管理、计划管理、财务管理、人力资源管理、实时数据、办公自动化等系统的运行，实现了对全厂生产、基建、经营、管理等各项工作的在线监控和有机调配。引进现代化的管理理念、管理方法，开展了质量管理体系、环境管理体系、职业安全健康管理体系“三标一体”贯标认证工作，并通过审核验证，促进了企业管理水平的提升。以建设“学习创新型”企业为目标，加大人力资源开发力度，与高等院校联合开设了研究生班、本科班、专科班，职工的学历水平和理论素质大幅提升。大力加强企业文化建设，在深入挖掘建厂以来形成文化内涵的基础上，进行总结、提炼和升华，形成了具有莱城电厂特色的“超越”文化，以“团结、诚信、超越、奋进”为特点的企业精神已逐渐成为广大职工认同和共同遵守的理念，成为推动企业发展的强大动力。

华电国际莱城发电厂全景

建厂6年多来，企业累计发电180多亿千瓦时，实现利税9.3亿元，先后荣获“山东省思想政治工作优秀企业”、“山东省社会治安综合治理先进单位”、“山东省环保优秀企业”、“山东省富民兴鲁劳动奖状”、“省级文明单位”、“国家电力公司一流火力发电厂”、“国家电力公司双文明单位”、“全国模范职工之家”、中国华电集团公司“优秀发电企业”和“文明单位”等荣誉称号。

地址：山东省莱芜市
邮编：271100
电话：0634-6262222（总机）
传真：0634-6262047

四川长裕机电设备有限责任公司

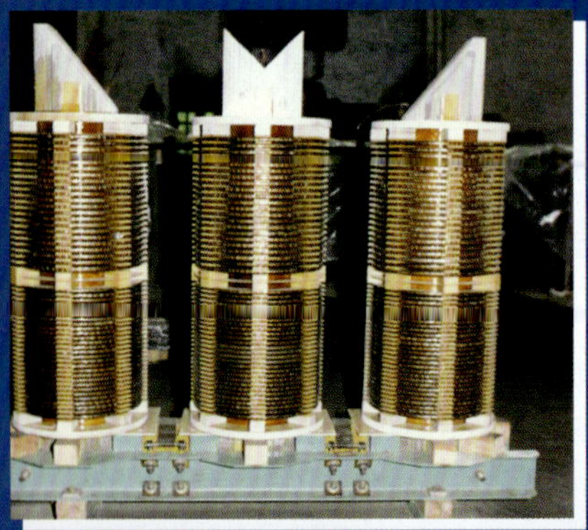

四川江油长裕机电设备有限责任公司是长城特钢集团改制后的独立法人企业，专业从事冶炼用特种京戏压器及短网、水冷电缆设计、配电盘、柜、机械加工、电炉成套设备制造的专业队伍。有高、中级工程师36人，高、中级技师及各类专业技术工人300余人。我们从事电机、变压器和各类电器设备的修理和制造时间达20多年，具有丰富的制造经验和较强的设备加工能力，并拥有完善的检测手段。我们1983年开始研制的HSSP—15000/10节能变压器，1990年起陆续装备本厂炼钢分厂四台30t电弧炉，现年产优质特殊钢达30万t以上。多年以来变压器工作性能稳定、噪音低、故障少，特别是很好地解决了变压器过电压和开关故障的问题，对改善生产条件、缩短冶炼时间、提高生产率、降低能耗等起到了很大作用，经济效益十分显著，得到了炼钢单位的好评，据统计，每炉钢冶炼时间可缩短30～40分钟，每吨钢电耗下降39kW/h，为长特四厂老电炉挖潜改造起到了积极作用，是电炉变压器升级换代的理想设备。随着改革开放形势的需要，我们单位逐渐走向市场，为西南地区多家企业及河北、山东、广东等地用户制造了一批冶炼、整流等多种规格和用途的变压器。投运后，以其运行性能好、节能降耗、故障率低等特点受到用户赞誉，北满钢厂、本溪钢厂等多家国内特钢企业先后派人来我厂考察学习。1987年6月，HSSP—1500/10型节能变压器以其独特的设计，高可靠性和良好的节能效果通过绵阳有关部门组织的技术鉴定，与会省内外专家、教授一致认为该技术成果在国内处于较领先地位，建议在冶金企业推广应用该成果并于1985年获四川省科技成果三等奖。2004年5月已通过ISO9001：2000质量管理体系认证。

四川江油长裕机电设备有限责任公司经过近20年的努力，已在国内冶金行业、铁合金行业建立了良好信誉，我厂地处拥有省级名胜风景区窦团山、佛爷洞及白龙宫的江油市，山川秀丽、景色怡人。

公司愿以优质的服务和质优价廉的产品与广大用户合作，共同发展，董事长陈小良携全体员工热诚欢迎社会各界朋友来公司考察指导！

地址：四川省江油市武都镇
电话：0816—8181968
传真：0816 3887411
邮编：621702
联系人：刘旭盛
Http://www.sccyjd.com

上海电气集团股份有限公司

上海电气集团是中国最大的装备制造业集团。上海电气的历史可以追溯到1880年。上个世纪中叶，上海电气首创了世界第一台商业运行的双水内冷汽轮发电机组和世界上第一台镜面磨床引起了世界关注。1980年以后，上海电气先后与西门子、三菱、阿尔斯通等跨国公司组建了全新的合资企业，在引进先进管理的同时，引进吸收了世界先进技术，使集团的核心竞争力不断攀升。

进入21世纪，上海电气以现代企业制度的标准，创新的体制和机制；以融入世界经济的气魄，更新技术和装备，实现了投资主体多元化，形成了“全心全意为客户和投资者创造价值”，“与创造者共创未来”的集团文化。上海电气集聚了一批中外闻名的优秀企业，其中有：上海机电股份有限公司(A股600835，B股900925)、上海输配电股份有限公司(600627)、上海柴油机股份有限公司(A股600841，B股900920)、上海电气电站集团、上海重型机器厂、上海三菱电梯有限公司、上海机床厂有限公司等等。

今天，上海电气的主导产品集中于电站及输配电设备、机电一体化设备、交通运输设备、环保成套设备等核心板块，集团建有中央研究院和财务公司。上海电气已经形成了设备总成套、工程总承包和为客户提供完整的解决方案的能力。上海电气的主要产品，长期以来在中国市场销量领先，在海外市场不断扩大领域。上海电气的目标是全面融入世界经济，保持国内领先，不断提高国际竞争力。

无论您是客户，投资者，还是合作者，上海电气都将与您共有一个美好的明天。

上海电气集团股份有限公司
地址:上海兴义路8号万都中心30楼
电话:021-52082266-3051
邮编:200336
E-mail:office@chinasec.com

EKDQ
一开电气

ISO9001 国际质量体系认证企业
原国家经贸委“两网”改造推荐企业
中国农业银行信用 AAA 级企业
中国首批 CCC 强制认证企业
高压产品率先通过 CQC 认证企业

上海一开电气集团是一个以开发、生产、销售高低压成套设备、家庭多媒体信息设备及电器元件为主的大型经济实体；是原国家经贸委“两网”改造推荐企业。生产的家庭智能信息产品是国家信息产业部的推荐产品。生产的真空断路器，因其高科技、大容量而引领着该领域的潮流。KYN61－40.5 等 35 千伏及以下高压开关设备，获取中国最较权威的 CQC 认证证书。高低压成套设备及电器原件广泛地运用于工矿、冶炼、石油、化工、医药、高层建筑等输配电领域。可靠的质量、优良的服务、合理的价格是与社会各界朋友真诚合作的前提，愿我们共享创造与繁荣之喜悦，永无止境地向更加辉煌的未来前进！

KYN61-40.5
型高压开关柜

KYN28A-12 型
中置式开关柜

ZN23-40.5
系列户内高压真空断路器

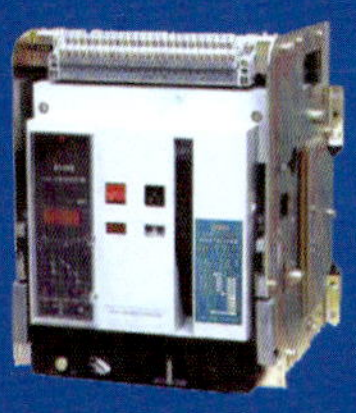
EKW$_1$-2000 智能型
万能式断路器

YBM-□
非金属预装箱式变电站

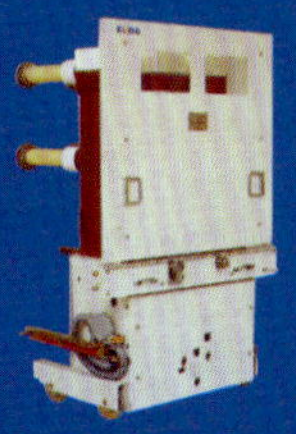
ZN85-40.5
真空断路器

VSI-12 型
户内高压真空断路器

SEK800
多媒体智能网络箱

一流品牌
开创未来

EKDQ 上海一开电气集团有限公司

地址：上海市青浦区外青松路 5688 号　邮编：201700
总机：021-69210000　电话：021-69217777　69211661　69211608
传真：021-69212222　69210808　69211630
Http://www.yikai.com　E-mail:ekdq@YiKai.com

上海四通电力设备（集团）有限公司

董事长：黄新观

- 全国优秀乡镇企业家
- 上海市劳动模范
- 上海市中国特色社会主义事业优秀建设者

上海四通电力设备（集团）有限公司（以下简称“四通集团”）是专业生产、销售、安装各类高、低压电器控制设备的专业企业，四通集团有上海南电工程安装有限公司、上海四通电力设备有限公司、上海西沃特电力有限公司、上海泽中电力有限公司、上海四峰科技发展有限公司、上海惠海生化制品厂、上海四通电力设备销售有限公司等7个子公司组成为成员单位。

四通集团具有国家电力工业部、能源部颁发的生产许可证和上海市高新技术企业证书，体现了公司自主开发新产品、新技术的能力和水平。

四通集团现有员工500多名，90%以上员工具有初高中、中专以上文化程度，专业技术人员中有高级职称8人，中级职称24人。

到2004年底，公司注册8100万元，总资产2.2亿元，销售产值3亿元，利税2800万元，是南汇区50强企业之一。

四通集团目前拥有GCK低压抽出式开关柜、GGD低压配电柜、HXGN封闭式高压开关柜、MGS成套开关设备、KYN铠装移开式金属封闭开关设备、电能计量柜等十多种型号的系列高、低压电器控制设备，多年来为电网、通讯、建筑等各行各业提供各种大型成套电控设备，许多产品被选用于国家、上海市的重点、重大工程，如长江口深水航道建设，浦东国际机场、东方明珠、沪芦高速公路，洋山深水港、南汇排海工程……

四通集团秉承科学管理，诚信经营的方针，以优质的产品和优秀的服务深受广大用户的好评，赢得了市场信誉。

公司从1998年起创建为上海市文明单位，四通牌高、低压开关柜被连续评为上海市名牌产品和上海市著名商标。

继成功通过了ISO9001质量认证后又获得了国家强制性产品3C认证证书，公司先后被评为上海和全国“守合同、重信用”企业。

展望未来，四通集团将积极推进产品结构调整，着力拓展国内外市场，努力把公司建成国内先进的电器控制设备生产基地，董事长黄新观、总经理王凯旋率全体员工，真诚欢迎各界人士光临公司洽谈合作项目，四通集团将竭诚为各行各业提供各种性能优质的电器设备产品和优秀的技术服务。

董事长：黄新观　总经理：王凯旋

地址：上海市南汇区惠南镇北首川南奉公路5888号　电话：021-58099885　传真：021-58092255

桂林电力电容器总厂

桂林电力电容器总厂是我国自行设计、建造的一家专业生产电力电容器的大型企业。

工厂现有职工1100余人，资产总值3亿元，占地面积8.5万平方米，年产能力2500万千瓦。目前是我国电力电容器行业两大科研和制造基地之一，中国500家最大电气机械器材制造企业之一。

主导产品26个系列，上千个型号规格。产品在国内及东南亚500kV及500kV以下变电站和各大电气化铁路线中运行，我厂1997年通过了ISO9001质量体系认证，2003年3月又通过ISO9001:2000换版认证。产品的技术经济指标及产品研究开发能力处于国内先进水平，自愈式无油高压并联电容器为国内首创。企业荣获国务院颁发的"国家重大技术装备一等奖"奖牌。

厂长：王锋

厂长：王锋
电话：0773-5893011　5893213
传真：0773-5894993
地址：广西桂林建干路16号
邮编：541004

安徽新科电缆股份有限公司

安徽新科电缆股份有限公司简介

安徽新科电缆股份有限公司董事长巫启

安徽新科电缆股份有限公司是安徽省高新技术企业、特种电缆高技术产业基地骨干企业。公司注册资本5800万元，资产总额1.8亿元，占地面积10万余平方米，年销售收入2亿元。

公司主要产品有：数据传输电缆、普通电力电缆、防腐电缆、耐高温电缆、控制电缆、计算机电缆、船用电缆、电伴热带、电缆桥架、电气开关柜、节能电热电器等。

公司获得了电工产品安全认证、ISO9001：2000质量体系认证，顺利通过了国家电线电缆行业CCC强制认证，是国家电力公司、中国石油天然气公司、中国石化集团公司网络供应商。企业先后被授予安徽省"明星企业"、"管理先进企业"、"重合同、守信用企业"和"工业企业五十强"等称号，具有自营进出口权。企业资信状况良好，是农行AAA信用级企业。

近年来，公司实行科技引路的发展战略，与信息产业部电子23研究所及成都电信五所等科研院所合作开发了交联电力电缆、水密射频软电缆、射频同轴电缆、系列恒功率电伴热带、数据传输用六类电缆等新产品。交联电缆技术改造项目被国家经贸委评为1998年技术创新项目；SMYR–50–17型水密射频软电缆和SFYFZ1–2–（1.7–8）型射频同轴电缆分别被国家经贸委评为2000年和2001年度国家级新产品；2002年新开发的CWH系列恒功率电伴热带项目被原国家经贸委评定为国家级新产品项目；FEP六类数据电缆被国家科技部评为2004年国家级新产品。

公司数据传输用六类电缆项目总投资9000万元，被原国家计委列为高技术产业化示范工程（国债项目），被评为安徽省火炬计划项目，该项目主要产品填补了国内空白。从瑞士引进了世界一流的串联单线生产设备和高频检测设备，从日本引进了电缆绞对和并丝设备，从美国引进了电缆成圈包装设备，从香港引进了成缆和护套设备。从而，使企业装备达到了国际同行业先进水平，在国内处于领先地位。

公司秉承"科技领先、诚信为本"的经营理念，竭诚为广大客户提供优质、快捷的服务！

地 址：安徽省无为县无城工业区

4对六类数据电缆

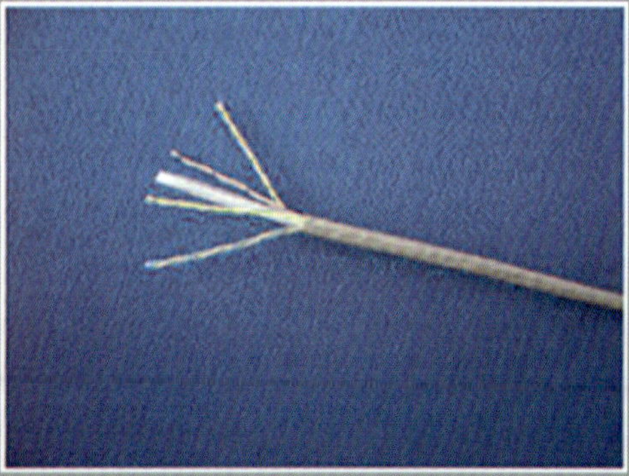

4对六类屏蔽数据箔

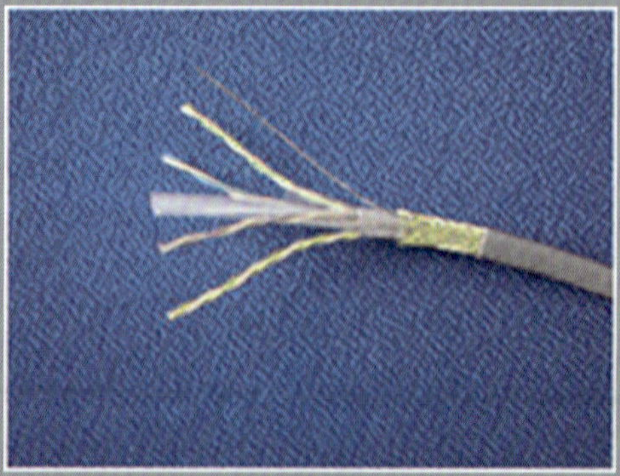

25对超五类数据电缆

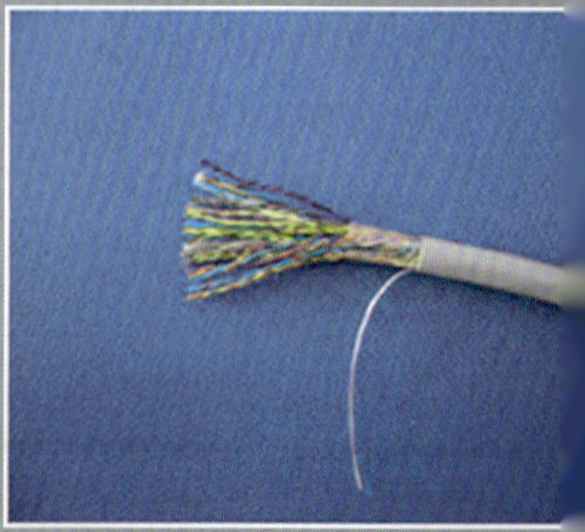

新科科研楼

新科公司厂区

新科车间一角

新科厂房

地址:安徽省无为县无城工业区
邮编:238300
电话:0565-6315533　6315555
传真:0565-6311269
Http:www.anhuixinke.com
E-mail:sales@anhuixinke.com

湖南省醴陵市华鑫

卓越品质

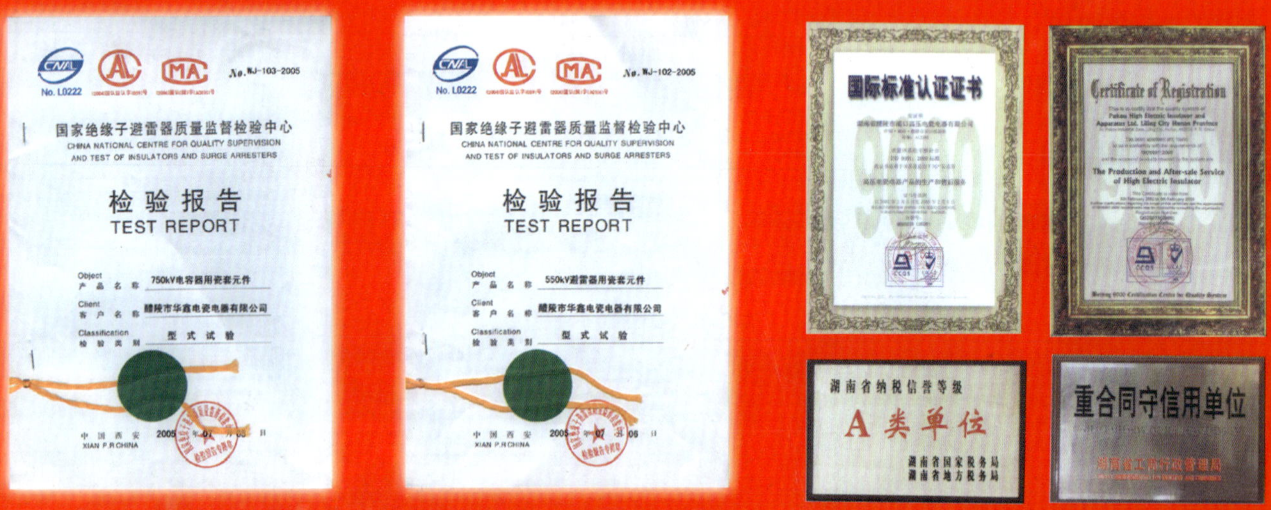

湖南省醴陵市华鑫电瓷电器有限公司（原湖南省醴陵市浦口高压电瓷电器有限公司）始建于1985年。公司地处湖南省醴陵市浦口工业小区，占地面积7万米2，建筑面积3.7万米2，固定资产4000万元，现有员工400余人，电瓷生产能力为9000吨／年以上，是中国电瓷行业主要企业之一。

公司从设计、生产、检测严格执行国家标准，并可按用户要求执行IEC和美、英、德、澳等国际标准，并于2002年通过了ISO9001国际质量体系认证。主要产品有SF610～750 kV瓷套，10～220kV支柱瓷绝缘子。诸如：变压器、互感器、断路器、组合电器、电缆终端、电容（式）器以及避雷器用瓷套，隔离开关、高低压线路和电站用瓷绝缘子以及熔断器等等，还可根据用户需要制造各种类型的瓷绝缘子。产品不仅遍及全国，并出口20多个国家和地区。

公司以人为本，以科技为依托，以品质求发展，不断创新与完善，为社会创造新的价值。让客户100%满意是我们的经营理念，诚信是我们奉行的诺言，争创国际品牌是我们追求的目标。

华鑫永远是您最可信赖的合作伙伴！

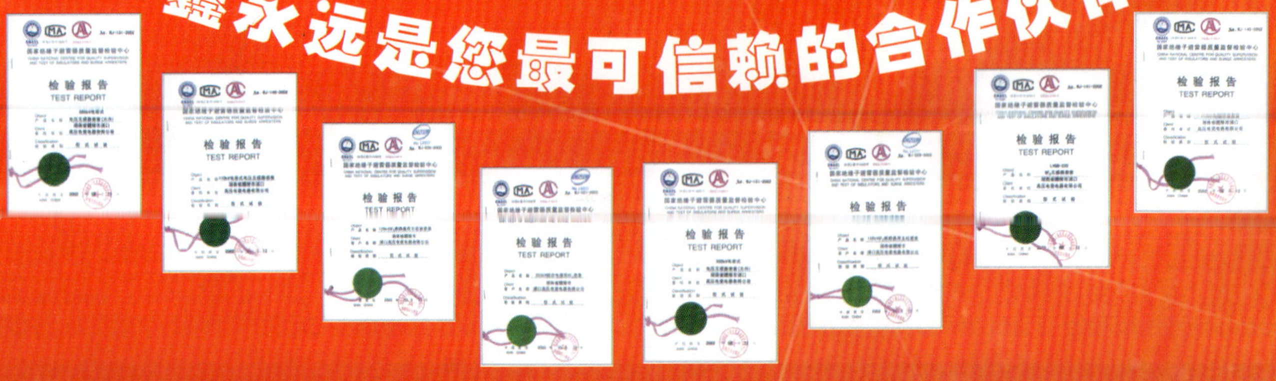

吉安井岗水电设备成套制造有限公司

地址：江西吉安市高新技术开发区
联系人：李泽财
手机：13970699292
电话：0796—8402949
传真：0796—8402950

董事长：涂湘成

总经理：李泽财

吉安井岗水电设备成套制造有限公司坐落于吉安市高新技术开发工业园内，交通十分便利，距京九线吉安南站50m，105国道旁50m，位于享有盛誉的民族英雄文天祥庐陵园旁200m，革命胜地井冈山脚下，吉安市高新区按国家副主席曾庆红的指示，建成为全国十大工业园之一，方圆12.5km^2，公司是受市区领导高度重视下的重点企业，属于园中园工业基地，发展速度快，规模上档次，前景广阔，特别是本公司与吉安电机厂老牌企业相配套，属国家机械部水电设备定点生产企业。大大地加大了水电设备的成套性，水电设备一条龙服务，本公司为民营股份制合作制企业，现有资产4000多万元，注册资金1200万元，占地面积60亩，生产用面积2万多平方米，拥有各类专业水电技术人才100多人，高级工程师12人，中级职称26人，各类专业技术人员31人，拥有大、中型机械加工设备及常年协作厂家，公司按现代化企业管理模式发展企业，撇去了过去大而全，小而全企业发展模式，着重抓两手，一手抓市场，一手抓技术；以用户至上，质量取胜的服务宗旨。本公司可生产轴流式直径3m以下，贯流式转轮直径2.5m以下的水轮机，混流式转轮直径2m以下，冲斜击式转轮直径1.1m以下，40个系列400多个规格的各中小型水轮机；电机为立式单机20000kW以下，卧式5000kW以下的电机；拥有水电站自动化控制设备中心生产基地及各种4m以下闸阀配套。本公司产品除销本省之外，还远销广东、福建、湖南、湖北、广西、浙江、四川、云南等20多个省市自治区。本公司竭诚为全国各地、国外提供高效、货真价实的水电成套设备，为用户带去诚挚的服务，为社会送去我们最温情的光明。

一拖(洛阳)工程机械销售有限公司

YITUO(LUOYANG)SALE OF CONSTRUCTION MACHINERY CO.,LTD.

一拖（洛阳）工程机械销售有限公司是中国一拖集团有限公司工程机械事业部成员之一，于2004年12月成立。独家代理销售一拖工程机械事业部的工机公司所生产的“东方红”牌装载机系列、工业推土机系列；建机公司、建工公司、路通公司所生产的“洛阳牌”、“路阳牌”压路机系列等工程机械产品。代理销售一拖工程机械事业部的叉车公司、神通公司所生产的“东方红”牌叉车系列、小液挖及小装载系列；代理销售一拖工程机械事业部的华晨华通公司所生产的“华通牌”、“华伦牌”摊铺机系列、水泥混凝土机械系列、拌和机械系列、养护工程机械系列。

“东方红”是中国驰名商标，“东方红”工程机械产品是“东方红”家族的骄傲。军工技术，无与伦比。“洛阳牌”被评为“中国建设机械十大驰名商标”，“洛阳牌”压路机多次获中国质量协会用户委员会授予的“产品质量和服务质量双满意奖”。历经百年，品质卓

真诚与您携手共创美好未来

YITUO(LUOYANG)SALE OF CONSTR

YITUO(LUOYANG)SALE OF CONSTRUCTION MACHINERY CO.,LTD.
YITUO(LUOYANG)SALE OF CONSTRUCTION MACHINERY CO.,LTD.

然。"路阳牌"压路机以良好的质量，完善及时的服务，极佳的性价比深受用户青睐，产品畅销全国。"华通"系列工程机械不仅遍布全国，而且出口国外，在各地的工程建设中发挥重要作用，拥有华通，路路畅通。华通华伦，诚信永恒。

公司拥有"东方红"、"洛阳"、"路阳"、"华通"、等工程机械产品的优质资源，一拖（洛阳）工程机械销售有限公司将以全新的面貌，崭新的营销理念，零距离与用户真诚合作。与您携手共创美好未来！

地址：河南省洛阳市建设路 152 号　邮编：471004
电话：0379−64966660　传真：0379−64910121
网址：www.yituo.com.cn　邮箱：ytgixs@sina.com
服务监督电话：0379−64966992
推土机装载机服务热线：0379−64966991
压路机系列服务热线：0379−63962625（建机公司）　0379−64929476（建工公司）
0379−67898138（建通公司）　0379−64966991（工机公司）

企业经营宗旨：
以人为本 追求共赢

企业经营理念：
用户为尊 诚信为魂 管理为根 效率为先

企业行为准则：
真诚感动用户 信誉谋求发展

TION MACHINERY CO.,LTD.

上海山宝
SHANGHAI SHANBO

中国驰名商标

上海建设路桥机械设备有限公司是上海市高新技术企业，工厂创立于1946年，1989年与路桥（香港）有限公司合资，投资总额2000万美元，注册资本1000万美元。2003年销售额为12亿元人民币，出口创汇1100万美元。跻身全国最大的500家外资企业和上海市最大的500家工业企业行列，被国务院发展研究中心确认为中国最大的破碎设备生产和出口基地。

PF1320反击式破碎机

SX立轴冲击式制砂机

2PC双辊破碎机

PE900×1200颚式破碎机

公司主导产品为山宝牌各类破碎机械，包括颚式、锤式、反击式、圆锥式、辊式、立轴式等破碎机械和圆振动、直线振动等工业筛分机，振动给料和板式给料机以及破碎筛分成套设备、燃油（气）锅炉、人工制砂成套设备、水泥成套设备、连铸连轧等冶金成套设备、环保类垃圾处理成套设备。

山宝牌破碎设备分获“中国机械工业名牌产品”、“上海市名牌产品七连冠”、“上海市著名商标”、“全国用户满意产品”。

上海建设路桥机械设备有限公司

地址：上海市半淞园路480号　　邮编：200011
电话：021-63134136（总）63139054（直）　　传真：0086-021-63133936
http://www.shanbao-china.com　　E-mail:webmaster@shanbao-china.com

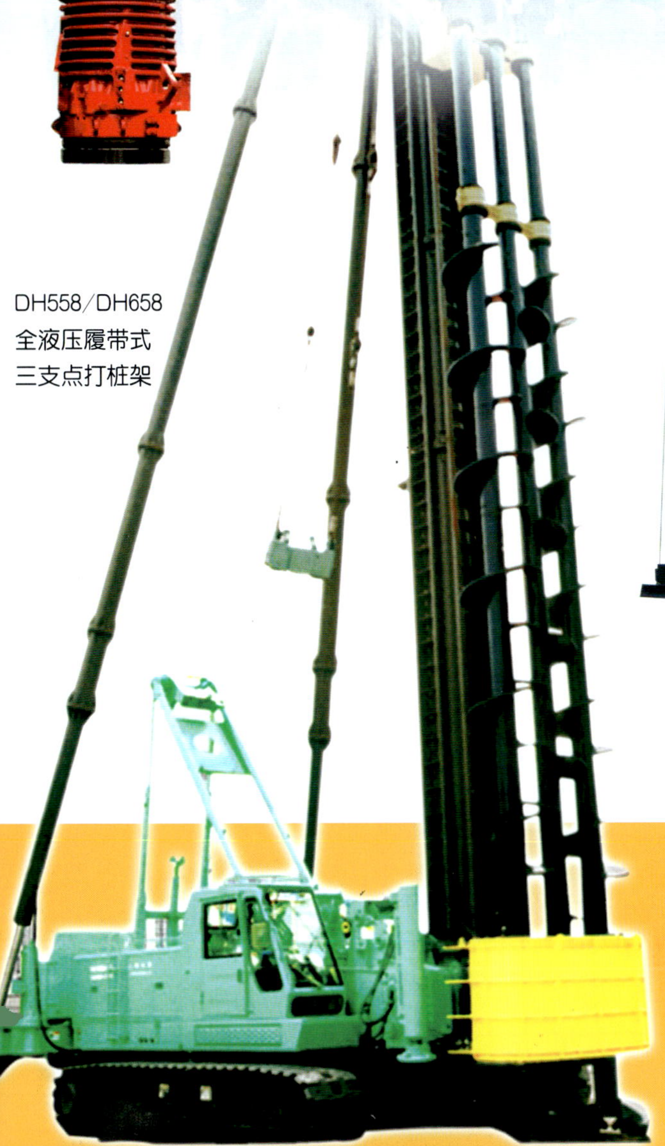

上海金泰工程机械有限公司始建于1921年，前身为安泰铁工厂，建始初期，生产纺织机械；20世纪60年代更名为上海探矿机械厂，隶属地质部，定点生产水文水井钻机，是国内较早进入该领域的企业，同时也生产石油钻机、抽油机、轮式起重机等产品；到了20世纪80年代，随着市场化不断推进，公司又抓住机遇，率先开发生产了适合于基础成桩施工的工程钻机系列，并成为了市场上的主流产品，其中“上探牌”GPS-15型工程钻机和BW850泥浆泵分别获得国家银奖；1995年，公司改制成为上市公司，自行研制了三轴钻机ZKD65－3，2002年改制成为上海金泰工程机械有限公司，2003年归入上海电气有限公司。按照上海电气有限公司的要求，近年来对公司进行了一系列的改造，使得公司能够更好地适应市场战略的要求，企业的综合实力得到了进一步的提高，并通过了2000版ISO9001国际认证。

公司地处上海市安亭国际汽车城，占地面积近10万m^2，公司拥有独立的设计创新研发能力，每年生产各类钻机近900套，目前，公司拥有以下系列产品：如G系列工程钻机、S系列水文水井钻机、SD系列旋挖钻机、地下连续墙抓斗、大口径钻机、深层喷射搅拌钻机、冲击回转钻机、长螺旋钻机、适用于SMW工法的多轴钻机、全液压步履式桩架、气动潜孔锤等设备，这些产品广泛应用于高速公路、铁路、桥梁、水库、港口、城市建筑、工业设施基础、市政建设、地质勘探、地下水资源开发等项目。近年来，我公司参与了国内诸多的重点工程项目，如：浦东国际机场、磁悬浮高速铁路、青藏铁路、金茂大厦、上海F1赛车场、上海、天津、南京地铁地基等工程，为国家的基础建设提供了有效的保障。此外，公司还承接地基与基础工程、道路工程的施工和设备租赁等业务。公司产品在国内享有盛誉，并远销埃及、越南、印度尼西亚、缅甸、加纳、巴基斯坦、新加坡、哥伦比亚等国家及我国港、澳地区。

三轴钻机

大口径液压工程钻机

公司在全国各地都有着完善的服务体系，我们始终坚信：服务伴随您的成功！

公司着眼于未来，不断发展自己的核心技术，立足地下基础施工机械，为基础施工建设提供经济实用可靠的机械装备，发展配套的建筑机械，拓展能源机械。

上海金泰工程机械有限公司

地址：上海市安亭洛浦路45号　邮编：201805　电话：021-59577280（总机）　传真：021-59578234

航空报国 追求第一
技术创新 跨越发展

贵州枫阳液压有限责任公司

集航空与民用液压专业制造经验和高科技技术于一身的贵州枫阳液压有限责任公司（一八三厂），隶属中国航空工业第一集团公司。坐落于贵阳市国家级经济技术开发区，占地25万m^2，现有员工近1200人。领先的航空液压技术，精湛的工艺水平，一流的加工及精密检测设备，使公司在其专业领域中，始终处于领先的地位。在20世纪80年代军工生产战略转移的二次创业中，就发展成为我国工程机械高压大流量液压基础件生产的“国家队”、“排头兵”。为国内工程机械（尤其是挖掘机）更新换代，赶超世界先进水平作出了巨大贡献。先后开发的整体式多路换向阀、先导阀、液（气）压元件、电磁阀、中央回转接头、工程液压缸、气缸等产品，推动了工程机械用高压大流量液压制造技术的发展，缩短了我国工程机械制造技术同世界先进水平的差距，填补了国内空白。

强有力的产品研发能力以及多条具有高柔性、强质量保证能力和高效的生产线，使公司在产品开发、制造等诸多方面呈现出强大的生命力。以现已生产的工程机械用整体式多路换向阀为代表的液压基础件以及拖式混凝土输送泵为支柱产品，不断跟踪世界液（气）压基础件发展水平，开发、研制、生产新一代具有世界先进水平的产品及用户需要的其他产品，始终是我们肩负的重任。

公司拥有从德国、美国、瑞士、意大利、日本和我国台湾等多个国家和地区引进的近百台数控加工及精密检测设备，设备数控化率达到了38%。使公司在金切加工、铸造、热表处理、产品试验及计量、理化检测等诸方面能力得到进一步加强，使公司能够生产出质量更加优良、技术更加先进、门类更加齐全的液（气）压产品。公司于1996年9月在行业内率先通过了GB/T19001-1994（idt ISO9001：1994）标准体系的认证，并于2003年9月通过了GB/T19001-2000《质量管理体系要求》换版认证，建立了从设计、开发、安装和服务的质量保证体系。

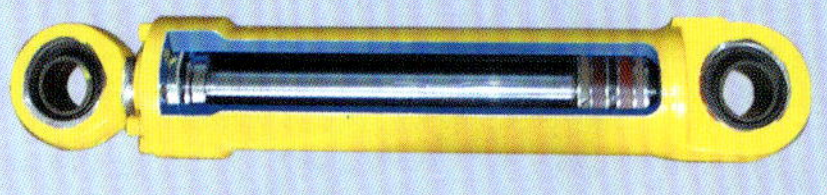
工程液压缸

插装式溢流阀

工程机械主控制阀

液压泵站

拖式混凝土输送泵

各型先导阀

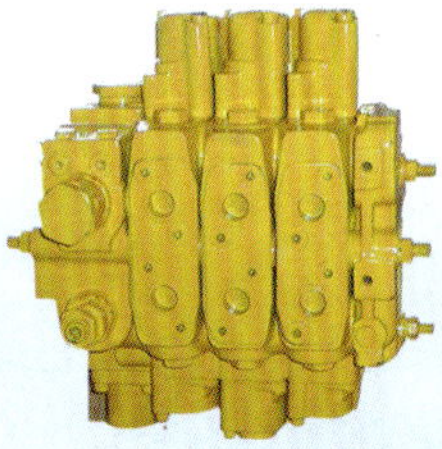
工程机械主控制阀

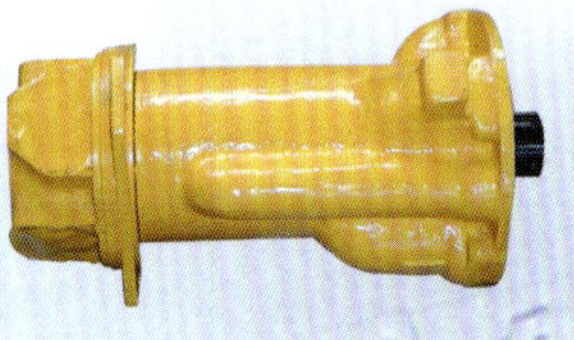
工程机械中央回转接头

地　址：贵州省贵阳市小河松花江路2号
E-mail:fyyy@public.gz.cn
公司总部电话：0851-3833316
砼泵销售电话：0851-3832674

通信地址：贵州省贵阳市第180号邮政信箱
邮编：550006
公司总部传真：0851-3834633
基础件销售电话：0851-3832158

FENGYANG HYDRAULIC

大同煤矿集团有限责任公司

副董事长
总 经 理 刘随生

大同煤矿集团有限责任公司是全国煤炭行业的特大型企业，成立于1949年8月30日，原名大同矿务局。企业从成立到2004年，共生产煤炭12亿t上缴利税150多亿元，为国民经济的发展做出了巨大的贡献。曾经荣获过“金马奖”、全国“五一”劳动奖、连续14年荣获全国思想政治工作优秀企业等荣誉称号。

企业总资产225亿元，员工家属70万人。2004年产销煤炭8000万t，销售收入170亿元。2005年预计产销煤炭1亿t，销售收入200亿元。规划到2010年煤炭产销能力达到1.5亿t，销售收入400亿元，形成以煤炭、火电、煤化工为主导，机制、建筑、建材为支撑，物业、旅游等服务业全面发展的产业格局，建成具有国际竞争能力和抵御风险能力的特大型煤电能源集团，实现“绿色同煤，科技同煤，诚信同煤，小康同煤”，进入世界煤炭“十强”企业行列。

塔山工业区简介

塔山工业区是大同煤矿集团公司以科学发展观为指导，按照传统产业新型化、新兴产业规模化的要求，建设开发的一座大型工业区。地处大同煤田东翼中东部边缘地带，在大同市南约30公里处，距同煤集团20公里处。

塔山工业区规划建设“一矿六厂一条路”。主要包括年产煤炭1500万t的塔山矿井及配套建设的1500万t洗煤厂、两个资源综合利用电厂（2 × 60万kW和4 × 5万kW）、5万t高岭岩加工厂、年产20万t水泥厂、2 × 20万立方米的砌体材料厂及铁路线，形成将煤炭及其伴生物充分利用、循环利用的循环经济链条，建成环保、可持续发展的新型工业区。

塔山工业区建设的指导思想为：以建设塔山矿井为龙头，配套建设相应的选煤厂，利用选煤厂洗后的煤泥和煤矸石为燃料建设资源综合利用电厂，利用电厂排出的粉煤灰和煤矸石等工业废弃物为原料建设砌体材料厂和水泥厂，利用采煤过程中采出的高岭岩土为原料建设高岭土煅烧加工厂，做到多业并举，实现资源综合利用，使整个矿区实现可持续发展。

塔山工业区正在建设一期工程，主要包括矿井、选煤厂、高岭岩加工厂和铁路专用线四个项目，总投资约40亿元人民币。预计在2005年9月矿井首采面正式投产，其他配套项目同步投运。

通讯地址：山西大同市新平旺
邮编：037003
http：//www.ctcocalmine.com

创新是企业持续发展的动力之源

兖州煤业股份有限公司

杨德玉总经理在全国效益型先进企业经验交流会上介绍企业管理的先进经验

煤业公司荣获中国质量协会颁发的2004年度中国企业管理最高奖——“中国质量鼎”

煤业公司获得“全国质量管理奖”

【公司简介】

兖州煤业股份有限公司是1997年9月25日由兖矿集团有限公司独家发起设立的境内外上市公司。1998年在纽约、香港、上海三地上市。主要从事煤炭生产、洗选加工、煤炭销售和铁路运输，辖有六座现代化大型煤矿。公司主要用户有上海宝钢、浙江电力、邹县电厂和日本东京电力、日本新日铁、韩国浦项钢铁等国内外大型企业。

兖州煤业地处中国煤炭消费中心和北煤南调的前沿，交通便利，四通八达。东邻青岛港、日照港、烟台港、连云港，京沪、兖石、兖新铁路和京沪、京福高速公路贯穿矿区，公司拥有180km的自营铁路和一座直达京杭大运河的现代化煤炭水运码头。公司是距经济发达的华东、华南沿海地区，以及资源匮乏的日本、韩国距离最近的大型煤炭企业。

公司拥有自主知识产权的综采放顶煤技术和成套设备，在中国和澳大利亚获得专利，是世界开采厚煤层矿井的先进技术，被评为国家科技进步一等奖。

公司实施了以“零缺陷、零杂物、零投诉”为内容的“三零”工程，建立完善了质量管理体系。2004年，精煤万吨含杂率降到1.11千克。“兖矿煤”以其优良的煤质、良好的服务，成为国内外的名牌产品。2000年被中国商品学会、中国质量学会评为同行业“第一名牌”、2001年被中国质量检验协会、中国产品推广评价中心评为“质量信得过产品”。

兖州煤业先后完成五次股票发行、三次资产收购，融资58亿元，占中国煤炭行业在股票市场融资总额的36%。连续五年入选“中国《上市公司》50强”，先后被《亚洲货币》杂志评为“中国最佳管理公司”第4名，被香港《资本》杂志评为“中国最佳公司管治”第7名等。

兖州煤业股份有限公司

兖州煤业已经成为中国重要的商品煤生产基地、煤炭深加工基地和商品煤出口基地。2003年矿井实际生产能力比设计生产能力翻两番（设计能力2140万吨，实际达到4500万吨），全球有10对600万吨以上的井工矿井，兖州煤业占5对。

党和国家领导人对公司的经营和发展给予了高度评价。江泽民肯定和赞扬了公司的产业运营和资本运作相结合的做法；朱镕基称赞公司是“中国最好的煤矿”；吴邦国专程到公司视察，明确提出要公司建成“一个主体（煤炭投资主体）、三个基地（国家商品煤基、出口煤基地、煤炭深加工基地）”，“在煤炭行业结构调整中挑大梁”。

兖州煤业将致力于通过外延式发展和内涵式发展，持续提高公司盈利能力和股东回报。通过持续改善经营管理，提高现有煤矿的盈利能力；通过继续投资和收购优质煤矿资产，扩大经营规模；通过拓展煤炭深加工业务，培育公司新的经济增长点，力争用5到10年时间，把公司建设成为主业突出、核心竞争力强、具有国际化水平的矿业公司。

井下综放工作面

地址：山东省邹城市凫山南路298号

邮编：273500

电话：0537-5386808

传真：0537-5386808

鹤壁煤业(集团)有限责任公司

集团公司董事长、党委书记　李永新

鹤煤（集团）领导班子成员

集团公司董事长、党委书记李永新（前中）与河南省建设投资公司副总经理智勐（前左）、鹤壁市经济发展投资公司总经理萧楠，在鹤壁兴鹤发电有限公司2×600MW项目 投资意向书上签字

大倾角轻型支架综采放顶煤工作面

集团公司出口煤炭通过连云港装船外运

鹤壁煤业（集团）有限责任公司是由1957年6月3日成立的原鹤壁矿务局，经河南省人民政府批准1999年5月12日改制而成的大型企业集团，系国家520户重点企业，河南省管企业和工业综合实力百强企业之一。

2004年，集团公司资产总额为45.34亿元，原煤产量722万t，商品煤产量714万t；商品煤销量720万t；掘进总进尺59189米；经营总额30.1亿元；实现销售收入25.1亿元，其中煤炭销售收入17.4亿元；克服了电价上升、原材料涨价等不利因素，实现利税3.66亿元，其中利润1.67亿元，比上年增长30.5%，职工人均年收入14300元，比上年增长16.18%；百万吨死亡率为0.28。商品煤产量、商品煤销量、销售收入、经营总额、实现利润、职工人均收入和百万t死亡率等指标再创历史最好水平。在册职工51666人，另有离退休职工19282人。各类专业技术人员6043人，其中高级职称451人，中级及以下职称5592人。

鹤壁矿区面积150km²，目前煤炭保有储量7.43亿t，可利用储量6.23亿t，可采储量3.46亿t；现有8对生产矿井，年产低灰、特低硫、高发热量的优质环保动力煤700多万t，出口14个国家或地区。另有3座洗煤厂，年入洗能力360万t；“鹤翔”牌筛混煤被评为“全国用户满意产品”。除煤电主业外，辅业涉及中美合资的高新技术企业、以及建筑、建材、铁运、商贸、仓储、化工、冶炼、机械制造、林业、文化旅游等领域，多种产品获国家、省部级科技进步奖和优质名牌产品称号。

多年来，企业凭借严格的管理和良好的商业信誉，多次荣获中国优秀企业、中国煤炭工业优秀企业、煤炭质量信得过企业、重合同守信用企业、信用AAA企业、安全生产先进单位、质量标准化矿务局、全国“安康杯”优胜企业和河南省“五一”劳动奖状等荣誉称号。为确保企业持续、健康、快速发展，鹤煤集团研究制定了《鹤煤（集团）公司2004～2010发展规划》，共筛选了大小36个项目，总投资194.9亿元。随着新建和扩建项目建成投产，到2007年煤炭产量达到1000万t，发电量50亿KWh，资产总额和销售收入分别达到50亿元；到2010年煤炭产量突破1850万t，发电量110亿KWh，资产总额和销售收入分别突破100亿元，实现集团公司“二年双五十，六年双百亿”的宏伟目标。

地址：河南省鹤壁市红旗街98号
邮编：458000
电话：0392-2911408

山西潞安石圪节煤业有限责任公司

山西潞安石圪节煤业有限责任公司（原石圪节煤矿）位于山西省东南部太行山上党盆地北缘，是一座已有70多年开采历史，具有光荣革命传统的老矿。年产原煤90万吨，洗精煤60万吨。早在1963年，就被敬爱的周总理树为全国工交战线勤俭办企业五面红旗之一，进入上世纪90年代，石圪节再度被树为全国煤矿学习的榜样，江泽民、李鹏等11位党和国家领导人为石圪节题词赠言，号召全国向石圪节学习。

几十年来，石圪节坚持发扬艰苦奋斗精神，建成了全国首批现代化样板矿，被评为煤炭工业一级企业、现代化矿井、全国五一劳动奖状、特级质量标准化矿井、山西省先进企业、获得全国管理最高奖—金马奖等100多项省部级以上荣誉。1999年被中央精神文明建设指导委员会授予“全国精神文明建设先进单位”荣誉称号，2000年被评为全国煤炭工业系统“文明煤矿”，2003年又荣获山西省精神文明建设“文明单位标兵”称号。

孙玉福总经理荣获全国煤炭工业优秀矿长荣誉称号

生产高品质老陈醋的瑞福莱生物酿造公司全景

司马新井正在紧张的建设中

生产健康环保纳米乳胶漆的斯瑞海纳米科技公司生产线

进入21世纪，面对井下煤炭资源枯竭的现实，孙玉福总经理极具前瞻性地提出了全面进行第三次创业的发展战略。石圪节第三次创业战略的中心任务是“建设新型绿色石圪节”。战略目标是“3+1”，即用三年时间建成洁净能源生产基地、苗木花卉生态农业基地、高新技术健康产业基地和建塑特色企业文化。第三次创业的三年规划是“一年全面奠基、二年初见成效、三年实现目标”。第三次创业成功的六个主要标志是：建设成横跨长治市三个区县的三大基地，实现企业组成格局的历史性变迁；形成一司两井（新井和旧井）的煤炭生产格局，2005年煤炭产量达到200万吨；形成新时期的石圪节特色企业文化；企业年销售收入达6亿元，其中多元化销售收入达1～1.2亿元；继续保持国家级文明单位称号；职工物质文化生活水平明显提高。

目前，司马新井基本建设工作有序进行，开工不到一年，三个井筒全部到底，并且实现贯通。到2004年10月份，共完成井筒860.5米，巷道2950米，完成投资29002.66万元。引进名、优、特植物品种，科学开发水库林场，一个具有绿我科技特色的苗木花卉生态农业基地初具雏形。多元化发展取得突破性进展，年设计生产能力为500吨老陈醋的瑞福莱生物酿造有限责任公司生产的“瑞福莱”陈醋整合了“石圪节”和“山西老陈醋”两大无形资产，被确定为著名相声艺术大师侯宝林诞辰85周年暨相声艺术国际研讨会的指定纪念品；“高新绿”标志性企业斯瑞海纳米科技有限公司生产的健康环保纳米乳胶漆不仅属于环保产品，而且许多指标国内领先。生产药物辅料的火凤凰果膜包衣项目已完成了基建阶段，正在进行设备安装高度，2004年底可建成投产。目前，石圪节多元化领域已有永昌实业公司、电线电缆厂、飞虹煤机公司、锅炉安装维修中心、瑞福莱生物酿造公司、斯瑞海纳米科技有限公司等8个企业，年销售收入达上亿元。

彬县煤炭有限责任公司

董事长兼总经理：何万盈

彬县煤炭有限责任公司属地方煤矿，股份合作制企业，资产总额4.66亿元，现有职工2300名，拥有下沟矿和百子沟五矿两对生产矿井，年设计生产能力321万t。

近年来，公司以邓小平理论和“三个代表”重要思想为指导，以人为本、以发展为主题、以科技进步为动力、以经济效益为中心，深化改革、强化管理、艰苦创业，于1997年10月投资1.4亿元建成了一座年产45万t的现代化矿井—下沟矿，2001年与煤科总院北京开采研究所进行经济技术合作，投资3319.4万元，完成了下沟矿综合机械化放顶煤技术项目，使产量由45万t提高到90万t。该项目被评为煤炭工业科学技术一等奖。2002年4月与煤科总院上海分院合作改造了下沟矿主提升系统，改8t箕斗提升为30°大倾角皮带提升，生产能力提高到150万t，该项目荣获中国煤炭工业科学技术二等奖。这种企院合作，改造传统产业作法被全国煤炭科技大会誉为“陕西彬县模式”。公司经过技改，产量由2000年的89.9万t提高到现在的230万t，销售收入从5880万元提高到2.75亿元，实现利税从487万元增加到6500万元，实现利润从不足100万元增长到3100万元，员工人均年收入从5200元提高到15000元，煤炭开采洗选技术达到国内先进水平，安全生产、经营管理工作迈上新台阶，企业进入全国煤炭工业100强，公司获全国煤炭工业优秀企业、部特级质量标准化矿井、全国高产高效矿井、省级十大科技成果奖、先进企业、文明单位等50多项荣誉称号。董事长兼总经理何万盈同志获全国煤炭工业优秀企业家，全国煤矿优秀矿长、中国煤炭工业科学技术一等奖和二等奖，省级优秀科技工作者、省市劳动模范等殊荣。

被列入第8批国债建设项目的下沟矿300万t综合机械化技改工程，2003年7月开工建设，300万t洗煤厂已于2004年5月竣工投产，洗选设备全部从美国进口，综采综掘、综合调度、安全监测监控均选用国内最先进的成套设备，目前已完成投资2.37亿元，整个项目于2004年12月建成投产，项目建成后，矿井提升运输、通风排水、供电通讯、安全监测监控系统均实现自动化。届时，公司原煤产量将达到400万t，实现销售收入6亿元，实现利润8000多万元，上缴国家税金超过5000万元，下沟矿将成为陕西省地方煤矿中第一个年产300万t的矿井和彬长煤田开发建设的第一个特大型现代化矿井。

徐州赫尔斯采制样设备有限公司

头部采样系统

徐州赫尔斯采制样设备有限公司，是在与美国ERIEZ和HSS公司进行采制样设备技术合作的基础上，进行部分国产化及全国国产化的国内专业化公司，也是美国ERIEZ和HSS公司在中国的代理公司。徐州赫尔斯公司成立于1998年10月，在短短的几年里，已有一百几十套赫尔斯机械采制样系统以及装置广泛应用于电力、冶金、煤炭、化工等行业，取得了用户的信赖，并产生了较大的经济效益和社会效益。公司于2003年获得ISO9001：2000质量管理体系认证。

XHSS采制样系统的类型有：

- XHSS—SS型皮带头部采制样系统
- XHSS—RS型皮带中部采制样系统
- XHSS—AS型螺旋钻采制样系统
- 焦炭粒度筛分、转鼓强度、破碎缩分采制样系统
- 烧结矿粒度筛分、转鼓强度、破碎缩分采制样系统

联系人：孙逊、滕启　地址：江苏省徐州市金山桥开发区金桥路
邮编：221004
电话：0516-7799160/161/162　7799165(传真)
http://www.xzhss.com　E-mail:sales@xzhss.com
北京办事处：010-64246958（传真）
成都办事处：028-87535834
上海办事处：021-64391643　64644191（传真）

汽车采样系统

中部采样系统

徐州三原称重技术有限公司

徐州三原称重技术有限公司成立于1993年，是从事计量、控制及采样设备的研制开发、制造、销售及服务为一体的高新技术企业。多年来，公司相继开发出适合我国工业现场的称重计量及工艺控制设备，并广泛应用于冶金、电力、化工、煤炭、食品、烟草、港口等行业现场，还远销海外，深受用户好评。公司注重新技术新产品的开发及应用，经过技术改进取得了十多项国家实用新型专利，且连续多年被评为“重合同守信用单位”，并于1999年通过了ISO9002国际质量体系认证。

公司在以徐州总公司为中心的基础上，在全国各地区建立了相应的销售及服务机构，公司奉行“敬业、卓越、求实”的企业精神、建立健全了一整套管理、质保、销售及服务等体系。公司承诺以卓越的产品、精湛的技术、无限忠诚地服务于顾客的工程开发、安装调试、现场维护、更新改进、审核投资的每一阶段。

公司产品：

- ICS系列电子皮带秤
- 全电子汽车衡
- JGC系列称重给料机
- SY型称重控制器
- 皮带秤实物校验装置
- SY2000系列配料系统
- 循环链码

代理产品：

- 美国CCC公司输送机保护装置
- 美国DE公司料位控制制仪表
- 美国K-TEK公司新型料位计等

地址：江苏省徐州市金山桥开发区金桥路
邮编：221004
电话：0516-7799160/161/162
0516-7799165(传真)
http://sanyuan-com.com
E-mail:xz.sy@public.xz.js.cn
北京办事处：010-64246958（传真）
成都办事处：028-87535834
上海办事处：021-64391643
021-64644191（传真）

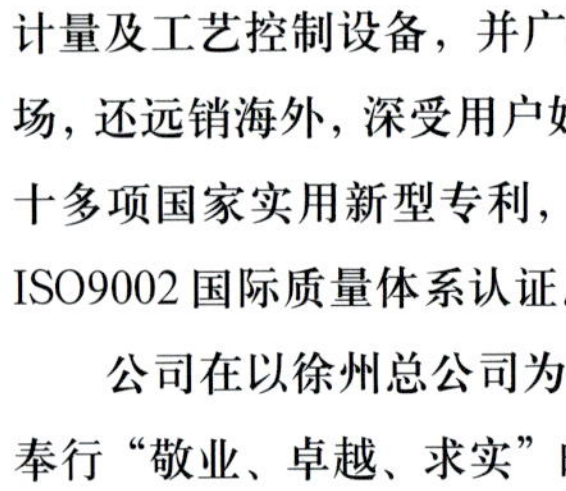

循环链码

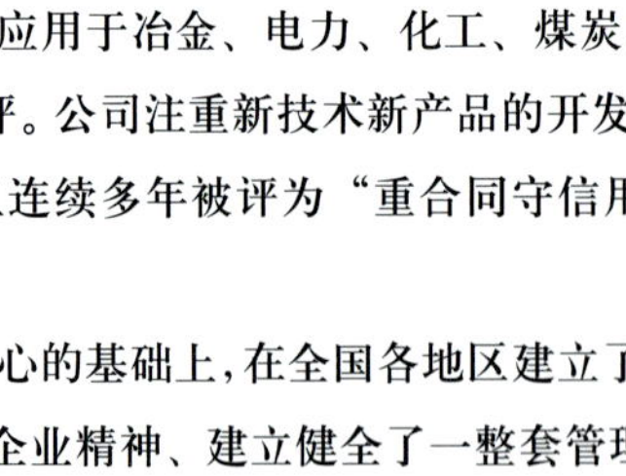

给料机

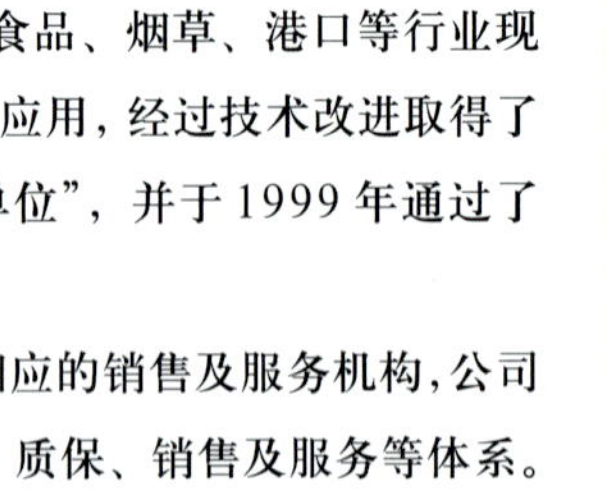

皮带秤

中国罗茨鼓风机领域的先驱、专业主导厂、技术领导者

长沙鼓风机厂有限责任公司

CHANGSHA BLOWER CO ., LTD

专业主导 长鼓实力

- 中国500家较大机械工业企业
- 中国罗茨鼓风机科研生产基地
- 中国罗茨鼓风机重大科技攻关项目的主要承担单位
- 罗茨鼓风机技术质量国家标准制定单位

长沙鼓风机厂有限责任公司（原长沙鼓风机厂）始建于1950年，是国家大型骨干企业；国家重大技术装备配套风机定点生产厂家；是中国罗茨鼓风机（真空泵）研发实力较强、装备水平较高、生产规模较大、产品品种较全的专业主导厂。

几十年来“长风牌”罗茨鼓风机（真空泵）以其精湛的技术、卓越的品质，畅销国内外，素享盛誉，备受尊崇。长鼓始终秉承“铸中华精品，创国际名牌”的经营理念，竭诚为用户提供先进的技术、完善的服务和最适合需要的产品。

卓尔不凡 长风品质

“长风”牌罗茨鼓风机（真空泵）

- 国家优等品 湖南省名牌产品
- 国家重点工程首选品牌
- 国家重点新产品，优秀节能产品

公司主导产品

引进技术全新一代罗茨鼓风机（真空泵）

鼓风机 流量：0.5 ~1200m3/min 压力：9.8 ~196kPa

真空泵 流量：0.5 ~462m3/min 压力：-9.8 ~-78.4kPa

国际领先技术各种特殊用途罗茨鼓风机（真空泵）

真空机组 离心鼓风机 离心通风机 轴流通风机

智能监控器、隔声罩、消声器、空气过滤器、启动柜等配套附件

公司地址：湖南省长沙市树木岭路 388 号
销售总部：0731-5593271 5585740-8241 8244
图文传真：0731-5584765 5582640
技术咨询：0731-5585740-8476
售后服务：0731-5585740-8260
公司网址：www.chinablowers.com
电子邮件：xs@chinablowers.com
邮政编码：410014

ISO9001

柳州环宇压缩机有限公司

柳州压缩机总厂是全国500家最大机械工业企业之一。属国家大型二类企业，是原国家机械工业部的重点企业和全国生产大中型压缩机的骨干企业，1995、2001年分别在同行业中率先通过ISO9001、1994和ISO9001、2000质量管理体系认证。建立有自治区级技术开发中心，连续17年荣获广西“重合同、守信用”称号。企业具备独立设计、制造各类压缩机和压力容器的资格，年产大、中型压缩机可达2000台。

【主要产品】

D系列空气压缩机
国家技术创新优秀项目奖、省优产品

空气压缩机、煤气压缩机、天然气压缩机、氢氮压缩机、无油润滑压缩机、螺杆压缩机、蜗杆压缩机、空气净化设备、离心机、制砖机、挖掘装载机、混凝土输送泵等。所设计和开发的V系列、L系列、D系列、H系列、LG系列各类介质的压缩机有200多种，广泛应用于冶金、矿山、机械制造、轻工、化工、建材、玻璃、医药、食品、水利、电力、军工及科研等领域。1998年研制生产的LGY-17/7双螺杆压缩机、DGF-3/7单螺杆压缩机是国家重点科技项目和新产品、质量达到优等品标准。2001年D-100/8-C型空压机获“九五”国家技术创新优秀项目奖。企业有自营进出口权、产品远销亚洲、非洲、拉丁美洲、欧洲等21个国家和地区，在中国北京亚运会、京九铁路、天津大港油田、三峡水电站等国家重点工程使用中展示出良好的品质。

V系列压缩机
国家银牌产品

HBT系列混凝土泵　国家技术创新产品

L系列空气压缩机
部优产品、省优产品

上世纪九十年代先后引进德国ECOCUTIZ型、俄罗斯NC800 Ⅱ M φ 4型加工中心，德国树脂砂生产线、引进德国和芬兰螺杆压缩机技术、日本蜗杆压缩机技术、美国挖掘半截机技术、德国混凝土输送泵技术、企业科研开发水平迅速提高，与中国科学院、西安交通大学等国家级研究单位、高等院校有着紧密的合作，装备了CAD CAM CAPP计算机辅助设计制造系统、有较强的产品开发研究能力。

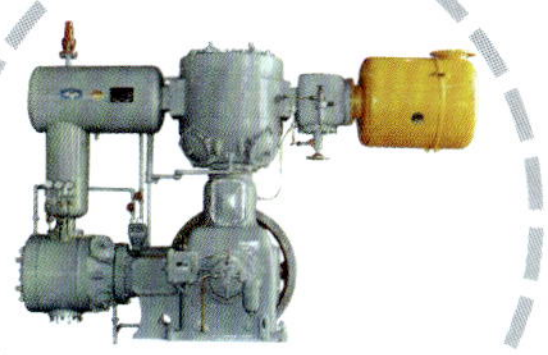

LGD、LGF系列螺杆空气压缩机
国家重点科技项目产品

地址：广西柳州市北雀路129号　邮编：545002　电话：0772-2313027　2310098　传真：0772-2313274　2312100

http://www.iyhy.com.cn　柳州压缩机总厂

甘露牌

无锡锡山阀门厂

无锡锡山阀门厂（原锡山市阀门厂），位于秀丽的太湖之滨，无锡市东郊历史文化古镇甘露，地理环境十分优越。厂区占地面积7万m^2，现有职工近500人，各类专业技术人员160人，高级职称7人，其中2名研究员级（教授级）高级工程师，是享受国务院特殊津贴的技术专家。工厂于1997年5月取得ISO9001质量体系认证证书；2000年9月获得美国石油学会API会标使用许可证；工厂先后获得多个部、省优质产品、高新技术产品和江苏省知识产权重点保护品牌产品和江苏省科技进步奖等荣誉，是江苏省高新技术企业。工厂注册商标 甘露牌阀门。

工厂始创于1970年，拥有30多年设计制造阀门的丰富经验， 是国内较大的不锈钢阀门生产基地。是中国阀门工业协会成员厂（理事单位），也是中国石油天然气集团公司一级供应网络成员单位和中国石化物资资源市场成员厂。工厂具有高质量不锈钢铸件和精密铸件生产能力，年产不锈钢阀门10万台，不锈钢铸件2000t；固定资产2100余万元，流动资金3200万元，年产值超8000万元，各类生产设备200多台（套），工厂设有铸造、焊接、机械加工、装配实验等车间，设备配备齐全，试验检测手段先进，拥有美国贝尔德（BAIRD）直读式光谱分析仪，对铸造冶炼过程中材料的12种化学元素进行快速分析、控制，因而保证了产品的高质量、可靠性和安全性。

工厂生产的阀门产品有楔式闸阀、平板闸阀、球阀、截止阀、止回阀、底阀、旋塞阀、蝶阀等各种类型，均按GB(中国国家标准)或国外先进标准：ANSI（美国国家标准）、API（美国石油学会标准）、JIS（日本标准）、BS（英国标准）、DIN（德国标准）和NF（法国标准）进行设计、制造、检查和验收。铸造建材料采用ZG1Cr18Ni9Ti、ZG1Cr18Ni12Mo2Ti、CF8、CF8M、CF3、CF3M、C4、C6、C8、SCS13、SCS14和WCB、WC6等材质。压力：1.6-16.0Mpa、150Lb、300Lb、600Lb、10K和20K，口径：DN6mm-500mm、1/2″-20″。阀门传动方式有：手动、齿轮传动、液动、电动、气动等。产品广泛用于化工、石油、天然气、冶金、医药、造纸、食品、发电等行业。阀门出口美国、日本等8个国家。工厂还为国防科研单位、核工业、航天工业，设计制造了多种特殊性能的专用阀门。品种有超低温阀、带夹套保温阀、放料阀、换向阀等。

近年来根据国家重点工程急需，工厂开发成功抗硫气动闸阀系列，和用于长距离输油（气）管线，清管作业用《新型抗硫、抗静电、防火清管器发射接收阀》（简称清管阀）。清管阀是江苏省级高新技术产品和江苏省火炬计划项目。

地址：江苏省无锡市锡山区甘露镇月溪路100号　邮编：214117

电话：0510-8751896　8751761　8751890

传真：0510-8751896　E-mail：info@ganlu.com　info@wuxivalve.com

网址：www.ganlu.com　www.wuxivalve.com

品牌·中国

中国知名品牌

企业风采展示专辑

海虹涂料——民族品牌的旗帜

海虹涂料是由具有130多年历史的招商局集团于1981年在深圳蛇口成立。海虹老人牌(中国)有限公司成立于1992年，是丹麦老人牌集团与香港招商局国际有限公司合资组建。公司总部设在香港，目前在中国境内共有三家工厂（蛇口、昆山、烟台），七个办事处（北京、大连、青岛、上海、成都、广州、深圳）。

海虹涂料借助丹麦老人牌国际领先的涂料技术，积极开拓进取，使海虹这民族品牌在业界内树立了优质优价的国产名牌的良好口碑，公司多年来注重致力于民族品牌的发扬光大，海虹品牌的产权依然由招商局集团拥有。

海虹老人牌的质量控制系统能确保在全球的所有工厂生产的产品符合统一的质量标准。海虹老人牌的香港总公司，烟台、昆山和深圳工厂均已通过ISO9001、OHSAS18001、ISO14001认证。

海虹老人牌的经营理念在于：我们提供的不仅仅是油漆，更涵盖了服务、技术支持、市场调查、进程报告、现场指导和协调、培训以及售后服务的诸多领域。

公司拥有强大的技术服务队伍，它的成员均为经验丰富的技术工程师组成，是经过特殊的培训及有多年以上的实地施工经验，参与各类大型工程项目的建造，维修及监理。我们的施工服务是一条龙式的服务，从前期的作业建议，评估风险，施工时的表面处理直到油漆完工，提供整体报告、评估及后期的维修追踪等服务。

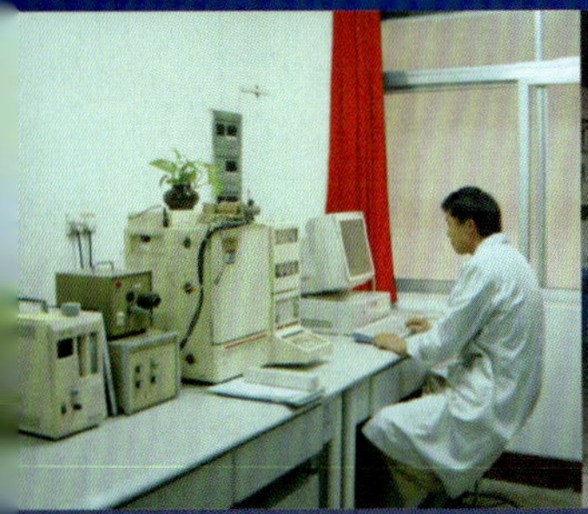

海虹老人牌

海虹牌内、外墙装饰漆

海虹老人牌旗下的“**海虹**”品牌是高质量装饰涂料制造商之一。我们悠久的历史、良好的信誉得到众多土地开发商、设计研究院和承包商的普遍认可。

海虹牌高质量的内外墙建筑装饰涂料至今在中国已广泛应用于工程项目和私人住宅。先后为中国大陆地区和香港的众多项目所采用。

其中包括：北京工人体育场、广州天河体育中心、香港新机场、广州碧桂园、上海普陀区政府、深圳地王等，总量超过三亿平方米的涂装面积。公司目前在全国拥有庞大的营销网络，可向客户提供全系列的水性及溶剂型的内、外墙建筑装饰涂料，包括丙烯酸乳胶漆、聚氨酯漆、水性金属漆和浮雕漆等涂料产品。

良好的产品性能、稳定的产品质量、完善的服务体系，使我们赢得了客户的信赖，同时也奠定了我们在该领域坚实的市场地位。

海虹牌水性建筑涂料，均已获得中国环境标志产品认证证书。

海虹老人牌

东莞大宝化工制品有限公司

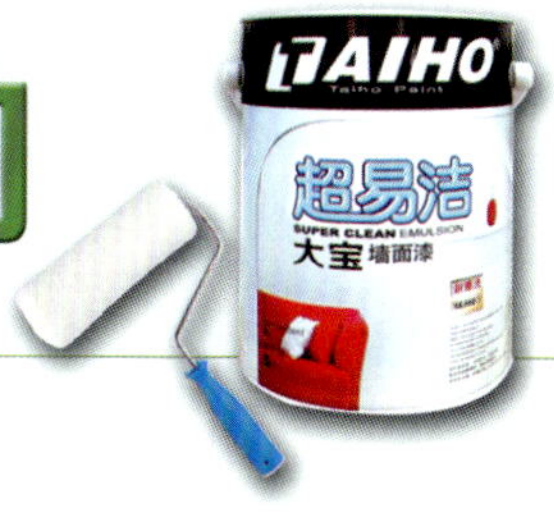

大宝化工集团董事长兼总经理：陈贺生先生

东莞大宝化工制品有限公司是一家以涂料生产、销售及科研开发为主体的大型化工企业。1992年在广东省东莞市注册成立,产品“大宝漆”涂料涵盖建筑涂料、木器漆、金属漆、塑胶漆等产品。“大宝漆”、“TAIHO”为注册商标，产品吉祥物标志“小飞象”。

公司实力雄厚、规模庞大。自成立至今，已拥有海内外10多家子公司，其分支机构除遍布中国各大重要地区，还在国外设有多家公司。分别为：东莞大宝化工制品有限公司，东莞市大宝家具制品有限公司、上海大宝化工有限公司、台湾大宝涂料股份有限公司、台湾大宝贸易股份有限公司、香港宜悦国际有限公司、日本大宝化学工业株式会社。

多年来,公司一直致力于运用高新技术理论,在生产技术和工艺上，秉承了台湾大宝涂料和日本大宝化学工业株式会社深邃的技术内涵和务实、竞争的产品风格。每年还有与德国(如BYK化学,BAYER)、美国(罗门哈斯,陶氏)等国际大公司进行技术合作交流，不断地吸收和引进国外先进技术手段和严密的“零缺陷”控制管理。同时还聘用了国内外8名专业人士，担任高级技术顾问，长期指导服务于大宝。大宝在提高自身科技含量的同时，还关注国内、国际上涂料发展动态，努力开发新产品，提高产品质量，与国际并轨，与时代同行。

大宝化工农场工业园

TAIHO®

东莞大宝化工制品有限公司

为使企业科技创新，产品持续发展原动力得到保障，大宝化工建成的研发中心7000多平方米，投资约3500万元人民币，配置了各种先进的试验和检测仪器及设备，为东莞大宝的科研人员提供了优良的研发条件。除了自主开发一些适应国内外市场的新产品外，大宝化工在2004年4月与华南理工大学化工学院签订了一系列的合作项目，并于2005年1月与华南理工大学联合成立了华南理工大学大宝化工研究中心，该中心的成立标志着大宝将来在人才储备及科学技术研究方面得到强有力的保障。

公司自成立以来，坚持贯彻“精益求精、服务第一、持续改善”的品质政策，树立并实行“谦和亲切、专业创新”的经营理念。随着国内、国际一系列品质标准的规范化和系统化，企业率先采用了国际先进标准，首批通过了“ISO 9001质量体系认证”、“中国强制性产品认证”及“中国环境标志产品认证”，同时还获得中国涂料工业协会、全国涂料颜料标准化委员会、国家涂料质量监督检验中心推荐为安全环保型室内装饰装修涂料等多项荣耀。

回顾过去，展望未来。在经过十多年的产品研发和市场推广，企业坚持做大做强，倡导“品质无国界”发展战略理念。今日的大宝，规模庞大，实力雄厚，技术先进，英才聚集，管理优秀，争创了国际企业风范。“大宝漆”已远销全球100多个国家和地区，在全球共建立3000个售后服务网点，深受国内外消费者信赖，产品具有很高的知名度，是国内外生产高档家具漆和豪华建筑涂料的知名品牌。

大宝化工湖畔工业园

产品生产线

公司地址：中国广东省东莞市大岭山镇农场村
联 系 人：廖显橙先生(业务部)
电　话：(0769) 3352051　5786789
传　真：0769-5626166　5657331
邮　编：523820
网　址：www.taihopaint.com
邮　件：sales3@taihopaint.com
technic@taihopaint.com

品牌经营
致胜之道

上海水星家用纺织品有限公司是集研发、设计、生产、营销于一体的综合性家纺企业，公司成立于1987年，是国内最早从事家用纺织品设计制造的企业之一，是中国家纺行业协会理事单位，公司在上海综合开发区投资6万m^2的现代化工业园区，员工1500人，拥有国际先进的电脑绗缝、制被等多条生产线，具备精湛的工艺技术和雄厚的生产实力，销售业绩在家纺行业一直排名前列。2002年行业排名全国第五名。

凭借强大的设计生产能力和完善的营销服务，“水星”品牌已在国内拥有了较高的知名度，为众多消费者所接受，公司产品先后获“上海名牌”和“国家免检产品”等多项荣誉称号。产品列入打击假冒、保护名优活动的范围，凭借豪华尊贵、独具匠心的设计风格，先后以专利申请和版权登记的形式，使50多种作品得到保护，为了有效地保护好“水星”品牌的知识产权，公司专门设立知识产权办公室，由专人负责公司知识产权方面事宜，依法享有对产品设计的专有权，产品受法律保护。质量是企业发展之根本，长期以来，水星一直重视质量，强化品牌管理，在同行业内率先通过了ISO 9001质量管理体系认证。

公司董事长李裕杰先生（右）与中国家纺协会会长杨东辉先生亲切交谈

近二十年的发展，使水星家纺拥有了强大的设计能力，完善的营销网络及健全的服务体系。公司的研发中心，凭借在人才、信息、设计方面的优势，致力于将国际流行趋势导入研发设计，将产品的款式、花型及艺术品位推向一个更高层次，满足国内不同消费者的需求。目前，水星家纺在全国拥有近800多家专卖店，并以每年新增200个专卖店的速度增长，创新的设计风格和追求卓越的品质造就了目前较强的经营管理能力和服务意识较高的经销商队伍，并由此带来了诸多忠诚的消费群体。

上海水星家用纺织品有限公司厂区

梦缘 全棉绣花四件套

品牌是消费者购买产品的依据，公司自1992年注册“水星”商标后，一如既往的贯彻名牌战略，从2001年至2004年公司在广告宣传方面的投入递增，并于2004年5月邀请了国际影视明星刘嘉玲作水星品牌形象代言人，与此同时，公司与中央电视台及当地强势卫视频道强强联手，大大加强了广告的投放，让“水星”的名字走进千家万户，品牌知名度大大提升。

你我他 全棉绣花四件套

未来，公司将继续坚持以创新面对市场竞争，以服务提升品牌价值，以品质赢得忠诚客户的发展原则，并不断吸取国内外先进的管理模式和营销理念，优化产品结构，争创中国名牌和中国驰名商标，成为家纺行业的领导品牌。

田园浅春

上海水星家用纺织品有限公司
SHANGHAI SHUIXING HOME TEXTILE CO.,LTD.
中国•上海 奉贤区沪杭公路1487号
1487#huhang road, fengxian district,shanghai,China
电话(Tel) 86-021-57435888 传真(Fax) 86-021-57435777
邮编(Zip) 201401 www.shuixing.com.cn

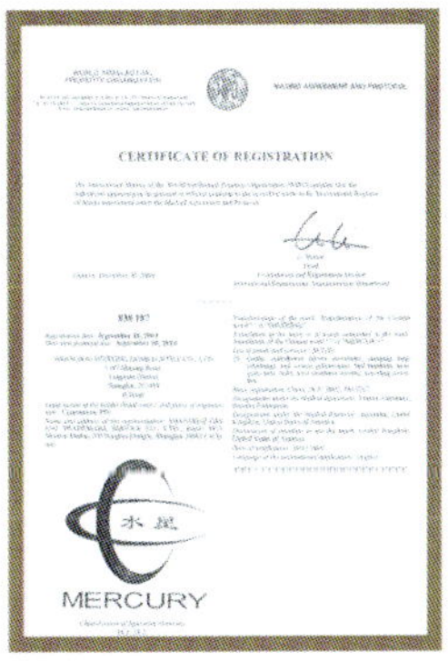

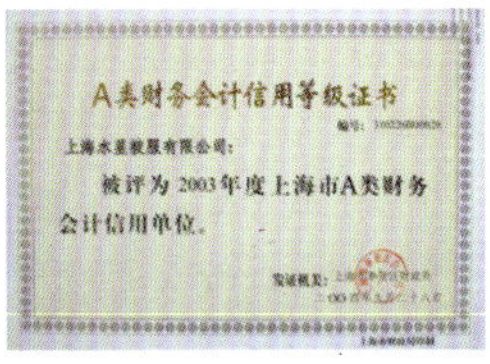

MERCURY
home textile
水星品牌代言人
国际影星刘嘉玲

绣色可餐

The color of embroidery can meal

绣色
是不老的神话
是一针一线
挑出来的水墨画
如同美女
气质夺人
并与食欲同在

恋恋阙歌

山东凤阳集团股份有限公司

法人代表：寇祖山

山东凤阳集团股份有限公司是中国软体家具骨干之一，现为中国家具协会副理事长和中国家具协会软体家具专业委员会主任单位。集团公司始建于1964年12月，近40年的发展，现已发展为总资产5亿元，公司占地面积30余万平方米，厂房建筑面积16万平方米，并拥有美国、英国、瑞士、日本、德国、意大利等国家先进床垫生产流水设备170余台（套），下设6个子公司，遍布全国30多个省市，并出口美国、加拿大、日本等国家，年生产能力达50多万

件床垫，沙发15万件，家具10万件以上，是山东省名牌，床垫、沙发2004～2007年度被评定为国家家具行业第一批国家免检产品，2005年度评定为中国轻工产品环保家具，并通过了ISO9001质量管理体系和ISO14001环境管理体系认证。山东凤阳集团具有自主进出口许可证。随着企业不断发展，凤阳集团将一如既往的坚持"质量第一"与"用户双赢"的企业理念，依托品牌优势，为用户提供高可靠性、高科技含量和高性能价格比的产品及优质、及时、用户满意的优质服务。

山 东 凤 阳 集 团

地 址：山东省淄博市周村区凤阳路138号　　邮 编：255300
电 话：0533-6452436　　传 真：0533-6456188
网 址：http//www.sdfengyang.com　　电子邮件：fyjt@sdfengyang.com

Shandong Fengyang Group Co.,Ltd. is an one of the framework of chinese soft-furniture manufturing, now is the vice-chairman of the board of Chinese Furniture Association and the director enterprise in soft-furniture professional committee of furniture union of China. The group company has been set up from December 1964, and now, after 40 years' development, it has been developed into a large corporation which has 5 hundred million of total assets and covers

Shandong Fengyang Group Co.,Ltd

the area 300 thousand square meters. It own 170 sets of national and advanced mattress production equipment which was imported from the USA, England, Switzerland, Japan, Germany and Intaly etc. The group has established 6 subsidiary company and the productions has been extended to more than 50 cities all over of china and exported to the United States, Canada, Janpan etc. Shandong Fengyang Group also has the independence permit in import and export. The yearly capacity amounts to 300 thousand mattresses, 100 thousand pieces of sofa and more than 100 thousand furnitures. The production such as the mattress and sofa is selected to the famous brand of Shandong Province, the first group of state

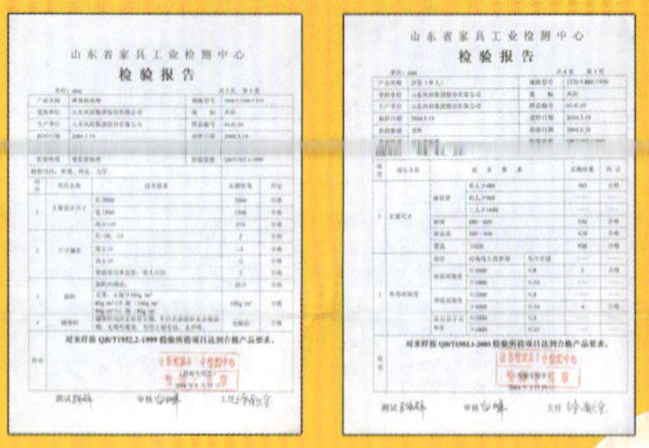

certificate for product exemption from quality surveillance inspection from 2004 to 2007 , the light industry product envionmental protection in 2005, passed the GB/T 19001-2000 idt ISO9001:2000 of the Quanlity Management System and ISO14001: 1996 Standard of the Environmental Management. With the continuously developing, Fengyang Group will run true to form insist the enterprise principle such as "Quanlity Is the first" "Winning With The Consumer",and reled on the brand advantage,insist to provide for customer the product which has the high dependable, high technological, high performance price comparing and the best service which was on time,all-directionsly, satisfactory to all customer.

山东凤阳集团

地 址：山东省淄博市周村区凤阳路138号
邮 编：255300
电 话：0533-6452436
传 真：0533-6456188
网 址：http//www.sdfengyang.com
电子邮件：fyjt@sdfengyang.com

健康睡眠，优质生活

穗宝集团

穗宝集团是一家知名的大型综合性家具集团，旗下有广州市欧亚床垫家具有限公司、天津欧亚床垫家具有限公司、北京公司、南方公司、上海公司、河北穗宝家具有限公司、广州穗宝家具有限公司、广州市穗宝室内装饰工程公司等，以及床垫、床上用品、沙发、木家具、金属家具等多个生产基地、穗宝家私连锁店及全国350多家穗宝床垫专卖店。其中，广州市欧亚床垫家具有限公司、天津欧亚床垫家具有限公司由广州穗宝家具装饰厂与香港新鸿基——珠江三角洲投资有限公司合资成立，在集团中发挥着举足轻重的作用。穗宝集团主营产品是穗宝牌弹簧软床垫，业务范围包括生产、销售床垫、配套家具、床上用品及其室内配套装修。

穗宝集团拥有超过100000平方米的厂房，床垫年生产能力达700000张，为全国同行之最。广州市欧亚床垫家具有限公司是中国家具协会常务理事单位、中国软垫专业委员会副主任单位，是中国最具影响力的床垫家具企业之一。曾先后获评为“中国500家最佳经济效益工业企业家具制造业第一位”及“家具制造行业利税总额第二”、“中国轻工业200强第144名”。企业通过了ISO9001-2000质量管理体系认证，且连续多次获确认为“外商投资先进技术企业”。穗宝集团及旗下企业资信优良，连年获评为“重合同守信用企业”，及特级、AAA级信用企业、纳税信誉等级A类企业等。在历年国家及地方各级质量监督和市场抽查中，穗宝床垫产品合格率高达100%。穗宝产品和品牌已获国际国内重大奖项四十多项：“国优”、“部优”、“省优”、“国家质量奖银质奖（家具类最高奖）”、“广东省名牌产品”及多项国际家具博览会金奖或评比第一名。穗宝商标获“广东省著名商标”、“中国十大最具潜力商标”、“中国家具行业床垫知名品牌”，及在“首届中国市场产品质量用户满意度调查”中获“消费者购物首选第一品牌”。

“追求卓越，成就卓越的人生和卓越的产品”，这是穗宝的企业精神。穗宝人必将为之不懈奋斗，实现百年穗宝的梦想；坚持“健康睡眠，优质生活”的宗旨，共同缔造人类的梦、未来的理想与文明。

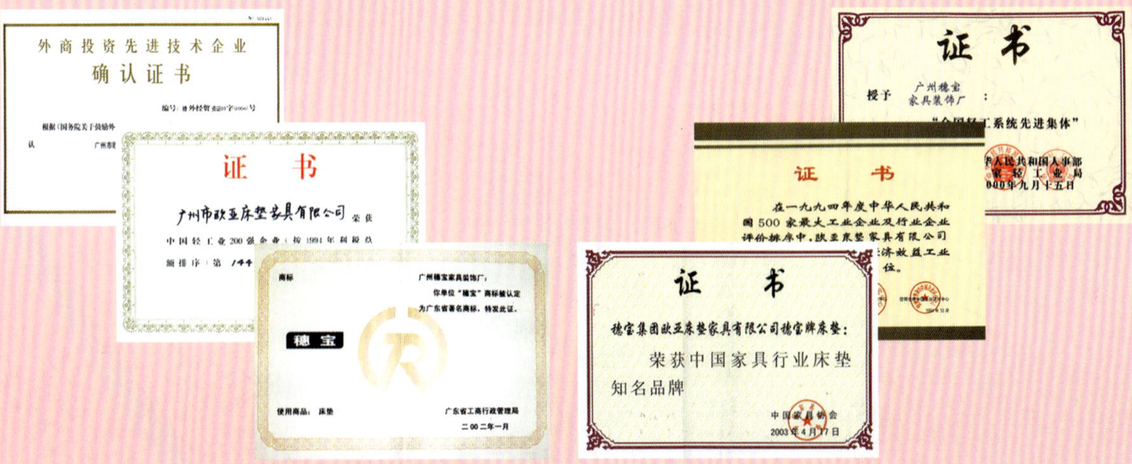

地　址：广州市万福路133号穗宝大厦
邮　编：510110
总　机：020-83383301
传　真：020-83382100
E-mail: group@suibao.com
http://www.suibao.com

中国贵州茅台酒厂有限责任公司
CHINA KWEICHOW MOUTAI DISTILLERY CO.,LTD

中国贵州茅台酒厂有限责任公司位于黔北赤水河畔的古镇茅台，占地面积200多万平方米，建筑面积 97万平方米。截至2004年底，拥有总资产79亿元，员工8000余人，年销售收入近40亿元。公司是全国质量效益型先进企业之一，是国家一级企业和特大型企业，荣获了国家企业管理最高奖——金马奖。公司以贵州茅台酒股份有限公司为核心，另拥有习酒有限责任公司、香港茅台贸易公司、茅台上海公司等9个全资子公司，贵州茅台酒股份有限公司、昌黎葡萄酒业公司、遵义啤酒公司、贵州久远物业公司等10个控股公司，技术开发公司、保健酒业公司、贵阳茅台装饰公司、交通银行、清华大学国际技术转移中心等10个参股公司。

公司主导产品贵州茅台酒从1915年获巴拿马万国博览会金奖以来，先后14次获国际金奖，蝉联历次国家名酒评比之冠。贵州茅台酒1991年名列全国“十大驰名商标”榜首，1994年通过ISO9000质量体系认证，1999年获得国家绿色食品证书，2001年列为原产地域产品，并通过有机食品认证且获有机食品证书。

地址：贵州省仁怀市茅台镇

邮编：564501

服务电话：4002189999

HTTP：//WWW.MOUTAICHINA.COM

贵州茅台酒历史悠久、源远流长，是世界三大蒸馏名酒之一，蝉联五次中国名酒称号，是我国大曲酱香型白酒的鼻祖和典型代表，不只拥有丰富的文化内涵，是中国文化酒的典范，也是集原产地域产品、绿色食品和有机食品为一身的白酒品牌。因此，贵州茅台酒被尊为国酒，还被誉为外交酒、政治酒、友谊酒。

在全国白酒行业中，公司拥有品牌优势，环境优势，文化优势，工艺优势等核心竞争力。根据全国酿酒行业“十五”计划，公司按照铸造一流企业的企业愿景，提出了酿造高品位的生活的经营理念。公司的发展方向是走新型工业化道路，做好酒的文章，走出酒的天地。公司将坚持技术进步，加强技术改造，稳步提高产品质量，多品开发，满足市场消费需求，提高茅台酒在同类产品中的市场占有率。

在人与自然迈向21世纪的进程中，茅台酒将秉承文化酒、生态酒、健康酒的一惯品质，将产品定位于有机茅台，人文茅台，科技茅台，世界最好的蒸馏酒。茅台酒这种自然健康的饮品，必将在新世纪中受到更多消费者的青睐。公司将利用5～7年时间，实现销售收入上百亿元，非酒类收入占总收入的10%以上。公司力争在10～20年内建设成拥有自主知识产权和核心竞争力的、在国内外具有重要影响的著名企业，创造国酒茅台更加辉煌的明天。

贵州茅台酒历史悠久、源远流长，是世界三大蒸馏名酒之一，蝉联五次中国名酒称号，是我国大曲酱香型白酒的鼻祖和典型代表，不只拥有丰富的文化内涵，是中国文化酒的典范，也是集原产地域产品、绿色食品和有机食品为一身的白酒品牌。因此，贵州茅台酒被尊为国酒，还被誉为外交酒、政治酒、友谊酒。

GREATWALL®

中国长城葡萄酒有限公司

中国长城葡萄酒有限公司是世界500强中国粮油食品（集团）有限公司旗下一家专门生产和销售各种葡萄酒的外商独资企业，地处北纬40度的酿酒黄金地带“河北沙城·怀涿盆地”。公司总资产为64900万元，注册资本11000万元，固定资产31151万元。贮酒能力达10万吨，年综合生产能力5万吨。拥有现代化进口葡萄酒生产设备，生产工艺先进，拥有国内同行业最大的科研技术中心。公司现有酿酒葡萄基地15万亩，原料资源充足。公司与科研单位合作于1979年成功研制出中国第一支干型葡萄酒，还独立完成了国家“七五”星火计划香槟法起泡葡萄酒生产技术开发项目，此两项成果均填补了我国葡萄酒行业的空白。国务院为了表彰中国长城葡萄酒对中国葡萄酒的巨大贡献，先后于1987年和2005年两次给中国长城颁发了国家科技进步二等奖。

公司在1979年全国首次大规模引进赤霞珠、梅鹿辄、琼瑶浆等世界豪门名种，从酿造中国第一支干型葡萄酒到酿造中国第一支香槟法起泡葡萄酒，中国长城葡萄酒蝉联了6次国家金奖和8次国家评酒会金银奖，获英国伦敦、法国巴黎等15次国际评酒会、酒类赛会金银奖，共获大奖90余次。

20年来长城人一直坚持走市场与质量并存的道路，1996年10月公司在全国同行业率先通过ISO9002质量体系认证和产品认证，并于1997年取得国际上17个国家的互认。2002年3月公司生产的长城葡萄酒同行业首批通过国家免检，取得了国家原产地标记保护注册，2002年9月获得了国家质量监督检验检疫总局颁发的中国名牌称号，并获准率先使用中国消费者协会“3·15”标志。2004年11月获得中国驰名商标称号，2005年4月同行业中首批获得象征葡萄酒顶级认证的A级产品认证。

自强不息的“中国长城”，肩负着振兴名族品牌的强烈责任感，正满怀豪情迎接国际市场的风云洗礼。随着世界500强之一中粮集团的全资并购，英雄仗剑重整河山，长城基业更加坚实。在强大的品牌效应下，继承前辈的创业精神，我们更有理由相信，“中国长城”将迎来更加灿烂的阳光。中国长城葡萄酒有限公司以葡萄酒专家的形象，也一定会为民族品牌新的腾飞再创辉煌！

地 址：河北省怀来县沙城镇　邮 编：075400　电 话：0313-6251421 6232315/2213　传 真：0313-6253795

金狮啤酒集团

金狮啤酒集团位于温州市梧田街，是中国·金可达集团与比利时英博啤酒集团共同投资组建的大型跨地区啤酒生产集团，分别在温州市区、平阳、金华和乐清拥有四个生产基地。集团主要产品“双鹿”系列啤酒曾荣获“99布鲁塞尔国际食品博览会双金奖”和“浙江名牌产品”称号，“双鹿”商标和“雁荡山”商标荣获“浙江省著名商标”。并于2003年10月16日顺利通过了省级评审升格为省级技术中心，及ISO9001（2000版）产品质量体系认证和ISO14000环境体系认证，同时获得全国酿酒行业“百名先进企业”称号，双鹿啤酒、雁荡山啤酒以稳定的质量、上佳的口感、新颖的包装，不仅畅销浙江、江西、福建等地，并远销法国、日本、意大利、南非、中国台湾等国家和地区。2004年，集团共产销啤酒 44万吨，销售额近10亿元，实现税利 2.39亿元，连续七年在产销总量、税利总额、吨酒税利、资本运营能力、人均创税利等指标方面位居浙江省同行业第一位，并进入全国啤酒十强行列。

集团拥有从德国、瑞士、荷兰等国引进的国际先进水平的生产和工艺监控、质量检测装备，其中不乏国内同行独有的，国际最新技术的关键设备和设施，生产技术装备实力，名列国内啤酒行业先进行列。集团十分重视实现全部意义上的科技生产力，除了注重硬件装备的投入外，更注重技术工艺、企业管理、人力资源的开发等软件建设的投入。

金狮人始终遵循“企业变革文化先行”的理念，注重把企业文化建设紧紧围绕企业生产经营和人力资源变革工程来展开，当作一项长期的重要工作来抓，把不同文化背景的企业员工价值观统一起来，凝聚到企业发展共同的目标上来。为了把金狮啤酒集团温州本部的产能发挥极至，满足市场的需求，中外双方决定投资8700万元作为6万吨／年的技改，使温州本部的产能达到27万吨／年，为双鹿品牌实现中国啤酒名牌的战略目标迈出坚实的一步，一个更具活力，更具竞争力的金狮啤酒集团正在稳步走出浙江、走向全国、走向世界！

地址:浙江省温州市梧田街234号　邮编:325014　电话:0577-86761145　传真：0577-86361213

潍坊四棉纺织有限公司

潍坊四棉纺织有限公司是按现代企业制度要求，组建的规范化的有限责任公司，是全国和山东省纺织骨干企业。公司现有职工4500人，拥有纺纱能力14万枚，新型喷气织机260台。年产各类特种纱线和绿色环保纱线25000吨,各类高支高密织物、高档服装面料2700万米。

公司经济实力雄厚，设备先进，管理科学，是山东省高新技术企业，创建了山东省纺织行业首家省级技术开发中心，通过了ISO9001质量管理体系和ISO14001环保管理体系、OHSAS18001职业健康安全管理体系的认证。目前，纺部形成了FA系列设备前后配套的生产格局，织部采用国际先进设备，管理水平国内领先。

潍坊四棉坚持“诚信为本，以义生利”的经营风格，和“100-1=0，要讲究不要将就，做足做好小事情”的管理风格，发扬“超越自我，追求完美，创新求优，馈效社会”的四棉精神，企业保持了持续快速健康发展的良好态势。公司先后获得了全国500家最大工业(纺织行业)企业、全国棉纺织行业前50强排头兵企业、全国企业文化建设优秀奖、全国企业文化建设实践奖、全国棉纺织行业竞争力前10强，山东省行业实力10强、省企业信誉评估AAA企业、省高新技术企业、省级文明单位、省设备管理先进集体等近百项荣誉称号，并在2001年荣获全国五一劳动奖状。

目前，公司全面启动了“四棉工业园”建设，工程总投资12亿元，占地1100亩，总的目标是建成一个集纺织、针织、染整和服装产业为一体，生产环境优美，运行机制灵活，产品具有特色，环保生态型、现代化的新型纺织产业基地。工业园建设分三期实施，首期工程为投资1.85亿元的国债项目，将于2005年上半年达产达效。工业园建成投产后，年销售收入将突破20亿元，利税3亿元，利润2亿元，展现出潍坊四棉美好的发展前景。

公司法人代表：毕孝圣　　邮 编：261041
电 话：0536-8526608　　传 真：0536-8232776
地 址：山东省潍坊市奎文区鸢飞路509号
网 址：http://www.miansha.com　　E-mail:simian@miansha.com

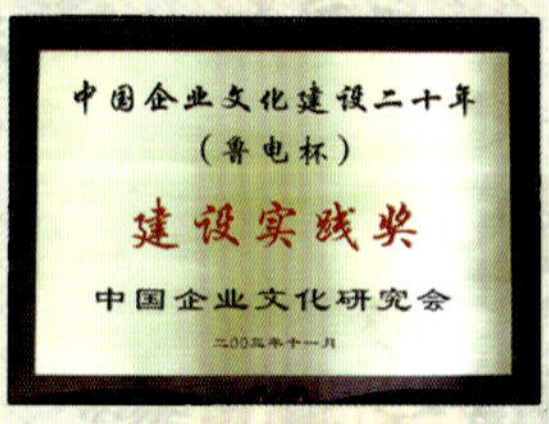

淮北印染
HUAI BEI PRINTING & DYEING
面料制造专家
SPECIALIST OF FABRIC
关注人类生活的一丝一缕
We have boundless feelings of
renovation and dreams of expection
WWW.HBPRINTDYE.COM
天然优雅　品质非凡
NATURAL GRACEFUL CHARACTER OUTSTANDING
淮北印染　精彩无限
HUAI BEI PRINTING & DYEING　THE AZURE WORLD
HUAIBEI
PRINTING & DYEING
地址：中国安徽淮北市淮纺中路
ADD:HUAIFANG ROAD CENTRAL HUAIBEI CITY ANHUI CHIA
TEL:+86 561 3011377 3019209 3019288
FAX:+86 561 3011249 3015280　P.C:235029
HTTP://WWW.hbprintdye.com
E-mail:hbyrc@hbprintdye.com.cn

cotton cloth,blended cloth,printing&dyeing cloth, functional finish

淮北印染
HUAIBEI PRINTING&DYEING

印染产品开发基地
淮北印染有限责任公司

依靠科技 永葆活力 以人为本 诚信永恒

淮北印染有限责任公司(原淮北印染厂)是专业生产经营各类印染布和高档服装面料的大型印染企业，资产总额3.8亿元，年生产能力1亿米。公司生产设备先进，技术力量雄厚，管理手段科学，质量控制严格，2001年通过ISO9001国际质量管理体系认证，2002年实施企业资源计划系统ERP。公司1996年建立安徽省首批企业技术中心，设有试化验测试中心、花样设计室和中试基地，配备先进的计算机测配色系统、计算机辅助设计系统和小批量中样机。

公司"星云"牌商标在国际上享有很高的知名度。主要产品有44"-63"各类棉、化纤及其混纺交织面料，共十七大类：卡其、府绸、小提花、大提花、弹力莱卡、天丝、麻棉、锦棉、灯芯绒、超细桃皮绒、绒布、真蜡染花布、仿蜡防花布、迷彩印花、涂料印花、功能性整理面料(三防、易去污、免烫、硬挺、阻燃、防紫外线、防水、丝鸣、机械柔软、轧光、轧花等)和新纤维面料(Modal、T-400、Coolmax、Tactel、PBT、PTT、竹纤维、大豆蛋白纤维等)。产品服用性能优良，各具特色，产品质量达到相应国标和欧美标准技术要求，产品95%出口到欧美、日本、非洲等50多个国家和地区。

Huaibei Printing & Dyeing Co., Ltd. is a large-scale printing & dyeing enterprise dealing specially with clothing fabrics. It has an Annual production capability of 100 million meters, with assets of RMB 380 million. The company owns advanced equipment, solid technical resources, scientific management and strict quality control. It passed ISO9001: 2000 International Quality System Certification in 2001, and introduced ERP in 2002. The company set up provincial enterprise technical center in 1996. This center has technological department, laboratory center, test center, design center & sample base, with advanced computer color matching systems, computer auxiliary design systems and little batch machine.

NEULA brand enjoys high reputation globally. The products cover 44″-63″ pure cotton, chemical fiber and blended interweaving fabrics, classified into 17 categories: drill, poplin, dobby, damask, elastic, Tencel, linen, C/N, corduroy, real wax, imitation-wax, military, pigment printing, functional finish fabrics (three protection, soil release, ironing free, stiffening, antiflaming, anti-UV, water-proof, silk scrooping, physical softening, calendaring, embossing, etc.) and new fiber fabrics(Modal, T-400, Coolmax, Tactel, PBT, PTT, bamboo fiber, bean protein fiber, etc.). The quality meets national standards and Euro-American Standards. 95% products are exported to 50-odd countries and areas in Europe, America, Japan and Africa.

董事长 王金广

山东省艺达有限公司是中国家纺行业中规模最大的企业之一，由文登艺达工业园和菏泽艺达工业园两大工业园区组成。厂区占地面积22万平方米，建筑面积20万平方米。拥有员工2480人，主导产品为床上用品。企业引进了具有世界先进水平的瑞士产HP-4040飞梭电脑彩绣机等大批先进生产设备，成为全国家纺行业中技术装备最先进的企业，具有年生产加工床上用品套件系列800万件（套）的能力。企业先后通过了ISO9001、ISO14001、OHSAS18001、Oko-Tex standard 100等多项国际认证，名列“全国百强出口先进企业”，荣获“山东省消费者满意单位”等荣誉称号。艺达商标被评为“山东省著名商标”，艺达床品被评为“国家免检产品”和“山东省名牌产品”，被国家商务部列为“重点支持和发展的名牌出口商品”，董事长王金广被评为“全国质量管理先进个人”、“山东省劳动模范”。

艺达家纺产品，汲取西方美学思想，依托传统“鲁绣”文化，将现代与经典，精湛与简约完美结合；将传统的纺、缝、绣等工艺溶于一体，精雕细琢，推陈出新；将象征豪华富贵的工艺家纺产品带入了普通百姓家庭，消费者在享受美好生活的同时品味着产品文化延展的想象，艺达家纺感动消费者，让人们珍惜生活、享受生活。艺达产品外销以欧美市场为主导，内销在国内设立了400多家加盟专卖店，并且正以每年增开100家专卖店的速度逐步覆盖全国。艺达家纺全力打造中国名牌床品，为中国工艺家纺名城增光添彩。

艺达家纺加盟电话：0631-8088709

0530-2156688

文登艺达工业园（文登市广州路34号）

艺达家纺

YIDA HOMETEXTILE

中国第二十二冶金建设公司

中国二十二冶总经理：王秀峰

中国二十二冶办公楼

中国二十二冶承建的
唐钢超薄热带工程

北京第21届世界大学生运动会
主舞台网架结构制作安装工程

中国第二十二冶金建设公司（简称中国二十二冶）隶属中国冶金建设集团，是一个具有近50年创业与发展史，以承建工业与民用建筑工程为主的国家大型综合性施工企业，包括房屋建筑工程、冶炼工程、钢结构工程、机电设备安装工程、炉窑工程、管道工程、市政设施等项目的施工。下设8个专业工程公司。拥有年产15万吨，以生产工业与民用建筑各种钢结构产品为主的现代化大型工业园和适应现代化建设的勘察、设计、科研机构及各类机械设备。可经营国外经济技术合作项目，承包本行业的国外工程和境内国际招标工程。在激烈的市场竞争中，已形成建筑安装、房地产开发、设备租赁、对外投资为一体的集团化经营发展格局。

二十二冶人才荟萃、专业齐全、装备精良、技术先进。现有在岗员工1.1万人，其中各类专业技术人员2637人，中高级以上技术工人4620人。从上世纪50年代以来，先后承建和参建了大批国家和地方以及部分国外的工业与民用建筑工程项目，足迹遍布祖国长城内外、大江南北，以汗水、智慧和实力铸起了座座丰碑。曾连续5年被河北省政府和连续13年被唐山市政府命名为“重合同守信用”企业，2002年被国家工商行政管理总局命名为全国“重合同守信用”企业；1998年通过中质协ISO9002质量体系认证，2002年通过环境和职业安全健康管理体系认证；多次荣获“全国优秀施工企业”、“国家重大技术装备成果奖”、“全国建筑工程名牌企业”、“部级科学技术进步奖”等。被中国资信评价中心确定为中国建设系统企业信誉AAA级单位。2002年获得全国五一劳动奖状。2003～2004年荣列中国建筑业领先企业。

地址：中国·河北·唐山市丰润区幸福道16号
电话：0315—3220001
3220066
传真：0315—3241178
邮编：063030
网址：http//www.22mcc.com

北京金融街英蓝大厦工程

北京LG大厦工程

北京世贸商城工程

邯郸华玉瓷业有限责任公司

邯郸华玉瓷业有限责任公司（原邯郸市第一瓷厂、第二瓷厂、煤气厂）成立于2002年3月，是河北华玉股份有限公司控股的子公司，1964年开始出口，走向国际市场，迄今已有40余年的制瓷历史。

董事长：黄 伟

总经理：申 华

邯郸陶瓷历史悠久，源远流长，其前身是闻名中外的“中国磁州窑”，素享“北国瓷都”之盛誉。近年来，公司大力实施科技兴厂、名牌兴企战略，以现代企业制度的运作方式，实行科学管理，加大科技投入，斥资1亿多元进行技术改造，采用国内先进窑炉，引进英国和德国全自动成套成型生产线，使公司的工艺装备水平领先国内，在国际上也属先进水平，同时，秉承古磁州窑的艺术精髓和陶瓷文化，并不断创新、发展，提高公司的综合实力，在激烈的市场竞争中实现了健康、持续的稳步发展，成为设备先进、工艺合理、实力雄厚、管理科学的现代企业，雄踞国内陶瓷行业的前列。

公司现有员工5000余名，其中各类专业技术人员600余名，占地31万m^2，总资产4．3亿元，年生产中高档日用细瓷8500万件，其中出口6000万件，釉中彩2500万件，煤气6000万m^3。公司先后获全国轻工业质量效益型先进企业、出口创汇优秀企业、河北省标兵企业、质量效益型先进企业、工业企业最佳形象单位、质量监督免检企业等荣誉称号，1999年通过ISO9002国际质量体系认证。

办公大楼

主导产品“白玫牌”高级日用细瓷和高档新骨瓷，系国家重点新产品，其原料优质，工艺精湛，以城市煤气、液化气做燃料，高温烧制而成，可生产釉上贴花和釉中彩产品，各项理化指标均达到或超过高档瓷标准，釉面光泽度、硬度在全国同行名列前茅。其中，“白玫”瓷被中国陶瓷协会评为“中国陶瓷业最强品牌”之一，曾获河北省重点名牌产品、免检产品等称号，“白玫牌”商标是河北省著名商标。新骨质瓷于1997年通过省级鉴定，获邯郸市科技进步一等奖。河北省科技进步二等奖，填补了国内高档陶瓷的一项空白，2001年被国家五部委评为“国家重点新产品”。

本着生产一代、销售一代、开发一代、储备一代的原则，公司新近研制开发出抗菌保健日用瓷、厚胎瓷、炻瓷、色釉等中高档产品，各具千秋，正在国内外铺展市场，成为引领潮流的换代产品。

产品融实用与陈设于一体，创造出自己独特的新格调，形成50余个系列、近千个品种花面，可配制成各类中西餐具、茶具、咖啡具等，主要向英国韦基吾德、日本米卡莎等世界知名品牌公司交货，并远销欧美、东南亚等60多个国家以及全国各地，在国内外市场上享有较高的声誉。

地址：中国河北邯郸峰峰矿区矿山路3号
电话：(0310) 5026699 5029898
传真：（0310）5025191
邮编：056200

68头骨质瓷中華龍

广州市电筒工业公司

虎辉集团 HUHUI GROUP

GUANGZHOU FLASHLIGHT INDUSTRIAL CORPORATION

虎头牌铁质手电筒

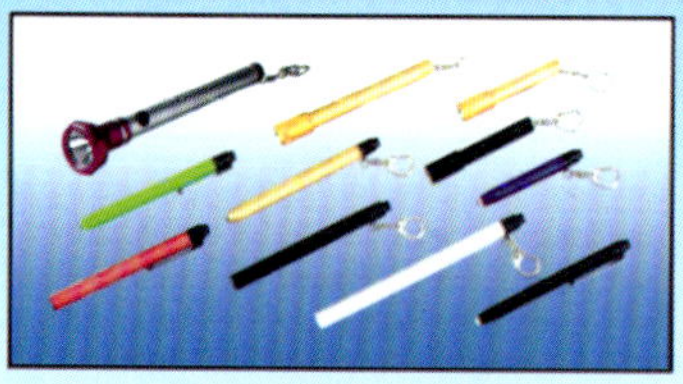

虎头牌笔型电筒

虎头牌充电电筒

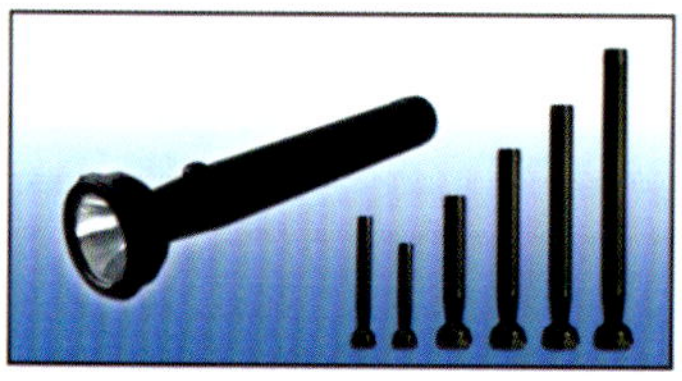

虎头牌铝合金电筒

虎头牌潜水电筒、防水电筒

TIGER HEAD®

广州虎辉集团广州市电筒工业公司是工贸合一的国有大型企业。其主导产品虎头牌手电筒具有80多年历史，年产销量1.7亿多支，畅销全国各地及100多个国家和地区，铁质手电筒的市场占有率达70%，曾3度荣膺国家金质奖，4次获得全国手电筒质量评比第一名，并先后获得国家、省、市著名商标证书和被认定为广东省名牌产品。

该公司积极实施名牌发展战略。不断加强企业的科学管理，加快技术进步。2000年率先在国内同行中通过ISO 9000国际质量体系认证，并取得了国际认证联盟的认证。经过不断深入的技术改造，目前，公司已拥有大型电镀自动生产线、高频焊接等先进生产设备3000多台（套），各主要工序已全部实现自动化，手电筒生产的冷冲压、电镀、高频焊接等大部分工艺技术均居全国同行领先水平。经过不断创新发展，虎头牌电筒已成为畅销海内外，深受消费者喜爱的传统名牌产品。

虎头牌手电筒现有铁质、塑料、铁塑、铝合金、防爆、潜水、充电、礼品等17个系列140多个品种规格，能较好地满足广大商家和客户的需求。公司将继续加大改革力度，推进技术进步，全面提高企业的综合实力，促进企业经济在激烈的市场竞争中，实现快速、持续、协调、健康发展。

法人代表：田志朋
地址：广州市西华路134号　邮政编码：510170
电话：81814971（总机）　传真：81813591
网址：http://www.tigerhead.com
E-mail：gficor@public.guangzhou.gd.cn

山东滨化集团有限责任公司

SHANDONG BEFAR GROUP CO.,LTD

董事长、党委书记张忠正

- ★ 山东省优秀企业家、劳动模范、优秀共产党员
- ★ 荣获山东省专业技术拔尖人才、企业思想政治工作十佳个人
- ★ 跨世纪山东省十大新闻人物
- ★ 荣获全国五一劳动奖章和全国优秀经营者、全国劳动模范称号
- ★ 全国化工环境保护优秀厂长、全国化工百强企业厂长
- ★ 系中国工会第十三次全国代表大会代表，山东省五届、六届、八届党代会代表，山东省八届、九届、十届人大代表并享受政府特殊津贴

山东滨化集团有限责任公司是一个以石油化工为中心，精细化工、氯碱、炼油、热电相配套的综合性的大型化工企业，企业占地面积112.17万m²，总资产18亿元，在岗员工2350人，拥有油品系列、化工产品系列、油田化学品及工业助剂系列四大产品系列。其中，氯碱产量位居全国前列，并成为全国最大三家环氧丙烷商品量厂家之一。多年来，企业先后获得了“国家二级企业”、“全国五一劳动奖状”、“全国先进基层党组织”、“全国重合同守信用企业”、“全国工业重点行业效益十佳企业”、“全国行业经济效益百强企业”、“全国信息工作先进集体”、“全国设备管理优秀单位”、“首届中国化工新世纪'十大杰出企业'”、“全球百佳中华儒商企业”、“山东省管理创新优秀企业”等众多荣誉称号。2004年，企业实现销售收入104亿元，实现利税9亿元，实现利润2.2亿元，跻身2004年度中国石化工业销售收入百强第八位、中国石化工业综合效益百强第十三位、山东省工业企业百强第十六位，企业继续保持了稳定、持续、健康发展的良好势头。2004年3月，取得GB/T19001、GB/T24001和GB/T28001质量、环境和职业健康安全管理体系认证证书。

2005年是“十五”计划的最后一年，滨化集团将进一步解放思想，更新观念，顽强拼搏，攻坚破难，一方面对原有产业练好内功，挖潜改造，延长产业链，实施总量拉动，增加规模效益，另一方面则眼光向外，面对市场，调整产品结构，向高技术含量的产业迈进，确保完成全年任务目标，推动滨州经济社会超常规、跨越式发展，为我国的石油化工事业做出更大贡献！

地 址：山东省滨州市滨城区黄河五路560号　　邮 编：256619

电 话：0543-2118000　　传 真：0543-2118888

E-mail: befar@befar.com.cn　　Http://www.befar.com.cn

上海吴泾化工有限公司

上海吴泾化工有限公司是1958年建成投产的国家大型一类重点化工企业，曾为新中国化工事业做出过突出贡献。位于上海市闵行区经济技术开发区，占地80ha，东邻黄浦江，西傍龙吴路，交通便利，地理位置优越。公司现有员工3155人，年销售收入14亿元人民币。

公司主要产品有：冰乙酸（21万t/a）、合成氨（10万t/a）、硫酸（14万t/a）、醋酸乙酯（5万t/a）、甲醛（4万t/a）、氯磺酸（1.2万t/a）、氨基塑料（7000t/a），以及硫酸二甲酯等三十多种。冰乙酸生产装置是引进英国BP公司的甲醇低压羰基合成醋酸专利技术，是我国第一套具有规模大、全系统采用集散控制（DCS）的生产装置，设计能力为年产10万t。经过吴泾人的刻苦钻研，对引进技术的消化吸收，突破了若干关键技术，研发了具有自主知识产权的羰基合成醋酸技术，并成功应用于原有10万t/a醋酸装置，达到了产能翻番，为公司创造了巨大的经济效益。目前已提高到21万t/a，产量居全国第3位。

公司水、电、汽、水路、铁路、公路、公用工程自成体系，基础设施完善，服务保障功能配套，构成了企业持续发展的独特优势。

近年来，公司通过不断调整营销策略，创造效益市场，加强技术改造，探索核心技术，推行总分制扁平化管理，以及深化企业内部改革活动，使员工的综合素质和企业的经济运行质量大幅度提高，企业的综合竞争力不断提升。公司通过了ISO质量管理和环境管理体系认证。吴泾牌工业冰乙酸、醋酸乙酯、工业硫酸已连续多年被评为上海市名牌产品。公司也多次被评为上海市质量管理优秀企业。

公司还持之以恒致力于“中外联姻”，从吸引外资第一年的1993年到去年年底，14家合资企业投资回报超亿元，投资回报率达90%。通过中外联姻，还大幅度提高了技术能级，走上了可持续发展之路。

随着我国加入WTO后对企业融入世界经济、参与国际竞争的要求越来越高，在新的形势下，公司将继续深化企业内部改革，创新发展，精细调优，全面进步，把公司建设成为具有较强竞争力的大型化工企业。

地址：上海龙吴路4600号　邮编：200241
电话：021-64343040　传真：021-64345529
Email：office@wjchem.cn　http：//www.wjchem.cn

四川美丰化工股份有限公司

美丰

董事长：张晓彬

四川美丰化工股份有限公司(000731)属化工类绩优上市公司，于1997年在深交所上市，中石化集团成都华川石油勘探开发总公司是公司第一大股东。公司下辖德阳分公司、绵阳分公司、射洪分公司和销售分公司，现有员工2500多人，其中专业技术人员500多人；总资产13亿元，净资产近9亿元；拥有年产合成氨44万吨、尿素70万吨、三聚氰胺6000吨、塑料包装袋6000吨、PVC及PPR塑胶制品3000吨的生产规模，是我国大型尿素生产企业。

公司坚持“股东满意是我们最大责任，市场满意是我们最高荣誉”的经营宗旨；坚持“以一流质量拓展市场，以做强主业确保发展”的经营战略；坚持“内部紧密化，外部市场化”的经营机制，建立了高效、优质的生产营销服务体系，取得了IS09000国际质量体系认证和IS010012国际计量体系认证。“美丰牌”尿素荣获全国首批产品质量免检产品证书。“美丰牌”商标是“中国驰名商标”和“四川省著名商标”。“美丰牌”尿素是四川省名牌产品，产品畅销全国20多个省、市，并出口东南亚，受到用户一致好评。

公司坚持可持续发展战略，加强与大专院校、科研机构的合作，不断运用高新技术和先进适用技术改造和提升传统产业，成功开发应用了多项先进的化工生产、控制技术，提高了装置技术水平，降低了生产成本，提高了产品质量，公司各项经济技术指标和综合实力连续多年保持国内同行业领先水平。

公司先后荣获“全国五一劳动奖状”、“中国十大诚信企业”、“全国质量管理先进企业”、“全国化肥生产先进单位”、“全国行业质量示范企业”、“全国质量无投诉示范单位”、“银行AAA级信誉企业”、“四川省优秀企业”、“四川省文明单位”等荣誉称号，被列为“四川省综合成长型企业”。

四川美丰将围绕“抓住机遇、超常发展、再铸辉煌、成就伟业”的发展方针，充分利用品牌、资金、能源、管理优势，加大结构调整和体制创新力度，坚持“诚信、规范、创新、发展”的经营理念，把四川美丰建成人文的、有独立知识产权的、在中国化肥行业有较大影响的大型企业集团。

公司法人代表、董事长：张晓彬　总经理：曾昌耀

公司办公地址：四川省德阳市蓥华南路10号　邮　编:618000

联系电话:(0838) 2313833　2680022

传　真:(0838) 2304222　2681022

网　址:www.scmeif.com　电子信箱:gsb@scmeif.com

不断提升国际竞争力
全力打造世界级企业

中国集装箱工业协会会员企业中集集团(CIMC,以下简称中集)是以现代化交通运输装备为主营业务的综合性企业集团。主要经营集装箱、专用车和登机桥等交通运输装备。

中集于1980年由招商局集团和丹麦宝隆洋行在深圳蛇口合资设立，是中国最早的四家集装箱制造企业之一和深圳最早的中外合资企业之一。1986年,当由外方转为中方管理时,中集已是被迫转产、濒临倒闭的企业。经过十年的艰苦奋斗,中集的集装箱产销量从1996年开始超过韩国进道集团和现代精工集团,至今连续九年保持世界第一。到2003年，中集占踞了世界集装箱市场份额的半壁江山,成为全球最大的集装箱供应商,为世界著名的集装箱品牌。经过22年的发展，中集集团在全球集装箱行业确立了世界级企业的地位。

目前中集集团产品覆盖现代化交通运输装备的6大产品领域、30多个系列、300多个品种,其中集装箱的产销量2004年达到157万标箱(TEU),比2003年增长33.8%，并超过了世界行业排名第二、三、四位产销量的总和。中集集团是目前全球惟一一家能够提供所有集装箱品种并拥有最全面知识产权的集装箱供应商,产品遍及北美、欧洲、亚洲、澳洲等世界主要的物流系统，成为全球最大、最著名的航运公司和集装箱租赁公司的主要供应商。中集集团还积极开发高效、智能、环保、节能产品,参与行业标准的制订,引领行业的健康发展,力争成为一个负责任的行业领导者。

一、拓宽视野,确立"全球领先"战略

改革开放以来,我国对外贸易的急剧增长促成了我国集装箱制造业的大发展，也推动了世界集装箱制造业向我国转移的大趋势。早在1990年,中集就注意到世界集装箱生产向中国转移的趋势。1991年,中集的销售收入已超过了2亿元人民币,主营业务利润已达4345万元，在国内同行已处领先地位。与1986年准备关闭清算相比,当时很多中集人都松了口气，但中集的领导层却在这时做出一个许多人从未想过的"全球领先"发展战略。经过充分的讨论和研究,他们得到的结论是:第一,集装箱是一个全球采购的产品，不可能在国内划地为牢，自己不做大吃掉别人，别人就会吃掉自己。第二,在全球采购体制下,中集产品可以稳步上升,说明已具备一定的国际比较优势。但是,这种比较优势除了中集的努力以外，还有一个区域的因素。传统制造业大量转移到中国就是看中了这个区域比较优势，即外国人也有可能将工厂迁入中国,取得同样的区域优势。第三,要做全球第一,中集还必须用全球视野瞄准竞争对手,扬长补短。中集的长处在于建立起一套与本土文化融洽的高效的生产体系。但是中集的短处在其国际经营能力。要补这个短处,中集就要下决心,在管理现代化、经营国际化两大方面全面构建自己的国际竞争力。

二、科学管理,提升品牌核心竞争力

中集的国际竞争力，始终围绕着以成本为核心,而基础工作是建立一套严格、科学的内部管理制度。从20世纪90年代初起，集装箱的价格从2800美元下降到现在的1500美元,但中集通过向管理要效益,他们的单箱成本下降幅度更大,在职工工资水平增长了近两倍的情况下，中集始终保持着较高的利润率水平。

中集的成本控制能力始自创业阶段,一开始他们就重点建立了制造成本中材料单耗的指标控制体系,它包括制订考核和严厉的奖罚制度。这个体系培养了中集"挑战极限"的精神,人人不服输,都想把别人达到的低成本记录再创新低。

集团规模扩大以后，他们重点抓集约经营,以规模效应降低成本。统一营销，集团直接管理客户，减少中间环节和重复开支，使单位销售费用降到单个企业不能达到的水平；统一采购，以大规模的集中订货，取得单个企业不可能得到的最低原材料进货价；统一接单排产，安排就近生产，创造单个企业无法做到的最低交货运输成本；统一资金使用，以集团整体信誉和效率统一对口全球金融界，得到单个企业无法得到的最低资金成本；统一战略管理，使每个企业以最低的费用享受单个企业无法得到的战略管理资源。

为了适应信息时代的竞争，近几年，中集投入巨资构建了全面信息管理平台。其中的绩效管理系统，使各核算单位的营运成本近乎实时透明。成本信息实时反馈，严格的业绩考核制度，加上“挑战极限”的精神，构成中集科学管理体系中的成本自动优化机制。这种柔性管理机制，甚至比过去下达硬性成本控制指标更为有效。因为它更能激励各级各类专业人员以其专业的眼光审视成本，千方百计创造条件挑战成本极限，实现自我价值，为集团成本控制贡献自己的力量。

三、注重培育， 适时打出“国际牌”

——国际化的信息收集体系。这是中集立足全球竞争的决策基础之一。透过这个体系，他们掌握全球同行业的各种动态，包括各种集装箱的总供给、总需求，各主要竞争对手的基本情况，各种造箱技术的改进趋势，主要原材料供应的变化情况等等。他们认为：不掌握全球同行这些千变万化的信息，就不可能做到“知己知彼，百战百胜”。

——国际化的客户服务体系。全球集装箱的客户相当集中，总数不足100家，其中最大客户是十大集装箱航运公司和租赁公司。这些素有“国际海运贵族俱乐部”之称的大企业都成了中集的长期客户，他们的市场事业部每天都要直接与这些大客户沟通服务，中集成为他们的主要供应商。

——国际化的合资生产体系。由于预见到世界集装箱制造向中国转移的大趋势，中集及时实施了一系列兼并收购计划，迅速构建起分布于全国主要港口的国际化生产体系。在构建过程中，中集通过转让股份、合资等办法，吸引日本、德国和丹麦等外资参股(18个制箱类子公司)。这样既保持了企业的发展以我为主导，又可以在国际合作中吸收外方的国际经营管理经验。

——国际化的技术服务体系。由于中集的经营规模和成本优势绝对领先，迫使很多世界级对手退出了竞争，不再投资于集装箱的技术开发领域。因此，大部分有新、特产品开发需求的客户，都会转而寻求与中集的合作。目前，中集已成为全世界惟一能够提供全系列、所有品种集装箱产品和对所有品种提供设计、制造、维护等“一站式”服务的企业。可以说，中集是以全面而优秀的技术服务，在世界集装箱行业确立了难以动摇的主导地位。

——国际化的采购体系。随着生产规模的迅速扩张，中集运用供应商评价体系和供应链管理方法，在世界范围建立起一个稳定、及时和确保"质优价廉"的采购体系。同时，他们还通过多种方式不断培育新的供应商，特别是利用自己对原材料的了解，帮助国内企业实现原材料国产化，既降低了采购成本，又为国家节约了大量外汇。

——国际化的融资体系。为了追求资金使用效率、降低资金成本，中集积极开拓国际融资渠道，学习国际融资技巧，取得了明显成效。近几年，他们充分利用自身的国际市场信誉，与16家世界知名银行和金融机构发展了良好的合作关系。1996年、1997年、1998年三度在美国资本市场发行最高额为7000万美元的商业票据；1999年与荷兰银行合作完成8000万美元规模的应收账款证券化融资。2004年中集集团先后与中国进出口银行签署15亿美元出口买方信贷合作协议，与花旗银行、荷兰商业银行为牵头行的15家中外知名银行签署1亿美元银团贷款协议。在这些融资活动中，中集在国际短期资金市场上获得了较高的信用评级，培育了中集在国际商业票据市场上良好的信誉。

四、整合行业， 提升品牌综合实力

根据自身的发展战略和竞争力条件，中集从1993年启动了一系列的收购兼并计划，逐步建立完善了自己比较适应国际市场需求的生产布局，使得现代化运输装备生产布局日益完善，形成了华南、华北、华东、华中均衡的产业格局，也形成中美互动的产业资源配置格局。截至到2004年末，集团公司资产总额达170亿元，净资产接近了75亿，员工队伍超过28000人。中集能够顺利地通过兼并收购发展壮大，成为全球行业第一，是因为他们走了“成本-价格-规模-技术-更低成本”的良性竞争、壮大发展之路。在中集的发展中,不仅没有恶化全行业的供求关系,相反,中集通过高端产品的开发,为行业带来了新客户、新需求及新的发展空间,从而相对缓解了全行业供过于求的矛盾,提升了现代化交通运输装备的整体素质。

中集之所以能够取得今天的行业地位,具有今天的国际竞争能力,是他们有正确的国际竞争战略定位,且十多年来不懈努力实施这个战略定位的结果。十多年来,中集认真、虚心地向同行外国大公司学习,按国际惯例努力培育自己的国际经营能力,提高科学管理水平,使他们的战略管理能力、成本控制能力、市场营销能力、技术开发能力、资源配置能力等核心竞争力先后达到或超越了国际同行的水平。中集最大的体会是:只要我们国家不断改革开放,外国企业可以做到的,中国企业也能做到,特别是在国际竞争中具有中国区域优势的行业领域里,中国企业会做得更好。中集目前确立了新的发展战略,把中集今后的发展定位在“为现代化交通运输提供装备和服务”这个领域上,他们正继续发挥中国在传统制造业的区域优势,以及中集已形成的核心竞争力优势,立足中国,面向世界,进一步提高自己的国际竞争力,借助传统制造业向中国转移的大趋势,争取早日进入全球制造业世界级企业的行列。

精心打造国际知名品牌 加快构建现代化跨国公司

兖州煤业股份有限公司

兖州煤业股份有限公司是由兖矿集团有限公司独家发起设立的一家境内外上市公司，也是我国第一个同时在纽约、香港、上海境内外三地成功上市的煤炭业企业。

兖州煤业拥有兖州、济宁东部两大煤田，煤田总面积440.4平方公里，煤炭总储量40.63亿吨，是国家重点建设的八大能源基地之一。设计矿井8对，年生产能力超过4000万吨，是中国华东地区最大的煤炭生产出口商。依靠科技创新，公司相继建成了6对煤炭行业特级高产高效矿井，形成了独具特色的“双高”矿井建设模式。2003年，公司原煤产量完成4328万吨；其中出口销售1363万吨，占全国煤炭出口总量的14.65%，成为全国最大的煤炭出口企业之一；实现净收益人民币13.867亿元，经济效益居全行业同类矿区之首。

兖州煤业交通地理位置十分优越，地处中国经济最发达的华东地区，交通十分发达，铁路、公路、水路和海运条件非常便利。京沪、京九和陇海铁路在矿区的东、西、北三个方向通过。京杭大运河、京福高速、日荷高速公路、104国道在公司所在地交汇和延伸。本公司出口煤炭和向华东、华南沿海地区转运煤炭的日照港、青岛港、连云港，距离仅300~500公里。优越的地理条件，低成本的运费，使兖州煤业成为国内外煤炭市场上最具竞争力的煤炭企业。

兖州煤业拥有世界一流的煤炭开采技术。进入20世纪90年代初期，面对日趋激烈的市场竞争，公司从可持续发展高度着眼，组织实施以综采放顶煤的研究与开发为核心的高产高效之路，极大地提高了企业的核心竞争力，原煤产量由1992年的1089.9万吨，猛增到2003年的4328万吨，每年平均以294.37万吨的速度增长。1994~1999年，兖州矿区综采队单产连续6年蝉联全行业第一。2003年，公司所属6对矿井全部达到600万吨以上水平，有三个综采队单产达到了600万吨以上水平，其中，东滩煤矿单产达到642万吨，创出了全国立井单产新纪录。济三煤矿突破1000万吨，成为全球立井开拓惟一的年产1000万吨矿井。

兖州煤业的快速发展，核心竞争力的不断增强，科技创新起了极为关键的重要作用。由公司承担的国家“十五”攻关项目，“综放装备及工艺研究”，集自动控制技术、计算机技术、现代信息技术、检测技术与人工智能于一体，攻克了综放设备与工艺、安全保障、提高回收率、环境保护及综合利用技术等25项世界采煤难题，实现了煤炭生产方式质的飞跃，2002年7月，通过了国家经贸委组织的专家鉴定，整体技术领先国际先进水平3~5年，被评为国家科技进步一等奖，并在中国和澳大利亚获得专利，标志着我国中厚煤层的开采跨入了世界先进采煤国家行列。

公司始终坚持“以人为本”的安全生产理念，积极推进职业安全健康体系的建立和完善，在煤炭行业率先把安全管理纳入ISO9000管理体系中，职业安全管理工作实现了科学化、规范化和系统化。持续加大安全投入，落实安全技措工程，建立起了安全技术保障体系、自然灾害防护技术体系、人身安全防护体系、安全培训体系等4大保障体系。安全生产连续多年保持煤炭行业先进水平，2003年，公司煤炭生产百万吨死亡率0.066，企业生产百万吨死亡率为0.088，达到美国、澳大利亚发达国家水平。塑造产品的高品质和企业的高信誉，始终是公司追求的质量理念。为培育“兖州煤”

品牌，公司实施了“管理零缺陷、产品零杂物、顾客零投诉”为主要内容的“三零”工程，保证了产品质量。2003年，商品煤万吨含杂率达到了1.36公斤，达到了世界洁净煤先进水平。产品质量的提高，赢得了良好的市场信誉，被全国商学会、中国质量协会联合命名为“第一品牌”。公司以良好的品牌效应促进了资本运作，公司上市至今，先后完成五次发行，融资总额58亿元，连续5年入选“中国《上市公司》50强”前10名。2004年，公司致力运作的澳大利亚澳星煤矿项目，在国家发改委、商务部的关心支持下，签署了资产收购协议，兖州煤业澳思达公司正式挂牌成立，进入实质性运营阶段，标志着兖州煤业实施“走出去”战略跨出了重要一步。

近几年来，公司以争创全国质量管理奖为契机，立足高起点，定位新目标，紧盯世界煤炭行业发展的基本走势，学习借鉴先进经验，导入卓越绩效模式，完善自我评价系统，全面提升了工作质量、产品质量、服务质量和经济运行质量。公司以创新的思维为起点，建立了与国际惯例接轨的质量、环境、职业安全健康全面一体化管理体系，形成了涵盖生产、安全、环境、市场营销、人力资源等全方位的管理创新体系，成功地运行了ERP系统，实现了信息的收集、分析、传递和共享，各项工作实行动态控制，过程把握，系统优化，实现了绩效的持续发展。兖州煤业以卓越的质量管理绩效、出色的经营业绩和良好的品牌形象，在2003年获得“全国质量管理奖”的基础上，2005年又荣获了中国质量协会颁发的2004年度中国企业管理最高奖——“中国质量鼎”，进一步提升了公司的知名度和美誉度，扩大了市场主导影响力，为在国内外进一步加快战略资源开发，构建现代化国际化跨国公司增添了新的优势。

兖州煤业肩负着中国新型煤炭工业发展的光荣使命。我们将树立“放眼世界、与时俱进、追求卓越、永攀高峰”崇高境界，站在振兴中国煤炭工业的高度，扩展延伸“双高”建设的内涵，赶超世界先进水平。具体来讲，就是计划2004~2008年，实施煤炭生产“6651”工程。“66”：实现4个年产600万吨综采队，2个60万吨薄煤层炮采队。“51”：实现5个单头煤巷实进10000米综掘队。实施这一工程，是我们在深入分析世界煤炭生产发展形势和兖州矿区自身实际的基础上做出的，是一个经过艰辛努力完全能够达到的宏伟目标，届时兖州矿区将发展成为世界级的现代化集约化能源基地。

武汉钢铁(集团)公司

朱永峰　庄 圆

2003年,武钢认真贯彻落实党的十六大和十六届三中全会精神,深入实践“三个代表”重要思想,抢抓钢材市场需求旺盛的有利时机,调整品种结构,发挥规模效益,生产经营取得可喜成绩。全年生产铁802.13万吨、钢858.01万吨、钢材706.96万吨,分别比上年增长10.54%、13.64%、16.50%。全年实现销售收入273.13亿元,比上年增长38.25%;实现利润26.8亿元,比上年增长78.29%;实现利税55.84亿元,比上年增长52.87%。从而使2003年成为武钢历史上铁、钢、材产量最高、综合经济效益最好的年份。一年来,我们主要抓了以下工作:

一是加强生产组织与协调,发挥了规模效益。

随着三烧改造、3号焦炉、三炼钢三号连铸机、二热轧、产销资讯系统等一批重点工程的相继投产,武钢产能进一步扩大。为适应产能扩大的要求,武钢创新生产管理方法,加强生产组织,提高管理水平,并针对煤炭、矿石资源紧张的状况,与澳大利亚BHP、哈默斯利、巴西CVRD等矿业大公司及平煤、山西焦煤集团积极合作,签订长期供货和投资协议,建立稳定的矿石、煤炭等资源供应渠道,从而保证了生产顺利进行,产能再一次实现新的突破,达到800万吨水平,铁、钢、材产量达到武钢投产以来的最高水平,较好地发挥了规模效益。

二是抓住有利时机,不断扩大市场占有率。

武钢充分发挥科技创新能力较强的优势,以市场需求为导向,实施“差异化”战略,不断优化品种结构。全年新试新推合同达到109.31万吨;“双高”产品比例达到51.82%。高性能耐火耐候钢、大线能量焊接非调质高韧性低温钢、大线能量焊接高韧性抗锌液腐蚀用钢、高磁感系列无取向电工钢及其生产方法等,已获国家专利授权,武钢产品先后在忠武管线、西气东输和杭州湾大桥等国家重点工程项目中中标。试制的35W230已用于我国第一艘载人飞船的定位导航系统。在苏丹管线工程项目中,武钢获得5.4万吨X65管线钢的供货权,成为武钢管线钢打入国际市场的一个亮点;重轨产量突破12万吨,先后出口巴基斯坦和孟加拉;82B等高速线材产品全年出口5万余吨,成功销往马来西亚、泰国、印尼、韩国等国家,开拓了武钢线材新产品挺进国际市场的新局面。全年钢铁产品出口及加工出口达到120.8万吨(其中出口40.5万吨),创汇9255万美元。与此同时,加强非钢产品的国际市场行情分析,实现非钢产品出口创汇约90万美元。

三是加快扩建改造步伐,不断推进技术进步。

进一步完善“十五”钢铁发展规划,组织开展了“武钢技术创新院士行”活动,邀请中国工程院院士对武钢的总体发展战略和技术创新状况进行诊断和评估,提出了许多建设性的意见。加强扩建改造规划管理,积极推进重点项目的实施。一批“十五”规划重点配套技改项目相继竣工并投入运行。二热轧于3月29日开始试生产,部分产品填补国内空白,标志着武钢的核心竞争力进一步增强。一冷轧改造生产能力由122万吨扩大到185万吨,产品质量也将提高到一个新水平。产销资讯一期工程的上线运行,推动了武钢的信息化进程。此外,三烧车间大修改造、三炼钢3号连铸机、二炼钢3号连铸机改造等一批重点工程也相继竣工。其它一批在建的重点改扩建项目如二冷轧、二硅钢、6号高炉、鄂州500万吨球团矿工程等正在按计划组织实施。一批技改项目的投产以及节能降耗、“对标挖潜”工作的深入开展,进一步促进了技术经济指标的优化。65项主要技术经济指标中有32项指标创造历史最好水平。吨钢综合能耗水平由2004年的808.8公斤标准煤/吨下降到目前的782

公斤标准煤/吨，实现了“破八见七”的历史性突破。

四是主业重组、辅业改制和分离企业办社会职能取得阶段性成果。

主业重组、辅业改制和分离企业办社会职能是武钢2003年深化企业内部改革的主要内容。为把钢铁主业做精、做强、做大，进一步提高武钢核心竞争力，武钢作出了钢铁主业重组的决策。设计了通过股份公司增发不超过20亿股的方案，拟向国有法人股东定向增发和向社会公众股东发行的方式，募集资金用以整体收购公司的钢铁主业资产。增发方案向社会发布后，得到高度评价和认同，多家机构积极介入武钢股份，为顺利完成增发、融资、收购、重组打下了良好的基础。根据国家八部委联合下发的《关于国有大中型企业主辅分离辅业改制分流安置富余人员的实施办法》的精神，集团公司组织有关部门对辅业改制的相关配套文件进行了认真研究，结合公司内部实际拟定了《武钢实施辅业改制分流整体上报方案》(讨论稿)，确定了武钢开展辅业改制工作的基本思路。成立了辅业改制工作领导小组及办事机构，明确了各专业组的工作职责。为保证辅业改制工作的有序进行，武钢编制了《辅业改制政策法规学习材料汇编》、《辅业改制的政策有关问题解答》等宣传材料，组织试点单位和各专业组学习国家和省市的相关文件，引导广大干部职工统一思想认识。按照国家六部委联合下发的《关于进一步推进国有企业分离办社会职能工作的意见》(2002)267号文件精神，分离企业办社会职能的工作也在积极推进。在集团公司和武汉市的共同努力下，钢城分局年初已移交武汉市公安局管理。6月，武钢同武汉市政府有关部门就中小学的移交工作组成了工作组，共同研究中小学的移交工作方案。生活后勤系统的改革也已纳入辅业改制试点。

五是企业管理不断创新，基础工作有效加强。

2003年11月21日，武钢股份公司获得“全国质量管理奖”。与此同时，实施了质量管理体系由1994版向2000版的换版认证工作。通过“创奖”、“贯标”以及依据现行相关法律、法规，对各项管理制度的清理、修订，进一步推动了武钢的各项基础管理工作。继续开展“成本效益纵深行”活动，全年实现降低成本费用6.95亿元。《武钢集团公司集中式资金管理》荣获第十届国家级管理现代化创新成果一等奖。加大企业内部审计工作力度，全年促进公司增收节支3720万元。武钢管理审计成果被评为国家内审协会一等奖。安全环保工作的管理水平也不断提高，实现了重大伤亡事故为零、重大环境污染事故为零、锅炉压力容器爆炸事故为零。

六是以高新技术为主导的非钢产业健康发展。

非钢单位坚持以发展高新技术为主导，实现高新技术产业化为目标，充分发挥其在技术、人才、装备等方面的优势，在满足公司生产需要的同时，加强专有技术输出，积极拓展外部市场，取得了良好的经营业绩。如工程技术集团先后赴沙钢、华西钢厂、建龙钢厂等民营钢铁企业以及鄂钢、马钢等国有钢铁企业，成功地承接了沙钢转炉炼钢、华西钢厂炼钢脱硫、鄂钢高炉易地大修、马钢钢包炉和真空炉等一批重大工程项目，合同总额达到7.04亿元。为武钢高新技术产业的发展奠定了良好的市场基础。

郑州宇通客车股份有限公司

郑州宇通客车股份有限公司是1993年在郑州客车厂的基础上成立的一家股份制公司,1997年在上海证券交易所上市，公司A股简称：宇通客车,股票A股代码:600066,是国内客车行业第一家上市公司。公司总部设在郑州市。至2004年末,公司总股本2.05亿股(205,085,492股),总资产26亿元,净资产11.9亿元。

2004年度,宇通客车板块包括郑州宇通、重庆宇通、兰州宇通、洛阳宇通共计销售客车整车18387台,比2003年增长24.2%,销售收入55.4亿元,比2003年增长12.5%,市场占有率超过21%。其中郑州宇通客车整车销售11785台，销售收入46.7亿元，比2003年增长20.4%。公司主要经济指标连续9年平均以超过50%的速度增长，连续8年获得中国工商银行AAA级信用等级，被中国企业形象认定委员会认定为AAA级企业。大、中型客车国内市场占有率超过20%。宇通客车现拥有行业内惟一的一家国家级技术中心和行业首家博士后科研工作站，并拥有包括享受国家政府津贴人员2名、博士后7名等370余名工程技术人员。宇通品牌在“2003·2004”中国500最具价值品牌评估中以53.84亿元的品牌价值被评为中国500最具价值品牌第95位。“宇通客车”品牌被国家质量监督检验检疫总局和中国名牌战略推进委员会授予“中国名牌产品”称号。2004年,宇通集团以2003年营业收入42.2亿元列中国最大500家企业第367位，比上年提前49位;2004年宇通客车继通过国家强制3C认证后,9月又顺利获得了由德国管理体系认证有限公司(DQS)颁发的ISO/TS16949:2002版质量管理体系认证证书，这是国内首家获此认证的客车企业，它标志着我国客车行业在质量管理方面取得了突破性进展，已经实现与国际同步接轨;宇通客车在2004年还先后获得全国五一劳动奖状、国家质量管理先进企业等称号。

一、技术

公司现有正式员工2910余人，其中拥有大专以上学历的员工1189人，占公司员工总数的40.8%,拥有专业技术职称的员工500多人,占公司员工总数的17.2%。

公司具备完善的工艺保障体系，拥有行业内惟一的国家级技术中心和博士后科研工作站。逐渐形成一支行业内一流的专业造型设计中心和实验检测中心,构建中国客车行业的技术制高点,形成与国外知名企业相抗衡的能力。并与其战略合作商世界五百强之一的德国MAN公司联合研发新产品，双方的合资公司——猛狮客车有限公司经营与欧洲同步技术的中高档客车专用底盘,年生产能力达6000辆。2003年底推出的国内顶级产品——“莱茵”系列产品,使中国拥有了与世界同步的豪华系列客车,形成了“主导客车顶级产品、以中高档客车为主、兼顾普档”的产品结构。

公司厂区占地面积1299亩,建筑面积34万平方米，年设计生产能力为12000辆整车和6000辆客车专用底盘。同时公司拥有焊装、涂装、承装各四条生产线，装备有整车磷化、大顶蒙皮自动滚焊、侧围蒙皮自动电焊、静电自动喷涂、中蒙皮滚压成形和涨拉粘接、前后围玻璃钢粘接、木内腔喷蜡防腐等先进工艺，拥有国家一级整车全自动检测线和世界领先的VOGEL座椅生产线,并拥有淋雨和涉水等试验室。2003年底，公司再次投资3000万元兴建的年生产能力为2000辆的与欧洲同步技术的高档豪华生产线投入使用，其工艺设计水平与德国MAN同步。New Lion´s Star系列车型的批量投产标志着宇通客车的产品档次和工艺技术水平进入一个崭新的阶段。

二、管理

近年来，公司在信息化建设方面的投资已累计超过4000万元。今年又引入了世界著名的SAP信息资源管理系统，该系统涵盖了公司生产经营的各个环节，包括设计、计划、生产、供应、财务、成本控制、质量管理、销售、售后服务等方面，在技术研发领域全面引入了三维设计软件，并利用集成于SAP系统中的PLM系统进行系统化的产品数据管理和协同开发管理；在行政办公领域建成了基于知识管理的KOA办公自动化系统，其中包含了文件制度管理、通知公告管理、经验知识管理、规范协作管理、销售信息管理、企业文化社区、会议管理、各系统论坛管理，为广大员工迅速获取公司信息、及时共享经验知识和进行相互沟通提供了极大的方便。

运用先进的人力资源管理方法结合公司实际，推行人才测评、绩效评估和薪资激励制度为核心的人力资源管理，建立包括人才选拔、职业生涯设计、人才培养、激励机制、动态人才库等在内一整套的人力资源管理体系，实现了人力资源的合理利用和有效管理，增强了企业发展的原动力。

公司还通过和欧洲最大的管理咨询公司罗兰·贝格公司合作，确定了公司的发展战略、企业文化、人力资源和品牌建设的方向，进一步明确了公司未来发展的方向和管理思路。

三、服务

公司恪守"诚信为本、服务领先"的承诺，设立9个销售大区29个销售分公司和310家特约技术服务站、售后服务公司和10个集产品销售、技术服务、配件供应和信息反馈为一体的独资的一级4S服务站和配件中心库，其服务链条紧密相连，环环相扣，处处体现了一切为用户着想的服务理念，开通了800免费电话(8008836816)呼叫中心，24小时人工值班，及时对用户反馈的问题进行答复和处理，只要接到用户电话，公司都会在第一时间做出快速反应。

公司还率先在全国范围内实施"主动式"服务和"一站式"服务，凡用户发来的求助电话、传真和邮件等，公司无论是哪一位员工接收到，接收信息者即为处理问题的第一责任人，由第一责任人对信息处理进行全程负责，提高信息处理效率；首家全面实施新车报到制度，在用户自接车之日起15日内到就近的宇通特约技术服务站进行新车报到登记，由服务站作详细的例行免费检查，建立用户档案，掌握宇通车辆在当地的流向及营运情况，开展定期的上门服务；全面实行电话回访制度和定期走访制度，定期开展专项服务工作，在全国同行业率先成立了售后服务技术培训中心，整体提升特约技术服务站的业务素质和人员技能。

四、质量

公司始终坚持"系心于人，用心于车"的质量方针，致力于提升企业质量管理的标准，2004年9月获得了由德国管理体系认证有限公司(DQS)颁发的ISO/TS16949:2002版质量管理体系认证证书，这是国内首家获此认证的客车企业，它标志着我国客车行业在质量管理方面取得了突破性进展，已经实现与国际同步接轨。公司现有国家注册质量师、注册审核员4人，其检验人员则由专业骨干和技术骨干人员组成，且经过严格上岗培训，确保产品质量与标准相吻合。在产品质量检测、保证方面，建立各种检验控制程序，运用先进的计量和检测仪器，以提高质量检验能力。面漆检验采用了国际先进的德国BYK桔皮仪，雾影光泽仪等；拥有国内客车行业惟一的一条国家一级客车全自动整车检测线。主要设备有比利时LET公司的SAM1000型前大灯检测仪、美国比线公司的LC4000型前轮定位检测仪等。利用淋雨室检测成品车的密封性能，喷头数量多、方位布置及喷射方向等均能够充分保证车辆的整车密封性能。目前正规划建设有整车振动试验台、空调台架实验室和零部件实验室，为开发新产品提供了有力的保障。2003年2月顺利通过国家3C强制性认证，是客车行业内第一个通过强制性认证的公司，目前公司生产、销售的车辆全部符合国家相关强制性要求。

2005年郑州宇通的经营目标是产销客车15700辆，销售收入57.5亿元。为达成这个目标，我们今年总体经营管理思路为：以公司战略目标为方向，贯彻以"价值导向"为核心的管理理念，一手抓业绩增长，一手抓体系建设，全面、深入推进流程再造工作，从而促进企业管理模式成功转型，为百年宇通的健康发展奠定坚实的基础。

宇通公司将本着"造福社会、兴旺企业、富裕员工"的理念，在不断提高企业效益，增强企业市场竞争能力的同时，为实现中原崛起、为客车行业的大发展做出自己应有的贡献。

宇通未来十年的规划已在实施中，2008年成为国内盈利能力最强、领先的客车生产企业，大中型客车业务进入世界前十强；2012年成为国际化的知名客车企业，大中型客车业务进入世界五强。

打造未来发展优势 做强做大沈阳机床

沈阳机床集团是于1995年12月在建立现代企业制度试点中，通过对沈阳第一机床厂、中捷友谊厂、沈阳第三机床厂进行资产重组，经过股份制改革、专业化改组和技术改造后，组建的以机床制造为核心主业的企业集团，集团公司的研发制造基地分布于中国的沈阳、昆明以及德国的阿瑟斯雷本市。

作为我国最大的机床制造商、数控机床开发制造基地，沈阳机床有着辉煌的历史：共和国的第一台普通车床、第一台卧式数控车床、第一台摇臂钻床、第一台卧式镗床和第一台自动车床都诞生在这里，沈阳也因此被誉为中国的“机床之乡”。在计划经济向市场经济转变的过程中，企业以改革、创新、突破作为各项工作的主旋律，在多年的市场历练后，实现了跨越式发展。2004年，沈阳机床集团机床产量突破5万台，数控机床产量达到6098台，均位列国内第一，中国“机床之乡”的美誉仍然在沈阳。

变革——

以经营人才为理念，有效释放国企潜能

2001年，集团新一届领导班子上任后，以改革、创新、突破为工作主旋律，把充分激活员工身上的巨大潜能，挖掘国有企业内部蕴藏的巨大能量作为首要任务。沈阳机床用实践证明了自己的判断，在短短3年时间里，以机制创新为根本手段，走出了一条依靠挖掘、释放企业内部潜力，振兴老国有企业的新路子。

2002年，沈阳机床根据企业改革和发展的要求，大刀阔斧地进行三项制度改革——即干部制度、用工制度和分配制度改革。以经营人才为理念，通过三项制度改革，沈阳机床引入了竞争机制，管理上实现了纵深突破：干部铁交椅、工作铁饭碗、收入大锅饭的旧机制在沈阳机床内部被彻底砸碎。相应地，集团建立起了“上岗靠竞争、提升靠业绩、收入靠贡献”的新机制。

集团改革意志之坚定、力度之大、成效之显著，从以下几组数字，即可窥见一斑：沈阳第一机床厂是集团最大的骨干企业，1998年中层以上干部接近300人，到2003年底精简到30余人；2002年，沈阳机床集团总部层面的机构压缩近50%，干部、员工数减少52%；所属企业层面的机构压缩近50%，中层以上干部减少60%。

领导班子和干部队伍建设关乎改革成败。在干部队伍建设上，本着“求真务实”的根本要求，坚持倡导并身体力行“打铁必须本身硬、细严实的工作作风、责权利相统一”这三条原则。在干部任用、考核、培养上引入了科学民主机制、市场机制、淘汰机制、学习机制、激励与约束机制，实现了由“无过便是功”到“无功便是过”，最后到“赛马机制”三个阶段的转变。通过深入彻底地落实这些改革措施，沈阳机床形成了一支团结、高效、充满活力的干部队伍。

机制创新极大地激发和释放了干部员工的积极性和创造性，原来潜藏在员工身上的能量全部迸发出来：2003年，在员工减少19%，生产设备未增加一台的情况下，沈阳机床多项指标一再刷新历史最高记录，经济规模增幅超过70%；2004年经济规模增幅超过80%。其中人均销售收入达到40万元，是五年前的20倍。外界人士曾形象地评价沈阳机床为“国有的外壳，民营的内核”。

沈阳机床良好的内部氛围，使企业在短时期内营造了一个尊重人才、积聚人才的人文环境，吸引了大批高素质人才加盟。自2002年起，5名“海归派”管理者，50多名博士、硕士研究生，2000多名大中专毕业生加盟沈阳机床集团。未来几年，集团公司还将站在全球范围进一步高起点、多数量地引进人才，为企业未来长远发展奠定坚实的人才基础。

定位——

企业形象的凸显缘于领先的技术优势

20 世纪 90 年代中期，沈阳机床提出了“以装备中国为己任”的响亮口号，并将“高速、高精、高效、复合”作为新产品研发的战略方向。

2001 年 10 月，沈阳机床通过公开招标，成为“十五”国家科技攻关计划相关项目的承担单位，并于 2003 年底全部完成并通过验收。2002 年又承担了 863 计划机器人技术课题“数控车床设计、制造与控制共性基础技术研究”课题，于 2004 年 3 月顺利通过科技部组织的专家验收。

科技攻关共取得 25 项关键共性技术研究成果，实现 12 项技术创新，延伸开发了 5 种新产品，多项研究成果已申报国家专利。其中 CHH6125 卧式车削中心、TK6913 型落地镗铣床和 SSCKZ80-5 车铣复合加工中心等样机，不仅在制造技术上应用了最新技术成果，在外观造型上也进行了脱胎换骨式的改版，使整机基本达到世界同类机床水平。CHH6125 卧式车削中心采用了对置式双主轴结构，达到同类型号产品的国际领先水平，更解决了热变形、五轴车铣编程等关键技术。特别是集团公司自主研发的 SSCKZ80-5 车铣复合加工中心，五轴中 X、Y、Z、B 轴采用直线光栅尺或圆度光栅尺检测，可实现闭环控制。加工中心备有 48~96 工位刀库，可实现自动换刀，一次装卡可进行车、铣、钻、镗等加工。自主创新使 SSCKZ80-5 车铣复合加工中心获得一项专利、五项创新技术。其中两项属世界领先：一个是 B 轴任意角度强力铣技术；另一个是 C 轴任意角度强力铣技术。专家评价，该机床代表了我国同类机床的最高水平，是我国第一台具有自主知识产权的五轴车铣复合加工中心。

科技攻关和 863 计划取得的成果不只体现在数控机床样机上，更重要的是为沈阳机床技术创新的突破提供了引擎和巨大的发展空间。在国家 863 计划支持下启动的高速数控机床产业化项目，攻克了 8 项数控机床产业化关键技术，并实现了成果转化。目前，已申报国家专利 8 项，其中获得授权专利技术 3 项。产值数控化率从 1995 年不足 10%上升到目前的 50%，这标志着沈阳机床的产品结构实现由普通机床为主向数控机床为主的战略性转变。

数控机床关键技术的应用，使沈阳机床的产品结构发生重大变化，并逐渐形成了高速、高精、高效、复合的产品格局。在汽车、航空航天、国防工业、信息、船舶、铁路等重点行业的核心制造领域，沈阳机床均有出色的表现。

为汽车行业提供核心设备是衡量一个机床制造商技术能力和产品水平的重要标志。近年来，沈阳机床自主研发的数控机床成功地批量进入了国内三大汽车集团。2003 年、2004 年，为汽车行业提供的数控机床已占集团数控机床总销量的 50%。价值几十万的中档数控机床仅在 2003 年就为长春某集团提供了 150 多台。为山西某机械厂汽车发动机缸盖生产线提供的 3 台 BW60HS 高速加工中心，使沈阳机床成为我国第一个可为汽车关键零部件制造提供柔性生产线的供应商。目前，20 多台 BW60HS 高速加工中心组成的多条缸体、缸盖加工生产线已在安徽奇瑞汽车集团落户，实现了用中国装备打造中国自主品牌。集团 2004 年数控机床产量超过 6000 台，成为我国最大的数控机床研制基地。引人关注的一点是，在大型落地镗铣床、车铣复合加工中心及卧式车削加工中心等产品上已迅速实现产业化，科技攻关项目实现产值已达数亿元。

管理——

在打破有序平衡中，校准新的基点

管理上的不断创新带来了经济运营上的奇迹。近几年，沈阳机床核心竞争力显著增强。公司以实施世界银行工业改造项目为契机，在全面完成企业结构重组的同时，紧紧围绕市场需求，通过多种途径实现产业结构升级，使企业的核心竞争力显著增强。

通过推行 EDS 咨询成果，以战略计划为核心的整体计划管理体系已经形成。企业内部客户化管理模式的推行，使市场外部竞争规则内部化，精益生产方式的导入，制造过程的扁平式管理、日计划管理、并行工程思想在生产组织中的运用，集约型竞争管理机制的引入，全球采购招标体系的推行，为企业打造了全新的发展平台。均衡生产的推行提高了整体生产效率；整合社会资源提升了自身生产能力；并行工程的开展缩短了生产周期；工艺流程的改善提高了工作节拍。

先进的管理方式使得沈阳机床经济规模的倍增不再神奇。2001 年，沈阳机床年机床产量不足 1 万台，2003 年产量超过了 3 万台，2004 年产量突破了 5 万台，再次位列中国机床行业首位。沈阳机床集团连续三次入围中国机械工业企业核心竞争力 100 强。

2004 年，沈阳机床集团站在国际化角度，提出企业要实现新一轮的“版本升级”，最终目的是全面提升企业内在素质，适应国际化发展战略。

未来——

在国际发展大格局中，用全球化视野谋划企业未来

沈阳机床集团的长远战略目标是打造世界知名品牌、创建世界知名公司。2001 年起的三年时间内，沈阳机床已经走出了一条成功的内涵式增长道路。但是，企业只靠一种增长方式是不够的，在练好企业内功后，必须把内涵式增长与外延式扩张两种方式组合起来，才能产生增长的“加速度”。

2004 年初，沈阳机床集团确立了三个战略转变的发展思路，即由内涵式增长向内涵与外延增长并重转变；由本土经营向本土与跨国经营并重转变；由产品经营向品牌经营、资本经营转变。如今，这三个战略转变都已成为事实。

2004 年 10 月 29 日，沈阳机床集团全资并购了拥有 140 多年制造历史、产品享誉全球的德国希斯公司，又于当年年底战略重组了素有"中国金牌出口基地"之称的云南 CY 集团，此举标志着沈阳机床集团开始迈出了跨国经营的第一步，沈阳机床集团战略扩张的整体构架更为清晰：国际化发展战略。

自主创新能力的突破是沈阳机床国际化发展战略的重要路径之一，集团公司将重点通过企业整体搬迁，打造一个中心、两个基地，即技术研发中心、数控机床产业基地和铸锻件产业基地。其中，数控机床产业基地将使沈阳机床体现出技术水平、制造水平、产品水平更高、更强的显著标志，将进一步提升企业为国家重点行业核心制造领域提供核心装备的能力。技术研发中心的建设将站在全球视角，整合全球资源，形成以企业为主体的自主创新的社会化体系，通过开发一代高、精、尖数控机床系列产品，开展基础共性关键技术研究，突破一批关键技术等几个层面的工作，在三到五年的时间内缩短与世界先进企业的差距，形成沈阳机床在全球范围内的技术领先优势，实现企业打造世界知名品牌、创建世界知名公司的长远战略目标。

大连机床集团有限责任公司简介

一、企业基本情况

1.企业现状

大连机床集团有限公司责任公司是混合经济所有制、资本经营与生产经营相结合的大型企业集团。现资产总额21亿元。双D港数字化机床制造园，已完成一期工程总投资5.58亿元，占地32.8万平方米，2004年10月胜利竣工投产。通过一期的搬迁改造，不仅建成了现代化的厂房，而且使生产流程得到优化，工艺装备得到扩充，管理水平得到提高，生产制造能力产生质的飞跃。

截至2004年年末集团公司在册职工为6,914人，其中工程技术人员为749人。

企业销售收入由1998年2.5亿元，连年翻番，2004年实现主营业务收入58.8亿元，同比增长72.5%；完成产品产值43.3亿元，同比增长62.3%；完成数控机床产品产量3423台，同比增长85%，完成数控产值14.7亿元，同比增长125.88%。2000年至2004年，企业销售收入连续五年居全国机床工具行业首位。2003年集团作为惟一机床企业进入中国企业500强，首次实现我国机床企业惟一一家进入世界同行30强排名；2004年居中国机械工业百强14位，同年公司的数控车床被国家名推委评为名牌产品。

集团下设营销、技术、人力资源、财务结算四大中心，21个全资、控股、参股子公司，其中与日本OKK株式会社合资成立了制造加工中心机床的华凯机械有限公司；与世界著名的美国海尼格公司在大连组建了从事数控机床防护制造的合资公司；与瑞士伊贝格公司合资成立了生产数控机床电主轴的大连伊贝格主轴技术有限公司；与世界第二大刀具制造商以色列伊斯卡公司、与日本富士工具分别成立了刀具生产合资公司。收购了美国英格索尔2个全资子公司；并购控股德国兹默曼公司。

2.主导产品

集团公司主要产品有四大系列：一是高速精密车床，包括与英国600集团合作生产的高速精密车床；二是立、卧式加工中心，包括引进先进国家技术生产制造的立式加工中心、卧式加工中心机床、五轴联动加工中心、龙门式五面体加工中心，这里有：五轴联动的立式加工中心VDW320、立式加工中心VDS1000、高速加工中心HDS630、三坐标加工中心单元HD50A；三是全功能和普及型数控车床及车铣中心，这里有：车削中心TNA400/TNA300、DL20MH，九轴五联动车铣复合中心CHD25，倒置立式数控车床VLB35，全功能球面数控车床DL-20S；数控车床DL-25；四是组合机床及自动线、柔性制造系统和可重组制造系统及辅助设备。

3.市场情况

作为我国高效自动化成套技术与装备的产业基地，集科研与制造为一体的龙头企业，中国第一台组合机床及第一条自动线先后于1956年及1960年在大连机床集团公司问世以来，至今已研制出组合机床1万多台，其中包括自动线360多条。这些自动化装备广泛应用于汽车工业、内燃机工业、农机工业、工程机械、通用机械、轻工机械、发电设备、内燃机车及军工、航天、航空等行业，并有较高的知名度。尤其是近年来，集团公司通过国际间技术合作和并购国外企业，使企业产品水平得到明显提高，组合机床及自动线、柔性制造系统产品，产销量全国第一，国内市场占有率达35.5%。

2002年为保定长城内燃机厂设计制造的缸体缸盖、瓦盖多条自动线，标志着我国自行设计制造的柔性自动化装备已进入主流市场。

2002年10月和2003年6月分别成功收购了世界著名的美国英格索尔生产系统公司和曲轴公司。英格索尔生产系统公司和曲轴公司作为大连机床集团的全资子公司，成为企业境外的科研开发、培训和跨国经营的基地，为国内提供世界先进技术和人才，为产品销往欧美市场构筑新的销售平台，加速了企业与国际市场接轨的进程。此次成功之举实现了中国机床工业跨国并购的历史性突破，被列为中国机械工业 2002 年十件大事之一，也标志着机床集团进入了新一轮的发展过程。

今后我们将一如既往地沿着"精密、高效、柔性、可靠、综合、成套"十二字行业技术主攻方向前行，针对市场需求，以可靠性为基础，以柔性为基点，提高组合机床加工精度，提高组合机床工作效率，提高装备成套性。切实满足市场不同层次用户的个性化需求。

通用机床连续三年全国第一，国内市场占有率 30%；数控车床产销量全国第二。产品出口欧洲、美国、南美、东南亚等三十多个国家和地区。

二、企业发展规划

1.产品发展重点

大连机床集团公司产品发展的重点是高速、高精、多轴联动、复合型的数控机床，融入世界机床智能、环保、集成的产品技术发展潮流。主要生产引进日本、德国、美国技术的高速卧式加工中心，龙门五面体加工中心；采用日本技术的立式高速加工中心，数控正立车和数控倒装立车；采用德国因代克斯(INDEX)技术的车铣中心；引进瑞士技术，适应 IT 产业和家电制造业需要的柔性生产线；引进英国技术的数控车床和多用途的激光加工机床；合作开发具有自主知识产权的多轴联动复合加工中心；具有自主知识产权的开放式数控系统，伺服驱动系统和伺服电机；利用英格索尔技术的发动机主要零件关键工序精加工专机，立、卧式三坐标加工单元组成的柔性制造系统，敏捷制造系统和可重组制造系统；自动线辅助设备，包括检测、输送、搬运、清洗、装配机等。能够承接完成"交钥匙"工程。

2.发展思路

在新一轮的经济发展中，大连机床集团公司基本发展思路是：坚持实施"走出去、请进来"的战略，以我为主，进行自主开发。以向国家关键领域提供"精、特、专"装备为己任；以向国内国外两个市场提供大型、多功能、多坐标联动数控机床为目标；充分发挥大连机床集团公司在振兴辽宁装备工业和实现新型工业化中的作用，实施"三个转移"，建立"三个网络"，建设"一个园区"，创建两个数控产品产业化基地，保持持续快速发展，做大做强企业集团。

（1）"三个转移"是：产品向数控化转移，制造向规模化转移，经营向国际化转移。

（2）"三个网络"是，通过并购和布点，建立以美国、德国、日本为轴心的三个网络，构建机床集团国际化运营体系，建设一个反应敏捷的营销平台。

（3）"一个园区"是：数字化机床制造园区。园区选址在大连双 D 港，由四部分组成：一是自动线及柔性制造系统部分；二是高速加工中心制造部分；三是全功能和普及型数控车床部分；四是高速精密通用车床部分。

3.采取的主要措施

i.深化改革，创新机制。积极推进劳动、人事分配制度改革，实行多种分配形式。改革管理机构，精简管理人员，建立适应市场快速反映、灵活快捷的扁平化管理体制。

ii.提高开发能力，创新技术产品。积极招聘国内外人才，并与世界知名企业和科研院校进行合作，吸取国外先进技术，发展具有自主知识产权的技术和产品，通过并购国外企业，获取产品制造专有技术、专利技术及核心技术，融入世界机床高速、高精、智能、环保的产品技术发展潮流。

iii.加快合资合作，实行跨国经营。按照"与世界机床巨人同行"的发展目标，选择世界高水平的机床产品制造商作为合作伙伴，高起点、全方位的进行合资合作。同欧洲水平最高的德国因代克斯公司建立合资企业，生产欧洲畅销的高档全机能数控车床和车削中心，同名牌生产商-英国 600 集团公司，合作生产变频车床和数控车床，全面带动机床产品水平的提高。通过并购世界著名的美国英格索尔公司生产系统分部，使中国机床行业组专机和柔性线制造系统达到世界顶级水平，可以部分替代进口。

展望未来，我们任重而道远。因为我们肩负着振兴我国装备制造业，从根本上提升我国装备制造业水平的重任。我们要不断增强自主创新能力，加快结构调整和体系创新，上规模、上档次、上水平，为中国实现真正意义上的现代化做出我们应有的贡献。

东风的脊梁越挺越强

东风汽车有限公司商用车车架厂近年发展纪略

厂长　周建国

坐落在鄂西北十堰山城一角的东风汽车有限公司商用车车架厂，始终传承"负重致远，百折不挠，开拓进取，勇于创新"的脊梁精神，伴随着东风的改革与发展，搏击市场风浪，保持了多年的持续、协调、高速发展，以骄人的业绩挺立潮头，特别是近几年，车架厂加快发展步伐，强攻市场，在企业的变革和市场的洗礼中，傲然挺立，企业综合实力不断增强。持续健康的发展态势和良好的经营业绩使车架厂成为东风汽车有限公司的"娇宠"，成为东风汽车有限公司的"脊梁"。

近年来，车架厂先后获得湖北省花园式工厂，湖北省最佳文明单位，"东风有限"商用车公司"先进党委"和"经营管理优胜单位"等一个又一个璀璨的光环，吸引着众人的目光。

在管理水平的提升中强身

管理水平的高低影响着一个企业发展速度的快慢。面对日新月异的市场经济，采用科学高效的管理体系和运作方式无疑是推动企业快速发展的重要手段。车架厂的领导层清醒的认识到提升管理水平的重要性。近年来，车架厂始终对传统的管理模式提出挑战，全面贯彻精益思想，推行精益生产方式，优化基础管理，培育企业优势。

精益思想简单地说是追求精益求精的过程，实现尽善尽美的目标。结合生产经营实际，精益生产方式就是通过大力推行准时化生产、快速应变反应机制、有效成本运行体系实现生产制造过程中的无效劳动和浪费为零、现场在制品储备为零、费用支出和制造成本降至最低的精益生产目标。通过多年的深入贯彻，车架厂成功采用集配上线生产方式、电子看板发交、信息化应用等多种手段，使厂内物流有序衔接，现场在制品库存大幅降低，流动资金占用进入下降通道，呈现出良性态势。

企业在发展，管理是一个不断延续和创新的过程。2003 年，随着东风与日产合作重组进入实质性运作，合资公司新的管理体制和运行机制也将随之确立。如何应对这种变化，在经营管理上和国际接轨，用高水准的管理方式来应对全球化竞争，成为车架厂管理层思索的重要课题。东风与日产合作重组本身就是强强联手，新东风是在发挥现有资源优势的基础上，引进日产先进的管理方式和技术。在管理的创新中车架厂再次向原有的管理方式提出挑战，紧跟新东风的步伐，提出：全面导入日产先进管理方式，在东风与日产的文化融合中强身。

2003 年 7 月 1 日融入国际竞争的新东风正式开始运营，车架厂经过前期准备，导入日产先进管理思想和方式也全面铺开，渗透到生产经营的各个环节，如方针管理、现场管理及诊断模式，基本形成一套自上而下的诊断体系，数据统计、图表管理、目视板管理、PDCA 循环工作法、组建跨部门团队等日产科学管理工具得到广泛应用。

一是导入数据管理方式。过去的管理经验性的东西比较多，感情色彩比较浓，数据不准就难以找到根本性问题，进而影响到决策，而好的管理更注重利用数据，尊重客观现实。为此，车架厂专门组建了多个 CFT(跨部门职能团队)，包括质量、成本、物流、能力、装配、岗位管理六个小组，跨职能团队可以打破部门之间的行政壁垒，对运行进行系统地普查和摸底，尽可能的用数据说话，很容易发现最严重的和最本质的问题，解决问题更有层次、更有针对性。正如很多员工切实感受到的那样：日常的管理工作是抓稳定，而组建跨职能团队是为了抓提高。通过实施诸如 CFT 等一系列的措施，摸清基础数据，规范基础管理，提升了数据质量和维护水平，提高了数据干净程度和质量。其次，提高数据化应用水平。通过数据分析，锁定企业核心管理问题，建立一套目标管理体系和KPI指标体系，将各项指标分解到员工，实现量化的目标管理模式；关键绩效指标(KPI)源自于对工厂总体目标的分解，反映最能有效影响工厂绩效的关键驱动因素，设立关键绩效指标值，使各级管理者和员工将精力集中在对绩效有最大影响的行动上，及时诊断生产经营活动中的问题，并采取提高绩效水平的改进措施，从而不断提高了管理水平和经营绩效，不断拓展和创新数据在工厂实际经营过程中的应用。

二是导入日产成熟的QCD改善运行体系。改善(KAIZEN)一词在1993年版牛津英文词典中定义为：一种企业经营理念，用以指导持续不断地改进工作方法与人员的效率。合资后，车架厂正是在东风与日产的文化融合中，借助和吸取日产先进的管理理念来指导自己更好地改善。通过结合厂内实际情况深入贯彻QCD改善经营理念和方式，扎扎实实的从Q(质量)、C(成本)、D(交货期)和S(安全)几个方面对固有的、传统的、不合理的行为方式进行改善和提高，达到提高效率效益、推动企业不断提升竞争力的目的。2004年，改善工作初见成效。据统计，车架厂全年共提出改善项目1041项，已实施1019项，实施率达到97.9%，其中装配线改造改善项目，使全厂重型车装配产能提高20%以上。2004年，为进一步全面深入推进QCD改善工作，车架厂以示范线、示范点为先导，以点带面，全面展开，全面提升现场管理水平。同时，建立健全改善项目的日常确认评价体系，出台管理办法，规范QCD改善项目日常管理，适应工厂方针管理和现场管理需要，提升全厂QCD改善水平。

三是以人为本，推行人性化管理。人是生产力中最积极的因素，人是管理的关键环节，在企业发展中，车架厂始终把以人为本的管理思想贯穿始终。2005年4月，车架厂党委、厂部为关心员工，以生产准时化为目标，完善日计划制度，按照“均衡同步，节能降耗”的原则，不断提高计划的预见性和准确性，提高生产效率，减少停工待料时间，杜绝无效劳动，杜绝盲目或随意超产、欠产、补料，减少加连班，把休息还给了员工，并按照“三个有利于”原则，即有利于员工身心健康，有利于维护员工合法权益，有利于提高员工的积极性，实施了带薪休假制度，受到了员工的好评。

在合理配置中再造新鲜血液

谁拥有高素质的员工队伍，谁就会在竞争中占有先机。车架厂强化人力资源开发培训的战略地位，把学习作为企业发展的“第一道工序”，全力提高员工的综合素质。

这些年，车架厂经过快速的发展和壮大，日益深刻感受到人才对企业的重要性。如何有效地为企业输送和培养一批批有用之才，为企业的发展提供源源不断的新鲜血液？车架厂在不断加大员工培训力度的变革中，形成了多元化的人才再造新格局。近年，我厂结合党建“双培”工程，将继续实施人才工程，加强培训，努力构建学习型组织，努力培养出一批有开拓精神、掌握现代化技术的优秀专业技术骨干；培养出一批知识面宽、组织能力强的管理人员；培训出一批具有一定文化知识和实践经验的技术工人队伍。

在学习方法上，借鉴国外先进管理经验，实行“骨干人才的职业生涯设计和开发”。在这一过程中，企业为员工达到这一目标而提供一切合理的学习、培训机会。在学习途径上，充分借助公司“三大培训基地”：公司党校、汽车学院、高级技工学校来组织高级职员、专业骨干、技术工人、一般员工等不同层面的员工结合岗位实际需要，开展有针对性、系统性的培训学习。在学习内容的选择上，厂人事部门将在采纳员工自身合理需求的同时结合员工学历、岗位、年龄、素质等个人情况帮助其选择适合、实用的学习内容，并加以引导和培训，保证学一门精一门，使之尽快掌握多种技能，成为适应企业发展需求的一专多能的复合型员工。

首先，面对国际合作的新体制、新文化、新思维，安排管理人员、工程技术人员和特殊岗位人员参加公司相关培训，这些培训项目，厂人事部门已经细化到时间、培训对象、内容等。

其次，紧紧抓住工厂全面导入日产先进管理技术、全面改善和创新各项管理的契机，以QCD改善为切入点，重点加大“标准作业法”培训，无论是决策层还是执行层、操作层，都要融入“标准作业法”的培训。为促进执行，我们加强班组长队伍培养，实施班组长竞聘，选拔高素质人才充实班组长队伍，选派优秀班组长到先进地区、先进企业学习、参观，提高班组长素质，为推行新的管理思想和方式和夯实企业基础管理打基础。

再次，培养“德”、“才”兼备的高素质员工，一个职工如果只有才，而缺乏对德的锤炼，把才变成私有财产，不忠诚企业，这样的员工培训工作是不完整的。为此，车架厂加大“三支队伍”建设力度，层层签订责任状，形成各部门协作，多管齐下的方法，帮助员工不断唾弃自身不足，逐步树立积极向上、健康正直的人生观、价值观。

营造良好的人才成长环境，我们建立培训、考核、任用、待遇相互联系、相互促进的激励机制，积极探索有利于人才价值充分发挥的使用机制，并在成功实施班组长竞聘的基础上，不断延伸和扩大竞聘范围，做到“能者上，平者让，庸者下”，从而在员工中树立竞争意识、责任意识和危机感，促进员工素质的不断提高。

国际知名企业摩托罗拉公司的管理者曾经说过：“惟有员工教育成功，才能真正掌握企业经营成功的金钥匙。”2004年，车架厂的员工培训工作紧扣“学习为了改变，培训为了应用”，“学以致用”的理念开展培训。

目前，车架厂逐步建立起来的适应合资企业员工培训体系已初步形成。正逐步向人才与企业同步发展的良性互动机制，实现人力资源的可持续发展目标迈进，从而真正适应合资公司发展需求，以强劲的发展势头应对国际竞争。

在能力建设中壮骨

如果说企业的管理体系和运作机制应该完善和健全，那么生产能力的强弱则是竞争实力的重要体现。

提起车架厂的能力建设史，可以说，就是车架厂的发展史。历时四年，车架厂重型车架生产能力从不足一万辆份提升到十万辆份，产品品种从40多种增加到400多种。这一阶段能力建设的历史也是车架厂应变市场，提高企业竞争能力的见证。

要提高企业竞争力就要提升研发能力，面对重型车架市场需求飙升，多品种、小批量的需求形势，车架厂从提升研发能力入手，投入90多万元购进了五套绘图开发软件，分析软件和计算机使用软件，实现从平面设计过渡到立体设计，提高了产品的设计能力和水平。同时，车架厂对研发体制进行了改革，一方面培养和引进高技术人才，另一方面将研发人员整合成两个大的研发平台，基础性研究和适应性研究兼顾，落实责任，追求效率。如今，车架厂技术人员已增加到一百多人，具有五年以上研发经验的人员占到70%，综合性的研发人员占到75%。与此同时，扩大研发范围也是车架厂提升研发能力的重要举措。除提升急需的重型车架研发能力外，还牢牢抓住专用车、客车、改装车等车架市场，现已形成12米以内的车架都能进行开发设计的竞争实力。

要提高企业竞争能力就要提升柔性化制造能力。车架厂在加工能力与需求中寻求结合点。2000年，东风重型车销量开始飙升，重型车架的需求量也急剧上升，而在此前，车架厂重型车架的产量与其它产品的比例是1:11。在市场需求的陡然变化面前，车架厂开始经历前所未有的考验：重型车架产能严重不足，供货不及时，质量难以保证。为此，车架厂首先由制造部、生产部、总师室等部门组成了上能力推进小组，列出包括油漆线改造，成型模、钻孔模等设备投入在内的14个能力建设项目。随着数控折弯机、三面数控冲、火焰切割机、数控钻孔机等一大批现代化设备的到位，重型车架加工能力不足的问题大大缓解。这些高精尖设备的投入和运行为车架厂能力的提升提供了硬件的保障，柔性制造则大大促进企业的管理和制造水平的提高和变革。

仅短短几年的时间，车架厂在能力建设上实现了历史性的跨越，员工的观念在能力提升中嬗变，研发体制、产品结构、生产组织发生了深刻变革，并能主动积极地应对任何时刻来自外界的任何变化。如今，车架厂是集生产东风车零部件最多和总成最大为一身的冲压专业生产厂家，产品覆盖东风重、中、轻、军、客、农、中巴七大系列近500余种车型380余种车架、5000余种汽车冲压零合件，具备年生产12米以内各类商用车车架20万辆份的生产能力。

展望未来，车架厂将把握合资重组的发展大局，突出技术创新、管理创新，加速信息化建设，着力提高产品质量和适应性开发能力，努力实现企业跨越式发展。把车架厂建设成为竞争力最强、技术领先、效益最佳的车架生产阵地。

我们欣喜地看到，一个努力应变，积极求变的车架厂在追随市场大潮中已经成为“弄潮儿”。

实行少品种专业化生产
将企业推向发展的快车道

山东东维木工机械有限公司董事长兼总裁　丛威滋

山东东维木工机械有限公司是在原威海市木工机械厂改制的基础上组建的大型股份制企业。现有职工2600人，占地2000余亩，拥有“万国木机工业园”和“东维科技木业园”两大园区，四个中外合资企业，四个生产、经营事业部，8个大型分厂。企业拥有独立的进出口权，产品畅销国内，远销欧、亚、美、非等四大洲50多个国家和地区。公司是国家一级企业、亚洲著名的木工机械生产基地之一。

20世纪90年代后期，由于产业和产品结构调整，没能尽快适应市场经济的发展需要，致使企业经济在困境中缓慢发展。2002年，我们新的领导班子上任后，在解放思想、改革机制、创新经营、科学管理上狠下了功夫，特别是通过实行“少品种、专业化”的发展战略，很快将企业推向了发展的快车道。

一、实行少品种、专业化生产，有利于产品和产业结构调整，以适应市场发展的需要

我们认为，随着世界经济一体化的深入发展，社会的分工将会越来越细化，专业化生产就成为一种必然的选择。一个企业不可能将哪种产业或产品都做得最好。做不到最好，又不能及时调整产业与产品结构，就会失去市场竞争优势。

我们东维公司的前身威海市木工机械厂，曾涉及过木机、金切、锻压、建筑设备，房地产开发等多种领域，仅木工机械产品就发展到13大系列、400个规格。这种大而全、多而杂的多元化产业格局，在当时的卖方市场时代，对企业的发展壮大曾起到良好的促进作用。进入90年代末期，我国已进入买方市场时代，特别是入世后，那种“有女不愁嫁”的时代已一去不复返了。当时，我公司产业结构调整的步伐较慢，使经济效益发生了大幅下滑。我们新的领导班子上任后，坚决打破“不怕不赚钱，就怕货不全”的传统经营理念和多元化的产业格局，坚定不移地实施了“少品种、专业化”的发展战略。

为了进行少品种、专业化生产，我们以市场为导向，对产品结构和产业结构进行了调整。在产业结构调整上，集中精力做强木工机械、做专金切机床、做大科技木业。在产品结构调整上，一是低端整合。即对中低端木机产品大幅度减少产品组合。我们分期分批地砍掉300多种款式陈旧，生产成本高，市场需求量少，经济效益差的产品。只精选50多种市场前景广阔，经济效益好的产品作为生产经营对象。二是高端合资，即高端木机产品的研发与产销，主要是引进世界顶尖技术，与国际国内有实力的大公司搞强强联合。目前，与南韩合资生产的数控六轴镂铣机、数控裁板锯等木机产品，与阿根廷合资生产的数控木工四面刨等已达到国际领先水平。三是做专金切机床。即精化金切产品品种，将本企业的优势产品Z32系列摇臂钻床做专、做精，打造国际著名品牌。并在此基础上，研发生产五面体加工中心，数控龙门铣、数控龙门磨和数控车床等产品。

在实施“少品种、专业化”的战略前提下，经过上述调整，我公司已形成高中低端产品组合合理、少而精的产品和产业格局。为使专业化生产得到落实，我们对分厂进行了合并，对人员和设备进行了科学的重组，分别建成了加工、装配专业化生产线，并根据各分厂的设备、技术特点，只让其承担一两个系列工艺技术成熟，质量有保证的产品进行生产。思路一改天地宽，经过实施“少品种、专业化”的发展战略，促进了产品和产业结构的调整，并适应了当前市场发展的需要，使企业的经济效益显著提高，近三年来，经济效益以年均35%的速度增长。2004年，国内销售收入增长了50%，出口创汇增长了105%。

二、实行少品种、专业化生产，有利于提高产品质量、实现规模化经营、促进营销工作的开展

我们认为，在买方市场的新形势下，产品质量和服务质量是取得市场竞争胜利的关键所在；规模化经营是提高经济效益的有效途径。而产品质量与服务质量的提高，进行规模化经营，必须依靠少品种、专业化生产来实现。

我公司在实行“多而杂、大而全”的多元化的经营时，在工艺的改进、技术的改造、工件的加工、职工对技术的掌握等诸多方面上，都难以做好。因而导致产品质量无法保证，严重影响了营销工作的开展和经济效益的提高。

经过实行专业化生产，以上状况有了根本转变。一是促进了规模化经营的发展。以前，企业年生产Z32系列摇臂钻1000多台，实行专业化生产后，年产猛增到10000台，成为同行业的产销大户。二是促进了产品质量的显著提高。由于产品品种少，生产专业化，科技人员能集中精力盯紧国际先进技术，进行高端产品的研发和工艺改进；车间工人能熟练地掌握加工与装配技术。同时也给技术改造提供了便利条件。近两年来，公司购置了五面体加工中心，卧式加工中心和数控镗床等数控化、自动化设备30多台套，使加工精度和产品质量显著提高。目前，我公司的数控四面刨，数控无卡轴旋切机、数控裁板锯已达到国际先进水平。BB系列数控单板刨切机2003年被山东省评为科技进步二等奖，2004年列为国家技改重点扶持项目。BQK1813数控无卡轴旋切机2004年获一项国家专利，被列为山东省科技开发项目。“威木”牌商标被评为“山东省著名商标”，企业被授予山东省高新技术企业。三是促进了销售和售后服务工作的开展。由于产品少而精，使每位销售人员和代理商及售后服务人员，都能较全面地掌握产品的功能与结构特点及维修知识，极大地方便了营销业务的开展。加上我们实行与代理商捆绑式经营，零距离服务，展览攻关等营销策略，并有产品质量做保证，产销出现了淡季不淡、旺季更旺的良好局面。

三、实行少品种、专业化生产，有利于提高效率、降低成本、促进企业经济的发展

我们认为，专业化生产程度越高、批量越大，效率就越高，成本就越低，产品就有市场竞争力，经济效益就越好，这是工业生产的基本规律。

我公司在以前的卖方市场时代，由于干什么都挣钱，致使企业的产品越开发越多，甚至发展到跨行业，跨领域经营。可到了现在的买方市场的时代，原来的“多而杂，大而全，小批量”的经营模式已不适应企业的实际情况。其弊端主要是：第一，生产效率很难提高。第二，生产成本难以降低。第三，产品质量难以保证。第四，产品的市场竞争力难以增强。特别是中低端木机产品技术含量不高，同类产品已形成了同质化的局面，加上多年来各厂商大打价格战，进行恶性竞争，把利润空间压缩得很小。如果产品的成本过高，质量无保证，就势必在激烈的市场竞争中处于劣势，存在着被逼出市场的危险。

我们实行少品种，专业化，大批量生产后，有效地克服了上述弊端，较好地化解了经营风险。一是生产效率得以成倍提高。我们将车间分为轴类加工、轮类加工、箱体加工等专业化作业的车间，并进行了加工的数控化和自动化高新技术改造。这样车间工人由于生产工件单一，都能熟练地掌握加工技术，并且越干越精，不仅加工质量有了保证，而且生产效率显著提高。这些专业化生产车间与以前混合生产时相比，生产效率提高了三到五倍，数控加工车间，提高了十多倍。二是生产成本明显降低。过去，我们一年只能生产100多台精密推台锯，生产成本占出厂价格的95%以上，再加上给代理商的优惠政策，利润基本无法保障，有时原材料一涨价就得赔着卖。现在年产精密推台锯5000台，每台成本比原来降低20%左右，原材料价格上涨后，仍然有一定的利润空间。三是市场竞争力增强了。由于产品成本低，再加上产品质量越来越好，产品很快就占领了市场的制高点。随着产品在市场上的供不应求，企业的经济效益也有了显著提高。

2005年，我们决心进一步优化产业结构，使专业化生产再上一个新台阶。一是在产业调整上，公司只留下大型、关键、精密的设备，进行关键件的加工。将其它设备划出后，公司扶持有能力的职工进行自主创业，成为总公司的专业配套厂，从而打造自己的产业集群。二是在产品开发上，木工机械达到台湾标准，赶超德国和意大利标准；金切机床向数控化，高、精、专方向发展。三是在专业化生产上，继续引进数控化设备，建设自动化、专业化的生产车间，进行精细化加工与装配，建设技术密集型企业。

以精干的职工队伍，强大的生产能力，实现小的投入、大的产出，“干精品，创名牌”的目标，促进企业长期、快速，稳定的发展。

加强工程管理　注重成本效益

华电国际莱城发电厂厂长　刘传柱

自1999年12月首台机组投产发电以来，华电国际莱城电厂积极探索机组检修管理的新路子，认真推行项目负责制和招投标制，从项目的可研、立项、招投标到项目的验收、总结、效益分析、成本核算，实行全过程管理。先后圆满完成了#2、#1、#3机组的首次大修，大修全优率均达到100%，实现修后机组一次启动成功，各项经济技术指标均达到国内先进水平。在2003年第32届全国大机组竞赛年会上，#2机组荣获国产300MW机组惟一特等奖。

一、致力制度建设，奠定管理基石

系统而严密的管理制度体系是工程项目管理的基础和依据，是责、权、利三者统一的纽带。莱城电厂结合自身工程管理的特点及项目管理的需要，先后制订实施了《设备检修管理标准》、《更新改造工程管理标准》、《外包工程项目管理标准》等多项管理标准，编制颁发了各类人员岗位规范，建立健全了各种规章制度。几年来，这些管理制度在实践中不断完善，逐步形成了比较系统而严密的制度体系。通过对管理制度的严格执行，实现了责任、压力、监督、考核"四到位"，保证了整个生产管理体系的正常运转，为使管理工作同标准化、程序化的国际惯例接轨并取得良好的管理绩效奠定了基础。

二、加强计划管理，推行超前诊断

大修工程管理是发电企业生产管理的核心和主线，在大修中，莱城电厂严格执行全过程管理，建立了决策层、监督管理层、控制层、作业层分工负责的管理控制网络，形成了具有自身特色的生产管理体系，为设备检修质量的提高提供了可靠保证。

根据机组检修计划安排，认真做好大修准备工作的落实。生技部提前半年组织大修计划的编制工作，大修计划按不同专业以及主、辅机设备进行分类，从班组、车间到生技部逐级审核，层层把关，对重要设备和设备部件的更换，由生技部牵头组织技术人员进行专题讨论，组织方案论证后编写可研报告，力求做到立项合理、计划准确。根据机组大修工期安排，组织各专业科学合理地编制大修网络进度计划，在大修过程中严格按照大修网络进度计划执行，确保整个大修工期进度始终处于可控状态。

在大修非标项目的确立上，根据机组在运行中暴露的设备缺陷确定大修非标项目，坚决杜绝对设备盲目进行大拆大换。充分利用大修机会，对设备进行全面诊断，积极进行大修危险点分析，对在某一台机组大修中发现的设备问题进行分析和总结，针对发现的问题对其它机组进行排查，超前预防，提前准备。并根据需要从各检修专业抽调精干技术人员组成设备诊断策划中心，加强对运行机组工况的日常诊断和检测，对每一台机组的运行状况及大修应修项目做到心中有数。

三、探索先进模式，严格费用控制

在大修工程中积极推行项目负责人制和项目考核验收制。对列入年度计划的大修工程和重点技改项目，实行项目负责人制，工程项目负责人从项目招投标、技术协议的签订、技术安全措施的制定到项目实施、费用预算与控制进行全过程管理，并由相关专业技术骨干组成项目组参与项目工程的实施，职责明确，责任到人。项目开工前，由项目负责人提出书面开工申请，经有关领导批准后方可开工。各项目组在项目的实施过程中要保存第一手资料，各种方案措施必须履行签字手续，按单个项目整理存档，由生技部组织有关人员对项目进行分阶段考核验收，项目申请验收前各项资料必须齐全；项目完成后，进行整体验收、检查与评价，必要时还要由厂里组织进行技术测试和投入产出分析，写出效益分析报告；项目通过验收后要将所有资料存档备查，大量的第一手资料对今后机组的检修提供了有效的技术支持。

在大修费用的使用上实行归口管理，严格控制预算，对整个大修费用进行量化、细化。每月召开一次生产资金平衡会，生产技术部统计、平衡资金的支出情况，制定出详细的实施方案和费用预算，充分发挥资金的使用效果。对于技术改造项目实行资金专款专用，优先保证重点项目的实施，把有限的资金真正用到最需要的地方。每个项目的材料费用都在TMMS系统中分别统计、汇总，费用发生情况通过“物料管理”程序显示，可以随时监控各项费用发生情况。下一步，将结合全厂FAM系统的实施，进一步完善工程项目管理，使资金控制更加科学有效。

四、强化安全管理，确保安全施工

工程项目的安全管理是项目管理的重要环节，是保证项目顺利完成的保证。安监部门从项目招投标到项目实施实行全过程安全管理和监督：工程开工前，安监部要对归口管理部门的项目负责人到位情况、三级安全教育培训情况、安全技术交底情况进行检查；项目开工后，每天进行安全例行检查，每星期组织由安监部、生技部、项目归口部门共同参加的技术、安全、质量、进度检查，发现问题及时协调解决。

对外包工程的安全管理同样有着严格的标准和规定。对施工单位的资质审查实行一票否决制，在项目招标中安监部、财务部、监审部分别对项目承担单位的资质进行综合考查，不合格者取消资格；实行外包工程开工认可制度，安监部与投标单位鉴定安全协议和安全责任书，并负责对外包人员进行安全教育、培训，考试合格后方可办理安全合格上岗证，各项安全条件都具备了，安监部签发开工认可书，外包工程方可开工。

五、加强合同管理，坚持效益为本

追求经济效益和社会效益最大化是工程项目管理的最终目标，利用合同条件保护企业的利益是合同管理的根本宗旨。合同一经签订，预算成本基本上已确定，既要确保工期、质量等合同总目标的绝对实现，又要保证成本控制在预算之内，是摆在项目管理者面前的一项艰巨任务。

在合同管理工作中，莱城电厂严格执行有关法规，实行分级管理、专业管理与综合管理相结合的原则，建立健全合同管理机构及具体实施措施，合同从立项、议标、招投标、订立到履行层层把关，全过程控制，每个环节都有管理和监督。监审部对重大工程招投标、合同签订进行全过程监督，使竞争在公开、公正、平等的原则下进行，既保证了工程造价的合理，又确保了工程质量，真正从制度上杜绝了工程腐败行为的发生。

管理是企业永恒的课题，管理创新是企业发展的不竭动力。在当前深化电力体制改革的新形势下，在电力市场激烈日趋竞争的大环境中，“向管理要效益”已不仅仅是一句空洞的口号，而是企业兴衰成败的关键所在。通过对大修工程项目管理的探索，不断挖掘自身潜力，努力应对市场经济的挑战，全面提升经营管理水平，谋求企业的更大发展。

SMW 工法及多轴钻机介绍

上海金泰工程机械有限公司

SMW(Soil Mixing Wall)工法也叫柱列式土壤水泥墙工法，即利用多轴式长螺旋钻孔机在土壤中钻孔，达到预定深度后，边提钻边从钻头端部注入适合不同工程连续墙的水泥浆，它与原土壤进行搅拌，在原位置上建成一段土壤水泥墙，然后再进行第二段墙施工，使相邻的土壤水泥墙彼此有重合段，连续施工即可做成地下连续墙，同时根据不同需要，插入工字钢，作深开挖基础维护或止水之用。

SMW 工法的特点：

(1)防水性好。

(2)施工深度大。

(3)挡土性能好。

(4)施工费用低廉。

另外与通常的地下连续墙工法和钢板桩工法等相比还具有以下优点：

(1)产生残土少，无泥浆二次污染。

(2)工期缩短。

(3)低振动低噪声。

由于 SMW 工法造成的连续墙具有以上特点，在以下几个方面被广泛应用(如下图所示)：

(1)地下工事开挖中作防水挡土墙，用工字钢或钢板桩作加绳筋。

(2)河流改造工事中作防水墙。

(3)在大坝下面防止河流水的渗入。

(4)埋设管道时作保护墙。

SMW 工法的施工，以前均采用单轴式长螺旋钻孔机，一根桩一根桩的施工，桩的连续性、垂直性很难保证，施工效率也低。本次开发的三轴式连续墙钻孔机，克服了上述缺点，一次作业可同时完成三根桩的施工，效率提高 60%以上，施工工期大大缩短。由于三根钻杆的搅拌叶片之间相互交叉，不仅使施工更经济，而且又能确保连续墙的防水性。

a.防水挡土墙
用工字钢或板
桩作加强筋

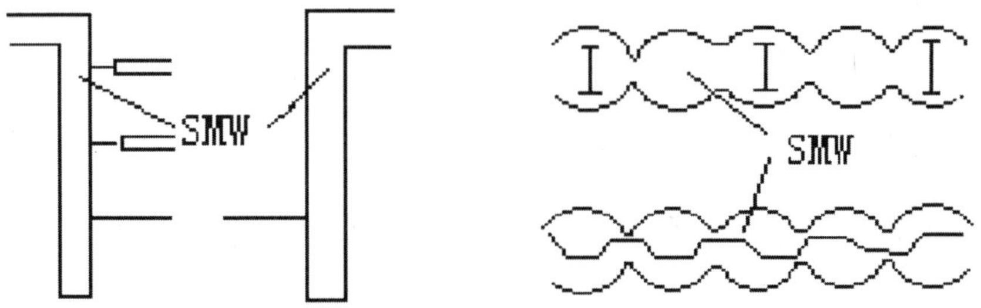

b.防水墙

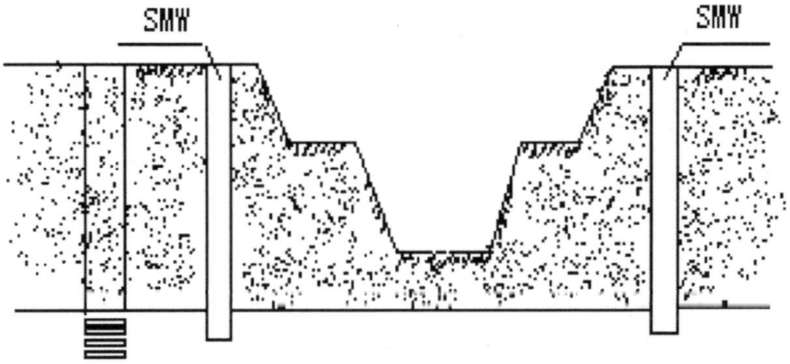

c.在大坝下面
防止河流水的渗入

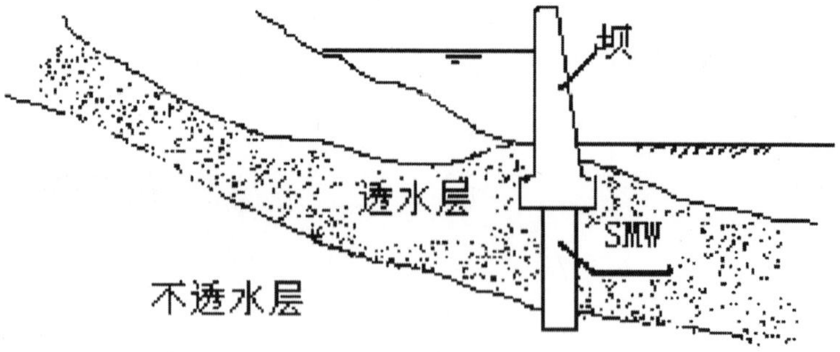

d.埋设管道保护墙

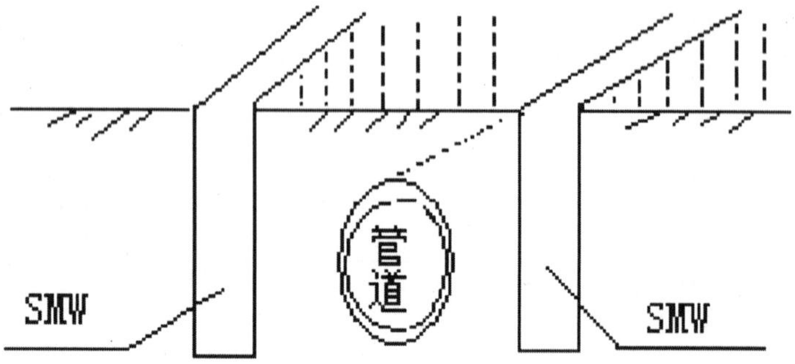

SMW 工法工程举例

上海金泰工程机械有限公司生产的 ZKD 多轴钻孔机就是为 SMW 工法而开发的专用机械。

钻机结构简图

装置名称

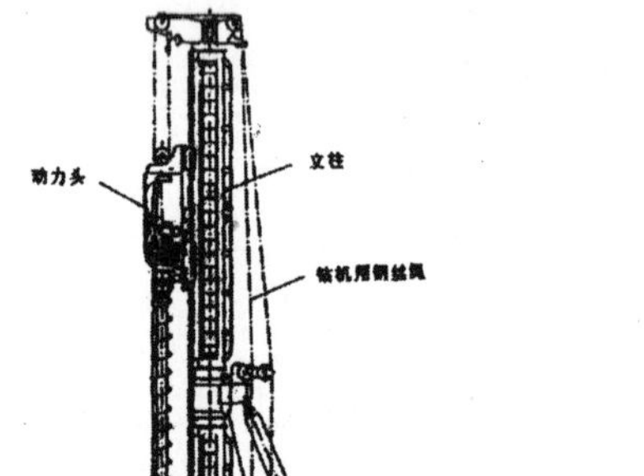

钻机部件名称

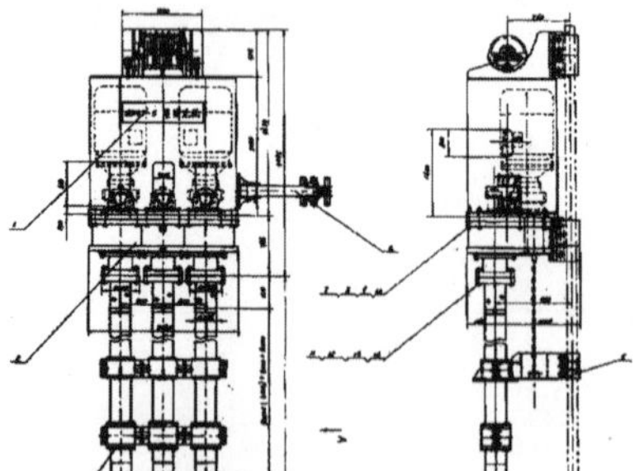

1.提升导向机构
2.动力头
3.钻具
4.管线座
5.中间支承架
6.下部支承架
7~14.联接螺栓、螺母、垫圈、开口销等(M24×150,18 只;M30×180,36 只)

主 要 性 能 参 数

钻孔直径（毫米）	φ650×φ650×φ650
钻孔头数	3
钻杆中心距（毫米）	450×450
钻孔最大深度（米）	30
钻杆转速（转/分）	17.6
钻杆直径(毫米)	φ219
钻杆基本长度(米)	3、6、8
钻杆平均扭矩（千牛·米）	16.6
钻杆最大扭矩（千牛·米）	49.8
主机动力(千瓦)	90(45 千瓦×2)
导轨中心距钻杆中心（毫米）	800
导轨中心距滑轮中心（毫米）	655(可根据用户要求定制)
导轨中心距×导轨直径（毫米）	600×φ102
滑轮直径(毫米)×钢丝绳直径(毫米)×滑轮个数	φ340×φ20×6
配套桩架	不低于 DH558 型桩架
配用浆、气管内径(毫米)	25
配用浆、气管接头内径及标准	M39×2(JB1887-77)

主要部件功能说明

1 动力头

动力头是该机钻进成孔，成桩的动力源，它由两台立式电机通过齿轮联轴器与行星减速机联接，再通过齿轮将动力传递给输出轴，输出法兰盘与联接盘、螺旋钻杆、钻头联接进行钻孔作业。

2 联接盘

联接盘是动力头与螺旋钻杆之间联接作用的部件。

3 螺旋钻杆

螺旋钻杆是由内外六方承插式接头、芯管、螺旋叶片、搅拌叶片组成，本公司可根据用户要求设计适合不同地质情况的各种型式螺旋钻杆。

4 螺旋钻头

钻头分为定心尖式硬土钻头和鱼尾式软土钻头两种，根据不同地质情况，可选择不同螺旋钻头进行钻进，它的功能是定心、切削、输送钻屑与钻进成孔。

5 中间支承架和下部支承架

该部件是钻进成孔的定径、导向装置、中间支承架使三根钻杆保持一定距离无叶片钻杆可在其中上下移动，下部支承架是闭式结构架体和导向滑块组成，起对桩位导向作用。

海虹老人牌(中国)有限公司

海虹老人牌(中国)有限公司成立于1992年,是丹麦老人牌集团与香港招商局国际有限公司合资组建。老人牌集团在全球拥有18个工厂,47个销售办事处,130个存货点,以高质量的涂料产品远销世界各地。

海虹老人牌的业务领域包括中国大陆及香港地区。公司总部设在香港,在中国境内共有三家工厂(蛇口、昆山、烟台),七个办事处(北京、大连、青岛、上海、成都、广州、深圳)。专业生产及经营船舶漆、集装箱漆、工业防护漆、建筑装饰漆、道路标线漆等不同类型的各种涂料产品。目前海虹老人牌年产量达10万吨,销售净额超过13亿港币,已成为中国船舶漆、集装箱漆、工业保护漆、建筑装饰漆、道路标线漆市场上的主要力量。

目前,海虹老人牌的所有工厂都通过了ISO 9001、ISO 14001及OHSAS 18001认证,这保证我们高质量的涂料是按国际标准生产,并且按照合乎环境要求的步骤进行,在生产过程中确保员工的健康与安全是第一重要的。此外,所有在中国生产的涂料产品都执行集团在丹麦哥本哈根中心制订的全球标准,确保了海虹老人牌在各地生产的涂料都拥有同等水准的质量。

除了提供高质量的产品之外,我们还提供专业化的技术服务及知识。作为船舶漆、集装箱漆、工业防护漆、装饰道路漆市场的带头人,海虹老人牌(中国) 有限公司对技术服务顾问进行教育及装备上投入巨资,确保涂漆工作的每一个环节都能按照要求进行,以使客户满意。在中国,我们拥有160余名专业技术服务人员随时协助客户准备涂料配方并在施工过程中给予支持。在这些技术服务人员中有40多人拥有国际FROSIO证书。我们的专业技术服务人员在施工过程中会根据客户的实际需求推荐专业化的最优技术方案。

3家经ISO认证的工厂和13家储运仓库组成的独特供货链可以由南到北给各行业提供全系列产品,并保证在短时间内迅速、准确地向客户交货。多年来,海虹老人牌获得了中国政府和行业协会所颁发的众多奖项,如“中国外商投资企业500强”、“外商投资双优企业”及“安全生产管理一级单位”等。

海虹老人牌将继续追求客户的满意度、产品及服务的高质量,以“质量、信誉、服务、承诺”为经营理念,广泛地为广大消费者服务。

HTPM 精密滚动直线导轨副

广东高新凯特精密机械有限公司

广东高新凯特精密机械有限公司是一家由中国高新投资集团公司控股，并与香港中银集团投资公司以中外合资形式组建的高新技术企业，为中国机床工具工业协会理事、中国机床工具协会滚动功能部件分会的副理事长、副秘书长、质量技术委员会副主任委员单位。公司向国家机械工业部和国家科委立项承担的滚动直线导轨副系列产品研究开发项目于 1996 年被国家科委评为“国家级火炬计划项目”。2002 年被认定为“广东省高新技术企业”。2002 年获 ISO9001:2000 国际质量认证，2003 年被中国质量信用评价中心认定为“中国质量信用企业”。

广东高新凯特精密机械有限公司的总投资和注册资本为 640 万美元。其中：中方出资 360 万美元；外方出资 280 万美元。公司占地面积 35 亩，建有现代化的厂房面积达 11000 平方米，其中包括可满足超精密零件机械加工所需的恒温车间的面积共 5200 平方米。公司耗资 400 多万美元从意大利、美国、日本等国家引进了具有 20 世纪 90 年代中期最先进的现代化精密滚动直线导轨副生产设备和精密检测设备。现已形成精密滚动直线导轨的年生产能力 40000 米（套），为当前全国生产规模最大、生产设备最现代化、生产工艺技术最先进并具有独立研究、开发、设计能力的精密滚动直线导轨副生产企业。

广东高新凯特精密机械有限公司自成立日起，就确立了“三高一专”投资经营理念。即：高起点投资起步、高性能的导轨副产品设计和生产、高端市场客户定位以及走专业化大规模生产道路。通过不懈努力，HTPM 品牌的高性能滚动直线导轨副投放市场以来，在数控铣床、数控车床、加工中心及电加工等高端领域，HTPM-LG 品牌的精密滚动直线导轨副凭借其精密级以上产品大批量的交货能力以及产品的可靠性，已经成为国内的主要配套厂家！

（广东高新凯特精密机械有限公司在原新会凯特精密机械有限公司基础上重组而成）

大事记

2004年中国工业大事记

1月

1月1日，我国开始实行新的出口退税政策，纺织品服装出口退税率平均下调4个百分点。

1月1日起正式实施“内地与香港(澳门)关于建立更紧密经贸关系的安排”(CEPA),内地与港澳货物贸易零关税优惠措施正式生效。

1~2月中国石油石化企业先后与埃及、加蓬、阿尔及利亚有关公司签订了双边石油领域合作协议。

1月27日，上海交大宣布交大Bio-X生命科学研究中心和中科院上海生科院营养科学研究所已在试管中完成了DNA计算机的雏形研制工作，在实验上把自动机与表面DNA计算结合到一起，标志着中国第一台“DNA计算机”在上海问世。

1月，世界品牌实验室公布“世界最具影响力的100个品牌”，中国海尔榜上有名。中国品牌第一次跻身世界100强，海尔成为首个规模超千亿元中国自主品牌。

2月

2月1日，《企业国有产权转让管理暂行办法》正式实施。该法规对可以转让的企业范围、方法、企业国有产权转让的监督管理、企业国有产权转让的程序、企业国有产权转让的批准程序和转让的法律责任给出了明确的规定。

2月4日，中国国务院召开严格控制部分行业过度投资电视电话会议。曾培炎强调：制止钢铁、电解铝、水泥行业过度投资，是党中央、国务院加强和改善宏观调控，保持国民经济平稳较快发展的重要举措，中国严格宏观调控钢铁投资热降温。

2月19日，上海埃力生(ALISON)集团收购重组安徽池州有色金属公司，重组后的新池州有色金属公司成为埃力生的全资子公司，整个收购价格大约在5亿元左右。重组后的池州有色金属集团是中国最大的有色金属生产和冶炼基地之一。

2月20日，天津中迈投资集团有限公司与河南黄河铝电集团达成整体并购协议。天津中迈集团斥资20亿元收购河南黄河铝电集团资产，同时承担原黄河铝电集团的全部债权债务。河南黄河铝电集团下属的第二电厂、铝厂、炭素厂并入中迈集团，分别更名为河南渑池中迈润发电力有限公司、河南渑池中迈铝业有限公司、河南中迈炭素股份有限公司。

2月22日，28家主要装载机制造商在北京召开了“装载机产品价格协调会”。经过协商，与会的企业一致认为应适当提高装载机产品的销售价格。

2月，香港科技大学生物系教授于常海等成功开发完成“禽流感快速检测系统”，利用这一研究成果生产出的禽流感诊断盒极大地提高了禽流感的检测速度和准确率。

3月

3月1日，国家公布了《缺陷汽车产品召回管理规定》。从此，中国消费者也能享有与国际惯例接轨的质量承诺和服务。召回制度与即将实施的汽车“三包”政策，也成了督促汽车经营者提高质量水平的重要手段。该规定于10月1日正式执行。

3月初，国家环保总局和国家质检总局联合发布了新修订的《火电厂大气污染物排放标准》，提出了到2005年和2010年火电厂应执行的二氧化硫和烟尘排放限值。新标准对不同时期的火电厂建设项目分别规定了对应的大气污染物排放控制要求，与原有标准相比，新标准明确了我国火电厂大气污染物的排放控制目标。

3月11日，格力空调宣布从成都国美卖场撤柜，继而在全国范围内退出国美系统。

3月15日，岷江水电(600131)与四川省阿坝州水电开发总公司签署了收购其持有四川福堂水电有限公司40%的股权的协议，收购后公司将成为四川福堂水电有限公司第一大股东。本次股权收购价格为人民币3.075亿元，溢价1.42亿元。

3月16日，中石化与FOM（国际汽联管理公司）正式签约，获得F1上海站冠名权。中石化斥巨资牵手F1，表明中国企业借助国际体育重大赛事，把中国品牌推向世界的意识和决心。

3月16日，中国人民银行、财政部、劳动和社会保障部联合发布《关于进一步推进下岗失业人员小额担保贷款工作的通知》，完善下岗失业人员小额担保贷款风险补偿机制，简化贷款担保和审批手续，并鼓励银行对符合条件、新增就业岗位吸纳下岗失业人员达到一定比例的劳动密集型小企业加大信贷支持。

3月24日，央行宣布从4月25日起，实行差别存款准备金率制度，同时实行再款浮息制度。

3月25日，国防科工委宣布：我国绕月探测工程——“嫦娥工程”正式启动。当天，月球探测卫星、运载火箭、地面应用、发射场和测控五大系统全面启动。“嫦娥一号”卫星及其运载火箭将于2006年10月完成全部研制工作，力争2006年12月发射。

3月30日，国家“十五”重点建设项目、西部大开发标志性工程、四川目前在建最大水电站大渡河瀑布沟水电站正式宣布开工建设。该电站设计装机6台，总容量330万千瓦，工程静态投资166.51亿元，动态总投资199.33亿元，建设总工期8年零7个月。

3月，国家发改委宣布，原则上不再新批钢铁企业，不再审批电解铝生产建设项目，严禁新建和扩建有关水泥生产项目。

4月

4月，国务院派出专项检查组，核实查处江苏铁本钢铁有限公司违规建设钢铁项目。

4月14日，中国电信股份有限公司(HK)宣布，中国电信将向中国电信集团公司收购湖北省、湖南省、海南省、贵州省、云南省、陕西省、甘肃省、青海省、宁夏回族自治区和新疆维吾尔自治区的电信网络。此次是中国电信2002年11月份上市以来第二次收购母公司资产。该收购计划将为中国电信增加约4290万用户，并令其经营地域扩大至20个省。

4月14日，国务院总理温家宝主持召开国务院常务会议，听取监察部关于中石油川东钻探公司井喷特大事故、北京市密云县“2·5”特大伤亡事故和吉林省吉林市中百商厦“2·15”特大火灾事故调查情况的汇报，并对有关责任人做出处理决定。

4月18日，我国铁路实施第五次大面积提速，提速总里程达到16500多公里，时速160公里线路将达7700多公里，明年部分干线再提速至200公里。铁路部门还新增开19对中途一站不停的直达特快旅客列车，旅客可提前180天办理车票预订。

4月20日起，财政部会同科技部、教育部、中国科学院等相关部门，对中科院科学支出和教育部“中央高校修购专项资金”中涉及单台或成套价值在500万元以上的新购大型科学仪器设备进行联合评议。这是财政部等部门联合发布《中央级新购大型科学仪器设备实行联合评议工作管理办法试行》的首度试行。

4月20日，据阜阳市政府初步核查，自去年5月份以来，有171名婴儿因食用劣质奶粉出现营养不良综合征，其中因并发症死亡13人，住院治疗儿童2名。国家食品药品监督管理局4月22日发出紧急通知，要求河北、内蒙古、黑龙江、上海、山东、安徽、江西、浙江等八省、自治区、直辖市的食品药品监督管理局及北京市食品安全协调办公室对辖区内的奶粉生产企业和产品进行核查并做好相关工作。

4月25日，国务院发出通知，提高钢铁、电解铝、水泥、房地产开发投资项目的资本金比例，其中，钢铁业资本金比例由原来的25%提高到40%，水泥、电解铝、房地产开发由原来的20%提高到35%。

4月25日，在北京举行的2004全国服装行业工作会议上，强烈传递出中国名牌战略将在重要机遇期加快提速的强烈信息。

4月28日，国家五部委联合发文，明确将印刷行业同钢铁、建材、电解铝、水泥等九大行业列入宏观调控行业。印刷业62类落后设备和工艺被确定为禁止投资项目。以后在整顿党政报刊业、制止过度包装立法、瓦楞纸生产线重复建设等政策浮出水面，开始了行业宏观调控工作。印刷行业的宏观调控，将直接对印刷机械行业发展带来影响。

4月28日，国务院总理温家宝主持会议，听取了监察部、发展改革委等部门对江苏铁本钢铁有限公司违规建设钢铁项目查处情况的汇报，责成江苏省和有关部门对有关责任人作出严肃处理。

4月29日，国务院发出通知，决定花半年左右时间集中整顿土地市场，要求各地各部门在一个半月内对所有在建、拟建固定资产投资项目进行全面清理。重点清理钢铁、电解铝、水泥、党政机关办公楼和培训中心、城市快速轨道交通、高尔夫球场等项目及2004年以来所有新开工的项目。

4月30日，央行、国家发改委、银监会联合下发《关于进一步加强产业政策和信贷政策协调配合，控制信贷风险有关问题的通知》，要求进一步控制信贷规模，降低风险。

4月，我国手动搬运车遭遇欧盟反倾销诉讼，这是我国工程机械产品首次在海外遭遇反倾销诉讼。

5月

5月1日，《中华人民共和国道路交通安全法》正式实施，在严格治理超载上做了严格的规定。

5月3日，中国核工业集团公司秦山核电二期工程2号机组正式投入商业运行。至此，我国自主设计、自主建造、自主管理、自主运营的第一座大型商用核电站1、2号机组全面建成投产。这是我国实现由自主建设小型原型堆核电站到自主建设大型商用核电站的重大跨越，为我国自主设计、建设百万千瓦级核电站奠定了坚实的基础，并将对促进我国核电国产化发展，进而拉动国民经济发展发挥重要作用。

5月中旬，中央电视台报道了“宁波建龙”违规事件：2002年1月29日，宁波经济技术开发区管理委员会在没有报经国家审批的情况下擅自批准了宁波建龙钢铁公司投资3000万美元、建设年产150万吨的宽厚板的开工报告。而建龙钢铁公司又将投资规模从3000万美元增加到12亿美元，宽厚板由年产150万吨增加到600万吨。这是继“铁本”被有关部门查处后，又一家钢铁企业违规事件。

5月11日，中国化纤行业投资预警系统正式启动。投资预警系统监测的品种涵盖化纤行业主要产品，根据不同警示级别分为红、橙、黄、绿、双绿5种类别，分别代表风险极大，风险较大，有一定风险，鼓励发展，重点扶持。

5月14日，中国人民银行下发《关于转发国务院办公厅对电石和铁合金行业进行清理整顿若干意见的通知》，要求人民银行各分支机构抓紧对辖区内各金融机构向电石铁合金行业贷款投放情况进行摸底调查，加快建立和完善适合辖区特点的信贷风险预警控制体系，加强政策督导，协调督促各金融机构认真贯彻落实国务院通知精神，并积极配合当地政府和有关部门做好投资过热行业的清理整顿工作。

5月15日，中国北方工业公司与伊朗德黑兰城郊铁路公司在伊朗正式签订了德黑兰地铁4号线项目承包合同。该合同总金额8.36亿美元，是我国迄今为止对外签订的最大金额的工程承包合同。

5月21日，美方认定中国彩电存在倾销。反倾销大棒的最终落下，使中国彩电企业出口美国市场受到重大影响，这是业界最不愿意看到的结局。

5月，江西九江发电厂电煤库存告急，无奈之下向国家发改委求援。发改委经济运行局通知铁路“截煤”调往九江。这标志着国家已启动“非常手段”保煤电油运供应。

5月23日，建材行业协会联合医学专家、有关地板厂商召开了“抗菌地板——营造绿色健康家居研讨会”，一场关于抗菌地板的讨论由此展开，“新生代生态地板”的推出标志着“环保家居”之后又一个新概念——“健康家居”诞生了。

5月27日，我国第一台1.8英寸微硬盘在贵阳南方汇通世华微硬盘有限公司成功下线。该公司自主拥有1.2、1.8、0.85英寸微硬盘的全部核心技术，也是中国首次拥有完全自主知识产权的微硬盘研发成果。

6月

6月1日，经国务院批准，国家发改委正式发布《汽车产业发展政策》。贯彻以人为本，全面、协调、可持续的科学发展观；体现发挥市场配置资源的基础性作用与政府宏观调控相结合的原则；提出培育以私人消费为主体的汽车市场，改善汽车使用环境，维护汽车消费者权益等汽车消费政策。

6月2日，交通部对28个省(市、区)制定了关于治理车辆超限超载的实施方案，并于6月20日开始进行最大规模的治超行动。

6月4日，财政部颁布了《中国银行和中国建设银行改制过程中可疑类贷款处置管理办法》。该办法对中行、建行在股份制改造过程中的可疑类贷款处置行为，对提高处置效率，努力实现资产处置回收价值最大化作了详细的规定。

6月4日，国务院总理温家宝主持召开国务院常务会议，研究部署煤电油运有关工作。会议认为，随着夏季用电高峰的到来，煤电油运供求形势十分严峻。缓解煤电油运的供需矛盾，最根本的是要搞好宏观调控，抑制部分行业盲目投资和低水平重复建设，减少不合理的需求。会议提出，缓解煤电油运的供需矛盾"电是关键，煤是基础，运是保障。"这表明中央对煤电油运的高度关注。

6月8日，第六届"中证·亚商中国最具发展力上市公司50强"评选结果揭晓，中联重科(000157)以其牢固的行业龙头地位和良好的成长性，与万科A、华能国际、宝钢股份等国内优秀上市公司一并入选，成为中国工程机械类上市公司惟一一家入选企业。

6月8日，国内大富翁黄光裕终于将其一手做大的国美放进了香港股市，其方式是由黄光裕的另一公司中国鹏润斥资88亿元人民币，收购国美电器65%股权。据悉，中国鹏润的主营业务将转向家电零售，其上市公司的名称"中国鹏润"也拟改做"国美电器控股有限公司"。

6月15日，中华人民共和国民政部以民社登(2004)第315号文通知中国产业用纺织品行业协会，同意在协会下设立纺粘、水刺、衬布、造纸用纺织品四个分会，颁发了这四个分会的社会团体分支机构证书，明确其业务范围为"调查统计、承担协会委托工作、信息交流、业务培训、咨询服务"。四个分会的批准成立有利于协会更好地为行业服务，标志着我国协会建设已进入一个新的阶段。

6月17日，中国移动(香港)有限公司(HK.0941)宣布有关收购10省市通信资产的方案日前获得股东大会通过。这次通过的方案确定中移动收购内蒙古、吉林、黑龙江、贵州、云南、西藏、甘肃、青海、宁夏、新疆移动等10省市的通信资产，此外还有中国移动通信集团公司和京移通信设计院有限公司的资产，收购总价值约为41.19亿美元，扣除债务4.69亿美元，中移动需要支付36.50亿美元。这是我国通信行业的一件大事。

6月21日，国务院办公厅下发《关于做好电力迎峰度夏工作的通知》，要求千方百计保证迎峰度夏期间煤电油运的供应。

6月23日，美国公布了最新的全球超级计算机500强名单，中国曙光计算机公司研制的超级计算机"曙光4000A"排名第十。这是中国超级计算机首次跻身世界十强。

6月28日，中国航空工业第二集团与巴西合资生产的首批2架ERJ145支线客机交付中国南方航空公司，标志着中国制造的先进涡扇喷气支线客机打破国际垄断进入国内航空市场并正式投入航线运营。截止到2004年底共有5架飞机按期交付用户。

6月30日，国务院总理温家宝主持召开国务院常务会议，讨论并原则通过《能源中长期发展规划纲要(2004~2020年)》(草案)。纲要提出，要坚持把节约能源放在首位，实行全面、严格的节约能源制度和措施，显著提高能源利用效率；坚持以煤炭为主体、电力为中心、油气和新能源全面发展的战略。

6月，国家发改委发出通知调整南方、华东、华中、华北四大电网电价，平均每千瓦时上涨2.2分。6月，国家电网公司负责人宣布：中国正面临自20世纪80年代以来最为严峻的缺电局面。预计2004年电力缺口将达3000万千瓦，首次创历史最高。

7月

7月6日，中国石油如愿获得勘探及开采南海油气田的许可证。

7月9日，备受业界关注的长虹领导班子调整一事终于水落石出。刚满60岁的倪润峰卸下了长虹集团公司和股份公司领导职务，由41岁的赵勇接任。倪被聘请为四川省政府顾问。

7月中旬，商务部和外交部联合发布了首批《对外投资国别产业导向目录》。该目录涉及的国别共包括亚洲、非洲、欧洲、美洲、大洋洲的67个国家和地区。涉及的产业领域包括农林牧渔业、采矿业、制造业、服务业及其他产业等。

7月16日，自媒体曝出杜邦的特富龙可能有害之后，在是否有毒的检测结果出来之前，由于全国各媒体的热炒，“不粘锅”在各大超市纷纷撤柜，所有的生产厂家陷入前所未有的低谷。

7月21日，国务院批准建设浙江三门一期工程、浙江岭澳三期工程。这标志着我国的核电建设迈出了新的步伐，也标志着中国核电发展由过去的“适度发展核电”时期，开始进入“加快推进核电发展”的新时期。

7月22日，美国袜业协会、美国纺织品协会正式对中国向美出口的棉、毛和人造纤维袜子进入特保审核程序。

7月27日，国家电网公司有关负责人表示，今年全国电力缺口达3000万千瓦，拉限电范围进一步扩大，到目前为止，共有24个省级电网拉闸限电，从而成为历史上迎峰度夏形势最为严峻的一年。

7月，欧盟委员会发布通告，对原产于中国的聚酯纤维织物进行反倾销立案调查。此次反倾销依然不承认中国的市场经济地位，900多家中国企业卷入这场调查之中，涉案金额大约高达4.87亿美元，是历年来我国反倾销领域涉案金额最大的一起案件。

8月

8月1日，发改委正式公布84项纺织行业标准被全部废除。

8月5日，TCL耗巨资在成都建厂，称主要生产家电产品。

8月10日，中国纺织工业协会统计中心在京发布了2003~2004年中国纺织行业主要经济指标及全行业销售、出口百强企业排名，棉纺、化纤、毛纺、针织、印染、丝绸、麻纺、纺机等行业企业销售、出口50强企业排名。

8月11日，财政部以部长令的形式颁布了《政府采购货物和服务招标投标管理办法》(第18号部长令)、《政府采购信息公告管理办法》(第19号部长令)和《政府采购供应商投诉处理办法》(第20号部长令)。这是财政部首次以部长令的形式颁布政府采购规章，表明了我国政府采购制度体系建设取得了新进展。

8月15日，解放奥威重卡上市。解放奥威重卡装配的奥威重型柴油机，是由我国自主开发的第一款四缸重型柴油机。奥威发动机的开发成功和奥威重卡的上市，标志着我国汽车工业自主开发实现了新的突破。

8月16日 中国人民银行、中国银监会联合发布《汽车贷款管理办法》，进一步规范汽车贷款业务健康发展。

8月23日，中储棉管理总公司向全国以竞价形式公开收储。

8月，欧盟实施的《废弃电气电子设备指令》(WEEE)和《关于在电气电子设备中限制使用某些有害物质指令》(ROHS)对我国输欧机电产品造成极大的影响，而这两个指令涉及的产品将包括十大类产品：大型家用电器类，小型家用电器类，IT和通信设备，消费产品类，照明设备类，电气电子工具类，玩具休闲及体育设备类，医疗设备类，监控仪器类，自动售货机类。

8月25日，燃料油期货正式在上海期货交易所挂牌，这是1995年我国暂停石油期货交易近十年后，燃料油期货重新上市。

8月27日~9月1日，中国核事业50年成就展在京举办。展览包括核武器研制，核材料生产，核电开发，核安全管理，核技术应用，核科学研究与教育，核领域国际合作等。这是我国第一次全面、系统地公开向全社会展示我国核事业50年来取得的辉煌成就。

8月28~30日，温家宝总理在浙江考察3天，并在温州走访了多家企业，和9位民营企业家进行座谈，不断询问大家对宏观调控的看法，并且强调宏观调控并非针对民营企业。

9月

9月1日，国家原子能机构主任张华祝在国务院新闻办新闻发布会上透露，中国政府对进一步推动核电发展作出了新的决策，将加快核能发展，逐步提高核能在能源供应总量中的比例。预计在2020年以前，新建27个百万千瓦级核电机组，核电的总规模将达到3600万千瓦。

9月1日，在人民大会堂举行的"2004年中国名牌产品暨质量管理先进表彰大会"上，"临工"、"常林"、"龙工"、"成工"、"柳工"、"徐工"和"厦工"牌装载机（按产品注册商标笔画排序）荣膺"中国名牌产品"称号，这是工程机械产品首次获得此项殊荣。中国名牌产品评价是由国家质检总局授权、中国名牌战略推进委员会组织进行的。

9月3日，国务院颁布了《中华人民共和国进出口货物原产地条例》。为了正确确定进出口货物的原产地、有效实施各项贸易措施、促进对外贸易发展制定本条例。条例适用于实施最惠国待遇、反倾销和反补贴、保障措施、原产地标记管理、国别数量限制、关税配额等非优惠性贸易措施以及进行政府采购、贸易统计等活动对进出口货物原产地的确定。对海关确定进出口货物原产地的标准等等作了明确的说明。

9月6日，由广州汽车集团有限公司与丰田汽车公司共同投资的广州丰田汽车有限公司宣告成立。3个月后，北京奔驰—戴姆勒·克莱斯勒汽车有限公司新工厂隆重奠基。北京奔驰和广州丰田的成立，是跨国汽车公司全面完成中国市场投资布局的标志性事件。

9月8日，根据《国务院关于开展第一次全国经济普查的通知》、《全国经济普查条例》及《关于第一次全国经济普查若干问题的规定》，中国人民银行与国务院第一次全国经济普查领导小组办公室联合印发《银行及相关金融业经济普查实施方案》。

9月23日，贵州至广东500千伏直流输电工程双极正式送电，这标志着党和国家确定的"十五"期末西电送广东新增1000万千瓦的目标提前15个月实现。

9月27日，国务院颁布了《企业事业单位内部治安保卫条例》。

9月29日，国防科工委第19次主任办公会议审议通过《国防科学技术奖励办法》，该规定自2004年11月1日起施行。

10月

10月1日，中海壳牌南海石化80万吨乙烯项目的首个中下游产品MMA（甲基丙烯酸甲酯）项目，在广东惠州大亚湾经济技术开发区动工建设。该项目总投资9476.29万美元，将独立设立MMA生产企业——惠州惠菱化工有限公司。

10月1日，西气东输工程全线投产试运，塔里木天然气进入长江三角洲地区。西气东输管道是迄今国内距离最长、管径最大、管材等级、设计压力、输气能力和自动化控制程度最高的管道，也是我国自行设计、建设的第一条世界级天然气管道工程。

10月1日，《缺陷汽车产品召回管理规定》正式实施。这是我国以缺陷汽车产品为试点，首次实施召回制度，结束了我国多年来因无相关法律而遭外国公司拒绝召回在中国境内的缺陷进口汽车产品被动局面，为中国汽车产品改进缺陷提供了动力。

10月3~6日，国际钢协在土耳其伊斯坦布尔召开第38届年会。在这届年会上，中国大陆有5家钢铁企业首次成为该组织的正式会员，这五家企业是：宝钢、首钢、鞍钢、武钢和邯钢，同时中国钢铁工业协会也成为友好会员之一。

10月6日，2004年度国家重点工程上海赛科90万吨乙烯工程的装置"心脏"——裂解气压缩机，试车成功。

10月11日，北京奥组委在北京与中国石油化工集团公司签署协议，中国石化正式成为北京2008年奥运会合作伙伴。中国石化将为北京2008年奥运会、北京2008年残疾人奥运会、北京奥组委、中国奥委会、2006年冬奥会和2008年奥运会中国体育代表团在资金、石化产品及相关服务方面提供赞助与支持。中国石化也将会获得相应的权益回报。

10月14日，中国石油与俄罗斯天然气工业股份公司共同签署了油气资源战略合作协议。

10月16日，一座年产100万吨氧化铝工程开工奠基仪式在山西省原平市鲁能晋北铝项目建设工地隆重举行。

10月18日，汇集国际先进技术的南京钢铁集团炉卷轧机项目建成投产。该项目是世界上第一条从转炉——炉卷轧机实现联结的生产线，年产优质宽中厚板100万吨以上，总投资33.81亿元，能满足特殊行业和国防工业发展的需要。

10月20日，欧盟总部通过了一项有关普惠制改革的文件，在下一个普惠制年度取消对中国纺织品和服装的普惠制优惠。

10月20日，位于河南省新密市平陌镇与登封市大冶镇交界的郑煤集团大平煤矿发生特大瓦斯爆炸事故，大坪矿难夺走148条矿工生命。

10月25日　财政部印发了《投资公司会计核算办法》的通知。于2005年1月1日起在已执行《企业会计制度》的各投资公司执行。

10月28日，央行于当晚18时14分在其网站上宣布提高存贷款利率。

10月28日，上海汽车工业(集团)公司收购韩国双龙汽车公司48.9%股份的最终合同正式签署。此举虽然由于蓝星的参与、韩方工会的反对而一波三折，上汽集团最终还是啃下了双龙这个硬骨头。

10月28日国家发改委主任与伊朗石油部长签署了合作备忘录，揭开了中伊油气合作的新篇章。

10月29日，美国政府正式向我国部分袜产品(332、432、632部分税号)开始实施进口数量限制，设限数量为42433990打(双)，设限期为一年。

11月

11月2日，中国航空工业第一集团公司与津巴布韦交通部签署了两架“新舟”60飞机销售合同，实现了我国新一代涡桨支线民用飞机出口“零”的突破。

11月3日，中国石油集团海洋工程有限公司在北京成立。这是中国石油集团继5月份获得18个深海区块的勘探、开发许可证后，向海洋进军的正式“宣言”。

11月初，秘鲁政府决定，对从中国和巴西进口的棉布和粗布展开反倾销调查。

11月10日，从国家自然科学基金委员会仪器基金结题验收会传来喜讯：以华南理工大学副校长、聚合物新型成型装备国家工程研究中心主任瞿金平教授为带头人的科研项目——“聚合物动态流变综合测试仪的研制开发”通过了专家组的验收。该课题组研制出的仪器设备是我国首例高分子加工综合测试仪器，在研究高分子材料加工特性中将有着广泛的应用前景。

11月11日，位于河南鲁山县梁洼镇南店村的平顶山市新生煤矿瓦斯爆炸，死亡166人。

11月16日，在广州举行了广东健力宝集团股权转让签约仪式。出席签约仪式的有健力宝集团总裁祝维沙、董事张海、汇中天恒董事长李志达等人。出人意料的是，收购方并非之前被广泛猜度的台湾统一企业集团，而是不甚出名的北京汇中天恒投资有限公司和北方亨泰科技投资管理公司。

11月18日，首个全球统一的汽车技术法规——《关于门锁与车门保持件的全球技术法规》，在《全球汽车技术法规协定书》缔约国大会上获得通过。中国是缔约方之一。中国从始至终地参与了全球汽车技术法规的统一工作，表明中国的汽车技术法规正式与国际接轨。

11月20日，沙河市发生特别重大火灾事故，遇难矿工人数为70人。

11月23日，中储棉管理总公司向全国以竞价形式进行当年第二次公开收储。

11月24日，商务部产业损害调查局和中国纺织工业协会共同启动了纺织产业国际竞争力评价工程，同时着手建立行业损害预警机制。

11月25日，国家发改委发布了我国第一个《节能中长期专项规划》。根据规划，到2010年我国每万元GDP能耗将下降到2.25吨标准煤，形成的节能能力为4亿吨标准煤。这表明中国在历经了2004年最严峻的能源考验之后，节能工作开始全面升温。

11月26日，由中国国电集团公司及其所属国电电力发展股份公司、龙源电力集团公司共同出资组建的国电科技环保集团公司成立。

11月27日，国家发布了《实木复合地板消费白皮书》一部地板业法律，从此我国木地板产品消费步入成熟期。

11月28日，陕西省铜川矿务局陈家山煤矿发生特大瓦斯爆炸事故，当时在井下工作的293人中，有127人安全升井，166人遇难。

11月29日，我国《室内空气净化产品的功能测试规范》出台，这是我国一套关于室内空气监测措施的家居业新规范。

11月29日，中国三大门户网站：新浪、搜狐、网易在北京举行记者招待会，公布中国无线互联网行业“诚信自律同盟”的自律细则，同时还宣布该同盟的网站(www.ctws.org.cn)正式开通。

11 月 30 日，国务院颁布《财政违法行为处罚处分条例》。该条例对各级执行处罚的部门及违法行为以及惩罚处分手段和措施都作了详细的界定。该条例的出台，将对财政违法行为、维护国家财政经济秩序起到良好的作用。本条例自 2005 年 2 月 1 日起施行。1987 年 6 月 16 日国务院发布的《国务院关于违反财政法规处罚的暂行规定》同时废止。

11 月 30 日，创维董事长黄宏生因涉嫌造假被香港廉署拘捕，这一惊天消息经媒体发布后，震惊整个中国家电业。

11 月，中国与巴西签署了由中国石油承建巴西里约州至巴伊亚州 1300 公里的天然气管道工程的协议。

11 月，由吉林大学完成的“图形化虚拟仪器开发平台”项目在长春正式通过鉴定，专家认为，该项研究成果处于国内领先地位，部分技术达到了国际先进水平。

12 月

12 月 1 日，国家发改委副主任张国宝透露我国电力建设惊人数据：2004 年经国家批准建设的电厂装机容量为 6000 万千瓦，但实际开工建设的却高达 1.5 亿千瓦，为国家计划的 2.5 倍。为此，国务院下发了对电厂建设进行宏观调控的紧急通知。

12 月 2 日至 4 日，全国政府采购工作会议在河南郑州召开，全国 36 个省份和计划单列市财政部门和政府集中采购机构的 110 名代表参加了会议。这是政府采购法实施以来第一次全国政府采购工作会议，对今后深入开展政府采购制度改革具有十分重大的意义。

12 月 3 日至 5 日，中共中央、国务院在北京召开了中央经济工作会议。胡锦涛总书记指出，针对从 2003 年以来到 2004 年经济生活中出现的新情况、新问题，中央决定采取进一步加强和改善宏观调控的政策措施。会议透露出的信息表明，着力从改革的角度解决当前经济发展过程中的深层次矛盾，也将会成为明年经济发展的一个重点。

12 月 8 日，商务部、海关总署联合发布公告，从 2005 年 1 月 1 日起，我国纺织品服装出口配额将全部按时取消。

12 月 8 日，联想集团在北京正式宣布，以总价 12.5 亿美元收购 IBM 全球 PC 业务，其中包括台式机业务和笔记本业务。

这次联想的收购行为，是中国 IT 行业在海外投资最大的一笔，至此，联想集团将成为年收入超过百亿美元的世界第三大 PC 厂商。

12 月 11 日起，按照中国加入世贸组织的承诺，中国将全面放开国内成品油零售市场，允许国外石油公司进入中国市场从事分销和零售业务。中国石油石化销售市场从此真正被置入了国际化经营的大格局之中。

12 月 16 日，世界上规模最大的煤炭直接液化试验装置在上海第一次投煤获成功。正在建设的神华集团第一套百万吨级煤直接液化工业示范装置，采用了我国自主知识产权的神华直接液化工艺技术和催化剂，先期工程计划于 2007 年建成一条年产 100 万吨油品的生产线。

12 月 21 日，我国具有完全自主知识产权的新型涡桨支线飞机——新舟 60 飞机 20 架购销合同在京签署。这标志着我国自主研制的支线客机开始走出国门，实现外销“零”的突破。

12 月 23 日，土耳其外贸署对中国 42 类纺织品实施保障措施。包括 24 个目前仍受配额限制的纺织品类别、10 个 2002 年实现一体化的类别和 10 个非配额类别。

12 月 25 日，我国与委内瑞拉签署了能源合作协议。

12 月 29 日，延续了 40 年的全国煤炭订货会在河北秦皇岛开幕，会议更名为“全国重点煤炭产运需衔接会议”。会议传出的消息是：除了“在市场价格显著上涨或有可能显著上涨时，政府可依法进行必要的干预”以外，“任何政府部门、行业组织和企业不得以任何形式非法干预企业自主定价。”同时，国家发改委《关于建立煤电价格联运机制的意见》正式出台。这一切似乎表明，备受社会各界瞩目的电煤问题终于朝着市场化方向迈出一大步。

12 月 30 日，迄今为止我国国内距离最长、输气能力最高的管道工程——西气东输工程正式实现全线商业运营。据介绍，2004 年即西气东输投入商业运行当年，供气就已达到 13 亿立方米，经营实现平衡；2005 年，预计供气量达 120 亿立方米，实现盈利，2006 年供气量将达 180 亿立方米。

附录

附录一

2005年中国工业行业排头兵企业名单(排名不分先后)

烟煤和无烟煤的开采洗选

兖矿集团有限公司
大同煤矿集团有限责任公司
平顶山煤业(集团)有限责任公司

褐煤的开采洗选

龙口矿业集团
内蒙古霍林河煤业集团有限责任公司
内蒙古平庄煤业集团有限责任公司

天然原油和天然气开采

大庆油田有限责任公司
中国石化胜利油田有限公司
长庆油田公司

铁矿采选

邯邢冶金矿山管理局
马钢(集团)控股有限公司
上海梅山矿业有限公司

铜矿采选

易门矿务局
湖北兴冶矿业有限公司
哈尔滨松江铜业(集团)有限公司

铅锌矿采选

西部矿业有限责任公司
深圳市中金岭南有色金属股份有限公司凡口铅
兰坪金鼎锌业有限公司

锡矿采选

个旧市锡都实业总公司
广西高峰矿业有限责任公司
临武县香花岭锡业有限责任公司

锑矿采选

新宁县回龙龙口锑矿
晴隆锑矿
甘肃陇星锑业有县责任工司

镁矿采选

海城市牌楼镁矿公司
海城市牌楼镇红旗镁砂矿
岫岩满族自治县华建公司

金矿采选

山东招金集团公司
中金黄金股份有限公司
蓬莱金创集团公司

银矿采选

南京吉祥有色金属厂
南京银茂投资发展有限公司
陕西银矿

钨钼矿采选

金堆城钼业公司
洛阳富川矿冶有限公司
江西修水县香炉山钨业有限责任公司

稀土金属矿采选

达茂旗稀土股份有限责任公司
龙南县稀土工业公司
定南县南方稀土有限责任公司

石灰石、石膏开采

江苏船山集团有限责任公司
蓬莱市林庄石场
蓬莱市杏山采石厂

建筑装饰用石开采

浑源县花岗岩开发公司
镇江市茅迪实业有限公司
汨罗市兰天实业公司

耐火土石开采

海城镁矿耐火材料总厂
山东中齐耐火材料有限公司
禹州市苌庄乡铝矾土矿

粘土及其他土砂石开采

广东省高要市河台镇高岭土开发集团有限公司
山东省长清县建筑材料工业公司平安建材站
南充市双女石沙石场

化学矿采选

贵州宏福实业开发有限总公司
贵州开磷(集团)有限责任公司
云南磷化集团有限公司

采盐

山东海化集团有限公司
云南盐化股份有限公司
莱州市盐业集团有限责任公司

石棉、云母矿采选

青海茫崖石棉矿
阿克塞县民主乡企业公司
阿克塞县和平乡企业公司

石墨、滑石采选

海城市牌楼滑石矿
西峡县龙成集团
海城市石粉二厂

宝石、玉石开采

岫岩满族自治县偏岭玉石矿
岫岩满族自治县哈达碑镇玉石矿
岫岩满族自治县玉石矿

谷物磨制

黑龙江省北大荒米业有限公司
郑州金苑面业有限公司
河北五得利集团东明面粉有限公司

饲料加工

北京大发正大有限公司
湖南正虹饲料有限公司
青岛正大有限公司

食用植物油加工

东海粮油(张家港)工业有限公司
秦皇岛金海粮油工业有限公司
南海油脂工业(赤湾)有限公司

非食用植物油加工

茂名市长源油脂工业有限公司
海力油墨助剂有限公司
利津县东星油料加工有限责任公司

制糖

南宁糖业股份有限公司
东莞市东糖集团公司
日照市凌云海糖业集团有限公司

畜禽屠宰

吉林德大有限公司
山东凤祥有限责任公司
内蒙古草原兴发股份有限公司

肉制品及副产品加工

河南省漯河市双汇实业集团有限责任公司
山东金锣企业集团总公司
诸城市外贸有限责任公司

水产品冷冻加工

好当家集团有限公司
山东孙家疃水产集团公司
山东大洋食品集团有限公司

鱼糜制品及水产品干腌制加工

徐龙食品集团有限公司
瑞金市红都水产食品有限公司
长乐市聚泉食品有限公司

水产饲料制造

福建高龙实业有限公司
广东通威饲料有限公司
福州海马饲料有限公司

鱼油提取及制品的制造

海南加华海产生物制药有限公司
海南省水产加工厂
大连锦鹿水产有限公司

蔬菜、水果和坚果加工

山东龙大企业集团有限公司
青岛万福集团股份有限公司
山东吉龙实业有限公司

淀粉及淀粉制品的制造

长春大成实业集团有限公司
黄龙食品工业有限公司
秦皇岛市骊骅淀粉股份有限公司

豆制品制造

益海(烟台)粮油工业有限公司
东莞华农饲料蛋白开发有限公司
统一嘉吉(东莞)饲料蛋白科技有限公司

蛋品加工

广州陆仕水产企业有限公司
湖北神丹食品有限公司
仙桃市双圆蛋品有限公司

糕点、面包制造

石狮市黎祥食品公司
乐天(中国)食品有限公司
上海克莉丝汀食品有限公司

饼干及其他焙烤食品制造

上好佳(中国)有限公司
上海达能饼干食品有限公司
百事食品(中国)有限公司

糖果、巧克力制造

箭牌口香糖有限公司
爱芬食品(北京)有限公司
东莞徐记食品有限公司

蜜饯制作

阳东喜之郎实业有限公司
龙口市广源食品有限公司
兴隆县北区果品加工集团公司

米、面制品制造

深圳南海粮食工业有限公司
厦门市翔安区兴盛食品有限公司
德州巨嘴鸟工贸有限公司

速冻食品制造

河南思念速冻食品有限公司
郑州市三全食品股份有限公司
广州酒家企业集团利口福番禺食品有限公司

方便面及其他方便食品制造

杭州顶益食品有限公司
河北省邢台市隆尧县华龙食品集团有限公司
焦作黄河集团公司

液体乳及乳制品制造

内蒙古蒙牛乳业集团股份有限公司
石家庄三鹿集团股份有限公司
内蒙古伊利实业集团股份有限公司

肉、禽类罐头制造

上海梅林正广和股份有限公司
南京金福润食品有限责任公司
上海梅林食品有限公司

水产品罐头制造

揭阳市丽仕食品有限公司
广东甘竹罐头有限公司
广州鹰金钱企业集团公司

蔬菜、水果罐头制造

椰树集团海南椰汁饮料有限公司
新疆兵团中基番茄制品有限责任公司
烟台市大远食品有限公司

味精制造

河南省莲花味精集团有限公司
河北梅花味精集团有限公司
江苏菊花味精集团公司

酱油、食醋及类似制品的制造

佛山市海天调味食品有限公司
李锦记(广州)食品有限公司
江苏恒顺集团有限公司

营养、保健食品制造

中山市完美日用品有限公司
广东南方李锦记营养保健品有限公司
蒙牛乳业(北京)有限责任公司

冷冻饮品及食用冰制造

和路雪(中国)有限公司太仓分公司
和路雪(中国)有限公司
上海伊利爱贝食品有限公司

盐加工

中盐宏博集团有限公司
平顶山中盐皓龙有限责任公司
中盐营口盐业有限公司

食品及饲料添加剂制造

内蒙古金河集团华蒙实业有限公司
平邑县六和有限责任公司
山东谷神生物科技集团有限公司

酒精制造

黑龙江华润酒精有限公司
孟州市河阳酒实业有限公司
龙口市振龙酒精有限公司

白酒制造

四川省宜宾五粮液集团有限公司
中国贵州茅台酒厂(集团)有限责任公司
四川剑南春集团有限责任公司

啤酒制造

青岛啤酒股份有限公司

北京燕京啤酒集团公司

哈尔滨啤酒有限公司

黄酒制造

中国绍兴黄酒集团有限公司

上海金枫酿酒公司

绍兴东风酒厂

葡萄酒制造

烟台张裕集团有限公司

中法合营王朝葡萄酿酒有限公司

华夏葡萄酿酒有限公司

碳酸饮料制造

可口可乐(中国)饮料有限公司

上海申美饮料食品有限公司

广东太古可口可乐有限公司

瓶(罐)装饮用水制造

北京可口可乐饮料有限公司

农夫山泉杭州千岛湖饮用水有限公司

怡宝食品饮料(深圳)有限公司

果菜汁及果菜汁饮料制造

山东天府集团公司

红牛维他命饮料有限公司

厦门银鹭食品有限公司

含乳饮料和植物蛋白饮料制造

乐百氏(广东)食品饮料有限公司

露露集团有限责任公司

湖南大旺食品有限公司

固体饮料制造

维维集团

东莞雀巢有限公司

太古饮品(东莞)有限公司

茶饮料及其他软饮料制造

杭州娃哈哈集团有限公司

广州顶津食品有限公司

杭州顶津食品有限公司

精制茶加工

浙江华发出口茶厂

潮阳市大印象(集团)有限公司

宁波瑞龙茶业有限公司

烟叶复烤

毕节地区烟叶复烤厂

福建省三明金叶复烤有限公司

文山州烟草公司

卷烟制造

上海烟草(集团)公司

玉溪红塔烟草(集团)有限责任公司

昆明卷烟厂

棉、化纤纺织加工

山东魏桥创业集团有限公司

华芳集团有限公司

石家庄常山纺织股份有限公司

棉、化纤印染精加工

东莞福安纺织印染有限公司

东莞德永佳纺织制衣有限公司

浙江航民实业集团有限公司

毛条加工

江阴市长西实业有限公司

江苏澄达集团有限公司

山东雅禾纺织股份有限公司

毛纺织

江苏阳光集团公司

海澜集团公司

山东如意科技集团有限公司

毛染整精加工

罗定市美鹏染厂有限公司

罗定市互益染厂有限公司

常州市勤益染织有限公司

麻纺织

铜陵市华源麻业有限公司

湖北银泉纺织股份有限责任公司

重庆市涪陵金帝工业集团有限公司

缫丝加工

绍兴富陵实业集团有限公司

江苏富安茧丝绸股份有限公司

江苏海安茧丝绸集团股份有限公司

绢纺和丝织加工

浙江纵横轻纺集团有限公司

浙江永通染织集团有限公司

浙江天圣股份有限公司

丝印染精加工

浙江华港染织有限公司
绍兴华宇印染纺织有限公司
浙江亚太高科股份有限公司

棉及化纤制品制造

孚日家纺股份有限公司
江苏梦兰集团公司
青岛喜盈门集团公司

毛制品制造

维信(天津)工贸有限公司
山东维尔纺织集团股份有限公司
淄博华洋集团毛绒有限公司

麻制品制造

哈尔滨哈博纺织有限公司
分宜县双林夏布集团
江门市新会区麻纺织厂有限公司

丝制品制造

成都天友发展有限公司
浙江樱花集团有限公司(杭州港安制线)
绍兴吉利领带织造有限公司

绳、索、缆的制造

招远市佳丽网具有限公司
巢湖市金猴渔具集团
射阳县海信达渔具有限公司

纺织带和帘子布制造

江苏骏马集团有限责任公司
宁波维科精华集团股份有限公司
金轮集团股份有限公司

无纺布制造

浙江湖州金三发服装辅料集团有限公司
大连瑞光非织造布集团有限公司
康那香企业(上海)有限公司

棉、化纤针织品及编织品制造

青岛即发集团控股有限公司
互太(番禺)纺织印染有限公司
江门市新会区冠华针织厂有限公司

毛针织品及编织品制造

鄂尔多斯羊绒制品股份有限公司
内蒙古鹿王羊绒集团公司
内蒙古东达蒙古王集团公司

丝针织品及编织品制造

福州福华纺织印染有限公司
深圳华丝企业股份有限公司
桐庐富春江织造有限公司

纺织服装制造

江苏综艺集团
雅戈尔集团股份有限公司
红豆集团公司

纺织面料鞋的制造

青岛世原鞋业有限公司
青岛昌新鞋业有限公司
中山精美鞋业有限公司

制帽

福建富的乐运动品有限公司
上海亚源制帽有限公司
中山伟立纺织品有限公司

皮革鞣制加工

浙江卡森实业股份有限公司
辛集市制革工业区管理委员会
河南鞋城皮革制品有限公司

皮鞋制造

江苏森达集团公司
沈阳鞋业园开发有限公司
奥康集团有限公司

皮革服装制造

河北辛集猎魁皮革企业集团公司
海宁蒙努集团有限公司
雪豹集团公司

皮箱、包(袋)制造

番禺世门手袋有限公司
华夏山二实业有限公司
河北省高碑店市白沟镇箱包集团有限公司

皮手套及皮装饰制品制造

青岛大明皮革有限公司
亚美(厦门)皮件有限公司
青岛信一皮革有限公司

其他皮革制品制造

上海国利汽车真皮饰件有限公司
江苏美迪洋皮革皮件有限公司
赐昱鞋业(深圳)有限公司

毛皮鞣制加工

晋江峰安皮业有限公司
博罗龙华宾华皮革有限公司
兰州三五一二皮革制衣厂

毛皮服装加工

惠来县葵铿皮革厂有限公司
浙江天湖服装有限公司
肃宁县天龙皮革有限公司

羽毛(绒)加工

浙江三弘国际羽毛有限公司
绍兴市茂龙吴中羽绒制品有限公司
安徽七星羽绒工贸集团

羽毛(绒)制品加工

江苏波司登股份有限公司
浙江柳桥羽毛有限公司
上海东隆羽绒制品有限公司

锯材加工

青岛良木健厚木业有限公司
吉林森林工业股份有限公司红石林业分公司
延边林业集团有限公司白河林业分公司

木片加工

北京森华人造板有限公司
丰县华山木业集团公司
金乡县亚龙木业集团

胶合板制造

德仁集团有限公司
江苏胜阳木业集团有限公司
鲁丽集团有限公司

纤维板制造

山东贺友集团总公司
常熟市东方人造板总厂
广西三威林产工业有限公司

刨花板制造

河北银港人造板公司
蕲春县九棵松人造板有限责任公司
露水河刨花板厂

建筑用木料及木材组件加工

大连通世泰建材有限公司
浙江王斌装饰材料有限公司
东莞乡源木器业有限公司

木容器制造

广东省宜华企业(集团)有限公司
大连爱丽思生活用品有限公司
天津明春实业有限公司

软木制品及其他木制品制造

上海安信地板有限公司
上海森大木业有限公司
天津嘉文实业有限公司

竹、藤、棕、草制品制造

衡山县逢缘草艺开发有限责任公司
安徽省庆发湖工艺品有限公司
寿县板桥草席集团公司

木质家具制造

万福阁家具(昆山)有限公司
美克国际家私(天津)制造有限公司
高峰创建家私(深圳)有限公司

竹、藤家具制造

广州市南方家俱有限公司
句容市春天日用品材料有限公司
南海里水上街金辉工艺厂

金属家具制造

东莞米德兰五金塑胶制品有限公司
胜立塑胶工业(深圳)有限公司
佛山市顺德区锡山家具有限公司

塑料家具制造

新会区七堡宝利塑料家具厂
高明市美华发展有限公司
东莞威盟五金塑胶制品有限公司

纸浆制造

广西南宁凤凰纸业有限公司
福建省青州造纸有限责任公司
邵武中竹纸业有限责任公司

机制纸及纸板制造

山东晨鸣纸业集团股份有限公司
金东纸业(江苏)有限公司
华泰集团有限公司

手工纸制造

江都市东方纸品有限公司
中国宣纸集团公司
岳阳县鹏程纸业有限公司

加工纸制造

亚龙纸制品(昆山)有限公司
北京利乐包包装有限公司
湛江冠豪高新技术股份有限公司

纸和纸板容器的制造

上峰集团有限公司
河北冀兴集团公司
福建省晋江优兰发纸业有限公司

书、报、刊印刷

鹤山市雅图仕印刷有限公司
中华商务联合印刷(广东)有限公司
凸版印刷(深圳)有限公司

本册印制

浙江广博集团股份有限公司
鸿兴印刷(深圳)有限公司
渡边纸制品有限公司

包装装潢及其他印刷

深圳劲嘉彩印集团股份有限公司
成都印钞公司
北京印钞厂

装订及其他印刷服务活动

上海印钞厂
华工科技产业股份有限公司
昆山市张浦彩印厂

记录媒介的复制

江苏新广联光盘有限公司
湛江华丽金音影碟有限公司
浙江华虹光电集团有限公司

文具制造

宁波得力集团有限公司
顺德工业(江苏)有限公司
东莞南栅利高文具制品厂有限公司

笔的制造

宁波贝发集团有限公司
莱州市铅笔厂
宁波成路集团有限公司

教学用模型及教具制造

华茂集团股份有限公司
海门市标牌厂
淮安市旭日教学用品集团

墨水、墨汁制造

上海奥林丹经济发展有限公司
上海奥林丹文化用品有限公司
珠海市宝杰数码喷绘材料有限公司

球类制造

东莞冠贺运动器材有限公司
上海红双喜冠都体育用品有限公司
上海中路实业有限公司

体育器材及配件制造

中山广盛运动器材有限公司
泰山体育器材集团有限公司
上海基舜休闲制品有限公司

训练健身器材制造

惠阳沥林国威运动器材有限公司
乔山健身器材(上海)有限公司
厦门群鑫机械工业有限公司

运动防护用具制造

奇利田高尔夫用品(深圳)有限公司
上海亚太橡塑胶工业有限公司
洪进体育用品有限公司

中乐器制造

久裕交通器材(深圳)有限公司
上海民族乐器一厂
泉州艺达车用电器有限公司

西乐器制造

广州珠江钢琴集团有限公司
北京星海乐器有限责任公司
功学社(天津)乐器有限公司

电子乐器制造

天津雅马哈电子乐器有限公司
卡西欧电子(珠海)有限公司
四会市华声乐器厂

玩具制造

好孩子集团有限公司
南海市中美玩具厂
中山市隆成日用制品有限公司

露天游乐场所游乐设备制造

江门市阿波罗电子有限公司
加胜运动器材(浙江)有限公司
南京飞龙游车设备有限公司

游艺用品及室内游艺器材制造

青岛庆照旅游用品有限公司
北京星伟体育用品有限公司
今隆(烟台)迪威迪电子有限公司

原油加工及石油制品制造

中国石化镇海炼油化工股份有限公司
中国石化上海石油化工股份有限公司
中国石油天然气股份有限公司大连石化分公司

人造原油生产

商河县三星化工科技有限公司
青州市伟创科技有限公司
昆山信宇化学有限公司

炼焦

上海焦化有限公司
山西安泰集团股份有限公司
榆林市炼油厂

无机酸制造

江苏澄星磷化工股份有限公司
鹰鹏化工有限公司
包头明天科技股份有限公司

无机碱制造

天津大沽化工股份有限责任公司
大化集团有限责任公司
锦化化工集团有限责任公司

无机盐制造

湖南株洲化工集团有限责任公司
绵竹龙蟒集团有限责任公司
雪佛龙化工(张家港)有限公司

有机化学原料制造

中国石油股份有限公司吉林石化分公司
中国石化集团金陵石油化工有限责任公司
吉化集团公司

氮肥制造

辽宁华锦化工(集团)有限责任公司
河南灵化集团有限公司
泸天化集团有限责任公司

磷肥制造

铜陵市化学工业集团有限公司
云南三环化工有限公司
云南红磷化工有限责任公司

钾肥制造

青海盐湖工业集团有限公司
聊城鲁化集团第四化肥厂
苏州工业园区双狮化工有限公司

复混肥料制造

山东省鲁北企业集团总公司
中国石化集团南京化学工业有限公司
中国-阿拉伯化肥有限公司

有机肥料及微生物肥料制造

龙口市龙丰田力宝肥料有限公司
山西沃土大地肥业有限公司
湛江市霞山鑫宝化工有限公司

化学农药制造

红太阳集团有限公司
江苏苏化集团有限公司
沙隆达集团公司

生物化学农药及微生物农药制造

山东京蓬生物药业有限公司
武汉东湖高新集团股份有限公司
江苏升华生物化学有限责任公司

涂料制造

立邦涂料(中国)有限公司
杜邦中国集团有限公司
廊坊立邦涂料有限公司

油墨及类似产品制造

天津东洋油墨有限公司
杭华油墨化学有限公司
上海泗联实业有限公司

颜料制造

江苏天鹏化工集团有限公司
大连路明科技集团有限公司
溧阳市兄弟化工有限公司

染料制造

浙江龙盛集团股份有限公司
浙江闰土化工集团有限公司
巴斯夫染料化工有限公司

密封用填料及类似品制造

江门谦信化工发展有限公司
广东省禺福田化工有限公司
诺贝尔长诚涂料(广东)有限公司

初级形态的塑料及合成树脂制造

中国石化北京燕化石油化工股份有限公司

翔鹭石化企业(厦门)有限公司

巨化集团公司

合成橡胶制造

青岛黄海橡胶集团有限责任公司

山东银河德普胶带有限公司

申华化学工业有限公司

合成纤维单(聚合)体的制造

扬子石油化工股份有限公司

中国石化天然气股份有限公司辽阳石化分公司

中国石化集团天津石油化工公司

化学试剂和助剂制造

山东胜通集团股份有限公司

湖北楚源精细化工股份有限公司

山东宏信化工股份有限公司

专项化学用品制造

中国石化齐鲁股份有限公司

3M 中国有限公司

山东东岳化工有限公司

林产化学产品制造

广西壮族自治区梧州松脂厂

景谷县林业股份有限公司

梧州日成林产化工有限公司

炸药及火工产品制造

甘肃银光化学工业公司

辽宁庆阳工(集团)有限公司

西安惠安化学工业有限公司

信息化学品制造

柯达(中国)股份有限公司厦门分公司

中国乐凯胶片集团公司

昆山沪铼光电科技有限公司

环境污染处理专用药剂材料制造

爱森(中国)絮凝剂有限公司

盐城德鸿树脂有限公司

上海洁申实业有限公司

动物胶制造

江西省化纤化工有限责任公司

广东明珠生物工业有限公司

上海双凤骨明胶有限公司

肥皂及合成洗涤剂制造

安利(中国)日用品有限公司

广州宝洁有限公司

浙江纳爱斯化工股份有限公司

化妆品制造

江苏隆力奇集团有限公司

湖北丝宝股份有限公司

雅芳(中国)有限公司

口腔清洁用品制造

广州高露洁棕榄公司

好来化工(中山)有限公司

广西梧州奥奇丽股份有限公司

香料、香精制造

浙江嘉兴中华化工集团有限责任公司

国际香料(中国)有限公司

华宝食用香精香料(上海)有限公司

其他日用化学产品制造

李字实业集团有限公司

上海庄臣有限公司

仙妮蕾德(广州)有限公司

化学药品原药制造

华北制药集团有限责任公司

哈药集团有限公司

石家庄制药集团有限公司

化学药品制剂制造

江苏扬子江药业集团公司

西安杨森制药有限公司

利君集团有限责任公司

中药饮片加工

北京同仁堂科技发展股份有限公司

青岛国风药业股份有限公司

桂林三金药业集团公司

中成药制造

天津天士力集团有限公司

天津中新药业集团股份有限公司

江西汇仁集团有限公司

兽用药品制造

武汉春天生物工程股份有限公司

红桃开集团股份有限公司

济南古塔兽药有限责任公司

生物、生化制品的制造

升华集团控股有限公司
诚志股份有限公司
诺和诺德(中国)制药有限公司

卫生材料及医药用品制造

威海威高集团有限公司
北京博士伦眼睛护理产品有限公司
江苏利康集团公司

化纤浆粕制造

山东高密银鹰化纤股份有限公司
河北吉藁化纤有限责任公司
赛得利(江西)化纤有限公司

人造纤维(纤维素纤维)制造

吉林化纤集团有限责任公司
新乡白鹭化纤集团有限责任公司
湖北化纤集团有限公司

锦纶纤维制造

中国神马集团有限责任公司
远纺工业(上海)有限公司
无锡市长安高分子材料厂

涤纶纤维制造

中国石化仪征化纤股份有限公司
江苏三房巷实业集团总公司
桐昆集团股份有限公司

腈纶纤维制造

浙江金甬腈纶有限公司
河北省秦皇岛腈纶厂
山东大成化工集团有限公晴纶分公司

维纶纤维制造

安徽皖维高新材料股份有限公司
甘肃亚盛实业(集团)股份有限公司
湖南省湘维有限公司

车辆、飞机及工程机械轮胎制造

安徽佳通轮胎有限公司
荣成市橡胶厂
杭州中策橡胶有限公司

力车胎制造

鞍山市轮胎厂
建大橡胶(中国)有限公司
大津市力达轮胎集团有限公司

轮胎翻新加工

招远市鹏泰轮胎翻新有限公司
青岛黄海轮胎有限公司
青岛新颖橡胶厂

橡胶板、管、带的制造

山东水兴橡塑股份有限公司
山西省华亿实业公司
青岛橡六集团有限公司

橡胶零件制造

建泰橡胶(深圳)有限公司
安徽宁国中鼎密封件有限公司
日星电气(中山)有限公司

再生橡胶制造

福建鑫华股份有限公司
宁波华星再生橡胶有限公司
南通回力橡胶集团有限公司

日用及医用橡胶制品制造

龙口市福利橡塑雨布厂
山东科亿达集团有限公司
南通强生轻工集团有限公司

橡胶靴鞋制造

双星集团有限责任公司
内江市巨安置业公司
岳阳三五一七橡胶总厂

塑料薄膜制造

佛山塑料集团股份有限公司
浙江大东南塑胶集团公司
申达集团有限公司

塑料板、管、型材的制造

芜湖海螺型材科技股份有限公司
新疆天业股份有限公司
安徽国风集团有限公司

塑料丝、绳及编织品的制造

辽阳忠旺塑料有限公司
青岛交河塑料有限公司
镇海炼化工业贸易总公司

泡沫塑料制造

无锡市兴达泡塑新材料有限公司
无锡兴达塑化材料有限公司
台达化工(中山)有限公司

塑料人造革、合成革制造

江阴市龙山集团公司

南亚塑胶工业(南通)有限公司

浙江无名皮塑集团有限责任公司

塑料包装箱及容器制造

上海紫江企业集团股份有限公司

珠海中富实业股份有限公司

文登金光塑料制品有限公司

塑料零件制造

日新天津塑胶有限公司

安徽天大企业(集团)公司

雍华国际(惠州)电子有限公司

塑料鞋制造

台州宝利特鞋业有限公司

泉州市三兴体育用品有限公司

福建宏玮鞋塑有限公司

日用塑料杂品制造

浙江鸿达集团有限公司

江苏三笑集团

浙江利时投资集团股份有限公司

水泥制造

济南山水集团有限公司

华新水泥股份有限公司

山东沂州水泥集团总公司

石灰和石膏制造

上海拉法基小野田石膏建材有限公司

邯郸市复兴冶金建材总厂

济南历城彩矿两岔口石料厂

水泥制品制造

宁波浙东建材集团有限公司

上海市建筑构件制品有限公司

河南建喜建筑材料有限公司

砼结构构件制造

乳山市夏村镇建筑综合加工厂

上海建华管桩有限公司

江苏南方建筑集团公司

石棉水泥制品制造

青岛元鼎非金属制品有限责任公司

博爱县福星建筑材料厂

姜堰市石棉水泥制品厂

轻质建筑材料制造

方大集团股份有限公司

北新集团建材股份有限公司

山东泰和东新股份有限公司

粘土砖瓦及建筑砌块制造

山东长兴集团

文登市口子建材厂

山东华孟集团有限公司

建筑陶瓷制品制造

华盛江泉集团有限公司

杭州协和陶瓷有限公司

三水新中源陶瓷有限公司

建筑用石加工

济南市青华山花岗集团总公司

莱州市莱东石材有限公司

文登东意石材有限公司

防水建筑材料制造

青岛广源发集团公司

山东兴创纸业集团有限公司

山东省文登市东海化工厂

隔热和隔音材料制造

南京禹王建材有限公司

北京豪特耐集中供热设备有限公司

山东鲁阳股份有限公司

建筑材料制造

维德木业(苏州)有限公司

德华建材(苏州)有限公司

上海华源复合新材料有限公司

平板玻璃制造

光宇集团有限公司

中国耀华玻璃集团公司

江苏华润集团公司

技术玻璃制品制造

山东玻璃总公司

福耀玻璃工业集团股份有限公司

济南力诺玻璃制品有限公司

光学玻璃制造

天津富士光机有限公司

昆山扬明光学有限公司

佛山市华国光学器材有限公司

玻璃仪器制造

山东省药用玻璃股份有限公司

河南省濮阳县积玉玻璃制造有限公司

国营青岛晶华玻璃厂

日用玻璃制品及玻璃包装容器制造

广东澳联玻璃有限公司

南海华兴玻璃有限公司

山东省枣庄市联兴玻璃有限公司

玻璃保温容器制造

北京鹿牌都市生活用品有限公司

南通鑫荣厨具有限公司

南昌市五江保温瓶厂

玻璃纤维及制品制造

巨石集团有限公司

泰山玻璃纤维股份有限公司

重庆国际复合材料有限公司

玻璃纤维增强塑料制品制造

文登半岛渔具有限公司

广州中信世纪玻纤有限公司

杭州圣戈班维特克斯玻璃纤维有限公司

卫生陶瓷制品制造

南海市汇亚陶瓷有限公司

淄博泽沣建筑陶瓷有限公司

唐山惠达陶瓷(集团)股份有限公司

特种陶瓷制品制造

河南省葛天集团有限责任公司

山东金麒麟集团有限公司

淄博工陶耐火材料有限公司

日用陶瓷制品制造

唐山陶瓷股份有限公司

广西三环企业集团股份有限公司

淄博美沣陶瓷有限公司

园林、陈设艺术及其他陶瓷制品制造

福建省德化佳美瓷厂

唐山亚利陶瓷有限公司

藤兴工业有限公司

石棉制品制造

孟州市翔宇有限责任公司

江苏威特集团公司

杭州杭城摩擦材料有限公司

云母制品制造

江苏省冰城电材有限公司

行唐县秦台矿业加工厂

通城县云奇云母制品有限公司

耐火陶瓷制品及其他耐火材料制造

营口青花集团有限公司

海城市后英经贸集团有限公司

海城市西洋耐火材料有限公司

石墨及碳素制品制造

吉林炭素集团有限责任公司

河南省西峡县保护材料集团

兰州炭素集团有限责任公司

炼铁

平山县敬业集团有限公司

新疆八一钢铁(集团)有限责任公司

芜湖新兴铸管有限责任公司

炼钢

鞍山钢铁集团公司

武汉钢铁(集团)公司

北台钢铁(集团)有限责任公司

钢压延加工

宝山钢铁股份有限公司

首钢总公司

江苏沙钢集团有限公司

铁合金冶炼

冶钢集团有限公司

吉林铁合金有限责任公司

山东莱钢永锋钢铁有限公司

铜冶炼

江西铜业公司

铜陵有色金属集团公司

云南铜业股份有限公司

铅锌冶炼

葫芦岛有色金属集团有限公司

湖南株冶火炬金属股份有限公司

河南豫光金铅集团有限责任公司

锡冶炼

云南锡业集团有限责任公司

柳州华锡集团有限责任公司

云南乘风有色金属股份有限公司

锑冶炼

锡矿山闪星锑业有限责任公司
河池市南方有色冶炼有限责任公司
广西日星金属化工有限公司

铝冶炼

中国铝业股份有限公司河南分公司
中国铝业股份有限公司贵州分公司
中国铝业股份有限公司山西分公司

镁冶炼

闻喜县银光镁业集团有限责任公司
太原市同翔金属镁有限公司
宁夏惠冶镁业有限公司

金冶炼

内蒙古乾坤金银精炼股份有限公司
洛阳市银辉金属冶炼有限公司
灵宝黄金股份有限公司

银冶炼

河南省安阳市豫北金属冶炼厂
郴州市金贵有色金属加工厂
上海贵稀金属提炼厂

钨钼冶炼

洛阳栾川钼业集团有限公司
葫芦岛市高桥铁合金厂
厦门钨业股份有限公司

稀土金属冶炼

冠县冠洲集团总公司
宜兴新威集团公司
内蒙古包钢稀土高科技股份有限公司

有色金属合金制造

上海新格有色金属有限公司
江苏省雨花集团公司
株洲硬质合金集团有限公司

常用有色金属压延加工

南山集团公司
宁波金田铜业(集团)股份有限公司
海亮集团有限公司

贵金属压延加工

山东金升有色集团有限公司
长城金银精炼厂
莱州市天成生物金业股份有限公司

稀有稀土金属压延加工

山东铝业股份有限公司
中国铝业股份有限公司山东分公司
宝鸡有色金属加工厂

金属结构制造

巴特勒(上海)有限公司
浙江东南网架集团
江苏常盛集团有限公司

金属门窗制造

沈阳远大工程有限公司铝业金属门窗分公司
营口瑞那斯铝业有限公司
步阳集团有限公司

切削工具制造

江苏天工实业集团公司
江苏飞达工具集团股份有限公司
丹阳市丹工实业总公司

手工具制造

宁波天工巨星工具有限公司
浙江万达集团公司
文登市东琦工具厂

农用及园林用金属工具制造

山东省园艺工具总厂
宁波宝兴园艺设备有限公司
中山威星园艺制品有限公司

刀剪及类似日用金属工具制造

上海吉列有限公司
文登大星金属制品有限公司
浙江超人集团有限公司

集装箱制造

深圳南方中集集装箱制造有限公司
新会中集集装箱有限公司
顺德顺安达太平货柜有限公司

金属压力容器制造

山东环日集团总公司
北京天海工业有限公司
河北省景县厨房设备厂

金属包装容器制造

三水健力宝富特容器有限公司
波乐亚太(深圳)金属容器有限公司
河北五洲环保工程有限公司

金属丝绳及其制品的制造
法尔胜集团公司
浙江元立金属制品集团有限公司
江苏兴达钢帘线股份有限公司

建筑、家具用金属配件制造
台山市华一五金制品有限公司
山东省三环锁业集团公司
中山华峰制锁有限公司

建筑装饰及水暖管道零件制造
河北省冀州市暖气片厂
浙江枫叶集团有限公司
济南玫德铸造有限公司

安全、消防用金属制品制造
张家港市华夏交通设施材料有限公司
上海迪堡安防设备有限公司
苏州市新燕金属材料厂

建筑、安全用金属制品制造
张家港市港星新型建材有限公司
赤壁市腾达金属制品有限公司
揭东试验区泰丰侨金属制品有限公司

金属表面处理及热处理加工
金洲集团有限公司
南海市太平洋铜业有限公司
广州太平洋马口铁有限公司

工业生产配套用搪瓷制品制造
天津市景田实业有限公司
河北正中搪瓷厂
东方汇利自动焊接设备有限公司

搪瓷卫生洁具制造
江门吉事多卫浴有限公司
上海科勒有限公司
上海东陶卫洗丽洁具有限公司

金属制厨房调理及卫生器具制造
无锡市浦新不锈钢有限公司
江门市日新不锈钢材料厂有限公司
无锡市信德不锈钢有限公司

金属制厨用器皿及餐具制造
奥博特铜铝业有限公司
深圳成霖洁具有限公司
台山市大江镇台山金桥有色金属制品

铸币及贵金属制实验室用品制造
上海造币厂
南京造币厂
沈阳泉银实业总公司

锅炉及辅助设备制造
哈尔滨锅炉有限责任公司
东方锅炉(集团)股份有限公司
上海锅炉厂有限公司

内燃机及配件制造
潍柴动力股份有限公司
上海柴油机股份有限公司
沈阳航天三菱汽车发动机制造有限公司

汽轮机及辅机制造
哈尔滨汽轮机厂有限责任公司
上海汽轮机有限公司
东方汽轮机厂

水轮机及辅机制造
富春江富士水电设备有限公司
上海希科水电设备有限公司
浙江金轮机电实业有限公司

金属切削机床制造
大连机床集团有限责任公司
沈阳机床(集团)有限责任公司
秦川机床集团有限公司

金属成形机床制造
济南二机床集团有限公司
江苏扬力锻压机床有限公司
三环集团黄石锻压机床有限公司

铸造机械制造
上海一达机械有限公司
武汉大西洋连铸设备工程有限责任公司
大连万通工业装备有限公司

金属切割及焊接设备制造
中国大恒(集团)有限公司
唐山松下产业机器有限公司
新兴精密电子(苏州)有限公司

机床附件制造
建荣精密机械(上海)有限公司
台州市三鸥钻夹头制造有限公司
呼和浩特市众环集团有限责任公司

起重运输设备制造

徐州工程机械集团有限公司

上海振华港口机械股份有限公司

上海三菱电梯有限公司

泵及真空设备制造

丰球集团有限公司

无锡阿特拉斯·科普柯压缩机有限公司

上海凯泉泵业有限责任公司

气体压缩机械制造

松下·万宝(广州)压缩机有限公司

杭州制氧机集团有限公司

三菱电机(广州)压缩机有限公司

阀门和旋塞的制造

中国人民解放军第五七一九厂

尉氏县阀门集团公司

工装自控工程有限公司

液压和气压动力机械及元件制造

SMC(中国)有限公司

天津特精液压股份有限公司

费斯托(中国)有限公司

轴承制造

瓦房店轴承集团有限责任公司

上海美蓓亚精密机电有限公司

洛阳轴承集团公司

齿轮、传动和驱动部件制造

重庆齿轮箱有限责任公司

江苏省泰隆减速机(集团)公司

杭州东华机电器材集团有限公司

烘炉、熔炉及电炉制造

应达工业(上海)有限公司

北京神雾热能技术有限公司

唐山冀东石油机械有限责任公司

风机、风扇制造

陕西鼓风机(集团)有限公司

沈阳鼓风机(集团)有限公司

浙江上风实业股份有限公司

气体、液体分离及纯净设备制造

四川空分设备(集团)有限责任公司

开封空分集团有限公司

江苏苏净集团有限公司

制冷、空调设备制造

大连冰山集团有限公司

上海日立电器有限公司

江苏双良集团公司

风动和电动工具制造

牧田(昆山)有限公司

牧田(中国)有限公司

江苏金鼎电动工具集团有限公司

喷枪及类似器具制造

青岛超承锻压机械有限公司

江苏省金象减速机有限公司

宁波成田涂装机械有限公司

包装专用设备制造

京山县轻机集团公司

青岛市藏南纸制品机械厂

中国轻工业机械总公司南京轻工机械厂

衡器制造

梅特勒-托利多(常州)称重设备系统有限公司

上海寺冈电子有限公司

乳山市衡器厂

金属密封件制造

蓬莱石化配件有限公司

诸城市义和车桥有限公司

艾志(南京)机械工业技术有限公司

紧固件、弹簧制造

晋亿实业股份有限公司

山东省文登市双力板簧(集团)有限公司

常熟市标准件厂

机械零部件加工及设备修理

常州机械设备进出口有限公司

上海起帆科技实业公司

济阳县济北石化有限责任公司

通用零部件制造

浙江三花集团有限公司

荣成市新庄联合企业总公司

安特精密机械(上海)有限公司

钢铁铸件制造

天瑞企业集团

江苏白雪电器股份有限公司

山东省邹平广富钢铁集团有限公司

锻件及粉末冶金制品制造
江阴市江东集团公司
横店集团东磁有限公司
兖州市合金钢股份有限公司

采矿、采石设备制造
中信重型机械公司
沈阳矿山机械(集团)有限责任公司
沈阳重型机械集团有限责任公司

石油钻采专用设备制造
宝鸡石油机械厂
兰州石油化工机械设备工程集团公司
江苏曙光集团有限公司

建筑工程用机械制造
长沙中联重工科技发展股份有限公司
大宇重工业烟台有限公司
广西柳工机械股份有限公司

建筑材料生产专用机械制造
天津士名机械装备有限责任公司
广东科达机电股份有限公司
洛阳北方玻璃技术股份有限公司

冶金专用设备制造
大连重工.起重集团有限公司
中国第二重型机械集团公司
中国第一重型机械集团公司

炼油、化工生产专用设备制造
北京化工机械厂
锦西化工机械(集团)有限责任公司
中国第一机械大连加氢反应器制造有限公司

橡胶加工专用设备制造
江苏双象集团有限公司
桂林橡胶机械厂
天津赛象科技股份有限公司

塑料加工专用设备制造
宁波海天股份有限公司
顺德区震德塑料机械厂有限公司
上海轻工机械股份有限公司

木材加工机械制造
山东工友集团股份有限公司
威海市齐全木机集团有限公司
上海人造板机器厂有限公司

模具制造
河源龙记金属制品有限公司
东莞龙记五金制品有限公司
揭阳市外轮橡胶机械有限公司

食品、饮料、烟草工业专用设备制造
上海烟草工业机械有限责任公司
常德烟草机械有限责任公司
山东省文登市二轻机械厂

农副食品加工专用设备制造
山东恒力虎山机械科技有限责任公司
郑州食品机械制造总公司
开封第二粮机厂

饲料生产专用设备制造
江苏牧羊集团有限公司
江苏正昌集团公司
国营万峰无线电厂

制浆和造纸专用设备制造
维美德西安造纸机械有限公司
山东恒星集团有限公司
沁阳市南方轻工机械厂

印刷专用设备制造
北人印刷机械股份有限公司
上海高斯印刷设备有限公司
上海光华印刷机械有限公司

日用化工专用设备制造
常州华日升反光材料有限公司
南京立志美丽生物科技有限公司
上海安富化工设备有限公司

制药专用设备制造
长沙楚天包装机械有限公司
湖南千山制药机械股份有限公司
海门市永和机械有限公司

照明器具生产专用设备制造
家电宝电器(深圳)有限公司
济南泺华灯具有限公司
常州和兴装饰品有限公司

玻璃、陶瓷和搪瓷制品生产专用设备制造
山东三金玻璃机械集团有限公司
洛阳兰迪非标设备制造有限公司
无锡市广益玻璃机械厂

纺织专用设备制造

经纬纺织机械股份有限公司
青岛星火纺织集团股份有限公司
浙江金鹰集团有限公司

皮革、毛皮及其制品加工专用设备制造

连云港鹰游纺机有限责任公司
青岛环球机械股份有限公司
武汉楚天激光集团股份有限公司

缝纫机械制造

飞跃集团有限公司
珠海兄弟工业有限公司
宝石缝纫机有限公司

电工机械专用设备制造

上海电力修造总厂有限公司
无锡市梅达电工机械厂
河南北方星光机电有限责任公司

电子工业专用设备制造

索尼凯美高电子(苏州)有限公司
深圳先进微电子科技有限公司
禹城市通裕集团公司

拖拉机制造

中国一拖集团有限公司
江苏正宇机电有限公司
山东常林机械集团股份有限公司

机械化农业及园艺机具制造

河北宣工福田重工有限公司
河北宣工福田重工有限公司潍坊农业装备分公司
山东巨力股份有限公司

营林及木竹采伐机械制造

小松全能(常州)机械有限公司
陕西省西北林业机械股份有限公司
桂林玉柴工程机械有限公司

畜牧机械制造

福马(天津)缝纫机械有限公司
高唐双龙养殖设备有限公司
利拉伐(上海)乳业机械有限公司

渔业机械制造

浙江森森实业有限公司
蓬莱市顺达船业有限公司
武汉市新洲县欣佳车辆有限责任公司

农林牧渔机械配件制造

山东省文登市车辆总厂
河南中轴集团有限公司
威海联谊板簧有限公司

医疗诊断、监护及治疗设备制造

航卫通用电气医疗系统有限公司
江苏宏宝集团有限公司
力斯顿听力技术(苏州)有限公司

口腔科用设备及器具制造

汕头超声仪器研究所
福建梅生医疗科技股份有限公司
西北医疗器械集团有限公司

实验室及医用消毒设备和器具的制造

山东新华医疗器械集团
深州市净化设备器材厂
连云港千樱医疗设备有限公司

医疗、外科及兽医用器械制造

欧姆龙(大连)有限公司
山东淄博山川医用器材有限公司
双鸽集团有限公司

机械治疗及病房护理设备制造

厦门蒙发利科技有限公司
巴固工贸(上海)有限公司
郑州市华盛医疗电器有限责任公司

假肢、人工器官及植(介)入器械制造

瑞声达听力技术(中国)有限公司
南海良润医疗运动器材有限公司
微创医疗器械(上海)有限公司

环境污染防治专用设备制造

天洁集团有限公司
菲达集团有限公司
福建龙净环保股份有限公司

地质勘查专用设备制造

石家庄煤矿机械有限责任公司
保定宏业石油机械制造有限责任公司
张家口探矿机械总厂

邮政专用机械及器材制造

贵阳普天万向物流技术股份有限公司
福建缔邦电器有限公司
上海邮政通用技术设备公司

商业、饮食、服务业专用设备制造

深圳新世纪饮水科技有限公司
北京长吉加油设备有限公司
郑州合英实业总公司

社会公共安全设备及器材制造

清华同方威视技术股份有限公司
浙江金盾控股集团有限公司
上海市松江电子仪器厂

交通安全及管制专用设备制造

安徽皖通科技发展有限公司
泰兴市电除尘设备厂
腾达航勤设备(上海)有限公司

水资源专用机械制造

博世力士乐(常州)有限公司
三门峡水工机械厂
江苏天雨环保集团有限公司

专用设备制造

北京电力设备总厂
上海 ABB 工程有限公司
中大工业集团公司

铁路机车车辆及动车组制造

长春轨道客车股份有限公司
中国南车集团株洲电力机车厂
南车四方机车车辆股份有限公司

工矿有轨专用车辆制造

南京浦镇车辆厂
胶南市星华金属制品有限公司
厦门工程机械制动器厂

铁路机车车辆配件制造

四方机车车辆厂
中国南车集团株洲车辆厂
铜陵车辆厂

铁路专用设备及器材、配件制造

中铁山桥集团有限公司
中铁昆明大型养路机械集团有限公司
株洲时代集团公司

汽车整车制造

中国第一汽车集团公司
一汽-大众汽车有限公司
上海通用汽车有限公司

改装汽车制造

中国第一汽车集团青岛汽车厂
柳州特种汽车厂
厦门金龙旅行车有限公司

电车制造

上海凤凰(江都)电动车有限公司
柯马(上海)汽车设备有限公司
嘉兴市南海车辆总厂

汽车车身、挂车的制造

顺德富华工程机械制造有限公司
中美合资扬州通华半挂车有限公司
南海市福迪汽车有限公司

汽车零部件及配件制造

万向集团公司
上海汇众汽车制造有限公司
北京现代摩比斯汽车零部件有限公司

汽车修理

北京市汽车修理公司
济南华达企业集团总公司
云南云汽实业有限公司

摩托车整车制造

江门市大长江集团有限公司
重庆力帆实业(集团)有限公司
新大洲本田摩托有限公司

摩托车零部件及配件制造

万丰奥特控股集团有限公司
重庆宗申发动机制造有限公司
江门市华铃精密机械有限公司

脚踏自行车及残疾人座车制造

捷安特(中国)有限公司
顺德天任车料有限公司
上海巨凤自行车有限公司

助动自行车制造

上海申丽永久自行车有限公司
无锡安久自动车有限公司
金华市绿源电动车有限公司

金属船舶制造

渤海船舶重工有限责任公司
江南造船(集团)有限责任公司
沪东中华造船(集团)有限公司

非金属船舶制造

天合汽车零部件(上海)有限公司
显利(珠海)造船有限公司
常州玻璃钢造船厂

娱乐船和运动船的建造和修理

上海红双喜游艇有限公司
东莞钜丰运动器材有限公司
向胜运动器材(东莞)有限公司

船用配套设备制造

杭州前进齿轮箱集团有限公司
武汉船用机械厂
三星重工业(宁波)有限公司

船舶修理及拆船

广州文冲船厂有限责任公司
大连中远船务工程有限公司
南通中远船务工程有限公司

航标器材及其他浮动装置的制造

河南航天压力原件有限公司
上海船厂松江分厂
上海航标厂

潜水及水下救捞装备制造

宁波君禾工具制造有限公司
上海潜水装备厂
上海海上救助打捞局芜湖潜水装备厂

交通管理用金属标志及设施制造

天津市正直交通设施安装制作有限公司
靖江市迅达交通设施工程有限公司
四川蓝灵(集团)有限责任公司

发电机及发电机组制造

东方电机股份有限公司
哈尔滨电机厂有限责任公司
上海汽轮发电机有限公司

电动机制造

浙江卧龙控股集团有限公司
上海电气集团上海电机厂
湘潭电机集团有限公司

微电机及其他电机制造

东莞华强三洋马达有限公司
日本电产(大连)有限公司
珠海松下马达有限公司

变压器、整流器和电感器制造

保定天威集团有限公司
青岛变压器集团有限公司
特变电工股份有限公司

电容器及其配套设备制造

北京村田电子有限公司
桂林电力电容器总厂
文登大浩电子有限公司

配电开关控制设备制造

西安电力机械制造公司
厦门 ABB 开关有限公司
武汉凯迪电力股份有限公司

电力电子元器件制造

许继集团有限公司
台达电子电源(东莞)有限公司
正泰集团公司

电线电缆制造

南京华新光电股份有限公司
万达集团股份有限公司
江苏远东集团有限公司

光纤、光缆制造

宏安集团有限公司
富通集团有限公司
江苏通光信息有限公司

绝缘制品制造

四川东材企业集团有限公司
龙口市电器绝缘材料厂
浙江杭申电气集团有限公司

电池制造

深圳市比亚迪实业有限公司
威海文隆电池有限公司
广州市虎头电池集团有限公司

家用制冷电器具制造

广东科龙电器股份有限公司
澳柯玛集团总公司
苏州三星电子有限公司

家用空气调节器制造

海尔集团公司
广东美的企业集团有限公司
珠海格力电器股份有限公司

家用通风电器具制造

山东金龙企业集团公司
艾美特电器(深圳)有限公司
东莞汇勋电器制品有限公司

家用厨房电器具制造

广东格兰仕企业(集团)公司
漳州灿坤实业有限公司
顺德区新宝电器有限公司

家用清洁卫生电器具制造

合肥荣事达集团有限责任公司
苏州爱普电器有限公司
南京乐金熊猫电器有限公司

家用美容、保健电器具制造

松下电工万宝电器(广州)有限公司
珠海经济特区飞利浦家庭电器有限公司
飞利浦电子(珠海)有限公司

家用电力器具专用配件制造

捷家宝电器(深圳)有限公司
新乡市科隆电器股份有限公司
上海松下电子应用机器有限公司

燃气、太阳能及类似能源的器具制造

樱花卫厨(中国)有限公司
中山华帝燃具有限公司
顺德万和电器有限公司

电光源制造

佛山电器照明股份有限公司
欧司朗佛山照明有限公司
世纪阳光控股集团有限公司

照明灯具制造

江苏鸿联集团
威海金通实业有限公司
北京松下电工有限公司

灯用电器附件及其他照明器具制造

番禺中德电控有限公司
文登三吉电子有限公司
广州市电筒工业公司

车辆专用照明及电气信号设备装置制造

上海小糸车灯有限公司
江苏天宝电子集团有限公司
海湾安全技术股份有限公司

通信传输设备制造

熊猫电子集团有限公司
杭州东信移动电话有限公司
河南安彩集团美乐电子有限责任公司

通信交换设备制造

华为技术有限公司
深圳市中兴通讯股份有限公司
南京爱立信熊猫通信有限公司

通信终端设备制造

青岛朗讯科技通讯企业有限公司
旭丽电子(广州)有限公司
浙江东方通信集团有限公司

移动通信及终端设备制造

摩托罗拉(中国)电子有限公司
UT 斯达康(杭州)通讯有限公司
天津三星通信技术有限公司

其他通信设备制造

北京爱立信普天移动通信有限公司
北京松下普天通信设备有限公司
卡特门-瑞福科技(常州)有限公司

广播电视节目制作及发射设备制造

深圳市同洲电子技术有限公司
汕头经济特区东京元件有限公司
北京中科大洋科技发展股份有限公司

广播电视接收设备及器材制造

泉州神州电子有限公司
大北欧通讯设备(厦门)有限公司
浙江 001 电子集团有限公司

应用电视设备及其他广播电视设备制造

成都康特网络工程技术有限公司
北京利亚德电子科技有限公司
江都市曙光电力器材有限公司

电子计算机整机制造

鸿富锦精密工业(深圳)有限公司
上海惠普有限公司
长城国际信息产品(深圳)有限公司

计算机网络设备制造

名硕电脑(苏州)有限公司
济南齐鲁软件园发展中心
福建实达电脑集团股份有限公司

电子计算机外部设备制造

福建捷联电子有限公司
明基电通信息技术有限公司
惠普科技(上海)有限公司

电子真空器件制造

大连大显集团有限公司
华映光电股份有限公司
深圳三星视界有限公司

半导体分立器件制造

深圳赛意法微电子有限公司
乐山市无线电股份有限公司
厦门富士电气化学有限公司

集成电路制造

旭电(苏州)科技有限公司
中芯国际集成电路制造(上海)有限公司
飞思卡尔半导体(中国)有限公司

光电子器件及其他电子器件制造

苏州三星电子液晶显示器有限公司
苏州爱普生有限公司
飞利浦电子元件(上海)有限公司

电子元件及组件制造

无锡夏普电子元器件有限公司
亚旭电子科技(江苏)有限公司
深圳海量存储设备有限公司

印制电路板制造

伟创力科技(珠海)有限公司
美资旭电(深圳)科技有限公司
普丽科技(佛山)有限公司

家用影视设备制造

海信集团有限公司
康佳集团股份有限公司
四川长虹电子集团公司

家用音响设备制造

英华达(上海)电子有限公司
乐金电子(惠州)有限公司
惠州三星电子有限公司

电子设备制造

富泰宏精密工业有限公司
昆山翊腾平面显像有限公司
苏州富士胶片映像机器有限公司

工业自动控制系统装置制造

富士康精密组件(北京)有限公司
武汉 NEC 中原移动通信工程公司
重庆川仪总厂有限公司

电工仪器仪表制造

宁波三星科技股份有限公司
长沙威胜电子有限公司
株洲时代电子技术有限公司

绘图、计算及测量仪器制造

深圳三星科健移动通信技术有限公司
甘肃兰光科技股份有限公司
宁波长城精工卷尺制造有限公司

实验分析仪器制造

安捷伦科技(上海)有限公司
上海精密科学仪器有限公司
华电未来(北京)微电子有限责任公司

试验机制造

荣成市海翔试验机制造有限公司
济南试金集团有限公司
营口市站前区机械配件厂

供应用仪表及其他通用仪器制造

江苏林洋电子有限公司
武汉海大通信有限责任公司
荣成宇翔实业有限公司

环境监测专用仪器仪表制造

陕西长岭电子科技有限责任公司
福州大拇指环保科技有限公司
岛津仪器(苏州)有限公司

汽车及其他用计数仪表制造

西门子威迪欧汽车电子(芜湖)有限公司
延锋伟世通汽车电子有限公司
重庆检测仪表厂

导航、气象及海洋专用仪器制造

陕西凌云电器总公司
国营汉光机械厂
海鹰企业集团有限责任公司

农林牧渔专用仪器仪表制造

肇庆市显通电子有限公司
广州广兴牧业设备有限公司
无锡太宇线业有限公司

地质勘探和地震专用仪器制造

西安石油勘探仪器总厂
河北俊峰物探装备有限公司
德维森实业(深圳)有限公司

教学专用仪器制造

江门市教学仪器厂
浙江天煌科技实业有限公司
浙江亚龙教仪有限公司

电子测量仪器制造

精量电子(深圳)有限公司
泰克科技(中国)有限公司
北京中创信测股份有限公司

钟表与计时仪器制造

珠海新明珠表业有限公司
全一电子(深圳)有限公司
天津渤海中鸥表业技术有限公司

光学仪器制造

江西凤凰光学仪器集团(有限)公司
吉林东光集团有限公司
深圳南玻浮玻璃有限公司

眼镜制造

陆逊梯卡华宏(东莞)眼镜有限公司
成都市晶华光学集团公司
上海卫康光学有限公司

电影机械制造

上海八一精密机械有限公司
南京光电仪器产业有限公司
广东珠江影视设备制造有限公司

幻灯及投影设备制造

汕头普乐士仪器有限公司
汕头高新区爱多数码电子有限公司
张家港市红叶视听器材有限公司

照相机及器材制造

佳能珠海有限公司
柯达电子(上海)有限公司
佛山普立华科技有限公司

复印和胶印设备制造

佳能中山办公设备有限公司
理光(深圳)工业发展有限公司
夏普办公设备(常熟)有限公司

计算器及货币专用设备制造

金宝电子(中国)有限公司
迪堡金融设备有限公司
港加贺电子(深圳)有限公司

雕塑工艺品制造

广州鑫林工艺有限公司
江西果喜实业集团有限公司
古代(台山)礼品厂

金属工艺品制造

南京金箔集团有限责任公司
荣成市崖头马家庄工业公司
闽侯闽兴编织品有限公司

漆器工艺品制造

湖北长江光电仪器厂
句容钜伟塑胶有限公司
精工油墨(四会)有限公司

花画工艺品制造

中山华泰工艺制品有限公司
广州从化环亚卫礼品有限公司
厦门金鹏人造花有限公司

天然植物纤维编织工艺品制造

山东省莱州工艺品集团有限责任公司
祁东县金鹏草席有限公司
山东省曹普工艺有限公司

抽纱刺绣工艺品制造

山东云龙绣品工业公司
浙江省贝特集团有限公司
山东万得集团有限公司

地毯、挂毯制造

莱州小河工艺品有限公司
威海海马集团公司
威海山花地毯集团有限公司

珠宝首饰及有关物品的制造

从化东麟钻石有限公司
浙江日月首饰集团有限公司
上海老凤祥有限公司

制镜及类似品加工

杭州和合玻璃工业有限公司
上海唐纳利干巷汽车系统有限公司
浚玉鹤玻璃制品有限责任公司

鬃毛加工、制刷及清扫工具的制造

华南矢崎(汕头)汽车配件有限公司
清远市名业油漆工具制品有限公司
易事刷具(上海)有限公司

金属废料和碎屑的加工处理

江门市新会双水拆船钢铁有限公司
怡球金属(太仓)有限公司
台州开来丰泽金属有限公司

非金属废料和碎屑的加工处理

汨罗市东方再生资源回收公司
莱州市华明工业塑料有限公司
启东市八菱钢丸有限公司

火力发电

辽宁省电力有限公司
湖南省电力系统
黑龙江省电力有限公司

水力发电

中国长江三峡工程开发总公司
二滩水电开发有限责任公司
五凌公司

电力供应

江苏省电力局
山东电力集团公司
上海市电力公司

热力生产和供应

北京市热力集团有限责任公司
石家庄东方热电燃气集团有限公司
大连市热电集团有限公司

燃气生产和供应业

北京市燃气集团有限责任公司
加德士海洋燃气能源有限公司
珠海九丰阿科能源有限公司

自来水的生产和供应

北京市自来水集团有限责任公司
广州市自来水公司
深圳市水务(集团)有限公司

污水处理及其再生利用

绍兴水处理发展有限公司
江阴市城乡给排水有限公司
江苏江南水务股份有限公司

附录二

中国工业经济联合会

中国工业经济联合会（英文名:CHINA FEDERATION OF INDUSTRIAL ECONOMICS，缩写:CFIE）是经国务院批准成立、国家民政部注册登记的全国性社会团体，简称中国工经联。

中国工经联前身为1986年成立的中国工业经济协会。1998年10月，经国务院领导同意，有关部门批准，更名为中国工业经济联合会，作为全国工业行业的联合组织，林宗棠同志担任会长。党和国家领导人为中国工经联题词、作指示和写来贺信。

2003年11月中国工经联召开第四次全国会员代表大会换届。经中共中央批准，全国政协副主席、中国工程院院长徐匡迪同志兼任中国工经联会长，顾秀莲同志、林宗棠同志为名誉会长。新一届全国理事会理事369名，其中，常务理事203名，副会长39名，主席团主席29名。党和国家领导人胡锦涛、吴邦国、温家宝、贾庆林、曾庆红、黄菊对中国工经联工作分别作了重要指示。

中国工经联是全国工业行业协会的联合组织。由全国性工业行业协会，省、自治区、直辖市、计划单列城市工业经济联合会和工业行业骨干企业为主，同时吸收部分科研设计单位、国家有关部门工作人员以及工业经济界知名人士自愿联合组成。

中国工经联的宗旨是：高举马列主义、毛泽东思想、邓小平理论和“三个代表”重要思想的伟大旗帜，坚持党在社会主义初级阶段的基本路线和纲领，遵守宪法、法律、法规和国家政策，遵守社会道德风尚，通过加强调查研究、指导行业协会工作，为政府、行业和企业服务，为完善社会主义市场经济体制，推进社会主义工业现代化建设，全面建设小康社会做出贡献。

中国工经联的主要工作是：促进行业协会立法，规范和发展行业协会；依靠科技创新推进名牌战略；维护产业安全和应对国际贸易争端；实施“中国工业大奖”的培育和审定工作，推动企业走新型工业化道路。

为探索社会主义市场经济体制下行业组织的改革与发展，使中国工经联真正成为代表企业利益的行业联合组织，逐步与世界相应组织接轨，中国工经联从2002年4月起实行主席团制改革。主席团是常务理事会闭会期间中国工经联重大事项的决策机构。主席团目前由29位主席组成，徐匡迪会长任执行主席，另一位执行主席由企业家轮流担任。中国远洋运输（集团）总公司总裁魏家福任2004年度执行主席。

中国工业经济联合会第四届理事会
（名誉会长、会长、副会长名单）

一、名誉会长

顾秀莲	全国人大常委会副委员长、全国妇联主席
林宗棠	中国名牌战略推进委员会主任

二、会长

徐匡迪	全国政协副主席、中国工程院院长

三、副会长(39)(按姓氏笔划为序)

(一)高级副会长(14)

于　珍	中国机械工业联合会会长

朱　训　　　　中国矿业联合会会长
孙树义　　　　原中共中央企业工作委员会副书记
吴溪淳　　　　中国钢铁工业协会会长
陈士能　　　　中国轻工业联合会会长
杜钰洲　　　　中国纺织工业协会会长
张人为　　　　中国建筑材料工业协会会长
郭廷标　　　　辽宁省政协主席、辽宁省工业经济联合会名誉会长
范维唐　　　　中国煤炭工业协会会长
顾家麒　　　　中共中央机构编制委员会办公室原常务副主任
康　义　　　　中国有色金属工业协会会长
蒋以任　　　　上海市政协主席、上海市工业经济联合会会长
谭竹洲　　　　中国石油和化学工业协会会长
魏家福(执行主席) 中国远洋运输(集团)总公司总裁

(二)常务副会长(1)

杜金陵　　　　中国工业经济联合会常务副会长

(三)副会长(24)

马挺贵　　　　中国建筑装饰协会会长
王秦平　　　　国家质量监督检验检疫总局副局长
艾　丰　　　　全国政协委员、经济日报社原总编辑
朱　焘　　　　中央国有重点大型企业监事会主席
刘　宏　　　　中国电力企业联合会常务副理事长
许　扬　　　　深圳市工业经济联合会会长
邬贺铨　　　　中国工程院副院长
吴　元　　　　神华集团有限责任公司副总经理
杨　慎　　　　中国房地产业协会会长
陈志鑫　　　　上海大众汽车有限公司总经理
陈佳贵　　　　中国社会科学院副院长
陈祥麟　　　　上海汽车工业(集团)总公司董事长兼党委书记
陆首群　　　　首都信息发展股份有限公司名誉董事长
邱世杰　　　　陕西省工业经济联合会会长
张春江　　　　中国网络通讯公司总经理
张蓓莉　　　　中国宝玉石协会副会长
金生官　　　　北京工业经济联合会会长
岳宗泰　　　　河北省工业经济联合会会长
胡成中　　　　德力西集团有限公司董事局主席
胡耀珑　　　　广州工业经济联合会会长
钟力生　　　　河南省工业经济联合会会长
钱家铭　　　　江西省工业经济联合会会长
韩修国　　　　中央国有重点大型企业监事会主席
蔡延松　　　　中国林业工程建设协会理事长

附录三

中国工业报社

《中国工业报》社（英文名称 CHINA INDUSTRY NEWS AGENCY，缩写 CINA）是经国务院国有资产监督管理委员会同意，中央机构编制委员会办公室批准的法人事业单位，隶属于中国工业经济联合会，由中国工业经济联合会、中国机械工业联合会联合主办。

《中国工业报》国内外公开发行，每周一、二、三、四、五出版，每期对开八版。其前身是中国机电日报社，创建于 1980 年。所办报纸《中国机电日报》一直是原机械工业部、国家机械工业委员会、机械电子工业部、国家机械工业局的机关报。

报纸宗旨 以权威性、实用性、专业性服务于工业企业和行业管理者。

报纸特色 阐释工业政策信息，突出参考性；发布行业分析预测，突出准确性；提供各类市场信息，突出实用性；推荐典型管理案例，突出借鉴性。

发展目标 打造工业经济领域强势媒体，成为中国产业信息第一品牌。

《中国工业报》版面设置：

工业要闻 传达、阐释国家经济政策，报道工业领域重要新闻。

趋势分析 总结、分析、预测各行业的运行状况、发展趋势等。

观察访谈 聚集工业领域的重大事件，多角度对话热点话题。

区域经济 多层面、多角度关注区域经济发展。

信息资讯 以权威的数据、图表等，发布国内外市场实用信息。

企业资讯 工业领域骨干重点企业微观层面报道。

《机械周刊》是我国产业媒体中最具权威性和影响力的专业周刊，重点服务于中国装备制造业，全面报道机床工具、工程机械、农业机械、石化通用、重型机械、内燃机、基础件、仪器仪表、环保机械、食品包装机械等行业。每周一、四出版，每期对开四版。

《汽车周刊》由本报与中国汽车工业协会联合主办，是全面报道汽车行业发展的主流周刊，是中国汽车工业协会的工作报。每周五出版，对开八版，彩色印刷。

《名牌周刊》由本报与中国名牌战略推进委员会联合主办，是中国名牌产品培育、评价、推介工作的指定宣传媒体。也是中国工业大奖组委会指定的宣传报道、信息发布媒体，每周三出版，对开四版，彩色印刷。

《电气周刊》专业服务于我国电力、电工电器和电子行业的权威周刊。每周二出版，对开四版，彩色印刷。

《中国工业报》社已在全国各地设立了 68 个记者站，在 80 余个工业发布城市聘有 4000 多名通讯员。国内 100 余家权威研究机构、政府机关及 300 余工业行业协会为其提供后援支持，1000 余位专家学者为其提供专业支持。报社业务网络健全，社会资源十分丰富。

报社主办的《机电新产品导报》杂志及《中国机械》杂志是服务于机械行业的专业性杂志。其中，《机电新产品导报》侧重报道机电产品发展动态及技术发展趋势，《中国机械》重点报道汽车、摩托车的产品及市场动态，均为月刊，彩色印刷，国内外公开发行。

社长：王军
副社长：韩宇
总编辑：杨青
副社长、党委副书记：张波
副社长：金忠利
社址：北京市西城区展览路葡萄园一号
邮政编码：100037
产业形势研究室：(010)68321348
新闻编辑部：(010)68321346
新闻采访部：(010)68349196
广告部：(010)68349303
发行部：(010)68349305
办公室：(010)68349307
网址：http://www.cinn.cn
电子信箱：cin@cinn.cn